समाजशास्त्रीय चिन्तक एवं सिद्धान्तकार

समाजशास्त्रीय चिन्तक एवं सिद्धान्तकार

(पूर्णतः संशोधित एवं परिवर्धित)

Sociological Thinkers and Theorists

हरिकृष्ण रावत

रावत पब्लिकेशन्स

जयपुर • नई दिल्ली • बैंगलोर • गुवाहाटी • कोलकाता

ISBN 978-81-7033-791-1 (Hardback)

First Edition, 2001

Reprinted, 2020

Published by
Prem Rawat for **Rawat Publications**
Satyam Apts., Sector 3, Jawahar Nagar, Jaipur - 302 004 (India)
Phone: 0141 265 1748 / 265 7006
E-mail : info@rawatbooks.com
Website: rawatbooks.com

New Delhi Office
4858/24, Ansari Road, Daryaganj, New Delhi 110 002
Phone: 011-23263290

Also at *Bangalore, Guwahati* and *Kolkata*

Printed at Nice Printing Press, New Delhi

पूज्य पिताश्री जिनका साया हमारे होश संभालने के पूर्व ही उठ गया
किन्तु जिनके अदृश्य वरद हस्त की अनुभूति आज भी हमारे लिये प्रेरणा का स्त्रोत है,
उनकी स्मृति में यह लेखन-पुष्प सादर समर्पित

अपनी बात

जब मेरी पुस्तक 'समाजशास्त्र विश्वकोश' (1986) का सर्वप्रथम प्रकाशन हुआ था, तभी इस पुस्तक की योजना मेरे मानस में थी। वास्तव में, 'समाजशास्त्र विश्वकोश' का ग्रन्थ मेरा अधूरा प्रयास था, क्यों कि मैं इसमें समाजशास्त्र के विचारकों की चर्चा नहीं कर पाया था। यह पुस्तक उसी कड़ी में पाठकों के समक्ष मेरा द्वितीय पुष्प है। दिन-प्रतिदिन प्रादेशिक भाषाओं (हिन्दी) के प्रति बढ़ते आग्रह तथा उतनी ही तीव्रता से आंग्ल भाषा के प्रति बढ़ती अरुचि, विमोह और उदासीनता ने मुझे इन पुस्तकों के लिखने के लिये प्रेरित किया है। इधर रोजाना हर क्षेत्र में नित नया ज्ञान पैदा हो रहा है और इस नये ज्ञान का अधिकांश प्रकाशन अंग्रेजी भाषा में हो रहा है। यह बात समाजशास्त्र और अन्य सामाजिक विज्ञानों पर भी लागू होती है। आंग्ल भाषा में प्रकाशित समस्त नये ज्ञान का विभिन्न भाषाओं में प्रामाणिक अनुवाद किया जाना न तो संभव है और न ही आवश्यक। फिर भी, ज्ञान की प्रगति की दौड़ में हम लोग पिछड़ न जायें, इसके लिये यह आवश्यक है कि विभिन्न भाषाओं में उत्पादित उत्तम ज्ञान अपनी-अपनी 'मातृभाषाओं' (प्रादेशिक भाषाओं) में समय-समय पर उपलब्ध किया जाता रहना चाहिये। प्रस्तुत पुस्तक इसी उद्देश्य की परिणति है।

हिन्दी भाषा में सामाजिक विचारकों पर, कुछ भारी भरकम पाठ्य पुस्तकों को छोड़ कर, सार-संक्षेप में कोई पुस्तक मेरी नज़र में उपलब्ध नहीं थी, खास कर उस पाठक वृन्द के लिये जो विहंगम दृष्टि से, अति संक्षेप और अति न्यून समय में समाजशास्त्रीय विचारकों के बारे में मोटी-मोटी जानकारी प्राप्त करना चाहता है। आज का पाठक, विशेषतः विद्यार्थी वर्ग, किसी भी विषय का ज्ञान कम से कम शब्दों और पृष्ठों में, कम से कम समय में प्राप्त कर सफलता की सीढ़ी पर आरूढ़ होना चाहता है। इसी को ध्यान में रखते हुए मैंनें प्रस्तुत पुस्तक में इस विषय के आंग्ल भाषा के कोशों, विश्वकोश (एन्साइक्लोपीड्अ) सहित सामाजिक विचारकों पर लिखी गई प्रामाणिक पुस्तकों, विचारकों के आत्मचरित्र के अतिरिक्त इससे सम्बन्धित नवीन एवं अद्यतन सामग्री को जुटा कर विचारकों के जीवन एवं कृतित्व को सार-संक्षेप में प्रस्तुत करने का लघु प्रयास किया है। पुस्तक में समाजशास्त्रीय चिन्तकों और सिन्द्धान्तकारों के अतिरिक्त कुछ अन्य सम्बन्धित क्षेत्रों, यथा अर्थशास्त्र, राजनीतिशास्त्र, मनोविज्ञान, दर्शनशास्त्र, मानवशास्त्र और इतिहास के कुछ मूर्धन्य लेखकों एवं विचारकों को भी सम्मिलित

किया है जिन्होंने प्रत्यक्ष-अप्रत्यक्ष तौर पर समाजशास्त्र और इससे जुड़ी विषय-वस्तु (समाज, सामाजिक संरचना, सामाजिक व्यवस्था, सामाजिक प्रक्रियांए, सामाजिक मानदंड, आदि) को प्रभावित किया है।

कई विचारकों के नामों के उच्चारण को लेकर काफी मतभेद बना हुआ है। पुस्तक लिखते समय मेरे सामने भी यह भारी समस्या थी कि किसी विचारक के नाम का क्या सही उच्चारण है, और मैं प्रचलित उच्चारणों में से किस उच्चारण को स्वीकार कंरू। इस समस्या के समाधान के लिये मैनें आंग्ल भाषा के अनुभवी व्यक्तियों से सम्पर्क साधने के साथ-साथ इंग्लैण्ड, फ्राँस और जर्मनी के दूतावासों के अलावा मैक्समूलर भवन, नई दिल्ली, से इस बारे में पत्राचार कर विचारकों के नामों के हिन्दी में सही उच्चारण प्राप्त करने के कोशिश की है। किन्तु, इस प्रयास में भी मुझे आंशिक सफलता ही हासिल हो पाई। अवश्यमेव, कुछ दूतावासों और अन्य संस्थाओं ने मुझे इस कार्य में सहयोग किया और कुछेक विचारकों के नामों के हिन्दी में उच्चारण भी भेजे, किन्तु यह समस्या तब अधिक जटिल हो गई जब एक ही नाम के एकाधिक स्थानों से अलग-अलग उच्चारण मिले। मैनें इस पुस्तक में सर्वसम्मत उच्चारणों के साथ-साथ नामों के बहुप्रचलित उच्चारणों को भी कोष्ठक में जहां-तहां देकर उच्चारण सम्बन्धी भ्रांति को दूर करने का प्रयास किया है।

कुछ शब्दों, अवधारणाओं और पुस्तकों के अंग्रेजी नामों के हिन्दी अनुवाद के साथ-साथ कोष्ठक में देवनागरी लिपि में आँग्ल शब्दों को भी यथावत् दिया गया है ताकि अर्थ के अनर्थ से बचा जा सके। विचारक के मूल पाठ के बीच में जहाँ कहीं पुस्तकों के नाम आये हैं, उनका भी यथा संभव अनुवाद इसी उद्देश्य से दिया गया है ताकि हिन्दी भाषा-भाषी पाठकों को आँग्ल नाम को पढ़ने और समझने में जो कठिनाई होती है, उससे मुक्ति मिल सके। यह पुस्तक मूलतः समाजशास्त्र विषय को हिन्दी भाषा में पढ़ने-समझने वाले पाठकों को ध्यान में रखकर लिखी गई है, अतः अंग्रेजी शब्दों का प्रयोग केवल ग्रंथ सूची को छोड़ कर (जो विचारक पर लिखे लेख के अन्त में दी गई है) कहीं नहीं किया गया है।

प्रस्तुत पुस्तक समाजशास्त्र की उच्च कक्षाओं और विभिन्न प्रतियोगी परीक्षाओं के पाठकों की जरूरतों को ध्यान में रख कर लिखी गई है, अतः उन चिन्तकों और सिद्धान्तकारों पर अधिक विस्तृत रूप में प्रकाश डाला गया है जो विभिन्न परीक्षाओं की दृष्टि से विद्याथियों के लिये उपयोगी और महत्वपूर्ण हैं। यहां एक बात विशेष रूप से उल्लेखनीय है कि सामाजिक विचारकों और उनके सिद्धान्तों पर लिखी गई आंग्ल भाषा में प्रकाशित पुस्तकों में भारतीय एवं अन्य प्राच्य विचारकों की उपेक्षा करना एक आम बात रही है। शायद ही इस विषय सम्बन्धी पश्चिमी/अमेरिकी लेखकों की पुस्तकों में (कुछ इनी गिनी पुस्तकों को छोड़ कर) भारतीय अथवा अन्य प्रात्य मनीषियों या चिन्तकों का जिक्र तक किया गया हो। मैने प्रस्तुत पुस्तक में भारतीय के अतिरिक्त अरब देशों के चिन्तकों को भी सम्मिलित करने का यथा संभव प्रयास किया है। पुस्तक को अद्यतन बनाने की दृष्टि से कुछ ऐसे लेखकों को भी सम्मिलित किया गया है जो समाजशास्त्रीय नभ पटल पर अभी तक कोई चर्चित सितारा तो नहीं बन पाये हैं, किन्तु जिनकी कुछेक ख्यात कृतियों ने अवश्यमेव समाजशास्त्रीय बौद्धिक जगत् में अपने पदार्पण के आहट की सूचना दे दी है।

पुस्तक के लेखन में सर्वाधिक सहयोग मेरे लघु भ्राता श्री कैलाश रावत, जो रावत

प्रकाशन प्रतिष्ठान के संचालक भी हैं, ने किया है। उन्होंने इस पुस्तक सम्बन्धी नवीनतम सामग्री उपलब्ध करवाने के अतिरिक्त समय-समय पर अपने सुझाव और प्रेरणा से मुझे सराबोर करने में कोई कोर-कसर नहीं छोड़ी है। मेरी पत्नी श्रीमती सरोज रावत को यदि मैं धन्यवाद के अपार खजाने में से थोड़ा सा भी कम देने में कंजूसी करता हूं तो यह भी मेरी लघुता और धृष्टता ही होगी। बिना उनके मूक सहयोग के मेरा कोई भी लेखन-कार्य आगे बढ़ पाता, इसमें संदेह है।

मैं सभी दूतावासों, और मैक्समूलर भवन, देहली का तहेदिल से शुक्रगुज़ार हूं जिन्होंने मुझे चिंतकों एवं लेखकों के हिन्दी में सही उच्चारण प्रेरित करने में अपार मदद की है। अन्त में, मेरे अनन्य मित्र एवं सहयोगी श्री एस.के. अग्रवाल को भी धन्यवाद देना चाहता हूं जो मेरे सभी सद्कार्यों को अग्रसर करने में हर समय तत्पर रहते हैं।

हरिकृष्ण रावत

आनन्द भवन,
डिग्गी मोहल्ला,
ब्यावर (राज़) 305901

द्वितीय संस्करण की बात

इस पुस्तक का प्रथम संस्करण हाथों-हाथ बिक गया। इसी बीच मेरे पास कुछ पाठकों (विद्यार्थियों एवं प्राध्यापकगण) के सुझाव आये कि कतिपय सिद्धान्तकारों पर बहुत कम तथा अति संक्षेप में लिखा गया है, इनमें वृद्धि की जाये। इसके साथ ही कुछेक ने इसमें कुछ अन्य सामाजिक विश्लेषकों के नाम जोड़ने की बात भी लिखी जो संभवतः किन्हीं परीक्षाओं के पाठ्यक्रमों में अभी हाल जोड़े गये हैं। जैसा मैनें इस पुस्तक के प्रथम संस्करण की भूमिका (अपनी बात) में लिखा है कि यह पुस्तक मेरी एक अन्य पुस्तक "समाजशास्त्र विश्वकोश" का ही एक भाग है, अतः उस समय पुस्तक का लेखन किसी पाठ्यक्रम विशेष की योजनानुसार न करके "कोश" की लेखन-शैली के अनुरूप चिन्तक एवं सिद्धान्तकारों के बारे में मोटी-मोटी जानकारी को संक्षेप में देने की दृष्टि से किया गया था। इस प्रयास में संभव है कि कुछेक विचारकों के किन्हीं मुद्दों के कुछ पक्ष छूट गये हों अथवा उन पर आवश्यकता से कम प्रकाश डाला गया हो। पाठकों से प्राप्त सुझावों के अनुसार इस संस्करण में पुस्तक की लेख सामग्री में आवश्यक संशोधन के साथ-साथ परिवर्धन भी किया है। कुछेक नये सामाजिक विश्लेषकों (जैसे अम्बेडकर, हार्डिमैन, एन. के. बोस सुरजीत सिन्हा आदि) को इसमें सम्मिलित किया है। साथ ही कुछेक चिन्तकों (जैसे अलेक्ज़ैन्डर, अल्थ्यूज़र, दरिदा, गिडेन्स, हेबरमॉ, मार्सेल मॉस, श्रीनिवास आदि) के लेखों की सामग्री में आवश्यक वृद्धि करते हुए उनका कायापलट किया गया है।

ज्ञान अपार है और निरंतर उसमें अभिवृद्धि हो रही है। पुस्तक के प्रथम संस्करण और इस संस्करण के प्रकाशन के अन्तराल में कई चिन्तकों पर फ्रैंच और अंग्रेजी भाषा में अनेक टीकाएं और सैद्धान्तिक विमर्श प्रकाशित हुए हैं। इस नये ज्ञान के संदर्भ में पुस्तक में संशोधन और परिवर्धन अपेक्षित ही नहीं, अनिवार्य भी हो गया था। आशा है यह नया संस्करण पाठकों की जरूरतों को पूरा करने में सफल होगा। जैसा पूर्व में संकेत दिया गया है कि इस पुस्तक का लेखन पाठ्य-पुस्तक शैली में (बिन्दु दर बिन्दु) नहीं किया गया है, किन्तु इस बार पाठकों की सुविधानुसार विचारकों के महत्वपूर्ण मुद्दों पर ज़ोर देने के लिये उन्हें बड़े अक्षरों में गहरी स्याही में छपाया गया है तथा भिन्न मुद्दों के विश्लेषण के लिये अलग-अलग पैराग्राफ का प्रयोग किया गया है।

हरिकृष्ण रावत

नामानुक्रमणिका
Name Index

A

Addams, Jane

ज़ेन एडम्स (1860-1935)

ज़ेन एडम्स अपने समय के अग्रणी समाजशास्त्रियों में से एक थीं। वे विशेषतः व्यावहारिक समाजशास्त्र के लिए सिद्धान्त और विधियों को स्थापित करने के लिये जानी जाती हैं जिनका प्रयोग बाद में संयुक्त राज्य अमेरिका के समाजशास्त्र के शिकागो सम्प्रदाय को आकार देने वाले पुरुष समाजशास्त्रियों द्वारा किया गया। एडम्स ने शिकागो में एक आवासी 'हल हाउस' की स्थापना की जो अनेक प्रतिभाशाली समाजशास्त्रियों, विशेषतः महिला समाजशास्त्रियों का केन्द्र बन गया जो वहीं रहती थीं तथा अपने बौद्धिक कार्यों के साथ-साथ पारिवारिक जीवन भी वहीं व्यतीत करती थीं। एडम्स की मूल रुचि नैतिक और आचारपरक मूल्यों के साथ वैज्ञानिक शोध विधियों को समन्वय करने में थीं ताकि एक अधिक न्यायोचित समाज की स्थापना की जा सके। उन्होंने तथा उनके सहयोगियों ने इसी उपागम का प्रयोग निरन्तर तेजी से बढ़ते हुए शिकागो नगर के अध्ययन में किया। उन्होंने अपने इस उपागम द्वारा शिकागो नगर में गरीबी, आव्रजन की समस्याओं के साथ-साथ बढ़ते हुए औद्योगिक पूंजीवाद के कारण कामगार और निम्न वर्ग की दिन-प्रतिदिन बिगड़ती दशाओं को पता लगाने का भी प्रयास किया है।

एडम्स राजनीतिक रूप में भी एक सक्रिय महिला थीं। उनकी प्रगतिशील राजनीतिक गतिविधियों में प्रमुख उल्लेखनीय गतिवधि उनके द्वारा 1914-18 के युद्ध का शांतिमय विरोध किया जाना रहा है जिसके कारण उन्हें अमेरिका में सर्वाधिक खतरनाक महिला माना गया और सरकार द्वारा उनकी निन्दा भी की गई। यही नहीं, उनकी इस गतिविधि के कारण समाजशास्त्रियों में भी उनकी प्रतिष्ठा को ऑच आई। इतना होते हुए भी, एडम्स ने भारी मंदी के काल में सामाजिक सुरक्षा के साथ-साथ सामाजिक कल्याण के कार्यों में बढ़-चढ़ कर हिस्सा लिया और इनमें एक सक्रिय कार्यकत्री की भूमिका अदा की; परिणामस्वरूप उन्हें अपने इन कार्यों के लिये सन् 1931 में नोबल पुरस्कार से नवाजा गया।

प्रमुख कृतियाँः

- Hull House; Maps and Papers, (1895)
- Democracy and Social Ethics, (1902)
- New Ideals of Peace, (1907)
- Twenty Years at Hull House, (1910)

Adler, Max

मैक्स एडलर (1873-1937)

आस्ट्रिया के मार्क्सवादी दार्शनिक **मैक्स एडलर** समाजशास्त्र के क्षेत्र में विशेषतः मार्क्सवाद को आधुनिक प्रत्यक्षवादी अर्थ में एक वैज्ञानिक समाजशास्त्र के रूप में स्थापित करने के लिये जाने जाते हैं। वे आस्ट्रिया में उत्तरकालीन प्रथम विश्वयुद्ध कार्यकर्ता परिषद् आंदोलन के समर्थक भी रहे हैं। उनकी प्रमुख कृति 'समाजशास्त्र और मार्क्सवाद' (1930) है जो दो खंडों में प्रकाशित हुई है। उनकी अधिकांश कृतियां जर्मन भाषा में हैं।

प्रमुख कृतियाँ:

- Kausalitat und Teleologie im streite um die Wissenschaft, (1904)
- Der Soziologische Sinn der Lehre Von Karl Marx, (1914)
- Die Staatsauffassung des Marxismus, (1922)
- Soziologie des Marxismus, (Two vols), (1930)

Adorno, Theodor Wiesengrund

थिओडोर विसेनग्रन्ड आडोर्नो (एडॉर्नो) (1903-1969)

जर्मनी के 'सामाजिक शोध के फ्रैंकफर्ट सम्प्रदाय' के एक अग्रणी दार्शनिक एवं समाज वैज्ञानिक **थिओडोर विसेनग्रन्ड आडोर्नो** अपनी बहुमुखी प्रतिभा और अपार ज्ञान के लिये विख्यात रहे हैं। उन्होंने दर्शन और समाजविज्ञान के अतिरिक्त मनोविज्ञान, संगीतशास्त्र, सांस्कृतिक आलोचना, सौंदर्यशास्त्र जैसे कई विषयों पर साधिकार लिखा है। उनकी मुख्य कृतियां निबंधों और सूक्तियों के रूप में हैं। उनकी रचनाएं अत्यंत जटिल, दुरूह तथा कठिन विचारों से भरी पड़ी हैं। समाजशास्त्रियों के लिये उनकी प्रमुख कृति (अन्य कृतियों सहित) 'अधिनायकवादी व्यक्तित्व' (द ऑथॉरिटेअॅरिअन पर्सनलिटी, 1950) सर्वाधिक महत्वपूर्ण है। इस पुस्तक में सत्तावादिता की मनोवैज्ञानिक जड़ों का आनुभविक और सैद्धान्तिक आधार पर खोज करने का प्रयास किया गया है। आडोर्नो मार्क्सवाद से घनिष्ट रूप से प्रभावित थे। इसी आधार पर उन्होंने सामाजिक अध्ययनों, विशेषतः उन सिद्धान्तों पर तीव्र प्रहार किया जो वैज्ञानिकता और परिमाणात्मकता के आवरण में लिपटे हुए थे। उन्होंने कहा कि ये सिद्धान्त किसी काम के नहीं है क्योंकि ये समाज बदलने का कोई आधार प्रस्तुत नहीं करते। इस पुस्तक की आलोचना भी खूब हुई है।

आडोर्नो का जन्म फ्रैंकफर्ट के एक यहूदी परिवार में हुआ था, किन्तु बाद में आडोर्नो ने प्रोटेस्टेंट धर्म अंगीकार कर लिया। उनकी माता कैथॉलिक थी। अपनी शारीरिक शिक्षा (जिम्नेज़िअम अवधि) पूरी करने के बाद वे फ्रैंकफर्ट विश्वविद्यालय में आ गये जहां उन्होंने दर्शनशास्त्र, समाजशास्त्र, मनोविज्ञान और संगीत की शिक्षा ग्रहण की। सन् 1924 में उन्होंने पी. एच. डी. की उपाधि प्राप्त की। सन् 1925 में वे संगीत संयोजन की शिक्षा के लिये वियना चले गये और संगीत पर कुछ लेख लिखे। वियना केन्द्र के 'अतर्कबुद्धिवाद' से

विभ्रमित होने के बाद 1926 में वे पुनः फ्रैंकफर्ट लौट आये और कांत एवं फ्रायड पर डी. लिट. करने के लिये कार्य करने लगे। किन्तु सन् 1931 में उनके प्रथम शोध-प्रबंध के अस्वीकार किये जाने के उपरान्त उन्होंने दूसरा शोध-प्रबंध कीर्केगार्ड पर लिखा जो सन् 1933 में उसी दिन प्रकाशित हुआ जिस दिन हिटलर ने जर्मनी के शासन की बागडोर संभाली। जैसे ही उनके इस शोध-प्रबंध को स्वीकृति मिली, वे **मैक्स होर्खाइमर** के निदेशक बनने के बाद 'सामाजिक शोध के फ्रैंकफर्ट संस्थान' में आ गये। नाज़ीवाद के बचने के लिये सन् 1934 में यह संस्थान ज्यूरिच आ गया और आडार्नो इंग्लैण्ड आ गये। सन् 1938 में वे पुनः इसी संस्थान में आ गये जो तब तक अमेरिका पहुँच गया था और यहां उन्होंने **पॉल लेज़ार्सफ्रेड** के सानिध्य में एक रेडियो रिसर्च प्रोजेक्ट पर कार्य किया। अमेरिका में रहते हुए उन्होंने कई अन्य शोध योजनाओं पर भी कार्य किया। मित्र राष्ट्रों की विजय के बाद वे पुनः पश्चिमी जर्मनी लौट आये और फ्रैंकफर्ट शोध संस्थान के तत्कालीन निदेशक होर्खाइमर के सेवानिवृत होने के बाद वे इस संस्थान के सन् 1959 में निदेशक बन गये।

आडोर्नो, समाजशास्त्रियों के बीच, आधुनिक समाज की 'जनपुंज संस्कृति' (मॉस कल्चर) की अपनी आलोचनाओं के लिये सुप्रसिद्ध रहे हैं। उन्होंने इस संस्कृति को सांस्कृतिक उद्योग का कार्य और जनसमूह के जोड़-तोड़ की उपज माना है। उन्होंने एक स्थान पर संकेत दिया है कि सांस्कृतिक उद्योग के भीतर हमारी नई सांस्कृतिक पदावली दुर्भेद्य हो जाती है। चीजों से जुड़े हुए 'ब्राण्ड' (लेबल) ऐसी ही दुर्भेद्य पदावली है। ये पदावली उन चीजों पर कोई रोशनी नहीं डालतीं जिन पर ये चिपकी होती हैं। ये वस्तुओं से हमारे सत्य संबंधों के खिलाफ पर्दे का काम करती है। वे सामाजिक कर्त्ता और भोक्ता के बीच भेद मिटा देती है। आडार्नो आगे कहते हैं कि उपभोक्ता-पूंजीवाद में बिना सोचे-विचारे चीजों की स्वीकृति विज्ञापन को स्वयं 'समग्रतावादी' बना देता है। आधुनिक समाज की आलोचनाओं में उन्होंने जनसंचार के साधनों को अपना मुख्य निशाना बनाया क्योंकि इसी के द्वारा व्यक्तियों के एक ऐसे 'जनपुंज समाज' (मॉस सोसाइटी) की रचना होती है जो दमनात्मकता और यथास्थितिवादी वि-मानवीयता को प्रोत्साहित करता है।

आधुनिक संस्कृति के विश्लेषण में आडोर्नो ने एक ओर अस्तित्वाद की व्यक्तिपरकता से, तो दूसरी ओर विज्ञानवाद की वस्तुपरकता से बचने का प्रयत्न किया है, किन्तु जैसे-जैसे वे आधुनिक विश्व के प्रति निराशावादी होते गये, उन्होंने अपने विचारों में संशोधन किया। आधुनिकता के बारे में उनका सर्वाधिक स्पष्ट वक्तव्य हमें उनकी पुस्तक 'मिनिमा मोरालिआ' (1951) में देखने को मिलता है, जो सूक्तियों का एक संकलन है।

आडोर्नो आधुनिक 'आलोचनात्मक सिद्धान्त' (क्रिटिकल थिअॅरी) के प्रणेता रहे हैं। उनकी प्रमुख रुचि आमूल परिवर्तन (रेडिकल चेंज) में थी, किन्तु उन्होंने अनुभववाद (इम्परिसिज़्म) और कठोर एवं अनम्य वैज्ञानिक विधियों को आमूल परिवर्तन उत्पन्न करने के लिये अनुपयुक्त माना है। उन्होंने इस बारे में लिखा है कि अब तक सभी दार्शनिक तत्वमीमांसा और ज्ञानमीमांसा के क्षेत्र किसी ऐसे नितांत आद्य तर्क को खोजने में लगे रहे हैं जिसके आधार पर सम्पूर्ण सृष्टि का विश्लेषण किया जा सके, किन्तु उनका यह प्रयास निरर्थक रहा है क्योंकि ज्ञान के क्षेत्र में ऐसा कोई मूल तर्क संभव ही नहीं है। यही नहीं, यह प्रयास खतरनाक भी है क्योंकि यह मानव को जड़-वस्तु बना कर सभी को एक ही ढ़ाँचे में ढालने की कोशिश है जो सर्वाधिकारवाद (टोटैलिटेरिअनिज़्म) और दमन की प्रवृत्ति को बढ़ावा देती

है। मार्क्सवाद भी इस प्रवृत्ति से बच नहीं पाया है। सच तो यही है कि अन्ततः सभी चिंतन-प्रणालियां जाने-अनजाने में किसी न किसी प्रकार के जड़वस्तुकरण को बनाये रखने का साधन बन जाती हैं। आधुनिक अनुभवपरक विज्ञान ने तो इस दिशा में सबसे बड़ी भूमिका निभाई है, क्योंकि विज्ञान ने केवल परिमाणीकरण को तर्कसंगत मानते हुए गुणात्मक अंतरों की उपेक्षा की है। वह प्रत्येक वस्तु को बाज़ार में बिकने वाली वस्तु बनाकर बाज़ार-व्यवस्था का सेवक बन गया है। आडोर्नो का विश्वास है कि वर्तमान युग में आलोचनात्मक/विवेचनात्मक सिद्धान्त पर आधारित दर्शन ऐसे सभी गलत सिद्धान्तों की पहचान करके उन्हें नकार सकता है। अतः इस दर्शन की सार्थकता नकारात्मक तर्कशास्त्र (द्वन्द्वात्मकता) में निहित है। **अल्थ्यूज़र** ने कहा कि एक समय था जब समष्टि की धारणा को उदारवादी शताब्दी के बाद एक ऐसी सम्पूर्णवादी सामाजिक व्यवस्था में समावेश कर लिया गया है जैसा कि वास्तविक या संभावित सर्वसत्ताधिकारवादी शासन में होता है। इसके विपरीत, हमें ज्ञान की खोज की अपेक्षा अस्पष्टता और विरोधाभासों को उजागर करना चाहिये, चाहे यह अल्पकालीन ही क्यों न हो क्योंकि सत्य व्यक्ति के अनुभव में निहित हो सकता है।

आडोर्नो ने अपने जीवन का अधिकांश समय समाजशास्त्र के फ्रैंकफर्ट सम्प्रदाय से सम्बद्ध रह कर जर्मनी में बिताया, किन्तु कुछ समय के (1934 से 1960) के लिये वे नाज़ी जर्मनी के शरणार्थी के रूप में मुख्यतः अमेरिका में रहे और मित्र राष्ट्रों की विजय के बाद पुनः पश्चिमी जर्मनी लौट आये। आडोर्नो ने कई विविध विषयों पर ढेर सारा लिखा है, किन्तु समाजशास्त्रीय दृष्टि से उनकी महत्त्वपूर्ण कृतियाँ निम्नलिखित हैं।

प्रमुख कृतियाँ :

- The Authoritarian Personality, (1950)
- Prisms, (1967)
- Dialectic of Enlightenment, (1973)
- The Jargon of Authenticity, (1973)
- Minima Moralia, (1974)
- Introduction to the Sociology of Music, (1989)
- The Culture Industry, (1991)

Alexander, Jeffrey C.

जेफ्रे सी. अलेक्ज़ेंडर (1947-)

अपने ही सिद्धान्तों **(नवप्रकार्यवाद और नववामपंथी मार्क्सवाद)** से निराश हो चुके कैलिफोर्निया विश्वविद्यालय के समाजशास्त्र के अध्यक्ष **जेफ्रे सी. अलेक्ज़ेंडर** आजकल नये सिद्धान्तों और उपभागों (मल्टीडाइमेनशॅनल सोसिऑलाजी एण्ड सिविल सोसाइटी) के विकास की उधेड़बुन में लगे हुए हैं। उन्होंने सिद्धान्त, संस्कृति और राजनीतिक जैसे विषयों पर अनेक लेख एवं पुस्तकें लिखी हैं। अपने विद्यार्थी जीवन में उन्होंने खुलकर छात्र-आंदोलनों में भाग लिया। ये आंदोलन नववामपंथी मार्क्सवादी विचारधारा से प्रेरित थे। शिक्षा समाप्ति के बाद वे बर्कले चले आये और यहां बर्कले विश्वविद्यालय में अध्यापन एवं शोध कार्य किया। यहीं

उन्होंने अपनी चार खण्डों वाली बहुचर्चित पुस्तक "समाजशास्त्र में सैद्धान्तिक तर्क" (थीअरैटिकल लॉजिक इन सोसिअॅलाजी, 1982-83) की शुरुआत की। प्रांरभ से ही, जेफ्रे की रुचि सामाजिक क्रिया और सामाजिक व्यवस्था की समस्याओं को जानने-समझने में रही है। वे कुछ ऐसे सिद्धान्त और उपागम विकसित करने में जुटे हुए हैं जिनके द्वारा सामाजिक व्यवस्था और सामाजिक क्रिया की द्वन्द्वात्मक स्थिति का समाधान निकाला जा सके।

अपनी पुस्तक 'सैद्धान्तिक तर्क' में उन्होंने यह प्रस्थापित करने का प्रयास किया है कि **मार्क्स** ने संस्कृति के उन अनेक सिद्धान्तों की उपेक्षा की है जिनका प्रतिपादन **दुर्खाइम** और **वेबर** ने किया है। वेबर, संभवत: पहले व्यक्ति थे, जिन्होंने वास्तविक समाजशास्त्रीय समन्वय स्थापित करने का प्रयास किया है। किन्तु, वेबर से भी अधिक एक पांडित्यपूर्ण समन्वय करने का आधुनिक प्रयास हमें पार्सन्स की कृतियों में देखने को मिलता है। **जिसे हम पार्सन्स के प्रकार्यवादी सिद्धान्त के नाम से जानते हैं, वह इससे कहीं अधिक व्यक्ति और व्यवस्था के बीच पड़ी खाई को पाटने, उनमें समन्वय स्थापित करने के प्रयास के रूप में देखा जाना चाहिये**। लेकिन, अलेक्ज़ेडर के विचार में, पार्सन्स भी अपने इन सद् प्रयासों में भटक गये प्रतीत होते हैं। वे अपने सिद्धान्त (प्रकार्यवाद) को अत्यधिक औपचारिक बनाने और इसे मानदंडात्मक आधार पर प्रस्थापित करने के प्रयास में समन्वय करने के अपने उद्देश्य के प्रति दृढ़ नहीं रह पाये हैं। अलेक्ज़ेडर ने, वास्तव में, समन्वय स्थापित करने के पार्सन्स के अधूरे प्रयासों को ही अपने सिद्धान्त (नवप्रकार्यवाद) द्वारा पूरा करने का प्रयास किया है। अपनी एक अन्य पुस्तक 'बीस व्याख्यान : द्वितीय विश्व युद्ध के बाद समाजशास्त्रीय सिद्धान्त' (1987) में अलेक्ज़ेडर ने यह स्पष्ट किया है कि उत्तर-पार्सन्सवादी समाजशास्त्र में—संघर्ष और व्यवस्था सिद्धान्तों के बीच, सूक्ष्म एवं वृहत् उपागमों के बीच तथा संरचनात्मक और सांस्कृतिक दृष्टिबिन्दुओं के बीच किया गया विभाजन उपयोगी नहीं है, ये निष्फल प्रयास हैं। इन समूहीकरणों एवं विभाजनों ने बुनियादी सामाजिक प्रक्रियाओं पर परदा डाल दिया है। उदाहरणार्थ, व्यवस्था और संघर्ष में निरंतर अन्तर्क्रिया होती रहती है तथा समाज के द्विभाजी आयाम हमेशा आपस में जुड़े रहते हैं।

अलेक्ज़ेडर की गणना नववामपंथी मार्क्सवादियों और नवप्रकार्यवादियों दोनों में की जाती है। अपनी पुस्तक "नियो-फंक्शनलिज्म" (1985) की भूमिका में उन्होंने इन दोनों सिद्धान्तों के अतिरिक्त कुछ अन्य सिद्धान्तों का उल्लेख किया है। दोनों सिद्धान्तों की उत्पत्ति अपने मूल सिद्धान्तों की कमियों को लेकर हुई है। दोनों के स्त्रोत मूल सिद्धान्तों की आलोचनाएं हैं। दोनों में अपनी आलोचनाओं के संदर्भ में हेर-फेर कर कतिपय विरोधी तर्कों को अपने नये सिद्धान्त में यथा स्थान दिया है। दोनों ही सिद्धान्तों में सामन्जस्य की भारी कमी अखरती है जिसके कारण ये एक सुसम्बद्ध सिद्धान्त का रूप लेने में असफल रहे हैं। दोनों सिद्धान्तों की उपयोगिता पर पुनर्विचार हो रहा है। दोनों ही सिद्धान्तों के कुछ अनुसरणकर्त्ता विद्वान अपने ही सिद्धान्त की कमजोरियों के कारण पीछे हटने लगे हैं।

नववामपंथी मार्क्सवाद की नींव पारम्परिक मार्क्सवाद के आर्थिक निर्धारणवाद की अतिरेकों पर रखी गई हैं। अलेक्ज़ेडर के अनुसार, **नववामपंथी मार्क्सवाद रूढ़िवादी अभद्र एवं अशिष्ट मार्क्सवाद को नकारता है क्योंकि इस नये उपागम या सिद्धान्त ने इतिहास में पुनः कर्त्ता को स्थान देकर उसे पुनःप्रतिष्ठित किया है जिसे पारम्परिक मार्क्सवाद ने पूर्णतः**

भुला दिया था। इस नवमार्क्सवाद ने इस बात पर बल दिया है कि भौतिक संरचनाओं की व्याख्या संस्कृति, व्यक्तित्व और रोज़मर्रा के जीवन के संदर्भ में की जानी चाहिये। किन्तु, सन् 1970 के दशक में कुछ राजनीतिक और आनुभविक कारणों से उनका नववामपंथवाद से मोहभंग हो गया क्योंकि यह नववामवाद फिरकापरस्ती और हिंसक घटनाओं में बदल गया था जिसके कारण जेफ्रे में इसके प्रति विरक्ति उत्पन्न हो गयी। दूसरी ओर, अमेरिका के 'वाटरगेट कांड' ने उनके मन में अमेरिका के प्रति सहानुभूति उत्पन्न कर यह विचार उत्पन्न किया कि पूंजीवादी प्रजातंत्रात्मक समाजों में बहुलवाद, संशोधन और समन्वय सम्मिलन की गुंजाइश है जो मार्क्सवादी विचारधारा के नववामपंथी संस्करण में संभव नहीं हैं। इन्हीं कारणों से उन्हों [illegible]र्क्सवादी उपागम के "एकला चलो" के रास्ते का परित्याग कर समन्वय और सम्मिलन [illegible] रास्ते पर चलने का प्रयास किया। लगभग इस अवधि में, वे **रॉबर्ट बेल्लाह** और **नील स्मेलसर** के संस्कृति और सामाजिक संरचना संबंधी विचारों और समाजशास्त्रीय सिद्धान्तों के सम्पर्क में आये। वे इनसे काफी प्रभावित हुए और उन्होंने अपने सिद्धान्त में इनके लिये जगह बनाने की कोशिश की।

जिसे आज "नवप्रकार्यवाद" कहा जा रहा है, वह 'संरचनात्मक-प्रकार्यवाद' का ही एक रूप है। इसे विकसित करने में जेफ्रे अलेक्ज़ेडर ने महती भूमिका अदा की है। इस नये रूप के नामकरणकर्त्ता भी अलेक्ज़ेडर ही हैं। सन् 1960 के दशक में संरचनात्मक-प्रकार्यवाद का पतन शुरू हो गया था, किन्तु सन् 1980 के दशक के मध्य में इसका पुनर्उद्भव नवप्रकार्यवाद के नये नाम से हुआ। यह नवप्रकार्यवाद और कुछ नहीं, 'पुरानी बोतल में नई शराब' की कहावत की भाँति पुराने संरचनात्मक-प्रकार्यवाद का ही एक संशोधित स्वरूप है। इस नये स्वरूप में, संरचनात्मक-प्रकार्यवाद की सैद्धान्तिक मूल आत्मा को यथावत रखा गया है, किन्तु संरचनात्मक-प्रकार्यवाद की घोर आलोचनाओं के संदर्भ में इसमें थोड़ा-बहुत संशोधन करके इसके बाह्य रूप में हेर-फेर कर दिया गया है। इस तरह, इस नये रूप में पुराने सिद्धान्त की कमजोरियों को दूर कर उसके साथ निरंतरता बनाये रखी गई है।

जेफ्रे अलेक्ज़ेडर और पॉल कॉलॅमी (1985) ने इसे परिभाषित करते हुए लिखा है कि "यह प्रकार्यवादी सिद्धान्त की एक आत्म-आलोचनात्मक धारा है जो इसकी सैद्धान्तिक आत्मा को बनाये रखते हुए प्रकार्यवाद के बौद्धिक क्षेत्र में विस्तार करना चाहती है।" उनके इस कथन से स्पष्ट है कि वे संरचनात्मक-प्रकार्यवाद को काफी सीमित या संकुचित सिद्धान्त मानते हैं और उनका लक्ष्य एक ऐसे समन्वयात्मक सिद्धान्त की रचना करना है जिसमें पुराने सिद्धान्त की आलोचनाओं के संदर्भ में इसमें कुछ अन्य विषयों को भी सम्मिलित कर इसके क्षेत्र को व्यापक बनाया जा सके। वास्तव में, अलेक्ज़ेडर और कॉलॅमी ने नये सिद्धान्त के रचने के अपने प्रयासों को ही "नवप्रकार्यवाद" का नाम दिया है। अलेक्ज़ेडर ने पुराने संरचनात्मक-प्रकार्यवाद की जो समस्याएं (कमजोरियां) बताई हैं और जिन्हें नवप्रकार्यवाद को दूर करना है वे हैं : "व्यक्तिवाद-विरोध", "परिवर्तन का विरोध", "रूढ़िवाद", "आदर्शवाद" तथा "आनुभविकता विरोधी अभिनति" आदि। अलेक्ज़ेडर के द्वारा योजनाबद्ध रूप में इन समस्याओं को दूर करने का प्रयास किया जा रहा है।

अलेक्ज़ेडर और कॉलॅमी (1990) ने पुराने संरचनात्मक-प्रकार्यवाद और नवप्रकार्यवाद में अन्तर बताते हुए लिखा है कि "पहले वाली प्रकार्यात्मक शोध किसी एक ऐसी अकेली

अतिव्यापी (महत्) सैद्धान्तिक योजना से निर्देशित होती थी जिसमें विशिष्ट शोध के क्षेत्रों को किसी कसी हुई एक गठड़ी (पैकेज) में बांध दिया जाता था। इसके विपरीत, नवप्रकार्यवादी आनुभविक शोध एक ऐसी ढीलीढाली संगठित गठड़ी (पैकेज) होती है जो किसी एक सामान्य तर्क द्वारा संगठित होती है और जिसमें विभिन्न स्तरों तथा विभिन्न आनुभविक क्षेत्रों में कई स्वायत्त और स्वतंत्र उद्‌भवन केन्द्र और भिन्नताएं होती हैं।" ध्यान रहे, अलेक्ज़ेडर ने नवप्रकार्यवाद को पुराने संरचनात्मक-प्रकार्यवाद का मात्र "विस्तृत रूप" या "संशोधित संस्करण" नहीं माना है, अपितु इसे एक अत्यधिक नाटकीय "पुनर्निमाण" कहा है जिसमें संरचनात्मक-प्रकार्यवाद के प्रवर्तक (पार्सन्स) से स्पष्ट रूप में अन्तर बताया गया है और जिसमें कई अन्य सिद्धान्तों और सिद्धान्तकारों को सम्मिलित किया गया है। इसमें **भौतिक संरचनाओं संबंधी मार्क्स** के विचारों और **प्रतीकवाद संबंधी दुर्खाइम** के विचारों को भी समेटने का प्रयास किया गया है।

नवप्रकार्यवाद की जड़ें पार्सन्स के संरचनात्मक-प्रकार्यवाद में गड़ी हुई हैं। इन्हीं जड़ों के आधार पर 'पुनर्निमित' रचना को नवप्रकार्यवाद का नाम दिया गया है। इन जड़ों वाले सिद्धान्त, अर्थात् संरचनात्मक-प्रकार्यवाद का संबंध दिग्गज समाजशास्त्री टालकट पार्सन्स से रहा है। अलेक्जेडर ने जहां एक ओर पार्सन्स के क्रिया सिद्धान्त की आलोचना की है, वहां उन्होंने उनके सिद्धान्तों के प्रति समन्वयवादी दृष्टि अपनाते हुए उनका परिष्कार करने का प्रयास भी किया है। उन्होंने पार्सन्स के प्रत्यक्षवाद में अनुभवपरक तथ्यों पर जरूरत से अधिक बल दिये जाने को अस्वीकार किया है। उन्होंने कहा है कि कई बार सिद्धान्त-निर्माण में उन्हीं आनुभविक तथ्यों को सम्मिलित किया जाता है जो सिद्धान्त के अनुरूप होते हैं, उससे मेल खाते हैं और बेमेल तथ्यों को छोड़ दिया जाता है। सिद्धान्त-निर्माण की यह प्रवृति सर्वथा गलत है। हमें तार्किक आधार पर बेमेल तथ्यों को भी सिद्धान्त-निर्माण की प्रक्रिया में पर्याप्त महत्व देना चाहिये ताकि वैध निष्कर्ष निकाले जा सकें।

अजेक्ज़ेडर का बराबर यह प्रयास रहा है कि समाजशास्त्र को विश्वसनीय तर्क की आधार भूमि पर प्रस्थापित किया जाये और इसके लिये उन्होंने पार्सन्स की सामाजिक क्रिया और सामाजिक व्यवस्था की अवधारणाओं की पुनर्विवेचना की। उन्होंने लिखा है कि एक व्यक्ति किसी सामाजिक क्रिया को इसलिये करता है क्यों कि वह उपयोगी है या फिर वह व्यवस्था के मानकों को स्वीकार करते हुए करता है। अजेक्ज़ेडर ने "क्रिया", "संरचना", "प्रकार्य", और "प्रकार्यवाद" शब्दों के प्रयोग के बारे में भी प्रश्न उठाये हैं। उन्होंने इन्हें अस्पष्ट शब्द करार देते हुए इनकी नये ढंग से व्याख्या करने पर बल दिया है। उन्होंने कहा है कि इनकी व्याख्या इनके बारे में बनी हुई पूर्वधारणाओं को निरस्त करते हुए खुले दिमाग से होनी चाहिये। वे मानते हैं कि सामाजिक व्यवस्था के विश्लेषण में एकीकरण और संतुलन के साथ-साथ विचलन और संघर्ष की संभावनाओं को भी टटोला जाना आवश्यक है। इसी प्रकार, सामाजिक परिवर्तन के अध्ययन में विभेदीकरण की प्रक्रिया के महत्व को स्वीकार किया जाना चाहिये।

अजेक्ज़ेडर ने **नवप्रकार्यवाद की कुछ प्रमुख विशेषताएं बताई हैं**। प्रथम, नवप्रकार्यवाद समाज के वर्णनात्मक मॉडल पर आधारित है जिसमें समाज को ऐसे तत्वों (भागों) से निर्मित माना जाता है जिनमें आपस में एक दूसरे के साथ अन्तर्क्रिया होती है जो

एक प्रतिमान को जन्म देती है। यह प्रतिमान व्यवस्था को अपने परिवेश से अलग करता है। व्यवस्था के अंग (भाग) सहजीवी आधार पर बंधे होते हैं और उनकी अन्तर्क्रियाएं किसी भी बड़ी शक्ति द्वारा निर्धारित नहीं होती हैं। अतः **नवप्रकार्यवाद किसी भी एककारकीय निर्धारणवाद को अस्वीकार करता है। यह एक स्वतंत्र और बहुलवादी उपागम है।**

द्वितीय, अलेक्ज़ेडर ने स्पष्ट रूप में माना है कि **नवप्रकार्यवाद क्रिया और व्यवस्था दोनों को समान रूप में महत्व देता है।** अतः यह संरचनात्मक-प्रकार्यवाद की इस प्रवृति का प्रतिकार करता है जिसमें सामाजिक संरचनाओं और संस्कृति में व्यवस्था के वृहत् स्तरीय स्त्रोतों को लगभग एंकातिक रूप में महत्व दिया जाता है और सूक्ष्म स्तरीय क्रिया-प्रतिमानों पर अधिक ध्यान नहीं दिया जाता है। इस दृष्टि से नवप्रकार्यवाद सूक्ष्म स्तरीय (क्रिया के विश्लेषण) और वृहत् स्तरीय (व्यवस्था के विश्लेषण) दोनों को समान महत्व देता है।

तृतीय, **नवप्रकार्यवाद विचलन और सामाजिक नियंत्रण दोनों को सामाजिक व्यवस्थाओं की यथार्थताएं मानता है।** इसी परिप्रेक्ष्य में यह सिद्धान्त संरचनात्मक-प्रकार्यवाद के **एकीकरण के तत्व को** एक वास्तविक तथ्य की अपेक्षा **एक सामाजिक संभावना के रूप में स्वीकार करता** है।

चतुर्थ, **नवप्रकार्यवाद संतुलन के तत्व को भी महत्व देता है,** किन्तु इसका परिप्रेक्ष्य संरचनात्मक-प्रकार्यवाद से थोड़ा भिन्न और विशाल है। इसमें गतिशील और आंशिक संतुलन को भी सम्मिलित किया गया है जो रूढ़िवादी संरचनात्मक-प्रकार्यवाद में नहीं था।

पंचम, नवप्रकार्यवाद पारम्परिक पार्सन्सवादी व्यक्तित्व, संस्कृति और प्रणाली की त्रिकोणी व्यवस्था को स्वीकार करता है, किन्तु इसके साथ ही इसमें यह भी माना जाता है कि इन व्यवस्थाओं का अन्तर्वेधन तनावों को उत्पन्न करता है जो परिवर्तन और नियंत्रण दोनों के सतत स्त्रोत हैं।

षष्ठ, **नवप्रकार्यवाद सामाजिक, सांस्कृतिक और व्यक्तित्व प्रणालियों के भीतर विभेदीकरण की प्रक्रियाओं से उत्पन्न सामाजिक परिवर्तन को भी महत्व देता है।** अलेक्ज़ेडर के अनुसार, परिवर्तन अनुरूपता और सामंजस्य का जन्मदाता नहीं है, अपितु यह व्यष्टीयन की प्रवृति (वैयक्तिक अस्तित्व) और संस्थात्मक तनावों को जन्म देता है।

सप्तम, नवप्रकार्यवाद **अमूर्तीकरण और सैद्धान्तीकरण की स्वतंत्रता** के विचार के प्रति प्रतिबद्ध है। अतः इसमें समाजशास्त्रीय विश्लेषण की किसी भी अन्य विधि का प्रयोग किया जा सकता है।

अंतिम, सैद्धान्तीकरण की स्वतंत्रता के प्रति प्रतिबद्ध होने के कारण नवप्रकार्यवाद **संतुलन के साथ-साथ** व्यवस्था में तनाव और उससे उत्पन्न **संघर्ष के अस्तित्व को भी स्वीकार करता है।**

अलेक्ज़ेडर के उपरोक्त विचारों से स्पष्ट है कि उनका नया सिद्धान्त (नवप्रकार्यवाद) रूढ़िवादी प्रकार्यवाद से थोड़ा हटकर है। उन्होंने सामाजिक व्यवस्था के अपने विश्लेषण में रूढ़िवादी प्रकार्यवाद के यथास्थितिवाद को तिलांजलि देते हुए इसमें विचलन, सामाजिक परिवर्तन, संघर्ष, विभेदीकरण तथा व्यक्ति को भी पर्याप्त महत्व देकर नवप्रकार्यवाद को थोड़ा वामपंथ की ओर मोड़ दिया है जो समाज के वंचित, दीनहीन और पददलित वर्ग के पुनर्उत्थान के प्रति समर्पित है। अलेक्ज़ेडर ने अपने नवप्रकार्यवादी सिद्धान्त द्वारा रूढ़िवादी

प्रकार्यवाद का आदर्शवाद और भौतिकवाद के प्रति जो उपेक्षा भाव रहा है, उसे भी (पार्सन्स के विचारों के संदर्भ में) दूर करने का प्रयास किया है।

मोटे रूप में देखा जाय तो अलेक्ज़ेडर ने दुर्खाइम, मार्क्स और वेबर जैसे क्लासिकल विचारकों के विचारों से किसी न किसी बिना पर दुखी होकर पार्सन्स के समन्वयवादी दृष्टिकोण में थोड़ी आशा की झलक देखी है और उनकी ओर आकर्षित हुए हैं। जैसा ऊपर लिखा जा चुका है कि शुरू में वे मार्क्सवादी थे, किन्तु किन्ही कारणों से वे मार्क्सवाद से निराश हो गये। उन्होंने पार्सन्स की बहुचर्चित पुस्तक 'सामाजिक क्रिया की संरचना' पढ़ी और वे मार्क्सवाद से अपनी समस्याओं का समाधान होता हुआ न देख कर पार्सन्स की ओर बढ़ते चले गये। किन्तु, उन्हें पार्सन्स में भी अपनी समस्त समस्याओं के समाधान के रूप में कोई 'रामबाण औषधि' नहीं मिली। फिर भी, उन्होंने पार्सन्स को अपना आधार बना कर (प्रकार्यवाद) इस पर अपने 'नवप्रकार्यवाद' के सिद्धान्त के खम्बे खड़े करने का प्रयास किया। इन खम्बों पर छत कैसे डाली जाये, इस पर कैसे गुम्बद बनाया जाये, इस बारे में अलेक्ज़ेडर भी स्पष्ट दिखाई नहीं देते हैं। इसीलिये उन्होंने स्वयं ने अपने 'नवप्रकार्यवाद' के प्रति शंका प्रकट करते हुए कहा है कि 'नवप्रकार्यवाद से अब मैं भी संतुष्ट नहीं हूँ'- - - - - - 'मैं स्वयं अपने आपको उस आंदोलन (समन्वयकारी आंदोलन) से अलग कर रहा हूँ जिसे मैनें ही शुरू किया था।' हताशा से भरे अलेक्ज़ेडर को एक स्थान पर यह कहने के लिये मज़बूर होना पड़ा कि **"नवप्रकार्यवाद एक विकसित सिद्धान्त की अपेक्षा एक प्रवृत्ति मात्र है।"** सार रूप में, यह कहा जा सकता है कि अलेक्ज़ेडर ने समन्वय के नाम पर नवप्रकार्यवाद के अपने सिद्धान्त के माध्यम से पार्सन्स को पुनर्प्रतिष्ठित करने का प्रयास किया है जिसमें वे पूर्णतः सफल नहीं हो पाये हैं।

जेफ्रे अलेक्ज़ेडर न केवल अपने नववामपंथी मार्क्सवाद और नवप्रकार्यवाद संबंधी विचारों के लिये जाने जाते हैं, अपितु उन्होंने एक नये सांस्कृतिक सिद्धान्त और एक **'बहुआयामी समाजशास्त्र'** की प्रस्थापना का भी प्रयास किया है। नये सांस्कृतिक सिद्धान्त के विकास का विचार उनमें **क्लिफोर्ड ग्रीज़** के विचारों के पढ़ने के बाद उत्पन्न हुआ। वे मानते हैं कि संस्कृति की जो व्याख्या पारम्परिक सामाजिक-विज्ञानों के उपागमों द्वारा की गई है उनकी अपनी सीमाएं हैं। उन्होंने संस्कृति के अपने सिद्धान्त को लक्षण-विज्ञान, भाष्यविज्ञान तथा उत्तर-संरचनावादी विचारधारा के आधार पर विकसित किया है। गैर-समाजशास्त्रीय सिद्धातों को सम्मिलित करते हुए अलेक्ज़ेडर ने उन समस्त तरीकों से सैद्धान्तीकरण करने का प्रयास किया है जिनमें प्रतिकात्मक संकेतों और अर्थों द्वारा सामाजिक संरचना समाई हुई रहती है।

जेफ्रे अलेक्ज़ेडर ने जिस "बहुआयामी समाजशास्त्र" की रचना की है, वह **रिज़र** (रिट्ज़र) द्वारा विकसित 'मेक्रो-माइक्रो', 'सब्जेक्टिव-ऑब्जेक्टिव' विश्लेषण के मॉडल से मिलता-जुलता है। अलेक्ज़ेडर का मॉडल (1987) व्यवस्था की समस्या पर आधारित है जिसमें व्यक्ति (माइक्रो) और सामूहिक (मेक्रो) स्तरों पर विश्लेषण के साथ-साथ व्यक्ति की क्रिया को भौतिकवादी (वस्तुपरक) और आदर्शवादी (व्यक्तिपरक) दोनों दृष्टियों से देखा जाता है। इन दो सतततओं के आधार पर अलेक्ज़ेडर ने विश्लेषण के चार स्तर बताये हैं: (1) सामूहिक-आदर्शवादी, (2) सामूहिक-भौतिकवादी, (3) व्यक्तिवादी-आदर्शवादी, और (4)

व्यक्तिवादी-भौतिकवादी। अलेक्ज़ेंडर ने अपने विश्लेषण मॉडल में सामूहिक-आदर्शवादी स्तर के विश्लेषण को अधिक महत्ता दी है।

अलेक्ज़ेंडर का विश्वास है कि उत्तर-साम्यवादी विश्व में ऐसे प्रतिरूपों (मॉडल्स) को विकसित किये जाने की आवश्यकता है जो हमारे जटिल और व्यापक, किन्तु अत्यंत कमज़ोर लोकतंत्रों को समझने में हमारी सहायता कर सकें। इसी उद्देश्य को मध्यस्थ रखते हुए, वर्तमान में जेफ्रे लोकतंत्र का एक ऐसा सिद्धान्त विकसित करने के लिये प्रयत्नशील है जो सामुदायिक आयाम पर ज़ोर देता हो, जिसे जेफ्रे "नागरिक समाज" (सिविल सोसाइटी) की संज्ञा देते हैं। आजकल "नागरिक समाज" का विषय उनके मस्तिष्क पर छाया हुआ है जिसका उनके 'नवप्रकार्यवाद' के सिद्धान्त से दूर का भी नाता-रिस्ता नहीं है। यह मसला अब धीर-धीरे समाजशास्त्र का भी एक सामान्य विषय बनता जा रहा है। "नागरिक समाज" को परिभाषित करते हुए अलेक्ज़ेंडर लिखते हैं कि "यह अन्तर्क्रिया, संस्थाओं और एकजुटता का क्षेत्र है जो अर्थव्यवस्था और राज्य के दायरों के बाहर जनजीवन को बनाये रखता है।" नागरिक समाज की धारणा के माध्यम से अलेक्ज़ेंडर ने व्यक्तिगत स्वेच्छावाद और सामूहिक एकता दोनों के समन्वय में अपनी रुचि प्रदर्शित की है।

"नागरिक समाज" की विचारधारा को विकसित करने के अतिरिक्त, अलेक्ज़ेंडर ने मानवीय अध्ययनों में बढ़ते हुए सापेक्षवाद के प्रति भी चिन्ता प्रकट की है। अतः अलेक्ज़ेंडर ने यह विश्वास प्रकट किया है कि न केवल समाज में, अपितु समाजशास्त्र में भी प्रगति संभव है और यह प्रगति समाज के बहुआयामी और समन्वयवादी दृष्टिकोण से ही प्राप्त की जा सकती हैं। अपने इस विचार के आधार पर ही अलेक्ज़ेंडर ने "बहुआयामी समाजशास्त्र" की अपनी परिकल्पना प्रस्तुत की है।

प्रमुख कृतियाँ:

- Theoretical Logic in Sociology, 4 vols. (1982-83)
- Neofunctionlism, (1985)
- Twenty Lectures: Social Theory Since World War II, (1987)
- Durkheimian Sociology: Cultural Studies, (ed.), (1988)
- Action and Its Environments, (1988)
- Fix-de-siecle Social Theory, (1995)
- Neofunctionalism and Beyond, (1998)

Allen, Paula Gunn

पाउला गन्न अलैन (1939-)

पाउला गन्न अलैन का जन्म न्यू मैक्सिको की प्यूबलो तथा चिआनो पारिवारिक संस्कृति के परिवेश में हुआ। उन्होंने समाजशास्त्र में शोध उपाधि प्राप्त कर बर्कले में अध्यापन भी किया है। किन्तु वे मुख्यतः देशज अमेरिकी जीवन सम्बन्धी अपने लेखनों के लिए ही अधिकतर जानी जाती हैं। उन्होंने अपने भावों की अभिव्यक्ति के लिए कविता और उपन्यास का

माध्यम चुना। इसके अतिरिक्त, उन्होंने सामाजिक जीवन का विश्लेषण करने के लिए कुछ पुस्तकें भी लिखी हैं।

प्रमुख कृतियाँ:

- The Sacred Hoop, (1986)
- Grandmothers of the Light, (1991)

Allport, Gordon

गोर्डन ऑलपोर्ट (1887-1967)

गोर्डन ऑलपोर्ट की गणना अग्रणी अमरीकी सामाजिक मनोवैज्ञानिकों में की जाती है। वे हार्वर्ड के मनोविज्ञान विभाग के अध्यक्ष भी रहे हैं। उनका व्यक्तित्व का सिद्धान्त और पूर्वाग्रह संबंधी उनके अध्ययन सामाजिक मनोविज्ञान को उनकी प्रमुख देन है। व्यक्तित्व के क्षेत्र में उन्होंने 'स्व' और 'गुणधर्म' (प्रॉप्रियम) की दो अवधारणाओं का प्रयोग कर व्यक्तित्व निर्माण की विधा को स्पष्ट किया। "प्रॉप्रियम" से तात्पर्य 'जीवन के उन क्षेत्रों से है जिन्हें विशेष रूप से हम अपना समझते हैं।' ऑलपोर्ट ने 'स्व' या 'अहम्' के कार्यों को व्यक्तित्व निर्माण के मुख्य कार्य बताये हैं। इन्हीं में शारीरिक एन्द्रियकता, रूप-पहचान, आत्म-सम्मान, स्व-विस्तार, स्व का ज्ञान, तार्किक सोच, स्व की प्रतिमा, उपयुक्त प्रयास, संज्ञानात्मक शैली और जानने की क्रिया आदि सम्मिलित हैं। इन्हीं से मिलकर व्यक्तित्व के सभी अंगों का सही निर्माण होता है। व्यक्तित्व के इस क्षेत्र को ही ऑलपोर्ट ने 'प्रॉप्रियम' की संज्ञा दी है। प्रॉप्रियम व्यक्तित्व का जन्मजात क्षेत्र नहीं है, अपितु यह बाद में विकसित होने वाली विशेषताओं का परिणाम है।

ऑलपोर्ट को सांस्कृतिक अभिव्यक्तियों, विशेष रूप में, प्रजातांत्रिक पूर्वाग्रहों को जानने में विशेष कुशलता हासिल थी। उन्होंने इस संबंध में कई अध्ययन भी किये। पूर्वाग्रह को वे एक ऐतिहासिक, सांस्कृतिक और मनोवैज्ञानिक घटना मानते थे। ऑलपोर्ट ने सामाजिक विज्ञानों में व्यक्तिगत दस्तावेजों की महत्ता पर बल दिया। उन्होंने भावलेखात्मक विधि (इडियोग्रैफिक मैथड) को भी विकसित किया।

प्रमुख कृतियाँ:

- A Psychological Interpretation of Personality, (1937)
- The Psychology of Rumor, (with Leo Postman), (1947)
- The Nature of Prejudice, (1954)

Althusser, Louis

लुई अल्थ्यूज़र (1918-1990)

बीसवीं शताब्दी के सर्वाधिक मौलिक और प्रखर **फ्रांसीसी नव-मार्क्सवादी** सामाजिक

दार्शनिक एवं चिंतक **लुई अल्थ्यूज़र** ने मानविकी और सामाजिक विज्ञानों में एक करिश्माई, किन्तु अत्यंत विवादास्पद सिद्धान्तकार के रूप में अपनी छाप अंकित की है। कई दृष्टियों से मार्क्सवादियों में उनकी पहचान वही है, जो कभी समाजशास्त्रियों में **टालकट पार्सन्स** की रही है। राजनीतिक दृष्टि से उनकी कृतियों को मार्क्सवाद के विकृत स्टालिनवादी विश्लेषण और आलोचना के रूप में देखा जाता है। किन्तु, अल्थ्यूज़र कई मामलों में स्टालिनवाद की तत्कालीन मार्क्सवादी आलोचनाओं से भिन्न विचार रखते थे। वे स्टालिनवाद की मात्र शब्दाडम्बरी मानवतावादी, नैतिक निन्दा में विश्वास नहीं करते थे। इस संदर्भ में, उन्होंने मानवतावादी मार्क्स के पैरोकारों जैसे सार्त्र, पॉन्टी, गारूडी आदि की तीव्र आलोचना की। उनका कहना था कि स्टालिनवादी मार्क्सवाद की निन्दा करना मात्र पर्याप्त नहीं है। वे चाहते थे कि समस्त ऐतिहासिक प्रक्रिया और स्टालिनवाद के कारणों और परिणामों का सूक्ष्म वैज्ञानिक विश्लेषण किया जाये।

अल्थ्यूज़र का जन्म अल्जीरिया में हुआ था, किन्तु अपने माता-पिता के साथ वे फ्रांस में आ गये। उनकी आत्मकथा के अनुसार उनकी बाल्यावस्था बड़ी उलझनों से भरी हुई थी। घर का वातावरण निरंकुश और हृदयहीन दूर के पिता और दंभित कामुकता की शिकार और सनकी माता के विरोधी संबंधों से भरा रहता था। किन्तु, वे अपने माँ के प्यार में अभिभूत थे। उनका पालन-पोषण एक कैथोलिक के रूप में हुआ था। द्वितीय युद्ध की अधिकांश अवधि में उन्हें युद्ध बंदी के रूप में जर्मनी के पीड़ा शिविर में रहना पड़ा। युद्ध के बाद सन् 1948 में उन्होंने पेरिस के सुप्रसिद्ध संस्थान इकॉल नार्मल में एक विद्यार्थी एक रूप दाखिला लिया और इसी समय उन्होंने फ्रांसीसी साम्यवादी दल की सदस्यता ग्रहण कर ली। किन्तु, शुरू से ही दल के संगठन से अल्थ्यूज़र का मतभेद रहा। स्वतंत्र विचारों के होने के कारण बहुधा दल के नेता और दल के सिद्धानतकारों के साथ उनकी नोकझोंक होती रहती थी।

अल्थ्यूज़र का समस्त व्यक्तिगत जीवन बड़ा अंशातिमय वातावरण में बीता। प्रारंभ में माता-पिता के बीच मन-मुटाव और बाद में पत्नि के साथ भी तनाव पूर्ण संबंधों ने उनमें मानसिक अस्थिरता उत्पन्न कर दी जिसके कारण उनके विचारों में निरंतर बदलाव आता रहा है। अपनी व्यक्तिगत उलझनों और पागलपन की बीमारी, जो उनके जीवन में हर समय रही, के कारण उन्हें काफी दुख झेलने पड़े। उनकी आत्मकथा बताती है कि वे एक लम्बे अर्से तक मानसिक रूप में अस्थिर रहे। गहरे अवसाद के कारण उन्होंने अपनी पत्नी हेलने की हत्या कर दी थी जिसके कारण जीवन का अन्तिम दशक उन्हें पेरिस के एक मानसिक अस्पताल में रहकर अज्ञातवास में बिताना पड़ा।

अल्थ्यूज़र को एक ओर **नव-मार्क्सवादी** और दूसरी ओर उन्हें **संरचनात्मक मार्क्सवादी** विचारक माना जाता है। एक नव-मार्क्सवादी के रूप में, उन्होंने रूढ़िवादी मार्क्सवाद की धारणाओं, जैसे आर्थिक निर्धारणवाद, इतिहासवाद, मानवतावादी मार्क्स, आदि को चुनौती दी और मार्क्सवाद को एक नये ढाँचे में ढालने का यत्न किया। वे मार्क्सवाद को एक ऐतिहासिक और सामाजिक विज्ञान के रूप में प्रस्थापित करना चाहते थे। मार्क्स को 'मानवतावादी' दार्शनिकों के विचारों के चंगुल से छुड़ाने और 'सच्चे मार्क्स' की स्थापना के लिये अल्थ्यूज़र को हथियारों के रूप में कुछ नये उपागमों की जरूरत थी। इन हथियारों के रूप में अल्थ्यूज़र ने दो उपागमों का प्रयोग किया। ये उपागम हैं: (1) विज्ञान का ऐतिहासिक

दर्शन, (2) संरचनावाद। अपने इन दोनों हथियारों को लेकर वे युद्ध स्थल के लिये निकल पड़े और घमासान करने के इरादों से उन्होंने सन् 1960-65 के बीच श्रंखलाबद्ध कई लेख लिखे जो बाद में "फॉर मार्क्स" (1966) और "रीड़िंग केपिटल" (1970) के नाम से दो पुस्तकों के रूप में प्रकाशित हुए। अल्थ्यूज़र की ये दोनों कृतियाँ उनके द्वारा और उनके साथियों द्वारा मार्क्स के साहित्य का पुनर्अध्ययन का प्रतिफल है। इस पुनर्अध्ययन द्वारा एक ओर उन अवधारणाओं को खोजने का यत्न किया गया है जो मार्क्स के इतिहास के विज्ञान की निश्चित व्याख्या प्रस्तुत करती हैं, तो दूसरी ओर उन्होंने विज्ञान की प्रकृति के दार्शनिक चिन्तन को समझने और ज्ञान तथा चिन्तन के अन्य रूपों में अन्तर बताने का प्रयास किया है।

अल्थ्यूज़र ने अपने उपरोक्त दोनों ग्रंथों तथा अन्य में (फॉर मार्क्स, रीडिंग केपिटल, लेनिन एंड फिलॉसफी) मार्क्स की अवधारणाओं—उत्पादन की शक्तियां, उत्पादन संबंध, उत्पादन के स्वरूपों के प्रकार, विचारधारा, राज्य, सामाजिक विन्यास आदि की नये ढ़ंग से व्याख्या कर उनकी नई परिभाषाएं गढ़ी और उनका अपने विश्लेषण में यथास्थान प्रयोग किया। मार्क्स की अवधारणाओं को नये रूप में परिभापित करते समय अल्थ्यूज़र ने रूढ़िवादी मार्क्सवादी सिद्धान्त की कमजोरियों और असफलताओं को भी उजागर किया जिनका विवेचन इसी लेख में यथास्थान किया गया है। मार्क्स की अवधारणाओं की पुनर्व्याख्या का अल्थ्यूज़र का उद्देश्य मानवतावादी दार्शनिकों द्वारा की गई मार्क्स की मनगढ़न्त व्याख्या से मार्क्स को उबार कर 'सच्चे मार्क्स' की छवि को प्रस्थापित करना था।

मार्क्सवाद को वैज्ञानिक आधार पर प्रतिष्ठित करने के लिये (एक सामाजिक और ऐतिहासिक विज्ञान के रूप में) अल्थ्यूज़र ने विज्ञान की भी अपने ढ़ंग से व्याख्या की हैं। **उन्होंने विज्ञान को एक ऐसे सामाजिक व्यवहार के रूप में माना है जिसके द्वारा ज्ञान की रचना की जाती है,** किन्तु साथ ही उन्होंने मार्क्सवादी भौतिकवादी परम्परा के इस विचार पर भी बल दिया कि विश्व संबंधी ऐतिहासिक और सामाजिक रूप में निर्मित ज्ञान के पूर्व भी स्वतंत्र रूप में वास्तविक संसार विद्यमान रहा है। विचारधारा भी स्वतंत्र रूप में विद्यमान इस यथार्थ का ही संकेत देती है, किन्तु विचारधारा का रूप विज्ञान से थोड़ा भिन्न होता है। विचारधारा, स्वयं व्यक्तिगत कर्त्ताओं को अपने आपको तथा उस समाज के साथ उनके संबंधों को जानने का एक तरीका है जिसमें कर्त्तागण रहते हैं। जानने का यह सही या गलत तरीका मुख्यतः हमारे वास्तविक व्यवहार को निर्देशित करता है।

अल्थ्यूज़र ने किस आधार पर नव-मार्क्सवाद का प्रवर्तन किया? दूसरे शब्दों में, उनके द्वारा रूढ़िवादी मार्क्सवाद को जो चुनौतियां दी गई हैं, उसके बारे में उनके क्या तर्क हैं? इन प्रश्नों के उत्तर उनके तथा उनके साथियों द्वारा मार्क्स की कृतियों के पुनर्अध्ययन से प्रकट हुए हैं। अपनी पुनर्अध्ययन की प्रक्रिया की निष्पति के रूप में अल्थ्यूज़र ने माना है कि **मार्क्स एक नहीं है, अपितु दो मार्क्स हैं—एक तरुण या प्रांरभिक मार्क्स और दूसरा प्रौढ़ या 'सच्चा मार्क्स'**। उन्होंने अपनी प्रसिद्ध कृति "फॉर मार्क्स" में उपरोक्त विचार को खुलासा करते हुए लिखा है कि सन् 1845 से पहले की मार्क्स की कृतियाँ इसके बाद की उनकी कृतियों से काफी हट कर हैं। ये दोनों दृष्टिकोण इतने भिन्न हैं कि इनमें निरंतरता की तलाश करना बेकार है। अतः सन् 1845 के पहले का मार्क्स 'तरुण मार्क्स' और उसके बाद का मार्क्स 'प्रौढ़

मार्क्स' है। अल्थ्यूज़र ने लिखा है कि मार्क्स को समझने के लिये उनके द्वारा लिखे ग्रंथों के शब्दों की तह में जाना आवश्यक है। शब्दों के ऊपरी अर्थों को जानने मात्र से कुछ भी हासिल नहीं होने वाला है। इसके लिये उन्होंने मार्क्स के 'लाक्षणिक अध्ययन', अर्थात् शब्दों के पीछे छुपे अर्थों को जानने पर बल दिया है।

अल्थ्यूज़र ने स्वीकार किया है कि प्रारंभिक मार्क्स मानवतावादी थे। वे निश्चित रूप में फॉरबॉकवादी थे (फॉरबॉक ने 'व्यक्ति' को विश्व का केन्द्र माना है) । प्रांरभिक मार्क्स (तरुण मार्क्स) के दार्शनिक मानवतावाद को अल्थ्यूज़र ने ऐसा 'पूर्ववर्ती वैज्ञानिक चिन्तन' मानकर अस्वीकार कर दिया जो इतिहास को उत्तरोत्तर मानवीय आत्म-ज्ञान प्राप्त करने के एक रूप में देखता है। मार्क्स की इन कृतियों में हीगल के प्रभाववश अलगाव की समस्या को प्रमुखता दी गई है और नैतिकतावादी और मानवतावादी पक्षों को उभारा गया है। अल्थ्यूज़र कहते हैं कि मार्क्स उस समय में मार्क्स ही नहीं थे। वास्तविक (सच्चे) मार्क्स का उदय तो तब होता है जब वे हीगलवादी-फॉरबॉकवादी आर्थिक निर्धारणवाद और मानवतावादी संदेहास्पद नियंत्रणों से मुक्त हो जाते हैं। इसके बाद की कृतियों में ही 'वैज्ञानिक मार्क्सवाद' के दर्शन होते हैं। अल्थ्यूज़र इसे ही "सच्चा मार्क्सवाद" मानते हैं। वास्तव में, मानवीय इतिहास को समझने के नवीन और वैज्ञानिक दृष्टिकोण की उत्पत्ति की शुरुआत ही मार्क्स के लेखनों में प्रारंभिक दार्शनिक स्थिति को छोड़ने के बाद ही उत्पन्न हुई हैं। 'ऐतिहासिक भौतिकवाद' के इस नये दृष्टिकोण का विकास, वस्तुतः मार्क्स के बाद के लेखनों में हुआ है।

प्रारंभिक मार्क्स और बाद वाले 'सच्चे मार्क्स' के बीच चिंतन के स्वरूप में उत्पन्न हुए इस परिवर्तन को अल्थ्यूज़र ने "ज्ञानमीमांसीय दरार या अन्तराल" कहा है। इस अवधारणा के अनुसार, तरुण मार्क्स की कृतियां उनके मानवतावादी और स्वप्नदर्शी रूप को प्रदर्शित करती हैं और वे सच्चे मार्क्सवाद (वैज्ञानिक मार्क्सवाद) का प्रतिनिधित्व नहीं करती। इसके विपरीत, प्रौढ़ मार्क्स की कृतियों में इतिहास के वैज्ञानिक सिद्धान्त के नये दर्शन का सूत्रपात हुआ है। इस नये दर्शन के अनुसार, इतिहास के स्वरूप निर्धारण में मनुष्य (व्यक्ति) की भूमिका नगण्य है और उत्पादन की शक्तियां, उत्पादन के संबंध और उनके अंतर्विरोध ही ऐतिहासिक परिवर्तन की प्रेरक शक्तियों के रूप में मुख्य भूमिका अदा करते हैं। मार्क्स के 'ऐतिहासिक भौतिकवाद' की धारणा इसी मूल विचार पर आधारित है। अल्थ्यूज़र के इन विचारों ने एक मार्क्सवादी सिद्धान्तकार के रूप में उनमें "संरचनावाद" के प्रति रूझान पैदा किया।

जैसा पहले लिखा गया है कि प्रारंभिक 'मानवतावादी मार्क्स' संबंधी भ्रांतियों का निराकरण करने और सच्चे मार्क्स को स्थापित करने के लिये अल्थ्यूज़र ने दो हथियारों यथा (1) विज्ञान के ऐतिहासिक दर्शन, और (2) संरचनावाद का प्रयोग किया है। अल्थ्यूज़र ने इस दूसरे हथियार को मानविकी और सामाजिक विज्ञानों में खोज निकाला जहां इसका प्रयोग बहुत पहले से हो रहा था। संरचनावादी उपागमों के सहारे मनोविज्ञान, भाषा विज्ञान, मानवशास्त्र और समाजशास्त्र पहले से ही अपने-अपने क्षेत्रों में 'मानवतावाद' से लड़ाई लड़ रहे थे। **दुर्खाइम** का बहुचर्चित यह निर्देश कि "सामाजिक तथ्यों को वस्तुओं के रूप में देखा जाना चाहिये" और भाषा वैज्ञानिक **सासुरे** का यह विचार कि 'भाषा एक सामाजिक तथ्य है, जिसका अस्तित्व भाषा के प्रयोगकर्त्ता के अपने व्यक्तिगत उद्देश्यों से स्वतंत्र होता है' ने

अल्थ्यूज़र को अपनी ओर आकर्षित किया है। इन दोनों की गणना "संरचनावाद" के संस्थापकों में की जाती है। इधर अल्थ्यूज़र के समकालीन दिग्गज आधुनिक संरचनावादी मानवशास्त्री **लेवी स्ट्रास** के विचारों ने भी उन्हें संरचनावाद की ओर कदम बढ़ाने में सहारा दिया। किन्तु, ऐसा माना जाता है कि उन पर सर्वाधिक प्रभाव **जॉक् लेकेन** (लाँका) द्वारा विकसित फ्रायडवादी मनोविश्लेषण की संरचनावादी व्याख्या का पड़ा है। इन्हीं सभी प्रभावों के सम्मिलित प्रभाव ने आखिरकार अल्थ्यूज़र को एक "संरचनावादी मार्क्सवादी" बना दिया, यद्यपि स्वयं अल्थ्यूज़र ने अपने आपको एक संरचनावादी मानने से बार-बार इंकार किया है। इसमें कोई संदेह नहीं है कि अल्थ्यूज़र ने एक विज्ञान के रूप में मार्क्स के ऐतिहासिक भौतिकवाद की पुनर्रचना करने में संरचनावादी अवधारणाओं का प्रयोग किया है।

ऐतिहासिकतावाद विरोधी के रूप में अल्थ्यूज़र

'सच्चे मार्क्स', अर्थात् 'वैज्ञानिक मार्क्सवाद' को स्थापित करने के अपने लक्ष्य को पूरा करने के लिये अल्थ्यूज़र ने दो प्रमुख भ्रांतियों, अर्थात् (1) 'मानवतावादी मार्क्स' और (2) 'ऐतिहासिकतावादी मार्क्स' को तोड़ने का पूरा-पूरा प्रयास किया है। अल्थ्यूज़र के अनुसार, हीगल की आदर्शवादी परम्परा में मार्क्स को 'मानवतावादी' मानना सरासर एक बड़ी अक्षम्य भूल है। इसी प्रकार, उन्होंने मार्क्स को फॉरबॉकवादी भी मानने से इंकार कर दिया। अल्थ्यूज़र मार्क्स को उस अर्थ में ऐतिहासिकतावादी नहीं मानते जिस अर्थ में साम्यवादी आंदोलन के पैरोकार मानते हैं। साम्यवाद समर्थक विद्वान मानते हैं कि 'इतिहास हमारे साथ है और अन्ततः विजय कामगार वर्ग की ही होगी।' ऐसी सोच रखने वाले यह मानते हैं कि यह ऐतिहासिक प्रक्रिया का एक अंग है। अल्थ्यूज़र ने इसी सारी सोच पर प्रहार करते हुए इसे 'अमार्क्सवादी' (अन-मार्क्ससिस्ट) कहा है। वे कहते हैं कि ऐतिहासिक प्रक्रियाएं मुक्त प्रकृति की होती है और ऐतिहासिक परिवर्तन समाज के अनेक अन्तर्विरोधों के कारण एक-दूसरे के नज़दीक आने और धुलन-मिलन का परिणाम होता है। अतः क्रांतियों को पूंजीवाद के विकास का एक अपरिहार्य परिणाम मानना निरी भूल है। इन्हें अपवादिक घटनाओं के रूप में देखा जाना चाहिये। **ल्योतार** (ल्योटार्ड) जैसे आधुनिकतावादी लेखक ने मार्क्सवाद जैसे महावृतान्तों में फैले हुए व्यापक विश्वासों के अन्त की घोषणा की है।

मानवतावाद विरोधी के रूप में अल्थ्यूज़र

अल्थ्यूज़र की प्रसिद्धि अथवा 'कुख्याति' उनकी 'मानवतावाद विरोध' की प्रसिद्ध उक्ति से हुई है। किसी भी अर्थ में, सामाजिक दशाओं की अपेक्षा व्यक्ति महत्वपूर्ण होते हैं, तथा समाज को एक ऐसी समष्टि के रूप में मानना जो अपेक्षाकृत स्वतंत्र स्तरों (सांस्कृतिक, राजनीतिक, विधिक आदि) द्वारा निर्मित होती है जिसकी अभिव्यक्ति के रूप अथवा 'प्रभावकता' का निर्धारण अन्ततः अर्थव्यवस्था से होता है, इन विचारों का विरोध कर अल्थ्यूज़र ने मार्क्सवाद के भीतर और बाहर के कई विद्वानों को गहरा आघात पहुँचाया है। अल्थ्यूज़र की विचारधारानुसार, ऐसे व्यक्तिगत कर्त्ता का अब कोई महत्व नहीं है जो पूर्ण सजगता से ऐसे सामाजिक संबंध बनाता है जो सामाजिक संरचना द्वारा निर्धारित होते हैं और इनके स्थान पर प्रत्येक व्यक्ति व्यवस्था का मात्र एक अभिकर्त्ता बन जाता है।

अल्थ्यूज़र ने मार्क्सवादी 'मानवतावाद' की भी आलोचना की है। मानवतावाद के कई अर्थ और स्वरूप हैं: (1) नैतिक मानवतावाद, (2) दार्शनिक मानवतावाद, और (3) स्वेच्छाचारी मानवतावाद। नैतिक मानवतावाद से तात्पर्य ऐसे मूल्यों के समूह से है जो मानव और गैर-मानवीय जीवों (पारिस्थितिक केन्द्रिक मूल्य) की सेवाओं और उनके कल्याण के प्रति सजग और प्रतिबद्ध होता है और जो ईश्वर की अपेक्षा जीव जगत् को अधिक महत्व देता है। अल्थ्यूज़र मानवतावाद के इस अर्थ और स्वरूप के विरोधी नहीं हैं। वास्तव में, स्टालिन की ज्यादतियों, भूलों और अपराधों के प्रति अपनी प्रतिक्रिया प्रकट करते हुए उन्होंने कहा है कि इस प्रकार का मानवतावाद 'एक यथार्थ ऐतिहासिक स्वीकृति है।' द्वितीय, दार्शनिक मानवतावाद एक ऐसी प्रक्रिया के रूप में इतिहास की दार्शनिक समझ है जो मानव जाति को पूर्ण विकास का परिणाम मानता है और जो व्यक्ति को केन्द्र में रखते हुए स्वयं मनुष्यों को ही ऐसे अभिकर्त्तागण मानता है जो अपना विकास करने में सक्षम होते हैं। दूसरे शब्दों में, 'मानव का आत्म-विकास ही इतिहास है।' मानव 'प्रगति' के अनेक दार्शनिक स्वरूपों में मानवतावाद के इसी रूप को स्वीकार किया गया है। फॉरबॉक और स्वयं 'तरुण मार्क्स' के विचारों में मानवतावाद का यह रूप प्रतिबिम्बित हुआ है। अल्थ्यूज़र ने मानवतावाद के इस रूप के प्रति अपना विरोध प्रकट किया है और इसी आधार पर वे 'मानवतावाद विरोधी' बन गये। तृतीय, स्वेच्छाचारी मानवतावाद में समाजशास्त्रीय अथवा ऐतिहासिक-व्याख्या में व्यक्तिगत मानव प्राणियों की इच्छाओं (सजग अभिकर्त्ता) को प्राथमिकता दी जाती है। इस प्रकार के मानवतावाद को कभी-कभी 'स्वेच्छावाद' (वॉलॅन्टॅरिज़्म) भी कहा जाता है। इस प्रकार के मानवतावादी रूप को **सार्त्र** के अस्तित्ववाद, मुख्यधारा के अर्थशास्त्रों और राजनीतिक विज्ञान और समाजशास्त्र के 'तार्किक चयन' (रेशनॅल-चॉइस) के सिद्धान्त में प्रस्फुटित होते देखा जा सकता है। अभी हाल में, **एन्थनी गिडेन्स** के 'परावर्तक आधुनिकीकरण' के विचार में भी इस प्रकार के मानवतावाद के दर्शन में किये जा सकते हैं। अल्थ्यूज़र और उनके साथी संरचनावादियों ने ऐसे विचारों का कड़ा विरोध किया है।

आर्थिक निर्धारणवाद के आलोचक के रूप में अल्थ्यूज़र

अपनी पुस्तक 'रीडिंग केपिटल' में अल्थ्यूज़र और उनके साथियों ने मार्क्स के इतिहास और समाज के बाद के दृष्टिकोण (प्रौढ़ मार्क्स) के संदर्भ में मार्क्स की मुख्य अवधारणाओं की शल्य-चिकित्सा की है। आर्थिक संरचना, अथवा 'उत्पादन के ढंग' का विश्लेषण कुछ तत्वों के समूह (श्रम के साधन, वे वस्तुएं जिन पर कार्य किया जाता है, श्रमिक और वर्ग समाजों में ऐसे मालिक जो काम नहीं करते हैं) के ऐसे समन्वय के रूप में किया है जो दो भिन्न प्रकार के संबंधों से बंधे होते हैं; (1) उत्पादन के कार्य के लिये आवश्यक संबंध, (2) मालिकाना संबंध जिनके द्वारा मालिकों का वर्ग अतिरिक्त सम्पदा को प्राप्त करता है। इन संबंधों के विश्लेषण में अल्थ्यूज़रवादियों ने बहुत कुछ वही बात कही है, जो रूढ़िवादी मार्क्सवादियों ने कही है। इन दोनों प्रकार के विचारकों में जो अन्तर दिखाई देता है, वह 'आर्थिक निर्धारणवाद' की धारणा को लेकर है। अल्थ्यूज़रवादियों ने स्पष्ट तौर पर 'आर्थिक निर्धारणवाद' को नकारा है। वे कहते हैं कि सम्पूर्ण समाज कुछ विशिष्ट 'संरचनाओं' अथवा 'व्यवहारों' (प्रैक्टिसेस) से बना होता है, जिनमें से अर्थव्यवस्था भी एक है। व्यवहार के अन्य

रूप वैचारिक, राजनीतिक और सैद्धान्तिक (वैज्ञानिक) आदि होते हैं। इनमें से प्रत्येक व्यवहार का अपना एक यथार्थ, अपने 'अन्तर्विरोध' होते हैं (जैसे विद्यार्थियों और विश्वविद्यालय प्रशासन के बीच संघर्ष या महिलावादी आंदोलन के रूप में वैचारिक संघर्ष)। ये सभी अपने-अपने ढंग से सामाजिक प्रक्रियाओं के बहाव को बनाये रखने में अपना योगदान करते हैं। अतः अल्थ्यूज़र ने समाज की रचना और संचालन में आर्थिक प्रक्रिया (अर्थव्यवस्था) को रूढ़िवादी मार्क्सवादियों की भांति एक मात्र या सर्वोपरि प्रक्रिया न मान कर अन्य प्रक्रियाओं के साथ एक प्रक्रिया माना है, किन्तु उन्होंने मार्क्स के इस विचार से अवश्य सहमति प्रकट की है कि आर्थिक संरचनाएं कुछ अंशों में मूलभूत होती हैं। इनकी महत्ता अन्य प्रक्रियाओं से थोड़ी अधिक होती है।

अल्थ्यूज़र के अनुसार, मार्क्स का सबसे बड़ा योगदान इतिहास में सर्वप्रथम उनकी 'उत्पादन के ढंग' और विशेष रूप में 'पूंजीवादी उत्पादन के ढंग' (अतिरिक्त मूल्य, विनिमय मूल्य और पन्य (कॅमॉडिटी) की धारणाएं) से जुड़ी अवधारणाएं हैं। 'इतिहास के विज्ञान' की खोज उनकी दूसरी प्रमुख अवधारणा है। 'इतिहास के विज्ञान' से तात्पर्य 'ऐतिहासिक-भौतिकवाद के साथ-साथ 'द्वन्द्वात्मक भौतिकवाद' से है। 'ऐतिहासिकतावाद', इसके विपरीत, यह भूला देता है कि मार्क्सवाद एक दर्शन भी है और मानवतावाद यह भूला देता है कि मार्क्स ने एक नये विज्ञान को जन्म दिया है। जिसे हम 'इतिहास का विज्ञान' कहते हैं, उसे उत्पादन के ढंग के इतिहास के रूप में समझा जाना चाहिये। अतः मार्क्स की दृष्टि में 'समाज' जैसी कोई चीज नहीं है, अपितु ये उत्पादन के विभिन्न ढंग ही हैं जो इतिहास में उद्‌भूत होते रहते हैं और जो संरचित सामाजिक समष्टि के अपेक्षाकृत विभिन्न स्वतंत्र स्तरों में हमेशा विद्यमान रहते हैं।

अल्थ्यूज़र के उपरोक्त समस्त विचारों को हम अति संक्षेप में निम्न बिन्दुओं में प्रस्तुत कर सकते हैं:

(1) अल्थ्यूज़र परम्परागत मार्क्सवाद की आधार (बेस) और अधिसंरचना (सुपरस्ट्रक्चर) विषय संबंधी अपनी आलोचना के लिये सर्वाधिक जाने जाते हैं। **उन्होंने कहा कि आधार (अर्थात् आर्थिक उत्पादन प्रणाली) द्वारा अधिसंरचना (अर्थात् राजनीति, कानून, नैतिक आदर्श, विचार, धर्म आदि) का निर्धारण नहीं होता जैसा कि मार्क्स ने माना है।** मार्क्स के अनुसार, जब 'आधार' में मौलिक परिवर्तन होता है, तब 'अधिसंरचना' में भी बदलाव आ जाता है। अल्थ्यूज़र ने मार्क्स के इस प्रतिरूप (मॉडल) को यथावत स्वीकार नहीं किया और इसमें संशोधन-परिवर्धन किये क्यों कि मार्क्स के इस प्रतिरूप में आर्थिक निर्धारणवाद की गंध आती थी जिसके प्रति उनकी कई आपत्तियां थीं। उन्होंने विचारधारा और राजनीति जैसे अधिसंरचनात्मक तत्वों को मात्र आर्थिक आधार का प्रतिबिम्ब मानने के स्थान पर एक ऐसी योजना प्रस्तुत की जिसमें विचारधारा और राजनीति को अर्थव्यवस्था के अस्तित्व की दशाओं के रूप में स्वीकार किया जाता है। अल्थ्यूज़र ने आंशिक रूप में उत्पादन के ढ़ंग की अवधारणा में भी रुचि प्रकट की क्यों कि वे इसे अर्थव्यवस्था, विचारधारा और राजनीति के जटिल संबंधों की अभिव्यक्ति मानते हैं।

अल्थ्यूज़र ने मार्क्स और एंजिल्स की पुस्तकों के उद्धरणों के साथ-साथ समकालीन प्रतिष्ठित संरचनावादियों के विचारों का सहारा लेते हुए कहा, 'समाज आर्थिक, वैचारिक और राजनीतिक व्यवहारों का एक व्यवस्थित सम्मिश्रण है जिन्हें एक दूसरे के स्थान पर प्रयोग में नहीं लाया जा सकता और सम्पूर्ण की स्वरूप रचना में प्रत्येक का अपना एक विशिष्ट महत्व है।' **मार्क्सवाद के सैद्धान्तिक ढांचे के संदर्भ में इसका अर्थ यह है कि 'आधार' और 'अधिसंरचना' के तत्व आपस में व्यवस्थित रूप में जुड़े हुए हैं; इनमें से किसी एक तत्व, अर्थात् 'आधार' को संपूर्ण परिवर्तन का मूल कारण मानना बुद्धिसंगत नहीं है**। अतः अल्थ्यूज़र के अनुसार, सामाजिक परिवर्तन का कोई एक कारण नहीं हैं, जैसा कि मार्क्स मानते हैं, अपितु अनेक कारण हो सकते हैं।

(2) अल्थ्यूज़र ने विचारधारा की प्रकृति को भी पुनर्परिभापित करने का यत्न किया है। उन्होंने कहा कि विचारधारा को एक मिथ्या धारणा (जैसा कि पारम्परिक विश्लेषण में माना गया है) की अपेक्षा एक वास्तविक सामाजिक संबंध या व्यवहार माना जाना चाहिये। वे कहते हैं कि **विचारधारा मिथक नहीं है, जैसा मार्क्स ने माना है, यह एक यथार्थता है**।

(3) अल्थ्यूज़र का सर्वाधिक विशेष योगदान **उनकी वैचारिक राज्य उपकरण की अवधारणा** है जो संभवतः उन्होंने ए. ग्रामसी से ली है। अल्थ्यूज़र के अनुसार, **पूंजीवादी समाजों का अधिक समय तक चलने के लिये यह आवश्यक है कि उत्पादन के ढंगों का पुनर्निर्माण किया जाये** और यह आवश्यकता वैचारिक राज्य उपकरणों जैसे मीडिया और शिक्षा की संस्थाओं द्वारा पूरी की जाती है।

(4) **अल्थ्यूज़र ने मार्क्स के ऐतिहासिकतावाद को न केवल गलत माना, अपितु इसकी कड़ी आलोचना भी की है**। इतिहास के बारे में यह धारणा कि इसका विकास एक रेखा में एक स्तर से दूसरे स्तर में क्रमिक रूप होता रहता है। पारम्परिक मार्क्सवादी इसी धारणा का अनुसरण करते हुए यह मानते हैं कि मानव जाति धीरे-धीरे कई स्तरों से गुजरती हुई साम्यवादी स्तर पर पहुँचेगी। अल्थ्यूज़र ने इसे एक ऐतिहासिक विचारणा मानने से अस्वीकार किया है और उन्होंने इतिहास संबंधी ऐतिहासिकतावाद विरोधी दृष्टिकोण को उजागर किया जो उनके अनुसार मार्क्स के बाद के लेखनों में मौजूद है।

(5) **अल्थ्यूज़र के सबसे विवादास्पद विचार 'सैद्धान्तिक मानववाद' (व्यक्ति और समाज के संबंधों) के बारे में हैं**। उन्होंने उन सिद्धान्तों की तीव्र आलोचना की जो व्यक्तियों या व्यक्तियों के समूहों, जैसे वर्ग की विशेषताओं के आधार पर मानवीय व्यवहार की व्याख्या करते हैं। उनके अनुसार, व्यक्तियों को सामाजिक संबंधों की संरचनाओं के प्रतिनिधियों या निर्माण करने वालों के रूप में देखा जाना चाहिये।

(6) **मार्क्स का इतिहास के प्रति अपनाया गया यह दृष्टिकोण कि इतिहास मानव के आत्म-विकास की एक प्रक्रिया है, अस्वीकार करने योग्य है**। सामाजिक जीवन के आधार या स्त्रोत के रूप में उनके स्वायत्तपूर्ण व्यक्तिगत एजेन्सी के विचार को भी स्वीकार नहीं किया जा सकता। अल्थ्यूज़र की व्यक्तिगत स्वायत्तता की ऊपरी तौर पर नकारने की स्थिति ने मार्क्सवादी और गैर-मार्क्सवादी दोनों प्रकार के सामाजिक

विचारकों में तीव्र प्रतिक्रिया उत्पन्न की है।

(7) **अल्थ्यूज़र की दृष्टि में बड़े स्तर पर होने वाले ऐतिहासिक बदलाव हमेशा आकस्मिक होते हैं,** और हमेशा किसी सामाजिक प्रणाली को प्रभावित करने वाले अनेकानेक विरोधों के अति निर्धारण या सघनन की प्रक्रिया का अपवादिक परिणाम होते हैं। अतः इस अर्द्ध धार्मिक धारणा, अर्थात् **'इतिहास का रूख हमारी ओर है' की उक्ति का मार्क्सवादी इतिहास की व्याख्या में कोई स्थान नहीं होना चाहिये।**

मार्क्स को नये रूप में प्रस्तुत करने की अल्थ्यूज़र की योजना का क्या हश्र हुआ? उनकी इस योजना की आज क्या स्थिति है? इन प्रश्नों के उत्तर देना इतना सरल नहीं है, जितना सामान्यतः समझ लिया जाता है। अल्थ्यूज़र के तीव्र आलोचक भी हैं और साथ ही उनके निष्ठावान पैरोकार भी। किन्तु इसमें संदेह नहीं है कि अल्थ्यूज़रवाद की आज वह स्थिति नहीं है जो सन् 1960 और 1970 के दशक के बीच थी। एक मार्क्सवादी के रूप में उनकी लोकप्रियता में तब कमी आ गई जब सन् 1970 के दशक के उत्तरार्द्ध में मार्क्सवादी सिद्धान्त का पतन शुरू हो गया। अल्थ्यूज़रवादी सामाजिक सिद्धान्त जिसे उन्होंने विकसित किया था, वह भी उद्योगवाद से प्रेरित 19वीं सदी की विश्वदृष्टि को हिलानें में कमज़ोर साबित हुआ। उनकी पारम्परिक समाजशास्त्र के क्षेत्र में भी काफी आलोचना हुई जिसके कारण समाजशास्त्र में उनकी प्रतिष्ठा को आँच आई है, साथ ही समाजशास्त्र में उनके प्रभाव में भी कमी आई हैं **उनकी आलोचना के कई आधार रहे हैं, जिनमें प्रमुख मुद्दे**—सार्थक और विपरीत साक्ष्यों के प्रति उनका घोर उपेक्षा भाव, उनकी कट्टरवादिता एवं मताधंता तथा मूल मार्क्सवादी सिद्धान्तों से विचलन (विशेष रूप में अर्थव्यवस्था की सर्वोपरिता के विचार को उनके द्वारा अस्वीकार किया जाना) आदि रहे हैं।

अल्थ्यूज़र की इन आलोचनाओं के उपरान्त भी उनके विचारों ने साहित्य, राजनीतिक समाजशास्त्र, मानवशास्त्र, नारीवादी सामाजिक सिद्धान्त, ज्ञानमीमांसा, विकास का समाजशास्त्र, सांस्कृतिक अध्ययन और यहां तक की फिल्म आलोचना जैसे ज्ञान के कई विविध क्षेत्रों को प्रभावित किया है। लगभग दो दशकों तक मानविकी और सामाजिक विज्ञानों के क्षेत्र में अल्थ्यूज़रवादी मार्क्सवाद ने अध्ययन और शोध के कई क्षेत्रों को प्रवर्तित किया। **अल्थ्यूज़र ने अपने संरचनावाद में उत्तर-आधुनिकता और उत्तर-संरचनावाद के कुछ मुद्दों का पूर्वाभास कर उन्हें भी सम्मिलित किया है** जिनका प्रभाव उनके दो प्रतिभावान विद्यार्थियों—**दरिदा और फूको** के विचारों में प्रतिबिम्बित हुआ देख सकते हैं। वैचारिक या 'सांस्कृतिक' प्रक्रियाओं की सापेक्षिक स्वतंत्रता पर अल्थ्यूज़र द्वारा बल दिये जाने के कारण एक ओर संस्कृति के अध्ययन के उपगामों के द्वारा खुले, तो दूसरी ओर आर्थिक निर्धारणवादी आधार पर किये जाने वाले पूर्ववर्ती मार्क्सवादी शोध का मार्ग बाधित हुआ है।

सोवियत 'साम्राज्य' का पतन, पूर्वी एशियाई 'साम्यवादी देशों का पूंजीवाद में बदलाव तथा पश्चिमी साम्यवादी दलों में व्यापक टूटन एवं विघटन को पूंजीवाद और उदारवादी लोकतंत्र की निर्णायक (अंतिम) विजय के रूप में देखा जा सकता है। अल्थ्यूज़र को इन सभी बातों का पूर्वाभास था। सन् 1967 के उपरान्त आत्मलोचन संबंधी उनका ढेर सारा साहित्य सामने आया जिस पर तत्कालीन उग्रवादी विद्यार्थी आंदोलन की छाप देखी जा सकती है। इससे प्रतीत होता है कि इन घटनाओं के बाद अल्थ्यूज़र विज्ञान की प्रकृति संबंधी अपने

पूर्ववर्ती सिद्धान्त के प्रति प्रदर्शित कठोर प्रतिबद्धता से पीछे हटने लगे और दर्शनशास्त्र को विज्ञान और राजनीति के बीच मध्यस्थता करने वाला मानने लगे थे। अल्थ्यूज़र के विचारों के प्रति मार्क्सवादियों का पूर्णतः मोहभंग नहीं हुआ है। आज भी अनेक विज्ञानों के क्षेत्र में काफी मात्रा में मार्क्सवादी अपने पैर जमाए हुए हैं। यही नहीं, उत्तर-आधुनिकतावाद की ज़्यादतियों की शुरुआत के कारण अल्थ्यूज़र के विचारों के प्रति पुनःरूझान पैदा होने की आहट का अहसास होने लगा है।

प्रमुख कृतियाँ:

- Montesquieu: Politics and History, (1959)
- For Marx, (1966)
- Reading Capital, (1970)
- Lenin and Philosophy and Other Essays, (1971)
- Essays in Self-Criticism, (1973)
- Positions, (1976)

Ambedkar, Bhimrao Ramji

भीमराव रामजी अम्बेडकर (1891-1956)

भारत की जाति-व्यवस्था के घोर विरोधी एवं कटु आलोचक **भीमराव रामजी अम्बेडकर** बहुमुखी प्रतिभा के धनी थे। उनके व्यक्तित्व के कई आयाम थे। वे एक विधिवेत्ता, अर्थशास्त्री, संविधान विशेषज्ञ के अतिरिक्त एक सामाजिक और धार्मिक चिन्तक एवं सिद्धान्तकार भी थे। **उन्हें स्वतंत्र भारत के संविधान के निर्माता और दलित-चेतना के प्रतीक पुरुष के रूप में जाना जाता है।** शांतिपूर्ण सामाजिक क्रांति उनके जीवन का प्रमुख मिशन था। सामाजिक क्रांति, अर्थात् सामाजिक जड़ताओं से छुटकारा और एक ऐसे समाज की रचना जिसमें मनुष्य-मनुष्य के बीच जन्म, जाति, आर्थिक स्थिति, लिंग आदि के आधार पर कोई भेदभाव न हो और सबके लिये उन्नति और विकास के समान अवसर उपलब्ध हों। समाज अंधविश्वासों, रूढ़ियों और व्यर्थ के कर्मकाण्डों से मुक्त हो। उनका मानना था कि स्वतंत्रता, समता और बंधुता के सर्वोच्च मानव-मूल्यों को प्राप्त करने के लिये जाति-व्यवस्था को समाप्त करना आवश्यक है। इसकी समाप्ति के बिना न समाज में समृद्धि होगी और न ही शांति की स्थापना संभव है। एक बार समाजवादियों के सम्मेलन की अध्यक्षता करते हुए उन्होंने कहा था, 'जब तक जाति के दानव से नहीं लड़ा जायेगा, तब तक न तो इस देश में समाजवाद आयेगा और न ही लोकतंत्र स्थापित होगा।' **गेल ओमवेत** ने अपने एक लेख में अम्बेडकर के दलित मुक्ति के सिद्धान्त का विश्लेषण कर बताया कि अम्बेडकर ने मार्क्सवाद के लक्ष्य, अर्थात् समाजवाद को तो स्वीकार किया है, किन्तु उन्होंने इसके हिंसा के साधन के प्रति असहमति प्रकट की है। **वे शांतिपूर्ण ढंग से समाज में बदलाव के पक्षधर थे।** उनका विचार था कि इसके लिये हिन्दू धर्म के नियमाचारों (जो समाज में उत्पीड़न, असमानता, अन्याय और अशपृस्यता के लिये उत्तरदायी रहे हैं) में आमूलचूल परिवर्तन लाना होगा। इन

समस्याओं के समाधान हेतु अम्बेडकर ने दलित जागृति, विरोध प्रदर्शन और सत्ता संघर्ष के साधनों की ओर इशारा किया है।

अम्बेडकर का जन्म महाराष्ट्र के अस्पृश्य कहे जाने वाले एक समुदाय महार जाति के एक अत्यंत गरीब परिवार में हुआ था। परिवार में पढ़ने-लिखने की कोई परम्परा नहीं थी, किन्तु भीमराव की पढ़ने-लिखने में रुचि को देख कर उनके पिता ने उन्हें पढ़ाने के लिये इधर-उधर से धन का इन्तज़ाम कर पढ़ाने का निश्चय किया। अपनी कुशाग्र बुद्धि और लगन के द्वारा अम्बेडकर ने सन् 1907 में मैट्रिक और सन् 1912 में स्नातक की परीक्षा पास कर ली। इसी बीच सन् 1913 में उनके पिता की मृत्यु हो गई जो उनके लिए एक बड़ा सदमा था। किन्तु, दृढ़ निश्चय के धनी अम्बेडकर ने एक वजीफा प्राप्त कर आगे की पढ़ाई के लिये अमेरिका के कोलम्बिया विश्वविद्यालय में दाखिला ले लिया और वहां से सन् 1915 में मानवशास्त्र में एम.ए. किया और बाद में यहीं से सन् 1924 में 'ब्रिटिश भारत में प्रान्तीय वित्त का उद्भव' विषय पर पी.एच.डी. की उपाधि प्राप्त की। सन् 1915 में एम.ए. करने के बाद वे सन् 1916 में लंदन आ गये और यहां उन्होंने सन् 1921 में 'मास्टर ऑफ साइन्स' की उपाधि और सन् 1922 में 'बार एट लॉ' की डिग्री प्राप्त की। इसी बीच सन् 1918 में उन्होंने कुछ समय के लिये अध्यापन भी किया। अपने जीवन में उन्होंने कई प्रतिष्ठित पदों पर कार्य किया। वे साइमन कमीशन के सदस्य थे तथा सन् 1930 में उन्होंने गोलमेज सम्मेलन में आमंत्रित सदस्य के रूप में भाग लिया। सन् 1942 में वे श्रम मंत्री के सलाहकार रहे हैं। वे संविधान निर्माण की प्रारूप समिति के अध्यक्ष और स्वतंत्र भारत की प्रथम सरकार के पहले कानून मंत्री थे।

अम्बेडकर प्रखर बुद्धि सम्पन्न विद्वान थे। उन्होंने बहुत अधिक तो नहीं लिखा है, किन्तु उन्होंने जो कुछ लिखा है उसका मुख्य उद्देश्य भारत में शांतिपूर्ण क्रांति उत्पन्न कर दलित जातियों, विशेषतः अस्पृश्य जातियों को संस्थात्मक दासता और जाति उत्पीड़न से मुक्त करवाना रहा है। उनके लेखन के प्रमुख विषय—हिन्दू सामाजिक संगठन, शिक्षा व्यवस्था, प्रशासन, भारतीय विश्वविद्यालयों का पुनर्गठन, भारतीय विधि व्यवस्था, सामाजिक सुधार भारतीय राजनीति का पुनर्गठन, आर्थिक पुनर्रचना, शुद्ध मानवीय मूल्यों पर आधारित दर्शन, स्वतंत्रता और समानता पर आधारित भारतीय गणतंत्र जैसे अनेक विविध विषय रहे हैं। उनका अधिकांश लेखन विवादास्पद और खण्डन-मण्डनात्मक प्रकार का है। उदाहरणार्थ, धर्म शब्द का प्रयोग उन्होंने अन्य विद्वानों से भिन्न कुछ अनिश्चित अर्थ और संदर्भ में किया है। उन्होंने भारत की अस्पृश्य जातियों के बारे में अनेक प्रश्न खड़े कर उनके उत्तर दिये हैं। शूद्र कौन थे? अस्पृश्यता का कैसे जन्म हुआ, इसका क्या स्वरूप है, इन्डो-आर्यन समाज में चातुर्वर्ण्य व्यवस्था कहां से आई? आदि प्रश्नों के उत्तरों को जानने के लिये उन्होंने, कई धर्मग्रन्थों, पुराणों, कथाओं, उपन्यासों, पुराकथाओं आदि की सिलसिलेवार खोजबीन की और अपने लेखनों में उन्हें (विशेषतः मनुस्मृति को) अपने विश्लेषण का आधार बनाया है। यही नहीं, अम्बेडकर ने भारतीय सामाजिक व्यवस्था में अन्तर्हित उस सामाजिक दर्शन का भी विश्लेषण किया है जिस पर यह व्यवस्था आधारित रही है।

जाति-व्यवस्था क्या है, उसका क्या स्वरूप है, उसका निर्माण कैसे हुआ, यह व्यवस्था

कैसे बनी, इन सब बातों का गहन और सूक्ष्म विश्लेषण **उन्होंने अपनी पुस्तक 'जाति व्यवस्था का विनाश'** में किया है। इस पुस्तक के प्रकाशन के बाद कई बातों को लेकर महात्मा गांधी और अम्बेडकर के बीच एक लंबा पत्र व्यवहार भी हुआ था। विचारों के इस आदान-प्रदान के फलस्वरूप दोनों के विचारों में परिवर्तन आया। कई मामलों में (अन्तर्जातीय विवाह और सहभोज) गांधी ने अम्बेडकर के विचारों का समर्थन किया और अम्बेडकर भी गांधी से प्रभावित हुए बिना नहीं रह सके।

शूद्रों कौन थे? इस प्रश्न के उत्तर में अम्बेडकर ने लिखा है कि शूद्रों की उत्पत्ति इन्डो-आर्यन सामाजिक संगठन की चातुर्वर्ण्य व्यवस्था (ब्राह्मण, क्षत्रिय, वैश्य और शूद्र) से हुई है जो ऊँच-नीच के क्रमिक पद सौपान पर आधारित रही है। इस व्यवस्था को समाज के वर्गीकरण की एक व्यवस्था मात्र मानना एक भूल है क्योंकि इसमें वैधानिक एवं दण्ड विषयिक नियम भी शामिल हैं। अम्बेडकर ने यह स्वीकार किया है कि सभी समाजों में किसी न किसी रूप में वर्ग-विभाजन हुआ है और यह स्वाभाविक भी है। हिन्दुओं में यह वर्ग-विभाजन वर्णों के रूप में हुआ है जो संस्तरण के सिद्धान्त पर आधारित है और इस संस्तरण में शूद्रों का स्थान सबसे नीचे था। हिन्दू समाज में इन वर्गों (वर्णों) का निर्माण धार्मिक आधार पर हुआ है जिन्हें अपरिवर्तनशील माना जाता है। इन्हें न केवल आदर्श अपितु दैविक और पवित्र माना गया है, जिसे अम्बेडकर गलत मानते हैं। इन वर्गों (वर्णों) के निश्चित व्यवसाय माने गये हैं जिनका उल्लघंन का तात्पर्य दंड का भागी होना था। इस प्रकार की ऊँच-नीच की वर्ग-व्यवस्था ने ही हिन्दू समाज में दासता और असमानता को जन्म दिया है।

हिन्दू समाज में व्याप्त अस्पृश्यता के लिये अम्बेडकर ने हिन्दू धर्म को उत्तरदायी माना है। वे कहते हैं कि हिन्दू धर्म अपने ही समाज के एक वर्ग के व्यक्तियों के प्रति अस्पृश्यता का व्यवहार करने का आदेश देने के साथ-साथ अस्पृश्य व्यक्तियों को इस स्थापित व्यवस्था के विरोध में न केवल विद्रोह करने से रोकता है, अपितु उन्हें यह आदेश देता है कि उनका यह कर्त्तव्य है कि वे इस दैवीय एवं पवित्र स्थापित व्यवस्था को बनाये रखें। अम्बेडकर ने **स्टैनले राइस** के अस्पृश्यता की उत्पत्ति संबंधी प्रजाति और व्यवसाय संबंधी विचारों को नकारते हुए कहा है कि इस समस्या का जन्म न तो प्रजातीय आधार पर और न ही व्यावसायिक आधार पर हुआ है। उनकी दृष्टि में इसके जन्म के दो मूल कारण हैं; (1) बौद्ध धर्म के प्रति हिन्दुओं की घ्रणा की भावना और (2) गाय का मॉस खाना। अम्बेडकर इन दोनों कारणों को छूआछूत की उत्पत्ति का मूल कारक मानते हैं। अस्पृश्यता को समाप्त करने के लिये अम्बेडकर ने मार्क्सवादी समाजशास्त्र का सहारा लेते हुए लिखा है कि "अस्पृश्यता की समस्या वर्ग-संघर्ष का एक मामला है।" अपने इन विचारों के द्वारा उन्होंने अस्पृश्यों में वर्ग-चेतना उत्पन्न करने का प्रयास किया है।

अम्बेडकर ने जाति की उत्पत्ति संबंधी **एम. सेनार्ट** (अपवित्रता की धारणा), **रिज़ले** (प्रजाति सिद्धान्त), **नेसफील्ड** (व्यावसायिक सिद्धान्त) और **केतकर** (अन्तर्जातीय खानपान निषेध) आदि विद्वानों के सिद्धान्तों की समीक्षा कर उन्हें त्रुटिपूर्ण और अपर्याप्त सिद्धान्त माना है। **अम्बेडकर के अनुसार, जाति की उत्पत्ति अन्तर्विवाह की प्रथा (एक ही जाति में विवाह**

करने का चलन) से हुई है। अपने विचारों की पुष्टि के लिये उन्होंने मनुस्मृति में उल्लखित विवाह संबंधी नियमों का उल्लेख किया है। अनेक जातियों का बनने का कारण भी वे विभिन्न वर्णों (जातियों) में अन्तर्विवाह के नियम का उल्लंघन मानते हैं। अम्बेडकर के अनुसार, "**जातियां ऐसी स्थाई एवं निश्चित इकाइयाँ हैं जो आमजन को कृत्रिम रूप से विभाजित करने से बनी हैं। ये इकाइयाँ एक दूसरे से विवाह संबंध स्थापित नहीं करती । इन्हें अन्तर्विवाह के नियम से एकजुट रखा जाता है।**" (1948)

समाज में न्याय के बारे में अपने विचारों को स्पष्ट करने हेतु उन्होंने **बर्गबोन** को उद्धृत करते हुए कहा है कि न्याय साधारणतः स्वतंत्रता, समानता और भ्रातृत्व का एक दूसरा नाम है। उन्होंने लिखा है कि यदि सभी व्यक्ति समान हैं, सभी व्यक्तियों में समान सार-तत्व है, तब यह साझा सार-तत्व उन्हें समान मूलभूत अधिकारों और समान स्वतंत्रता का अधिकारी बनाता है। समानता और न्याय के संदर्भ में अम्बेडकर ने **हिन्दू धर्म और हिन्दू सामाजिक व्यवस्था की समीक्षा करते हुए कहा है कि जाति-व्यवस्था जो हिन्दू धर्म और हिन्दू सामाजिक व्यवस्था का मूलाधार रही है, वह पूर्णतः असमानता और अन्याय से ग्रसित एक संस्था है।** वे मानते हैं कि यह संस्था मनु के सिद्धान्तों पर आधारित है जो असमानता को जन्म देते हैं। यह व्यवस्था ऊँच-नीच और क्रमिक संस्तरण पर आधारित है। इस संस्तरण के सबसे ऊँचे छोर पर ब्राह्मणों को, इनसे नीचे क्षत्रियों को, क्षत्रियों से नीचे वैश्यों को और वैश्यों के नीचे शूद्रों को रखा गया है। शूद्रों के नीचे भी अति शूद्रों को रखा गया है जिन्हें अस्पृश्य माना जाता है। अम्बेडकर के अनुसार ऊँच-नीच और स्तरण की यह व्यवस्था साधारणतः दूसरे रूप में असमानता के सिद्धान्त को ही प्रस्थापित करती है। **अतः निष्कर्षतः अम्बेडकर यह मानते हैं कि हिन्दू धर्म समानता को स्वीकार नहीं करता है।** विभिन्न वर्गों में पद और प्रस्थिति की यह असमानता एक स्थाई सामाजिक संबंध की परिचायक है जिसका प्रयोग हर समय और हर स्थान के साथ-साथ सभी प्रयोजनों के लिये किया जाता है। जाति व्यवस्था में निहित इस असमानता को स्पष्ट करने के लिये अम्बेडकर ने दास प्रथा, विवाह और कानूनों के उदाहरण दिये हैं।

मनु के विचारों के उद्धरण देते हुए अम्बेडकर ने जाति-व्यवस्था को एक ऐसी दास प्रथा के रूप में निरूपित किया है जो शूद्रों तक सीमित है जिन्हें अपने से ऊपर के तीन वर्णों (ब्राह्मण, क्षत्रिय और वैश्य) की सेवा करनी पड़ती है। वे कहते हैं कि इस व्यवस्था में उच्च जातियों के लोगों का शूद्रों के दास बनने का सवाल ही नहीं उत्पन्न होता। एक ब्राह्मण दूसरे ब्राह्मण का, एक क्षत्रिय दूसरे क्षत्रिय या ब्राह्मण का, एक वैश्य दूसरे वैश्य या ब्राह्मण अथवा क्षत्रिय का दास हो सकता है, जबकि एक शूद्र दूसरे शूद्र के अलावा तीनों अन्य वर्णों का भी दास होता है, किन्तु एक शूद्र किसी ब्राह्मण, क्षत्रिय अथवा वैश्य को दास नहीं रख सकता है।

इसी प्रकार, विवाह की संस्था को असमानता को बनाये रखने का आधार मानते हुए अम्बेडकर ने मनु के विचारों की चीराफाड़ी की है और यह माना है कि मनु के वैवाहिक नियम अन्तर्वर्णीय (अन्तर्जातीय) विवाह की अनुमति नहीं देते हैं। उनके नियमानुसार, प्रत्येक वर्ग (वर्ण) के व्यक्ति को अपने ही वर्ग में विवाह करना आवश्यक था, किन्तु यदि किन्हीं

आवश्यक कारणों से किसी दूसरे वर्ण में विवाह करना अनिवार्य हो जाता था, तब उसे अनुलोम प्रथा का पालन करना पड़ता था किन्तु प्रतिलोम प्रथा में यह बर्जित था। किसी शूद्र व्यक्ति का अपने से उच्च वर्ग (वर्ण) की स्त्री से विवाह करना न केवल वर्जित था, अपितु इसके लिये कठोर दंड की व्यवस्था थी। अम्बेडकर ने मनु और बाद में याज्ञवल्क्य के उद्धरणों द्वारा यह सिद्ध करने का प्रयास किया है कि इस प्रकार की विवाह की संस्था ने भी हिन्दू समाज में असमानता को प्रोत्साहित किया है।

न्याय और समानता के विश्लेषण के संदर्भ में अम्बेडकर ने मनु की न्याय व्यवस्था (नियमों) का भी उल्लेख किया है। उन्होंने बताया कि मनु ने एक से अपराध के लिये नियमों को लागू किये जाने और दंड देने के संबंध में भिन्न वर्णों के बीच भेद किया है। न्याय की भिन्नता के बारे में अपने विचार व्यक्त करते हुए अम्बेडकर ने माना है कि हिन्दू न्याय व्यवस्था में अपराधी और दीवानी दोनों प्रकार के कानूनों का उद्देश्य समाज में असमानता को बनाये रखना था। वे कहते हैं कि हिन्दू विधि व्यवस्था (मनु के नियमों के अनुसार) में सभी अपराधियों के साथ एक सा बर्ताव नहीं किया गया और न ही एक सा दंड देने की व्यवस्था थी। इसीलिये अम्बेडकर ने मनु के विधिक नियमों को "दंड की अतार्किक व्यवस्था" कहा है तथा दंड के स्वरूप की 'अमानवीय प्रकृति' को भी उज़ागर किया है जिसमें अपराध के अनुसार शरीर के विभिन्न अंगों जैसे पेट, जिव्हा, नाक, कान तथा जननिक अंगों पर भी प्रहार करके अपराधी को दंडित किया जाता था। इस व्यवस्था में अपराधी के दोष की मात्रा पर भी कोई विचार नहीं किया जाता था। अम्बेडकर के अनुसार, **इस प्रकार की न्याय और दंड व्यवस्था का उद्देश्य अपराधी को दंडित करना मात्र नहीं था, अपितु सामाजिक असमानता का अनुमोदन करना था।**

समता के बारे में अम्बेडकर ने यह स्वीकार किया है कि सभी मनुष्य (मानसिक और शारीरिक शक्ति में) समान नहीं होते, किन्तु फिर भी उन्होंने वैचारिक और व्यावहारिक आधार पर समता का प्रतिपादन किया है। वे समता को मानवीय आधार पर उचित मानते थे। **व्यक्तिगत रूप में एक मनुष्य और दूसरे मनुष्य में अन्तर को स्वीकार करते हुए भी अम्बेडकर ने 'अवसर की समानता' की बात कही है, किन्तु साथ ही उन्होंने यह भी माना है कि चयन हमेशा योग्यता के आधार पर होना चाहिये अन्यथा सामाजिक प्रजातंत्र और मानवता के प्रति घोर अन्याय होगा।** अतः यदि वैयक्तिक प्रयत्नों में हम व्यक्तियों को असमान समझें तो कम से कम सामाजिक सुविधाओं के क्षेत्र में उन्हें समान समझना चाहिये। प्रत्येक व्यक्ति को आगे बढ़ने का अवसर दिया जाना चाहिये। अम्बेडकर ने "प्राथमिकतायुक्त समता" की बात कही है। प्राथमिकतायुक्त समता से उनका तात्पर्य ऐसे व्यक्तियों को सुविधाएं देने में प्राथमिकता बरते जाने से रहा है जो साधनहीन हैं और जो बिना सुविधाओं के आगे नहीं बढ़ सकते।

असमानता का मूल कारण अम्बेडकर ने हिन्दू धर्म को माना है। हिन्दू सामाजिक व्यवस्था में विभिन्न वर्णों के बीच जो भेद किया गया है, वह धार्मिक असमानता को प्रकट करती है। इस तथ्य के दर्शन हिन्दू जीवन के आधार कहे जाने वाले संस्कारों और आश्रम व्यवस्था में किये जा सकते हैं। अम्बेडकर कहते हैं कि संस्कारों (जिनकी संख्या के बारे में स्मृतिकारों में मतभेद है; किन्तु मोटे रूप में 16 संस्कार बताये गये हैं) का पालन द्विज वर्णों

(ब्राह्मण, क्षत्रिय और वैश्य) के लिये ही आवश्यक बताया गया है। कुछ संस्कार, जैसे दीक्षा या उपनयन संस्कार शूद्रों के लिये पूर्णतः निषेधित माने गये हैं। इसी प्रकार, यज्ञ करने का अधिकार केवल उच्च द्विज वर्णों को ही था। शूद्र लोग कुछ संस्कारों का पालन तो कर सकते थे, किन्तु इन संस्कारों से जुड़े मंत्रों का प्रयोग करना उनके लिये वर्जित था। अम्बेडकर ने इन संस्कारों और आश्रमों के बारे में यह प्रश्न उठाया है कि ये संस्कार द्विज वर्णों के ही क्यों विशेषाधिकार बताये गये हैं। शूद्रों के लिये इन संस्कारों को निषेधित कर उन्हें शरीर और आत्मा की शुद्धि (जो संस्कार के उद्देश्य माने गये हैं) से क्यों वंचित रखा गया है। क्या शूद्र लोग ईश्वर प्राप्ति की आकांक्षा नहीं रख सकते? यदि ईश्वर के समक्ष सभी समान हैं तो इस पृथ्वी पर सब समान क्यों नहीं हैं?

डा. अम्बेडकर ने हिन्दू धर्म में असमानता को लेकर स्वतंत्रता का भी विश्लेषण किया है और बताया कि भारतीय जाति-व्यवस्था में जीवन-वृति (व्यवसाय) को चुनने की स्वतंत्रता नहीं थी। अम्बेडकर ने लिखा है कि 'नागरिकों के सामाजिक अधिकार जितने अधिक समान होंगे, उतनी ही अधिक वे स्वतंत्रता का प्रयोग कर पायेंगे।' एक व्यक्ति को आर्थिक सुरक्षा होना आवश्यक है और इसके लिये उसे व्यवसाय चुनने की स्वतंत्रता होनी चाहिये। यदि व्यक्ति को रोज़गार की स्वतंत्रता नहीं मिलती, तब संभव है कि वह मानसिक और शारीरिक यातनाओं का शिकार हो जाये जो स्वतंत्रता की भूल भावना के ही विपरीत है। इसके लिये सभी को ज्ञान और शिक्षा प्राप्ति का अधिकार होना चाहिये जो कि भारत में शूद्रों को नहीं था। ज्ञान से वंचित रखने का तात्पर्य महान् उद्देश्यों की प्राप्ति हेतु व्यक्ति को स्वतंत्रता के उपभोग करने से मना करना है। एक अज्ञानी व्यक्ति मुक्त तो हो सकता है, किन्तु वह अपनी स्वतंत्रता का प्रयोग जीवन की प्रसन्नता या सुख की प्राप्ति के लिये नहीं कर सकता है।

मनु की आचार संहिता पर टिप्पणी करते हुए अम्बेडकर यह मानते हैं कि मनु की समस्त व्यवस्था शूद्रों को येनकेन-प्रकारेण दास बनाने की रही है। उन्हें शिक्षा, व्यवसाय, सामाजिक सुरक्षा और सम्पत्ति सभी प्रकार के अधिकारों से वंचित रखा गया है। इस व्यवस्था में एक शूद्र का जीवन अपने जीने के लिये नहीं, अपितु दूसरों को जीवित रखने के लिये था। उसे तो दूसरों के इच्छित उद्देश्यों की प्राप्ति का एक साधन मात्र माना गया है। समाज के एक बड़े तबके (शूद्रों को) को शिक्षा के अधिकार से वंचित कर हिन्दू समाज में घोर अज्ञान का प्रसार इसी व्यवस्था का परिणाम है।

भारतीय जाति-व्यवस्था के पदसौपानिक चरित्र ने एक विशेष प्रकार के सामाजिक मनोविज्ञान को जन्म देकर प्रतिष्ठा के लिये विभिन्न जातियों में प्रतिस्पर्धा और विद्वेष की भावना को उत्पन्न किया है। यही नहीं, इस व्यवस्था के द्वारा आरोही स्तर पर घ्रणा और अवरोही स्तर पर तिरस्कार की भावना को फैलाया गया है। घ्रणा और तिरस्कार की इस भावना की अभिव्यक्ति हम न केवल कहावतों अपितु साहित्य में भी देख सकते हैं। ऋग्वेद का पुरुषसूक्त का प्रथम श्लोक इसका एक अच्छा उदाहरण है जिसमें शूद्रों की उत्पत्ति को विश्व के नियंता माने जाने वाले ब्रह्मा के निचले अंगों (पैरों) से बताया गया है। इसी प्रकार के कथन अन्य धार्मिक ग्रंथों में देखे जा सकते हैं।

भारत की जाति-व्यवस्था में व्याप्त असमानता की दूसरे समाजों की असमानता से

तुलना करते हुए अम्बेडकर ने लिखा है कि अन्य स्थानों में असमानता का जन्म ऐतिहासिक परिस्थितियों के कारण हुआ है और वहां इसे कहीं भी धर्मसम्मत व्यवस्था के रूप में नहीं अपनाया गया, किन्तु हिन्दू धर्म में असमानता को एक धार्मिक सिद्धान्त के रूप में अपनाया गया है और इसे एक दैविक और पवित्र सिद्धान्त मान कर इसकी शिक्षा दी गई है। अम्बेडकर कहते हैं कि यह एक सरकारी सिद्धान्त है जिसका मुक्त रूप से पालन करते हुए एक व्यक्ति अपने आपको शर्मिन्दा अनुभव नहीं करता। एक हिन्दू के लिये असमानता एक धार्मिक सिद्धान्त के रूप में ईश्वरोक्त जीवन का तरीका है और यही जीने का एक मात्र तरीका है। यह हिन्दू समाज में मूर्तिमान हो चुका है और विचारों एवं कार्यकलापों से पल्लवित कर इसे रूपाकार दिया जाता रहा है। **यथार्थ में, असमानता हिन्दू धर्म का प्राण है।**

डा. अम्बेडकर ने हिन्दू जाति-व्यवस्था का विश्लेषण उपयोगिता के दृष्टिकोण से भी किया है। प्रसिद्ध समाज विचारक **जे.एस. मिल** को उद्धरित करते हुए उन्होंने लिखा है कि न्याय और उपयोगिता में कहीं भी अनिवार्यतः विरोधाभास नहीं है। दूसरे शब्दों में, जो बात व्यक्ति के लिये उपयुक्त नहीं है, वह समाज के लिये भी उपयोगी नहीं हो सकती। इसीलिये जाति व्यवस्था का हिन्दू आदर्श कभी भी एक आदर्श नहीं बन पाया। अम्बेडकर के अनुसार हिन्दुओं ने चातुर्वर्ण्य व्यवस्था के मामले में इस आदर्श का पूर्ण निष्ठा से अनुसरण किया है कि "आदर्श का पालन करो और यथार्थ को आदर्श बनाओ।" **अम्बेडकर मानते हैं कि सामाजिक संगठन की यह चातुर्वर्ण्य व्यवस्था सभी प्रकार से असफल रही है क्यों कि इसके द्वारा हिन्दू आदर्शों को प्राप्त नहीं किया जा सकता है।**

अम्बेडकर ने **जाति-व्यवस्था के कुछ दुर्गुणों** का भी उल्लेख किया है; (1) यह श्रमिकों में विभाजन करती है, (2) व्यक्ति को अपनी रुचि से अलग करती है, (3) बुद्धि को शारीरिक श्रम से असम्बद्ध करती है, (4) महान् उद्देश्यों का पोषण करने के श्रमिक के अधिकार से उसे वंचित कर उसे निरुत्साहित करती है, (5) जाति गतिशीलता पर रोक लगाती है। अम्बेडकर कहते हैं कि **जाति-व्यवस्था मात्र श्रम का ही विभाजन नहीं करती, अपितु यह श्रमिकों का भी विभाजन करती है।** भारत में वृहत् आधार पर बेरोजगारी के लिये अम्बेडकर जाति-व्यवस्था को भी उत्तरदायी मानते हैं। इसमें व्यक्तिगत भावना (रुचि) या चयन की वरीयता दोनों को कोई स्थान नहीं है। यह भाग्य पर आधारित एक व्यवस्था है। इसमें न व्यक्तिगत न्याय की कोई गुंजाइश है और न ही इसमें कोई सामाजिक उपयोगिता है।

अम्बेडकर ने अपने लेखनों, विशेषतः अपनी पुस्तक "अनाइऑलेशन ऑफ कास्ट", (1936) में जाति के पूर्णतः समाप्त करने की बात की है और इस संदर्भ में उन्होंने धर्म और इसका राजनीतिक शक्ति के संबंधों का गूढ़ विश्लेषण किया है। उन्होंने लिखा है कि हिन्दू धर्म "नियमों का धर्म" (रिलिजन ऑफ रूल्स) है, अर्थात् यह सांस्कारिक कर्मकाण्डों संबंधी ऐसे नियमों का सार-संक्षेप मात्र है जो संस्तरण और अस्पृश्यता की जातीय विचारधारा पर आधारित है। जाति हिन्दू धर्म का मूलाधार है और अस्पृश्यता जाति को परिभाषित करने वाली एक विशेषता है। उन्होंने कहा कि जाति में सुधार नहीं किया जा सकता क्यों कि अस्पृश्यता इसमें अन्तर्निहित है। यही कारण है कि उन्होंने गांधी से भिन्न विचार रखते हुए जाति के सुधार की नहीं, अपितु जाति की समाप्ति की बात कही है। इस संबंध में, अम्बेडकर

ने अन्तर्जातीय खानपान और अन्तर्जातीय विवाह के तरीकों को भी जाति-व्यवस्था को तोड़ने का साधन नहीं माना। वे जाति को समाप्त करने के लिये जाति से संबंधित धार्मिक धारणाओं को समाप्त करने के पक्ष में थे। धार्मिक धारणाओं से अम्बेडकर का मंतव्य पवित्रता और अस्पृश्यता पर आधारित श्रेणीबद्धता की हिन्दू विचारधारा थी। इस धारणा की अभिव्यक्ति संस्कारों, कर्मकाण्डवाद और स्वायत्त व्यक्तिगतता के दमन में हुई है। उन्होंने माना है कि जाति में सुधार की कोई गुंजाइश नहीं है, इसे केवल समाप्त ही करना होगा। अम्बेडकर के अनुसार जाति मूलतः 'एक मानसिक दशा है' जिसे धार्मिक ग्रंथों में बड़ी कुशलता से प्रस्तुत किया गया है। अन्तर्विवाह को तो वे जाति की एक "कार्य प्रणाली" (मेकनिज़्म) मानते हैं। वे लिखते हैं कि 'अन्तर्जातीय विवाहों को तो धार्मिक धारणा वर्जित करती है, अतः अन्ततोगत्वा धार्मिक मूल्यों को ही समाप्त किया जाना चाहिये। जाति के नियमों को हिन्दू लोग इसलिये पालन नहीं करते कि वे अमानवीय या निरर्थक हैं, अपितु वे इसलिये पालन करते हैं कि वे घोर रूप में धार्मिक हैं- - - - - - अतः दुश्मन वे लोग नहीं हैं जो जाति का पालन करते हैं, अपितु वे शास्त्र है जो जाति के इस धर्म की शिक्षा देते हैं।' (1936)

अतः अम्बेडकर ने "नियमों के धर्म" के स्थान पर सच्चे धर्म, अर्थात् "सिद्धान्तों के धर्म" (रिलिजन ऑफ प्रिंसिपल्स) की स्थापना पर बल दिया है। अम्बेडकर कहते हैं कि सिद्धान्त दोषपूर्ण हो सकता है, किन्तु उस पर आधारित कर्म चेतनायुक्त एवं उत्तरदायित्वपूर्ण होते हैं। उत्तरदायित्व को प्रोत्साहित किये जाने के लिये धर्म को मुख्य सिद्धान्तों पर आधारित होना चाहिये। धर्म केवल नियमों का विषय नहीं बन सकता। जब धर्म नियमों में परिवर्तित हो जाता है, तब वह धर्म ही नहीं रहता क्यों कि उसमें उत्तरदायित्व की भावना का अन्त हो जाता है जो एक सच्चे धर्म की आत्मा है। हिन्दू धर्म नियमों की एक संहिता मात्र है, अतः वे इसे "एक विधिपरक वर्ग नैतिकता" मानते हैं।

जाति-व्यवस्था की समाप्ति के लिये अम्बेडकर ने कई तर्कों, विकल्पों और विचारों पर अपने मत किये हैं। वे छोटी-छोटी जातियों को बड़ी जातियों में मिलाने के तर्क से सहमत नहीं थे। उन्होंने इसे एक दोषपूर्ण युक्ति मानते हुए कहा है कि पहली बात तो यह संभव ही नहीं है। फिर भी तार्किक दृष्टि से इस तरीके को संभव मान भी लिया जाये, तब भी यह कैसे स्वीकार कर लिया जाये कि जाति-व्यवस्था पूर्णतः समाप्त हो ही जायेगी। उन्होंने अन्तर्जातीय खानपान की विधि के द्वारा जाति-व्यवस्था को समाप्त करने की बात को इसलिये नहीं माना कि इसके द्वारा भेदभाव समाप्त नहीं हो सकते। जाति-व्यवस्था को समाप्त करने के लिये उन्होंने अन्तर्जातीय विवाह को एक कारगार उपाय अवश्य माना है। (किन्तु इसकी शास्त्र स्वीकृति नहीं देते) अम्बेडकर मानते हैं कि रक्त संबंधों से स्वाभाविक एकता की भावना उत्पन्न हो सकती है। जब तक विभिन्न जातियों में पारिवारिक संबंध स्थापित नहीं होंगे, तब तक पूर्ण एकता और सामंजस्य का उत्पन्न होना एक असंभवता है। अन्तर्जातीय विवाहों द्वारा ही मौलिक साझा एकता का विकास हो सकता है, अतः अन्तर्जातीय विवाहों को प्रोत्साहित किया जाना चाहिये। किन्तु अन्तर्जातीय खानपान और अन्तर्जातीय विवाह के उपाय क्यों नहीं अपनाये गये ? इस प्रश्न का उत्तर देते हुए अम्बेडकर पुनः हिन्दू धर्म पर प्रहार करते हुए कहते हैं कि जाति-व्यवस्था की जड़ें हिन्दू धर्म की पवित्रता और अपवित्रता (शुचिता-अशुचिता) की

धारणा, कर्म और पुनर्जन्म के सिद्धान्त और इस धारणा में गड़ी हुई हैं कि यह व्यवस्था दैवीय है, अतः इसमें मनुष्यों द्वारा छेड़छाड़ नहीं की जा सकती। इन धारणाओं, अर्थात् हिन्दू धर्म नीति में जब तक पूर्णतः बदलाव नहीं किया जाता, तब तक जाति-व्यवस्था का अन्त दुष्कर है।

अम्बेडकर ने सामाजिक परिवर्तन (जाति-व्यवस्था में परिवर्तन) के संदर्भ में कानून की भूमिका को महती माना है। उनका यह मत रहा है कि जब शांति और सुझाव का तरीका असफल रहे, तब कानून के द्वारा सामाजिक दशाओं में परिवर्तन लाने का प्रयास किया जाना चाहिये। **अम्बेडकर परिवर्तन के लिये हिंसात्मक विधि के अपनाये जाने के पक्ष में नहीं थे।** उन्होंने यह स्पष्ट माना है कि आधुनिक युग में हिंसा द्वारा परिवर्तन लाने के प्रयास बौद्धिक दृष्टि से ठीक नहीं है। दीन-हीन (पिछड़े) लोगों के अधिकारों की रक्षा के लिये अम्बेडकर ने मार्क्स से विपरीत शांति के रास्ते को उचित माना है। अम्बेडकर का मानना था कि शांतिमय साधनों से जब सामाजिक, आर्थिक, शैक्षिक सुधार संभव न हों, तब कानूनों का निर्माण करके परिवर्तन लाया जाना चाहिये।

अम्बेडकर ने अपनी एक अन्य पुस्तक "बुद्ध और उनके धर्म का भविष्य" (1950) में उन्होंने बौद्ध, ईसाई, इस्लाम और हिन्दू धर्म का तुलनात्मक विश्लेषण कर बौद्ध धर्म के प्रति अपनी रुचि प्रदर्शित की है। उन्होंने बौद्ध धर्म को अन्य धर्मों की अपेक्षा सर्वाधिक विवेक-सम्मत, सिद्धान्तों पर आधारित और सर्वाधिक वैज्ञानिक माना है। सन् 1956 में अम्बेडकर ने स्वयं ने इस धर्म को अपनाया और दूसरों से इस धर्म को अपनाने के लिये कहा; इस संदर्भ में उन्होंने यह भी स्वीकार किया कि धर्म एक निजी मामला है, अतः इसे बदला जा सकता है। अप्रत्यक्षतः उनके ये विचार 'धर्म की स्वतंत्रता' के राजनीतिक सिद्धान्त का प्रतिपादन करते हैं जिसका उल्लेख हमारे संविधान में किया गया है। अपनी पुस्तक "बुद्ध धम्म" (1957) में उन्होंने मुख्यतः "नैतिकता" का विश्लेषण किया है। नैतिकता से अम्बेडकर का तात्पर्य करुणा, संवेदनशीलता, अपने साथियों के सुख-दुख का ध्यान रखना, प्राकृतिक विश्व के प्रति चेतना, दायित्व और प्रतिबद्धता की भावना रखना तथा सम्पूर्ण विश्व की खुशहाली के प्रति सक्रिय होना आदि विचारों से रहा है। उनके अनुसार, सांस्कारिक दायित्व से भिन्न नैतिकता स्वयं व्यक्ति के हृदय से उत्पन्न होती है जो भ्रातृत्व और भगिनीभाव पर आधारित होती है।

हिन्दू धर्म, वर्ण और जाति-व्यवस्था संबंधी अम्बेडकर के विचारों को पूर्णतः यथावत स्वीकार नहीं किया जा सकता। उन्होंने जाति की संस्तरणात्मक रचना के एक पक्ष को ही सब कुछ मानते हुए जाति के सामाजिक और आर्थिक पक्ष को सर्वथा अनदेखा कर दिया है। उन्होंने हिन्दू धर्म, विशेषतः वर्ण-व्यवस्था के प्रति अपनी तीव्र घृणा प्रदर्शित की है जिसकी तथ्यात्मक आधार पर पुष्टि नहीं होती। उनका अधिकांश विश्लेषण मनुस्मृति पर आधारित है और उन्होंने उपनिषदों की घोर अवहेलना की है, जिसे उन्होंने एक स्थान पर अपने लेखन में स्वीकारते हुए लिखा है कि उपनिषदों में समानता, स्वतंत्रता और भ्रातृत्व भाव संबंधी विचार मिलते हैं। जहां तक वर्ण-व्यवस्था के पद-सौपानिक चरित्र की बात है, वह सभी प्रकार के आर्थिक, राजनीतिक, सामाजिक, सैनिक और वाणिज्यिक संगठनों और संस्थाओं में देखा जा सकता है। किसी में संगठन में कुछ व्यक्तियों का ओहदा संगठन के अन्य व्यक्तियों से ऊँचा

होता है और अधिकांश व्यक्तियों की ऊँचे व्यक्तियों से निम्न स्थिति का होना स्वाभाविक है। यह प्रकृति का नियम है। सभी व्यक्ति और सभी वस्तुएं समान नहीं होतीं। उनमें मात्रा, भार, जीवनावधि, रचना, क्षमता-निपुणता आदि अनेक बातों के आधार पर थोड़ा-बहुत अन्तर अवश्य होता है। जहां तक समानता का प्रश्न है वह प्रकृति में भी नहीं है। कोई दो पेड़, दो पत्ते या दो जुड़वां भाई भी पूर्णतः एक समान नहीं होते। जहां तक संवैधानिक समानता का प्रश्न है, उसका स्वतंत्र भारत के संविधान के "मूलभूत अधिकारों" में उल्लेख किये जाने के उपरान्त भी एक गरीब, निस्सहाय और कमजोर व्यक्ति को ये कहां उपलब्ध हैं। क्या संविधान और संवैधानिक कानून के नाम पर धनवानों, वर्चस्ववादी व्यक्तियों, शक्तिशाली नेताओं द्वारा आज भी गरीब और कमजोर जनता को बेवकूफ नहीं बनाया जा रहा है, क्या उनका शोषण नहीं हो रहा है? जहां तक समाज को चार वर्णों में बाँटने का प्रश्न है, उसमें कहीं कोई त्रुटि नज़र नहीं आती। विश्व के लगभग सभी समाजों में किसी न किसी प्रकार के वर्ग रहे हैं। वास्तव में, त्रुटि इस व्यवस्था में नहीं, अपितु इसमें अलग-अलग वर्ण को दिये गये महत्व में हैं। वर्ण-व्यवस्था में इतनी कठोरता (व्यवसाय और विवाह संबंधी) नहीं थी जितनी वास्तव में चित्रित की गई है। वर्ण-व्यवस्था की नमनीयता (लचीलापन) कालांतर में तब कठोरता में बदल गई जब वर्ण-व्यवस्था का शुद्ध स्वरूप भ्रष्ट होकर जाति-व्यवस्था में परिणित हो गया। जहां तक मनुस्मृति तथा अन्य धार्मिक ग्रंथों से दिये गये उद्धरणों का प्रश्न है, पहली बात तो ये उस समय के समाज से संबंधित हैं जिनका आज के समाज से कोई लेना-देना नहीं है। दूसरी बात यह भी है कि इन ग्रंथों के कई अंशों का अभिनतिपूर्ण चयन किया गया है तथा उन्हें संदर्भ से काट कर अपनी बात को सिद्ध करने के लिये अपने ढंग से व्याख्या की गई है। जिस मनुस्मृति के बारे में अम्बेडकर ने अपनी घ्रणा प्रदर्शित की है, वास्तव में यह भूला हुआ एक इतिहास है और आज इस पर कोई ध्यान नहीं देता। इसमें संदेह नहीं है कि इतिहास के एक युग में जाति-व्यवस्था में ऊँच-नीच, और असमानता की बुराइयों का प्रवेश हो गया था।

अम्बेडकर पहले ऐसे दलित नेता रहे हैं जिन्होंने दलित चेतना की मशाल को प्रज्वलित कर दलितों के उत्पीड़न, शोषण के साथ-साथ अपने अधिकारों के प्रति जागृति उत्पन्न की। वे संभवतः पहले ऐसे निडर नेता थे जिन्होंने सवर्ण हिन्दू नेताओं के साथ अपने उद्देश्य के लिये वैचारिक मुठभेड़ लेने में कभी हिचकिचाहट या भय का अनुभव नहीं किया। कई मामलों में उन्होंने गाँधी से भी अपने मतभेद खुल कर प्रकट किये। अम्बेडकर ने बहुत अधिक तो नहीं लिखा है, किन्तु मार्क्स की भांति इन पर भी ढेर सारा लिखा गया है और लिखा जा रहा है। जो थोड़ा-बहुत उन्होंने लिखा है, वह बड़ी ही सशक्त भाषा में (मय उद्धरणों के) स्पष्ट लिखा है जिसमें कहीं लाग-लपेट का भाव नज़र नहीं आता। यह बात अलग है कि उनकी स्पष्टवादिता ने उनसे मतभेद रखने वालों में थोड़ी खरास और खलबली पैदा की है।

प्रमुख कृतियाँ:

- Annihilation of Caste, (1936)
- The Untouchables, (1948)
- The Buddha and the Future of His Religion, (1980)
- The Buddha and His Dhamma, (1957)

Ardrey, Robert

रॉबर्ट आर्द्रे

(1908-1980)

रॉबर्ट आर्द्रे का समाजशास्त्र से कोई प्रत्यक्ष नाता नहीं था। वे अधिकाशंतः मानवीय और पशु प्रकृति से सम्बन्धित अपनी लोकप्रिय पुस्तकों के लिये ही जाने जाते हैं। प्रारंभ में वे एक उपन्यासकार और नाटककार रहे हैं। सन् 1950 के आसपास **आर.ए.डार्ट** द्वारा केन्या में मानव जीवाश्म सम्बन्धी खोज ने उनका ध्यान आकर्षित किया और वे मानवीय प्रकृति के अध्ययन की दृष्टि से इसमें रुचि लेने लगे। अपनी अनेक पुस्तकों—'अफ्रिकन जनिसस' (1961), 'द टेरिटोरिअल इम्परेटिव' (1966), और 'द सोश्यल कॉनट्रेक्ट' (1970) में **आर्द्रे ने इस मत को प्रस्थापित किया कि 'मानव का उद्गम स्थलचारी, मांसाहारी और हिंसात्मक बन्दर की किसी प्रजाति से हुआ है।**' इसी के साथ उन्होंने अमानवीय पशुओं में पाई जाने वाली प्रादेशिकता, प्रभुत्वता, आक्रामकता जैसी प्रवृत्तियों के बारे में कुछ सामान्य निष्कर्ष प्रस्तुत किये और इनके आधार पर मानव की मूलप्रवृत्यात्मक प्रकृति की पुष्टि की। अपने ही अध्ययनों के आधार पर आर्द्रे ने अपने युवावस्था के समतावादी और समाजवादी विचारों को प्राकृतिक विज्ञान की इस क्रांति द्वारा नकारा। आर्द्रे की कृतियों का भारी स्वागत हुआ। ऐसा प्रतीत होता है कि 1960 के दशक की चुनौतियों और संघर्षों के प्रति प्रदर्शित लोगों की प्रतिक्रिया के कारण आर्द्रे को अपने कार्यों के प्रति जन समर्थन मिला हो। वास्तव में, यह जैवकीय अवव्याख्यावाद (रिडॅक्शनिज़्म) या निर्धारणवाद का एक उदाहरण है जिसके प्रति अनेक समाजशास्त्रियों ने अपनी आपत्ति दर्ज की है।

प्रमुख कृतियाँ:

- African Genesis, (1961)
- The Territorial Imperative, (1966)
- The Social Contract, (1970)

Aron, Raymond

रेमन्ड ऐरों (रेमों आरों)

(1905-1983)

पेरिस (फ्रांस) में जन्में तथा विश्व विख्यात, शिक्षण संस्थान 'ईकॉल नार्मल सुपीरिअर' से दीक्षित **रेमन्ड ऐरों** समाजशास्त्री और दार्शनिक के साथ-साथ एक राजनीतिक नायक भी थे। शिक्षण काल में प्रख्यात दार्शनिक सार्त्र उनके सहपाठी और घनिष्ट मित्र थे। सन् 1930 से 33 के बीच जब वे जर्मनी में एक फ्रांसीसी 'लेक्टर' थे, वहां उन्हें राष्ट्रीय समाजवाद को उदय होते देखने का मौका मिला। इसी अवधि में, वे प्रघटनाशास्त्र, मार्क्सवाद और जर्मन सामाजिक विज्ञान के सम्पर्क में आये और इन्हें समझने का प्रयास किया। जर्मनी से फ्रांस लौटने के बाद उन्होंने सर्वप्रथम 'जर्मन समाजशास्त्र' (1957) नामक पुस्तक लिखी जिसमें स्पष्ट रूप में उन पर **मैक्स वेबर** का सर्वाधिक प्रभाव झलकता है। इसके बाद उन्होंने 'इतिहास के दर्शन की प्रस्तावना' (एन इन्ट्रोडक्शन टू द फिलॉसफी ऑफ हिस्ट्री) विषय पर शोध-प्रबंध लिखा जो मुख्य रूप में एक ज्ञानमीमांसीय कृति है। इसमें दर्शनशास्त्र और

सामाजिक विचारधारा तथा राजनीतिक क्रिया के बीच सम्बन्धों की खोजबीन की गई है।

फ्रांस के पतन के बाद देशभक्त, यहूदी, और कठोर उदारवादी लोकतंत्रवादी ऐरों सन्. 1940 में इंग्लैण्ड आ गये। यहां उन्होंने कुछ पत्र-पत्रिकाओं का सम्पादन किया और कुछेक में नियमित राजनीतिक स्तंभकार की भूमिका अदा की। कुछ समय बाद वे पुनः फ्रांस लौट आये और पत्रकारिता के कार्य में जुट गये। यह कार्य लगभग उन्होंने तीस वर्षों तक किया। इसी बीच वे सोर्बोन विश्वविद्यालय में समाजशास्त्र के आचार्य (प्रोफेसर) बन गये। यहीं पर रह कर उन्होंने अधिकांश शैक्षणिक लेखन कार्य किया। ऐरों एक बहु लिक्खड़ लेखक थे। उन्होंने कई भिन्न विषयों पर ढेर सारा लिखा है। ऐरों की मुख्य रुचि विचारधारा, औद्योगिक समाज, राजनीति और युद्धनीति से सम्बन्धित अंतर्राष्ट्रीय सम्बन्धों में थी। वे मार्क्सवाद के कटु आलोचक थे और बहुलतावाद तथा राजनीतिक व्यवस्थाओं में सत्ता-शक्ति के अध्ययनों की सामाजिक महत्ता के पक्षधर थे। सन् 1970 में वे 'द फ्रांस कालेज' में आचार्य थे। उन्होंने द्वितीय महायुद्ध के पूर्व विश्वविद्यालयों में कई भिन्न पदों पर कार्य किया। उनका फ्रांसीसी समाजशास्त्र पर अच्छा प्रभाव था, किन्तु मार्क्सवाद की आलोचना और विरोध के कारण उन्हें विश्वविद्यालयी जगत् में अलग-थलग होने के लिये मजबूर होना पड़ा।

ऐरों ने समाजशास्त्र में किये गये अपने योगदानों को स्वयं ने ही चार भागों में वर्गीकृत किया है :

(1) समकालीन विचारधारा का विश्लेषण उन्होंने अपनी पुस्तक 'बुद्धिजीवियों की अफीम' (द ओपिअम ऑफ द इन्टिलेक्चुअल, 1955) में किया है। इस पुस्तक में उन्होंने मार्क्सवादियों और फ्रांसीसी सहयात्रियों की विचारधारा की समीक्षा की है।

(2) ऐरों ने औद्योगिक समाज पर बहुत लिखा है। इसका प्रमाण उनकी दो प्रमुख पुस्तकें हैं, यथा 'औद्योगिक समाज पर अठारह भाषण' (एटीन् लेक्चर्स ऑन इन्डस्ट्रियल सोसाइटी, 1963) और 'औद्योगिक समाज' (द इन्डस्ट्रियल सोसाइटी, 1966)। उन्होंने औद्योगिक समाज के अपने विश्लेषण में बहुलतावाद और मूल्यों की जटिलता की समस्या पर ध्यान आकर्षित किया है। इस संदर्भ में उनका विश्लेषण बहुत-कुछ रूप में अमरीकी समाजशास्त्र में बहुचर्चित उत्तर-औद्योगिक समाज के विश्लेषण से मिलता-जुलता है। किन्तु, उन्होंने स्पष्टतः 'अभिसारी धारणा' (कन्वरजन्स थीसिस) को अस्वीकार किया है। उनका मत है कि सोवियत रूस और संयुक्त राज्य अमेरिका की भिन्न राजनीतिक व्यवस्थाएं और प्रक्रियाएं सामाजिक और आर्थिक सम्बन्धों से स्वतंत्र हैं।

(3) जैसा ऊपर लिखा गया है कि ऐरों समाजशास्त्र के अतिरिक्त भी कई विषयों में रुचि रखते थे। उन्होंने अन्तर्राष्ट्रीय सम्बन्धों और युद्ध नीति को लेकर कई पुस्तकें लिखी हैं। ये विषय ऐसे हैं जिनकी समाजशास्त्री सामान्यतः अवहेलना कर देते हैं। उनकी इन विषयों पर रुचि उनकी पुस्तकें 'शांति और युद्ध' (पीस एंड वार, 1961) तथा 'क्लॉज़विज़' से प्रकट होती है। उन्होंने शक्ति की सामान्य प्रकृति, राजनीतिक अभिजन और राजनीतिक संगठनों जैसे विषयों पर भी भारी लेखन कार्य किया है। अभिजन का उनका दृष्टिकोण विल्फ्रेड परेटो से प्रभावित रहा है। ऐरों ने राजनीतिक व्यवस्थाओं और आंदोलनों को लेकर भी अनेक पुस्तकों की रचना की है।वे

अल्जीरियाई स्वतंत्रता आंदोलन के पक्ष में थे, किन्तु मई 1968 के विद्यार्थी विद्रोह की उन्होंने कटु आलोचना अपनी पुस्तक 'भ्रांतिपूर्ण आंदोलन' (द ईलूसिव रेवॅलूशन, 1968) में की है।

(4) ऐरों ने फ्रांस के सामाजिक विज्ञानों के क्षेत्र में जर्मन समाजशास्त्र, विशेषतः टॉनीज़, सिमल और वेबर के विचारों को अपनी पुस्तक 'जर्मन समाजशास्त्र (जर्मन सोसिआलॉजी, 1935) के माध्यम से परिचित करवाने का प्रयास किया है। इसके अतिरिक्त, ऐरों ने समाजशास्त्रीय परम्परा की विपुलता और समृद्धि के प्रति जागरुकता विकसित करने और बनाये रखने में अपना अप्रतिम योगदान किया है। उन्होंने समाजशास्त्रीय सिद्धान्त के क्षेत्र में 'समाजशास्त्रीय विचारों की मुख्य धाराएं (मेन करेन्टस इन सोसिआलॉजिकल थॉट, 1965) नामक पुस्तक लिखी जिसमें उन्होंने अलेक्स द टॉक्विल के विचारों पर विशेष बल दिया है। यह पुस्तक आजकल समाजशास्त्र का ज्ञानार्जन करने वाले अध्येताओं और विद्यार्थियों दोनों के लिये एक मानक ग्रंथ बन गई है। यह पुस्तक दो खंडों में प्रकाशित है। इसमें मान्टेस्कयू, कोम्त, मार्क्स, टॉक्विल, दुर्खाइम, पेरेटो और वेबर पर सोर्बोन विश्वविद्यालय में दिये गये उनके भाषणों को सार-संक्षेप में प्रस्तुत किया गया है। **ऐरों ने एक समाज वैज्ञानिक के रूप में मार्क्सवाद के प्रति अपना घोर विरोध प्रकट किया है** जिसके कारण वे कई आलोचनाओं के शिकार भी बने हैं, क्योंकि युद्धोत्तर फ्रांस के सामाजिक दर्शन में मार्क्सवाद एक प्रमुख वैचारिक पैराडाइम बन चुका था। इसके विपरीत, ऐरों मैक्स वेबर के विचारों से घनिष्ट रूप में प्रभावित थे जैसा कि उनकी पुस्तक 'औद्योगिक समाज सम्बन्धी अठारह भाषण' से प्रतीत होता है।

प्रमुख कृतियाँ:

- German Sociology, (1935)
- Introduction to the Philosophy of History, (1938)
- The Century of Total War, (1951)
- The Opium of the Intellectuals, (1955)
- Peace and War, (1961)
- The Great Debate, (1963)
- Eighteen Lectures on Industrial Society, (1963)
- Democracy and Totalitarianism, (1965)
- Main Currents in Sociological Thought, Two Vols., (1965)
- Industrial Society, (1966)
- The Elusive Revolution, (1968)
- Progress and Disillusion, (1969)
- The Imperial Republic, (1973)
- History and the Dialectic of Violence, (1973)
- Clausewitz, (1976)

B

Bachelard, Gaston

बैचलार्ड गस्तॉ

(1894-1962)

विज्ञान के दर्शन के इतिहासनिष्ट फ्रेंच परम्परा के संस्थापक **गस्तॉ बैचलर्ड** को कला सम्बन्धी अपनी रचनात्मक विचारधारा के लिये भी जाना जाता है। **थोमस कूहन** की भांति, बैचलर्ड ने भी विज्ञान के इस व्यापक मत को अस्वीकार किया कि विज्ञान के द्वारा ज्ञान में निरन्तर उत्तरोत्तर वृद्धि होती रहती है। इसके विपरीत, **उन्होंने कहा कि विज्ञान के इतिहास में भी ठहराव आता है, दरार पड़ जाती है, टूटन उत्पन्न हो जाती है।** यही नहीं, विज्ञान की प्रत्येक नई विधा पुरानी विधाओं को छोड़ने के लिये बाध्य कर देती है। सामान्य रूप से, विज्ञान की प्रगति ज्ञानमीमांसा सम्बन्धी बाधाओं के विरोध में एक संघर्ष है जो अतिरिक्त वैज्ञानिक विचारधाराओं (जिसमें विज्ञान का दार्शनिक मिथ्या निरूपण भी सम्मिलित है) के कारण उत्पन्न होता है। बैचलार्ड की कृतियों ने **लुई अल्थ्यूज़र और माइकल फूको** जैसे युवा समाजशास्त्रियों की पीढ़ी के विचारों को ढालने में महत्वपूर्ण भूमिका अदा की है।

बैचलार्ड का जन्म ग्रामीण फ्रांस में और मृत्यु पैरिस में हुई थी। सन् 1903 से 1913 तक डाक विभाग में नौकरी करने के बाद वे एक कॉलेज में भौतिकशास्त्र के आचार्य (1919-1930) बन गये। पैंतीस वर्ष की आयु पर बैचलार्ड पुनः अध्ययन में जुट गये और इस बार उन्होंने दर्शनशास्त्र का अध्ययन किया और अपनी पुस्तक 'ऐग्रिगेशन' (1922) लिखी। इसके बाद सन् 1928 में उन्होंने अपने शोध-प्रबन्ध को प्रकाशित किया। यह शोध-प्रबन्ध भौतिकी में किसी समस्या के उद्‌भव का अध्ययन विषय पर लिखा गया था। इस शोध-प्रबंध के आधार पर सन् 1940 में बैचलार्ड को सौर्बोन विश्वविद्यालय, में 'इतिहास और दर्शन के विज्ञान' की पीठ पर पदासीन होने के लिये आमन्त्रित किया गया। यहां वे सन् 1954 तक रहे।

बैचलार्ड की विचारधारा के तीन प्रमुख तत्वों ने उन्हें एक अद्वितीय दार्शनिक और विचारक बना दिया। इन सिद्धान्तों ने उत्तर-विश्वयुद्ध की संरचनावादियों की पीढ़ी को गहरे रूप में प्रभावित किया। उनका पहला तत्व विज्ञान में ज्ञानशास्त्र की महत्ता के प्रदर्शन से सम्बन्धित है। ज्ञानशास्त्र एक ऐसा विषय है जिसमें वैज्ञानिक खोजों की महत्ता को समझने पर बल दिया जाता है। अपने पुस्तक 'द फिलॉसफी ऑफ नो' (1940) में लिखा है कि "व्यक्ति जिस अंतरिक्ष (अन्तराल) में देखता है, जिसमें वह परीक्षण करता है, वह अंतरिक्ष दार्शनिक दृष्टि से पूर्णतः भिन्न होता है, जिसमें वह रहता है।" इस भिन्नता का कारण यह है कि जिस अंतरिक्ष में वह देखता है, वह वास्तविक अंतरिक्ष न होकर प्रतीकात्मक अंतरिक्ष होता है। केवल दर्शन के सहारे से इस भिन्नता का अनुभव किया जा सकता है। इस संदर्भ में, बैचलार्ड ने प्रतीकों के अध्ययन पर जोर दिया है। अपनी बहुप्रसिद्ध पुस्तक 'द न्यू

साइन्टिफिक स्प्रिट' में बैचलार्ड ने यथार्थ और प्रतीकीकरण के बीच अन्तक्रिया के आधार पर अप्रत्यक्ष तौर पर यथार्थता और तार्किकतावाद (अनुभववाद) के द्वन्द्वात्मक संबंधों की व्याख्या करने का प्रयास किया है। वास्तव में, बैचलार्ड ने इस बात पर बल दिया है कि वैज्ञानिक होने का तात्पर्य यही है कि विचार और वास्तविकता दोनों में से किसी एक को महत्व न देकर दोनों को एक दूसरे से घनिष्ट रूप में जुड़ा हुआ स्वीकार किया जाना चाहिये। इस संदर्भ में बैचलार्ड ने लिखा है कि **प्रयोग द्वारा तर्क-वितर्क को प्रवर्तित किया जाना चाहिये और तर्क-वितर्क ऐसे होने चाहिये जो प्रयोगों का प्रवर्तन करें**। विज्ञान की प्रकृति संबंधी बैचलार्ड का समस्त लेखन इस सिद्धान्त द्वारा ही अनुप्राणित है।

बैचलार्ड की विचारधारा का दूसरा प्रमुख तत्व इतिहास के विज्ञान का सैद्धान्तीकरण है। इस धारणा ने आधुनिक संरचनावाद को गहरे रूप में प्रभावित किया है। इस संदर्भ में, बैचलार्ड ने विज्ञान के विकास के लिये अ-उद्विकासवादी व्याख्या का प्रयोग किया है जिसमें विज्ञान की वर्तमान स्थिति की व्याख्या पूर्ववर्ती विकासों के आधार पर नहीं की जाती है। उदाहरणार्थ, बैचलार्ड के अनुसार, आईन्सटीन के सापेक्षिकता के सिद्धान्त को न्यूटन की भौतिकी से विकसित बताना संभव नहीं है। बैचलार्ड मानते हैं कि "नये सिद्धान्तों का विकास पुराने सिद्धान्तों से नहीं होता, बल्कि नये सिद्धान्त पुराने सिद्धान्तों के तत्वों को लिये हुए होते हैं। ..... बौद्धिक पीढ़ियां एक दूसरे में घुली-मिली होती हैं। जब हम गैर-न्यूटनवादी भौतिकी से न्यूटनवादी भौतिकी की ओर बढ़ते हैं तब हमें विरोधाभास को सामना नहीं करना पड़ता, किन्तु हमें विरोधाभास का अनुभव अवश्य होता है।" बैचलार्ड के इन विचारों के आधार पर यह कहा जा सकता है कि यह अवधारणा जो बाद की खोजों को पुरानी खोजों से जोड़ती है, वह निरन्तरता या सततता के स्थान पर असातत्य को प्रकट करती है। इस संबंध में उन्होंने यूकलिडीनवादी और गैर-यूकॅलिडीनवादी ज्यामिति का उदाहरण देते हुए इन दोनों में असातत्य की बात कही है। इसी प्रकार बैचलार्ड कहते हैं कि विगत में द्रव्यमान (मैस) की परिभाषा पदार्थ की तादाद (ढेर) के आधार पर की जाती थी। यह माना जाता था कि जितना ही अधिक पदार्थ होगा, उसका प्रतिरोध करने के लिए उतनी ही अधिक शक्ति की आवश्यकता होगी। तीव्रता (वेग) को द्रव्यमान (मैस) का कार्य माना जाता था। किन्तु आईन्सटीन के अनुसार अब हम यह जानते हैं कि द्रव्यमान (मैस) तीव्रता का कार्य है। यह धारणा विगत की धारणा से भिन्न है। वास्तव में, बैचलार्ड मानते हैं कि कभी-कभी किसी अवधारणा के अर्थ में अथवा शोध की प्रकृति के क्षेत्र में आमूलचूल परिवर्तन वैज्ञानक खोज की प्रकृति को एक सर्वथा नया रूपाकार दे देती है। अतः विज्ञान में जो कुछ नया है, वह हमेशा क्रांतिकारी होता है।

बैचलार्ड की विचारधारा का तीसरा प्रमुख तत्व जिसने बाद के विचारकों के चिन्तन को प्रभावित किया है, वह उनका कल्पनाओं के स्वरूपों के विश्लेषण का अपना एक विशिष्ट तरीका है। उन्होंने पदार्थ, गति, शक्ति और स्वप्न के साथ-साथ "आग, पानी, हवा और पृथ्वी से जुड़ी हुई कल्पनाओं की व्याख्या एक नये ढंग से की है। बैचलार्ड ने इस संबंध में पश्चिमी सांस्कृतिक परम्परा को प्रतिबिम्बित करने वाले काव्य और साहित्य से अनेकों उदाहरण दिये हैं। बैचलार्ड का विचार है कि विज्ञान कल्पनाओं के पथ के बारे में भविष्योक्ति करने में समर्थ नहीं है क्योंकि कल्पनाओं का अपना संसार होता है, उसमें एक

विशिष्ट प्रकार की स्वायत्तता होती है। कल्पन बिम्ब/प्रतीकों का क्षेत्र है, अतः इन्हें बाह्य संसार को अवधारणाओं में बदलने से अन्तर किया जाना चाहिये। कल्पन बिम्बों या प्रतीकों को उत्पन्न करता है और इसके बिम्ब अवधारणाओं को उत्पन्न करते हैं।

प्रमुख कृतियाँ:

- The New Scientific Spirit, (1934)
- The Psychoanalysis of Fire, (1938)
- The Philosophy of NO, (1940)
- Water and Dreams, (1942)
- Air and Dreams, (1943)
- The Poetics of Space, (1957)
- The Flame of a Candle, (1961)
- The Right to Dream, (1970)
- On Poetic Imagination and Reverie, (1971)

Bakhtin, Mikhail M.

मिख़ाइल एम. बख़्तीन (1895-1975)

एक धारणा के अनुसार **मिखाइल बख्तीन** को बीसवीं सदी के साहित्य का एक सर्वोच्च सिद्धान्तकार और आलोचक माना जाता है। राजनीतिक दशाओं (स्टालिन युग) जिनके अन्तर्गत उन्होंने लेखन कार्य किया और उनके लेखन का ऐतिहासिक परिवेश दोनों ने ही बख्तीन को एक महान् सामाजिक दार्शनिक बना दिया। दुर्भाग्यवश उनकी कृतियों को उनके मरने के बाद ख्याति मिली। बख्तीन ने संरचनात्मक भाषाशास्त्र के स्थिर एवं स्वरूपात्मक विचारों की आलोचना कर उनके स्थान पर उपयोग में ली जाने वाली भाषा की परिवर्तनशीलता और प्रासंगिकता पर ज़ोर दिया है। सन् 1970 के दशक के बाद समाजशास्त्र में उनकी संवादात्मकता और विषम तर्कसंगतता की अवधारणाओं का प्रयोग किया जाने लगा।

बख्तीन का जन्म रूस में हुआ था। उन्होंने सन् 1918 में पेट्रोग्रेड विश्वविद्यालय से साहित्य और दर्शन में डिग्री हासिल की। मुख्यतः राजनीतिक कारणों से उन्होंने आत्म-निर्वासन द्वारा गुमनामी का जीवन जीया। उन्होंने एक निर्जन दूरस्थ स्थान के अध्यापकों के कॉलेज में सन् 1936 से 1961 तक अध्यापन कार्य किया। राजनीतिक गुमनामी का जीवन जीते हुए भी सन् 1929 में उन्हें बंदी बनाकर कजाकिस्तान के जेल में भेज दिया गया जहां वे छः वर्षों तक रहे। यहां उन्हें पुस्तकों के रखवाले के रूप में कार्य करने के लिये कहा गया। सन् 1960 के दशक तक रूस में उनकी गणना एक जाने-माने व्यक्ति के रूप में की जाने लगी। सन् 1929 में दास्तावस्की पर उनकी लिखी पुस्तक जो गुमनामी के अंधेरे में खो गई थी, उसे पुनः पढ़ा जाने लगा। उनकी बहु प्रसिद्ध पुस्तक

"राबेलीस", जो मूलतः शोध उपाधि (पी.एच.डी.) के शोध प्रबंध के हेतु लिखी गई थी, उसका प्रकाशन सोवियत रूस में सर्वप्रथम सन् 1965 में हुआ। उनके लेखन में पुनः उत्पन्न हुई रुचि ने उन्हें कई विषयों विशेषतः मानवीय विज्ञानों के दार्शनिक आधारों की खोज जैसे विषय पर लिखने के लिये प्रेरित किया। किन्तु सन् 1975 में उनकी मृत्यु के कारण उनकी लेखन योजनाएं अधूरी ही रह गई।

बख्तीन के बौद्धिक जगत् का रास्ता और उनका लेखन काफी अपवादिक रहा है। उनके लेखन ने साहित्यिक जगत के साथ-साथ सामाजिक विज्ञानों—समाजशास्त्र और मानवशास्त्र की अध्ययन विधियों को गहरे रूप में प्रभावित किया है। बख्तीन के लेखनों को तीन कालों में विभाजित किया जा सकता है : (1) नीतिशास्त्र और सौन्दर्यशास्त्र सम्बन्धी उनके प्रारंभिक लेख, (2) उपन्यास के इतिहास पर लिखी गई पुस्तकें एवं लेख, (3) मरणोपरान्त छपे उनके लेख जिनमें मुख्यतः उपन्यास की विधा की चर्चा की गई है। बख्तीन ने मुख्यतः राबेलीस के अध्ययन में प्रयोग की गई उपनी कानिवॅल (आनन्दोत्सव) की अवधारणा, दास्तोवस्की के अध्ययन में प्रयोग की गई "डाइऐलॅजिक" (संवादात्मकता), "पॉलिफॉनिफ" (बहुस्वरता) की अवधारणाएं तथा उपन्यास के सिद्धान्त पर लिखे उनके संकलित लेखों में प्रयोग की गई "क्रॉनोटोप" तथा "नॉवलिस्टिक डिस्कोर्स" (औपन्यासिक विमर्श) की अवधारणाओं द्वारा पश्चिम के साहित्यिक जगत् को घना प्रभावित किया है।

उनकी पुस्तक "द डायलॉजिक इमैजिनेशन" (1981) ने संवाद समालोचना के नये आयाम कायम किये हैं। इसी पुस्तक ने मानवशास्त्र और समाजशास्त्र की नृजातिलेखन विधा को काफी प्रभावित किया है। समाजशास्त्रियों और मानवशास्त्रियों ने यहीं से ''डायलॉजिक" की अवधारणा लेकर इसे "ऐनॅलॉजिक" की अवधारणा के विपर्यय के रूप में प्रयोग किया है। भाषा का प्रयोग कैसे किया जाता है, ज्ञान का संचय कैसे होता है, नृजातिक तथ्यों को किस प्रकार प्रस्तुत किया जाता है, आदि प्रश्नों के उत्तर ढूँढने के लिये बख़्तीन ने डायलॉजिक की अवधारणा का प्रयोग किया है।

बातचीत या संवादों का विश्लेषणात्मक अध्ययन भाषाई समाजशास्त्र/मानवशास्त्र का एक प्रमुख विषय है। समाजशास्त्र में शोधकर्त्ता और सूचनादाता के बीच होने वाले वार्तालाप को बख्तीनवादी संवाद उपागम ने काफी प्रभावित किया है। परिणामतः क्षेत्र-कार्य के दौरान होने वाले संवाद-विमर्श आलोचनात्मक विश्लेषण का एक प्रमुख विषय बन गया है। अब यह स्वीकार किया जाने लगा है कि नृजातिक ज्ञान शोधकर्त्ता और सूचनादाता के बीच होने वाले वार्तालाप की उपज होता है। अतः इन दोनों के बीच होने वाले संवादों का व्यवस्थित ढंग से विश्लेषण किये जाने की आवश्यकता है तथा नृजातिशास्त्री और सूचनादाता के बीच जो वार्तालाप/संवाद होता है, उसे यथावत प्रथम पुरुष वाणी में दिया जाना चाहिये।

यह सही है कि बख्तीन ने संरचनावाद और लक्षण-विज्ञान (सीमिऑलाजी) से औपचारिक रूप में दूरी बनाये रखी है, फिर भी उनके लेखन संरचनात्मक उपागम से प्रभावित हुए प्रतीत होते हैं। उन्होंने कलात्मक वस्तुओं के अर्थ को जानने हेतु लेखक/कलाकार के अभिप्राय को न जानने की विचारधारा से असहमति प्रकट कर अप्रत्यक्ष तौर पर अपने

आपको संरचनावाद के घेरे में आबद्ध कर दिया। इसीलिये उन्हें लेवी-स्ट्रासवादी अर्थ में एक संरचनावादी माना जाता है।

प्रमुख कृतियाँ:

- Problems of Dostoyevsky's Poetics, (1929)
- Rabelais and His World, (1940)
- The Dialogic Imagination (1981)
- Speech Genres and Other Late Essays, (1987)

Balch, Emily Greene

एमिली ग्रीन बाच

(1867-1961)

नोबल पुरस्कार विजेता जाने एडम्स की एक सहयोगी और मित्र **एमिली ग्रीन बाच** एक अमरीकी समाजशास्त्री थीं। वे विशेषतः महिलाओं, लिंग असमानता, अप्रवासन तथा विश्व शांति के लिये संघर्ष जैसे अपने कार्यों के लिये जानी जाती हैं। अन्य कई महिला समाजशास्त्रियों की भांति, इनके कार्यों की यहां तक की उनके पथ प्रदर्शक प्रकृति के अन्वेषणों की भी, समकालीन पुरुष समाजशास्त्रियों द्वारा अवहेलना की गई। **बाच ने समाजशास्त्रीय सिद्धान्त के क्षेत्र में सांख्यिकीय अध्ययनों का प्रयोग तब किया है जब पुरुष अधिशासित समाजशास्त्रीय जगत् में इसका चलन न के बराबर था।** ऐसा कहा जाता है कि वे उन प्रारंभिक समाजशास्त्रियों में से एक थीं जिन्होंने अपने अध्ययनों में 'भूमिका' की अवधारणा का प्रयोग प्रचुर मात्रा में किया है।

एडम्स की भांति बाच ने भी 1914-18 के युद्ध को खत्म करने के लिये शांति आंदोलन में सक्रिय भूमिका अदा की है। उन्हें अपने इन कार्यों के लिये अपने ही सहयोगियों द्वारा बहिष्कृत कर दिया गया था। यही नहीं, उन्हें सरकार द्वारा भी प्रताड़ित किया गया। परिणामस्वरूप उनका समस्त अकादमिक जीवन चौपट हो गया। किन्तु फिर भी उन्होंने शांति के कार्यों को नहीं छोड़ा और निरंतर शांति कार्यों में संलग्न रहीं। सन् 1914-18 के बाद जब राष्ट्र-संघ की स्थापना हुई (बाद में संयुक्त राष्ट्र संघ), इसमें बाच ने कई महत्वपूर्ण पदों पर काम किया। **बाच ऐसी द्वितीय महिला थीं (पहली जाने एडम्स) जिन्हें सन् 1946 में नोबल शांति पुरस्कार प्राप्त करने का सौभाग्य प्राप्त हुआ है।**

प्रमुख कृतियाँ:

- Public Assistance of the Poor in France, (1893)
- A Study of Conditions of City Life, (1903)
- Our Slavic Fellow Citizens, (1910)
- Beyond Nationalism : The Social Thought of Emily Green Balch, (1941)
- Women at the Hague, (with Jane Addams), (1915)

Barnard, Chester, I.

चेस्टर आई. बरनार्ड (1886-1961)

चेस्टर आई. बरनार्ड अपने प्रबंधन के कार्यों पर किये गये अध्ययनों के लिये सुप्रसिद्ध हैं। उनका अकादमिक जगत् से कोई प्रत्यक्ष सरोकार नहीं था। वे एक अमरीकी उद्योगपति और प्रशासक थे जिनकी रुचि संगठनों की कार्य-प्रणाली के तुलनात्मक अध्ययन में पैदा हो गई और अपने अध्ययन के आधार पर संगठनों की कार्यप्रणालियों पर दो गौरव ग्रंथों (क्लासिक्स) की रचना कर डाली। ये ग्रंथ है; 'प्रशासक के कार्य' (द फंक्शन्स ऑफ द इग्जेक्युटिव, 1938) और 'संगठन एवं प्रबंधन' (ऑर्गनाइजेशन एण्ड मैनेजमेंट, 1948) बरनार्ड ने कहा है कि संगठन आन्तरिक रूप से सहकारी व्यवस्थाएं हैं। उनके ये विचार पुरातन विचारों के ठीक विपरीत हैं जो संगठनों की संस्तरणात्मकता, नियमबद्धता और निरंकुशतावादी प्रवृत्ति पर बल देते हैं।

प्रमुख कृतियाँ:
- The Functions of the Executive, (1938)
- Organization and Management, (1948)

Barth, Fredrik

फ्रेडरिक बार्थ (1928-)

शिकागो, ओसलो और केम्ब्रिज विश्वविद्यालयों में प्रशिक्षित **फ्रेडरिक बार्थ** ने कई स्थान पर शोध-कार्य किया है। एशिया में इराकी खुर्दस्तिान और दक्षिणी प्रशा से लेकर भूटान और बाली के क्षेत्रों में कार्य किया है। उनकी प्रथम पुस्तक 'स्वात पठानों में राजनीतिक नेतृत्व' (1959) को तत्कालीन 'संरचनात्मक-प्रकार्यवादी' उपागम की आलोचना पर एक महत्वपूर्ण दस्तावेज कहा जा सकता है। **बार्थ ने खेल-सिद्धान्तों और कर्त्ता-केन्द्रित महत्तम वृद्धि मॉडल के आधार पर राजनीति का विश्लेषण सामाजिक एकीकरण के एक साधन की अपेक्षा व्यक्तियों द्वारा शक्ति को अधिकाधिक बढ़ाने के एक उपकरण के रूप में किया है**। अपनी दूसरी पुस्तक 'सामाजिक संगठन के प्रतिरूप' (1966) में तत्कालीन ब्रिटिश मानवशास्त्र में प्रचलित संस्कृति और समाज के स्थिर प्रतिरूपों (मॉडल्स) के स्थान पर एक गतिशील कर्त्ता-केन्द्रित वैकल्पिक मॉडल प्रस्तुत किया है। बार्थ ने नृजातीयता के अध्ययन से सम्बन्धित कुछ पुस्तकों, जैसे 'नृजातीय समूह और सीमाएं' (1969) और 'माप और सामाजिक संगठन' (1978) का सम्पादन भी किया है। सन् 1970 के बाद उन्होंने मुख्य रूप में ज्ञान के वितरण और समाज एवं संस्कृति पर इसके प्रभाव के विषय पर कार्य किया है। सन् 1975 में उन्होंने 'बक्टमैन लोगों में कर्मकाण्ड और ज्ञान' और न्यूगिनी में क्षेत्र-कार्य के आधार पर सन् 1987 में 'निर्माणाधीन ब्रह्मांडिकी' और 1993 में 'बालीवासियों के विश्व' नामक पुस्तक लिखी है।

प्रमुख कृतियाँ:

- Political Leadership Among Swat Pathans, (1959)
- Models of Social Organization,(1966)
- Ethnic Groups and Boundaries, ed. (1969)
- Scale and Social Organization, (1978)
- Ritual and Knowledge Among the Baktaman, (1975)
- Cosmologies in the Making, (1987)
- Balinese Worlds, (1993)

Barthes, Roland

रोलेण्ड बार्थ्स (1915-1980)

एक फ्रेंच समाजशास्त्री, **रोलेण्ड बार्थ्स** की मुख्य रुचि लक्षण-विज्ञान तथा इसके साहित्य में प्रयोग, साहित्यिक आलोचना, संरचनात्मक मानवशास्त्र और मार्क्सवाद में रही है। उन्हें लक्षण-विज्ञान का वास्तविक संस्थापक माना जाता है। बहुधा इनका नाम फ्रांसीसी संरचनावाद के साथ जोड़ा जाता है। उन्होंने मार्क्सवादी दृष्टिकोण से लोकप्रिय संस्कृति का विश्लेषण किया है। यही नहीं, बार्थ्स ने प्रतिदिन के जीवन में मिथक और सामाजिक विचारधारा की सामाजिक भूमिका का अध्ययन भी किया है। इसके साथ ही, उन्होंने समाजशास्त्रीय चिन्तन के सांस्कृतिक अध्ययन के क्षेत्र में भी महत्वपूर्ण योगदान दिया है। वे सन् 1950 और 1960 के दशकों में एक ऐसे लक्षण-वैज्ञानिक थे जिन्होंने सामाजिक -सांस्कृतिक जीवन के तानेबाने का अध्ययन करने के लिये सासुरेवादी संकेत सिद्धान्त पर निर्मित भाषा को अपने अध्ययन का आधार बनाया। न केवल भाषा का अपितु निरूपणों अथवा संकेतों के रूप में सामाजिक व्यवहारों का भी उन्होंने अपने अध्ययन में प्रयोग किया। बार्थ्स ने सासुरे के विचारों का प्रयोग भाषा के अतिरिक्त जीवन के हर क्षेत्र जैसे कुश्तियों की प्रतियोगिताओं, टी. वी. के प्रर्दशनों, फैशन, पाककला आदि में भी किया है।

प्रमुख कृतियाँ:

- Writing Degree Zero, (1953)
- Mythologies, (1957)
- Sade, Fourier, Loyola, (1971)
- The Pleasure of the Text, (1975)

Baudrillard, Jean

जीन बॉड्रिलार्ड (ज्यां बौद्रीया) (1929-)

आजकल कई प्रकार के भिन्न विषयों (मानविकी और सामाजिक विज्ञान) में किसी एक शब्द

की सर्वाधिक गूंज सुनाई देती है, तो वह शब्द है—"उत्तर-आधुनिकता" (पोस्ट मॉडर्निटी)। इस शब्द से जुड़ी विचारधारा (समाजशास्त्रीय) के कई शिल्पकार हैं, उनमें से एक शीर्ष शिल्पकार **ज्यां बोद्रिया** भी (जीन बॉड्रिलार्ड) हैं। **इनकी गणना उत्तर-आधुनिकतावादियों के अलावा नव-मार्क्सवादियों में भी की जाती है।** उत्तर-आधुनिकतावादियों की पीढ़ी में, बॉड्रिलार्ड को सर्वाधिक उग्र (रेडिकल), चरम (एक्सट्रीम) एवं एक भीषण सिद्धान्तकार माना जाता है। उनका प्रशिक्षण एक समाजशास्त्री के रूप में हुआ है, किन्तु उनकी कृतियों ने अपने विषय की सीमाओं को तोड़ कर ज्ञान की कई विधाओं को प्रभावित किया है। फ्रेंच सिद्धान्तकार बॉड्रिलार्ड ने उत्तर-आधुनिकता और नव-मार्क्सवाद के अलावा लक्षण-विज्ञान (सीमिऑलाजी) पर भी कार्य किया है। उनकी प्रमुख रुचि जनपुंज समाज (मॉस सोसाइटी) और जनसंचार (मीडिया) की प्रकृति को समझने में रही है। **उन्होंने बताया कि जनसंचार के साधन (मॉस मीडिया) जिस प्रकार वस्तुओं की छवि का निर्माण करते हैं, वास्तविकता और बाह्याकृति का अन्तर धुंधलाता जाता है और उत्तरोत्तर स्थिति इतनी अस्पष्ट हो जाती है कि यह कहना मुश्किल होता है कि वास्तविकता क्या है।** बॉड्रिलार्ड ने कहा है कि संचार के विद्युतीय मीडिया ने स्थिति को इतना विकट बना दिया है कि किसी घटना के किसी निश्चित अर्थ तक पहुँचना लगभग असंभव है। यह मीडिया सामाजिक संबंधों को झुठलाता है, उन्हें कमजोर बनाता है जो अन्ततः सामाजिक वास्तविकता की मात्र नकल या मिथ्याभाषी बन जाते हैं। चूंकि सामाजिक यथार्थ मिथ्याभास है, अतः समाज "अति यथार्थ" (हाइपर रियलिटी) का रूप धारण कर लेता है। इस स्थिति में वास्तविकता (असली) और अनुकृति (नकली) का भेद लगभग समाप्त हो जाता है।

बॉड्रिलार्ड एक विवादास्पद विचारक हैं। उन्होंने एक ओर मार्क्स के विचारों की कहीं-कहीं प्रशंसा की है, और जहां-तहां अपने लेखनों में उनका प्रयोग भी किया है, वहां वे उनकी कटु आलोचना से भी नहीं चूके हैं। शुरू में (1960 के दशक) में बॉड्रिलार्ड आधुनिकतावादी और एक संस्कारगत मार्क्सवादी ही थे। यही नहीं, सन् 1980 के दशक तक उन्होंने "उत्तर-आधुनिकता" शब्द का प्रयोग तक नहीं किया था। उनकी कई प्रारंभिक कृतियों, जिनका अनुवाद बाद में हुआ (अभी कुछेक का अनुवाद होना शेष है), उनमें से एक में उन्होंने एक मार्क्सवादी की भांति उपभोक्ता समाज की आलोचना भी की है। उनकी प्रारंभिक कृतियों पर भाषाशास्त्र और लक्षण-विज्ञान का प्रभाव भी देखा जा सकता है, फिर भी कुछेक विद्वानों ने माना है कि उनमें मार्क्सवाद के कीटाणु भी मौजूद हैं तथा अन्य विषयों पर लिखे गये उनके प्रारंभिक लेखों में मार्क्स के मूल्य के सद्धान्त की समीक्षा का कठिनतः ही कहीं कोई जिक्र मिलता है। इस समीक्षा के साक्ष्य हमें लगभग इसके एक दशक के बाद के उनके लेखनों में मिलते हैं। किन्तु, बहुत जल्दी ही बॉड्रिलार्ड ने मार्क्सवादी उपागम के साथ-साथ सासुरे के संरचनावाद दोनों से अपना पल्ला झाड़ लिया और समाज और संस्कृति की नवीन उद्भूत प्रवृत्तियों (उत्तर-आधुनिकता) के विश्लेषण में प्रवृत्त हो गये। अपने इस विश्लेषण में बॉड्रिलार्ड ने भाषाई संरचनावाद की कुछ अवधारणाओं को अपने विचार-बिन्दुओं को स्पष्ट करने के लिए अवश्य प्रयोग किया है।

अपने जीवन की पृष्ठभूमि के प्रति उपेक्षा भाव प्रदर्शित करने वाले **ज्यां बोद्रिया**

(बॉड्रिलार्ड) का जन्म फ्रांस के रेम्स गांव में हुआ था। उनके पितामह किसान थे, किन्तु, उनका स्वयं का परिवार नगरीय जीवन की संक्रमणकालीन अवस्था में था। परिवार के कुछ लोग सरकारी नौकरियों में थे। परिवार का वातावरण किसी भी दृष्टि से बौद्धिक नहीं था, अतः बालक बॉड्रिलार्ड को इसकी भरपाई के लिये स्कूल में काफी मेहनत करनी पड़ी। वे परिवार में पहले व्यक्ति थे जो गंभीर रूप में बौद्धिक कार्य (शिक्षा) के प्रति समर्पित थे। उन्होंने "एग्रीगेशन" की परीक्षा के लिये प्रयास तो किया, किन्तु सफल नहीं हो पाये। यह भी एक संयोग ही है कि उन्हें विश्वविद्यालय में भी कभी कोई स्थाई नौकरी (अध्यापन क्षेत्र में) नहीं मिल पाई। व्यक्तिगत रूप में, बॉड्रिलार्ड ने अपने जीवन को निष्फल और वस्तुतः टूटन की स्थिति में माना है। सन् 1966 में बॉड्रिलार्ड ने ननतेरे संस्थान में **हेनरी लेफ्बेरे** के सानिध्य में, जो एक संरचनावाद विरोधी विद्वान थे, समाजशास्त्र में शोध प्रबंध लिखा। कुछ समय बाद वे एक अन्य संस्थान में **रोलेंड बार्थेस** के सम्पर्क में आये और सन् 1969 में 'संचारों की वस्तु और संकेत-प्रकार्य' विषय पर एक महत्वपूर्ण लेख लिखा जो बाद में 'द ऑब्जट सिस्टम' (1968) के नाम से पुस्तक के रूप में प्रकाशित हुआ। इसमें बार्थेस् की 'द फैशन सिस्टम' नामक पुस्तक की गूंज स्पष्ट सुनाई देती है।

बॉड्रिलार्ड पर **दुर्खाइम और मॉस** के उपहार-सिद्धान्त, **बातैली** के 'व्यय-सिद्धान्त', **सासुरे** के 'संरचनात्मक भाषाशास्त्र' और **रोलेण्ड बार्थेस** के लक्षण-सिद्धान्त और कहीं-कहीं मार्क्स के विचारों का भी प्रभाव पड़ा है। **दुर्खाइम और मॉस** से उपहार विनिमय की धारणाओं को ग्रहण कर बड़ी सतर्कता से उन्होंने जनसंचार के प्रतीकों को अपने विश्लेषण में प्रयोग किया है। मॉस के उपहार के सिद्धान्त और बातैली के व्यय के सिद्धान्त के अनुसार किसी भी मानवीय अर्थ-व्यवस्था को ऐसे औपचारिक उपयोगितावादी आधार में नहीं बदला जा सकता जिसमें संतुलन को उसकी सामान्य व्यवस्था माना जाता हो। इसके विपरीत 'कूला' और 'पोटलैच' जैसी प्रथाएं यह प्रकट करती हैं कि प्रतिष्ठा को प्राप्त करने के प्रयास में जो अपव्यय और फिजुलखर्ची होती है, यह उपभोग के बुनियादी और गैर-उपयोगी आधार हैं यदि इस दृष्टि से विचार किया जाये तब राजनीतिक अर्थव्यवस्था में उपयोग-मूल्य और विनिमय-मूल्य (मार्क्स की धारणाएं) में किये गये अन्तर की सीमाएं स्पष्ट नजर आ जाती हैं।

मार्क्स ने पूंजीवाद के विकास के अपने विश्लेषण में 'उपयोग-मूल्य' (यूज़ वैल्यू) और 'विनिमय-मूल्य' (एक्स्चेंज वैल्यू) की दो धारणाओं का प्रयोग किया है। मार्क्स की दृष्टि में, किसी वस्तु का उपयोग-मूल्य उस वस्तु की उपयोगिता पर निर्भर करता है कि वह वस्तु किस सीमा तक व्यक्तियों की आवश्यकताओं की पूर्ति और तुष्टि करती है। इसके विपरीत, विनिमय-मूल्य किसी उत्पादन के बाज़ार-मूल्य पर निर्भर करता है, अर्थात् वह वस्तु बाज़ार में कितने में बिक सकती है। दूसरें शब्दों में बाजार-मूल्य से तात्पर्य बाजार में उस वस्तु की क्या कीमत है। विनिमय-मूल्य की वस्तु को मार्क्स ने वस्तु का पण्य (कॉमेडिटी) रूप कहा है। मार्क्स का यह विश्लेषण ऐसे समाजों पर लागू होता है जहां उत्पादन का वर्चस्व होता है। बॉड्रिलार्ड के अनुसार, ऐसे समाजों में उपयोग-मूल्य और विनिमय-मूल्य के बीच के अन्तर का अपना एक महत्व होता है। किन्तु बॉड्रिलार्ड इन दोनों प्रकार के मूल्यों के बीच में किये गये विभाजन की रेखा के प्रति सशंकित है और प्रश्न करते हैं कि मूल्यों के इन दोनों रूपों के बीच विभाजन की रेखा कहां खींची जाये। विश्लेषण के अपने दायरे को बढ़ाते हुए,

बॉड्रिलार्ड ने मार्क्स की वस्तुओं की सूची में दो वस्तुओं को और जोड़ा है—प्रतीकात्मक वस्तु और संकेत वस्तु। इस प्रकार उन्होंने चार प्रकार की वस्तुओं के आधार पर **चार प्रकार के मूल्यों** में अन्तर बताया है : (1) **उपयोग-मूल्य**, (2) **विनिमय मूल्य**, (3) **प्रतीकात्मक-मूल्य**, औरा (4) **संकेत-मूल्य**। प्रतीकात्मक-मूल्य प्रतीकात्मक विनिमय पर और संकेत-मूल्य भिन्नता के तर्क पर आधारित होता है। इन चारों मूल्यों को बॉड्रिलार्ड ने संक्षेप रूप देते हुए चार वर्गों में इस प्रकार विभाजित किया है—(1) उपयोगिता, (2) बाज़ार, (3) उपहार, और (4) प्रस्थिति। प्रथम वर्ग में वस्तु एक साधन, द्वितीय में एक पण्य (कॉमोडिटी), तृतीय में एक प्रतीक और चतुर्थ में एक संकेत बन जाती है।

बॉड्रिलार्ड कहते हैं कि किसी भी वस्तु के उपयोग-मूल्य और विनिमय-मूल्य के अलावा प्रतीकात्मक-मूल्य भी होता है। अतः वस्तु को उसके प्रतीकात्मक मूल्य के संदर्भ में भी समझा जाना चाहिये। इस प्रतीकात्मक-मूल्य को उपयोग-मूल्य और/या विनिमय-मूल्य किसी में भी बदला नहीं जा सकता है। उदाहरणार्थ, एक उपहार (जैसे विवाह के अवसर पर दी जाने वाली अंगूठी) एक ऐसी ही वस्तु है जिसका एक प्रतीकात्मक मूल्य होता है। इसका (अंगूठी) कोई उपयोग या विनिमय मूल्य है अथवा नहीं, सामाजिक (वैवाहिक) सम्बन्धों के दायरे में सामान्यतः इस पर कोई विचार नहीं किया जाता। आज भी पूंजीवादी समाजों में उपहार के लेन-देन की यह प्रथा प्रचलित है, यद्यपि इसमें पहले की तुलना में (आदिम समाजों की अपेक्षा) अवश्य कमी आ गई है और इसके रूप-स्वरूप में काफी बदलाव हो गया है। उपहार का वह लेन-देन संतुलन पर आधारित किसी भी सरल अर्थव्यवस्था में एक बाधा उपस्थित करता है।

उपरोक्त विवेचन से स्पष्ट है कि बॉड्रिलार्ड ने आर्थिक विनिमय को पूर्णतः नकारते हुए इसके विकल्प के रूप में 'प्रतीकात्मक (सिम्बॉलिक) विनिमय' की बात कही है। वे कहते हैं कि इस प्रकार के विनिमय का चक्र—"लेने और लौटाने" और "देने और प्राप्त करने" के अविरल रूप में चलता रहता है। यह उपहारों और प्रति उपहारों का एक चक्र होता है। प्रतीकात्मक विनिमय का विचार पूर्णतः पूंजीवाद के तर्क के बाहर के साथ-साथ भीतर भी विरोधी है। उन्होंने अपने प्रतीकात्मक विनिमय के साथ ही मार्क्स की राजनीतिक अर्थव्यवस्था की धारणा की आलोचना के उद्देश्य को छोड़कर बाद में अपना सारा ध्यान वर्तमान समाज और संस्कृति पर केन्द्रित कर दिया।

सासुरे तथा अन्य संरचनावादियों का अनुसरण करते हुए बॉड्रिलार्ड ने वस्तुओं की प्रकृति का भी विश्लेषण किया है और बताया है कि **किसी भी वस्तु का अस्तित्व अन्य दूसरी वस्तुओं से अलग-थलग नहीं होता**। इसके विपरीत, इन्हें समझने के लिए दूसरी वस्तुओं के साथ इनके सम्बन्ध अथवा इनकी विभिन्नता को समझना भी आवश्यक हो जाता है। **अनेक वस्तुओं का उपयोगिता पक्ष तो होता ही है, किन्तु वे किस प्रस्थिति का संकेत देती हैं, या संकेत देने की क्षमता रखती हैं, यह जानना भी अत्यावश्यक है**। इस संदर्भ में, यह कहना उपयुक्त होगा कि कभी-कभी किसी वस्तु के बारे में मना करना या उसके प्रति उपेक्षा भाव प्रदर्शित करना भी एक प्रकार से विलासिता को प्रकट करता है। जैसे परिष्कृत रुचि यह मांग करती है कि एक कमरे को अत्यधिक वस्तुओं से भरा नहीं जाये। एक उपभोग समाज में वस्तुओं का मात्र उपयोग नहीं किया जाता, इनका उत्पादन किसी जरूरत की पूर्ति की अपेक्षा

किसी प्रस्थिति का संकेत देने के लिये अधिक किया जाता है और यह इसलिये संभव होता है क्योंकि वस्तुओं के साथ हमारे भिन्न संबंध होते हैं। अतः एक प्रवाहशील उपभोगी समाज में, वस्तुएं मात्र संकेत होती हैं, उनकी उपयोगिता का तत्व कहीं पीछे छूट जाता है। सासुरे के संरचनावादी भाषाशास्त्र से प्रभावित होकर, उन्होंने भाषा की सामूहिकता की प्रकृति को उजागर करते हुए कहा है कि भाषा कभी भी व्यक्तिगत थाती नहीं होती है। भाषा की रचना में कोई एक व्यक्ति नहीं, अपितु सम्पूर्ण (समाज) का योगदान होता है।

अपने गुरु **लोफ्बेयर** से विपरीत, बॉड्रिलार्ड ने संरचनावाद को पूर्णतः नकारा नहीं है। वास्तव में, उन्होंने इसके माध्यम से इसके दूसरी ओर पहुंचने का प्रयास किया है। उनके इस उपागम ने उन्हें "संकेत", "प्रणाली" और "भेद" की धारणाओं के प्रयोग द्वारा संरचनावाद की कमजोरियों और सीमाओं को उजागर करने में उनकी भारी मदद की है। इन्हीं अवधारणाओं के माध्यम से वे यथार्थ और काल्पनिक छवियों के अन्तर को प्रकट करने में सफल हो पाये हैं जो उत्तर-आधुनिकता की उनकी विचारधारा का आधार है।

बॉड्रिलार्ड को **नव-मार्क्सवादी** और **उत्तर-आधुनिकतावादी** विचारक माना जाता है। मार्क्स की नये ढंग से व्याख्या करने के कारण उन्हें नव-मार्क्सवादी विचारकों की श्रेणी में रखा गया है। मार्क्स से प्रभावित होते हुए भी बॉड्रिलार्ड ने मार्क्स के उत्पादन संबंधी विचारों की कड़ी आलोचना की है। **उन्होंने मार्क्स की उत्पादन की केन्द्रीय धारणा के स्थान पर उपभोग और उपभोक्ता को अपने विश्लेषण का केन्द्र बनाया है**। बॉड्रिलार्ड ने मार्क्स के आर्थिक सिद्धान्त, विशेषतः उनकी उपयोगी मूल्य की अवधारणा का पुनर्मूल्यांकन और गहन समीक्षा की है।

इसी प्रकार, **उन्होंने अपने विश्लेषण में संस्कृति को भी पर्याप्त महत्व दिया है, जिसकी मार्क्स ने अपने विश्लेषण में सर्वथा अवहेलना और उपेक्षा की है**। संस्कृति के अपने विश्लेषण में उन्होंने आर्थिक और भौतिक दशओं को आधार बनाया है। संस्कृति के प्रति अपनाया गया उनका विश्लेषण ही उन्हें मार्क्स से दूर करके उत्तर-आधुनिकता के दायरे में लाता है।

बॉड्रिलार्ड ने मार्क्स से सर्वथा भिन्न आधुनिक संस्कृति का विश्लेषण उत्पादन की प्रणाली के स्थान पर उपभोग के ढंग पर किया है। वे कहते हैं कि आधुनिक संस्कृति पश्चिम द्वारा प्रवर्तित उपभोग और उपभोक्तावाद के युग (उत्तर-आधुनिक युग) में प्रवेश कर गई है। किसी वस्तु का उपयोग अथवा उत्पादन-मूल्य आजकल इस बात पर निर्भर करता है कि वह वस्तु किस सीमा तक हमारी मूलभूत आवश्यकताओं की पूर्ति करती है या पूर्ति करने की क्षमता रखती है, अपितु वस्तुओं की महत्ता अब इस बात पर निर्भर करती है कि वे किसी चीज का प्रतीक है या उनके प्रति जन सामान्य में क्या छवि है। किसी भी संभावित सांकेतिक विनिमय की इस व्यवस्था में वस्तुएं अर्थगर्भित चीजें बन जाती हैं, अर्थात् वस्तुओं का अर्थ वही नहीं होता है जैसी वे दिखाई देती हैं, अपितु उनमें जो अर्थ छुपा होता है, वे उसका प्रतिनिधित्व करती हैं।

बॉड्रिलार्ड के अनुसार, वर्तमान समाज में अब उत्पादन का नहीं, अपितु जनसंचार (मीडिया) के साधनों, साइबरनैटिक मॉडल्स, स्टीयरिंग प्रणालियों, कम्प्यूटरों, सूचना प्रचालन की प्रक्रियाओं, मनोरंजन और ज्ञान के उद्योगों का वर्चस्व है। इन प्रणालियों द्वारा अनेक प्रकार

के संकेतों का विस्फोट हुआ है। अतः यह कहा जा सकता है कि **अब हम उत्पादन के ढंग के वर्चस्व वाले समाज से एक ऐसे समाज की ओर बढ़ रहे हैं जिस पर उत्पादन के कूटों (संकेत पद्धति, कोड) का नियंत्रण है।** कभी शोषण और लाभ के उद्देश्यों से क्रियाएं की जाती थीं, किन्तु अब शोषण और लाभ के बजाय संकेतों और प्रणालियों को पैदा करने वाली व्यवस्था पर प्रभुत्व जमाने के उद्देश्य से क्रियाएं की जाती हैं। यही नहीं, एक समय था जब संकेत किसी वास्तविक या असली वस्तु के प्रतीक हुआ करते थे, किन्तु अब संकेत अपने आपका या फिर दूसरे संकेतों के संकेत मात्र हैं। संकेत अब आत्म-संदर्भात्मक हो गये हैं। अब हम यह नहीं बतला सकते कि क्या असली है और क्या नकली। संकेतों और वास्तविकता (नकली और असली) का भेद मिटता जा रहा है। जैसे-जैसे असली और नकली का भेद धुंधलाता जाता है, वैसे ही यह पता लगाना कठिन होता जा रहा है कि असली की जो नकल की गई है, उनमें से असली कौन सी है।

उत्तर-आधुनिक विश्व की सबसे बड़ी विशेषता छद्मरूपताएं (सिम्यूलेशॅन्स) हैं। बॉड्रिलार्ड कहते हैं कि हम 'छद्मरूपताओं के युग में रह रहे हैं।' छद्मरूपता (सरल भाषा में नकल या मिथ्याभास) की प्रक्रिया छलना या प्रपंच (सिम्यूलेकरा) को जन्म देती है। ये नकल की प्रक्रिया और कुछ नहीं वस्तुओं अथवा घटनाओं की प्रतिकृतियां होती हैं। बॉड्रिलार्ड ने तीन प्रकार के छद्मरूपों (सिम्यूलेशॅन) की चर्चा की है : (1) नव जागरण के क्लासिकल युग में प्रभावी कृत्रिम छद्मरूप जिसमें नकली वस्तु और वास्तविक अथवा प्राकृतिक वस्तु में स्पष्ट अन्तर होता था, (2) औद्योगिक युग के उत्पादन का छद्मरूप जिसमें वस्तु और श्रम की प्रक्रिया में स्पष्ट अन्तर होता है, (3) कूटों (संकेतों) द्वारा नियंत्रित आधुनिक युग का छद्मरूप जिसमें वस्तुओं के उत्पादन की अपेक्षा उनकी प्रतिकृति महत्वपूर्ण होती है। आजकल, वस्तुओं की उत्पत्ति (निर्माण) किसी मूल वस्तु या प्राणी से नहीं होती, अपितु किसी सूत्र (फार्मुला), कूट-संकेतों तथा संख्या के द्वारा होती है। इस प्रक्रिया में वास्तविक और इसकी प्रतिकृति के अन्तर को मिटा दिया जाता है और यहीं से छद्मरूप या नकल के युग की शुरुआत होती है।

बॉड्रिलार्ड कहते हैं कि कूटों (कोड) और संकेतों का यह युग सामाजिक जीवन के सारे तानेबाने में छा गया है। जब विरोधियों या प्रतिपक्ष के धराशाई होने की शुरुआत हो जाती है और हर चीज अनिश्चित हो जाती है, तब यह मानिये कि छद्मरूप के युग की शुरुआत हो गई है। यह इसका एक लक्षण है। जरा इस स्थिति पर गौर करें कि फैशन के क्षेत्र में सुन्दर और कुरूप, राजनीति में वामपंथ और दक्षिण पंथ, मीडिया में वास्तविक और कृत्रिम, वस्तुओं, प्रकृति और संस्कृति के स्तर पर उपयोगी और बेकार—ये सभी प्रतिकृति और छद्मरूप के इस युग में अन्तर्बदल हो गई हैं।

बॉड्रिलार्ड ने प्रतिकृतियों, नकली वस्तुओं, छद्मरूपों (सिम्यूलेशॅन) की विशेषताओं वाले इस उत्तर-आधुनिक विश्व की व्याख्या '**अति-वास्तविकता**' (हाइपर रिऑलिटी) के रूप में की है। यह 'अति-वास्तविकता' वास्तविक और काल्पनिक के अन्तर को मिटा देती है। बॉड्रिलार्ड कहते है कि जन संचार माध्यमों ने यह काम कर तरह से किया है। पहले यथार्थ खूब दिखाया जाता है। फिर उसे छिया छिपाया जाता है। इसके बाद यथार्थ के अभाव को छिपाया जाता है और अन्ततः यथार्थ को बेदखल कर दिया जाता है। यथार्थ का सम्बन्ध विच्छेद कर दिया जाता है, यही 'सिम्यूलेकरा' (छलना या प्रपंच) है जहां अर्थ का अन्तिम

संहार होता है। आजकल टी.वी. पर (या किसी अन्य जनसंचार के साधन पर) जो विज्ञापन दिये या दिखाये जा रहे हैं (ये विज्ञापन चाहे कोक, च्यवनप्राश, टूथपेस्ट, केश तेल, या किसी दवा के हों), उनमें उनकी वास्तविकता को छुपाकर उनकी कृत्रिमता और नकलपन को ही असली बताकर उन्हें इस प्रकार उभारा जाता है कि वे देखने वालों के लिये अति-वास्तविक बन जाती हैं। इसका परिणाम यह होता है कि वस्तु का असली गुण तो गौण हो जाता है या छुप जाता है और अन्ततः असली और नकली का अन्तर मिट जाता है और दोनों एक हो जाते हैं। इस प्रकार मीडिया (जनसंचार के साधन) अब वास्तविकता के आइने नहीं हैं, अपितु वे इस प्रकार की वास्तविकता बन जाते हैं कि वे यथार्थता से भी अधिक वास्तविक नज़र आने लगते हैं। इस स्थिति में कृत्रिम से वास्तविक का अन्तर करना लगभग असम्भव हो जाता है। उदाहरणार्थ, आजकल बाज़ार में चांदी और यहां तक कि अन्य धातु के जेवरों पर सोने का झोल (आवरण) चढ़ा कर जब ग्राहक के सामने प्रस्तुत किया जाता है, तब असली सोने के ज़ेवर और इस प्रकार के नकली बनाये गये ज़ेवरों में अन्तर करना इतना मुश्किल हो जाता है कि कई बार तो ग्राहक ही नहीं दुकानदार भी गलतफहमी का शिकार हो जाता है। वस्तुतः "वास्तविक" घटनाएं उत्तरोत्तर अतिवास्तविक घटनाओं का चरित्र या रूप ग्रहण करती जा रही हैं। बॉड्रिलार्ड ने इसका एक उदाहरण पूर्व प्रसिद्ध फुटबाल खिलाड़ी ओ. जे. सिम्पसन के गिरफ्तारी का दिया है जिसने निकोल सिम्पसन और रोनाल्ड गोल्डमैन की हत्याएं की थीं। उन्होंने कहा यह घटना एक अतिवास्तविकता को प्रदर्शित करती है जो बाद में 'इन्साइड एडिसन' नामक एक अतिवास्तविक टी.वी. कार्यक्रम का शक्तिशाली भोज्य पदार्थ (विषय) बन गई। वस्तुतः अब कहीं वास्तविकता नहीं है। केवल अतिवास्तविकता ही है।

"अतिवास्तविकता" की अपनी अवधारणा के द्वारा बॉड्रिलार्ड ने प्रत्यक्ष-अप्रत्यक्ष तौर पर संस्कृति का विवेचन किया है, आधुनिक संस्कृति की समस्याओं को उजागर किया है। आधुनिक संस्कृति के अपने इस विश्लेषण द्वारा उन्होंने यह बताने का प्रयास किया है कि संस्कृति में भारी व्यापक परिवर्तन हो रहा है जिसे वे "विध्वंसात्मक" क्रांति कहते हैं। इस क्रांति में, मार्क्सवादी क्रांति से भिन्न जनता अधिकाधिक विद्रोह प्रदर्शन करने के स्थान पर अधिकाधिक निष्क्रिय तथा मात्र एक मूक दर्शक बनती जाती है। इस समस्त प्रक्रिया में जनता एक ऐसी काल-कोठरी बन जाती है जिसमें समस्त अर्थ, सूचना, सम्प्रेशन, संदेश आदि समा जाते हैं और परिणामतः सब कुछ अर्थहीन हो जाता है। मीडिया के संकेतों, प्रतिकृतियों, और अतिवास्तविकता से ऊबा हुआ जनसमुदाय उदासीनता, निरुत्साह और निष्क्रियता को प्रतिबिम्बित करता है। एक अर्थ में, स्वयं समाज इस काल-कोठरी में घुसता जा रहा है।

अतिवास्तविकता पूर्णतः अलगाव पैदा करने वाली एक स्थिति है। इस स्थिति को पैदा करने में और प्रसार करने में संचार के साधनों की अहम् भूमिका है जिस पर हमारा कोई नियंत्रण नहीं है और न ही यह संभव है। वस्तुओं की छवियाँ (प्रतिरूप) हमारे जीवन में कई रूप में विष पैदा कर रही हैं। वस्तुओं की ये छवियाँ सर्वप्रथम हमें यथार्थ से अलग करती हैं अथवा यथार्थ को प्राप्त करने की किसी भी हमारी आशा को समाप्त कर देती हैं। छवियों का यह संसार इतना शक्तिशाली वर्चस्व स्थापित करने वाला होता है कि हम हमारे यथार्थ के प्रतीक को प्रतीकीकरण समझने और उसके परे देखने की अपनी योग्यता को खो देते हैं और इसके स्थान पर ये छवियां, ये प्रतिरूप ही वास्तविकताएं बन जाते हैं। इन प्रतिकृतियों

(छद्मरूपों) का प्रभाव हमारे जीवन पर इतना ज़बर्दस्त होता है कि हम इनसे चारों ओर घिर कर छद्मरूपों के जीवन में जीने लगते हैं जिसमें यथार्थ या वास्तविकता का लेशमात्र भी अंश नहीं होता। दूसरे शब्दों में, इन वस्तुओं की छवियों के प्रभाव से हमारा समस्त जीवन मात्र एक स्वांग बन जाता है। ये प्रतिरूप, ये छवियां हमारे एक ऐसे विश्व का निर्माण करती हैं जिसमें अव्यक्त वास्तविकता ही वास्तविकता का रूप ग्रहण कर लेती हैं। ऐसी स्थिति में वास्तविकता को उनके लक्ष्यों के अनुरूप समझ लिया जाता है जैसा कि हम टी.वी. पर दिखाये गये टॉक शो, रूपंकर, नाटकों, धारावाहिकों को ही हमारा सामाजिक विश्व समझने की भूल करते हैं और हमारा जीवन चलती-फिरती इन प्रतिकृतियों, छद्मरूपों के बहुल ताने-बाने का मात्र अंतिम सूत्र बन जाता है। द्वितीय, प्रतिकृतियों या छवियों का यह विश्व इसलिये अलगावपूर्ण होता है क्योंकि आजकल जनसंचार के साधन इतने प्रभावक होते हैं कि प्रदर्शित किये जाने वाले कार्यक्रम या विज्ञापन का मूल 'संदेश' तो प्रायः गायब हो जाता है और छद्मरूपी प्रतिकृतियाएं बिना किसी अन्तर्वस्तु के शुद्ध स्वरूप का उदाहरण बन जाती हैं। प्रतिकृति का स्वरूप ही उसका अर्थ बन जाता है और प्रतिकृतियों का यह विश्व "अतिवास्तविक" होता है जिसमें किसी प्रकार की कोई गहराई नहीं होती है।

प्रतिकृतियों या छद्मरूपों (सिम्यूलेशन्स) पर आधारित हमारे आधुनिक स्वांग पूर्ण नकली जीवन पर टिप्पणी करते हुए बॉड्रिलार्ड कहते हैं कि यदि इन अर्थहीन प्रतिकृतियों के उपभोग पर हमारा नियंत्रण समाप्त हो जाता है या कमज़ोर पड़ जाता है, यदि हम वास्तविक अर्थ, वास्तविक कारकों या वास्तविक इतिहास के लिए जो आवश्यक दूरी और परिप्रेक्ष्य जरूरी होता है, उसे खो देते हैं, तब संभवतः इस स्थिति से बचाव का एक ही रास्ता है और वह छविहीनता या अर्थहीनता की स्थिति से है। यदि छवियों का समस्त उपभोग वैचारिक है, तब मिथ्या चेतना के अलगाव के परे जाने या बचाने का एक ही रास्ता है और वह है पश्चिमी संस्कृति और इसके प्रतीकों की व्यवस्था को तिरोहित करने या छोड़ने का है। बॉड्रिलार्ड ने अपने इस कथन की पुष्टि के लिये नृजाति क्षेत्र के कुछ उदाहरण दिये हैं। उन्होंने बताया कि पश्चिमी संस्कृति के "परे" भी एक संस्कृति है जिसे हम भावप्रवण सम्मोहन और कामवृति (सेक्स), अननुमेय (भविष्योक्तिहीन) चुनौतियों और साहसिक कार्य, अर्थहीन विध्वंस और दुर्घटनाओं, उत्कृष्ट कवित्व तथा मृत्यु में देख सकते हैं। यही नहीं, पश्चिमी संस्कृति के 'पूर्व' की भी एक संस्कृति है जिसके दर्शन हम विजातीय आदिम विनिमय व्यवस्था में कर सकते हैं। इसके लिये बॉड्रिलार्ड ने जनजातियों की "कूला" प्रथा और "पोटलेच" प्रथा के उदाहरण दिये हैं जिनका उल्लेख इसी लेख में पहले किया जा चुका है। बॉड्रिलार्ड कहते हैं कि जनजातियों में उपभोग और विनिमय की ये वस्तुएं गैर-मुद्रापरक और अ-तरल (नकदी नहीं) रही हैं। यही कारण है इस प्रकार के विनिमय के सहभागियों में संबंधों को सर्वाधिक महत्व दिया जाता है। छवियों, प्रतिकृतियों, छद्मरूपों के इस अत्याधुनिक संसार पर समाहारात्मक टिप्पणी करते हुए बॉड्रिलार्ड कहते हैं कि यदि इस परायेपन से किसी प्रकार बचाये रखा जा सकता है, तब फिर भी पश्चिम के छविवाद से बचाव हो सकता है।

बॉड्रिलार्ड के लेखन ने अत्यंत उत्तेजक बहस को जन्म दिया है। यह बहस तब अत्यधिक गरम बन गई जब उन्होंने एक दैनिक पत्र "लिब्रेशॅन" में लिखा कि सन् 1991 का खाड़ी युद्ध हुआ ही नहीं। यह एक इस प्रकार की निष्फल बहस थी जिसमें व्यक्तिगण एक

दूसरे की भूतकाल की घटनाओं की बखिया उधेड़ रहे थे। बॉड्रिलार्ड ने इस बहस की शुरुआत संकेत (कोड) के उलझन भरे निहितार्थों और आधुनिक विज्ञान और प्रौद्योगिकी में हुए विकास के प्रभावों के अपने विचार-बिन्दु से की, जब कि उनके विरोधियों ने बहुधा उन्नीसवीं सदी की उस मानवतावादी धारणा का हवाला दिया जिसमें उत्पत्ति को वास्तविक और प्राकृतिक वस्तु से माना जाता है। बॉड्रिलार्ड ने अपने लेखनों द्वारा संकेतात्मक और भौतिक स्वरूपों में आये परिवर्तनों के अत्यधिक वास्तविक परिणामों को प्रदर्शित कर यह बताया है कि मीडिया में तेजी और इसके धुंधलके के बढ़ते हुए वर्चस्व वाले इस विश्व में यह अत्यंत महत्वपूर्ण है। बॉड्रिलार्ड मानते हैं कि इसको सीमित किया जाना तभी संभव है जब स्वयं आधुनिक विज्ञान को किसी प्रकार सीमित किया जाना संभव हो पाये। किन्तु, अभी तक संकेत (कोड) समान रूप में सभी जगह अपना वर्चस्व स्थापित नहीं कर पाया है और बॉड्रिलार्ड ने सामाजिक यथार्थ के प्रतिकृति (क्लोन) संस्करण की विचारधारा को जिस प्रभावक ढंग से पेश किया है, उसे पूर्णतः सत्य नहीं माना जा सकता। हम अभी भी आंशिक रूप से कोड के प्रभावों से दूर हैं जिसे **स्टिफेन स्पीलबर्ग** ने अपने चलचित्र "जुरासिक पार्क" में बखूबी प्रदर्शित किया है।

जैसा ऊपर लिखा गया है कि यद्यपि बॉड्रिलार्ड का प्रशिक्षण समाजशास्त्र में हुआ है, किन्तु वे अपने आपको समाजशास्त्री नहीं मानते और न ही समाजशास्त्री कहलाना पसन्द करते हैं। वे इस विषय से दूर भी रहना चाहते हैं किन्तु साथ ही वे इससे किसी न किसी रूप में जुड़े हुए भी हैं। वास्तव में, समाजशास्त्र के साथ उनका संबंध सांप-छछुंदर के जैसा है, अर्थात् न छोड़ा जा सकता और न ही खाया जा सकता है। फिर भी, यह संदेह से परे है कि उन्होंने आधुनिक समाजशास्त्र (उत्तर-समाजशास्त्र) की विधा को, विशेषतः अपने उत्तर-आधुनिकता के अतिवादी विचारों से गहरे रूप में प्रभावित किया है।

प्रमुख कृतियाँ :

- The Object System, (1968)
- Consumer Society, (1970)
- For a Political Economy of the Sign, (1972)
- The Mirror of Production, (1975)
- The Evil Demon of Images, (1981)
- Simulacres and Simulations, (1981)
- The Ecstasy of Communications, (1985)
- Forget Foucault, (1987)
- Selected Writings, (1988)
- America, (1989)
- Cool Memories, (1990)
- Seduction, (1990)
- The Trasparence of Evil, (1992)
- Symbolic Exchange and Death, (1993)
- Baudrillard Live. Selected Interviews, (1993)

Beauvoir, Simone de

सीमोन द् बोवुआर (बुआ) (1908-1986)

पेरिस (फ्रॉंस) में जन्मी **सीमोन द् बोवुआर (बुआ)** मूल रूप में एक दार्शनिक के रूप में दीक्षित थीं, किन्तु उन्होंने समाजशास्त्रीय महत्ता से भरपूर ढेर सारा बौद्धिक लेखन किया है, जिसके अधिकांश भाग का विश्लेषण किया जाना अभी शेष है। उन्होंने प्रतिष्ठित अभिजातीय संस्थान ईकोल नॉर्मल से शिक्षा ग्रहण की थी। उनकी रुचि कई विषयों में थी। उन्होंने जनपुंज के संचार-साधनों (मॉस मीडिया) से लेकर वृद्धावस्था, महिलाओं और सामाजिक आंदोलनों जैसे अनेक विषयों पर अपनी लेखनी उठाई है। समाजशास्त्रियों के बीच, वे अपनी बहुचर्चित भारी भरकम पुस्तक 'द्वितीय लिंग' (द सेकेन्ड सैक्स, 1949) के लिये सर्वाधिक जानी जाती हैं। इस एक पुस्तक ने उनका नाम विश्व के बौद्धिक मानचित्र पर अंकित कर दिया। इस पुस्तक का हिन्दी सहित कई भाषाओं में अनुवाद हो चुका है और अंग्रेजी में इसका संक्षिप्त संस्करण भी उपलब्ध है। इसमें महिलाओं की सामाजिक, आर्थिक और राजनीतिक सभी स्थितियों पर विचार किया गया है।

'द्वितीय लिंग' में नारी की अधीनता का उसके जैवकीय, ऐतिहासिक और नृजातीय प्ररिप्रेक्ष्य में पूरी गइराई से विश्लेषण किया गया है। **उनकी सुप्रसिद्ध उक्ति कि "नारी जन्मती नहीं, बनाई जाती है"** ने विश्व में उन्हें विख्यात कर दिया। स्त्रियां कैसे बनती हैं, इस संबंध में बुआ लिखती है कि "यह सम्पूर्ण रूप में सभ्यता ही है जो इस प्राणी को बनाती है। इसकी स्थिति पुरुष और हिज़ड़ों के बीच की है जिसे स्त्रियोचित के रूप में परिभाषित किया जाता है।" साहित्य और विश्वास व्यवस्थाओं से यह प्रकट होता है कि नारी को हमेशा पुरुष के अधीन 'अन्य' (पराये) के रूप में देखा-समझा गया है। बुवा के अनुसार, नारी को हमेशा प्रकृति के रूप में और पुरुष को संस्कृति के रूप में चित्रित किया जाता रहा है। **नारी की इस गिरी हुई हीन स्थिति के लिये बोवुआर ने पितृसत्तात्मकता की प्रथा को उत्तरदायी माना है।** वे कहती हैं कि पितृसत्तात्मकता में 'नारी' को पुरुष-केन्द्रित, पुरुष-पहिचान वाले तथा पुरुष सम्पन्न विश्व में 'अन्य' के रूप में, रहस्यमयी और उपान्त (मार्जिनल) के रूप में माना जाता है। नारीवाद की क्रांतिकारी प्रवक्ता बोवुआर (बुआ) भी अन्त में अपनी पुस्तक में यह कहती हैं कि महिलाओं को पूर्ण मुक्ति मिले, इसके लिये पुरुषों को भी कुछ सोच-विचार करना चाहिये। इन दोनों को मिल-बैठकर सभी की सुविधाओं पर विचार करना चाहिये।

समीक्षकों के अनुसार बुआ का महिलाओं के उद्धार के प्रति 'पुरुषवादी' सोच रहा है और इसी कारण उनकी 'द्वितीय लिंग' पुस्तक की समकालीन नारी आंदोलन के क्षेत्र में कटु आलोचना हुई है। बुआ के अनुसार, **अपनी 'परायेपन' (अद्नेस) की धारणा को खत्म करने तथा समान प्रस्थिति प्राप्त करने के लिये नारी को एक ऐसे जगत् में लड़ना होगा जिसके प्रतिमानों और आदतों का निर्माण पुरुष प्रभुत्व द्वारा हुआ है और इसके लिये उन्हें पारम्परिक पुरुष कार्यक्षेत्रों में घुसना चाहिये।** ऐसा माना जाता है कि बुआ एक ओर पुरुषों के प्रति कुछ अतिवादी हो गई, तो दूसरी ओर स्त्रियों की आर्थिक, सामाजिक और संवेगात्मक कारकों के प्रति उनका उपेक्षापूर्ण रवैया रहा है जिसके कारण अनेक स्त्रियों के लिये बुवा की योजनाएं अप्राप्य और अवांछनीय हैं। यही नहीं, उनकी इस पुस्तक में स्त्रियों के जीवन के मातृत्व

सम्बन्धी आयाम को भी तिरस्कृत किया गया है। बुआ नारी की विशिष्ट स्त्रियोचित विशेषताओं तथा दृष्टिकोण के महत्त्व तथा सामाजिक पुनर्निर्माण की संभावनाओं को ठीक प्रकार से समझने और मूल्यांकन करने में भी विफल रही हैं। इस प्रकार की आलोचनाओं के बाद भी उनकी पुस्तक 'द्वितीय लिंग' आज भी नारीत्व का दार्शनिक दृष्टिकोण से विश्लेषित करने वाली एक महत्वपूर्ण कृति है। बुआ बीसवीं शताब्दी की पहली लेखिका हैं जिन्होंने स्त्रियों की अधीनता की समस्या को बड़े सशक्त ढंग से उठाया है। इस पुस्तक में नारी जीवन का जो सजीव और सूक्ष्म विश्लेषण किया गया है, वह बहुत-कुछ बुआ के स्वयं के प्राथमिक अनुभव और पेरिस के मध्य शताब्दी के उनके प्रेक्षणों पर आधारित है जो इस पुस्तक को प्रामणिकता प्रदान करते हैं। इसी कारण इस पुस्तक ने लाखों स्त्रियों को इसे पढ़ने के लिये प्रेरित किया है। इस पुस्तक के अतिरिक्त बुवा ने उपन्यास भी लिखे हैं। एक अस्तित्ववादी दार्शनिक होने के नाते बुवा ने अपने लेखों और नाटकों में नैतिक और राजनीतिक द्विधाओं और असमंजसों को प्रतिबिम्बित किया है। उन्होंने अपने लेखनों में स्त्रियों के अस्तित्व को अर्थ देने तथा उसकी प्रकृति को चित्रित करने के लिये अस्तित्ववादी दर्शन के साथ इतिहास, जीवशास्त्र, जीवन-चरित्र और कल्पना का सुन्दर मिश्रण किया है।

आधुनिक नारीवादी आंदोलन पर सर्वाधिक निर्णायक प्रभाव सीमोन द् बोवुआर का पड़ा है। वे उत्तर-युद्धकालीन फ्रांसीसी अस्तित्ववाद की एक प्रमुख हस्ती थीं। जब वे सोर्बोन में (1926-29) में अध्ययन कर रहीं थी, वे वहां मर्लियू पोन्टी और सुप्रसिद्ध दार्शनिक ज्यां पाल सार्त्र के सम्पर्क में आईं जिनके साथ मिलकर बुआ ने 'लेस टेम्पस मॉडनर्स' (1945) नामक पत्रिका की शुरुआत की। यह पत्रिका फ्रांस में गैर-साम्यवादी वामपंथियों का एक प्रमुख मुखपत्र था। बुआ सार्त्र से काफी प्रभावित थीं। उन्होंने सार्त्र के साथ अपने जीवन के सर्वाधिक महत्त्वपूर्ण छण गुजारे हैं और उनके साथ स्थाई सम्बन्ध भी स्थापित किये।

प्रमुख कृतियाँ:

- She Come to Stay, (1942)
- The Blood of Others, (1945)
- The Ethics of Ambiguity, (1947)
- The Second Sex, (1949)
- The Mandarins, (1954)
- Memoirs of a Dutiful Daughter, (1958)
- The Prime of Life, (1960)
- A Very Easy Death, (1964)
- Adieux, (1981)

Becker, Howard S.

हॉवर्ड एस. बेकर

(1928-)

सांकेतिक अन्तर्क्रियावादी **हॉवर्ड एस. बेकर** शिकागो सम्प्रदाय की परम्परा के समकालीन प्रतिनिधि अमरीकी समाजशास्त्री हैं। बेकर ने कई भिन्न क्षेत्रों, जैसे अपचार, युवा उपसंस्कृति,

अपराध का लैबलिंग सिद्धान्त, शिक्षा तथा कला का उत्पादन, फिज़िशॅन का समाजीकरण अनुभव आदि पर काम किया है। बेकर के अपचार सम्बन्धी यहां विशेष उल्लेखनीय लेखन हैं; 'श्वेत वस्त्रों में लड़के : चिकित्सा जगत् में विद्यार्थी संस्कृति' (1961), 'दूसरी तरफ', (1964), 'बाहरीगण : अपचार के समाजशास्त्र संबंधी अध्ययन' (1963) आदि। उन्होंने लिखा है कि **अपचार (डिविएन्स) समाज की निष्पति या उपज है क्योंकि सामाजिक समूह अपचार के नियम बना कर अपराध को प्रेरित करते हैं। इन नियमों के उल्लघंन को ही अपचार या अपराध कहते हैं।** जिन व्यक्तियों पर ये नियम लागू किये जाते हैं, उन पर 'बाहरी' व्यक्ति होने का ठप्पा जड़ दिया जाता है। इसी आधार पर बेकर ने 'लैबलिंग सिद्धान्त' का प्रतिपादन किया है।

प्रमुख कृतियाँ:

- Boys in White : Student Culture in the Medical World, (1961)
- The Other Side, (1964)
- Social Problems (ed.) : A Modern Approach, (1966)
- Making the Grade, (1968)
- Outsiders : Studies in the Sociology of Deviance, (1973)
- Art Worlds, (1982)

Bell, Daniel

डेनियल बेल (1919-)

डेनियल बेल एक समकालीन समाजशास्त्री हैं जो मुख्यतः अपनी इस भविष्योक्ति के लिये जाने जाते हैं कि विचारधारा के अन्त और प्रौद्योगिकी एवं सूचना के आधार पर मुख्यतः संगठित उत्तर-औद्योगिक तथा सूचना समाजों के उद्‌भव के साथ ही वर्ग-संघर्ष भी लगभग समाप्ति की राह पर है। उन्होंने अपनी पुस्तक **'विचारधारा का अंत'** (द एण्ड ऑफ आइडिआलॉजी, 1960) में कहा कि **औद्योगिक पूंजीवादी समाजों में भविष्यसूचक वर्गगत विचारधाराएं समाप्त हो गई हैं।** 'उत्तर-औद्योगिक समाज का आगमन' (द कमिंग ऑफ पोस्ट इन्डस्ट्रियल सोसाइटी, 1974) नामक दूसरी पुस्तक में उन्होंने बताया कि उद्योगवाद का स्थान अब उत्तर-उद्योगवाद ने ले लिया है। बेल के अनुसार, **उत्तर-औद्योगिक समाज से तात्पर्य एक ऐसे समाज से है जिसमें ज्ञान का महत्व धन-सम्पदा से बढ़ जाता है और यही सत्ता/शक्ति और सामाजिक गतिशीलता का मुख्य स्त्रोत बन जाता है।** ऐसे समाजों में वस्तुओं के निर्माण करने वाले उद्योगों की अपेक्षा सेवा प्रदान करने वाले उद्योग/संस्थाएं मुख्य भूमिका अदा करती हैं। **ऐसे समाजों में उत्पादन व्यवस्था का मुख्य आधार सूचना और ज्ञान होता है।**

बेल बाद में अपनी पूर्व स्थिति से थोड़े पीछे हट गये प्रतीत होते हैं। उन्होंने कहा कि अब मुख्य संघर्ष आर्थिक कुशलता, व्यक्तिगत अधिकार और सुख-शांति के मूल्यों और उन्नत औद्योगिक समाजों द्वारा प्रणीत सुखवादी जीवन-शैली के बीच है। ये विचार बेल ने अपनी पुस्तक 'पूंजीवाद के सांस्कृतिक विरोधाभास' (द कल्चरल कान्ट्राडिक्शन्स ऑफ

केपिट्लिज्म, 1976) में व्यक्त किये हैं। वे कहते हैं कि अब उन्नत पूंजीवादी समाजों की विशिष्ट सुखवादी संस्कृति का आर्थिक व्यवस्था के लिये आवश्यक तार्किकता के साथ तालमेल बैठना कठिन है।

डेनियल बेल का जन्म न्यूयार्क के पूर्वी भाग में एक श्रमिक के घर में हुआ था। सोलह वर्ष की आयु में हाई स्कूल पास करके उन्होंने सिटी कालेज में दाखिला लिया जहां अनेक युवा न्यूयॉर्क बुद्धिजनों की भांति वे भी वामपंथी साम्यवादी शिविर के सदस्य बन गये। सन् 1938 में स्नात्कोत्तर शिक्षा प्राप्त करके कोलम्बिया विश्वविद्यालय से शोध उपाधि पी.एच.डी. प्राप्त की। इसके बाद उन्होंने कुछ समय के लिए शिकागो विश्वविद्यालय में अध्यापन किया। सन् 1948 से 1958 तक उन्होंने 'फॉर्चन' पत्रिका के लिये लेख लिखे। सन् 1959 में बेल हार्वर्ड विश्वविद्यालय में आ गये और जहां वे अभी भी हैं। बेल ने अनेक पुस्तकें एवं लेख लिखे हैं। प्रारंभ में वामपंथी रहे बेल ने सन् 1948 के आस-पास वामपंथ को छोड़ दिया और मध्यमार्गी बन गये। यही नहीं, कहीं-कहीं उनकी प्रौढ़ जीवन की रूढ़िवादी मूलप्रवृतियों ने उन्हें मार्क्सवादी सामाजिक सिद्धान्त की कटु आलोचना के लिये भी प्रेरित किया है।

प्रमुख कृतियाँ:

– The End of Ideology, (1960)
– The Coming of Post-Industrial Society, (1973)
-- The Cultural Contradictions of Capitalism, (1976)

Bendix, Reinhard

राइनहार्द बेनडिक्स

(1916-)

जर्मनी में पैदा हुए अमेरिका के प्रवासी समाजशास्त्री **राइनहार्द बेनडिक्स** मुख्य रूप से मैक्स वेबर के अपने विश्लेषण और तुलनात्मक एवं ऐतिहासिक समाजशास्त्र के क्षेत्र में किये गये अपने अध्ययनों के लिये जाने जाते हैं। उन्होंने विशेष रूप में औद्योगिक समाज तथा उसके कामगार वर्ग के संबंधों पर खोजपूर्ण अध्ययन किये हैं। सन् 1956 में बेनडिक्स ने यूरोप और अमेरिका के उद्योगशील समाजों में व्यापारिक विचारणाओं और सत्ता का तुलनात्मक अध्ययन किया है। उनका यह अध्ययन 'उद्योगों में कार्य और सत्ता' आज भी आर्थिक समाजशास्त्र में एक गौरव ग्रंथ (क्लासिकल) के रूप में प्रतिष्ठित है। इसके अतिरिक्त 'राष्ट्र निर्माण और नागरिकता' (1964) नामक अपने ग्रंथ में उन्होंने टी.एच.मार्शल की धारणा का सविस्तार वर्णन-विश्लेषण किया है कि आधुनिक समाज में कामगार-वर्ग के घुलन-मिलन और ठीक प्रकार से समन्वय के लिये उसे राजनीतिक अधिकार (नागरिकता) दिये जाने चाहिये। इसके अतिरिक्त, बेनडिक्स ने एस.एम. लिपसेट के साथ मिलकर 'औद्योगिक समाज में सामाजिक गतिशीलता' नामक पुस्तक भी लिखी है जिसमें उन्होंने सामाजिक गतिशीलता का सूक्ष्म विश्लेषण किया है।

प्रमुख कृतियाँ:
- Work and Authority in Industry, (1956)
- Social Mobility in Industrial Society, (1939)
- Max Weber : An Intellectual Portrait, (1960)
- Nation Building and Citizenship, (1964)

Benedict, Ruth

रूथ बेनेडिक्ट **(1887-1948)**

मूलरूप में अंग्रेजी साहित्य में दीक्षित **रूथ बेनेडिक्ट** ने अपने जीवन के बाद के वर्षों में एक मानवशास्त्री के रूप में ख्याति अर्जित की है। उन्होंने कोलम्बिया विश्वविद्यालय के प्रख्यात मानवशास्त्री **फ्रेंज़ बोऑस** के सानिध्य में रह कर अनेक जनजातियों (प्यूबलो इंडियन, जूनी, डोबू और क्वाकिउट्ल आदि) का नज़दीकी से (तुलनात्मक) अध्ययन-अनुसंधान किया है। इन जनजातीय समूहों के अध्ययन के आधार पर बेनेडिक्ट ने 'संस्कृति के प्रतिमान' (पैटर्न्स ऑफ कल्चर, 1934) नामक बहुप्रसिद्ध पुस्तक लिखी जिसमें **उन्होंने मुख्य रूप में व्यक्तित्व एवं संस्कृति के बीच सम्बन्धों की खोजबीन की है।** उन्होंने इस बारे में लिखा है कि **प्रत्येक संस्कृति कुछ मानवीय संभावनाओं को प्रोत्साहित करती है, तो कुछ संभावनाओं को हतोत्साहित भी करती हैं। ऐसी संस्कृतियां कुछ बातों के प्रति उपेक्षा भी प्रदर्शित करती हैं।** सामान्यतः व्यक्ति स्वयं को एक ऐसे ढाँचे में डालने का प्रयास करते हैं जो उनकी संस्कृति के तौर-तरीकों के अनुरूप हों। उनके अनुसार, व्यक्तित्व की भांति संस्कृति भी विचार और विचारों का बहुत कुछ रूप में एक सुव्यवस्थित पुंज है, जिसे उन्होंने 'प्रतिमान' (पैटर्न) कहा है। उनके शब्दों में, "व्यक्तित्व का वृहत् रूप ही संस्कृति है और समाजों को सांस्कृतिक स्वरूपों और मानव प्राणियों की एक समन्वित समष्टि के रूप में देखा जाना चाहिये।"

रूथ बेनेडेक्ट ने मानवशास्त्रियों के बीच एक कठोर एवं निष्ठावान शोधकर्त्ता तथा सुबोध लेखक के रूप में अपनी छाप अंकित की है। उन्होंने अपने मानवतावादी दृष्टिकोण का संस्कृति के वैज्ञानिक अध्ययन के साथ बड़ी कुशलता से समन्वय किया है। उनका संस्कृति और व्यक्तित्व संबंधी अध्ययन आज भी इस क्षेत्र में कार्य करने वाले शोधार्थियों के लिये मार्गदर्शन का कार्य करता है। वे मनोवैज्ञानिक सिद्धान्त से भी काफी प्रभावित रही हैं और बाद में उन्होंने अमरीकी मानवशास्त्र के तथाकथित 'संस्कृति और व्यक्तित्व' सम्प्रदाय का नेतृत्व भी किया है।

प्रमुख कृतियाँ:
- Patterns of Culture, (1934)
- Zuni Mythology (Two Vols), (1935)
- The Chrysanthemum and the Sword : Patterns of Japanese Culture, (1946)

Benjamin, Walter

वाल्टर बैंजामिन (1892-1940)

एक सामाजिक सिद्धान्तकार एवं दार्शनिक **वाल्टर बैंजामिन** का जन्म जर्मनी में हुआ था। ये फ्रैंकफर्ट सम्प्रदाय और विशेष रूप से एडोर्नो से संबद्ध रहे हैं। बैंजामिन ने कई भिन्न विषयों पर अपनी लेखनी का कौशल दिखाया है, किन्तु संस्कृति का विश्लेषण इनका प्रमुख विषय रहा है। अधिकांश रूप में उन्होंने अपने विचारों की अभिव्यक्ति लेखों की शैली में की है। बैंजामिन पर स्पष्ट रूप में मार्क्सवाद का प्रभाव देखा जा सकता है क्योंकि उनकी मान्यता थी कि कला और साहित्य को प्रौद्योगिकी और सामाजिक वर्ग से अलग नहीं किया जा सकता। किन्तु इस बारे में भारी विवाद है कि मार्क्सवादी बैंजामिन अपनी बाद की कृतियों में मार्क्सवाद से कैसे दूर चले गये।

वाल्टर बैंजामिन का समाजशास्त्र से कोई प्रत्यक्ष सरोकार नहीं रहा है। वे फ्रैंकफर्ट सम्प्रदाय के सन् 1930 के विवेचनात्मक सिद्धान्त (क्रिटिकल थिऑरी) से सम्बन्धित मुख्यतः एक साहित्यिक आलोचक थे। सन् 1970 के आसपास साहित्य के समाजशास्त्रियों का ध्यान वाल्टर बैंजामिन की कृतियों पर गया क्योंकि उन्होंने साहित्य रचना में भौतिक पक्षों के विश्लेषण पर बल दिया है।

प्रमुख कृतियाँ:
- Illuminations, (1973)
- Understanding Brecht, (1973)
- One Way Street, (1979)

Bentham, Jeremy

जेरिमी बैंथम (1748-1832)

आधुनिक उपयोगितावाद के जन्मदाता **जेरिमी बैंथम** सर्वाधिक कानून के दर्शन पर अपनी पुस्तकों और सामाजिक सुधार (विशेष रूप में दंड से सम्बन्धित) के कार्यक्रमों के लिये जाने जाते हैं। वे क्लासिकल अपराधशास्त्र के अग्रणी व्यक्ति थे जिन्होंने कानून व्यवस्था को अधिक तार्किक बनाने पर बल दिया। अपने इन प्रयासों हेतु बैंथम ने एक 'पेनोप्टिकोन' का विकास किया। 'पेनोप्टिकोन' बंदीगृहों की व्यवस्था और स्थापत्य का एक ऐसा डिज़ाइन है जिसमें बंदियों पर अधिकाधिक निगरानी और नियंत्रण रखे जाने की व्यवस्था होती है।

Berger, Peter

पीटर बर्गर (1929-)

पीटर बर्गर ने तृतीय विश्व के अनेक मसलों से लेकर परिवार के समाजशास्त्र, राजनीतिक समाजशास्त्र, धर्म के समाजशास्त्र जैसे अनेक विषयों पर लिखा है, किन्तु उनका प्रमुख रुचिकर

विषय सामाजिक सिद्धान्त रहा है। यही नहीं, बर्गर एक उपन्यासकार भी रहे हैं। उनकी कृतियाँ मार्क्स, वेबर और दुखाईम जैसे पुरा समाजशास्त्रियों के विचारों के साथ-साथ प्रघटनावादी समाजशास्त्र से पटी पड़ी हैं। उनकी कृतियों में एक बात मुख्य रूप से उभर कर आई है कि वे अपनी व्याख्याओं द्वारा सामाजिक संरचना की दमनात्मक शक्तियों का मानवीय स्वायत्ता के साथ सामंजस्य बिठाना चाहते हैं।

बर्गर आजकल बोस्टन विश्वविद्यालय में समाजशास्त्र के आचार्य (प्रोफेसर) हैं। इसके पूर्व वे न्यूजर्सी के रूटगर्स विश्वविद्यालय में आचार्य थे। सन् 1970 तक वे न्यूयॉर्क में स्थित 'सामाजिक शोध के नवीन संस्थान' में आचार्य के साथ-साथ यहीं से प्रकाशित होने वाली 'सोश्यल रिसर्च' नामक पत्रिका के सम्पादक भी थे। समाजशास्त्र के अतिरिक्त उन्होंने धर्म के क्षेत्र में भी कई पुस्तकें लिखीं हैं, यथा 'पावन सभाओं का शोर', 'धर्म का सामाजिक यथार्थ', और 'फरिश्ताओं की किंवदन्ती'। समाजशास्त्र के क्षेत्र में लिखी गई पुस्तकों में उनकी सर्वाधिक चर्चित पुस्तकों में 'समाजशास्त्र के लिए आमंत्रण' (1963), 'यथार्थ की सामाजिक रचना' (1967) रही है। 'समाजशास्त्र के लिये आमंत्रण' पुस्तक में उन्होंने समाजशास्त्र को एक मानवतावादी विषय बनाने की वकालत की है। इस बारे में उन्होंने कहा है कि समाजशास्त्र एक ऐसा विषय है जो मानवीय विश्व को खुशहाल बनाने के उद्देश्य से इसके प्रति अधिकाधिक जागरूकता को प्रोत्साहित करता है। उन्होंने इसमें प्रयोग की जाने वाली वैज्ञानिक विधियों और तकनीकों की महत्ता को रेखांकित करते हुए इनमें किसी भी प्रकार की कमी को अस्वीकार किया है, किन्तु साथ ही इतिहास को मजबूत बनाने की बात भी कही है। समाजशास्त्र को पारिभाषित करते हुए लिखा है कि 'यह मानवीय समाज के विकास, प्रकृति और उसके नियमों का विज्ञान है।'

'यथार्थ की सामाजिक रचना' (सोश्यल कन्सट्रक्शन ऑफ रिआलिटी) पुस्तक बर्गर ने **थॉमस लुकमान** के साथ लिखी है। यह पुस्तक ज्ञान के समाजशास्त्र के नियमों को उजागर करती है। अपने समय की व्यापक रूप में पढ़ी जाने वाली सिद्धान्तों पर लिखी गई पुस्तकों में से इस पुस्तक में मोटे रूप दो प्रमुख विषयों का विश्लेषण किया गया है। प्रथम, इस पुस्तक ने सुप्रसिद्ध घटनाक्रियावादी **अल्फ्रेड शूज़** के विचारों को सरल रूप में प्रस्तुत किया जो पहले आसानी से समझ में नहीं आते थे। द्वितीय, इस पुस्तक ने शूज़ के विचारों को मुख्यधारा समाजशास्त्र के साथ समन्वय करने का प्रयास किया। अप्रत्यक्ष तौर पर यह घटनाक्रियावाद पर ही लिखी एक ऐसी पुस्तक है जिसमें घटनाक्रियावादी परिप्रेक्ष्य को सामाजिक सरोकारों से जोड़ने का प्रयास किया गया है। यथार्थ की सामाजिक संरचना की व्याख्या करते हुए बर्गर एवं लुकमान कहते हैं कि **कुछ सामाजिक घटनाएं ऐसी होती हैं जिनका दायरा केवल विचारों के संसार तक होता है। ऐसी घटनाओं का कोई भौतिक अस्तित्व नहीं होता। मानदंड, मूल्य और संस्कृति के कई अन्य तत्व ऐसी ही मानसिक प्रक्रियाएं हैं जो समाजशास्त्रीय घटनाओं की श्रेणी में आती हैं। ये मानसिक प्रक्रियाएं ही यथार्थ की सामाजिक संरचनाएं हैं।**

सामाजिक परिवर्तन और राजनीतिक आचारों के सम्बन्धों को उद्घाटित करने वाली 'उत्सर्ग के पिरामिड' में बर्गर ने मोटे रूप में दो आपस में गुंथे हुए विषयों का सारगर्भित विश्लेषण किया है। ये विषय हैं, प्रथम, तृतीय विश्व का विकास, द्वितीय, सामाजिक परिवर्तन

से जुड़े आचार। इस सम्बंध में पुस्तक के प्रारंभ में ही उन्होंने पच्चीस ऐसी मौलिक प्रस्थापनाएं प्रस्तुत की हैं जो सामाजिक परिवर्तन, विकास और आधुनिकता के विषयों से निकटता से जुड़ी हुई हैं। बर्गर ने अपनी एक अन्य पुस्तक 'फेशिंग अप टू मॉडर्निटी' में आधुनिकता की पांच प्रमुख विशेषताओं और समस्याओं की चर्चा की है। ये समस्याएं हैं—(1) सुगठित एवं सुसम्बद्ध समुदायों का कमजोर होना, (2) समय और नौकरशाही कार्यक्रमों के प्रति सनकपन की हद तक पागलपन, (3) व्यक्ति और समाज के बीच द्वैधात्मक स्थिति के कारण पहचान का संकट और अलगावपन (4) मानवीय इच्छा को कमजोर बनाने वाली "स्वातंत्रीकरण" की प्रक्रिया को प्रोत्साहन देना, और (5) अर्थपूर्ण विश्व में विश्वासों को कमजोर करता हुआ उत्तरोत्तर बढ़ता हुआ लौकिकीकरण। इन पुस्तकों के अतिरिक्त बर्गर ने कैलनर के साथ 'होमलैस माइन्ड' और बिग्रेट बर्गर के साथ 'सोसिऑलाजीः ए बाइऑग्रैफिकल अप्रोच' नामक पुस्तकें भी लिखी हैं।

प्रमुख कृतियाँ:
- Invitation to Sociology, (1963)
- The Social Construction of Reality, with Luckmann (1967)
- The Sacred Canopy, (1967)
- The Homeless Mind, (1973)
- Pyramids of Sacrifice, (1974)
- Facing up to Modernity, (1977)
- The War Over the Family, (1983)
- The Capitalist Revolution, (1986)
- Sociology : A Biographical Approach, with B. Berger
- Sociology Reinterpreted, with H. Kellner.

Bernard, Jessie
जस्सी बर्नार्ड (1903-)

जस्सी बर्नार्ड एक अमरीकी समाजशास्त्री हैं जिन्होंने मुख्य रूप में विवाह, परिवार, महिलाओं की प्रस्थिति, समुदाय, सामाजिक समस्या और सामाजिक नीति जैसे अनेक विषयों पर कार्य किया है। ये जस्सी बर्नार्ड ही थीं जिन्होंने 'उनकी' और 'उनके' विवाह की प्रघटना की खोजबीन की और बताया कि पुरुषों को विवाह के कुछ विशिष्ट लाभ प्राप्त होते हैं जो स्त्रियों को नहीं मिल पाते हैं। 1970 के दशक के दौरान बर्नार्ड ने, विशेष रूप में, परिवार से लेकर उच्च शिक्षा के क्षेत्रों में महिलाओं के जीवन की प्रकृति पर काफी महत्त्वपूर्ण कार्य किया। महिलाओं के अतिरिक्त, बर्नार्ड शिक्षण की एक शाखा के रूप में समाजशास्त्र के इतिहास विषय में विशेषज्ञता के लिये भी जानी जाती हैं। वे 'सामाजिक समस्याओं के अध्ययन' सम्बन्धी परिषद् की एक सह संस्थापिका भी हैं।

प्रमुख कृतियाँ:

- Academic Women, (1964)
- Women and the Public Interest, (1971)
- The Future of Marriage, (1972)
- The Sociology of Community, (1973)
- The Future of Motherhood, (1974)
- The Female World in a Global Perspective, (1987)
- The Origins of American Sociology (with L. L. Bernard), (1943)

Bernstein, Basil

बाज़िल बेर्नश्टाइन

(1924-1990)

बाज़िल बेर्नश्टाइन शिक्षा के एक ब्रिटिश समाजशास्त्री रहे हैं। बेर्नश्टाइन पहले व्यक्ति थे जिन्होंने ज्ञान की समस्या को शिक्षा की प्रक्रिया के केन्द्र में रखा जो सन् 1970 के दशक के प्रारंभिक वर्गों में शिक्षा के समाजशास्त्र का एक प्रमुख विषय बन गई। उन्होंने शिक्षा सामाजिक भाषाशास्त्र तथा एक ओर भाषा, ज्ञान और विद्यालय के आपसी सम्बन्धों का तथा दूसरी ओर सामाजिक वर्ग और सामाजिक नियंत्रण के साथ इनके संबंधों के अध्ययन में विशेषीकरण प्राप्त किया है। वाणी (बोली) के संकेतों (कोड्स) के अपने सिद्धान्त में उन्होंने बताया कि परिवार और विद्यालय के परिवेश में विद्यार्थी कैसे सीखता है; इस पर सामाजिक वर्ग का क्या प्रभाव पड़ता है तथा बाद में उनकी यह उपलब्धि-संभावनाओं और सामाजिक वर्ग की संभावनाओं को कैसे प्रभावित करती है। वास्तव में, वे अपने इन अध्ययनों के माध्यम से वर्ग-संबंध, शक्ति-वितरण, नियंत्रण और सम्प्रेषण संकेतों के बीच संबंधों को मालुम कर एक सामान्य सिद्धान्त की रचना करना चाहते थे। भाषा के अध्ययन में उनकी रुचि ने उन्हें यह जानने के लिये भी आकर्षित किया कि किस प्रकार ज्ञान पर नियंत्रण द्वारा वर्ग व्यवस्थाएं बनी रहती हैं तथा किस प्रकार भाषा के जटिल एवं रचनात्मक तरीकों द्वारा इन तक पहुँचने और प्रयोग करने की जरूरत होती है।

बेर्नश्टाइन के कार्यों पर, विशेष रूप में इनके सामाजिक प्रतीक, वर्गीकरण और संज्ञानात्मक प्रक्रियाओं संबंधी विचारों पर दुर्खाइम का स्पष्ट प्रभाव देखा जा सकता है। बेर्नश्टाइन ने मध्यम वर्ग के बालकों की औपचारिक भाषा और श्रमिक वर्ग की सार्वजनिक भाषा के बीच भी अन्तर प्रदर्शित किया है जिसके कारण समाजशास्त्रियों के बीच उनकी एक विशिष्ट पहचान बनी। बेर्नश्टाइन के बाद के लेखनों में वर्गीकरण और शैक्षिक ज्ञान की रचना की प्रक्रिया पर प्रकाश डाला गया है। वर्गीकरण से तात्पर्य पाठ्यक्रम के विषयों में भिन्नता की सीमाओं से है और शैक्षिक ज्ञान की रचना का अर्थ गुरु-शिष्य सम्बन्धों के सापेक्षिक खुलेपन से है।

प्रमुख कृतियाँ:

- Class, Codes and Control, 3 Vols, (1971, 1973, 1975)

Bernstein, Eduard

एडुअर्ड बेर्नश्टाइन

(1850-1932)

जर्मन सामाजिक प्रजातंत्र दल के अग्रणी पुनरूत्थानवादी विचारक **एडुअर्ड बेर्नश्टाइन** ने दार्शनिक स्तर और नवीन शक्तिशाली नवकान्तवाद के आधार पर रूढ़िवादी मार्क्सवाद में अन्तर्निहित प्रत्यक्षवाद और उद्‌विकासवाद के साथ-साथ अवशिष्ट हीगलवाद का भी प्रतिकार किया। परिणामतः राजनीतिक स्तर पर उन्होंने पूंजीवादी समाजों में प्रयोग की जाने वाली सर्वहाराकरण की धारणा को भी चुनौती दी। यही नहीं, बेर्नश्टाइन ने पूंजीवादी समाजों की नैतिक विहीनता, भाग्यवादिता और निराशावादिता को भी अस्वीकार किया। बेर्नश्टाइन के लिये समाजवाद मात्र एक दूरस्थ लक्ष्य ही नहीं है, अपितु वे इसे एक नैतिक आदर्श भी मानते हैं जिसकी वर्तमान में प्रेरणा मात्र से अधिक महत्ता है। इस बारे में उनके इस सर्व प्रसिद्ध कथन कि, "आंदोलन ही सब कुछ है, लक्ष्य कुछ भी नहीं" ने कई भ्रांतियां भी उत्पन्न की हैं। बेर्नश्टाइन ने 'समाजवादी क्रमवाद' का समर्थन किया जो मात्र सुधारवाद से थोड़ा भिन्न है।

Beveridge, William Henry

विलियम हेनरी बेवरिज़

(1879-1963)

महायुद्ध के पश्चात् ब्रिटेन में सामाजिक सेवाओं के विस्तार और कल्याण राज्य की स्थापना में **विलियम हेनरी बेवरिज़** अपनी अप्रतिम भूमिका के लिये विख्यात रहे हैं। सन् 1941 में बेवरिज को सामाजिक सेवाओं के प्रबंधन हेतु 'नागरिक सेवा गवेषणा' संगठन का अध्यक्ष नियुक्त किया गया था। इस गवेषणा के प्रतिवेदन 'सामाजिक बीमा और सम्बद्ध सेवाएं' (1942), जो सामान्यतः 'बेवरिज़ रिपोर्ट' के नाम से ही जाना जाती है, में कुछ ऐसे सिद्धान्तों का प्रतिपादन किया गया जिसके आधार पर महायुद्ध के बाद 'कल्याण-राज्य' की स्थापना का मार्ग प्रशस्त हुआ। इस रिपोर्ट में ही उन पाँच दानवों (समस्याओं) यथा आलस्य, अज्ञानता, बिमारी, गन्दगी और जरूरत (गरीबी) का उल्लेख किया गया जो औद्योगिक समाज में व्यक्तियों के जीवन के लिये खतरा उत्पन्न करती हैं। अतः इन समस्याओं का सरकार द्वारा निदान और समाधान किया जाना आवश्यक माना गया। यही नहीं, इस रिपोर्ट में राष्ट्रीय स्वास्थ्य सेवा, सामाजिक बीमा और सहायता, परिवार सहायता भत्ता तथा पूर्ण रोजगार की नीतियों का सुझाव भी दिया गया है।

विलियम बेवरिज़ ने कई क्षेत्रों में कार्य किया है। वे ऑक्सफोर्ड विश्वविद्यालय में सन् 1902 से 1909 के बीच कानून के आचार्य रहे हैं। इसी काल में वे (1903-05) लंदन के टॉयनबी हॉल के उप वार्डन भी थे। व्यावसायिक जीवन की शुरुआत उन्होंने सिविल सर्विस (1908-19) के रूप में की। वे 'लंदन स्कूल ऑफ इकनॉमिक्स' (1919-37) के निदेशक और एक वर्ष (1944) के लिये पार्लियामेन्ट के उदारवादी सदस्य और बाद में उच्च सदन के उदारवादी सदस्य भी रहे हैं।

Blau, Peter M.

पीटर एम. ब्लॉ (1918-)

अमरीकी समाजशास्त्री **पीटर एम. ब्लॉ** प्रमुख रूप से औपचारिक संगठनों (ब्युरॉक्रॅसी), सामाजिक गतिशीलता, व्यावसायिक संरचना और विनिमय सिद्धान्त के प्रति किये गये अपने योगदानों के लिये जाने जाते हैं। ब्लॉ ने अमरीकी व्यावसायिक संरचना और व्यापारिक संगठनों की संरचना पर कई महत्वपूर्ण आनुभाविक शोध किये हैं। ब्लॉ का विनिमय सिद्धान्त होमन्स तथा अन्य समाज विज्ञानियों से इस अर्थ में भिन्न है कि ब्लॉ ने विनिमय का विश्लेषण सामाजिक संरचना के संदर्भ में किया है तथा उन्होंने इसमें शक्ति की भूमिका को महत्वपूर्ण स्थान दिया है जो अन्य विनिमय समाजशास्त्रियों में देखने को नहीं मिलता। पीटर **ब्लॉ के विनिमय सिद्धान्त की पाँच प्रमुख विशेषताएँ हैं,** यथा सामाजिक एकीकरण, विश्वास, विभेदीकरण, सामूहिक मूल्य और शक्ति। अंतिम विशेषता 'शक्ति' ब्लॉ के सिद्धान्त की धुरी है। ब्लॉ ने सामाजिक विनिमय का विश्लेषण करने के लिये नौकरशाही की गतिविधियों और कार्यालयों का सूक्ष्म अवलोकन भी किया है।

प्रमुख कृतियाँ:

- The Dynamics of Bureaucracy, (1955)
- Formal Organizations : A Comparative Approach, (with W.R. Scott), (1962)
- Exchange and Power in Social Life, (1964)
- The American Occupational Structure, (with Duncan), (1967)
- The Structure of Organizations, (with R.A. Schoeuherr), (1971)

Bloch, Marc

मार्क ब्लॉछ (1886-1944)

मार्क ब्लॉछ एक लब्ध प्रतिष्ठित फ्रांसीसी मध्यकालीय इतिहासकार के साथ-साथ सुप्रसिद्ध 'एन्नल्स स्कूल' के सहजनक रहे हैं। इसी कारण उन्होंने इम्मानुएल वालर्स्टीन के 'विश्व-व्यवस्था सिद्धान्त' के ऐतिहासिक समाजशास्त्र जैसे कार्य पर गहरा प्रभाव अंकित किया है। ब्लॉछ समग्रवादी उपागम के प्रवर्तक रहे हैं। इस उपागम में किसी व्यक्ति विशेष के कार्यकलापों या किन्हीं विशिष्ट घटनाओं के कालक्रम की अपेक्षा सम्पूर्ण समाजों में व्याप्त आंदोलनों के अध्ययन को महत्व दिया जाता है। उन्होंने इतिहास के अध्ययन के लिये तुलनात्मक विधि और तथ्यों के स्त्रोतों के विभिन्न प्रकारों के प्रयोगों पर बल दिया।

प्रमुख कृतियाँ:

- French Rural History, (1931)
- Feudal Society, (1939-40)
- The Historian's Craft, (1949)

Blumer, Herbert

हरबर्ट ब्लूमर

(1900-1986)

प्रतीकात्मक अन्तःक्रियावादी परम्परा के प्रर्वतक **हरबर्ट ब्लूमर** ने शिकागो विश्वविद्यालय से शिक्षा ग्रहण कर जार्ज हरबर्ट मीड की मृत्यु के उपरान्त 1930 के दशक के प्रारंभिक वर्षों में मीड की कक्षाओं में अध्यापन किया। वे मीड के शिष्य थे। डब्ल्यू स्मिद् द्वारा सम्पादित 'मेन एंड सोसाइटी' में सामाजिक मनोविज्ञान की प्रकृति की समीक्षा करते हुए हरबर्ट ब्लूमर ने **'सिम्बोलिक इन्टरएक्शनिज़्म'** शब्द की रचना की और तभी से इस नवीन परिप्रेक्ष्य का जन्म हुआ। बाद में, जब वे बर्कले के कैलिफोर्निया विश्वविद्यालय की समाजशास्त्र पीठ के प्रथम अधिष्ठाता बने, तब उन्होंने अन्तःक्रियावादी समाजशास्त्रियों की कई पीढ़ियों को प्रभावित किया। यही नहीं, उत्तरी अमेरिका के अग्रणी समाजशास्त्र विभागों में विभिन्नता को प्रश्रय दिया जाने का भी ब्लूमर को श्रेय दिया जाता है। अपने जीवन काल में वे कई प्रतिष्ठित पदों पर रहे। उन्होंने अमरीकी समाजशास्त्रीय परिषद् के साथ-साथ 'सामाजिक समस्याओं के अध्ययन करने वाली समिति' के अध्यक्ष पदों को भी सुशोभित किया तथा 1941-52 के बीच 'अमरीकी जर्नल ऑफ सोसिआलाजी' के सम्पादक रहे।

ब्लूमर की रुचि व्यक्तियों की अन्तःक्रियाओं के अध्ययन में थी। इसीलिये उन्होंने यह विचार व्यक्त किया कि सामाजिक व्यवस्थाएं व्यापक रूप में मात्र अमूर्तीकरण हैं जिनका व्यक्तियों की क्रियाओं से अलग कोई स्वतंत्र अस्तित्व नहीं होता जिनके द्वारा उनका निर्माण होता है। संरचना और एजेन्सी से संबंधित विवाद में भी उन्होंने इस मुद्दे पर अधिक बल दिया कि सामाजिक जीवन का सारा दारोमदार व्यक्तियों की अन्तःक्रियाएं हैं और इन्हीं के आधार पर सामाजिक व्यवस्थाएं बनती हैं जिनका अपना एक मूल रूप और यथार्थता होती है। ब्लूमर का सामाजिक संरचना का विचार अस्पष्ट है। उन्होंने यह नहीं बताया कि अन्तःक्रियाएं किस प्रकार सामाजिक संरचना से जुड़ी हुई हैं। अन्तःक्रिया और सामाजिक संरचना के बीच प्रतीकों की भूमिका को भी वे स्पष्ट नहीं कर पाये हैं।

समाजशास्त्र के संबंध में ब्लूमर का विचार था कि समाजशास्त्र को समूह जीवन का जमीनीस्तर पर अध्ययन करना चाहिये। उन्होंने इस संबंध में अपनी प्रमुख कृति 'प्रतीकात्मक अन्तःक्रियावाद' (सिम्बॉलिक इन्टरएक्शनिज़्म, 1969) में एक रूपरेखा प्रस्तुत की। ब्लूमर ने समाजशास्त्रियों की इस प्रवृति की आलोचना की जिसमें घटनाओं को स्वयं देखे बिना घटनाओं का वर्णन-विश्लेषण किया जाता है। उन्होंने बृहत् विशेषतः अमूर्त सिद्धान्तों की भी भर्त्सना की। इसके स्थान पर, एक ऐसे पद्धति विज्ञान की वकालात की जिसमें ढेर सारे विभिन्न प्रकार के जीवंत सामाजिक अनुभवों को खगोला जाता है और बारीकी से उनकी खोजबीन की जाती है। इस प्रकार के अनुभवों के आधार पर 'संवदेनशील अवधारणाओं' (सेन्सिटाइज़िग कान्सेप्टस) का निर्माण होगा जो अन्ततः आनुभविक तथ्यों पर आधारित सिद्धान्तों को जन्म देगा। ये सिद्धान्त इस प्रकार के होंगे जिनकी सार्थकता का निर्धारण निरंतर साक्ष्यों द्वारा होगा।

मूलरूप में, ब्लूमर की रुचि मॉस मीडिया, फैशन, प्रजाति सम्बन्ध और जीवन-इतिहास शोध में रही है।

प्रमुख कृतियाँ:

- Symbolic Interactiouism, (1969)

Boas, Franz

फ्रैंज बोआस (1858-1942)

जर्मनी में पैदा हुए मानवशास्त्री **फ्रैंज बोआस** अमरीका में आधुनिक **सांस्कृतिक मानवशास्त्र के प्रवर्तक** माने जाते हैं। बीसवीं शताब्दी की प्रारंभिक तीन दशाब्दियों तक बोआस तथा उनके शिष्यों ने अमरीकी मानवशास्त्र पर आधिपत्य जमाये रखा। बोआस ने आधुनिक क्षेत्र-कार्य पद्धति में क्रांतिकारी परिवर्तन किया। उन्होंने स्थानीय साहित्य और भाषाओं के विश्लेषण पर बल दिया। यही नहीं, बोआस ने अध्ययन किये जाने वाले क्षेत्र से ही चयन किये गये शोधार्थियों को अपनी ही संस्कृति के बारे में लिखने का प्रशिक्षण दिया। उनकी पुस्तक 'आदिवासी कला' (प्रिमिटिव आर्ट, 1927) ने व्यक्तियों की भौतिक संस्कृति के अध्ययन संबंधी बाद के उपागमों को काफी प्रभावित किया है। क्षेत्र-कार्य की अपनी नवीन विधियों का प्रयोग कर बोआस ने उत्तरी-पश्चिमी प्रशांत महासागर की तटीय देशज अमरीकी संस्कृतियों के सम्बन्ध में ढेर सारे मानवशास्त्रीय तथ्यों का संकलन किया। बोआस ने संस्कृति के कारण-प्रभाव के वैज्ञानिक नियमों की खोज की अपेक्षा आनुभविक मानवशास्त्रीय अन्वेषणों को प्राथमिकता दी है।

बोआस एक **सांस्कृतिक सापेक्षवादी** थे। उन्होंने कहा कि **किसी भी संस्कृति को बाह्य अन्वेषणकर्त्ताओं की अपनी संस्कृति के मूल्यों के अर्थ की अपेक्षा उस संस्कृति के स्वयं के अर्थ-संदर्भ में समझा जाना चाहिये**। उन्होंने **एडवर्ड टायलर** और **जेम्स फ्रेज़र** द्वारा प्रतिपादित उद्विकासीय सिद्धान्त के खोखले दावों की कमजोरियों को उजागर किया और कहा कि संस्कृति का अध्ययन कई अन्तर्संबंधित भागों से निर्मित व्यवस्थाओं के रूप में अपनी सम्पूर्णता में किया जाना चाहिये। बाद में मनोविज्ञान के अध्ययन में उत्पन्न हुई उनकी रुचि ने मानवशास्त्र में संस्कृति और व्यक्तित्व के अध्ययनों की भूमिका तैयार की।

अकेले बोआस को अमरीकी मानवशास्त्रियों की प्रथम पीढ़ी को मानवशास्त्र में दीक्षित करने का श्रेय प्राप्त है। उनके शिष्यों में प्रमुख हस्ताक्षर हैं—अल्फ्रेड क्रोबर, रॉबर्ट लॉवी, एडवर्ड सपीर, मेलविले हर्स्कोविट्स, रूथ बेनेडिक्ट, क्लार्क विज़लर, इ.ए. हॉबल, तथा मारग्रेट मीड और कई अन्य।

प्रमुख कृतियाँ:

- The Mind of Primitive Man, (1911)
- Primitive Art, (1927)
- Anthropology and Modern Life, (1928)
- Race, Language, and Culture, (1940)

Booth, Charles James

चार्ल्स जेम्स बूथ (1840-1916)

चार्ल्स जेम्स बूथ मूल रूप में ब्रिटेन के एक व्यापारी थे। बाद में, सामाजिक समस्याओं में रुचि उत्पन्न होने के कारण वे सामाजिक कार्यकर्ता तथा सामाजिक सांख्यिकीविद् बन गये। वे ब्रिटेन के नगरीय जनसमुदाय की आर्थिक और सामाजिक दशाओं में सुधार करना चाहते थे। इसी उद्देश्य से उन्होंने लंदन निवासियों का गरीबी, उद्योग और धर्म जैसे विषयों को लेकर एक विशाल सामाजिक सर्वेक्षण किया जो 17 भागों में 'लंदन के लोगों का जीवन और श्रम' (लाइफ एंड लेबर ऑफ द पीपल ऑफ लंदन) के नाम से प्रकाशित हुआ। यह सर्वेक्षण पिछली शताब्दी का अपने प्रकार का एक अद्वितीय अध्ययन है। यही नहीं, यह ब्रिटेन के समाजशास्त्र को उनकी एक अनुपन देन है। उन्होंने वृद्ध व्यक्तियों पर पड़ने वाले गरीबी के प्रभाव को भी आंकने का प्रयास किया। उनके इस प्रयास के फलस्वरूप ही ब्रिटेन में प्रथम वृद्धायु पेन्शन अधिनियम (1906) पारित हुआ। इसके अतिरिक्त, उन्होंने औद्योगिक असंतोष पर भी काम किया और एक पुस्तक 'इंन्डस्ट्रियल अन्रेस्ट एंड ट्रेड़ यूनियन पॉलिसी' (1913) लिखी। बूथ के गरीबी के अध्ययन ने गरीबी पर बाद में हुए सभी अध्ययनों एवं बहसों को प्रभावित किया है। बूथ ने अपने अध्ययन द्वारा यह प्रदर्शित किया कि **गरीबी के कारणों को व्यक्ति में खोजने की अपेक्षा समाज में खोजा जाना चाहिये**। बूथ द्वारा उद्योग और धर्म के बाद के अध्ययनों ने सामुदायिक अध्ययनों और नगरीय पारिस्थितिकी संबंधी अध्ययनों की आधारशिला रखी।

ऐसा कहा जाता है कि लीप्ले के बाद चार्ल्स बूथ ही पहले आनुभविक समाजशास्त्री थे जिन्होंने किसी समस्या के निदान और समाधान के लिये उससे सम्बन्धित तथ्यों के संकलन का रास्ता बताया। दुर्भाग्यवश, दुर्खाइम के 'आत्महत्या' (1897) सम्बंधी अध्ययन ने बूथ के सर्वेक्षण-शोध को धुंधला दिया। बूथ के सर्वेक्षण-शोध कार्य को बाद में अमेरिका में बाऊले, जोन्स और राउन्ट्री ने आगे बढाया। बूथ के सर्वेक्षण-शोध ने ही अमेरिका में शिकागो सम्प्रदाय को प्रेरित कर वहां सामुदायिक अध्ययनों की शुरुआत की।

प्रमुख कृतियाँ:

- Life and Labour of the People of London, 17 vols. (1891-1903)
- Industrial Unrest and Trade Union Policy, (1913)

Bose, Nirmal Kumar

निर्मल कुमार बोस (1901-1972)

मूर्धन्य भारतीय मानवशास्त्री **निर्मल कुमार बोस** (एन. के. बोस) की गणना प्रारंभिक अग्रणी मानवशास्त्रियों में की जाती है। वे मानवशास्त्री के साथ-साथ गांधीवादी विचारक भी थे। वे न केवल गांधी के साथ रहे, अपितु उन्होंने गांधी के सामाजिक आंदोलनों में भी सक्रिय रूप से भाग लिया। उनकी स्कूली शिक्षा पटना में, स्नातक शिक्षा (भूगर्भशास्त्र

प्रेसिडेन्सी कॉलेज, कोलकाता और यहीं एम.एस.सी. (भूगर्भशास्त्र) की कक्षा में प्रवेश लिया। किन्तु गांधी के असहयोग आंदोलन में भाग लेने के लिये वे अध्ययन छोड़कर पुरी जा बसे। यहां उन्होंने उड़ीसा के स्थापत्य का अध्ययन किया। यहीं वे आशुतोष मुकर्जी के सम्पर्क में आने के बाद कोलकाता से सन् 1925 में मानवशास्त्र विषय में एम.एस.सी. किया। बोस ने अपने व्यावसायिक जीवन की यात्रा कोलकाता विश्वविद्यालय से सन् 1937 में प्रागैतिहासिक पुरातत्व के सहायक प्राध्यापक के रूप में की। बाद में, यहीं उन्होंने मानवीय भूगोल विभाग में प्राध्यापक और रीडर के रूप में कार्य किया। उन्होंने अतिथि आचार्य के रूप में सन् 1957-58 के बीच कैलिफोर्निया, बर्कले और शिकागो विश्वविद्यालयों में व्याख्यान देकर अपनी उद्‌भट बौद्धिक क्षमताओं से वहां के विद्वानों और जनसामान्य को प्रभावित किया। सन् 1959 में भारत सरकार ने उन्हें "भारत के मानवशास्त्रीय सर्वेक्षण" संस्थान में निदेशक के रूप में आमंत्रित किया जहां वे सन् 1964 तक रहे। इस संस्थान में रहते हुए वे भारत सरकार के जनजातीय मामलों के सलाहकार भी रहे। सन् 1967-70 के बीच वे 'अनुसूचित जाति और अनुसूचित जनजातियों' के कमिश्नर रहे। इन जातियों के अध्ययन के प्रतिवेदनों में उनके मानवशास्त्रीय ज्ञान के साथ-साथ गांधीवादी विचारों की स्पष्ट छाप देखी जा सकती है। इन प्रतिवेदनों में ही बोस ने सर्वप्रथम कमजोर वर्गों में भी **"सर्वाधिक कमजोर कड़ी"** की अवधारणा को प्रस्तुत किया है। बोस, को सन् 1949 में 'भारतीय विज्ञान परिषद' के मानवशास्त्र और पुरातत्व अनुभाग के अध्यक्ष के रूप में चयन किये जाने का भी गौरव प्राप्त है। उन्हें अपने उत्कृष्ठ मानवशास्त्रीय शोध कार्यों के लिए एशियाटिक सोसाइटी ने शरतचन्द्र राय और अन्नादले पदकों से भी सम्मानित किया है। मृत्यु के समय वे एशियाटिक सोसाइटी के अध्यक्ष, बंग साहित्य परिषद् के अध्यक्ष और 'मेन इन इन्डिया' नामक पत्रिका के सम्पादक थे। एक प्रतिष्ठित नृविज्ञानी के अतिरिक्त बोस एक समर्पित सामाजिक कार्यकर्त्ता भी थे। वे अनेक परोपकारी संगठनों से आजीवन जुड़े रहे।

किशोर बोस ने 17 वर्ष की आयु में अकाल राहत कार्यों में भाग लेकर ग्रामीण परिवारों की आर्थिक दशाओं का सर्वेक्षण कार्य तब किया जब उन्होंने समाजशास्त्र और मानवशास्त्र का नाम तक नहीं सुना था। इसी प्रकार, चार्ल्स एन्ड्रयूज के सुझाव पर सन् 1921 में उन्होंने फिजी से लौटने वाले 1025 श्रमिकों के बारे में सामाजिक आर्थिक तथ्यों का संकलन किया। बोस ने बहुधा यह टिप्पणी की है कि जाति-व्यवस्था के बारे में उनकी जानकारी की जड़ों का विकास पश्चिमी बंगाल की अछूत जातियों के बीच ग्रामीण पुनर्निमाण के कार्यक्रमों को क्रियान्वित किया जाते समय हुआ था।

गांधी के विचारों और कार्यक्रमों के प्रति वे दिलोदिमाग से पूर्णतः समर्पित थे। इस संबंध में उनकी दो पुस्तकें 'सलेक्शन फ्रॉम गांधी' (1934) और 'स्टडीज इन गांधीज़्म' (1940) इस तथ्य की पुष्टि करती हैं। गांधी के नोआखली यात्रा (1946-47) के दौरान बोस ने उनके निजी सचिव का भी कार्य किया। इस यात्रा ने उन्हें गांधी के जीवन को निकट से देखने-समझने का अवसर दिया। गांधी के साथ बिताये इन दिनों के आधार पर बोस ने 'माई डेज़ विथ गांधी' (1953) नामक पुस्तक लिखी है।

बोस ने लगभग 40 पुस्तकें 700 लेख अंग्रेजी, बंग्ला और हिन्दी भाषाओं में लिखे हैं। उनके लेखन के कई विभिन्न विषय थे। गांधीवाद और सांस्कृतिक मानवशास्त्र के

अलावा, उन्होंने मंदिरों की स्थापत्य कला, प्रागैतिहासिक पुरातत्व, मानव भूगोल, नगरीय समाजशास्त्र, भूगर्भशास्त्र तथा यात्रा संस्मरण जैसे अनेक विषयों पर उन्होंने अपनी लेखनी उठाई है। उनकी अंग्रेजी की प्रमुख पुस्तकों की सूची इस लेख के अन्त भी दी गई है। किन्तु बंगला भाषा में लिखी उनकी तीन पुस्तकों 'हिन्दू समाजेर गदन' (1949), 'नवीन और प्राचीन' (1956), और 'परिव्रजाकर डायरी' (1954) ने जन सामान्य और विद्वतजनों दोनों को काफी प्रभावित किया है। इनके अतिरिक्त, ग्राम्य जीवन पर लिखी उनकी पुस्तक 'भारतेर ग्राम्य जीवन' (961) और प्रजातांत्रिक राजनीति पर लिखी 'गणतंत्रेर संकट' (1967) भी उल्लेखनीय है।

बोस अमरीकी प्रसारवाद (फ्रैंज बोआॅस, क्रोबर, विज़लर) और मेलिनोस्की के प्रकार्यवाद दोनों से प्रभावित थे। भारतीय मानवशास्त्रियों में शरतचंन्द्र राय के विचारों ने उनके लिये बौद्धिक प्रेरणा स्त्रोत का कार्य किया है। उन्होंने मार्क्स, फ्रायड, गांधी और क्रोपट्किन आदि को न केवल पढ़ा, अपितु उनके विचारों को अपने लेखनों में जहां-तहां प्रयोग भी किया है। किन्तु वे किसी सम्प्रदाय या वाद में नहीं फंसे और अपनी पहचान भारतीय सभ्यता और संस्कृति के एक सामाजिक विश्लेषक और इतिहासकार के रूप में बनाई। जहां एक ओर बोस ने क्रोबर और विज़लर की संस्कृति प्रसार और वितरण की धारणाओं को स्वीकार कर भारत के मंदिरों के स्थापत्य, बसंतोत्सव के संस्कृति-संकुल और ग्रामीण भारत में संस्कृति के भौतिक लक्षणों के प्रसार के अपने विश्लेषण में किया है, वहां उन्होंने क्रोबर की 'अधिसावयवी संस्कृति' (स्यूपर आर्गेनिक कल्चर) की अवधारणा की भी आलोचना की है। **उन्होंने कहा कि संस्कृति के समक्ष मानव पूर्णतः निष्क्रिय नहीं होता, वह संस्कृति में बदलाव लाने में भी सक्षम है। इतिहास के पन्ने ऐसे उदाहरणों से भरे पड़े हैं जब किसी एक व्यक्ति या कुछ लोगों ने संस्कृति के प्रवाह को बदल दिया है।** बोस ने फ्रायड की अवधारणाओं (उदात्तीकरण) का प्रयोग भी किया है। उन्होंने सांस्कृतिक दबावों के फलस्वरूप मानवीय व्यवहारों के परिवर्तन के अपने विश्लेषण (विशेषतः गांधी के व्यक्तित्व विश्लेषण) में किया है। बोस ने मार्क्स के आर्थिक निर्धारणवाद को स्वीकार नहीं किया है। इस संबंध में उन्होंने कहा है कि मानवीय व्यवहार अत्यधिक स्वेच्छाचारी, व्यक्तिवादी और उद्देश्यपरक होता है। फिर भी, जाति-व्यवस्था के अपने अध्ययन में बोस ने मार्क्स के उत्पादन के सामाजिक संगठन के विचार को अवश्य स्वीकार किया है।

जैसा ऊपर लिखा गया है कि बोस मेलिनोस्की के प्रकार्यवाद से भी प्रभावित थे। किन्तु उन्होंने प्रकार्यवादियों की इतिहासवाद के प्रति अरुकच के प्रति अपनी असहमति प्रकट की है और कहा है कि प्रकार्यवाद का मुख्य कार्य सांस्कृतिक परिवर्तन की प्रक्रिया का अध्ययन करना है। अपनी पुस्तक 'सांस्कृतिक मानवशास्त्र' (1929) में संस्कृति की प्रकृति को परिभाषित करते हुए उन्होंने लिखा है कि संस्कृति एक ऐसी अनुकूलनक्षम्य युक्ति है जो 'संस्कृति की आत्मा' के द्वारा संगठित होती है। बोस के अनुसार, संस्कृति के बाह्य (भौतिक) ढाँचे के नीचे विश्वासों और भावनाओं का एक ऐसा पुंज होता है जो संस्कृति की बाह्य अभिव्यक्ति को निर्धारित करता है। ऐसे विश्वास, भावनाएं और विचार जीवन-दर्शन से उत्पन्न होते हैं और वे एक युग विशेष की जरूरतों और आकांक्षाओं से नियंत्रित होते हैं। ऐतिहासिक विकास के कारण कई नई-नई समस्याएं उत्पन्न होती हैं और यदि किसी युग की

सांस्कृतिक विरासत इन समस्याओं का समाधान नहीं कर पाती है, तब इनमें उन लोगों के द्वारा परिवर्तन कर दिया जाता है जो इन समस्याओं से ग्रसित होते हैं, अतः संस्कृति में सतत् रूप में एक अस्थायी संतुलन बना रहता है।

बोस ने संस्कृतियों के विश्लेषण और वर्गीकरण में हिन्दू ग्रंथों की कोटियों जैसे—**सतोगुण, रजोगुण, तमोगुण** तथा **धर्म, अर्थ, काम, मोक्ष** के प्रयोग का सुझाव दिया है। बोस के अनुसार, किसी भी संस्कृति में व्यवहार के चार वर्ग देखे जा सकते हैं : (1) **वस्तु** (भौतिक पदार्थ), (2) **क्रिया** (आदतन क्रिया), (3) **समहृति** (सामाजिक समूहन) और (4) **तत्व** (ज्ञान)। ज्ञान को पुनः दो भागों में विभाजित किया जा सकता है : **विचारमुखी ज्ञान** (प्रयोग और आलोचना पर आधारित ज्ञान), और **विश्वासमुखी ज्ञान** (आस्था पर आधारित ज्ञान)। बोस ने अपने अध्ययनों में इन्हीं ग्रंथिक कोटियों का प्रयोग किया है, किन्तु बोस ने उन लोगों (वेबर) की तीखी आलोचना की है जिन्होंने इन कोटियों का प्रयोग अपने विश्लेषण में बिना सोचे-समझे और बिना इनके ऐतिहासिक एवं सामाजिक संदर्भ को ध्यान में रखते हुए किया है।

बोस ने मुख्यतः भारतीय सभ्यता और संस्कृति की संरचना पर कार्य कर इसकी परिवर्तनशील प्रकृति को उजागर किया है। इस क्षेत्र में संभवतः उनका सर्वाधिक योगदान उनकी बंग्ला भाषा में लिखी पुस्तक "हिन्दू समाजेर गदन" (1949) कही जा सकती है। यह पुस्तक उनके उन व्याख्यानों की उपज है जो उन्होंने ब्रिटिश काल में एक राजनीतिक बंदी के रूप में जेल में ही अपने साथी बंदियों को हिन्दू समाज पर दिये थे। इस पुस्तक में, बोस ने भारतीय सामाजिक संरचना और सामाजिक प्रक्रियाओं के कई भिन्न आयामों यथा ग्रामीण समुदायों की आत्म-निर्भरता का दोहरा चरित्र तथा राजशाही के साथ उनके संबंध, जनजाति परिक्षेत्र तथा उनका विलयन, तीज-त्यौहार, तीर्थ स्थान, प्राचीन ग्रंथों में पवित्रता तथा लौकिक जीवन संबंधी मानदंड, इस्लाम की प्रतिक्रिया स्वरूप उत्पन्न मध्यकाल में सामाजिक आंदोलन, ब्रिटिश शासन का प्रभाव तथा भारतीय समाज की उभरती हुई नवीन प्रवृत्तियां, जाति-समाज के संदर्भ में भारत की अर्थव्यवस्था जैसे नाना विषयों का गूढ़ विश्लेषण किया है। इन सभी विषयों का मुख्य केन्द्र भारतीय इतिहास के विभिन्न कालों में वर्ण (जाति) व्यवस्था की स्थिति का चित्रण रहा है।

भारतीय सभ्यता के लम्बे इतिहास की खोजबीन करते हुए बोस ने निष्कर्षतः यह प्रतिपादित किया है कि **भारत में कई स्तरों पर भिन्नता होते हुए भी इसमें एकता के मूल तत्व मौज़ूद हैं**। अपने इस विचार की पुष्टि के लिये उन्होंने भारत की जाति-व्यवस्था, धर्म, सम्पत्ति आदि विषयों का बड़ा सूक्ष्म विवेचन किया है। उन्होंने लिखा है कि यद्यपि भारत के निवासियों में धर्म, भाषा, समुदाय, प्रजाति, क्षेत्र, व्यवसाय, और भौतिक सम्पदा के आधार पर भारी भिन्नता पाई जाती है, तथापि उनमें कई लक्षण, प्रथाएं, परम्पराएं तथा विश्वास आदि साझा हैं जो एक पीढ़ी से दूसरी पीढ़ी को हस्तान्तरित होते रहते हैं। समाज के नानाविध समूह भारतीय यजमानी (जजमानी) व्यवस्था से एक दूसरे से जुड़े हुए हैं जिसमें प्रत्येक जाति-समूह अपने आनुवंशिक पद और व्यवसाय के आधार पर दूसरे जाति-समूह को अपनी सेवाएं देता है। देश के विभिन्न 'धामों' (तीर्थस्थल) की यात्रा करते समय अन्तर-प्रादेशिक और अन्तर-प्रजातिक एकता के दर्शन आसानी से किये जा सकते हैं। इसी प्रकार, कई पर्व,

त्यौहार और मेले (जैसे कुम्भ मेला) अन्तर-सामुदायिक एकता को प्रदर्शित करते हैं। ये सभी उदाहरण भारत में विविधता में एकता की अनूठी प्रकृति को सिद्ध करते हैं।

भौतिक तथ्यों के प्रसार और वितरण के अपने अध्ययनों द्वारा भी बोस ने यह प्रदर्शित किया है कि भारत के राज्यों और क्षेत्रों (आर्यों का उत्तरी भारत और द्रविड़ों का दक्षिणी भारत) में भाषा के आधार पर भिन्नता (उत्तर भारत में इन्डो-आर्यन बोलियां और दक्षिणी भारत में द्रविड़ बोलियां) होते हुए भी भौतिक संस्कृति के अनेक ऐसे साझा तत्व विद्यमान हैं जो उनके निरन्तर आपसी सम्पर्क और सम्बन्धों की कहानी कहते हैं। बंग्ला भाषा में लिखी अपनी एक पुस्तक 'भारतेर ग्राम्य जीवन' (1961) में बोस ने भारतीय सभ्यता और संस्कृति की एकता का एक पद-सौपानिक काल्पनिक चित्र खींचा है। उनके अनुसार, यदि भौतिक जीवन-शैली के आधार पर क्षेत्रीकरण (विभिन्नता) के कुछ साक्ष्य मौज़ूद भी हैं, तब भी सामाजिक संगठन की दृष्टि से देश में बहुत कम भिन्नताएं हैं। भौतिक जीवन की ये भिन्नताएं भी तब धीरे-धीरे कमज़ोर पड़ जाती हैं, जब व्यक्ति जीवन के उच्च आदर्शों, विश्वासों और कला-क्षेत्रों की ओर बढ़ता जाता है। अन्ततः इन भिन्नताओं का स्थान ऐसी आस्थाओं और आकांक्षाओं की एकता ले लेती है जो भारतीय संस्कृति को अपना एक विशिष्ट चरित्र देती है। **भौतिक जीवन के स्तर पर जो अत्यधिक भिन्नताएं देखने को मिलती हैं, वे भी तब धीरे-धीरे कम होती जाती हैं, जब हम ऊपर की ओर (जीवन के उच्च आदर्शों के लिये) आगे बढ़ते जाते हैं।**

बोस ने भौगोलिकता के आधार पर भी भारत में एकता के तत्वों को ढूंढने का प्रयास किया है। अपने एक लेख 'भारतीय संस्कृति की भौगोलिक पृष्ठभूमि' (1950) में उन्होंने बताया है कि किस प्रकार जाति-व्यवस्था की आर्थिक परम्परा ने भारत के भौगोलिक और पारिस्थितिकीय आधार पर भिन्न प्रदेशों में एक विशिष्ट प्रकार की समानता को जन्म दिया है। उन्होंने भारत की एकता के संदर्भ में अनेक प्रकार के पारम्परिक सांस्कृतिक संचार साधनों (मीडिया) का भी विश्लेषण कर बताया है कि किस प्रकार इस पारम्परिक सांस्कृतिक मीडिया ने दूरस्थ स्थानों पर रहने वाले चिन्तकों, संतों, कलाकारों के विचारों को फैलाने और गाँव के प्रत्येक समुदाय तक पहुँचाया है। संतों और चिन्तकों के संदेश ने सारे भारत को एक साझा बौद्धिक और भावनात्मक सूत्र में बांधने में महती भूमिका अदा की है। बोस ने अपने एक व्याख्यान में भारतीय और यूरोप की संस्कृतियों की तुलना करते हुए दोनों की प्रकृति में भारी अन्तर बताया है। जहां यूरोप की संस्कृति की जड़ें बारम्बार हुए युद्धों के अनुभवों में गड़ी हैं जिसने वहां राष्ट्रवाद की भावना को जन्म दिया है, वहां भारत की संस्कृति ने सांस्कृतिक बहुलवाद के एक विशिष्ट प्रतिमान को विकसित किया जिसका जन्म अपेक्षाकृत शान्तिमय दशाओं और भौगोलिक रूप से चारों ओर से बंधी हुई सीमाओं में हुआ है। बोस के अनुसार, भारतीय सभ्यता ने संस्कृति की भिन्नताओं को प्रोत्साहित किया है, किन्तु इसके आर्थिक संगठन (जाति-व्यवस्था) ने सभी समुदायों को अपनी-अपनी अलग पहचान को बनाये रखते हुए अन्तर्निभरता के एक ताने-बाने में गूंथने का प्रयास किया है।

बोस ने जाति-व्यवस्था के उद्‌भव, भारत की एकता में इसकी भूमिका, विभिन्न जातीय प्रथाओं और उनके प्रकार्यों को लेकर अनेक लेख लिखे हैं। जैसा ऊपर संकेत दिया जा चुका है कि जाति-व्यवस्था के अध्ययन के प्रति उनमें ललक तब पैदा हुई, जब वे एक सामाजिक कार्यकर्त्ता के रूप में बोलपुर कस्बे के अस्पृश्य लोगों का अध्ययन कर रहे थे। **उन्होंने**

जाति-व्यवस्था के दैवीय उत्पत्ति के सिद्धान्त के साथ-साथ पुनर्जन्म की धारणा और पवित्रता-अपवित्रता के विचारों को स्वीकार नहीं किया है। जाति-व्यवस्था के अनन्त काल से बने रहने के पीछे बोस ने इसके आर्थिक और सांस्कृतिक सुरक्षा प्रदान करने के प्रकार्यों को प्रमुख माना है। बोस के अनुसार, उत्पादन की जातीय आधार की यह व्यवस्था पूर्णतः अ-प्रतिस्पर्धात्मक, आनुवंशिक और व्यवसाय पर आधारित थी जिसके कारण सभी जाति-समूहों को आर्थिक सुरक्षा की गारंटी मिली हुई थी।

जाति-व्यवस्था का मार्क्सवादी विश्लेषण करते हुए बोस ने स्पष्ट रूप में लिखा है कि यह एक ऐसा उत्पादन संगठन है जिसमें प्रतिस्पर्द्धा को कोई स्थान नहीं है। यह कृषकों, कारीगरों, और यहां तक कि सैनिकों का एक ऐसा आनुवंशिक व्यावसायिक संघ (गिल्ड) है जो एकाधिकार की भावना पर आधारित होता है। इस प्रकार के प्रत्येक संघ को अपने व्यावसायिक धर्म के पालन करने के लिये प्रेरित और प्रोत्साहित किया जाता है ताकि प्रत्येक संघ की एक दूसरे के प्रति पूरक धर्म की सेवाओं द्वारा व्यक्ति की जिन्दगी चलती रहे। व्यावसायिक (जाति) धर्म का पालन न करने पर व्यक्ति को प्रायश्चित करना पड़ता था। इस प्रकार के जाति-समूह दूर-दूर तक छितरे हुए छोटे-छोटे गाँवों में विद्यमान थे। ये समूह अन्तर-प्रजातिक सांस्कृतिक सहिष्णुता के सामान्य नियमों द्वारा नियंत्रित होते थे। बोस ने गांव आधारित इन जाति-समूहों का विश्लेषण पारिस्थितिकी और जनांनकिकी के आधार पर भी किया है और इन समूहों के उद्‌भव के लिये पारिस्थितिकी और जनांनकिकी जैसे कारकों को महत्वपूर्ण माना है।

जाति का गहन विश्लेषण करते हुए बोस ने लिखा है कि सामान्यतः जाति की कठोर शब्दों में आलोचना कर इसकी घोर निन्दा की जाती है, किन्तु बोस का मत है कि वास्तव में इस संस्था की कभी ठीक ढंग से व्याख्या नहीं की गई। बोस प्रश्न करते हैं कि यदि इस संस्था में कमियां ही कमियां थीं, तब फिर यह संस्था रूढ़िवाद के खिलाफ हुए अनेक आंदोलनों के बावजूद भी पिछले हजारों सालों से अभी तक क्यों जीवित रही ? वास्तव में, जाति व्यवस्था की आर्थिक उप-संरचना (इसके आर्थिक प्रकार्य) पर कभी समुचित रूप में ध्यान नहीं दिया गया जिसने इस संस्था को स्थायित्व, विशेषतः उन दुर्दिनों में प्रदान किया जब सम्पूर्ण देश राजनीतिक आक्रमणों से जूझ रहा था।

जाति का आर्थिक संगठन दो प्रमुख तत्वों पर आधारित है। प्रथम, जाति उत्पादन की एक ऐसी विधि है जिसमें प्रतिस्पर्द्धा का तत्व नहीं होता। यह आनुवंशिक एकाधिकारवादी शिल्पि संघों (गिल्डों) पर आधारित होती है और प्रत्येक जाति से यह आशा की जाती है कि वह अपने प्रदत्त व्यवसाय में कोई फेर-बदलाव नहीं करे। कठिन परिस्थितियों में "आपद धर्म" का पालन करते हुए रोटी-रोज़ी के लिये इसमें व्यवसाय परिवर्तन करने की छूट दी गई है। प्रतिस्पर्द्धा के अभाव तथा सामाजिक, सामूहिक जरूरतों की बलवेदी पर व्यक्तिगत त्याग की भावना की इस संस्था की विशेषता के कारण इसका ग्रामीण क्षेत्रों के मुसलमानों और ईसाइयों में भी प्रचलन हो गया।

द्वितीय, इस संस्था ने उत्पादन आधारित अपने सामाजिक संगठन की एकता और समानता के कारण सारे भारत के विभिन्न भागों को एक सूत्र में बांधे रखने में महती भूमिका अदा की है। बोस ने इसकी तुलना ब्रिटेन, जर्मनी, इटली, जापान तथा अमेरिका में प्रचलित

पूंजीवादी व्यवस्था से करते हुए बताया कि जिस प्रकार इन सभी देशों में पूंजीवाद का अलग-अलग रूप होते हुए भी कुछ बातों में समानता है (जैसे प्रत्येक व्यक्ति को राज्य के बिना हस्तक्षेप के व्यवसाय चुनने की स्वतन्त्रता, प्रतिस्पर्धा को प्रोत्साहन तथा लाभ के लिये उत्पादन आदि), उसी प्रकार सम्पूर्ण भारत के अलग-अलग भागों में जाति के रूप में अन्तर होते हुए भी इसके मौलिक तत्वों और मूलाधारों में समानता देखी जा सकती है। इसी प्रकार सम्पत्ति संबंधी धारणाओं में थोड़ा-बहुत अन्तर होते हुए भी सम्पूर्ण हिन्दू भारत में "मिताक्षर" अथवा "दायभाग" का उत्तराधिकार का नियम प्रचलित रहा है। अतः जाति के साथ-साथ सम्पत्ति संबंधी उपरोक्त विचारों की समानता ने भी भारतीय सभ्यता में एकता स्थापित करने में बड़ी मदद की है।

भारत की एकता में जाति की भूमिका पर प्रकाश डालते हुए बोस ने कहा है कि सामान्यतः जाति-व्यवस्था को राष्ट्रीय एकता की भावना के उदय में बाधक माना जाता है और यहां तक कहा जाता है कि इस व्यवस्था के कारण ही भारत में राष्ट्रीय एकता नहीं हो पाई है। किन्तु बोस इस सामान्य विचार से कतई सहमत नहीं हैं। उन्होंने यूरोप का उदाहरण देते हुए यह कहा है कि वहां राष्ट्रवाद के उत्पन्न होने के जो कारण रहे हैं, वे भारत से पूर्णतः भिन्न हैं। भारत में जातियों का विकास उत्पादन के संगठन के उद्देश्य को लेकर हुआ है जो यूरोपीय व्यवस्था के उद्देश्यों से सर्वथा भिन्न है। सामान्यतः अनेक धर्मों, और आस्था के केन्द्रों, भिन्न भाषाओं, भिन्न जीवन-शैलियों, अनेक प्रकार के भोजन और स्त्री-पुरुषों की पोशाकों की भिन्नताओं को भी राष्ट्रीय एकता की भावना के उद्भव न होने का कारण बताया जाता रहा है। बोस के अनुसार, **ये सभी भिन्नताएं इस देश के लोगों की सत्य की पारलौकिक दृष्टि को पाने की आध्यात्मिक पिपासा में तिरोहित हो जाती हैं और यह दृष्टि ही भारत के विभिन्न जाति-समुदायों में भिन्नता में एकता स्थापित करती है।**

भारतीय सभ्यता और संस्कृति में एकता और समानता स्थापित करने में बोस ने जाति-धर्म की भूमिका का भी गूढ़ विश्लेषण किया है। बोस के अनुसार, जब जाति-व्यवस्था का विभिन्न जनजातियों तथा साम्प्रदायिक समूहों के एकीकरण द्वारा एक उत्पादन संगठन के रूप में निर्माण हुआ, तब ब्राह्मणवादी समाज के अगुआ व्यक्तियों ने यह सोचा होगा कि उत्पादन-व्यवस्था को ठीक प्रकार से चलाने के लिये यह आवश्यक है कि प्रत्येक समूह को अपने-अपने मूल सामाजिक-धार्मिक विधि-विधानों और संस्कारों को कुछ छोटे-मोटे हेर-फेर और तालमेल करने की पूर्ण स्वतन्त्रता दी जाये। इस धारणा के पीछे यह मूल विचार कार्यरत रहा प्रतीत होता है कि **प्रत्येक संस्कृति की रचना एक केन्द्रीय धारणा के आधार पर होती है। कोई भी संस्कृति सत्य को उसकी सम्पूर्णता में अवगाहन नहीं करती, अर्थात् प्रत्येक समुदाय सत्य को टुकड़ों-टुकड़ों में देखता है।** दूसरे शब्दों में, विशिष्ट संस्कृतियों के सत्य संबंधी सभी दृष्टिकोण सम्पूर्णता की अपेक्षा आंशिक होते हैं। अतः किसी भी समुदाय के धर्म के साथ कोई छेड़छाड़ नहीं की जानी चाहिये और उसे अपने धर्म के अपने रीतिरिवाजों को अपने ढंग से पालन करने की पूर्ण स्वतन्त्रता होनी चाहिये। इस धारणा और इसके साथ जुड़े मनोभावों के फलस्वरूप ब्राह्मणवादी धर्म संस्कृतियों के साथ-साथ धर्मों का एक संगम या सम्मिलन का संघ बन गया जिसकी प्रकृति सामीवादी उत्पत्ति वाली धार्मिक व्यवस्थाओं की एकल चारित्रिक व्यवस्था से भिन्न है।

सत्य को आंशिक दृष्टि से देखने संबंधी इस विचार का हिन्दू धार्मिक विचारधारा में हर समय वर्चस्व रहा है और यह विचार भारत के हर कोने में किसी न किसी रूप में व्याप्त है। इस विचार ने भारतीय सभ्यता में एकता स्थापित करने में वही भूमिका अदा की है जो उत्पादन व्यवस्था के रूप में जाति और सम्पत्ति संबंधों ने जीवन के अन्य क्षेत्र में एकता उत्पन्न की है। इस मूल विचार ने ही अनेकानेक विधि-विधानों के प्रचलन के बावजूद भी हिन्दू समाज को एक सूत्र में बांधे रखा है। अति संक्षेप में, **सत्य को बहुविध आंशिक दृष्टि से देखने का यह विचार ही भारतीय समाज को एकीकृत करने में एक महत्वपूर्ण कारक रहा है।**

भारतीय सभ्यता को यदि हम सम्पूर्ण रूप में देखें तो हमें जीवन के भौतिक पक्षों में जाति-व्यवस्था से भी अधिक भिन्नता देखने को मिलेगी। किन्तु यह विभिन्नता धार्मिक विश्वासों और व्यवहार जैसे जीवन के उच्च पहलुओं में बहुत कम पाई गई है। यही कारण है कि एक हिन्दू भारत के एक कोने से किसी दूसरे कोने में भी जाकर, बिना किसी हिचकिचाहट और अज़नबीपन की भावना से वहां के धार्मिक संस्कारों में भाग ले सकता है। किन्तु यह बात देश के दूसरे आर्थिक क्षेत्र पर लागू नहीं होती, जब तक वह स्थाई रूप में वहां रच-बस नहीं जाता है और वहां की स्थानीय जातियों द्वारा स्वीकार नहीं कर लिया जाता है। भोजन और वेशभूषा के मामले में तो देश के एक भाग का व्यक्ति दूसरे भाग में पराया सा नज़र आता है क्यों कि भारत के अलग-अलग भागों का खानपान और पहराव-ओढ़ाव अलग-अलग है।

बोस के अनुसार, **भारत की एकता का चरित्र पिरामिडीय आकार लिये हुए है, जिसमें व्यक्ति जीवन स्तर में जितना ही ऊंचा उठता जाता है, अर्थात् भौतिक सुख-सुविधाओं से सामाजिक संरचना और फिर सामाजिक संरचना से विश्वासों और भावनाओं की ओर बढ़ता है, वैसे-वैसे इनके बीच की दूरी घटती जाती है। इस पिरामिड के शीर्ष पर विश्व-दृष्टि के उच्चतम रूप होते हैं जिसमें अनेकानेक स्वरूपों को स्वीकार किया गया है। जब तक मूल आत्मा (केन्द्रीय धारणा) में एकता रहती है, अर्थात् सत्य के आंशिक दृष्टिकोण (सत्य और असत्य से निर्मित) द्वारा निर्मित जीवन के घटनात्मक पक्षों के बारे में एकमत्यता रहती है और जब सत्य के उच्चतम शिखर को पार कर लिया जाता है, तब घटनात्मक अन्तर पूर्णतः विसर्जित हो जाते हैं।** अतः भारतीय सभ्यता को अपनी सम्पूर्णता में इसी दृष्टिकोण से देखा जाना चाहिये। भारतीय जन समुदाय में स्थानीय संस्कृति की अस्थायी प्रकृति, जिसका विकास समय-समय पर कुछ आवश्यकताओं के फलस्वरूप हुआ है, की सीमाओं को अपने उच्चतम चिन्तन और स्वभाव द्वारा लांघने की प्रवृत्ति होती है।

भारत की एकता के संदर्भ में धर्म का विश्लेषण करते हुए बोस कहते हैं कि **हिन्दू सभ्यता की विश्व दृष्टि पूर्णतः समन्वयवादी है। इसमें किसी एक विश्व दृष्टि (धर्म) को दूसरी विश्व दृष्टि से श्रेष्ठ नहीं माना गया है।** जैसा लिखा जा चुका है कि सत्य को अपनी सम्पूर्णता में अवगाहन करना कठिन है। प्रत्येक विशिष्ट सभ्यता या धर्म सम्पूर्ण के आंशिक सत्य को ही प्रदर्शित करती है। एक व्यक्ति जब सम्पूर्ण सत्य तक पहुँच जाता है, तब उसके लिये अलग-अलग धर्म या सभ्यताएं कोई महत्व नहीं रखतीं। वह सभी विशिष्ट धर्मों या सभ्यताओं को एक ही सत्य के विभिन्न स्वरूपों के रूप में देखता है। वह अलग-अलग

स्थान और भिन्न समयों पर जो कुछ हो रहा है, उन्हें विशिष्ट दशाओं से प्रभावित घटनाओं के रूप में देखता है तथा इन सभी घटनाओं को अल्पकालिक और परिवर्तनशील मानता है। ऐसे व्यक्ति के लिए जीवन और मृत्यु में फर्क करना, उनकी श्रेष्ठता का मूल्यांकन कर उनमें से चयन करना कठिन होता है। अन्ततः वह संस्कृति और सत्य के आंशिक दृष्टिकोणों के बंधनों से अपने आपको मुक्त हुआ अनुभव करता है।

बोस ने हिन्दू सभ्यता में प्रत्येक ऋषि-मनीषी की स्वतंत्रता तथा अनेक जन्म-जन्मान्तरों और योगियों के अस्तित्व में विश्वास प्रकट करते हुए इस संदर्भ में भागवत् गीता के ग्यारहवें अध्याय का उल्लेख किया है जिसमें हतोत्साहित एवं निराश अर्जुन को श्रीकृष्ण ने (अपना मुँह खोलकर) ऐसी विश्व दृष्टि के दर्शन कराये हैं जिसे देखकर अर्जुन विचलित हो जाता है। श्रीकृष्ण द्वारा विश्वदृष्टि का यह चित्र "शाश्वत ब्रह्माण्ड" (अनादि-अनंत) की धारणा को प्रस्तुत करता है जिसमें जीव एक योनि से दूसरी योनि में आते-जाते रहते हैं।

हिन्दू विश्व दृष्टि और सभ्यता ने सदियों से ऐसे विचारों और आध्यात्मिक धारणाओं को प्रोत्साहित किया है जिसके द्वारा व्यक्तिगत आत्मा का उत्थान होता हो। व्यक्तियों और समुदायों को अपने-अपने विशिष्ट दायरों में उन्नति करने का निर्देश दिया गया है। परिणामतः यदि जाति का आर्थिक और सामाजिक संगठन एक तरफ व्यक्तिवाद का हनन करता है, तो दूसरी ओर एक व्यापक समुदाय के रूप में हिन्दू धर्म एक दूसरे प्रकार के व्यक्तिवाद को प्रोत्साहित कर समरूपतावादी धारणा को हतोत्साहित करता है। बोस लिखते हैं कि इस प्रकार का सामाजिक और आर्थिक संगठन ही शांति का दावा कर सकता है। यह अनेक संस्कृतियों और अनेक पृथकताओं के सहअस्तित्व को प्रोत्साहित करता है, किन्तु ऐसा संगठन किसी समुदाय को इतना ताकतवर नहीं बनाता कि वह युद्ध कर सके। यह स्वाभाविक ही है कि जिस संगठन की रचना शांति के लिये हुई है, उसकी युद्ध की हालत में पराजय संभव है। किन्तु, इसके ठीक विपरीत, यह भी सही है कि युद्ध के लिये बनाया गया संगठन तब असफल हो जाता है, जब शांत रहने वाले व्यक्तियों को एक दूसरे के साथ मिलकर रहने की आश्यकता पड़ती है।

आधुनिकीकरण और राष्ट्रीय एकता की समस्या के प्रति भी बोस पूर्णतः सचेत थे। जब वे शिमला के 'इण्डियन इंस्टीट्यूट ऑफ एडवान्सड स्टडी' (1966) में थे, तब उन्होंने इस विषय पर अनेक व्याख्यान दिये जो बाद में पुस्तकों के रूप में छपे हैं। अपने व्याख्यानों में उन्होंने इस तथ्य को रेखांकित किया है कि स्वतंत्रता के बाद भारत में जो यकायक उपराष्ट्रवादी आंदोलनों (क्षेत्रवादी आंदोलनों) का उद्‌भव और उनमें बढ़ोत्तरी हुई, इसका प्रमुख कारण विभिन्न राज्यों में तथा एक ही राज्य में रहने वाले भिन्न-भिन्न समुदायों के लोगों की अत्यंत दयनीय एवं गिरी हुई स्थिति थी। इन समुदायों के आर्थिक, राजनीतिक और सामाजिक विकास में काफी असमानताएं थीं। इस स्थिति ने उभरते हुए मध्यम वर्ग को अपने संकीर्ण स्वार्थपरक हितों में वृद्धि करने हेतु संकुचित आधार पर सीमा-रेखाओं में बांध कर अपनी स्थिति को मजबूत करने की प्रेरणा दी जिनकी अभिव्यक्ति ही क्षेत्रवादी आंदोलनों में हुई। बोस ने पिछड़ेपन का साम्प्रदायिक आधार पर प्रशासनिक श्रेणीकरण करने के प्रयासों का भी तीव्र विरोध किया है। इस संबंध में, उन्होंने यह सुझाव दिया कि आधुनिक भारत का प्रथम लक्ष्य यह होना चाहिये कि वह बिना किसी जाति और समुदाय का भेदभाव करते हुए,

राजनीतिक सत्ता का वितरण कामगार वर्ग में करे। सन् 1967-69 के बीच जब बोस 'अनुसूचित जातियों और जनजातियों' के कमिश्नर थे, तब भी उन्होंने अपने प्रतिवेदनों में इस मुद्दे को अत्यंत प्रभावशाली ढंग से उठाया है।

जाति में परिवर्तन के संबंध में बोस ने लिखा है कि जाति-व्यवस्था के ढाँचे में मूलभूत संरचनात्मक परिवर्तन या जाति-व्यवस्था में टूटन अथवा विघटन तभी उत्पन्न होगा, जब इसके आर्थिक आधार में गुणात्मक रूपान्तरण संभव हो। सामाजिक जीवन को नियमित करने वाली एक आर्थिक व्यवस्था के रूप में जाति-व्यवस्था में भारत के कई क्षेत्रों में टूटन की शुरुआत हो चुकी है, किन्तु विभिन्न क्षेत्रों में टूटन की यह रफ्तार अलग-अलग है। बोस ने ग्रामीण क्षेत्रों में जाति-व्यवस्था में परिवर्तन के साथ-साथ नगरीय क्षेत्रों में परिवर्तन की गति को जानने का भी प्रयास किया है। वे कलकत्ता (अब कोलकाता) जैसे शहर में जाति में हो रहे परिवर्तन को जानने में अधिक रुचि रखते थे क्योंकि इस शहर पर-आधुनिक औद्योगिक, वाणिज्यिक और नगरीय विकास का ब्रिटिश लोगों के आगमन के बाद से लगभग दो सौ वर्षों से निरंतर प्रभाव पड़ रहा था। कलकत्ता शहर में सन् 1962-63 में किये गये अपने एक त्वरित सर्वेक्षण के आधार पर उन्होंने निष्कर्षतः यह कहा कि **पुरातन व्यवस्था के अन्तर्गत जाति के ऊपरी ढाँचे में थोड़ा-बहुत परिवर्तन हो रहा है जिससे इसका एक नया रूप उभर कर आता दिखाई देता है। फिर भी, कलकत्ता अमेरिका के शहरों के मॉडल पर ऐसा घुलन-मिलनसारी नगर अभी नहीं बन पाया है जहां विभिन्न प्रकार के लोग और उनके विचार एक दूसरे में विलय हो जाते हों। अभी भी यहां जातिगत निष्ठाएं जीवित हैं। अभी भी यहां व्यक्ति उन लोगों के सहयोग पर निर्भर हैं जो उसी की भाषा में बातचीत करते हैं।** ये सारे तथ्य जातीय और प्रजातिक समूह की भावनाओं को मजबूत करते हैं और जाति-व्यवस्था को बनाये रखने में मदद करते हैं।

पिछले कुछ वर्षों में राजनीति से प्रेरित प्रतिस्पर्धात्मक जातीय संगठनों में भारी बढ़ोत्तरी के साथ-साथ उनमें काफी सक्रियता (जाति चेतना) भी आई है। बोस जातीय संगठनों की इस बढ़ोत्तरी को जाति-व्यवस्था के मजबूत होने का संकेत नहीं मानते। सन् 1958 में जाति संबंधी अपने लेख में बोस ने यह विचार व्यक्त किया है कि जाति चेतना के विकसित हो जाने के आधार पर यह नहीं कहा जा सकता कि सम्पूर्ण जाति-व्यवस्था में मजबूती आ गई है। समूह-पहचान के एक तरीके के रूप में पिछले कुछ वर्षों में जाति में जो मजबूती दिखाई देती है, उसका कारण एक ही क्षेत्र की विभिन्न जातियों में सामाजिक परिवर्तन की भिन्न गति हो सकती है। बोस के अनुसार, ये नये घटनाक्रम गैर-प्रतिस्पर्धात्मक आरोपित (जन्म आधारित) पारम्परिक व्यवस्था से एक प्रतिस्पर्धात्मक व्यवस्था की ओर विचलन होने या जाने का संकेत मात्र है। दूसरे शब्दों में, पुरानी संरचनाओं को विभिन्न नये सम्मिश्रणों के रूप में नये सामाजिक अर्थ देकर एक प्रयोग किया जा रहा है। **ऑंद्रे बेतेई** की पुस्तक "जातियाँ पुरानी और नई" (1969) के समीक्षात्मक अपने लेख में बोस ने इस विचार से अपनी असहमति प्रकट की है कि सैनिक नौकरशाही और सिविल सर्विस के लोगों की एक अपनी अलग जाति बन गई है। बोस कहते हैं कि **एक पारम्परिक व्यवस्था के रूप में जाति-व्यवस्था की अब सीमित भूमिका रह गई है। संगठित समूहों के रूप में जातियाँ नवीन**

राजनीतिक और आर्थिक भूमिकाएं ग्रहण कर रही हैं।

एन. के. बोस के अध्ययन-अनुसंधान के आयाम अत्यधिक व्यापक रहे हैं। जाति-व्यवस्था, धर्म, हिन्दू-सभ्यता और जनजातियों के अलावा नगरों की समस्याओं का भी उन्होंने अध्ययन किया है। इस संबंध में उनका एक लेख "मैन इन इण्डिया" नामक पत्रिका (1971) में "कलकत्ता की एक सामाजिक समस्या" के शीर्षक से छपा है। इस लेख में बोस ने भारत में "ईस्ट इण्डिया कम्पनी" के आने के बाद एक शहर के रूप में सन् 1968 में कलकत्ता के जन्म से लेकर इसके जनसंख्या के आकार में वृद्धि के फलस्वरूप उत्पन्न सामाजिक विघटन और मानक शून्यता (एनॉमी) की समस्या का विशद् विवेचन किया है। बोस ने लिखा है कि "तीव्र गति से जनसंख्या में वृद्धि के कारण विभिन्न बस्तियों (समुदायों) के बीच सामाजिक सम्बद्धता (कोहीश्ज़ॅन) की मात्रा कमज़ोर पड़ती जा रही है। भीड़ के बीच भी अब व्यक्ति अपने आपको अकेला महसूस करता है और चिन्ताओं से घिरा हुआ तथा दिशाविहीन पाता है। पुरानी संस्थाओं के स्थान पर नवीन संस्थाओं के निर्माण करने की चाहत लोगों में न दिखाई देती है और न ही व्यक्तियों में इस मसले के बारे में अपने दायित्वों के प्रति जागरूकता ही है। नवीन संस्थाओं के विकास की गति इतनी धीमी है कि उनके द्वारा व्यक्तियों में जीवन को संवारना अत्यंत कठिन है। व्यक्ति ऐसी स्थिति में अपनी रचनात्मक एवं सृजनात्मक क्षमताओं को विकसित करने में बाधित अनुभव करता है। मानकशून्यता (एनॉमी) की यह स्थिति आज के कलकत्ता शहर (सन् 2003 में तो एनॉमी की स्थिति में सन् 1971 से अधिक वृद्धि हुई है) की सर्वाधिक गंभीर समस्या है जो व्यक्तियों को परेशान किये हुए है।"

प्रमुख कृतियाँ:

- Cultural Anthropology, (1929)
- Cannons of Orrisian Architecture, (1932)
- Excavations in Mayurbang, (1949)
- Cultureal Anthropology and Other Essays, (1953)
- Calcutta – A Social Survey, (1964)
- Culture and Society in India, (1967)
- Problems of National Integration, (1967)
- Problems of Nationalism, (1969)
- Tribal Life in India, (1971)

बंग्ला भाषा में

- हिन्दू समाजेर गदन, (1949)
- स्वराज ओ गांधीवाद, (1954)
- नबीन ओ प्राचीन, (1956)
- भारतेर ग्राम जीवन, (1961)
- गणतंत्रेर संकट, (1967)

Bottomore, Tom

टॉम बॉटोमॉर

(1920-)

समकालीन ब्रिटिश समाजशास्त्री **टॉम बॉटोमॉर** पूंजीवाद और समाजवाद दोनों के अपने अध्ययन एवं विश्लेषण के लिये जाने जाते हैं। एक लेखक एवं सम्पादक के रूप में टॉम बॉटोमॉर ने मार्क्सवाद और मार्क्सवादी समाजशास्त्र की महत्ता को समाजशास्त्रियों को समझाने में महत्वपूर्ण भूमिका अदा की है। उन्होंने मार्क्सवाद और पूंजीवाद पर ढेर सारा लिखा है जो नीचे दी गई उनकी कृतियों की सूची से स्पष्ट है। मार्क्सवाद के अतिरिक्त समाज में अभिजनों की भूमिका का भी बॉटोमॉर ने सूक्ष्म विश्लेषण किया है।

प्रमुख कृतियाँ:

- Karl Marx : Early Writings, (1963)
- Karl Marx : Selected Writings in Sociology and Social Philosophy, (1965)
- Classes in Modern Society, (1965)
- Elites and Society, (1975)
- Marxist Sociology, (1975)
- A History of Sociological Analysis, (1978)
- Political Sociology, (1979)
- A Dictionary of Marxist Thought, (1983)
- Theories of Modern Capitalism, (1985)
- The Capitalist Class, (1989)

Bourdieu, Pierre

पीयर बोरडियू (बूरदीए)

(1930-)

संरचनावाद की "वस्तुपरक भ्रांति" से अपने आप को दूर रखते हुए असमानता और वर्ग-भिन्नता का वैचारिक स्तर की अपेक्षा संरचनात्मक स्तर पर विश्लेषण करने वाले **पीयर बोरडियू** ने मुख्यतः ज्ञान, संस्कृति और शक्ति के बीच पाये जाने वाले सम्बन्धों पर अध्ययन-अनुसंधान कर समाजशास्त्र में अपने आपको प्रतिष्ठित किया है। उनकी शिक्षा-दीक्षा मूल रूप में दर्शनशास्त्र में हुई, किन्तु उन्होंने मुख्यतः एक समाजशास्त्री और मानवशास्त्री के रूप में कार्य किया। उनका कार्य-क्षेत्र अल्जीरिया का आदिवासी समुदाय और उनका देश फ्रांस रहा है। वे विशेषतः समाजशास्त्रीय सिद्धान्तों और संस्कृति के क्षेत्र में किये गये अपने योगदानों के लिये बहुचर्चित रहे हैं। आजकल यूरोप और अमेरिका में उनकी सैद्धान्तिक अवधारणाएं काफी चर्चा का विषय बनी हुई हैं। समाजशास्त्र के विषय-क्षेत्र पर टिप्पणी करते हुए उन्होंने एक स्थान पर कहा है कि समाजशास्त्र को मानवीय जीवन के छिपे हुए आधारों और समाज के सत्यों की खोज कर उन्हें उजागर करना चाहिये। बोरडियू ने अपने लेखनों में

मुख्यतः तीन अवधारणाओं “हैबिट्स”, “क्षेत्र” और “सांस्कृतिक पूंजी” का प्रयोग किया है। “हैबिट्स”, वास्तव में, बोरडियू के व्यवहार (प्रैक्टिस) के सिद्धान्त का एक हिस्सा, एक भाग है जो सामाजिक अन्तरिक्ष में व्यवहार की अभिव्यक्ति को प्रकट करता है। यह अन्तरिक्ष एक सामाजिक क्षेत्र भी होता है जिसमें शक्ति पर आधारित संबंधों की व्यवस्था पदों द्वारा निर्मित होती है। यह व्यवस्था सामाजिक अन्तरिक्ष में पदों पर आसीन व्यक्तियों के लिये अर्थपूर्ण और वांछित होती है। हैबिट्स क्रियाओं के व्याकरण का एक रूप है जो सामाजिक अन्तरिक्ष में एक वर्ग (प्रभु वर्ग) को दूसरे वर्ग (अधीनस्थ वर्ग) से अलग करने में सहायता करता है। एक हैबिट्स एक वर्ग के सामान्य व्यवहारों के एक समूह को उत्पन्न करता है।

पीयर बोरडियू का जन्म दक्षिणी फ्रांस में हुआ था। उन्होंने परसियन लेयसी लुई ले ग्रांड नामक प्रतिष्ठित संस्था से प्रारंभिक शिक्षा और इकोल नार्मल सूपीरियर से दर्शनशास्त्र में स्नातक की उपाधि प्राप्त की। मिलिट्री सेवा के भाग के रूप में उन्होंने अल्जीरिया में अध्यापन कार्य किया और वहां प्रत्यक्ष तौर पर फ्रांसीसी उपनिवेशवाद की समस्याओं को अनुभव किया। इसी अनुभव ने इस दार्शनिक को समाजशास्त्र और मानवशास्त्र की ओर धकेल दिया। बाद में, सन् 1959 से 1962 के बीच उन्होंने सोर्बोन विश्वविद्यालय में अध्यापन किया और सन् 1960 के दशक के बीच वे ईकोल डेस हाट्स इटूडस संस्था में यूरोपीय समाजशास्त्र के निदेशक बन गये। सन् 1982 में वे पेरिस के कॉलेज द फ्रांस नामक संस्थान में समाजशास्त्र की पीठ पर आसीन हुए। बोरडियू की मूल रचनाएं फ्रेंच भाषा में हैं और काफी दुरूह हैं। अभी इनमें से कुछ पुस्तकों और लेखों का ही अंग्रेजी में अनुवाद हो पाया है।

बोरडियू के विचारों पर कई लोगों का प्रत्यक्ष-अप्रत्यक्ष रूप में प्रभाव पड़ा है। उनकी प्रारंभिक विचारणाओं को आकार प्रदान करने में उनके प्रशिक्षण काल में **ज़्या पाल सार्त्र और लेवी-स्ट्रास** के साथ हुए वार्तालापों ने महत्वपूर्ण भूमिका अदा की है। बोरडियू ने सार्त्र के अस्तित्ववाद से यह विचारणा ग्रहण की कि कर्त्तागण स्वयं अपने सामाजिक जगत् के रचनाकार होते हैं। फिर भी, बोरडियू यह मानते हैं कि सार्त्र ने अपने विचारों में थोड़ी अति कर दी है और कर्त्तागणों को आवश्यकता से अधिक शक्ति देते हुए संरचनात्मक नियंत्रणों की लगभग पूर्ण उपेक्षा कर बैठे हैं। जब वे संरचनाओं की बात करते है, तब वे लेवी-स्ट्रास जैसे प्रख्यात संरचनावादियों की ओर खींचे चले गये हैं। शुरु-शुरु में वे लेवी-स्ट्रास के विचारों से इतने प्रभावित हुए कि उन्होंने एक समय पर अपने आपको एक “चरमसुखी संरचनावादी” तक कह दिया। किन्तु, कुछ समय के बाद ही उन्हें अपनी भूल का अहसास हुआ और कहा कि संरचनावाद की भी अस्तित्ववाद की भांति सीमाएं हैं। यह बात अलग है कि इन सीमाओं का रूप अलग-अलग है। संरचनावाद की ज्यादतियों से तंग आकर बोरडियू ने कहा कि “मेरा उद्देश्य वास्तविक-जीवंत कर्त्तागणों को पुनः प्रतिष्ठित करना है जो लेवी-स्ट्रास तथा अन्य संरचनावादियों द्वारा भुला दिये गये हैं।” इस कथन से स्पष्ट है कि **बोरडियू सार्त्र के अस्तित्ववाद के दर्शन और लेवी-स्ट्रास के संरचनावाद दोनों की अतिवादिताओं से नाखुश थे, किन्तु दोनों के विचारों के कुछ तत्वों को उन्होंने अपने सिद्धान्त में अवश्य सम्मिलित किया है।**

बोरडियू ने व्यक्ति और संरचना की द्वयात्मकता (डयूअलिटी) के बीच के मध्य मार्ग

को अपनाते हुए "व्यवहार और अभ्यास" (प्रैक्टिस एण्ड हबिट्यूएशन) के अपने सिद्धान्त का प्रतिपादन किया है। इसी आधार पर चेतन और अचेतन की द्वयात्मकता से बचते हुए, उन्होंने इन दोनों को निरन्तरता या एक सातत्य के रूप में देखा है। उन्होंने लिखा है कि हमारी अधिकांश चेतना अभ्यासिक या आदतन होती है जिसकी जड़ें समाजीकरण और हमारी प्रारंभिक सीख की प्रक्रिया में गड़ी होती हैं। वस्तुपरक सामाजिक संरचनाएं 'अभ्यस्त व्यवहार' (हैबिट्स) को जन्म देती है। **"हैबिट्स" चित्तवृतियों (मनोवृतियों) का एक समूह होता है जिनका प्रयोग एक व्यक्ति दिन-प्रतिदिन के व्यवहार में करता है। ये मनोवृतियाँ व्यक्ति को एक निश्चित ढ़ंग से व्यवहार करने अथवा न करने के लिये प्रवृत करती हैं।** इन हैबिट्स की उत्पत्ति विगत अनुभवों के आधार पर होती है, किन्तु ये इन अनुभवों को हमेशा सक्रिय ढ़ंग से संचरित करती हैं। "हैबिट्स" बोरडियू के लेखन की एक प्रमुख अवधारणा है। सामाजिक जीवन की रचना करने वाली परिपाटियों, प्रत्यक्ष बोध और अभिवृतियों का जन्म इन चित्तवृतियों से ही होता है। व्यक्तिगण जब क्रिया करते हैं, तब वे हमेशा किन्हीं संदर्भों या परिवेशों के अन्तर्गत करते हैं जो किसी न किसी रूप में एक व्यवस्थित चरित्र लिये होता है। इस प्रकार की प्रवृत्तियों और व्यवहारों को ही "संस्कृति" कहा जाता है। इस दृष्टि से, बोरडियू के अनुसार, **संस्कृति आदतन (अभ्यासिक) व्यवहार की एक अर्जित व्यवस्था है जो क्रियाओं की व्यक्तिगत योजनाओं को जन्म देती है (या निर्धारित करती है)** । सार रूप में, बोरडियू मानते हैं कि सामाजिक संरचनाएं संस्कृति को जन्म देती हैं जो बाद में व्यवहारों को उत्पन्न करती हैं और ये व्यवहार, अन्ततः पुनः सामाजिक संरचनाओं को निर्मित करते हैं। इस प्रकार सामाजिक संरचना और संस्कृति का यह चक्र निरन्तर चलता रहता है। वास्तव में, बोरडियू ने व्यक्तियों और संरचना (सामाजिक व्यवस्थाओं) के बीच जो खाई दिखाई देती है, उसे पाटने के लिए "सांस्कृतिक संरचनावाद" के सिद्धान्त को प्रणीत किया है। उनका यह सिद्धान्त सांस्कृतिक पूंजी के वितरण और सामाजिक व्यवस्था को बनाये रखने के बीच के संबंधों पर आधारित है।

सांस्कृतिक संरचनावाद यूरोप में विकसित संरचनावाद की एक नई धारा है। बोरडियू ने अपने सांस्कृतिक संरचनावाद में मार्क्स और वेबर के सिद्धान्तों का कुछ सीमा तक सम्मिश्रण किया है। उन्होंने एक ओर मार्क्स की वस्तुनिष्ठ वर्ग की अवधारणा का प्रयोग किया है, तो दूसरी ओर वेबर के विश्लेषण के साथ इसे उत्पादन के साधनों से जोड़ा है। बोरडियू ने वर्ग के विश्लेषण के लिये सम्पत्ति के चार रूपों यथा आर्थिक, सामाजिक, सांस्कृतिक और प्रतीकात्मक सम्पत्ति की चर्चा की है। इसी संदर्भ में उन्होंने 'वर्ग-संस्कृति' की बात कही है जिसके माध्यम से प्रत्येक वर्ग की सांस्कृतिक विशिष्टताओं—समान विचारधारा, अनुभूति और व्यवहार को रेखांकित किया है।

बोरडियू के सांस्कृतिक संरचनावाद ने मार्क्स के वर्ग-संघर्ष के सिद्धान्त को एक नया आयाम दिया है जिसमें मार्क्स, वेबर और यहां तक कि दुर्खाइम के समाजशास्त्र के मूल तत्वों को भी समाहित किया गया है। उन्होंने संस्कृति में अन्तर्निहित अदृश्य शक्ति की संरचना के बारे में भी एक सिद्धान्त को विकसित किया है जिसे उन्होंने स्वयं फ्रांसीसी बौद्धिक जीवन में अनुभव किया है। अपनी एक अन्य बहु प्रसिद्ध कृति "डिस्टिंक्शन" में रुचि और शक्ति का विश्लेषण कर वर्ग-भिन्नता के आयामों पर प्रकाश डाला है। इस पुस्तक में, बोरडियू ने

"हैबिट्स" को विशिष्ट व्यवहारों के उत्पादन के वर्गीकरण की एक व्यवस्था माना है। अलग-अलग वर्गों की भिन्न-भिन्न रुचियां उन्हें भिन्न पुस्तकें पढ़ने के लिये प्रेरित करती हैं। किन्तु, इन रुचियों पर सांस्कृतिक पूंजी का प्रभाव पड़ता है, जो एक व्यक्ति अपने परिवार से प्राप्त करता है। दूसरे शब्दों में, विशिष्ट प्रकरणों में पारिवारिक परिवेश व्यक्ति को ज्ञान, समझ और 'रुचि' काफी मात्रा में प्रदान करता है जिन्हें औपचारिक रूप में सीखा नहीं जा सकता, किन्तु उसे अचेतन रूप में अर्जित किया जाता है।

बोरडियू कुछ सीमा तक संरचनावादी थे, किन्तु उनका संरचनावाद सासूर और लेवी-स्ट्रास के साथ-साथ संरचनात्मक मार्क्सवाद से भी भिन्न है। इन विद्वानों ने भाषा और संस्कृति में विद्यमान संरचनाओं के विश्लेषण तक अपने आप को सीमित रखा है, वहां बोरडियू ने कहा है कि स्वयं सामाजिक विश्व में भी संरचनाएं होती हैं। बोरडियू ने ऐसी वस्तुनिष्ठ संरचनाओं की बात की है जो कत्ताओं (एजेन्ट्स) की इच्छाओं और चेतना से स्वतंत्र होती हैं। ये संरचनाएं कत्ताओं के व्यवहारों और उनके प्रतिनिधानों (प्रतीकों) को निर्देशित और नियंत्रित करने में सक्षम होती हैं। संरचनावादी होने के साथ-साथ बोरडियू ने रचनात्मकतावादी की स्थिति का भी वरण किया है जिसके द्वारा उन्होंने बोध, विचारणा और क्रिया के साथ-साथ सामाजिक संरचनाओं के उद्‌भव की योजनाओं की व्याख्या की है। इस प्रकार, बोरडियू ने संरचनावाद और रचनात्मकतावाद के बीच सेतु बनाने का कार्य किया है। यही कारण है कि उनकी गणना (फूको तथा अन्य विद्वानों सहित) **संरचनावादियों की अपेक्षा उत्तर-उत्तरसंरचनावादियों में की जाती है।** बोरडियू का रचनात्मकतावाद व्यक्तिपरकता और अभिप्रायात्मकता दोनों की अवहेलना करता है जो प्रघटनाक्रियावादियों और सांकेतिक अन्तर्क्रियावादियों से भिन्न है। सार रूप में, बोरडियू ने सामाजिक संरचनाओं और मानसिक संरचनाओं दोनों के बीच संबंध स्थापित करने का प्रयास किया है।

बोरडियू ने प्रकृतिवाद (जिसे वे"वस्तुनिष्ठवाद" कहते हैं) और प्रकार्यवाद दोनों के प्रति अपनी शंकाएं प्रकट की हैं। उनके अनुसार, वस्तुनिष्ठवाद (ओब्जेक्टिविज़्म) सामाजिक संरचना को एक प्रेक्षक के दृष्टिकोण से देखने पर बल देता है जो नाटक के मंचीय प्रदर्शन की भांति संरचना को देखता है जिसके अभिनेताओं की भूमिकाएं पहले से लिखी होती हैं। एक अभिनेता को उन्हीं भूमिकाओं के अनुसार मंच पर अभिनय करना होता है। वह उसमें फेर-बदल करने के लिये स्वतंत्र नहीं होता। बोरडियू का इस बारे में मत है कि रोज़मर्रा के सामाजिक जीवन के साथ-साथ सामाजिक संस्थाओं की संरचना का निर्माण 'रचना करने वाली प्रवृतियों' (स्ट्रक्चरिंग डिसपोजिशॅन) के समूह के संदर्भ में होता है, इन्हें ही बोरडियू ने "हैबिट्स" का नाम दिया है। अपनी इस अवधारणा के द्वारा ही बोरडियू ने सामाजिक सिद्धान्त को व्यक्ति और समाज, विषय और विषयी, निर्धारणवाद और स्वतंत्रता आदि सभी प्रकार के द्वैतवाद से मुक्ति दिलाने का प्रयास किया है जिससे ये सिद्धान्त एक लम्बे अर्से से ग्रसित थे।

प्रमुख कृतियाँ:

- The School as a Conservative Force, (1966)
- Outline of a Theory of Practice, (1972)

- Reproduction in Education, Society and Culture, (1977)
- Distinction, (1979)
- Homo Academicus, (1988)
- The Logic of Practice, (1990)
- In Other Words : Essays Toward A Reflexive Sociology, (1990)
- The Political Ontology of Martin Heidegger, (1991)
- An Invitation to Reflexive Sociology, (With Wacquant), (1992)

Bowlby, John E.

जॉन इ. बॉलबाय

(1907-1990)

जॉन इ. बॉलबाय एक ब्रिटिश मनोविश्लेषक थे। उन्हें शिशुओं पर किये गये अपने शोध-अध्ययनों के द्वारा प्रसिद्धि मिली। उन्होंने बताया कि जिन शिशुओं को अपने प्रारंभिक काल में ही किन्हीं कारणों से अपनी माँ से अलग कर दिया जाता है या होना पड़ता है, उनकी तात्कालिक प्रतिक्रियाओं और बाद में उनके वयस्क व्यवहार पर भी प्रभाव पड़ता है। इसका कारण, बॉलबाय ने जैवकीय लगाव की आवश्यकता बताया। बॉलबाय के ये निष्कर्ष जहां महिलावादियों में विवादास्पद रहे हैं, वहां इन निष्कर्षों ने नर्सरियों और अस्पतालों के शिशु विभागों के कार्य करने के तरीकों में परिवर्तन ला दिया।

Braudel, Fernand

फॅरना ब्रोद्‌ल

(1902-1985)

फॅरना ब्रोद्‌ल एन्नेल्स सम्प्रदाय के एक फ्रांसीसी संरचनावादी इतिहासकार रहे हैं। उन्होंने इतिहास को राजनीतिक घटनाओं का मात्र एक लिखित लेखा-जोखा रखने की पारम्परिक विधा से इसे एक अलग रूप में विकसित करने का प्रयास किया है। उनके अनुसार, इतिहास विगत के व्यक्तियों की क्रियाओं का लेखाज़ोखा मात्र नहीं है, अपितु इसमें अंतरिक्ष, जलवायु और प्रौद्योगिकी के विगत में मानवीय क्रियाओं पर पड़े अगोचर प्रभावों को भी सम्मिलित किया जाना चाहिये। परिणामत:, मानवीय और प्राकृतिक दोनों ही संदर्भ जितना मानवीय क्रियाओं को प्रभावित करते हैं, उतना ही वे इन दोनों संदर्भों से प्रभावित भी होते हैं। ब्रोद्‌ल ने एक विश्व व्यवस्था के रूप में पूंजीवाद के विकास की अपनी व्याख्या में सांस्कृतिक, आर्थिक, राजनीतिक तथा जनसंख्यात्मक जैसे सभी कारकों की जटिल आपसी अन्तर्क्रिया को रेखांकित किया है। फ्रेंच इतिहास के 'एन्नेल्स स्कूल' (सम्प्रदाय) के अग्रणी सदस्य फरना ब्रोद्‌ल अपनी भारी भरकम कृति 'द मेडिटिरेनिअन एंड द मेडिटिरेनिअन वर्ड इन द एज ऑफ फिलीप II,' (1949) के लिये विशेष तौर पर जाने जाते हैं। किन्तु, समाजशास्त्रियों के बीच वे मुख्य रूप से अपनी पुस्तक 'पूंजीवाद और भौतिक जीवन' (केपिट्‌लिज़्म एंड मटिरिअल लाइफ, 1400-1800), (1967) के लिये सुप्रसिद्ध हैं। ब्रोद्‌ल के पूंजीवाद सम्बन्धी अध्ययन

अर्थव्यवस्था और संस्कृतियों के रूप-भेदों से भरे पड़े हैं। किन्तु, उनकी सभी कृतियों में एक तथ्य समान रूप में उभर कर आया जो उनके विचारों को बांधे हुए है। उन्होंने बताया कि भिन्न स्तरीय ऐतिहासिक कालखंडों में परिवर्तन भिन्न गति से होते हैं।

ब्रोद्ल ने इतिहास के तीन रूप बताये हैं: प्रारंभिक इतिहास, अनुमानात्मक इतिहास और संरचनात्मक इतिहास। उन्होंने कहा कि इतिहास तीन स्तर पर काम करता है। सतही तौर पर घटनाओं के इतिहास की लघु अवधि होती है; यह एक प्रकार का सूक्ष्म-इतिहास होता है। आधे रास्ते के बाद, अनुमानों पर आधारित इतिहास वृहत्, किन्तु धीमी गति से आगे बढ़ता है। अनुमानों के बाद संरचनात्मक इतिहास की शुरुआत होती है। इसमें एक ही समय में सम्पूर्ण शताब्दियों का वर्णन होता है। यह गतिशील और गतिहीन के बीच की सीमाओं पर कार्य करता है। जब इस इतिहास की अन्य सभी ऐसे इतिहासों से तुलना की जाती है जिनमें प्रवाह होता है और तेजी से काम करते हैं और जो अन्ततः इसके चारों ओर घूमते हैं, तब इसके (संरचनात्मक इतिहास) मूल्यों के दीर्घकालीन स्थाईत्व के कारण यह अपरिवर्तनशील मालुम पड़ता है। इन तीनों इतिहासों में संरचनात्मक इतिहास, पर्यावरण के भूगर्भ-इतिहास की रचना करता है। इसी के कारण ब्रोद्ल की एक विशेष पहचान बनी है। यह भूगर्भ-इतिहास भौतिक जीवन का इतिहास है जिसमें मुद्रा अथवा गाँव और शहर के विभाजन, जैसी अनादिकाल से पीढ़ी दर पीढ़ी हस्तान्तरित पुनरावर्तक क्रियाएं, आनुभविक प्रक्रियाएं, पुरातन विधियां और समाधान सम्मिलित होते हैं।

ब्रोद्ल के इतिहास-लेखन की विधा और विशेष रूप में सामाजिक विज्ञानों को सबसे बड़ा योगदान उनका "दीर्घ काल" का सिद्धान्त है। यह सिद्धान्त पारम्परिक लघु क्षेत्र और लघु अवधि के वर्णनात्मक इतिहास की अपेक्षा सम्पूर्ण विश्व की लम्बी अवधि के इतिहास पर, ब्रोदल के शब्दों में 'अनुमान और संरचना' पर ज़ोर देता है। इस प्रकार के इतिहास के दायरे में व्यापक आधार पर निर्मित एकता में विभिन्न अन्तर्क्रियाओं को समेटा जाता है। इतिहास के इस रूप का उद्देश्य प्रकृति के प्रतिमानों के साथ-साथ मानवीय क्रियाओं के प्रतिमानों को समझना होता है। इतिहास-लेखन की विधा संबंधी अपने विचारों को व्यावहारिक आकार देने के लिये ब्रोदल ने सामाजिक विज्ञानों में आमूलचूल परिवर्तनकारी अन्तर्विषयी विधि को अपनाने की बात कही है। उनके अनुसार अर्थशास्त्र, भूगोल, मानवशास्त्र और समाजशास्त्र जैसे विषयों को उन विषयों पर मिलजुल कर खोज करना चाहिये जिन्हें इतिहास ने प्रस्तुत किया है। मानवीय और प्राकृतिक अस्तित्व संबंधी सत्यों पर किसी भी एक विषय, या एक विज्ञान का एकाधिकार नहीं है। किन्तु, दुर्भाग्यवश ये विषय अपने-अपने विशिष्ट तर्कों द्वारा अपने आपको ही सही बताने में मशगूल हैं।

निस्संदेह, ब्रोद्ल के विचारों ने 'विश्व-व्यवस्था इतिहास' को काफी प्रभावित किया है, किन्तु कुछ इतिहासकारों ने इनके विचारों की इस आधार पर आलोचना की है कि जहां तक कारणता का सवाल है, ब्रोद्ल की कृतियों में यथातथ्यात्मकता और सटीकता की कमी है। कुछेक लोगों ने उन पर अप्रत्यक्ष ऐतिहासिक भौतिकवाद का भी आरोप जड़ा है।

प्रमुख कृतियाँ:

- Afterthoughts on Material Civilization and Capitalism, (1977)

– The Structures of Everyday Life : Civilization and Capitalism, Vol.1, (1981)
– The Wheels of Commerce, Vol. 2, (1983)
– The Perspective of the World, Vol.3, (1984)

Burgess, Ernest W.

अर्नेस्ट डब्ल्यू. बर्गेस (1886-1966)

कनाडा में पैदा हुए **अर्नेस्ट डब्ल्यू. बर्गेस** अमेरिका में समाजशास्त्र के शिकागो सम्प्रदाय से सम्बद्ध रहे हैं। उन्होंने शिकागो विश्वविद्यालय में सन् 1916 से अध्यापन प्रारंभ किया और सन् 1952 में अपनी सेवानिवृत्ति तक वे यहां अध्यापन एवं शोध में जुटे रहे। उन्होंने शिकागो विश्वविद्यालय में रह कर आनुभविक शोध-अध्ययनों पर बल दिया। पार्क के साथ मिलकर उन्होंने नगर का अध्ययन और क्लिफोर्ड शा के साथ बाल-अपराध पर शोध कार्य किया है। बर्गेस ने पारिवारिक जीवन और पारिवारिक व्यवस्थाओं के संदर्भ में वृद्ध व्यक्तियों के जीवन का भी बड़ा सूक्ष्म रूप में अध्ययन किया है। वे पहले अमरीकी समाजशास्त्री थे जिन्होंने परिवार को समाजशास्त्रीय विश्लेषण के एक गंभीर विषय के रूप में विकसित करने का प्रयत्न किया। उनका अधिकांश लेखन परिवार पर ही है। नगरों के अध्ययन के संदर्भ में बर्गेस ने **'संकेन्द्रित घेरों के सिद्धान्त'** को जन्म दिया। बर्गेस ने कहा कि औद्योगीकृत समाजों में बड़े नगरों का विकास पाँच संकेन्द्रित घेरों (रिंग्स) के रूप में होता है। सबसे बीच का घेरा व्यापारिक क्षेत्र होता है, दूसरा घेरा संक्रमणकालीन क्षेत्र होता है जिसके निवासी हर समय बदलते रहते हैं, तृतीय घेरा मजदूर वर्ग के घरों का होता है, चतुर्थ घेरे में मध्यम वर्ग के फ्लेट्स होते हैं और नगर का सबसे बाहरी भाग रोज़ाना आने-जाने वालों का होता है। इस क्षेत्र में समाज का समृद्ध वर्ग रहता है जिनके पास आने-जाने के लिये स्वयं के वाहन होते हैं।

प्रमुख कृतियाँ:

– Predicting Success and Failure in Marriage, (1939)
– The Family, (with Lock), (1945)
– Engagement and Marriage, (1953)

C

Camus, Albert

अल्बर्ट कामू (1913-1960)

अल्जीरिया में पैदा हुए फ्रांसीसी दार्शनिक **अल्बर्ट कामू** अस्तित्ववादी विचारधारा के सुप्रसिद्ध लेखक रहे हैं। उन्होंने सांस्कृतिक एवं राजनीतिक गतिविधियों में भी खुल कर भाग लिया। सन् 1935 से 1937 तक फ्रांसीसी साम्यवादी दल के सदस्य रहे कामू ने एक 'कामगार नाटक मंडली' का संगठन किया। इस मंडली द्वारा खेले जाने वाले नाटकों के अन्त में उनकी समतावादी-सामुदायिक लोकतंत्र की विचारधारा का प्रचार किया जाता था। उन्होंने सन् 1934 में फासीवाद के विरुद्ध स्पेनिश खान मजदूरों के संघर्ष को नाटक के रूप में प्रदर्शित किया और एक लेख 'आस्ट्रिया में विद्रोह' भी इसी समस्या को लेकर लिखा। इसके बाद धीरे-धीरे उनमें साम्यवादी दल के बारे में सनकपन बढ़ता गया जो जीवन के अन्त तक उनमें रहा। वे कुछ समय के लिये पत्रकार बने और फ्रांसीसी और मुस्लिम कामगारों के अधिकारों के लिये अल्जीरिया की सरकार पर तीव्र प्रहार किये। परिणामस्वरुप, उन्हें अपने अखबार बन्द करने पड़े। यही नहीं, द्वितीय विश्वयुद्ध के पूर्व ही सन् 1940 में उन्हें देश से बाहर जाने के लिये मज़बूर कर दिया गया।

द्वितीय विश्वयुद्ध के दौरान ही उन्होंने साहित्यिक-तात्विक पुस्तकें लिखीं जिनमें 'अपरिचित व्यक्ति' (1941), 'सिसफस का मिथक' (1942), तथा 'केलीगुला' के साथ-साथ 'ग़लतफ़हमी' (1944) प्रमुख कृतियां हैं। ये उनके 'प्रथम श्रृंखला' का लेखन है जो मुख्यतः उनकी 'असंगतता' (अब्सर्ड) की धारणा को अभिव्यक्त करता है जिसके साथ उनका नाम निकटता से बाद में जुड़ गया। इसके बाद उन्होंने 'विद्रोह' की थीम को लेकर पुस्तकों और लेखों की दूसरी श्रृंखला लिखी। कामू के बौद्धिक विकास पर सर्वाधिक प्रभाव प्रसिद्ध दार्शनिक नीत्से का रहा है। 'असंगतता' (अब्सर्ड) की उनकी धारणा नीत्से के विचारों से अनुप्राणित है जिसे स्वयं कामू ने अपने लेखन में स्वीकार किया है। 'असंगतता' से तात्पर्य, मानव प्राणियों की एक मात्र ऐसी मनोदशा से है जिसमें वे जीवन के सर्वश्रेष्ठ उद्देश्य के लिये जीने की इच्छा रखते हैं, किन्तु वे अपने आप को एक ऐसे जगत् में पाते हैं जो इस उद्देश्य के प्रति पूर्णतः उदासीन है और समर्पित नहीं है। कामू की दृष्टि में, यह तात्विक एकाकीपन जो बीसवीं सदी की मानवीय दशाओं की एक विशेषता है, "यह अंत या उपसंहार नहीं है, अपितु यह तो प्रस्थान का एक बिन्दु है।" आज के मानव के सामने यह चुनौती है कि क्या मानव उन शाश्वत मूल्यों की सहायता के बिना रह सकते हैं और सृजन कर सकते हैं, जिनका समकालीन यूरोप में अस्थाई रूप में लोप हो गया है या वे कुछ समय से विकृत हो गये हैं?

इस प्रकार के प्रश्न अधिक मर्मस्पर्शी ढंग से युद्धकालीन अनुभवों के आधार पर उनके लेखनों में मुखर हुए हैं, जब वे विरोधी अखबार 'कॉम्बेट' के सम्पादक थे। इस काल में

उन्होंने कई लेख एवं पुस्तकें लिखीं। उन्होंने इस 'नैतिकता निरपेक्ष' विश्व में व्यवहार के कुछ नैतिक और राजनीतिक सिद्धान्तों का विकास किया। उनके मतानुसार, विरोध इस बात को प्रकट करता है कि गरिमा एक मानवीय आवश्यकता है और यह अनन्त चलने वाले अन्याय को सहने की अपेक्षा मृत्यु का वरण करने के प्रति एक सहमति है। इसी प्रकार, उन्होंने कहा कि 'साध्यों का साधनों के साथ संतुलन आवश्यक है क्योंकि जैसे ही क्रियाएं समय बीतने पर उजागर होती हैं, ये एक दूसरे में बदल जाती हैं। न्याय का स्वतंत्रता के साथ संतुलन होना चाहिये और मानवीय समुदाय को, बिना किसी उच्च नैतिकता की बात किये, अपने तकदीर पर प्रजातंत्रात्मक ढंग से नियंत्रण करना चाहिये।

सन् 1957 में अल्बर्ट कामू को साहित्य में उनके अप्रतिम योगदान के लिये नोबल पुरस्कार से सम्मानित किया गया। कामू ने इस प्रकार के साहित्य की रचना की है जो हमारे समय की मानवीय चेतना की समस्या को उजागर करता है। यह सब कुछ उन्होंने तब किया जब वे स्वयं आन्तरिक रूप में आध्यात्मिक झंझावातों से घिरे हुए थे। स्वयं कामू ने सार्वजनिक रूप में यह स्वीकार किया कि "वे सूख चुके हैं, उनका अन्त हो चुका है।" किन्तु इस कथन के बाद भी वे लिखते रहे। मानसिक संकटों की इस अवस्था में भी 'द फाल' और 'समर' नामक कृतियों की रचना की। कुछ छोटी-छोटी कहानियां भी लिखी। यही नहीं, जीवन के अंतिम वर्षों में उन्होंने विलियम फॉकनर और दास्तावस्की के नाटकों का रूपान्तरण कर उनका मंचन भी किया।

प्रमुख कृतियाँ:

- The Stranger, (1941)
- The Myth of Sisyphus, (1942)
- The Misunderstanding, (1944)
- The Plague, (1947)
- The State of Siege, (1948)
- The Rebel, (1954)
- Resistance, Rebellion, and Death, (1960)
- Notebooks, (1965)

Chadorow, Nancy

नैनसी चॉडरो

(1944-)

नैनसी चॉडरो कैलिफोर्निया विश्वविद्यालय में प्राध्यापक हैं। उन्होंने ब्राडिंस विश्वविद्यालय से तब पी.एच.डी. की उपाधि प्राप्त की जब महिलाओं को उच्च शिक्षा के क्षेत्र में अधिक प्रोत्साहित नहीं किया जाता था। चॉडरो ने अपने अध्ययन में "मातृत्व का पुनुरुत्पादन" में मनोविश्लेषण और समाजशास्त्र दोनों का उस समय प्रयोग किया (विशेषतः सत्तर और अस्सी के दशक में) जब इन दोनों विज्ञानों को पूर्णतः अलग-थलग माना जाता था। इस प्रकार के प्रयोग ने सामाजिक शोध के क्षेत्र में अन्तर्अनुशासन दृष्टिकोण को न केवल स्थापित किया

अपितु कई अन्य महिला शोध कत्रियों को इस प्रकार के प्रयोग के लिए प्रोत्साहित भी किया। उनका उपर्युक्त उल्लिखित अध्ययन लैंगिक सम्बंधों पर प्रकाश डालता है। अपने इस शोध के आधार पर चॉडरो ने महिलावादी दृष्टिकोण को मजबूत किया है। उनका यह अध्ययन समकालीन महिलावादी सिद्धान्त के साथ-साथ लैंगिक सम्बन्धों और परिवार के समाजशास्त्र के प्रति एक महत्वपूर्ण योगदान है।

प्रमुख कृतियाँ:

- Reproduction of Mothering, (1978)
- Feminism and Psychoanalytic Theory, (1989)

Chattopadhyay, K.P.

के.पी. चट्टोपाध्याय

के.पी. चट्टोपाध्याय भारत के प्रारंभिक मानवशास्त्रियों में से हैं जिनकी शिक्षा-दीक्षा केम्ब्रिज विश्वविद्यालय (लंदन) में हुई थी। उन्होंने भारत के नगरीय क्षेत्रों और जनजातियों का अध्ययन किया है। चट्टोपाध्याय ने वृहत सामाजिक सर्वेक्षणों द्वारा बंगाल तथा अन्य स्थानों के कृषकों, मजदूर वर्ग और जनजातियों की दशाओं को उजागर किया है। उन्होंने बी.एन. सील और बी.के. सरकार की परम्परा का अनुसरण किया है जिन्होंने भारत में नृजातीयता, धर्म और संस्कृति सम्बंधी अध्ययनों की शुरुआत की है, किन्तु चट्टोपध्याय के अध्ययन की विधियां और परिप्रेक्ष्य अपने पूर्ववर्तियों से भिन्न रहीं हैं। चट्टोपाध्याय के सैद्धान्तिक और पद्धतिशास्त्रीय दृष्टिकोण में 'प्रसारवादी' और 'प्रकार्यवादी' के साथ-साथ 'मार्क्सवादी द्वन्द्वात्मक' उपागमों का एक अजीब प्रकार का सम्मिश्रण देखने को मिलता है। अपने परवर्ती जीवन में उन्होंने मार्क्सवादी द्वन्द्वात्मक उपागम का अधिक सक्रियता से प्रयोग किया है। चट्टोपाध्याय ने अपने शोध कार्यों द्वारा कई लोगों को प्रभावित किया है। ग्रामीण बंगाल संबंधी उनके अध्ययनों का रामकृष्ण मुकर्जी के प्रारंभिक अध्ययनों पर प्रभाव देखा जा सकता है। उन्हीं के प्रभाववश 'भारतीय सांख्यिकी संस्थान' कोलकाता ने भी अपने वृहत प्रतिदर्श सर्वेक्षणों में कृषक वर्ग-संरचना, वर्ग संबंध, और कृषिहर सामाजिक परिवर्तन संबंधी अध्ययनों को प्रमुखता प्रदान की है।

प्रमुख कृतियाँ:

- Muncipal Labour in Calcutta, (1947)
- Report on the Santhals in Northern and Western Bengal, (1947)
- A Socio-economic Survey of the Jute Labour, (1952)

Childe, Vere Gordon

वेरे गोरडॉन चाइल्ड

(1892-1957)

आस्ट्रेलिया में जन्मे **वेरे गोरडॉन चाइल्ड** एडिनबर्ग और लन्दन विश्वविद्यालयों में काफी

समय तक आचार्य (प्रोफेसर) रहे हैं। सामाजिक विज्ञानों के क्षेत्र में, वे अपने मार्क्सवादी विचारों के लिये जाने जाते हैं जिसमें उन्होंने अर्थव्यवस्था की महत्ता पर विशेष बल दिया है। किन्तु साथ ही साथ चाइल्ड ने भौतिक उपादानों की अपेक्षा समाज और संस्कृति की महत्ता को भी रेखांकित किया है। उन्होंने बीसवीं शताब्दी के मध्य में पुरातत्व के क्षेत्र में काफी नाम कमाया। मानवीय प्रागैतिहासिक काल के अपने सशक्त तुलनात्मक लेखे-जोखों द्वारा चाइल्ड ने पुरात्वशास्त्र को काफी लोकप्रिय बनाने का यत्न किया है।

प्रमुख कृतियाँ:
- Man Makes Himself, (1956)
- What Happened in History, (1942)

Chomsky, Noam
नोम चोमस्की (1928-)

यदि आलोचनात्मक रुचि और विद्वानों द्वारा स्वीकृति को किसी व्यक्ति की प्रतिष्ठा का आधार माना जाये, तब **नोम चोमस्की** को बीसवीं सदी का सर्वाधिक प्रखर और प्रभावशाली भाषाशास्त्री माना जा सकता है। उन्होंने भाषाशास्त्र में क्रांति उत्पन्न कर पिछले कुछ वर्षों में सामाजिक विज्ञानों को गहरे रूप में प्रभावित किया है। उनके विचारों (जेनरेटिव ग्रेमॅर) की छाप दर्शनशास्त्र, मनोविज्ञान के अतिरिक्त समाजशास्त्र और मानवशास्त्र पर स्पष्ट रूप में देखी जा सकती है। उनकी कृतियों को इसलिये क्रांतिकारी माना जाता है कि उन्होंने उस व्यवहारवाद को अस्वीकार कर दिया जिसका भाषाशास्त्र में बोलबाला रहा है। विभिन्न भाषाओं को बोलते हुए व्यक्ति किस प्रकार का व्यवहार करते हैं, सामान्यतः भाषाशास्त्र का कार्य-क्षेत्र व्यवहार के इन तरीकों के अध्ययन तक सीमित रहा है। किन्तु, चोमस्की मानते हैं कि भाषाशास्त्र का क्षेत्र इससे कहीं गूढ़ एवं व्यापक है। भाषाशास्त्र का कार्य विश्व की अनूठी जनजातीय भाषाओं के वर्णन करने की अपेक्षा उन भाषाओं जैसे अंग्रेजी, फ्रेंच, डच या जर्मन, जिनके बोलने वाले व्यक्ति अपनी-अपनी भाषाओं से सुपरिचित हैं, की गहनताओं, जटिलताओं और गूढ़ अर्थों को जानना है। दूसरे शब्दों में, **चोमस्की ने इस बात पर जोर दिया है कि भाषा विज्ञान का कार्य विभिन्न भाषाओं के बारे में अंतहीन ब्यौरों को एकत्रित कर ढेर लगाना मात्र नहीं है, अपितु भाषा की प्रकृति के बारे में अधिक गहरे रूप में छानबीन कर उसका विचक्षण ज्ञान प्राप्त करना** है और इसके लिये चोमस्की ने उस भाषा के विश्लेषण की बात कही है जिसे हम स्वयं बोलते हैं तथा सतही स्तर पर जिसके बारे में हम थोड़ा-बहुत जानते हैं। चोमस्की के इन विचारों ने मनोविज्ञान में संज्ञान (बोध) तथा समाजशास्त्र में प्रघटनाशास्त्रीय एवं व्याख्यात्मक सिद्धान्त के प्रसार को प्रोत्साहित किया। चोमस्की ने संरचनावाद, विशेषतः यथार्थ के फ्रेंच भाषाई मॉडल को प्रभावित किया है। इस संबंध में उनकी "गहन और सतही संरचनाओं" (डीप एंड सरफेस स्ट्रक्चर्स) की अवधारणा उल्लेखनीय है। इस अवधारणा ने समाजशास्त्र और मानवशास्त्र में संरचनावाद को गहरे रूप में प्रभावित किया है। जैसा पहले लिखा गया है कि प्रेक्षित व्यवहार के सामान्यीकरण के

आधार मात्र पर भाषा का अध्ययन अपूर्ण एवं अपर्याप्त है। भाषा के अध्ययन के लिये यह आवश्यक है कि देखे जाने व्यवहार के अर्थ को जानने के लिये इसमें छुपे नियमों और प्रतिरूपों को पहचानने का यत्न किया जाये। इसी संदर्भ में चोमस्की ने भाषा के गहन और सतही संरचनाओं में भेद किया है और बताया है कि किस प्रकार "गहन संरचनाएं" अनेक विभिन्न सतही संरचनाओं को जन्म देती हैं। एक भाषा की गहन संरचना की रचना नियमों के एक समूह (वाक्य संरचना या आधार नियम) द्वारा होती है और इसमें वक्ता के लिये आवश्यक सूचना निहित होती है जिसके द्वारा वह किसी कथन के अर्थ को समझता है। गहन संरचनाओं को सतही संरचनाओं अथवा वास्तविक कथन के रूप में परिवर्तित करने हेतु प्रत्येक भाषा में रूपान्तरण-नियमों की एक श्रृंखला कार्यरत रहती है। मानवशास्त्र में, **लेवी-स्ट्रास** के नेतृत्व में कई संरचनावादी सिद्धान्तकारों ने संस्कृति के अध्ययन में इससे मिलती-जुलती पद्धति का प्रयोग करते हुए प्रेक्षणीय व्यवहार या घटनाओं की सतही संरचना को गहन या व्युत्पत्तिमूलक संरचना से अलग किया है जो उसमें अन्तर्निहित होती है।

चोमस्की का जन्म फिलाडेल्फिया में हुआ था और यहीं उनकी प्रारंभिक शिक्षा हुई। बाद में, पेन्सलवानिया विश्वविद्यालय से उन्होंने गणितशास्त्र, दर्शनशास्त्र के साथ-साथ भाषाशास्त्र की शिक्षा प्राप्त की। चोमस्की ने भाषाशास्त्र का प्रशिक्षण शुरू में **लियोनार्ड ब्लूमफील्ड** के सानिध्य में लिया जिनके 'व्यवहारवादी अनुभववाद' का सन् 1930 और 1940 के दशक में अमरीकी भाषाविज्ञान में वर्चस्व रहा है। बाद में, वे **जैलिंग हैरिस** के सम्पर्क में आये जिनसे सन् 1950 के दशक में उन्होंने उनके भाषाई संरचनावादी संस्करण की अपेक्षा उनकी राजनीतिक गतिविधियों से अधिक प्रभावित हुए। पेन्सलवानिया विश्वविद्यालय से पी.एच.डी. (1955) करने के बाद उन्होंने "मैसाचुसेट्स तकनीकी संस्थान" में अध्यापन किया और यहीं वे सन् 1976 में आचार्य बन गये। शिक्षा के क्षेत्र के अलावा उनकी राजनीति में भी रुचि रही है। वे एक उदारवादी वामपंथी के साथ-साथ एक स्पष्टवादी बुद्धिजीवी रहे हैं। जिन्होंने वेतनाम युद्ध के समय अमरीकी नीति की कटु आलोचना की। उन्होंने लगभग एक दर्जन पुस्तकें तत्कालीन अन्तर्राष्ट्रीय राजनीति और घरेलू राजनीतिक मसलों को लेकर लिखी हैं।

भाषाशास्त्र और बाद में आधुनिक विचारधारा को चोमस्की का योगदान तीन प्रकार से रहा है। प्रथमतः, उन्होंने भाषाशास्त्र को वर्णनात्मक और आगमनात्मक स्तर के शिकंजे से निकालकर आदर्श और "गहन संरचना" (डीप स्ट्रक्चर्स) के स्तर पर ले जाने की कोशिश की है। यह स्तर भाषा में सृजनात्मक पक्ष के द्वारों को खोलता है। संक्षेप में, चोमस्की का मत है कि भाषा उसके भौतिक (बाह्य) निष्पादन से कहीं अधिक होती है। द्वितीय, चोमस्की के अनुसार भाषा के सीखने की प्रक्रिया पर पुनर्विचार किया जाना चाहिये क्योंकि भाषा की क्षमता को व्यवहारवादी उद्दीपन-प्रत्युत्तर की प्रक्रिया के द्वारा आगमनात्मक रूप में अर्जित नहीं किया जा सकता, अपितु यह मानव प्राणी की जन्मजात संज्ञानात्मक क्षमता का परिणाम होती है। दूसरे शब्दों में, भाषाई स्वतन्त्रता और रचनात्मकता को अर्जित नहीं किया जा सकता है, अपितु यह तो पूर्वावश्यकता के रूप में पहले से मानव प्राणी में विद्यमान रहती है। तृतीय, दर्शनशास्त्र और समाजशास्त्र तथा कई अन्य विषयों में "क्षमता" और "निष्पादन" के अन्तर

ने संरचनात्मक अध्ययनों में एक रूपक का कार्य किया है। उदाहरणार्थ, **हेबरमां** की "सम्प्रेषण की क्षमता" (कम्यूनिकेटिव काम्पीटेन्स) और **बोरडियू** की "हैबिट्स" की अवधारणाओं में चोमस्की की "एजेन्सी" की अवधारणा की गूंज सुनी जा सकती है।

चोमस्की के भाषा के सिद्धान्त की एक प्रमुख धारणा "जेनरेटिव ग्रैमॅर" रही है। जेनरेटिव ग्रैमर (उत्पत्तिमूलक व्याकरण) नियमों की एक प्रकार की प्रारंभिक सरल प्रणाली है जो वाक्य रूपान्तरणों को जन्म देने के साथ-साथ उन्हें निरन्तर परिभाषित करती है। यह एक आदर्श बोलने वाले-सुनने वाले की मौलिक "क्षमता" के साथ जुड़ी होती है। "जेनरेटिव" शब्द गणित की "जेनरेटिंग फंक्शन" को उत्पन्न करता है। जेनरेटिव ग्रैमर के ढाँचे में तीन बातें सम्मिलित होती हैं, (1) परिमित स्थिति व्याकरण, (2) वाक्यांश संरचना व्याकरण, और (3) रूपान्तरणात्मक व्याकरण। चोमस्की अपने विश्लेषण में यह सिद्ध करने में सफल रहे हैं कि वाक्यांश संरचना व्याकरण और रूपान्तरणात्मक व्याकरण दोनों ही परिमित स्थिति व्याकरण से अधिक शक्तिशाली होती हैं। रूपान्तरणात्मक व्याकरण मूलतः व्याकरण के सामान्य सिद्धान्त को चोमस्की का स्वयं का योगदान है। चोमस्की ने जेनरेटि व ग्रैमर के अपने सिद्धान्त को "संज्ञानात्मक क्षमता" के साथ भी जोड़ने का प्रयास किया है।

चोमस्की के सिद्धान्त की कुछ सीमाएं भी हैं। इसमें आदर्शीकरण की उनकी धारणा के साथ-साथ मूल वक्ता की क्षमता की अवधारणा के बारे में अंगुलियां उठाई गई हैं। कुछ लोगों ने व्यवहारवाद और अनुभववाद के प्रति चोमस्की की तीव्र आलोचना को उनकी अतिवादी प्रतिक्रिया माना है।

प्रमुख कृतियाँ:

- Syntactic Structures, (1957)
- Current Issues in Linguistic Theory, (1964)
- Aspects of the Theory of Syntax, (1965)
- Cartesian Linguistics, (1966)
- Language and Mind, (1972)
- Reflections on Language, (1976)
- Language and Problems of Knowledge, (1988)

Clough, Patrica

पैट्रिका क्लौ (1945-)

पैट्रिका क्लौ का जन्म न्यूयॉर्क सिटी के क्वीन्स प्रदेश में हुआ और शिक्षा इलिनॉज विश्वविद्यालय में हुई। यहां उन्होंने समाजशास्त्र और सांस्कृतिक आलोचना के अध्ययन के साथ-साथ विश्व प्रसिद्ध जैवकीय कम्प्यूटर प्रयोगशाला में संतांत्रिकी (साइबर्नेटिक्स) का अध्ययन भी किया। साठ के दशक में, क्लौ एक रोमन कैथॅलिक साध्वी (नन) बन गई, किन्तु उन्होंने बुकलिन के राजनीतिक और सामाजिक आंदोलनों में भाग लेने के लिये कैथॅलिक पंथ के धर्म संघ के परम्परागत मौन को भी तोड़ा और इन आंदोलनों में खुल कर भाग लिया।

उन्होंने कई विषयों पर काम किया है। उनके प्रमुख विषय नारीवादी सोच, नृजातीय लेखन की समीक्षा के साथ-साथ दूर संचार व्यवस्था रहे हैं।

प्रमुख कृतियाँ :

- The End (s) of Ethnography, (1992)
- Feminist Thought, (1994)
- Auto-affection : The Unconscious in the Age of Teletechnology, (1999)

Coleman, James S.

जैम्स एस. कोलमैन (1926-1995)

जैम्स एस. कोलमैन मूल रूप में एक रसायनशास्त्री थे जिनका जन्म इन्डिआना के बैडफोर्ड में हुआ था। रसायनशास्त्री के अपने संक्षिप्त व्यावसायिक जीवन को त्याग कर सन् 1951 में वे समाजशास्त्र का अध्ययन करने के लिये कोलम्बिया विश्वविद्यालय में आ गये। कोलम्बिया के तत्कालीन समाजशास्त्र के विद्यार्थियों की भांति कोलमैन का व्यावसायिक जीवन भी काफी प्रतिभाशाली रहा। शिक्षा समाप्ति के बाद, उन्होंने कुछ वर्षों तक जॉन हॉपकिन्स में अध्यापन किया और बाद में वे शिकागो विश्वविद्यालय आ गये जहां वे सन् 1995 में अपनी मृत्यु तक प्रोफेसर रहे। कोलमैन 'अमेरिकी समाजशास्त्री परिषद्' के अध्यक्ष भी रहे हैं। उन्होंने सामुदायिक संघर्ष, किशोर समाज के अतिरिक्त गणितीय समाजशास्त्र और सामाजिक सिद्धान्त पर भी लिखा है। अपनी अन्तिम पुस्तक 'सामाजिक सिद्धान्त के आधार' में उन्होंने एक नवीन सामाजिक विज्ञान की आवश्यकता को रेखांकित करते हुए कहा है कि चूंकि सामाजिक संगठन के मूल आधारों में ही परिवर्तन हो रहा है, अतः एक ऐसे नये सामाजिक विज्ञान की जरूरत है, जिसमें अनुप्रयुक्त (व्यावहारिक) शोध के साथ-साथ सिद्धान्त रचना दोनों का समावेश हो।

प्रमुख कृतियाँ:

- Community Conflict, (1957)
- The Adolescent Society, (1961)
- Introduction to Mathematical Sociology, (1961)
- Foundations of Social Theory, (1990)

Collins, Randall

रेन्डाल कॉलिन्स (1941-)

संघर्ष सिद्धान्त के समर्थक युवा सिद्धान्तकार **रेन्डाल कॉलिन्स** का जन्म अमेरिका में हुआ। उन्होंने हार्वर्ड विश्वविद्यालय से स्नातक, स्टेनफोर्ड से स्नातकोत्तर और केलिफोर्निया विश्वविद्यालय से शोध-उपाधि (पी.एच.डी.) प्राप्त की। कॉलिन्स ने सेंडियागो, वर्जिनिया

विश्वविद्यालयों सहित कई स्थानों पर अध्यापन कार्य किया। सम्प्रति वे केलिफोर्निया विश्वविद्यालय में कार्यरत हैं। **कॉलिन्स की गणना फ्रैंकफर्ट सम्प्रदाय के युवा वामपंथी समाजशास्त्रियों में की जाती है।** उनकी पुस्तक 'संघर्ष समाजशास्त्र : व्याख्यात्मक विज्ञान की एक दृष्टि' (कॉनफ़्लिक्ट सोसिआलॉजी : टोअॅडज़ एन एक्सप्लेनेटरी साइंस, 1975) उनके संघर्ष सिद्धान्त की दृष्टि को स्पष्ट करती है। उन्होंने मार्क्स, सीमेल, डेहरन्डार्फ, कोज़र आदि विद्वानों के संघर्ष सिद्धान्त सम्बन्धी विचारों की समीक्षा कर अपने सिद्धान्त का प्रतिपादन किया है। **कॉलिन्स ने संघर्ष का मूल कारण शक्ति के स्रोतों को माना है** जो व्यक्ति और समूहों में निहित होते हैं। उनके अनुसार, **शक्ति के स्रोत हर व्यक्ति या समूह में बराबर के नहीं होते। किसी के पास ये स्रोत अत्यधिक होते हैं और किसी के पास कम। जितने अधिक स्रोत, उतनी ही अधिक शक्ति होती है, व्यक्ति या समूह के पास।** अतः कॉलिन्स के सिद्धान्त का आधार स्त्रोत या संसाधन हैं। ये संसाधन सामाजिक, आर्थिक या राजनीतिक हो सकते हैं।

कॉलिन्स ने संघर्ष सिद्धान्त की 'शुरुआत' को मार्क्सवादी सिद्धान्त से माना है, किन्तु उनका सिद्धान्त डेहरन्डार्फ की तरह मार्क्सवादी संघर्ष सिद्धान्त से बहुत अधिक प्रभावित नहीं है। **कॉलिन्स का संघर्ष सिद्धान्त सामाजिक संस्तरण पर आधारित है।** वे यह मानते हैं कि 'सामाजिक संस्तरण एक ऐसी संस्था है जिसका जीवन के अनेक पक्षों—सम्पदा, राजनीति, व्यवसायों, परिवारों, क्लबों, समुदायों और जीवन-शैलियों आदि से संबंध होता है - - - - स्तरीकरण और संगठन की जड़ें रोज़मर्रा के जीवन की अन्तर्क्रियाओं में गड़ी होती हैं।' इस संदर्भ में, उन्होंने मार्क्स के सिद्धान्त की आलोचना करते हुए लिखा है कि मार्क्स का सिद्धान्त 'एक बहुकारकीय विश्व की एककारकीय व्याख्या प्रस्तुत करता है।' कॉलिन्स का संघर्ष उपागम मार्क्सवादी अथवा बेबरवादी सिद्धान्तों की अपेक्षा घटनाक्रियावादी और नृजातिपद्धतिशास्त्रीय उपागमों से अधिक प्रभावित है। इन परिप्रेक्ष्यों का प्रयोग करते हुए, कॉलिन्स कहते हैं कि यद्यपि व्यक्तिगण स्वभावतः मिलनसार होते हैं, तथापि अपने सामाजिक संबंधों में विशेषतः वे संघर्ष-प्रवण होते हैं। सामाजिक संबंधों में संघर्ष के उत्पन्न होने की काफी संभावना होती है क्योंकि किसी भी अन्तर्क्रियात्मक स्थिति में एक व्यक्ति या अधिक व्यक्तियों द्वारा "हिंसात्मक दबाव" का प्रयोग किया जा सकता है। कॉलिन्स मानते हैं कि व्यक्तिगण अपनी "व्यक्तिगत प्रस्थिति" में अधिकाधिक वृद्धि करने के साथ-साथ इसे बढ़ाने की क्षमता में वृद्धि करने की भी इच्छा रखते हैं और यह उनके स्वयं के संसाधनों के साथ-साथ उन व्यक्तियों के संसाधनों पर निर्भर करती है जिनसे उनका काम पड़ता रहता है। वे कहते हैं कि लोग स्वार्थी होते हैं, अतः लड़ाई-झगड़े की काफी संभावना रहती है क्योंकि लोगों के हित नैसर्गिक रूप में विरोधात्मक होते हैं। संस्तरण पर आधारित **कॉलिन्स के संघर्ष-सिद्धान्त के तीन प्रमुख** तत्व बताये जा सकते हैं : (1) कॉलिन्स मानते हैं कि लोग अपने आत्म-रचित व्यक्तिपरक विश्व में रहते हैं; (2) एक व्यक्ति के व्यक्तिपरक विश्व को प्रभावित करने या नियंत्रण करने की दूसरे व्यक्ति या व्यक्तियों के पास शक्ति होती है; (3) दूसरे लोग बहुधा व्यक्ति को नियंत्रित करने का यत्न करते हैं जो उनका विरोध करते हैं। परिणामतः अन्तर्पारस्परिक लड़ाई-झगड़े (संघर्ष) की शुरुआत होती है।

कॉलिन्स ने संघर्ष के इस राजनीतिक दृष्टिकोण को स्वीकार नहीं किया है कि संघर्ष

सही है या गलत। वे तो इस यथार्थवादी दृष्टिकोण में विश्वास रखते हैं कि संघर्ष सामाजिक जीवन की एक केन्द्रीय, एक महती प्रक्रिया है। **डोहरन्डार्फ** के वृहत् स्तरीय संघर्ष सिद्धान्त की अपेक्षा कॉलिन्स का सिद्धान्त सूक्ष्म स्तरीय है, फिर भी उन्होंने समाजशास्त्र के वृहत् स्तरीय उपागम की पूर्णतः उपेक्षा नहीं की है। उन्होंने संघर्ष को यद्यपि व्यक्तिगत दृष्टिकोण से देखा है, फिर भी उन्होंने इसकी समाजगत दृष्टि की उपेक्षा नहीं की है। वास्तव में, कॉलिन्स ने अपने संघर्ष सिद्धान्त में सूक्ष्म और वृहत् दोनों स्तरीय दृष्टियों का समन्वय करने का यत्न किया है।

कॉलिन्स की यह विशेषता रही है कि उन्होंने जहां एक ओर **मार्क्स, वेबर और दुर्खाइम** जैसे तीनों ही समाजशास्त्र के दिग्गजों से प्रत्यक्ष या परोक्ष रूप में कुछ न कुछ ग्रहण किया है, वहां दूसरी ओर **गोफमेन, गारफिंकल** जैसे अन्तः क्रियावादी लेखकों के विचारों का भी अपने लेखनों में जहां-तहां प्रयोग किया है।

प्रमुख कृतियाँ:

– Conflict Sociology : Towards An Explanatory Science, (1975)

Comte, Auguste

ऑगस्त कोम्त (1798-1857)

'प्रत्यक्षवाद' (पॉज़टिविज़्म) और 'प्रत्यक्षवादी दर्शन' के जन्मदाता ऑगस्त कोम्त को 'समाजशास्त्र का पिता' कहा जाता है। कोम्त ने ही 'सोसिऑलाजी' शब्द की रचना की थी। यद्यपि वे ही पहले व्यक्ति नहीं थे जिन्होंने समाज के बारे में 'समाजशास्त्रीय ढंग' से सोच-विचार किया हो। इनके पूर्व **सेन्ट साइमन** भी इसी ढ़ंग से समाज के बारे में सोच-विचार कर रहे थे जिनके विचारों का उन पर निश्चित प्रभाव पड़ा है। कोम्त की शिक्षा-दीक्षा प्राकृतिक विज्ञानों में हुई थी, अतः प्राकृतिक विज्ञानों के मॉडल के आधार पर वे मानव समाज के अध्ययन के लिये एक नये विज्ञान की आवश्यकता को महसूस करते थे। उनका विचार था कि समाज का अध्ययन भी उसी प्रकार वैज्ञानिक तौर-तरीकों से किया जाना चाहिये जिस प्रकार प्राकृतिक विज्ञानों द्वारा भौतिक जगत् का अध्ययन किया जाता है। अपनी इसी धारणा को मूर्त रूप देने हेतु उन्होंने एक नये सामाजिक विज्ञान की आधार शिला रखी जिसे उन्होंने सर्वप्रथम **'सामाजिक भौतिकी'** (सोशॅल फिज़िक्स) का नाम दिया। किन्तु इस नाम के बारे में काफी आलोचना-प्रत्यालोचना और मत-भ्रांति उत्पन्न होने के कारण कुछ समय के बाद स्वयं कोम्त ने इसका नाम बदल कर **'सोसिऑलाजी'** (समाजशास्त्र) कर दिया। कोम्त ने कहा कि प्राकृतिक विज्ञानों की भांति समाजशास्त्र को भी समाज के मूलभूत नियमों की खोज के लिये आनुभविक (एम्पिरिकॅल) विधियों का प्रयोग करना चाहिये ताकि मानवीय दशाओं में सुधार की महती भूमिका अदा करने से समाजशास्त्र द्वारा मानवता का बड़ा भला होगा।

कोम्त ने विज्ञानों के एक पदानुक्रम (हाइअॅराकि) का निर्माण किया है जिसकी शुरुआत (आधार के रूप में) उन्होंने गणितशास्त्र से की। गणितशास्त्र के बाद उन्होंने नक्षत्रविज्ञान, भौतिक विज्ञान, रसायनशास्त्र और प्राणीशास्त्र से गुजरते हुए, अन्त में, विज्ञानों की इस क्रमिक श्रृंखला में सर्वोपरि समाजशास्त्र को रखा है। इस प्रकार भिन्न-भिन्न विज्ञान एक नैसर्गिक एवं

तार्किक क्रम में विकसित होते हैं। सबसे पहले वह विज्ञान विकसित होता है जो सबसे कम जटिल हो तथा जिसका सरोकार सामान्य घटनाओं से हो और मानवता से अत्यंत दूर हो। सबसे अंत में वह विज्ञान विकसित होता है जो सबसे जटिल हो और मानवता से अत्यंत निकट हो। इसी आधार पर उन्होंने गणितशास्त्र को सर्वप्रथम और समाजशास्त्र को सबसे अंतिम स्थान दिया है और उन्होंने **समाजशास्त्र को "सभी विज्ञानों की महारानी" कहा है।**

अॅगस्त कोम्त का जन्म दक्षिणी फ्रांस में एक बहुत छोटे राजकीय अधिकारी के घर सन् 1798 में हुआ था। उनकी प्रारंभिक शिक्षा पेरिस के ईकोल पॉलिटेक्निक संस्थान में हुई। उनके अध्ययन के प्रमुख विषय गणित तथा प्राकृतिक विज्ञान थे। स्कूली शिक्षा पूरी करने के पूर्व ही उन्हें विद्यालय प्रशासन के विरुद्ध छात्र-हड़ताल में भाग लेने के लिये निकाल दिया गया था। इसके बाद वे फ्रांस के एक प्रभावशाली राजनीतिक नेता और मार्क्सवादी संस्करण के समाजवादी विचारों के प्रारंभिक प्रखर प्रवक्ता हेनरी द सेन्ट साइमन के पहले सचिव और बाद में सहयोगी बन गये। अॅगस्त कोम्त पर **सेन्ट साइमन** के विचारों का गहरा प्रभाव पड़ा है, किन्तु उनके सम्बन्ध बड़ी कटुता के साथ सन् 1824 में तब टूट गये जब कोम्त पर साहित्यिक चोरी का आरोप लगाया गया जिसे कोम्त ने अस्वीकार कर दिया। कुछ लोगों का इस सम्बन्ध टूटने के पीछे यह विचार रहा है कि सेन्ट साइमन अपने लेखनों में कोम्त के योगदानों को प्रर्याप्त महत्व नहीं दे रहे थे जिसके वे सच्चे हकदार थे। सेन्ट साइमन के साथ सम्बन्ध टूटने के बाद उन्होंने पेरिस में 12 वर्षों तक छोटे-मोटे कार्य किये, किन्तु दुर्भाग्यवश वहां भी वे जम नहीं पाये। कई जगहों से उन्हें निकाल दिया गया। ऐसा कहा जाता है इस काल में उन्होंने मित्र कम और शत्रु अधिक बना लिये।

कोम्त का सामाजिक विज्ञानों को प्रमुख योगदान उनका "मानव प्रगति का नियम" है जो ज्ञान के विकास पर आधारित है। उनकी मान्यता थी कि सभी समाजों का विकास कई चरणों में हुआ है। इस मान्यता को स्पष्ट करने के लिये ही उन्होंने 'प्रगति का नियम' का प्रतिपादन किया जिसे "ज्ञान के विकास का नियम" भी कहा जाता है। इस नियम के अनुसार यह माना जाता है कि हमारे प्रत्येक अग्रणी विचार, हमारे ज्ञान की प्रत्येक शाखा, हमारा समस्त मानवीय बौद्धिक विकास तीन विभिन्न सैद्धान्तिक स्तरों के क्रमिक रूप से गुजरता है। **ये तीन स्तर**—(1) **धर्मशास्त्रीय** या काल्पनिक (थिअलॉजिकल), (2) **तत्वमीमांसीय** या अमूर्त (मेटाफ़िजिकल) तथा (3) **प्रत्यक्षात्मक** या वैज्ञानिक (पॉजिटिविस्टिक) हैं। इन्हीं के साथ, मानव जीवन की प्रत्येक मानसिक अवस्था के साथ एक विशिष्ट प्रकार का सामाजिक संगठन और राजनीतिक प्रभुत्व जुड़ा होता है। प्रथम धर्मशास्त्रीय स्तर पर, प्रत्येक घटना की व्याख्या अलौकिक या आधिदैविक आधार पर की जाती है और इसी आधार पर उसे समझने का प्रयास किया जाता है। इस स्तर पर, परिवार सामाजिक इकाई का आदि रूप था और राजनीतिक सत्ता पुजारियों, धार्मिक कर्मकाण्ड सम्पादित करवाने वालों और सैनिकों के हाथ में हुआ करती थी। द्वितीय तत्वमीमांसी स्तर पर, व्याख्या और बोध के स्रोत अमूर्त शक्तियों को माना जाता था। इस काल में (मध्य युग और पुनर्जागरण काल) सामाजिक इकाई के रूप में राजनीतिक प्रभुत्व चर्च-अधिकारियों और विधि विशेषज्ञों के पास चला गया। तृतीय और सर्वोच्च 'प्रत्यक्षवादी' अर्थात् वैज्ञानिक स्तर पर ब्रह्माण्ड के नियमों का अध्ययन अवलोकन, प्रयोग (परीक्षण) और तुलना के आधार पर किया जाता है। कोम्त ने कहा कि मानवीय ज्ञान

और बौद्धिक विकास के वैज्ञानिक चरण की शुरुआत अभी मेरे काल में ही हुई है। कोम्त के अनुसार, प्राकृतिक विज्ञानों की भांति समाजशास्त्र भी आने वाले दिनों में विज्ञान की विधियों (अवलोकन, प्रयोग एवं तुलना आदि) का प्रयोग प्रगति और सामाजिक व्यवस्था के नियमों की व्याख्या और समझने के लिये कर सकेगा। कोम्त का यह त्री स्तरीय प्रगति का नियम समाज के उद्विकासवादी दृष्टिकोण का समर्थन करता है।

मानव प्रगति के नियम से जुड़ी एक अन्य महत्त्वपूर्ण धारणा को भी स्पष्ट करने का श्रेय कोम्त को दिया जाता है। **कोम्त के अनुसार, समाज 'सावयव' (ऑरगॅनिज़्म) का एक रूप है।** समाज और सावयव दोनों में ही संरचना और प्रकार्य की समानता देखी जा सकती है। पेड़-पौधों और पशुओं की भांति, समाज की भी एक संरचना होती है जिसकी रचना कई अन्तर्संबंधित भागों से मिलकर बनती है। इस संरचना का उद्भव सरल से धीरे-धीरे अधिक जटिल रूपों में होता जाता है। जैविक प्रतिरूप (मॉडल) को एक आधार के रूप में प्रयोग करते हुए कोम्त ने कहा कि श्रम-विभाजन के माध्यम से समाज अधिकाधिक जटिल, विभेदीकृत और विशेषीकृत होता जाता है। धर्म और भाषा सहित श्रम-विभाजन ने सामाजिक एकता का निर्माण किया है, किन्तु साथ ही इनके द्वारा वर्गों में तथा निजी और सार्वजनिक क्षेत्रों में नया सामाजिक विभाजन भी उत्पन्न हुआ है।

समाजशास्त्र की विषय-वस्तु क्या हो, इसके सम्बंध में कोम्त ने समाजशास्त्र के अध्ययन के लिये कई विषयों का सुझाव दिया है; जैसे आर्थिक जीवन, शासन सम्बन्धी व्यक्तिगतता के स्वरूप, पारिवारिक संरचना, श्रम, भाषा और धर्म आदि। उन्होंने इन विषयों के अध्ययन के लिये यद्यपि समाजशास्त्र का किन्हीं उपक्षेत्रों में वर्गीकरण तो नहीं किया है, फिर भी अध्ययन की सहुलियत की दृष्टि से उन्होंने **समाजशास्त्र के सभी विषयों को दो प्रमुख भागों में बांटा है,** यथा 'सामाजिक स्थैतिकी' (सोशॅल स्टैटिक्स) और 'सामाजिक गतिकी' (सोशॅल डाइनैमिक्स)। सामाजिक स्थैतिकी समाज की संरचना (स्ट्रक्चर) को प्रकट करती है। कोम्त के शब्दों में, यह (सामाजिक स्थैतिकी) समाज के विभिन्न भागों की परस्पर क्रिया और प्रतिक्रिया की खोज से सम्बन्धित है। इसमें सामाजिक व्यवस्था की आवश्यकताओं की खोज की जाती है। इसके विपरीत, 'सामाजिक गतिकी' में समाज रूपी जीव के परिवर्तन की प्रक्रियाओं और स्वरूपों के अध्ययन पर केन्द्रित किया जाता है। दूसरे शब्दों में, इसके अन्तर्गत समाज का विकास, परिवर्तन की प्रक्रिया और परिवर्तन के निर्धारक तत्वों की खोजबीन की जाती है। कोम्त का विचार था कि समाजशास्त्र का प्रयोग एक साधन के रूप में अधिक न्याय संगत और तार्किक सामाजिक व्यवस्था की स्थापना के लिये किया जा सकता है।

कोम्त के लेखनों से एक बात अभी-अभी उजागर हुई है कि उनकी रुचि गहन और अनसुलझी मनोवैज्ञानिक समस्याओं को समझने में भी थी। उनके बाद के लेखनों से मनोभावों और उद्वेगों के अध्ययन में उनकी इस रुचि का पता चला है। समाजशास्त्र में कोम्त के अधिकांश विचारों का अब कोई प्रभाव शेष नहीं है। वे अब इतिहास की वस्तु बन गये हैं, किन्तु वैज्ञानिक अवलोकन एवं परीक्षण, तुलनात्मक परिप्रेक्ष्य और ऐतिहासिक समाजशास्त्र सम्बन्धी उनके विचार आज भी समाजशास्त्र में महत्त्वपूर्ण एवं सार्थक माने जाते हैं।

प्रमुख कृतियाँ:
- The Course of Positivist Philosophy, (1830-1842)
- Discourse on the Positive Spirit, (1844)
- Religion of Humanity, (1856)

Condorcet, Marie-Jean-Antoine-Nicolas de Caritat, Marqis de

मारक्विश द मारिये ज्यां एन्टोने-निकोलस द केरिट्ट कॉन्डरेक्ट (1743-1794)

मारक्विश द मारिये ज्यां एन्टोने-निकोलस द केरिट्ट कॉनडॅरेक्ट मुख्य रूप में अपने मानवीय प्रगति के सिद्धान्त के लिये जाने जाते हैं। उनके इस सिद्धान्त की व्याख्या उनकी पुस्तक 'माननीय मस्तिष्क की प्रगति के एक ऐतिहासिक चित्र की रूपरेखा' में की गई है। कॉनडॅरेक्ट ने मानवीय इतिहास के दस उत्तोत्तर कालों की चर्चा की है और अपने अन्य समकालीन विचारकों की भांति उन्होंने भी विज्ञान और गणितशास्त्र के उत्तरोत्तर अपरिमित विकास की संभावनाओं को रेखाकिंत किया है। उन्होंने सन् 1751-1765 के बीच 'विश्वकोश' की रचना में महत्त्वपूर्ण योगदान किया है।

उनके परिवर्तनवादी सामाजिक और राजनीतिक विचारों की **थॉमस माल्थस** ने अपने 'जनःसंख्या के सिद्धान्त सम्बन्धी लेख' में कटु आलोचना की है और कहा है कि इस प्रकार की सभी सुविचारित योजनाएं जनसंख्या वृद्धि और भोजन की आपूर्ति की प्राकृतिक सीमाओं के बीच असमानता पर आधारित होती हैं।

कॉनडॅरेक्ट ने प्रारंभ में फ्रांसीसी क्रांति का समर्थन किया था, किन्तु बाद में वे इसी के शिकार हो गये और उन्हें अपने बचाव के लिये छुपने के लिये बाध्य होना पड़ा। इस अवधि में भी उन्होंने लेखन कार्य जारी रखा।

प्रमुख कृतियाँ:
- Sketch for a Historical Picture of Progress of the Human Mind.

Cooley, Charles Horton

चार्ल्स होर्टन कूले (1864-1929)

'प्राथमिक समूह' (प्राइमरी ग्रूप) और **'आत्मदर्पण'** (लुकिंग ग्लास सेल्फ) की अवधारणाओं के रचनाकार **चार्ल्स होर्टन कूले** ने समाजशास्त्र में अपनी एक विशिष्ट पहचान अंकित की है। वे अमरीकी सांकेतिक अन्तःक्रियावाद के शिकागो सम्प्रदाय से सम्बद्ध तथा **जार्ज हरबर्ट मीड के समकालीन** प्रथम पीढ़ी के अग्रणी समाजशास्त्री थे। कूले थोड़े सनकी मिजाज वाले व्यक्ति थे। अपने सभी साथियों से उनके थोड़े-बहुत मतभेद थे। जहां प्रारंभिक अधिकांश संस्थापक न्यूनाधिक मात्रा में सामाजिक डार्विनवादी थे, कूले थोड़े कम रूढ़िवादी उद्विकासवादी थे।

जहां दूसरे लोग धर्म द्वारा प्रेरित थे, वहां कूले अधिकांशतः कला प्रेमी और रुमानी प्रकृति वाले व्यक्ति थे, जहां अधिकांश उनके साथी समाजशास्त्र को कठोर वस्तुपरक (प्रत्यक्षात्मक) विज्ञान बनाना चाहते थे, वहां कूले एक आदर्शवादी होने के कारण **अन्तर्दर्शन** (इन्ट्रोस्पेकशन) और कल्पना प्रवणता में विश्वास करते थे। **इसीलिये कूले को सबसे पहिला मानवतावादी समाजशास्त्री माना जाता है।**

कूले ने व्यक्ति और समाज, शरीर और आत्मा के द्वैतवाद को समाप्त करने का और इसके स्थान पर इनके बीच अन्तर्संबंध स्थापित करने का प्रयास किया। उन्होंने प्रकार्यात्मक और सावयवी समष्टि के रूप में इनकी कल्पना की। सामाजिक विज्ञानों की मूल समस्या व्यक्ति और सामाजिक व्यवस्था के बीच पारस्परिक सम्बन्धों की खोजने की है। कूले के अनुसार 'व्यक्ति' और 'समाज' की अवधारणाओं की व्याख्या एक दूसरे के सम्बन्धों के संदर्भ में ही की जा सकती है क्योंकि मानवीय जीवन सामाजिक समागम का ही अनिवार्यतः प्रतिफल है, अर्थात् व्यक्ति समाज का और समाज व्यक्ति का निर्माण करता है। कूले के आलोचकों का कहना है कि वे अपने इस प्रयास में सफल नहीं हो पाये है क्योंकि एक आदर्शवादी होने के कारण उन्होंने व्यक्ति का पक्ष ही अपनी विवेचनाओं में अधिक लिया है। मीड ने व्यवहारवादियों के इस दृष्टिकोण को अस्वीकार किया है कि लोग बाहरी उत्तेजना के प्रति अंध रूप में और अचेतन रूप में प्रतिक्रिया करते हैं।

कूले ने स्थापित परम्परा के एक विरोधी के रूप में अपनी छवि बनाई। उन्होंने अपने आपको एक समाजशास्त्री कहा जाना स्वीकार नहीं किया और इसके विपरीत उन्होंने इतिहास, दर्शनशास्त्र और सामाजिक मनोविज्ञान को घुलाने-मिलाने का यत्न किया। फिर भी, उनकी दो अवधारणाओं—आत्मदर्पण और प्राथमिक समूह ने उन्हें समाजशास्त्रीय जगत् में अमर बना दिया। **आत्म (स्व) का व्यक्तिगत भाव दूसरों के द्वारा जिस प्रकार प्रतिबिम्बित और परावर्तित होता है, इसे ही कूले ने 'आत्मदर्पण' कहा है**। कूले ने कहा है कि व्यक्तियों में जो चेतना होती है, इसके रूप का निर्धारण निरन्तर होने वाली हमारी सामाजिक अन्तर्क्रिया द्वारा होता है। चेतना को सामाजिक पृष्ठभूमि से अलग-थलग नहीं किया जा सकता। इसी विचार को बाद में विलियम जेम्स और जार्ज हरबर्ट मीड ने विस्तार करके 'स्व' के सामान्य सिद्धान्त की रचना की है। उनकी **'प्राथमिक समूह'** की एक अन्य महत्वपूर्ण अवधारणा आमने-सामने के प्रत्यक्ष, गहन एवं घनिष्ट सामाजिक अन्तःक्रिया पर बने सामाजिक संबंधों को प्रकट करती है जिसकी तुलना कूले ने वृहत् एवं अधिक विषमतायुक्त 'एकत्रित समूह' के साथ की है (इसी समूह को बाद में सामान्यतः 'द्वितीयक समूह' का नाम दिया गया है)। इस समूह के सदस्यों में विरले ही कभी प्रत्यक्ष सम्पर्क होते हैं। परिवार तथा मित्रता समूह प्राथमिक समूह के और श्रमिक संघ और राजनीतिक दल द्वितीयक समूहों के कुछ उदाहरण हैं। कूले के अनुसार, प्राथमिक समूह में ही "आत्मदर्पण" के भाव का उद्‌भव होता है। स्व-केन्द्रित बालक यहीं से दूसरों पर ध्यान देना शुरू करता है और समाज का एक सक्रिय सदस्य बनता है।

प्रमुख कृतियाँः

– Human Nature and the Social Order, (1902)
– Social Organisation, (1909)

- Social Process, (1918)
- Life and the Student, (1927)

Coolidge, Mary E.B.R. Smith

मेरी इ. बी. आर. स्मिथ कूलिज (1860-1945)

मेरी स्मिथ कूलिज समाजशास्त्र में शोध-उपाधि प्राप्त करने के पूर्व अर्थशास्त्र और इतिहास विषयों में दीक्षित थीं। उन्होंने गरीबी, महिलाओं की प्रस्थिति, वृद्ध व्यक्ति, चीनी अप्रवासी तथा अमेरिका के मूल निवासियों की संस्कृति जैसे अनेक विषयों पर शोध-अध्ययन किये हैं। व्यावहारिक समाजशास्त्र का प्रयोग करने वाली वे प्रारंभिक महिला थीं जिन्होंने सामाजिक समस्याओं का लेखा-जोखा रखने के लिये सांख्यिकी का प्रयोग किया। अपने समकालीन कई समाजशास्त्रियों की भांति उनका सोच यह था कि सामाजिक समस्याओं को सुलझाने और प्रगतिशील परिवर्तन लाने में समाजशास्त्र और समाजशास्त्रियों की महत्वपूर्ण भूमिका है। अन्य प्रारंभिक महिला समाजशास्त्रियों की भांति मेरी स्मिथ कूलिज के शोध-अध्ययनों की भी उपेक्षा की गई जब तक उन्होंने अपने साथ किसी पुरुष समाजशास्त्री का नाम अपने शोध-अध्ययनों में नहीं दिया। रॉबर्ट पार्क तथा अर्नेस्ट बर्गेस की प्रकाशित कृति के पूर्व ही कूलिज ने भी अप्रवासियों के समायोजन सम्बन्धी प्रतिस्पर्धा और सात्मीकरण का एक मॉडल उतनी ही क्षमता और अन्तर्दृष्टि वाला विकसित किया था, किन्तु उनके मॉडल पर समाज वैज्ञानिकों ने कोई ध्यान नहीं दिया। इस प्रकार कूलिज भी अन्य महिला समाजशास्त्रियों की भाँति लिंग-असमानता का शिकार रही हैं।

कूलिज अमेरिका में पहली महिला थीं जो विश्वविद्यालय में समाजशास्त्र की पूर्णकालिक प्रोफेसर थीं। इनके शोध-अध्ययन दो विवाहित नामों यथा 'स्मिथ' एवं 'कूलिज' के नाम से छपे हैं।

प्रमुख कृतियाँ:

- Almshouse Women, (1896)
- Chinese Immigrants, (1909)
- Why Women are so?, (1912)
- The Rain-Makers : Indians of Arizona and New Mexico, (1929)

Cooper, Anna Julia

अन्ना जुलिया कूपर (1858-1964)

अश्वेत महिलावादी सामाजिक सिद्धान्त परम्परा की एक प्रमुख महिला **अन्ना जुलिया कूपर** ने काली महिलाओं की मानसिक स्थिति और सामाजिक समस्याओं पर टिप्पणी करते हुए कहा है कि अमेरिका में नैतिक प्रगति केवल उस व्यक्ति पर निर्भर करती है जो प्रजाति और लैंगिकता के गहरे सम्बंधों को समझ सकता हो और वह व्यक्ति है—काली महिला। कूपर

का जन्म दक्षिणी केरॉलिना में एक गुलाम के घर में हुआ था जो उसका मालिक भी था। छोटी सी उम्र में ही वे विधवा हो गई। इस दुर्घटना के बाद उन्होंने ओबर्लिन कालेज में शिक्षा ली। जहां शास्त्रीय युग की एक अन्य प्रभावशाली अश्वेत महिलावादी मेरी चर्च टैरिल उनकी सहपाठिन थी। शिक्षा प्राप्ति के बाद कूपर ने अपना अधिकांश व्यावसायिक जीवन वाशिंगटन में एक अध्यापिका के रूप में गुजारा। सन् 1906 में उन्हें अपने प्रिंसीपल के पद को छोड़ने के लिए बाध्य किया गया। इस बाध्यता का कारण अश्वेतों को पारम्परिक शिक्षा के स्थान पर औद्योगिक प्रशिक्षण दिया जाना था। इसके विपरीत कूपर अपने विद्यार्थियों को अच्छी शिक्षा दिलवाने के लिए उच्च स्तर के विश्वविद्यालयों में भेजना चाहती थीं जो कि स्कूल की व्यवस्था समिति के कुछ सदस्यों को पसंद नहीं था। सन् 1910 में वाशिंगटन के स्कूल को जहां वे प्रिंसीपल थीं, छोड़ने के बाद लेखिका, व्याख्याता, पांच बच्चों की दत्तक मां (सत्तावन वर्ष की उम्र में) शोधकत्री (67 वर्ष की उम्र में सोर्बोन से पी.एच.डी. करना) कालेज का अध्यक्ष बनना और कई अन्य कार्य किये। सन् 1964 में जब वाशिंगटन में उनकी मृत्यु हुई तब तक उन्होंने गुलामों की जिन्दगी से लेकर आधुनिक नागरिक अधिकार आंदोलन द्वारा प्राप्त मुक्त एवं स्वाधीन जीवन के खट्टे-मीठे अनुभवों के स्वाद को चखा और जीया।

प्रमुख कृतियाँ:
- A Voice From the South, (1892)

Coser, Rose Laub

रोज़ लॅब कोज़र (1916-)

दर्शनशास्त्र और समाजशास्त्र दोनों में शिक्षा-दीक्षा प्राप्त **रोज़ लॅब कोज़र** एक अमरीकी समाजशास्त्री हैं जो मुख्य रूप से कार्य, परिवार, और महिलाओं पर किये गये अपने शोध-अध्ययनों के लिये जानी जाती हैं। उनके 'कार्य के समाजशास्त्र' में मुख्यतः अस्पतालों तथा अन्य चिकित्सकीय संस्थाओं में नौकरशाही तथा स्वास्थ्य-रक्षा पर इसके प्रभावों का अध्ययन किया गया है। उन्होंने पारिवारिक जीवन पर पड़ने वाले सामाजिक संरचना के प्रभावों पर भी महत्वपूर्ण शोध-कार्य किया है। यही नहीं, कोज़र ने भिन्न संस्कृतियों से महिलाओं संबंधी आंकड़ों को एकत्रित कर उनकी तुलनाएं भी की हैं। अपने सभी शोध-अध्ययनों में, उन्होंने 'भूमिका' की अवधारणा का प्रचुर मात्रा में प्रयोग किया है तथा भूमिका से जुड़ी 'भूमिका दूरी' की अवधारणा तथा अन्य अवधारणाओं की स्पष्ट जानकारी प्रस्तुत की है।

प्रमुख कृतियाँ:
- Life in the Ward, (1962)
- Training in Ambiguity, (1979)
- In Defense of Modernity, (1990)
- The World of Our Mothers, (1992)

D

Dahrendorf, Ralf

राल्फ दारेनदोर्फ (डेरेनडार्फ) (1928-)

जर्मनी में पैदा हुए समाजशास्त्री **राल्फ दारेनदोर्फ (डेरेनडार्फ)** आजकल ब्रिटेन में 'लंदन स्कूल ऑफ इकॅनॉमिक्स' संस्थान के निदेशक हैं। वे यूरोपीय आर्थिक सामुदायिक कमिश्नर भी रहे हैं। **डेरेनडार्फ का प्रमुख योगदान वर्ग-सिद्धान्त (वर्ग-संघर्ष) और भूमिका सिद्धान्त के क्षेत्र में है।** उन्होंने वर्ग-संघर्ष के सम्बन्ध में मार्क्स से भिन्न मत प्रकट किया है। जहां पारम्परिक मार्क्सवाद उत्पादन के साधनों पर स्वामित्व रखने वालों और मजदूरी के लिये काम करने वालों के बीच विभेद करता है, वहां डेरेनडार्फ वर्ग-संघर्ष के लिये प्रमुख रूप से सरकारी दफ्तरों, निगमों जैसे संगठनों में सत्ता में अन्तर को उत्तरदायी कारक मानते हैं। डेरेनडार्फ मानते हैं कि सत्ता में असमानता अपरिहार्य है, फिर भी इसकी ज्यादतियों पर कुछ सीमा तक नागरिकों के राजनीतिक अधिकारों द्वारा अंकुश लगाया जा सकता है।

डेरेनडार्फ ने संघर्ष के संरचनात्मक कारणों को ढूंढने का यत्न किया है। उनके अनुसार, मात्र **आर्थिक सम्बन्ध ही संघर्ष का कारण नहीं है, अपितु सत्ता-शक्ति के सम्बन्ध भी संघर्ष को जन्म देते हैं।** सत्ता हर सामाजिक संगठन में विद्यमान है, अतः समाज में संघर्ष अवश्यम्भावी है। अपने संघर्ष सिद्धान्त की प्रस्तुति के पूर्व उन्होंने पश्चिमी सोच पर आधारित समाज सम्बन्धी एक दूसरे के विरोधी दो मॉडल्स यथा **'मतैक्य मॉडल'** (कन्सेन्सॅस मॉडल) तथा **'बाध्यतामूलक मॉडल'** (कोअर्शन मॉडल) का सविस्तार वर्णन-विश्लेषण किया है। डेरेनडार्फ मानते हैं कि समाज के दो चेहरे हैं, यथा संघर्ष और मतैक्यता (सामंजस्य)। इन दोनों के बिना समाज का अस्तित्व संभव नहीं हैं। ये दोनों एक दूसरे की पूर्वावश्यकताएं हैं। ये दोनों विकल्प न होकर एक दूसरे के पूरक हैं। संघर्ष तब तक उत्पन्न नहीं हो सकता जब तक पहले थोड़ी-बहुत मतैक्यता न हो। इसी प्रकार, संघर्ष अन्ततः मतैक्यता और एकीकरण की ओर अग्रसर करता है।

डेरेनडार्फ के संघर्ष के सिद्धान्त की जड़ें सत्ता के विभाजन में गड़ी हुई हैं। वे कहते हैं कि **सत्ता का विभिन्न रूप में वितरण अनिवार्यतः व्यवस्थित सामाजिक संघर्ष का निर्धारक कारक है।** उन्होंने इस संदर्भ में, पदों के साथ जुड़ी सत्ता की मात्रा में भिन्नता को संघर्ष का प्रमुख तत्व माना है और व्यक्ति की मनोवैज्ञानिक एवं व्यवहारात्मक विशेषताओं को संघर्ष के उत्पन्न करने में कोई महत्व नहीं दिया है। डेरेनडार्फ के अनुसार, सत्ता व्यक्ति के साथ नहीं, पदों के साथ जुड़ी होती है। अतः एक स्थिति में एक व्यक्ति के पास जो सत्ता है, आवश्यक नहीं है कि दूसरी स्थिति में भी उसके पास सत्ता का कोई पद हो। इसी प्रकार, एक व्यक्ति

एक स्थिति में मातहत है तो जरूरी नहीं है कि दूसरी स्थिति में भी वह मातहत ही हो। साहब और मातहत की स्थितियां हितों के संघर्ष को जन्म देती हैं और बाद में यही व्यापक संघर्ष रूप का धारण कर लेती है। हित दो प्रकार के होते हैं; व्यक्त और अव्यक्त। उन्होंने अचेतन भूमिका प्रत्याशाओं को अव्यक्त हित कहा है तथा जब अव्यक्त हित चेतन स्थिति में आ जाता है, तब वह व्यक्त हित बन जाता है। इसी संदर्भ में, डेरेनडार्फ ने तीन समूह बताये हैं: अर्द्ध समूह, हित समूह और संघर्ष समूह। वे कहते हैं कि संघर्ष का विश्लेषण करते समय व्यक्त और अव्यक्त हितों के साथ-साथ इन समूहों का भी विश्लेषण किया जाना चाहिये।

वेबरवादी, राल्फ डेरेनडार्फ का इस विषय पर महत्वपूर्ण योगदान रहा है कि आधुनिक समाजों में सत्ता-शक्ति किन हाथों में रहती है। वे कहते हैं कि विशाल आधार पर जॉइन्ट स्टॉक कम्पनियों के विकास ने सामान्य जन को इनके अंशों (शेयरों) को खरीदनों का अवसर प्रदान किया है जिसके कारण अब पूंजीपति मालिकों की अपेक्षा वेतनभोगी व्यवस्थापकों (मेनेजरों) के हाथ में इन कम्पनियों का नियंत्रण होता है। इस स्थिति को उन्होंने 'पूंजी का विसंयोजन' कहा है। इन कम्पनियों ये मेनेजर मात्र पूंजीपति मालिकों के हितों का ही ध्यान नहीं रखते, अपितु वे कम्पनी की दीर्घकालीन उत्पादन क्षमता और सुरक्षा के साथ-साथ कर्मचारियों और मजदूरों के हितों को भी ध्यान रखने के लिये भी मजदूर संगठनों तथा सरकार के द्वारा बाध्य किये जाते हैं।

एंथनी गिडिन्स ने डेरेनडार्फ के उपरोक्त विचारों की आलोचना दो आधार पर की है। प्रथम, यह सही है कि संयुक्त पूंजी निगमों (जॉइन्ट स्टॉक कम्पनी) के विकास ने स्वामित्व के आधार के दायरे को बढ़ाया है, फिर भी इन पूंजीवादी प्रतिष्ठानों का मूल उद्देश्य लाभ अर्जित करना है और इन प्रतिष्ठानों की सारी कार्यप्रणाली अभी भी पूंजीवादी है। लाभ का एक थोड़ा सा हिस्सा ही दिखावे के रूप में अंशधारियों में बाँटा जाता है। गिडेन्स की दूसरी आलोचना भी प्रथम आलोचना से जुड़ी हुई है। पूंजीपति मालिकों और व्यवस्थापकों (मेनेजरों) के बीच शायद ही कभी किसी मामले पर (घोर) मतभेद होता है। अधिकांशतः तो दोनों के हितों में काफी समानता होती है। यही नहीं, कभी-कभी तो व्यवस्थापक भी उस कम्पनी के बड़े अंशधारी होते हैं। अतः दोनों का ही प्राथमिक उद्देश्य कम्पनी की सफलता और लाभ अर्जित करना होता है।

डेरेनडार्फ के वर्ग-संघर्ष सम्बन्धी विचारों के उपरोक्त विवेचन से स्पष्ट है कि उन्होंने कई मामलों में मार्क्स के विचारों से असहमति प्रकट की है। उत्तर-पूंजीवादी समाजों में स्वामित्व एवं नियंत्रण एक ही हाथों में नहीं है (जैसा के आधुनिक संयुक्त पूंजी उद्यमों में होता है)। अतः मात्र आर्थिक आधार पर (जैसा कि मार्क्स मानते हैं) संघर्ष की व्याख्या असंगत और अपूर्ण है। डेरेनडार्फ के सिद्धान्त की एक प्रमुख कमजोरी उसका एक-कारकीय होना है। डेरेनडार्फ के सिद्धान्त का प्रमुख केन्द्र बिन्दु सत्ता रहा है, जिसे संघर्ष का एक मात्र कारक नहीं माना जा सकता है। उन्होंने सत्ता को संघर्ष का आधार मान कर यह नहीं बताया की सम्पत्ति से अधिक प्राथमिकता एवं महत्व सत्ता को क्यों दी जाती है। कुछ विद्वानों का यह भी मत रहा है कि डेरेनडार्फ के सिद्धान्त को मार्क्सवादी संघर्ष के सिद्धान्त के साथ जोड़ना ही गलत है। उनके सिद्धान्त में मार्क्सवादी परिप्रेक्ष्य की अपेक्षा संरचनात्मक-प्रकार्यात्मक सिद्धान्त के तत्व अधिक हैं। प्रणालियों, पदों तथा भूमिकाओं जैसे तत्वों पर जो डेरेनडार्फ के सिद्धान्त में ज़ोर दिया गया है, वह उन्हें संरचनात्मक-प्रकार्यात्मक सिद्धान्त के साथ जोड़ता है।

प्रमुख कृतियाँ:
- Class & Class Conflict in an Industrial Society, (1959)
- Conflict After Class, (1967)
- Society & Democracy in Germany, (1967)
- Essays in the Theory of Society, (1968)
- The New Liberty, (1975)
- Life Chances, (1979)

Davis, Kinsley
किंग्सले डेविस

समाजशास्त्र के आम पाठकों (विद्यार्थियों) के बीच **किंग्सले डेविस** विशेष रूप में अपनी पुस्तक 'मानव समाज' (1936) के लिए ही जाने जाते हैं। यह पुस्तक पार्सन्स-मर्टनवादी परिप्रेक्ष्य पर आधारित है जिसमें सामाजिक संरचना और सामाजिक प्रकार्यों का एक सामान्य दृष्टिकोण प्रस्तुत किया गया है। डेविस ने, इस पुस्तक के अतिरिक्त परिवार के समाजशास्त्र और वेश्यावृति पर भी कार्य किया है और काफी लिखा है। अपने सभी अध्ययनों में उन्होंने 'प्रकार्यात्मक परिप्रेक्ष्य' का प्रयोग किया है। सन् 1940 और 1950 के बीच समाजशास्त्र के क्षेत्र में इस परिप्रेक्ष्य को एक प्रमुख सैद्धान्तिक उपागम के रूप में विकसित करने में डेविस ने महत्ती भूमिका अदा की है। सन् 1959 में तो इस परिप्रक्ष्य के बारे में उन्होंने यहां तक कहा था कि 'यह न केवल एक सर्वाधिक प्रबल परिप्रेक्ष्य है, अपितु समाजशास्त्र में यही एक मात्र विशिष्ट परिप्रेक्ष्य है जिसके द्वारा सामाजिक घटनाओं का अध्ययन किया जा सकता है।' डेविस यद्यपि पार्सन्स और मर्टन दोनों से प्रभावित रहे हैं, किन्तु उन्होंने अपने शोध कार्यों में पार्सन्स के 'वृहत् सिद्धान्त' (ग्रेंड थिअरि) के प्रारूप के प्रयोग की अपेक्षा मर्टन के 'मध्य श्रेणी सिद्धान्त' के प्रारूप को ही प्राथमिकता दी है।

प्रमुख कृतियाँ:
- Human Society, (1936)

Derrida, Jacques
ज़ॉक् देरिदा (दरिदा) (1930-)

मूल रूप में दर्शनशास्त्री रहे **ज़ॉक दरिदा** उत्तर-संरचनावाद और उत्तर-आधुनिकता के एक प्रमुख समकालीन हस्ताक्षर और फ्रांस के एक अग्रणी चिन्तक हैं। उनके उत्तर-आधुनिकता के दर्शन ने पश्चिम में तहलका मचा रखा है। उन्होंने विविध विषयों पर ढेर सारा लिखा है। उनके साहित्य और दर्शन के विशाल लेखन भण्डार की तह तक पहुँचना अत्यंत कठिन है। उनके ज्ञान की सीमाओं का पता लगाना तो और भी दुष्कर है। उन्होंने कांत, हीगल, मार्क्स, कीर्केगार्ड, नीत्से, जैन्सी, लाक्लू के साथ-साथ काफ्का, जॉयस, मलारम और सोसुरे जैसे अनेक

विचारकों पर लिखा है। उनका समस्त लेखन फ्रेंच भाषा में है जिसमें कई पुस्तकों का अंग्रेजी में अनुवाद होना अभी बाकी है। उनके लेखनों पर पश्चिमी दर्शन और तर्क का प्रभाव है। उन्होंने पश्चिमी दर्शन, विशेषतः तत्वमीमांसा की आलोचना भी की है, क्योंकि उसमें भाषाशास्त्र और व्याकरण की अवहेलना की गई है। भाषा संबंधी अपने विचारों में उन्होंने प्रसिद्ध फ्रांसीसी चिन्तक सोसुरे का अनुसरण किया है। दरिदा के विचारों ने समाजशास्त्र सहित कई विषयों (मानविकी, समाजविज्ञान, साहित्य आदि) को प्रभावित किया है। उनका लेखन अत्यंत दुरूह है। दर्शनशास्त्र में प्रशिक्षित होने के कारण उनके लेखनों में दर्शन अधिक है और समाजशास्त्र नाममात्र का जिसे खोजना भी एक टेढ़ी खीर है। अपने उत्तर-संरचनावाद और उत्तर-आधुनिकता के विचारों के सन्दर्भ में, दरिदा ने कई नई अवधारणाएं प्रणीत की हैं, उनमें प्रमुख हैं : "विखंडनवाद या विरचनावाद" (डिकॅनस्ट्रक्शनिज्म), "भेद" (डिफ्रॅन्स), "विकेन्द्रण" (डीसेन्टरिंग) और "आने वाले लोकतंत्र के प्रति आशा भरा विश्वास" आदि।

ज़ॉक दरिदा का जन्म अल्जीरिया के एक् यहूदी परिवार में हुआ था। वे सन् 1959 में फ्रांस आ गये और यहां उन्होंने पेरिस के प्रसिद्ध संस्थान ईकॉल नार्मेल स्यूपिअर में शिक्षा प्राप्त की। सन् 1965 में जब प्रसिद्ध परिशॅन पत्रिका "क्रिटिक" में इतिहास और लेखन की प्रकृति संबंधी पुस्तकों पर उनके दो लम्बे समीक्षा लेख छपे, तब व्यापक जन समुदाय में उनकी एक पहिचान बनी और लोग उन्हें एक उदीयमान् विद्वान के रूप में जानने लगे। उनके इन लेखों की कुछ समीक्षात्मक टिप्पणियां ही उनकी भावी बहु प्रसिद्ध कृति "ग्रॅमैटॉलॉजी" का आधार बनी है। यह पुस्तक मूलतः दर्शनशास्त्र से संबंधित पुस्तक है जिसमें दरिदा ने "समानता के तर्क के नियम" पर आधारित पश्चिमी वैचारिक (तात्विक) परम्परा की अपनी बहुप्रसिद्ध अवधारणा "विखंडन" के माध्यम से चीर-फाड़ की है। उन्होंने बताया कि यह परम्परा अनेकों विरोधाभासों और विसंगतियों से भरी पड़ी है। विखंडन के अतिरिक्त, इसी संदर्भ में उन्होंने अपनी एक अन्य अवधारणा "भेद" (डिफ्रॅन्स) का प्रयोग किया है जिसकी रचना दरिदा ने भाषा के सासुरेवादी और संरचनावादी सिद्धान्त के संदर्भ में सन् 1968 में की है। सासुरे ने बताया है कि भाषा को उसके अति सामान्य रूप में "सकारात्मक संदर्भ के बिना' अन्तर की एक व्यवस्था के रूप में समझा जा सकता है। दरिदा ने इस पर टिप्पणी करते हुए लिखा है कि दुर्भाग्यवश सासुरे सहित बाद के संरचनावादी इस विचारणा के गूढ़ आशय को समझने में असमर्थ रहे हैं। दरिदा ने सासुरेवादी इस विचारणा को स्पष्ट करते हुए सासुरे के भाषा के सिद्धान्त का हवाला दिया है। सासुरे के अनुसार, किसी भाषा समुदाय के सदस्यों द्वारा बोली जाने वाली 'वाणी' या 'वाक्' (स्पीच) का स्थान "लेखन" (राइटिंग) से पहले होता है। लिखित भाषा दूसरे नम्बर पर आती है। लिखित शब्द हमेशा दूर और दोयम दर्जे के होते हैं और वे वाक् के ही तकनीकी रूप हैं। लेखन तो, सासुरे के अनुसार, भाषा की विकृति है क्योंकि इसमें व्याकरण के प्रयोग द्वारा विचारों का मूल भाव लुप्त हो जाता है। भाषा का मूल भाव तो "जीवंत वाणी" में निहित होता है जिसमें निरंतर बदलाव आता रहता है। दरिदा ने लिखित भाषा और वाणी में सासुरे द्वारा किये गये इस अन्तर के संबंध में कुछ प्रश्न खड़े किये हैं। भाषा को शुद्धतः आरेखी (ग्रैफिक) और संभवतः याददाश्त का सहायक माना जाता है, किन्तु इसे वाणी के बाद दूसरा दर्जा दिया जाता है। वाणी को विचारों के अधिक निकट माना जाता है क्योंकि यह वक्ता की भावनाओं, विचारों और इरादों को

अभिव्यक्त करने में अधिक सक्षम है। अतः वाणी प्राथमिक और अधिक मौलिक है जिसे लेखन के द्वितीयक और प्रतिनिधिक दर्जे से भिन्न किया जाता है। दरिदा ने लेखन संबंधी अपने सिद्धान्तों में सासुरेवादी इस अन्तर को ठीक नहीं माना है और कहा है कि इस अन्तर को प्रमाणित करना कठिन है। दरिदा मानते हैं कि भाषा का मूल 'लेखन' में है, वाक् या वाणी में नहीं।

जिस प्रकार आधुनिक संरचनावाद की जड़ें भाषाविज्ञान (विशेषतः फर्डिनेंड डी सोसुरे के विचारों में) गड़ी हैं, उसी प्रकार यह माना जाता है कि **उत्तर-संरचनावाद की शुरुआत ज़ॉक दरिदा द्वारा सन् 1966 में दिये गये एक व्याख्यान से हुई है** जिसमें उन्होंने संरचनावाद के संक्रमण की बात कही है और एक नव उत्तर-संरचनावादी युग के उदय को रेखांकित किया है। अपने इस भाषण में तथा अन्यत्र उन्होंने संरचनावाद की जड़ों पर कड़े प्रहार किये हैं। उनकी "विखंडनवाद" की व्यूहरचना ने भाषा और अर्थ की पारम्परिक प्रस्थापनाओं को हिलाकर रख दिया। **संरचनावादियों के विपरीत, दरिदा ने भाषा के स्थान पर "लेखन" (राइटिंग) पर ज़ोर दिया है** जो अपने व्यक्तियों पर भाषा की तरह (कुछ संरचनावादियों के अनुसार भाषा की संरचना व्यक्तियों पर बाध्यकारी प्रभाव डालती है) नियंत्रण नहीं करती है।

दरिदा कहते हैं कि सभी संस्थाएं लेखन के अतिरिक्त और कुछ नहीं हैं, अतः ये व्यक्तियों को नियंत्रित कर ही नहीं सकती हैं। जहां संरचनावादियों ने भाषा प्रणाली में व्यवस्था और स्थायित्व को देखा है, वहां दरिदा ने भाषा को अव्यवस्थित और अस्थिर माना है। वे कहते हैं कि विभिन्न संदर्भ शब्दों को विभिन्न अर्थ देते हैं। दूसरे शब्दों में, शब्दों के अर्थ संदर्भों के अनुसार बदलते जाते हैं। अतः भाषा प्रणाली की नियंत्रणात्मक शक्ति का व्यक्तियों पर प्रभाव पड़ने का सवाल ही उत्पन्न नहीं होता जैसा कि कुछ संरचनावादियों ने माना है। यही नहीं, वैज्ञानिकों के लिए भाषा के अन्तर्निहित नियमों को जानना एक असंभव कार्य है। इसी आधार पर, अन्ततः दरिदा ने अपना विद्रोही या विखंडनवादी परिप्रेक्ष्य प्रस्तुत किया है। दरिदा का यह विद्रोही या विखण्डनवादी परिप्रेक्ष्य उत्तर-आधुनिकतावाद के उद्भव के साथ अत्यधिक महत्वपूर्ण हो गया है। वास्तव में, उत्तर-आधुनिकतावाद की आधारशिला उत्तर-संरचनावाद ने ही रखी है।

उत्तर-संरचनावाद और उत्तर-आधुनिकतावाद के बीच में विभेद की एक स्पष्ट रेखा खींचना अत्यंत कठिन है। उत्तर-आधुनिक चिन्तन को उत्तर-संरचनावाद का एक विस्तार या अतिरंजना कहा जा सकता है। **फूको**, जो एक अग्रणी उत्तर-संरचनावादी विचारक थे, अब जीवित नहीं हैं, किन्तु उत्तर-संरचनावाद की कमान अब दरिदा तथा अन्य फ्रैंच उत्तर-संरचनावादियों ने संभाल ली है। दरिदा इस क्षेत्र में अभी भी सक्रिय हैं और अब उत्तर-संरचनावाद का स्थान उत्तर-आधुनिकतावाद ने ले लिया है या लेता जा रहा है।

दरिदा का उत्तर-आधुनिकता संबंधी समस्त विश्लेषण उनकी "विखंडनवाद" (डिकॅन्स्ट्रक्शनिजम) की अवधारणा पर आधारित है। वे मुख्यतः अपने विखंडनवादी दर्शन या सिद्धान्त के लिये ही जाने जाते हैं। यह अपने प्रकार का एक प्रघटनाक्रियावाद है। इसकी कई तर्कसंगत व्याख्याएं की गई हैं और यह भी कहा गया है कि यह न तो कोई विधि है और न ही कोई सुविचारित निर्णय। वास्तव में, **"विखंडन" शब्दों के अर्थों को समझने का एक उपागम, एक विधि या एक तरीका है जिसमें शब्दों को अन्य शब्दों के साथ जोड़कर अर्थ निकाला जाता है**। इसमें शब्दों को उस घटना के साथ नहीं जोड़ा जाता है जिसके बारे

में हम यह सोचते हैं कि ये शब्द उक्त घटना/वस्तु को इंगित करते है। प्रघटनाओं का विश्लेषण करते हुए दरिदा ने कहा है कि "यह किसी गूढोक्ति का एक विशिष्ट नाम या नामकरण है जो सभी अन्य शब्दों की भांति अपनी महत्ता "संदर्भ" से ग्रहण करता है।- - - - - - शब्दों के सभी अर्थ सापेक्षिक और अल्पकालिक होते हैं।"

अपने एक लेख "स्ट्रक्चर, साइन एंड प्ले इन द डिस्कोर्स ऑफ ह्यूमन साइन्सेज़", (1966) में दरिदा ने लिखा है कि "संरचना की अवधारणा के सम्पूर्ण इतिहास को केन्द्र को केन्द्र के द्वारा विस्थापन की एक श्रृंखला के रूप में देखा जाना चाहिये- - - - - उत्तरोत्तर तथा एक नियमित क्रम में, केन्द्र विभिन्न स्वरूप और नाम ग्रहण करता रहता है।" विखंडन की अवधारणा को स्पष्ट करते हुए दरिदा कहते हैं कि मूल पाठ (टेक्सट) का कोई निश्चित अर्थ नहीं होता। इसकी अपेक्षा विखंडन की प्रक्रिया के द्वारा इसकी कई ढंग से व्याख्या किये जाने की संभावना होती है, क्योंकि इसके कई अर्थों को खोजने की स्वतंत्रता रहती है। अतः विखंडन को विकेन्द्रण की युक्तियों के रूप में देखा जा सकता है। विखंडन पढ़ने का एक तरीका है जो पहले हमें मुख्य विषय के केन्द्र की जानकारी देता है और बाद में उसे पलट देता है ताकि उपान्त (महत्वहीन) शब्दों द्वारा अस्थाई संस्तरण को बदला जा सके। विखंडन की विधि सबसे पहले किसी मूल पाठ के द्विभाजी विपरीतता (जैसे स्त्री-पुरुष) पर हमारा ध्यान केन्द्रित करती है और बाद में हमें यह बताती है कि ये विरोधी तत्व किस प्रकार आपस में संबंधित हैं, किस प्रकार आपस में जुड़े हुए हैं।

संकेतक (सिग्निफाइअर) के सदैव अनेक अर्थ होते हैं और पूर्ण या सत्याभाषी अर्थ सदैव विरामित (डेफर्ड) अर्थ होता है। सत्य के विविध अर्थ होते हैं जो व्यक्ति के समक्ष चयन के लिये अनेक विकल्प प्रस्तुत करते हैं। दरिदा ने इसे ही उत्तर-संरचनावाद का नाम दिया है। उनका कहना है कि भाषा का अर्थ किसी मूर्त वास्तविकता या सत्य में नहीं खोजा जा सकता, अपितु यह अर्थ केवल स्वयं भाषा के संदर्भ में ही खोजा जा सकता है जिसकी रचना सामाजिक रूप में होती है। **उत्तर-आधुनिकता में पुरातन और नवीन का संबंध अरैखिक या अनिरन्तर नहीं माना जाता, अपितु यह एक ऐसा संबंध है जिसमें पुरातन और नवीन दोनों के विचारों/धारणाओं में ही परिवर्तन आ जाता है।**

दरिदा का समस्त विखंडनवादी परिप्रेक्ष्य एक तरह से **प्लेटो** के समय से चले आ रहे "शब्द केन्द्रवाद" (लॉगोसेन्ट्रिज्म) के प्रति विद्रोही तेवर के परिणाम हैं। (क्या सही, सत्य या सुन्दर है, इन्हें उद्घाटित करने हेतु विचारों की एक सार्वभौमिक प्रणाली की खोज ही लॉगोसेन्ट्रिज्म है) इस धारणा का पश्चिमी सामाजिक विचारधारा में वर्चस्व रहा है। दरिदा ने इसे "प्लेटो के समय से लेखन का ऐतिहासिक दमन और निरोध" कहा है। इस 'शब्द केन्द्रवाद' ने न केवल दर्शनशास्त्र को नष्ट कर दिया, अपितु इसने सामाजिक विज्ञानों को भी तहस-नहस करके रख दिया। दरिदा की रुचि, वास्तव में, इस समापन, इस दमन के स्रोतों के विखंडन या विघटन में रही है ताकि वे लेखन को उन प्रभावों से मुक्त करा सकें जिनसे वे जकड़ी हुई हैं। संक्षेप में, दरिदा "लॉगोसेन्ट्रिज्म का विखण्डन" चाहते हैं।

विखंडनवाद की अपनी धारणा को स्पष्ट करने के लिए दरिदा ने पारम्परिक रंगशाला (थियेटर) का एक उदाहरण देते हुए लिखा है कि रंगमंच पर जो कुछ होता है, वह "वास्तविक जीवन" में जो कुछ होता है, उसका तथा लेखक, निर्देशक अन्य लोगों की अपेक्षाओं को

"प्रतिनिधित्व" करता है। यह "प्रतिनिधित्ववाद" ही रंगशाला का ईश्वर है और पारम्परिक रंगशाला को यही धार्मिक रूप प्रदान करता है। दरिदा के अनुसार, एक धर्मशास्त्रीय रंगशाला एक नियंत्रित और जकड़ी हुई रंगशाला है जिसमें अभिनेतागण पराधीन कर्त्ता होते हैं, वे रचनाकार (लेखक) के विचारों को निष्ठापूर्वक रंगशाला के मंच पर प्रस्तुत करते हैं। दरिदा इस प्रकार की रंगशाला के स्थान पर एक अलग प्रकार की वैकल्पिक रंगशाला (एक वैकल्पिक समाज) की बात करते हैं जिसमें रंगमंच को नियंत्रित करने में कथन की कोई भूमिका नहीं होगी, अर्थात् यह एक ऐसा रंगमंच होगा जिस पर अभिनेता, लेखक अथवा पुस्तकों का कोई नियंत्रण नहीं होगा। इस पर अभिनेतागण, लेखक या निर्देशक से कोई निर्देशन नहीं लेंगे। किन्तु, इस प्रकार की वैकल्पिक रंगशाला और रंगमंच के स्वरूप के बारे में स्वयं दरिदा पूर्णतः स्पष्ट नहीं हैं। क्या इस प्रकार का रंगमंच (वैकल्पिक समाज) अराजकता का एक अखाड़ा नहीं बन जायेगा ? इस स्थिति का अनुमान लगाते हुए उन्होंने एक तनिक सा यह संकेत मात्र दिया है कि "यह ऐसे मंच की रचना है जिसके शोर को अभी तक शब्दों में अभिव्यक्त नहीं किया जा सका है।" इस प्रकार की रंगशाला को उन्होंने "निर्दयी रंगशाला" कहा है।

इस विवेचन से स्पष्ट है कि दरिदा पारम्परिक रंगशाला (समाज) में पूर्णतः रद्दोबदल चाहते हैं। रंगशाला की इस उपमा का प्रयोग जब हम समाज पर करते हैं, तब दरिदा कहते हैं कि लेखक की तानाशाही से युक्त रंगशाला की भांति समाज को भी उन सभी प्रतिष्ठित चिन्तकों के विचारों से मुक्त किया जाये जो प्रभावक विमर्श या ज्ञान के रचनाकार रहे हैं। दूसरे शब्दों में, दरिदा चाहते हैं कि हम सभी लेखक बनने के लिये स्वतंत्र हैं।

मार्क्स के बारे में दरिदा के विचारों को लेकर अत्यधिक भ्रांति बनी हुई है। अनेकों का मत है कि वे मार्क्सवाद के पक्षधर नहीं हैं, क्योंकि उनका "विखंडनवादी विश्लेषण" (डिकॅन्स्ट्रक्शन अनैलिसिस) मार्क्सवाद को विस्थापित करता है। इस दृष्टि से उन्हें मार्क्सवाद विरोधी भी कहा जाता है। इसमें संदेह नहीं है कि दरिदा ने महावृतान्तों (मेटानैरॅटिव) का विरोध किया है और उस घेरे में उन्होंने पार्सन्स के साथ-साथ मार्क्स को भी रखा है। इसी संदर्भ में उन्होंने मार्क्स के भौतिक द्वन्द्ववाद की कमजोरी को उजागर करते हुए इसमें तात्विकता की कमी बताई है। दरिदा ने स्पष्ट तौर पर मार्क्स का न विरोध किया है और न ही समर्थन। अभी कुछ वर्षों पूर्व (1997) भारत में अपने यात्रा के दौरान दिये गये अपने एक साक्षात्कार में उन्होंने मार्क्सवाद के प्रति अपनी आशा और आस्था जताई है। उन्होंने कहा कि उनके "विखंडनवादी विश्लेषण" का उद्देश्य **"मार्क्सवाद का विस्थापन नहीं है, अपितु उसकी जड़ों तक पहुँचना है।"** यहीं नहीं, उन्होंने आगे कहा कि "मानव जाति की सबसे बड़ी समस्याओं का समाधान संभव नहीं है, किन्तु जब भी हमें कारगर औजार की जरूरत होगी, मार्क्सवाद की उपस्थिति हमें आश्वस्त करती रहेगी।" लम्बे साक्षात्कार के उनके विचारों से एक बात अवश्य स्पष्ट होती है कि वे नये संदर्भों में मार्क्स की पुनर्व्याख्या चाहते हैं। वे मार्क्स के एक ऐसे उत्तराधिकारी की आवश्यकता को महसूस करते हैं जो इसके पुनर्प्रमाणित करने का दायित्व वहन कर सके, किन्तु वे स्वयं इस दायित्व वहन के लिये तैयार प्रतीत नहीं होते हैं।

प्रमुख कृतियाँ :

- Speech and Phenomena and Other Essays, (1967)
- Writing and Difference, (1967)
- Positions, (1972)
- Disseminations, (1972)
- Margins of Philosophy, (1972)
- Glas, (1974)
- Of Grammatology, (1976)
- The Truth in Painting, (1978)
- Spurs : Nietzsche's Styles, (1978)
- The Post Card : From Socrates to Freud and Beyond, (1980)
- Signsponge, (1984)
- Circumfession, with Bennington, (1993)
- Spectres of Marx, (1994)

Desai, Akshaya Kumar Ramanlal

अक्षय कुमार रमणलाल देसाई (1915-1994)

मार्क्सवादी विचारधारा के प्रति आजन्म प्रतिबद्ध रहे भारतीय समाजशास्त्री **अक्षय कुमार रमणलाल देसाई** की गणना बम्बई विश्वविद्यालय के प्रथम पंक्ति और देश के अग्रणी समाजशास्त्रियों में की जाती है। देसाई का जन्म बड़ौदा के एक बहु प्रसिद्ध परिवार में नडियाड में हुआ था। उन्होंने कानून की शिक्षा प्राप्त कर बम्बई विश्वविद्यालय के समाजशास्त्र विभाग में घुर्ये के निर्देशन में पी.एच.डी. की उपाधि प्राप्त की। वे इसी विश्वविद्यालय में समाजशास्त्र के प्राध्यापक और बाद में विभागाध्यक्ष बन गये। देसाई कुछ समय तक भारतीय साम्यवादी दल के सदस्य भी रहे, किन्तु पार्टी से कुछ मुद्दों पर मतभेद हो जाने के कारण सन् 1939 में उन्होंने दल की सदस्यता से त्यागपत्र दे दिया। सन् 1953 में वे ट्राटस्कीवादी क्रांतिकारी समाजवादी दल के सदस्य बन गये, किन्तु उनकी समझौतावादी प्रकृति न होने और खरी बौद्धिक ईमानदारी ने अन्ततः सन् 1981 में इस संगठन को भी छोड़ने के लिये बाध्य कर दिया। फिर भी, वे आजीवन अपनी मार्क्सवादी विचारणा के प्रति पूर्णतः प्रतिबद्ध रहे। बम्बई विश्वविद्यालय से सेवानिवृति के बाद उन्होंने 'स्वतंत्रता के बाद भारतीय विकास की द्वन्द्वात्मकता' विषय पर गहन शोध-कार्य किया।

सन् 1964 में 'ग्रामीण समाजशास्त्र' पर फ्रांस में आयोजित प्रथम विश्व कांग्रेस में देसाई ने देश का प्रतिनिधित्व किया। इसी क्रम में उन्हें सोवियित रूस और अन्य यूरोपीय देशों ने व्याख्यानों के लिये अपने यहाँ आमंत्रित किया। सन् 1971 में सांस्कृतिक विनिमय कार्यक्रम के अन्तर्गत उन्होंने पुनः 'जनसंख्या और गरीबी' पर आयोजित एक संगोष्ठी में सुसेक्स में भाग लिया। सन् 1976 में उन्हें कोलम्बिया विश्वविद्यालय तथा अमेरिका के

अन्य विश्वविद्यालयों में भाषण देने तथा संगोष्ठियों में भाग लेने के लिये आमंत्रित किया गया।

देसाई 'भारतीय समाजशास्त्रीय परिषद्' के संस्थापक सदस्यों में से रहे हैं। वे इस संस्था के 1978-80 सत्र में अध्यक्ष थे तथा सन् 1951 में यूनेस्को की एक कार्य योजना 'भारत में समूह तनाव' के सह निदेशक थे। वे इसी संस्था के 'बम्बई के औद्योगिक श्रमिकों की साक्षरता और उत्पादन' सम्बन्धी कार्य योजना के मानद निदेशक भी रहे हैं। देसाई इन्डियन काउन्सिल ऑफ सोशल साइन्स रिसर्च के राष्ट्रीय शोधार्थी (1981-83) भी रहे हैं।

देसाई की प्रथम प्रमुख कृति 'भारतीय राष्ट्रवाद की सामाजिक पृष्ठभूमि' (हिन्दी अनुवाद) न केवल अपने मार्क्सवादी शैक्षिक परिप्रेक्ष्य के कारण एक नवीन प्रवृति स्थापित करने वाला एक गौरव ग्रंथ (क्लासिक) रहा है, अपितु इसे भारत में समाजशास्त्र का इतिहास के साथ समागम करने वाली एक उत्कृष्ठ प्रथम कृति कहा जा सकता है। उन्होंने इस पुस्तक में भारतीय समाज के अध्ययन में मार्क्सवादी सिद्धान्त (ऐतिहासिक भौतिकवाद) और पद्धति (द्वन्द्वात्मकता) का प्रयोग किया है। वास्तव में, देसाई ही भारत के समाजशास्त्र के पहले व्यक्ति रहे हैं जिन्होंने समाज के अध्ययन में मार्क्सवादी विचारणा और पद्धति का प्रयोग कर दूसरे शोधकर्त्ताओं को इसकी राह दिखाई है। इस पुस्तक में भारतीय राष्ट्रवाद को खगोला गया है तथा यह बताया गया है कि औपनिवेशिक अर्थव्यवस्था ने किस प्रकार अंतर्विरोधों से आक्रांत भारत की सामाजिक व्यवस्था को जन्म दिया। देसाई ने इसमें भारत में ब्रिटिश शासन के प्रभाव का सूक्ष्म विश्लेषण किया है तथा भारतीय राष्ट्रवाद के विकास में सामाजिक शक्तियों तथा सामाजिक एवं धार्मिक सुधार आंदोलनों की भूमिका का भी मूल्यांकन किया है। इस पुस्तक की सर्वाधिक विशेषता यह है कि इसमें भारत के राष्ट्रीय आंदोलन के नेतृत्व के वर्ग-चरित्र की विवेचना पहली बार की गई है। वास्तव में, यह ग्रंथ देसाई की पी.एच.डी. की उपाधि के लिखे गये शोध प्रबन्ध की उपज है।

देसाई ने इस ग्रंथ के बाद कई भिन्न विषयों, जैसे भारतीय राज्य, कृषक समाज व्यवस्था, प्रजातंत्रात्मक अधिकार, नगरीकरण, कृषक आंदोलन आदि पर लिखा है। उनकी 'भारत में ग्रामीण समाजशास्त्र' नामक सम्पादित पुस्तक अपने विषय की एक प्रामाणिक पाठ्य पुस्तक मानी जाती रही है जिसके अब तक कई संस्करण प्रकाशित हो चुके हैं। उन्होंने इसमें भारतीय कृषक व्यवस्था के सामंती चरित्र को उजागर किया है।

प्रमुख कृतियाँ:

- Social Background of Indian Nationlism, (1946)
- Recent Trends in Indian Nationlism, (1960)
- Indian Feudal States and National Liberation Struggles
- Gandhi's Truth and Nonviolence Xrayed
- Rural Sociology in India (ed.), (1969)
- Rural India in Transition
- Slums and Urbanization (with D. Pillai), (1970)
- Essays on Urbanization of Under Development Societies, (ed.)

- A Positive Programme for Indian Revolution (ed.)
- A Profile of an Indian Slum (with Pillai)
- State and Society in India : Essays in Dissent.
- Peasant Struggle in India (ed.), (1979)
- India's Path of Development, (1984)
- Agrarian Struggles in India After Independance, (1986)
- Urban Family and Family Planning in India.

Desai, Ishwarlal Pragji

ईश्वरलाल प्रागजी देसाई (1911-)

एक वांछित समाज के निर्माण के पैरोकार **ईश्वर प्रागजी देसाई** का विचार था कि समाज वैज्ञानिकों को मात्र अमूर्त सिद्धान्तों की रचना ही नहीं करनी चाहिये, अपितु एक उत्तम समाज व्यवस्था स्थापित करने के लिये अपने शोध-अध्ययनों एवं विश्लेषणों द्वारा समाज को बदलने का प्रयास भी करना चाहिये। अपने मित्रों और शैक्षणिक जगत् में स्नेहिल रूप में "आई. पी." के नाम से जाने वाले देसाई का जन्म गुजरात के एक अनाविल ब्राह्मण परिवार में हुआ था। उन्होंने हाईस्कूल सूरत और उच्च शिक्षा बम्बई विश्वविद्यालय से प्राप्त की और वहीं से सन् 1942 में जी.एस. घुर्ये के निर्देशन में 'अपराध के सामाजिक आधार' विषय को लेकर पी.एच.डी. की। बाद में, घुर्ये के सानिध्य में तीन वर्ष शोध सहायक का कार्य किया। सन् 1945-51 के बीच उन्होंने भावनगर के सामलदास कालेज में अध्यापन किया और यहीं से वे डक्कन कालेज, पूना चले गये जहां उन्होंने अपनी प्रथम शोध हाई स्कूल के विद्यार्थियों पर की। सन् 1952 में वे एम. एस. विश्वविद्यालय, बड़ौदा आ गये और सन् 1966 में अपनी सेवानिवृति (ऐच्छिक) तक यहीं रहे। यहीं उन्होंने अपने वरिष्ठ साथी एम. एन. श्रीनिवास के साथ मिलकर विभाग को समृद्ध बनाया। सेवानिवृति के बाद वे सूरत चले गये और सन् 1969 में उन्होंने एक 'प्रादेशिक विकास अध्ययन संस्थान' की स्थापना की जो बाद में 'सामाजिक अध्ययन केन्द्र' के रूप में परिणित हो गया। यहां वे सन् 1977 में अपनी सेवानिवृति तक निदेशक के रूप में कार्यरत रहे। यहां रहते हुए देसाई ने कई भिन्न विषयों पर शोध कार्य किया जिनमें अनुसूचित जातियां तथा जनजातियां, ग्रामीण गुजरात में अस्पृश्यता, (1976) और विद्यार्थी आन्दोलन, (1977) प्रमुख विषय रहे हैं।

देसाई की गणना भारत के समाजशास्त्र की प्रथम पीढ़ी के विद्वानों में की जाती है। बोल-चाल, वेश-भूषा और रहन-सहन में अत्यंत सरल, सौम्य और एक ठेठ कस्बाई गुजराती व्यक्ति होते हुए भी देसाई अध्ययन-अध्यापन में अत्यधिक गंभीर एवं अपने विषय के निष्णात विद्वान थे। उन्होंने अधिक नहीं लिखा है, किन्तु जो कुछ थोड़ा लिखा है, वह आज भी विभिन्न संदर्भों में उद्धृत (विशेषतः संयुक्त परिवार के बारे में उनके विचार) किया जाता है। उनका अध्ययन का प्रमुख क्षेत्र भारतीय संयुक्त परिवार रहा है, किन्तु उन्होंने शिक्षा के समाजशास्त्र तथा ज्ञान के समाजशास्त्र में भी योगदान किया है।

आई.पी. देसाई का परिवार संबंधी एक बहुचर्चित लेख ने "भारत में संयुक्त परिवार" जो सन् 1956 में भारत की अग्रणी पत्रिका 'सोसिऑलॉजिकल बुलिटिन' में छपा था, संयुक्त परिवार की संरचना और इसमें हो रहे परिवर्तन के बारे में वैज्ञानिक अध्ययन अनुसंधान की शुरुआत की। यह लेख, वास्तव में, सन् 1951 में की गई जनगणना प्रतिवेदन के निष्कर्षों के प्रतिक्रिया स्वरूप लिखा गया था। जनगणना प्रतिवेदन के निष्कर्षों से अपनी असहमति प्रकट करते हुए देसाई ने कहा है कि **भारत में एकाकी परिवारों की अपेक्षा अभी भी (पचास के दशक में) संयुक्त परिवार अधिक हैं।** अपने इस निष्कर्ष की पुष्टि के लिये उन्होंने गुजरात के महुआ कस्बे का अध्ययन किया जो सन् 1964 में पुस्तक आकार में 'महुआ में परिवार के कुछ पक्ष' नाम से अंग्रेजी में प्रकाशित हुआ। इस शोध अध्ययन में देसाई ने परिवार की संरचना तथा इसमें हो रहे स्वरूप परिवर्तन की जांच पड़ताल करते हुए सर्वप्रथम संयुक्त परिवार और एकाकी परिवार को परिभाषित किया है, और इनकी विशेषताओं पर प्रकाश डाला है। संयुक्त परिवार को परिभाषित करते हुए उन्होंने लिखा है, "**एक संयुक्त परिवार ऐसी गृहस्थी है जिसमें एकाकी (केन्द्रीय) परिवार की अपेक्षा पीढ़ियों की अधिक गहराई होती है, अर्थात इसमें तीन या अधिक पीढ़ियों के व्यक्ति रहते हैं और इसमें सदस्य एक दूसरे से सम्पत्ति, आय, पारस्परिक अधिकार और कर्त्तव्यों द्वारा आबद्ध रहते हैं।**" इस परिभाषा के आधार पर देसाई ने संयुक्त पारिवारिक सम्बंधों और संयुक्त परिवार की सदस्यता के आधार पर पाँच प्रकार के परिवार बताये हैं। पहला एकाकी परिवार और पाँचवा पूर्ण संयुक्त परिवार और इनके बीच के तीन प्रकार के परिवार एकाकी और संयुक्त के बीच की अलग-अलग स्थितिओं को प्रकट करते हैं।

देसाई ने सन् 1953 में पूना के हाई स्कूल के विद्यार्थियों का अध्ययन कर भारत में शिक्षा के समाजशास्त्र की नींव भी रखी। बाद में, इस अध्ययन का अनुकरण कर कई लोगों ने छात्रों और अध्यापकों के अध्ययन किये हैं। इसके अतिरिक्त, उन्होंने ज्ञान के समाजशास्त्र में भी योगदान किया है जो उनके दो लेखों "भारत में समाजशास्त्र का शिल्पः एक आत्मकथात्मक परिप्रेक्ष्य' द्वारा प्रकट होता है। ये लेख भारत की एक प्रारंभिक प्रतिष्ठित पत्रिका 'आर्थिक एवं राजनीतिक साप्ताहिकी' खंड 16 अंक 6 और 7 में छपे थे। इन लेखों में भारत के समाजशास्त्र के ताने-बाने पर अपने विचार व्यक्त करते हुए देसाई ने तीन बिन्दुओं पर प्रकाश डाला है। देसाई ने दक्षिण गुजरात के आदिवासियों का भी अध्ययन किया है।

देसाई अपने गुरु घुर्ये से घनिष्ट रूप में प्रभावित रहे हैं। घुर्ये की भांति ही देसाई के शोध-अध्ययनों का स्वरूप भी अधिकांशतः वर्णनात्मक-आनुभविक प्रकार का रहा है, किन्तु अपने कुछेक अध्ययनों में उन्होंने सर्वेक्षण विधि का प्रयोग करते हुए संरचित प्रश्नावली और प्रतिदर्श विधि (सेम्पलिंग) का प्रयोग भी किया है। देसाई पश्चिमीकरण, आधुनिकीकरण, विकास जैसी अवधारणाओं के प्रयोग के आलोचक थे। उन्होंने कहा है कि इन अवधारणाओं की रचना ब्रिटिश और अमेरिकी विद्वानों द्वारा अपने उद्देश्यों के लिये की गई है। इनमें भारतीय समाज की यथार्थतओं की व्याख्या करने की पर्याप्त क्षमता नहीं है। स्वयं देसाई ने पश्चिमी समाजशास्त्र की अवधारणाओं और कोटियों के प्रयोग से परहेज किया है। अपने शोध-अध्ययनों में उन्होंने संरचनात्मक परिप्रेक्ष्य का प्रयोग किया है।

प्रमुख कृतियाँ:

- High School Students in Poona, (1953)
- Some Aspects of Family in India, (1964)

Descartes, Rene

रेने डेकार्ते (1596-1650)

आधुनिक पश्चिमी दर्शन के प्रस्थापकों में **इमानुएल कांत** और **डेविड ह्यूम** के साथ **रेने डेकार्ते** का नाम भी सुप्रसिद्ध है। दर्शन के अतिरिक्त, डेकार्ते ने गणितशास्त्र और यांत्रिकी के विज्ञान में भी भारी योगदान किया है। डेकार्ते प्रमुखतः अपनी दो कृतियों 'विधि सम्बन्धी प्रवचन' (डिसकॉ:स ऑन मेथड) और 'चिन्तन' (मेडिटेशन) के द्वारा जाने जाते हैं। इन ग्रंथों में उन्होंने 'व्यवस्थित संदेह की विधि' का प्रयोग किया है ताकि किन्हीं संदेह रहित आधारों पर पहुँच कर कुछ निश्चित ज्ञान प्राप्त किया जा सके। **डेकार्ते के लिये यह विख्यात है कि उन्होंने यह खोज की है कि संदेह करने या सोचने की क्रिया में इस बात को छोड़कर कि उनका स्वयं का अस्तित्व है, वे वास्तव में हरेक घटना/वस्तु के बारे में संदेह प्रकट कर सकते हैं।** फिर भी, इस प्रक्रिया के द्वारा जिस अस्तित्व की स्थापना की जायेगी, वह उसका शारीरिक (भौतिक) अस्तित्व न होकर 'एक चिन्तनशील वस्तु' के रूप में 'स्व' का अस्तित्व होगा। डेकार्ते ने अपने स्थानिक अस्तित्व द्वारा परिभाषित भौतिक शरीरों के अस्तित्व में अपने विश्वास को बनाये रखने हेतु ईश्वर के अस्तित्व के साक्ष्य की भी आवश्यकता बताई। एक ओर विश्व का यह तात्विक दृष्टिकोण कि यह ढेर सारे भौतिक पदार्थों से बना हुआ है तथा दूसरी ओर यह कि यह विचारों द्वारा परिभाषित आत्मा या मन से निर्मित है, इसे ही द्वैतवाद कहते हैं। स्वयं डेकार्ते और बाद के मन के द्वैतवादी दार्शनिकों को मन और शरीर, जिससे की मानव व्यक्ति का निर्माण होता है, के विशिष्ट सम्बन्धों को ठीक प्रकार से स्पष्ट करने में बड़ी कठिनाई का अनुभव हुआ। शरीर-मन सम्बन्धी द्वैतवाद का प्रभाव समकालीन सामाजिक विज्ञानों पर भी विद्यमान है। उदाहरणार्थ, मैक्स वेबर का व्यवहार और अर्थपूर्ण क्रिया में अन्तर। मानव और उसकी पारिस्थितिकी सम्बन्धी मुद्दों के समाधान में समाजशास्त्र की संदिग्ध असफलता इस द्वैतवाद की ही विरासत है।

प्रमुख कृतियाँ:

- Discourse on Method
- Meditations

Dewey, John

जॉन डेवी (1859-1952)

लगभग एक शताब्दी तक शिक्षा के क्षेत्र में विभिन्न सिद्धान्त प्रतिपादित करने वाले **जॉन डेवी** अमेरिका के अग्रणी शिक्षाशास्त्री, समाज सुधारक, और दार्शनिक रहे हैं जिन्होंने 'दार्शनिक

परिणामवाद' (प्रैगमॅटिज्म) को विकसित और उसका परिष्कार किया। तत्कालीन यूरोपीय शास्त्रीय तथा तात्विक दर्शन को अस्वीकारते हुए, डेवी ने सिद्धान्तों को विश्व में सक्रिय सहभागिता और वास्तविक समस्या-समाधान के साथ जोड़ने पर बल दिया। उनकी कृतियों ने शिक्षा के प्रगतिशील सिद्धान्तों को प्रभावित किया है। उदाहरणार्थ, उन्होंने अपनी पुस्तक 'प्रजातंत्र और शिक्षा' (डेमोक्रेसी एंड एड्यूकेशन, 1916) में बालक केन्द्रित पढ़ाई पर बल दिया है जिसमें बालकों के अनुभवों को समस्याओं के समाधान में महत्वपूर्ण माना जाता है। यही नहीं, इस प्रकार के अनुभवों की विचारपूर्ण निरन्तरता को बालक के जीवन में अधिकाधिक नियंत्रण के रूप में देखा जाता है। शिक्षा के दर्शन के क्षेत्र में डेवी की यह कृति आज भी सर्वाधिक पढ़ी जाने वाली पुस्तक है। इनके अतिरिक्त, 'जनता तथा इसकी समस्याएं' तथा 'स्वतंत्रता और संस्कृति' नामक उनकी दूसरी सर्वाधिक महत्वपूर्ण पुस्तकें हैं जिसमें डेवी ने अपने प्रजातंत्र के परिणामवादी (प्रैगमॅटिस्ट) सिद्धान्त की विस्तृत व्याख्या की है।

चार्ल्स पीअर्स और विलियम जेम्स के साथ मिलकर उन्होंने 'प्रैगमॅटिज़्म' नामक एक सर्वथा नये दर्शनशास्त्र के सम्प्रदाय की शुरुआत की। अति सामान्य अर्थ में, **प्रैगमॅटिज़्म उन व्यवहारों और क्रियाओं का एक दर्शन है जिन पर हम अपने विचारों को अर्थ प्रदान करने के लिये विश्वास करते हैं। इसके अनुसार, प्रत्येक विचार किसी क्रिया का संकेत देता है तथा क्रिया के परिणाम उस विचार के अर्थ और प्रामाणिकता का परीक्षण होते हैं**। डेवी को अन्य दर्शनों के बारे में जो बात सबसे अधिक अखरी, वह यह कि अन्य दर्शनों में व्यवहार और अनुभव के सम्बन्धों का अभाव देखा जाता है। अतः अन्य दर्शन इस विशिष्ट अर्थ में अव्यवहारिक हैं। **डेवी का दर्शन 'करणवाद' (इन्सट्रुमेन्टलिज्म) पर जोर देता है, अर्थात् एक विचार किसी समस्या के समाधान का एक साधन है, अतः इस साधन (विचार) का प्रयोग किया जाना चाहिये**। करणवाद के पूरक के रूप में डेवी ने 'प्रयोगवाद' का एक अन्य विचार भी प्रस्तुत किया। **प्रयोगवाद से तात्पर्य तर्क पर आधारित प्रयास और भूल के एक ऐसे स्वरूप से है जिसमें विचार की महत्ता इस बात पर निर्भर करती है कि इसकी प्रामाणिकता के परीक्षण में कितनी सतर्कता बरती गई है**। जहां अन्य दर्शन व्यक्तियों को अपने विश्वासों को उस सीमा तक महत्ता देने के लिये प्रोत्साहित करते हैं जिस सीमा तक उनके विश्वास पूर्णतः सत्य कहे जा सकते हैं, वहां डेवी का 'प्रैगमॅटिज़्म' का दर्शन इस बात पर बल देता है कि किसी विचार की सत्यता, अधिक सटीक रूप में उसकी प्रामाणिकता की विभिन्न स्थितियों की आवश्यकताओं के सापेक्ष है। अतः विचारों की उपयोगिता और महत्ता परिस्थितियों के बदलने के साथ बदलती रहती है। 'प्रयोगवाद' का विचार एक विधि और लक्ष्य दोनों है जो डेवी के शिक्षा के दर्शन को स्पष्ट करती है। सन् 1894 में डेवी शिकागो विश्वविद्यालय चले गये जहां उन्होंने 'विश्वविद्यालयी प्रारंभिक विद्यालय' की स्थापना की। यह विद्यालय, सामान्य रूप में, प्रयोगशाला या 'डेवी स्कूल' के नाम से जाना जाता है। अमेरिका तथा कई अन्य स्थानों पर इस प्रकार के प्रयोगशालाई विद्यालय कई शिक्षण महाविद्यालयों के एक अंग बने हुए हैं।

एक मनोवैज्ञानिक होते हुए भी जॉन डेवी ने दुर्खाइम के सामूहिक यथार्थवाद और सामूहिक समष्टिवाद का समर्थन करते हुए अपने एक वक्तव्य 'नैतिक और सामाजिक

भावनाएं' में कहा है कि 'नैतिक दायित्व पहले एक बाहरी सामाजिक बाध्यता (बंधन) के रूप में अनुभव किया जाता है जो बाद में धीरे-धीरे हमारे अन्तःकरण का एक अंग बन जाता है...... प्रत्येक भावना सामाजिक संगठन की उपज होती है, परिणामतः उन्हें प्राणीशास्त्रीय या मनोवैज्ञानिक शक्तियों के अर्थों में कभी भी समुचित रीति से नहीं समझा जा सकता है।' डेवी ने दुर्खाइम की 'निकटाभिगमन निषेध' की अवधारणा का भी समर्थन किया है। उन्होंने कानून के समाजशास्त्र में भी योगदान किया है। अपनी एक पुस्तक 'लॅ फार जुरेल' में उन्होंने संविदात्मक संबंधों का समाजशास्त्रीय विश्लेषण कर बताया कि कानूनी संविदात्मक सम्बंधों का जन्म मूलतः पारिवारिक सम्बंधों और कर्त्तव्यों से हुआ है जो धीरे-धीरे व्यक्तिवादी रूप में बदल गये।

प्रमुख कृतियाँ:

- Democracy and Education, (1916)
- Reconstruction in Philosophy, (1920)
- Human Nature and Conduct, (1922)
- The Public and its Problems, (1927)
- The Quest for Certainty, (1929)
- Logic : The Theory of Inquiry, (1938)
- Freedom and Culture, (1939)

Dilthey, Wilhelm

विलहेम डिल्थे (1833-1911)

समाजशास्त्र में निर्वचनात्मक (व्याख्यात्मक) परम्परा के एक महान् अग्रदूत **विलहेम डिल्थे** एक जर्मन दार्शनिक तथा इतिहासकार थे। उनका मुख्य उद्देश्य मानवीय और ऐतिहासिक विज्ञानों में ज्ञान के लिये पर्याप्त दार्शनिक आधार की रचना करना था। उनके अनुसार, मानव इतिहास और संस्कृति के संसार की रचना मानवीय जीवन-अनुभव की 'अभिव्यक्तियों' द्वारा होती है जिन्हें प्राकृतिक विज्ञानों की विधियों से भिन्न प्रकार की विधियों से खोजा और समझा जाना चाहिये। उनका पहले विचार था कि मानवीय विज्ञानों के लिये मनोविज्ञान आधारभूत विज्ञान का काम कर सकता है, किन्तु बाद में उन्होंने अपने इस विचार में संशोधन कर संस्थाओं, धर्मों, इमारतों आदि के अध्ययन के लिये व्याख्यात्मक उपागम (हःमिन्यूट्रिक एप्रोच) का सुझाव दिया।

डिल्थे मुख्य रूप से प्राकृतिक और सामाजिक घटनाओं में अन्तर स्पष्ट किये जाने वाले अपने विचारों के लिये जाने जाते हैं। डिल्थे ने कहा कि प्राकृतिक जगत् को वैज्ञानिक अवलोकन और वस्तुपरक नियमों द्वारा समझा जा सकता है, किन्तु सामाजिक जगत् को केवल अर्थ के संदर्भ में ही समझा जा सकता है जो स्थिति विशेष में भाग लेने वाले व्यक्ति उस घटना को देते हैं। किसी समूह में क्या हो रहा है, इसकी व्याख्या करने के लिये उस समूह के सदस्यों की प्रतिक्रिया जानना आवश्यक है, अर्थात् उस समूह के सदस्य अपने समूह तथा

स्वयं को किस प्रकार देखते हैं। इससे स्पष्ट है कि समाजशास्त्रियों को इस बात की जानकारी होनी चाहिये कि वे जिस समूह अथवा घटना का अध्ययन कर रहे हैं, वे उसके अंग है और अवलोकन की जा रही घटना को वे जो अर्थ देते हैं, वह अवलोकन का आवश्यक रूप में एक हिस्सा है। **समाजशास्त्र में उनके विचार मैक्स वेबर तथा कार्ल मानहीन से मिलते-जुलते हैं** तथा 'वाल्टेचूआंग' (विश्वदृष्टि) तथा भाष्यविज्ञान (हःमिन्यूटि्क) की अवधारणाओं के काफी निकट हैं।

प्रमुख कृतियाँ:
- The Life of Schleiermachers, (1870)
- Introduction to the Sciences of Spirit, (1883)
- The Essence of Philosophy, (1907)
- The Construction of the Historical World in the Social Sciences, (1910)
- The Meaning of History, (1961)

Dore, Ronald P.

रोनाल्ड पी. डोरे

(1925-)

रोनाल्ड पी. डोरे का मुख्य योगदान आधुनिक जापान को समझने सम्बन्धी उनके अध्ययन हैं। उन्होंने आर्थिक विकास और विकासशील देशों में शिक्षा की भूमिका जैसे विषयों पर भी लिखा है। आजकल लंदन के इम्पीरियल कॉलेज में विज़िटिंग प्रोफेसर के साथ-साथ जापानियों के अध्ययन संस्थान (सेन्टर फॉर जैपनीज़ एंड कम्पैरेंटिव इन्डस्ट्रिल रिसॅःच) के निदेशक भी हैं।

प्रमुख कृतियाँ:
- City Life in Japan, (1958)
- Land Reforms in Japan, (1959)
- Education in Tokugawa Japan, (1965)
- British Factory, Japanese Factory, (1973)
- The Diploma Disease, (1976)
- Shinohata, (1978)
- Flexible Rigidities, (1986)

Douglas, M.

एम. डगलस

(1921-)

एम. डगलस एक ब्रितानी सामाजिक मानवशास्त्री थी जिन्होंने सन् 1949-50 और 1953 के

बीच बैलजिअन कांगो (जायरे) में शोध-कार्य किया। डगलस ने कई विविध विषयों, जैसे प्रदूषण (1966), जादू और टोनागिरी (1970), संस्थापक स्वरूप (1986), सामाजिक अर्थ (1973, 1975) और उपभोक्ता व्यवहार (ईशरवुड के साथ, 1978) पर लिखा है। इनकी कृतियों को बांधने वाला मूल विचार यह रहा है कि समूह किस प्रकार संकट और अनिश्चितता के प्रति अपनी प्रतिक्रिया प्रकट करते हैं। उनके बौद्धिक विकास पर इवान्स प्रिचार्ड के अजेन्डे लोगों में जादू-टोनागिरी के शोध-कार्य की छाप देखी जा सकती है। उदाहरणार्थ, 'पवित्रता और संकट' (1966) नामक अपनी कृति में डगलस ने बताया कि किस प्रकार प्रदूषण सम्बंधी धारणाएं अनिश्चितता और संकट की स्थिति में सामाजिक व्यवस्था को बनाये रखती हैं तथा सामाजिक स्थायित्व के एक रूपक के रूप में मानवीय शरीर कार्य करता रहता है। डगलस ने सामाजिक सम्बन्धों के एक सिद्धान्त को भी विकसित किया है जो 'ग्रिड/समूह द्विभाजन' के नाम से जाना जाता है। समूह परिवर्त्य से तात्पर्य सामाजिक इकाइयों के साथ सामूहिक लगाव की ताकत से है; ग्रिड से तात्पर्य व्यक्तियों पर सामाजिक बाध्यताओं से है जो प्रदत्त प्रस्थिति का परिणाम होती हैं। डगलस ने उपभोग के उपयोगितावादी सिद्धान्तों की भी जमकर आलोचना की है।

प्रमुख कृतियाँ:

- The Lele of the Kasai, (1963)
- Purity and Danger, (1966)
- Witchcraft, Confessions and Accusations (ed.), (1970)
- Natural Symbols : Explorations in Cosmology, (1970)
- Rules and Meaning : The Anthropology of Everyday life, (ed.) (1973)
- Implicit Meanings : Essays in Anthropology, (1975)
- Cultural Bias, (1978)
- The World of Goods : Towards An Anthropology of Consumption (with Isherwood, 1978)
- Evans-Pritchard, (1980)
- In the Active Voice, (1982)
- Essays in the Sociology of Perception, (1982)
- Risk and Culture (with Wildavsky A), (1982)
- How Institutions Think, (1986)

Dube, Shyama Charan

श्यामाचरण दुबे

(1922-1996)

मूलरूप में राजनीति विज्ञान में दीक्षित **श्यामाचरण दुबे** ने मध्य प्रदेश की स्थानान्तरित कृषि करने वाली कमार नामक आदिवासी जनजाति का अध्ययन कर मानव विज्ञान और

समाजशास्त्रीय जगत् में प्रवेश किया। उन्होंने अपने व्यावसायिक जीवन की शुरुआत नागपुर के हिस्लोप कालेज में एक प्राध्यापक के रूप में की। बाद में वे लखनऊ विश्वविद्यालय में राजनीति विज्ञान के प्राध्यापक के रूप में आ गये। यहां उन्होंने अध्ययन के साथ-साथ डी. एन. मजूमदार के साथ 'पूर्वोत्तर नृविज्ञानी' (ईस्टर्न एन्थ्रपालॅजिस्ट) नामक पत्रिका का प्रकाशन एवं सम्पादन किया। कुछ समय के बाद ही उन्हें उस्मानिया विश्वविद्यालय में समाजशास्त्र विभाग में रीडर के पद पर नियुक्ति मिल गई। यहीं से उनके शोध-अध्ययनों, लेखन तथा गौरवपूर्ण जीवन की वास्तविक यात्रा का समारंभ हुआ। उस्मानिया विश्वविद्यालय के बाद वे सागर विश्वविद्यालय में मानवशास्त्र के आचार्य (प्रोफेसर) रहे हैं। दुबे ने कुछ समय तक 'एन्थ्रोपॉलोजिकल सर्वे ऑफ इन्डिया' और 'नेशनल इन्सटिट्यूट ऑफ कम्यूनिटी डेवलपमेन्ट' में भी कार्य किया है।

दुबे कई शीर्षस्थ सम्मानों की प्रवर समितियों तथा अन्तर्राष्ट्रीय प्रतिष्ठित संस्थाओं के पदों पर आसीन रहे हैं। उन्होंने इन्डियन इन्सटिट्यूट ऑफ एडवान्सड स्टडी, शिमला (1972-77) के निदेशक, जम्मू विश्वविद्यालय के कुलपति (1978-80), आई.सी.एस.एस. आर. के नेशनल फैलो (1980-83) के अतिरिक्त यूनेस्को और संयुक्त राष्ट्र संघ की कई संस्थाओं के गौरवपूर्ण पदों को सुशोभित किया है। यही नहीं, उन्हें कई विदेशी विश्वविद्यालयों और उच्च शिक्षा के संस्थानों में भाषण के लिये आमंत्रित किया गया। वे मध्य प्रदेश उच्च शिक्षा अनुदान आयोग, भोपाल के अध्यक्ष भी रहे हैं। शुरुआती दौर में दुबे 'सामुदायिक ग्रामीण विकास के राष्ट्रीय संस्थान' में सलाहकार थे। दुबे को सन् 1975-76 में 'अखिल भारतीय समाजशास्त्रीय परिषद्' (आई.एस.एस.) के अध्यक्ष बनने का सम्मान भी प्राप्त रहा है।

दुबे के लेखन के प्रमुख विषय ग्राम्य जीवन, सामुदायिक विकास, आधुनिकीकरण, परिवर्तन और परम्परा का प्रबंधन तथा विकास से जुड़े कई गूढ़ विषय रहे हैं। वे हिन्दी और अंग्रेजी दोनों भाषाओं में एक कुशल वक्ता और लेखक दोनों रूप में सिद्धहस्त थे। उनके अंग्रेजी के साथ-साथ कई लेख हिन्दी की प्रतिष्ठित पत्र-पत्रिकाओं में प्रकाशित हुए हैं तथा कई पुस्तकों के अनेक भारतीय एवं विदेशी भाषाओं में अनुवाद भी हुए हैं। सामाजिक विज्ञान विषयों के अतिरिक्त उनकी हिन्दी साहित्य में भी गहन रुचि थी।

दुबे के समाजशास्त्रीय लेखन की शुरुआत उनकी प्रख्यात पुस्तक 'इन्डियन विलेज', (1955) से हुई, यद्यपि उनका कमार जनजाति पर लिखा शोध-प्रबंध इससे पूर्व प्रकाशित हो गया था। इस प्रथम पुस्तक ने ही सामाजिक विज्ञान जगत् में उनकी अन्तर्राष्ट्रीय पहचान स्थापित की। (पुस्तक का हिन्दी रूपान्तर 'भारतीय ग्राम' भी अभी कुछ वर्षों पूर्व प्रकाशित हुआ है) इस पुस्तक में अन्तरअनुशासन पद्धति का प्रयोग किया गया है जिसमें कई विभिन्न क्षेत्रों के वैज्ञानिकों ने तेलंगाना (आंध्र प्रदेश) के एक गाँव 'शमीरपेठ' से सम्बन्धित आंकड़ों और तथ्यों को एकत्रित किया है। इस गाँव की सामाजिक संरचना एवं जीवन-शैली के अध्ययन में इतिहासवादी उपागम से भिन्न नृविज्ञानीय उपागम का प्रयोग करते हुए अत्यंत सशक्त एवं जीवंत शैली में दूबे में उन आधारभूत कारकों को उजागर किया है जो भारतीय समाज और संस्कृति की रचना करते हैं। निस्संदेह इस अध्ययन का दायरा बड़ा छोटा (मात्र एक गाँव) था, किन्तु इसके द्वारा बृहत भारतीय समाज और संस्कृति को समझने की बड़ी

संभावनाएं अन्तर्निहित हैं। वास्तव में, यह किसी भारतीय गाँव के विभिन्न पक्षों यथा ऐतिहासिक, भौगोलिक, सामाजिक, आर्थिक, सांस्कारिक एवं कर्मकाण्डीय संरचना, पारिवारिक सम्बन्ध, जीवन स्तर, सामुदायिक जीवन और बदलते स्वरूप का विवरणात्मक-गवेषणात्मक प्रकार का एक प्रथम समाजशास्त्रीय पूर्णाकारीय ग्रामीण अध्ययन है। इस अध्ययन ने भारत में समाजशास्त्र के क्षेत्र में शोध के एक नये आयाम का उद्घाटन किया है जो समसामयिक क्षेत्रीय एवं आनुभविक अध्ययन पर बल देता है। इस अध्ययन की प्रकृति समष्टिमूलक है जो संरचनात्मक-प्रकार्यात्मक विधि के प्रयोग का एक अनुपम उदाहरण प्रस्तुत करता है।

इस पुस्तक के आमुख में **मोरिस ओपलर** ने लिखा है कि 'विश्व के विभिन्न भागों में हुए समुदायों के अध्ययनों में यह एक उत्कृष्ठ अध्ययन है।' यह अध्ययन बहुत कुछ रूप में **रेडफील्ड** द्वारा सन् 1930 में मैक्सिको के गाँव (टेपोजलॉन) के अध्ययन के प्रतिमान से मिलता-जुलता है। अपने इस अध्ययन के आधार पर दुबे ने भारतीय गाँवों की सामान्य प्रकृति पर टिप्पणी करते हुए लिखा है कि **'भारत में कोई भी गाँव स्वायत्त और स्वावलंबी नहीं है क्योंकि वह हमेशा वृहत् सामाजिक व्यवस्था की एक इकाई होता है। वह एक संगठित राजनीतिक समाज का एक हिस्सा होता है। एक व्यक्ति एक गाँव के समुदाय का ही सदस्य नहीं होता, वह एक जाति, धार्मिक समूह या एक जनजाति से भी बंधा होता है जो कई गाँवों में फैली होती हैं। इन इकाइयों के अपने संगठन, सत्ता और नियमाचार (दंड व्यवस्था) होते हैं।'**

यह अध्ययन भारत में ग्रामीण संस्थाओं के परिचालन और क्रियाकलापों पर भी प्रकाश डालता है। दुबे ने लिखा है कि ग्रामीण भारत की आर्थिक व्यवस्था मुख्यतः जाति आधारित प्रकार्यात्मक विशेषीकरण, अन्तर्निर्भरता और व्यावसायिक गतिशीलता से परिचालित होती है। उन्होंने ग्रामीण लोगों की विश्वदृष्टि, अन्तर-सामूहिक संबंधों, अन्तर-जातीय मनोभावनाओं, रूढ़धारणाओं जैसे विषयों पर भी टिप्पणीयां की हैं। यही नहीं, दुबे ने जीवन-चक्र की तीन प्रमुख अवस्थाओं, यथा बाल्यावस्था, युवावस्था और वृद्धावस्था से जुड़े महत्वपूर्ण विषयों का भी इसमें सूक्ष्म विश्लेषण किया है।

भारत में गाँव में धर्म के प्रतिमान, विशेषतया हिन्दू धर्म की संस्थाओं का विवेचन करते हुए दुबे लिखते हैं कि **शास्त्रीय (पौराणिक) हिन्दू धर्म के जो तत्व समस्त भारत में फैले हुए हैं, वे प्रादेशिक और क्षेत्रीय हिन्दू धार्मिक विश्वासों और प्रथाओं से घुलमिल गये हैं**। इस आधार पर भारत के गाँवों में तीन प्रमुख प्रकार के धार्मिक पर्व, त्यौहार और उत्सव मनाये जाते हैं: (1) पारिवारिक संस्कार, (2) गाँव के त्यौहार और (3) जाति के उत्सव। मुसलमानों के अपने पारिवारिक और सामुदायिक त्यौहार होते हैं और गाँवों में हिन्दू और मुसलमान एक दूसरे के त्यौहारों में आपस में मिलते-जुलते और शिरकत भी करते देखे गये हैं।

इस अध्ययन के बाद दुबे ने सरकार द्वारा प्रवर्तित सामुदायिक विकास योजनाओं के भारतीय ग्रामों पर पड़ने वाले प्रभावों का गैर-सरकारी स्तर पर मूल्यांकन कर 'भारत के बदलते हुए गाँव' (1958) नामक पुस्तक लिखी। यह अध्ययन पश्चिमी उत्तर प्रदेश के राजपूत और त्यागी नामक दो गाँवों में किये गये उनके क्षेत्र-कार्य पर आधारित है। इस अध्ययन में

उन्होंने सामुदायिक विकास में मानव तत्व की महत्ता एवं उसकी मुख्य भूमिका को रेखाकिंत किया है। इसके साथ ही इसमें योजनाओं के फलस्वरूप उत्पन्न हुए सामाजिक परिवर्तन तथा तत्जनित समस्याओं का विश्लेषण किया गया है। इस पुस्तक के प्रकाशन के बाद दुबे को भारत और अन्यत्र नियोजित परिवर्तन और विकास का एक विशेषज्ञ माना जाने लगा।

ग्रामीण भारत संबंधी इन दो प्रारंभिक पुस्तकों के अतिरिक्त दुबे जाति-पदक्रम (कास्ट-रैंकिग), प्रभु जाति, ग्रामीण नेतृत्व, ग्रामीण भारत में परिवर्तन की प्रवृतियाँ, संस्कृति और आधुनिक विकास, आधुनिकीकरण, अपसंस्कृति, भारतीय युवा संस्कृति, विद्यार्थी असंतोष जैसे अनेक समाजशास्त्रीय विषयों और देश की ज्वलंत समस्याओं पर हिन्दी और अंग्रेजी में ढ़ेर सारे लेख और पुस्तकें लिखी हैं। जाति-पदक्रम संबंधी अपने एक लेख (1955) में दुबे ने लिखा है कि सांस्कारिक पवित्रता और अपवित्रता की धारणाएं जाति-पदक्रम के बुनियादी सिद्धान्त हैं। रोज़मर्रा के धार्मिक कर्मकाण्ड, भोजन संबंधी निषेध, पेशों का संस्तरण तथा जीवन-चक्र संबंधित संस्कारों के नियमाचारों और प्रथाओं का पालन आदि समाज में जाति-पदक्रम को निश्चित करते हैं। दुबे ने विशेष रूप में इस बिन्दु को रेखांकित किया कि गाँवों में जाति-पदक्रम का मुख्य मापदंड सांस्कारिक है, न कि आर्थिक।

'प्रभु-जाति', जो कि गाँवों के अध्ययन में **एम.एन. श्रीनिवास** की एक प्रमुख अवधारणा रही है, इस पर टिप्पणी करते हुए दुबे ने प्रभु-जाति संबंधी श्रीनिवास के विचारों से अपनी असहमति प्रकट करते हुए कहा है कि राजनीतिक शक्ति सम्पूर्ण जाति में निहित नहीं होती, अपितु यह शक्ति जाति के कुछ लोगों में केन्द्रित होती है। प्रत्येक गाँव में कुछ ऐसे प्रबल व्यक्ति होते हैं जिनकी गाँव के संचालन में निर्णायक भूमिका होती है। ये व्यक्ति ही गाँव की राजनीतिक गतिविधियों को संचालित करने, झगड़ों को निबटाने, युवाओं का मार्ग-दर्शन करने, गाँव में तीज-त्यौहार संबंधी उत्सवों को मनाने और गाँव में संगठन बनाये रखने में मुख्य भूमिका अदा करते हैं।

भारतीय युवाओं और विद्यार्थियों के असंतोष और विक्षोभ से भरी तत्कालीन प्रवृतियों का विश्लेषण करते हुए दुबे ने आकाशवाणी (1972) पर दिये गये अपने एक भाषण में कहा है कि सम्पूर्ण भारतीय युवाओं को एक समरूप वर्ग में रखना सही नहीं हैं। इनके कई वर्ग हैं। पृष्ठभूमि, संस्कार, और उनकी अभिवृतियों के आधार पर दुबे ने भारतीय युवाओं की चार प्रमुख उपसंस्कृतियां बताई हैं: (1) हिप्पियों का भारतीय संस्करण, (2) पश्चिमपरक और अलगावग्रस्त परिवारों से आये युवा, (3) समाज के निम्न तबके और मध्यम वर्ग के युवा, और (4) प्रथम पीढ़ी के शिक्षित युवाओं का ऐसा वर्ग जिनके माता-पिता को उच्च शिक्षा प्राप्त करने का सौभाग्य हासिल नहीं हो पाया। इसी प्रकार, विश्वविद्यालयों के अशान्त युवाओं की प्रवृतियों पर टिप्पणी करते हुए उन्होंने यह मत व्यक्त किया है कि हमारे यहां की विद्यालयी व्यवस्था में कई खामियां है। यह व्यवस्था विद्यार्थियों को विश्वविद्यालयों की जरूरतों के अनुसार गढ़ने में असफल रही है। यही नहीं, विश्वविद्यालयों ने भी नये आने वाले विद्यार्थियों की जरूरतों पर कोई ध्यान नहीं दिया है। इसी कारण कुछ विद्यार्थी गैर-शैक्षणिक पर्यावरण की चकाचोंध से प्रभावित होकर भटक जाते हैं। वे आधुनिक अपरिवर्तनीय और निष्फल विश्वविद्यालयी व्यवस्था में ऐसा कुछ नहीं कर पाते जो उन्हें

प्रेरित और उत्साहित कर सके। इनमें से कुछ विद्यार्थी उदासीन होकर निष्क्रिय हो जाते हैं। कुछेक विद्यार्थी ही ऐसे होते हैं जो इस बीमार व्यवस्था के प्रति अपनी नाराज़गी जाहिर करते हैं। ऐसे विद्यार्थियों का एक वर्ग खुले रूप में विद्रोह और अवज्ञा प्रकट करता है। अत्यंत अल्प संख्या में असंगठित विद्यार्थियों का एक वर्ग अपनी असहमति प्रकट करते हुए विद्रोह का नेतृत्व करता है।

जैसा ऊपर लिखा गया है कि आधुनिकीकरण दुबे के लेखन का एक अन्य प्रमुख विषय रहा है। इसे परिभाषित करते हुए उन्होंने लिखा है कि ' **यह मूलतः एक प्रक्रिया, एक गति या बहाव है जो परम्परागत या अर्द्ध परम्परागत व्यवस्था से एक विशेष प्रकार की अपेक्षित प्रौद्योगिकी और इससे जुड़ी हुई सामाजिक संरचना, मूल्य अनुस्थापन, प्रेरणाओं और मानदंडों की ओर चलता है।**' उन्होंने आधुनिकता की अग्रांकित विशेषताएं या कसौटियां बताई हैं : परानुभूति, मानसिक गतिशीलता, उच्च सहभागिता, स्पष्ट लक्ष्य, हितों का समन्वय, संस्थागत राजनैतिक प्रतिस्पर्धा, अर्जन अभिप्रेरणा, तार्किक आधार पर लक्ष्य एवं साधनों का आकलन, धर्म, कार्य, बचत और जौखिम उठाने के प्रति नवीन दृष्टि, परिवर्तन की वांछनीयता, संभावना में विश्वास, सामाजिक, आर्थिक और राजनीतिक अनुशासन, उच्च स्तरीय प्रौद्योगिकी, उच्च स्तरीय जटिल संस्थाएं और विशाल स्तर पर शिक्षा आदि। परम्परा और आधुनिकीकरण के संदर्भ में ही दुबे ने **मैकिम मैरिअट** के परम्परा के द्विभाजन—लघु एवं महत् परम्परा को अस्वीकार कर उसके स्थान पर भारत में कार्यशील **छः प्रमुख परम्पराओं का उल्लेख किया है।** ये परम्पराएं हैं—शास्त्रीय (पौराणिक) परम्परा, उभरती हुई राष्ट्रीय परम्परा, प्रादेशिक परम्परा, स्थानीय परम्परा, पश्चिमी परम्परा और स्थानीय उप सांस्कृतिक परम्परा। अपनी बाद की कृतियों में दुबे ने आधुनिकीकरण की समस्याओं पर प्रकाश डालते हुए इसका विश्लेषण सामाजिक विचारणा, सामाजिक संरचना और शक्ति-संबंधों के संदर्भ में किया है।

प्रमुख कृतियाँ:

- The Kamar, (1954)
- Indian Village, (1955)
- India's Changing Villages, (1958)
- Power and Coanflict in village India, (1956)
- Essays on Modernization, (1971)
- Explanation and Management of Change, (1971)
- Contempoary India and its Modernization, (1973)
- Tribal Heritage of India (ed.), (1977)
- Social Sciences in Changing Society, (1974)
- Modernization and Development, (1988)
- On Crisis and Commitment in Social Values.
- Indian Society, (1992)
- मानव और संस्कृति
- भारतीय ग्राम

– विकास का समाजशास्त्र
– समय और संस्कृति
– संक्रमण की पीड़ा
– परम्परा और इतिहास बोध
– संस्कृति और शिक्षा
– समाज और भविष्य

Du Bois, William Edward Burghardt

विलियम एडवर्ड बर्गहाट डू बोइस (1868-1963)

विलियम एडवर्ड बर्गहाट डू बोइस प्रजातिशास्त्र विषय के एक प्रमुख अश्वेत अमरीकी समाजशास्त्री थे जिन्होंने अमेरिका में अश्वेत नागरिक आंदोलन में सक्रिय भाग लिया था। उन्होंने भविष्योक्ति की थी कि बीसवीं सदी की एक बड़ी समस्या रंग-भेद (प्रजाति-भेद) होगी। अमेरिका के प्रजाति इतिहास की सभी घटनाएं उनके विचारों या उनकी राजनीतिक क्रियाओं से प्रभावित रही हैं। मूलतः वे इतिहास में प्रशिक्षित थे, किन्तु बाद में वे समाजशास्त्र में आ गये और प्रजातिक उत्पीड़न और प्रजाति भेदभाव के अपने लेखे-जोखों द्वारा परिवर्तन के एक प्रभावशाली अगुआ बन गये। डू बोइस ने अश्वेत व्यक्तियों के जीवन सम्बन्धी कई सर्वेक्षण किये। इन सर्वेक्षणों ने अश्वेतों की वास्तविक जिन्दगी को एक ओर उजागर किया, तो दूसरी ओर श्वेत व्यक्तियों की इनके प्रति मिथकीय धारणाओं को निर्मूल किया जिस पर प्रजातिवाद की झूंठी एवं दंभभरी अवधारणाएं आधारित हैं। एक क्रांतिकारी की भूमिका में डू बोइस ने रंग-भेद की नीति को समाप्त करने तथा अश्वेत व्यक्तियों के साथ पूर्णतः समान बर्ताव करने की मांग की। उन्होंने शिक्षित तथा प्रतिभावान अश्वेतों को साथ लेकर आंदोलन के संगठन में मदद की। डू बोइस ने सन् 1919 में प्रथम 'पान अफ्रीकी कांग्रेस' का संगठन किया और अश्वेतों से आग्रह किया कि वे श्वेतों से अलग हो जायें और अपने आत्म-निर्भर समुदायों का निर्माण करें। वे अमेरिका में 1905 के 'निआग्रा आंदोलन' के जन्मदाता और 'नेशनल असोसिएशन फार द एडवान्समेंट ऑफ कलर्ड पीपॅल' 1910) के सह संस्थापक भी थे।

डू बोइस का जन्म मैस्साचुएट्स (अमेरिका) प्रान्त के ग्रेट बैरिंगटन में हुआ था जहां उन्होंने प्रजातिक भेदभाव को परोक्ष रूप में अनुभव किया था, फिर भी वे प्रजाति सम्बंधी विषयों के एक शीर्षस्थ अमेरिकी सामाजिक सिद्धान्तशास्त्री बन गये। अमेरिका के प्रजाति इतिहास की दासत्व, और पुनर्निर्माण से लेकर नागरिक अधिकार आंदोलन सम्बंधी लगभग सभी घटनाओं पर डू बोइस के विचारों और राजनीतिक क्रियाकलापों का प्रभाव पड़ा है। उन्होंने समाजशास्त्र के अतिरिक्त इतिहास, और उपन्यास के क्षेत्र में लेखन कार्य भी किया है। यह सही है कि डू बोइस की जड़ें अमेरिका में गड़ी हुई हैं, किन्तु उन्होंने अफ्रीकी आंदोलन में भी भाग लिया। जीवन के अन्तिम वर्षों में डू बोइस को चीन, रूस, अफ्रीका और यूरोप में सम्मानित किया गया।

अपनी प्रजाति (अश्वेत) के वे हार्वर्ड विश्वविद्यालय से पहले पी.एच.डी. की उपाधि प्राप्त व्यक्ति थे। उनके शोध-प्रबंध का विषय था—'अफ्रीकी गुलामों के व्यापार का दमन' (द सप्रेशॅन ऑफ द अफ्रिकन स्लेव ट्रेड, 1896)। यह शोध-प्रबंध बाद में हार्वर्ड ऐतिहासिक श्रृंखला का एक महत्वपूर्ण ग्रंथ बन गया। इसके बाद उन्होंने 'फिलाडेलफिया नीग्रो', (1899) नामक पुस्तक लिखी जिसने नगरीय समाजशास्त्र के नये आयामों को जन्म दिया। इसके अतिरिक्त डू बोइस ने इतिहास, राजनीति और सांस्कृतिक मानवशास्त्र विषयों पर दस प्रबंध लिखे हैं। यही नहीं, उन्होंने पाँच उपन्यास और तीन जीवन चरित्र भी लिखे हैं।

डू बोइस 'अश्वेत सौन्दर्य' और 'अश्वेत गर्व' के प्रमुख प्रेरणा स्रोत एवं शिल्पी थे। अमेरिकी बुद्धिजनों में वे पहले व्यक्ति थे जिन्होंने इस बात पर बल दिया कि **कमजोर अश्वेत अमरीकी सांस्कृतिक असंगति नहीं है, अपितु वे समृद्ध विविधता के प्रतीक हैं।** डू बोइस ने फ्रेंज बोअॅस और मेलविले हर्स्कोविट्स जैसे मानवशास्त्रियों के साथ अवर सहारा अफ्रीका की लुप्त हुई प्रमुख सभ्यता की खोज करने का भी प्रयास किया।

सन् 1961 में डू बोइस ने साम्यवादी दल की सदस्यता ग्रहण कर ली और जीवन के अंतिम वर्षों में वे समाजवादी बन गये। मृत्यु के कुछ समय पूर्व उन्होंने घाना की नागरिकता ग्रहण कर ली और वहीं रहने लगे और सन् 1963 में घाना के अंकरा नगर में उनकी मृत्यु हो गई।

प्रमुख कृतियाँ:

- The Philadelphia Negro, (1899)
- The Souls of Black Folk, (1903)
- Darkwater : Voices form Within the Veil, (1920)
- Black Reconstruction, (1935)
- Dusk of Dawn : An Essay Toward An Autobiography of Race Concept, (1940)
- The World and Africa, (1947)

Dumezil, Georges

जार्ज़ेस डमज़िल

(1898-1986)

क्लाड लेवी स्ट्रास सहित **जार्ज़ेस डमज़िल** को सामाजिक विज्ञानों में तुलनात्मक संरचनात्मक विधि के प्रारंभिक प्रवर्तकों में से एक माना जाता है। यह विधि अत्यंत सतर्कता द्वारा निर्मित वर्गीकरण और विश्लेषण की व्यवस्था पर जोर देती है। इसी के आधार पर डमज़िल ने इन्डो-यूरोपीय संस्कृति की तीन स्थायी सामाजिक विशेषताओं यथा—प्रभुसत्ता, युद्ध और उत्पादन को बताया है। उनकी इन विशेषताओं के विश्लेषण के आधार इन्डो-यूरोपीय धर्म और मिथकशास्त्र रहे हैं। अपने विश्लेषण के लिये डमज़िल ने भारत के महाकाव्य "महाभारत", इरानी लोगों की "अवेस्ता" (जोराष्ट्रवादियों का पवित्र ग्रंथ), स्केन्डेविया के "इडा" और रोम के वर्गिल की "इरनेड" आदि का स्रोत ग्रंथों के रूप में प्रयोग किया है।

डमज़िल का जन्म पैरिस में हुआ। उनकी प्रारंभिक शिक्षा प्रतिष्ठित पर्सियन स्कूल लुई ले ग्रेंड में और सन् 1916 में इकोल नार्मेल में प्रवेश लिया। प्रथम युद्ध के कारण व्यवधान पड़ने के कारण, डमज़िल ने सन् 1919 में स्नातक परीक्षा पास की ओर कुछ समय के बाद ही उत्तरी फ्रांस की एक स्कूल में अध्यापक बन गये। उन्हें स्कूल में पढ़ाना पसंद नहीं आया और पी.एच.डी. की तैयारी करने लगे। उनका पी.एच.डी. का विषय था—"अमरत्व का उत्सव" : इन्डो-यूरोपीय मिथकशास्त्र का एक तुलनात्मक अध्ययन"। इसी के साथ वारसा विश्वविद्यालय में फ्रेंच के रीडर बन गये। वारसा में उनका मन नहीं रमा और छः महिनों के बाद ही सन् 1922 में वे पैरिस लौट आये। सन् 1924 में अपना पी.एच.डी. का कार्य समाप्त करने के बाद वे टर्की में इस्तनबुल विश्वविद्यालय में धर्मों के इतिहास के प्रोफेसर बन गये। यहां वे सन् 1925 से 1931 तक रहे और सन् 1933 में फ्रांस के एक संस्थान में निदेशक के पद पर नियुक्ति होने के बाद वे फ्रांस आ गये। उन्होंने उपसाला विश्वविद्यालय में भी दो वर्षों तक फ्रेंच का अध्यापन किया। सन् 1949 में उनका "कॉलेज डी फ्रांस" में सिन्धु-यूरोपीय सभ्यता की पीठ के लिये चयन हुआ जहां उन्होंने सन् 1968 में अपनी सेवानिवृत्ति तक अध्यापन किया। इसके बाद उन्होंने तीन वर्षों तक अमेरिका में अध्यापन किया। सन् 1978 में उनका फ्रेंच अकादमी में चयन हो गया।

डमज़िल का समस्त लेखन कार्य इन्डो-यूरोपीय सभ्यता और उसकी तीन विशेषताओं—प्रभुसत्ता, युद्ध और उत्पादन पर केन्द्रित रहा है। उनका मत है कि संस्कृतियों के विभिन्न उद्भव स्त्रोत होने के उपरान्त भी उपर्युक्त तीन बातों ने उन्हें आपस में बांधे रखा है। डमज़िल ने अपने अध्ययन में विभिन्न सभ्यताओं के मिथकों का अध्ययन कर सभी में तीन विशेषताएं (प्रकार्य) बताई हैं। रोमन मिथकों के अनुसार, बृहस्पति ग्रह पुजारी वर्ग का, मंगल ग्रह युद्ध का और क्वीर्नस ग्रह खेती और उत्पादन के प्रतीक हैं। भारत में विश्व के सबसे प्राचीन वैदिक धर्म में इन तीन प्रकार्यों का प्रतिनिधित्व वरुण, इन्द्र और नासत्य (अश्विनी द्वय) द्वारा किया गया है। इसी प्रकार, उन्होंने इरान के मिथकों में तीन प्रकार्यों की खोजबीन की है। डमज़िल का मानना है कि इन त्रिवर्ती प्रकार्यों की उत्पत्ति इन्डो-इरानी संस्कृति से हुई है और बाद में धीरे-धीरे यह त्रिवर्ती ढाँचा, इन्डो-यूरोपीय सभ्यता के "परिवार" में पहुंच गया प्रतीत होता है।

प्रमुख कृतियाँ:

- Flamen-Brahman, (1935)
- Mitra-Varuna, (1940)
- Jupitor, Mars, Quirinus, (1941)

Dumont, Louis

लुई डूमॉ (ड्यूमा) **(1911-1998)**

फ्रांसीसी मानवशास्त्री **लुई डूमॉ** (ड्यूमा) भारत के समाजशास्त्र और मानवशास्त्र के क्षेत्र में जाति-व्यवस्था तथा संस्तरण के अपने विश्लेषण और "कॉन्ट्रिब्यूशॅन्स टू इन्डियन

सोसिऑलॉजि" नामक पत्रिका के एक संस्थापक सह सम्पादक के लिये विशेषकर जाने जाते हैं। उन्होंने जाति-व्यवस्था के अतिरिक्त भारतीय सामाजिक व्यवस्था के कई अन्य पक्षों, जैसे नातेदारी, धर्म और विवाह आदि पर भी अनेक लेख एवं पुस्तकें लिखी हैं। सन् 1970 में अंग्रजी में प्रकाशित उनकी "होमो हाइअॅर्किकस" (सम अधिक्रमिकता) नामक भारी भरकम पुस्तक ने उन्हें अन्तर्राष्ट्रीय जगत् में एक अग्रणी समाजशास्त्री के रूप में प्रस्थापित करने में प्रमुख योगदान किया है। इस पुस्तक की मुख्य विशिष्टता यह रही है कि इसमें डूमॉ ने भारतविद्या, मानवशास्त्र और उच्च समाजशास्त्रीय सिद्धान्तों का बड़ी कुशलता एवं पांडित्य पूर्ण ढंग से समन्वय कर भारतीय जाति-व्यवस्था और उसके प्रभावों का सारगर्भित विश्लेषण किया है। यहां यह कहना अत्युक्ति नहीं होगा कि भारतीय जाति-व्यवस्था और सामान्य रूप में भारत में सामाजिक संस्तरण (स्तरीकरण) विषय पर लुई डूमॉ का बिना उल्लेख किये आज कुछ भी लिखना थोड़ा असंभव सा प्रतीत होता है। इस पुस्तक पर विश्व समाजशास्त्र और मानवशास्त्र के क्षेत्र में ढ़ेर सारी टिप्पणियां (लिंच, केनेथ डेविड, लीच, बैरिमेन, मैक्किम मेरिअट, एस. जी. ताम्बिया आदि) हुई हैं। यद्यपि इस विषय पर डूमॉ के विचारों को पूर्ण रूप में स्वीकार नहीं किया गया है, तथापि मार्क्सवादी, उत्तर-आधुनिकतावादी, संरचनावादी, प्राच्यविद्, प्रकार्यवादी और चाहे किसी भी विचारधारा का व्यक्ति क्यों न रहा हो, वह जाति-व्यवस्था सम्बन्धी अपने लेखन में लुई डूमॉ के विचारों की अनदेखी नहीं कर पाता। उनका यह विचार कि **"भारत एक ऐसा धार्मिक समाज है जो जाति-व्यवस्था की शुद्ध संस्तरण व्यवस्था से परिचालित है"**, को व्यक्ति स्वीकार करे अथवा नहीं, यह एक तथ्यपरक स्पष्ट कथन है।

डूमॉ ने अपनी इस पुस्तक में जाति के इतिहास तथा उद्‌गम सम्बन्धी सिद्धान्तों से लेकर सामाजिक संस्तरण, वर्ण व्यवस्था, अन्तः जातीय विवाह, अस्पृश्यता, खान-पान सम्बन्धी निषेध, जातीय पंचायत जैसे अनेक विषयों पर अपने विचार प्रकट किये हैं। यही नहीं, अन्य समाजों में जाति तथा जाति में समकालीन परिवर्तन जैसे विषयों पर भी प्रकाश डाला है। **भारतीय समाज में हो रहे परिवर्तन पर टिप्पणी करते हुए डूमॉ ने लिखा है कि "समाज में परिवर्तन हो रहा है, किन्तु समाज का परिवर्तन नहीं हो रहा है।"** उनका 'जाति की दृष्टि से गांव' और 'सभ्यतापरक दृष्टि से जाति' संबंधी दृष्टिकोण अन्य लोगों के जाति अध्ययनों के परिप्रेक्ष्यों से भिन्न है। उन्होंने जाति-व्यवस्था और भारत के गांवों की सामाजिक संरचना के अध्ययन के लिये भारतविद्याशास्त्रीय (इन्डॉलॉजी) दृष्टि और संरचनात्मक उपागम दोनों के प्रयोग की बात कही है। उन्होंने कहा है कि जाति-व्यवस्था को समझने के लिये भारतीय पौराणिक ग्रंथों में इस बारे में निहित विचारधारा को समझना आवश्यक है।

भारत के धर्म और समाज के अध्ययन में डूमॉ ने समग्रात्मक (हॉलिस्टिक) उपागम और संरचनावादी दृष्टिकोण को अपनाते हुए हिन्दू विश्वासों, मूल्यों और व्यवहारों को केन्द्रीय महत्व दिया है। इसी परिप्रेक्ष्य के अनुसार, उन्होंने जाति-व्यवस्था को भारतीय समाज की एक आधारभूत संस्था माना है। जाति-व्यवस्था का अपना समस्त विश्लेषण डूमॉ ने पवित्रता और अपवित्रता (शुचिता-अशुचिता) की विचारधारा पर आधारित संस्तरण और पृथक्करण के मूल्यों के आधार पर किया है। व्यवसायों और जाति-समूहों के अनुक्रम (पदक्रम) को निश्चित करने के लिये उन्होंने पवित्रता के स्तर को एक मात्र मापदंड माना है। जाति-व्यवसायों के मूल्यांकन

में भी डूमॉ ने धन या आय की अपेक्षा पवित्रता को ही प्राथमिक महत्ता प्रदान की है। यही नहीं, उन्होंने जाति के 'राजनीतिक-आर्थिक आयाम' को द्वितीयक महत्ता दी है।

डूमॉ मानते हैं कि भारत के समाज की मूलभूत संस्था जाति पवित्र (ब्राह्मण) और अपवित्र (शूद्र) के दो विरोधी, किन्तु परस्पर एक दूसरे पर निर्भर सांस्कृतिक तत्वों से बनी हुई है। संरचना के ये दो विरोधी तत्व भारतीय जाति-व्यवस्था के प्राण हैं। डूमॉ के अनुसार, ब्रह्मण और अस्पृश्य एक दूसरे के पूरक हैं और सम्पूर्ण रचना के लिये ये दोनों तत्व आवश्यक हैं चाहे इन दोनों में असमानता ही क्यों न हो। जाति-व्यवस्था में प्रत्येक व्यक्ति कुछ असंगतियों को छोड़कर आर्थिक, राजनीतिक और सांस्कारिक भूमिकाएं अदा करता है। इसमें राजनीतिक-आर्थिक पद और जाति के सांस्कारिक पद-व्यवस्था में काफी साम्यता होती है। अस्पृश्य की अशुचिता को सैद्धान्तिक दृष्टि से ब्राह्मण की शुचिता से पृथक नहीं किया जा सकता है। दूसरों की शुचिता बनाये रखने के लिये कुछ अन्य लोगों को अशुचि कार्य करने ही पड़ेगें। अतः समाज एक ऐसी समष्टि है जो दो असमान, किन्तु पूरकों हिस्सों से निर्मित है। डूमॉ ने जाति के मूर्त और अमूर्त दोनों पक्षों का विश्लेषण किया है। उन्होंने लिखा है कि जाति को सामान्य अर्थ में मात्र एक समूह माना जाता है, किन्तु जाति समूह की इस सामान्य धारणा से कहीं अधिक है। यह एक मनोदशा भी है जिसकी अभिव्यक्ति विभिन्न स्थितियों में विभिन्न स्तरों के समूहों के उद्भव में होती है, जिन्हें हम जातियां कहते हैं।

डूमॉ ने हिन्दू समाज को समझाने के लिये भारतविधा (इन्डॉलॉजी) स्त्रोतों (पौराणिक धार्मिक ग्रथों) का सहारा लेते हुए ब्राह्मणवादी दृष्टिकोण से समाज को देखा-परखा है जिसकी भारी आलोचना हुई है। आलोचकों ने इन पर तीव्र प्रहार करते हुए कहा है कि डूमॉ ने जाति-व्यवस्था के अध्ययन में विविध स्त्रोत ग्रंथों, मानवशास्त्रीय एवं समाजशास्त्रीय अध्ययनों का प्रयोग नहीं किया है। उन्होंने इसके पवित्रता और अपवित्रता के एक पक्ष को ही सब कुछ मानते हुए जाति के सामाजिक, आर्थिक और राजनीतिक संदर्भ को सर्वथा भुला दिया है। **बैरीमैन** (1979) ने लिखा है कि जाति-व्यवस्था की विकृत व्याख्या के अलावा डूमॉ की जाति की धारणा विद्वत स्त्रोतों का प्रयोग करते हुए भी सीमित, और अभिनतिपूर्ण साक्ष्यों पर आधारित है।

डूमॉ ने न केवल जाति-व्यवस्था के अध्ययन पर अपनी छाप अंकित की है, अपितु दक्षिण भारत की नातेदारी व्यवस्था पर भी पूर्ण विद्वता से कार्य किया है, किन्तु इस विषय पर वे अपने गुरु **क्लाड लेवी स्ट्रास** के विचारों से अधिक आगे नहीं बढ़ पाये हैं। इस संदर्भ में उनका दक्षिण भारत में परमली कल्लार नामक समुदाय पर किया गया सर्वप्रथम और गहन मानवशास्त्रीय क्षेत्र-कार्य विशेष उल्लेखनीय है। यह अध्ययन फ्रेंच भाषा में सन् 1954 में प्रकाशित हुआ था। 'होमो हाइअॅरकिकस' के बाद डूमॉ ने 'होमो एक्विलस' (मण्डवेली से मार्क्स तक) पुस्तक लिखी जो यूरोप से सम्बंधित है। डूमॉ ने इस पुस्तक में यूरोप को भारत के सांस्कृतिक और वैचारिक दृष्टि से भिन्न माना है। सन् 1986 में 'व्यक्तिवादिता पर लेख' नामक पुस्तक में उन्होंने अपनी यूरोपीय विचारधारा को आगे बढ़ाया है। इसमें उन्होंने इस बात को स्थापित किया है कि पश्चिम में व्यक्तिवादिता का विकास कुछ ऐतिहासिक एवं सांस्कृतिक दशाओं के कारण हुआ है। इसी पुस्तक में उन्होंने सामाजिक मानवशास्त्र की इस बात के लिये आलोचना की है कि इसमें समाजों के बीच पाये जाने वाले मूलभूत अन्तर की

अवहेलना की गई है और समतावादिता और व्यक्तिवादिता को सार्वभौमिक मूल्य या मूल आचार तत्व (इथॉज) मान लिया गया है। उनकी अंतिम कृति 'ल इडिऑलॉजी अल्लेनमंड' जो सन् 1994 में फ्रेंच में प्रकाशित हुई थी, में भी डूमॉ ने यूरोप की विचारधारा और संस्कृति, विशेष रूप में जर्मन समाज और संस्कृति का सारगर्भित विश्लेषण किया है।

भारतीय समाजशास्त्रियों के बीच डूमॉ विशेषतः एक परिचर्चा की शुरुआत के लिये भी प्रसिद्ध रहे हैं जो उन्होंने सन् 1957 में उपरोक्त उल्लिखित पत्रिका के प्रथम अंक में अपने एक लेख के द्वारा की थी। इसका प्रकाशन पेरिस से डी.एफ. पोकाक के सह सम्पादकत्व में हुआ था। सम्पादक मण्डल बदलने के उपरान्त आज भी इस पत्रिका को अन्तर्राष्ट्रीय जगत् में भारतीय समाजशास्त्र पर एक प्रतिष्ठित जर्नल माना जाता है। डूमॉ ने इस पत्रिका के माध्यम से भारतीय समाजशास्त्र पर नवीनतम सामग्री को विभिन्न मत-मतान्तरों सहित बेहिचक प्रस्तुत करने का यत्न किया है। अपने लेख "भारत के लिये समाजशास्त्र" (फार ए सोसिऑलॉजी ऑफ इन्डिया) में डूमा ने भारतीय समाजशास्त्र की प्रकृति, सिद्धान्त, अवधारणाओं और पद्धतिविज्ञान के बारे में अपने विचारों को प्रकट करते हुए कुछ प्रश्न उठा कर परिचर्चा का समारंभ किया है। इस परिचर्चा में बाद में पुस्तकों, लेखों और गोष्ठियों के माध्यम से कई समाजशास्त्रियों (बेली, मदान, ऑबेराय, डी.नारायण, योगेन्द्रसिंह, इम्तिआज अहमद आदि) ने भाग लिया। इस लेख ने भारतीय और कुछ विदेशी समाजशास्त्रियों में तीव्र प्रतिक्रियाएं उत्पन्न की और आज भी इस विषय पर किसी न किसी रूप में वाद-विवाद जारी है। इस बहस का मुख्य आधार सन् 1955 में हेग विश्वविद्यालय में 'भारत के समाजशास्त्र की पीठ' की स्थापना के अवसर डूमॉ का उद्घाटन भाषण था। अपने इस भाषण में उन्होंने भारत में समाजशास्त्र के विकास के संभावित स्वरूप की एक रूपरेखा प्रस्तुत करते हुए उन्होंने कहा है कि '**भारतीय समाजशास्त्र एक ऐसी विशिष्ट ज्ञान की शाखा है जो भारतविद्याशास्त्र (इन्डॉलॅजि) और समाजशास्त्र के संगम स्थल पर स्थित है।**' उनके इस कथन से स्पष्ट है कि उन्होंने भारतीय समाजशास्त्र को एक ओर भारतविद्या के आधार पर खड़े करने, तो दूसरी ओर इसे भारतविद्या से पूर्णतः अलग स्वतंत्र रूप में विकसित करने का सुझाव दिया है। उन्होंने लिखा है कि "भारत हेतु समाजशास्त्र के स्थाई विकास की प्रथम शर्त यह है कि इसके और शास्त्रीय भारतविद्याशास्त्र के मध्य उचित सम्बन्धों की स्थापना हो।" भारतीय समाजशास्त्र के अनुपम चरित्र के कारण डूमॉ ने "वर्णनात्मक समाजशास्त्र" के विचार को रखा है जिसे अनेक समाजशास्त्रियों ने अस्वीकार कर दिया। इसी प्रकार उनके विविधता में एकता, संस्तरण, प्रदूषण-पवित्रता, सामाजिक संगठन सम्बंधी विचारों की भी भारत में हो रहे सामाजिक परिवर्तन के संदर्भ में भारी आलोचना हुई है। यही नहीं, उनके इस विचार को भी नकारा गया है कि जाति-व्यवस्था की जड़ें ब्राह्मणवादी रूढ़िवादिता में गड़ी हुई हैं।

भारतीय समाजशास्त्र के अतिरिक्त डूमॉ ने समाजशास्त्र और मानवशास्त्र के सामान्य विषयों पर भी ढेर सारा लिखा है। **उनके लेखनों का मूलभूत विचार यह रहा है कि समाज एकीकृत समष्टियां हैं: किन्तु उनकी प्रकृति गुणात्मक दृष्टि से उनको निर्मित करने वाले भागों के योग से भिन्न होती हैं।** उनका यह विचार दुर्खाइम के विचार से मिलता-जुलता है। डूमॉ का एक महत्वपूर्ण योगदान उनका 'मूल्य संस्तरण की योजना' रहा है। इस बारे में उन्होंने

लिखा है कि प्रत्येक समाज कुछ विशिष्ट मूल्यों के आधार पर संगठित होता है जिनकी अभिव्यक्ति कई स्तरों पर होती है और इनमें से कई मूल्य ऐसे होते हैं जो नीचे स्तर पर दूसरे मूल्यों को निर्धारित करते हैं। डूमॉ बताते हैं कि यूरोपीय समाज में सर्वोच्च मूल्य व्यक्ति है। इस प्रकार के शक्तिशाली मूल्यों को समाज में अन्य मूल्यों की अपेक्षा अधिक आधारभूत माना जाता है।

डूमॉ ने कई वर्षों तक ऑक्सफोर्ड विश्वविद्यालय में अध्यापन किया, किन्तु सन् 1955 के बाद वे फ्रांस में आ गये और यहीं लेखन एवं अध्यापन किया।

प्रमुख कृतियाँ:

- Hierarchy and Marriage Alliance in South Indian Kinship, (1954)
- Homo Hierarchicus, (1970)
- Religion, Politics and History in India, From Mandeville to Marx, (1970)
- Essays on Individualism, (1986)
- L' ideologie Allemande (1994)

Durkheim, Emile

एमिल डरकाईम (दुर्खाइम) (1858-1917)

एमिल डरकाईम (दुर्खाइम) को आधुनिक समाजशास्त्र विषय के संस्थापकों में से एक अग्रणी प्रवर्तक माना जाता है, जिन्होंने समाजशास्त्र को एक अकादमिक विषय (ऐकॅडेमिक डिस्इप्लिन) के रूप में प्रस्थापित करने में महत्वपूर्ण भूमिका निभाई है। दुर्खाइम ने समाजशास्त्र की विषय-वस्तु को न केवल स्पष्ट किया अपितु समाजशास्त्र को एक स्वतंत्र एवं स्वायत्त विज्ञान के रूप में विकसित किया। यद्यपि कोम्त, स्पेन्सर और मार्क्स ने समाज के विषय में कई नये विचार रखे, किन्तु दुखाईम ही पहले व्यक्ति थे जिन्होंने समाजशास्त्र को एक वैध अकादमिक विषय के रूप में प्रतिष्ठित किया और इसकी छवि को निखारा। इसीलिए **दुर्खाइम को पहला अकादमिक समाजशास्त्री माना जाता है**। इससे पूर्व फ्रांसीसी शिक्षा-व्यवस्था तथा अन्य स्थानों पर समाजशास्त्र नामक कोई विषय नहीं था; यद्यपि इससे मिलते-जुलते सम्बन्धित विषय जैसे शिक्षा, मनोविज्ञान और सामाजिक दर्शनशास्त्र अवश्य पढ़ाये जाते थे। सन् 1892 में सर्व प्रथम पेरिस विश्वविद्यालय ने दुर्खाइम को समाजशास्त्र में शोध-उपाधि (पी.एच.डी.) दी। इसके 6 वर्षों के बाद, वे प्रथम फ्रांसीसी विद्वान थे जिन्हें समाजशास्त्र की पीठ (चेअर) पर आसीन होने का गौरव प्राप्त हुआ।

दुर्खाइम का जन्म फ्रांस के एपिनल कस्बे में हुआ था। वे यहूदी माता-पिता की सन्तान थे। उनके पिता रब्बी (यहूदियों के गुरु) थे। उनकी प्रारंभिक शिक्षा पेरिस के प्रख्यात शिक्षण-संस्थान 'ईकॉल नॉर्मल सुपिरीअर' में हुई थी जहां उन्होंने मुख्य रूप से दर्शनशास्त्र की शिक्षा ग्रहण की। शिक्षा समाप्त करने के बाद उन्होंने यहां कुछ समय तक प्रांतीय स्कूलों में दर्शनशास्त्र का अध्यापन किया। तद्परान्त, वे जर्मनी चले गये जहां वे विलहेम वुंड के

वैज्ञानिक मनोविज्ञान और ऑगस्त कोम्त के समाजशास्त्र और प्रत्यक्षवाद सम्बन्धी विचारों के सम्पर्क में आये जिसके आधार पर ही उन्होंने बाद में अपने 'समाजशास्त्रीय प्रत्यक्षवाद' को जन्म दिया। सन् 1887 में वे पुनः पेरिस आ गये। यहीं उन्हें बोर्डेक्स विश्वविद्यालय में सामाजिक विज्ञान और शिक्षा के व्याख्याता पद पर नियुक्ति मिल गई। यहां से वे सोर्बोन कालेज चले गये। इसी अवधि में, दुर्खाइम ने 'ले अन्ने सोसिआलॉजिक' नामक पत्रिका का फ्रांसीसी भाषा में प्रकाशन किया जो बाद में फ्रांस में समाजशास्त्र की एक सर्वाधिक प्रतिष्ठित पत्रिका बन गई। इस पत्रिका ने समाजशास्त्र विषय का प्रचार-प्रसार करने और दुर्खाइम वादी सम्प्रदाय के समाजशास्त्र की स्थापना करने में महती भूमिका अदा की है। इसी पत्रिका ने समाजशास्त्र को एक स्वतंत्र अकादमिक विज्ञान (ऐकॅडेमिक डिस्इप्लिन) के रूप में फ्रांस में प्रतिष्ठित करने में मदद की। दुर्खाइम आजीवन निरंतर इस पत्रिका में लिखते रहे जब तक अपेक्षाकृत 59 वर्ष की अल्पायु में उनकी मृत्यु नहीं हो गई।

यह दुर्भाग्य ही कहा जायेगा कि एक कुशल एवं प्रतिभाशाली अध्यापक और शोधकर्त्ता तथा तेजस्वी व्यावसायिक जीवन और ढेर सारी पुस्तकों और लेखों के प्रकाशन के बाद भी उनकी विद्वता को नहीं स्वीकारा गया और पूरे 15 वर्षों के लम्बे अन्तराल के बाद पेरिस विश्वविद्यालय में समाजशास्त्र की नव निर्मित पीठ (चेअर) पर आसीन होने के लिये उन्हें आमंत्रित किया गया इस बारे में कुछ लोगों का मत है कि संभव है कि वे फ्रांसीसी बौद्धिक जीवन के 'सामीवाद विरोध' (एन्टी-सिमिटज्म) या नस्लवाद के शिकार हो गये हों जिसके कारण इतनी देर से उनकी प्रतिभा को स्वीकार किया गया। किन्तु, स्वयं दुर्खाइम ने एक अन्य मामले (यहूदी सेना के कप्तान ड्रेफुस को कोर्ट मार्शल की सजा) के हवाले से फ्रांसीसी व्यक्तियों में नस्लवाद की भावना के होने का खंडन किया है।

दुर्खाइम पर रूसो, सेन्ट साइमन और कोम्त की फ्रांसीसी परम्परा का गहरा प्रभाव पड़ा है। सेन्ट साइमन और कोम्त के प्रत्यक्षवाद (पॉजिटिविज़्म) का अनुसरण करते हुए दुर्खाइम ने समाजशास्त्र को परिभाषित करने तथा उसके विषय-क्षेत्र की रूपरेखा प्रस्तुत करने में मुख्य भूमिका निभाई है। **दुर्खाइम के मतानुसार, समाजशास्त्र सोचने-समझने का एक व्यवस्थित एवं विशिष्ट तरीका है जो सामाजिक घटनाओं को व्यक्तिगत अनुभव और व्यक्तियों की सामान्य विशेषताओं के रूप में परिभाषित किये जाने की सामान्य प्रवृति से भिन्न है।** दुर्खाइम ही पहले व्यक्ति थे जिन्होंने सामाजिक घटनाओं की व्याख्या के पूर्व प्रचलित जैवकीय और मनोवैज्ञानिक परिप्रेक्ष्यों को प्रभावशाली ढंग से नकारा और कहा कि **'समाजशास्त्र सामाजिक तथ्यों का अध्ययन है और सामाजिक तथ्यों की व्याख्या अन्य सामाजिक तथ्यों के संदर्भ में ही की जानी चाहिये।'** चूंकि ये तथ्य व्यक्ति से परे होते हैं, अतः व्यक्तियों के बाद भी ये बने रहते हैं। इनकी उम्र काफी लम्बी होती है। प्रथा, जनरीतियां, कानून, सामान्य शिष्टाचार के नियमाचार आदि सामाजिक तथ्यों के ही कुछ उदाहरण हैं।

दुर्खाइम ने अपने अल्प जीवन में काफी लिखा है। उनकी कुछ पुस्तकें समाजशास्त्र की धरोहर बन गई हैं, जिनकी गणना समाजशास्त्र की 'क्लासिक्स' (गौरव ग्रंथों) में की जाती है। उनकी अधिकांश प्रमुख पुस्तकों का अंग्रेजी में अनुवाद उनकी मृत्यु के उपरान्त हुआ और

यह उल्लेखनीय है कि आज भी उनकी अंग्रेजी में अनुवादित पुस्तकों का प्रकाशन जारी है। अपने प्रथम ग्रंथ 'समाज में श्रम-विभाजन' (द डिविज़न ऑफ लेबॅर इन सोसाइटी, 1893) में उन्होंने ब्रिटिश लेखक हरबर्ट स्पेन्सर के इस तर्क का खंडन किया है कि औद्योगिक समाजों की सामाजिक व्यवस्था को व्यक्तियों के निजी स्वार्थों के आधार पर निर्मित संविदात्मक समझौतों के द्वारा समझाया जा सकता है। दुर्खाइम के अनुसार स्व-हितों की तुष्टि के लिये किये गये प्रयास सामाजिक अस्थिरता को बढ़ाते हैं, जैसा कि हमें आत्महत्या जैसे अनेक विचलन के रूपों में देखने को मिलता है। दुर्खाइम ने अपने तर्क की पुष्टि के लिये आदिम और आधुनिक समाजों की सामाजिक व्यवस्था में अन्तर प्रदर्शित किया है। **उन्होंने आदिम समाजों में पाई जाने वाली सामाजिक व्यवस्था को "यांत्रिक एकजुटता" (मेकॅनिकल सॉलिडॅरिटी) और आधुनिक औद्योगिक समाजों की सामाजिक व्यवस्था को "सावयविक एकजुटता" (ऑःगैनिक सॉलिडॅरिटी) का नाम दिया है।** आदिम समाजों की यांत्रिक एकजुटता (एकात्मता/एकता) 'सामूहिक चेतना' में निहित समान विश्वासों और मतैक्यता (सर्वसम्मति) पर आधारित होती है। ऐसे समाजों का प्रत्येक सदस्य यंत्रवत् एक मशीन के पुरज़े की भांति अपने दायित्वों का निर्वाह करता चला जाता है। इस प्रकार के **यांत्रिक एकता वाले समाजों में कानून का चरित्र दमनात्मक होता है।** जैसे-जैसे समाज औद्योगीकृत और नागरीकृत होते जाते हैं और जटिल बनते जाते हैं, वैसे-वैसे बढ़ता हुआ श्रम-विभाजन यांत्रिक एकजुटता और नैतिक सुदृढ़ता को नष्ट कर देता है; परिणामतः सामाजिक व्यवस्था समस्यात्मक बन जाती है। यह लिखते समय दुर्खाइम इस तथ्य से भली-भांति परिचित थे कि औद्योगिक समाजों में कई तनाव काम करते हैं और यह शक्ति ही उन्हें पूर्ण सामाजिक विघटन से रोकने का एक मुख्य कारक है। किन्तु, दुर्खाइम का विश्वास था कि सावयविक एकजुटता के आधार पर एक नवीन प्रकार की व्यवस्था का विकास होगा। यह सावयविक एकजुटता यांत्रिक एकजुटता के विपरीत भिन्नता पर आधारित होती है। व्यक्ति की स्वतंत्र इच्छा होते हुए भी उससे कानून के पालन की अपेक्षा की जाती है ताकि सामाजिक व्यवस्था बनी रहे। **कानून का रूप ऐसे समाजों में क्षतिपूर्ति का होता है।** यह नवीन व्यवस्था आधुनिक अर्थतंत्र के अंदर विभेदीकरण और विशेषीकरण से उत्पन्न आर्थिक सम्बन्धों की पारस्परिकता की भावना द्वारा उत्पन्न नैतिक दबाव से निर्मित होती है। दुर्खाइम ने इस संदर्भ में अपराध और दंड की व्याख्या इन शब्दों में की है, "अपराध एक ऐसा कार्य है जो सामूहिक अन्तरात्मा (चेतना) की सुदृढ़ और सुस्पष्ट स्थितियों पर आघात करता है और दंड उद्वेगात्मक संतुलन की पुनः प्राप्ति की आवश्यकता का परिणाम है।"

दुर्खाइम के इस मत की पुष्टि उनके कई लेखनों से की जा सकती है। उदाहरणार्थ, प्रथम युद्ध के दौरान लिखे गये उनके दो लम्बे लेख (पेम्फलेट्स) में कहा गया है कि युद्ध के सामुदायिक अनुभवों ने फ्रांस में एक नैतिक सर्वसम्मति और ऐसे सार्वजनिक उत्सवों में सहभागिता को जन्म दिया है जो बहुत-कुछ रूप में धार्मिक त्योहारों से मिलती-जुलती है। दुर्खाइम ने अपने धर्म के समाजशास्त्र में भी यह बात दोहराई है कि आधुनिक समाज को समकालीन परिस्थितियों के अनुरूप ढालने हेतु किसी न किसी प्रकार की 'सामूहिक चेतना' की आवश्यकता होगी। उनका यह विचार स्पष्ट रूप में सेंट साइमन के 'नव ईसाइयत' की धारणा पर आधारित प्रतीत होता है। किन्तु, आधुनिक समाजों में धार्मिक मूल्यों की सतत

महत्ता के दुर्खाइम के विचार को पचाना थोड़ा कठिन है। ऐसा प्रतीत होता है कि उन्होंने इस विचार को अपने जीवन के संध्या काल में समाज में श्रम-विभाजन के विचार के साथ प्रस्तुत किया जो सामाजिक मतैक्यता के निर्माण के लिये आर्थिक पारस्परिकता की महत्ता को रेखांकित करता है। दुर्खाइम के समाजशास्त्र में 'नैतिक मतैक्यता' की धारणा के छाये रहने के बारे में काफी विवाद रहा है। पार्सन्स ने कहा है कि वैज्ञानिक परिप्रेक्ष्य में सामाजिक तथ्यों को देखने-परखने का दुर्खाइम का प्रारंभिक सोच तब बिखर गया जब उन्होंने 'स्वेच्छिक क्रिया' (वॉलन्टरिस्टिक एक्शन) के विचार को अपना लिया। **दुर्खाइम के बारे में एक वैकल्पिक सोच यह भी है कि उनके समाजशास्त्र की केन्द्रीय धारणा नैतिक और आदर्शात्मक बाध्यता का विचार है।**

समाजशास्त्र को एक स्वतंत्र सामाजिक विज्ञान के रूप में प्रतिष्ठित करने के लिये दुर्खाइम ने सन् 1895 में 'समाजशास्त्रीय पद्धति के नियम' (द रूल्स ऑफ सोसिआलॉजिकल मेथड) के नाम से एक पुस्तक लिखी। इस पुस्तक में सर्वप्रथम यह स्पष्ट किया गया कि **समाजशास्त्र का अध्ययन क्षेत्र व्यक्ति नहीं, अपितु समाज है।** यह सामाजिक तथ्यों का अध्ययन करने वाला एक ऐसा विज्ञान है जो अमूर्त सिद्धान्तों की अपेक्षा अवलोकन पर आधारित है। दुर्खाइम के अनुसार, समाज की अपनी यथार्थताएं हैं जिन्हें व्यक्तियों के व्यवहारों और उद्देश्यों मात्र में बदला नहीं जा सकता। यही नहीं, व्यक्तियों का निर्माण उनके सामाजिक परिवेशों द्वारा होता है, उन्हीं से वे नियंत्रित और संचालित होते हैं। दुर्खाइम ने विस्तार से समाजशास्त्र के अध्ययन के नियमों और विधियों के साथ-साथ सामाजिक तथ्यों की प्रकृति (जो कि दुर्खाइम के अनुसार समाजशास्त्र की मूल अध्ययन-वस्तु हैं) का विश्लेषण इस पुस्तक में किया है। सामाजिक तथ्यों को स्पष्ट करते हुए उन्होंने इन्हें मनोवैज्ञानिक तथ्यों से अलग-थलग किया है और इसके लिये उन्होंने **सामाजिक तथ्यों की दो प्रमुख विशेषताओं—बाह्यता** (एक्स्टिरिऑरिटी) और **बाध्यता** (कॅन्स्ट्रेन्ट) का वर्णन-विश्लेषण किया है। उन्होंने लिखा है कि इन तथ्यों का अस्तित्व मानव व्यक्ति से परे (बाहर) होता है, जिन्हें भूल से जैवकीय मान लिया जाता है। इन तथ्यों की जिन्दगी भी बड़ी लम्बी होती है, जब की व्यक्तियों की जिन्दगी छोटी होती है। व्यक्ति की मृत्यु का इनके जीवन पर कोई असर नहीं होता। बाह्यता के अलावा इन तथ्यों की एक अन्य विशेषता इनकी बाध्यता की प्रकृति है, अर्थात् व्यक्ति पर इनका भयमूलक प्रभाव पड़ता है। इनके दबाव के कारण व्यक्ति साधारणतः इनकी अवहेलना या अवमानना नहीं कर पाता है। सामाजिक तथ्यों को परिभाषित करते हुए दुर्खाइम ने लिखा है कि "**सामाजिक तथ्य विचारने, अनुभव करने और व्यवहार करने के वे तरीके हैं जो व्यक्ति के अस्तित्व के परे होते हैं तथा जिनमें बाध्यता या दबाव की शक्ति होती है जिसके द्वारा वे व्यक्ति पर नियंत्रण स्थापित करते हैं।**" बाद की कृतियों में दुर्खाइम सामाजिक तथ्य की इस परिभाषा से पीछे हट गये प्रतीत होते हैं और बाह्यता संबंधी अपने कठोर रूख को थोड़ा नरम करते हुए कहते हैं। "यद्यपि सामाजिक तथ्य व्यक्ति के अस्तित्व से स्वतंत्र होते हैं, तथापि वे प्रभावी तभी होते हैं जब उनका आन्तरीकरण कर लिया जाता हैं।" अतः बाध्यता का तात्पर्य मात्र बाह्य नियंत्रण से ही नहीं है, अपितु यह व्यक्ति के लिये एक नैतिक दायित्व भी है कि वह समाज के नियमाचारों और निषेधाज्ञाओं का पालन करे। अति संक्षेप में, दुर्खाइम ने अपनी इस पुस्तक में समाजशास्त्र की विषय-वस्तु (सामाजिक

तथ्य), इनकी विशेषताएं (बाह्यता और बाध्यता) और इनके अध्ययन करने की वैज्ञानिक कार्य-प्रणाली (अवलोकन, परीक्षण और तुलना) पर प्रकाश डाला है। इस संबंध में, उन्होंने ऐतिहासिक विधि को कोई महत्व नहीं दिया है।

'समाजशास्त्रीय पद्धति के नियम' पुस्तक में समाजशास्त्र के अध्ययन के जिन नियमों, विधियों, उपागमों का प्रतिपादन किया गया, उन्हें दुर्खाइम ने अपनी ही तीसरी महत्वपूर्ण पुस्तक 'आत्महत्या' (सूइसाइड, 1897) में प्रयोग कर दिखाया। आत्महत्या की व्याख्या करते हुए **दुर्खाइम ने कहा कि आत्महत्या जो ऊपरी तौर पर एक व्यक्तिगत तथ्य और मानसिक कारकों का परिणाम नजर आती है, उसका निर्धारण अन्ततः समाज द्वारा होता है**। उन्होंने बताया कि बाह्य रूप में यह दिखाई देता है कि एक व्यक्ति द्वारा आत्महत्या की जाने की प्रक्रिया उसके व्यक्तिगत निर्णय का परिणाम होती है, किन्तु इस विचार से पूर्णतः असहमति प्रकट करते हुए वे कहते हैं कि आत्महत्या की क्रिया व्यक्तिगत निर्णय की अपेक्षा सामाजिक परिवेश के सामाजिक एकजुटता के विभिन्न स्वरूपों से प्रभावित होती है। इसी आधार पर उन्होंने **तीन प्रमुख प्रकार की आत्महत्याओं यथा अहंवादी, एनॉमिक, और परार्थवादी आत्महत्या** का विभिन्न समाजों के विभिन्न समूहों में पाई गई आत्महत्याओं की सांख्यिकी के आधार पर विश्लेषण किया है। दुर्खाइम के अनुसार, अहंवादी (ईगोइस्टिक) और मानकशून्यतावादी (एनॉमिक) आत्महत्याएं सामान्यतः आधुनिक समाजों में देखने को मिलती हैं जहां यांत्रिक एकजुटता (एकता) की तरह सामूहिक चेतना को उत्पन्न करने वाले सामाजिक नियमाचारों और एकता के पारम्परिक स्वरूप विलुप्त हो गये हैं। उदाहरणार्थ, आधुनिक प्रोटेस्टेंट धर्मावलम्बियों में केथोलिक धर्मावलम्बियों की अपेक्षा उनकी ऐसी व्यक्तिवादी धारणाओं के कारण आत्महत्या की दर अधिक होती है जिनमें उनकी स्वयं की मुक्ति के लिये व्यक्तियों को ही उत्तरदायी माना जाता है। इसी प्रकार, मानकशून्यतावादी आत्महत्याएं तब होती हैं, जब व्यक्ति मानदंडों के आपसी संघर्ष या मानदंड विहीनता की स्थिति का अनुभव करते हैं। आत्महत्या के ये दोनों ही रूप तब उत्पन्न होते हैं जब पारम्परिक समाजों की विशिष्टता वाले व्यक्तिगत व्यवहारों पर सामाजिक प्रतिबंध (जनरीतियां, प्रथाएं आदि) अपनी शक्ति खो देते हैं।

आदिकालीन समाजों और आधुनिक समाजों के सैन्यबलों में जहां यांत्रिक एकजुटता काफी सशक्त होती है, वहां समूह के हित के लिये परार्थवादी (ऐल्ट्रुइस्टिक) आत्महत्याएं अधिक सामान्य होती हैं। दुर्खाइम ने इन तीन प्रकार की आत्महत्याओं के अतिरिक्त एक अन्य **भाग्यवादी आत्महत्या** की भी चर्चा की है। उनके अनुसार, भाग्यवादी आत्महत्याओं की प्रवृति अत्यधिक सामाजिक नियंत्रण के कारण गुलाम लोगों में अधिक देखी गई है। आत्महत्या के उपरोक्त विश्लेषण से एक बात स्पष्ट है कि **दुर्खाइम आत्महत्या को एक सामाजिक तथ्य मानते हैं, मनोवैज्ञानिक नहीं**। अतः वे इसकी व्याख्या अन्य सामाजिक तथ्यों के संदर्भ में किये जाने की बात कहते हैं। उन्होंने इसीलिये कारणात्मक व्याख्या का प्रयोग करते हुए आत्महत्याओं (प्रभाव) को अन्तर्निहित सामाजिक धाराओं (कारण) का परिणाम माना है।

यह सही है कि **अटकिंनसन** (1978) जैसे लोगों ने दुर्खाइम के आत्महत्या के विश्लेषण की भारी आलोचना की है। फिर भी समस्त आलोचना प्रत्यालोचनाओं के उपरान्त

भी यह समाजशास्त्रीय साहित्य की एक शास्त्रीय पुस्तक है जिसमें सांख्यिकीय आंकड़ों के आधार पर सामाजिक घटनाओं की व्याख्या का प्रथम वस्तुपरक प्रयास किया गया है। दुर्खाइम पहले व्यक्ति थे जिन्होंने "एनॉमी" शब्द का प्रयोग सर्वप्रथम अपनी पुस्तक 'समाज में श्रम-विभाजन' में किया है जिसे बाद में अपनी पुस्तक 'आत्महत्या' में पूर्णतः विकसित किया है। आत्महत्या के विश्लेषण के द्वारा दुर्खाइम ने अप्रत्यक्ष रूप में अपराध के सामाजिक सिद्धान्त को प्रतिष्ठित किया है।

दुर्खाइम ने धर्म के समाजशास्त्रीय अध्ययन में भी महत्वपूर्ण योगदान किया है। इस सम्बन्ध में उन्होंने एक पुस्तक 'धार्मिक जीवन के प्रारंभिक स्वरूप' (द एलिमेन्ट्री फॉर्म्स ऑफ रिलिजस लाइफ, 1912) लिखी। दुर्खाइम की नैतिकता और नैतिक सत्ता के प्रति आजीवन रुचि (जो उनके शोध-उपाधि प्रबंध 'समाज में श्रम-विभाजन' में यांत्रिक और सावयविक एकजुटता (एकता) के विश्लेषण से भी प्रकट होती है) उनके धर्म सम्बन्धी लेखनों में पूर्णतः मुखर होकर उभरी है। उन्होंने अपनी उपर्युक्त पुस्तक में आदिवासीय धर्मों के अपने विश्लेषण में सामाजिक चेतना, सामाजिक प्रतिनिधान और पवित्रता-अपवित्रता के माध्यम से धर्म के समाजशास्त्र पर प्रकाश डाला है। दुर्खाइम के अनुसार, **पवित्र वस्तुएं समुदाय और समाज के एकत्व भाव को प्रतीकात्मक रूप में अभिव्यक्त करती हैं। धार्मिक संस्कृति सामूहिक मूल्यों द्वारा निर्मित हुआ करती है जिसमें समाज की एकता और व्यक्तित्व की स्पष्ट झलक देखी जा सकती है।** धार्मिक उत्सव त्योहारों के अवसर पर सामाजिक मूल्यों को जागृत करने के साधन हैं जो व्यक्तियों में समुदाय के प्रति एकत्व (एकता) एवं निष्ठा के भाव को सशक्त करते हैं। धार्मिक कर्मकांडों द्वारा मूलभूत सांस्कृतिक मूल्यों और स्वयं समाज की प्रतिमा में विश्वास उत्पन्न कर सामाजिक जुड़ाव के भाव (कोहीयॅन) में वृद्धि की जाती हैं। इस तथ्य को स्पष्ट रूप में आदिवासीय समाजों में देखा जा सकता है। किन्तु दुर्खाइम के मतानुसार, आधुनिक सावयविक समाजों में इसी प्रकार की पवित्र वस्तुओं और सामाजिक-धार्मिक अनुष्ठानों को देखा जाना कठिन है। दुर्खाइम का पवित्र-अपवित्र (प्रदूषित) का द्विभाजन लौकिकीकरण (सेक्यूलॅराइजेशन) धारणा का एक प्रमुख विकल्प कहा जा सकता है। संस्कृति की संरचना के पवित्रता-अपवित्रता के उनके द्विभाजन ने परवर्ती संरचनावाद के विकास को भी प्रभावित किया है। इस प्रकार, धार्मिक व्यवस्थाएं, दुर्खाइम के अनुसार, समाज की निरंतरता को बनाये रखने में एक महत्वपूर्ण भूमिका अदा करती हैं।

संक्षेप में, **दुर्खाइम ने धर्म की व्याख्या निरीक्षण योग्य एक तथ्य के रूप में की है।** यह व्याख्या एक अतिप्राकृतिक सत्ता (टायलर के अनुसार) के रूप में ईश्वर का उल्लेख किये जाने से भिन्न है। एक अतिप्राकृतिक सत्ता में विश्वास की धारणा के अनुसार ईश्वर ने ही मानवता और विश्व की सृष्टि की है जिसमें हम रहते हैं। इसके विपरीत, दुर्खाइम की व्याख्या इस तथ्य पर बल देती है कि यह मानव प्राणी ही है जिसने ईश्वर की सृष्टि अपने सामाजिक अस्तित्व को बनाये रखने में की है। यही नहीं, यह मानव ही है जिसने ईश्वर जैसी सत्ता के अस्तित्व में विश्वास पैदा किया है। **ईश्वर वस्तुतः समाज का ही छद्मवेश है।** सामूहिक रूप में व्यक्तिगण समाज की ही पूजा करते हैं। **समाज ही वास्तविक देवता है।** अतः दुर्खाइम के अनुसार, धर्म एक सामाजिक घटना है। यह एक सामाजिक तथ्य है, न कि मानसिक या आध्यात्मिक तथ्य, जैसा कि सामान्यतः इसके विषय में माना जाता है।

दुर्खाइम के आलोचकों ने कहा है कि यह सिद्धान्त धार्मिकता से अनुप्राणित अंतःप्रज्ञा की विवेचन करने में असफल है जो समय-समय पर हमारी आनुभविक सीमाओं से परे चली जाती हैं तथा मानव प्राणियों के स्वयं के नैतिक संबंधों को स्वीकार करती है। द्वितीय, यह सिद्धान्त भविष्यसूचक मनोभावों और पैगम्बर के भावों के नैतिक आधार का विवेचन करने में भी असफल है। यह सिद्धान्त एक गतिहीन "बंद समाज" के लिये ही उपयुक्त है।

उनकी एक अन्य पुस्तक 'आदिम वर्गीकरण' (1903), जो उन्होंने **मार्सल मॉस** के साथ लिखी, में बताया कि मानवीय विचारणा की आधारभूत कोटियां, जैसे अंक, समय और स्थान आदि सामाजिक संगठन के स्वरूपों के आधार पर निर्मित होती हैं। अपने राजनीतिक लेखनों में (जो अधिक नहीं हैं) दुर्खाइम ने उन व्यक्तियों द्वारा समाज को होने वाले खतरों के प्रति अपनी पीड़ा प्रकट की है जो यह सोचते हैं कि सामाजिक मानदंड उनके लिये सार्थक नहीं हैं और वे शून्यता की स्थिति में हैं। उन्होंने कामगार वर्ग के समाजवाद के प्रति आकर्षण को निजी सम्पत्ति की समाप्ति के प्रति उनकी अभिलाषा मानने की अपेक्षा पारम्परिक सामाजिक बंधनों और मूल्यों के टूटन के विरोध में अपनी असहमति जताई है। उन्होंने संसक्त और एकजुट सामाजिक समुदायों के पुनर्निर्माण के साधन के रूप में गिल्ड समाजवाद की स्थापना का सुझाव दिया है।

दुर्खाइम को समाजशास्त्र में 'प्रकार्यवादी परिप्रेक्ष्य' (फ़ंक्शनलिस्टिक पॅस्पेक्टिव) के शुरुआत करने का श्रेय दिया जाता है। इस परिप्रेक्ष्य की आधारशिला दुर्खाइम के समाज के बारे में इस सोच-विचार से प्रारंभ होती है कि वह क्या चीज है जो सामाजिक व्यवस्था को बाँधे रखती है और किस प्रकार सामाजिक व्यवस्थाओं का संगठन और कार्य-संचालन सम्पूर्ण व्यवस्था के लिये भिन्न प्रकार के परिणाम उत्पन्न करती है। इस संदर्भ में उन्होंने अनेक पूर्ववर्ती तथा उनके समय में प्रचलित उपयोगितावादी इस तर्क का खंडन किया है कि समाजों को व्यक्तियों द्वारा अपने विवेकसम्मत स्वहितों की पूर्ति किये जाने मात्र से बांधे रखा जा सकता है। उपयोगितावादियों के इन विचारों का दुर्खाइम ने अपने गौरव ग्रंथ 'आत्महत्या' में व्यवस्थित रूप में संकलित किये गये आंकड़ों और उनके विश्लेषण द्वारा व्यक्तिगत व्यवहार और सामाजिक संरचना के बीच पाये जाने वाले सम्बन्धों को कई प्राक्कल्पनाओं के परीक्षण द्वारा सिद्ध किया है। दुर्खाइम की कृतियों को ब्रितानी सामाजिक विचारधारा में उपयोगितावादी परम्परा का विरोधी माना जाता है क्योंकि इस विचारधारा के अनुसार सामाजिक घटनाओं की व्याख्या व्यक्तियों की क्रियाओं और उनके उद्देश्यों के आधार पर की जाती है। इसके विपरीत, दुर्खाइम ने अपने समाजशास्त्रीय विश्लेषण में सामूहिकतावादी परिप्रेक्ष्य को अपनाया है। उन्होंने व्यक्तिपरक उपयोगितावादी दृष्टिकोण को अस्वीकारते हुए यह कहा कि यह दृष्टिकोण ऐसे आधार को प्रस्तुत नहीं करता जिस पर सुदृढ़ समाज की रचना की जा सकती हो।

दुर्खाइम ही पहले व्यक्ति हैं जिन्होंने "सामाजिक प्रकार्य" की अवधारण का प्रयोग एक सुस्पष्ट सिद्धान्त के रूप में किया है, यद्यपि इनके पहले "प्रकार्य" की अवधारणा का, विशेषतः हर्बर्ट स्पेन्सर की कृतियों में प्रयोग हुआ है। अपनी पुस्तक समाजशास्त्रीय पद्धति के नियम (1895) में इसकी व्याख्या करते हुए उन्होंने लिखा है कि "घटनाओं को एक स्वतंत्र इकाई

के संदर्भ में देखे जाने की अपेक्षा उन्हें किसी कार्य-प्रणाली के अन्तर्संबंधित भागों के संदर्भ में देखा जाना चाहिये।" दुर्खाइम ने घटना को उत्पन्न करने वाले कारणों और उसके प्रकार्यों में स्पष्ट अन्तर करते हुए लिखा है कि **"जब कभी हम किसी घटना की व्याख्या करते हैं, तब हमें उस घटना के उत्पन्न करने वाले कारणों और उक्त घटना द्वारा सम्पादित किये जाने वाले प्रकार्यों को पृथक रूप में खोजने का प्रयास करना चाहिये।"** इस संदर्भ में, दुर्खाइम ने "लक्ष्य" और "उद्देश्य" के स्थान पर प्रकार्य के विचार को अधिक महत्व दिया है। उन्होंने लिखा है कि 'सामाजिक घटनाओं का अस्तित्व उनके द्वारा उत्पन्न परिणामों के कारण नहीं होता - - - - - -हमें इसे सामाजिक सावयव (समाज) की सामान्य जरूरतों और सामाजिक घटना के बीच संबंधों में खोजना चाहिये।' दुर्खाइम ने सामाजिक प्रकार्य संबंधी अपने इस विचार को स्पष्ट करने के लिये सामाजिक प्रथाओं, कर्मकाण्ड़ों, उत्सवों, मेलों और यहां तक कि अपराध के प्रकार्यों को भी इंगित किया है।

दुर्खाइम की विरासत विशाल है जो आज भी सामाजिक जीवन की मूलभूत प्रकृति के बारे में समाजशास्त्रीय सोच को प्रभावित कर रही है। उनकी सभी कृतियों के सूक्ष्म अवलोकन से उनकी दूरदर्शिता का अनुमान लगाया जा सकता है कि वे उभरते हुए औद्योगिक समाज की समस्याओं, विशेषतः उसके सामाजिक और नैतिक आधार के बारे में कितने चिन्तित थे। आज भी कई समीक्षक निरंतर उनकी कृतियों की समीक्षा वाम पंथ और दक्षिण पंथ के राजनीतिक चश्में के शीशे से करते हैं। किन्तु शिक्षा सम्बन्धी उनके लेखनों में 'अवसर की समानता' के सिद्धान्त के प्रति उनके योगदान के कारण उन पर लगे 'रूढ़िवादी चिन्तक' होने का लेबल कभी का हटा दिया गया है। **स्टीवेन लुक्स** की कुछ वर्षों पूर्व उन पर लिखी गई एक मानक पुस्तक 'एमिल डरकाईम : हिज़ लाइफ एंड वर्क्स,' 1973 पुस्तक में उन सभी मुख्य अवधारणाओं, द्विभाजनों, तथा तर्कों पर प्रकाश डाला गया है जो दुर्खाइमवाद की विरासत के नाम से जानी जाती हैं। 'सामूहिक चेतना', 'सामूहिक प्रतिनिधान' और 'सामाजिक तथ्य' जैसी कुछ ऐसी दुर्खाइम की अवधारणाएं हैं जो समाजशास्त्र को अन्य सामाजिक विज्ञानों (मनोविज्ञान) से अलग कर इस विज्ञान को विशिष्टता प्रदान करती है। ये अवधारणाएं समाजशास्त्रीय व्याख्या के प्रमुख औज़ार हैं। इसके अतिरिक्त, समाजशास्त्र की एक प्रमुख समस्या, अर्थात् व्यक्ति और समाज के सम्बन्धों को स्पष्ट करने की रही है। व्यक्ति बनाम समाज विवाद पर दुर्खाइम ने काफी लिखा है और इस विवाद में उन्होंने व्यक्ति की अपेक्षा समाज को अधिक महत्व दिया है। उनके अनुसार, व्यक्ति समाज के रचनाकार होने की अपेक्षा उसकी उपज अधिक हैं, यद्यपि व्यक्तियों के द्वारा ही समाज बनता है, व्यक्ति समाज के अंग होते है, किन्तु समाज के रूप में जिस सत्ता का निर्माण होता है, वह व्यक्ति से परे है, व्यक्ति के अस्तित्व से स्वतंत्र है। व्यक्तियों के द्वारा जिस संगठन (समूह, समुदाय, समिति, समाज) की रचना होती है, उसकी अपनी विशेषताएं होती हैं, अपनी 'सच्चाई' होती है जिसे उस स्तर के सामाजिक तथ्यों से ही स्पष्ट किया जा सकता है, व्याख्या की जा सकती है। समाज को अधिक महत्व दिये जाने की अपनी मूल धारणा के कारण ही दुर्खाइम ने व्यक्तियों की विशेषताओं के अध्ययन की अपेक्षा समूहों और सामूहिक संरचनाओं की विशेषताओं के अध्ययन पर अधिक ज़ोर दिया है। उदाहरणार्थ, धर्म के अपने

अध्ययन में उन्होंने धार्मिक विश्वासों के अनुसरणकर्त्ताओं के व्यक्तिगत लक्षणों पर ध्यान देने के स्थान पर धार्मिक समूहों में एकता या एकता की कमी (अभाव) को जानने की कोशिश की है। यही बात, दुर्खाइम के आत्महत्या के विश्लेषण पर चरितार्थ होती है। उन्होंने आत्महत्या की व्यक्तिगत क्रिया को महत्व न देकर आत्महत्या की दर को जानने पर बल दिया है जो उनके अनुसार एक सामाजिक तथ्य है।

दुर्खाइम का पद्धतिविज्ञानीय व्यक्तिवाद के प्रति घोर विरोध ने उन्हें समष्टिवाद की ओर धकेल दिया जिसके कारण वे कभी-कभी समाज को ही मूर्त रूप में देखने लगते हैं। यह आरोप बाद के प्रकार्यवादियों पर भी लगाया गया है जिन्होंने दुर्खाइम की भांति ही समाज को एक समष्टि के रूप में देखा है। दूसरे द्विभाजनों का विकास भी व्यक्ति और समाज के मूल जोड़े से ही हुआ है, जैसे पवित्र और अपवित्र (प्रदूषित) का अन्तर। 'पवित्रता' का विचार सामूहिकता से उत्पन्न होता है, और अपवित्रता (प्रदूषितता) का विचार व्यक्तिगत और निजी जीवन को अभिव्यक्त करता है। पवित्रता नैतिकता को इंगित करती है, तो अपवित्रता विषयासक्तता को।

दुर्खाइम ने समाजशास्त्र को एक ऐसे विज्ञान के रूप में निर्मित करने का प्रयास किया जिसकी स्वयं की अपनी विषय-वस्तु हो, अपना पद्धतिविज्ञान हो तथा अपने व्याख्यात्मक मॉडल्स हों। अपने इस प्रयास में उन्होंने कोम्त और सेन्ट साइमन के विचारों से निरंतरता बनाये रखी है। चूंकि दुर्खाइम ने प्रारंभ से ही समाज में नैतिकता बनाये रखने की बात अपने सभी लेखनों में प्रत्यक्ष या अप्रत्यक्ष रूप में की है, अतः **उन्होंने समाजशास्त्र को विज्ञान बनाने के प्रयासों के साथ-साथ 'सामाजिक अभियांत्रिकी' (सोशल इंजीनियरिंग) के विचार को भी प्रश्रय दिया है**। उनका विचार था कि जब सामाजिक विकास द्वारा समाज में सामाजिक व्यवस्था नहीं बनाये रखी जा सके, तब समाजशास्त्र को वैज्ञानिक ढंग से इस मामले में हस्तक्षेप करना चाहिये और समाजशास्त्र यह कार्य करने में पूर्ण सक्षम है।

दुर्खाइम ने कार्ल मार्क्स सहित सभी निकट के समकालीन विचारक-लेखकों को पढ़ा है और उन्हें जहां-तहां आत्मसात भी किया है, और संभवतः यही तथ्य इसकी पुष्टि करता है कि उन्हें 'आदर्शवादी', 'यथार्थवादी', 'प्रत्यक्षवादी', और 'उद्‌विकासवादी' होने के कई रूपों में चित्रित किया गया है। **आजकल उन्हें संरचनावाद (स्ट्रक्चॅरलिज़्म), सामाजिक भाषावाद (सोसिआलिंग्विस्टिक) और उत्तर-आधुनिकतावाद का भी अग्रणी विचारक माना जाने लगा है**, क्यों कि कुछ शोधार्थियों ने उनके लेखनों में ऐसे विचारों और मनोभावों की अभिव्यक्ति के साक्ष्य प्रस्तुत किये हैं जो इसकी पुष्टि करते हैं। दुर्खाइम ने अपनी रचनाओं में विज्ञानवाद (प्रत्यक्षवाद) और समूहवाद का अच्छा समन्वय किया है। साथ ही, उन्होंने अनेक अनुभवपरक सामाजिक समस्याओं के अन्वेषण और विश्लेषण की योजना भी प्रस्तुत की है। अपनी विज्ञानवादी पद्धतिशास्त्रीय अर्न्तदृष्टि का अनुगमन करते हुए उन्होंने एक ओर समाजशास्त्र को दर्शनशास्त्र से अलग किया, तो दूसरी ओर उन्होंने इसे मनोवज्ञिान के सिकंजे से मुक्त किया। यही नहीं, उन्होंने अपने समाजशास्त्र में कोम्त के तीन अवस्थाओं के नियम तथा एक पृथक समाज के निर्माता के रूप में कोम्त की मानवता की अवधारणा के प्रति भी अपनी असहमति प्रकट की है।

इस फ्रांसीसी प्रज्ञाजीवी महामना की मृत्यु 15 नवम्बर 1917 में हुई, किन्तु यह आश्चर्य ही है कि उनकी मृत्यु के बीस वर्षों बाद तक, अर्थात् जब टालकट पार्सन्स की पुस्तक 'सामाजिक क्रिया की संरचना' (द स्ट्रक्चर ऑफ सोशॅल एक्शन, 1937) का प्रकाशन हुआ, तभी से अमरीकी समाजशास्त्र पर उनकी कृतियों का महत्त्वपूर्ण प्रभाव देखा जाने लगा।

प्रमुख कृतियाँ:

- The Division of Labour in Society, (1893)
- The Rules of Sociological Method, (1895)
- Suicide : A Study in Sociology, (1897)
- The Elementary Forms of the Religious Life, (1912)
- On Institutional Analysis, (1978)
- Primitive Classification (with Mauss), (1903)

E

Elias, Norbert

नॉबर्ट इलिऑस (1897-1990)

जर्मनी में पैदा हुए यहूदी **नॉबर्ट इलिऑस** सन् 1933 में जर्मनी से पलायन कर इंग्लैण्ड में आ बसे और यहां लेकेस्टर विश्वविद्यालय में समाजशास्त्र विभाग में कई पदों पर कार्य किया। वे यहां सन् 1962 में सेवानिवृत हो गये और सन् 1962-64 के बीच घाना विश्वविद्यालय में आचार्य पद पर आसीन रहे। यह दुर्भाग्य ही कहा जायेगा कि उनके जीवन काल में उनके लेखनों पर अपेक्षाकृत बहुत कम ध्यान दिया गया। सन् 1939 में जब उनकी एक प्रमुख कृति 'नगरीय प्रक्रिया और सभ्यता' का जर्मन भाषा में प्रकाशन हुआ, तब काफी समय तक यह उपेक्षित रही, किन्तु जब इसी कृति का प्रकाशन बाद में अंग्रेजी में सन् 1978 में 'सभ्यताकरण की प्रक्रिया' के रूप में हुआ, तब इसे ऐतिहासिक समाजशास्त्र के एक गौरव ग्रंथ (क्लैसिक) के रूप में काफी सम्मान दिया गया।

नॉबर्ट इलिऑस की प्रमुख रुचि व्यक्ति के विकास, शिष्टाचार और खानपान के आचरण जैसे नियमाचारों के नैतिक स्वरूपों के माध्यम से मध्यकालीन समाज में शांति स्थापना में रही है। अपनी एक कृति 'द कोर्ट सोसाइटी' (1969) में इलिऑस ने क्रांति के पूर्व फ्रांसीसी न्यायालय में उत्सव के उद्विकास और इसके प्रभाव के लिये आंतरिक प्रतिस्पर्धा के परिणामस्वरूप कुलीनतंत्रीय समाज का आर्थिक रूप में पतन, तथा बुर्जुआई समाज के उद्भव का अध्ययन किया है। लौकिक समाज में मृत्यु-प्रक्रिया पर नियंत्रण संबंधी व्यक्तिगत मानदंडों के प्रभाव का अध्ययन, नॉबर्ट इलिऑस ने 'द लोनलिनेस ऑफ डाइंग' (1982) में किया। उन्होंने समाजशास्त्र की सैद्धान्तिक समस्याओं के बारे में भी महत्वपूर्ण योगदान किया है; उदाहरणार्थ अपनी पुस्तक 'व्हाट इज़ सोसिऑलाजी ? (1970) में 'आकारात्मक विश्लेषण' (फिग्युरेशनल अनेलेसिस) को विकसित किया और बताया कि **सामाजिक जीवन न तो पृथक अकेले कर्त्ता पर और न ही सामाजिक व्यवस्था पर आधारित है जिसका अस्तित्व व्यक्तियों से परे होता है। जिसे हम सामाजिक जीवन कहते हैं, वह अन्तर्निर्भर व्यक्तियों की अन्तर्क्रियाओं का प्रतिफल या उपज है**। समूह या समुदाय की अवधारणाएं परस्पर निर्भर व्यक्तियों के आकारों का संकेत देती हैं। नॉबर्ट इलिऑस के ज्ञान के समाजशास्त्र के संबंध में किये गये योगदान को लेकर उनकी 'इन्वाल्वमेंट एण्ड डिटेचमेंट' (1986) नामक पुस्तक प्रकाशित हुई है।

इलिऑस के समाजशास्त्र की दो प्रमुख विशेषताएं हैं। सर्वप्रथम, उनकी रुचि सभ्यता की प्रक्रिया को जानने में थी। यह एक ऐसी प्रक्रिया है जिसके द्वारा व्यवहार पर बाह्य नियंत्रणों का स्थान आंतरिक नैतिक नियमों द्वारा ले लिया जाता है। द्वितीय, इलियास ने

प्रकार्यवाद और संरचनावाद दोनों की कटु आलोचना की क्योंकि इनमें सामाजिक व्यवस्था को यथावत् बनाये रखने की प्रवृति होती है। इनके स्थान पर इलियास ने 'आकारात्मक समाजशास्त्र' (फ़िग्युरेशनल सोसिआलॉजी) का विचार रखा। **आकारात्मक या लाक्षणिक समाजशास्त्र से उनका तात्पर्य समस्त सामाजिक सम्बन्धों के निरंतर और अन्तहीन क्रमिक परिवर्तनों के अमूर्तीकरण से है।** यही कारण है कि उन्होंने 'सभ्यता' पर लिखने की अपेक्षा 'सभ्यताकरण की प्रक्रिया' पर लिखा है। इलिऑस के उपर्युक्त विचारों की आलोचना भी हुई है। प्रथम, यह स्पष्ट नहीं है कि वे कौन से कारण तथा विधि-विधान हैं जो 'सभ्यताकरण' की प्रक्रिया को जन्म देते हैं। द्वितीय, यह आरोप भी लगाया गया कि इलियास के सिद्धान्त आनुभविक साक्ष्यों पर आधारित नहीं हैं क्योंकि यदि आधुनिक समाज को पहले के समाजों से अधिक सभ्य माना जाता है तो आधुनिक समाज रोज़मर्रा की अनैतिकता, क्रूरता और हिंसा की दृष्टि से काफी असभ्य हैं।

इलिऑस ने यद्यपि समाजशास्त्र के किसी नये सम्प्रदाय की रचना नहीं की, तथापि एमेस्टरडम में उनके विचारों के आज काफी अनुसरणकर्त्ता हैं जहां इलिऑस ने अपने जीवन के अन्तिम वर्ष व्यतीत किये। उन्हें सन् 1977 में थिओडर एडर्नो पुरस्कार से और सन् 1988 में उनकी पुस्तक 'द सोसाइटी ऑफ इन्डिविड्युअल्स' के लिये 'अमल्फी पुरस्कार' से सम्मानित किया गया। सन् 1979 से 1984 तक उन्होंने बेलफील्ड विश्वविद्यालय के अन्तर्विषयी शोध संस्थान में अतिथि आचार्य और प्रतिष्ठित फ्रैंकफर्ट विश्वविद्यालय में आचार्य पद पर भी काम किया है।

प्रमुख कृतियाँ:
- The Civilizing Process, (1939)
- The Court Society, (1969)
- What is Sociology, (1972)
- The Loneliness of Dying, (1982)
- An Essay on Time, (1984)
- Involvement and Detachment, (1986)
- Quest for Excitement : Sport and Leisure in the Civilizing Process, with Dunning, E. (1986)
- The Society of Individuals, (1988)

Elvin, Verrier

वैरियर एल्विन (1902-)

इंग्लैण्ड में जन्मे **वैरियर एल्विन** का पालन-पोषण एक धार्मिक परिवार में हुआ था। उनके पादरी पिता इंग्लैण्ड की एक चर्च के बिशप थे। इंग्लैण्ड में अपनी शिक्षा-दीक्षा के बाद वे वहीं एक विद्यालय में प्रिंसिपल बन गये किन्तु वहां उनके मित्रों ने भारत में अध्यापन की

सलाह दी। सन् 1927 में भारत आकर सर्वप्रथम पूना में 'क्रिस्टा सेवा संघ' में रहने लगे, किन्तु उन्होंने इस संगठन के धर्म प्रचार-प्रसार के सिद्धान्त में कोई रुचि प्रदर्शित नहीं की और वे महात्मा गांधी द्वारा संचालित 'साबरमती आश्रम' में आ गये। यहां वे धार्मिक नेता ठक्कर बापा के सम्पर्क में आये और कुछ समय तक उनके साथ हरिजन बस्तियों में कार्य किया। इसके बाद वे सरदार पटेल के सम्पर्क में आने से भारत के स्वतंत्रता आंदोलन से जुड़ गये। उन्होंने पटेल के 'बारडोली आंदोलन' पर 'द डिस्टर्ब गुजरात विलेज' नामक पुस्तक लिखी। इसके बाद पेशावर के 'पठान आंदोलन' के आधार पर उन्होंने 'द डॉन ऑफ इंडियन फ्रीडम' नामक पुस्तक की रचना की। कुछ समय के लिए अपनी माता से मिलने के लिए वे इंग्लैण्ड गये। वहां ब्रिटिश सरकार ने उनके भारत वापिसी पासपोर्ट पर उनके द्वारा स्वतंत्रता आंदोलन में भाग लेने को प्रतिबंधित कर दिया, किन्तु वे येन-केन-प्रकारेन भारत पहुंच कर जनजातीय अध्ययन के लिये पहले बेतूल और बाद में पाटनगढ़ जाकर रहे। यहां उन्होंने 22 वर्ष प्रख्यात मानवशास्त्री जे.सी. हेड्डेन के सानिध्य एवं निर्देशन में जनजातियों का अध्ययन किया। बाद में परधान, बैगा, अगारिया, मरिया, मुरिया, कुटिया कोंड, बौंड जैसे अनेक आदिवासी समूहों का अध्ययन किया। 1952 में वे आसाम के तत्कालीन गवर्नर के आमंत्रण पर वहां गये और मणिपुर आसाम (नेफा प्रदेश) की जनजातियों का अध्ययन किया और कई पुस्तकें लिखी। उन्होंने "अनुसूचित जाति और आदिम जाति कमीशन" में सचिव के रूप में कार्य किया और सन् 1960 में सरकार को इसकी रिपोर्ट प्रस्तुत की। एल्विन भारतीय सरकार के जनजातीय मामलों के सलाहकार भी रहे हैं। उन्होंने जनजातियों की समस्याओं के समाधान हेतु प्रारम्भ में "नेशनल पार्क" (अलग-थलग की नीति) के उपागम को प्रस्तुत किया किन्तु बाद में उन्होंने तत्कालीन प्रधानमंत्री जवाहरलाल नेहरू की "एकीकरण की नीति" (आरक्षण एवं विकास) का समर्थन किया। एल्विन ने भारतीय जनजातियों के संबंध में भारत सरकार की नीतियों के निर्माण एवं नियोजन कार्य में महती भूमिका अदा की है।

प्रमुख कृतियाँ:

- The Baiga, (1939)
- The Agaria, (1942)
- The Aboriginals, (1943)
- Maria, Murder and Suicide, (1943)
- Myths of Middle India, (1947)
- The Muriya and Their Ghotul, (1947)
- Bondo Highlander, (1950)
- The Tribal Art of Middle India, (1951)
- The Loss of the Nerves, (1952)
- Tribal Myths of Orrisa, (1954)
- The Religion of An Indian Tribe, (1955)
- A Philosophy for NEFA, (1959)

Engels, Friedrich

फ्रैडरिक एंजिल्स

(1820-1895)

अठारवीं शताब्दी के दार्शनिक, समाजवादी, उद्योगपति और **मार्क्सवाद के सह-प्रतिपादक फ्रैडरिक एंजिल्स** को अधिकांशतः आधुनिक साम्यवाद की विचारधारा के प्रमुख प्रवर्तक कार्ल मार्क्स के एक प्रमुख सहयोगी एवं घनिष्ट मित्र के रूप में जाना जाता है। वे जर्मनी में पैदा हुए थे और एक बड़े उद्योगपति थे जिनके परिवार का मैनचेस्टर (इंग्लैण्ड) में अपना कपड़े का व्यवसाय था। एंजिल्स ने ही सर्व प्रथम सन् 1840 के करीब मार्क्स को अर्थशास्त्र से परिचित करवाया, पारिवारिक खर्चा चलाने के लिये आर्थिक रूप से सहयोग दिया और बाद में उनकी अमर कृति 'केपिटल' की पाण्डुलिपी तैयार करने में मदद की और मार्क्स की मृत्यु के बाद इसके दूसरे और तीसरे खंड को प्रकाशित करवाया। जब वे इसके चतुर्थ खंड को तैयार कर रहे थे, तभी उनकी 75 वर्ष की उम्र में मृत्यु हो गई।

सन् 1844 में एंजिल्स ने एक अखबारीय लेख 'राजनीतिक अर्थव्यवस्था की समीक्षा की एक रूपरेखा' (आउटलाइन ऑफ ए क्रिटिक ऑफ पॉलिटिकल इकॉनमी) के नाम से लिखा। इसमें उन्होंने पूंजीवाद का निजी सम्पत्ति और वर्ग-संघर्ष पर आधारित एक अर्थव्यवस्था के रूप में विश्लेषण किया और उदारवादी अर्थशास्त्र के विरोधाभासों की खुलकर आलोचना की। इस लेख ने मार्क्स के साथ उनके सम्पर्क स्थापित करने और सम्बन्धों को प्रगाढ़ बनाने में भारी मदद की। इसके बाद दोनों ने मिलकर काम शुरू किया और 'पवित्र परिवार' (द होली फ़ैमली, 1845), 'जर्मन विचारधारा' (द जर्मन आइडिऑलाजी, 1845) और 'साम्यवादी घोषणापत्र' (कॉम्युनिस्ट मेनिफेस्टो, 1848) पुस्तकें लिखीं। दोनों में इतने घनिष्ट बौद्धिक साझेदारी सम्बन्ध थे कि बहुधा यह कहना कठिन हो जाता है कि दोनों में से किसने क्या लिखा।

यद्यपि एंजिल्स एवं मार्क्स ने कई वर्षों तक बड़े घनिष्ट रूप में मिलकर काम किया, तथापि **एंजिल्स कई मसलों पर मार्क्स से भिन्न मत रखते थे**; उदाहरणार्थ, (1) उनका विश्वास था कि यद्यपि साम्यवाद में आय और सम्पदा में समानता संभव है, फिर भी शक्ति और सत्ता में असमानता होना हर समय आवश्यक है ताकि जटिल श्रम-विभाजन में समन्वय स्थापित किया जा सके। (2) मार्क्स की मृत्यु के बाद, एंजिल्स ने कहा कि कानून तथा विचारधारा जैसे अधिसंरचनाई तत्वों का आर्थिक आधार से न केवल कुछ स्वतंत्र अस्तित्व है, अपितु कई अवसरों पर ये आर्थिक आधार का निर्धारण भी करते हैं और इस प्रकार **उन्होंने आर्थिक कारकों को अन्य दूसरे कारकों से अलग किया जो मार्क्स नहीं कर पाये**। (3) एंजिल्स ने "एण्टी डुहरिंग" (1877-78) पत्र में, जिसे आज "द्वन्द्वात्मक भौतिकवाद" कहा जाता है, की आधारशिला रखी और मृत्योपरान्त 'प्रकृति की द्वन्द्वात्मकता' (डाइलेक्टिक्स ऑफ नेचर, 1952) नामक पुस्तक का प्रकाशन हुआ। **यहां उल्लेखनीय है कि 'डाइलेक्टिकल मॅटिअर्‌अलिज़्म' शब्द की गढ़ना सर्वप्रथम एंजिल्स ने ही की थी**। इस शब्द से उनका मन्तव्य भौतिकवाद के एक ऐसे स्वरूप से रहा है जो नवीन विकास को समाहित करने के लिये काफी लचीला और खुला हो। (4) चार्ल्स डार्विन से प्रभावित होकर उन्होंने यह विश्वास प्रकट किया कि सामाजिक विकास उद्‌विकासीय सिद्धान्त के अनुसार होता है। वास्तव में, एंजिल्स

ने मार्क्स से अधिक वज़नदार शब्दों में एकरेखीय विकास की बात कही है जो मार्क्स नहीं कर पाये। (5) एंजिल्स ने मार्क्सवाद को प्राकृतिक वैज्ञानिक आधार पर विकसित करने का प्रयास किया क्योंकि प्राकृतिक विज्ञान भौतिकवादी होने के साथ-साथ उन पर द्वन्द्वात्मकता के नियम भी लागू होते हैं। (6) एंजिल्स ने इतिहास, मानवशास्त्र और सैनिकों पर भी लिखा है। उन्होंने मैनचेस्टर और सेलफोर्ड कस्बों का प्रत्यक्ष अवलोकन कर 'इंग्लैण्ड के कामगार वर्ग की दशा' (1845) नामक एक अध्ययन प्रकाशित किया। यह अध्ययन औद्योगिक इंग्लैण्ड के सामाजिक-आर्थिक शोध का आज भी एक 'क्लैसिक' (गौरव ग्रंथ) माना जाता है। इस अध्ययन की विशिष्टता यह है कि यह* उद्योगवाद के परिणामस्वरूप उत्पन्न गरीबी, पारस्थितिकीय पतन, रूग्न स्वास्थ्य के बीच सम्बन्धों को उजागर करने वाला एक अग्रणी ग्रंथ है। आधुनिक इतिहासकारों में इस बात पर विवाद है कि एंजिल्स ने कामगार वर्ग के घटिया जीवन दशाओं का जो वर्णन किया है, क्या उनमें वास्तव में पहले से अब कोई सुधार है या इनमें पहले से भी अधिक पतन है। (7) एंजिल्स की बाद की कृतियों में स्पष्टतः उनकी मौलिकता झलकती है। उन्होंने अपनी एक पुस्तक 'परिवार, निजी सम्पत्ति और राज्य का उद्‌भव' (1884) में ऐतिहासिक भौतिकवाद की सीमाओं का विस्तार आधुनिक मानवशास्त्र तक किया है। इस शोध-कार्य में उन्होंने निजी सम्पत्ति और एक विवाह की संस्था के संदर्भ में महिलाओं के भौतिक रूप में पित्रतंत्रीय पराधीनता के इतिहास की खोजबीन का प्रयास किया है, किन्तु इस पुस्तक में कई स्थानों पर मानवशास्त्रीय साक्ष्यों को अस्वीकार किया गया है। कई कमियों के बावजूद एंजिल्स की यह कृति कई आधुनिक महिलावादियों को आज भी गंभीर रूप से आकर्षित कर रही है।

उपर्युक्त विवेचन से एक बात स्पष्ट है कि एंजिल्स ने मार्क्स के साथ तो कार्य किया ही है, किन्तु उनका स्वयं का योगदान अपने सहयोगी एवं परामर्शदाता मार्क्स के कार्यों को लोकप्रिय बनाने से अतिरिक्त भी था। किन्तु दुर्भाग्यवश, एंजिल्स के विचारों को बाद में सोवियत रूस के नेतृत्व ने मतांध विचारधारा में बदल दिया और उनके कार्यों से कोई सरोकार न रख कर उन्हें भुला दिया गया।

प्रमुख कृतियाँ:

- Conditions of the Working Class in England in 1844, (1845)
- The Origin of the Family, Private Property and the State, (1884)
- The Holy Family (with Marx), (1845)
- The German Ideology (with Marx), (1845)
- The Communist Manifesto, (1848)
- Dialectics of Nature, (1952)

Evans-Pritchard, Sir Edward Evan

सर एडवर्ड इवान इवान्स प्रिचार्ड (1902-1973)

सर एडवर्ड इवान इवान्स प्रिचार्ड एक अग्रणी ब्रिटिश सामाजिक मानवशास्त्री थे जिन्होंने

अफ्रीकी समाजों में मुख्य रूप में अजेन्डे और न्यूर जनजातियों में कई नृजातीय अध्ययन किये हैं। **उन्होंने सामाजिक मानवशास्त्र को समाज का एक प्राकृतिक अध्ययन मानने के स्थान पर इसे एक मानवतावादी अध्ययन माना है।** यही कारण है कि उन्होंने प्रकार्यवादियों, विशेषतः रेडक्लिफ ब्राऊन से दूरी बनाये रखी जिनका स्थान प्रिचार्ड ने ऑक्सफोर्ड विश्वविद्यालय में लिया था और वे वहां सन् 1945 से 1970 तक सामाजिक मानवशास्त्र के आचार्य (प्रोफेसर) पद पर आसीन रहे। प्रारंभ में इतिहास में दीक्षित होने के कारण प्रिचार्ड ने अपने अध्ययनों में इतिहास के पुट को भी सम्मिलित किया और इसी के आधार पर उन्होंने बताया कि किस प्रकार समाजों में एक लम्बी अवधि में परिवर्तन होता है और परिवर्तन का प्रबंधन किया जाता है। अध्ययन का यह दृष्टिकोण प्रकार्यवाद के स्थिर विश्लेषण से सर्वथा भिन्न था। दूसरी ओर, उन्होंने दुर्खाइम का अनुसरण करते हुए समाजों को एक समष्टि के रूप में देखने का प्रयास किया।

इवान्स प्रिचार्ड ने मानवशास्त्र के केन्द्र बिन्दु को बदलने में भी महती भूमिका अदा की है। जहां एक ओर प्रकार्यवादी कर्मकाण्डों और रीति-रिवाजों के समाज में प्रकार्य जानने में तल्लीन थे, वहाँ प्रिचार्ड ने यह जानने पर जोर दिया कि किसी भी समाज के सदस्य रीति-रिवाजों का क्या अर्थ लगाते हैं, उनकी दृष्टि में इन रिवाजों और कर्मकाण्डों का क्या अर्थ है। उन्होंने कहा कि मानवशास्त्र का मुख्य कार्य एक संस्कृति का इस प्रकार भाषान्तर करना है ताकि दूसरी संस्कृति के सदस्य उन शब्दों, अवधारणाओं को आसानी से समझ सकें। स्वयं प्रिचार्ड ने इस दिशा में स्मरणीय कार्य किया है जो उनकी कृतियों से स्पष्ट झलकता है और जो आज भी लोकप्रिय हैं।

इवान्स प्रिचार्ड शायद प्रथम व्यक्ति थे जिन्होंने जादू-टोना, टोनागिरी और भूत-प्रेत सम्बन्धी विश्वासों और इनकी विधियों का सविस्तार वर्णन-विश्लेषण किया है। दक्षिणी सूडान के अजेण्डे लोगों का अध्ययन करते हुए उन्होंने बताया कि ये लोग किसी व्यक्ति से सम्बन्धित किसी भी दुर्भाग्यपूर्ण घटना की व्याख्या जादू-टोने के आधार पर करते हैं। वे सभी प्रकार की मृत्यु का कारण टोनागिरी को मानते हैं। इस विषय को लेकर उन्होंने अपना सर्वप्रथम शोध-ग्रंथ 'विचक्राफ्ट, ऑरॅकल्स एण्ड मैजिक अमंग द अजेन्डे' (1937) प्रकाशित किया। इस पुस्तक में उन्होंने 'संरचनात्मक-प्रकार्यवादी' उपागम का थोड़ा भिन्न रूप में प्रयोग करते हुए सामाजिक संरचना और संस्कृति के पारस्परिक सम्बन्धों पर प्रकाश डाला है। इसके बाद उन्होंने 'न्यूर' जनजाति के अध्ययन पर सन् 1940 में एक पुस्तक लिखी। इस पुस्तक में इवान्स प्रिचार्ड ने राज्यविहीन समाजों में राजनीतिक एकीकरण के सिद्धान्त को प्रतिपादित किया। किन्तु, बाद में उनके वंशज मॉडल की काफी आलोचना भी हुई।

रेडक्लिफ ब्राऊन की अपेक्षा प्रिचार्ड के अध्ययनों में वैज्ञानिकता की कुछ कमी है, किन्तु ब्रॉनिस्ला मेलिनोस्की की अपेक्षा उनमें अधिक सैद्धान्तिकता है जिनसे उन्होंने गहन क्षेत्रकार्य की विधि सीखी थी। मेयर फोर्ट्स के साथ मिलकर उन्होंने 'अफ्रीकी राजनीतिक व्यवस्थाएं' (अफ्रिकन पॉलिटिकल सिस्टम्स, 1940) नामक ग्रंथ का सम्पादन किया है। इस पुस्तक ने राजनीतिक मानवशास्त्र में क्रांति उत्पन्न कर दी। उनकी एक पुस्तक 'सामाजिक मानवशास्त्र सम्बन्धी लेख' (एसेज़ इन सोशॅल एन्थ्रोपालॉजी, 1964) में उन्होंने सामाजिक मानवशास्त्र के कलेवर को स्पष्ट करते हुए समाजशास्त्र सहित अन्य सामाजिक विज्ञानों के साथ

इसके सम्बन्धों पर प्रकाश डाला है। उनकी कृतियों के समाजशास्त्रीय महत्व पर मेरी डगलस ने उनके जीवन और कृतित्व सम्बंधी पुस्तक में सविस्तार वर्णन किया है। इसी पुस्तक में उनके भाषा, तार्किक क्रिया और धर्म सम्बन्धी सिद्धान्तों का भी विवेचन किया गया है।

प्रमुख कृतियाँ:

- Witchcraft, Oracles and Magic Among the Azande, (1937)
- The Nuer, (1940)
- African Political Systems (with M.Fortes), (1940)
- The Sanussi of Cyrenaica, (1951)
- Comparative Method in Social Anthropology, (1963)
- The Theories of Primitive Religion, (1965)
- Women in Primitive Societies and other Essays, (1965)
- The Azande, (1971)
- Man and Woman Among the Azande, (1974)
- Essays in Social Anthropology, (1964)

F

Ferguson, Adam

एडम फर्गुसन

(1724-1816)

स्कॉटलैंड के प्रबोधकाल के तेजस्वी व्यक्ति **एडम फर्गुसन** को एक दार्शनिक के रूप में वह प्रसिद्धि नहीं मिल पाई जो उनके समकालीन सहयोगी प्रख्यात दार्शनिक डेविड ह्यूम को मिली। फर्गुसन को आधुनिक समाजशास्त्र के संस्थापकों में सम्मिलित किये जाने का दावा कुछ लोगों ने किया है। मानवीय प्रकृति की 'स्व-हित' के दृष्टिकोण की उनकी आलोचना ह्यूम के विचारों का अनुसरण है। श्रम-विभाजन के प्रभाव सम्बन्धी फर्गुसन के विचार कार्ल मार्क्स और इमाइल दुर्खाइम के इसी विषय से सम्बंधित विचारों के पुरोगामी कहे जाते हैं। यही नहीं, उनके लेखनों में आत्म-विलगाव और अलगाव (एलिअॅनेशन) जैसी अवधारणाओं का भी उल्लेख हुआ है।

Feuerbach, Ludwig

लुडविग फारबॉक

(1804-1872)

आधुनिक साम्यवाद के प्रवर्तक विचारक कार्ल मार्क्स पर जिन दो प्रमुख व्यक्तियों के विचारों का सर्वाधिक प्रभाव पड़ा, उनमें **हीगल** के अतिरिक्त युवा हीगलवादी **लुडविग फारबॉक** भी हैं। फारबॉक ने हीगल के विचारों को संशोधित रूप में रखा। मार्क्स ने इन दोनों के विचारों को बड़ी चतुराई और पैनी दृष्टि से समन्वय कर एक नये रूप में अपने सिद्धान्त को रखा। **फारबॉक वास्तव में, हीगल और मार्क्स के बीच एक सेतु थे।** उन्होंने हीगल के चेतना और समाज की 'आत्मा' सम्बन्धी विचारों पर अत्यधिक बल दिये जाने की कटु आलोचना की और हीगल के आदर्शवादी दर्शन के स्थान पर भौतिकवादी दर्शन को स्वीकार किया। इसी आधार पर उन्होंने विचारों के स्थान पर मानव प्राणी की भौतिक वास्तविकता पर बल दिया। हीगल के विचारों की आलोचना में उन्होंने हीगल के धर्म सम्बन्धी विचारों पर स्वयं को केन्द्रित किया। **फारबॉक के अनुसार, ईश्वर व्यक्तियों की अपने मानवीय तत्व की अव्यक्तिगत शक्ति के रूप में प्रक्षेपण मात्र है। व्यक्ति ईश्वर को अपने से बड़ा और ऊपर मान लेते हैं जिसके कारण उनका ईश्वर से विलगाव (एलिअॅनेशन) हो जाता है।** वे ईश्वर के साथ कुछ सकारात्मक विशेषताओं को जोड़ देते हैं, जैसे ईश्वर सर्वगुण सम्पन्न है, वह सर्वशक्तिमान और पवित्रतम है, आदि-आदि। इसके साथ ही, वे स्वयं को दीनहीन, शक्तिविहीन, पापी, गुणहीन आदि मान लेते हैं। फारबॉक कहते हैं कि इस प्रकार के विश्वासों (धर्म) को समाप्त किया जाना चाहिये और इसकी विनष्टि के लिये भौतिकतावादी दर्शन का प्रयोग किया जाना चाहिये जिसमें व्यक्ति, न कि धर्म, सर्वोपरि होता है, वे स्वयं अपने मालिक होते हैं और वे स्वयं ही लक्ष्य होते हैं।

Fortes, Meyer

मेयर फोर्ट्स (1906-1983)

संरचनात्मक प्रकार्यवाद के उत्कठ समर्थक दक्षिणी-अफ्रीकी सामाजिक मानवशास्त्री **मेयर फोर्ट्स** ने अपना अधिकांश समय ब्रिटेन में व्यतीत किया। उन्होंने उत्तरी घाना के तलैन्सी लोगों की नातेदारी व्यवस्था पर ढेर सारे नृजातीय तथ्यों का एकत्रण किया है।

प्रमुख कृतियाँ:

- The Web of Kinship Among the Tallensi, (1949)
- African Political Systems with Evans Pritchard, (1940)

Foucault, Michel

मिशेल फूको (माइकल फोकाल्ट) (1926-1984)

एक अत्यंत विवादास्पद फ्रांसीसी दार्शनिक **मिशेल फूको** ने समकालीन समाजशास्त्र को गहरे रूप में प्रभावित किया है। उनके लेखनों ने समाजशास्त्र के अलावा ज्ञान की कई विधाओं पर अपनी गहरी छाप अंकित की है। उनके अध्ययन-अनुसंधान के क्षेत्र का क्षितिज काफी व्यापक है। पागलपन और निदानगृह, चिकित्सा और नैदानिक चिकित्सा सेवाओं का जन्म, अपराध और दंडशास्त्र, कामात्मकता (सेक्शुऐलिटी) और कामात्मकता पर सामाजिक नियंत्रण, स्थापत्य और कारागृह, पागलपन जैसे अनेक विविध विषयों पर फूको ने सर्वथा एक नवीन दृष्टि से लिखा है। ये सभी विषय शरीर, ज्ञान और शक्ति (सत्ता) के पारस्परिक संबंधों की खोज के उनके मूल मुद्दे से जुड़े हुए हैं। उनका ज्ञान और शक्ति (सत्ता) का विश्लेषण अन्य समाज वैज्ञानिकों से सर्वथा भिन्न है। उन्होंने अपने विश्लेषण द्वारा ज्ञान की शक्ति जो आज के युग में अत्यंत महत्वपूर्ण हो गई है, उसे उभारा है। संक्षेप में, "ज्ञान की शक्ति" उनके समस्त लेखनों की धुरी है जिसके चारों ओर उन्होंने अपने विचारों के जाल को बुना है। वे ज्ञान को देह, स्मृति, कामना और सत्ता से गहरे रूप में जुड़ा मानते हैं।

मूल रूप में, फूको एक दार्शनिक और मनोवैज्ञानिक थे, किन्तु यदि उन्हें एक कुशल विज्ञानवेत्ता, साहित्य का मर्मज्ञ और सामाजिक चिन्तन का एक इतिहासकार भी कहा जाये तो अतिश्योक्ति नहीं होगी। सामाजिक व्यवहार और सामाजिक व्यवस्था को प्रभावित करने वाले विशिष्ट कारकों की उनकी गहन खोज ने ही समाज वैज्ञानिकों, विशेषतः समाजशास्त्रियों को उनके विचारों की ओर आकर्षित किया है। समाजशास्त्रियों ने उनके लेखनों में एक समाजशास्त्र नहीं वरन् कई समाजशास्त्र के दर्शन किये हैं। बाह्य रूप में, उनके लेखनों में एक समाजशास्त्र नज़र आता है, किन्तु जैसे-जैसे उनके विचारों के समुद्र में गोता लगाया जाता है, उनके समाजशास्त्र की तह दर तह खुलती नजर आती है।

फूको ने अपने प्रारंभिक लेखनों में संरचनाओं पर जोर दिया है, किन्तु बाद में वे संरचनाओं से शक्ति के विषय पर जा पहुँचे और अन्त में ज्ञान और शक्ति के संबंधों की खोज में जुट गये। सामान्यतः उत्तर-संरचनावादी विचारक संरचना को अपने विषय का केन्द्रीय विषय बनाते हैं, वहां फूको अपने इस घेरे से परे जाकर कई अन्य मसलों को भी

अपने विश्लेषण के घेरे में लेने से नहीं चूके हैं। यही कारण है कि जहां एक ओर फूको उत्तर संरचनावादी हैं, वहीं दूसरी ओर ज्ञान, शक्ति और कामात्मकता (शरीर) के संबंधों के अपने विवेचन में वे उत्तर-आधुनिकतावादी बन गये हैं।

मिशेल फूको का जन्म फ्रांस के पोइतिअॅर में हुआ था। पच्चीस वर्ष की आयु में स्नातक और सन् 1952 में मनोविज्ञान में डिप्लोमा प्राप्त कर वे एक मनोचिकित्सक अस्पताल में कार्य करने लगे। सन् 1950 के दशक में, उन्होंने स्वीडन के उप्पसला विश्वविद्यालय में फ्रांसीसी भाषा का अध्यापन किया। इसी अवधि में उन्होंने "पागलपन और अविवेक : क्लासिकल युग में पागलपन इतिहास" (1959) पर पी.एच.डी. की जो बाद में "पागलपन और सभ्यता: विवेक के युग में उन्माद का इतिहास" के नाम से सन् 1961 में प्रकाशित हुई। सन् 1970 में 'कॉलेज डी फ्रांस' में "विचारणा की प्रणालियों का इतिहास" की पीठ के लिये उनका चयन हुआ। इस अवसर पर उनके प्रथम भाषण का विषय "सत्य की इच्छा" था जिसमें उन्होंने "असंगत और असम्बन्ध व्यवहार" की अवधाराणा को प्रस्तुत किया। अपेक्षाकृत अल्पायु में उनकी मृत्यु सन् 1984 में एड्स से जुड़ी किसी बीमारी से होने के कारण उनकी कई योजनाएं अधूरी रह गईं।

फूको ने राजनीति में भी सक्रिय रूप में भाग लिया। मार्क्स के समाजवादी विचार फूको की राजनीति के प्रेरणा स्रोत थे। वास्तव में, फूको अपने विद्यार्थी जीवन में भी एक उदासीन और निष्क्रिय छात्र नहीं रहे। वे उस अवधि में भी विश्वविद्यालय परिसर के अन्दर और बाहर राजनीति करते रहे। उनका व्यावसायिक जीवन भी राजनीति से अछूता नहीं रहा है। यदि यह कहा जाये कि सक्रिय राजनीति फूको का प्रथम प्रेम था, तो अत्युक्ति नहीं होगी। वे मानव अधिकारों के पुरज़ोर समर्थक थे। इस संबंध में उन्होंने लेख लिखने के अलावा आंदोलनों में भी सक्रिय भाग लिया है।

फूको के कृतित्व पर कई लोगों का प्रभाव रहा है जिनमें मुख्यतः नित्शे की शक्ति की धारणा, वेबर की बुद्धिसंगतता, मार्क्स के आर्थिक निर्धारणवाद, सार्त्र के अस्तित्ववाद, लेवी स्ट्रास के संरचनावाद और सोसुरे के भाषाई विचारों ने उन्हें विशेष रूप में प्रभावित किया है। इसके अतिरिक्त, उनके कृतित्व में प्रघटनाशास्त्रीय सिद्धान्त के कुछ तत्वों की गंध भी आती है। किन्तु, फिर भी फूको की सैद्धान्तिक प्रस्थापनाएं इन सभी विचारकों के सैद्धान्तिक परिप्रेक्ष्यों से कई मामलों में सर्वथा भिन्न हैं। यह कहा जाता है कि फूको पर सर्वाधिक प्रभाव प्रसिद्ध दार्शनिक नीत्शे की धारणाओं का रहा है, किन्तु उन्होंने नीत्शे की धारणाओं को यथावत स्वीकार नहीं किया है। ऐसा माना जाता है कि नीत्शे ही आज की तथाकथित उत्तर-आधुनिकतावादी प्रवृत्ति के प्रवर्तक थे। उन्होंने पारम्परिक नैतिकता को चुनौती देकर नई नैतिकता की नींव रखी है। यह नई नैतिकता सत्ता और शक्ति पर आधारित थी। नीत्शे की रुचि मात्र शक्ति और ज्ञान के मध्य संबंधों को जानने तक सीमित थी, किन्तु फूको ने इन सम्बन्धों को और अधिक समाजशास्त्रीय ढंग से विश्लेषित किया है। मैक्स वेबर के तार्किकीकरण के सिद्धान्त से प्रभावित होते हुए भी फूको ने वेबर के "लोह पिंजरे" (आइरन केज) के विचार को जहां एक ओर नकारा है, वहां मार्क्स की अर्थव्यवस्था की धारणा के साथ-साथ कई अन्य संस्थाओं (राजनीतिक, धार्मिक आदि) को सामाजिक व्यवस्था के लिये आवश्यक बताया है। जहां मार्क्स ने सम्पूर्ण समाज के स्तर पर शक्ति-संरचना की बात की, वहां फूको की रुचि "शक्ति की सूक्ष्म स्तरीय राजनीति" के अध्ययन तक सीमित रही है। इन

अन्तरों के बावजूद, फूको के लेखनों में इन सभी सैद्धान्तिक परिप्रेक्ष्यों का प्रत्यक्ष-अप्रत्यक्ष रूप में प्रयोग अवश्य हुआ है। इन विभिन्न सैद्धान्तिक धाराओं के समावेश के कारण ही फूको की गणना उत्तर संरचनावादियों और उत्तर-आधुनिकतावादियों दोनों में की जाती है।

फूको इतिहास-लेखन और समाजशास्त्र में पारम्परिक पद्धतिशास्त्र और प्रस्थापनाओं के कटु आलोचक रहे हैं। उन्होंने जेल, निदानगृह और कामात्मकता (सेक्शुऐलिटी) के अपने ऐतिहासिक अध्ययनों में विशेष रूप में अपनी विशिष्ट पद्धति का प्रयोग कर समाजशास्त्र को एक नया आयाम दिया है। उनके प्रकाशित ग्रंथों के प्रमुख विषय ज्ञान, शक्ति और मानव शरीर रहे हैं। फूको ने भाषा, ज्ञान, शक्ति और सामाजिक नियंत्रण के बीच जो संबंध स्थापित किये हैं, उसने अनेक समाजशास्त्रियों के विचारों को प्रभावित किया है। उन्होंने कहा है कि **उत्तर-आधुनिक समाज में ज्ञान उत्पादन का एक साधन है। अतः जिसके पास ज्ञान है, उसके पास शक्ति है। ज्ञान और शक्ति दोनों पारस्परिक रूप में एक दूसरे पर निर्भर हैं। फूको के अनुसार, यथार्थ की सामाजिक रचना करने की भूमिका में भाषा और ज्ञान शक्ति के आधार का कार्य करते हैं**। मानव शरीर को नियंत्रण करने में ज्ञान और भाषा की भूमिका विशेष रूप में प्रभावशाली होती है। फूको की दृष्टि में कामात्मकता के विषय में हमारे सोचने, लिखने और बातचीत करने के लिए जिस प्रकार हम भाषा का प्रयोग करते हैं, इसके परे वस्तुपरक मानवीय कामात्मकता जैसी कोई चीज नहीं है। हम किस प्रकार शरीर के बारे में अनुभव करते हैं, यही बाद में सामाजिक नियंत्रण के हितों की पूर्ति करता है।

पद्धतिशास्त्र संबंधी अपने प्रारंभिक लेखन में (1966), फूको ने 'ज्ञान के पुरातत्व' पर काम किया है। इसमें उनके अध्ययन की विषय-वस्तु ज्ञान, विचार, वार्तालाप का ढंग रहे हैं। उन्होंने ज्ञान के अपने पुरातत्व (खोजबीन) को इतिहास और विचारों के इतिहास से तुलना कर उन्हें अत्यधिक तार्किक बनाया उसे और ज्ञान के इतिहास में अत्यधिक निरन्तरता के रूप में चित्रित किया है। इसमें हम फूको पर स्पष्ट रूप मे संरचनावाद का प्रभाव देखते हैं और यह प्रभाव उनके विश्रृंखलित घटनाओं, लिखित तथा मौखिक कथनों के अध्ययनों में भी स्पष्ट है। किन्तु, प्रारंभिक कृतियों में निहित संरचनात्मक परिप्रेक्ष्य उनकी बाद की कृतियों में नहीं मिलता। बाद की उनकी कृतियों में शक्ति का मुद्दा तथा ज्ञान और शक्ति के मध्य सम्बंध अधिक मुखर होकर उभरे हैं जिसने फूको पर उत्तर-संरचनावादी का लेबल लगा दिया। फूको के विचारों में यह परिवर्तन उनके एक वाक्यांश "जीनिऐलॅजी ऑफ पाउर है" (शक्ति की आनुवंशिकी) से स्पष्ट है। उन्होंने आनुवंशिकी को ज्ञान, सत्ता और मनुष्य देह से संबंधित मान कर उसका विश्लेषण किया है। इस मामले में उन्होंने नीत्शे के विचारों का काफी सहारा लिया जो शक्ति या सत्ता के दार्शनिक माने जाते हैं। फूको ने स्पष्ट किया है कि ज्ञान के उत्पादन के माध्यम से किस प्रकार व्यक्ति स्वयं को और दूसरों को नियंत्रित करता है। उन्होंने ज्ञान के संस्तरीकरण की आलोचना की है और बताया कि किस प्रकार संस्थाएं व्यक्तियों व शक्ति का प्रयोग करती हैं। फूको ने अत्यधिक आधुनिक परिष्कृत ज्ञान की व्यवस्थाओं के आधार पर आदिम जंगलीपन से उच्च आधुनिक मानवीयता की धारणा को प्रगति मानने से इन्कार किया है। वे इतिहास को प्रभुत्व की एक व्यवस्था (ज्ञान पर आधारित) से दूसरी व्यवस्था की ओर बढ़ने को मात्र एक झोंका मानते हैं। फूको का विश्वास है कि ज्ञान की शक्ति हमेशा विवादास्पद रही है और हर समय इसके प्रति विरोध प्रकट किया जाता रहा है।

फूको ने पागलपन, पागलखानों, कामात्मकता तथा प्रारंभिक आधुनिक संस्कृति के कई पक्षों के इतिहास का विश्लेषण कर इन घटनाओं के मूल में निहित सामाजिक मानसिकताओं की खोज करने का प्रयास किया है। उदाहरणार्थ अपनी पुस्तक "पागलपन और सभ्यता" (**मैडनेस एंड सिवलाइजेशन, 1961**) में फूको ने ज्ञान के पुरातत्व, विशेषतः मनोचिकित्सा के उद्‌भव की खोज की है। **उन्होंने विवेक और पागलपन को ऐतिहासिक प्रक्रियाओं की उपज माना है**। उनके अनुसार, ये दोनों सार्वभौमिक वस्तुपरक श्रेणियां नहीं हैं। अपनी इस बात की पुष्टि करने के लिए फूको ने रेनांशां युग, क्लासिकल युग से लेकर आज तक (बीसवीं सदी तक) के इतिहास को कुरेदा है और कहा है कि जैसे-जैसे ज्ञान में वृद्धि होती गई, पागलपन के बारे में धारणाएं और इसके प्रति समाज की प्रतिक्रियाओं (सत्रहवीं और अठारहवीं शताब्दी) में बदलाव आता गया। वास्तव में, पागलपन की घटना के माध्यम से फूको ने मूलतः ज्ञान की शक्ति के इतिहास पर प्रकाश डाला है।

क्लासिकल युग जिसे प्रसिद्ध दर्शनशास्त्री **डेकार्ता** का युग भी कहा जाता है, वह तर्क और विवेक का युग था। फूको ने अपनी पुस्तक में इस धारणा को स्पष्ट किया है कि प्रत्येक वस्तु के प्रति संदेह प्रकट करने वाले डेकार्ता ने अपनी पुस्तक "फर्स्ट मेडिटेशन" में पागलपन को अतिश्योक्तिपूर्ण संदेह के घेरे से क्यों अलग रखा और इस घटना पर क्यों नहीं विचार किया। डेकार्ता पर इस संदर्भ में फूको द्वारा की गई टिप्पणी महत्वपूर्ण है। वे लिखते हैं कि "डेकार्ता ने अपने उन्माद (पागलपन) के अलावा प्रत्येक वस्तु पर संदेह प्रकट किया है।" फूको ने यह मालुम करने का प्रयास किया है कि डेकार्ता-काल में पागलपन और अविवेक (अनरीज़न) का रूप कैसा था, और इन दोनों के बीच का अन्तर क्यों एक बड़ा मुद्दा था। दूसरे शब्दों में, पागलपन और विवेक के बीच बाद में क्यों भेद किया गया। फूको के अनुसार, विवेक और पागलपन सार्वभौमिक वस्तुपरक श्रेणियां नहीं हैं। वे इन्हें ऐतिहासिक प्रक्रियाओं का परिणाम मानते हैं। पागलपन के इतिहास को कुरेदते हुए फूको लिखते हैं कि सन् 1600 तक पागल व्यक्ति को किसी भी संस्था (पागलखाना) में बंद करके नहीं रखा जाता था। किन्तु आधी सत्रहवीं शताब्दी के बाद के वर्षों में पागल व्यक्ति के बारे में सोच संबंधी विचारों में परिवर्तन आ गया प्रतीत होता है और उसे किसी कोढ़ी व्यक्ति की भांति अलग रखा जाने लगा। पन्द्रहवीं शताब्दी तक पागल लोग इधर-उधर स्वच्छंद रूप में घूमा फिरा करते थे, उन पर कोई प्रतिबंध नहीं था। फूको लिखते हैं कि पागलपन का विचार सर्वप्रथम साहित्य और प्रतिभा विज्ञान में आया, क्योंकि उस समय एक पागल व्यक्ति को सत्य, ज्ञान के साथ-साथ विद्यमान राजनीतिक व्यवस्था के एक स्रोत और आलोचक के रूप में देखा जाता था। पुनर्जागरण काल में पागलपन को एक उच्च स्थान प्राप्त था। यह माना जाता था कि यह एक ऐसा अनुभव है जिसमें व्यक्ति को नैतिक सत्य के साथ-साथ उन नियमों (कायदे-कानून) से साक्षात्कार होता है जो उसकी प्रकृति और सत्य के अनुरूप होते है। इस दृष्टि से पागलपन के तर्क के अपने स्वरूप हैं और इसे मानव प्राणी की एक सामान्य विशेषता माना जाता था। अविवेकी योग्य विवेक और विवेकी योग्य अविवेक साथ-साथ चल सकते थे।

क्लासिकल युग में (सत्रहवीं और अठारहवीं शताब्दी) में पागलपन के संबंध में धारणा बदल गई। इस काल में, पागलपन की आवाज़ को छीन लिया गया, और पागलपन की घटना

को समाज विरोधी माना जाने लगा। पागल व्यक्तियों की गणना लम्पटों, व्याभिचारियों, दुराचारियों, समलिंगियों और जादूगरों की श्रेणी में की जाने लगी। ऐसे व्यक्तियों को अस्पतालों, आश्रयालयों और जेलों में बन्द करके रखा जाने लगा। इसी प्रकार, सत्रहवीं और अठारहवीं शताब्दी के चिन्तन में क्रोधोन्माद की घटना की व्याख्या में अपराधी और पागल व्यवहार को अतार्किकता (मूर्खता) की श्रेणी में सम्मिलित किया गया। पुनर्जागरण और क्लासिकल युगों के बीच में न केवल पागलपन की धारणा में परिवर्तन हुआ, अपितु इन व्यक्तियों के प्रति समाज द्वारा प्रदर्शित प्रतिक्रियाओं और इनके साथ किये जाने वाले व्यवहार में भी परिवर्तन आ गया। फिर भी, पागलपन के बारे में आधुनिक चिकित्सकीय धारणा का उदय बहुत बाद में हुआ। उन्नीसवीं शताब्दी तक पागलपन अथवा उन्माद को एक चिकित्सकीय मसला समझे जाने की अपेक्षा एक पुलिस की घटना समझा जाता था। पागल व्यक्ति को एक बीमार अथवा एक रुग्ण व्यक्ति नहीं माना जाता था। इन सब तथ्यों के आधार पर फूको कहते हैं कि मानसिक रूप से बीमार व्यक्ति के उपचार के तरीकों को मनोविश्लेषण या सामान्य चिकित्सा के इतिहास में खोजना बेकार है।

यद्यपि, पागल लोगों को सत्रहवीं शताब्दी के शुरू में ही सामान्य चिकित्सालयों में बंद करना प्रारंभ कर दिया था, फिर भी आधुनिक पागलखानों की शुरुआत अठारहवीं शताब्दी के अन्त में **टूक और माइनेल** के सुधारों द्वारा ही हो पाई। चिकित्सा और स्थानबंधन की धारणाएं किसी चिकित्सकीय खोज के फलस्वरूप एक दूसरे के नजदीक नहीं आई, अपितु इन दोनों को एक दूसरे से अप्रत्यक्ष रूप में संबंधित कारकों ने जोड़ा है। फ्रांसीसी क्रांति के कारण एक तरफ व्यक्तिगत मानवीय अधिकारों के प्रति जागृत उत्पन्न हुई और दूसरी तरफ निदानात्मक विधियों में परिवर्तन के कारण पागलखानों को दंडात्मक संस्थाओं के स्थान पर मानसिक चिकित्सालय का रूप दिया जाने लगा। पागल, पागलपन और पागलखाने का फूको का यह समस्त विश्लेषण उनकी इस धारणा की पुष्टि करता है कि **ज्ञान के विकास (चिकित्सकीय ज्ञान) में किसी धारणा (पागलपन) को बदलने की शक्ति होती है**। जहां पागलों को पहले एक असामाजिक व्यक्ति मान कर जेलों में ठूंस दिया जाता था, आज उन्हें एक मानसिक रोगी मानकर मानसिक चिकित्सालय में उनकी चिकित्सा की जाती है। सन् 1970 के दशक में लिखी गई फूको की दो पुस्तकों ('पागलपन और सभ्यता' तथा 'एक नैदानिक केन्द्र का जन्म') में उनके शक्ति के सिद्धान्त के दो पक्षों पर प्रकाश डालता है, (1) दंड और कामात्मकता के संदर्भ में ज्ञान और शरीर के क्या विशिष्ट संबंध होते हैं, और (2) प्रबोधकालीन दार्शनिक-न्यायिक ढांचे में शक्ति की किस प्रकार एक सर्वथा भिन्न प्रकार से व्याख्या की जाती है। निष्कर्षतः, **शक्ति में कोई तात्विक अन्तर्वस्तु नहीं होती है। यह किसी की धरोहर या किसी में केन्द्रीभूत नहीं होती, अपितु यह एक तकनीक या एक प्रौद्योगिकी है, अर्थात् यह साध्य नहीं, एक साधन मात्र है**। अतः इसे इसी नजरिये से देखे जाने की आवश्यकता है।

पागलपन के इतिहास के संदर्भ में ही फूको ने 'ऐतिहासिक असततता' की अपनी धारणा को भी स्पष्ट किया है कि किस प्रकार पागलपन के प्रबोधकालीन दृष्टिकोण और क्लासिकल दृष्टिकोण में अन्तर पाया गया। (अर्थात् अविवेक से खामोशी के रूप में बदलाव होना) और फिर क्लासिकल युग से उन्नीसवीं सदी में मानसिक बीमारी के रूप में पागलपन

के इलाज में अन्तर आया। पागलपन का यह इतिहास विभिन्न युगों में हुए बदलाव के साथ-साथ इसकी असततताओं को भी उजागर करता है। यद्यपि, उन्नीसवीं शताब्दी के प्रारंभ से ही पागल व्यक्ति को किसी स्थान पर बन्द रखना शुरू हो गया था और आधुनिक चिकित्सा का पागल व्यक्ति की चिकित्सा में प्रयोग धीरे-धीरे शुरू हुआ। चिकित्सा और पागल को बन्द रखने के चलन में धीरे-धीरे निकटता तब बढ़ी जब फ्रैंच क्रांति के बाद व्यक्तिगत अधिकारों के प्रति चेतना उत्पन्न हुई। इस चेतना ने पागलखानों को निदान गृहों में बदल दिया जिन्हें पहले दण्डात्मक संस्थाएं माना जाता था।

सन् 1963 में फूको ने "एक नैदानिक केन्द्र का जन्म" **(द बर्थ ऑफ ए क्लिनीक)** पुस्तक लिखी। इसमें शरीर रचना विज्ञान की पुरातन (क्लासिकल) विधियों से लेकर आधुनिक वैज्ञानिक चिकित्सा तक में आये बदलाव के माध्यम से मानव के बाह्य अंगों के निरीक्षण द्वारा उसके आन्तरिक निरीक्षण (नैतिकता) में हुए परिवर्तन का एक गहन विश्लेषण किया गया है। फूको का मत है कि चिकित्सा के क्षेत्र में यह बदलाव चिकित्सा का मानवीयता के एक विज्ञान के रूप में जन्म को दर्शाता है जिसमें मानव प्राणी सकारात्मक ज्ञान की विषय-वस्तु बन जाता है। इस पुस्तक में भी फूको ने मानव शरीर, ज्ञान और शक्ति के परस्पर संबंधों की अपनी मुख्य थीम का विश्लेषण किया है। वे लिखते हैं कि आधुनिक चिकित्सक जीवन और मृत्यु के गूढ़ विषय का वैज्ञानिक और भौतिक आधार पर ज्ञाता होने के कारण उसके पास शक्ति का भण्डार संचित हो जाता है। अपने इस विषय की सूक्ष्म परीक्षा हेतु फूको ने चिकित्सा की पुरानी संरचना और नई संरचना (नैदानिक प्रेक्षण) का सूक्ष्म विश्लेषण किया है। नैदानिक प्रेक्षण (क्लीनिकल ऑब्जर्वेशन) ने सम्पूर्ण चिकित्साशास्त्र में क्रांतिकारी परिवर्तन ला दिया है। मौत किसी के हाथ में नहीं होती, फिर भी अपने विशिष्ट ज्ञान के आधार पर एक चिकित्सक अपने मरीज को ठीक करने का दावा कर सकता है। उसके ठीक करने की क्षमता का यह दावा इस तथ्य को प्रकट करता है कि अपने विशिष्ट ज्ञान का धनी होने के कारण वह (चिकित्सक) शक्तिशाली है। **किसी भी क्षेत्र में शक्ति का स्वामित्व (ज्ञान की शक्ति) व्यक्ति को अधिकाधिक धनोपार्जन की कुंजी सौंपता है।**

सन् 1975 में फूको ने "अनुशासन और दण्ड" **(डिस्प्लिन एण्ड पॅनिश)** लिखी। इसमें उन्होंने पुरातन काल की सार्वजनिक फाँसी की सजा से आधुनिक कारावास की व्यवस्थित प्रणाली की दण्डात्मक शासन व्यवस्था के माध्यम से **"शक्ति की सूक्ष्म भौतिकी"**, अर्थात् शरीर के नियमन से आत्मा के नियमन की बात कही है। जेल के कारावास की व्यूह-रचना, अर्थात् अपराधियों का प्रेक्षण, निगरानी, वर्गीकरण, संस्तरण, नियमाचार, अनुशासन और सामाजिक नियंत्रण अन्ततः सम्पूर्ण मानव समाज के लिये एक मॉडल का कार्य करता है। इस पुस्तक में भी फूको ने दंड और अनुशासन के रूपों और दंड की प्रक्रिया का ऐतिहासिक काल से आज तक की व्यवस्था का सूक्ष्म परीक्षण किया है। पहले शारीरिक दंड (फांसी) पर जोर था, किन्तु आजकल शरीर को नियंत्रित करने की अपेक्षा आत्मा को नियंत्रित (कारावास के द्वारा) करने का प्रयास किया जाता है। **कारागृह में रखने का तात्पर्य व्यक्ति की स्वतंत्रता को अप्रत्यक्ष तौर पर प्रतिबंधित करना है ताकि समाज में सुव्यवस्था बनी रहे।** फूको कहते हैं कि कारागृह व्यवस्था का आविर्भाव पूंजीवादी व्यवस्था के साथ हुआ क्योंकि यह व्यवस्था स्वयं अपनी सुरक्षा चाहती है। अतः समाज को खतरा उत्पन्न करने वालों से मुक्त करने के लिये

ऐसे व्यक्तियों को समाज से पृथक् करने के लिये कारागृह व्यवस्था का जन्म हुआ। फूको अपने इस विश्लेषण में भी शक्ति की महत्ता को रेखांकित करते हैं, किन्तु यहां इसका रूप अनुशासनात्मक शक्ति का है।

फूको ने अपनी इस पुस्तक में अपराधी व्यक्ति के शरीर संबंधी दो कल्पनाएं प्रस्तुत की हैं। प्रथम, सार्वजनिक रूप में सताया और उत्पीड़ित किया गया शरीर, द्वितीय, जेल की कोठरी का अनुशासित शरीर जिस पर निरंतर निगरानी रखी जाती है। फूको कहते हैं कि पागलपन के इतिहास की भांति, उन्नीसवीं सदी के कानूनी दंड के मुख्य स्वरूप के रूप में जेल की उत्पत्ति को अन्य संस्थाओं (सेना, कारखाना, विद्यालय आदि) से अलग करके नहीं देखा जा सकता क्योंकि इन संस्थाओं का मुख्य कार्य भी वास्तविक अथवा परोक्ष निगरानी के द्वारा शरीर को अनुशासित करना रहा है। फूको के अनुसार, सुधारकों की सद्‌भावना एवं मानवता तथा अपराधी कानून में परिवर्तनों ने जेलों को जन्म नहीं दिया है, अपितु यह तो अनुशासित समाज के उद्‌भव और इसके परिणामस्वरूप उत्पन्न शक्ति की नई परिभाषा ने जेलों को उत्पन्न किया है, - - - - - - **अतः ज्ञान शक्ति से जुड़ा होता है और जेल ज्ञान का एक उपकरण मात्र है।**

जैसा कि इस लेख के शुरू में लिखा गया है कि फूको ने विविध विषयों पर लिखा है, किन्तु उनके सभी लेखनों में एक मूल अन्तर्धारा विद्यमान है और वह है, **शरीर, ज्ञान और शक्ति के पारस्परिक संबंधों की खोज।** उन्होंने कामात्मकता (सेक्शुलिटी) के विषय को भी अपनी खोज और विश्लेषण का आधार बनाया है और "कामात्मकता का इतिहास" (**द हिस्ट्री ऑफ सेक्शुऐलिटी**) (1976-84) नामक कई खंडीय एक बहुचर्चित ग्रन्थ की रचना की। मूल रूप में, इसे 6 खंडों में लिखने की योजना थी, किन्तु फूको की मृत्यु के कारण् यह योजना अधूरी रह गई। इस पुस्तक में भी शक्ति और ज्ञान के संबंधों के माध्यम से देह (शरीर) के नियंत्रण की विषय-वस्तु को विश्लेषण का केन्द्र बनाया गया है। इसमें शक्ति संबंधी उनके अत्यन्त विवादास्पद विचार पूर्णतः निखर कर प्रस्थापनाओं और अवधारणाओं जैसे, **विश्रृंखल रचनाएं** (डिस्कॅसःइव फॉःमेशन), अर्थात् ज्ञान या ज्ञानमीमांसा की रचनाएं, के रूप में सामने आये हैं। ये दोनों ही मानव शरीरों सहित सामाजिक वस्तुओं को संगठित एवं शक्ति द्वारा प्रभावित करती हैं। वास्तव में, इस पुस्तक में फूको का लक्ष्य शक्ति-ज्ञान-सुख की प्रवृत्ति को स्पष्ट करना है जो हमारे विश्व में मानवीय कामात्मकता संबंधी चिन्तन को बनाये हुए है।

जैसा कि इस पुस्तक के नाम से स्पष्ट है, इसमें सर्वप्रथम ऐतिहासिकता के परिप्रेक्ष्य में कामात्मकता की मानसिकता को कुरेदा है, किन्तु यहां भी वे अपने मूल विषय-ज्ञान और शक्ति-सत्ता के संबंधों के विश्लेषण से पीछे नहीं हटे हैं और कामात्मकता में भी शक्ति-सत्ता को ढूंढा है। **सत्ता के साथ कामात्मकता का अटूट संबंध है,** फूको ने, सार रूप में, इस पुस्तक में यही स्थापित करने का प्रयास किया है। आजकल कामात्मकता के बारे में जिनके पास ज्ञान है (आधुनिक चिकित्सक), वे इसके नियंत्रण में अपनी शक्ति का प्रयोग करते हैं। साथ ही, सत्ताधारी भी अपने नियमों के द्वारा यौन व्यवहार पर नियंत्रण (जनसंख्या नियंत्रण, विवाह की आयु का निर्धारण, बच्चों की संख्या का निर्धारण आदि) करते हैं। कामात्मकता की सांस्कृतिक संदर्भ में व्याख्या करते हुए फूको ने बताया कि किस प्रकार सरकारों ने लैंगिक व्यवहार के कुछ रूपों को स्वीकार और कुछ को निषेधित किया है।

इस पुस्तक के प्रथम खंड में, शक्ति के प्रबोधकालीन युग के न्यायिक-दार्शनिक दृष्टिकोण की भर्तसना की गई है। यह दृष्टिकोण शक्ति को मूलतः दमनात्मक मानता है। अतः यह अनिर्वातः नकारात्मक है। पुस्तक के द्वितीय खंड में, ग्रीक सामाजिक व्यवस्था के संदर्भ में सुख-आनन्द (प्लेजर) की व्याख्या करते हुए फूको ने यह प्रतिपादित किया है कि सुख-आनन्द (मैथुनिक या अन्य) ग्रीक सामाजिक व्यवस्था का एक वैध हिस्सा था, फिर भी इससे तनाव उत्पन्न होते थे। फूको के अनुसार, सुख आनन्द की जो प्राप्ति वैवाहिक संबंधों के दायरे में होती है, वह अवैध संबंधों या नियमों के उल्लंघन से नहीं होती है। तृतीय खंड में, फूको ने मैथुनिक व्यवहार से लेकर कई प्रकार के भिन्न व्यवहारों के संदर्भ में आत्म-नियंत्रण (संयम) की अवधारणा का गूढ़ विश्लेषण किया है। फूको के अनुसार, एक ऐसा जीवन जिसमें विचलन की अपेक्षा आत्म-रक्षा, अर्थात् असंयम का वर्चस्व होता है, वह एक खतरा है। दूसरे शब्दों में, वैवाहिक संबंधों के बाहर स्थापित मैथुनिक संबंधों की अपेक्षा वैवाहिक संबंधों के भीतर के अत्यधिक मैथुनिक संबंध एक समस्या है। फूको ने कामात्मकता के अपने लम्बे विश्लेषण के आधार पर सुख-आनन्द के दो चेहरे बताते हुए लम्पट अथवा स्वच्छंद व्यवहार के स्थान पर नियमबद्ध और आत्मानुशासन द्वारा प्राप्त सुख-आनन्द को प्राथमिकता के आधार पर स्वीकार किया है।

फूको के ये चारों अध्ययन पाठकों के लिये आसानी से उपलब्ध हैं, किन्तु इनमें से किसी को बिना नानुच के प्रत्यक्ष तौर पर प्रगति का इतिहास नहीं माना जा सकता। फिर भी, फूको के प्रयास चिन्तन में बड़े परिवर्तन को परिलक्षित करते हैं जिसके द्वारा ऐसे विषय, जैसे नवीन "सत्य के नियम" हमारे ज्ञान, हमारे वर्गीकरण की योजनाओं, हमारे विश्वासों और हमारी प्रथाओं के महत्वपूर्ण बन गये हैं। अतः फूको का लेखन वैयक्तिक अध्ययनों के परे जाकर ज्ञान और शक्ति के संगठन, तथा सामाजिक नियंत्रण हेतु विशिष्ट "विश्रृंखल रचनाओं" के निहितार्थों संबंधी वृहत् सैद्धान्तिक प्रस्थापनाओं को जन्म देते हैं।

फूको की कृतियों ने पागलपन, अनुशासन, दंड और सुधार की धारणाओं को काफी प्रभावित किया है। फूको के लेखनों ने समाजशास्त्र की इस सर्वमान्य धारणा को मजबूत किया है कि विचलन के विभिन्न स्वरूपों की उत्पत्ति के लिये विशिष्ट समाज व्यवस्थाएं उत्तरदायी होती हैं जिन्हें फूको ने "सत्य की प्रणालियां" (रेश्ज़ीम ऑफ ट्रूथ) कहा है। अपने इस कथन की पुष्टि में फूको ने लिखा है कि उन्नीसवीं शताब्दी में मानसिक रुग्नता के स्वरूप तथा इसके विभिन्न उप-रूपों की व्याख्या समाज-विरोधी अथवा सामाजिक रूप में निर्जल्य व्यवहार के विभिन्न प्रकारों में से किसी एक रूप की अपेक्षा एक विशिष्ट प्रकार के व्यवहार के रूप में की जाती थी। जिन व्यक्तियों को चिकित्सा संभव नहीं होती थी या जिन्हें पुनः सामान्य व्यक्ति नहीं बनाया जा सकता था, उन्हें बहुसंख्यक विवेकवान व्यक्तियों से दूर रखकर पागलखानों में डाल दिया जाता था।

फूको की सभी कृतियों का मुख्य विचार बिन्दु यह रहा है कि किस प्रकार समाज कार्यकलापों के विभिन्न क्षेत्रों में "सामान्य" और "असामान्य" को परिभाषित करते हैं। उदाहरणार्थ, किसी एक समाज में "विवेकशील" और "पागलपन", "अपराधी" और "अ-अपराधी" या "लैंगिक रूप में सद्चलन" और "बदचलन" के बीच में कैसे रेखा खींची जाती है। फूको का एक बड़ा योगदान कामात्मकता के क्षेत्र में है। वे पहले व्यक्ति हैं जिन्होंने

शक्ति, ज्ञान और कामात्मकता के संबंधों को उजागर कर सामान्य रूप में कामात्मकता के और विशेष रूप में 'समलैंगिक कामात्मकता' के उत्तर-आधुनिक अध्ययनों को प्रेरित किया है।

फूको ने उत्तर-आधुनिकता का भी विश्लेषण किया है। इसे विश्लेषित करते हुए फूको कहते हैं कि **हम कभी भी यथार्थ तक नहीं पहुंच सकते क्योंकि हम छवियों, प्रतीकों और संकेतों के विनिमय के अर्थ में अपना जीवन जीते हैं, जो स्वयं अज्ञात संकेत व्यवस्थाओं (भाषाई संकेतों) की वस्तुएं होती हैं और यथार्थ हमेशा मानवता के शब्द जाल में छुपा होता है।** इस यथार्थ को हम केवल किन्हीं विशिष्ट सांस्कृतिक युगों के कूटों (कोड), संकेतों, सोचने और बोलने के तरीकों तथा "विमर्शों" के द्वारा ही समझ सकते हैं। यही नहीं, इन संकेतों और विमर्शों में पारदर्शक संचार बहुत कम होता है जो अन्तर्हित यथार्थ को उजागर करने में हमारी सहायता कर सके। हमारे शरीर और मस्तिष्क पर इन विमर्शों के अचेतन रूप में कार्य करने की शक्ति इतनी अधिक होती है कि हम मात्र इनके बंधक बन जाते हैं। दूसरे शब्दों में, मानव प्राणियों पर इन विमर्शों का इतना अथाह प्रभाव होता है कि उनका अपने जीवन पर कोई नियंत्रण नहीं रह जाता, वे कठपुतली की भांति इन विमर्शों से स्वतः नियंत्रित होते चले जाते हैं। उदाहरणार्थ, टी. वी. पर दिखाये जाने वाले विज्ञापन और धारावाहकों (सीरियलों) का प्रभाव इतना अधिक होता है कि इनके द्वारा प्रदर्शित किये गये निर्मित संदेश को ही हम यथार्थ समझने लगते हैं। दूसरे शब्दों में, "यथार्थ" तो विशिष्ट विमर्शों में निहित अथवा इनके द्वारा निर्मित अर्थ हैं और हमारा जीवन इन विमर्शों का "प्रभाव" है। निष्कर्षतः यह कहा जा सकता है कि वस्तुपरक ज्ञान या स्वतंत्र चिन्तन पर आधारित निर्णय अथवा स्वायत्त आत्म या ऐसा विश्व जो किन्हीं विशिष्ट ऐतिहासिक-सांस्कृतिक विमर्शों द्वारा निर्मित न हो, जैसी कोई चीज नहीं होती है। हम प्रतीक-व्यवस्थाओं की कठपुतलियां मात्र हैं। हमारी अपनी कोई व्यक्तिपरक चेतना, कल्पना, मौलिक सोच, बोध और रचनात्मकता जैसी कोई वस्तु नहीं होती है। अधिकाधिक हम कवच मात्र हैं जो बड़े निपुण ढंग से ऐसे प्रतीकों के तानेबानों के बीच काम कर रहे हैं जिनका आविष्कार या निर्माण हमने नहीं किया है और जिन पर हमारा कोई नियंत्रण नहीं है।

हम जिन विमर्शों की बहुलता के बीच रहते हैं, वे हमारे सामाजिक-सांस्कृतिक विश्व की रचना करते हैं। ये विमर्श ज्ञान के स्रोत होते हैं और इनकी बड़ी शक्ति होती है। फूको ने कहा है कि विमर्श शक्ति-ज्ञान के आसन हैं। यही नहीं, इस शक्ति-ज्ञान के दायरे में ही मनुष्यों को चेतना मिलती है। विमर्श के शक्ति ज्ञान के बाहर अथवा आसपास कोई रास्ता नहीं है। इसके प्रभावों से बचने का भी कोई रास्ता नहीं है। इसके साथ चलने का भी कोई रास्ता नहीं है, केवल एक रास्ता है कि हम इसके एक प्रभाव बन जायें।

"विमर्श" (डिस्कॉःस) फूको के विश्लेषण की एक मुख्य अवधारणा है। इसका सामान्य अर्थ प्रवचन या भाषण है, किन्तु फूको ने इसका प्रयोग इस सामान्य अर्थ से कुछ हट कर किया है। उन्होंने इसका प्रयोग किसी विषय के बारे में "विशिष्ट ज्ञान" के संदर्भ में किया है। यह "विशेषज्ञों की शब्दावली" को इंगित करने वाला एक शब्द है, उदाहरणार्थ, जब चिकित्सा या कानून के क्षेत्र का विशेषज्ञ अपने विषय पर लिखता या बोलता है, तब यह माना जाता कि उसे अपने 'ज्ञान पर अधिकार' है। ज्ञान पर उनका यह अधिकार ही उन्हें अपने मरीज़ों अथवा मुवक्किलों पर नियंत्रण की शक्ति देता है जिसके बारे में वे (मरीज़/मुवक्किल)

अनभिज्ञ होते। किसी विषय के बारे में साधारण व्यक्तियों की सोच-समझ और एक विशेषज्ञ की सोच-समझ में अन्तर होता है। अतः फूको की नज़र में किसी विषय या वस्तु के बारे में सामान्य व्यक्तियों के साझा अनुभवों को विमर्श नहीं कहा जाता। फूको ने विमर्श की अवधारणा का प्रयोग ऐसे साझा प्रतिमानों के विवेचन के लिये किया है जो भाषा प्रयोग के विशिष्ट प्रतिमानों में (विशेषज्ञ शब्दावली) में अन्तर्हित होते हैं। इनका अर्थ बहुत कुछ विचारधारा से मिलता-जुलता है, किन्तु इसमें भाषा की शक्ति के साथ-साथ उन विचारों पर भी जोर दिया जाता है जिन्हें भाषा अभिव्यक्त करती है। इस अर्थ में, किसी विमर्श के प्रयोग की योग्यता यह बताती है कि उस व्यक्ति को एक विशिष्ट क्षेत्र के ज्ञान पर अधिकार है। **अतः विमर्श से तात्पर्य ऐसे विशेषज्ञ ज्ञान या विशेषज्ञता से है जिसका प्रयोग विशेषज्ञ लोग करते हैं। यह विशेषज्ञों के क्षेत्र का ज्ञान है।** इस दृष्टि से सार्थक ज्ञान की परिभाषा करने, चयन करने और उसकी व्यवस्था करने में, फूको के अनुसार, विशेषज्ञों की महती भूमिका होती है।

फूको की कृतियों की मूल भावना को समझने के लिये यह आवश्यक है कि उनके द्वारा इनमें प्रयोग की गई शबदावली के अन्तर्संबंधित गूढ़ अर्थों को समझा जाये। इस प्रकार के कुछ मुख्य शब्द ये हैं : **वर्तमान, आनुवंशिकी, ज्ञानमीमांसा, असततता, तथा तकनीक**। फूको के अनुसार, **वर्तमान** हमेशा रूपान्तरण या परिवर्तन की प्रक्रिया में होता है, अतः विगत् या बीते हुए कल का निरंतर मूल्यांकन किया जाना आवश्यक है। निषकर्षतः, इतिहास को वर्तमान के संदर्भ में लिखा जाना चाहिये। इतिहास वर्तमान की आवश्यकता की पूर्ति करता है। वर्तमान ऐसी समस्याएं प्रस्तुत करता है जिनका ऐतिहासिक ढंग से अध्ययन किया जाना चाहिये। जिस प्रकार एक विश्लेषक किसी व्यक्ति के व्यक्तिगत जीवन-चरित्र की व्याख्या मनोविलेश्षण के संदर्भ में नये सिरे से करता है, उसी प्रकार विगत के इतिहास लिखने का तात्पर्य ही यह है कि इसे नये ढंग से देखा और लिखा जाये। संक्षेप में, **नवीन घटनाओं के संदर्भ में, विगत सर्वथा एक नया अर्थ ले लेता है**। इतिहास का यह नया अर्थ विगत और वर्तमान के बीच के मान्य कारणात्मक संबंधों की संभावनाओं को ही समाप्त कर देता है। इतिहास को जब इस नई दृष्टि से देखा जाता है तब ऐतिहासिकतावाद की बुराइयों पर अंकुश लग जाता है। ऐतिहासिकतावाद भूतकाल का विश्लेषण विगत के संदर्भ में ही करने पर जोर देता है, जबकि, वास्तव में, एक अर्थ में, इतिहास हमेशा वर्तमान का इतिहास होता है। सन् 1960 के दशक में संरचनावाद का जन्म और सन् 1970 के दशक के प्रारंभिक वर्षों में जेलों में उपद्रव और अशांति ने ही फूको की "द ऑर्डर ऑफ थींग्ज़" (1966) और "डिसिप्लिन एंड पॅनिशमेंट" (1975) की कृतियों को जन्म दिया है।

वर्तमान से निकट से जुड़ा एक शब्द या अवधारणा **आनुवंशिकी** (जीनिएलॅजी) है। विगत के निरंतर पुनरीक्षण या पुनर्मूल्यांकन को ही फूको ने आनुवंशिकी कहा है। सम-सामयिक घटनाओं के संदर्भ में इतिहास का लेखन ही आनुवंशिकी कहलाता है। वर्तमान मसलों के प्रति प्रतिबद्धता प्रदर्शित करते हुए जो इतिहास लिखा जाता है, वह फूको के अर्थ में आनुवंशिकी ही है। अतः यह वर्तमान के क्षणों में एक प्रकार का दखल है। फूको ने इस अर्थ में इतिहास को हमेशा आनुवंशिकी में एक हस्तक्षेप माना है। उनके अनुसार, ज्ञान के ढाँचों और बोध के तरीकों में निरन्तर बदलाव आता रहता है। **ज्ञानमीमांसा** इन परिवर्तनों को "ज्ञान के उत्पादन की व्याकरण" के रूप में अध्ययन करती है। ज्ञान का यह उत्पादन विज्ञान,

दर्शन, कला या साहित्य के किसी भी रूप में हो सकता है। ज्ञानमीमांसा भौतिक घटनाओं को विचारों और चिन्तन से जोड़ने का एक तरीका भी है।

जहां तब **तकनीक** शब्द के प्रयोग का प्रश्न है, संभवतः इसकी प्रेरणा उन्हें **मार्शल मॉस** के लेखनों से मिली प्रतीत होती है। मॉस के अनुसार, वास्तव में, मानवीय क्रिया का कोई ऐसा रूप नहीं है जिसमें पुनरावृत्ति की प्रवृति न हो। एक अर्थ में, वे हमारे थूकने के ढंग को भी तकनीक मानते हैं। मॉस ने मानवीय क्रिया के समझने में आकस्मिकता के स्थान पर तकनीक को प्राथमिकता दी है और उन्होंने देह की तकनीकों को "उपकरणों रहित प्रौद्योगिकी" कहा है। क्रियाओं की नियमितता एक तकनीक का रूप ले सकती है। फूको ने विशेषतः अपने शक्ति के विश्लेषण में अजान में क्रियाओं के नियमितता की बात कही है जो तकनीक को ही प्रकट करती है। जीवन के अंतिम समय में उन्होंने "स्व की तकनीकों" की बात भी कही है। प्रौद्योगिकी के रूप में, तकनीकों को विभिन्न प्रकार के व्यवहार समूहों में बदला जा सकता है जैसा कि देह का अनुशासन प्रदर्शित करता है।

फूको ने 'सत्ता की सूक्ष्म राजनीति' का भी विश्लेषण किया है। उन्होंने व्यक्तिगत स्तर, स्थानीय स्तर और विशाल स्तर, तीनों ही स्तरों पर शक्ति-सत्ता स्वरूपों पर प्रकाश डाला है। उनके अनुसार, "शक्ति-सत्ता का सम्बन्ध प्राथमिक बल अथवा सामर्थ्य से है जो सभी छोटे-छोटे समूहों में होती है। यह सामाजिक समूहों का एक संघटक तत्व है- - - - - इसमें कहीं न कहीं बल प्रयोग का भाव अवश्य होता है।" फूको ने मार्क्स के वर्ग-संघर्ष के सिद्धान्त को अस्वीकार किया है जो मार्क्सवाद की एक केन्द्रीय विचारधारा है। फूको की दृष्टि में, शक्ति के कई संभावित स्रोत हैं। यह कई भिन्न रूपों में कार्य करती है। उन्होंने इस संबंध में 'ज्ञान की शक्ति' का विश्लेषण किया है जो मार्क्सवाद का एक "लापता उपकरण" (मिसिंग टूल) है। ध्यान रहे, मार्क्सवाद ने शक्ति के अपने विश्लेषण में ज्ञान को कोई महत्व नहीं दिया है। जहां मार्क्सवादियों ने विचारधारा और वर्ग-शक्ति की बात की है, वहां फूको ने विशेषज्ञ ज्ञान (विमर्श) के नियंत्रणात्मक और अनुशासनात्मक पक्ष पर जोर दिया है। फूको ने शिक्षा के संदर्भ में विचारधारा, विमर्श और शक्ति के आपसी संबंधों का भी विश्लेषण किया है।

फूको के लेखनों को एक ओर गूढ़ और अत्यंत मौलिक माना जाता है, तो दूसरी ओर घोर निराशाजनक भी कहा गया है। उनकी कृतियों को भारी सम्मान मिला है, वे काफी लोकप्रिय सिद्ध हुई हैं। यह तथ्य इसी से परिपुष्ट होता है कि पुस्तक जगत् में उनकी पुस्तकों संबंधी अनेक समीक्षाओं, आलोचनाओं और विश्लेषणों की बाढ़ आ गई है। **अलेन शेरेदान** की पुस्तक "फूको : द विल टू ट्रूथ" (1980) में उनके साहित्य का-सर्वाधिक व्यवस्थित, बोधगम्य और सरल सिंहावलोकन किया गया है। फूको ने समाज के बारे में किसी भी महत् सिद्धान्त के प्रतिपादन का कोई दावा नहीं किया है, फिर भी उन्होंने सामाजिक अन्वेषण की एक पद्धति के साथ-साथ ढेर सारी अवधारणाएं अवश्य विकसित की हैं जो एक गैर-मार्क्सवादी रेडिकल समाजशास्त्रियों की एक पीढ़ी को अवश्य एक संदर्भ बिन्दु प्रदान करती है। **फूको का संसार व्यक्तियों की अपेक्षा मृग-मरीचिका की भांति छायाभास और प्रतिबिम्बों का संसार है**। इस संसार में क्रिया (एजेन्सी) और कल्पना कभी भी सामाजिक "कर्त्ताओं" को प्रभावित नहीं करती। वास्तव में, फूको प्रकटतः मानवता विरोधी हैं क्योंकि उन्होंने कहीं इस बात को स्वीकार नहीं किया है कि व्यक्तियों में "मानवीय गुण" होते हैं।

गिडेन्स (1995) ने फूको के सत्ता-शक्ति संबंधी विचारों, जो कि उनके लेखनों की मुख्य थीम (विचार-बिन्दु) रही है, पर टिप्पणी करते हुए **दो कमजोरियों** की ओर ध्यान आकर्षित किया है। **प्रथम**, फूको यह मानते हैं कि शक्ति अव्यक्तिगत रूप में कार्य करती है, किन्तु गिडेन्स कहते हैं कि शक्ति को व्यक्तियों और संसाधनों के साथ जोड़ कर देखा जाना चाहिये। ऐसे समूह जिनके पास सांस्कृतिक अथवा भौतिक संसाधनों की प्रचुरता होती है, वे अपने तथा समूह के हितों के बारे में अधिक दबाव बनाये रखने की स्थिति में होते हैं। शिक्षा के क्षेत्र में जिन व्यक्तियों के पास अधिक भौतिक अथवा सांस्कृतिक संसाधन होते हैं, वे प्रायः अपने बच्चों को अच्छी शिक्षा दिलवाने में सफल होते हैं। **द्वितीय** फूको ने मानव प्राणियों की मानवीय क्रिया अथवा शक्ति की अवहेलना की है जिसके द्वारा वे घटनाओं के मात्र शिकार होने की अपेक्षा घटनाओं को बदलने की क्षमता रखते हैं। इन कमियों के बावजूद फूको का मुख्य अवदान इस बात में है कि उन्होंने जनसंख्या, परिवार और अर्थव्यवस्था के बीच राज्य सत्ता के द्वारा बनाये जाने वाले सूत्रों को उजागर किया है। जीवन में ज्ञान की शक्ति किस प्रकार मनुष्य को नियंत्रित करती है, यही फूको के सभी अध्ययनों का केन्द्रीय विषय रहा है।

प्रमुख कृतियाँ:

- Mental Illness and Psychology, (1954)
- Madness and Civilization, (1961)
- The Birth of the Clinic, (1963)
- The Order of Things, (1966)
- The Archeology of Knowledge, (1969)
- Discipline and Punish, (1975)
- The History of Sexuality, Vol. I., (1976)
- The History of Sexuality, Vol. II., (1984)
- The History of Sexuality, Vol. III., (1984)

Frazer, Sir James George

सर जैम्स गोर्ग (जार्ज) फ्रेज़र (1854-1941)

अपनी अनेक खंडीय पुस्तक 'गोल्डन बाउ' के लिये प्रख्यात सर **जैम्स गोर्ग फ्रेज़र** का जन्म और शिक्षा-दीक्षा स्कॉटलैंड में हुई थी। वे सन् 1879 में शोध कार्य के लिये केम्ब्रिज आ गये और अपने लम्बे जीवन के शेष वर्ष यहीं बिताये। मूल रूप में उनकी दीक्षा एक पुरातनपंथी के रूप में हुई थी, किन्तु डब्लू. रॉबर्टसन स्मिथ और एडवर्ड बरनेट टायलर के सानिध्य में उन्होंने तुलनात्मक मानवशास्त्र को अपने अध्ययन अनुसंधान का क्षेत्र बना लिया। इस तुलनात्मक मानवशास्त्र का आधार क्षेत्रकार्य की अपेक्षा यात्रियों के साथ पत्राचार था जिसमें धर्म और विश्वासों की व्यवस्था के अध्ययन पर अधिक बल दिया जाता था।

उद्विकासीय सिद्धान्त का समर्थन करते हुए फ्रेज़र ने दावा किया कि उन्होंने मानव के बौद्धिक इतिहास की खोज कर ली है। उनके अनुसार, ज्ञान का विकास पहले जादू, बाद में धर्म और इसके बाद में विज्ञान के क्रम में हुआ है। फ्रेज़र विज्ञान को जादुई तकनीकों और

तर्क-वितर्क, किन्तु सटीक आनुभविक रूप में परीक्षित प्राक्कल्पनाओं तथा विधियों की ओर लौटने का संकेत मानते हैं। ऐसा कहा जाता है कि इनकी कृतियों की अत्यधिक लोकप्रियता का कारण उनके द्वारा ईसाइयत को जादू का एक रूप समझा जाना रहा है। उनका जादू संबंधी विचार नवीन उद्भूत होने वाले तर्कसंगत दर्शन (विज्ञान) के लिये आकर्षक सिद्ध हुआ।

फ्रेज़र ने अपनी बहुचर्चित पुस्तक 'गोल्डन बाउ' में दैवीय बलिदान के अर्थ को ढूंढने का प्रयत्न किया और इसके लिये उन्होंने नृजातीय, लोकगीत, मिथक और बाइबिल से ढेर सारे उदाहरण प्रस्तुत किये। उनकी पुस्तकें आजकल कम ही पढ़ी जाती हैं, किन्तु यह संदेह के परे है कि उनकी कृतियों ने विश्वव्यापी नृजातीय अध्ययनों को प्रेरित किया है।

प्रमुख कृतियाँ:

- The Golden Bough, (1890)
- Totemism and Exogamy, (1910)

Frazier, Edward Franklin

एडवर्ड फ्रेंकलिन फ्रेज़िअॅर (1894-1962)

'अमरीकी समाजशास्त्रीय परिषद्' के पूर्व अध्यक्ष **एडवर्ड फ्रेंकलिन फ्रेज़िअॅर** समाजशास्त्र के शिकागो सम्प्रदाय के एक जानेमाने सदस्य रहे हैं। उन्होंने नगरीय अमेरिका के अश्वेत (नीग्रो) व्यक्तियों के पारिवारिक जीवन के विषय पर कई शोध-अध्ययन किये हैं। यही नहीं, उन्होंने अश्वेत बुर्जुआ लोगों का भी अध्ययन किया है और अमेरिका के अश्वेत व्यापारी वर्ग को उन्होंने 'बुर्जुआ' (लम्पेन बुअश्ज़्वाज़ी) के नाम से पुकारा है। यह एक ऐसा वर्ग होता है जिसके सदस्य अमरीकी समाज में अपनी निम्नता और अक्षमता को छुपाने और लोगों में अपनी उच्चता का विश्वास पैदा करने के लिये अपनी आर्थिक खुशहाली को बढ़ा-चढ़ा कर प्रदर्शित करते हैं। फ्रेज़िअर की रचनाएं प्रजाति-सम्बन्धों जो कि उनके अध्ययन का मूल विषय रहा है, तक ही सीमित नहीं है। उन्होंने आधुनिक अमरीकी संस्कृति एवं मूल्यों के बारे में भी कई प्रेरणास्पद, किन्तु विवादास्पद बातें कही हैं।

प्रमुख कृतियाँ:

- The Negro Family in the United States, (1939)
- The Negro in the United States, (1949)
- Black Bourgeoisie, (1957)

Freud, Sigmund

सिगमंड फ्रायड (1856-1939)

मनोविश्लेषणात्मक आंदोलन के जनक के रूप में विख्यात **सिगमंड फ्रायड** ने मनोविश्लेषण

के जो मूलभूत विचार रखे, वे आज भी इसके विभिन्न रूप-स्वरूप में विद्यमान हैं। **बहुधा उनके व्यक्तित्व की तुलना गैलीलियो, आइन्स्टीन और डार्विन से की जाती है।** उनके विचारों का मनोविज्ञान पर गहरा प्रभाव पड़ा है, किन्तु यह प्रभाव अधिकत्तर अप्रत्यक्ष है। मनोविज्ञान की आधुनिक मुख्य धारा, जो कि प्रमुख रूप में व्यवहारवाद और आजकल संज्ञानात्मक (कॉग्निटिव) उपागमों से लदी-फदी है, फ्रायड को संदेह और बहुधा घृणा से देखती है। फ्रायड अधिकांशतः अचेतन की अपनी अवधारणा के विकास और विस्तार के लिये जाने जाते हैं जिसने आधुनिक मनोविज्ञान और मानसिक चिकित्सा को एक नई दिशा और आयाम दिये हैं।

फ्रायड कभी समाजशास्त्री नहीं रहे, किन्तु उन्होंने कई समाजशास्त्रियों के विचारों को अवश्य प्रभावित किया है और आज भी समाजशास्त्रियों के बीच उनकी सार्थकता बनी हुई है। समाजशास्त्रीय दृष्टि से उनके लेखनों ने समाजशास्त्र के कई सिद्धान्तों तथा व्यक्ति और समाज के सम्बन्धों को गहरा प्रभावित किया है। फ्रायड के मतानुसार, **व्यक्ति की कामवासना की इच्छा और अन्य तुष्टियों तथा सामाजिक व्यवस्था को बनाये रखने के लिये सामाजिक नियंत्रण की शक्तियों के बीच मूलभूत संघर्ष है।**

फ्रायड का जन्म फ्रेबर्ग (आस्ट्रिया-हंगरी) नगर में एक यहूदी परिवार में हुआ था। जब वे लगभग तीन वर्ष के थे तभी उनका परिवार वियाना नगर में आ गया। यहीं उनकी शिक्षा-दीक्षा हुई। सन् 1873 में उन्होंने वियना विश्वविद्यालय की चिकित्सा शिक्षण संस्था में प्रवेश लिया। किन्तु चिकित्सा की अपेक्षा फ्रायड की रुचि विज्ञान में अधिक थी और उन्होंने शरीररचनाविज्ञानी प्रयोगशाला में तंत्रिका प्रणाली के ऊतकों पर कार्य शुरू किया। चिकित्सा की उपाधि लेकर उन्होंने तंत्रिकाविज्ञानी (न्यूरॉलॅजिस्ट) के रूप में एक चिकित्सक का व्यवसाय शुरू किया। वे जे.ज़े. ब्रिरिअर के सम्मोहन के प्रयोगों से काफी प्रभावित हुए। उन्होंने स्वतंत्र संसर्ग (अथवा वार्तालाप चिकित्सा) द्वारा हिस्टीरिया की बिमारी का अध्ययन किया। उनकी हिस्टीरिया की प्रघटना और मनोचिकित्सा सम्बन्धी शोध सन् 1895 में 'स्टडिज़ ऑन हिस्टीरिया' नाम से प्रकाशित हुई। इस पुस्तक में **उन्होंने स्पष्ट रूप में लिखा कि हिस्टीरिया जैसी न्यूरॉसिस बिमारियों का कारण मनोवैज्ञानिक है, न कि शारीरिक जैसा कि उस समय विश्वास किया जाता था।** यहीं से मनोविश्लेषण के सैद्धान्तिक और व्यावहारिक क्षेत्र का जन्म हुआ। निदान कार्यों की निष्पति के फलस्वरूप, फ्रायड ने मनोविश्लेषण सम्बन्धी कई अवधारणाओं जैसे **अचेतन, दमन, भाव विरेचन और अंतरण** आदि को विकसित किया। इन अवधारणाओं का विस्तृत वर्णन-विश्लेषण उनकी पुस्तक 'मनोविश्लेषण पर पाँच व्याख्यान' (1910) में किया गया है।

फ्रायड ने स्वप्न और हास्य का भी अध्ययन किया है और इन प्रघटनाओं का विश्लेषण कर यह बताने का प्रयत्न किया कि ये प्रघटनाएं किस प्रकार मानवीय कामवृति की प्रकृति एवं समस्या को परिलक्षित करती हैं। इस सम्बन्ध में उनकी दो पुस्तकें 'स्वप्नों का निर्वचन' (द इन्टरप्रिटेशन ऑफ ड्रीम्स', 1900) और 'परिहास तथा अचेतन से उनका सम्बन्ध' (जोक्स एंड देअर रिलेशन टू द अनकॉन्सस, 1905) प्रकाशित हुई। अपनी पुस्तक "स्वप्नों का निर्वचन" में फ्रायड कहते हैं कि स्वप्नों की व्याख्या विशेष ढंग से की जानी चाहिये क्यों

कि स्वप्न हमारी एक इच्छा की संतुष्टि को परिलक्षित करते हैं। स्थूल रूप में, यह एक ऐसी इच्छा होती है जिसे इसके व्यक्त अन्तर्वस्तु के स्तर पर नहीं समझा जा सकता है। स्वप्न में स्वप्नकर्त्ता की कामुकता से संबंधित प्रच्छन्न (छिपे रूप में) संदेश होता है। कामुकता मूलतः प्रच्छन्न होती है और इसके कुछ प्रतीक और संकेत होते हैं जिनके माध्यम से स्वप्नों की व्याख्या की जाती है। स्वप्नों की प्रच्छन्नता और विकृति को समझने के लिये फ्रायड ने दमन की भूमिका को समझने पर बल दिया है। वास्तव में, दमन का अचेतन से निकट का संबंध होता है और अचेतन स्वप्न और विचारों का दमन किया जाता है। दमन एक प्रकार से बचाव का एक तरीका है। इन प्रारंभिक पुस्तकों के प्रकाशन के बाद ही, जिसे आज मनोविश्लेषण के नाम से पुकारा जाता है में उनकी गहन अध्ययन-अनुसंधान की रुचि उत्पन्न हो गई और इस क्षेत्र में अपनी पूरी ऊर्जा के साथ उन्होंने आजीवन ढेर सारा लेखन-कार्य किया। इसी के साथ उन्होंने अपना बहुत सा समय और क्षमता का प्रयोग मनोविश्लेषण आन्दोलन के संगठन में किया। सन् 1902 तक इस क्षेत्र में उनके कई शिष्य बन गये। सन् 1903-4 में **कार्ल युंग** जैसे अन्य प्रसिद्ध मनोवैज्ञानिक ने भी मनोचिकित्सा में फ्रायड के विचारों का प्रयोग करना शुरू किया। सन् 1908 में प्रथम मनोविश्लेषण काँग्रेस का अधिवेशन हुआ, किन्तु दुर्भाग्यवश इस काँग्रेस के जन्म के साथ ही इसके अन्त की शुरुआत हो गई। अल्फ्रेड एडलर और कार्ल युंग के विचारों के अनुयायियों के कारण इस काँग्रेस में दरार उत्पन्न हो गयी। बदक़िस्मति से उनकी मृत्यु निर्वासन काल में लंदन में तब हुई जब उन्हें सन् 1938 में आस्ट्रिया छोड़ना पड़ा। उनकी मृत्यु के लगभग पाँच वर्ष पूर्व सन् 1933 में नाज़ियों द्वारा उनकी पुस्तकों को बर्लिन में जला दिया गया था।

जैसा ऊपर बताया गया है कि फ्रायड ने कई भिन्न विषयों पर खूब लिखा है। उनकी एक पुस्तक 'रोज़मर्रा जीवन का मनोरुग्नशास्त्र' (द साइकोपेथोलाजी ऑफ एवरी डे लाइफ, 1901) में उन्होंने याददास्त की चुकों और शाब्दिक भूलों का विश्लेषण किया है। फ्रायड ने कला के विश्लेषण सम्बन्धी अपनी एक पुस्तक 'लिऑनारर्डो द विन्सी' (1910) में यह बताया है कि सेन्ट एन्ने सहित मेडोना और बालक नामक बहुप्रसिद्ध चित्र लिऑनार्डो की समलैंगिकता, माता-पिता की सत्ता का प्रतिकार और आत्मरति (नार्सिवाद) की उपज है। बालकपन में कामवृति के सिद्धान्त का विकास फ्रायड ने 'कामुकता के सिद्धान्त सम्बन्धी अपने तीन लेख' (1905) नामक पुस्तक में और व्यक्तित्व की गत्यात्मकता का चित्रण एक अन्य पुस्तक 'अहम् तथा इदम्' (द इगो एंड द इड, 1923) में किया है। फ्रायड ने मनोजगत को तीन खानों (स्तरों) —चेतन, अवचेतन और अचेतन में बाँटा है। आदमी का तीन हिस्सा अचेतन है और एक हिस्से में चेतन और अवचेतन है। उन्होंने उदाहरण दिया कि जिस तरह किसी तालाब में जहां तीन हिस्सा पानी में होता है और एक हिस्सा ही पानी के ऊपर दिखता है। इस तरह वास्तव में मनुष्य में अचेतन का भाग ही अधिक होता है। मन की वे गतिशील प्रक्रियाएं अचेतन कहलाती हैं जो अपनी प्रभाव क्षमता और तीव्रता के उपरान्त भी चेतन स्तर तक नहीं पहुँच पाती हैं और जिन्हें संकल्प या स्मृति के द्वारा भी चेतन अनुभव के क्षेत्र में नहीं लाया जा सकता है। अचेतन के विपरीत, अवचेतन ऐसी प्रक्रियाएं होती हैं जिनके प्रति व्यक्ति सचेत तो नहीं होता किन्तु फिर भी वे किसी न किसी रूप में चेतन अनुभव के निकट

प्रतीत होती हैं।

फ्रायड के मनोविश्लेषण शोध के कई भिन्न विषय रहे हैं, किन्तु समाजशास्त्र में प्रमुख रूप से व्यक्ति की ऐन्द्रियक तुष्टि तथा सामाजिक व्यवस्था की जरूरतों के बीच तनाव सम्बन्धी उनका परिप्रेक्ष्य ही अधिक छाया रहा है। अपनी बाद की कृतियों में 'द फ्यूचर ऑफ एन इलूश्ज़न' (1927), सिवॅलाइजेशन एंड इट्स डिस्कॅन्टेन्टस' (1930), और 'मोज़ेज एंड मोनोथिज़्म' (1939) में फ्रायड ने व्यक्ति की कामवृति की तुष्टि और आक्रामकता में विरोध तथा सभ्यता के सामाजिक नियंत्रण की महत्ता पर प्रकाश डाला है। उन्होंने बताया कि सामाजिक व्यवस्था कामवृति की तुष्टि, सामाजिक अनुशासन और कार्य के बीच एक कमजोर कड़ी होती है।

समाजशास्त्रीय चिन्तन को फ्रायड के योगदान को मोटे रूप में चार भागों में विभाजित कर सकते हैं : प्रथम, फ्रायड उद्विकासीय सिद्धान्त के समर्थक रहे हैं और उन्होंने अपने विश्लेषणों में इसका भरपूर प्रयोग किया है। फ्रायड के अनुसार मानव समाज और मानव व्यक्ति का विकास समान उद्विकासीय चरणों में हुआ है। सामाजिक पराहंम् की अभिव्यक्ति के रूप में धर्म की उत्पत्ति के लिये उन्होंने विश्लेषण की इसी विधि (उद्विकासीय) का प्रयोग किया है। द्वितीय, फ्रायड के जिस सिद्धान्त को समाजशास्त्र में सम्मिलित कर लिया गया है, उसके अनुसार समाज को मूलप्रवृतियों के दमन और उदात्तीकरण के रूप में देखा जाता है, अर्थात् संभावित विनाशात्मक कामुक तथा आक्रामक मूलप्रवृतियों को सामाजिक रूप से हितकर क्रियाओं के रूप में उदात्तीकरण कर लिया जाता है, जैसे मित्रवत् व्यवहार और बाहरी शत्रुओं के साथ संघर्ष। फ्रायड ने इसे उभयवाही (द्वैधवृति) सम्बन्ध कहा है। **उदात्तीकरण में हमारी इच्छाओं की तात्कालिक तुष्टि को छोड़ना पड़ता है जिसके कारण थोड़ा दुख होता है। उन्होंने कहा कि जितना ही ऊँचा सभ्यता का स्तर होगा, उतनी ही अधिक दुख की मात्रा होगी।** इस विचार का प्रयोग टालकट पार्सन्स ने अपने समाजीकरण के सिद्धान्त में और हर्बर्ट मारकूज़ ने अपनी पुस्तक 'ईरोज़ एंड सिवॅलाइजेशन' में किया है। पार्सन्स ने व्यक्तित्व के विकास (समाजीकरण) को समझाने में फ्रायड की कुछ मनोवैज्ञानिक अवधारणाओं का प्रयोग किया है, किन्तु साथ ही उन्होंने फ्रायड की कामवृति और सामाजिक व्यवस्था के बीच विरोधी सम्बन्धों की धारणा को अस्वीकार किया है।

समाजशास्त्र के क्षेत्र में फ्रायड का एक अत्यंत महत्वपूर्ण, किन्तु अप्रत्यक्ष योगदान समाजीकरण के क्षेत्र में रहा है जिसका उल्लेख ऊपर टालकट पार्सन्स के माध्यम से किया गया है। फ्रायड ने 'स्व' के विकास के माध्यम से व्यक्तित्व के विकास का जो सविस्तार वर्णन-विश्लेषण किया है, समाजशास्त्री उसे ही समाजीकरण की प्रक्रिया कहते हैं। वास्तव में, फ्रायड का समाजीकरण से कोई प्रत्यक्ष सरोकार नहीं था और न ही उन्होंने इस शब्द (समाजीकरण) का प्रयोग अपने लेखनों में कहीं किया है। **'स्व' का विकास कैसे होता है, इस बारे में फ्रायड ने 'लिबिडो' (कामवृति) को मानव व्यक्तित्व का आधार मानते हुए इड, इगो और सूपर इगो (इदम्, अहम्, और पराहम्) की अवधारणाओं का प्रयोग किया है।** फ्रायड के अनुसार 'स्व' की रचना में 'इदम्' (भावात्मक ऊर्जा का भण्डार) सबसे निचले भाग का, 'अहम्' बिचले भाग का और 'पराहंम्' (आदर्श रूप) सर्वोच्च भाग का निर्माण करता है।

इसी प्रकार, इदम् पाशविक वृतियों (भूख, प्यास, भय, रति आदि) का, अहम् चेतना (अन्तरात्मा) का और पराहंम् सामाजिक मान्यताओं, नैतिक मूल्यों और सामाजिक आदर्शों अर्थात् बाह्य वास्तविकताओं का प्रतिनिधित्व करता है। इन तीनों का उचित तालमेल, अर्थात् इच्छाओं, अन्तःकरण और समाज की मूल्य व्यवस्था के बीच सफल सामंजस्य ही समाजीकरण का परिचायक है। दूसरे शब्दों में, **'इगो' के कहने पर 'इड' द्वारा 'सूपर इगो' की बात मान लिया जाना ही फ्रायड की शब्दावली में समाजीकरण है।**

फ्रायड अपनी एक अन्य बहु प्रसिद्ध अवधारणा "इडिपस कॉम्प्लेक्स" (मातृ मनोग्रन्थी) के लिये भी जाने जाते है। उनकी यह अवधारणा एक ग्रीक मिथक पर आधारित है जिसमें इडिपस नामक युवक अपनी माँ के साथ सोने की चाह लिये अपने पिता की हत्या कर देता है। फ्रायड ने इसी मिथक के आधार पर यह माना है कि पुत्र की अपने माता के प्रति प्रायः अचेतन रूप से अतिशय काम संबंध और काम भावना रखने की विकृत इच्छा या प्रवृति होती है। इस प्रवृति को ही फ्रायड ने 'ईडिपस काम्प्लेक्स' का नाम दिया है। अपनी एक पुस्तक "टोटेम एंड टेबू" (1913) में फ्रायड ने इससे संबंधित एक अन्य विचार को प्रस्तुत करते हुए लिखा है कि प्रारंभिक आदिवासी दलों में हिंसक पिता को मारने और उसे खाने के साक्ष्य मिले हैं। ऐसे पुत्र पश्चाताप और अपराध दोष के फलस्वरूप पिता की समस्त स्त्रियों (पत्नियों) पर अधिकार जमा लेते थे और प्रतीकात्मक व्यवस्था (कानून की व्यवस्था) स्थापित करने का दावा करते थे। फ्रायड का यह उपागम कामुकता के विकास से सम्बन्धित है जिसके अनुसार कामुकता बहुरूपी विकृत ईडिपल चरण से गुजरती हुई सापेक्षिक अत्यधिक कामुकता की ओर अग्रसर होती है। फ्रायड ने अपनी इस धारणा को सभ्यता के उद्भव के सिद्धान्त के रूप में विकसित किया। आजकल आधुनिक महिलावादी लेखक/लेखिकाएं इस सिद्धान्त का प्रयोग पित्रतंत्र (पितृसत्तात्मकता) के अस्तित्व की व्याख्या करने में कर रहे हैं। अंतिम रूप में, फ्रायड ने तादात्म्यता, प्रक्षेपण और इन्ट्रोजक्शन के माध्यम से सामाजिक सम्बन्धों की व्याख्या की है। फ्रायड की इन अवधारणाओं का प्रयोग भी लैंगिकता पर लिखने वाली आधुनिक महिलावादियों ने अपने लेखनों में किया है।

फ्रायड ने मार्क्सवाद को भी अछूता नहीं छोड़ा है। फ्रैंकफर्ट सम्प्रदाय के आलोचनात्मक सिद्धान्तवादियों ने कई जगह अपने विश्लेषणों में फ्रायड के विचारों का प्रयोग प्रत्यक्ष या परोक्ष रूप में किया है। इस सम्प्रदाय के लोगों ने मनोविश्लेषण के सिद्धान्तों का प्रयोग मार्क्स की समाज की भौतिकतावादी अवधारणा को विकसित करने में किया है। **अल्थ्यूज़र** ने फ्रायड की अचेतन की खोज को मार्क्स के उत्पादन के ढंग के नियमों की खोज के समतुल्य बताया है।

प्रमुख कृतियाँ:

- The Interpretation of Dreams, (1900)
- Totem and Taboo, (1913)
- The Ego and the Id, (1923)
- The Future of An Illusion, (1927)
- Civilization and Its Discontents, (1930)

- Moses and Monotheism, (1939)
- The Standard Edition of the Complete Psychological Works of Sigmund Freud, (1962-75)

Friedmann, Georges

गोरगेस (जॉर्जेस) फ्रेडमैन (1902-1977)

गोरगेस फ्रेडमैन एक फ्रांसीसी समाजशास्त्री थे जिन्होंने प्रारंभिक उत्तर युद्धकालीन फ्रांस में 'कार्य के समाजशास्त्र' को जन्म दिया तथा इसे आगे बढ़ाया। वे वैज्ञानिक प्रबंध आंदोलन के कटु आलोचक थे। फ्रेडमैन का अधिकांश प्रकाशित साहित्य टुकड़ों-टुकड़ों में श्रम और तकनीकीज्ञता की आलोचनाओं से भरा हुआ है। फ्रेडमैन के अनुसार, पूंजीवादी औद्योगीकरण के उदय के बाद शिल्प, दस्तकारी की हुनर कला की महत्ता में कमी आई है। यह अधिकांशतः बीसवीं शताब्दी में वैज्ञानिक प्रबंध आंदोलन की शुरुआत के बाद हुआ। टुकड़ों-टुकड़ों में कार्य करना यह आधुनिक पूंजीवाद की एक प्रमुख विशेषता है। इस प्रकार की कार्य-पद्धति में काम के सम्पादन को नियंत्रण से अलग कर श्रमिक को अकुशल, हुनरहीन बना दिया जाता है। हुनरयुक्त दस्तकारी का काम न केवल अधिक आनन्दप्रद और रुचिकर होता है, अपितु यह कार्य ऐसे कार्य में लगे व्यक्ति को नैतिक और सदाचारी भी बनाता है। यही नहीं, ऐसे कार्य की तकनीकी विशेषताएं दस्तकारों पर शैक्षिक एवं मानवतावादी प्रभाव डालती हैं। टुकड़ों-टुकड़ों में कार्य करने के दुर्गुणों को जानने के लिये स्वयं फ्रीडमैन ने एक कारखाने में धातु-श्रमिक का कार्य किया था।

प्रमुख कृतियाँ:

- The Anatomy of Work, (1961)
- Industrial Society : The Emergence of the Human Problems of Automation, (1964)

Fromm, Erich

एरिक फ्रॉम (1900-1980)

मनोविश्लेषण में प्रशिक्षित **एरिक फ्रॉम** का जन्म फ्रैंकफर्ट में हुआ था। उन्होंने फ्रैंकफर्ट और हाइडलबर्ग विश्वविद्यालयों में मनोविज्ञान, समाजशास्त्र और दर्शनशास्त्र का अध्ययन कर सन् 1922 में फ्रैंकफर्ट से पी.एच.डी. की। सन् 1932 में उन्होंने सामाजिक चरित्र पर अपने प्रथम लेख लिखे जिनमें उन्होंने फ्रायड के चरित्र-सिद्धान्त को मार्क्स के सामाजिक शक्तियों के सिद्धान्त के साथ समन्वय करने की बात कही ताकि लोगों को यह समझाया जा सके कि किस प्रकार व्यक्ति किसी विशिष्ट अर्थव्यवस्था के लिये आवश्यक प्रेरणा विकसित करते हैं और किन्हीं विशिष्ट विचारों, आदर्शों और विचारधाराओं के प्रति व्यक्ति क्यों आकर्षित होते हैं।

सन् 1928 से 1938 तक फ्रॉम फ्रैंकफर्ट विश्वविद्यालय के सामाजिक शोध संस्थान से जुड़े रहे। जब यह संस्थान नाज़ी काल में अमेरिका (कोलम्बिया विश्वविद्यालय) चला गया तब वे भी सन् 1934 में वहां चले गये। यहां उन्होंने येल विश्वविद्यालय, कोलम्बिया विश्वविद्यालय और बैनिंगटन कालेज में व्याख्यान दिये। सन् 1951 में फ्रॉम मैक्सिको के राष्ट्रीय विश्वविद्यालय में प्रोफेसर बन गये और यहां उन्होंने 'मनोविश्लेषण के मैक्सिकोवादी संस्थान' की स्थापना की। यहीं उन्होंने कृषक सामाजिक चरित्र का एक अध्ययन किया और बताया कि विकास के लिये न केवल आर्थिक अवसरों की आवश्यकता होती है, अपितु इसके लिये शिक्षा की भी जरूरत होती है जो निठल्लेपन, निराशावादिता और आत्मसमर्पण के भाव को खत्म कर आशावादिता और साहस के भाव का संचार करती है। आगे के बीस वर्षों तक वे मैक्सिको और अमेरिका की समय-समय पर यात्रा कर विभिन्न स्थानों पर व्याख्यान देते रहे। सन् 1971 में वे स्विट्ज़रलैण्ड चले गये जहां उनकी मृत्यु हो गई।

फ्रॉम ने अपनी प्रथम पुस्तक "स्वतंत्रता से पलायन" (1941) में जर्मनी के कामगारों और नौकरीपेशा व्यक्तियों के सामाजिक चरित्र के अध्ययन के आधार पर स्वतंत्रता के प्रति व्यक्तियों के अचेतन भय और सत्तावादी राजनीतिक व्यवस्था के प्रति उनकी ललक के कारणों की सूक्ष्म व्याख्या की है। इस अकेली पुस्तक ने फ्रॉम को अधिसंख्य सामान्य जन के बीच बहुचर्चित कर दिया। यही नहीं, इस पुस्तक ने अमेरिका में कालेज के विद्यार्थियों की बौद्धिक चेतना का झकझोर दिया। फ्रॉम ने समाज के मूल्यांकन के लिये यह आवश्यक बताया कि क्या समाज विशेष की संस्थाएं स्वस्थ चरित्र निर्माण को प्रेरित करती हैं अथवा नहीं। इस दृष्टि से उन्होंने सामान्य को आदर्श नहीं माना है क्यों कि सामान्यता एक ऐसी सामाजिक चरित्र को ठीक बता सकती है जिसमें व्याधिकीय तत्व भी विद्यमान हों, जैसा कि हम सत्ताधारी व्यक्तित्व में देखते हैं। उनकी एक अन्य चर्चित पुस्तक "स्वस्थ समाज" (1955) है जिसमें फ्रॉम ने **आधुनिक औद्योगिक समाज** (पूंजीवादी और समाजवादी दोनों संस्करण) का विश्लेषण किया है और सार रूप में कहा है कि **इन समाजों में यंत्रवत नौकरशाही संस्थाएं वि-मानवीकरण और अलगाव उत्पन्न कर धीरे-धीरे स्व से दूर होती जाती हैं।**

फ्रॉम के अनुसार, जीवन का सम्पूर्ण चलन—परिवार में, कार्य-व्यापार में, सांस्कृतिक गतिविधियों में और एक नागरिक के रूप में—चरित्र निर्माण को प्रभावित करता है। मानव विकास के लिये सर्वोपरि एक ऐसे समाज की आवश्यकता है जो सुरक्षा, न्याय और स्वतंत्रता की आवश्यकता की पूर्ति करता हो। स्वतंत्रता से उनका तात्पर्य यहां शोषण और उत्पीड़न से स्वतंत्रता मात्र नहीं है, अपितु व्यक्ति को सक्रिय और उत्तरदायी रूप में रचना और निर्माण के कार्यों में भाग लेने की स्वतंत्रता भी होनी चाहिये।

सन् 1959 में फ्रॉम ने संयुक्त राज्य अमेरिका के समाजवादी दल का घोषणा पत्र लिखा और 1965 में उन्होंने समाजवादी मानवतावाद सम्बन्धी समाजशास्त्रियों और दार्शनिकों के लेखों के एक संकलन का सम्पादन किया। उन्होंने इसमें मार्क्स को एक मानवतावादी के रूप में चित्रित किया है और यह माना है कि मार्क्स की मानव और समाज की धारणाओं का, उन व्यक्तियों ने, जो उनकी योजनाओं से भयभीत थे तथा साथ ही कुछ समाजवादियों ने भी गलत अर्थ लगाया है। पश्चिमी और साम्यवादी देशों की औद्योगिक करने के अतिरिक्त फ्रॉम ने शाँति आंदोलन का नेतृत्व करने में भी सक्रिय भूमिका अदा की है। सन् साठ के दशक

के प्रारंभिक वर्षों में शस्त्र नियंत्रण और निरस्त्रीकरण पर काफी जोर-शोर से बोलने के साथ उन्होंने युद्ध का पुरजोर विरोध भी किया।

एरिक फ्रॉम के विचारों और लेखनों की आलोचना भी हुई है और उन्हें एक ऐसा स्वप्नदर्शी आदर्शवादी माना जाता है जिसकी मानव प्रकृति के प्रति दृष्टि जरूरत से अधिक उदार और संवेदनशील रही है और जिसने शक्ति-सत्ता की वास्तविकताओं का ठीक प्रकार से आकलन नहीं किया है। वास्तव में, मानवीय प्रकृति तथा सृजनात्मक विकास की इसकी क्षमता के प्रति आशावादी होते हुए भी, फ्रॉम ने अपने समय के किसी भी अन्य मनोवैज्ञानिक से अधिक विनाश और इस ग्रह (भूमण्डल) पर मानव जीवन की पूर्णतः समाप्ति की संभावना पर जनसाधारण का ध्यान आकर्षित किया है। उनका स्वास्थ्य सम्बन्धी विचार काफी महत्वपूर्ण है और कई बार उनका एक 'उत्तम समाज' का दृष्टिकोण भी सही नज़र आता है। उन्होंने स्वास्थ्य और स्वच्छता, विशेषतः कार्य और शिक्षा के क्षेत्र में सुधार जो सक्रिय सहभागिता को प्रेरित करते हैं, की दिशा में सकारात्मक दृष्टिकोण का समर्थन किया है। फिर भी, उन्होंने आज के नाभिकीय अस्त्र-शस्त्रों और वि-मानवीयता से ग्रस्त नौकरशाही तंत्र के युग में उदासीन और 'अत्यधिक' बुद्धिमान (मूर्ख) नेताओं द्वारा विनाश के खतरे की संभावना प्रकट की है। उन्होंने कहा कि विश्व को बचाने के लिये, अन्ततः सामाजिक व्यवस्था में आमूलचूल परिवर्तन की आवश्यकता है और इसके लिये एरिक फ्रॉम ने आर्थिक प्रजातंत्र में वृद्धि के साथ-साथ 'पाने' (हैविंग) के स्थान पर 'होने' या 'बनने' (बीइङ्ग) के मानवीय आदर्श को अपनाने पर ज़ोर दिया है।

प्रमुख कृतियां :

- Escape from Freedom, (1941)
- Man for Himself, (1947)
- The Same Society, (1955)
- Marx's Concept of Man, (1961)
- Social Character in a Mexican Village, (1970)
- The Anatomy of Human Destructiveness, (1973)
- To Have or To Be? (1976)

G

Gandhi, Mohandas Karmchand

मोहनदास करमचंद गांधी (1869-1948)

भारत के राष्ट्रपिता कहे जाने वाले **मोहनदास करमचंद गांधी** का जन्म पोरबन्दर (गुजरात) में हुआ था। उनका विवाह बारह वर्ष की उम्र में ही हो गया था। भारत में हाई स्कूल की परीक्षा पास करके वे कानून की शिक्षा के लिये लंदन चले गये। उन्होंने सन् 1891 में अपना व्यावसायिक जीवन एक बैरिस्टर के रूप में प्रारंभ किया। दो वर्ष बाद सन् 1893 में एक मुकदमें की पैरवी के लिये उन्हें दक्षिण अफ्रीका जाना पड़ा, जहां उन्होंने भारतीयों के प्रति वहां की सरकार के प्रजातिवादी और औपनिवेशी अत्याचारी व्यवहार से उद्वेलित होकर सत्याग्रह किया। वहां न्यायालय में मुकदमें की पैरवी करते समय उन पर 'कुलियों के वकील' कह कर व्यंग किया जाता था। एक बार वहां उन्हें रात्रि में, रेल के फर्स्ट क्लास के डिब्बे को खाली करने से इन्कार करने पर जबरदस्ती डिब्बे के बाहर फेंक दिया गया। इस घटना के कटु अनुभव ने उनके जीवन की दिशा ही बदल दी। उन्होंने अपनी आत्मकथा में लिखा है कि एक छोटे से स्टेशन के ठंडे विश्राम गृह में बैठे-बैठे मैं यह सोचता रहा कि मेरा कर्त्तव्य क्या है? यहीं से उनके मन में 'अहिंसा' के प्रति प्रतिबद्धता की शुरुआत हुई। अहिंसात्मक प्रतिरोध सम्बन्धी निष्क्रियता की धारणा को तोड़ने के लिये गांधी ने सत्याग्रह के आदर्श का प्रयोग किया जिसमें सत्य और प्रेम को हिंसा के शक्तिशाली प्रतिकार का स्रोत माना जाता है।

एक लम्बे समय तक अफ्रीका रहने के बाद गांधी सन् 1915 में भारत लौटे। यहां भी भारतीयों की दीन-हीन और पराधीन दशाओं से त्रस्त हो अंग्रेजों के विरुद्ध अहिंसात्मक आंदोलन का सूत्रपात किया और सन् 1942 में उन्होंने 'भारत छोड़ो' आन्दोलन चलाया।

गांधी आत्म-प्रेरित सामाजिक सिद्धान्तकार थे क्योंकि उन्होंने राजनीतिक क्रिया के संगठन के लिये कुछ सुस्पष्ट सामाजिक सिद्धान्तों को जन्म दिया। गांधी ने सर्वप्रथम अफ्रीका में और बाद में भारत में शक्तिशाली **अहिंसा के सिद्धान्त को विकसित किया** जिसने न केवल भारत को परिवर्तित किया, अपितु द्वितीय महायुद्ध के बाद अमरीकी नागरिक अधिकार आंदोलन को भी प्रभावित किया। गांधी ने किसी 'वाद' को जन्म नहीं दिया। उन्होंने स्वयं यह स्वीकार किया है कि 'गांधीवाद' नाम जैसी कोई वस्तु का अस्तित्व नहीं है। **'सत्य' और 'अहिंसा' उनकी विचारधारा के मूलमंत्र कहे जा सकते हैं**। उन्होंने सत्य को लक्ष्य और अहिंसा को साधन के रूप में प्रतिष्ठित किया। उन्होंने अपनी आत्मकथा 'सत्य के प्रयोग' में लिखा है कि 'सत्य की सिद्धि का एक मात्र साधन अहिंसा है।' गांधी ने अहिंसा के सकारात्मक पक्ष पर ज़ोर देते हुए यह बताया है कि मनुष्य को 'क्या करना चाहिये ?' **गांधी ने साध्य के साथ-साथ साधन की पवित्रता को भी रेखांकित किया है**। वास्तव में, उन्होंने

साध्य से भी अधिक साधन की पवित्रता पर बल देते हुए कहा है कि 'जैसे साधन होंगे, वैसा ही साध्य होगा।' उनके अनुसार, साध्य की उत्पत्ति साधन से होती है। यदि साधन अनैतिक होंगे तो साध्य चाहे कितना ही नैतिक क्यों न हो, वे उसकी नैतिकता को निश्चय ही भ्रष्ट कर देंगे। इस दृष्टि से **गांधी की विचारधारा फासीवाद (फासिज्म) और साम्यवाद (कम्युनिज्म) दोनों से मेल नहीं खाती** जिनमें खुली हिंसा, छल-कपट, झूठ, षड्यंत्र आदि को लक्ष्य प्राप्ति के लिये उचित ठहराया गया है। सत्य और अहिंसा के सम्बन्धों को अटूट मानते हुए ही गांधी ने **विरोध प्रदर्शन के लिये 'सत्याग्रह' के मार्ग** को अपनाया जो कालांतर में सामाजिक क्रांति के गांधीवादी तरीके के रूप में प्रतिष्ठित हो गया। इसी सत्याग्रह की विधि को गांधी ने भारत की स्वराज्य प्राप्ति के लिये अपनाया और अंग्रेजों को भारत से खदेड़ा। यहां एक बात विशेष उल्लेखनीय है कि साध्य और साधन की पवित्रता, नैतिकता की प्रबल शक्ति में अटूट विश्वास, अहिंसात्मक विरोध के रूप में सत्याग्रह को अपनाये जाने और धार्मिक रूझान के कारण ही कवीन्द्र रवीन्द्रनाथ टैगोर ने उन्हें 'महात्मा' की उपाधि से विभूषित किया है।

गांधी का सम्पूर्ण दर्शन, वास्तव में, परार्थवादी रंगों में रंगा नैतिक दर्शन है। इसी के आधार पर उन्होंने व्यक्ति और समाज की जरूरतों के बीच तालमेल बिठाने का अनुपम प्रयास किया है। आत्म निर्भरता, सामाजिक भेदभाव से मुक्ति, आर्थिक शोषण का अंत, विचार और कर्म दोनों में सत्यनिष्ठा, असहयोग और नागरिक अवज्ञा (सत्याग्रह) का जन आंदोलन के रूप में प्रयोग, एक अविभाजनीय समष्टि के रूप में सम्पूर्ण मानवता में अटूट विश्वास, ईश्वर के अस्तित्व में आस्था, ग्राम स्वराज के अतिरिक्त उनका ट्रस्टीशिप का विचार, सामाजिक सुधार और पुनर्निर्माण के लिये रचनात्मक कार्य, अधिकार और कर्त्तव्य में संतुलन पर जोर जैसी अनेक बातें हैं जो उनके जीवन-दर्शन का प्रमुख आधार रही हैं। परिवार नियोजन के सम्बंध में पूर्णतः कामवृति का निषेध तथा वर्ण-व्यवस्था की पुनर्व्याख्या जैसे उनके विचार काफी विवादास्पद रहे हैं। यद्यपि समय के साथ बाद में उन्होंने जाति-प्रथा को पूर्णतः समाप्त करने की बात भी कही है और इसके लिये गांधी ने अन्तर्जातीय विवाह का अनुमोदन किया है। गांधी ने जाति को मूलतः श्रम-विभाजन का एक तरीका माना है। उनके अनुसार, असमानता और अस्पृश्यता तो इसमें बाद में उत्पन्न हुई विकृतियां हैं। अतः गांधी मूलतः जाति-व्यवस्था की समाप्ति के पक्ष में नहीं थे, अपितु वे एक आदर्श व्यवस्था के रूप में इसमें सुधार करने के पक्ष में थे। सामाजिक संतुलन को बनाये रखने के लिये गांधी जाति-व्यवस्था को आवश्यक मानते थे।

मैक्स वेबर की शब्दावली में गांधी करिश्माई गुणों से सम्पन्न एक ऐसे व्यक्ति थे जिनके कारण उनकी गणना विश्व के महान् व्यक्तियों में की गई है। उनके ये गुण थे—उनका चरमतम सरल एवं सादा जीवन, पद-प्रतिष्ठा और सम्पत्ति के प्रति अपरिग्रह और अनासक्ति का भाव। इनके अतिरिक्त भी उनके व्यक्तित्व में अनेक ऐसी विशेषताएं थीं जिनके कारण उनके प्रति सहज ही सामान्यजन खींचा चला जाता था। ब्रह्मचर्य, स्वेच्छा से गरीबी का वरण, अपनी आस्थाओं के प्रति पीड़ा झेलने की सीमा तक अटूट विश्वास, स्वयं और कभी-कभी अपने अनुसरणकर्ताओं की आत्म-शुद्धि के लिये व्रत, सप्ताह में एक दिन मौन, रोजाना की उनकी बेनागा प्रार्थना सभाएं, संकट के क्षणों में अपने अन्तर्मन की आवाज के प्रति आस्था, दरिद्रनारायण की सेवा जैसी अनेक विलक्षणताओं ने उन्हें सामान्यजन से

ऊपर उठा दिया, किन्तु इन्हीं विशेषताओं ने उन्हें सामान्य जन के निकट लाने, सम्पर्क साधने और सम्प्रेषण स्थापना में मदद की है।

धर्म के बारे में गांधी के विचार स्पष्ट थे। वे जन्मतः हिन्दू थे और इसी धर्म में संस्कारित थे, किन्तु उन्होंने धर्म विशेष की श्रेष्ठता या सर्वोपरिता की धारणा में कभी विश्वास नहीं किया। उनके अनुसार, "धर्म एक ही लक्ष्य पर पहुँचने के भिन्न रास्ते हैं। भिन्न रास्ते अपनाने से क्या होता, यदि अन्ततः हम एक ही बिन्दु (लक्ष्य) पर पहुँचते हैं। वास्तव में, जितने व्यक्ति हैं, उतने ही धर्म हैं।" इस कथन से स्पष्ट है कि गांधी ने अपने इन विचारों के माध्यम से हिन्दू धर्म (जिसमें वे संस्कारित थे) के मूल भाव और मर्म को अभिव्यक्त किया है।

प्रमुख कृतियाँ:

– Autobiography : My Experiments with Truth.

Garfinkel, Harold

हेरॉल्ड गारफिंकल (1917-)

'ऍथ्नॉमेथॅडालॅजी' शब्द के आविष्कारक (रचनाकार) अमरीकी समाजशास्त्री **हेरॉल्ड गारफिंकल** ने प्रतीकात्मक अन्तःक्रियावाद के सामान्य ढाँचे में नृजातीयपद्धतिशास्त्र (लोकविधि-विज्ञान) के नये उपागम को विकसित किया है। गारफिंकल की शैक्षणिक पृष्ठभूमि काफी रुचिकर रही है। वे 'न्यू स्कूल' शिक्षण संस्थान में अल्फ्रेड शूज़ के विद्यार्थी रहे हैं और सन् 1946-52 के बीच पार्सन्स के सानिध्य में उन्होंने हार्वर्ड विश्वविद्यालय में प्रशिक्षण ग्रहण कर सन् 1952 में शोध-उपाधि (पी.एच.डी) प्राप्त की। अतः यह स्वीकार किया जाने लगा है कि गारफिंकल के विचारों पर जहां एक ओर शूज़ के प्रघटनाशास्त्र (फ़िनॉमिनॉलजि) का प्रभाव है, वहां पार्सन्स के सामाजिक क्रिया सिद्धान्त ने भी उनके विचारों को एक विशिष्ट ढाँचे में ढालने में महत्ती भूमिका अदा की है। वे दोनों के विचारों से परे जाकर ही ऍथ्नॉमेथॅडालॅजि (नृजातिपद्धतिशास्त्र) की रचना कर पाये। प्रघटनाशास्त्र और नृजातिपद्धतिशास्त्र दोनों ही उपागम निकट से जुड़े हुए हैं।

सन् 1954 में वे लॉस एंजिल्स स्थित केलिफोर्निया विश्वविद्यालय में आ गये और यहां उन्होंने अपने विद्यार्थियों के साथ मिल कर 'नृजातिपद्धतिशास्त्र' को विकसित किया और सन् 1967 में इस विषय की प्रथम पुस्तक 'स्टडीज़ इन ऍथ्नॉमेथॅडालॅजि' लिखी। अध्ययन के इस नवीन परिप्रेक्ष्य ने समाजशास्त्र के चिर-परिचित 'संरचनात्मक-प्रकार्यात्मक' परिप्रेक्ष्य के विरोध में तर्क प्रस्तुत कर रूढ़िवादी समाजशास्त्र को नकारा। **इस उपागम का मुख्य उद्देश्य उन विधियों का पता लगाना रहा है जो व्यक्ति प्रतिदिन के जीवन में अपनी क्रियाओं का विवेचन करने तथा उनका अर्थ ढूंढने में किया करते हैं।** दूसरे शब्दों में, लोकविधिविज्ञान (ऍथ्नॉमेथॅडालॅजी) सामान्य ज्ञान और उन तरीकों एवं विधियों का एक समूह है जिसके द्वारा समाज के साधारण सदस्य अपनी क्रियाओं का अर्थ निकाल कर उस परिस्थिति के अनुसार कार्य करते हैं जिस परिस्थिति में वे होते हैं। यह पार्सन्सवादी और शूज़वादी दोनों के विचारों

के घुलन-मिलन का परिणाम है। व्यक्ति किस प्रकार सामाजिक यथार्थ के अन्तर्निहित भाव की रचना करते हैं और उसे बनाये रखने में प्रयोग करते हैं, इसकी जानकारी प्राप्त करने में ही गारफिंकल की मुख्य रुचि रही है। सामाजिक स्थितियों में व्यक्ति रचनात्मक क्षमताओं का प्रयोग कैसे करते हैं, इसे उजागर करने के लिये गारफिंकल ने बाह्य सामाजिक व्यवस्थाओं के प्रभाव पर केन्द्रित समाजशास्त्रीय विचारणा (प्रमुख रूप से संरचनात्मक-प्रकार्यात्मक उपागम) की कटु आलोचना की है।

इस उपागम के समर्थक अन्य लेखकों ने भी व्यक्तिगत स्तर पर होने वाली प्रतिदिन की क्रियाओं के अध्ययन को अपना मुख्य केन्द्र बिन्दु बनाया है। **नृजातीयपद्धतिशास्त्री वार्तालाप/बातचीत के सूक्ष्म एवं विस्तृत ब्योरेवार अध्ययन पर जोर देते हैं**। अध्ययन का यह व्यक्तिनिष्ठ सूक्ष्म स्तरीय तरीका मुख्यधारा समर्थक समाजशास्त्रियों के वृहत् स्तरीय वस्तुनिष्ठ तरीके से पूर्णतः विपरीत है जिनकी रुचि बड़े-बड़े नौकरशाही प्रतिष्ठानों, पूंजीपतियों के बड़े कारखानों और श्रम-विभाजन जैसे विषयों के अध्ययन में होती है। गारफिंकल ने अपनी इस विधि का प्रयोग लॉस एंजिल्स स्थित 'आत्महत्या निरोधक केन्द्र' पर आत्महत्या सम्बन्धी मृत्यु के मामलों को विवेकपूर्ण व्यवहार में बदलने में किया।

प्रमुख कृतियाँ:

– Studies in Ethnomethodology, (1967)

Geddes, Sir Patrick

सर पैट्रिक गैड्स

(1854-1932)

भारत में बम्बई विश्वविद्यालय में सन् 1919 में समाजशास्त्र के प्रथम विभाग की स्थापना करने वाले सर **पैट्रिक गैड्स** मूलरूप में एक जीवविज्ञानी एवं नगर-नियोजक और नगरीय जीवन एवं समस्याओं के ज्ञाता विद्वान थे। वे स्कॉटलैंड निवासी थे। उन्होंने नगर-नियोजन के लिये एक समाज-वैज्ञानिक आधार प्रस्तुत किया। यही नहीं, उन्होंने सर्वेक्षण करने तथा संकलित तथ्यों का विश्लेषण करने की एक नवीन पद्धति विकसित की जो बाद में सर्वेक्षण कर्त्ताओं द्वारा एक गाइड के रूप में प्रयोग की गई। उनके कुछ विचारों ने नगर-नियोजन सिद्धान्त और व्यवहार दोनों को प्रभावित किया है। नगरीय समाजशास्त्र को उनकी 'उपनगरीय समूहन' की अवधारणा, जो उन्होंने अपनी पुस्तक 'सिटीज इन इवोल्यूशन' में प्रस्तुत की है, एक प्रमुख देन है। उन्होंने कलकत्ता, इंदौर और दक्षिण के मंदिरों के शहरों की नगर योजनाओं का अध्ययन भी किया जो बहुमूल्य माना जाता है। उन्होंने अनेक भारतीय विद्वानों को प्रभावित किया है जिनमें प्रमुखतः जी.एस. घुर्ये और राधाकमल मुकर्जी के लेखनों में गैड्स के प्रभाव को स्पष्ट रूप में देखा जा सकता है।

प्रमुख कृतियाँ:

– Cities in Evolution, (1915)

Geertz, Clifford

क्लिफोर्ड ग्रीज़ (1926-)

सन् 1980 और 1990 के बीच मानवशास्त्र में **'उत्तरआधुनिकता' की प्रवृति को प्रेरित करने वाले क्लिफोर्ड ग्रीज़** मानवशास्त्रीय शोध में निर्वचनात्मक विधि (व्याख्यात्मक विधि) के अग्रणी प्रणेता रहे हैं। अपनी उत्तरआधुनिकता सम्बन्धी अवधारणाओं और व्याख्या के रूपों के लिये ग्रीज़ की कड़ी आलोचना भी हुई है। उनका प्रमुख कार्य-क्षेत्र इन्डोनेशिया और आस-पास का इलाका रहा है। सांस्कृतिक पारिस्थितिकी को लेकर उन्होंने सन् 1963 में 'कृषिक जटिल संरचना', सन् 1960 में 'जावा का धर्म' नामक पुस्तक लिखीं और राष्ट्र निर्माण पर सन् 1965 में एक पुस्तक 'पुराने राष्ट्र, नवीन राज्य' का सम्पादन किया। सन् 1960 के बाद, ग्रीज़ ने सांकेतिक व्यवस्थाओं को अपने अध्ययन का केन्द्र बनाया। उन्होंने संस्कृति के अध्ययन की तुलना ग्रंथों के अध्ययन से की और कहा कि एक उपन्यास के पढ़े जाने की भांति सांस्कृतिक व्यवस्थाओं को भी पढ़ा जा सकता है। ग्रीज़ ने अपने इस दृष्टिकोण को बड़े ही शक्तिशाली ढंग से अपनी पुस्तकों 'संस्कृतियों का निर्वचन' (1973) और 'स्थानीय ज्ञान' (1983) में रखा है जिसकी बाद में कड़ी आलोचना भी हुई है कि उन्होंने अन्तर्क्रिया और सामाजिक संरचना की कीमत पर संस्कृति और प्रतीकों की महत्ता को बहुत बढ़ा-चढ़ा कर प्रस्तुत किया है। यही नहीं, यह भी कहा गया कि ग्रीज़ ने संस्कृति के एकीकरण और सुसम्बद्धता की मात्रा को भी बढ़ा-चढ़ा कर प्रदर्शित किया है। फिर भी, ग्रीज़ ने मानवशास्त्र की विधा पर अपना गहरा प्रभाव अंकित किया है। उन्होंने संरचनात्मक-प्रकार्यात्मकवाद, संरचनावाद और मार्क्सवाद जैसी 'वस्तुपरकतावादी' व्याख्या के रूपों के एक वैकल्पिक सिद्धान्तकार के रूप में अपनी छवि निर्मित की है।

प्रमुख कृतियाँ:

- The Religion of Java, (1960)
- Agricultural Involution, (1963)
- Old Societies, New States, (1965)
- Islam observed, (1968)
- The Interpretation of Cultures, (1973)
- Local Knowledge, (1983)
- Works and Lives: The Anthropologist as Author, (1988)
- After the Fact: Four Decades, Two Countries, and Anthropologist, (1995)

Geiger, Theodore

थियोडोर गाइगर (1891-1952)

थियोडर गाइगर एक जर्मन समाजशास्त्री हैं जिन्होंने अपना अधिकांश जीवन डेनमार्क में

अध्ययन-अध्यापन में व्यतीत किया। थियोडोर गाइगर का लेखन जर्मन भाषा में ही हुआ है और बहुत सी उनकी कृतियों का अभी तक अंग्रेजी भाषा में अनुवाद नहीं हुआ है। उनका डेनमार्क में सामाजिक गतिशीलता वाला अध्ययन अपने क्षेत्र में विशेष महत्व रखता है। इस अध्ययन में गाइगर ने गतिशीलता विश्लेषण के एक मात्र आधार के रूप में प्रस्थिति प्राप्त करने हेतु व्यावसायिक प्रतिष्ठा को महत्व दिये जाने की चिर परम्परा को चुनौती दी है।

Gellner, Ernest

अरनेस्ट गैलनर

(1925-)

पेरिस में जन्मे **अरनेस्ट गैलनर** ने विविध विषयों पर कई पुस्तकें लिखी हैं। इनकी पुस्तकों का प्रमुख विषय सामाजिक मानवशास्त्र का पारम्परिक दार्शनिक मुद्दों की खोज में प्रयोग करना रहा है। सम्प्रति वे केम्ब्रिज विश्वविद्यालय में सामाजिक मानवशास्त्र के आचार्य हैं। गैलनर ने अपनी एक पुस्तक 'वड्‌र्स एण्ड थींग्ज़' (1959) में भाषाई दर्शन की और एक अन्य पुस्तक 'सेन्ट्स ऑफ द एटलस' (1969) में आधुनिक मानवशास्त्र की कटु आलोचना इस मुद्दे को लेकर की है कि आधुनिक मानवशास्त्र द्वारा अन्य समाजों की बुद्धिसम्मत आलोचना के प्रति उदासीनता रही है। सन् 1964 में प्रकाशित 'थॉट्स एण्ड चेन्ज' नामक पुस्तक में इस विचार का प्रतिपादन किया है कि सहयोगी राष्ट्रों द्वारा औद्योगीकरण और सरकार के माध्यम से धनोपार्जन आधुनिक समाजों की वैधता का प्रमुख आधार रहा है। 'लेजीटिमेशन ऑफ बिलीफ' (1974) में गैलनर ने आधुनिक बहुलवाद और सापेक्षवाद की आलोचना की है। सन् 1985 में उन्होंने फ्रायडवादी चिकित्सा की सामाजिक सफलता पर अपने विचारों को 'द साइकोएनलेटिक मूवमेंट' में सविस्तार प्रस्तुत करते हुए मनोविश्लेषण के अनुमानों को एक सुगठित सिद्धान्त के रूप में प्रस्तुत किया है।

प्रमुख कृतियाँ:

- Words and Things, (1959)
- Thoughts and Change, (1964)
- Saints of the Atlas, (1969)
- Legitimation of Belief, (1974)
- Muslim Society, (1982)
- Nations and Nationalism, (1983)
- The Psychoanalytic Movement, (1985)
- Plough, Sword, and the Book, (1988)
- State and Society in Soviet Thought, (1988)
- Reason and Culture, (1992)
- Conditions of Liberty, (1994)

Ghurye, Govind Sadashiv

गोविन्द सदाशिव घुर्ये (1893-1983)

गोविन्द सदाशिव घुर्ये भारत के उन कतिपय गणमान्य प्रतिष्ठित अग्रणी समाजशास्त्रियों में से हैं जिन्हें भारत में समाजशास्त्र विषय को प्रणीत करने का श्रेय दिया जाता है। पैट्रिक गैड्स के बाद बम्बई विश्वविद्यालय के समाजशास्त्र विभाग का कार्यभार संभालने वाले घुर्ये प्रथम भारतीय विद्वान थे। यही कारण है कि कुछ लोगों ने इस विषय के संस्थापक के रूप में **घुर्ये को "भारत के समाजशास्त्र के पिता" की उपाधि से भी विभूषित किया है**। उन्हें सन् 1924 में बम्बई (मुंबई) विश्वविद्यालय में रीडर के पद पर नियुक्ति मिली और दस वर्ष बाद सन् 1934 में उन्हें प्रोफेसर और समाजशास्त्र का अध्यक्ष बना दिया गया। वे यहां 35 वर्षों की एक लम्बी अवधि तक इस विभाग के अध्यक्ष रहे। सन् 1959 में सेवामुक्ति के बाद बम्बई विश्वविद्यालय ने उन्हें "सेवामुक्त आचार्य" (प्रोफेसर इमेरिटस) के रूप में नियुक्त कर उन्हें सम्मानित किया। वे बम्बई विश्वविद्यालय के प्रथम सेवामुक्त आचार्य थे। वे 'इंडियन साइन्स कांग्रेस' के नृतत्वशास्त्र विभाग के सन् 1934 में अध्यक्ष भी रहे हैं। इसी वर्ष 'रॉयल एशियाटिक सोसाइटी' ने अपनी मुंबई शाखा की प्रबंध समिति का उन्हें एक सदस्य मनोनीत किया। सन् 1942 में वे मुंबई की 'ऐंथ्रोपोलॉजिकल सोसाइटी' के अध्यक्ष बने और सन् 1948 तक वे इस पद पर रहे। भारत में समाजशास्त्र के प्रथम संगठन, जिसकी स्थापना सन् 1952 में 'इंडियन सोसिऑलॉजिकल सोसाइटी' के नाम से मुंबई में हुई, की शुरुआत करने में आप प्रमुख प्रेरणा स्रोत रहे हैं। इस संस्था द्वारा प्रकाशित पत्रिका 'सोसिऑलॉजिकल बुलेटिन' के प्रधान सम्पादक के रूप में शुभारंभ करने में आपने महती भूमिका अदा की है।

घुर्ये का जन्म महाराष्ट्र के मालवन गाँव में एक अत्यंत रूढ़िवादी सारस्वत ब्राह्मण परिवार में हुआ था। उनका परिवार अत्यधिक धर्मपरायण और धर्मनिष्ठ था। परिवार के धार्मिक वातावरण, धर्मनिष्ठा और संस्कृत ज्ञान का घुर्ये के जीवन पर अक्षुण्ण प्रभाव पड़ा है। उनकी प्रारम्भिक शिक्षा-दीक्षा मालवन गाँव में, स्कूली शिक्षा जूनागढ़ (गुजरात) में और उच्च शिक्षा मुंबई के सुप्रसिद्ध एलफिंस्टन कॉलेज में हुई। सन् 1918 में यहीं से तुलनात्मक भाषाशास्त्र (अंग्रेजी, संस्कृत और पाली) में एम.ए. प्रथम श्रेणी में उत्तीर्ण कर कुलपति का अत्यंत दुर्लभ स्वर्ण पदक अर्जित किया। एम.ए. करने के बाद वे इसी कॉलेज में प्राध्यापक बन गये। इस अवधि में वे बम्बई विश्वविद्यालय के गैड्स के सम्पर्क में आये जो वहां समाजशास्त्र के विभागाध्यक्ष थे। घुर्ये ने गैड्स के निर्देशन में 'एक नगरीय केन्द्र के रूप में बम्बई' विषय पर एक लेख लिखा। इस लेख के आधार पर गैड्स की सिफारिश पर उन्हें विदेश में आगे पढ़ने की छात्रवृति मिल गई और वे लन्दन चले गये। यहां उन्होंने विश्व प्रसिद्ध संस्थान 'लंडन स्कूल ऑफ इक्नॉमिक्स में' में कुछ समय तक एल.टी. हाबहाउस के साथ कार्य किया। बाद में वे केम्ब्रिज विश्वविद्यालय चले गये जहां उन्होंने डब्ल्यू.एच.आर. रीवर्स के सानिध्य में शोध-कार्य किया। घुर्ये को शोध उपाधि (पी.एच.डी) प्राप्त होने के पूर्व ही प्रो. रीवर्स की मृत्यु हो गई। बाद में, उन्होंने अपने शोध-कार्य को ए.सी. हैड्डन के निर्देशन में पूरा किया जो सन् 1932 में 'भारत में जाति और प्रजाति' के नाम से प्रकाशित हुआ। इस प्रथम पुस्तक ने ही बौद्धिक जगत् में घुर्ये की प्रतिभा की छाप अंकित कर दी।

घुर्ये बम्बई विश्वविद्यालय के समाजशास्त्र विभाग की नीवों को मजबूत करने वाले प्रमुख शिल्पज्ञ रहे हैं। यहां उन्होंने एक लम्बे काल तक अध्यक्ष पद पर कार्य करते हुए समाजशास्त्र को न केवल व्यावसायिक दर्जे की प्रस्थिति दिलवाई, अपितु भारत के शैक्षणिक चित्र-पटल पर इस विषय के लिये एक विशिष्ट स्थान भी अर्जित किया। उन्होंने अनेक विद्यार्थियों को इस विषय में शिक्षण-प्रशिक्षण देकर भारत में प्रथम पीढ़ी के समाजशास्त्रियों की एक लम्बी कतार को तैयार किया। उनके कई शिष्यों ने अपने शोध-कार्यों द्वारा अन्तर्राष्ट्रीय बौद्धिक जगत में ख्याति अर्जित की तथा अनेक शिष्यों ने भारत के विभिन्न विश्वविद्यालयों में समाजशास्त्र विभाग के अध्यक्ष पद पर कार्य करते हुए भारतीय शैक्षणिक जगत् में नेतृत्व प्रदान किया है। उन्होंने अपने जीवन-काल में एम.ए. के 25 विद्यार्थियों तथा 55 पी.एच.डी. के विद्यार्थियों को निर्देशन प्रदान कर शैक्षणिक जगत् में एक रिकॉर्ड स्थापित किया है।

आचार-विचार तथा व्यवहार में घुर्ये अत्यंत कठोर, अनुशासनप्रिय और थोड़े अक्खड़ एवं रूढ़िवादी प्रकृति के थे। किन्तु उन्होंने अपने विद्यार्थियों को अपने शोध-विषय और उसके अध्ययन की उपयुक्त पद्धति चुनने की पूर्ण स्वतंत्रता दी। दबंग और दृढ़ निश्चयी होते हुए भी उन्होंने अपने बौद्धिक विचारों को अपने विद्यार्थियों पर थोपने का कभी कोई प्रयास नहीं किया। यही कारण है कि उनके निर्देशन में नानाविध विषयों पर विभिन्न शोध-विधियों (ऐतिहासिक, तुलनात्मक, क्षेत्र-कार्य, आदि) का प्रयोग करते हुए प्रचुर मात्रा में शोध-कार्य सम्पन्न हुए। घुर्ये ब्रिटिश जन समुदाय की धीरता और बौद्धिकता के भारी प्रशंसक थे। उनका आंग्ल भाषा से विशेष लगाव था, किन्तु वे संस्कृत के भी प्रकाण्ड पंडित थे। वे बहुमुखी प्रतिभा सम्पन्न विद्वान थे। उनका अध्ययन बड़ा विस्तृत और विशाल था। उन्होंने समाज विज्ञानों की पुस्तकों के अलावा अंग्रेजी साहित्य, दर्शन, पुरातत्त्व और जीवन-चरित्र जैसे विषयों का भी अध्ययन किया और लिखा है।

घुर्ये बहु सर्जक थे। उन्होंने अनेक विविध विषयों पर ढेर सारी भारी-भरकम (लगभग 32) पुस्तकें तथा कई लेख और छोटी-मोटी पुस्तिकाएं लिखी हैं। यह कहना अत्युक्ति नहीं होगा कि **घुर्ये का लेखन विश्वकोशीय प्रकृति का था।** तितली की भांति पराग एकत्रित करते हुए पूरे जोश-खरोश, रुचि और विद्वता के साथ घुर्ये पूरे जीवन एक विषय से दूसरे विषय के अन्वेषण में जुटे रहे। शेक्सपीयर से लेकर साधुओं पर, कला, नृत्य, वेशभूषा तथा वास्तुशास्त्र से लेकर लोक देवी-देवताओं पर, सेक्स तथा विवाह से लेकर प्रजाति जैसे अनेक विषयों पर लिखा है। घुर्ये ने सांस्कृतिक तथा संस्थात्मक पक्षों जैसे जाति परिवार, विवाह, धर्म आदि विषयों के उदय एवं विकास के साथ-साथ सांस्कृतिक समन्वय की प्रक्रिया में नगरों की भूमिका जैसे विषयों का सूक्ष्म विश्लेषण किया है। घुर्ये ने भारतीय समाज और संस्कृति के उद्‌भव का ही नहीं, अपितु भारतीय समाज की वर्तमान समय की समस्याओं तथा सामाजिक तनावों का भी सारगर्भित एवं प्रमाणों सहित अध्ययन किया है। उनकी संस्कृत भाषा पर विशेष पकड़ होने के कारण उन्होंने संस्कृत में लिखे ग्रंथ-सामग्री का अपने विश्लेषण में प्रचुर प्रयोग किया है, किन्तु साथ ही साथ तथाकथित आधुनिक पश्चिमी आनुभविक विधियों का भी जहां-तहां प्रयोग करने में नहीं चुके हैं। इस सम्बन्ध में उनका **'बम्बई के मध्यम वर्ग के व्यक्तियों (एक प्रतिदर्श) की कामवृति सम्बन्धी आदतों' (1938) का अध्ययन उल्लेखनीय है।**

घुर्ये के अध्ययनों में अधिकांशतः 'क्यों' और 'क्या होगा' के दो प्रश्नों की विवेचना की कई है। उनके अध्ययनों में स्पष्टतः भूत, वर्तमान और भविष्य के मध्य एक तारतम्य नज़र आता है जैसा कि उनके एक ग्रंथ 'तथाकथित आदिवासी लोग और उनका भविष्य' से प्रकट होता है। घुर्ये के अध्ययनों की यह विशेषता रही है कि उन्होंने अपने समय में समाजशास्त्र में प्रचलित तीनों मुख्य परम्पराओं यथा मानवशास्त्रीय (सहभागिक अवलोकन), समाजशास्त्रीय (सांख्यिकीय और सर्वेक्षणपरक) और भारतविद्याशास्त्रीय (पौराणिक ग्रंथिक) के प्रयोग करने का प्रयास किया है।

घुर्ये ने अपने अध्ययनों में प्रसारवादी परिप्रेक्ष्य के साथ भारतविद्याशास्त्र (इन्डॉलजी) उपागम का प्रयोग किया है। भारतीय संस्कृति और समाज के विभिन्न पक्षों के अन्वेषण में उन्होंने भारतविद्याशास्त्र के स्रोतों का प्रयोग किया है। उनका 'भारतीय साधुओं' (1964), 'धार्मिक चेतना' (1965) तथा 'दो ब्राह्मणवादी संस्थाओं के रूप में गौत्र एवं चरण' (1972) नामक अध्ययनों में भारत के पौराणिक एवं कई धार्मिक ग्रंथों का प्रयोग किया गया है। यह निर्विवाद है कि घुर्ये का भारतविद्याशास्त्रीय परिप्रेक्ष्य के प्रति काफी मोह था, किन्तु उन्होंने सामाजिक-सांस्कृतिक मानवशास्त्र में प्रचलित क्षेत्र-कार्य परम्परा के प्रति भी कभी विमोह प्रकट नहीं किया। उन्होंने अपने कई अध्ययनों में अत्याधुनिक सर्वेक्षण-विधि और सांख्यिकीय तकनीक (सैक्स की आदतों का अध्ययन, 1938) तथा 'महादेव कोली लोग' (1963) के अध्ययन में क्षेत्र-कार्य विधि का प्रयोग कर भारतीय समाजशास्त्र और सामाजिक मानवशास्त्र में अनुभववादी परम्परा की जड़ों को मजबूत किया है।

समाजशास्त्र और मानवशास्त्र की दृष्टि से उनका जातियों, प्रजातियों, जनजातियों, विवाह एवं परिवार और नातेदारी व्यवस्था, ग्राम्य-शहरीकरण, जनांकिकी, धर्म के समाजशास्त्र और राजनीतिक समाजशास्त्र (सामाजिक तनाव) आदि के क्षेत्र में किया गया योगदान महत्त्वपूर्ण है। घुर्ये की रुचि प्रारंभ से ही जाति और प्रजाति से सम्बंधित विषयों में रही है। उनका पी.एच.डी का विषय भी 'जाति का नृजातिक सिद्धान्त' था जिसके आधार पर सन् 1932 में प्रथम पुस्तक 'भारत में जाति और प्रजाति' प्रकाशित हुई। बाद में यही पुस्तक कुछ हेर-फेर, संशोधन और परिवर्द्धन के साथ समय-समय पर अलग-अलग नामों से (भारत में जाति और वर्ग' (1950), जाति, वर्ग और व्यवसाय, (1961) कई संस्करणों में प्रकाशित हुई। अपने विषय की आज भी यह एक प्रामाणिक पुस्तक मानी जाती है। इस पुस्तक में, घुर्ये ने जाति के उद्‌भव से लेकर इसके भविष्य का विश्लेषण किया है। **उन्होंने जाति को एक जटिल घटना बताते हुए इसकी निश्चित शब्दों में बंधी हुई कोई सामान्य परिभाषा नहीं दी है, किन्तु इसकी छः विशेषताओं का अवश्य विश्लेषण किया है। ये विशेषताएं हैं—समाज का खण्डात्मक विभाजन, संस्तरण, खान-पान और सामाजिक व्यवहार पर प्रतिबंध, विभिन्न जातियों की नागरिक और धार्मिक निर्योग्यताएं तथा विशेषाधिकार, व्यवसाय के स्वतंत्र चुनाव का अभाव और विवाह (अन्तर्जातीय) पर प्रतिबंध।** घुर्ये ने जाति और उपजातियों के भेद को स्पष्ट करते हुए कहा है कि जिन्हें हम जातियां कहते हैं, वे उपजातियां हैं और इन उपजातियों पर ही उपर्युक्त विशेषताएं लागू होती हैं। **जाति के उद्‌भव के बारे में उन्होंने प्रजातिक सिद्धान्त का समर्थन किया है।** उनका यह विचार नृतत्वशास्त्री रिज़ले से प्रभावित है, किन्तु उन्होंने रिज़ले के विचारों और वर्गीकरण को यथावत स्वीकार नहीं किया। जाति

और प्रजाति में आंतरिक सम्बन्ध मानते हुए उन्होंने हिन्दू जनसंख्या को उनकी शारीरिक विशेषताओं के आधार पर छः वर्गों में विभाजित किया है। ये वर्ग हैं—इंडो आर्यन, पूर्व द्रविड़, द्रविड़, पश्चिमी, मुण्डा और मंगोलियन। **जाति के उद्‌भव के बारे में घुर्ये ने कहा है कि "जाति प्रणाली इन्डो-आर्य संस्कृति के ब्राह्मणों का शिशु है जिसका पालन-पोषण गंगा के मैदान में हुआ और वहाँ से इसे देश के दूसरे भागों में लाया गया....** अन्तर्विवाह (सजातीय विवाह) की उत्पत्ति भी सर्व प्रथम गंगा के मैदान में रहने वाले ब्राह्मणों में हुई थी और वहीं से अन्तर्विवाह की धारणा और जाति-प्रथा के अन्य तत्व ब्राह्मणों के अनुयायियों ने देश के दूसरे भागों में फैलाये।"

घुर्ये ने जाति को पूर्णतः एक विशिष्ट भारतीय प्रघटना नहीं माना है। उन्होंने जाति को एक प्रस्थिति समूह मानते हुए कहा है कि जन्म और प्रस्थिति के आधार पर भिन्नताएं संसार के अन्य समाजों में भी देखने को मिलती हैं। घुर्ये का यह दृष्टिकोण जाति के उद्‌भव सम्बन्धी उनके प्रजातिक सिद्धान्त से मेल नहीं खाता। उनके प्रजातिक दृष्टिकोण के अनुसार जाति एक विशिष्ट समाज की एक अनुपम विशेषता है जिसके साथ इसकी अद्वितीय विशेषताएं जुड़ी हुई हैं।

जाति के भविष्य सम्बन्धी उनके विचार निराशावादी होने के साथ-साथ विसंगतियों से भरे पड़े हैं। घुर्ये के अनुसार, 'पारम्परिक व्यावसायिक विशिष्टीकरण तेजी से समाप्त होता जा रहा है, सामाजिक व्यवहार के नियम अपेक्षाकृत उदार हो गये हैं, अतः यह कहा जा सकता है कि जाति प्रणाली की कुछ पुरातन विशेषताएं अब नहीं रही हैं, तथापि यह प्रणाली पूर्ववत् अपनी प्राण स्फूर्ति बनाये हुए है'...... 'जाति समाज चाहे अन्य बातों में कितना ही बदल गया हो, इसकी जाति के अन्दर विवाह करने (अन्तर्विवाह) की प्राचीन विशेषता अभी भी यथावत है और इसे बनाये हुए है।' एक अन्य स्थान पर जाति में हो रहे परिवर्तनों पर टिप्पणी करते हुए घुर्ये कहते हैं कि जाति के कुछ नियमाचार कमज़ोर हुए हैं। जाति-संस्तरण पर गैर-ब्राह्मणवादी आंदोलन द्वारा प्रहार किया जा रहा है, अपवित्रता या अशुचिता की धारणा कमज़ोर पड़ गई है। भोजन और पेय पदार्थों संबंधी नियमों में, विशेषतः नगरों में, काफी शिथिलता आ गई है, किन्तु अन्तर्विवाह की जाति की विशेषता कुछ अपवादों को छोड़कर अभी भी समाज को पूरी शक्ति से कसे हुए हैं।

जाति में परिवर्तन सम्बन्धी घुर्ये ने तीन प्रमुख धाराओं का उल्लेख किया है—गांधीवादी धारा, सम्मिश्रण और समूहीकरण तथा जाति की समाप्ति। गांधीवादी धारा के समर्थक जाति को अपने मौलिक वर्ण व्यवस्था के रूप में (ब्राह्मण, क्षत्रिय, वैश्य और शूद्र) पुनः स्थापित करने के पक्ष में हैं। **घुर्ये के अनुसार पुरातन चातुर्वर्ण्य व्यवस्था पर अब पुनः लौटना अव्यवहारिक है।** सम्मिश्रण और समूहीकरण की दूसरी धारा के अनुसरणकर्त्ता विद्वान उपजातियों के वर्तमान स्वरूप को आर्थिक और सांस्कृतिक आधार पर वृहत् जातियों में समूहीकरण के पक्ष में हैं। इस प्रक्रिया द्वारा समान प्रस्थिति वाली जातियां धीरे-धीरे एक होती जायेंगी और अन्ततः हिन्दू समाज जाति विहीन समाज में बदल जायेगा। घुर्ये का इस बारे में मत है कि समूहीकरण की यह प्रक्रिया अत्यंत धीमी है। इसमें शिक्षा के प्रसार और प्रगतिशील जनमत बनाने में समय लगेगा। जाति की समाप्ति की पक्षधर तीसरी धारा जाति के कुछ पक्षों को अत्यंत निकृष्ट और कुछेक को राष्ट्र विरोधी मानती है। इस विचारधारा के

समर्थक विद्वान (जैसे अम्बेडकर) जाति को बिना किसी नानुच और विलम्ब के जल्दी से जल्दी समाप्त करने के पक्ष में हैं। **घुर्ये का इस बारे में मत है कि "रक्त सम्मिश्रण आपसी सम्बन्धों को मजबूत करने और राष्ट्रीयता को बढ़ाने का एक प्रभावक उपाय है।" इसके लिये उन्होंने अन्तर्जातीय विवाहों का सुझाव दिया है।**

घुर्ये ने जाति-व्यवस्था के साथ-साथ आदिवासी जातियों (जनजातियों) पर भी व्यापक शोध-कार्य किया है। उन्होंने 'अनुसूचित जनजातियां' नामक अपनी एक पुस्तक में भारत के आदिवासी जातियों के ऐतिहासिक, प्रशासनिक और सामाजिक आयामों का वर्णन-विश्लेषण किया है। "तथाकथित आदिवासी और उनका भविष्य" में उन्होंने आदिवासियों की समस्याओं का उनके ऐतिहासिक संदर्भ में चर्चा की है। उन्होंने इनकी समस्याओं के संदर्भ में लिखा है कि भारतीय संविधान इन जनजातियों को पिछड़ी हुई जातियां मानता है, न कि चिड़ियाघर की चिड़ियाँ। उन्होंने भारतीय समाज के साथ इनके एकीकरण पर जोर दिया है।

घुर्ये ने महाराष्ट्र की एक जनजाति कोली पर एक सम्पूर्ण पुस्तक भी लिखी है। घुर्ये की दृष्टि में भारतीय जनजातियों की स्थिति हिन्दुओं के पिछड़े दलित वर्ग की जैसी ही है। उनके पिछड़ेपन का कारण उनका हिन्दू समाज से पूरी तरह एकीकृत न होना रहा है। हिन्दुओं के सामाजिक वर्गों के साथ बढ़ते हुए सम्पर्क के कारण जनजातियों ने हिन्दुओं के कुछ मूल्यों और जीवन शैली को आत्मसात किया है। उत्तर-पूर्वी जनजातियों पर लिखी अपनी बाद की रचनाओं में घुर्ये ने अलगाववादी प्रवृतियों का उल्लेख किया है। उनके विचार में यदि इन प्रवृतियों को न रोका गया तो देश की राजनीतिक एकता को खतरा उत्पन्न हो सकता है। **भारतीय जनजातियों की समस्याओं के समाधान के रूप में घुर्ये ने 'आत्मसात की नीति' प्रस्तावित की है** जो नृतत्वशास्त्री एल्विन के 'नेशनल पार्क की नीति' (अलग-थलग की नीति) और जवाहरलाल नेहरू की 'एकीकरण की नीति' (आरक्षण और विकास) से सर्वथा भिन्न है।

घुर्ये ने भारत में बढ़ती हुई नगरीकरण की प्रवृत्ति पर भी प्रकाश डाला है। उनका मत है भारत में शहरीकरण की प्रवृति अन्य देशों की भांति औद्योगीकरण का परिणाम नहीं है। भारत में शहरीकरण की शुरुआत ग्रामीण क्षेत्रों से हुई है। अपने मत की पुष्टि में संस्कृत ग्रंथों तथा अन्य दस्तावेजों के अनेक उदाहरण देकर उन्होंने बताया कि सुदूर गांवों में बाजार की आवश्यकता के कारण भारत में शहरी क्षेत्रों का विकास हुआ। घुर्ये के विचारानुसार, ग्रामीण-शहरीकरण का मुख्य कारण गांव की स्थानीय आवश्यकताएं रहीं हैं। सन् 1957 में उन्होंने महाराष्ट्र के एक गाँव लोनीकांड के अपने अध्ययन द्वारा गाँव की सामाजिक संरचना की निरंतरता को उजागर किया है।

धर्म के समाजशास्त्र के अपने अध्ययन में घुर्ये ने धार्मिक विश्वास, कर्मकाण्ड, संस्कार तथा भारतीय परम्परा में साधु की भूमिका पर प्रकाश डाला है। इस सम्बन्ध में उन्होंने कई पुस्तकें लिखी हैं। घुर्ये के मतानुसार, प्राचीन भारत, मिश्र और बैबिलोनिया में धार्मिक चेतना धर्म-स्थलों से जुड़ी हुई थी। घुर्ये ने भारतीय धर्म में विभिन्न देवी-देवताओं यथा शिव, विष्णु और दुर्गा आदि के उद्भव और उनकी भूमिका का सारगर्भित विवेचन किया है। उन्होंने पूजा की बृहत् स्तरीय पद्धति के साथ जुड़े हुए स्थानीय और उपक्षेत्रीय विश्वासों को उजागर किया है। उनका मत है कि भारत में अनेक पंथों के विकास और विस्तार का आधार राजनीतिक के साथ-साथ लोक समर्थन रहा है। धर्म के समाजशास्त्र से

सम्बन्धी उनकी बहुचर्चित एक कृति 'भारतीय साधुगण' (1953) में सन्यास की दोहरी भूमिका की समीक्षा की है। इस पुस्तक पर विभिन्न श्रेणियों के साधुओं, जिनमें शैव (दशनामी) और वैष्णव (बैरागी) प्रमुख हैं, का सविस्तार वर्णन किया है। घुर्ये के विचार में सन्यास भूतकाल का अवशेष मात्र नहीं हैं, अपितु यह हिन्दू धर्म का एक प्राणभूत तत्व है।

घुर्ये ने भारतीय कला, नृत्य और वेशभूषा पर पुस्तकें व लेख लिख कर इनमें भी अपनी रुचि प्रदर्शित की है। उनके अनुसार हिन्दू, जैन और बौद्ध धर्म के कलात्मक स्मारकों में कई समान तत्वों के दर्शन किये जा सकते हैं। इसके विपरीत, हिन्दू और मुस्लिम स्मारक बिल्कुल भिन्न मूल्य-पद्धतियों पर आधारित रहे हैं। भारतीय मंदिरों के प्रेरणा स्त्रोत भारतीय तत्व थे। उनकी विषय वस्तु वेदों, महाकाव्यों और पुराणों पर आधारित थीं। किन्तु मुस्लिम कला फारसी या अरबी संस्कृति पर आधारित थी। **घुर्ये इस मत से सहमत नहीं थे भारत में मुस्लिम स्मारकों में हिन्दू और मुस्लिम धर्म दोनों का समन्वय हुआ है। उनका मत था कि मुस्लिम इमारतों में हिन्दू कला के तत्वों का केवल अलंकरण के रूप में प्रयुक्त किया गया है।** घुर्ये ने प्राचीन काल से लेकर आधुनिक काल तक की वेशभूषा पर लिखते हुए हिन्दू, बौद्ध और जैन कलाकृतियों (वास्तुकला और मूर्तिकला) द्वारा विभिन्न कालों की वेशभूषा में विभिन्नताओं का चित्रण किया है। जहां राधाकमल मुकर्जी ने कला को सभ्यता के मूल्यों, प्रतिमानों और आदर्शों के वाहक के रूप में देखा है, वहाँ घुर्ये ने इसे हिन्दू विन्यास के रूप में चित्रित किया है।

घुर्ये ने **राजनीतिक समाजशास्त्र** के विषय को लेकर चार पुस्तकें लिखी हैं जिसमें सन् 1968 में प्रकाशित 'भारत में सामाजिक तनाव' नामक पुस्तक विशेष उल्लेखनीय है। उन्होंने इस पुस्तक में हिन्दू और मुस्लिम संस्कृति और सम्बन्धों की ऐतिहासिक काल से लेकर वर्तमान काल तक सविस्तार समीक्षा की है। उन्होंने हिन्दुओं और मुसलमानों को दो ऐसे अलग समूहों के रूप में माना है जिनमें पारस्परिक आदान-प्रदान की संभावना लगभग नहीं के बराबर है। इस पुस्तक में उन्होंने हिन्दू और मुस्लिम संस्कृतियों के संघर्ष को लेकर इतिहास के पन्नों की खोजबीन करते हुए बताया है कि अकबर के काल को छोड़ कर मुगलों के भारत में पदार्पण के उपरान्त दोनों संस्कृतियों में निरंतर संघर्ष रहा है। इस पुस्तक के मूल में उनके **भारत के राष्ट्रीय एकीकरण** सम्बन्धी विचार हैं जिनकी व्याख्या उन्होंने इतिहास और स्वतंत्रता के समय और बाद में घटी घटनाओं के आधार पर की है। **घुर्ये के अनुसार, देश का विभाजन "पृथकतावाद" और "विशिष्टतावाद" के एक लम्बे इतिहास के परिणामों का फल है** और सन् 1947 में भारत के विभाजन के बाद भी निरंतर हिन्दू-मुस्लिम दंगे और झगड़े भी पृथकतावादी मनोभावनाओं और पारस्परिक अविश्वास के अभी तक विद्यमान होने के साक्षी हैं। हिन्दू-मुस्लिम साम्प्रदायिक तनाव के अतिरिक्त इस पुस्तक में तमिलनाडु में हुए भाषाई दंगों का भी विश्लेषण किया गया है। उन्होंने बताया कि कुछ राजनीतिक दल वोट-बैंक की राजनीति को प्रश्रय देकर अलगाववादी तीव्र भावनाओं को उभार रहे हैं। हिन्दी विरोध का मुद्दा, उत्तर भारतीय संस्कृति के प्रति अलगाव तथा इसकी साहित्यिक विरासत को ब्राह्मणवादी बता कर डी.एम.के. द्वारा घृणा उत्पन्न करने के प्रयास को घुर्ये ने राष्ट्रीय एकीकरण के लिये एक बड़े खतरे का संकेत दिया है। भाषाई तनावों की कड़ी में ही हिन्दी विरोध के अतिरिक्त घुर्ये ने इसी पुस्तक में आसामी-बंगाली भाषा के विवाद और उर्दू भाषा के समर्थन

सम्बन्धी विवाद की भी सविस्तार विवेचना की है।

राष्ट्रीय एकीकरण के बारे में जो कुछ भी घुर्ये ने लिखा है उसका सार यह है कि **कठोर और असंभावित बहुलतावादी प्रवृतियों के विकास और प्रोत्साहन ने राष्ट्रीय एकीकरण को अब लगभग असंभव बना दिया है**। उन्होंने इस समस्या के समाधान के रूप में "समग्र एकीकरण" का एक आदर्श उपचार के रूप में जो सुझाव दिया था, वह भी अब बेकार होता जा रहा है क्योंकि यह बीमारी बहुत बढ़ चुकी है और निरंतर बढ़ती जा रही है। घुर्ये लिखते हैं कि इस सम्बन्ध में राजनीतिक प्रेरित सरकारी समाधान केवल कागजी समाधान हैं और यह देश को अधिक टुकड़ों में बंटने की प्रवृति को प्रश्रय देगा।

घुर्ये के विचारों पर तत्कालीन तीन ब्रिटिश विद्वानों का प्रभाव पड़ा है, यथा पैट्रिक गैड्स, हॉबहाउस और रीवर्स। इन तीनों के प्रभाव को उनकी कृतियों और उनके विद्यार्थियों पर अंकित छाप में देख सकते हैं। **घुर्ये की कृतियों में प्रत्यक्ष-अप्रत्यक्ष रूप में राष्ट्रवाद, राष्ट्रीय स्वाभिमान और भारत के गौरव जैसे विचार और मनोभाव हावी रहे हैं**। वे मूलतः हिन्दुत्ववादी रहे हैं, किन्तु उन्हें किसी भी अर्थ में पुनरुत्थानवादी नहीं कहा जा सकता, जैसा की जाति, विवाह, यौण सम्बन्ध तथा स्त्रियों की स्थिति के बारे में उनके विचारों से प्रकट होता है। वे जाति-व्यवस्था के पक्ष में नहीं थे, क्योंकि वे इसे सामाजिक न्याय के विरुद्ध मानते थे। उनकी दृष्टि में जाति-व्यवस्था सामाजिक न्याय के सिद्धान्तों का हनन करती है। वे एम.ज़ी.ऱानाडे की भांति सुधारवादी दृष्टि वाले राष्ट्रवादी थे जो हिन्दू समाज में आवश्यक सुधार के पक्ष में थे। अपनी विचारधारा के प्रति पूर्ण प्रतिबद्ध रहते हुए भी घुर्ये ने अपने विचारों को अपने विद्यार्थियों पर कभी भी थोपने का प्रयत्न नहीं किया।

जाति सम्बन्धी उनके विचारों पर **हॉबहाउस और रीवर्स** के विचारों की स्पष्ट छाप देखी जा सकती है। रीवर्स की सामाजिक-संगठन सम्बन्धी अवधारणा के आधार के रूप में उन्होंने जाति को भी सामाजिक समूहीकरण का एक रूप माना है। सामाजिक जीवशास्त्र और नगरीय समाजशास्त्र सम्बन्धी विचार घुर्ये ने मूलतः गैड्स से ग्रहण किये थे।

सभी सिद्धान्तों से परिचित होते हुए भी घुर्ये ने स्वयं को किसी भी विशिष्ट सिद्धान्त के ढाँचे में नहीं ढाला। केम्ब्रिज से लौटने के बाद प्रारंभ में उन्होंने 'प्रसारवादी' सिद्धान्त के प्रति थोड़ी रुचि अवश्य प्रकट की थी, किन्तु जीवन भर वे पौराणिक संस्कृत साहित्य और मानवशास्त्रीय प्रस्थापनाओं और प्रविधियों के जरिये इतिहास और परम्परा की खोज करते रहे। मार्क्सवादियों ने उन पर यह आरोप भी जड़ा है कि उन्होंने अपनी कृतियों में कहीं भी मार्क्सवादी अवधारणाओं का प्रयोग नहीं किया है। वे मार्क्सवादी सिद्धान्त और अवधारणाओं से परिचित अवश्य थे और उन्होंने कोंकण क्षेत्र के एक गांव के अपने अध्ययन में एंजिल्स के 'परिवार के नियम' का उल्लेख भी किया है।

प्रमुख कृतियाँ:

- Caste and Race in India, (1932)
- Sex Habits of Middle Class People, (1938)
- The Aborigines-'So called' and Their Future, (1943)
- Culture and Society, (1945)

- After a Century and a Quarter, (1960)
- Caste, Class and Occupation, (1961)
- Family and Kin in Indo-European Culture, (1962)
- Cities and Civilization, (1962)
- The Scheduled Tribes, (1963)
- The Mahadev Kolis, (1963)
- Anatomy of A Rururban Community, (1963)
- The Indian Sadhus, (1964)
- Race Relations in Negro Africa
- Sexual Behaviour of the American Female
- Anthropo-Sociological Papers
- Social Tensions in India, (1968)
- I and Other Explorations, (1973)
- Whither India, (1974)
- India Recreates Democracy, (1978)
- Vedic India, (1979)
- The Burning Caldron of the North-East, (1980)

Giddens, Anthony

एंथनी गिडेन्स (1938-)

ग्रेट ब्रिटेन के सर्वाधिक चर्चित आधुनिक सामाजिक सिद्धान्तकार **एंथनी गिडेन्स** की गणना आजकल विश्व के गिने चुने सर्वाधिक प्रभावशाली सिद्धान्तकारों में की जाती है। इनकी शिक्षा-दीक्षा हल विश्वविद्यालय, लन्डन स्कूल ऑफ ईकॅनॉमिक्स और लन्दन विश्वविद्यालय में हुई और सन् 1961 से लेकेस्टर विश्वविद्यालय में पढ़ाना शुरू किया। सन् 1985 में व कैम्ब्रिज विश्वविद्यालय में समाजशास्त्र के आचार्य (प्रोफेसर) बन गये। वे "लन्दन स्कूल ऑफ ईकॅनॉमिक्स" के निदेशक भी रहे हैं। गिडेन्स ने वर्तमान ब्रिटिश समाजशास्त्र को बनाने में महती भूमिका अदा की है। उन्होंने समाजशास्त्रीय सिद्धान्त, पूंजीवाद, सामाजिक वर्ग, स्तरीकरण, सामाजिक परिवर्तन, आधुनिकता और उत्तर-आधुनिकता (पछेती आधुनिकता) जैसे अनेक विषयों पर ढेर सारा लिखा है। एक सिद्धान्तकार के रूप में गिडेन्स अपने देश ग्रेट ब्रिटेन से भी अधिक अमेरिका में चर्चित एवं प्रख्यात रहे हैं। बौद्धिक एवं शैक्षणिक मसलों के साथ-साथ उनकी रुचि राजनीतिक गतिविधियों और प्रकाशन व्यवसाय में भी रही है। वे ब्रिटेन की लेबर पार्टी के सदस्य रहे हैं। वे विश्व प्रसिद्ध प्रकाशन संस्थान मेकमिलन और दृछिन्सन के सह सम्पादक और पॉलिटी प्रेस के सह संस्थापक भी हैं। गिडेन्स ने विभिन्न विषयों पर ढेर सारी पुस्तकों के साथ अमरीकी शैली में **समाजशास्त्र** (1982) की एक पाठ्य पुस्तक भी लिखी है जिसका विश्वव्यापी स्वागत हुआ है।

गिडेन्स संभवतः सर्वाधिक अपने नव-निर्मित "संरचनाकरण" (स्ट्रॅक्चुरेशन) के सिद्धान्त

के लिये जाने जाते हैं, यद्यपि "जॅगॅरनॉट" के रूप में आधुनिकता पर की गई उनकी टिप्पणी भी कम महत्वपूर्ण नहीं है। इस टिप्पणी ने आधुनिकता और उत्तर-आधुनिकता (गिडेन्स ने 'पोस्ट मॉडरनिटी' शब्द के स्थान पर 'लेट मॉडरनिटी' शब्द का प्रयोग किया है) संबंधी गिडेन्स के विचारों की ओर लोगों का अध्ययन आकर्षित किया है। संरचनाकरण (इसका विस्तृत विवेचन आगे किया गया है) के अपने सिद्धान्त में गिडेन्स ने "संरचना" शब्द का प्रयोग **दुर्खाइम** की भांति बाध्यता अथवा दबाव के अर्थ में नहीं किया है, अपितु वे इसे बाध्यतामूलक के स्थान पर सहायतामूलक के रूप में देखते हैं। इस दृष्टि से उन्होंने साधन (एजेन्सी) और संरचना के संबंधों को द्वयात्मकता (डूअलिटी) के रूप में देखा है, अर्थात् वे मानते हैं कि इन दोनों को एक दूसरे से अलग नहीं किया जा सकता। ये एक सिक्के के ही दो पहलू हैं। साधन संरचना में निहित हैं और संरचना साधनों से घनिष्ठ रूप से जुड़ी हुई होती है।

गिडेन्स पिछले दो दशकों से समाजशास्त्रीय सिद्धान्त की रचना में लगे हुए हैं। उन्होंने समाजशास्त्र में प्रचलित सभी आधुनिक समाजशास्त्रीय सिद्धान्तों यथा प्रकार्यवाद, उद्विकासवाद, संरचनावाद, मार्क्सवाद, घटनाक्रियावाद, सांकेतिक अन्तर्क्रियावाद, अभिनयशास्त्र और भूमिका सिद्धान्त आदि की गहन और विस्तृत समीक्षा की है। **इन** सिद्धान्तों की कमियों को दूर करने तथा साथ ही साथ अन्तर्क्रियावादी और संरचनावादी परिप्रेक्ष्यों को एक दूसरे के नजदीक लाने की दृष्टि से गिडेन्स ने अपनी पुस्तक "समाज का गठन" (1984) में **"संरचनाकरण"** के अपने सिद्धान्त का प्रतिपादन किया है। वास्तव में, उनका **यह सिद्धान्त उपर्युक्त उल्लिखित सभी सिद्धान्तों के समन्वय करने का एक महती प्रयास है**। प्रचलित सभी समाजशास्त्रीय सिद्धान्तों में व्यक्ति या संरचना (मानवीय क्रिया को बाहर से प्रभावित करने वाली कोई बाध्यकारी वस्तु) दोनों में से किसी एक को महत्वपूर्ण मानकर उसे अपने अध्ययन-अनुसंधान का केन्द्रीय विषय बनाया गया है। इन सिद्धान्तकारों से पूर्णतः भिन्न गिडेन्स ने संरचनाकरण के अपने सिद्धान्त में क्रिया (व्यक्ति) और संरचना (समाज) दोनों को बराबर का महत्व देते हुए क्रिया और संरचना का समाकलन करने का प्रयास किया है। गिडेन्स ने लिखा है कि "संरचनाकरण के सिद्धान्त के अनुसार, सामाजिक विज्ञानों के अध्ययन का मुख्य क्षेत्र न तो व्यक्तिगत कर्त्ता के अनुभव हैं और न ही सामाजिक सम्पूर्णता का कोई रूप है, अपितु वे सामाजिक प्रथाएं या व्यवहार (प्रैक्टिसेस) हैं जो समय और स्थान से परे हैं।" इस कथन से स्पष्ट है कि संरचनाकरण सिद्धान्त वस्तुतः क्रिया (एजेन्सी) और संरचना के अन्तर्पारस्परिक सम्बन्ध का एक सिद्धान्त है।

गिडेन्स का "संरचनाकरण" का सिद्धान्त क्या है ? इसके क्या-क्या आयाम हैं ? इसने आधुनिक समाजशास्त्रीय सिद्धान्तों को किस प्रकार और किस सीमा तक प्रभावित किया है ? इन प्रश्नों का यहां हम अति संक्षेप में विश्लेषण करेंगे। **संरचनाकरण एक प्रक्रिया है जो संरचना के बनने और पुनः बनने की विधा का संकेत देती है। यह प्रक्रिया व्यक्तियों के बीच होने वाली अन्तर्क्रियाओं की सक्रिय प्रक्रियाओं का परिणाम है जिसके द्वारा सामाजिक संरचना का निर्माण और पुनर्निर्माण होता है जबकि ये प्रक्रियाएं इन्हीं संरचनाओं द्वारा निर्देशित और संचालित होती हैं।**

इस दृष्टि से संरचना और संरचनाकरण में अन्तर है। जहां संरचना, किसी वस्तु की

स्थिर अवस्था का संकेत देने वाली एक अवधारणा है, वहां संरचनाकरण की अवधारणा एक गतिशील प्रक्रिया को इंगित करती है, अर्थात् चर्चित वस्तु अपने बनने, बिगड़ने और पुनः बनने की अवस्था में होती है। गिडेन्स ने संरचना की अवधारणा का प्रयोग किसी भौतिक संरचना (मकान की दीवारें या खंबे आदि से निर्मित) के समानुरूप अर्थ में नहीं किया है। सामाजिक संरचना भौतिक संरचना के समान नहीं होती, अपितु सामाजिक संरचना का निर्माण सामाजिक जीवन के रोजमर्रा के कार्यकलापों के द्वारा कर्त्ताओं द्वारा नियमाचारों और संसाधनों के ज्ञानपूर्वक प्रयोग द्वारा होता है। संरचना निर्माण के संदर्भ में गिडेन्स ने 'संरचना की द्वयात्मकता' की अपनी प्रमुख धारणा का प्रयोग कर द्वैतवाद की धारणा को नकारा है। इसी धारणा के द्वारा उन्होंने प्रकार्यवाद और प्रकृतिवाद दोनों का भी विरोध किया है। संरचनाकरण के अपने इस सिद्धान्त द्वारा गिडेन्स ने सामाजिक सिद्धान्त के हर प्रकार के द्वैतवाद (ड्यूअलिज्म), यथा सूक्ष्म बनाम वृहत् सिद्धान्त, विषय (व्यक्ति) बनाम वस्तु (संरचना), व्यक्ति बनाम समाज, व्यक्तिपरकता बनाम वस्तुपरकता और इसी प्रकार के अन्य द्विभाजनों पर कठोर प्रहार किया है। (द्वैतवाद एक तात्विक सिद्धान्त है जो दो स्वतंत्र सत्ताओं (जैसे, मन और शरीर) पर ज़ोर देता है। ये स्वतंत्र सत्ताएं न तो एक दूसरे में तिरोहित हो सकती हैं और न ही इनमें परिवर्तन होना किसी प्रकार संभव होता है)। उनका संरचनाकरण का यह सिद्धान्त "द्वैतवाद" के स्थान पर "द्वयात्मकता" (डूअलिटी) की बात करता है। **यह "व्यक्ति" या "समाज" नहीं, "व्यक्ति" और "समाज" की धारणा को प्रस्थापित करता है।** व्यक्ति और समाज (संरचना) में से कौन महत्वपूर्ण है, इस द्वैतवादी प्रश्न का समाधान गिडेन्स ने "संरचना की द्वयात्मकता" (डूअलिटी ऑफ स्ट्रक्चर) से किया है। संरचना की द्वयात्मकता को स्पष्ट करते हुए गिडेन्स ने लिखा है कि सामाजिक संरचना का प्रयोग सक्रिय व्यक्तियों (जिन्हें गिडेन्स ने 'एजेन्ट' कहा है) द्वारा किया जाता है। संरचना के तत्वों के प्रयोग द्वारा वे इस संरचना का निर्माण और पुनर्निर्माण करते हैं। गिडेन्स ने अपने इस सिद्धान्त में व्यक्ति और समाज के दोहरेपन को नकारा है और यह माना है कि संरचना के निर्माण में व्यक्ति (एजेन्ट) और समाज दोनों की अपनी-अपनी भूमिकाएं होती हैं।

गिडेन्स के सिद्धान्त की मुख्य बात यह है कि उन्होंने एजेन्सी और संरचना को द्वयात्मकता के रूप में देखा है। (गिडेन्स ने क्रिया के लिये "एजेन्सी" और क्रिया के करने वाले कर्त्ता के लिये "एजेन्ट" शब्दों का प्रयोग किया है) वे कहते हैं कि एजेन्सी और संरचना को एक दूसरे से अलग नहीं किया जा सकता। एजेन्सी संरचना में और संरचना एजेन्सी में अन्तर्हित है। उन्होंने दुर्खाइम की भांति संरचना को मात्र बाध्यकारी और बाह्य घटना नहीं, माना है, अपितु उसे बाध्यकारी के साथ-साथ सहयोगी भी माना है। अति संक्षेप में, गिडेन्स के अनुसार, एजेन्सी (क्रिया) और संरचना एक सिक्के के दो पहलू हैं। सभी सामाजिक क्रियाओं की एक संरचना होती है और सभी संरचना का निर्माण सामाजिक क्रियाओं से होता है। मानवीय क्रिया अथवा व्यवहार में संरचना और क्रिया दोनों एक दूसरे से जटिल रूप में गुंथी होती हैं। गिडेन्स ने लिखा है कि **"समाज के गठन में कर्त्तागण (एजेन्ट्स) और संरचनाएं दो स्वतंत्र घटनाओं के समूह नहीं हैं, अर्थात् यह द्वैतवाद नहीं है, अपितु यह स्थिति द्वयात्मकता को प्रकट करती है.....सामाजिक व्यवस्थाओं के संरचनात्मक लक्षण उन व्यवहारों के माध्यम और परिणाम दोनों हैं जिन्हे ये बार-बार संगठित करती हैं।"** गिडेन्स कहते हैं कि

सामाजिक व्यवस्थाएं निरंतर संरचनाकरण की प्रक्रिया में रहती हैं, अर्थात् वे उस सामाजिक परिवेश की मात्र निश्चित लक्षण नहीं होती जिसमें व्यक्तिगण रहते हैं, अपितु वे निरंतर रूप में उन्हीं कर्त्ताओं के द्वारा निर्मित और पुनर्निर्मित किये जाने की प्रक्रिया में रहती हैं।

संरचनाकरण सिद्धान्त का मुख्य केन्द्र **सामाजिक व्यवहार** (सोशल प्रेक्टिसेस) है जिन्हें गिडेन्स ने पुनरावर्तक (बार-बार होने वाले) माना है। वे कहते हैं कि क्रियाओं का अस्तित्व सामाजिक कर्त्ताओं पर निर्भर नहीं है, अपितु उनकी पुनर्रचना तो निरन्तर उनके द्वारा की जा रही है। इन क्रियाओं के द्वारा कर्त्तागण ऐसी दशाओं का निर्माण करते हैं जिनके द्वारा ये क्रियाएं संभव हो पाती हैं। अतः क्रियाओं की रचना चेतना द्वारा या यथार्थ की सामाजिक रचना द्वारा नहीं होती और न ही इनकी रचना स्वतः कर्त्तागणों द्वारा अपने आपको अभिव्यक्त करने में तब हो जाती है जब वे व्यवहार करते हैं, और इस व्यवहार द्वारा चेतना और संरचना दोनों की रचना हो जाती है। (ध्यान रहे, गिडेन्स मार्क्सवादी नहीं रहे हैं, किन्तु कुछेक विद्वानों ने गिडेन्स पर मार्क्सवादी होने का उन पर ठप्पा जड़ा है) गिडेन्स ने चेतना या परावर्त्यता (रिफ्लेक्सइविटी) पर भी चर्चा की है। वे कहते हैं कि परावर्त्यता होते समय मानव कर्त्ता न केवल आत्मचेतन होता है, अपितु वह क्रियाओं और संरचनात्मक दशाओं के प्रवाह को भी नियंत्रित करता रहता है। संक्षेप में, गिडेन्स ने यहां द्वन्द्वात्मक प्रक्रिया का प्रयोग किया है जिसके द्वारा व्यवहार, संरचना और चेतना की रचना होती है। गिडेन्स ने चेतना के अपने विश्लेषण में, तर्कमूलक (डिस्कर्ससिव) और व्यावहारिक चेतना में अन्तर किया है। **तर्कमूलक चेतना** हमारी क्रियाओं को शब्दों के रूप में प्रस्तुत करने की योग्यता है, जब कि **व्यावहारिक चेतना** का संबंध ऐसी मान्य क्रियाओं से है जिन्हें शब्दों में अभिव्यक्त किये बिना कर्त्ता करता चला जाता है। संरचनाकरण सिद्धान्त में व्यावहारिक चेतना का ही विशेष महत्व होता है।

एजेन्सी (क्रिया) पर बल देते हुए गिडेन्स ने क्रिया को इरादों, लक्ष्यों और प्रयोजनों से भिन्न किया है। गिडेन्स के अनुसार, बहुधा क्रियाओं की इतिश्री ऐसे परिणामों से होती है जिनकी आशा नहीं की गई थी। दूसरे शब्दों में, इच्छित लक्ष्यों वाली क्रियाओं के बहुधा अनैच्छिक परिणाम होते हैं। गिडेन्स के सिद्धान्त में अनैच्छिक परिणाम महत्वपूर्ण भूमिका अदा करते हैं। गिडेन्स ने अपने इस सिद्धान्त में, कर्त्ता (एजेन्ट) को बड़ी शक्ति प्रदान की है, अर्थात् कर्त्ता में वह योग्यता होती है जिसके द्वारा वह अपने सामाजिक विश्व में अन्तर कर सकता है। उसने अवश्य यह स्वीकार किया है कि कर्त्ताओं पर संरचना के नियंत्रण कार्य करते हैं, किन्तु इसका तात्पर्य यह नहीं है कि कर्त्तागणों के समक्ष कोई विकल्प नहीं होते और वे उनमें कोई भेद नहीं करते हैं। गिडेन्स की दृष्टि में, शक्ति तार्किक दृष्टि से विषयपरकता से पहले होती है क्योंकि क्रिया में शक्ति होती है। दूसरे शब्दों में, क्रिया में वह क्षमता होती है जिसके द्वारा स्थिति में बदलाव किया जा सकता है। अतः गिडेन्स का सिद्धान्त घटनाक्रियावादी और संरचनात्मक-प्रकार्यवाद से भिन्न है जिसमें कर्त्ता और उसकी क्रिया को कोई महत्व नहीं दिया गया है।

सन् 1960 के दशक तक समाजशास्त्रीय सिद्धान्त संरचनात्मक, विशेषतः प्रकार्यवाद के साथ-साथ मार्क्सवाद और व्याख्यात्मक (इन्टरप्रिटिव) सिद्धान्तों में बंटे हुए थे। संरचनात्मक सिद्धान्त समाज को एक ऐसी सत्ता मानते हैं जो व्यक्ति से अलग और बाह्य है जो उसके व्यवहार को प्रभावित (नियंत्रित) करती है। ये बाहरी शक्तियां ही "संरचना" कहलाती हैं।

इसके विपरीत, व्याख्यात्मक (इन्टरप्रिटिव) सिद्धान्त व्यक्ति की क्रिया या माध्यम (एजेन्सी) पर बल देते हैं जिसे अर्थपूर्ण और उद्देश्यपूर्ण माना जाता है। इस विरोध को बहुधा "द्वतवादी उपागम" के नाम से जाना जाता है जिसके एक सिरे पर द्वैतवाद का संरचनात्मक खंबा है और दूसरे सिरे पर क्रिया/माध्यम का खंबा खड़ा होता है। गिडेन्स ने इस समस्या का समाधान अपने "संरचनाकरण" के सिद्धान्त द्वारा किया है। इस संदर्भ में उन्होंने समाज (संरचना) पर जोर देने वाले सिद्धान्तों (उद्‌विकासवाद, प्रकार्यवाद और **लेवी स्ट्रास** का संरचनावाद) के साथ-साथ मार्क्सवाद की कटु आलोचना की है और कहा है कि ये सभी सिद्धान्त समाज की गतिविधियों और उनके परिचालन को समझने में कोई मदद नहीं करते हैं। उन्होंने व्यक्ति और उसकी क्रियाओं पर जोर देने वाले अन्तर्क्रियावादी सिद्धान्तों (मीड, गोफमेन, वेबर, गारफिंकल आदि) को भी अनुपयोगी और अनुपयुक्त माना है। गोफमेन के अन्तर्क्रियावादी सिद्धान्त की आलोचना करते हुए उन्होंने कहा है कि इस सिद्धान्त में अभिप्रेरणा (मोटिवेशन) को कोई महत्व नहीं दिया गया है जबकि व्यक्ति जो भी क्रिया करता है, उसके पीछे कोई न कोई कारण या प्रेरणा अवश्य होती है। यही नहीं, कभी-कभी संस्थागत या सामूहिक क्रियाएं संरचना को बदल देती हैं जिसकी इन सिद्धान्तों में अवहेलना की गई है। गिडेन्स ने संरचना निर्माण में "भूमिका सिद्धान्त" को भी अपर्याप्त माना है।

पिछली शताब्दी के अन्तिम वर्षों में संरचना और क्रिया/एजेन्सी के बीच के संबंधों को पाटने पर कुछ विद्वानों ने काम किया है। इन विद्वानों का कहना है कि सामाजिक यथार्थ को समझने की दृष्टि से ये दोनों एक दूसरे विरोधी नहीं हैं, अपितु एक ही सिक्के के दो पहलू हैं। इन विद्वानों में **एंथनी गिडेन्स** का नाम अग्रणी है। गिडेन्स का कहना है कि संरचना और माध्यम (एजेन्सी) को द्वैतवाद (दो अलग-थलग घटनाएं) के रूप में देखने के स्थान पर इन्हें एक ही घटना के दो पक्षों या दो पहलुओं के रूप में, अर्थात् द्वैतवाद (डूअलिज्म) के स्थान पर द्वयात्मकता (डूअलिटी) के रूप में देखा जाना चाहिये। अतः गिडेन्स की संरचना की अवधारणा में संरचना और माध्यम (एजेन्सी) दोनों ही आ जाते हैं। **सामाजिक संरचना का अस्तित्व ही मानवीय क्रिया पर निर्भर करता है और मानवीय क्रिया के लिये सामाजिक संरचना का होना जरूरी है। अतः दोनों एक दूसरे पर निर्भर हैं।**

संरचनाकरण की इस प्रक्रिया को समझने के लिये इसके **तीन प्रमुख लक्षणों** पर विचार किया जाना आवश्यक है : (1) संरचना की प्रकृति, (2) संरचना के प्रयोगकर्त्ता व्यक्ति (एजेन्ट) तथा (3) वे तरीके जिनके द्वारा मानवीय संगठन के भिन्न प्रतिमानों का जन्म होता है। "संरचना" से गिडेन्स का तात्पर्य उन "नियमाचारों" और "संसाधनों" से है जो कर्त्तागण "अन्तर्क्रियाओं के संदर्भ" में समय और स्थान के परे प्रयोग करते हैं। इन नियमाचारों और संसाधनों का प्रयोग करते हुए, कर्त्तागण किसी स्थान और समय विशेष पर संरचना को बनाये रखते हैं या उसकी पुनर्रचना करते हैं। नियमाचारों में वे सभी नियम आ जाते हैं जो (1) बातचीत, (2) अन्तर्क्रिया तथा (3) रोज़मर्रा के जीवन से संबंधित होते हैं। इसी प्रकार संसाधनों वे सभी भौतिक और सांस्कृतिक संसाधन आ जाते हैं जो किसी व्यक्ति को क्रिया करने में सहायता करते हैं। गिडेन्स ने इन नियमाचारों और संसाधनों को "रूपान्तरणकारी" और "मध्यस्ततापरक" माना है। नियमाचारों और संसाधनों को कई भिन्न प्रतिमानों और स्वरूपों में रूपान्तरण किया जा सकता है। इसी प्रकार, नियमाचार और संसाधन मध्य

स्ततापरक होते हैं क्योंकि वे सामाजिक संबंधों को बांधने का कार्य करते हैं।

इस प्रकार, सभी शिक्षण संस्थाओं, कारखानों और संस्थानों के अपने-अपने नियम और संसाधन होते हैं जिनके प्रयोग द्वारा वे बने होते हैं और चल रहे हैं। ध्यान रहे, विद्यालय या कारखाने खुद अपना निर्माण नहीं करते, अपितु ये तो व्यक्ति (एजेन्ट) हैं जो इनको बनाते हैं। अतः सामाजिक संरचना का मानवीय क्रिया से कोई अलग अस्तित्व नहीं होता जो इसका निर्माण करती है। गिडेन्स के शब्दों में, **"सामाजिक संरचनाएं सामाजिक कर्त्ताओं के बाहर की वस्तु नहीं है, अपितु ये तो वे नियमाचार एवं संसाधन हैं जो कर्त्ताओं द्वारा अपने व्यवहार के दौरान निर्मित और पुनर्निर्मित की जाती हैं। इन संरचनाओं का दुहरा चरित्र होता है, अर्थात् वे माध्यम और व्यवहार दोनों की निष्पत्ति होती है जिससे सामाजिक प्रणाली का निर्माण होता है।"**

गिडेन्स के संरचनाकरण के सिद्धान्त को समझने के लिये एक उदाहरण मीडिया के वर्तमान बादशाह माने जाने वाले **रूपर्ट मुरडॉक** का दिया जा सकता है जिनकी "अन्तर्राष्ट्रीय सूचना निगम" (आई.एन.सी.) नामक एक बहुप्रसिद्ध मीडिया कम्पनी है। वे इस कम्पनी के एकछत्र इतने शक्तिशाली व्यक्ति (गिडेन्स के शब्दों में एजेन्ट) हैं कि वे इसके मालिक के साथ-साथ इतने अधिकार सम्पन्न व्यक्ति हैं कि वे टी. वी. और समाचार पत्रों के सम्पादक को अपनी इच्छानुसार नियुक्त करने और उन्हें जब चाहें तब हटा सकते हैं। मुरडॉक के हाथ में इतने अधिकारों का कारण कम्पनी के नियमाचार और उसकी कार्यविधि है। मुरडॉक अपने इन अधिकारों के प्रयोग द्वारा ही अप्रत्यक्ष रूप में कम्पनी को बनाये रखने में मदद करते हैं। इसी प्रकार, कम्पनी के अन्य व्यक्ति इस संरचनाकरण की प्रक्रिया में यथा योग्य अपना-अपना योगदान करते हैं, किन्तु कम्पनी के नियमाचारों और संसाधनों (धन, शक्ति आदि) की दृष्टि से मुरडॉक की स्थिति सर्वोपरि है।

गिडेन्स के संरचनाकरण के सिद्धान्त को कई दृष्टियों से देखा गया है। कुछेक विद्वानों का कहना है कि यह सिद्धान्त सामाजिक सिद्धान्त निर्माण की दिशा में कल्पनात्मक, किन्तु एक ठोस प्रयास है। **जोनाथन एच. टर्नर** ने माना है कि गिडेन्स ने अपने इस सिद्धान्त में भिन्न सैद्धान्तिक परम्पराओं (संरचनावाद, प्रकार्यवाद, अन्तर्क्रियावाद, घटनाक्रियावाद, अभिनयशास्त्र, नृजातिशास्त्र और मनोविश्लेषण आदि) के तत्वों को समाहित कर एक समन्वित सिद्धान्त की रचना करने का यत्न किया है। फिर भी, उनका यह सिद्धान्त अनेक शब्दाडम्बरों, रूपकों और कहीं-कहीं बड़ी सीधी-साधी साधारण-सी लगने वाली बातों से भरा पड़ा है। यही नहीं, यह सिद्धान्त कहीं-कहीं पार्सन्स के प्रकार्यवाद से मिलता-जुलता है। वास्तव में, गिडेन्स का यह सिद्धान्त, एक अर्थ में, पारम्परिक सूक्ष्म-वृहत् (माइक्रो-मेक्रो) दृष्टिकोणों के समाकलन का एक प्रयास है। इस सिद्धान्त में कर्त्ता-संरचना (एजेन्सी-स्ट्रक्चर) को जोड़ने या एक दूसरे के नजदीक लाने की बात कही गई है। इसमें "एजेन्सी" व्यक्ति का या (माइक्रो) और संरचना (मेक्रो) का प्रतिनिधित्व करता है।

इस सिद्धान्त के आलोचकों ने इस सिद्धान्त को एक रूढ़िवादी और अनुभवपरकता से परे बताया है। कुछेक कहते हैं कि यह विषय का एक अलग ढंग से वर्णन या शब्दों का हेरफेर मात्र है। **माग्रेट आर्चर** ने गिडेन्स के संरचना और एजेन्सी की द्वयात्मकता के विचार की बखिया उधेड़ी है। उन्होंने इसे द्वयात्मकता के स्थान पर द्वैतवाद (डूअलिज्म) के रूप में

देखा है, अर्थात् एजेन्सी और संरचना को एक दूसरे से अलग किया जा सकता है। यही नहीं, उनके विचारानुसार इन्हें अलग रूप में ही देखा जाना चाहिये। इन्हें एक दूसरे से अलग मान कर हम इन दोनों के सम्बन्धों को अधिक बेहतर तरीके से समझ सकते हैं। आर्चर ने एजेन्सी-संरचना के विवाद को संस्कृति-एजेन्सी संबंधों के रूप में देखा है।

न केवल संरचनाकरण के अपने सिद्धान्त द्वारा समाजशास्त्रीय सिद्धान्त के क्षेत्र में एंथनी गिडेन्स ने पारम्परिक चिन्तकों से अलग छवि स्थापित की है, अपितु उन्होंने आधुनिकता के विवेचन में भी अपनी एक अलग पहिचान कायम कर **वेबर के** "लोहे के पिंजरे" की धारणा को झुठलाया है। गिडेन्स ने आधुनिकता को विश्व के "जॅगॅरनॉट" (विनाशकारी घटना) की संज्ञा दी है। जहां अन्य विद्वानों ने यह माना है कि हम "उत्तर-आधुनिक" युग में प्रवेश कर गये हैं, वहां गिडेन्स कहते हैं कि अभी उत्तर-आधुनिकता की अवस्था नहीं आई है। किन्तु भविष्य में किसी प्रकार के उत्तर-आधुनिकवाद के आने की संभावना अवश्य है। फिर भी, उन्होंने यह बात स्वीकार की है कि हम एक ऐसे आधुनिक युग में रह रहे हैं जो पारम्परिक समाजशास्त्रीय सिद्धान्तकारों (मार्क्स, वेबर, दुर्खाइम, सिमल) के युग से काफी भिन्न है। गिडेन्स के ये विचार **हेबरमॉ** से मिलते-जुलते हैं जो यह मानते हैं कि आधुनिकता की योजना अभी अधूरी है। गिडेन्स ने भी यह माना है कि आधुनिकता का खेल अभी समाप्त नहीं हुआ है। उन्होंने आज के समाज के विश्लेषण करने के लिये आधुनिकता शब्द के पूर्व 'रेडिकल', 'हाई', अथवा 'लेट' विशेषणों का प्रयोग किया है। गिडेन्स ने यह अवश्य माना है कि आज की आधुनिकता ने "जॅगॅरनॉट" का रूप धारण कर लिया है जो नियंत्रण से बाहर है।

गिडेन्स ने "**आधुनिकता के इस जॅगॅरनॉट**" को बड़े ही व्यंग्यात्मक शब्दों में इस प्रकार अभिव्यक्त किया है, "यह अथाह शक्ति का एक बेलगाम इंजिन है जिसे हम मानव प्राणी सामूहिक रूप से कुछ सीमा तक चला सकते हैं, किन्तु इसके कभी भी नियंत्रण के बाहर होने का निरंतर भय बना रहता है। यही नहीं, इसके स्वयं के भी कभी भी टुकड़े-टुकड़े हो सकते हैं। आधुनिकता का यह विनाशक इंजिन उन लोगों को तबाह और तहस-नहस कर देता है, जो इसे रोकने का प्रयास करते हैं। यह भी देखा गया है कि कभी-कभी इसका रास्ता मजबूत और टिकाऊ होता है, किन्तु कभी ऐसा समय भी आ सकता है कि जब यह इंजिन अपने रास्ते से इधर-उधर भटक जाये जिसके बारे में हमें पहले से कोई पूर्वानुमान नहीं होता। किन्तु, इस इंजिन की सवारी हर समय किसी भी रूप में चिन्ताजनक, अप्रिय और अहितकारी नहीं होती। कभी-कभी यह सवारी बड़ी आनन्ददायक, उत्साहवर्धक और आशाओं तथा आकांक्षाओं से भरी होती है। किन्तु, जब तक आधुनिक संस्थाएं चलती रहती हैं, हम कभी भी न तो उनके यात्रा के रास्ते पर और न ही उनकी गति पर पूर्णतः नियंत्रण लगा सकते हैं। परिणामतः, हम कभी भी पूर्णतः अपने आपको सुरक्षित अनुभव नहीं कर सकते क्योंकि जिस बीहड़ रास्ते को हमें पार करना है, वह अत्यधिक कंटकाकीर्ण और भारी जोखिमों और मुश्किलों से भरा हुआ है।"

एंथनी गिडेन्स ने अपने एक लेख "उत्तर-आधुनिक समाज में जीवन" (1994) में परम्परा और आधुनिकता का सारगर्भित विश्लेषण किया है। उन्होंने परम्परा को परिभाषित करते हुए लिखा है, "परम्परा याददास्त, खासतौर पर **मॉरिस हॉलबाख** के शब्दों में **"सामूहिक**

याददास्त" से जुड़ी हुई है। इसके साथ कर्मकाण्ड होते हैं, जिसे मैं 'सत्य की सूत्रबद्ध धारणा' कहता हूं। इसके संरक्षक होते हैं, और प्रथाओं से भिन्न इसमें जोड़ने की शक्ति होती है जिसमें नैतिक और भावनात्मक दोनों अन्तर्वस्तु होती हैं। ....परम्परा की भांति, याददास्त एकाधिक अर्थ में अतीत को वर्तमान के संदर्भ में संगठित करती है।"

इस परिभाषा के आधार पर परम्परा की **पाँच** विशेषताएं बताई जा सकती हैं, (1) सामूहिक याददास्त, (2) कर्मकाण्ड, (3) इमाम, पादरी या पंडित पुजारियों के रूप में इसके संरक्षक, (4) गहरा नैतिक और भावनात्मक लगाव, (5) अतीत का वर्तमान के रूप में संगठन। एक अन्य स्थान पर उन्होंने लिखा है कि परम्परा एक प्रकार के 'गोंद' का कार्य करती है जो समाज को आपस में जोड़े रखती है। स्वतंत्रता और गणतंत्र दिवस, ईसा मसीह, पैगम्बर मोहम्मद, महावीर, बुद्ध, आदि के जन्म दिवस आदि कुछ ऐसे ही अवसर हैं, जिन्हें परम्परा के रूप में हम मनाते हैं।

परम्परा और आधुनिकता के संबंधों की अपनी विवेचना में गिडेन्स ने स्पष्ट रूप में स्वीकार किया है कि "**आधुनिकता परम्परा को नष्ट करती है।**" (1991) वे कहते हैं कि खासतौर पर प्रारंभिक आधुनिकता के काल में, पारम्परिक दृष्टिकोण और व्यवहार बने ही नहीं रहते, अपितु आधुनिक सामाजिक विकास की प्रारंभिक अवस्थाओं में उन्होंने वास्तविक रूप में योगदान भी किया है। **हॉल** की भाति, गिडेन्स ने भी ठेठ परम्परा की आविष्कार की प्रकृति को उजागर किया है। किन्तु, वे मानते हैं कि आधुनिकता के विकास के साथ राष्ट्र के प्रति निष्ठाएं और सामाजिक एकजुटता का भाव स्थानीय समुदाय की निष्ठाओं और एकजुटता को कमजोर कर देता है। यह स्थिति "उत्तर-आधुनिकता" के साथ आती है जिसे गिडेन्स ने "पछेती आधुनिकता" (लेट मॉडरनिटी) कहा है। इस स्थिति का कारण गिडेन्स के अनुसार, "वैश्वीकरण" की प्रक्रिया है। आधुनिकीकरण सामाजिक-राजनीतिक संस्थाओं पर निर्भर करती है और इसे गति वैश्वीकरण की प्रक्रिया देती है।

वैश्वीकरण के क्या कारण हैं। इस संबंध में अनेक सिद्धान्त प्रतिपादित किये गये हैं। गिडेन्स आधुनिकता को वैश्वीकरण का सबसे बड़ा कारण मानते हैं और इसके लिये उन्होंने **तार्किकता और आविष्कारों** को वैश्वीकरण के दो प्रमुख कारक माना है। उत्पादन, विनिमय और संचार के क्षेत्रों में इनके प्रयोग ने विभिन्न स्थानों को संबंधों के जटिल तानेबाने में गूंथ दिया है। जहां **वालर्स्टीन और स्क्लेअर** ने वैश्वीकरण के विकास का प्रमुख कारण पूंजीवाद को माना है, वहां **गिडेन्स** ने इसके अन्तर्सबंधित **चार** कारणात्मक **आयाम** बताये हैं—**पूंजीवाद, उद्योगवाद, अन्तर्राज्य व्यवस्था,** (राष्ट्रों के अन्तर्संबंध) और **सैनिकवाद**। गिडेन्स इस बात से सहमत हैं कि पूंजीवादी व्यवस्था के विस्तार ने वैश्वीकरण को बढ़ाने में महत्वपूर्ण भूमिका अदा की है। किन्तु, **वेबर** की भांति गिडेन्स भी यह मानते हैं कि उद्योगवाद ने आधुनिकता और वैश्वीकरण दोनों को विकसित करने में स्वतन्त्र रूप में योगदान किया है। उदाहरणार्थ, सोवियत संघ एक गैर-पूंजीवाद देश था जिसने अपनी औद्योगिक अर्थव्यवस्था के जरिये पूंजीवाद के एक वैश्विक विकल्प बनने में कुछ सीमा तक सफलता अर्जित की थी। यह बात अलग है कि वह अब धराशाही हो गया है। **मेल्कोम वाटर्स** ने गिडेन्स के आधुनिकता संबंधी विचारों पर टिप्पणी करते हुए कहा है कि गिडेन्स का मुख्य संदेश है कि एक आधुनिक समाज की व्याख्या पूर्णतः उसके आर्थिक आधार पर नहीं की जा सकती, अपितु वह आधुनिक

इसलिये है कि वह एक राष्ट्र-राज्य है। पश्चिमी यूरोप के शक्तिशाली राष्ट्र-राज्यों तथा अमेरिका ने राजनीतिक और सैनिक साधनों के आधार पर ही वैश्विक साम्राज्य की स्थापना में सफलता अर्जित की है। राष्ट्र-राज्य के क्रियाकलाप वैश्वीकरण की रचना में कई रूप में मदद करते हैं। गिडेन्स यह भी मानते हैं कि राष्ट्र-राज्य तथा राष्ट्रीय पहिचान और वैश्वीकरण के साथ-साथ होने में किसी प्रकार का कोई विरोधाभास नहीं है। **आधुनिकता के जगन्नाथी रथ द्वारा चालित वैश्वीकरण एक ऐसी प्रक्रिया है जो साझा अनुभवों को नष्ट करने या उन्हें कमजोर करने के साथ-साथ उनका निर्माण भी करती है।** गिडेन्स कहते हैं कि "यह ऊबड़-खाबड़ विकास की एक ऐसी प्रक्रिया है जो तोड़ने के साथ-साथ जोड़ती भी है।"

आधुनिकता के बारे में समाज वैज्ञानिकों में मोटे रूप में दो विचार प्रचलित हैं, (1) आधुनिकता में तीव्रता से परिवर्तन हो रहा है, (2) आधुनिकता का अन्त आ गया है या दूसरे शब्दों में अब इसका स्थान "उत्तर-आधुनिकता" ने ले लिया है। दोनों ही विचार अपने-अपने ढंग से इस साझा विचार से सहमत हैं कि वैश्विक समाज में तीव्र गति से भारी परिवर्तन हो रहे हैं। गौरतलब है कि गिडेन्स ने 'उत्तर-आधुनिकता' के स्थान पर 'पछेती आधुनिकता' (लेट मॉडरनिटी) शब्द का प्रयोग किया है। **उल्रिच बैक और गिडेन्स** उन लोगों में से हैं जिन्होंने इस दृष्टिकोण से अपनी असहमति प्रकट की है कि मानव समाज अब आधुनिकता की 'उत्तर' (पोस्ट) या 'पश्चात्' (आफ्टर) की स्थिति में आ गया है। अतः उन्होंने समाज की वर्तमान स्थिति के लिये "पछेती" (लेट) शब्द का प्रयोग किया है। (ध्यान रहे, अंग्रेजी के 'लेट' शब्द के लिये हिन्दी का "विलम्बित" शब्द गिडेन्स के अर्थ और संदर्भ को ठीक प्रकार से अभिव्यक्त नहीं कर पाता है, अतः "पछेती" शब्द का प्रयोग ही अधिक उपयुक्त होने के कारण इसका यहां प्रयोग किया गया है) गिडेन्स ने उस कालावधि को 'पछेती आधुनिकता' कहा है जब आधुनिक समाज आधुनिकता के परिणामों, विशेषतः नकारात्मक परिणामों के प्रति अधिक जागरूक नजर आने लगता है। इस दृष्टि से जहां उत्तर-आधुनिकतावादी मानते हैं कि वर्तमान पश्चिमी समाज आधुनिकता के "परे" (बियॉन्ड) या "पश्चात्" (ऑफ्टर) या बाद की अवस्था में पहुँच गया है, गिडेन्स का विचार है कि वह (पश्चिमी समाज) अभी भी आधुनिक है, किन्तु आधुनिकता की पछेती अथवा प्रगत् (अडवान्सड) अवस्था है।

गिडेन्स ने आधुनिकता और उत्तर-आधुनिकता की विस्तृत विवेचना अपनी पुस्तक "आधुनिकता और आत्म-पहिचान" (1991) में की है। उन्होंने लिखा है कि "मैं (यहां) आधुनिकता शब्द का प्रयोग बड़े सामान्य अर्थों में उन संस्थाओं और व्यवहार के तरीकों के लिये करता हूँ जिनकी सर्वप्रथम स्थापना उत्तर-सामंती यूरोप में हुई थी, किन्तु जो बाद में बीसवीं शताब्दी में अपने संघात और प्रभाव के कारण उत्तरोत्तर विश्व-ऐतिहासिक बनती चली गईं।" गिडेन्स ने आधुनिकता की परिभाषा चार विशेषताओं के आधार पर की है :

1. पूंजीवाद—वस्तु उत्पादन, संपत्ति पर निजी स्वामित्व, संपत्तिहीन वेतन मजदूर, तथा इन विशेषताओं पर आधारित एक वर्ग-व्यवस्था।

2. उद्योगवाद—इसमें शक्ति के निर्जीव स्त्रोतों और मशीनों का प्रयोग वस्तुओं के उत्पादन के लिये किया जाता है। इसका प्रभाव केवल कारखानों तक सीमित नहीं रहता अपितु यह यह यातायात, संचार और घरेलू जीवन जैसी अनेक व्यवस्थाओं को प्रभावित करता है।

3. निगरानी की क्षमताएं—निगरानी से तात्पर्य मातहत जनसंख्या के कार्यकलापों पर निरीक्षण करने की राज्य सहित अन्य संगठनों की क्षमता तथा व्यक्तियों और समूहों के बारे में सूचना एकत्रित करना।

4. सैनिक क्षमता—औद्योगीकरण के युद्ध सहित हिंसा के साधनों पर नियंत्रण।

गिडेन्स की उपरोक्त दो विशेषताओं (पूंजीवाद, उद्योगवाद) में कोई नवीनता नहीं है। अन्तिम दो विशेषताएं अवश्य अन्य विद्वानों के विचारों से हटकर हैं। "सम्पूर्ण युद्ध" के युग में आधुनिकता के प्रयोगकर्त्ता आणविक अस्त्र-शस्त्रों की संभावित विनाशक शक्ति से हर समय आशंकित एवं त्रस्त रहते हैं, अतः आधुनिकता के इस युग में निगरानी और सैन्य शक्ति महत्वपूर्ण हो गई है। गिडेन्स के अनुसार आधुनिकता को गतिशील बनाने में संरचनाकरण के उनके सिद्धान्त के तीन मुख्य पक्ष (तत्व) कार्य करते हैं। ये पक्ष हैं : (1) समय और दूरी की पृथकता, (2) संबंधों में विस्थापन और (3) परावर्तकता।

(1) समय और दूरी की पृथकता—आधुनिक संचार साधनों ने समय और दूरी को अलग-अलग कर दिया है। हम जानते हैं कि आधुनिक संचार साधनों द्वारा कुछ चन्द पलों में लम्बी से लम्बी दूरी नापी जा सकती है। भारत में बैठी पत्नी अमेरिका में रह रहे अपने पति से इन्टरनेट के माध्यम से कम्प्यूटर पर आमने-सामने बातचीत कर सैकड़ों मीलों की भौतिक दूरी पर पार पा लेती है। वास्तव में, आधुनिकता ने समय और स्थान की धारणाओं को ही बदल दिया है। एक छत के नीचे रहने की संयुक्त परिवार की धारणा बदल गई है। इसी प्रकार, दूर रहते हुए भी लोग तीव्र संचार साधनों द्वारा न केवल नजदीकियां अनुभव करते हैं, अपितु समय की दूरियां भी पट गई हैं। गिडेन्स जिसे "समय-दूरी की पृथकता" कहते हैं, **हार्वे** ने इसे ही "समय-दूरी का सिकुड़ना" कहा है।

(2) संबंधों में विस्थापन—आज सामाजिक संबंधों का हमारा दायरा किसी गाँव या शहर की गली तक सीमित नहीं रहा। आधुनिक संचार साधनों ने हमारे स्थानिक संबंधों को विस्थापित कर समस्त विश्व तक फैला दिया है। आस-पड़ौस के किसी व्यक्ति से हमारी जान-पहिचान हो या न हो, किन्तु हमारी पहिचान दूसरे देश के किसी व्यक्ति से न केवल अब संभव है, अपितु संकट के क्षणों में वह हमारा मददगार भी साबित हो सकता है। असाध्य बीमारियों का इलाज अब दूसरे देश के विशेषज्ञ डाक्टरों द्वारा घर बैठे किया जाने लगा है। अब तो इन्टरनेट के माध्यम से जीवन-साथी का चुनाव भी होने लगा है।

(3) परावर्तकता—आधुनिकता (वैश्वीकरण) की यह (परावर्तकता) एक प्रमुख विशेषता ही नहीं, एक प्रमुख अवधारणा है। आधुनिक समाज में विशेषज्ञ प्रणाली, सामान्यतः समाज की नवप्रवर्तन और परिवर्तनशील प्रकृति के प्रति जागरूक रहने और उसके साथ कदम से कदम मिला कर साथ-साथ चलने की प्रवृति को ही परावर्तकता कहते हैं। गिडेन्स मानते हैं कि आधुनिक व्यक्ति और आधुनिक समाज दोनों ही परावर्तक हैं, अर्थात्, आधुनिकता से उत्पन्न समस्याओं पर निरंतर विचार और पुनर्विचार किया जा रहा है और उनके साथ समायोजन कर रहे हैं। गिडेन्स आधुनिक समाज को "परावर्तक समाज" के साथ-साथ इसे एक "सूचना-समाज" भी मानते हैं। वे ऐसे समाज को परावर्तक समाज कहते हैं जिसका बिम्ब सभी स्थानों पर समान हो।

गिडेन्स ने स्वीकार किया है कि आधुनिकता (आधुनिक समाज) ने कई भौतिक समस्याओं के अतिरिक्त मानसिक एवं सामाजिक संबंधों की समस्याएं पैदा की हैं। इनमें

सर्वाधिक महत्वपूर्ण "अस्तित्व की समस्या" है जिसने विश्वास के आधार को ही हिला दिया है। (अमेरिका में 11 सितम्बर, 2001 को घटी घटना इसका एक ज्वलंत उदाहरण है) इसके अतिरिक्त, आधुनिकता ने "पहिचान के संकट" को भी पैदा किया है। "कामुकता" को नये ढंग से परिभाषित कर स्त्री-पुरुष के संबंधों में क्रांतिकारी परिवर्तन उत्पन्न कर दिया है। आधुनिक समाज की इन कमजोरियों के कारण उन्होंने एक स्थान पर इसे "बेलगाम समाज" (रॅनवे सोसाइटी) भी कहा है।

इन समस्याओं के उपरान्त भी गिडेन्स का विश्वास है कि मानवीय दशाओं में सुधार, अर्थात् प्रगति की आधुनिक योजना अभी भी सफल हो सकती है। अभी अधिक विलम्ब नहीं हुआ है और हम अपनी भूलों से सीख सकते हैं। इस "पछेती आधुनिकता" के साथ जो अत्यधिक छिद्रान्वेषी जागरूकता आई है, उसे ही गिडेन्स परावर्तकता (रिफ्लेक्स्विटी) कहते हैं और इसे ही वे पछेती आधुनिकता की एक मुख्य विशेषता मानते हैं। इसीलिये उन्होंने इसे "परावर्तक आधुनिकता" भी कहा है।

प्रमुख कृतियाँ:

- Capitalism and Modern Social Theory, (1971)
- Politics and Sociology in the Thought of Max Weber, (1972)
- The Class Structure of the Advanced Societies, (1973)
- Positivism and Sociology, (ed.) (1974)
- New Rules of Sociological Method, (1976)
- Emile Durkheim, (1978)
- Studies in Social and Political Theory, (1979)
- Central Problems in Social Theory, (1979)
- A Contemporary Critique of Historical Materialism, (1981)
- Sociology : A Brief but Critical Introduction, (1982)
- Profiles and Critiques in Social Theory, (1983)
- The Constitution of Society, (1984)
- The Nation-State and Violence, (1985)
- The Consequences of Modernity, (1990)
- Modernity and Self-Identity, (1991)
- The Transformation of Intimacy : Sexuality, Love and Eroticism, (1992)

Giddings, Franklin H.

फ्रैंकलिन एच. गिडिंग्ज़ (1855-1931)

प्रारंभिक अमरीकी समाजशास्त्री **फ्रैंकलिन एच. गिडिंग्ज़** ने अपने तुलनात्मक एवं ऐतिहासिक विश्लेषणों में हरबर्ट स्पेन्सर के उद्विकासीय विचारों का प्रयोग किया है। यद्यपि आजकल

उनकी पुस्तकें स्पेन्सर की कृतियों की भांति कालातीत हो चुकी हैं और यदाकदा ही कोई पाठक उन पुस्तकों को छेड़ता है, फिर भी उनकी कृतियाँ मुख्यधारा अमरीकी समाजशास्त्र की कई विशेषताओं को प्रदर्शित करती हैं। गिडिंग्ज ने अपने लेखनों में परिमाणीकरण पर बल दिया है और मनोवैज्ञानिक सिद्धान्तों में भी रुचि प्रदर्शित की है। इन दोनों ही विशेषताओं का प्रभाव समकालीन अमरीकी समाजशास्त्र पर प्रत्यक्ष-अप्रत्यक्ष रूप में न्यूनाधिक मात्रा में देखा जा सकता है। उनके प्रारंभिक लेखनों पर मनोवैज्ञानिक उद्‌विकासवाद की छाया है और बाद के अध्ययनों में परिमाणीकरण और व्यवहारवाद के प्रति उत्साह स्पष्ट दृष्टिगोचर होता है। इस व्यवहारवाद ने अमरीकी नव-प्रत्यक्षवाद को प्रेरणा प्रदान की है।

प्रमुख कृतियाँ:

- Principles of Sociology, (1896)
- Elements of Sociology, (1898)
- Studies in the Theory of Human Society, (1922)
- The Scientific Study of Human Society, (1924)

Gilman, Charlotte Perkins

चारलोटे परकिन्स गिलमैन (1860-1935)

चारलोटे परकिन्स गिलमैन एक बहुसर्जक (लिक्खड़) सामाजिक वैज्ञानिक थीं जिन्होंने समाजशास्त्र के अलावा कई विषयों पर लिखा है। वे सामाजिक सुधार के कई आन्दोलनों में सक्रिय रही हैं, किन्तु उनकी प्रमुख रुचि महिलाओं की प्रस्थिति के अध्ययन में थी। पुरुषों पर आश्रित रहने के कारण महिलाओं का किस रूप में उत्पीड़न और शोषण होता है, इस समस्या को उन्होंने भली-भांति अपने लेखनों में उठाया है। इस सम्बन्ध में उनकी एक जहुचर्चित कृति 'द यलो वालपेपर' स्मरणीय पुस्तक है। इस पुस्तक में उन्होंने औपन्यासिक (काल्पनिक) ढंग से पितृसत्तात्मकता के फलस्वरूप उत्पन्न हुई उत्पीड़नकारी सामाजिक दशाओं के कारण एक महिला के मानसिक रूप से टूट जाने की व्यथा का बड़े सुन्दर ढंग से चित्रण किया गया है। उन्होंने बताया है कि घरेलू कार्य और घर से बाहर कार्य के बीच चुनाव करते समय, परिवार में पुरुष के प्रभुत्व के कारण, एक महिला को घरेलू कार्य को प्राथमिकता के आधार पर निबटाना होता है। गिलमैन की प्रमुख रुचि औद्योगिक पूंजीवादी समाजों में महिलाओं के अनुभवों तथा महिलाओं के बौद्धिक विकास और सृजनात्मकता की संभावनाओं को दमन करने वाली प्रवृतियों को जानने में थी। एक अन्य महिला क्रांतिकारी **जाने एडम्स** की समकालीन गिलमैन ने उनके साथ मिल कर 'महिला शांति दल' की स्थापना की और महिलाओं की पीड़ाओं को उजागर किया है।

गिलमैन एक दूरदर्शी महिला थीं जिनका नारी में तथा सामाजिक परिवर्तन लाने में व्यक्तियों की क्षमता में अदम्य विश्वास था। गिलमैन ने स्पष्ट रूप में इस सिद्धान्त के विरोध में अपना मत प्रकट किया कि मानवीय विकास उद्‌विकासीय कारकों द्वारा निर्धारित होता है।

पितृसत्तात्मकता के अंत के बाद के जीवन संबंधी गिलमैन की कल्पनालोकीय दृष्टि इस विचार पर प्रमुख रूप में आधारित है कि ऐसा विश्व जिसका संगठन महिलाओं की देख-रेख, करुणा, संवेदनशीलता और पालन-पोषण की क्षमताओं और निपुणताओं पर आधारित होगा, वह निश्चय ही पितृसत्तात्मकता के आधार पर निर्मित वर्तमान पुरुषवादी मॉडल से श्रेष्ठ होगा।

प्रमुख कृतियाँ:

- Women and Economics, (1898)
- The Yellow Wallpaper, (1899)
- The Home: Its Works and Influences, (1903)
- The Man-Made World, (1911)
- Herland, (1915)
- His Religion and Hers, (1923)
- The Living of Charlotte Perkins Gilman, (1935)

Ginsberg, Morris

मॉरिस जिन्सबर्ग (1889-1970)

ब्रिटेन के प्रारंभिक समाजशास्त्रियों में से एक **मॉरिस जिन्सबर्ग** को युद्ध के बीच और युद्ध के बाद के समाजशास्त्रियों की एक पीढ़ी को लंदन स्कूल ऑफ इकनॉमिक्स एंड पॉलिटिकल साइन्स में प्रशिक्षित किये जाने का श्रेय दिया जाता है। उन्होंने सन् 1934 में 'समाजशास्त्र' की एक पाठ्य पुस्तक लिखी। उनकी अधिकांश प्रकाशित कृतियां नैतिकता से सम्बंधित हैं।

प्रमुख कृतियाँ:

- Sociology, (1934)
- The Idea of Progress
- The Nature of Responsibility,
- The Unity of Mankind,
- Essays in Sociology and Social Philosophy, (1947-1961)

Glass, David V.

डेविड वी. ग्लास (1911-1978)

डेविड वी. ग्लास एक ब्रिटिश जनसंख्याविद् और समाजशास्त्री रहे हैं। इनका प्रमुख योगदान ऐतिहासिक जनांकिकी और सामाजिक गतिशीलता सम्बन्धी क्षेत्र अनुसंधानों में रहा है। वे कई वर्षों तक लंदन विश्वविद्यालय में समाजशास्त्र के अधिष्टाता पद पर और लंदन स्कूल ऑफ इकनॉमिक्स में आचार्य (प्रोफेसर) रहे हैं। उन्होंने ऐतिहासिक जनांकिकी पर काफी योगदान किया है। ग्लास ने ब्रितानी सामाजिक गतिशीलता पर भी महत्वपूर्ण कार्य किया है।

इस सम्बन्ध में उनका एक अध्ययन 'ब्रिटेन में सामाजिक गतिशीलता' (सोश्यल मॉबिलिटी इन ब्रिटेन, 1954) इस विषय पर मील का पत्थर माना जाता है। यह पुस्तक सन् 1949 में ब्रिटेन की महिलाओं और पुरुषों के एक प्रतिदर्श (सेम्पल) से किये गये साक्षात्कार पर आधारित है। इस अध्ययन में ग्लास ने पाया कि ब्रिटेन की सामाजिक संरचना में काफी स्थाईत्व है। उनका यह निष्कर्ष पिताओं और पुत्रों की प्रस्थिति में उच्च मात्रा में पाई गई समानता पर आधारित है। सामाजिक गतिशीलता समाज के मध्यवर्ती स्तर में ही अधिक पाई गई। यह सामाजिक गतिशीलता भी थोड़े समय के लिये परिवर्तनशील प्रकृति की थी। यही नहीं, ग्लास ने शताब्दी के प्रथम पचास वर्षों में सामाजिक गतिशीलता के कोई साक्ष्य नहीं पाये। ग्लास ने अधिक न्यायोचित समाज के लिये एक समतावादी अवसर की संरचना की कल्पना की और कहा कि यद्यपि शिक्षा और रोजगार में समान अवसर की नीति सुविधाओं को प्राप्त करने की भिन्नता को वहाँ पूर्णतः समाप्त नहीं करेगी जहां संसाधनों के वितरण में असमानता बनी हुई है।

ग्लास 'द ब्रिटिश जर्नल ऑफ सोसिऑलाजी' तथा 'पॉपुलेशन स्टडीज़' नामक पत्रिकाओं के संस्थापक रहे हैं। यही नहीं, उन्हें 'रॉयल सोसाइटी' नामक नामी संस्था के फेलो होने का भी सम्मान प्राप्त था जो एक समाजशास्त्री के लिये एक अद्वितीय उपलब्धि कही जा सकती है।

प्रमुख कृतियाँ:

- Population Policies and Movement in Europe, (1940)
- The Trend and Pattern of Fertility in Britain, (1954)
- Population in History, with Eversbey, (1965)
- Population and Social Change, with R. Revelle, (1972)
- Social Mobility in Britain, (1954)
- Numbering the People, (1973)

Glass (née Durant), Ruth

रूथ ग्लास (ने डयुरॅन्ट) (1912-1990)

लंदन विश्वविद्यालय के नगरीय शोध केन्द्र की पूर्व निदेशक, ब्रिटिश नगरीय समाजशास्त्री **रूथ ग्लास** ने नगरीय जीवन और समस्याओं को लेकर कई अध्ययन किये हैं। उनका एक लेख जो सन् 1955 में 'करेन्ट सोसिऑलाजी' नामक पत्रिका में छपा, काफी चर्चित रहा।

प्रमुख कृतियाँ:

- Watling, A Social Survey, (1939)
- Middlesborough–The Social Background of a Plan, (1947)
- New Comers, The West Indians in London, (1960)

Goffman, Erving

इरविंग गॉफमैन (1922-1982)

कनाडा में पैदा हुए प्रसिद्ध समाजशास्त्री **इरविंग गॉफमैन** अमेरिका के प्रतीकात्मक अन्तर्क्रिया परिप्रेक्ष्य के एक प्रमुख सिद्धान्तकार हैं। सन् 1960 और 1970 के दशक के बीच सूक्ष्म समाजशास्त्रीय परम्परा को अपनाते हुए उन्होंने समाजशास्त्र में अध्ययन की एक नई विधा को जन्म दिया जो **'अभिनयशास्त्रीय परिप्रेक्ष्य'** के नाम से जानी जाती है। उनकी इस नई विधा पर कई व्यक्तियों का प्रभाव पड़ा है। टोरंटों विश्वविद्यालय में अपनी प्रथम उपाधि ग्रहण करने के बाद वे 1940 के उत्तरार्ध में उच्च शिक्षा के लिये शिकागो विश्वविद्यालय आ गये। यहां उन पर प्रतीकात्मक अन्तर्क्रियावादियों, विशेषतः एवरेट्ट ह्यूज़ेस और हरबर्ट ब्लूमर; नव दुर्खाइमवादियों, विशेषतः लॉयड वार्नर, एडवर्ड शील्स और एडवर्ड बेनफील्ड; तथा सामाजिक मानवशास्त्र का प्रचुर प्रभाव पड़ा। इस प्रभाव के कारण वे प्रतिदिन के जीवन में प्रतीकों और अनुष्ठानों (रिचुअॅल) के साथ-साथ सहभागिक अवलोकन की शोध विधि के महत्व को समझने लगे।

उन्होंने स्कॉटलैंड (जब वे एडिनबर्ग में थे) के शेतलैंड द्वीपसमूह में से एक द्वीप में अपना मुख्य क्षेत्र अध्ययन किया। इस अध्ययन के दौरान उन्होंने वहां के समुदाय के रोज़मर्रा के जीवन को बड़े सूक्ष्मता और गहनता से देखा और उसके आधार पर उन्होंने 'रोज़मर्रा के जीवन में स्व का प्रस्तुतीकरण' (द प्रेज़ॅनटेशन ऑफ सेल्फ इन एवरी डे लाइफ, 1959) नामक पुस्तक लिखी। इस पुस्तक में उन्होंने अपने 'अभिनयशास्त्रीय उपागम' (ड्रैमटर्जी ॲप्रोच) की रूपरेखा प्रस्तुत की। अपनी इस कृति में गॉफमैन ने सामाजिक जीवन का विश्लेषण करने के लिये रंगमंच की उपमा का प्रयोग किया है। वे यह मानते हैं कि **मानव का सामाजिक व्यवहार बहुत कुछ रूप में रंगमंचीय अभिनय से मिलता-जुलता है। सामाजिक जीवन के रंगमंच पर कर्त्तागण अपनी-अपनी छवि बनाते हैं और दर्शकगणों के सामने अपनी-अपनी क्रियाएं करते हैं और दूसरे कर्त्तागणों के लिये स्वयं दर्शकगण बन जाते हैं**। गॉफमैन स्पष्ट करते हैं कि व्यक्ति किस प्रकार भूमिकाएं अदा करते हैं और विभिन्न स्थितियों में एक दूसरे के समक्ष अपनी छवि प्रस्तुत करते हैं। अपनी इस पुस्तक में उन्होंने अन्तर्क्रिया की रचना का विश्लेषण करते हुए यह स्पष्ट किया है कि व्यक्ति किस प्रकार अपनी प्रतिदिन की क्रियाएं सम्पादन करने में दूसरों के साथ क्या-क्या अन्तर्क्रियाएं करते हैं तथा वे इन्हें किस प्रकार सम्पादित करते हैं। गॉफमैन की प्रमुख रुचि आमने-सामने की प्रत्यक्ष अन्तर्क्रिया के अध्ययन में रही है। इन अन्तर्क्रियाओं को उन्होंने रूपकों के माध्यम से समझाया है और इसके लिये उन्होंने रंगमंच की उपमाओं का प्रयोग किया है। इसीलिये उनके अध्ययन-परिप्रेक्ष्य को "अभिनयशास्त्रीय उपागम" कहा गया है।

उनकी बाद की दो पुस्तकों में भी इस अभिनयशास्त्रीय उपागम का प्रयोग किया गया है, किन्तु इनमें इस उपागम को विचलन के क्षेत्र में प्रयोग किया है। 'कलंक' (स्टिगमा, 1964) नामक पुस्तक में उन व्यक्तियों का विश्लेषण किया गया है जो 'कलंक' का जीवन जी रहे हैं। 'पागलखाना' (असाइलम, 1961) में एक मानसिक अस्पताल का अध्ययन कर एक मानसिक बिमार के नैतिक जीवन को कुरेदने का प्रयास किया गया है। इस वैयक्तिक

अध्ययन के आधार पर सम्पूर्ण संस्थाओं की कार्य-प्रणाली के एक सामान्य चित्र की रचना की गई है। इन दोनों अध्ययनों का अपराधशास्त्र में **'लैबलिंग सिद्धान्त'** को विकसित करने में काफी प्रभाव है। पागलखाने के अध्ययन ने विशेष रूप में संस्थानीकरण (इन्स्टिट्यूशनलाइजेशन) के विचार को खंडन करने में सार्थक भूमिका अदा की है और इसका कुछ प्रभाव विघटन की प्रक्रिया को प्रोत्साहित करने में रहा है।

गॉफमैन ने अपने कई अन्य अध्ययनों जैसे 'इनकाउन्टरस' (1961), 'बिहेविअर इन पब्लिक प्लेसेज' (1963), तथा 'रिलेशन्स इन पब्लिक' (1971) में भी अभिनयशास्त्रीय विश्लेषण की अपनी परम्परा को कायम रखा है और नई समाजशास्त्रीय अवधारणाओं के एक शब्दकोश की रचना कर डाली है जो रोज़मर्रा में आमने-सामने की अन्तर्क्रियाओं की सूक्ष्म बातों को समझने में सहायता प्रदान करती हैं। एक टिप्पणीकार ने इन्हें 'लघु अवधारणाएं' कहा है। 'कथ्य', 'श्रोतागण', 'अभिनेता', 'अभिनय', 'भूमिका' जैसी अभिनय की शब्दावली और भाषा का गॉफमैन ने प्रचुर मात्रा में प्रयोग किया है।

संक्षेप में, सामाजिक अन्तर्क्रिया, आकस्मिक मिलन, समूहन की विधा, लघु समूह, भूमिका व्यवहार, विचलन और व्यक्तिगत पहचान, मानसिक संस्थाओं और लैंगिक विषमता में विज्ञापनों की भूमिका आदि गॉफमैन के अध्ययन के प्रमुख विषय रहे हैं। गॉफमैन का सर्वाधिक योगदान इस तथ्य को उजागर करने में रहा है कि समाज किस प्रकार अनेकानेक मानवीय अन्तर्क्रियाओं द्वारा सुन्दर ढंग से आपस में गुंथे हुए और व्यवस्थित रूप में कार्य करते हैं। वे अपने अथक प्रयासों द्वारा निरंतर यह बताने में प्रयत्नशील रहे कि अन्तर्क्रिया की विधा किस प्रकार सामाजिक जीवन और समाजशास्त्र के सूक्ष्म (माइक्रो) और वृहत (मैक्रो) सरोकारों के बीच सेतु का कार्य करती है। 'अमेरिकन सोसिऑलाजिकल रिव्यू' नामक पत्रिका के 1983 के एक अंक में छपा उनका अंतिम लेख 'अन्तर्क्रिया व्यवस्था' (द इन्टरएक्शन ऑडर) में गॉफमैन ने अपने समस्त लेखनों के केन्द्रीय विचार को सार रूप में प्रस्तुत किया है।

समाजशास्त्र में गॉफमैन के कई समर्थक और अनुसरणकर्त्ता हैं, फिर भी समाजशास्त्र के इतिहास में उनकी विलक्षण स्थिति है। उन्होंने रूढ़िगत पद्धतिविज्ञान के लगभग सभी नियमों को तोड़ा है, उनके तथ्यों के स्रोत अस्पष्ट हैं, उन्होंने बहुत कम क्षेत्र-कार्य किया है। वे तथ्यों को जुटाने के लिये वास्तविक जीवन का वैज्ञानिक अवलोकन का सहारा लेने की अपेक्षा उपन्यास और जीवन-चरित्रों पर ही निर्भर रहे हैं। उनके लिखने का ढंग भी वैज्ञानिक प्रतिवेदन (रिपोर्ट) का न रह कर लेख लिखने की शैली वाला रहा है। यही नहीं, वे अपने कार्यों में घोर अव्यवस्थित रहे हैं। वास्तव में, उनके विचारों को सामाजिक सिद्धान्त के रूप में प्रदर्शित किया जाना अत्यंत कठिन है। कहीं वे प्रतीकात्मक अन्तर्क्रियावाद के एक विशिष्ट सम्प्रदाय को विकसित करते हुए नजर आते हैं, तो कहीं वे स्वरूपवादी धारा के जार्ज सिमल की परम्परा को ढोते दिखते हैं। कहीं-कहीं बे सूक्ष्म समाजशास्त्र के प्रकार्यवादी बन गये हैं क्योंकि उन्होंने रोज़मर्रा के जीवन में अनुष्ठानों (विशेषतः बातचीत) के प्रकार्यों के अध्ययन में भी अपनी रुचि प्रदर्शित की है।

गॉफमैन की काफी आलोचना हुई है। उपरोक्त प्रदर्शित असमंजसपूर्ण स्थिति के अतिरिक्त, उन पर निरन्तर यह आरोप लगता रहा है कि उन्होंने विस्तृत बृहत-समाजशास्त्रीय

महत्व के विषयों, जैसे सामाजिक संरचना, वर्ग और अर्थव्यवस्था की अपने लेखनों में घोर उपेक्षा की है। इन आक्षेपों को गॉफमैन ने स्वीकार भी किया है और कहा है कि इन सब विषयों से उसका कोई सम्बंध नहीं है। किन्तु आलोचकों का कहना है कि गॉफमैन की रुचि इन विषयों में रही हो या न रही हो, ये विषय सामाजिक जीवन के विश्लेषण में महत्वपूर्ण हैं। कुछ व्यक्तियों ने उन पर रूढ़िवादी होने का आरोप भी जड़ा है क्योंकि उन्होंने यथास्थिति के पक्षों को बनाये रखने के लिये अनुष्ठान, व्यवस्था और लिंग जैसे विषयों को काफी महत्त्व दिया है। **एल्विन गौल्डनर** ने अपनी पुस्तक 'कमिंग क्राइसिस ऑफ वेस्टर्न सोसिऑलाजी' में गॉफमैन को एक सनकी, छोटी-छोटी तुच्छ बातों पर अधिक ध्यान देने वाला और पूंजीवाद का समर्थनकर्त्ता तक कहा है। इन सभी आलोचनाओं के बावजूद, ऐसे भी व्यक्ति रहे हैं जिन्होंने गॉफमैन के कार्यों की भूरि-भूरि प्रशंसा की है। ऐसे व्यक्तियों ने गॉफमैन के कार्य और कृतियों को काफी आमूल परिवर्तनवादी माना है क्योंकि उन्होंने रोज़मर्रा के जीवन की परिवर्तनशील अस्थिर प्रकृति को जो निरन्तर उजागर किया है वह अराजकतावाद या नृजातिपद्धतिवाद से मिलता-जुलता है।

प्रमुख कृतियाँ:
- Communication Conduct in An Island Community, (1953)
- The Presentation of Self in Everyday Life, (1959)
- Asylums, (1961)
- Encounters, (1961)
- Behaviour in Public Places, (1963)
- Stigma, (1963)
- Interaction Ritual, (1967)
- Relations in Public, (1971)
- Frame Analysis, (1974)
- Gender Advertisements, (1976)
- Forms of Talk, (1981)

Goldmann, Lucien

लुसिएन गोल्डमन्न (1913-1970)

एक बैलजीआई मार्क्सवादी दार्शनिक और साहित्यिक आलोचक **लुसिएन गोल्डमन्न** का प्रमुख कार्यक्षेत्र साहित्य का समाजशास्त्र रहा है। इस सम्बन्ध में उनकी पुस्तक 'द हिडॅन गॉड' (1955) विशेष उल्लेखनीय है। यह पास्कल और रेसीन का एक समाजशास्त्रीय अध्ययन है। अपने परवर्ती काल में गोल्डमन्न ने संरचनावाद की काफी आलोचना की है। वे गोरगी लुकाक्स के शिष्य और अनुयायी थे।

प्रमुख कृतियाँ:
- The Hidden God, (1955)

Gouldner, Alvin Ward

अल्विन वार्ड गुल्नर (गौल्डनर) (1920-1980)

अमरीकी समाजशास्त्री **अल्विन वार्ड गुल्नर मुख्य रूप में प्रकार्यवादी परिप्रेक्ष्य और मार्क्सवाद** (पूर्व संयुक्त सोवियत रूप में प्रचलित) **के आलोचनात्मक विश्लेषण के लिये जाने जाते हैं।** वे मार्क्स, वेबर, फ्रैंकफर्ट सम्प्रदाय के आलोचनात्मक सिद्धान्त और सी.डब्ल्यू.मिल्स के उग्रवादी समाजशास्त्र से प्रभावित रहे हैं। गुल्नर कई समाजशास्त्रियों के वस्तुनिष्ठ मूल्यों पर आधारित प्रगतिशील सामाजिक परिवर्तन के लिये काम करने की हठधर्मिता से काफी दुखी रहे हैं। उन्होंने औद्योगिक नौकरशाही पर कार्य किया जिसमें भी उन्होंने प्रकार्यवादी दृष्टि की कटु आलोचना की है। अपने एक लेख 'वृष शिरस्क दानव विरोध : एक मूल्य-स्वतंत्र समाजशास्त्र का मिथक' (एन्टी मिनॅटार : द मिथ ऑफ ए वेल्यू-फ्री सोसिऑलाजी, 1964) में गुल्नर ने मैक्स वेबर के विचारों की विस्तृत समीक्षा की है जो काफी विवादास्पद रही है। उन्होंने लिखा है कि वेबर इसमें विश्वास नहीं रखते थे कि 'समाजशास्त्र साधारण वस्तुपरकता के लिये सक्षम है', जबकि बहुधा उनका नाम भूल से इस विचार की पुष्टि के लिये प्रयोग किया जाता रहा है। फिर भी, गुल्नर के नौकरशाही, शक्ति और ज्ञान सम्बन्धी विचारों पर वेबर की स्पष्ट छाप देखी जा सकती है।

गुल्नर अमेरिका के वाशिंगटन विश्वविद्यालय में 1959-67 के बीच समाजशास्त्र के आचार्य (प्रोफेसर), तथा इसी विश्वविद्यालय में 1967 से 'मैक्स वेबर समाजशास्त्र की पीठ' के आचार्य, और सन् 1972 से 76 तक एमर्स्टडम विश्वविद्यालय में आचार्य रहे हैं। वे सन् 1962 में 'सामाजिक समस्याओं के अध्ययन की परिषद्' के अध्यक्ष भी रहे हैं। उनकी प्रारंभिक पुस्तकों जैसे 'औद्योगिक नौकरशाही के प्रतिमान' (1954) और 'जंगली बिल्ली हड़ताल' (1955) में हड़ताल, प्रबंधन और नियंत्रण के संदर्भ में वेबर के ब्यूरोक्रेसी के सिद्धान्त की जाँच-पड़ताल की गई है। उन्होंने ब्यूरोक्रेसी की बाधाओं के बावजूद मजदूर वर्ग की क्रियाओं की क्षमता और औद्योगिक विघटन को उजागर किया है। वेबर के धर्म के समाजशास्त्र की विशेषताओं की खोजबीन उन्होंने अपनी पुस्तक 'प्रौद्योगिकी तथा नैतिक व्यवस्था' में की है। उन्होंने कहा कि विशिष्ट नैतिक व्यवस्थाएं, जैसे अपोलोनिअन व्यवस्था, जो तर्क और सक्रियता पर बल देती हैं, वे प्रौद्योगिकी के विकास में कारणात्मक रूप से महत्त्वपूर्ण होती हैं।

सन् 1960 के दशक में उनके विचारों की दिशा में एक महत्वपूर्ण परिवर्तन आया जब उन्होंने मार्क्सवादी और वैज्ञानिक समाजशास्त्र सम्बन्धी सैद्धान्तिक विवादों में भाग लेना शुरू किया। गुल्नर ने अपनी तीन पुस्तकों 'प्लेटो' (1965), 'मार्क्सवाद', (1980) और 'विखंडन का विरोध', (1985) में प्लेटो से लेकर समकालीन समाजशास्त्र तक सामाजिक सिद्धान्त का आलोचनात्मक विश्लेषण किया है। अपने लेखनों में, गुल्नर ने तटस्थ विज्ञान, नैतिक प्रवचन और राजनीतिक प्रतिबद्धता में प्रचलित अन्तर को अस्वीकार किया है। इस प्रकार की आलोचनाएं उन्होंने सर्वप्रथम अपनी बहुचर्चित पुस्तक 'पश्चिमी समाजशास्त्र का आसन्न संकट' (1970) में प्रस्तुत की हैं जिसमें उन्होंने प्रमुख रूप में प्रकार्यवाद और सोवियत रूस में एक वैज्ञानिक सिद्धान्त के रूप में विकसित मार्क्सवाद की समीक्षा की है। सन् 1974 में

गुल्नर ने 'सिद्धान्त और समाज' नाम से एक प्रभावशाली पत्रिका का प्रकाशन किया जिसमें विस्तृत रूप में उन्होंने आलोचनात्मक सिद्धान्त पर अपने विचार व्यक्त कर उसे विकसित करने का प्रयास किया है।

प्रारंभ से ही गुल्नर पर पश्चिमी वैचारिक परम्परा का प्रभाव रहा है। बाद में, वे स्वयं यूरोप में रहने लगे थे। उनकी सर्वाधिक महत्वपूर्ण कृति 'पश्चिमी समाजशास्त्र का आसन्न संकट' में उन्होंने तथाकथित 'अनुचिन्तनात्मक समाजशास्त्र' (रिफ्लेक्सिव सोसिऑलाजी) का ठोस आधार तैयार कर इसका पुरजोर समर्थन किया है। सामान्यतः यह कहा जाता है कि विज्ञान और विशेष रूप में, समाजशास्त्र का कार्य 'वस्तुनिष्ठ सत्य' की खोज करना है, किन्तु गुल्नर ने इस बहु प्रचलित विचार के विपरीत यह विचार रखा कि **ज्ञान के अर्जनकर्त्ता से ज्ञान स्वतंत्र नहीं है। समाजशास्त्र उन राजनीतिक और सामाजिक-आर्थिक परिस्थितियों से निकटता से जुड़ा हुआ है जिसमें समाजशास्त्र पैदा होता है।** अतः हमें इन सम्बन्धों के बारे में तथा समाजशास्त्र की इस भूमिका के विषय में कि हम अपने बारे में और अपने भविष्य के बारे में क्या सोचते हैं, के सम्बन्ध में जानकारी होना आवश्यक है।

उनकी बाद की कृतियों का इतना प्रभाव नहीं पड़ा जबकि इनमें भी मिलते-जुलते मुद्दों पर ही चर्चा की गई है जिनका विश्लेषण 'आसन्न संकट' वाली उपर्युक्त पुस्तक में किया गया है। बाद की पुस्तकों में एक ओर आधुनिक संस्कृति की एक समष्टिपरक सैद्धान्तिक समीक्षा की जरूरत को रेखांकित किया गया है, तो दूसरी ओर एक नये वर्ग के रूप में बुद्धिजनों की प्रकृति के बारे में चिन्ता प्रकट की गई है। गुल्नर ने मार्क्सवाद और बुद्धिजनों की अपनी आलोचनाओं में एक ओर समाज और इतिहास के बारे में वस्तुपरक ज्ञान की खोज करने वालों में तथा दूसरी ओर उन आलोचनात्मक चिन्तकों के बीच में अन्तर किया है जिनकी रुचि वस्तुपरक सत्य को जानने की अपेक्षा इतिहास को जानने में अधिक है ताकि उसमें परिवर्तन किया जा सके। गुल्नर की सहानुभूति स्पष्टतः परिवर्तन के चाहने वालों के साथ है। इस सम्बन्ध में उन्होंने कहा भी है कि विचारधारा को मात्र असत्यता (भ्रांति) के रूप में नहीं समझा जाना चाहिये जिसका प्रयोग प्रभुता सम्पन्न वर्ग के हितों की पूर्ति के लिये किया जाता है, जब कि अधिकांशतः ऐसा ही होता है। विचारधारा का निर्माण बुद्धिजनों द्वारा होता है, किन्तु इसका प्रभाव गहरा और व्यापक होता है। यह सामाजिक परिवर्तन का एक साधन बन सकता है। उन्होंने अपनी एक पुस्तक 'विचारधारा और प्रौद्योगिकी का द्वन्द्व' (1976) में समाजशास्त्रियों को आह्वान करते हुए लिखा है कि उन्हें अपने सिद्धान्तों और समाज में अपनी भूमिका के प्रति और अधिक चिन्तन-मनन करना चाहिये।

प्रमुख कृतियाँ:

- Patterns of Industrial Bureaucracy, (1954)
- Wildcat Strike, (1955)
- Notes on Technology and the Moral Order, (1962)
- The Coming Crises of Western Sociology, (1970)
- The Dialectic of Ideology and Technology, (1976)
- The Future of Intellectuals and the Rise of New Class, (1979)

- The Two Marxisms: Contradictions and Anomalies in the Development of Theory, (1980)
- Against Fragmentation : The Origins of Marxism and the Sociology of Intellectuals, (1985)

Goldthrope, John H.

जॉन गोल्डथ्रोप (1935-)

जॉन गोल्डथ्रोप एक समकालीन ब्रिटिश समाजशास्त्री हैं जिन्होंने सामाजिक स्तरीकरण, सामाजिक गतिशीलता और सामाजिक वर्ग विषयों पर काफी काम किया है। डेविड लॉकवुड के साथ मिलकर गोल्डथ्रोप ने समृद्ध कामगार वर्ग का अध्ययन कर 'सर्वहाराईकरण' की अवधारणा के विपरीत 'बुर्जुआईकरण' की एक नवीन अवधारणा प्रस्तुत की है। कामगार वर्ग के व्यक्ति जब बढ़ती हुई समृद्धि के फलस्वरूप मध्यम-वर्ग (बुर्जुआ) के मूल्यों और जीवन-शैली को अपनाना शुरू करते हैं, तब इस स्थिति को गोल्डथ्रोप ने 'बुर्जुआइकरण' कहा है।

गोल्डथ्रोप का सामाजिक वर्गों का वर्गीकरण, वर्ग और गतिशीलता सम्बन्धी सर्वेक्षण अध्ययनों में काफी प्रयोग किया जाता है। उन्होंने वर्ग के अपने विश्लेषण में 'सेवी वर्ग' (सर्विस क्लास) की अवधारणा का प्रयोग किया है। दूसरे शोधकर्त्ताओं के सहयोग से उन्होंने दूसरे देशों में सामाजिक गतिशीलता का तुलनात्मक अध्ययन कर उन्नत औद्योगिक समाजों की सामाजिक संरचनाओं का विश्लेषण किया है। गोल्डथ्रोप ने वर्ग, औद्योगिक सम्बन्ध और मुद्रास्फिती पर भी लेख लिखे हैं।

प्रमुख कृतियाँ:

- The Affluent Worker : Industrial Attitudes and Behavior, with others, (1968)
- The Affluent Worker: Political Attitudes and Behavior, (1968)
- The Affluent Worker in the Class Structure, (1969)
- The Social Grading of Occupations, (1974)
- Social Mobility and Class Structure in Britain, (1980)
- Order and Conflict in Contemporary Capitalism, (1985)
- The Constant Flux, with Erikson, (1992)
- The Political Economy of Inflation, with F. Hirsch, (1978)

Gramsci, Antonio

आन्तोनियो ग्राम्शी (1891-1937)

आन्तोनियो ग्राम्शी इटली के एक प्रमुख नव मार्क्सवादी सिद्धान्तकार रहे हैं। उनकी गणना

बीसवीं शताब्दी के सर्वाधिक महत्वपूर्ण मार्क्सवादी चिन्तकों में की जाती है। **वे प्रमुख रूप से मार्क्स के आर्थिक निर्धारणवाद और द्वन्द्वात्मक भौतिकवाद की अपनी आलोचनाओं के लिये जाने जाते हैं।** उन्होंने सामाजिक सिद्धान्त और राजनीतिक व्यवहार दोनों को समन्वित करने तथा मार्क्स के विचारों को एक अलग ढंग से विश्लेषण करने का प्रयास किया है। ग्राम्शी ने चिरसम्मत (क्लासिकल) मार्क्सवाद की अनेक मान्यताओं को अस्वीकार करते हुए बुर्जुआ राज्य का एक नये ढंग से विश्लेषण किया। उनके मतानुसार, राजनीति और विचारधारा को आर्थिक निर्धारणवाद से स्वतंत्र रखा जाना चाहिये ताकि स्त्री-पुरुष अपने संघर्षों द्वारा अपनी परिस्थितियों में परिवर्तन ला सकें। उन्होंने कहा कि पूंजीवादी वर्ग के प्रभुत्व को मात्र आर्थिक कारकों से समाप्त नहीं किया जा सकता, अपितु इसके लिये राजनीतिक बल की आवश्यकता है और इससे भी अधिक विचारात्मक तंत्र की आवश्यकता है जिसने शासित वर्गों की मूक स्वीकृति प्राप्त कर रखी होती है। पूंजीवादी समाजों में, इन तंत्रों में नागरिक समाज, चर्च (धार्मिक संस्थाएं), परिवार, स्कूल और यहां तक की श्रमिक संगठन भी सम्मिलित होते हैं। राजनीतिक दमन राज्य का विशेषाधिकार होता है। पूंजीवादी समाजों का स्थाई तत्व अधिकांशतः कामगार वर्ग पर वैचारिक रूप से प्रभुत्व पर निर्भर करता है। ग्राम्शी कहते हैं कि यह प्रभुत्व पूर्णरूपेण नहीं हो सकता, क्योंकि कामगार वर्ग की द्वैत चेतना होती है। चेतना के एक भाग को पूंजीपति वर्ग अपने पक्ष में बनाये रखता है, तो दूसरा भाग उसका सामान्य ज्ञान होता है जो अपने आसपास के संसार के रोज़मर्रा के अनुभव पर आधारित होता है। इस सामान्य ज्ञान में ही क्रांति के बीज होते हैं, किन्तु इसके विकास के लिये दल के बौद्धिक जनों की जरूरत होती है जो इसे एक शक्तिशाली बल प्रदान कर सकें। **ग्राम्शी के अनुसार त्वरित उग्र सामाजिक परिवर्तन तभी आ सकता है जब क्रांतिकारी चेतना का पूर्ण विकास हो,** अतः इस चेतना को विकसित और मुखरित करने में दल की भूमिका अत्यंत महत्वपूर्ण होती है। वर्ग-संघर्ष, वास्तव में, अधिकांशतः बुद्धिजनों के समूहों में होता है जिसमें एक समूह पूंजीपतियों के साथ तो दूसरा समूह कामगार वर्ग के साथ जुड़ा होता है।

ग्राम्शी ने अपनी उपरोक्त विचारधारा के स्पष्टीकरण के लिये 'प्राधान्य' (हेगेमॅनि) की एक प्रमुख अवधारणा का प्रयोग किया है। 'प्राधान्य' से ग्राम्शी का तात्पर्य एक ऐसे सांस्कृतिक नेतृत्व से है जो शासक वर्ग से होता है। ग्राम्शी के अनुसार, आधुनिक बुर्जुआ समाज़ की दृढ़ता का मुख्य स्रोत यह शासक वर्गीय सांस्कृतिक नेतृत्व ही होता है जो जनसमुदाय पर अपनी मूल्य प्रणाली की छाप अंकित कर देता है। यह नेतृत्व परिवार, धार्मिक संस्थाओं, स्कूल आदि के माध्यम से कार्य करता है। ग्राम्शी यह मानते हैं कि जब तक मूल्यों और मान्यताओं के क्षेत्र में बुर्जुआ तत्वों के 'प्राधान्य' (वर्चस्व) को समाप्त नहीं किया जाता, तब तक कामगार आंदोलन सफल नहीं हो सकता। अतः मात्र आर्थिक तत्व के आधार पर समाजवाद की स्थापना संभव नहीं है। इसके लिये पूंजीवाद के विरुद्ध वैचारिक लड़ाई की आवश्यकता है।

ग्राम्शी के मार्क्सवाद को विमर्श-विश्लेषण के नाम से जाना जाता है। जैसा ऊपर लिखा गया है कि ग्राम्शी ने मार्क्स की सभी मान्यताओं को यथावत् स्वीकार नहीं किया है, उनमें कई हेरफेर और परिवर्तन सुझाये हैं। उन्होंने समाजवाद और प्रजातंत्र में भी विरोधाभास बताया है। वे प्रजातंत्र को पूंजीवाद का जनक मानते हैं, अतः इसके द्वारा समाजवादी समाज

की रचना नहीं की जा सकती। ग्राम्शी ने मार्क्स के वर्ग-आधारों को भी अस्वीकार किया है। जहां मार्क्स संघर्ष का मुख्य आधार वर्ग को मानते हैं, वहां ग्राम्शी वर्ग-संघर्ष को बुनियादी संघर्ष नहीं मानते। संघर्ष के कई कारण हो सकते हैं। धार्मिक, सांस्कृतिक और वैचारिक आधारों पर भी संघर्ष होते हैं। परिवर्तन की गति के बारे में ग्राम्शी के विचार मार्क्स से भिन्न रहे हैं।

ग्राम्शी का जन्म इटली के एक अत्यंत गरीब परिवार में हुआ था। वे शुरू से शारीरिक रूप से कमजोर और बीमारियों से ग्रस्त व्यक्ति थे। उन्होंने तूरीन विश्वविद्यालय से शिक्षा ग्रहण की जहां भाषा से सम्बन्धित विषयों में उन्होंने अपनी प्रतिभा की छाप अंकित की। घोर गरीबी तथा अपनी राजनीतिक सक्रियता के कारण उन्हें सन् 1915 में अधूरी पढ़ाई किये हुए ही विश्वविद्यालय छोड़ना पड़ा। वे बाद में एक प्रतिभाशाली पत्रकार, एक प्रमुख राजनीतिक आंदोलनकारी, संसद सदस्य और इटली के साम्यवादी दल के एक नेता बन गये। सन् 1926 में मुसोलिनी के शासन में उन्हें अपनी राजनीतिक सक्रियता के कारण पकड़ कर जेल में डाल दिया गया जहां कुछ वर्षों बाद उनकी मृत्यु हो गई। कारावास काल में ही ग्राम्शी ने राजनीति, दर्शन, सामाजिक भाषा-विज्ञान और साहित्य समालोचना, जैसे विविध विषयों पर कुछ छुट-पुट लेख लिखे। ये लेख ही मृत्यु के बाद 'प्रिज़न नोटबुक्स' (1971) के रूप में प्रकाशित हुए। वास्तव में, मार्क्सवादी समाज विज्ञानियों के बीच जो आज उनकी प्रतिष्ठा बनी हुई है उसका कारण जेल में लिखी गई उनकी उपरोक्त डायरी ही है। इस डायरी में जिन विषयों का विश्लेषण किया गया है, वे हैं—बुद्धिजन, शिक्षा, इटली का इतिहास, राजनीतिक दल, फासीवाद, प्राधान्य (हिगेमॅनि) और फ्रायडवाद आदि। इन विचारों और अवधारणाओं ने सन् 1970 के दशक में मार्क्सवादी सामाजिक विज्ञान में उत्पन्न चर्चाओं का ग्राम्शी को एक केन्द्रीय व्यक्ति बना दिया।

ग्राम्शी मूलतः एक मानवतावादी विचारक थे। वे किसी भी प्रकार के निरंकुश तंत्र के विरुद्ध थे। इसीलिये उन्होंने राज्य के किसी भी प्रकार के दमनात्मक स्वरूप का विरोध किया चाहे वह संसदीय प्रकार की सरकार की व्यवस्था ही क्यों न हो। उनका संस्थाओं के लोकतंत्रीकरण में विश्वास था। यही कारण है कि उन्होंने कामगारों के लोकतंत्री आंदोलन का समर्थन किया। वे एक ऐसे स्वचालित नियंत्रित समाज के पक्ष में थे जिसमें दमन और बल प्रयोग का कोई स्थान नहीं होता।

प्रमुख कृतियाँ:

- The Modern Prince and Other Writings, (1959)
- Selections from the Prison Notebooks, (1971)
- Selections from Political Writings, (1977)

Guha, Biraja Sankar

बिरजा शंकर गुहा (1894-1961)

भारत के प्रारंभिक मानवशास्त्रियों में **बिरजा शंकर गुहा** का नाम सुप्रसिद्ध है। उन्होंने कलकत्ता

विश्वविद्यालय से सन् 1915 में एम.ए. करने के तत्काल बाद बंगाल सरकार के मानवशास्त्र के एक शोधार्थी के रूप में आसाम की खासी जनजाति पर कार्य शुरू कर मानवशास्त्र के क्षेत्र में प्रवेश किया। सन् 1920 में हार्वर्ड विश्वविद्यालय से 'हीमेन शिक्षावृति' (फेलोशिप) मिलने पर वे मानवशास्त्र का विधिवत अध्ययन करने के लिये अमेरिका चले गये, जहां से उन्हें सन् 1922 में मानवशास्त्र की ए.एम. की डिग्री प्राप्त हुई। इसके बाद उन्हें इसी विश्वविद्यालय में 'विनथ्रोप छात्रवृति' मिल गई जिसके आधार पर आगे अध्ययन कर सन् 1924 में विशिष्ट योग्यता के साथ पी.एच.डी. की उपाधि प्राप्त की। अमेरिका से लौटने के बाद गुहा कलकत्ता (अब कोलकाता) विश्वविद्यालय में मानवशास्त्र के प्राध्यापक बन गये। सन् 1936 में गुहा ने कोलकाता में "भारतीय मानवशास्त्रीय संस्थान" की स्थापना की और सन् 1938 में उन्हें 'भारतीय विज्ञान कांग्रेस' के मानवशास्त्र विभाग की अध्यक्षता करने का सौभाग्य प्राप्त हुआ। मानवशास्त्र के शैक्षणिक (अकादमिक) क्षेत्र की अपेक्षा गुहा की रुचि मानवशास्त्र के क्षेत्रीय अध्ययनों में अधिक होने के कारण शीघ्र ही प्राध्यापक की नौकरी छोड़ कर वे 'भारत सरकार के प्राणीविज्ञान के सर्वेक्षण संस्थान' के मानवशास्त्र विभाग में आ गये।

गुहा पहले व्यक्ति थे जिन्होंने दक्षिण भारत की जनजातीय जनसंख्या में नीग्रिटो प्रजाति की विशेषताओं की खोज की। उन्होंने भारत की जनजातियों और जातियों का एक व्यवस्थित मानवमितीय सर्वेक्षण भी किया। इस सर्वेक्षण के आधार पर उन्होंने सन् 1931 के जनसंख्या प्रतिवेदन में भारत के जनसमुदायों की प्रजातिक विशेषताओं सम्बंधी एक लम्बा लेख लिखा। यह बात अलग है कि गुहा के निष्कर्षों को अधिक सराहना नहीं मिली और न ही उन्हें यथावत स्वीकार ही किया गया, फिर भी भारत की जनसंख्या के प्रजातिक वर्गीकरण विषय में लोगों की रुचि जाग्रत करने का उन्हें श्रेय जाता है। आज भी इस विषय पर बहस जारी है। अपने मानवशास्त्रीय कार्यों में अधिक पैनापन लाने के लिये गुहा कुछ समय के लिये इंग्लैण्ड गये और वहां उन्होंने **सर आर्थर कीथ** और **ई. स्मिथ** के सानिध्य में अध्ययन किया। वहां से लौटने के बाद सन् 1946 में वे 'भारत सरकार के मानवशास्त्रीय सर्वेक्षण संस्थान' के प्रथम निदेशक के साथ-साथ भारत सरकार के मानवशास्त्र सम्बंधी मसलों के सलाहकार बन गये। सन् 1954 में यहां से सेवानिवृत होने के बाद बिहार सरकार ने उन्हें 'बिहार जनजातीय शोध संस्थान' के निदेशक पद के लिये आमंत्रित किया। इस संस्थान में वे सन् 1961 में एक रेल दुर्घटना में उनकी आकस्मिक मृत्यु तक रहे। गुहा ने अपना समस्त जीवन एक सक्रिय एवं प्रतिबद्ध मानवशास्त्री का जीया। उन्हें 'भारतीय विज्ञान परिषद्' के रजत जयंति समारोह में दूसरी बार मानवशास्त्र विभाग की अध्यक्षता करने का गौरव भी मिला। गुहा मानवशास्त्र को एक सम्पूर्ण और एक ऐसा एकीकृत विषय मानते हैं जिसमें शारीरिक नृविज्ञान, नृजातिविज्ञान, प्रागैतिहास और भाषाविज्ञान आदि सम्मिलित किये जाते हैं। वे इसे मनोविज्ञान, पुरावनस्पति विज्ञान, प्राणीविज्ञान आदि विषयों से निकट से जुड़ा मानते हैं। उन्होंने भारत के प्रजातीय मानचित्र को एक नये ढंग से पेश किया।

प्रमुख कृतियाँ:

- The Racial Affinities of People of India, (1931)
- Racial Elements in Indian Population, (1944)

– The Tribes of India, 2 vols., (1951)

Gumplowicz, Ludwig

लुडविग गुम्पलोविज़ (1838-1909)

सामाजिक डार्विनवादी तथा भौतिकतावादी पॉलिश समाजशास्त्री **लुडविग गुम्पलोविज़** का विचार था कि सामाजिक उद्विकास आर्थिक संसाधनों के संघर्ष को प्रकट करता है जिसका परिणाम योग्यतम का अतिजीवन होता है, अर्थात् संघर्ष में वे ही व्यक्ति बच पाते हैं जो शारीरिक, मानसिक तथा अन्य रूप में योग्य होते हैं। प्रजातिकेन्द्रिता के कारण यह संघर्ष (उद्विकासीय क्रम में) प्रजाति समूहों, राष्ट्र-राज्यों और वर्गों के बीच होता है। उनका सारा लेखन पॉलिस भाषा में है जिसका अंग्रेजी में बहुत कम अनुवाद हुआ है। उनके लेखन में प्रजातिवाद और निरंकुशता की गंध आती है, फिर भी वैश्विक प्रक्रियाओं के सिद्धान्तकारों ने युद्ध और विजय जैसे बृहत् आधार पर होने वाले सामाजिक संघर्ष के प्रति उनके योगदान को स्वीकारा है।

दुर्खाइम से प्रभावित होने के कारण गुम्पलोविज़ ने अपने लेखनों में व्यक्ति को गौण और समाज को सर्वोपरि महत्व दिया है। इस सम्बन्ध में उनका यह कथन दृष्टव्य है, "व्यक्ति केवल प्रिज़्म का पार्ट अदा करता है जो कि किरणों को ग्रहण कर निश्चित नियमों के अनुसार विलीन कर देता है और पुनः उन्हें एक पूर्व निर्धारित दिशा और एक पूर्व निर्धारित रंग के साथ गुजरने देता है।" समाज को अपने विश्लेषण का केन्द्र बनाते हुए उन्होंने सामाजिक समूहों और उनकी आपसी अन्तर्विरोधी अन्तर्कियाओं के अध्ययन पर अत्यधिक बन दिया। उन्होंने परिवर्तन के चक्रिक सिद्धान्त का समर्थन किया है और कहा कि मानव समाज में कोई स्थाई सुधार या अनन्त प्रगति संभव नहीं है।

प्रमुख कृतियाँ:

– The Outlines of Sociology, (1899)

Gurvitch, Georges

गोर्गेस गॅरविच (जार्ज गुरविच) (1896-1965)

रूस में पैदा हुए समाजशास्त्री **गोर्गेस गॅरविच** ने अपना अधिकांश व्यावसायिक जीवन फ्रांस में व्यतीत किया और फ्रांस के समाजशास्त्र के विकास पर गहरा प्रभाव अंकित किया है। उनकी कुछ कृतियों, जैसे 'कानून का समाजशास्त्र' (1942) तथा 'समय की परछाई' (1958) आदि का अंग्रेजी में अनुवाद हुआ है, फिर भी उनकी कृतियाँ के कठोर दार्शनिक चरित्र के कारण अमरीकी और ब्रिटिश समाजशास्त्रियों के लिये पराई बनी हुई हैं। गॅरविच ने अध्ययन के अपने उपागम को 'अति आनुभविक द्वन्द्वात्मक' (यथार्थ पर आधारित द्वन्द्वात्मक विधि) कहा है। उन्होंने हीगल और मार्क्स की इस बात के लिये आलोचना की है कि उन्होंने मात्र

एक प्रकार की द्वन्द्वात्मकता की ही बात कही है, अर्थात् पहले ध्रुवीकरण तथा बाद में विपरीतों (विरोधियों) में समन्वय। इसके विपरीत, गॅरविच ने पाँच प्रकार की द्वन्द्वात्मकता बताई हैं; (1) सम्पूरकता (इसमें बाह्य तौर पर अलग दिखने वाले दो तत्व एक बृहत समष्टि के अंग होते हैं); (2) पारस्परिक लगाव (इसमें तत्त्व एक दूसरे के साथ घुल-मिल जाते हैं); (3) अस्पष्टता एवं उभयवाहिता (एक ऐसी स्थिति जिसमें आकर्षण और विकर्षण दोनों होते हैं); (4) विरोधियों के बीच ध्रुवीकरण (जैसा कि हीगलवादी द्वन्द्वात्मकता में देखा जाता है); और (5) परिप्रेक्ष्यों की पारस्परिकता या समान तत्त्वों की समानान्तर अभिव्यक्तियों के बीच विभेदीकरण।

प्रमुख कृतियाँ:

- Sociology of Law, (1942)
- The Spectrum of Time, (1958)

H

Habermas, Jürgen

युरगेन आबेरमास (हेबरमॉ) (1929-)

प्राविधिकीय तार्किकता के आलोचक तथा भाष्यविज्ञान एवं सम्प्रेषणात्मक क्रिया के महत् सिद्धान्त के समर्थक एवं पैरोकार, जर्मन दार्शनिक और सामाजिक विचारक **युरगेन हेबरमॉ** ने आजकल अपने विचारों से सभी मानवीय विज्ञानों में धूम मचा रखी है। हेबरमॉ जर्मनी के सुप्रसिद्ध फ्रैंकफर्ट सम्प्रदाय की द्वितीय पीढ़ी के अत्यन्त प्रखर एवं अग्रणी विद्वान हैं। यह सम्प्रदाय समाजशास्त्रीय जगत् में अपने **आलोचनात्मक सिद्धान्त** (क्रिटिकल थिअरी) के लिये जाना जाता है। संभवतः "पश्चिमी मार्क्सवादी परम्परा" में फ्रैंकफर्ट सम्प्रदाय सर्वाधिक प्रभावशाली सैद्धान्तिक धारा का प्रतिनिधित्व करता है। हेबरमॉ के दार्शनिक, राजनीतिक एवं समाजशास्त्रीय विचारों का निर्माण न केवल नाज़ीवाद की दुर्घटना अपितु जर्मनी में एक स्थाई संविधानात्मक एवं प्रजातांत्रिक राजनीति के उद्‌भव की पृष्ठभूमि में हुआ है।

हेबरमॉ का जन्म जर्मनी में एक मध्यमवर्गीय पारम्परिक परिवार में हुआ था। उनके पिता चेम्बर ऑफ कॉमर्स के निदेशक थे। अपनी किशोरावस्था में हेबरमॉ पर विश्व युद्ध का गहरा प्रभाव पड़ा। नाज़ीवाद के खत्म हो जाने के बाद जर्मनी के भविष्य के बारे में एक आशावाद का जन्म हुआ, किन्तु युद्ध के तत्काल बाद की अवधि में जर्मनी में कोई नाटकीय प्रगति न हो पाने के कारण हेबरमॉ को काफी निराशा हुई। किन्तु, इसी काल में उन्होंने सभी प्रमुख लेखकों को पढ़ा जिनकी पुस्तक उस समय नाज़ी जर्मनी में प्रतिबंधित थीं। इसी अवधि में उन्होंने सन् 1949-54 के बीच दर्शनशास्त्र, मनोविज्ञान जर्मन साहित्य जैसे अनेक विषयों का अध्ययन किया। सन् 1954 में उन्होंने बोन विश्वविद्यालय से शोध उपाधि (पी.एच.डी.) प्राप्त कर एक पत्रकार के रूप में अपने व्यावसायिक जीवन की शुरुआत की।

सन् 1956 में हेबरमॉ विश्व प्रसिद्ध सामाजिक शोध के फ्रैंकफर्ट संस्थान में आ गये और इस संस्थान के सर्वाधिक लब्ध प्रतिष्ठित सदस्य **थियोडोर आडोर्नो** के शोध सहायक बन गये। किन्तु इस संस्थान के प्रमुख **मक्स होर्खाइमर** के साथ किसी मुद्दे पर विवाद हो जाने के कारण उन्हें इस संस्थान को शीघ्र ही छोड़ना पड़ा। सन् 1961 में उन्हें हायडलबर्ग विश्वविद्यालय में दर्शनशास्त्र के प्रोफेसर पद पर आमंत्रित किया गया और वे यहां चले आये। यहां वे सन् 1964 तक रहे और पुनः फ्रैंकफर्ट लौट गये। यहां वे फ्रैंकफर्ट विश्वविद्यालय में दर्शनशास्त्र और समाजशास्त्र के आचार्य बन गये। सन् 1971 से सन् 1981 के बीच "मैक्स प्लांक संस्थान" में निदेशक के पद पर कार्य करने के बाद वे पुनः फ्रैंकफर्ट शोध संस्थान में आ गये और सन् 1994 में इस संस्थान से सेवानिवृत्ति के बाद यहीं सेवानिवृत आचार्य (इमेरिटस प्रोफेसर) बन गये। हेबरमॉ को अनेक लब्ध प्रतिष्ठित पुरस्कार प्राप्त करने का गौरव प्राप्त है। यही नहीं, उन्हें कई विश्वविद्यालयों से मानद् आचार्य की

उपाधि से भी विभूषित किया गया है।

फ्रैंकफर्ट सम्प्रदाय के अन्य सदस्यों की भांति हेबरमॉ भी **हीगल और मार्क्स** की कृतियों से काफी प्रभावित रहे हैं। किन्तु, आडार्नो और होर्खाइमर से भिन्न उन्होंने मार्क्स के मूल्य के सिद्धान्त और इस सम्प्रदाय की प्रथम पीढ़ी के सांस्कृतिक निराशावाद को अस्वीकार किया है। वेबर के समान ही, हेबरमॉ यह मानते हैं कि फ्रैंकफर्ट सम्प्रदाय की प्रथम पीढ़ी ने "प्रणालीगत तार्किकता" (सिस्टम रेशन्लिटी) और "व्यवहारगत तार्किकता" (एक्शन रेशनलिटी) को एक ही समझने की भूल की है। इसी प्रकार का एक भ्रम उन्होंने "प्रणाली और जीवन-जगत्" (लाइफ वर्ड) को अलग-थलग करके पैदा किया है। हेबरमॉ कहते हैं कि इसका परिणाम यह हुआ कि "जीवन-जगत्" की कीमत पर प्रणाली (अर्थव्यवस्था) को सम्पूर्ण समाज पर प्रभुत्व जमाने वाली विधा मान लिया गया। जीवन-जगत् की अवधारणा मूल रूप में **हर्स्सल और शूज** की है जिसे बाद में हेबरमॉ आदि विचारकों ने अपने लेखनों में प्रयोग किया है। जीवन-जगत् से तात्पर्य एक अकेले सामाजिक कर्त्ता के उस निकटस्थ परिवेश से है जिससे वह घिरा होता है।

प्रारंभिक फ्रैंकफर्ट सम्प्रदाय के विद्वानों की भांति हेबरमॉ पर भी हीगल का चिरस्थायी प्रभाव पड़ा है। सन् 1980 के मध्य में आधुनिकता पर अपने एक व्याख्यान की शुरुआत करते हुए हेबरमॉ ने यह कहा कि आधुनिकता की शुरुआत, कम से कम दार्शनिक दृष्टि से, हीगल से प्रारंभ होती है। उनके शब्दों में, "आधुनिकता की अवधारणा (संबोध) को विकसित करने वाले हीगल पहले दार्शनिक थे।" अपने बाद के व्याख्यानों में उन्होंने उत्तर-आधुनिक विचारकों (बैतेली, दरिदा और फूको) की तथाकथित "तार्किकता की अतिवादी समीक्षा" संबंधी विचारों की कमियों को भी उजागर किया है।

फ्रैंकफर्ट सम्प्रदाय के आलोचनात्मक सिद्धान्त से पूर्णतः सम्बद्ध होते हुए भी हेबरमॉ ने सामाजिक विज्ञानों से लेकर दर्शनशास्त्र और दर्शनशास्त्र से भाष्यविज्ञान जैसे अनेक विषयों पर लिखा है। उनकी प्रमुख रुचि सामान्य समाज के संदर्भ में और विशेष रूप में पूंजीवाद के संदर्भ में ज्ञान की भूमिका की खोज में रही है। इस संदर्भ में, उन्होंने प्रत्यक्षवाद और आर्थिक निर्धारणवाद की कटु आलोचना की है। उन्होंने पार्सन्स के प्रणाली-सिद्धान्त (सिस्टम थिअरी) की भी जम कर आलोचना की है। इस संबंध में **एन. लहुमान** से उनका एक लम्बा वाद-विवाद भी हुआ है। हेबरमॉ ने राज्य और आदर्शात्मक वैधता के पतन संबंधी आधुनिक अध्ययनों को भी प्रभावित किया है। अपने कई लेखनों में उन्होंने शक्ति और वैधता की समस्या के प्रश्न को भी उठाया है और इनके आपसी संबंधों का विस्तृत विश्लेषण किया है। वे उत्तर-आधुनिकता की आलोचना (द फिलॅसाफिकल डिस्कर्स ऑफ मॉडरनिटी, 1988) करने से भी नहीं चूके हैं। प्रत्यक्षवाद की आलोचना करते हुए हेबरमॉ ने लिखा है कि **वस्तुपरक वैज्ञानिक ज्ञान से मुक्ति और प्रबुद्धता प्राप्त करना दोनों ही संभव नहीं है। इसके विपरीत, इसके (विज्ञान) के द्वारा एक ऐसी विचारधारा का प्रसार किया जाता है जो यथास्थिति का समर्थन करती है**। यह स्थिति मूलतः इसलिये उत्पन्न होती है क्योंकि ज्ञान की वैधता के लिये यह आवश्यक है कि ज्ञान के स्रोत स्वतंत्र होने के साथ-साथ मुक्त वार्तालाप पर आधारित हों जो कि पूंजीवाद में राजनीतिक और अन्य अवरोधों से पूर्णतः प्रतिबंधित होता है। अपनी पुस्तक "तार्किक समाज की ओर" (1970) और "सिद्धान्त और व्यवहार" में स्पष्ट रूप में

उन्होंने लिखा है कि तथ्यों और मूल्यों के तीव्र पृथक्करण पर आधारित एक तटस्थ अराजनीतिक विज्ञान का विचार पूर्णतः अव्यावहारिक है, क्योंकि सत्य संबंधी सम्प्रेषण और विचारों के आदान-प्रदान की स्वतंत्रता राजनीतिक समस्याओं से घनिष्ट रूप से गुंथी हुई होती है। उन्होंने मार्क्स के बाद के लेखनों के प्रत्यक्षवाद को विशेष रूप में अस्वीकार कर उनके प्रारंभिक लेखनों की ओर ध्यान आकर्षित किया है जिसमें पूंजीवादी समाज की कड़ी समीक्षा की गई है। इस समीक्षा के प्रमुख बिन्दु के रूप में हेबरमॉ ने लिखा है कि प्राप्त किये जाने वाले लक्ष्यों की महत्ता को निर्धारण करने में विज्ञान और यहां तक कि दर्शन के पक्षों की महत्वपूर्ण भूमिका अब समाप्त हो चुकी है और अब ये "साधक" अथवा "उद्देश्यात्मक" तार्किकता के बंदी हो चुके हैं। विज्ञान ने तकनीकी और प्रौद्योगिकी तार्किकता के विकास में योगदान किया है। इस तार्किकता ने पूंजीवाद को विभिन्न क्षेत्रों में पैर पसारने, अनेकानेक प्रकार की वस्तुओं के निर्माण करने के साथ-साथ परिष्कृत अस्त्र-शस्त्रों के निर्माण में महती भूमिका अदा की है। फिर भी, यह विज्ञान स्वयं पूंजीवाद के लिये कोई श्रेयस्कर औचित्य प्रस्तुत करने में विफल रहा है। संक्षेप में, विज्ञान की तकनीकी समझ 'प्रत्यक्षात्मक' है और अन्ततः यह विचारणात्मक भी है। यह तकनीकी प्रगति विज्ञान को, जिस प्रकार की इसका प्रयोग किया जाता है, व्याख्यात्मकता का तत्व नहीं दे पाई।

परिणामतः हेबरमॉ यह मानते हैं कि विज्ञान और तार्किकता आधुनिक पूंजीवादी युग में मानवीय जीवन में गुणात्मक विकास करने के स्थान पर उनके विनाश का कारण बन गये हैं। विज्ञान ने सांस्कृतिक जीवन को न केवल प्रदूषित किया है, अपितु इसने अधोगति की ओर धकेल दिया है। इसने कई व्याधिकीय स्वरूपों के समाधान करने में सहयोग करने के स्थान पर इनमें निरंतर वृद्धि की है। प्रत्यक्षात्मक विज्ञान के इन नकारात्मक स्वरूपों और परिणामों का प्रतिकार करने के लिये ही आलोचनात्मक सिद्धान्त का जन्म हुआ जो राजनीतिक और सामाजिक सुधार द्वारा उद्धार (मुक्ति) कार्यक्रमों पर ज़ोर देता है।

जार्ज लुकाक्स के बाद संभवतः आलोचनात्मक सिद्धान्त के सर्वाधिक उल्लेखनीय हस्ताक्षर हेबरमॉ हैं। **वे कहते हैं कि दमन और शोषण की आलोचना मात्र से मानव की मुक्ति की समस्या का हल संभव नहीं है। इसके लिये दमन और शोषण को उत्पन्न करने वाली पूंजीवादी शक्तियों की खोज कर उन पर प्रहार करना आवश्यक है तभी समाज का उद्धार संभव है।** पूंजीवादी शक्तियों में विज्ञान और प्रौद्योगिकी को सम्मिलित कर इनका हेबरमॉ ने गूढ़ एवं विस्तृत विश्लेषण किया है। हेबरमॉ के अनुसार, विज्ञान, प्रौद्योगिक और संगठन में हुई अप्रत्याशित प्रगति के कारण मानव की तार्किकता (रेशनलिटी) का महत्व दिन प्रतिदिन घटता जा रहा है। अब तार्किकता की भूमिका मात्र तकनीकी कार्यकुशलता तक सीमित रह गई है। यह अब उसे साध्य (लक्ष्य) की और लक्षित नहीं करती है, अपितु केवल साधनों को संगठित करने में सहायता करती है। परिणामतः मानव की तार्किकता स्वतंत्रता का साधन न होकर प्रभुत्व एवं वर्चस्व प्राप्ति का साधन मात्र बन गई है। अतः मानव के उद्धार के लिये तार्किकता की पुनर्स्थापना आवश्यक है।

हेबरमॉ कहते हैं कि पूंजीवाद के विस्तार के साथ राज्य तंत्र और अधिकारी तंत्र (नौकरशाही) का विकास और विस्तार हुआ है जिसके कारण मानव की स्वतंत्रता का हनन हुआ और वह अधिकाधिक पराधीन होता चला गया। हेबरमॉ मानव के दमन और शोषण

के लिये आधुनिक विज्ञान और प्रौद्योगिकी को उत्तरादायी मानते हैं। विज्ञान और प्रौद्योगिकी के बारे में उनके विचार विरोधाभासी हैं। एक ओर वे विज्ञान को प्राकृतिक नियमों की खोज के लिये आवश्यक मानते हैं। यही नहीं, पर्यावरण और प्रौद्योगिकीय नियंत्रण के लिये विज्ञान की उपयोगिता को भी स्वीकार करते हैं, किन्तु जब इसी प्रौद्योगिकीय नियंत्रण का प्रयोग आर्थिक और राजनीतिक हितों की पूर्ति के लिये होता है, तब वे इसे शोषण और दमन का हथियार मानते हैं जिसकी हेबरमॉ ने तीव्र आलोचना की है।

अपने आलोचनात्मक सिद्धान्त के कार्यान्वयन हेतु हेबरमॉ ने कई नये सामाजिक आंदोलनों का सुझाव दिया है, जैसे महिला आंदोलन, पर्यावरण रक्षा आंदोलन, प्रति-संस्कृति (काउन्टर कल्चर) आंदोलन आदि। इन सभी आंदोलनों का सक्रिय राजनीतिक आंदोलनों से कोई लेना-देना नहीं है। इन नवीन आंदोलनों का सरोकार वितरण की समस्याओं से नहीं है, अपितु जीवन के उपयुक्त रूपों से है। इन आंदोलनों का मंतव्य राजनीतिक सत्ता हथियाना नहीं है, अपितु ये आंदोलन एक तार्किक और विवेकसम्मत समाज की रचना करना चाहते हैं ताकि समाज की खोई हुई चेतना को पुनर्स्थापित किया जा सके।

हेबरमॉ ने आधुनिक पूंजीवादी समाज में वैधकरण की समस्या का भी सूक्ष्म एवं सारगर्भित विश्लेषण किया है। उनके अनुसार, पूंजावादी समाज पूर्णतः विरोधाभासों, संकटों और विकृत ज्ञान से भरा हुआ है। इस प्रकार के विचार हेबरमॉ ने अपनी पुस्तक "वैधकरण का संकट" (लेजिटीमेशन क्राइसिस, 1976) में व्यक्त किये हैं। **उन्होंने लिखा है कि उन्नत पूंजीवाद अब 'शुद्ध' आर्थिक या प्रणाली संकट को उत्पन्न नहीं करता क्योंकि राज्य ने अर्थव्यवस्था से संबंधित अनेक नियंत्रणात्मक कार्य अपने हाथ में ले लिये हैं।** फिर भी, राज्य का हस्तक्षेप विरोधी आवश्यकताओं को संतुलित करने में अक्षम रहा है। इन विरोधी आदेशों का जन्म एक ऐसी अर्थव्यवस्था के मूलभूत विरोधों से होता है जिसके क्रियाकलाप आधिकाधिक समाजवादी होते हैं, किन्तु जो निरंतर निजी हितों की पूर्ति करते रहते हैं।

अतः हेबरमॉ की दृष्टि में पूंजीवादी उत्पादन व्यवस्था की मूलभूत संकट प्रवृतियाँ, जिनका विवेचन मार्क्स ने किया है, वे आज भी यथावत विद्यमान हैं। हेबरमॉ की प्रारंभिक कृतियों में इस तथ्य पर भी प्रकाश डाला गया है कि आधुनिक राज्य किस प्रकार पूंजीवाद की उपज है तथा किस प्रकार ये पूंजीवाद को जिन्दा रखने का कार्य करते हैं।

मानव जीवन की विमुक्ति और उद्धार के लक्ष्यों को ध्यान में रखते हुए हेबरमॉ ने भाषा, सम्प्रेषण और समाज के उद्‌भव के सिद्धान्त के कुछ तत्वों को अपनी पुस्तक "द थिअरी ऑफ कम्यूनिकेंटिव एक्शन" (1981) में प्रस्तुत किया। इस पुस्तक में, उन्होंने सम्प्रेषण तथा तार्किकता के वैध सिद्धान्त के विकास की असफलता और अवव्याख्यावाद (रिडक्शनिज्म) या निर्धारणवाद के साथ चिपके रहने के लिये पश्चिमी सामाजिक सिद्धान्त की कटु आलोचना की है। हेबरमॉ कहते हैं कि आधुनिक समाज की गतिशीलता को "प्रणाली" के विभेदीकरण के संदर्भ में समझा जा सकता है जो "जीवन-जगत्" में धन और शक्ति (बाजार और सरकार) के अवैयक्तिक माध्यम के रूप में कार्य करते हैं। इस प्रकार, आधुनिक समाज की व्याधियों को व्यवस्थाओं (जीवन के विभिन्न क्षेत्रों में उत्पन्न वस्तुकरण और नौकरशाहीकरण) द्वारा जीवन-जगत् के "उपनिवेशीकरण" के संदर्भ में समझा जा सकता है। इन विचारों से स्पष्ट प्रकट होता है कि हेबरमॉ ने मार्क्सवादी परम्परा के एक प्रमुख सूत्र को छोड़ दिया है।

मार्क्सवादी परम्परा के अनुसार यह माना जाता है कि "व्यवस्थाएं" (सिस्टम्स) अपने आप में अलगाव के स्वरूप होती हैं जिन पर नियंत्रण किया जाना आवश्यक है। जहां एक ओर हेबरमॉ ने मार्क्स के मानव के विमुक्तिकरण के विचारों के प्रति सहमति प्रकट की है, वहां उन्होंने इस लक्ष्य को प्राप्त करने के मार्क्स के क्रांतिकारी और प्रत्यक्षात्मक साधनों को कहीं स्वीकार नहीं किया है। हेबरमॉ कहते हैं कि वर्ग समाज में पूंजीवाद की शुरुआत होती है और नौकरशाही या उद्देश्यात्मक तार्किकता व्यक्तिगत जीवन पर निरंतर अपना नियंत्रण जमाती है, किन्तु हेबरमॉ यह विश्वास प्रकट करते हैं कि हमें जीवन जगत् (चेतना और सम्प्रेषणात्मक क्रिया का विश्व) को ऐसी स्वचालित व्यवस्था के समान समझने की भूल नहीं करनी चाहिये जिसके नियंत्रण सदस्यों की चेतना को दबा देते हैं जो उनमें गड़ी होती हैं।

अपनी इस पुस्तक में, हेबरमॉ ने "जीवन ज़गत्" (लाइफ वर्ड) का अपना विवेचन दुर्खाइम, मीड और शूज़ के प्रघटनाशास्त्रीय समाजशास्त्र से प्रारंभ किया है। उनके अनुसार शूज़ के जीवन-जगत् की धारणा रोज़मर्रा के जीवन के विश्व, अर्थात् विगत अनुभवों सहित व्यक्ति के व्यक्तिगत अनुमानों के सकल क्षेत्रों के इर्द-गिर्द घूमती है। यह जीवनवृत के द्वारा निर्धारित एक ऐसी स्थिति है जिसमें व्यक्ति को जबरदस्ती से धकेल दिया जाता है। यह एक ऐसा विश्व होता है जिसके बारे में हमारी पहले से कुछ धारणा बनी होती है। इस विश्व में व्यक्ति अपने व्यवहारिक लक्ष्यों की पूर्ति करता है। शूज़ के इन विचारों से सर्वथा भिन्न हेबरमॉ का जीवन जगत् चेतना का एक ऐसा क्षितिज है जिसमें निजी और सार्वजनिक दोनों क्षेत्र सम्मिलित होते हैं। यह व्यक्तित्व रचना और सम्प्रेषणीय क्रिया का क्षेत्र होता है। हेबरमॉ के अनुसार, सम्प्रेषण जीवन-जगत् के सभी कार्यकलापों का सर्वाधिक महत्वपर्ण पक्ष है क्योंकि इसके द्वारा ही व्यक्तिगण अपने कथनों की वैधता के लिये स्वीकृति प्राप्त करते हैं।

आधुनिक समाज का विश्लेषण करते हुए हेबरमॉ कहते हैं कि **यह एक आहत समाज है**। इस समाज की आलोचना मात्र आर्थिक निर्धारणवाद के अकेले तर्क के आधार पर नहीं की जा सकती। इसके लिये कई तर्कों की जरूरत है। वे कहते हैं कि सत्य सापेक्षिक होता है, जब कि मार्क्सवाद पूर्णतः सापेक्ष विरोधी है। सभी मानव समान नहीं हैं, अतः उनके संबंध में सत्य में भिन्नता है। अतः सत्य समाज सापेक्ष होता है। मार्क्स की श्रम और उत्पादन की अवधारणा सांस्कृतिक और राजनीतिक जीवन को समझने में असमर्थ है। इसके अतिरिक्त, मार्क्स ने समाज के गठन में अधिसंरचना की पूर्ण उपेक्षा की है। मार्क्स ने जो शोषण और उत्पीड़न की बात कही है, वह भी अब विकसित समाजों पर चरितार्थ नहीं होती। इन समाजों में दमन के अब पुराने तरीकों का प्रयोग कठिनतः ही देखने को मिलता है। अन्त में, सोवियत रूस के पतन ने मार्क्सवाद की असफलता को सिद्ध करने में कोई कोर कसर नहीं छोड़ी है।

हेबरमॉ की गणना **नव मार्क्सवादियों** में की जाती है क्योंकि मार्क्सवादी होते हुए भी उन्होंने एक ओर कई मुद्दों पर मार्क्सवाद की आलोचना की है तो दूसरी ओर उन्होंने कई अर्थों में पूंजीवाद का समर्थन किया है। उनका मानना है कि पूंजीवाद का विकल्प नहीं है। उन्होंने दकियानूसी प्रजातंत्र का भी विरोध किया है। वे उत्तर-आधुनिकता के भी घनघोर विरोधी हैं और वर्तमान आधुनिकता को भी वे एक अधूरा प्रोजेक्ट मानते हैं और इसे पूरा करने के लिये उन्होंने तार्किकता पर जोर दिया है। हेबरमॉ का लक्ष्य ऐतिहासिक भौतिकवाद का पुनर्निर्माण रहा है। वे कहते हैं कि मार्क्स कार्य (श्रम, उद्देश्यात्मक-तार्किक क्रिया) और

सामाजिक (अथवा प्रतीकात्मक) अन्तर्क्रिया (सम्प्रेषणीय क्रिया) के बीच भेद करने में असफल रहे हैं। मार्क्स ने सामाजिक अन्तर्क्रिया की पूर्णतः अवहेलना की है और इसे कार्य के रूप में मान लिया है। हेबरमॉ ने मार्क्स के विपरीत कार्य और अन्तर्क्रिया में भेद किया है। उन्होंने कहा है कि उद्देश्यात्मक तार्किक क्रिया (कार्य) की अपेक्षा सम्प्रेषणीय क्रिया अधिक महत्वपूर्ण होती है और यह सभी मानवीय अन्तर्क्रियाओं में अन्तर्हित होती है। सम्प्रेषणीय क्रिया सभी सामाजिक-सांस्कृतिक जीवन के साथ-साथ सभी मानवीय विज्ञानों का आधार है। जहां मार्क्स ने कार्य (श्रम) पर बल दिया है, वहां हेबरमॉ सम्प्रेषण और संचार पर जोर देते हैं।

हेबरमॉ ने **आडार्नो और होर्खाइमर** (डाइलेक्टिक ऑफ इन्लाइटनमेंट) के आधुनिक विश्व के बारे में निराशावादी विचारों के स्थान पर इसके उज्जवल भविष्य की आशा प्रकट की है। इन विचारकों की नकारात्मक विचारणा के विरोध में अपनी आवाज बुलन्द करते हुए हेबरमॉ आधुनिता के अधूरे प्रोजेक्ट को पूरा करने के प्रति आशान्वित हैं और वे स्वयं भी इसके लिये प्रयत्नशील हैं। इस लक्ष्य को प्राप्त करने के लिये वे मानते हैं कि उत्तर-युद्धकालीन पूंजीवाद में विज्ञान के जिस साधनात्मक परिप्रेक्ष्य का वर्चस्व रहा है, उसकी खुले दिल और दिमाग से आलोचना की जाये। आधुनिकतावाद के प्रति प्रतिबद्धता और भविष्य के प्रति आशा ने ही उन्हें कई शीर्ष विचारकों जैसे **ज्यां बोद्रिया (बॉड्रिलार्ड)** , **ज्यां ल्योटार्ड** आदि तथा कई अन्य आधुनिकतावादियों से अलग कर दिया है। इसके उपरान्त भी वे आधुनिकता संबंधी अपने आजीवन कार्यक्रम (आधुनिकता के अधूरे प्रोजेक्ट को पूरा करने) के प्रति आशान्वित और प्रतिबद्ध हैं।

मार्क्सवाद, पूंजीवाद, आधुनिकता और विज्ञान विषयों को लेकर हेबरमॉ की आलोचना भी हुई है। उत्तर-आधुनिकतावादी ल्योटार्ड तथा अन्य ने हेबरमॉ के 'भव्य वृतान्तों' (ग्रैंड नेरॅटिव्ज) की कटु आलोचना की है। हेबरमॉ के इस विचार से भी बहुत कम लोगों ने सहमति प्रकट की है कि आधुनिकता के विचार की शुरुआत रूसो, डेकार्ता अथवा कोलम्बस के स्थान पर हीगल से हुई है। उनके इस विचार को भी समर्थन नहीं मिला है कि हीगल की दर्शनशास्त्रीय प्रणाली का समग्र रूप में प्रभाव पड़ा है। आधुनिक विज्ञान के बारे में भी हेबरमॉ के अति पुराने दृष्टिकोण की विद्वानों ने आलोचना करते हुए कहा है कि आइन्सटीन, हेस्नबर्ग और गोडेल के बाद अब विज्ञान की रुचि तकनीकी लक्ष्यों मात्र तक सीमित नहीं रह गई है जिसे कभी प्रत्यक्षवाद के नजरिये से ठीक माना जाता था। आजकल विज्ञान का प्रयोग उद्धार कार्यक्रमों में तेजी से किया जा रहा है। विज्ञान के इतिहास पर यदि दृष्टि डाली जाये तो यह तथ्य स्पष्ट हो जाता है कि हेबरमॉ ने विज्ञान के मानवीय जीवन के आयाम की सर्वथा उपेक्षा की है। हेबरमॉ के जीवन-जगत् के स्तर पर भाषाई क्षमता और अविकृत संचार के सिद्धान्त निर्माण के प्रयासों के बारे में भी कई प्रश्न खड़े किये गये हैं।

प्रमुख कृतियाँ:

- The Structural Transformation of the Public Sphere : An Inquiry into a Category of Bourgeois Society, (1962)
- Theory and Practice, (1963)
- Knowledge and Human Interests, (1868)

- Toward a Rational Society, (1970)
- Legitimation Crises, (1973)
- Communication and the Evolution of Society, (1976)
- The Theory of Communicative Action, Vol. I & II, (1981)
- The Philosophical Discourse of Modernity, (1985)
- Post Metaphysical Thinking, (1992)

Halbachs, Maurice

मॉरिस हालबॉक (1877-1945)

एमिल दुखाईम से प्रभावित प्रारंभिक फ्रांसीसी समाजशास्त्री **मॉरिस हालबॉक** फ्रांस में पहले व्यक्ति थे जिन्होंने सामाजिक वर्ग की प्रकृति पर व्यवस्थित रूप में लिखा है। उनका सामूहिक स्मृति की प्रकृति पर किया गया काम सर्वाधिक नया और उल्लेखनीय है।

Hall, Stuart

स्टूअर्ट हाल (1932-)

जमेका में जन्मे और जमेका कालेज में दीक्षित **स्टूअर्ट हाल** सन् 1951 में ऑक्सफोर्ड विश्वविद्यालय में रोहडेस स्कॉलर बन गये। सन् 1979 से वे इंग्लैंड में मुक्त विश्वविद्यालय में समाजशास्त्र के आचार्य हैं। सत्तर के दशक में वे बरमिंघम स्थित 'सांस्कृतिक अध्ययन केन्द्र' के निदेशक भी रहे हैं जहां उन्होंने एक शैक्षणिक विषय के रूप में सांस्कृतिक अध्ययनों का नेतृत्व किया। सन् 1957-61 के बीच हाल ने 'न्यू लेफ्ट रिव्यू' नामक पत्रिका का सम्पादन भी किया। हाल के प्रमुख कार्य राष्ट्रीय संस्कृति, आधुनिकता और वैश्वीकरण से जुड़े हुए विषयों पर हैं। राष्ट्रीय संस्कृति पर विभिन्न विद्वानों के विचारों की समीक्षा करते हुए उन्होंने कहा कि इसकी रचना केवल सांस्कृतिक संस्थाओं द्वारा नहीं होती, अपितु इसकी रचना में प्रतीक और प्रतिनिधानों का भी प्रमुख स्थान होता है। हाल के अनुसार, एक राष्ट्रीय संस्कृति एक गंभीर वार्ता है, यह एक ऐसा तरीका है जिसके द्वारा अर्थों की रचना होती है जो हमारी क्रियाओं और हमारे बारे में हमारी धारणा को प्रभावित और संग्रहित करता है। हाल ने राष्ट्रीय संस्कृति की पहचान के लिये पाँच तत्व बताये हैं, यथा राष्ट्र का इतिहास, (उद्‌भव, सततता, परम्परा और असीम समयावधि), परम्परा का आविष्कार, एक आधारभूत मिथक, तथा शुद्ध मूल निवासी।

वैश्वीकरण के बारे में हाल का कहना है कि यह अभी की कोई नई प्रघटना नहीं है। वास्तव में, आधुनिकता में वैश्विकता अन्तर्निहित है। वैश्वीकरण की जड़ें गहरे रूप में आधुनिकता में विद्यमान है। वैश्वीकरण से उत्पन्न सांस्कृतिक पहचान की समस्या के तीन संभावित रूप हो सकते हैं; (1) सांस्कृतिक समांगीकरण (होमॉजनाइजेशन) के विकास के परिणामस्वरूप राष्ट्रीय पहचान खत्म होती जा रही है और वैश्विक उत्तर-आधुनिकता का विकास हो सकता है; (2) राष्ट्रीय तथा अन्य 'स्थानिक' अथवा विशिष्ट पहचान वैश्वीकरण के

प्रतिरोध के कारण अधिक मजबूत हो सकती है; (3) राष्ट्रीय पहचान कमजोर पड़ सकती है किन्तु इसका स्थान वर्णसंकरता की नवीन पहचान ले सकती है।

वैश्विक पहचान के समांगीकरण के तीन परिणाम हो सकते हैं; (1) वैश्वीकरण स्थानिक पहचान को मजबूत करने के साथ-साथ चल सकता है, यद्यपि यह सब कुछ समय और स्थान पर निर्भर करता है; (2) वैश्वीकरण एक असमान ऊबड़खाबड़ प्रक्रिया है और इसकी अपनी 'राजनीतिक रेखागणित' है; (3) वैश्वीकरण पश्चिमी प्रभुत्व के कुछ लक्षणों को बनाये रखता है, किन्तु सभी जगह सांस्कृतिक पहचान समय और स्थान के दायरे में सापेक्षिक रूप में विद्यमान रहती है।

प्रमुख कृतियाँ:

- Resisting Through Rituals, (1974)
- Politics and Ideology, (1986)
- Culture, Media, Language, (1986)
- Modernity: An Introduction to Modern Societies, (1996)

Halsey, A.H.

ए. एच. हलसे (1923-)

ब्रिटिश समाजशास्त्री **ए. एच. हलसे** ने शिक्षा और सामाजिक गतिशीलता के क्षेत्र में काफी शोध-कार्य किया है। वे सम्प्रति ऑक्सफोर्ड विश्वविद्यालय के नूफील्ड कालेज में सामाजिक और प्रशासनिक अध्ययनों के आचार्य हैं। 'ऑक्सफोर्ड सामाजिक गतिशीलता योजना' के निदेशक के रूप में हलसे ने ए.एफ. हीथ और जे.एम.रिज़ के साथ मिलकर 'उद्गम और गन्तव्य' (ऑरिजिन एंड डेस्टिनेशॅन, 1980) विषय पर एक पुस्तक लिखी है जिसमें बीसवीं सदी के ब्रिटेन के परिवार, शिक्षा और वर्ग के पारस्परिक सम्बन्धों का विश्लेषण किया गया है। उन्होंने सन् 1977 में 'रिद व्याख्यान' दिये जो ब्रिटेन में सामाजिक परिवर्तन (चेंज इन ब्रिटिश सोसाइटी) के नाम से पुस्तक रूप छपे हैं।

हलसे ने मुख्यत: शिक्षा और सामाजिक वर्ग तथा परिवार और सामाजिक गतिशीलता के आपसी सम्बन्धों की जाँच-पड़ताल की है। उनकी रुचि विशेषत: यह जानने में रही है कि किसी समाज में किन सामाजिक दशाओं में स्वतंत्रता, समानता और भ्रातृत्व भाव संभव है। इसके साथ उन्होंने उन सामाजिक शक्तियों की भी खोजबीन की है जो उपयुक्त तत्वों को प्राप्त करने में आजकल बाधा बनी हुई हैं। इसके अतिरिक्त, हलसे ने द्वितीय विश्व युद्ध के बाद ब्रिटेन की विद्यालयी व्यवस्था में अवसर की समानता लाने के प्रयास भी किये हैं।

प्रमुख कृतियाँ:

- Social Class and Educational Opportunity, (1956)
- Education, Economy and Society, (1961)
- Social Survey of the Civil Service, (1968)

- The British Academics, (1971)
- Trends in British Society since 1900, (1972)
- Power and Ideology in Education, (1977)
- Change in British Society, (1978)
- Origins and Destinations, (1980)

Hardiman, David

डेविड हार्डिमैन (-)

अभिजनवादी लेखन परम्परा की लीक से हटकर कुछ लोगों ने पिछली शताब्दी के अंतिम दशक में समाज वैज्ञानिक लेखन को एक नया आयाम दिया है, जिसे "सबआल्टर्न स्टॅडिज़" का नाम दिया गया है। इस प्रकार के लेखन का मुख्य उद्देश्य निचले स्तर के दीन-हीन, दबे-कुचले एवं अधीनस्थ लोगों की उभरती हुई चेतना को प्रकाश में लाना और अभिजनवाद रूढ़िवादी सोच पर प्रहार करना रहा है। **डेविड हार्डिमैन** ऐसे ही कुछ लेखकों में से एक हैं जिन्होंने भारत के गुजरात प्रदेश के खेड़ा जिले के सन् 1917-34 के बीच के राष्ट्रीय आंदोलन में कृषक राष्ट्रवादियों की भूमिका का सूक्ष्म अध्ययन किया है। उन्होंने अध्ययन के मुख्य विषय गुट, गुटबाजी और दलित चेतना रहे हैं। हार्डिमैन एक राजनीतिशास्त्री हैं। उनके लेकेस्टर विश्वविद्यालय में राजनीति विज्ञान का अध्यापन किया है। वे कोलकाता के "सामाजिक विज्ञान अध्ययन केन्द्र" में कुछ वर्षों मानद अतिथि शोधार्थी (फेलो) रहे हैं और आजकल वे सूरत के "सामाजिक अध्ययन केन्द्र" में फेलो हैं।

डेविड हार्डिमैन ने सन् 1971 से 1977 तक गुजरात के खेड़ा जिले में गहन शोध कार्य कर 1917-34 तक वहां हुए भारतीय राष्ट्रीय आंदोलन के इतिहास को कुरेदा है। उन्होंने ऐसे कई लोगों से लम्बे साक्षात्कार किये जिन्होंने इस आंदोलन में भाग लिया था। इस कार्य के लिये वे खेड़ा के ही एक गांव में कुछ महीनों तक रहे ताकि ग्राम-स्तर पर आंदोलन-राजनीति को सही ढंग से समझा जा सके। इस शोध के दौरान उन्होंने ऐसे स्थानीय राजनीतिक तानेबाने और गठबंधनों की खोजबीन की है जो राष्ट्रीय आंदोलन के दौरान वहां कार्यरत थे।

खेड़ा जिले में पाटीदार समुदाय ने राष्ट्रीय आंदोलन में सर्वाधिक महती भूमिका अदा की है और यही इस क्षेत्र की प्रमुख प्रभु जाति रही है जिसके पास सबसे अधिक जमीन थी तथा साथ ही अन्य कृषि के साधनों पर भी इस जाति का सर्वाधिक नियंत्रण था। जिले स्तर पर इस जाति के कई राजनीतिक नेता भी थे। पाटीदार जमींदार अपनी उच्च सामाजिक प्रस्थिति को बनाये रखने के लिये अनुलोम प्रथा का सहारा लेते थे। इस प्रथा के अनुसार उच्च पाटीदार कुल निम्न पाटीदार कुलों से दहेज लेकर पत्नियां लेते थे और अपनी सामाजिक प्रस्थिति को मजबूत बनाये रखते थे। राजनीतिक दृष्टि से यदि इस प्रथा को देखें तो प्रकट होता है कि निम्न पाटीदार परिवार उच्च पाटीदारों के सद्भाव पर निर्भर रहने के लिए मजबूर थे। यही नहीं, संकट के समय उन्हें पाटीदार परिवारों के साथ सहयोग करना पड़ता था।

इस अध्ययन में राष्ट्रीय आंदोलन के संदर्भ में हार्डिमैन ने राजनीतिक गुटों (खेड़ा जिले के नाडियाड के देसाई, बल्लभ भाई पटेल और गोपालदास के गुट) के आपसी संघर्षात्मक संबंधों का विस्तृत हवाला देते हुए भारत में गुटबंदी या दलबंदी राजनीति (फैक्शनल पाल्टिक्स) का सूक्ष्म विश्लेषण किया है। इस संदर्भ में हार्डिमैन ने भारतीय राजनीति को समझने के लिये "सर्वप्रथम गुट" की अवधारणा की शव-परीक्षा की है और कई प्रख्यात लेखकों के गुट संबंधी विचारों (मुख्यतः पॉल ब्रास) की समीक्षा की है। उन्होंने बताया कि गुट (फैक्शन) शब्द का प्रयोग मोटे रूप में दो अर्थों में किया जाता है : (1) राजनीतिक धड़ों के रूप में गुट और (2) एक विस्तृत संरक्षक-आश्रित (पेट्रन-क्लाइन्ट) ताने-बाने के रूप में गुट। ऐसा माना जाता है कि गांव की राजनीति में गुट जमीन से जुड़े नीचे तबके को उच्च तबके के साथ जोड़ता है, अर्थात् गांव का छोटा दीन-हीन बंटाईदार अपने जमींदार गुट से जुड़ा होता है, वह स्वतः उसके गुट का सदस्य हो जाता है और जमींदार जिले-स्तर के गुटों का एक सदस्य होता है, जिले का मालिक (बॉस) प्रान्त की विधान सभा के गुटों का एक सदस्य होता है और प्रान्त का मंत्री किसी अखिल भारतीय दल (कांग्रेस, भाजपा, सी.पी.एम. या सी.पी.आई. आदि) का सदस्य होता है। इस प्रकार निचले स्तर के कृषक जनों (बंटाईदारों) को क्रमशः अपने से ऊंचे शासकों से जोड़ते हुए यह गुटीय तानाबाना सम्पूर्ण देश में छाया रहता है। गुटीय राजनीति के अपने विश्लेषण में हार्डिमैन ने **पॉल ब्रास** के इस कथन को अपना आधार बनाया है कि "गुटीय निष्ठाएं भारतीय समाज की छोटी इकाइयों—परिवार, गांव, जाति और राजनीतिक दलों को आपस में जोड़ती है....गुटीय निष्ठा राजनीति का बीचवई (मध्यवर्ती), संभवतः एक संक्रमणकालीन रूप है। यह संकीर्ण राजनीति से कुछ 'अधिक' है जो भाषा, जाति, जनजाति, या धर्म पर आधारित होती है, किन्तु यह यूरोपीय और अमरीकी अर्थ वाली 'दल-राजनीति' से 'कुछ' कम है जिसमें एक संस्था अथवा एक विचारधारा के रूप में एक दल के प्रति अपनी अवैयक्तिक निष्ठा और जुड़ाव-भाव होता है।" पॉल ब्रास के अतिरिक्त, हार्डिमैन ने कई इतिहासकारों जैसे **बी. आर. टॉमलिसन** (1976), **एस. एन. मुकर्जी** (1970) आदि के विचारों का भी विश्लेषण किया है। **बेकर और वाशब्रूक** (1975) ने लिखा है कि "राजनीति में परिचलनात्मक (ऑपरेशनल) या व्यावहारिक कोटि के गुट होते हैं जिसके सदस्य सभी जातियों के होते हैं जो नेता से कारोबारी (ट्रेनजेक्शॅनल) बंधनों के द्वारा बंधे होते हैं और जिनके द्वारा जाति विभाजित होती है।"

हार्डिमैन ने पॉल ब्रास तथा बेकर एवं वाशब्रूक तथा अन्य इतिहासकारों के सिद्धान्तों को कुछ सीमा तक ठीक बताते हुए भी इनके प्रति अपनी असहमति प्रकट की है। अपनी बात की पुष्टि करने के लिये उन्होंने खेड़ा जिले के अपने अध्ययन का उदाहरण दिया है। गुट संबंधी विभिन्न लेखकों (ब्रास, निकोलस, कार्टर आदि) की धारणाओं की समीक्षा करने के बाद हार्डिमैन ने "गुट" के मूलभाव को खोजने का प्रयास किया है। इस संदर्भ में उन्होंने लिखा है कि अधिकांश लेखकों ने ग्रामीण भारत की "गुटबाजी" का विश्लेषण चुनावों के संदर्भ में किया है और अधिकांश लेखकों का मत है कि ग्रामीण जन यह सोचते हैं कि चुनावों से उनकी कोई हित-साधना नहीं होती, और इनका लाभ केवल राजनेताओं को होता है जो व्यक्तिगत हितों द्वारा चालित होते हैं। हार्डिमैन का कहना है कि ऐसे अध्ययनों के द्वारा ग्रामीण भारत की राजनीतिक गठबंधनों और एकजुटता के बारे में कोई गहरे निष्कर्ष नहीं

निकाले जा सकते हैं। द्वितीय, बृहत् भारतीय गुट (ग्रेट इन्डियन फैक्शन) की अवधारणा एक वास्तविकता की अपेक्षा एक मिथक मात्र है। जिले और ग्राम स्तर पर होने वाला राजनीतिक संघर्ष "गुटबाजी" की अपेक्षा एक अल्प-तन्त्र के बीच संघर्ष है। यही नहीं, जिले स्तर के संघर्ष और ग्राम स्तर के संघर्ष के बीच कई मायनों में बहुत कम संबंध होता है। इस प्रकार के संघर्षों में एक उदग्र (ऊर्ध्व) लामबंदी (मोबिलाइजेशन) एक नियम की अपेक्षा बहुधा एक अपवाद होता है। तृतीय, हार्डिमैन के अनुसार, "गुटबाजी" को पारम्परिक मानना और "वर्ग-संघर्ष" को आधुनिक मानकर इनमें अन्तर करना भी अर्थहीन है। इस संबंध में उन्होंने **एफ. जी. बैली** की इस धारणा का खण्डन किया कि पारम्परिक भारतीय गांव में क्षैतिज लामबंदी (मोबिलाइजेशन) संभव नहीं है। यह पहले भी थी और आजकल वर्ग-चेतना के कारण थोड़ी अधिक है। हार्डिमैन ने **एड्रियन मेयर** और **स्कारलेट एपिस्टिन** (1973) के विचारों की भी समीक्षा की है। इन लेखकों के अनुसार, ग्रामीण समाज में राजनीतिक गुट पहले नहीं थे, ये आधुनिक चुनावों की देन है। दूसरे शब्दों में, ये पारम्परिक की अपेक्षा आधुनिक राजनीतिक रचनाएं हैं।

भारत के ग्रामीण समाज के गुटबाजी की घटना की समीक्षा के उपरान्त हार्डिमैन ने गुट की अवधारणा का सामाजिक विज्ञानों में प्रचलित सैद्धान्तिक भाषा और संबंधों के संदर्भ में व्याख्या के लिये दो परिप्रेक्ष्यों का प्रयोग किया है : (1) संरचनात्मक-प्रकार्यात्मक और (2) व्यवहारवादी परिप्रेक्ष्य। उन्होंने **आस्कर लेविस** और **पॉल ब्रास** के विश्लेषण को संरचनात्मक-प्रकार्यात्मक श्रेणी में रखा है। इस परिप्रेक्ष्य के अनुसार गुटों को संरचना का एक आवश्यक अंग या हिस्सा माना जाता है क्योंकि ये सामाजिक संघर्ष की अभिव्यक्ति के साधन का कार्य करते हैं। किन्तु, संघर्ष को सीमा में रखा जाता है ताकि वे समाज के स्थायित्व को कभी कोई नुकसान नहीं पहुंचा सके। लेविस और ब्रास ने गुटों को भारतीय समाज के लिये रचनात्मक के साथ-साथ विघटनात्मक माना है। किन्तु, भारतीय राजनीति के इस लोकप्रिय एवं अति सरल दृष्टिकोण को व्यवहारवादियों ने अपने तर्कों द्वारा धरासाई करने में कोई कोर कसर नहीं छोड़ी है। व्यवहारवादियों के अनुसार, मानव एक बुद्धिजीवी एवं तार्किक प्राणी है जो राजनीतिक निर्णय विवेक के आधार पर लेता है। यह दृष्टिकोण तथाकथित कुछ मार्क्सवादियों में काफी लोकप्रिय है। यह प्रत्यक्षवादी उपागम से संबंधित एक दृष्टिकोण है। व्यवहारवादियों ने भारत में इसी दृष्टिकोण का प्रयोग किया है जिसका एक उदाहरण **मेरी केरेस** द्वारा महाराष्ट्र में किया गया उनका एक अध्ययन है। हार्डिमैन ने दोनों ही उपागमों के प्रति अपना असंतोष प्रकट करते हुए कहा है कि संरचनात्मक-प्रकार्यात्मक उपागम की भांति, व्यवहारवादी उपागम के द्वारा भी गुटों के बारे में कोई विश्वसनीय परिणाम प्राप्त नहीं किये जा सके हैं।

अपनी चर्चा का समाहार करते हुए हार्डिमैन कहते हैं कि गुटों के बारे में विभिन्न लेखकों के बीच वैचारिक मतभेदों के होते हुए भी सामान्यतः यह कहा जाता रहा है कि "भारतीय राजनीति गुटबाजी से ग्रसित है, क्योंकि पारम्परिक रूप से भारत एक गुटीय समाज हैं।" हार्डिमैन ने भारतीय राजनीति संबंधी इस सामान्य दृष्टिकोण को स्वीकार नहीं किया है। इस संबंध में हार्डिमैन ने भारतीय राजनीति के बारे में **आर. कार्स्टेअर** (1912) द्वारा उद्धृत एक जिलाधीश के अत्यंत निराशावादी विचारों का भी उल्लेख किया है। यही नहीं, उन्होंने

पॉल ब्रास के इन विचारों का भी हवाला दिया है कि "भारत की स्थानीय राजनीति में निकट भविष्य में दल (पार्टी) के विचारों अथवा सिद्धान्तों की कभी किसी भूमिका अदा करने की कोई संभावनाएं प्रतीत होती हैं।" हार्डिमैन ने इस प्रकार के सभी निराशावादी विचारों पर टिप्पणी करते हुए कहते हैं कि भारतीय अध्ययनों के लिये इस प्रकार के विचार कोई नये नहीं हैं। **एडवर्ड सेड** ने अपनी पुस्तक "ऑरिएन्टॅलिज्म" में कहा है कि "इस प्रकार के दावे पिछली दो शताब्दियों से पश्चिमी समाजों के द्वारा पूर्वी समाजों के बारे में सामान्य रूप में किये जाते रहे हैं।" इस प्रकार का प्राच्यवाद पूर्व और पूर्वी लोगों के बारे में रूढ़िबद्ध धारणाओं से ग्रसित है। इसी प्रकार यह भी कहा गया है कि एशियाई लोग अपना सम्पूर्ण जीवन अविवेकी रूप से आपस में लड़ने-भिड़ने में गुजार देते हैं। भारतीय राजनीति, विशेषतः गुट राजनीति पर लिखने वाले सभी लेखक यह नहीं मानते कि भारतीय अविवेकी या नासमझ होते हैं। फिर भी, अधिकांश लेखकों ने इस मत से अपनी सहमति जताई है कि "भारत एक (गुटीय) झगडालू समाज है", किन्तु गुटबाजी के कारणों के बारे में ऐसे व्यक्तियों में भी व्यापक मतभेद हैं।

भारतीय ग्रामीण समाज में गुटों या गुटबाजी के होने का क्या कारण है, इस प्रश्न के उत्तर में हार्डिमैन ने कुछ शीर्षस्थ राजनीति विज्ञानियों के विचारों को उद्धृत किया है। **माइरन वीनर** मानते हैं कि "गुट-नेता भारत की सुस्त नौकरशाही से काम करवाने में सिद्धहस्त होते हैं, अतः उनकी आवश्यकता होती है।" **पॉल ब्रास** का कहना है कि "भारत में प्रजातंत्र के विकास में गुटबाजी एक संक्रमणकालीन अवस्था है।" हार्डिमैन निष्कर्षतः कहते हैं कि "शायद बुराइयों के बावजूद, भारतीय गुटबाजी में प्रगति की एक शक्ति नज़र आती है।" फिर भी, हार्डिमैन का विचार है कि "गुटबाजी को वर्गों के बीच संघर्ष की अपेक्षा भारतीय राजनीतिक जीवन में केन्द्रीय महत्व दिये जाने के पीछे कोई ठोस आधार नहीं है।"

अतः वृहत् भारतीय गुट की अवधारणा कुछ-कुछ निराधार प्रतीत होती है। किन्तु, इसका तात्पर्य यह नहीं है कि भारतीय राजनीति और इतिहास के विश्लेषण में इसका कोई महत्व नहीं है। इनका अवश्य महत्व है यदि हम "गुट" (फैक्शन) की अवधारणा का प्रयोग ऐसे राजनीतिक धड़ों (क्लिक्स) तक सीमित रखते हैं जो शक्ति को प्राप्त करने के लिए आपस में झगड़ते हैं और जिसके सदस्यों के मोटे रूप में समान वर्ग हित होते हैं। इन राजनीतिक गुटों के अखिल भारतीय या प्रांतीय स्तर और ग्रामीण स्तर के संघर्ष-समूहों के बीच कोई प्रत्यक्ष एक रेखीय संबंध नहीं होते।

गुट और गुटबाजी संबंधी सारी चर्चा का समाहार करते हुए हार्डिमैन कहते हैं कि "गुट" की अवधारणा उपनिवेशी और नव उपनिवेशी शासकों और शक्तियों की देन है जिनकी रुचि भारत पर अपना प्रभुत्व बनाये रखने में रही है। गुट के स्थान पर वर्ग की अवधारणा अधिक व्यापक, सशक्त और प्रभावशाली है जिसके माध्यम से भारत की राजनीति का अधिक सक्षम ढंग से विश्लेषण किया जा सकता है। इसके लिये यह आवश्यक है कि वर्ग-सहयोग के आधारों की खोजबीन की जाये। वर्ग-सहयोग तब होता है जब अधीनस्थ वर्ग (दबे-कुचले लोग) के सदस्य यह अनुभव करते हों कि उच्च वर्ग के सदस्यों के साथ सहयोग करना उन्हीं के सर्वाधिक हित में है और यह आर्थिक संबंधों अथवा जाति और नातेदारी के संबंधों के कारण ही अधिक होता है।

दबे-कुचले अधीनस्थों समूहों की उभरती हुई चेतना को उजागर करने के लिए हार्डिमैन ने ग्रामीण समुदायों की गुटबाजी के अध्ययन के अतिरिक्त आदिवासियों के सुधार आंदोलनों का भी अध्ययन किया है। इस संदर्भ में सर्वप्रथम उन्होंने **श्रीनिवास** की "संस्कृतिकरण" और **एंथनी वेलेस** (1956) की "पुनरुज्जीवन" (रिवाइटॅलाइजेशन) की दोनों अवधारणाओं का अपने क्षेत्र-अध्ययन में परीक्षण कर उनकी कमियों और सीमाओं को इंगित किया। इसके अतिरिक्त, हार्डिमैन ने इन आंदोलनों की व्याख्या के लिये एक ओर ऐतिहासिक-द्वन्द्वात्मक उपागम के प्रयोग की संभावनाओं को टटोला है, तो दूसरी ओर उन्होंने मूल्य व्यवस्था को शक्ति संबंधों के साथ जोड़कर इन आंदोलनों की व्याख्या की है। यही नहीं, उन्होंने इस प्रकार के सुधार आंदोलनों की सीमाओं का भी उल्लेख किया है।

हार्डिमैन ने अपने इस अध्ययन के लिये गुजरात के रानीमहल क्षेत्र के आदिवासियों की एक दैवी (सालाबाई) आंदोलन का विश्लेषण किया है। यह आंदोलन मुख्यतः दैवी-आत्मा के आह्वान के माध्यम से आदिवासियों की खान-पान (मांस-मदिरा वर्जित), उनके रहन-सहन की आदतों (रोज़ाना नहाना, मकान आदि की साफ-सफाई करना), आर्थिक समृद्धि (कर्ज से मुक्ति और कर्ज नहीं लेना), धर्म परिवर्तन वर्जित (ईसाई या मुस्लिम धर्म में परिवर्तन) संबंधी व्यापक सांस्कृतिक सुधारों पर प्रकाश डालता है। हार्डिमैन ने इस संबंध में सर्वप्रथम श्रीनिवास की "संस्कृतिकरण" की अवधारणा को इस आंदोलन पर परीक्षण कर उसे अपर्याप्त माना है। उन्होंने कहा कि यह अवधारणा इस सुधारवादी आंदोलन की व्याख्या करने में उपयुक्त नहीं है, यद्यपि श्रीनिवास ने संस्कृतिकरण की अपनी अवधारणा के घेरे में जनजातियों को भी सम्मिलित किया है। हार्डिमैन ने इस संदर्भ में **एस. सी. राय** द्वारा अध्ययन की गई उराँव जनजाति का उदाहरण देते हुए संस्कृतिकरण की सीमाओं का उल्लेख किया है। यही नहीं, उन्होंने अपने पक्ष को मजबूत बनाने के लिये **लुई ड्यूमा** द्वारा संस्कृतिकरण की प्रक्रिया की आलोचना को भी उद्धृत किया है।

हार्डिमैन ने इस आंदोलन की व्याख्या के लिये एक विकल्प के तौर पर 'ऐतिहासिक एवं द्वन्द्वात्मक उपागम' का प्रयोग का सुझाव दिया है। उन्होंने कहा कि इस आंदोलन को जनजातियों और हिन्दू समाज के बीच होने वाली अन्तर्क्रिया से उत्पन्न नये प्रकार के समन्वय की संभावनाओं के रूप में देखा जाना चाहिये। वे कहते हो कि जब जनजातीय और गैर-जनजातीय लोगों के बीच परस्पर-विरोध (कॉनट्राडिक्शन) अधिक तीव्र रूप धारण कर लेता है, तब यह समन्वय के मार्ग को प्रशस्त करता है।

साक्ष्य बताते हैं कि इस प्रकार के आदिवासी आंदोलन उन्नीसवीं शताब्दी के अंतिम काल में विस्तृत स्तर पर कई स्थानों पर शुरू हुए थे और आज तक चल रहे हैं। पहले के आंदोलन काफी सीमा तक भारतीय जीवन की मुख्य धारा से अलग-थलग थे, किन्तु ब्रिटिश सरकार के भारत में आने के बाद इन आंदोलनों में बदलाव आया और इन आंदोलनों में से ही आदिवासी सुधारवादियों का उदय हुआ जिन्होंने सांस्कृतिक समन्वय को प्रेरित किया। इस समन्वय की प्रेरणा के पीछे उनका उद्देश्य एक नये समाज की रचना को प्रोत्साहित करने में सहायता करना था।

ऐतिहासिक-द्वन्द्वात्मक व्याख्या के अतिरिक्त इन आंदोलनों की व्याख्या के लिये

"पुनरुज्जीवन" (रिवाइटलाइजेशन) की अवधारणा का भी प्रयोग किया गया है। इस अवधारणा का सर्वप्रथम प्रतिपादन **एन्थोनी वेलेस** (1956) ने किया और भारत में इसका प्रयोग **एडवर्ड जे** (1959) ने किया है। एडवर्ड जे ने पुनरुज्जीवन आंदोलनों की चार मुख्य विशेषताएं बताई हैं, (1) ये आंदोलन समूह-एकजुटता और सामाजिक एकता को अभिव्यक्त करते हैं, (2) ये एक नवीन नैतिक व्यवस्था की स्थापना को प्रकट करते हैं, (3) ये पर-संस्कृतिकरण के रूप में महत् और लघु परम्पराओं के बीच अन्तर्क्रिया को प्रोत्साहित करते हैं, और (4) ये एक नवीन सामाजिक व्यवस्था की संरचना की स्थापना में सहायता करते हैं। एडवर्ड जे के अनुसार, भारत में दो आधारभूत प्रकार के पुनरुज्जीवन आंदोलन चल रहे हैं, (1) विरोधात्मक और (2) अनुकरणात्मक। बिसा आंदोलन विरोधात्मक और ताना भगत या दैवी आंदोलन अनुकरणात्मक प्रकार के पुनरुज्जीवन आंदोलनों के उदाहरण हैं। हार्डिमैन ने श्रीनिवास की "संस्कृतिकरण" की अवधारणा की भांति 'पुनरुज्जीवन' की अवधारणा की भी कई कमियां और कमजोरियां बताते हुए इन अवधारणाओं को सुधार आंदोलनों की व्याख्या के लिये अपर्याप्त बताया।

हार्डिमैन के अनुसार, इन आंदोलनों की व्याख्या का सर्वाधिक उपयुक्त उपागम यह हो सकता है कि इन्हें शक्ति के साथ मूल्यों को जोड़कर देखा जाना चाहिये, अर्थात् जिन लोगों के पास शक्ति है, अधीनस्थ लोग उनके मूल्यों को अंगीकार करते हैं। आदिवासियों ने उन व्यक्तियों के मूल्यों को अपनाया जिनके पास राजनीतिक शक्ति थी। मूल्यों में वह शक्ति होती है कि प्रभु वर्ग द्वारा न्यूनतम शारीरिक बल प्रयोग के बिना भी अधीनस्थ वर्गों को उनके आधीन कर देती है। उदाहरणार्थ, ब्राह्मणों के "शुचिता" के मूल्य ने भारत में "अशुद्ध" माने जाने वाले अधीनस्थ वर्गों पर नियंत्रण करने का उन्हें एक सर्वाधिक शक्तिशाली साधन उपलब्ध किया है। किन्तु, इन मूल्यों के प्रजातंत्रीकरण ने अब अशुद्ध कहे जाने वाले लोगों पर ब्राह्मणों के प्रभुत्वता के इस अधिकार को छीन लिया है। अतः विभिन्न क्षेत्रों में इस प्रकार के शुरू हुए आंदोलनों की तार्किकता को मूल्य-व्यवस्था के साथ शक्ति संबंधों को जोड़कर देखा जाना आवश्यक है।

वास्तव में, गुजरात के इस देवी आंदोलन को दक्षिण गुजरात के आदिवासियों और उनके शोषणकर्ताओं (पारसी व्यापारियों) के बीच संघर्ष के रूप में देखा जा सकता है। पारसी लोग इन क्षेत्रों में जमींदार के साथ-साथ शराब बनाने और बेचने वाले व्यापारी के रूप में कार्यरत थे। ये ही लोग आदिवासियों को शराब बेचकर, अपने खेतों पर काम के बदले कम मजदूरी देकर तथा कई अन्य रूप में उनका शोषण करते थे। यह देवी-आंदोलन परोक्ष रूप में इन बुराइयों पर ही प्रहार करने वाला था जिसके कारण पारसी जमींदारों और शराब बेचने वालो की स्थिति पर प्रभाव पड़ना स्वाभाविक ही था। परिणामतः इनमें संघर्ष की शुरुआत हुई। इसी अवधि में ही आदिवासियों में धनाढ्य कृषकों के एक वर्ग का उदय हुआ। देवी आंदोलन ने इस प्रक्रिया को तीव्र बना दिया क्योंकि इसके द्वारा आदिवासियों को आर्थिक स्वतंत्रता मिलने के साथ-साथ गुजरात समाज में सम्मान भी मिला। धीरे-धीरे पारसियों का पतन होता गया और आदिवासियों के ही नव धनाढ्यों ने पारसियों का स्थान लेकर गरीब आदिवासियों का शोषणा करना प्रारंभ कर दिया। इस प्रकार शोषण के एक नये रूप का सूत्रपात हुआ, किन्तु जमींदारों, सूदखोरों और शराब व्यापारियों के विरोध में अपनी पहचान

स्थापित करने के रूप में यह आंदोलन काफी सफल रहा। इस आंदोलन के द्वारा एक बात स्पष्ट उजागर हुई कि सांस्कृतिक सुधार के किसी भी आंदोलन की अपनी कुछ सीमाएं होती हैं।

हार्डिमैन ने अपने एक अन्य अध्ययन "फीडिंग दि बनिया" में गुजरात के सूदखोर बनियों के संरक्षण में पलने वाले आदिवासी किसानों का अध्ययन भी किया है। उन्होंने लिखा है कि सूदखोर बनिया अकाल-दुकाल और आकस्मिक दुर्घटना की स्थिति में किसानों को आश्रय देता है, उनका संरक्षण करता है, उन्हें कर्ज देकर जिन्दा रखता है ताकि बनिये को जीवन भर ब्याज देता रहे, और बनिये को मालामाल करता रहे। यह क्रम पीढ़ी दर पीढ़ी चलता है और गरीब किसान इस चक्र से कभी मुक्त नहीं हो पाता। बन्धक किसान की पराधीनता ही उसकी नियति है। गुट, गुटबाजी, दलबंदी राजनीति और सुधार आंदोलनों के हार्डिमैन के उपरोक्त समस्त विश्लेषण पर मार्क्सवादी सोच की स्पष्ट छाया नज़र आती है। उन्होंने भारत की ग्रामीण गुटबाजी और आदिवासी सुधार आंदोलनों की व्याख्या वर्ग-संघर्ष और शक्ति-संबंधों के संदर्भ में कर भारत के दलित वर्गों के विश्लेषण को एक नया आयाम दिया है।

प्रमुख कृतियाँ:

- Peasants Nationalists of Gujrat, (1981)
- Feeding the Bania, (1996)

Hayek, Friedrich August Von

फ्रैडरिक अगस्त वॉन हायक (1900-1992)

फ्रैडरिक अगस्त वॉन हायक का जन्म वियना (आस्ट्रिया) में हुआ, यहीं से बाद में उन्होंने कानून और राजनीति विज्ञान में शोध-उपाधि प्राप्त की। सन् 1962 में आस्ट्रिया में लौटने के पूर्व हायक उन्होंने कई वर्षों तक विश्व प्रसिद्ध संस्थान 'लंदन स्कूल ऑफ इकनॉमिक्स एंड पॉलिटिकल साइन्स' तथा शिकागो विश्वविद्यालय में अध्यापन किया। उन्होंने गुन्नार मिर्डल के साथ सन् 1974 में अर्थशास्त्र में नोबल पुरस्कार भी प्राप्त किया। ऐसा कहा जाता है कि इस पुरस्कार प्राप्ति में हायक का योगदान गुन्नार मिर्डल से कहीं अधिक था। वे ही 'मुक्त बाज़ार उदारवाद' के लिये अधिक प्रसिद्ध हुए। उन्होंने अपनी सर्वप्रथम पुस्तक 'मौद्रिक सिद्धान्त और व्यापार चक्र' (मौनिट्री थिअरि एंड द ट्रेड साइकिल, 1933) में कीन्स की पुस्तक 'मुद्रा संहिता' (ट्रीट्इस ऑन मनी, 1930) की कटु आलोचना की और इसी के आधार पर सन् 1980 के आसपास उन्हें कीन्स के मुद्रावाद के विरोध में एक अग्रणी सिद्धान्तकार के रूप में पहचान मिली। सन् 1944 में हायक की 'द रोड टू सर्फडम' नामक पुस्तक का प्रकाशन हुआ जिससे प्रथम बार उन्हें विस्तृत जनसमुदाय जानने लगा। इस पुस्तक में हायक ने 'अहस्तक्षेप अर्थव्यवस्था' के राजनीतिक परिणामों, विशेषतः केन्द्रित आर्थिक नियोजन के कारण स्वतंत्रता के हनन (सर्वाधिकारवाद) को उजागर किया। किन्तु द्वितीय विश्व युद्ध के बाद पश्चिमी यूरोप और अमेरिका में मिश्रित अर्थव्यवस्था की सफलता, जो कीन्सवादी

आर्थिक सिद्धान्त से सम्बन्धित थी, ने हायक की कुछ महत्वपूर्ण भविष्यवाणियों को झुठला दिया। फिर भी इन सब बातों से बिना विचलित हुए, हायक अपने पूर्व-समाजशास्त्रीय दृष्टिकोण को अधिक सकारात्मक ढंग से निरन्तर प्रस्तुत करते रहे। इसी पुस्तक में उन्होंने 'क्लासिकल उदारवाद' का पुनर्विवेचन भी किया है।

उदारवाद के बारे में अपने विचार व्यक्त करते हुए हायक ने कहा कि उत्तम समाज वह नहीं है जो सरकार द्वारा बनाये गये कानूनी ढाँचे के भीतर व्यक्ति को अपनी स्वार्थ सिद्धि का अवसर प्रदान करता है, अपितु यह एक ऐसा समाज है जो कानूनी ढाँचे के साथ-साथ नैतिक परम्परा और जनरीतियों पर आधारित होता है। इस प्रकार के उदारवादी समाज में बल-प्रयोग की गुंजाइश अति न्यून होती है। उन्होंने उदारवादी बाज़ार व्यवस्था के साथ समाज के कमजोर तबके के लिये कल्याणकारी योजनाओं का समर्थन तो किया ही है, किन्तु इन योजनाओं को (सामाजिक सेवाएं) हायक ने बाज़ार प्रणाली से अलग रखने की बात कही है। उनका यह विचार थोड़ी भ्रांति उत्पन्न करता है।

प्रमुख कृतियाँ:

- Monetary Theory and Trade Cycle, (1933)
- The Road to Serfdom, (1944)
- The Constitution of Liberty, (1960)
- Law, Legislation and Liberty (3 vols.), (1982)

Hegel, George Wilhelm Friedrich

गोर्ग (जार्ज) विलहेम फ्रैडरिक हीगल (1770-1831)

गार्ग विलहेम फ्रैडरिक हीगल एक जर्मन आदर्शवादी दार्शनिक थे जिन्होंने कार्ल मार्क्स और मार्क्सवाद के माध्यम से समाजशास्त्रीय चिन्तन के विकास को भारी प्रभावित किया है। उन्होंने इतिहास के दर्शन, विशेषतः चिन्तन के इतिहास को विकसित किया जो सामाजिक और राजनीतिक इतिहास को निर्धारित करता है। हीगल के अनुसार, **इतिहास बुद्धिसम्मत सत्य की ओर एक द्वन्द्वात्मक प्रगति है।** इसकी प्रक्रिया तीन चरणों में पूरी होती है। इस प्रक्रिया का प्रथम चरण किसी भी विचार की प्रारंभिक प्रस्थापना है जिसे उन्होंने **'वाद'** (थीसिस) का नाम दिया है। यह प्रारंभिक प्रस्थापना या विचार अपूर्ण होता है जो एक प्रति-प्रस्थापना को जन्म देता है जिसे हीगल ने **'प्रतिवाद'** (एन्टी थीसिस) कहा है और तीसरे चरण में वाद और प्रतिवाद के दोनों चरणों में तर्क सम्मत तत्त्वों को मिला दिया जाता है या वे मिल जाते हैं। यह तीसरा चरण **'संवाद'** (सिनथिसिस) या 'समन्वय' कहलाता है। हीगल की इस धारणा के अनुसार, सामाजिक परिवर्तन या विकास की प्रक्रिया भी इन्हीं तीन अवस्थाओं से गुजरती है और जब तक वह पूर्णत्व नहीं प्राप्त करती, तब तक यह प्रक्रिया अपने आपको दोहराती चलती है। अतः **समस्त सामाजिक परिवर्तन या विकास परस्पर विरोधी तत्वों या विचारों के आपसी संघर्ष का परिणाम है।**

हीगल के विचारानुसार सत्य कोई पृथक व्यक्तिगत प्रस्थापना या विचार नहीं है,

इसका कोई स्वतंत्र अस्तित्व नहीं है, अपितु यह एक सम्पूर्णता है जिसमें प्रत्येक प्रस्थापना का अर्थ दूसरी प्रस्थापनाओं के साथ उसके सम्बन्धों पर निर्भर करता है। इस दृष्टि से इतिहास की गति को स्वयं मन से उसके अलगाव या विषयीकरण और उस अलगाव के उत्कर्ष के रूप में देखा जाता है। समाजशास्त्रीय अर्थ में, हीगल के कालावधि का बुर्जुआई राज्य, इतिहास में विभाजन के अंतिम उत्कर्ष को प्रकट करता है जो एक सम्पूर्ण रूप में सत्य के विकास के साथ-साथ चलता है।

हीगल के समस्त दर्शन का सार उनकी दो प्रमुख अवधारणाओं–'द्वन्द्वात्मकता' और 'आदर्शवाद' में प्रतिबिम्बित होता है। द्वन्द्वात्मकता चिन्तन का एक तरीका है, एक विधि है, किन्तु साथ ही यह विश्व की प्रकृति को भी परिलक्षित करता है। चिन्तन के एक तरीके के रूप में यह प्रक्रियाओं, सम्बन्धों, गत्यात्मकता, संघर्ष और विरोध पर बल देता है, अर्थात् विश्व के प्रति चिन्तन का यह तरीका स्थिर नहीं है, अपितु गतिमान है। दूसरी ओर, द्वन्द्वात्मकता में यह विचार भी निहित है कि विश्व स्थिर संरचनाओं का पुंज नहीं है, अपितु इसका निर्माण प्रक्रियाओं, सम्बन्धों, गत्यात्मकता, संघर्ष और प्रतिरोध से हुआ है।

'द्वन्द्वात्मकता' के विचार के अतिरिक्त, हीगल का नाम 'आदर्शवाद' की अवधारणा के साथ भी जुड़ा हुआ है जो भौतिक विश्व की अपेक्षा मस्तिष्क और मानसिक उपज की महत्ता पर बल देता है। अपने चरम स्वरूप में, आदर्शवाद की यह मान्यता है कि केवल मानसिक और मनोवैज्ञानिक रचनाओं का ही अस्तित्व है। आदर्शवाद के समर्थक विद्वान न केवल मानसिक प्रक्रियाओं अपितु इन प्रक्रियाओं से उत्पन्न विचारों को भी रेखांकित करते हैं। हीगल ने इस प्रकार के विचारों के विकास पर काफी ध्यान दिया है। ऐसे विचारों को हीगल ने समाज की 'आत्मा' कहा है।

वास्तव में, हीगल ने आदर्शवाद के अपने अर्थ में विश्व के एक प्रकार के उद्विकासीय सिद्धान्त को प्रस्थापित किया है। सर्व प्रथम, व्यक्ति अपने चहुँओर के विश्व के बारे में ऐन्द्रियक बोध की क्षमता मात्र प्राप्त करते हैं, अर्थात् वे सामाजिक और भौतिक विश्व के सम्बन्ध में दृष्टि, गंध और अनुभव जैसी वस्तुओं की समझ प्राप्त करते हैं। बाद में उनमें अपने बारे में समझ या चेतना की क्षमता विकसित होती है। स्व-ज्ञान और स्व-समझ के द्वारा व्यक्ति अब यह समझने योग्य हो जाते हैं कि वे जो कुछ हैं, वे उससे अधिक बन सकते हैं। हीगल की द्वन्द्वात्मकता की धारणा के अनुसार व्यक्ति क्या हैं और वे क्या बन सकते हैं, में अब एक विरोध उत्पन्न हो जाता है। इस विरोध का निराकरण व्यक्तिगत चेतना के विकास में निहित है कि वह समाज की बृहत् 'आत्मा' में अपने स्थान के बारे में सचेत हो। अतः हीगल की योजना के अनुसार व्यक्ति का उद्विकास वस्तुओं की समझ से स्वयं की समझ और बाद में समाज के बृहत् कार्यकलापों में खुद के स्थान की समझ उत्पन्न होती है। अपनी इसी विचारधारा के आधार पर हीगल ने विश्व के उद्विकास के सामान्य सिद्धान्त की रचना की। यह एक व्यक्तिनिष्ठ सिद्धान्त हैं जिसके अनुसार चेतना के स्तर पर परिवर्तन उत्पन्न होता है। यह परिवर्तन कर्त्ताओं के नियंत्रण के परे होता है। इसमें कर्त्तागणों को जलयान या पोत के सदृश्य माना गया है जो चेतना के अनिवार्य उद्विकास रूपी जलप्रवाह के साथ बहते चले जाते हैं।

कार्ल मार्क्स की सुप्रसिद्ध उक्ति की 'हीगल अपने सिर के बल खड़ा था, मैंने उसे पैरों के बल खड़ा कर दिया' का तात्पर्य यही है कि मार्क्स ने हीगल की धारणा के विपरीत आर्थिक, सामाजिक और राजनीतिक इतिहास को विचारों के इतिहास की अपेक्षा अधिक महत्त्व दिया है, किन्तु हीगल की परिवर्तन की द्वन्द्वात्मक विधि को मार्क्स ने कुछ थोड़े हेर-फेर के साथ यथावत स्वीकार किया है। मार्क्स के अतिरिक्त हीगल के विचारों का प्रभाव आधुनिक 'क्रिटिकल थिअरि' के प्रवर्तक विद्वान **जार्ज लुकाक्स** जैसे मार्क्सवादी विचारक तथा फ्रैंकफर्ट सम्प्रदाय के अन्य लोगों पर भी पड़ा है।

प्रमुख कृतियाँ:

– The Phenomenology of Spirit, (1807)

Heidegger, Martin

मार्टिन हैडेगर (1889-1976)

एडमंड हसर्ल के प्रखर शिष्य मार्टिन हैडेगर को बीसवीं शताब्दी के एक ऐसे अग्रणी अस्तित्ववादी (जर्मन) दार्शनिक के रूप में जाना जाता है जिन्होंने सत्तामीमांसा के पुनर्जीवन तथा तत्वमीमांसा की पश्चिमी परम्परा के पुनर्विवेचन के प्रति भारी योगदान किया है। उन्होंने पश्चिमी विचारधारा की दो भिन्न धाराओं यथा प्रघटनाशास्त्र (फ़िनॉमिनॉलाजी) और उत्तर-संरचनावाद को काफी प्रभावित किया है। प्रघटनाशास्त्र को उन्होंने विश्व में सत्व (बीइङ्ग) के अपने अस्तित्वात्मक विश्लेषण द्वारा तथा उत्तर-संरचनावाद को तत्वमीमांसा की समीक्षा के एक साधन के रूप में विखंडन (डीकन्सट्रशन) के अपने पूर्वानुमान द्वारा प्रभावित किया है।

हैडेगर मानव के अस्तित्व सम्बन्धी अमूर्त्त सिद्धान्तों के आलोचक रहे हैं क्योंकि इनमें मूर्त, वास्तविक और प्रतिदिन के जीवन की उपेक्षा की गई है। उन्होंने इस सांसारिक सामाजिक जीवन के प्रति जो दृष्टिकोण विकसित किया है, उसने बाद में जीवन-जगत् या प्रतिदिन के जीवन के समाजशास्त्र को काफी प्रभावित किया है। हैडेगर ने ग्रन्थों (मूल-पाठ) के विश्लेषण हेतु एक ऐसी दार्शनिक पद्धतिशास्त्र को विकसित किया जिसने विखंडन की आधुनिक तकनीक को अग्रसर करने में योगदान किया है। उनका प्रौद्योगिक समाज का विश्लेषण पूंजीवाद की एक महत्त्वपूर्ण रूढ़िवादी आलोचना है, किन्तु फासीवाद से सम्बद्धता के कारण उनकी प्रतिष्ठा को गहरा धक्का लगा है।

प्रमुख कृतियाँ:

– Being and Time, (1927)
– An Introduction to Metaphysics, (1959)
– The Question Concerning Technology and Other Essays, (1977)

Heider, Fritz

फ्रिट्ज हैदर (1896-1988)

फ्रिट्ज हैदर एक मनोवैज्ञानिक थे। उनका जन्म वियना में हुआ और कुछ समय जर्मनी में रह कर वे अमेरिका चले गये। हैदर ने संतुलन और कारणात्मक आरोपण के सिद्धान्त का प्रतिपादन किया है। इस सिद्धान्त के विकास में उन्होंने 'गेस्टाल्ट मनोविज्ञान' का प्रयोग किया है। संज्ञानात्मक असंगति (कॉग्निटिव डिसॅनॅन्स) तथा आरोपण सिद्धान्त (ऐट्रिब्यूशॅन थिऑरि) दोनों का उद्गम हैदर के कृतित्व से हुआ है।

प्रमुख कृतियाँ:

– The Psychology of Interpersonal Relations, (1958)

Herskovits, Melville Jean

मेलवील ज्यां अर्सकोविट्स (हर्सकोवित्स) (1895-1963)

"संस्कृति पर्यावरण का मानव निर्मित भाग है", संस्कृति की अपनी इस संक्षिप्त परिभाषा के लिये सुप्रसिद्ध अमरीकी आर्थिक मानवशास्त्री **मेलवील ज्यां अर्सकोविट्स** (हर्सकोवित्स) विशेषतः अफ्रीकी-अमरीकी संस्कृति में अफ्रीकी तत्वों के सुरक्षित बनाये रखने तथा आर्थिक मानवशास्त्र सम्बन्धी अपने शोध-लेखनों के लिये जाने जाते हैं। वे कोलम्बिया विश्वविद्यालय में अध्ययन के दौरान **फ्रैंज बोॲस तथा ए.ए. गोल्डनवीज़र** से काफी प्रभावित रहे हैं। स्वयं हर्सकोवित्स ने नार्थवेस्टर्न विश्वविद्यालय में अध्यापन किया है। उन्होंने बिना आर्थिक निर्धारणवाद को अपनाये प्रारंभिक इस सिद्धान्त की आलोचना की है कि आर्थिक विश्लेषण की शुरुआत व्यक्ति से की जानी चाहिये। इसके विपरीत, उन्होंने यह जानने पर बल दिया कि किस प्रकार व्यक्ति सामाजिक बाधाएं, संसाधनों की कमी और सांस्कृतिक मूल्यों के होते हुए आर्थिक वरण या चुनाव करता है।

हर्सकोवित्स ने अपनी पुस्तक "मानव और उसके कार्य" में संस्कृति संबंधी कुछ विरोधाभासों की भी चर्चा की है, जैसे (1) मानव अनुभव में संस्कृति सार्वभौमिक होती है, फिर भी प्रत्येक स्थानीय अथवा प्रादेशिक संस्कृति की अभिव्यक्ति अपने आप में अनूठी होती है। (2) संस्कृति स्थाई होती है, फिर भी इसमें गतिशीलता होती है और यह निरंतर और नियत परिवर्तन को अभिव्यक्त करती है। (3) संस्कृति हमारे जीवन को तुष्टि प्रदान करती है और हमारे जीवन की शैली को अधिकांश रूप में निर्धारित करती है, तथापि यह बिरले ही चेतन विचारों का अतिक्रमण करती है।

हर्सकोवित्स ने "समाजीकरण" और "सहसंस्कृतिकरण" (एन्कल्चरेशन) की प्रक्रियाओं में महत्वपूर्ण अन्तर प्रदर्शित करते हुए लिखा है कि सहसंस्कृतिकरण एक ऐसी प्रकिया है जिसकी दो क्रमिक अवस्थाएं होती हैं। पहली बाल्यकाल में अचेतन स्तर पर चलती है जो संस्कृति को स्थिरता प्रदान करती है। यह 'सहसंस्कृतिकरण' की अवस्था है। दूसरी अवस्था चेतन स्तर पर चलती है जिसमें पुनर्समायोजन और परिवर्तन होता है। इस अवस्था में

औपचारिक शिक्षा का अधिक महत्व होता है। यह दूसरी अवस्था 'समाजीकरण' को इंगित करती है।

प्रमुख कृतियाँ:

- The American Negro, (1928)
- Life in a Haitian Valley, (1937)
- The Myth of the Negro Past, (1941)
- Trinidad Village, with F.S.Herskovits, (1947)
- Man and His Works, (1948)
- Economic Anthopology : A Study in Comparative Economics, (1952)
- Cultural Relativism, (1972)

Hobbes, Thomas

थॉमस हॉब्स

(1588-1679)

प्रबोधकालीन अंग्रेज दार्शनिक और सामाजिक सिद्धान्तकार **थॉमस हॉब्स** ने मुख्यतः राजनीतिक दर्शन के क्षेत्र में लेखन कार्य किया है। वे सामाजिक विज्ञानों में 'प्राकृत उपागम' (नैचरलिस्टिक अप्रोच) के प्रयोग करने वालों में प्रारंभिक और सर्वाधिक प्रतिभाशाली विद्वान थे। उनकी प्रमुख कृति 'लेविएथान' (1651) में उन्होंने निर्बाध राजनीतिक सत्ता के औचित्य को मानवीय प्रकृति के आधार पर सिद्ध किया है। उन्होंने कहा कि मानव स्वभाव से स्वार्थी और निर्मम प्राणी है, अतः प्राकृत दशा (राज्य विहीन स्थिति) में अधिकांश मनुष्य अपने व्यक्तिगत हितों और स्वार्थों की पूर्ति में लगे रहते हैं। उन पर किसी बाह्य शक्ति (राज्य) का नियंत्रण नहीं होता है। ऐसी अवस्था में निरंतर लड़ाई-झगड़े और छीना-झपटी होती रहती है। इस स्थिति पर काबू पाने और मानव को भयभीत करने के लिये न किसी प्रकार के कानून होते हैं और न ही राजनीतिक शक्ति के प्रयोग करने की कोई व्यवस्था होती है। प्रत्येक व्यक्ति दूसरे व्यक्ति या व्यक्तियों के सद्‌भाव की आशा के अभाव में अधिकाधिक शक्ति के संचय करने में अविराम लगा रहता है। इस स्थिति को ही हॉब्स ने 'प्राकृत अवस्था' (स्टेट ऑफ नेचर') कहा है। प्राकृत अवस्था में प्रत्येक व्यक्ति सुरक्षा की चाह के कारण अनन्त उत्पीड़न, वैमन्यस्ता और अस्थिरता की एक ऐसी स्थिति में फंस जाता है जिसे हॉब्स ने 'एकाकी, निकृष्ठ, अप्रिय, पाशविक और क्षणभंगुर कहा है।' किन्तु हॉब्स आगे कहते हैं कि मानव के पास तार्किकता और दूरदर्शिता होती है, अतः वे यह सोचने-समझने में समर्थ होते हैं कि उनकी सुरक्षा की गांरटी तब अधिक होगी जब वे स्वैच्छिक रूप से किसी व्यक्ति अथवा समूह को अपनी व्यक्तिगत शक्तियां दे दें। इस व्यक्ति अथवा समूह को सभी व्यक्तियों पर सर्वसत्ताधिकार प्राप्त होंगे। यह विचार ही हॉब्स के 'सामाजिक अनुबंध के सिद्धान्त' का आधार है। 'जनसाधारण की इच्छा' और 'जनसाधारण की हित साधना' ने ही सामाजिक अनुबंध के विचार को जन्म दिया है जिसकी अभिव्यक्ति हम राज्य या नागरिक

समाज के रूप में देखते हैं। नागरिक समाज को आत्मरक्षा और संतुष्ट जीवन जीने का एक मात्र साधन माना जाता है। हॉब्स के इस निरानन्द दृष्टिकोण के आधार पर सरकार का एक मात्र कार्य राष्ट्र के नागरिकों को सुरक्षा की गारंटी देना है।

मानवीय प्रकृति सम्बन्धी हॉब्स के विचार पूर्णतः यांत्रिकी विज्ञान के सिद्धान्त पर आधारित हैं जो उन्होंने प्रसिद्ध वैज्ञानिक गैलीलियो से सीखे थे। गैलीलियो के अनुसार, गति (मोशन) सभी वस्तुओं की मूल प्रकृति है चाहे वे सजीव हों या निर्जीव। इस मान्यता को स्वीकार करते हुए हॉब्स ने कहा है कि मानव निरंतर सक्रिय रहने वाला प्राणी है। व्यक्ति अपने आप में इच्छाओं का एक समुच्चय (पुंज) है जो निरंतर गतिमान रहता है। हॉब्स के अनुसार, मानवीय मनोवैज्ञानिक विशेषताओं के सभी वर्ग यथा आत्म-बोध, स्मृति, कल्पना, विचार, बोली तथा मनोभाव पदार्थ के अति सूक्ष्म कणों की गति से प्रभावित होते हैं। अन्य भौतिक पिंडों की भांति मानव भी इन भौतिक सूक्ष्म कणों से निर्मित है। मानव प्रकृति के इस दृष्टिकोण के आधार पर मानव की क्रियाएं उसके मनोभावों द्वारा नियंत्रित होती हैं। ये मनोभाव दो प्रकार के होते हैं; विमुखता या विरुचि और अभिलाषा या इच्छा। ये मनोभाव ऐसे नैतिक निर्णय और क्रियाशील मुद्दों के आधार होते हैं जिनकी प्रवृति आत्म-सुरक्षा की होती है। **अतः हॉब्स के दृष्टिकोण के अनुसार, मानवीय क्रिया मृत्यु के भय और शक्ति की इच्छा/अभिलाषा के इन दो मनोभावों से नियंत्रित और संचालित होती है।**

हॉब्स के विचार उसके समय के राजतंत्रवादियों और संसद सदस्यों दोनों को समान रूप से स्वीकार रहे हैं। बाद में, मानवीय प्रकृति और राजनीतिक सत्ता सम्बन्धी उनके भौतिकवादी दृष्टिकोण की मार्क्सवादियों ने भी प्रशंसा की, जब कि उनका यह विचार कि मानव मूलतः एक स्वार्थी प्राणी है और उनका न्यूनतम राज्य वाला सर्वसत्ताधिकार का दृष्टिकोण दक्षिण पंथियों में काफी लोकप्रिय हुआ।

प्रमुख कृतियाँ:

– Leviathan, (1651)

Hobhouse, Leonard Trelawney

लिऑनार्द ट्रिलाने हॉबहाउस (1864-1929)

लिऑनार्द ट्रिलाने हॉबहाउस एक प्रारंभिक ब्रिटिश समाजशास्त्री और सामाजिक दार्शनिक थे। स्पेंसर की भांति हॉबहाउस भी **उद्विकासवादी दर्शन के समर्थक विद्वान थे**। उनका समस्त लेखन उद्विकासवादी सिद्धान्त के रंग में रंगा हुआ है। उनकी रचनाओं का आकार विश्वकोशीय प्रकृति का है। वे तुलनात्मक मनोविज्ञान के अग्रणियों में से एक थे; उन्होंने मानवशास्त्र के विस्तृत एवं बिखरे हुए तथ्यों को संवारने की विधि विकसित की, और ब्रिटेन में वैज्ञानिक समाजशास्त्र की नींव रखी। इसके अतिरिक्त, हॉबहाउस ने नीतिशास्त्र और सामाजिक दर्शन में तर्कवाद की सूक्ष्म एवं फलप्रद व्याख्या भी की है।

स्पेंसर और हॉबहाउस दोनों ने समाज को एक सावयविक एकता माना है। जहां

स्पेंसर ने अपने उद्विकासीय सिद्धान्त में उत्तरोत्तर विभेदीकरण और समायोजन को महत्व दिया है, वहां हॉबहाउस ने अपने सिद्धान्त में सहसम्बन्ध और समन्वय की प्रक्रियाओं को रेखांकित किया है। स्पेन्सर से भिन्न हॉबहाउस ने सामाजिक उद्विकास को एक स्वचालित और मानव के बिना हस्तक्षेप के चलने वाली प्रक्रिया नहीं माना है, अपितु उन्होंने प्रगति में सामाजिक मन (विचार) की भूमिका स्वीकार किया है।

हॉबहाउस ने सामाजिक दर्शन और समाजशास्त्र के अतिरिक्त राजनीतिक विषयों पर भी खूब लिखा है। उन्होंने राजनीतिक विषयों की व्याख्या के लिये भी उद्विकासवादी सिद्धान्त का प्रयोग किया है। व्यक्तिगत स्वतंत्रता और धार्मिक नियंत्रण करने वाले राज्य के बीच सम्बन्धों को लेकर उन्होंने 'सामाजिक न्याय के तत्व' नाम से भी एक प्रेरणास्पद पुस्तक लिखी है। राज्य की सकारात्मक भूमिका को रेखांकित करते हुए उन्होंने कहा है कि किसी भी राज्य को सार्वजनिक कल्याण-कार्यों को करते समय व्यक्तिगत स्वतंत्रता की रक्षा का भी ध्यान रखना चाहिये।

प्रमुख कृतियाँ:

- The Theory of Knowledge, (1896)
- Mind in Evolution, (1901)
- Morals in Evolution, (1906)
- Liberalism, (1911)
- Development and Purpose, (1913)
- The Material Culture and Social Institutions of the Simpler Peoples, (1915)
- The Metaphysical Theory of the State, (1918)
- The Rational Good, (1921)
- Elements of Justice, (1921)
- Social Development : Its Nature and Conditions, (1924)

Hochschild, Arlie Russell

अर्ले रसैल हॉछचाइल्ड (1940-)

बर्कले के कैलिफोर्निया विश्वविद्यालय की समाजशास्त्र की प्राध्यापिका **अर्ले हॉछचाइल्ड** कामकाजी महिलाओं की घरेलू, व्यक्तिगत और कार्यस्थल से जुड़ी समस्याओं के अपने शोध-कार्यों के लिये बहुचर्चित हैं। इन्हें अपने शैक्षणिक शोध-कार्यों के लिये मिडिया के टिप्पणीकारों से काफी प्रशंसा मिली है, क्योंकि हॉछचाइल्ड ने बदलते हुए आर्थिक जगत् के भावात्मक एवं घरेलू जीवन सम्बंधी लोगों के सोच को गहराई से प्रभावित किया है। उनकी कई पुस्तकों को न्यूयार्क टाइम्स ने अति महत्वपूर्ण श्रेणी में रखा है। हॉछचाइल्ड ने लिखा है कि जहां बीसवीं सदी के शुरुआती दौर में स्त्रियों का घर से बाहर काम करना ठीक नहीं माना

जाता था, वहीं आज इसे आश्चर्य से देखा जाता है कि क्या कोई स्त्री घरेलू कार्य नहीं करती। आजकल सामान्यतः व्यक्ति (महिलाओं सहित) उन कार्यों में अधिक समय व्यतीत करते हैं जिन्हें वे सर्वाधिक महत्वपूर्ण मानते हैं तथा जिनके लिये उन्हें समाज में अधिक महत्व (सम्मान) मिलता है। यही कारण है कि अब व्यक्ति निजी सामाजिक सम्बंधों के लिये कम से कम समय देने लगे हैं।

हॉछचाइल्ड ने अपनी एक प्रारंभिक पुस्तक 'द्वितीय पारी' (1989) में अपनी शोध के आधार पर ऐसे साक्ष्य प्रस्तुत किये हैं कि सामान्य जनधारणा के विपरीत, कामकाजी महिला के घर के कार्य (द्वितीय पारी में किया गया कार्य) में अपनी प्रथम पारी में अर्थात् कार्यस्थल पर किये गये कार्य से कोई कमी नहीं आती है। आज भी कामकाजी महिलाओं को घर से बाहर पूर्णकालिक काम करने के बाद घरेलू कार्य का भी अधिकांश हिस्सा निबटाना पड़ता है। अपनी एक अन्य पुस्तक 'समयबद्ध कामकाजी स्त्रियां' (1997) में उन्होंने यह स्पष्ट किया है कि किस प्रकार कामकाजी माताओं की प्रथम और द्वितीय पारी के कार्यकलापों के प्रभाव उनके बच्चों के लिये महत्वपूर्ण परिणाम उत्पन्न करते हैं। समयबद्धता की आवश्यकता इसलिये होती है क्योंकि बच्चों और उनके माता-पिता की कार्य-सारणियां कभी मेल नहीं खाती। बच्चे अपनी माँ (मम्मी) द्वारा पूरे दिन का आखरी हिस्सा (सांयकाल के बाद रात्रि में) उनके साथ बिताया जाना कतई पसंद नहीं करते। किन्तु मां के पास घर और बाहर का काम करने के बाद अपने बच्चों के साथ समय गुजारने के लिये अन्य कोई समय शेष ही नहीं रहता। हॉछचाइल्ड ने इस संदर्भ में लिखा है कि "कार्यस्थल घर बन जाता है और घर कार्यस्थल बन जाता है..... निजी जीवन (पारिवारिक जीवन) का अवमूल्यन हो गया है और इसकी सीमाएं सिकुड़ती जा रही हैं।" कामकाजी महिलाओं सम्बंधी उनके अध्ययनों ने इस बात को रेखांकित किया है कि नवीन परिस्थितियों के कारण आधुनिक (या उत्तर-आधुनिक) निगमों और व्यापारिक संस्थाओं तथा परिवारों को कार्यस्थल और परिवार के बीच सामाजिक समय के नियोजन करने और तालमेल बिठाने के लिये सोच-विचार करना चाहिये।

संक्षेप में, अर्ले रसल हॉछचाइल्ड के लेखन के केन्द्र में मुख्यतः ये प्रश्न रहे हैं; भावनात्मक श्रम क्या है, हम उस समय क्या करते हैं जब हम भावना पर अंकुश लगाते हैं, और सार्वजनिक एवं निजी जीवन में इसका हमें क्या मूल्य चुकाना पड़ता है तथा इसके क्या लाभ हैं?

हॉछचाइल्ड कई वर्षों से मानवीय भावना और भावात्मक श्रम के लैंगिक आधार पर विभाजन के व्यापारीकरण पर कार्य कर रही हैं।

प्रमुख कृतियाँ:

- The Managed Heart: Commercialization of Human Feeling, (1983)
- The Second Shift: Working Parents and the Revolution at Home, (1989)
- The Time Bind: When Work Becomes Home and Home Becomes Work, (1997)

Homans, George

गोर्ग (जार्ज) होमन्स (1910-1989)

अमेरिकी समाजशास्त्री **जार्ज होमन्स** मुख्यतः अपने विनिमय सिद्धान्त, लघु समूहों के अध्ययन और सामाजिक जीवन की प्रकृति सम्बन्धी अपने विचारों के लिये जाने जाते हैं। लघु समूहों और सामाजिक अन्तर्क्रिया सम्बन्धी अपने शोध-कार्यों के आधार पर होमन्स ने सन् 1964 में अपने एक लेख में कहा है कि सभी सामाजिक घटनाओं की व्याख्या सामाजिक संरचनाओं की अपेक्षा व्यक्ति की व्यक्तिगत विशेषताओं के आधार पर की जानी चाहिये। उनका यह विवादास्पद कथन कि **"सामाजिक जीवन सामाजिक व्यवस्थाओं और सामाजिक तथ्यों की अपेक्षा व्यक्तिगत मनोविज्ञान और विनिमय के आर्थिक सिद्धान्त की एक मात्र उपज है", बहुचर्चित रहा है।**

बोस्टन (अमेरिका) के एक धनाड्य परिवार में पैदा हुए होमन्स ने सन् 1932 में हार्वर्ड विश्वविद्यालय से स्नातक की उपाधि प्राप्त की। इसी वर्ष उन्होंने शरीर क्रियाशास्त्री एल.ज़े. हेन्डरसन के सानिध्य में विलफ्रेड पेरेटो के सिद्धान्तों सम्बन्धी एक पाठ्यक्रम में भाग लिया। (इस सेमीनार में पार्सन्स ने भी भाग लिया था) उन्होंने इस पाठ्यक्रम के व्याख्यानों के आधार पर सन् 1934 में चार्ल्स कर्टिस के साथ एक पुस्तक 'एन इन्ट्रोडक्शन टू पेरेटो' लिखी जिसके आधार पर उनकी गणना समाजशास्त्रियों में की जाने लगी। इसके बाद सन् 1941 में अंग्रेजों के सामाजिक इतिहास को लेकर 'तीहरवी शताब्दी के अंग्रेज ग्रामवासी' नामक पुस्तक लिखी। सन् 1934 में वे हार्वर्ड विश्वविद्यालय में कनिष्ठ अध्येता (फैलो) बन गये और वहां सन् 1939 तक रहे। बाद में महायुद्ध के कारण उनका इस संस्थान से सम्पर्क टूट गया, किन्तु महायुद्ध के बाद वे पुनः हार्वर्ड में टालकट पार्सन्स द्वारा स्थापित "सामाजिक सम्बन्धों के विभाग" में आ गये। यहां होमन्स को पार्सन्स के साथ काम करने का अवसर प्राप्त हुआ। उस समय टालकट पार्सन्स की गणना अमेरिका में अग्रणी सामाजिक सिद्धान्तकारों में की जाती थी। होमन्स ने पार्सन्स के कार्यों के कुछ पक्षों के प्रति आदर प्रकट किया, किन्तु उन्होंने पार्सन्स के सिद्धान्त-निर्माण की प्रक्रिया के तरीके की कटु आलोचना की। उन्होंने कहा कि पार्सन्स जिन्हें सिद्धान्त कहते हैं, वे वास्तव में सिद्धान्त नहीं हैं, अपितु वे 'अवधारणात्मक रचनाएं' (कन्सेपचुअल स्कीम्स) मात्र हैं। होमन्स के अनुसार कोई भी सिद्धान्त तब तक सिद्धान्त नहीं होता, जब तक इस सिद्धान्त से कुछ प्रस्थापनाएं विकसित नहीं होती। यही नहीं, एक सिद्धान्त में कुछ प्रस्थापनाएं होना ही पर्याप्त नहीं है। होमन्स का विचार था कि सिद्धान्त का निर्माण सामाजिक जगत् के सतर्कतापूर्ण और सूक्ष्म अवलोकन की नींव पर आधारित होना चाहिये। इसके विपरीत, पार्सन्स के सिद्धान्तों की शुरुआत सामान्य विचारात्मक स्तर से होती है और बाद में यह नीचे आनुभविक स्तर पर पहुँचती है।

होमन्स ने अधिक नहीं लिखा है, किन्तु उनकी एक-दो पुस्तकों ने ही उन्हें समाजशास्त्र में प्रतिष्ठित समाजशास्त्री के रूप में प्रस्थापित कर दिया। उनकी एक पुस्तक 'मानव समूह' (1950) ने काफी ख्याति अर्जित की। इसकी गणना समाजशास्त्र की अच्छी पाठ्यपुस्तकों में जाती है। इस पुस्तक में होमन्स ने मानव समाज और समूह के बारे में कई मौलिक

प्रस्थापनाएं विकसित की है, जैसे "व्यक्तियों में अधिकाधिक अन्तर्क्रिया एक दूसरे के प्रति अधिकाधिक अभिरुचि और चाह उत्पन्न करती है।" इस पुस्तक में होमन्स ने 'प्रकार्यवादी परिप्रेक्ष्य' का प्रयोग किया है। किन्तु सामाजिक व्यवहार पर लिखी बाद की पुस्तक में होमन्स ने 'प्रकार्यवादी परिप्रेक्ष्य' को छोड़ कर 'विनिमय परिप्रेक्ष्य' का प्रयोग किया है। यह पुस्तक स्कीनरवादी मनोवैज्ञानिक व्यवहारवाद तथा शास्त्रीय उपयोगितावादी आर्थिक सिद्धान्त से प्रभावित है।

अपनी पुस्तक 'सामाजिक व्यवहारः इसके प्रारंभिक स्वरूप' (1961) में होमन्स ने सामाजिक जीवन के बारे में कुछ प्रस्थापनाएं प्रस्तुत की हैं, वे ही बाद में जाकर उनके 'विनिमय सिद्धान्त' का आधार बन गईं, जैसे 'कीमतों और लाभ के बारे में व्यक्तिगत अनुमान प्रतिस्पर्धा, सहयोग, सत्ता और अनुरूपता जैसी सामाजिक घटनाओं का आधार होती हैं।' होमन्स ने इस बात पर दुख प्रकट किया है कि उनके सामाजिक व्यवहार के सिद्धान्त को 'विनिमय सिद्धान्त' का नाम दे दिया गया है, जबकि उनका सिद्धान्त साधारणतः सामाजिक व्यवहार को कम से कम दो व्यक्तियों के बीच होने वाले क्रियाकलापों के विनिमय के रूप में देखता है। ये क्रियाकलाप मूर्त या अमूर्त हो सकते हैं, किन्तु इनमें न्यूनाधिक रूप में पुरस्कार और मूल्यवान होने का भाव निहित होता है।

होमन्स का विनिमय सिद्धान्त समूहों, संस्थाओं या समाजों की अपेक्षा व्यक्तियों से प्रारंभ होता है। यह सिद्धान्त सामूहिक व्यवहार की अपेक्षा व्यक्तियों की पारस्परिक क्रियाओं पर अधिक बल देता है। यही कारण है कि उनके इस सिद्धान्त ने 'तार्किक चयन सिद्धान्त' सहित बाद के कई सिद्धान्तों को प्रत्यक्ष-अप्रत्यक्ष रूप में प्रभावित किया है। जैसा ऊपर लिखा गया है कि होमन्स के विनिमय सिद्धान्त पर बहुत कुछ मात्रा में व्यवहारवादी मनोवैज्ञानिक स्कीनर (1953) के विचारों की छाप देखी जा सकती है। होमन्स ने लेवी स्ट्रास के संरचनात्मक कारकों की अपेक्षा विनिमय की पारस्परिक क्रिया को संचालित करने वाले मनोवैज्ञानिक कारकों पर विशेष बल दिया है। होमन्स ने अपने एक लेख 'सोश्यल बिहेवियर एज़ एक्सचेंज' (1958) में लिखा है कि 'व्यक्तियों के बीच जो अन्तर्क्रियाएं होती हैं, वे कोई-न-कोई भौतिक अथवा अभौतिक वस्तुओं के विनिमय का रूप लिये होती हैं.... जब हम यह कहते हैं कि 'मुझे इससे यह-यह लाभ हुआ' या 'मुझे उसके द्वारा काफी नुकसान उठाना पड़ा', इन दोनों वाक्यों में अप्रत्यक्ष रूप में विनिमय का भाव छुपा हुआ है।'

होमन्स के विनिमय सिद्धान्त की आलोचना भी हुई है कि उन्होंने मात्र दो व्यक्तियों के बीच या द्विवर्ती विनिमय को ही महत्व दिया है और समूह या संस्थाओं के वृहत आधार पर होने वाले विनिमय की उपेक्षा की है। इसके अतिरिक्त, उन्होंने विनिमय सम्बन्धों को सांकेतिक रूप में आकार देने वाले मानदंडों और मूल्यों की भी अवहेलना की है।

सामाजिक सिद्धान्त के प्रति उनके योगदान के अतिरिक्त, होमन्स लघु समूहों, औद्योगिक समाजशास्त्र तथा ऐतिहासिक समाजशास्त्र में भी आजीवन रुचि लेते रहे हैं। होमन्स का समाजशास्त्र मूलतः व्यक्तिनिष्ठ है न कि समूहनिष्ठ। उनके इस परिप्रेक्ष्य की पुष्टि उनकी दो प्रमुख पुस्तकों 'ह्यूमन ग्रूप' तथा 'सोश्यल बिहेविअर' से होती है। उन्होंने मानव जाति के एक सदस्य के रूप में अकेले मानव व्यक्ति का अध्ययन किया है। इस दृष्टि से उन्होंने दुर्खाइम और नव दुर्खाइमवादी लेवी-स्ट्रास दोनों के भिन्न समूहनिष्ठ विचारों से

अपनी असहमति प्रकट की है। उल्लेखनीय है कि होमन्स सन् 1964 में 'अमेरिकी समाजशास्त्रीय परिषद्' के अध्यक्ष भी रहे हैं।

प्रमुख कृतियाँ:

- An Introduction to Pareto, with Curtis, (1934)
- English Villagers of the 13th Century, (1941)
- The Human Group, (1950)
- Social Behaviour: Its Elementary Forms, (1961)
- Sentiments and Activities, (1962)
- The Nature of Social Science, (1967)
- Certainities and Doubts, (1987)
- My Senses (Autobiography), (1984)

Horkheimer, Max

मक्स ओरकाइमर (मैक्स होर्खाइमर) (1895-1973)

बीसवीं शताब्दी के जर्मन दार्शनिक एवं सिद्धान्तकार **मैक्स होर्खाइमर** 'आलोचनात्मक सिद्धान्त' (क्रिटिकल-थिअरि) के एक प्रमुख प्रवक्ता रहे हैं। वे विश्व विख्यात फ्रैंकफर्ट विश्वविद्यालय के सामाजिक शोध संस्थान के एक प्रभावशाली निदेशक थे। धनवान यहूदी उद्योपति के पुत्र, होर्खाइमर ने प्रथम विश्वयुद्ध के बाद हाई स्कूल पास की और बाद में फ्रैंकफर्ट विश्वविद्यालय में अनेकों विषयों का अध्ययन किया। यहीं उन्होंने 'कांत के निर्णय की समीक्षा' नामक विषय पर शोध-ग्रंथ लिखा और सन् 1930 में 'सामाजिक शोध संस्थान' के निदेशक बन गये। हिटलर की जीत के कारण फ्रैंकफर्ट सम्प्रदाय को निर्वासन का दंड भोगना पड़ा। वे इस संस्थान के अधिकांश साथियों सहित पहले जिनेवा और बाद में अमेरिका में कोलम्बिया विश्वविद्यालय चले गये। यहीं पर **एरिक फ्रॉम** के साथ मिल कर 'सत्ता और परिवार सम्बन्धी अध्ययन' और कई महत्वपूर्ण लेख जैसे 'यहूदी एवं यूरोप' तथा 'सत्ताधारी राज्य' लिखे जिनमें उन्होंने उदारवादी पूंजीवाद की जमकर आलोचना की। **थिओडोर आडोर्नो** के सह-लेखन में उन्होंने 'ज्ञानोदय की द्वन्द्वात्मकता' और 'तर्क का पतन' नामक कृतियों की रचना की। इन पुस्तकों में उन्होंने बताया कि **मार्क्सवाद पर आधारित प्रगति का ज्ञानोदय का विचार भ्रामक है क्योंकि 'जनपुंज समाज' (मॉस सोसाइटी) का निर्माण हो चुका है जिसमें पूर्व वैचारिक विभाजनों का कठिनतः ही कोई महत्व है तथा व्यक्ति की स्वतंत्रता सभी वस्तुपरक सामाजिक सम्बन्धों के विरुद्ध है।** वस्तुओं के उत्पादन ने व्यक्तियों को अन्तर्परिवर्तनीय बना दिया है, प्रकृति उपयोगितावादी प्रभुत्व की मात्र एक वस्तु बन गई है, साधक तार्किकता ने नैतिक निर्णय की क्षमता को कम कर दिया है, तथा अनुरूपतावाद को लाभोन्मुख 'संस्कृति उद्योग' से बल मिला है। ये सभी ज्ञानोदय की विचारधारा के परिणाम हैं जिसका उद्देश्य वैज्ञानिक सत्यता के नाम पर धार्मिक मताधंता पर प्रहार करना है। अपनी पुस्तक 'डायलैक्टिक्स ऑफ ऐनलाइटिनमेंट' में बताया है कि किस प्रकार पश्चिम का विमर्श प्रकृति को नियंत्रण में लाने का विमर्श रहा है। मनुष्य को जीना है

तो विकास करना है। विकास करना है तो प्रकृति (मनुष्य के भीतर और बाहर) पर पूर्ण नियंत्रण आवश्यक है। ज्ञानोदय काल में निर्मित समस्त ज्ञान-विज्ञान इसी उद्देश्य से प्रेरित है। सर्वत्र नियंत्रण यही समग्रतावाद है, निरंकुशवाद है।- - - - हर प्रगति के साथ ही साथ दमन भी चलता है।

सन् 1949 में फ्रैंकफर्ट संस्थान पुनः जर्मनी आ गया। होर्खाइमर यहां सन् 1951-53 के बीच फ्रैंकफर्ट विश्वविद्यालय में वाइस चांसलर बन गये। कुछ समय के लिये वे अमेरिका में शिकागो विश्वविद्यालय में अतिथि प्रोफेसर भी रहे। यहां होर्खाइमर और एडॉर्नो ने मिलकर 'समाजशास्त्र को फ्रैंकफर्ट का योगदान' (1955) नामक पत्रिका के प्रकाशन की शुरुआत की। होर्खाइमर ने दार्शनिक आदर्शवाद और मार्क्सवाद दोनों को त्याग दिया। यही नहीं, उन्होंने सांस्कृतिक एवं राजनीतिक उदारवादिता की संभावना का भी प्रतिकार किया। मुक्ति या उद्धार के विकल्प के विचार को जीवित रखने के लिये उन्होंने धर्म का सुझाव दिया। होर्खाइमर ने 'ओल्ड टेस्टामेन्ट' का उदाहरण देते हुए कहा कि जिस प्रकार ईश्वर का चित्रण करना निषिद्ध है, उसी प्रकार यह स्वीकार करना आवश्यक है कि हम सत्य या शुभ को नहीं जान सकते, सुख हमेशा अपूर्ण होता है।

होर्खाइमर के आलोचनात्मक सिद्धान्त की आधारभूत मान्यता यह है कि आधुनिक सभ्यता मूलतः रोगग्रस्त (बीमार) है। इसके उपचार के लिये सिद्धान्त और व्यवहार दोनों ही स्तरों पर कायाकल्प की आवश्यकता है। उन्होंने कहा कि सभी सिद्धान्त अधूरे और एकपक्षीय हैं। इस दृष्टि से **मार्क्सवाद को भी यथावत स्वीकार नहीं किया जा सकता क्योंकि इसका ऐतिहासिक भौतिकवाद का सिद्धान्त भी निर्धारणवादी है।** होर्खाइमर के अनुसार, ऐसी अवश्यम्भावी सर्वहारा क्रांति का विचार जो अलगाव और शोषण का अंत कर देगा, एक भ्रांतिपूर्ण विचार है। मार्क्स ने इतिहास की भौतिक शक्तियों को अत्यधिक प्रमुखता दी और सचेतन मानवीय चिंतन की भूमिका की घोर उपेक्षा की है। 'मुक्ति' के बारे में भी मार्क्स की संकल्पना मात्र आर्थिक मुक्ति तक सीमित है, अतः यह अत्यंत संकीर्ण है। **होर्खाइमर ने प्रत्यक्षवादी व्याख्याओं पर भी जम कर प्रहार किया है। आलोचनात्मक सिद्धान्त का कार्य ज्ञान की सामाजिक उत्पत्ति की खोज करना है ताकि मानव-मुक्ति का मार्ग ढूंढा जा सके।** उन्होंने सब प्रकार के अनुभववाद और प्रत्यक्षवाद का विरोध किया क्योंकि ये सिद्धान्त घटनाओं को उनके प्रकट (बाह्य) रूप में स्वीकार करते हैं और उन्हें यथावत बनाये रखने में सहायक सिद्ध होते हैं। उनके अनुसार, आधुनिक प्रौद्योगिकी अनुभवपरक विज्ञानों की देन है जिनका मानव मूल्यों से कोई सरोकार नहीं है। अपने अवसान काल में, होर्खाइमर ने "पछैती पूंजीवाद" पर कार्य कर यह बताने का प्रयास किया कि इसने किस प्रकार तार्किकता को विकसित करने में मदद की।

प्रमुख कृतियाँ:

- Dialectic of Enlightenment (with Adorno), (1944)
- Critical Theory, (1972)
- The Eclipse of Reason, (1974)
- Down and Decline: Notes 1926-31, 1950-69, (1978)

Huber, John

जॉन हूबर

(1925-)

एक अमरीकी समाजशास्त्री और बहु सर्जक (लिखखड़) लेखिका, **जॉन हूबर** प्रमुख रूप से सामाजिक स्तरीकरण के क्षेत्र में लैंगिक स्तरीकरण पर अपने लेखनों के लिये जानी जाती हैं। उन्होंने मुख्यतः प्रौद्योगिकी और जन्म दर में बदलाव के कारण महिलाओं का परिवार के साथ लगाव को श्रम-शक्ति के साथ जोड़ने का प्रयास किया है। यद्यपि हूबर के अध्ययन का तरीका मुख्यतः समाजशास्त्रीय है, किन्तु उन्होंने जहां-तहां इतिहास, जनांनकी, अर्थशास्त्र, मानवशास्त्र और राजनीति विज्ञान का भी प्रयोग किया है। हूबर अमेरिका में महिलाओं को समाजशास्त्र के क्षेत्र में लाने के लिये अपने नेतृत्व में किये गये प्रयासों के लिये भी प्रसिद्ध रही हैं। वे 'अमरीकी समाजशास्त्रीय परिषद्' की अध्यक्षा के साथ 'सोसिआलॉजिस्ट्स फॉर वूमेन इन सोसाइटी' संस्था की सह संस्थापिका भी रहीं हैं।

प्रमुख कृतियाँ:

- Income and Ideology, with William Form, (1973)
- Sex Stratification, with Glenna Spitze, (1983)
- Marxist Theory and Indian Communism, with Charles Loomis, (1970)
- Sex Stratification, with Patrica Ulbrich, (1983)

Hughes, Helen MacGill

हेलन मेकगिल हयूजेस

(1903 -)

हेलन मेकगिल हयूजेस एक अमरीकी समाजशास्त्री हैं जिन्होंने एक व्यवसाय के रूप में समाजशास्त्र की प्रगति में महत्वपूर्ण योगदान किया है, किन्तु दुर्भाग्यवश इस पुरुष प्रभुत्व वाले विषय में उनका अधिकांश योगदान अनदेखा ही रहा। उन्होंने 17 वर्षों तक 'अमेरिकन जर्नल ऑफ सोसिआलॉजी' के प्रबंध सम्पादक के पद पर कार्य किया है, 'सोसिआलॉजिस्ट्स फॉर वूमेन इन सोसाइटी' नामक संस्था की स्थापना में सहयोग दिया तथा समाजशास्त्र में महिलाओं के द्वितीय स्तर की प्रस्थिति के बारे में काफी प्रलेखन कार्य किया है। समाजशास्त्रीय क्षेत्र में उनके 'समाचार मीडिया' पर किये गये कार्य की गणना उच्चकोटि के शोधकार्य में की जाती है। इसके अतिरिक्त, हयूजेस ने प्रजातीय सम्बन्धों, व्यवसायों और पारिस्थितिकी विषयों पर भी लिखा है, किन्तु यह विडंबना ही है कि उनका एक स्त्री होने के नाते तथा उनके पति ई.सी. हयूजेस की प्रसिद्धि के कारण उनके स्वयं के लेखनों में से अधिकांश पर कोई ध्यान नहीं दिया गया।

प्रमुख कृतियाँ:

- News and the Human Interest Story, (1940)
- The Fantastic Lodge: The Autobiography of a Girl Addict, (1961)

– Where Peoples Meet: Racial and Ethnic Frontiers, with E.C. Hughes, (1952)
– The Status of Women in Sociology, 1968-72, (1973)

Hume, David

डेविड ह्यूम (1711-1776)

अनुभववाद के जन्मदाता तथा स्कॉटिश प्रबोधकाल के सर्वाधिक प्रख्यात अठारवीं शताब्दी के दार्शनिक एवं इतिहासकार **डेविड ह्यूम** कारणात्मकता के स्थिर संयोजन के अपने विश्लेषण तथा इसके साथ जुड़ी हुई आगमन की समस्या के लिये याद किये जाते हैं। ह्यूम ने इस बात पर भी बल दिया कि नैतिक मूल्यों का निर्धारण वास्तविक घटनाओं से नहीं किया जा सकता (अर्थात् क्या है के आधार पर क्या होना चाहिए)। उन्होंने मानवीय प्रकृति और नैतिकता के 'स्व-हित' के विचार को भी अस्वीकार किया।

ह्यूम ने मानव प्रकृति के एक आनुभविक विज्ञान की आधारशिला रखने का प्रयास किया है। उन्होंने कहा कि समस्त आधारभूत ज्ञान ज्ञानेंद्रियों के अनुभव द्वारा प्राप्त किया जा सकता है। किन्तु विश्वासों के बारे में उनके विचार अपने पूर्ववर्तियों से भिन्न थे। जहां उनके पूर्ववर्ती यह मानते थे कि हमारे अधिकांश विश्वास तर्क पर आधारित हैं, वहां ह्यूम ने संशयवादी दृष्टिकोण अपनाते हुए यह कहा कि विश्वासों का कोई तर्क संगत आधार नहीं होता। ह्यूम का विचार था कि अपनी ज्ञानेन्द्रियों या तार्किकता (रीज़न) से किन्हीं भी वस्तुओं के मूलभूत सम्बन्धों का पता नहीं लगाया जा सकता है। जब भिन्न-भिन्न तथ्य हम देखते हैं तब हम उनमें नियमितताओं को खोजते हैं, चाहे हम प्राकृतिक विज्ञानों के क्षेत्र में तर्क कर रहे हों, या मानवीय विज्ञानों के क्षेत्र में, हम किन्हीं स्वयंसिद्धियों का सहारा नहीं ले सकते हैं। सारे सम्बन्ध वैचारिक जगत्, अर्थात् तर्कशास्त्र और शुद्ध गणित तक सीमित होते हैं। केवल इस क्षेत्र में कुछ स्वयंसिद्ध प्रस्थापनाएं होती हैं जिनके आधार पर हम अपनी सैद्धान्तिक प्रणालियों का निर्माण करते हैं, ज्ञानेन्द्रियों के अनुभव के आधार पर यह संभव नहीं है। ह्यूम के अनुसार, तर्कशास्त्र और गणित के क्षेत्र में तर्कबुद्धि जितनी निश्चितता प्राप्त कर सकती है, प्रकृति और मानव-समाज के ज्ञान में वह हमें उतनी निश्चितता प्रदान नहीं कर सकती है।

प्रमुख कृतियाँ:

– A Treatise on Human Nature, (1739-40)

Husserl, Edmund Gustav Albert

एडमुंड गुस्ताव अल्बर्ट हसर्ल (1859-1938)

जर्मन दार्शनिक **एडमुंड गुस्ताव अल्बर्ट हसर्ल** को प्रघटनाशास्त्रीय दर्शन का जनक (पिता) माना जाता है। प्रघटनाशास्त्रीय समाजशास्त्र और नृजातिपद्धतिशास्त्र (एँथनॉमेथडॅलाजी) के आधुनिक प्रणेताओं और अनुसरणकर्त्ताओं की जड़ें हसर्ल के दार्शनिक लेखनों में गड़ी हुई

हैं। **अलफ्रेड शूज़** के कार्यों का मुख्य प्रेरणा स्रोत हसर्ल का दर्शन ही है जिसके आधार पर प्रघटनाशास्त्रीय समाजशास्त्र (फ़िनॉमिनलॉजिकल सोसिऑलॉजी) का जन्म हुआ। **प्रघटनाशास्त्र गवेषणा की एक दार्शनिक पद्धति है जिसके द्वारा चेतना की व्यवस्थित तरीके से खोज की जाती है।** ऐसा कहा जाता है कि मात्र चेतना ही एक ऐसी प्रघटना है जिसके बारे में हम आश्वस्त हो सकते हैं। यह माना जाता है कि हमारा विश्व सम्बन्धी समस्त ज्ञान, जिसमें सभी प्रकार की वस्तुओं के सामान्य संज्ञान से लेकर गणितीय सूत्रों का ज्ञान सम्मिलित है, की रचना चेतना द्वारा होती है और यह ज्ञान चेतना में ही बसता है। रचना की इस प्रक्रिया की खोज के लिये हमें यह बिसारना पड़ता है कि हम विश्व के बारे में पहले से ही सब कुछ जानते हैं और हमें इन प्रश्नों के उत्तरों की खोज़ करनी होती है कि यह ज्ञान कैसे और किस प्रक्रिया द्वारा प्राप्त होता है। इस प्रक्रिया को हसर्ल के शब्दों में 'कोष्टिकरण (ब्रैकिटिंग) या प्रघटनाशास्त्रीय अवव्याख्या (रिडॅक्शन) कहते हैं।

हसर्ल के प्रघटनाशास्त्र की केन्द्रीय विषय-सामग्री चेतना और इससे जुड़े कुछ प्रश्न हैं। चेतना क्या है ? यह किस प्रकार कार्य करती है, अर्थात् इसकी क्या प्रक्रिया है जिसके द्वारा हमें ज्ञान प्राप्त होता है ? किसी घटना/वस्तु के अर्थ की रचना चेतना से कैसे होती है और इसमें चेतना की क्या भूमिका है ? संक्षेप में, यथार्थ और चेतना का क्या सम्बन्ध है ? हसर्ल की शोध-विधि जो प्रघटनाशास्त्र के नाम से जानी जाती है, इन्हीं सभी प्रश्नों के उत्तर देती है। हसर्ल के अनुसार, समस्त बाह्य जगत् की जानकारी हमें इन्द्रियों के माध्यम से होती हैं और वे इन्द्रियां ही हमारी मानसिक चेतना है। इन्द्रियों और चेतना के अतिरिक्त बाह्य जगत् की वास्तविकता से हमारा कोई सीधा सम्पर्क नहीं होता। मनुष्य की मस्तिष्क की प्रक्रियाओं, अर्थात् चेतना द्वारा ही यथार्थ को समझ पाते हैं। हसर्ल के अनुसार, यथार्थ और सत्य को समझने के सारे साधन चेतना के आयामों में निहित हैं। चेतना यथार्थ वस्तु नहीं है और न ही यह वस्तु/घटना को समझने की मात्र एक विधा है। वास्तव में, चेतना यथार्थ के निर्माण में एक सक्रिय शक्ति के रूप में कार्य करती है। विश्व जिसको यथार्थ मानता है और जो वास्तविक यथार्थ होता है, उसमें अन्तर होता है। यथार्थ वही है जो व्यक्ति मानता है, न कि बाह्य रूप में दिखने वाला यथार्थ। अतः **हसर्ल यथार्थ के बाह्य रूप को यथार्थ नहीं मानते। उनके अनुसार, यथार्थ वह है जिसे मानव मन, चेतना और मस्तिष्क स्वीकार करे।** इसीलिये इस मामले में उन्होंने ऐसे विज्ञान को भी नकार दिया जो इस स्थिति की वैज्ञानिक ढंग से इस प्रकार की व्याख्या करने में असमर्थ हो।

यथार्थ का निर्माण कैसे होता है, इसके समझने के लिये हसर्ल ने जिस विधि का प्रयोग किया उसे 'अवव्याख्या' (रिडॅक्शन) के नाम से जाना जाता है। यह विधि घटना को तात्कालिक संदर्भ में जानने पर बल देती है। हसर्ल के अनुसार, घटना जिस संदर्भ में घटती है, उसे जाने बिना यथार्थ को नहीं जाना-पहचाना जा सकता और इसके लिये उन्होंने 'पूर्व स्वीकृत अर्थों के निलम्बन' (सस्पेन्शॅन ऑफ टेकन फॉर ग्रान्टेड मीनिङ्ग्ज़) की बात को रेखांकित किया है, अर्थात् शोधकर्त्ता को घटना से सम्बन्धित पूर्व मान्यताओं/धारणाओं से अपने आपको दूर रखना चाहिये। ये पूर्वधारणाएं घटना के वास्तविक अर्थ के समझने में बाधाओं का कार्य करती हैं। ये पूर्वधारणाएं घटना को अपने रंग में रंग देती हैं, जिससे वास्तविकता का पता नहीं चल पाता है। प्रघटनाशास्त्र उस प्रक्रिया के जानने पर बल देता है जिसके द्वारा व्यक्ति अपनी चेतना के आधार पर वस्तुओं/घटनाओं को अर्थ देता है। इस

सम्बन्ध में एक बात उल्लेखनीय है कि अन्य व्यक्ति जिसे 'तथ्य' या 'यथार्थ' कहते हैं, हसर्ल उसे 'उपलब्धि' कहते हैं। प्रघटनाशास्त्र का प्रमुख कार्य इस 'उपलब्धि' को उजागर करना है।

यथार्थ को समझने के संदर्भ में हसर्ल ने **'नैसर्गिक अभिवृति'** (नैचरल ऐटिट्यूड) की अवधारणा का प्रयोग किया है। हम यह मानते हैं कि सामाजिक विश्व पूर्व निर्मित है जिसे देखने का हमारा एक स्वाभाविक दृष्टिकोण होता है। यह स्वाभाविक दृष्टिकोण अलग-अलग व्यक्ति का अलग-अलग हो सकता है। हसर्ल ने इसे ही 'नैसर्गिक अभिवृति' कहा है। इस नैसर्गिक अभिवृति में हम विश्व की तथ्यात्मकता के बारे में प्रश्न खड़े नहीं करते, हम इसे यथावत् और प्राकृतिक मान लेते हैं। हसर्ल की अवव्याख्या (रिडॅक्शन) विधि इस नैसर्गिक अभिवृति से मुक्त होकर यथार्थ को जानने पर बल देती है।

हसर्ल ने विज्ञान और विज्ञानवाद की कई मान्यताओं को अस्वीकार किया है। विज्ञान चेतना के परे तथ्यों की दुनियां की बात करता है। ये तथ्य चेतना से बाह्य और स्वतंत्र होते हैं। हसर्ल ने विज्ञान की इस धारणा को चुनौती दी है। वे कहते हैं कि इस तथ्यात्मक जगत् को चेतना द्वारा ही जाना जा सकता है। वास्तव में, जिसे जीवन-जगत् (लाइफ वर्ड) कहा जाता है, वह मनुष्य की चेतना द्वारा प्राप्त किये गये अनुभवों के अतिरिक्त अन्य कुछ नहीं है। हसर्ल के अनुसार जीवन-जगत् को मापने के लिये विज्ञान जिस विधि का प्रयोग करता है, वह मात्र एक भुलावा या छल है। मनुष्य के बाहर की दुनियां जिसे हसर्ल 'जीवन-जगत्' (लाइफ-वर्ड) कहते हैं, वास्तव में यह वह दुनियां है जिसे व्यक्ति अपनी चेतना द्वारा अनुभव और निर्मित करता है।

हसर्ल ने इस तथ्य को भी अस्वीकार किया है कि विज्ञान के अन्तर्गत विषयपरकता का कोई स्थान नहीं है। वास्तव में, वस्तुनिष्ठ विषय के बारे में प्रत्येक तथ्यपरक वर्णन दैनिक बोलचाल की भाषा में ही अभिव्यक्त होता है। इस पर बोलने के तौर-तरीका का प्रभाव न पड़े, यह प्रायः असंभव है। अनुभववाद का प्रमुख उद्देश्य वस्तुनिष्ठ जगत् के यथार्थ और सत्य के आधारों की खोज करना मात्र है, हसर्ल इसे स्वीकार नहीं करते हैं। अनुभववाद में चेतना को कोई महत्व नहीं दिया जाता। यही नहीं, अनुभववादी वस्तुनिष्ठ जगत् के जानने में चेतना की भूमिका को पूर्णतः नकारते रहे हैं, जब कि हसर्ल इस बात पर बल देते हैं कि किसी भी यथार्थ को चेतना के माध्यम से उसके संदर्भात्मक अनुभव के आधार पर ही निश्चित तौर पर समझा जा सकता है।

अन्त में, यहां यह बताना अप्रासंगिक न होगा कि हसर्ल के उपर्युक्त प्रघटनशास्त्रीय विचारों का उद्‌भव जर्मनी के तत्कालीन नाज़ीवाद के आतंक के माहोल का प्रतिफल कहा जा सकता है। हसर्ल के शब्दों का प्रयोग करते हुए, 'जर्मनी की तत्कालीन स्थिति ही उस समय का 'जीवन-जगत्' था। यह जीवन-जगत् दमन, शोषण और उत्पीड़न से आलोकित था।' इस निरंकुश शासन-व्यवस्था ने ही संभवतः हसर्ल को तत्कालीन जीवन-जगत् की मान्यताओं को अस्वीकार करने के लिये बाध्य किया होगा।

प्रमुख कृतियाँ:

- Phenomenology and the Crisis of Western Philosophy, (1965)
- Ideas: General Introduction to Pure Phenomenology, (1969)

I

Iban-Khaldun, Abdel Rahman

अब्देल रहमान इब्न-खादून (1332-1406)

सामान्यतः समाजशास्त्र को तुलनात्मक दृष्टि से आधुनिक और पश्चिमी विषय माने जाने की प्रवृति रही है। किन्तु, वास्तव में, समाजशास्त्र का अध्ययन विश्व के अन्य भागों में पुरातन काल से किया जाता रहा है। इसका एक अच्छा उदाहरण **अब्देल रहमान इब्न-खादून** नामक विचारक हैं। खादून का जन्म उत्तरी अफ्रीका के टयूनिश शहर में एक शिक्षित परिवार में हुआ था। खादून को मुस्लिम धर्म की पवित्र पुस्तक कुरान के अलावा गणित और इतिहास की शिक्षा दी गई। अपने समयाकाल में उन्होंने टयूनिश, मोरक्को, स्पेन और अल्जीरिया के कई सुल्तानों के मातहत राजदूत, प्रतिहारी तथा प्रबुद्ध लोगों की परिषद् के एक सदस्य के रूप में कार्य किया है। उन्हें मोरक्को में दो साल तक अपने इस विश्वास के कारण जेल में भी रहना पड़ा कि राज्य के शासनाधिकारी दैवीय नेता नहीं है। लगभग दो दशकों के राजनीतिक क्रियाकलापों के बाद इब्न खादून उत्तरी अफ्रीका लौट आये जहां पाँच वर्षों तक गहन चिन्तन और लेखन कार्य किया। इस काल में उन्होंने जो कुछ लिखा उसने उन्हें प्रसिद्ध कर दिया। फलस्वरूप काहिरा के अल अज़हर मस्जिद विश्वविद्यालय के इस्लामी अध्ययन केन्द्र में प्राध्यापक की नौकरी मिल गई। समाज और समाजशास्त्र पर दिये गये भाषणों में, इब्न-खादून ने समाजशास्त्रीय चिन्तन और ऐतिहासिक प्रेक्षणों को आपस में जोड़ने की महत्ता पर प्रकाश डाला। उन्होंने अपनी कृतियों में जो विचार रखे हैं, वे आधुनिक समाजशास्त्र के विचारों से काफी मात्रा में मेल खाते हैं। उन्होंने समाज के वैज्ञानिक अध्ययन, आनुभविक शोध और सामाजिक घटना के कारणों की खोज पर बल दिया तथा कई भिन्न सामाजिक संस्थाओं, जैसे राजनीति, अर्थव्यवस्था के आपसी सम्बन्धों को उजागर किया। यही नहीं, उन्होंने आदिम और आधुनिक समाजों की तुलना में भी अपनी रुचि प्रदर्शित की है।

Illich, Ivan

ईवान इलिच (1926-1997)

वियना (आस्ट्रिया) निवासी **ईवान इलिच** ने अपना प्रारंभिक जीवन एक कैथ्ॉलिक पादरी के रूप में प्रारंभ किया था। किन्तु, उनकी प्राकृतिक विज्ञानों, इतिहास, दर्शनशास्त्र और धर्मशास्त्र में रुचि तथा इन विषयों का पूर्व अध्ययन उन्हें आगे के अध्ययन के लिये फ्लोरेंस, रोम, म्युनिख और सल्जबर्ग ले आया जहां से उन्होंने पी.एच.डी. की शोध-उपाधि प्राप्त की। इलिच ने अपने पादरी पद और शैक्षणिक योग्यता को आस्था का साधन न मानकर सत्य को प्राप्त करने का एक साधन माना। जब उनका अपने वरिष्ठ पादरी से झगड़ा हुआ तब उन्होंने अपनी

मुख्य आस्था को छोड़ने की अपेक्षा वरिष्ठों की सत्ता को स्वीकार करने से इन्कार कर दिया।

पादरी पद त्यागने के बाद इलिच दो वर्षों में ही बौद्धिक जगत् में छा गये। उन्होंने सन् 1970 में 'सेलिब्रेशन ऑफ अवेअरनेश' नामक प्रथम पुस्तक लिखी जिसमें उन्होंने अपने बाद में लिखी जाने वाली पुस्तकों की स्वर-शैली (विषय-वस्तु) का आभास दिया। व्यक्तिगत सत्ता के प्रति उनकी डगमगाती आस्था तथा संस्तरण एवं विशेषज्ञता के प्रति अविश्वास दोनों का समन्वय कर उन्होंने आधुनिक विश्व की अनेक संस्थाओं की तीव्र आलोचना की और उनकी कमजोरियों को उजागर किया। इन संस्थाओं के स्थान पर उन्होंने एक ऐसे विश्व की रचना पर बल दिया जिसमें प्रत्येक नागरिक को अधिकाधिक स्वतंत्रता और प्रभुसत्ता प्राप्त हो सके। इस पुस्तक के एक वर्ष बाद ही इलिच ने 'डीस्कूलिंग सोसाईटी' लिखी जिसने उन्हें अपार ख्याति अर्जित की। इस पुस्तक का अत्यंत सरल और विस्तृत रूप में यह संदेश था कि **अधिकांश सीखना आकस्मिक होता है; यहाँ तक की अधिकांश साभिप्राय सीखना भी पूर्व निश्चित कार्यक्रम के अनुसार नहीं होता है।** उनके इन विचारों का सीधा-साधा निष्कर्ष यही है कि सभी बालक-बालिकाओं के विकास में घर-परिवार का परिवेश अत्यंत महत्वपूर्ण होता है, किन्तु प्रभावक शिक्षण के लिये औपचारिक शिक्षा और अधिकृत शिक्षक दोनों की ही विशेष जरूरत होती है। सन् 1976 में कुछ ऐसा ही विश्लेषण उन्होंने अपनी पुस्तक 'मेडिकल नेमिसिस' (प्रतिशोध की देवी) में प्रस्तुत करते हुए उन्होंने इस बहु प्रचारित विचार का खंडन किया कि चिकित्सा शिक्षण संस्थाएं समाज में स्वास्थ्य-रक्षा में योगदान करती हैं। इसके विपरीत, उन्होंने इस विचार का प्रतिपादन किया कि चिकित्सा संस्थान, वास्तव में, उन्हीं व्यक्तियों (डाक्टर, नर्स, कम्पाउन्डर आदि) द्वारा रूग्न स्वास्थ्य को उत्पन्न करती हैं जिनके द्वारा रूग्न स्वास्थ्य को दूर करने की आशा की जाती है।

इलिच के अनुसार, डाक्टर, अस्पताल और अत्यंत महंगा एवं विशिष्ट प्रकार का उपचार बिमारी को ठीक करने के स्थान पर बीमारी बढ़ा रहे हैं। शिक्षक, शिक्षाशास्त्री, विद्यालय और शिक्षण की विशिष्ट पद्धतियां बच्चों को सही शिक्षा देने के स्थान पर त्रुटिपूर्ण सूचनाएं दे रही हैं। यही नहीं, ये उनकी सीख की नैसर्गिक प्रवृति को कुंठित भी कर रही हैं क्योंकि वे उन्हें उपभोक्तावादी समाज में ढाल रही हैं। इसी प्रकार, सभी प्रकार की मशीनें, चाहे वे घर में हों या कारखाने के क्षेत्र में हों या फिर यातायात क्षेत्र में, वे मानव के क्षितिज में विस्तार करने की अपेक्षा उसे यांत्रिक जीवन के तरीकों का दास बना रही हैं।

इसी प्रकार की विचक्षण समीक्षा इलिच ने आधुनिक समाज, विशेषतः इसके सत्ता-संस्थान की अपनी बाद की नई कृतियों में की है। अपनी पुस्तकों 'टूल्स ऑफ कन्विऍलिटी' तथा 'इनर्जी एंड इक्विटी' में इलिच ने औद्योगिक राष्ट्रों की धोखाधड़ी वाली प्रौद्योगिकी पर प्रहार करते हुए कहा है कि यह **प्रौद्योगिकी प्रत्याशित मुक्ति, सुख एवं प्रसन्नता देने में असफल रही है।** इसी प्रकार उनकी ये पुस्तकें 'द डिसएबलिंग प्रोफेशन्स', 'टूअर्ड ए हिस्ट्री ऑफ नीड्स' तथा विशेषतः 'शैडोवर्क' में आधुनिकता पर अत्यंत कठोरता एवं निर्ममतापूर्वक तीव्र प्रहार किये हैं क्योंकि इस सभ्यता में अनेक ढंगों से मानवीयता के साथ छेड़छाड़, उसका अपमान, धोखाधड़ी और उसमें अलगाव पैदा किया गया है। यह स्वाभाविक ही है कि रूढ़िवादी और 'लकीर के फकीर' की उक्ति के ढोने वाले आलोचकों को इलिच के ये विचार कैसे गले उतरते और उन्होंने जमकर उनके विचारों की 'बाल की खाल' निकाली

है। आलोचकों ने कहा कि इलिच ने आधुनिक प्रौद्योगिकी के 'लाभप्रद' प्रभावों को न केवल अनदेखा कर दिया अपितु वे इन सकारात्मक प्रभावों की प्रशंसा करने में भी असफल रहे हैं।

तीव्र आलोचनाओं से बिना हतोत्साहित हुए इलिच ने सन् 1980 के दशक में कई पुस्तकें लिखीं जिनमें प्रमुख रूप से उल्लेखनीय 'जेन्डर' तथा एच^2 ओ' तथा 'वाटर्स ऑफ फॉरगेटफुलनेश' है। इन सभी पुस्तकों में उन्होंने आधुनिक जगत् के प्रति अपनी निराशा, विमोह और विद्रोह प्रकट किया है और लैंगिक भूमिकाएं, कामुकता, भाषा और मुक्ति जैसी बहु प्रचलित अवधारणाओं की कटु आलोचना की है। इलिच ने अपने आलोचकों का मुँह तोड़ उत्तर देते हुए कड़े शब्दों में कहा है कि मैं एक ऐसी विधि की प्रस्थापना करना चाहता हूँ जिसके द्वारा व्यक्ति संभाव्य से असंभाव्य कल्पनालोक में अन्तर कर सके।

प्रमुख कृतियाँ:

- Celebration of Awareness: A Call for Institutional Awareness, (1970)
- De-Schooling Society, (1971)
- Tools for Conviviality, (1973)
- Energy and Equity, (1974)
- Medical Nemesis: The Expropriation of Health, (1975)
- Towards a History of Needs, (1978)
- Shadow Work, (1981)
- Gender, (1983)
- H^2O and the Waters of Forgetfulness, (1986)

J

Jacobson, Roman Osipovic

रोमन ऑसिपोविक जैक्बसन (1896-1982)

रोमन ऑसिपोविक जैक्बसन को बीसवीं शताब्दी का एक अग्रणी भाषाशास्त्री और भाषा के क्षेत्र में एक संरचनावादी उपागम का एक प्रमुख प्रस्थापक माना जाता है क्योंकि उन्होंने भाषा के ध्वनि-प्रतिमान को मूलतः सम्बन्धनात्मक माना है। विशिष्ट संदर्भों में शब्दों की ध्वनि के बीच संबंधों के द्वारा अर्थ और महत्ता में अन्तर आ जाता है। उन्होंने काव्यशास्त्र, ध्वनिविज्ञान, स्लाविक भाषाओं और लोक कथाओं, भाषा अर्जन, भाषाशास्त्र के इतिहास और ज्ञानमीमांसा पर ढेरों लेख (लगभग 500 लेख) लिखे हैं। इनके लेखनों ने **क्लाड लेवी-स्ट्रास** और सामान्यतः आधुनिक संरचनावाद पर गहरा प्रभाव अंकित किया है। स्वयं जैक्बसन **फर्डिनैंड डी सासौर** के संरचनात्मक भाषा विज्ञान से प्रभावित थे। अपने संरचनात्मक विचारों में जैक्बसन ने द्विभाजी अंतर्विरोधों पर प्रकाश डाला है। जैक्बसन के अनुसार, भाषा का अध्ययन साहित्य और लोकवार्ता के साथ-साथ सामान्य रूप में संस्कृति को समझने की एक मुख्य कुंजी है।

प्रमुख कृतियाँ:

- Selected Writings, I-VI (1971-1985)
- Six Lectures on Sound and Meaning, (1978)
- The Framework of Language, (1980)

James, William

विलियम जेम्स (1842-1910)

प्रयोजनात्मक सम्प्रदाय के अमरीकी दार्शनिक **विलियम जेम्स** विशेष रूप में नव-प्रत्यक्षवाद और सांकेतिक अन्तःक्रियावाद के विकास को एक अलग ढंग से महत्त्वपूर्ण रूप में प्रभावित करने के लिये जाने जाते हैं। उन्होंने कहा कि किसी विचार का आनुभविक परिणाम उसके अर्थ को प्रकट करता है। जेम्स ने अपनी पुस्तक 'प्रयोजनवाद' (प्रैगमॅटिज़्म) में लिखा है कि प्रयोजनवादी पद्धति एक ऐसी विधि है जिसके द्वारा प्रत्येक विचार या धारणा का उससे सम्बन्धित व्यावहारिक परिणामों को ढूंढ कर विवेचन किया जाता है।

प्रमुख कृतियाँ:

- Pragmatism, (1907)

Janowitz, Morris
मोरिस यानोविट्ज़ (1918-1988)

अमरीकी समाजशास्त्री **मोरिस यानोविट्ज़** शिकागो विश्वविद्यालय के छात्र थे और बाद में उत्तरी अमरीकी के कई विभागों में समाजशास्त्र के आचार्य रहे हैं। उन्होंने अनेक पुस्तकें लिखी हैं। उनके शोध-अध्ययनों का मुख्य कार्य-क्षेत्र सेना और सेना से जुड़े हुए विषय रहे हैं। यही कारण है कि **यानोविट्ज़ को सेना के समाजशास्त्र के एक अग्रणी समाजशास्त्री** के रूप में याद किया जाता हैं। सेना के अतिरिक्त उन्होंने औद्योगिक समाज के चरित्र को भी उजागर किया है। उनकी इस सम्बन्ध में यह उक्ति प्रसिद्ध है कि प्रारंभिक सरल समाज से उन्नत औद्योगिक समाज की ओर संक्रमण ने ऐसे संस्थात्मक संगठनों की रचना की है जिसके कारण प्रजातंत्र को बनाये रखना मुश्किल हो गया है। यानोविट्ज़ ने इसके अतिरिक्त नगरीय और राजनीतिक समाजशास्त्र, प्रजाति और नस्लीय सम्बन्ध और समाजशास्त्रीय सिद्धान्त पर भी कार्य किया है और इन विषयों पर उनके कई लेख एवं पुस्तकें प्रकाशित हुए हैं।

प्रमुख कृतियाँ:
- The Professional Soldier, (1946)
- Sociology and the Military Establishment, (1959)
- Social Control of the Welfare State, (1976)
- The Last Half-Century, (1978)
- The Reconstruction of Patriotism, (1983)

Jung, Carl Gustav
कार्ल गुस्ताव युंग (1875-1961)

कार्ल गुस्ताव युंग एक स्विश मनोवैज्ञानिक और मनोविश्लेषक थे जिन्हें सिग्मंड फ्रायड का प्रत्यक्षतः उत्तराधिकारी माना जाता है, यद्यपि सन् 1913 में वे विशेष रूप में सेक्स (काम-भावना) की महत्ता के मामले को लेकर फ्रायड से अलग हो गये थे। इस विषय पर वे फ्रायड के विचारों को पचा नहीं पाये और फ्रायड से काम-भावना के विषय पर स्पष्ट असहमति प्रकट की और स्वतंत्र रूप से अपनी स्थापनाएँ प्रस्थापित कीं। युंग का काम-भावना सिद्धान्त फ्रायड के सिद्धान्त से बहुत भिन्न है। युंग ने इस शक्ति को जीवन-शक्ति माना है। इस शक्ति का एक भाग कामुक भी है, किन्तु प्रधानतः यह शक्ति नैतिक होती है। अचेतन मन केवल पाशविक और निम्न स्तर का न होकर धार्मिक और नैतिक भी होता है। युंग के अचेतन मन सम्बंधी धारणा में अवदमित विचार और अनुभवों के साथ-साथ जातीय अवचेतन मन भी होता है। मन को युंग ने चेतन मन का क्षतिपूरक माना है।

फ्रायड की अपेक्षा युंग के विचारों को मनोवैज्ञानिक कम और दार्शनिक अधिक माना

जाता है जिनमें उन्होंने जीवन-चक्र और प्रतीकवाद का सूक्ष्म विश्लेषण किया है। किन्तु यह कुछ अजीब ही है कि आज जितना फ्रायड को पढ़ा जाता है, उतना युंग को नहीं। समाजशास्त्रीय जगत् में भी फ्रायड की तुलना में युंग की उपेक्षा ही की गई है। कई समाजशास्त्री तो कार्ल युंग के नाम से ही अपरिचित हैं।

प्रमुख कृतियाँ:

– Collected Papers an Analytical Psychology, (1922)

•

K

Kant, Immanuel

इमैनुएल काँत (1724-1804)

आधुनिक दर्शनशास्त्रियों में एक महान् जर्मन दार्शनिक **इमैनुएल काँत** ने दर्शनशास्त्र पर तो चिर स्थाई गहरा प्रभाव अंकित किया ही है, किन्तु समाजशास्त्र सहित बौद्धिक जगत् की सभी ज्ञान की शाखाओं को भी उन्होंने न्यूनाधिक रूप में प्रभावित किया है। काँत के विवेचनात्मक दर्शन की मौलिकता इस बात में झलकती है कि उन्होंने अपने समय में ज्ञानमीमांसा के क्षेत्र में विद्यमान अनुभववाद (इम्पिरिसिज़म) और तर्कवाद (रैशॅनॅलिज़म) जैसी दो विरोधी परम्पराओं में समन्वय स्थापित करने का प्रयत्न किया है। अनुभववाद के विरोध में अपने विचार प्रकट करते हुए काँत ने कहा है कि ये वास्तविक संशलिष्ट पूर्ववर्ती निर्णय होते हैं, दूसरे शब्दों में, ऐसे निर्णय जो मात्र पुनरुक्तियां (टॉटॉलजिज़) न होते हुए भी अनुभव के आधार पर निर्मित नहीं होते हैं। काँत की महान् कृति 'शुद्ध तर्क मीमांसा' (क्रिटीक ऑफ प्योर रीज़न, 1781) में इसी बात को शक्तिशाली ढंग से प्रस्तुत किया गया है।

ज्ञानमीमांसा के क्षेत्र में काँत ने 'अनुभवातीत आदर्शवाद' का विचार प्रस्तुत किया है। उन्होंने कहा है कि विश्व के बारे में हमारा ज्ञान केवल ज्ञानेन्द्रियों द्वारा प्राप्त बिखरे हुए संकेतों पर आधारित होता है जिसे हम तर्कसंगत रूप में समन्वित कर के सार्थक अनुभव का आकार देते हैं। इससे स्पष्ट है कि हम ज्ञान प्राप्त करने के लिये 'व्यावहारिक विवेक' का सहारा लेते हैं। मात्र ऐन्द्रियक अनुभव के आधार पर विश्व के यथार्थ रूप का ज्ञान प्राप्त करना कठिन है। यह 'व्यावहारिक विवेक' नैतिक नियमों द्वारा चालित होता है और यही सद्-असद् में अन्तर करता है।

अनुभववाद की मूल धारणा को अस्वीकार करते हुए भी काँत ने अग्रणी अनुभववादियों के साथ आनुभविक विज्ञानों की संज्ञानात्मक प्रस्थिति के पक्ष में (धर्मशास्त्रीय और तत्वमीमांसीय ज्ञान के आधारों के विपरीत) अपनी सहमति प्रकट की है। समाजशास्त्र में जो प्रमुख अ-प्रत्यक्षात्मक ज्ञानमीमांसाएं प्रभावशाली रही हैं, वे सभी काँत के दर्शन से प्रत्यक्ष या परोक्ष रूप में अनुप्राणित रही हैं। निर्वचन की भिन्न यूरोपीय परम्पराओं और उनके मतभेदों का समाधान अन्ततः काँत के दर्शन द्वारा होता देखा गया है। नव-कांतवाद, प्रघटनावाद और भाष्यविज्ञान (हरमेन्यूटिक्स) जैसी ज्ञानमीमांसीय परम्पराओं पर काँत का प्रभाव स्पष्ट रूप में देखा जा सकता है।

प्रमुख कृतियाँ:

– Critique of Pure Reason, (1781)

- Groundwork of Metaphysic of Morals, (1785)
- Critique of Judgement, (1790)

Kapadia, Kanaiyalal Motilal

कनै्यालाल मोतीलाल कापड़िया (1908-1967)

जी. एस. घुर्ये के बाद बम्बई विश्वविद्यालय के समाजशास्त्र विभाग के अध्यक्ष पद का भार संभालने वाले **कनै्यालाल मोतीलाल कापड़िया** की गणना भारत के समाजशास्त्र की प्रथम पीढ़ी में की जाती है। कापड़िया का जन्म गुजरात के नवसारी कस्बे में हुआ था जिसके साथ उनका मृत्यु पर्यन्त सम्बन्ध बना रहा। यह कस्बा उनके शोध अध्ययन का क्षेत्र भी रहा है। प्रारंभिक शिक्षा अपने जन्म स्थान में ही प्राप्त कर वे उच्च शिक्षा के लिये बम्बई आ गये। यहां बम्बई विश्वविद्यालय में घुर्ये के निर्देशन में उन्होंने पी.एच.डी.की और बाद में यहीं प्राध्यापक बन गये। कापड़िया ने बहुत अधिक नहीं लिखा है। उनके शोध अध्ययन के प्रमुख विषय हिन्दुओं के विवाह, परिवार और नातेदारी रहे हैं। इन्हीं विषयों से सम्बंधित उनकी दो पुस्तकें 'हिन्दू नातेदारी' (1947) और 'भारत में विवाह एवं परिवार' (1955) विशेष उल्लेखनीय हैं। इसके अतिरिक्त, उन्होंने दक्षिणी गुजरात में कस्बों के विकास की प्रक्रिया और जाति में होने वाले परिवर्तनों का भी अध्ययन कर लेख लिखे हैं जिनका प्रकाशन प्रतिष्ठित पत्रिका 'सोसिआलॉजिकल बुलेटीन' में हुआ है। अपनी प्रख्यात पुस्तक 'भारत में विवाह एवं परिवार' में कापड़िया ने हिन्दू जीवन दर्शन और मुस्लिम जीवन दृष्टिकोण का विशद् विवेचन करते हुए हिन्दुओं और मुसलमानों के विवाह एवं परिवार से जुड़े मसलों, इनके स्वरूप और परिवर्तन पर प्रकाश डाला है। इन विषयों के अतिरिक्त आर्थिक और धार्मिक पृष्ठभूमि में बहुपत्नी विवाह और बहुपतित्व प्रणाली के इतिहास को भी खोजने का अथक प्रयास किया है। हिन्दू सामाजिक संगठन के आधार आश्रम व्यवस्था की महत्ता पर प्रकाश डालते हुए गृहस्थाश्रम के विवेचन में कापड़िया ने '**हिन्दू विवाह को एक संस्कार**' के रूप में निरूपित किया है। आधुनिक प्रवृतियों, यथा शिक्षा, औद्योगीकरण और नगरीकरण का विवाह और परिवार पर पड़ने वाले प्रभावों तथा इनके रूपान्तरण और भविष्यगत स्वरूप का भी अपने अध्ययनों में संकेत दिया है। उन्होंने लिखा है कि '**यह सही है कि संयुक्त परिवारों का अभी भी वर्चस्व है, तथापि आर्थिक प्रगति के द्वारा उत्पन्न विभिन्न शक्तियों द्वारा ये प्रभावित हुए हैं और यह प्रभाव हमें उनकी रचना में हुए परिवर्तन से प्रकट होता है।**'

कापड़िया पर घुर्ये के शोध परिप्रेक्ष्य एवं पद्धति का स्पष्ट प्रभाव देखा जा सकता है। घुर्ये की भांति कापड़िया ने भी अपने अध्ययनों में पौराणिक संस्कृत साहित्य, बौद्ध धर्म और यात्रियों के यात्रा-वर्णन, वृतान्तों एवं दस्तावेजों का प्रचुर मात्रा में प्रयोग किया है। मोटे रूप में, उनके अध्ययनों का स्वरूप मुख्य रूप में 'इन्डोलॉजिकल' रहा है। किन्तु, इसका तात्पर्य यह नहीं है कि वे आधुनिक सर्वेक्षण पद्धति, प्रश्नावली तकनीक, निर्देशन प्रणाली आदि से पूर्णतः अपरिचित थे या उनकी इन पद्धतियों के प्रति अरुचि थी, उन्होंने अपने कुछ अध्ययनों में इन आधुनिक तकनीकों का भी प्रयोग किया है।

कापड़िया की 'भारतीय समाजशास्त्रीय परिषद्' के गठन एवं संचालन में महत्ती भूमिका रही है। वे कई वर्षों तक इस परिषद् के सचिव रहे हैं। यही नहीं, इस परिषद् के द्वारा प्रकाशित 'सोसिआलॉजिकल बुलेटीन' पत्रिका के सम्पादक मंडल में रहते हुए उन्होंने इसके प्रकाशन का कार्यभार सक्रिय रूप में वहन किया है।

प्रमुख कृतियाँ:
- Hindu Kinship, (1947)
- Marriage and Family in India, (1955)

Karve, Irawati

इरावती कर्वे (1913-1970)

इरावती कर्वे का जन्म महाराष्ट्र के एक प्रबुद्ध ब्राह्मण परिवार में हुआ था। विवाह के बाद वे प्रख्यात महर्षि परिवार से जुड़ी। उन्होंने एम.ए. बम्बई विश्वविद्यालय में जी. एस. घुर्ये के सानिध्य में किया और पी.एच.डी. बर्लिन से यूजेन फिशल के निर्देशन में की। शिक्षा समाप्ति के बाद, सन् 1939 से लेकर अपनी मृत्यु तक कर्वे पूना के प्रख्यात डेक्कन कालेज के स्नात्कोत्तर विभाग और शोध-संस्थान में कार्यरत रहीं। उन्हें सन् 1939 में 'भारतीय विज्ञान कांग्रेस' के मानवशास्त्र अनुभाग के अध्ययक्ष निर्वाचित होने का भी गौरव प्राप्त किया। उन्हें संस्कृत, पाली और कुछ-कुछ तमिल का भी ज्ञान था। इरावती कर्वे के अध्ययन-अनुसंधान के प्रमुख विषय भारत की जनसंख्या में प्रजातिक तत्व, जाति की उत्पत्ति, ग्रामीण और नगरीय समुदायों का अध्ययन, नातेदारी व्यवस्थाएं, नृजाति समूह तथा पश्चिमी भारत की प्रादेशिक संस्कृति की विशिष्टताएं रही हैं। उन्होंने मानवमितीय माप विधि का प्रयोग करते हुए भौतिक मानवशास्त्र के क्षेत्र में अनेक अध्ययन किये हैं। उनका प्रारंभिक अध्ययन महाराष्ट्र के विभिन्न समूहों पर था जिसमें उन्होंने मानवमितीय मापों का प्रयोग किया गया है। इस अध्ययन में उन्होंने सामाजिक समूहों को भाषा के आधार पर विभाजित कर इनके समान व्यवसाय के आधार पर उनके उद्‌गम का पता लगाने का यत्न किया है। कर्वे ने बताया कि किस प्रकार कुछ बहिर्विवाही समूहों ने जाति का रूप ले लिया। इसी के साथ उन्होंने इस तथ्य को उजागर किया कि किस प्रकार व्यवसाय के आधार पर बनी जातियां इक्ट्ठी होकर एक ग्रामीण समुदाय का रूप धारण कर लेती हैं।

श्रीमती कर्वे भारत में नातेदारी के समाजशास्त्रीय-मानवशास्त्रीय अध्ययन की अगुआ रही हैं। इस सम्बन्ध में उनकी सर्वाधिक प्रसिद्ध कृति 'भारत में नातेदारी संगठन' (1953) रही है। इसमें उन्होंने भारत को चार प्रमुख क्षेत्रों में बांट कर उनकी नातेदारी व्यवस्था का तुलनात्मक अध्ययन किया है। इस कृति की शुरुआत महाभारत के विभिन्न पात्रों की वंशावली से होती है। साथ ही, उन्होंने इसमें भारत के विभिन्न भागों से एकत्रित की गई अथाह जानकारियों का भी उपयोग किया है। इस पुस्तक की गणना भारत की नातेदारी व्यवस्था पर लिखी श्रेष्ठतम पुस्तकों में की जाती है। **संयुक्त परिवार का विश्लेषण करते हुए कर्वे ने सह निवास, सह भोज, सह उपासना, साझा सम्पत्ति और नातेदारी संबंधों में आबद्धता**

को इस प्रकार के परिवारों की प्रमुख विशेषताएं बताया है। ये विशेषताएं भारत के ठेठ ग्रामीण पारम्परिक परिवारों पर कभी लागू होती थीं, किन्तु अब इस प्रकार के परिवार कठिनतः ही कहीं देखने को मिलें।

'भारत में नातेदारी संगठन' के अतिरिक्त कर्वे की एक अन्य पुस्तक 'हिन्दू समाजः एक विवेचन' भी चर्चा का विषय रही है। इस पुस्तक में कर्वे ने भारतीय समाज के एक प्रमुख पक्ष जाति व्यवस्था का विश्लेषण किया है। इस विश्लेषण में जहां एक ओर श्रीमती कर्वे ने भारतीय संस्कृत साहित्य और इतिहास की सामग्री का प्रचुर मात्रा में प्रयोग किया है, वहां दूसरी और उन्होंने जातियों के साथ-साथ समकालीन समाजशास्त्रीय एवं मानवशास्त्रीय आनुभविक अध्ययन सामग्री का भी व्यापक प्रयोग किया है। अपने अध्ययन के आधार पर कर्वे ने जाति को परिभाषित करते हुए लिखा है कि **"जाति एक विस्तारित नातेदारी-समूह या एक विस्तारित परिवार है।" जाति की विशेषताओं पर प्रकाश डालते हुए उन्होंने इसकी दो प्रमुख विशेषताओं बताई हैं: अंतर्विवाही समूह तथा जाति का एक पारम्परिक या पुश्तैनी व्यवसाय।**

कर्वे ने इस तथ्य से अपनी असहमति प्रकट की है कि वैदिक आर्यों की चातुर्वर्ण व्यवस्था ही आगे चल कर कई जातियों में बंट गई। कर्वे के मतानुसार, जाति व्यवस्था या इसी तरह की कोई सामाजिक व्यवस्था आर्यों के भारत में आगमन के पहले से ही यहां प्रचलित थी। उन्होंने वर्ण-व्यवस्था को अनम्य और अलचीले माने जाने वाले विचार का भी खंडन किया है। जाति के इतिहास को कुरेदन के साथ-साथ कर्वे ने भारतीय समाज के समकालीन स्वरूप तथा सामाजिक समस्याओं, जैसे भाषा, साम्प्रदायिकता, जातिवाद, आरक्षण व्यवस्था, अस्पृश्यता, समाज में स्त्रियों का स्थान और एक बड़ी जनसंख्या का गांवों से नगरों की ओर पलायन, पंचायती राज आदि का विस्तृत विवेचन किया है।

अपने गुरु घुर्ये की भांति कर्वे ने भी हिन्दू समाज, सामाजिक संस्थाएं, मूल्यों एवं कर्मकाण्डों में प्रतीकवाद के साथ-साथ लोकगीतों, कथाओं और महाकाव्यों के विवेचन हेतु भारतविद्याशास्त्र सम्बन्धी सभी स्रोत सामग्री का प्रचुर मात्रा में प्रयोग किया है। यही नहीं, क्षेत्र-कार्य और अवलोकन सम्बन्धी तथ्य सामग्री एकत्रित करने के लिये कर्वे ने सांस्कृतिक मानवशास्त्र में प्रयोग की जाने वाली विशिष्ट विधियों का प्रयोग किया है। उनके समाजशास्त्रीय-मानवशास्त्रीय लेखन में भारतविद्याशास्त्रीय और सामाजिक सर्वेक्षण का अच्छा समन्वय देखने को मिलता है। उनके संस्कृत के ज्ञान ने उन्हें प्राचीन ग्रंथों—धर्मग्रंथ, न्याय ग्रंथ और महाकाव्यों के अध्ययन में काफी मदद की है। **भारतीय सामाजिक संरचना के** अध्ययन के बारे में उनकी यह टिप्पणी विशेष उल्लेखनीय है जिसमें उन्होंने यह बताया है कि **जाति व्यवस्था, संयुक्त परिवार और ग्रामीण समुदाय भारतीय सामाजिक संरचना के तीन प्रमुख स्तम्भ हैं।**

प्रख्यात मानवशास्त्री और भारतविद् के अतिरिक्त श्रीमती कर्वे एक प्रखर साहित्यकार भी थीं। उन्होंने मराठी में कई साहित्यिक पुस्तकें लिखी हैं। महाभारत पर लिखी गई उनकी अंतिम एक मराठी रचना 'युगान्तर' के लिये उन्हें साहित्य अकादमी और महाराष्ट्र सरकार द्वारा पुरस्कृत भी किया गया। इस पुस्तक का सन् 1970 में अंग्रेजी में अनुवाद भी हुआ है। महाराष्ट्र के स्कूलों में वे एक समाजशास्त्री की अपेक्षा एक साहित्यकार के रूप में ही अधिक

जानी जाती रही हैं। वे भारतीय समाजशास्त्र के क्षेत्र में प्रथम अग्रणी महिलाओं में से एक थी।

प्रमुख कृतियाँ:
- Kinship Organisation in India, (1953)
- Hindu Society, (1961)

Kautilya
कौटिल्य

हिन्दू धर्मशास्त्रों में 'अर्थशास्त्र' ग्रन्थ की गणना एक अग्रणी प्रमुख ग्रन्थों में की जाती है। इस ग्रन्थ के रचनाकार एक महान् इतिहास पुरुष **कौटिल्य** थे जिनके जीवन के बारे में अधिकृत प्रामाणिक जानकारी उपलब्ध नहीं है। किन्तु सामान्यतः यह स्वीकार किया जाता है कि वे राजा चन्द्रगुप्त मौर्य काल में के एक महामंत्री थे। कौटिल्य को विष्णुगुप्त और चाणक्य के नामों से भी जाना जाता है। प्राचीन भारत के सामाजिक चिन्तकों (विशेषतः राजनीतिक चिन्तकों) में कौटिल्य का स्थान बहुत ऊँचा रहा है। उन्हें कूटनीति और शासन कला का एक धुरंधर विद्वान माना जाता था। कौटिल्य के व्यक्तिगत जीवन सम्बंधी तथ्यों की भांति ही 'अर्थशास्त्र' के रचनाकाल के बारे में भी विद्वानों में मतभेद है। कुछ ऐतिहासिक प्रमाणों के आधार पर इसकी रचना 400-300 ई.पू. मानी जाती है। इस अकेले ग्रन्थ ने कौटिल्य को साहित्य के क्षेत्र में अमर बना दिया, यद्यपि उन्होंने इसके अतिरिक्त भी विविध विषयों पर लिखा है।

'अर्थशास्त्र' केवल आर्थिक विषयों का एक दस्तावेज नहीं है, अपितु इसमें आर्थिक विषयों के अतिरिक्त प्राचीन भारत की सामाजिक और राजनीतिक संहिताओं, प्रथाओं, संस्थाओं और रीति-रिवाजों की प्रतिध्वनि भी स्पष्ट रूप में सुनाई देती है। भारतीय सामाजिक-राजनीतिक विचारधारा के विकास एवं उसके विश्लेषण में इस ग्रंथ का अपूर्व योगदान है। इसमें तत्कालीन समाज के चित्रण के साथ समाज में होने वाले भविष्यगत परिवर्तनों का पूर्वाभास भी किया गया है। इस ग्रंथ में वर्णाश्रम धर्म, शिक्षा, विवाह, (आठ प्रकारों सहित), वैवाहिक जीवन के नियम, स्त्री पुरुष के आपसी कर्त्तव्य, सम्भोग नियम, विवाह विच्छेद, पुनर्विवाह, उत्तराधिकार के नियम (दायभाग), स्त्री धन, स्त्रियों का समाज में स्थान, शूद्रों की स्थिति, दंड के सिद्धान्त एवं प्रकारों के अतिरिक्त मानव के मनोविज्ञान का भी अति सूक्ष्म एवं विशद् विवेचन देखने को मिलता है। राज धर्म, राजव्यवस्था, न्याय व्यवस्था और नागरिक संगठन जैसे विषय तो इस ग्रंथ के प्रमुख अंग हैं।

कौटिल्य की तुलना प्रसिद्ध पश्चिमी विचारक 'द प्रिन्स' के रचनाकार मेकियावेली से की जाती है। राजनीति के कई मसलों के बारे में दोनों के विचारों में काफी साम्यता पाई गई है, जैसे दोनों ही विचारक यह मानते थे कि 'श्रेष्ट उद्देश्य की प्राप्ति के लिये सभी साधन उचित हैं।' किन्तु, दोनों में सबसे बड़ा अन्तर यह रहा है कि जहां मेकियावेली का सोच अधिकांशतः राजनीतिक से सम्बन्धित विषयों तक सीमित था; वहां कौटिल्य ने राजनीति ही

नहीं, वरन मानव जीवन से सम्बन्धित अनेक विषयों पर अपने विचार व्यक्त किये हैं। कौटिल्य ने मेकियावेली की भांति नैतिकता की सर्वथा उपेक्षा नहीं की है।

प्रमुख कृतियाँ:

– अर्थशास्त्र, (400-300 ई.पू.)

Kautsky, Karl

कार्ल कॉटस्की (1854-1938)

जर्मन समाजवादी राजनीतिज्ञ और सामाजिक सिद्धान्तकार **कार्ल कॉटस्की** ने बोल्शेविक क्रांति तथा इसकी नीति 'सर्वहारा की तानाशाही' की तीव्र आलोचना की जिसके कारण उन्हें लेनिन की नाराजगी का शिकार होना पड़ा। लेनिन ने उन पर कामगार वर्ग के सामाजिक लोकतांत्रिक विश्वासघात के प्रतीक का आरोप लगा कर कड़ा प्रहार किया। कॉटस्की ने कहा कि लघु स्तर पर किसानों द्वारा उत्पादन पूंजीवादी विकास के समक्ष ठहर नहीं सकता। इसका समाप्त होना अवश्यंभावी है, अतः सामाजिक लोकतंत्रवादियों को किसानों के हितों की रक्षा नहीं करना चाहिये क्योंकि उनका भविष्य सर्वहाराकरण में निहित है। कॉटस्की के अनुसार, किसान वर्ग में पृथकता, परम्परा और व्यक्तिवाद की 'पिछड़ी' सामाजिक विशेषताऐं पाई जाती हैं। वे सुधारवाद के भी विरोधी थे, अर्थात् वे सन् 1980 के एडवर्ड बर्नेश्टाइन द्वारा समर्थित चुनावी राजनीति के खिलाफ थे और प्रथम विश्व युद्ध में उन्होंने एक शांतिदूत की भूमिका का वरण किया।

प्रमुख कृतियाँ:

– On the Agrarian Question, (1899)

Kelly, George Alexander

गोर्ग (जार्ज) अलेक्ज़ेंडर कैली (1905-1966)

समकालीन अमरीकी मनोवैज्ञानिक **गोर्ग अलेक्ज़ेंडर कैली** ने 'व्यक्तिगत रचना सिद्धान्त' तथा 'भूमिका रचना संग्रह परीक्षण' का प्रतिपादन किया है। उन्होंने लिखा है कि एक व्यक्ति की प्रक्रियाओं का निर्धारण मनोवैज्ञानिक रूप में होता है, अर्थात् जिस रूप में वह घटनाओं के सम्बन्ध में आशा करता है, उसी रूप में उसकी क्रियाएं काम करने लगती हैं। इस प्रकार की रचनाएं मनोविज्ञान के केन्द्रीय विषय रहे हैं।

Kinsey, Alfred

अल्फ्रेड किन्से (1894-1956)

अल्फ्रेड किन्से मुख्य रूप में पुरुष-स्त्रियों के यौन (कामुकता) व्यवहार सम्बन्धी अपने

शोध-अध्ययनों के लिये जाने जाते हैं। मूल रूप में वे एक जीवशास्त्री तथा सांख्यिकी विज्ञ थे। उन्होंने उत्तरी अमेरिका के 12,000 स्त्री-पुरुषों के एक विशाल सेम्पल का व्यक्तिगत साक्षात्कार के आधार पर एक शोध-सर्वेक्षण सम्पादित किया और बताया कि उनके सेम्पल के 4 प्रतिशत लोग पूर्णतः समलिंगी थे और एक तिहाही पुरुष समलैंगिक क्रियाओं में भाग लेते रहते थे।

उनके सेक्स संबंधी निष्कर्ष काफी विवादास्पद रहे, किन्तु उनके निष्कर्षों ने कई सांस्कृतिक तथ्यों को उजागर किया है।

प्रमुख कृतियाँ:

– Sexual Behaviour in the Human Male, (1948)
– Sexual Behaviour in the Human Female, (1953)

Klein, Melanie

मेलानी क्लाइन (क्लेन) (1882-1960)

मेलानी क्लाइन आस्ट्रिया में पैदा हुई द्वितीय पीढ़ी की एक मनोविश्लेषक थी जिनकी शिक्षा-दीक्षा बुडापेस्ट में सेन्डर फरनेजी और बर्लिन में कार्ल अब्राहम के सानिध्य में हुई थी। सन् 1926 में वे लंदन चली गई और ब्रिटिश तथा विश्व मनोविश्लेषक जगत् की एक महत्वपूर्ण हस्ती बन गई। वे ब्रिटिश मनोविश्लेषक परिषद् के क्लेनिवादी सम्प्रदाय की संस्थापक थीं। उन्होंने छोटे बालकों के अध्ययन के लिये नई प्रविधियों का प्रयोग किया, जैसे 'शाब्दिक मुक्त साहचर्य' के स्थान पर क्लाइन ने 'खेल विधि' का प्रतिस्थापन किया। सिग्मंड फ्रायड से भिन्न, उन्होंने छोटे बालकों के भावानात्मक जीवन के बारे में अत्यंत विस्तृत सिद्धान्त का विकास किया। उन्होंने कहा कि समस्त बालकों की प्रगति दो स्थितियों से होती है; संविभ्रम मनोविदलता स्थिति और अवसादपूर्ण स्थिति। अतः प्रत्येक व्यक्ति ने पागलपन का या तो थोड़ा-बहुत अनुभव किया है या उसमें पागलपन की ओर जाने की दूरस्थ संभावना छुपी होती हैं। क्लाइन ने फ्रायड की 'मृत्यु की मूल प्रवृति' की अवधारणा को उपचारीय अर्थ दिया और इसका प्रयोग विनाशात्मक घृणा के रूप में किया तथा अचेतन कल्पना की भूमिका को उजागर किया।

आजकल उनकी कृतियों का प्रयोग सामाजिक आलोचना के उद्देश्यों के लिये किया जा रहा है। उदाहरणार्थ, क्लाइन के विकास के प्रारंभिक चरणों के विश्लेषण का प्रयोग आधुनिक व्यक्तित्व की विशेषताओं को समझने में किया जा रहा है और स्नेह और घृणा के खेल सम्बन्धी उनके विचारों का आलोचना सिद्धान्त में प्रयोग हो रहा है।

Klein, Viola

वायला क्लाइन (क्लेन) (1908-1973)

एक आस्ट्रियाई सामाजिक सिद्धान्तकार **वायला क्लाइन** सन् 1939 में एक शरणार्थी के रूप

में इंग्लैण्ड भाग आई और यहां कुछ समय तक एक घरेलू नौकरानी के रूप में काम किया। क्लाइन का प्रमुख कार्य-क्षेत्र स्त्रियों की प्रस्थिति और उससे जुड़ी समस्याएं जानना रहा है। सन् 1944 में उन्होंने 'लंदन स्कूल ऑफ इक्नॉमिक्स' से द्वितीय शोध-उपाधि प्राप्त की जो 'स्त्रियोचित चरित्र : एक विचारधारा का इतिहास' (1946) के नाम से छपी। किन्तु उनके जिस अध्ययन ने उन्हें सर्वाधिक प्रसिद्धि अर्जित की, वह अल्वा मिर्डल के साथ किया गया उनका अध्ययन 'नारी की दो भूमिकाएं : घर और व्यवसाय' (1956) ही प्रमुख रहा है। उनकी यह बहुचर्चित पुस्तक नारीवादी आंदोलन की द्वितीय लहर के पूर्व छपी थी, किन्तु इसमें इस द्वितीय लहर के आंदोलन के बहुत से मसलों का पूर्वानुमान खुलासा किया गया है।

प्रमुख कृतियाँ:

- The Feminine Character: History of an Ideology, (1946)
- Women's Two Roles: Home and Work, with Alwa Myrdal, (1956)

Kluckhohn, Clyde

क्लाड क्लुकहोन (क्लुखोन) (1905-1960)

क्लाड क्लुखोन एक अमरीकी मानवशास्त्री थे जिन्होंने कई वर्षों तक हार्वर्ड विश्वविद्यालय में अध्यापन किया। इनके लेखनों में मानवशास्त्र और मनोविज्ञान दोनों के तत्व सम्मिलित हैं। क्लुखोन ने अनेक आदिवासी जातियों का अध्ययन किया है। उनकी सर्वाधिक महत्त्वपूर्ण पुस्तक 'नवाजो जादू-टोना' (1944) रही है जिसमें उन्होंने बताया कि अमेरिका के विशाल समाज के दबाव के कारण पैदा हुए तनावों को दूर करने में जादू-टोना बड़ी सहायता करता है।

क्लुखोन ने हार्वर्ड के 'सामाजिक विज्ञानों के अन्तर्विज्ञानीय विभाग' में प्रख्यात समाजशास्त्री टालकट पार्सन्स के साथ एक लम्बे अर्से तक कार्य किया है। ऐसा बताया जाता है कि उन्होंने पार्सन्स को चालीस के दशक में फ्रायड द्वारा प्रभावित अमरीकी सांस्कृतिक मानवशास्त्र की ओर उन्मुख करने में महत्त्वपूर्ण भूमिका अदा की है।

प्रमुख कृतियाँ:

- Navajo Witchcraft, (1944)

Kollontai, Alexandra

आलेक्सांद्रा कोलन्ताई (अलेक्ज़ेडरा कोलन्टाई) (1872-1952)

रूसी कुलीनतंत्र में पैदा हुई **आलेक्सांद्रा कोलन्ताई** क्रांतिकारी मार्क्सवाद के दृष्टिकोण से महिलाओं और परिवार सम्बन्धी अपने अध्ययनों के लिये जानी जाती हैं। एक महिलावादी प्राध्यापिका तथा लेखिका के रूप में कोलन्टाई रूसी आंदोलन के पूर्व और बाद दोनों कालों में राजनीतिक रूप में काफी सक्रिय रही हैं। उन्होंने प्रथम अखिल रूसी महिला काँग्रेस

आयोजित करने में महती भूमिका अदा की है। यही नहीं, वे उत्तर-क्रांतिकारी शासकीय समितियों में भी सहभागी रही हैं। कोलन्टाई ने आर्थिक स्वतंत्रता सम्बन्धी महिलाओं के अधिकार और अपनी कामवृति पर अपना अधिकार का मार्क्सवादी दृष्टिकोण से मौलिक विश्लेषण किया है। उन्होंने मातृत्व, महिलावाद, श्रम और राज्य के सम्बन्धों के बारे में अनेक क्रांतिकारी विचार प्रस्तुत किये हैं।

प्रमुख कृतियाँ:

- The Social Foundations of the Women Question, (1909)
- Society and Maternity, (1913)
- Communism and the Family, (1920)
- The Autobiography of a Sexually Emancipated Communist Woman, (1971)
- Sexual Relations and Class Struggle, (1972)
- Alexandra Kollontai: Selected Articles and Speeches, (1984)

Kroeber, Alfred Lewis

अल्फ्रेड लेविस क्रोबर

(1876-1960)

अमरीकी सांस्कृतिक मानवशास्त्री और अमेरिका के मूल निवासियों का नृजातीय लेखन करने वाले **अल्फ्रेड लेविस क्रोबर** कई पुस्तकों के लेखक एवं सम्पादक रहे हैं। उन्होंने सांस्कृतिक विकास का अध्ययन दार्शनिक और मानवशास्त्रीय दोनों आधारों पर किया है जो 'संस्कृति के संरूपण' (कन्फ़िग्युरेशन ऑफ कल्चर) के नाम से प्रकाशित हुआ है। क्रोबर ने उद्विकासवाद की आलोचना की और संस्कृति के अमरीकी प्रसारवादी सिद्धान्त का अनुसरण किया है। अमरीकी प्रसारवादियों ने संस्कृति के विकास सम्बन्धी 'सांस्कृतिक क्षेत्र' की अवधारणा प्रस्तुत की है। उन्होंने बताया कि किसी भी सांस्कृतिक क्षेत्र की विशिष्ट विशेषताओं का एक भौगोलिक संस्कृति केन्द्र होता है जहां सर्वप्रथम किसी सांस्कृतिक तत्व का उद्भव होता है और बाद में वह तत्व धीरे-धीरे संस्कृति-केन्द्र से बाहर की ओर फैल कर एक सांस्कृतिक क्षेत्र का निर्माण करता है।

क्रोबर ने संस्कृति की व्याख्या एक प्रवाल भित्ती (मूंगे की दिवार) के रूप में की है जिसमें नये मूंगे मूलतः अपने मृतक सम्बन्धियों के आधार पर अपने को निर्मित करते रहते हैं। उन्होंने मानव संस्कृति को 'अधिसावयविक' या 'पराजैविक' (स्यूपरऑःगैनि्क) के विशेषण से अलंकृत किया है और कहा है कि यह अन्य सभी वस्तुओं की आधात्री (जन्म देने वाली) है। यही नहीं, इसकी अभिवृद्धि और क्रियाशीलता के अपने स्वयं के नियम होते हैं। इसकी व्याख्या मानव के शरीर, मनोविज्ञान और समाज इन तीनों ही आधार पर नहीं की जा सकती है।

प्रमुख कृतियाँ:
- Handbook of the Indians of California, (1925)
- Configurations of Culture, (1944)
- The Nature of Culture, (1952)
- Anthropology : Culture Patterns and Processes, (Revised, 1963)

Kuhn, Manford

मनफोर्ड कून (कूहन) (1911-1963)

मनफोर्ड कून (कूहन) एक अग्रणी सांकेतिक अन्तःक्रियावादी थे जिन्हें अन्तःक्रियावाद की एक विशिष्ट परिमाणात्मक धारा को विकसित करने का श्रेय दिया जाता है। उन्होंने शिकागो सम्प्रदाय पर प्रहार कहते हुए कहा कि इस सम्प्रदाय की अध्ययन पद्धति अत्यंत अस्पष्ट है जिसके आधार पर वैज्ञानिक निष्कर्ष निकालना कठिन है। कून तथा उनके साथियों ने 'सामाजिक क्रिया' तथा 'स्व' जैसी अवधारणाओं की कार्यकारी परिभाषाएं गढ़ने का प्रयास किया है। उनकी तथाकथित 'बीस कथन परीक्षण' की विधि काफी प्रसिद्ध रही है जिसके द्वारा प्रयोज्यों से 'मैं कौन हूं ?' प्रश्न के बीस प्रत्युत्तर देने के लिये कहा जाता है। यह 'स्व' के अध्ययन की सर्वाधिक वस्तुपरक विधि है।

कून के ओवा सम्प्रदाय के सांकेतिक अन्तर्क्रियावाद को शिकागो के हरबर्ट ब्लूमर और उनके साथियों के मानवतावादी उपागम से बहुधा भिन्न बताया जाता है। उनका ओवा विश्वविद्यालय का सांकेतिक अन्तःक्रियावादी सम्प्रदाय पद्धतिशास्त्रीय बहुलवाद का पक्षधर रहा है। यह तथ्य नॉर्मन के. डेंजिन की कृतियों से स्पष्ट होता है।

Kuhn, Thomas

थॉमस कून (कूहन) (1922-)

सामाजिक विज्ञानों, विशेषतः समाजशास्त्र में "पैराडाइम" की अवधारणा के प्रवर्तक के लिये अपनी एक विशिष्ट पहचान कायम करने वाले **थॉमस कून** (कूहन) विज्ञान के एक अमरीकी दार्शनिक और इतिहासकार हैं। उन्होंने वैज्ञानिक शोध-प्रक्रिया के संदर्भ में समाजशास्त्रीय बोध के विकास में महती भूमिका अदा की है। कूहन का मुख्य तर्क यह है कि विज्ञान किसी भी प्रकार अन्य सामाजिक घटनाओं से भिन्न नहीं है, अर्थात् इस पर भी उन सामाजिक व्यवस्थाओं की सांस्कृतिक और संरचनात्मक विशेषताओं का प्रभाव पड़ता है जिसमें कोई वैज्ञानिक शोध-कार्य सम्पन्न किया जाता है और इन्हीं के द्वारा उसके रूप-आकार की रचना होती है। समाजशास्त्र में मुख्यतः कून वैज्ञानिक क्रांति की प्रक्रिया संबंधी अपने विचारों के लिये जाने जाते हैं जिसके अनुसार एक वैचारिक रूपाकंन (पेराडाइम) का स्थान दूसरा वैचारिक रूपाकंन ले लेता है।

कून ने सन् 1962 में काफी पतली सी एक पुस्तक 'वैज्ञानिक क्रांति की संरचना' के

नाम से लिखी। इस पुस्तक का समाजशास्त्र तथा सामाजिक विज्ञानों से प्रत्यक्षतः कोई लेना-देना नहीं है, क्योंकि इस पुस्तक की रचना विज्ञान के दर्शन से हुई है और मूलतः यह पुस्तक भौतिक विज्ञानों पर केन्द्रित है। किन्तु इस पुस्तक में प्रतिपादित विचारों ने समाज वैज्ञानिकों और विशेषतः समाजशास्त्रियों को भी आकर्षित किया है और कई एक समाजशास्त्रियों ने तो कून की धारणाओं को लेकर ही पुस्तकें रच दी हैं।

विज्ञान में बदलाव कैसे आता है, यह विषय ही इस पुस्तक का केन्द्रीय विषय है। अपनी धारणा स्पष्ट करने के पूर्व कून ने इस पुस्तक में सर्वप्रथम विज्ञान में आने वाले बदलाव के बारे में बहु प्रचलित धारणाओं का खंडन किया है। उन्होंने लिखा है कि अधिकांश सामान्यजन और कई वैज्ञानिक भी यह मानते हैं कि विज्ञान में प्रगति संचयात्मक प्रक्रिया द्वारा होती है। विज्ञान ने अपनी वर्तमान स्थिति ज्ञान में हुई मन्द किन्तु स्थाई वृद्धि द्वारा प्राप्त की है और भविष्य में इसमें अधिक वृद्धि होगी। विज्ञान का यह दृष्टिकोण प्रसिद्ध भौतिक वैज्ञानिक आइज़ेक न्यूटन ने प्रस्तुत किया था। उन्होंने कहा है कि **"यदि मैं जो कुछ आगे देख पाया, उसका कारण यह था कि मैं किसी भीमकाय व्यक्ति (राक्षस) के कंधों पर खड़ा था।"** किन्तु कून ने वैज्ञानिक विकास की इस संचीय प्रक्रिया की धारणा को एक मिथक माना है और इसे त्यागने का आग्रह किया है।

कून ने अवश्यमेव यह स्वीकार किया है कि विज्ञान की प्रगति में संचय की महत्ती भूमिका होती है, किन्तु विज्ञान की सच्ची प्रगति क्रांति द्वारा ही संभव है। विज्ञान में परिवर्तन कैसे होता है, इस सम्बन्ध में उन्होंने एक सिद्धान्त प्रस्तुत किया है। कून के अनुसार, प्रत्येक विज्ञान में एक निश्चित अवधि में कोई एक विशिष्ट 'वैचारिक रूपाकंन' (पेराडाइम) हावी होता है, उसका वर्चस्व उस विज्ञान के हर क्षेत्र में छाया रहता है। सामान्य विज्ञान में ज्ञान के संचय का समय होता है जिसमें वैज्ञानिक प्रचलित प्रबल पेराडाइम को आगे बढ़ाने का कार्य करते हैं। इस प्रकार के वैज्ञानिक कार्य अनिवार्यतः ऐसी असंगतियों और निष्कर्षों को जन्म देते हैं जिनकी प्रचलित प्रबल पेराडाइम द्वारा व्याख्या संभव नहीं हो पाती है। यदि ये असंगतियां बढ़ती जाती हैं तो एक संकटकालीन स्थिति उत्पन्न हो जाती है और इस संकट का निराकरण एक वैज्ञानिक क्रांति द्वारा होता है। परिणामतः किसी नये पेराडाइम का जन्म होता है जो धीरे-धीरे पुराने पेराडाइम का स्थान ले लेता है। अब यह नया पेराडाइम विज्ञान का केन्द्र बन जाता है और पुराने पेराडाइम को अन्ततः छोड़ दिया जाता है। कून के अनुसार इस प्रकार विज्ञान के क्षेत्र में एक चक्र की शुरुआत होती है जिसमें नये और पुराने पेराडाइमों के आने-जाने का क्रम बना रहता है। किन्तु वैज्ञानिक क्रांति के समय बड़े स्तर पर परिवर्तन होते हैं और यकायक पुराने पेराडाइमों का स्थान नये पेराडाइम ले लेते हैं। कून का यह विचार भौतिक विज्ञानों की कार्य प्रणाली को स्पष्ट करता है जिसे बाद में सामाजिक विज्ञानों ने भी अपना लिया।

'पेराडाइम' क्या है ? इस शब्द का प्रयोग कून ने अपनी उपर्युक्त पुस्तक में अनेकों बार किया है, किन्तु उन्होंने कहीं भी इसे किन्हीं निश्चित शब्दों में परिभाषित नहीं किया है। **मारग्रेट मास्टरमैन** (1970) के अनुसार, कून ने इस शब्द का प्रयोग कम से कम इक्कीस विभिन्न अर्थों में किया है; अतः इसकी अस्पष्टता अधिक बढ़ गई है। समाजशास्त्र के क्षेत्र में 'पेराडाइम' की अवधारणा का प्रवेश कून के लेखनों द्वारा ही हुआ है। वैज्ञानिक परिवर्तन

की प्रकृति क्या है, इस विषय को लेकर ही कून ने कहा है कि वैज्ञानिक सामान्यतः किसी न किसी पेराडाइम के दायरे में कार्य करते हैं। उनके अनुसार, पेराडाइम विश्व को देखने की एक विधि हैं जिसमें शोध के विषय, उससे संबंधित प्रश्न तथा उनके विश्लेषण के नियमों को सम्मिलित किया जाता है। ये किसी विषय के बारे में वैज्ञानिकों के समुदायों के साझा अनुमानों को प्रकट करते हैं। पेराडाइम वैज्ञानिकों के कार्यकलापों को नियंत्रित करते हैं, उनकी शोध को निर्देशित करते है तथा उनकी शोध की सीमाबंदी भी करते हैं। जब कभी ये अपने इस कार्य में असफल होते हैं, तब विज्ञान में 'क्रांति' उत्पन्न होती है। पेराडाइम रोज़मर्रा की नियमित विज्ञान की विषय-वस्तु का निर्धारण करते हैं, जिसे 'सामान्य विज्ञान' कहा जाता है। पेराडाइम्स एक विज्ञान के भीतर विषय-वस्तु की आधारभूत छवि को प्रदर्शित करते हैं। सिद्धान्त वृहत पैराडाइम्स के मात्र अंग होते हैं। दूसरे शब्दों में, एक पेराडाइम में एकाधिक सिद्धान्त हो सकते हैं। इस प्रकार, सिद्धान्त और पेराडाइम में अन्तर है। एक पेराडाइम का क्षेत्र सिद्धान्त से अधिक व्यापक होता है।

प्रमुख कृतियाँ:

- The Structure of Scientific Revolutions, (1970)
- The Essential Tension, (1977)

L

Lacan, Jacques

ज़ाक् लाकां **(1901-1983)**

फ्रांस तथा अन्य स्थानों के मनोविश्लेषण के समस्त रूपाकार को बदलने वाले **ज़ाक् लाकां** एक फ्रांसीसी मनोविश्लेषक थे जिन्होंने 'पहचान के अपने सिद्धान्त' द्वारा फिल्म सिद्धान्त और नारीवादी सिद्धान्त को गहरे रूप में प्रभावित किया है। उन्होंने **फ्रायड** के विचारों (विशेषतः उनके स्वप्न संबंधी सिद्धान्त) की संरचनावादी भाषाशास्त्र के परिप्रेक्ष्य में पुनर्व्याख्या कर उसे नया रूप दिया है। **लाकां संरचनावाद और उत्तर-संरचनावादी आंदोलन के एक प्रमुख सिद्धान्तकार रहे हैं।** समाजशास्त्रियों के लिये उनकी विषयी (सब्जेक्ट) और लिंग की जटिल विकेन्द्रित अवधारणाएं मुख्य आकर्षण का केन्द्र रही हैं।

लाकां का जन्म पेरिस के एक बुर्जुआ कैथॉलिक परिवार में हुआ था। उनकी प्रारंभिक शिक्षा और प्रशिक्षण पारम्परिक रूप में अन्य फ्रांसीसी व्यक्तियों की भांति ही सामान्य शिक्षण संस्थाओं में ही हुआ था। उनकी रूचि मनोचिकित्सा के अध्ययन में थी। अतः मनोचिकित्सा के पाठ्यक्रम में प्रवेश लेने के लिये परिपाटीनुसार उन्हें पहले सार्बोन विश्वविद्यालय से चिकित्साशास्त्र में स्नातक की डिग्री हासिल करनी पड़ी। मनोचिकित्सा का अध्ययन उन्होंने बहुप्रसिद्ध. मनोचिकित्सक **गायेतां द क्लेराम्बाल्ट** के सानिध्य में कर उनसे प्रेक्षण की कला सीखी तथा स्वप्न विशेषज्ञों से उन्होंने बारोक आत्म-प्रदर्शन की कला सीखी। फ्रांस की मनोविश्लेषण की इतिहासकार **ऐलिजाबेथ रौडिनोस्को** ने संगोष्ठियों में लाकां की व्याख्यान देने की पारंगतता के बारे में टिप्पणी करते हुए लिखा है कि "वे बिना जादू के जादूगर थे, बिना सम्मोहन के सम्मोहन-गुरु थे, और वे बिना पैगम्बर के ईश्वर थे। वे अपने श्रोताओं को अपनी भाषण-कला और प्रशंसनीय भाषा से मंत्रमुग्ध करने में माहिर थे।"

लाकां की भाषण-कला के द्वारा ही सन् 1950 में भाषा के बारे में एक सिद्धान्त की रचना हुई कि 'भाषा में वह शक्ति होती है कि जिसके द्वारा वह सब कुछ कह दिया जाता है जो वास्तव में कहा नहीं जाता है।' संक्षेप में, मानव प्राणी जितना भाषा के द्वारा बोलते हैं, भाषा इससे अधिक मानव के अन्दर से बोलती है। लाकां ने फ्रायड के सिद्धान्तों में रुचि प्रदर्शित कर 'फ्रायड की ओर लौटने' के अभियान (1930) की शुरुआत की। उनका यह अभियान हीगल की पुनर्व्याख्या से अनुप्राणित रहा है। लाकां ने फ्रायड की व्यक्तिनिष्टता और कामात्मकता के सिद्धान्तों के साथ-साथ उनकी अचेतन की धारणा की नये ढंग से व्याख्या की। सन् 1950 में लाकां ने यह विचार रखा कि मानवीय व्यवहार को ठीक ढंग से समझने के लिये स्व (ईगो) का अध्ययन अत्यंत महत्वपूर्ण है। लाकां के इस विचार ने युद्धोत्तर काल में अमेरिका सहित अंग्रेजी बोलने वाले सभी देशों को प्रभावित किया। यह मानवतावाद का युग था जिसमें इस विचार को पल्लवित किया गया कि मानवीय प्रयोजनों, समझ और चेतना

का स्थान सर्वोपरि है। इस धारणा ने 'स्व' में विश्वास को पुनः मज़बूत किया। यह 'स्व' अच्छा हो या बुरा, मानवीय जीवन का केन्द्र होता है।

सकारात्मक उद्देश्यों रहित विभिन्नताओं की एक प्रणाली के रूप में भाषा की संरचनात्मक व्याख्या के द्वारा लाकां ने फ्रायड के विचारों में भाषा के महत्व को स्थापित किया। संरचनात्मक उपागम के प्रयोग के पूर्व, सन् 1936 में लाकां ने अपने "आइना अवस्था" (मिर्र स्टेज) सिद्धान्त का प्रतिपादन किया है। लाकां के अनुसार यह आइना अवस्था शिशु में शुरू के 6 से 18 महिनों की आयु के बीच उत्पन्न होती है। यह अवस्था शिशु के बोलने की योग्यता और चालक क्षमताओं पर नियंत्रण के पहले की होती है जब बालक शीशे में अपनी छवि पहचाने लग जाता है। पहचानने की यह प्रक्रिया आत्म-स्पष्ट नहीं होती क्यों कि बालक को शीशे में अपनी छवि देखते समय अपने आपको (अपने स्व का प्रतिबिम्ब) तथा स्वयं का नहीं (केवल प्रतिबिम्बित छवि) दोनों को देखनी पड़ती है। बालक का भाषा संसार में प्रवेश इसी समय होता है जो पूर्णतः उसकी चेतना पर निर्भर करता है। स्व का निर्माण भी इसी प्रकार होता है। आजकल भाषा और सांकेतिक (अर्थात् सांस्कृतिक) तत्वों को महत्व दिया जाने लगा है, अन्यथा पहले यह समझा जाता था कि जैवकीय (अर्थात् प्राकृतिक) कारक ही मानवीय विषयपरकता (सब्जेक्टिविटी) का आधार होता है। इस संबंध में लाकां की यह उक्ति महत्वपूर्ण है कि "पुरुष बोलते हैं---------- ऐसा इसलिये होता है क्यों कि प्रतीकों ने उसे पुरुष बनाया है।"

मनोविश्लेषण सत्र के समय भाषा का बड़ा महत्व होता है, क्यों कि जिस व्यक्ति का मनोविश्लेषण किया जा रहा है, उसे बिना किसी अपवाद के वह सब कुछ बोलने-कहने के लिये प्रेरित किया जाता है जो उसके मस्तिष्क में उस समय आता है क्योंकि यह उसकी याददास्त की रचना में अत्यंत महत्वपूर्ण होता है। यही कारण है कि मानव प्राणी सांकेतिक व्यवस्था के द्वारा अनिवार्य रूप से कटा होता है।

भाषा विचारों एवं सूचनाओं की केवल वाहक नहीं होती और न ही यह केवल सम्प्रेषण का माध्यम होती है। लाकां कहते है कि सम्प्रेषण के विकृत होने के कारण भी महत्वपूर्ण हैं। भ्रांति, असमंजस, काव्यमय गूंज और इसी प्रकार की अन्य कई विशेषताएं (जैसे जबान की चूक, भुल्लकड़पन, नामों को भूल जाना, गलत पढ़ जाना आदि का फ्रायड ने विश्लेषण किया है) भाषा के कारण और भाषा के द्वारा होती हैं। ये ऐसी विशेषताएं हैं जिनके द्वारा अचेतन के प्रभावों को मालुम किया जा सकता है। लाकां के अनुसार, ये ऐसी विशेषताएं हैं जिनके आधार पर "एक भाषा की भांति ही अचेतन की भी रचना होती है।" अतः यह अचेतन ही है जो सम्प्रेषणात्मक बातचीत में व्यवधान डालता है। यह किसी संयोग के कारण नहीं होता, अपितु किसी संरचनात्मक नियमितता के आधार पर होता है। "भाषा की प्रकृति" के बारे में लाकाँ के नव-फ्रायडवादी परिप्रेक्ष्य ने आम आदमी के रोज़मर्रा के जीवन में अविवेक (अतार्किकता) की भूमिका को रेखांकित किया है।

प्रमुख कृतियाँ:

— Ecrits, (1966)

– Television: A Challenge to the Psychoanalytic Establishment, (1973)
– Four Fundamental Concepts of Psychoanalysis, (1979)

Laing, R.D.

आर. डी. लैंग (1927-1989)

आर. डी. लैंग एक मनोचिकित्सा विरोधी समाज वैज्ञानिक के रूप में जाने जाते हैं। उनकी रुचि पागलपन को समझने में थी। लैंग ने स्वस्थचित्तता और पागलपन सम्बन्धी निर्णय को प्रभावित करने वाले तत्वों, जैसे वैयक्रिक व्यक्तिपरकता, अन्तर्पारस्परिकता और पारिवारिक गतिकी के साथ-साथ मूल्यों सहित विस्तृत सामाजिक परिवेश को खोजने का प्रयास किया है। लैंग के विचार काफी विवादास्पद रहे हैं, यद्यपि उन्होंने अपने शुरुआती तीव्र उग्र विचारों को बाद में छोड़ दिया। विवादास्पद होते हुए भी लैंग के विचार आज भी शोधार्थियों को पागलपन संबंधी अध्ययनों हेतु आकर्षित करते रहते हैं।

प्रमुख कृतियाँ:

– The Divided Self, (1960)
– The Self and Others, (1961)
– Sanity, Madness and the Family, (1963)
– The Politics of Experience, (1966)
– Wisdom, Madness and Folly, (1985)

Lazarsfeld, Paul F.

पाल एफ. लाजार्सफ़ैल्द (1901-1976)

समाजशास्त्र में सर्वेक्षण-शोध और सांख्यिकीय विधियों के प्रारंभिक प्रयोगकर्त्ता **पाल एफ. लाजार्सफ़ैल्द** का जन्म आस्ट्रिया (यूरोप) में हुआ था और यहीं उनकी शिक्षा-दीक्षा हुई। बाद में, वे सन् 1933 में अमेरिका आ गये और यहां **वे समाजशास्त्र में परिमाणात्मक विधियों के प्रयोग करने वाले एक अग्रणी समाजशास्त्री बन गये**। लाजार्सफ़ैल्द ने सन् 1940 से 1969 तक कोलम्बिया विश्वविद्यालय के समाजशास्त्र विभाग में अध्यापन कार्य किया। यहीं उन्होंने प्रसिद्ध समाजशास्त्री **आर. के. मर्टन** के साथ कार्य किया। यहां उन्होंने विश्व में प्रथम विश्वविद्यालयी सर्वेक्षण-शोध संगठन की नींव डाली और 'ब्यूरो ऑव एप्लाइड सोश्यल रिसर्च' की स्थापना की। लाजार्सफ़ैल्द ने युद्धोपरांत काल में अमरीकी समाजशास्त्र में सर्वेक्षण कार्यों में काफी रुचि प्रदर्शित की और कई विषयों पर सर्वेक्षण-शोध की तथा इसे सामाजिक शोध की एक लोकप्रिय विधि के रूप में प्रतिष्ठित किया। **सर्वेक्षण के तथ्यों के विश्लेषण हेतु लाजार्सफ़ैल्द ने 'प्रति-सारणीकरण' (क्रास टेबूलेशन) तकनीक का प्रयोग किया और इसे समाजशास्त्रीय प्राक्कल्पनाओं के परीक्षण की एक प्रामाणिक विधि के रूप**

में स्थापित किया। यही नहीं, उन्होंने परिमाणात्मक तथ्यों के विश्लेषण के कुछ अन्य मानदंड भी निश्चित किये और कई समाजशास्त्रियों को परिमाणात्मक विश्लेषण करने का प्रशिक्षण दिया। लाजार्सफ़ैल्द की प्रति-सारणीकरण की उपयोगिता तब कम हो गई जब से इससे अत्यधिक उन्नत बहुचर विश्लेषण के मॉडल्स की तकनीक का प्रयोग किया जाने लगा। लाजार्सफ़ैल्द के प्रमुख शोध-क्षेत्र जनप्रिय संस्कृति, मतदान व्यवहार, जन-संचार आदि रहे हैं, किन्तु सर्वाधिक प्रसिद्धि उन्हें अपनी गणितीय समाजशास्त्र (समाजशास्त्र में सांख्यिकीय का प्रयोग) के कारण मिली।

समाजशास्त्र में सांख्यिकी के अंधाधुन्ध प्रयोग के कारण लाजार्सफ़ैल्द की आलोचना भी खूब हुई है। **कार्ट राइट मिल्स** ने उन पर अमूर्त अनुभववादी होने का आरोप लगाया है, यद्यपि यह आरोप कठिनतः ही सही कहा जा सकता है क्योंकि लाजार्सफ़ैल्द ने सांख्यिकीय विश्लेषण के साथ-साथ 'मध्यवर्ती सिद्धान्तों' का भी जहां-तहां प्रयोग किया है। आजकल लाजार्सफ़ैल्द के सांख्यिकीय विश्लेषण को समाजशास्त्रीय प्रत्यक्षवाद के एक उदाहरण के रूप में प्रस्तुत किया जा रहा है।

प्रमुख कृतियाँ:

- The Peoples Choice, (1944)
- Mathematical Thinking in Social Sciences, (1954)
- Personal Influence, with Katz; (1955)
- Latent Structure Analysis with N. W. Henny; (1968)
- Quantitative Analysis, (1971)

Leach, Edmund R.

एडमुंड आर. लीच

(1910-1989)

ब्रिटिश मानवशास्त्री **एडमुंड आर. लीच** मूलरूप में एक अभियन्ता थे। उन्होंने कैम्ब्रिज से गणित और यांत्रिक इंजीनियरिंग में प्रशिक्षण प्राप्त किया था। किन्तु 25 वर्ष की आयु में कुछ घटनावश उनकी सामाजिक मानवशास्त्र में रुचि उत्पन्न हो गई। द्वितीय महायुद्ध के समय जब वे ब्रह्मा (आजकल म्यांमार) में एक इंजीनियर के रूप में कार्य कर रहे थे, तब वहां उन्होंने उस देश से सम्बन्धित काफी नृजातीय सामग्री एकत्रित की और उसी के आधार पर उन्होंने अपनी बहुप्रसिद्ध पुस्तक 'पहाड़ी ब्रह्मा की राजनीतिक व्यवस्थाएं' (1954) लिखीं। इस पुस्तक में, लीच ने तत्कालीन इस बहुप्रचलित विचारधारा पर प्रहार किया कि समाज सामान्यतः सुगठित और स्थाई होते हैं और इस स्थाईत्व को मजबूत करने में मिथकों और विचारधारा की सर्वाधिक महत्ती भूमिका होती है। **लीच ने समाज की व्याख्या करते हुए बताया है कि एक समाज में स्वयं के रूपान्तरण के बीज निरन्तर गतिशील रहते हैं और इसकी राजनीतिक व्यवस्था चक्रिय रूप में बदलती रहती है।**

म्यांमार के उपरोक्त अध्ययन के बाद उन्होंने 'पुल इलिया' (1960) नामक पुस्तक

लिखी जिसकी प्रकृति भी काफी नृतत्वशास्त्रीय है। लगभग इसी समय उन्होंने एक पुस्तक 'मानवशास्त्र पर पुनर्विचार' (1961) लिखी जिसमें उन्होंने नृतत्वलेखन में बढ़ती हुई रुचि पर प्रहार करते हुए इसे सैद्धान्तिक विकास की कीमत पर मात्र 'तितलियों का संकलन' बताया। उनके लेखन के प्रमुख क्षेत्र राजनीतिक अलंकरण, भाषाई श्रेणियां, नातेदारी, मिथक और संस्कार आदि विषय रहे हैं। उन्हें यूरोपीय संरचनावादी विचारधारा को एंग्लो-सेक्शन जगत् में फैलाने का श्रेय दिया जाता है। दृष्टव्य है कि उनका लेवी-स्ट्रास के साथ संरचनावाद पर जीवन भर वाद-विवाद चलता रहा है।

लीच प्रमुख रूप से वर्णनात्मक (सिन्क्रॉनिक) प्रकार्यवाद के एक कटु आलोचक के रूप में जाने जाते हैं। उन्होंने संरचना और प्रकार्य की उपयोगी धारणाओं का परित्याग किये बिना अपने अध्ययनों में परिवर्तन का विश्लेषण बड़ी कुशलतापूर्वक किया है। अपनी पुस्तक 'पहाड़ी ब्रह्मा की राजनीतिक व्यवस्थाएं' (1954) में उन्होंने विश्लेषण की 'संरचनात्मक-प्रकार्यात्मक' की प्रकृति के स्थान पर संघर्ष को ही संरचना के एक रूप में मानने पर बल देते हुए इस समस्या का एक रचनात्मक समाधान प्रस्तुत किया है। उन्होंने बताया कि पहाड़ी ब्रह्मा के क्षेत्र के लोगों की सामाजिक व्यवस्था में उन मूल्यों में भारी असंगतियां विद्यमान हैं जिनके द्वारा उनका जीवन संचालित होता है। इन असंगतियों के कारण उन्हें वैकल्पिक व्यवहारों का प्रयोग करने के लिये बाध्य होना पड़ता है। लीच के विचारानुसार इस प्रकार के निर्णय के पीछे वहां के लोगों की सत्ता की अभिलाषा छुपी होती है ताकि वे पद और सामाजिक सम्मान प्राप्त कर सकें और अधिकाधिक शक्ति जुटा सकें। अपनी इस धारणा की पुष्टि के लिये लीच ने ब्रह्मा के कचिन और शान लोगों की अपनी शोध-सामग्री को प्रस्तुत करते हुए सत्ता की अभिलाषा को परिवर्तन का एक प्रमुख कारक माना है। उन्होंने बताया कि ये लोग अपनी पद-प्रतिष्ठा में वृद्धि करने के लिये मिथकों और विवाह के चयनों में जानवूझ कर परिवर्तन करते देखे गये हैं। लीच के इस विचार की अन्य क्षेत्रों से पुष्टि तो नहीं हुई है, तथापि उनकी इस विधि को महत्वपूर्ण माना गया है। लीच ने परिवर्तन की व्याख्या के लिये पूर्वविचाारित कारणात्मक कारकों का प्रयोग न करके कचिन और शान लोगों के जीवन की वास्तविकता के आधार पर की है, जो अत्यंत महत्वपूर्ण है। इस दृष्टि से, लीच ने पारम्परिक स्थिर प्रकार्यवाद को एक नया रूप प्रदान कर उसे गतिशील और ऐतिहासिक (डाइक्रॉनिक) बनाने का प्रयास किया है।

प्रमुख कृतियाँ :

- Political Systems of Highland Burma, (1954)
- Pul Eliya, (1960)
- Rethinking Anthropology, (1961)
- Genesis as Myth and other Essays, (1969)
- Levi-Strauss, (1970)
- Culture and Communication, (1976)
- Social Anthropology, (1982)

Lenin, Vladimir Illyich Ulyanov

वाल्दिमीर इलयिक (इलीच) उल्यनोव लेनिन (1870-1924)

रूस में पैदा हुए मार्क्सवादी चिन्तक तथा क्रांतिकारी **वाल्दिमीर इलयिक उल्यनोव लेनिन** का प्रारंभिक जीवन न्यूनाधिक रूप में रूढ़िवादी मार्क्सवादी था, किन्तु 1890 के बाद उनके विचारों ने एक नया मोड़ लिया और उन्होंने मार्क्स के विचारों और सिद्धान्तों को एक अलग विशिष्ट ढंग से विवेचन करना शुरू कर दिया। इन्हीं नवीन विचारों ने उन्हें जीवन में ख्याति अर्जित की। लेनिन ने व्यावहारिक आवश्यकताओं को ध्यान में रखते हुए मार्क्स के विचारों में जहां-तहां संशोधन और परिवर्द्धन किये, कहीं-कहीं नये विचारों को भी जोड़ा है। वास्तव में, **समाजवादी व्यवस्था को व्यावहारिक रूप में चलाने के लिये लेनिन ने मार्क्सवादी सिद्धान्तों की जो नई व्याख्यायें प्रस्तुत की, उसे ही आज 'साम्यवाद' कहा जाता है।**

लेनिन का अधिकांश लेखन ऐतिहासिक और पक्षपाती प्रकृति का है। समाजशास्त्रियों की रुचि उनके श्रमिक-संगठन संबंधी कुछ विचारों में रही है। लेनिन का मानना है कि 'श्रमिक आंदोलन' (जैसे श्रमिक संघ) मूलतः सुधारवादी होते हैं जो श्रमिकों के जीवन में सुधार लाने के उद्देश्य से पूंजीवाद के साथ समायोजन कर के चलते हैं ताकि सर्वहारा वर्ग के लिये चलाई जाने वाली क्रांतिकारी क्रियाओं के लिये एक क्रांतिकारी दल अग्रपंक्ति (वेनगार्ड) का कार्य कर सके। इसके लिये लेनिन ने साम्यवादी दल के लिये क्रांति की अग्रपंक्ति की भूमिका निर्धारित की। यही दल बाद में 'सर्वहारा का अधिनायकतंत्र (तानाशाही)' थोपने का कार्य करता है और उनमें श्रमिक संघ की चेतना के स्थान पर सच्ची (क्रांतिकारी) वर्ग-चेतना उत्पन्न करने में सहायता करता है ताकि अन्तर वर्गीय विभाजन (कामगार वर्ग का वर्गवाद) को रोका जा सके जो साम्यवाद के विकास में बाधा उत्पन्न करता है। इस विचार की उन्नीसवीं शताब्दी के वर्ग-संघर्ष पर ऐतिहासिक प्रयोग ने प्रारंभिक पूंजीवाद में तथाकथित श्रमिक कुलीनतंत्र के बारे में एक तीव्र बहस की शुरुआत की।

लेनिन ने साम्राज्यवाद का भी विश्लेषण किया और कहा कि यह भी पूंजीवादियों का दमन का एक अस्त्र है जिसके द्वारा वे अपनी विस्तारवादी नीति के तहत अन्तर्राष्ट्रीय जगत् में अल्पविकसित गरीब देशों में अपने पैर फैलाते जाते हैं और उनमें सुधार लाने के नाम से उनका शोषण करते हैं। लेनिन ने साम्यवादी राज्य व्यवस्था के 'लोकतांत्रिक केन्द्रवाद' का एक मॉडल भी प्रस्तुत किया जिसमें नीचे के दल और राज्य संगठनों का उच्च संगठनों के प्रति एक निश्चित दायित्व स्वीकार किया गया। इसमें 'सर्वहारा की तानशाही' के नाम से समस्त सत्ताधिकार केन्द्र के पास होते हैं। यही नहीं, उन्होंने 'ऊबड़-खाबड़ विकास' का सिद्धान्त प्रस्तुत किया जिसने पुरातन इस सिद्धान्त के सामने चुनौती उपस्थित की कि पारम्परिक समाज से आधुनिकीकरण की ओर जो परिवर्तन होता है, वह निर्विध्न, अबाधित और एकरेखीय होता है। लेनिन के इन सभी विचारों पर मार्क्सवादी बुद्धिजनों के बीच और इसके बाहर काफी बहस हुई है।

लेनिन सन् 1917 की बोल्शेविक क्रांति के एक अग्रणी नेता थे। एक आघात के कारण उनकी जल्दी मृत्यु हो गई, किन्तु वे मृत्युपर्यन्त नव रूस के एक अग्रणी राजनीतिक

नेता और निर्माता बने रहे। बोल्शेविक क्रांति के कारण कई घटनाएं उत्पन्न हुई। विशेष रूप में, लेनिन की क्रांति के प्रति प्रतिबद्धता, मार्क्सवादी सिद्धान्त, तथा रूस का यथार्थ आदि विषयों पर खुली बहस की शुरुआत हुई और यह प्रश्न उठाया गया कि क्या इन सभी की उत्पत्ति का स्त्रोत लेनिनवाद है?

प्रमुख कृतियाँ:

- What is to be done, (1902)
- Imperialism, the Highest Stage of Capitalism, (1976)
- State and Revolution, (1917)
- The Proletarian Revolution,
- Collected works, Forty-Five volumes, (1960-70)

Levi-Strauss, Claude

क्लाड लेवी-स्ट्रास (1908-)

"संरचनात्मक मानवशास्त्र" के प्रणेता तथा बीसवीं शताब्दी के अत्यंत प्रखर एवं सैद्धान्तिक रूप में उद्‌भट फ्रांसीसी दार्शनिक मानवशास्त्री **क्लाड लेवी-स्ट्रास** मुख्य रूप में भाषा, मिथक, भाषाशास्त्र तथा नातेदारी संबंधी जनजातीय समाजों के अपने अध्ययनों के लिये जाने जाते हैं। उन्होंने मानव की चिन्तन-प्रक्रियाओं के आधार पर मानव मस्तिष्क को समझने का यत्न किया है। उनका मानवशास्त्र मूलतः "संज्ञानात्मक" प्रकृति का है जिसमें भाषा के संदर्भ में प्रकृति और संस्कृति के आपसी संबंधों का विश्लेषण किया गया है। उनके सभी अध्ययनों की प्रकृति समाजशास्त्रीय की अपेक्षा मनोवैज्ञानिक अधिक रही है। स्वयं स्ट्रास ने लिखा है कि "नृजातिशास्त्र सबसे पहले मनोविज्ञान है।" यह टिप्पणी उन्होंने अपनी पुस्तक "सैविज माइन्ड" में की है।

उनके अध्ययनों को मोटे रूप में तीन क्षेत्रों में बाँटा जा सकता है : (1) नातेदारी का सिद्धान्त, (2) मिथकशास्त्र, और (3) आदिवासीय वर्गीकरण की प्रकृति का विश्लेषण। ये तीनों ही क्षेत्र सामाजिक विनिमय विशेषतः स्त्रियों, शब्दों और वस्तुओं के विनिमय से निकट से जुड़े हैं। लेवी-स्ट्रास ने इन सामाजिक घटनाओं के विश्लेषण में संरचनात्मक परिप्रेक्ष्य का प्रयोग किया है और सामाजिक प्रतिमानों, नियमितताओं और स्वरूपों की खोज की है। वे इसे मानवीय मस्तिष्क की तंत्रिका-शारीरिक रचना की उपज मानते हैं। मानव-मस्तिष्क कैसे कार्य करता है, इस सम्बन्ध में लेवी-स्ट्रास ने नृजातीय तथ्यों के आधार पर जिस सिद्धान्त की रचना की है, उसे ही "संरचनावाद" का नाम दिया गया है। उनके अनुसार, मानव का मस्तिष्क जगत् को दो विरोधी युग्मों में संगठित (बाँटता) करता है और इसी प्रारंभिक बिन्दु से सुसंगत सम्बन्धों की व्यवस्थाओं का विकास होता है। ये विचार ही उनके "द्विभाजी विपरीतता" (बाइनरी ऑपॅज़िशन) के सिद्धान्त का आधार बने हैं। अपने इस सिद्धान्त की पुष्टि के लिये उन्होंने दूसरों के द्वारा संकलित किये गये ढेर सारे नृजातीय तथ्यों का प्रयोग कर उन्हें विश्लेषित किया है।

मानव संस्कृति का विश्लेषण करते हुए उन्होंने कहा है कि संस्कृति एक मानसिक रचना है जो भौतिक एवं सामाजिक परिवेश तथा उसके इतिहास से प्रभावित होती है। अतः संस्कृतियाँ एक दूसरे से भिन्न होते हुए भी उनके लिये उत्तरदायी मानवीय विचारों की संरचना में सर्वत्र समानता दिखाई देती है। उनके अनुसार, दृश्यगत बाह्य संस्कृति के पीछे मानसिक रचनाएं होती हैं जो सार्वभौमिक होती हैं और ये मानव में जीवों की एक गति के रूप में उसमें अन्तर्निहित होती हैं। दूसरे शब्दों में, उन्होंने कला, संस्कार और प्रतिदिन के जीवन के व्यवहार प्रतिमानों को संस्कृति की अभिव्यक्ति माना है। वे इन्हें मानव मस्तिष्क की अन्तर्निष्ठ संरचना का बाह्य चित्रण मानते हैं। उनके अनुसार, सतही सामाजिक यथार्थ के पीछे जो संरचनाएं होती हैं, उनमें समाजशास्त्रीय आकर्षण होता है। किन्तु, लेवी-स्ट्रास के इन विचारों का समकालीन समाजशास्त्रियों और मानवशास्त्रियों पर बहुत कम प्रभाव दिखाई देता है। उनके मिथकशास्त्र, गणचिन्हवाद (टोटॅमिज़्म) और आदिवासीय वर्गीकरण की धारणाओं पर स्पष्ट रूप में **दुर्खाइम** और उनसे से भी अधिक **मार्शल मॉस** के विचारों का प्रभाव देखा जा सकता है, किन्तु स्वयं लेवी-स्ट्रास ने अपने पर एंग्लो-सेक्शन मानवशास्त्र की अनुभवपरक परम्परा के प्रभाव को स्वीकार किया है। उनका मिथकों का विश्लेषण संरचनात्मक भाषाशास्त्र और संत्रांत्रिकी (साइबरनेटिक्स) पर आधारित है।

लेवी-स्ट्रास का जन्म एक यहूदी परिवार में ब्रुसेल्स में हुआ था। उनके माता-पिता कलाकार थे। अतः जब वे पढ़ना-लिखना सीख रहे थे, तब इस भावी मानवशास्त्री के हाथ में ब्रस और तुलिका थी। शुरू में इनकी रुचि संगीत में थी और वे एक अच्छे नौसिखिया संगीतज्ञ भी बन गये थे, किन्तु बाद में लेवी-स्ट्रास ने कानून और दर्शनशास्त्र का अध्ययन किया। वे एक प्रतिभा सम्पन्न विद्यार्थी रहे हैं तथा विद्यार्थी जीवन से ही उनके कुछ प्रतिबद्ध राजनीतिक विचार भी हैं। उन्होंने स्नातक की उपाधि के निमित्त "मार्क्स के दार्शनिक विचार" विषय पर अपना शोध आलेख लिखा। अपने व्यावसायिक जीवन की शुरुआत उन्होंने स्कूलों में अध्यापन के कार्य से की, किन्तु उनका मन इसमें नहीं रमा और जल्दी ही वे अपने इस नीरस कार्य से उकता गये और कुछ साहसिक कार्य करने का विचार कर सन् 1934 में फ्रांस छोड़ कर ब्राजिल में एक नये साओपोलो विश्वविद्यालय में समाजशास्त्र पढ़ाने के लिये चले आये। यहां उन्होंने **रॉबर्ट लॉवी** की "आदिम समाज" पुस्तक पढ़ी जिसने उन्हें मानवशास्त्र के क्षेत्र में शोध-कार्य की प्रेरणा दी। छुट्टियों में उन्होंने बॉरोरो इंडियन लोगों के बारे में नृजातिक तथ्यों का संकलन किया। सन् 1939 तक ब्राजिल में ही रहते हुए लेवी-स्ट्रास ने अनेक नृजातिक शोध अभियानों का संचालन किया। अपने इस क्षेत्र-कार्य के आधार पर ही उन्होंने "ट्रिस्टेस ट्रोपिक्स" (1955) नाम से एक पुस्तक लिखी जो उनकी अत्यंत कठिन साहित्य शैली का एक बढ़िया नमूना मानी जाती है। यह पुस्तक आत्म-चरित्र लेखन शैली में लिखी गई है जिसमें पश्चिमी सभ्यता के विश्व व्यापी दुष्परिणामों का तथ्यात्मक विश्लेषण किया गया है।

सन् 1939 में वे पुनः फ्रांस लौट आये तथा फ्रांसीसी सेना में कुछ समय तक कार्य किया। यहूदी होने के नाते उनके वरिष्ठ अधिकारियों ने उन्हें अमेरिका जाने की सलाह दी। अतः सन् 1941 में वे न्यूयॉर्क के "स्कूल ऑफ सोश्यल रिसर्च" के आमंत्रण पर विज़िटिंग प्रोफेसर के रूप में अमेरिका आ गये और यहां उन्होंने सन् 1945 तक पढ़ाया। इसी अवधि

में वे दोपहर को यहां पढ़ाते और सुबह न्यूयॉर्क के पुस्तकालय में बैठ कर नृजातिक लेखनों का अध्ययन करते थे। सांयकाल का समय वे फ्रांसीसी निर्वासित व्यक्तियों और अमरीकी अकादमिक विद्वानों के साथ चर्चाओं में गुजारते हुए अत्यधिक व्यस्त रहते थे। सन् 1946 से 1947 के बीच लगभग एक वर्ष उन्होंने अमेरिका स्थित फ्रांसीसी दूतावास में सांस्कृतिक सलाहकार के रूप में भी कार्य किया। अमेरिका के अपने इस प्रवास काल में ही वे **रोमन जैक्बसन** के सम्पर्क में आये जिन्होंने उन्हें प्रेग के भाषाशास्त्र सम्प्रदाय से अवगत कराया। जैक्बसन के प्रोत्साहन ने ही उन्हें अपनी बहुप्रसिद्ध कृति "नातेदारी की प्रारंभिक संरचनाएं" (1949) लिखने के लिये प्रेरित किया। यह उनका पी. एच. डी. का शोध-आलेख था। वे विश्व युद्ध के कुछ समय के बाद ही सन् 1947 में पुनः फ्रांस चले आये जहां उन्होंने अपनी शोध-परम्परा की आधारशिला रखी। यहां वे पेरिस की एक अनुसंधान संस्थान के अध्यक्ष के साथ "कालेज डी फ्रॉस" के सामाजिक मानवशास्त्र और निरक्षर लोगों के तुलनात्मक धर्म विभाग के प्रथम अधिष्ठाता बन गये। वे इस कालेज में आजीवन रहे जहां उन्होंने अनेकों विद्यार्थियों को मानवशास्त्र के क्षेत्र में प्रशिक्षित किया है। यहीं से उन्होंने "ल होमा" नामक पत्रिका की शुरुआत की जिसका सम्पादन वे आज भी कर रहे हैं। सन् 1973 में उन्हें फ्रांस की "अकादमिक परिषद्" के अध्यक्ष बनने का भी गौरव प्राप्त है। उन्होंने कई विश्वविद्यालयों में अध्ययन-अध्यापन किया है तथा कई संस्थानों में उन्हें भाषणों के लिये आमंत्रित किया गया। लेवी-स्ट्रास को अपने शोध-कार्यों, लेखन एवं भाषणों के लिये विभिन्न प्रतिष्ठित संस्थाओं ने अनेकों पदक एवं पुरस्कारों से सम्मानित किया है।

लेवी-स्ट्रास की सर्वप्रथम एवं सर्वोत्तम सैद्धान्तिक रचना सन् 1949 में प्रकाशित उनकी पुस्तक "द एलिमेन्ट्री स्ट्रक्चर्स ऑफ किनशिप" रही है। इसी पुस्तक में उन्होंने "संरचनावाद" की मोटी-मोटी रूपरेखा प्रस्तुत की जिसे बाद में मिथकों, गणचिन्हवाद आदि विषयों पर लिखी अपनी अन्य पुस्तकों एवं लेखों में अधिक स्पष्ट कर इसे एक निश्चित आकार दिया है। लेवी-स्ट्रास की "संरचना" की अवधारणा किसी समाज की आनुभविक संरचना की अवधारणा के समरूप या समकक्ष नहीं है, जैसा कि हमें रेडक्लिफ ब्राउन की कृतियों में देखने को मिलता है, जहां सामाजिक संरचना को किसी कंकाल अथवा किसी मकान के ढांचे के समकक्ष माना गया है। अतः लेवी-स्ट्रास के अनुसार, **संरचना कोई प्रेक्षणीय यथार्थता नहीं है, यह एक तार्किक आधार पर निर्मित एक अमूर्त प्रतिरूप (मॉडल) है जिसकी रचना घटना के विश्लेषण द्वारा होती है।**

इस पुस्तक में, लेवी-स्ट्रास ने आदिम समाजों के अनेक उद्धरणों के द्वारा विवाह की संस्था का विश्लेषण किया है और बताया है कि विवाह का आधार मुख्यतः "पारस्परिकता और विनिमय" की प्रक्रियाएं हैं। विनिमय की महत्ता को स्पष्ट करने के लिये उन्होंने एक उदाहरण के द्वारा एक प्रथा का उल्लेख करते हुए लिखा है कि फ्रांस के दक्षिणी भाग में सस्ते रेस्तराँओं (भोजनालयों) में भोजन के समय सामान्यतः एक छोटी बोतल शराब की अवश्य होती है। हर भोजन के समय पी जाने वाली इस शराब की मात्रा और प्रकार (किस्म) एक समान होता है। यह शराब अत्यंत हल्के प्रकार की एक गिलास के करीब होती है। शराब की बोतल का मालिक अपने ग्लास में शराब डालने के बजाय वह पहले अपने पास बैठे व्यक्ति के ग्लास में शराब डालता है। इसी प्रकार, दूसरा व्यक्ति अपनी बोलत से अपने पड़ोसी के ग्लास में

पहले शराब डालता है। शराब के इस प्रकार के पारस्परिक आदान-प्रदान में शराब की मात्रा समान होती हैं। शराब का यह पारस्परिक आदान-प्रदान (विनिमय) सामाजिक सम्पर्क स्थापित करने का एक साधन, एक माध्यम है। इस विनिमय से सामाजिक सम्पर्क ही स्थापित नहीं होते, अपितु इससे अधिक व्यापक संबंधों की शुरुआत होती है। बहुत छोटी सी दिखने वाली यह घटना (प्रथा) विनिमय और 'सर्वांगिक सामाजिक तथ्य' के बीच संबंधों को उजागर करती है। इस समस्त घटना में यह महत्वपूर्ण नहीं है कि किस वस्तु का विनिमय किया गया है, अपितु महत्वपूर्ण तो स्वयं विनिमय की यह घटना है जो सामाजिक जीवन की रचना करती है और जिसे सामाजिक जीवन से अलग रूप में नहीं देखा जा सकता है।

पारस्परिकता और विनिमय की प्रक्रिया के विश्लेषण के पूर्व लेवी-स्ट्रास ने इस पुस्तक में "निकटाभिगमन निषेध" (इनसेस्ट टेबू) की प्रथा को सार्वभौमिक मानते हुए इसकी एक लम्बी व्याख्या की है। उन्होंने इस निषेध (वर्जना) को विवाह की संस्था को नियंत्रित करने वाले नियमों के रूप में देखा है। वे कहते हैं कि सरल समाजों में विवाह के सकारात्मक नियम होते हैं, अर्थात् एक व्यक्ति नातेदारी के किस वर्ग में विवाह कर सकता है। इस दृष्टि से आदिवासी समाजों में 'विलिंग सहोदरज विवाह' (ममेरे-फूफेरे भाई-बहिन विवाह) की अनुमति दी गई है। इसके विपरीत, जटिल समाजों (आधुनिक समाज) में विवाह के नकारात्मक नियमों की अधिकता होती है, अर्थात् एक व्यक्ति को नातेदारी समूह के कुछ विशिष्ट वर्ग के व्यक्तियों के साथ विवाह करने की अनुमति नहीं होती। इस वर्ग में सामान्यतः निकटतम संबंधी अथवा अपने कुल (गोत्र) समूह के सदस्य होते हैं जिनके साथ विवाह करना निषेधित होता है। **विवाह के ये नियम न केवल सामाजिक संरचना को प्रभावित करते हैं, अपितु ये सामाजिक संरचना का निर्माण भी करते हैं।** इस संदर्भ में उन्होंने ब्रिटिश मानवशास्त्र में प्रस्थापित "**वंश सिद्धान्त**" (डिसेन्ट थिअरी) की आलोचना की है और इसके स्थान पर अपने "**विवाह सिद्धान्त**" (अलाएन्स थिअरी) को प्रस्तुत किया। (ध्यान रहे, विवाह के लिये फ्रैंच भाषा में "अलाएन्स" शब्द का प्रयोग किया जाता है)। लेवी-स्ट्रास ने वंश-समूहों को समाज का आधार नहीं माना है। उनके अनुसार, वंश-समूह वैवाहिक विनिमय के संबंधित तत्व मात्र हैं जो इन समूहों के बीच होते हैं। वे कहते हैं कि स्त्रियों के विनिमय द्वारा समूहों के बीच वैवाहिक गठबंधनों की रचना होती है जो अन्ततः सामाजिक संरचना का निर्माण करते हैं। लेवी-स्ट्रास ने सामाजिक संरचना की रचना में वंश समूहों की भूमिका को गौण माना है। विवाह (गठजोड़) की लेवी-स्ट्रास की धारणा "संरचनात्मक भाषाशास्त्र" और **मार्सल मॉस** के समाजशास्त्र से जुड़ी प्रतीत होती है। संरचनात्मक भाषाशास्त्र में भाषा के लिये सम्बन्धों को आधारभूत माना जाता है। इसी प्रकार, मार्सल मॉस ने अपने "उपहार सिद्धान्त" में पारस्परिकता को मानवीय जीवन का एक आधारभूत तथ्य माना है। नातेदारी के इस सर्वाधिक मौलिक दृष्टिकोण के आधार पर ही स्ट्रास ने कहा है कि "**समाज की रचना ही तब होती है जब एक व्यक्ति अपनी बहिन को दूसरे को देता है और इस प्रकार वह वैवाहिक बन्धनों के माध्यम से समाज की रचना करता है।**" विवाह-संबंध किस प्रकार सामाजिक संरचना को प्रभावित करते हैं और उसका निर्माण करते हैं, यही लेवी-स्ट्रास की "नातेदारी की प्रारंभिक रचनाएं" पुस्तक का मूल विषय है।

निकटाभिगमन निषेध (विवाह के नियम) के विश्लेषण के उपरान्त लेवी-स्ट्रास ने

विवाह-विनिमय के रूपों पर प्रकाश डाला है। उन्होंने लिखा है कि प्रारंभिक संरचनाओं (गैर-औद्योगिक समाज या आदिम सरल समाज) में विवाह-विनिमय के दो रूप कार्य करते हैं: सीमित या प्रत्यक्ष विनिमय और सामान्यीकृत विनिमय। सीमित या प्रत्यक्ष विनिमय नियम के अनुसार, एक समूह जिस समूह से पत्नियों के रूप में स्त्रियाँ प्राप्त करता है, उसी समूह को वह पत्नियों के रूप में स्त्रियां देता है। इस प्रकार की विनिमय प्रणाली में पुरुष अपनी बहिनों का विनिमय एक दूसरे के साथ (आटा-साटा विवाह) करते हैं। इसका एक सरल उदाहरण एक व्यक्ति अपने मामा की लड़की या भूआ की लड़की से विवाह कर सकता है, जैसा कि दक्षिणी अमेरिका और आस्ट्रेलिया के कुछ भागों में पाया गया है। इसका 'विलम्बित प्रत्यक्ष विनिमय' का रूप भी हो सकता है जिसमें एक पीढ़ी में स्त्रियों का विनिमय एक दिशा में होता है और दूसरी अगली पीढ़ी में यह विपरीत दिशा में हो सकता है।

प्रत्यक्ष विनिमय

$x \rightarrow y \quad y \rightarrow x$

सामान्यीकृत विनिमय

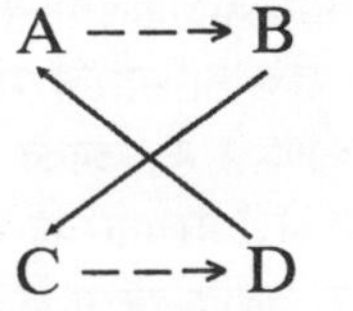

पारस्परिकता के नियम के अनुसार जब **एक्स** व्यक्ति **वाई** स्त्री से विवाह करता है तब **वाई** व्यक्ति **एक्स** स्त्री से विवाह करता है।

सामान्यीकृत विनिमय प्रणाली में स्त्रियों का विनिमय केवल एक तरफा होता है, अर्थात् ऐसा विनिमय जिसमें पिता की भांति पुत्र भी उसी नातेदारी समूह में विवाह करता है जिसमें पिता ने किया था, किन्तु पुत्री उस समूह में विवाह नहीं कर सकती है।

इस व्यवस्था में **ए** व्यक्ति (पुरुष) **बी** स्त्री से विवाह करता है, **बी** पुरुष **सी** स्त्री से विवाह करता है, जबकि **सी** पुरुष **डी** स्त्री से और **डी** पुरुष **ए** स्त्री से विवाह करता है। इस प्रकार यह क्रम चलता रहता है। लेवी स्ट्रास के अनुसार, सभी नातेदारी की प्रारंभिक संरचनाएं लगभग इन्हीं दोनों वैवाहिक विनिमय के विभिन्न रूप हैं।

नातेदारी व्यवस्थाओं के बारे में लेवी-स्ट्रास का मूल विचार यह रहा है कि मूलभूत नातेदारी संबंध चार प्रकार के होते हैं: भाई-बहिन, पति-पत्नी, पिता-पुत्र और मामा-भान्जा। उन्होंने **नातेदारी व्यवस्था को सम्पूर्ण मानव समाज का "प्रारंभिक ढाँचा" या "नातेदारी अणु" कहा है।** वर्गात्मक ममेरा-फूफेरा विवाह के साथ-साथ प्रतिसम विवाह संबंधों पर आधारित समाजों सहित कुछ समाजों की रचना सीधे प्रारंभिक ढाँचे के रूप में होती है। लेवी-स्ट्रास ने "जटिल व्यवस्थाओं" में उपर्युक्त चार संबंधों के साथ कुछ अन्य संबंधों को भी जोड़ा है जो विवाह के निर्धारक कारकों के रूप में कार्य करते हैं। उन्होंने बताया कि जटिल नातेदारी व्यवस्था आधुनिक समाजों की विशेषता है जो व्यक्तिगत चयन पर आधारित है तथा जिनमें विवाह के नकारात्मक नियम (निषेध) होते हैं। परिणामतः इनमें नातेदारी समूहों में दीर्घ अवधि

वाले वैवाहिक संबंध स्थापित नहीं हो पाते हैं। इसके विपरीत, प्राथमिक व्यवस्थाओं में ऐसे सकारात्मक विवाह के नियम होते हैं जो केवल यही नहीं बताते कि किसका किसके साथ विवाह नहीं हो सकता, अपितु यह भी बताते हैं कि कौन किसके साथ विवाह कर सकता है। लेवी-स्ट्रास ने "नातेदारी अणु" में माँ के भाई, अर्थात् मामा की महत्त्वपूर्ण भूमिका को अत्यधिक महत्ता दी है।

सन् 1958 में प्रकाशित अपनी पुस्तक "संरचनावादी मानवशास्त्र" (स्ट्रक्चरल एन्थ्रोपॉलाजी) में लेवी-स्ट्रास ने अपनी संरचनात्मक पद्धति और संरचना सम्बन्धी अपने विचारों का विस्तार करते हुए उनका गहन वर्णन-विश्लेषण किया है। ये ही विचार बाद में उनके आदिम चिंतन प्रक्रिया संबधी लेखनों (टोटॅमिज्म, सैविज माइन्ड, माइथालॉजिक आदि) के आधार बने हैं। उन्होंने इस पुस्तक के प्रारंभ में फ्रांसीसी पारिभाषिक शब्दावली की विशेषताओं का विश्लेषण कर बताया कि इसकी दो प्रकार की यथार्थताएं हैं—(1) सामान्य यथार्थता और (2) ठोस या वास्तविक यथार्थता। उनकी दृष्टि में सामाजिक संरचना एक ठोस यथार्थता है। किन्तु उन्होंने यह भी कहा है कि "सामाजिक संरचना को किसी भी प्रकार से किसी निश्चित समाज में वर्णित सामाजिक संबंधों की समष्टि में रूपान्तरित नहीं किया जा सकता है।" "संरचना" में उनकी रुचि पारस्परिक संबंधों के दृष्टिकोण से न होकर मानव चिंतन प्रक्रिया की संरचना के दृष्टिकोण से है। उनका यह विचार ही उन्हें **रेडक्लिफ ब्राउन** के विचारों से अलग करता है। ब्राउन ने "संरचना को अंगों और अवयवों के एक व्यवस्थित क्रम" के रूप में परिभाषित किया है, जबकि स्ट्रास के "संरचनावाद" का "परस्पर संबंधों" से कोई प्रत्यक्ष सरोकार नहीं है। **स्ट्रास के संरचनावाद की जड़ें मानव चिंतन की प्रक्रियाओं (मानसिक संरचनाओं) में गड़ी हैं।**

लेवी स्ट्रास के संरचनावाद का मुख्य स्त्रोत भाषाशास्त्र है। स्ट्रास ने संरचनात्मक भाषाशास्त्र की विधियों के द्वारा अपने उपागम की नृजातिक तथ्यों के साथ तुलना की है और "मानसिक संरचनाओं" को उजागर करने का प्रयास किया है। स्ट्रास के अनुसार, ये संरचनाएं बहुधा "द्विभाजी विपरीतता" या भिन्नता लिये होती हैं, जैसे दांये-बांये, नीचे-ऊपर, ठंडा-गर्म, धरती-आकाश, उत्तर-दक्षिण, सफेद-काला आदि। ये द्विभाजी विपरीतता के कुछ उदाहरण हैं।

सन् 1962 में उनकी दो पुस्तकें प्रकाशित हुई—"जंगली मस्तिष्क" (सैविज माइन्ड) और "गणचिन्हवाद" (टोटॅमिज्म)। इन पुस्तकों की विषय-वस्तु पूर्व में प्रकाशित उनकी पुस्तकों "प्रारंभिक संरचनाएं" (1949) और "संरचनात्मक मानवशास्त्र" (1958) से सर्वथा भिन्न हैं। प्रारंभिक संरचनाओं वाली पुस्तक में नातेदारी का सारगर्भित विश्लेषण कर संरचनाओं को ढूंढने का प्रयास किया गया है, वहां 1962 में प्रकाशित पुस्तकों में धार्मिक प्रतीकों और मिथकों का विश्लेषण किया गया है।"टोटॅमिज्म" (गणचिन्हवाद) में लेवी-स्ट्रास ने बताया कि पशुओं व प्राकृतिक उपादानों को गोत्रों और परिवारों के प्रतीकों के रूप में इसलिये चुना गया है क्योंकि सामाजिक संबंधों एवं समूहों पर विचार करने व उन्हें संगठित करने में ये भाषाई दृष्टि से व वर्गीकृत करने के रूप में उपयोगी होते हैं। इस पुस्तक में लेवी-स्ट्रास ने बॉरोरो एवं अरांदा जनजातियों के विशेष संदर्भ में मध्यवर्ती ब्राजील की जनजातियों द्वारा प्रयुक्त टोटॅमों के विभिन्न पक्षों का विश्लेषण किया है। बोगान्डा नामक एक

अन्य जनजाति के टोटॅमवादी गोत्रों पर लेवी-स्ट्रास ने कहा कि "इसमें कोई संदेह नहीं हो सकता कि बोगान्डा के टोटॅमवादी गोत्र जाति के रूप में भी कार्य करते हों। पहली नज़र में देखने पर तो ये दोनों संस्थाएं अत्यंत भिन्न लगती हैं। हम अत्यंत "आदिम" सभ्यता के साथ गणचिन्हवादी समूहों को जोड़ने तथा कभी-कभी शिक्षित समाज में भी जाति को विकसित रूप में मानने के आदी हो गये हैं।" गणचिन्हवाद संबंधी अपने एक लेख "भालू और नाई" (बेअर एंड बाबॅर, 1963) में उन्होंने यह स्पष्ट किया है कि किस प्रकार आदिम गणचिन्हवाद पर आधारित भोजन और स्त्रियों के विनिमय संबंधी नियम जाति आधारित हिन्दू धर्म के संरचनात्मक रूप में बदल जाते हैं। टोटॅमवादी समूह के अध्ययन की पुरानी पद्धति पर टिप्पणी करते हुए लेवी स्ट्रास ने लिखा है कि सबल परंपरा टोटॅमवादी प्रथाओं को विजातीय विवाह के कठोर नियम के साथ जोड़ती है, जबकि एक मानवशास्त्री से जब जाति को परिभाषित करने के लिये कहा जाता है तब वह इसकी चर्चा लगभग निश्चित रूप से सजातीय विवाह के नियमों के संदर्भ में ही करता है।

अपनी पुस्तक "सेविज माइन्ड" (जंगली मस्तिष्क) में लेवी स्ट्रास ने आदिम लोगों की चिन्तन प्रक्रिया का विश्लेषण किया है और सर्वप्रथम इस धारणा को गलत बताया है कि "आदिम" लोगों की मानसिक क्षमताएं बड़े हल्के प्रकार की और कमज़ोर होती हैं। उन्होंने बड़े परिश्रम के साथ इस प्रकार के साक्ष्य प्रस्तुत किये हैं कि अपेक्षाकृत सरल प्रौद्योगिक संस्कृति वाले लोगों में बहुधा पौधों और पशुओं के वर्गीकरण करने की ऐसी अत्यंत परिष्कृत व्यवस्थाएं पाई गई हैं जिनके लिये अत्यधिक सटीक ज्ञान की आवश्यकता पड़ती है। उनका यह ज्ञान मात्र ऐसी वनस्पति की प्रजातियों (स्पीसिज़) तक सीमित नहीं था जो खाने योग्य थीं अथवा किसी अन्य रूप में उपयोगी होती थीं। ऐसा प्रतीत होता है कि इस प्रकार की वर्गीकरण की योजनाओं के पीछे उनकी कोरी बौद्धिक जिज्ञासा और एक इच्छा शक्ति होती थी जिसके द्वारा वे जगत् में व्यवस्था का अनुभव करते थे। इसी जिज्ञासा और उद्देश्य ने संभवतः अर्द्धांशों, गोत्रों और अन्य सामाजिक इकाईयों में अन्तर करने के लिये उन्हें प्रेरित किया होगा।

जनजातियों के अध्ययन के अपने गहन अनुभवों के आधार पर लेवी-स्ट्रास ने सार रूप में यह स्थापित किया कि प्रत्येक संस्कृति के पास अनुभव से प्राप्त अपनी चिन्तन और वर्गीकरण की योजनाएं होती हैं। इस संदर्भ में, उन्होंने पौधों और पशुओं के नामों के क्रम, स्थान और समय (काल) की अवधारणाओं तथा उनके साथ जुड़े मिथकों और अनुष्ठानों के द्वारा यह स्पष्ट किया कि "आदिम" मानव के पास भी उच्च अमूर्त स्तर के तर्क-वितर्क होते थे जो आधुनिक परिष्कृत चिंतन के तर्कों से भिन्न होते हैं, किन्तु निश्चित रूप से उन्हें इन परिष्कृत तर्कों से निकृष्ट नहीं माना जा सकता।

इन दोनों पुस्तकों के बाद लेवी-स्ट्रास ने सन् 1964 में चार खंडों वाली एक भारी-भरकम पुस्तक "माइथालॉजिक" (मिथकशास्त्र) लिखी जिसमें उन्होंने मिथकों का वैज्ञानिक विश्लेषण कर मानवशास्त्रियों के अतिरिक्त साहित्यिक जगत् पर भी गहरा प्रभाव अंकित किया है। इस पुस्तक में मिथकों के विश्लेषण द्वारा प्राकृतिक घटनाओं का स्पष्टीकरण नहीं किया जाकर मूल रूप में मानव के अस्तित्व और उसके सामाजिक संगठन पर प्रकाश

डाला गया है। ऐसा प्रतीत होता है कि लेवी-स्ट्रास को मानव की अचेतन मनोदशा की प्रकृति को जानने की जिज्ञासा ने उन्हें मिथकों के अध्ययन के लिये प्रेरित किया है। मानव मन की समस्त गतिविधियों में मिथक-निर्माण की प्रक्रिया उसकी प्रकार्यात्मक आवश्यकताओं व लगभग अचेतन अवस्था से न्यूनतम प्रभावित होती हैं। नातेदारी व्यवस्थाएं, वैवाहिक नियमाचार व ग्रामीण संगठन आदि सामाजिक जीवन की संभावनाओं से कम से कम प्रभावित होती हैं, किन्तु मिथक इन सबसे अलग हैं। मिथक निर्माण की प्रक्रिया सामाजिक उपयोगिता के कारण नहीं, अपितु मुख्यतः यह अपने स्वयं के सहज नियमों और सिद्धान्तों के द्वारा नियंत्रित होती है। यही कारण है कि लेवी-स्ट्रास लिखते हैं कि "मिथकशास्त्र का कोई स्पष्ट प्रकार्य नहीं है।" सन् 1963 में मिथक संबंधी अपने एक लम्बे लेख "द स्ट्रक्चरल स्टडी ऑफ मिथ" में उन्होंने "ईदिपस" मिथक के अनेकों रूपों का विश्लेषण किया है। उन्होंने बताया कि मिथकों को किसी कथा के रूप में नहीं पढ़ा जाना चाहिये, अपितु उनके मूल घटक तत्वों को बड़ी सावधानी से विश्लेषण किया जाना चाहये। मिथकों के इन मूल घटक तत्वों को लेवी स्ट्रास ने "मिथिक्स" कहा है। उन्होंने कहा कि इन तत्वों के आपसी संबंधों पर विचार किया जाना चाहिये। "निकटाभिगमन निषेध" का नियम लेवी-स्ट्रास के अनुसार प्रकृति और संस्कृति के द्विभाजन के लक्षण का प्रतिनिधित्व करता है।

मिथक से संबंधित अपनी एक अन्य पुस्तक "द रॉ एण्ड द कुक्ड़" (1969) में लेवी-स्ट्रास ने दक्षिणी अमेरिका के 187 मिथकों की खोज की और बाद की पुस्तकों में पुनः 600 इन्डियन मिथकों का विश्लेषण किया है। मिथकों के इन अध्ययनों द्वारा लेवी-स्ट्रास ने यह बताने का प्रयास किया है कि मिथक के रेखांकित ढाँचों में महत्वपूर्ण समानताएं विद्यमान होती हैं। मिथकों से संबंधित उनकी एक नवीनतम पुस्तक "एन इन्टोंडक्शन टू द साइन्स ऑफ माइथॉलाजी" (1973) में भी उन्होंने मिथकों के अध्ययन संबंधी संरचनात्मक दृष्टिकोण पर बल दिया है।

मिथकों के अध्ययन ने लेवी स्ट्रास के संरचनावाद को जहां एक ओर मजबूत किया, वहां उन्होंने इन अध्ययनों द्वारा अपने संरचनावादी विचारों में परिष्करण भी किया है। इन अध्ययनों में, उन्होंने इस सिद्धान्त को प्रस्तुत किया कि मिथकों के तत्व अपना अर्थ उनके आन्तरिक मूल्यों के आधार पर नहीं, वरन् वे किस प्रकार आपस में संयोजित होते हैं, इसके द्वारा अपना अर्थ ग्रहण करते हैं। इसी के आधार पर उन्होंने यह भी स्पष्ट किया कि मिथक बाह्य यथार्थ को नहीं, अपितु मस्तिष्क की प्रक्रियाओं का प्रतिनिधित्व करते हैं जिनके द्वारा इनकी रचना होती है। मिथक इतिहास का विरोध करते हैं क्यों कि वह बाहरी होता है। किसी मिथक के विभिन्न वृतान्तों को भी किसी सत्य या अधिकारिक वृतान्त का मिथ्याकरण नहीं मान कर उन्हें भी मिथक की संरचना के आवश्यक तत्व माना जाना चाहिये। मिथक के विभिन्न वृतान्त मिथक की गतिशील संरचना की प्रकृति का उद्घाटन करते हैं। अन्त में, एक मिथक के सभी वृतान्तों पर ध्यान दिया जाना चाहिये ताकि मिथक की संरचना उजागर हो सके। एक अन्य दृष्टिकोण से यदि हम मिथकों पर विचार करें, तो यह बात प्रकट होगी कि मिथक हमेशा परस्पर-विरोध का ही परिणाम होते हैं। मिथक की उत्पत्ति ही विश्वास और

यथार्थ, एकल और बहुल, स्वतंत्रता और आवश्यकता, समानता और भिन्नता के बीच असंगति से होती है। यदि मिथकों को भाषा की दृष्टि से देखा जाये तो लेवी स्ट्रास कहते हैं कि मिथक भाषा के ऐतिहासिक और समकालिक पक्षों का समन्वय (जो असंभव सा प्रतीत होता है) हैं। यह असमाधेय को समाधेय करने का निरन्तर प्रयास है। मिथकों की भांति ही, दक्षिणी अमेरिका के काडुविओं इंडियनों द्वारा चेहरे को रंगने की प्रथा का लेवी स्ट्रास ने अपनी आत्मकथात्मक पुस्तक 'ट्रिस्टेस ट्रोपिक्स' में उल्लेख करते हुए इनकी संरचना की गतिशील प्रकृति को उजागर किया है।

लेवी-स्ट्रास एक कुशल क्षेत्र-कर्त्ता के साथ-साथ एक उच्च कोटि के चिन्तक एवं सिद्धान्तकार हैं। उन्होंने अनेक सार्वभौमिक वैचारिक अमूर्त मॉडल्स और वर्गीकरण की योजनाओं को प्रणीत किया है जो अनुभववादी मानवशास्त्रियों की आलोचनाओं के प्रमुख मुद्दे रहे हैं। आलोचक मानवशास्त्रियों के अनुसार स्ट्रास की वैचारिक रूपरेखाओं (मॉडल्स) का नृजातीय तथ्यों के साथ कोई तालमेल नहीं बैठता है। **रोडने नीडहाम** (1962) उनके नातेदारी के सिद्धान्त के प्रमुख आलोचक रहे हैं। उन्होंने कहा कि स्ट्रास का विवाह-सिद्धान्त (अलाएन्स थिअरी) नृजातिक तथ्यों के आधार पर खरा नहीं उतरता। नृजातिक तथ्य यह बताते हैं कि ऐसे समाज दुर्लभ ही हैं जहां पत्नी लेने वाला समूह ही पत्नी देने वाले समूह को पत्नियाँ देता है, अर्थात् उनमें पत्नियों का सीधा विनिमय होता हो। इसके विपरीत, सामान्यीकृत विनिमय प्रणाली (मां के भाई (मामा) की लड़की के साथ विवाह) एशिया के कई देशों के अनेक समुदायों में एक सामान्य विवाह की प्रणाली है। कुछेक आलोचकों ने लेवी-स्ट्रास पर यह आरोप जड़ा है कि उन्होंने अपने संरचनात्मक मानवशास्त्र में इतिहास की पूर्णतः अवहेलना की है। कुछ सीमा तक उनका यह आरोप सही है क्यों कि लेवी-स्ट्रास ने **सार्त्र** के अस्तित्ववादी सिद्धान्त (जिसमें प्रत्येक क्रिया को इतिहास की नजरों से देखा जाता है) के प्रति विरुचि प्रदर्शित की है।

अनेकों आलोचनाओं के उपरान्त भी यह स्वीकार किया गया है कि **मेलिनॉस्की** और **रेडक्लिफ ब्राउन** के बाद फ्रांस और लेटिन देशों में लेवी-स्ट्रास को एक ऐसा अग्रगण्य मानवशास्त्री माना जाता है जिन्होंने मानवशास्त्र में कई वैचारिक परम्पराओं की शुरुआत की है। समाज कैसे कार्य करता है, अथवा व्यक्ति जिस प्रकार व्यवहार करते हैं, इसके क्या कारण हैं, इन प्रश्नों के उत्तरों को जानने की अपेक्षा स्ट्रास की कृतियों में मानव-मस्तिष्क के कार्य-संचालन के सिद्धान्तों की खोज करने का प्रयास किया गया है। इसी आधार पर उन्होंने नातेदारी शब्दावली को सामाजिक संगठन का परिणाम न मानकर उसे मानव मस्तिष्क की सार्वभौमिक समान संरचना का परिणाम माना है।

"मानव मस्तिष्क की सार्वभौमिक समानता" संबंधी अपने विचार की पुष्टि हेतु लेवी-स्ट्रास ने भोजन बनाने की प्रक्रिया का उदाहरण देते हुए "द कॅलिनरी ट्राइएंगल" (1966) नामक एक अज़ीब सा लेख लिखा है। उनका "पाक विद्या त्रिकोण" का विचार **जेकोब्सन** के भाषा विज्ञान के "व्यंजन त्रिकोण" (कॉन्सॅनन्ट ट्राइऐन्गल) और "स्वर त्रिकोण" पर आधारित है। स्ट्रास ने लिखा है कि किसी समाज की भोजन बनाने की विधियों का भी उसी रूप में विश्लेषण किया जा सकता है जिस प्रकार भाषा का विश्लेषण किया जाता है।

भाषा की भाँति पाक विद्या में कुछ संरचनात्मक द्विभाजी विपरीतताएं होती हैं। उन्होंने कच्चे भोजन (सामान्य) और पके भोजन (परिवर्द्धित) में अन्तर किया है और कच्चे भोजन को 'प्रकृति' और पक्के भोजन को 'संस्कृति' माना है। पके भोजन में भी सीधे आग पर भूने या सिके भोजन और किसी पात्र में डाल कर उबाले हुए भोजन में उन्होंने अन्तर किया है। लेवी-स्ट्रास के अनुसार, भूने हुए भोजन की शुरुआत उबले हुए भोजन से पहले हुई है। भूना हुआ भोजन प्रकृति की अवस्था को और उबला हुआ भोजन संस्कृति की अवस्था का प्रतिनिधित्व करता है। स्ट्रास ने इस पाक विद्या के आधार पर कई प्राक्कल्पनाएं प्रस्तुत की हैं। वे कहते हैं कि उबला हुआ भोजन अन्तःसमूह एकजुटता को प्रदर्शित करता है, जबकि भूना हुआ भोजन अतिथियों को परोसा जाता है। उन्होंने इस प्रक्रिया को समाज की संरचना के साथ जोड़ते हुए कहा कि आधुनिक समाजों में भूना हुआ भोजन (माँस) समाज का उच्च तबका और उबला हुआ भोजन निम्न स्तर के लोग करते देखे जा सकते हैं। स्ट्रास ने इस परिचर्चा को नरभक्षिता की प्रथा के साथ भी जोड़ा है और कहा कि उबालने की प्रक्रिया का प्रयोग तब किया जाता है जब सगे-संबंधियों अथवा दुश्मनों के माँस का भोज्य पदार्थ के रूप में भक्षण किया जाता है, किन्तु भूने हुए भोजन की प्रक्रिया का प्रयोग अधिकांशतः दुश्मनों का माँस भक्षण के लिये ही किया जाता है।

अन्त में, संरचनावादी लेवी-स्ट्रास ने एक स्थान पर अपने विषय में यह घोषित किया है कि मैं मूलभूत विज्ञान का एक अन्वेषक हूँ और एक दिन मैं मानवीय मस्तिष्क की सार्वभौमिक श्रेणियों की खोज करने में अवश्य सफल हूँगा। किन्तु यह दुखद ही है कि जनजातीय समाजों के मिथकों के बृहत् विश्लेषण के बाद भी लेवी-स्ट्रास मूलभूत विज्ञान की खोज करने के अपने मिशन में अभी तक सफल नहीं हो पाये हैं। वे अभी तक 'आनुवंशिक कूट' (जिनेटिक कोड) को विभाजित नहीं कर पाये हैं। **अभी तक उनकी खोज का सार या निष्कर्ष उनकी 'द्विभाजी विपरीतता' (बाइनरी ऑपिज़िशन) की धारणा है, अर्थात् विश्व की रचना द्विभाजनों से हुई है या मानव संस्कृति की रचना द्विधारी विरोधों से हुई है।**

प्रमुख कृतियाँ :

- The Elementary Structures of Kinship, (1949)
- Introduction to the Work of Marcel Mauss, (1950)
- Tristes Tropiques, (1955)
- Structural Anthropology, (1958)
- The Savage Mind, (1962)
- Totemism Today, (1962)
- The Structural Study of Myths, (1963)
- The Raw and the Cooked, (1964)
- Introduction to the Science of Mythology, 4 vols. (1964-71)
- From Honey to Ashes, (1966)
- The Origin of Table Manners, (1968)
- The Naked Man, (1971)

- The Way of the Masks, (1975)
- The View from Afar, (1985)
- The Jealous Potter, (1988)

Levy-Bruhl, Lucien
लूसिअन लेवी-ब्रुअल (1857-1939)

प्रसिद्ध समाजशास्त्री **एमिल दुर्खाइम** के समकालीन **लूसिअन लेवी-ब्रुअल** अपने समय के एक प्रतिभावान विद्वान थे जिन्होंने दर्शनशास्त्र, मनोविज्ञान, मानवशास्त्र और इतिहास जैसी ज्ञान की कई विधाओं को प्रभावित किया है। वे मूल रूप में एक दार्शनिक थे जिन्होंने आदिम मानव की मानसिकता, जो बाद में उनके अध्ययन-अनुसंधान का एक प्रमुख विषय बन गया, पर कार्य करने के पूर्व ही **जॅकौबी** और **कोम्त** पर उत्कृष्ट पुस्तकें लिखकर वैचारिक जगत् में अपनी धाक अंकित कर दी थी। उन्होंने सामाजिक मानवशास्त्र के क्षेत्र में एक दार्शनिक रूप में प्रवेश किया। उनकी प्रमुख रुचि औपचारिक तर्क के अध्ययन में थी। सन् 1903 में नैतिकता पर उनकी पुस्तक ने उनकी रुचि को आदिम मानसिकता के अध्ययन की ओर मोड़ दिया जिसने सन् 1939 में हुई उनकी मृत्यु तक उनका पीछा नहीं छोड़ा। सन् 1912 में आदिम मानसिकता पर उनकी पहली पुस्तक "आदिम लोग कैसे सोचते हैं" (हाउ नेटिव्ज़ थिंक) और सन् 1922 में दूसरी पुस्तक "आदिम मानसिकता" (प्रिमिटिव मेनटलिटी) का प्रकाशन हुआ। लेवी-ब्रुअल की सभी मूल पुस्तकें फ्रेंच भाषा में हैं जिनमें से अभी कुछ पुस्तकों का ही अंग्रेजी में अनुवाद हुआ है। इन दोनों पुस्तकों में मूल रूप में यह बात कही गई है कि **आदिम व्यक्ति जिन सामूहिक प्रतिनिधानों (कल्कटिव रेप्रिज़ेन्टेशॅन) में भाग लेते हैं, उनकी प्रकृति अतार्किक और रहस्यात्मक-आध्यात्मिक होती है।** आदिम मानसिकता पर उनका अंतिम चिंतन उनकी मृत्यु के उपरान्त सन् 1949 में पुस्तककार के रूप में प्रकाशित हुआ है।

दुर्खाइम की भाँति लेवी-ब्रुअल ने भी सामाजिक तथ्यों की व्याख्या के लिये व्यक्तिगत मनोविज्ञान के प्रयोग को अस्वीकार किया है। उन्होंने भी यह माना है कि सामाजिक तथ्य कई भिन्न दशाओं की उपज होते हैं जो व्यक्ति के मस्तिष्क को प्रभावित करते हैं। लेवी-ब्रुअल के अनुसार **व्यक्ति की मानसिकता का निर्माण अपने समाज के सामूहिक प्रतिनिधानों (प्रतीकों) द्वारा होता है जो कि उसके लिये बाध्यकारी होते हैं और ये प्रतिनिधान संस्थाओं के प्रकार्य होते हैं।** परिणामतः कुछेक प्रकार के प्रतिनिधान तथा कुछेक प्रकार की विचारणाएं सामाजिक संरचनाओं के विशिष्ट रूपों से जुड़ी होती हैं। दूसरे शब्दों में, यदि सामाजिक संरचना में अन्तर आता है, तो प्रतिनिधानों में भी अन्तर आता है और परिणामतः इससे व्यक्तिगत मानसिकता भी प्रभावित होती है। **प्रत्येक समाज की अपनी एक विशिष्ट मानसिकता होती है, क्योंकि हरेक समाज के अपने विशिष्ट रीति-रिवाज, प्रथाएं और संस्थाएं होती हैं जो मूलतः सामाजिक प्रतिनिधानों (प्रतीकों) के कुछ पक्षों को प्रकट करते हैं।** ब्रुअल के इन विचारों के आधार पर मानव समाजों को अनेक भिन्न रूपों में विभाजित किया जा सकता है, किन्तु स्वयं ब्रुअल ने मोटे रूप में दो प्रकार की मानसिकताओं के आधार

पर् आदिम और सभ्य दो प्रकार के समाजों की चर्चा की है। बुअल के अनुसार, आधुनिक सभ्य व्यक्ति (यूरोपीय) का सारा सोच तार्किकता लिये होता है। वह किसी भी घटना के कारणों को प्राकृतिक प्रक्रियाओं में खोजता है और जब कभी वैज्ञानिक आधार पर कारणों की खोज में असमर्थ रहता है, तब वह यह मानता है कि उसका ज्ञान अभी अधूरा है। किन्तु आदिम मानव के सोच की सारी प्रक्रिया का चरित्र इससे भिन्न है। उसका सोच अधिदैविक और अलौकिक की धारणा से निर्देशित होता है। वस्तुएं और प्राणी सभी रहस्यवादी-आध्यात्मिक सहभागी और एकान्तिक संबंधों के ताने-बाने से जुड़े होते हैं और इन्हीं के द्वारा संबंधों की प्रकृति और व्यवस्था की रचना होती है। आदिम मानव हमारी तरह वस्तुनिष्ठ कारणात्मक संबंधों की खोज नहीं करते थे। उन्हें सामूहिक प्रतिनिधानों द्वारा ऐसा करने से रोका जाता था क्योंकि इन सामूहिक प्रतिनिधानों की प्रकृति अतार्किक और रहस्यवादी-आध्यात्मिक प्रकार की हुआ करती थी।

आदिम मानसिकता संबंधी लेवी-ब्रुअल के उपरोक्त वर्णित दावों को ब्रिटिश मानवशास्त्रियों ने तत्काल नकार दिया क्योंकि लेवी-ब्रुअल के दार्शनिक अनुमान इन मानवशास्त्रियों के अनुभवपरक परम्परा से मेल नहीं खाते थे। अपने अन्य फ्रांसीसी साथियों की भाँति, लेवी-ब्रुअल भी एक सुविधावादी सिद्धान्तकार थे। उन्होंने कभी आदिम लोगों की शक्ल तक नहीं देखी थी और न उनसे कभी बातचीत की थी। उनके लेखनों में प्रयोग की गई शब्दावली, जैसे अतार्किक मानसिकता, सामूहिक प्रतिनिधान, रहस्यवादिता, और सहभागिता आदि की उनकी मनमानी परिभाषाओं पर तीव्र टिप्पणियाँ की गई हैं। लेवी-ब्रुअल पर "प्रजातिकेन्द्रित" (एथ्नोसेन्ट्रिक) होने का भी आरोप जड़ा गया है।

कुछेक मानवशास्त्रियों जैसे **इवान्स प्रिचार्ड** ने उनका बचाव भी किया है। इवान्स प्रिचार्ड ने कहा है कि वास्तव में जिन अर्थों में लेवी-ब्रुअल ने "अतार्किक मानसिकता" और "सामूहिक प्रतिनिधान" आदि जैसे शब्दों का प्रयोग किया है, वे आलोचकों के अर्थों से भिन्न हैं। उदाहरणार्थ, लेवी-ब्रुअल ने यह नहीं कहा है कि आदिम मानव नासझ या बुद्धिहीन था, उनका अर्थ केवल यह रहा है कि उनके विश्वास हमारे लिये अबोधगम्य रहे हैं। दूसरी बात, जब लेवी-ब्रुअल यह कहते हैं कि "आदिम मानसिकता" या "आदिम मस्तिष्क" अतार्किक था तब उनका तात्पर्य सोचने-समझने की व्यक्तिगत क्षमता या अक्षमता से नहीं था, अपितु उन कोटियों से था जिनके आधार पर वह सोचता-समझता था। उनका अर्थ सोचने-समझने के हमारे और आदिम मानव के जैवकीय या मनोवैज्ञानिक अन्तर से कदापि नहीं था, अपितु सामाजिक अन्तर से था। इसी प्रकार, सामूहिक प्रतिनिधान शब्द का प्रयोग जिस अर्थ में लेवी-ब्रुअल ने किया है, वह आलोचकों के अर्थ से भिन्न है। आदिम मानवों के प्रतिनिधानों का अपना एक विशिष्ट चरित्र रहा है, अर्थात् उनका चरित्र रहस्यात्मक-आध्यात्मिक होता था, जो हमारे प्रतिनिधानों के चरित्र से पूर्णतः भिन्न होता है और यही कारण है कि हम आदिम मानसिकता को तर्कहीन कह देते हैं। संभव है कि लेवी-ब्रुअल के विचारों में कहीं विरोधाभास रहा हो, फिर भी आदिम मानसिकता संबंधी उनके विचारों ने कई मानवशास्त्रियों को आदिम और आधुनिक मानव की मानसिकता संबंधी अन्तर को नये सिरे से समझने के लिये प्रेरित किया है। आजकल चिन्तन के असंवेदनशील तरीकों के प्रति प्रारंभिक सापेक्षवादी सरोकारों के कारण उनके विचारों के बारे में पुनः खोजबीन की जा रही है।

प्रमुख कृतियाँ :
- How Natives Think, (1912)
- Primitive Mentality, (1922)
- The Soul of the Primitive, (1928)

Lewin, Kurt
कर्ट लेविन
(1890-1947)

जर्मनी में पैदा हुए समाज मनोवैज्ञानिक **कर्ट लेविन** समाजशास्त्र में विशेषतः अपने 'क्षेत्र सिद्धान्त' के लिये जाने जाते हैं। वे 1930 के दशक के प्रारंभिक वर्षों में अमेरिका चल गये और वहां मुख्यतः ओवा विश्वविद्यालय और 'मैसाचुसेट्स इन्सटिट्यूट ऑव टेकनॉलाजी' में कार्य किया। उनका **समष्टिवादी क्षेत्र सिद्धान्त** गेस्टाल्ट सिद्धान्त से अनुप्राणित है, किन्तु इसमें उन्होंने सामाजिक और अभिप्रेरणात्मक तत्वों को भी जोड़ा है। लेविन ने व्यक्तिगत व्यवहार को मनोवैज्ञानिक क्षेत्र, जिसे वे **'जीवन-आकाश'** (लाइफ स्पेस) कहते हैं, का परिणाम माना है। क्षेत्र-सिद्धान्त व्यक्ति के सामाजिक व्यवहार की व्याख्या के लिये सम्पूर्ण सामाजिक परिस्थितियों (लक्ष्य और जरूरतों के सदंर्भ में) की छोटी-से-छोटी बात की आपसी अन्तर्क्रिया पर बल देता है। लेविन के अनुसार, प्रत्येक व्यक्ति अनेक शक्तियों से घिरा होता है और जिन शक्तियों के क्षेत्र में व्यक्ति अन्तर्क्रिया करता है, लेविन ने इसे ही 'जीवन-आकाश' कहा है। इस जीवन-आकाश द्वारा ही व्यक्ति के व्यवहार का निर्धारण होता है। लेविन ने समूह गतिशीलता के अध्ययन हेतु मिचीगन विश्वविद्यालय में 'समूह गत्यात्मकता शोध केन्द्र' की स्थापना की है।

प्रमुख कृतियाँ :
- Field theory in Social Sciences, ed. D. Cartwright, (1951)

Lewis, Oscar
ऑस्कर लेविस
(1914-1971)

"गरीबी की संस्कृति" (कल्चर ऑफ पावर्टी) की अवधारणा के रचनाकार अमरीकी मानवशास्त्री **ऑस्कर लेविस** ने विश्व के समाजशास्त्र और मानवशास्त्र में अपना नाम एक विशिष्ट रूप में दर्ज़ किया है। वे भारत में भी सन् 1951 में आये और पश्चिमी उत्तर प्रदेश के गाँव रामपुरा का अध्ययन किया और **"ग्रामीण सर्वदेशीयता"** (रूरल कॉजमॉपालिटॅटिज़्म) की अवधारण को विकसित किया। उन्होंने **रेडफील्ड** (1930) द्वारा अध्यित मैक्सिको के **टेपोजलान** गाँव का लगभग बीस वर्षों बाद सन् 1951 में पुनर्अध्ययन कर रेडफील्ड के कई निष्कर्षों को चुनौती दी। रेडफील्ड ने टेपोजलान गाँव का एक आदर्शात्मक चित्र प्रस्तुत करते हुए इसे एक ऐसा शांतिपूर्ण गाँव बताया है जहां के लोगों में बड़ा मैत्रीभाव, सहयोग, सौहार्द

और सामंजस्यता पाई गई है। इसके ठीक विपरीत, लेविस ने अपने अध्ययन के आधार पर यहां के लोगों को पूर्णतः स्वार्थी, झगडालू, व्यक्तिगत वैमनस्यता से परिपूर्ण तथा अत्यधिक नशावृति के शिकार के रूप में चित्रित किया है। रेडफील्ड ने अपने अध्ययन में प्रकार्यवादी, उद्‌विकासवादी और जर्मन समाजशास्त्रीय परम्पराओं का प्रयोग किया है और अपने अध्ययन को सामाजिक व्यवहार को नियंत्रित करने वाले मानदंडात्मक नियमाचारों के अध्ययन तक सीमित रखा है। इसके विपरीत, लेविस ने वास्तविक व्यवहारों का अध्ययन किया है और रेडफील्ड की भांति नियमाचारों और मानदंड़ों के अध्ययन पर अपेक्षाकृत कम ध्यान दिया है।

रेडफील्ड (1930) और लेविस (1951) के अध्ययनों के बीच समय-अन्तराल (केवल बीस वर्ष) कोई बहुत बड़ा नहीं हैं। यही नहीं, इस गाँव में कोई भारी सामाजिक परिवर्तन भी नहीं हुआ बताया गया है, तब इन दोनों के निष्कर्षों में इतना भारी अन्तर कैसे आया, यह एक चौंकाने वाला तथ्य है। संभवतः इस अन्तर का मुख्य कारण दोनों के अध्ययन का परिप्रेक्ष्य और अध्ययन की विधि का हो सकता है।

लेविस ने भारत और मैक्सिको की कृषक संस्कृतियों की तुलना भी की है। इस तुलना के लिये उन्होंने भारत के रामपुरा (रानी खेड़ा) और मैक्सिको के टेपोजलान के अपने अध्ययन-तथ्यों का प्रयोग किया है। उन्होंने बताया कि दोनों गाँवों की भौतिक संस्कृति, प्रौद्योगिकी और अर्थव्यवस्था के तत्वों में काफी समानता पाई गई, जबकि सामाजिक संगठन, मूल्य-व्यवस्था और व्यक्तित्व संरचना में भिन्नता देखी गई है। उन्होंने बताया कि भारतीय गाँव के लोगों में गहरी आत्मीयता की भावना होती है। यह भावना एक व्यक्ति और दूसरे व्यक्ति के बीच ही नहीं, अपितु उसकी यह भावना उसकी जमीन, मकान, मवेशियों, पेड़-पौधों, पशु-पक्षियों और विस्तृत रूप में प्रकृति के सभी तत्वों के प्रति देखी जा सकती है। वे लिखते हैं कि जमीन के संबंध, वैवाहिक संबंध, धार्मिक विश्वास, राजनीतिक संगठन और व्यापार आदि एक भारतीय गाँव में सामाजिक संबंधों को विस्तृत बनाते हैं। भारतीय गाँव में पाये जाने वाले इन विस्तारित संबंधों को ही उन्होंने "ग्रामीण सर्वदेशीयता" कहा है।

मैक्सिको के अपने अध्ययनों के आधार पर लेविस ने यह बताया है कि किस प्रकार कमजोर आर्थिक स्थितियां समान व्यवहार और आकांक्षाओं को जन्म देती हैं। प्यूरिटो रीको परिवारों का अध्ययन करते हुए उन्होंने वहां के लोगों के व्यक्तित्व के कुछ लक्षणों में जो समानता देखी, उसी के आधार पर उन्होंने "गरीबी की संस्कृति" की अपनी धारणा को प्रणीत किया। गरीबी की संस्कृति वंचित सामाजिक दशाओं में रहने वाले व्यक्तियों के व्यक्तित्व की समानताओं को इंगित करने वाली एक अवधारणा है। अशिक्षा तथा अन्य अभावों के कारण यह संस्कृति एक पीढ़ी से दूसरी पीढ़ी को हस्तान्तरित होती रहती है।

प्रमुख कृतियाँ :

- Life in a Mexican Village: Tepozlan Restudied, (1951)
- Village Life in Northern India, (1958)
- Five Families, (1959)
- The Children of Sanschez, (1961)

– La Vida: A Puerto Rican Family in the Culture of Poverty, (1965)
– Pedro Martines: A Mexican Peasant and His Family, (1967)

Linton, Ralph

राल्फ लिंटन (1893-1953)

'संस्कृति और व्यक्तित्व' वैचारिक सम्प्रदाय के अन्तर्राष्ट्रीय ख्याति के अमरीकी मानवशास्त्री **राल्फ लिंटन** मूलरूप में एक पुरातत्वशास्त्री थे। सन् 1920-22 के बीच, जब उन्हें हवाई के बिशप संग्रहालय द्वारा मारक्विस द्वीप पर कार्य करने के लिये भेजा गया, तब उनकी रुचि इस द्वीप के निवासियों की संस्कृति को जानने में उत्पन्न हो गई और वे एक सांस्कृतिक मानवशास्त्री बन गये। **माग्रेट मीड और रुथ बेनेडिक्ट** से भिन्न लिंटन ने (कार्डिनर और कोरा डू बोइस सहित) संस्कृति और व्यक्तित्व को अन्तर्निभर और एक दूसरे का पूरक मानते हुए इन दोनों का एक दूसरे पर पड़ने वाले प्रभावों का अध्ययन किया है। संस्कृति और व्यक्तित्व उपागम में उनकी रुचि तब विकसित हुई जब उन्होंने कोलम्बिया विश्वविद्यालय द्वारा प्रवर्तित अन्तर्आनुशासन सेमिनार में भाग लिया। इस सेमिनार में व्यक्तित्व निर्माण में संस्कृति की भूमिका और संस्कृति पर व्यक्तित्व के प्रभावों के अध्ययन पर खुल कर चर्चा हुई। इस सेमिनार में निष्कर्ष के तौर पर यह प्रस्थापित किया गया कि व्यक्ति, मानव और समाज के अध्ययन के लिये मनोविज्ञान, मानवशास्त्र और समाजशास्त्र तीनों विषयों में अधिकाधिक सहयोग को बढ़ावा दिया जाना चाहिये।

लिंटन का जन्म फिलाडेल्फिया में और प्रारंभिक शिक्षा पेन्सिलवेनिया और कोलम्बिया विश्वविद्यालयों में हुई, किन्तु उन्होंने पी.एच.डी. की उपाधि सन् 1925 में हार्वर्ड विश्वविद्यालय से प्राप्त की। उनके शोध ग्रंथ का विषय "मारक्विसस द्वीप समूहों की भौतिक संस्कृति" था। जैसा पूर्व में लिखा गया कि लिंटन मूल रूप में एक पुरातत्वशास्त्री थे। उनके इस ज्ञान का प्रभाव उनकी प्रथम पुस्तक "मानव का अध्ययन" (स्टडी ऑफ मैन, 1936) में देखा जा सकता है। इस पुस्तक में उन्होंने स्पष्ट रूप में अमरीकी संस्कृति में जिन बाहरी सांस्कृतिक तत्वों (ट्रेट्स) का अनुकूलन हुआ है, उसके ढेर सारे उदाहरण दिये हैं। उन्होंने लिखा है जिस पलंग पर से एक अमरीकी रात्रि में शयन कर सुबह उठता है, उसका इज़ाद पड़ोसी पूर्वी देशों में हुआ था जिसका बाद में यूरोप में संशोधन किया गया। घर में वह जिन पर्दों का प्रयोग करता है, उसकी रूई का प्रथम बार भारत में उत्पादन हुआ था। यदि पर्दे सिल्क के बने हुए हैं तो इस सिल्क की खोज चीन में हुई थी। नर्म चमड़े के जिन जूतों को वह पहनता है, वे उत्तरी अमेरिका के रेड इंडियनों द्वारा निर्मित है। इसी प्रकार भौतिक संस्कृति (चाय, काफी, टाई, बर्तन आदि) के अनेक तत्वों के उदाहरण देकर उन्होंने एक पुरातत्वशास्त्री के रूप में यह बताने का प्रयास किया है कि किस प्रकार ये तत्व अमरीकी संस्कृति में आये या प्रसार हुआ और धीरे-धीरे ये अमरीकी संस्कृति में समा गये। लिंटन ने विन्सकोसिंन (1928-1937), कोलम्बिया (1937-1946) और येल (1946 से मृत्यु तक) विश्वविद्यालयों में अध्यापन कार्य भी किया है।

लिंटन ने अपनी इस पुस्तक में न केवल भौतिक संस्कृति के तत्वों के अनुकूलन पर प्रकाश डाला है, अपितु '**भूमिका' और 'प्रस्थिति**' की अवधारणाओं पर भी प्रकाश डाला है जो एक व्यक्ति अपनी संस्कृति में ग्रहण करता है और सम्पादित करता है। **ये दोनों अवधारणाएं समाजशास्त्र और मानवशास्त्र में लिंटन की ही देन है।** वे ही इनके आविष्कारक हैं। लिंटन के अनुसार, **भूमिका** (रोल) से तात्पर्य किसी विद्यमान प्रस्थिति या पद से जुड़े हुए व्यवहार के नियमों से है। उन्होंने प्रस्थिति के दो रूप बताये हैं: (1) प्रदत्त प्रस्थिति और (2) अर्जित प्रस्थिति। इसी संदर्भ में उन्होंने 'भूमिका संघर्ष' और 'टकराव और वियोजन' की भी बात की है। जब भिन्न पदों को धारण करने वाले समाज के भिन्न सदस्यों की अधिक आकांक्षाएं होती है, तब उनमें जो टकराहट उत्पन्न होती है, उसे लिंटन ने 'भूमिका-संघर्ष' कहा है। इन अवधारणाओं के अतिरिक्त, लिंटन ने "**स्थैतिक व्यक्तित्व**", "**मूलभूत संस्कृति**" और "**सामाजिक आविष्कारक**'' आदि अवधारणाओं को भी प्रणीत किया है। उन्होंने बताया कि किसी समाज के सभी व्यक्ति जब एक ही प्रकार की समाजीकरण की प्रक्रिया से गुजरते हैं तथा एक सी प्रथाओं और परम्पराओं का पालन करते हैं, तब ऐसे व्यक्तियों के स्वभाव और चरित्र में एक प्रकार की समानता उत्पन्न हो जाती है, इसे ही लिंटन ने "मूलभूत संस्कृति" कहा है। 'सामाजिक आविष्कारक' पर अपने विचार व्यक्त करते हुए लिंटन कहते हैं कि समाज में कुछ व्यक्ति ऐसे होते हैं जो समाज के पुराने परम्परागत नियमों और प्रथाओं का पालन नहीं करते और समयानुसार कुछ नये मानदंडों, व्यवहारों और जीवन-शैली का अनुकरण करने या कुछ नवीन खोज करने का प्रयास करते हैं, ऐसे व्यक्तियों को लिंटन ने "सामाजिक आविष्कारक" कहा है। लिंटन की प्रस्थिति और भूमिका की अवधारणाएं समाजशास्त्रीय विश्लेषण की धरोहर बन गई। इन अवधारणाओं के माध्यम से उन्होंने सामाजिक व्यवस्था की आन्तरिक संगति को समझाने का प्रयास किया है।

अपनी दूसरी ख्यात पुस्तक "व्यक्तित्व की सांस्कृतिक पृष्ठभूमि" (1945) में लिंटन ने संस्कृति और व्यक्तित्व की अवधारणाओं का सविस्तार वर्णन-विश्लेषण किया है। संस्कृति को परिभाषित करते हुए उन्होंने लिखा है कि **"यह तत्वों, विशेषकों (ट्रेट्स) , विशेषक संकुलों (काम्पलेक्स) और कार्यकलापों द्वारा निर्मित एक गूंथी हुई श्रृंखला है।"** इनमें से प्रत्येक की चार विशेषताएं होती हैं : स्वरूप, अर्थ, प्रयोग और प्रकार्य। उनकी यह योजना विशेष रूप में विशेषक-संकुलों के एक संस्कृति से दूसरी संस्कृति में प्रसार के विश्लेषण में काफी उपयोगी सिद्ध हुई है। जब ये विशेषक-संकुल (ट्रेट्स-काम्पलेक्स) एक संस्कृति से दूसरी संस्कृति में जाते हैं, तब इनके स्वरूप की पहचान तो आसानी से हो जाती है, किन्तु नवीन सांस्कृतिक परिवेश में विशेषकों (लक्षणों) के अर्थ कई बार बदल जाते हैं। यही नहीं, इनके प्रयोग और प्रकार्य में भी बदलाव आने की संभावना रहती है। उन्होंने एक अन्य स्थान पर संस्कृति को इन शब्दों में परिभाषित किया है, **"किसी विशिष्ट समाज के सदस्यों के साथ एवं हस्तांतरित ज्ञान, मनोभावों और नैसर्गिक व्यवहार प्रतिमान के कुल जोड़ को संस्कृति कहते हैं।"** उन्होंने सदस्यों के व्यवहार के आधार पर संस्कृति को तीन समूहों में विभाजित किया है, यथा (1) वास्तविक संस्कृति (वास्तविक व्यवहार), (2) आदर्श संस्कृति (दार्शनिक एवं परम्परागत संस्कृति), और (3) संस्कृति-रचना (जिसका उल्लेख किया जाता है, जिसके

बारे में लिखा जाता हैं)। वास्तविक संस्कृति समाज के सदस्यों के कुछ व्यवहारों का जोड़ होती है जो किसी विशिष्ट परिस्थिति में सीखी जाती है और उसमें भाग लिया जाता है। यह समुदाय के सदस्यों के जीवन के तौर-तरीकों से अभिव्यक्त होती है। जीवन के ये तौर-तरीके एक संस्कृति और दूसरी संस्कृति में भिन्न होते हैं। आदर्श संस्कृति का निर्माण दार्शनिक परम्पराओं के द्वारा होता है। इसमें संस्कृति के कुछ तत्वों को आदर्श माना जाता है। जब किसी संस्कृति का अध्ययन करके उसे लिखा जाता है, तब यह संस्कृति-रचना (कल्चर कनस्ट्रॅक्ट) कहलाती है। यह संस्कृति के बारे में हमारी समझ को प्रतिबिम्बित करती है।

लिंटन ने 'सांस्कृतिक सार्वभौमिकों', 'सांस्कृतिक विकल्पों' और 'सांस्कृतिक विशिष्टों' में भी भेद किया है। उनके अनुसार, कुछ संस्कृति लक्षण समाज के सभी सदस्यों के लिये आवश्यक होते हैं, जब कि कुछ लक्षण समाज के कुछ सदस्यों में ही जाये जाते हैं। अतः जो लक्षण या तत्व समाज के सभी सदस्यों में जाये जाते हैं, वे 'सांस्कृतिक सार्वभौमिक' कहलाते हैं। उदाहरणार्थ, भारतीय संस्कृति में यह माना जाता है कि देह के कुछ अंगों को ढका जाना चाहिये या शिशु-हत्या नहीं की जानी चाहिये, ये भारतीय संस्कृति के सार्वभौमिक तत्व हैं। इसके विपरीत, कई धार्मिक विश्वासों में से किसी एक का चयन करने और मानने की स्वतंत्रता को 'सांस्कृतिक विकल्प' कहा जाता है। किसी संस्कृति का कोई सांस्कृतिक सार्वभौमिक दूसरी संस्कृति में सांस्कृतिक विकल्प या इसका उल्टा हो सकता है। 'सांस्कृतिक विशिष्टताएं' संस्कृति के ऐसे तत्व होते हैं जिनमें किसी समाज के किन्हीं समूहों द्वारा, न कि सभी के द्वारा, भागीदारी की जाती है। आयु, लिंग, व्यवसाय, धर्म और भाषा आदि के आधार पर बने हुए समूहों में ऐसी विशिष्ठताएं देखी जा सकती हैं। लिंटन ने 'सामान्य सांस्कृतिक प्रतिमान', 'उप-सांस्कृतिक प्रतिमान' और 'प्रति-संस्कृति प्रतिमान' पदों का भी प्रयोग किया है। किसी विशिष्ट समूह के सांस्कृतिक लक्षणों को उन्होंने उप-सांस्कृतिक प्रतिमान कहा है। ये लक्षण यद्यपि सामान्य सांस्कृतिक प्रतिमान से जुड़े होते हैं, तथापि इन्हें सामान्य प्रतिमान से भिन्न प्रदर्शित किया जा सकता है। लिंटन ने प्रति-संस्कृति प्रतिमान की अवधारणा का प्रयोग उन समूहों को इंगित करने के लिये किया है जो प्रचलित प्रतिमान से न केवल भिन्न होते हैं, अपितु उन्हें कड़े रूप में चुनौती भी देते हैं। लिंटन ने संस्कृति संबंधी इन सभी अवधारणाओं के आधार पर यह बताया है कि ये किसी भी संस्कृति की पृष्ठभूमि को प्रदर्शित करते हैं जो व्यक्तित्व के निर्माण में महती भूमिका अदा करती हैं। जब व्यक्तित्व का निर्माण हो जाता है तब वह संस्कृति को प्रभावित करता है।

इसी पुस्तक में लिंटन ने व्यक्तित्व की भी व्याख्या की है। **किसी व्यक्ति से संबंधित मनोवैज्ञानिक प्रक्रियाओं और दशाओं के संगठित समूह को उन्होंने व्यक्तित्व कहा है।** वे मानते हैं कि आदतों का संगठित समूह जो किसी व्यक्ति में विद्यमान होता है, यह व्यक्तित्व के मोटे हिस्से का निर्माण करता है और यही उसे एक स्वरूप, संरचना और निरंतरता प्रदान करता है। व्यक्तित्व विकास और व्यक्तित्व संरचना के संदर्भ में उन्होंने मानव की आवश्यकताओं, प्रेरणाओं और अनुक्रियाओं (स्टिम्यूलस-रिस्पांस) का भी विश्लेषण किया है। लिंटन के अनुसार, **संस्कृति आवश्यकता का एक उत्पाद है।** इन आवश्यकताओं की तुष्टि ही मानव और संस्कृति को जीवित रखती है। ये आवश्यकताएं दो प्रकार की होती हैं: (1)

जैवकीय या शारीरिक आवश्यकताएं और (2) मनोवैज्ञानिक आवश्यकताएं। वे मानते हैं कि शारीरिक आवश्यकताओं के साथ-साथ मनोवैज्ञानिक आवश्यकताओं की तुष्टि भी होना आवश्यक है। इसके अभाव में एक बालक असामान्य बन सकता है। मनोवैज्ञानिक आवश्यकताओं की तुष्टि तीन प्रकार की प्रतिक्रियाओं द्वारा होती हैं; (1) भावनात्मक प्रतिक्रिया, (2) लम्बी अवधि की सुरक्षा, और (3) अनूठे अनुभव।

लिंटन ने संस्कृति का विश्लेषण करते समय **"मूलभूत संस्कृति"** की बात कही है जिसकी चर्चा हमने पहले की है। वे कहते हैं कि प्रत्येक समाज की एक मूलभूत संस्कृति होती है जिसके द्वारा उस समाज के सभी सदस्य समाजीकरण की एक समान प्रक्रिया से गुजरते हैं और समान प्रथाओं, विश्वासों और परम्पराओं का पालन करते हैं। परिणामस्वरूप, हम उस समाज के सदस्यों में एक सामान्य संस्कृति प्रतिमान के दर्शन करते हैं। ये सामान्य विशेषताएं उस समाज की मूलभूत संस्कृति को उजागर करती हैं। किसी समाज की मूलभूत संस्कृति में एक 'प्रस्थिति व्यक्तित्व' होता है। प्रस्थिति व्यक्तित्व किसी व्यक्ति के विशिष्ट पद को प्रकट करता है जिसके साथ कुछ विशेषाधिकार जुड़े होते हैं। इस मूलभूत संस्कृति में कुछ व्यक्ति 'सामाजिक आविष्कारक' होते हैं जो समाज में परिवर्तन लाते हैं। ये लोग नये लक्षणों की खोज द्वारा अथवा पुराने के स्थान पर नये आविष्कारों को प्रतिस्थापित करके परिवर्तन लाते हैं।

लिंटन ने प्रसिद्ध मनोविश्लेषक **कार्डिनर** के साथ मिल कर **'मूलभूत व्यक्तित्व'** की अवधारणा की भी रचना की है। लिंटन ने इस प्रकार के व्यक्तित्व की एक प्रक्षेपीय व्यवस्था के रूप में व्याख्या की है। उनके अनुसार, "**मूलभूत व्यक्तित्व (बेसिक पॅर्सनेलिटी) , व्यक्तित्व लक्षणों का एक ऐसा संरूपण (कन्फिग्यूरेशन) होता है जो समाज के अधिकांश सदस्यों में पाया जाता है और जिसका जन्म व्यक्तियों के बचपन के प्रारंभिक अनुभवों के आधार पर होता है।**" दूसरे शब्दों में, यह एक ऐसी व्यक्तित्व समाकृति है जिसमें समाज के अधिकांश सदस्य साझीदार होते हैं।

लिंटन "पर-संस्कृतिग्रहण (**अकल्चॅरेशन**) सिद्धान्त" के प्रमुख सिद्धान्तकार भी रहे हैं। वे **रेडफील्ड** द्वारा प्रस्तावित "पर-संस्कृतिग्रहण अध्ययन के स्मरणपत्र" (1935) के लेखक दल के एक प्रमुख सदस्य थे। पर-संस्कृतिग्रहण के बारे में अपने विचार स्पष्ट करते हुए लिंटन ने बताया है कि संस्कृति के लक्षण-संकुलों की अपेक्षा एकल लक्षणों का आदान-प्रदान अधिक आसानी से और अधिक मात्रा में होता है क्योंकि इन्हें प्राप्त करने वाली संस्कृति में इनके संशोधन की कम आवश्यकता पड़ती है। लक्षणों के ग्रहणकर्त्ता बहुधा उन लक्षणों को लेते हैं जिनकी उनके लिये उपयोगिता होती है। इसी प्रकार, व्यवहार प्रतिमानों की अपेक्षा उपकरणों का लेन-देन अधिक होता है क्योंकि उन्हें अपनाने में आसानी होती है। व्यवहार-प्रतिमानों को समझने और अपनाने में निरंतर संसर्ग और सम्पर्क की जरूरत होती है। अमूर्त विचारों का हस्तान्तरण और भी अधिक मुश्किल होता है। लिंटन ने स्वैच्छिक रूप में स्वीकृत नवाचारों और 'निर्देशित सांस्कृतिक परिवर्तन' जो देशज नवीन विश्व के लोगों की एक विशेषता होती है, में भी अन्तर प्रदर्शित किया है।

प्रमुख कृतियाँ :

- The Study of Man, (1936)
- Acculturation in Seven American Indian Tribes, (ed.), (1940)
- The Cultural Background of Personality, (1945)
- The Tree of Culture, (1955)

Lipset, Seymour Martin

मार्टिन सीमौर लिप्सेट (1922-)

आधुनिक अमरीकी समाजशास्त्री **मार्टिन सीमौर लिप्सेट** स्टेन्डफोर्ड विश्वविद्यालय में आचार्य (प्रोफेसर) पद पर कार्यरत हैं। इन्हें युद्ध उपरान्त अमरीकी समाजशास्त्र, विशेष रूप में राजनीतिक समाजशास्त्र, का एक अग्रणी व्यक्ति माना जाता है। लिप्सेट ने सामाजिक आन्दोलन, राजनीतिक उग्रवाद, आधुनिकीकरण के कारण एवं परिणाम, श्रमिक संघ सरकारों में लोकतंत्र और सामाजिक गतिशीलता जैसे कई भिन्न विषयों पर लेखनी उठाई है। अपनी प्रसिद्ध कृति 'राजनीतिक व्यक्ति' : राजनीति का सामाजिक आधार' (पोलिटिकल मैन : द सोश्यल बेसिस ऑव पॉलिटिक्स', 1960) में लिखा है कि लोकतंत्र एक मात्र ऐसा साधन नहीं है जिसके द्वारा विभिन्न समूह अपने लक्ष्यों को प्राप्त कर सकते हैं या 'उत्तम समाज' की स्थापना कर सकते हैं, अपितु यह स्वयं एक 'उत्तम समाज' (गुड सोसाइटी) का साकार एवं एक सक्रिय रूप है..... लोकतंत्र का अर्थ विशेष राजनीतिक संस्थाएं और प्रक्रियाएं मात्र नहीं है, अपितु यह एक सामाजिक प्रणाली (सोशल सिस्टम) भी है जो दो महत्वपूर्ण शर्तों पर आधारित है : (i) मतैक्यता (कॅन्सेन्सॅस) तथा (ii) मतभेद (क्लीवेज)। एक समाज के लोगों में सम्पूर्ण समाज के लक्ष्यों एवं मूल्यों के सम्बन्ध में सर्वसम्मति होनी चाहिये ताकि किसी भी समय किसी भी विषय पर लोगों में मतभेद इतने तीव्र न हो जायें कि वे अपनी समस्याओं के समाधान के लिये हिंसा या सम्बन्ध-विच्छेद का सहारा लेने लगें, इससे सारी प्रणाली में ही गतिरोध उत्पन्न हो सकता है।

प्रमुख कृतियाँ :

- Agrarian Socialism, (1950)
- Union Democracy, (1956)
- Social Mobility in Industrial Society, with Bendix (1959)
- Political Man, (1960)
- The First New Natious, (1963)
- Party System and Voter Alignment, (1967)
- Revolution and Counter Revolution, (1969)
- The Politics of Unreason, (1977)

Locke, John

जॉन लॉक

(1632-1704)

जॉन लॉक एक अंग्रेज दर्शनशास्त्री और राजनीतिक सिद्धान्तकार थे। उन्हें आधुनिक उदारवाद का जनक माना जाता है। वे पहले अंग्रेज राजनीतिक-दार्शनिक थे जिन्होंने आधुनिक उदारवाद को चिंतन की एक व्यापक और महत्वपूर्ण विधि के रूप में प्रस्तुत किया। भौतिक विज्ञानों की सत्रहवीं शताब्दी की क्रांति के जॉन लॉक एक प्रमुख दार्शनिक पैरोकार थे। अपनी संदिग्ध निश्चितता के साथ लॉक ने **ज्ञान के अनुभववादी सिद्धान्त** (इस सिद्धान्त के अनुसार यह माना जाता है कि 'अन्तर्जात विचार' जैसी कोई चीज नहीं होती और हमारा समस्त मूल ज्ञान इन्द्रयानुभव के आधार पर प्राप्त किया जाता है) की अग्रणी विचारणाओं के साथ यथार्थ की प्रकृति और हमारे उसके बोध के तात्कालिक यांत्रिक दृष्टिकोण को समन्वय करने के प्रति अपनी प्रतिबद्धता प्रकट की। कुछ तत्वों जैसे रंग और रुचि को द्वितीयक माना गया और इन्हें हमारी इन्द्रियों पर बाह्य वस्तुओं के प्रभाव के कार्य के रूप में स्वीकार किया गया, जब कि कुछ तत्वों के 'प्राथमिक गुणों' जैसे आकार, स्वरूप, ठोसता, घनत्व, गति की स्थिति आदि को स्वयं वस्तुओं की भीतरी वास्तविकताएं माना गया। लॉक ने यह भी माना है कि बोध में हमें जिन चीजों का प्रत्यक्ष ज्ञान होता है, वे सभी हमारे स्वयं के विचार हैं, अतः यह बड़ा दुष्कर कार्य है कि इन दोनों के बीच भेद कैसे किया जाये। फिर भी, लॉक के विचार अत्यंत महत्वपूर्ण हैं क्यों कि वे उन अग्रणी विचारकों में से रहे हैं जिन्होंने **आधुनिक विज्ञान और ज्ञानमीमांसा की अनुभववादी परम्परा में चिरकालिक सम्बन्ध** स्थापित करने का यत्न किया है।

जॉन लॉक के राजनीतिक दर्शन की भी आधुनिक संवैधानिक राजतंत्र के प्रारंभिक तार्किक औचित्य के रूप में सतत महत्ता बनी हुई है। जैसा कि उनके समय में प्रचलित था, लॉक के तर्क-वितर्कों की प्रकृति भी इस प्रकार की अनुमानात्मक रही है। **लॉक की राजनीतिक विचारधारा में सर्व प्रथम एवं केन्द्रीय स्थान उनके "सामाजिक अनुबंध सिद्धान्त" का है।** इस सिद्धान्त का प्रतिपादन करते समय लॉक ने मानव स्वभाव की व्याख्या की है। वे मानते हैं कि मानव प्रारंभ से ही बिना किसी कानून के लाभ के मिलजुल कर प्रकृत व्यवस्था में साथ-साथ रहता हुआ आया है। इस प्रकार की स्थिति के नुकसान की भरपाई वह दूसरे व्यक्तियों के साथ स्वैच्छिक अनुबंध या समझौते द्वारा करता आया है ताकि वे अपने आपको कानून के नियम और सरकार के आधीन रख सकें। किन्तु, यह प्रकृत अवस्था इतनी दारुण नहीं होती हैं कि वे प्रभुसत्ताधारी की असीमित या असीम शक्तियों को सहन कर सकें। **लॉक की आधारभूत मान्यताएं** जो कि उदारवादी विचारधारा का आधार मानी जाती हैं, वे हैं :

(1) मानव मूलतः एक विवेकशील एवं सामाजिक प्राणी है। वे प्रकृति के नियमों के अनुसार मिलजुल कर रह सकते हैं। (2) चिंतन का आधार इतिहास नहीं, वरन् मनुष्य की तर्कबुद्धि है; (3) मानव के प्राकृतिक एवं नैसर्गिक अधिकार महत्वपूर्ण हैं; (4) निजी सम्पत्ति में विश्वास; (5) राजनीतिक सत्ता का आधार जीवन की स्वतंत्रता और सम्पत्ति पर प्राकृतिक

अधिकार का होना, अर्थात् मनुष्यों को सामाजिक जीवन में बांधने के लिये यह आवश्यक नहीं है कि कोई शासक उन पर अपने नियम आरोपित करे।

प्रमुख कृतियाँ:

– Essays Concerning Human Understanding, (1690)
– Some Thoughts Concerning Education, (1693)

Lockwood, David

डेविड लॉकवुड (1929-)

डेविड लॉकवुड एक समकालीन ब्रिटिश समाजशास्त्री हैं जिन्होंने मुख्य रूप में सामाजिक संघर्ष, स्तरीकरण (स्ट्रैटिफ़िकेशन) तथा सामाजिक वर्ग जैसे विषयों पर कार्य किया है। उन्होंने जॉन गोल्डथ्रोप के साथ समृद्ध कामगारों तथा अन्य विषयों पर भी कार्य किया है। उनका लिपिकों (क्लर्क्स) का 'द ब्लेककोटेड़ वर्कर' (1958) प्रमुख रूप से उनके इस निष्कर्ष के लिये महत्त्वपूर्ण माना जाता है कि उन्होंने यह मानने से इन्कार किया है कि 'लिपिक वर्ग धीरे-धीरे अधिकाधिक सर्वहारा बनता जा रहा है।

प्रमुख कृतियाँ:

– The Blackcoated Worker, (1958)
– The Affluent Worker, (1968)
– The Affluent Worker in the Structure, (1969)
– Solidarity and Schism, (1992)

Lombroso, Cesare

चेज़ारे लोम्ब्रॉज़ो (लॉम्ब्रॉसो) (1836-1909)

चेज़ारे लोम्ब्रॉज़ो (लॉम्ब्रॉसो) इटली की सेना में एक चिकित्सक थे। अपने चिकित्सकीय व्यवसाय के दौरान ही उन्होंने यह अनुभव किया कि जैवकीय एवं आनुवंशिक (पैतृक) गुणों की अपराध में विशिष्ट भूमिका होती है और इसी के आधार पर उन्होंने 'अपराधी प्रकार के सिद्धान्त' को प्रणीत किया जो **'जन्मजात अपराधी के सिद्धान्त'** के नाम से भी जाना जाता है। **लोम्ब्रॉज़ो के अनुसार, "अपराधी जन्मजात होते है, वे बनाये नहीं जाते।"** उन्होंने कहा कि अपराधी जन्म से ही विशिष्ट प्रकार के व्यक्ति होते हैं; इस प्रकार के अपराधियों को उनकी विशिष्ट शारीरिक असामान्यताओं और विकृतियों द्वारा पहचाना जा सकता है। उनके अनुसार, अपराधी प्रकार के ऐसे व्यक्ति अपराध करने से बाज नहीं आते हैं। प्रारंभ में, लोम्ब्रॉज़ो ने केवल एक प्रकार के ही अपराधी अर्थात् 'जन्मजात अपराधी' की बात कही, किन्तु बाद में उन्होंने **'आकस्मिक अपराधी'** और **'भावावेशजनित अपराधी'** के दो अन्य अपराधी प्रकारों की भी चर्चा की है। ऐसा कहा जाता है कि लोम्ब्रॉज़ो ने बाद में 'जन्मजात अपराधी' सम्बन्धी

अपने विचारों में संशोधन कर लिया, फिर भी उन्होंने अपराधियों की शारीरिक विशेषताओं के अध्ययन पर बल दिया और कहा कि अधिकांश अपराधों का कारण जैवकीय (आनुवंशिक) कारक ही होते हैं।

लोम्ब्रॉज़ो को बहुधा आधुनिक 'प्रत्यक्षवादी अपराधशास्त्र' का जनक कहा जाता है। उन्हें 'अपराधिक मानवशास्त्र' का प्रणेता भी माना जाता है। लोम्ब्रॉज़ो ने डार्विन के उद्‌विकासीय सिद्धान्त का अनुसरण करते हुए अपराधशास्त्र के क्षेत्र में "उद्‌विकासीय पूर्वजता" (ईवॅलूशनरी ऐटविज़्म) के सिद्धान्त का प्रतिपादन किया जिसके अनुसार यह माना जाता है कि बहुत से अपराधी प्रांरभिक एवं अत्यधिक आदिम नस्लों की पूर्वजी विशिष्टताएं हैं।

प्रमुख कृतियाँ:
– Crime : Its Causes and Remedies

Lopata, Helen Znaniecki
एलन ज़िनानियेकी (नैनकी) लोपाता (1925-)

प्रख्यात शिकागो समाजशास्त्री **फ्लोरियां ज़िनानियेकी की पुत्री एलन ज़िनानियेकी लोपाता** की पहचान महिलाओं की समस्याओं विशेषतः वैधव्य सम्बन्धी उनके अध्ययनों द्वारा बनी है। प्रारंभिक उपनगरीय गृहणियों के अपने अध्ययन से लेकर अधिक उम्र की महिलाओं पर सामाजिक परिवर्तन के पड़ने वाले प्रभावों के उनके अध्ययनों ने सामाजिक नीति निर्धारकों और सामाजिक जीवन के अध्ययन करने वाले विद्यार्थियों के लिये काफी सामग्री उपलब्ध की है। उनके ये अध्ययन इस क्षेत्र में मार्गदर्शक मील के पत्थर माने जाते हैं। उन्होंने अपने अध्ययनों में अधिकांश रूप में सांकेतिक अन्तर्क्रिया के परिप्रेक्ष्य को अपनाया है। लोपाता ने 'लिंग भूमिका सिद्धान्त' की आलोचना की है और अमेरिका में आने वाले प्रवासी नृजातीय समूहों के बारे में फैली हुई भ्रांतियों का निराकरण भी किया है।

प्रमुख कृतियाँ :
– Occupation Housewife, (1971)
– Widowhood in An American City, (1973)
– Police Americans, (1976)
– Women as Widows, (1979)
– Widows, (1987)

Lowie, Robert H.
रॉबर्ट एच. लॉवी (1883-1957)

उद्‌विकासवाद के कटु आलोचक और **फ्रैंज बोअॅस के शिष्य रॉबर्ट एच. लॉवी** ने

उद्‌विकासवाद के पतन के बाद गैर पश्चिमी समाजों के सामाजिक संगठन का प्रथम आधुनिक अध्ययन अपनी पुस्तक 'आदिम समाज' (प्रिमिटिव सोसाइटी, 1920) में प्रस्तुत किया। उन्होंने **एल.एच. मॉर्गन** के उद्‌विकासीय सिद्धान्तों पर अमरीका के मूल निवासियों के अपने नृजातीय अध्ययनों के तथ्यों के आधार पर प्रहार किया। अपनी अन्य दो प्रमुख पुस्तकों 'राज्य की उत्पत्ति' (द ऑरिजिन ऑफ द स्टेट, 1927) और 'सामाजिक संगठन' (सोश्यल ऑरग्नाईजेशन, 1948) में लॉवी ने राज्य के विकास सम्बन्धी मॉर्गन के अनुमानात्मक सिद्धान्तों का खंडन किया है। लॉवी के अनुसार, राज्य स्थानीयता, वैधानिकता, और हिंसा के साधनों के एकाधिकार पर आधारित होता है। राज्य के बारे में लॉवी का यह निष्कर्ष मॉर्गन के विचारों को कहीं पीछे छोड़ देता है और राज्य के आधुनिक विश्लेषण के काफी निकट है। लॉवी ने अपनी शोध में कठोर विज्ञानवाद के प्रयोग पर बल दिया जो कि वास्तव में मानव जीवन के अध्ययन के लिये अनुपयुक्त है।

प्रमुख कृतियाँ:
- Culture and Ethnology, (1917)
- Primitive Society, (1920)
- Primitive Religion, (1924)
- The Origin of the State, (1927)
- An Introduction to Cultural Anthropology, (1934)
- The Crow Indians, (1935)
- The History of Ethnological Theory, (1937)
- Social Organization, (1948)

Lukacs, Gyorgy (Georg)

ज़्योंगी (जार्ज) लुकाक्स (1885-1971)

हंगरी के साम्यवादी आंदोलन के एक सक्रिय कार्यकर्त्ता और इस शताब्दी के शीर्षस्थ मार्क्सवादी विचारकों में से एक **ज़्योंगी (जार्ज) लुकाक्स** का जन्म बुडापेस्ट में हुआ था और यहीं उनका अवसान हुआ। वे हंगरी की क्रांति के काल में कुछ समय के लिये सरकार में मंत्री भी थे। बाद में, रूस में स्टालिन के काल में उन्हें कई वर्षों तक निर्वासन का दंड भोगना पड़ा। यही नहीं, कुछ समय तक वे जेल में भी रहे। लुकाक्स मार्क्सवादी दार्शनिक एवं साहित्यिक सिद्धान्तकार के रूप में अपने लेखनों के लिये तथा साम्यवादी दल के एक सदस्य एवं राजनीतिक क्रांतिकारी दोनों के रूप में विवादास्पद और बहुचर्चित रहे हैं। वे प्रसिद्ध समाजशास्त्री **जार्ज सिमल और मैक्स वेबर के शिष्य थे**। उन्होंने बहुत छोटी उम्र (35 वर्ष) में ही लिखना शुरू कर दिया था। उनकी प्रमुख रुचि कामगार-वर्ग की चेतना शक्ति को जगाने में थी जो उनमें इतिहास की एक ऐसी समझ पैदा कर सके जिसमें क्रांति की संभावनाएं हो, किन्तु साथ ही जो अपने आप में अनूठी हो। लुकाक्स ने मुख्य रूप में मार्क्सवादी सिद्धान्त और विशेष रूप में, ज्ञानमीमांसा और सत्तामीमांसा के विषयों पर लिखा

है। वे साहित्य को एक ऐसा सांस्कृतिक उत्पाद मानते हैं जो अपने समय द्वारा प्रभावित होता है और उसी के द्वारा एक आकार ग्रहण करता है, किन्तु साथ ही वह (साहित्य) उस समयावधि को प्रतिबिम्बित भी करता है जिसमें उसकी रचना हुई है।

मार्टिन के अनुसार, लुकाक्स 'पश्चिमी मार्क्सवाद के संस्थापक' और वर्ग तथा वर्ग-चेतना के रचनाकार थे जिसे 'हीगलवादी मार्क्सवाद' के घोषणापत्र के रूप में मान्यता दी गई है। सन् 1900 की शुरुआत में लुकाक्स ने मार्क्सवाद को समाजशास्त्र (विशेषतः वेबरवादी और सिमलवादी सिद्धान्त) के साथ जोड़ना शुरू कर दिया था। इस जुड़ाव ने ही सन् 1920 और 1930 के दशकों में 'आलोचनात्मक सिद्धान्त' (क्रिटिकल थिअरी) के विकास में महती भूमिका अदा की है। यही कारण है कि लुकाक्स की गणना **आलोचनात्मक सिद्धान्त के अग्रणी सिद्धान्तकारों** में की जाती है। उनके विचारों ने आर्थिक निर्धारणवादियों और आधुनिक मार्क्सवादियों के बीच एक महत्वपूर्ण सेतु निर्माण का कार्य किया है।

लुकाक्स विशेषतः मार्क्स के कुछ सिद्धान्तों की अपनी नवीन व्याख्याओं के लिये जाने जाते हैं। उन्होंने अपनी इन नवीन व्याख्याओं द्वारा नव-मार्क्सवाद में भारी योगदान कर उसे अग्रसर किया। **उन्होंने मार्क्स के 'ऐतिहासिक भौतिकवाद' के स्थान पर 'चेतना के सिद्धान्त' को प्रस्तुत किया।** इस संदर्भ में उन्होंने हीगल के विचारों का भी जहां-तहां प्रयोग किया है। अपने इन विशिष्ट विचारों के आधार पर ही उन्हें **'युवा मार्क्स' (यंग मार्क्स) के नाम से जाना जाता है।** लुकाक्स द्वारा मार्क्स की नवीन व्याख्या मुख्यतः मार्क्स की 1844 की 'आर्थिक और दार्शनिक पाडुंलिपियां' नामक पुस्तक पर आधारित है जो सन् 1932 तक अज्ञात और अप्रकाशित थीं। इसी में मार्क्स ने अपने अलगाव सम्बन्धी विचारों की रूपरेखा प्रस्तुत की है जिसमें मार्क्स के मानवतावादी चिन्तन की झलक देखने को मिलती है।

लुकाक्स के लेखनों पर प्लेटो, कांत, हीगल और कीर्केगार्ड का स्पष्ट प्रभाव देखा जा सकता है। वे मार्क्सवाद की ओर कान्त और हीगल दोनों के माध्यम से आये। उनकी प्रारंभिक आलोचनात्मक दृष्टि को कभी-कभी अस्तित्ववादी भी करार कर दिया जाता है। इस प्रकार के विचार विशेष रूप में उनकी पुस्तक 'आत्मा और इसके स्वरूप' (द सोल एण्ड इट्स फॉर्म्स, 1911) और कुछ कम मात्रा में उनकी दूसरी पुस्तक 'उपन्यास के सिद्धान्त' (द थिअरि ऑफ द नोवेल, 1920) में देखने को मिलते हैं। उन्होंने कहा है कि मार्क्सवाद शास्त्रीय यूरोपीय दर्शन, विशेष रूप में विषय और विषयी के समन्वय के द्वैतवाद की समस्या का समाधान प्रस्तुत करता है। अपनी पुस्तक 'इतिहास तथा वर्ग चेतना' (हिस्ट्री एंड क्लास कॉन्शसनेस, 1923) में उन्होंने बताया है कि कामगार वर्ग का अनुभव अपने आप में इतिहास का विषय तथा उद्देश्य है और मार्क्सवाद सामाजिक सम्पूर्णता/समष्टि के एक सिद्धान्त के रूप में इस अनुभव की रचना करने में सक्षम है। लुकाक्स की दृष्टि में, मार्क्सवाद में समष्टि का विचार एक अत्यंत महत्वपूर्ण अवधारणा है क्योंकि यह विचार सामाजिक यथार्थ (जिसमें पदार्थ की महत्ता और मूर्तिकरण का वर्चस्व होता है) की प्रतीति के परे हमें देखने के योग्य बनाता है। इसी के द्वारा हम वास्तविक मानवीय सम्बन्धों को समझ पाते हैं जो इन बाह्य स्वरूपों के अन्तर्तम में विद्यमान होते हैं। **चेतना का विश्लेषण करते हुए लुकाक्स ने कहा कि ऐतिहासिक सत्य के प्रति कामगार वर्ग की अपनी विशिष्ट दृष्टि होती है। किन्तु, चूंकि कामगार वर्ग में कभी-कभी भटकाव आ जाता है, अतः इस स्थिति में वे मिथ्या चेतना**

के शिकार बन जाते हैं। लुकाक्स ने आगे कहा कि 'अतः विश्लेषक को ऐसी स्थिति में चेतना के विषय में अनुमान लगाना चाहिये।' उसने पूंजीवादी समाज के विश्लेषण के लिये मूर्तिकरण (रीइफिकेशन) की अवधारणा को रेखांकित किया। यह पुस्तक समाजशास्त्रियों की दृष्टि से अत्यंत महत्वपूर्ण है। इस पुस्तक में पूंजीवादी विकास की दशाओं के विश्लेषण की जो रूपरेखा प्रस्तुत की गई है, वह बहुत कुछ रूप में मार्क्स के अलगाव के सिद्धान्त से मिलती-जुलती है। इस पुस्तक ने बीसवीं सदी के प्रमुख बुद्धिजनों, जैसे ग्रामशी, वाल्टर बैंजामिन, मारकूज़ से लेकर सार्त्र और लुसिअन गोल्डमेन तथा मर्लेयू पॉन्टी आदि पर काफी प्रभाव अंकित किया है। यही नहीं, लुकाक्स की इस कृति ने साठ के दशक के जर्मनी, फ्रांस और इटली के विद्यार्थी आंदोलन को भी भारी प्रभावित किया है।

लुकाक्स का अधिकांश योगदान साहित्य के समाजशास्त्र के क्षेत्र में है। इस सम्बन्ध में उनकी पुस्तकें 'थोमस मन्न पर लेख' (ऐसेज़ ऑन थोमस मन्न, 1964), 'गोथे तथा उनका युग' (गोथे एंड हिज़ एज़, 1968) तथा 'यूरोपीय यथार्थवाद सम्बन्धी अध्ययन' (स्टडिज़ इन यूरोपिअन रिअलिज़्म, 1972) उल्लेखनीय हैं। लुकाक्स का विचार था कि 19 वीं शताब्दी में उपन्यास यथार्थवादी थे और उन्होंने अपनी सम्पूर्णता में मानव के अनुभव को प्रतिबम्बित किया है। लुकाक्स की दृष्टि में एक अच्छा यथार्थवादी उपन्यास वह होता है जो बाह्य प्रतीति की अपेक्षा अन्तर्हित सम्बन्धों का चित्रण करे। बीसवीं शताब्दी में संभावित क्रांतिकारी कामगार वर्ग के उदय के कारण उपन्यास का रूप केवल खंडित अनुभवों को प्रतिबिम्बित करने वाला आधुनिकवादी हो गया। उपन्यास संबंधी उनके अध्ययनों ने सामाजिक वर्ग और साहित्य के स्वरूप के आपसी सम्बन्धों को भी उजागर किया है। लुकाक्स ने अपनी एक अन्य कृति 'तर्क का विनाश' (द डेस्ट्रक्शन ऑफ रिज़न) में लिखा है कि जर्मन बौद्धिक इतिहास में अतर्कवाद की तीव्र धारा देखने को मिलती है। इसी ने बाद में जर्मनी में फासीवाद के जन्म में योगदान किया है।

लुकाक्स का **मार्क्सवादी सिद्धान्त के क्षेत्र में प्रमुख योगदान** उनके दो विचार हैं, (1) **मूर्तीकरण** और (2) **वर्ग चेतना**। लुकाक्स ने मूर्तीकरण संबंधी आर्थिक मार्क्सवादियों के विचारों को पूर्णतः नहीं नकारा है, अपितु उसमें संशोधन कर उसके आधार को अधिक व्यापक बनाया है। मार्क्स की "पन्य" (कॅमॉडिटिज़) की धारणा पूंजीवादी समाज की एक केन्द्रीय संरचनात्मक समस्या रही है। लुकाक्स ने इस विचार की पुष्टि करते हुए कहा है कि पूंजीवादी समाज की संरचनात्मक समस्या का मुख्य विचार "पन्यों की समस्या" ही है। पूंजीवादी समाज में व्यक्तिगण प्रकृति के साथ अन्तर्क्रिया करते हुए कई वस्तुओं या पन्यों का उत्पादन करते हैं (जैसे डबल रोटी, कार, साइकिल आदि)। किन्तु वे यह भूल जाते हैं कि वे ही इन वस्तुओं का उत्पादन करते हैं और इनके मूल्य निर्धारित करते हैं। वे यह समझने लगते हैं कि इस मूल्य का निर्धारण बाज़ार द्वारा होता है जिसमें उनकी कोई भूमिका नहीं होती। दूसरे शब्दों में, मूल्य का निर्धारण कर्त्ताओं से स्वत्रंत रूप में होता है। इसे ही मार्क्स ने "पन्यों की देवक पूजा" (फेटिसिज़्म ऑफ कॅमॉडिटिज़) कहा है। "पन्यों की देवक पूजा" एक ऐसी प्रक्रिया है जिसके द्वारा पूंजीवादी समाज में पन्यों और बाज़ार दोनों को कर्त्ताओं के द्वारा स्वतंत्र वस्तुनिष्ठ अस्तित्व प्रदान किया जाता है। मार्क्स के पन्यों की पूजा की अवधारणा के

आधार पर ही लुकाक्स ने अपनी अवधारणा "मूर्तीकरण" (रीइफिकेशन) को विकसित किया है। मूर्तीकरण की धारणा मार्क्स की पन्यों की पूजा से अधिक व्यापक है। मार्क्स की अवधारणा केवल आर्थिक संस्थाओं तक सीमित है, जब कि लुकाक्स की अवधारणा समाज के सभी अंगों—राज्य, कानून और आर्थिक संस्थाओं सभी पर लागू होती है। मूर्तीकरण के संबंध में अपने विचार विकसित करने में लुकाक्स ने वेबर और सिमल के विचारों का सहारा लिया है।

लुकाक्स का मार्क्सवादी सिद्धान्त के क्षेत्र में दूसरा प्रमुख योगदान उनका **वर्ग-चेतना** पर किया गया कार्य है। वर्ग-चेतना से तात्पर्य ऐसे व्यक्तियों की साझा विश्वास व्यवस्थाओं से है जिनकी किसी समाज में समान वर्ग-स्थिति होती है। वर्ग-चेतना न तो व्यक्तिगत चेतना का औसत होती है और न ही यह उनका जोड़ होती है, अपितु यह तो ऐसे व्यक्तियों के समूह का एक गुण होता है जिनकी उत्पादन व्यवस्था में समान स्थिति होती है। वर्ग-चेतना संबंधी यह दृष्टिकोण बुर्जुआ और सर्वहारा की वर्ग-चेतना में अन्तर को उजागर करता है। लुकाक्स ने स्पष्ट तौर पर आर्थिक पद-स्थिति, वर्ग-चेतना और अपने जीवन के प्रति व्यक्तियों के वास्तविक और मनोवैज्ञानिक विचारों के बीच संबंध स्थापित किया है।

वर्ग-चेतना का विचार, विशेषतः पूंजीवाद के संदर्भ में, 'मिथ्या चेतना' के विचार से जुड़ा हुआ है। पूंजीवाद में, सामान्यतः वर्गों में अपने वास्तविक हितों के बारे में स्पष्ट ज्ञान नहीं होता है। उन्होंने बुर्जुआ लोगों की मिथ्या चेतना के बारे में लिखा है कि इन लोगों को इतिहास के बारे में और पूंजीवाद के निर्माण में उनकी भूमिका के बारे में कोई ज्ञान नहीं होता। यहीं नहीं, उन्हें पूंजीवाद के विरोधाभासों के बारे में भी कोई जानकारी नहीं होती। पूंजीवाद के स्थायित्व के बारे में भी उनका ज्ञान नगण्य होता है। सर्वहारा की भांति ही बुर्जुआओं को भी अपनी क्रियाओं के परिणामों के बारे में कोई ज्ञान नहीं होता है। इसी प्रकार, पूंजीवाद में सर्वहारा वर्ग को, क्रांति की स्थिति के आने के पहले तक, अपने शोषण की मात्रा और प्रकृति के बारे में ज्ञान नहीं होता है। वर्ग-चेतना की इस मिथ्यता का जन्म समाज की आर्थिक संरचना में वर्ग-स्थिति के द्वारा होता है। लुकाक्स कहते हैं कि मिथ्या चेतना को लेकर दोनों वर्गों में अन्तर होता है। बुर्जुआ वर्ग कभी भी अपनी मिथ्या चेतना को वर्ग-चेतना में नहीं बदल सकता, किन्तु यह सर्वहारा वर्ग के लिये संभव होता है। अधिकांश सामाजिक वर्ग सम्पूर्ण इतिहास में मिथ्या चेतना पर जीत हासिल नहीं कर पाये, परिणामतः वे वर्ग-चेतना को जाग्रत करने में असफल रहे हैं। किन्तु, पूंजीवाद में सर्वहारा वर्ग की ऐसी संरचनात्मक स्थिति होती है कि जो उसे वर्ग-चेतना उत्पन्न करने की विशिष्ट क्षमता प्रदान करती है। सर्वहारा वर्ग की यह विशेषता ही बुर्जुआ वर्ग को रक्षात्मक युक्तियां अपनाने के लिये बाध्य करती है। बुर्जुआ और सर्वहारा वर्गों के बीच जैसे-जैसे संघर्ष बढ़ता है, सर्वहारा "अपने आप में एक वर्ग" (क्लास इन इट्सेल्फ) की स्थिति से निकल कर "अपने लिये एक वर्ग" (क्लास फार इट्सेल्फ) की स्थिति में पहुँच जाता है। (पहली अवस्था संरचनात्मक आधार पर बनी सर्वहारा की स्थिति को इंगित करती है, जब कि दूसरी अवस्था में ऐसे वर्ग की कल्पना की गई है जिसे अपने पद और उद्देश्य के प्रति चेतना होती है।)

लुकाक्स ने मार्क्स और वेबर के सिद्धान्तों में समन्वय स्थापित करने का एक कठिन

कार्य किया हैं। **हेबरमॉ** ने लिखा है कि **लुकाक्स अपने लेखनों में मार्क्स के पदार्थीकरण के विचार और वेबर के तार्किकीकरण की धारणा के बीच समन्वय करने का अद्‌भुत प्रयास किया है।** उन्होंने मुद्रा और बाज़ार के माध्यम से पदार्थीकरण के सामाजिक संबंधों के बारे में मार्क्स के विचारों और आधुनिक जीवन के क्षेत्रों में बढ़ती हुई तार्किकता संबंधी वेबर की धारणा का समन्वय किया है। मार्क्स के विश्लेषण से "पन्यों की देवक पूजा" (फेटिसिज़म ऑफ कॅमॉडिटिज़) की धारणा का प्रयोग करते हुए लुकाक्स ने इसके स्थान पर "मूर्तीकरण" (रीइफ़िकेशन) की अवधारणा का प्रयोग किया है। **मूर्तीकरण एक ऐसी प्रक्रिया है जिसके द्वारा सामाजिक संबंध "वस्तु" बन जाते हैं जिन्हें खरीदा और बेचा जा सकता है।** इसी प्रकार, वेबर के "तार्किकीकरण" (रेशॅनॅलाइजेशन) से लुकाक्स का तात्पर्य विनिमय मूल्यों के बारे में सोच विचार की प्रक्रिया से है जिस पर आधुनिक जीवन में अधिकाधिक जोर दिया जाता है। लुकाक्स लिखते हैं कि **जैसे-जैसे पारम्परिक समाजों में परिवर्तन होता है, सामाजिक एकता बनाये रखने के लिये नैतिक मापदंडों और सम्प्रेषण-संचार की प्रक्रियाओं पर जोर कम होता जाता है और इसके स्थान पर मुद्रा, बाज़ार और तार्किक सोच-विचारों का अधिकाधिक प्रयोग किया जाने लगता है।** परिणामतः संबंधों का समन्वय विनिमय मूल्यों तथा व्यक्तियों की एक दूसरे के प्रति प्रतीती "वस्तुओं" के रूप में होती जाती है। अपने इन विचारों के आधार पर ही लुकाक्स ने हीगल के बारे में मार्क्स की उक्ति को उलटा करते हुए कहा कि **मार्क्स सिर के बल खड़ा था, मैंने (लुकाक्स) उन्हें पैरों के बल खड़ा कर दिया।** जो बात हीगल के बारे में मार्क्स ने कही थी, लुकाक्स ने उसी बात को मार्क्स पर चरितार्थ कर दी। लुकाक्स ने अपने इस कथन को स्पष्ट करते हुए कहा है कि भौतिक दशाओं (आर्थिक और राजनीतिक शक्तियों) में विरोधाभास देखने की अपेक्षा हमें मानवीय चेतना में अन्तर्हित द्वन्द्वात्मक शक्तियों में इस विरोधाभास को खोजना चाहिये। भौतिक वस्तुओं में जो द्वन्द्व दिखाई देता है, वह वस्तुतः मानवीय चेतना में अन्तर्निहित है। वे कहते हैं कि मूर्तीकरण और तार्किकीकरण करने की मानव की प्रवृति की एक सीमा होती है, वह उसे अधिक बर्दास्त नहीं कर सकता। मानव प्राणी का यह आंतरिक गुण है जो उसे पूर्णतः तार्किकीकरण के बहाव में बह जाने पर अंकुश लगाता है।

प्रमुख कृतियाँ :

- The Soul and Its Forms, (1911)
- The Theory of Novel, (1920)
- History and Class Consciousness, (1923)
- Lenin: A Study on the Unity of His Ideas, (1924)
- The Historical Novel, (1937)
- The Destruction of Reason, (1954)
- The Meaning of Contemporary Realism, (1963)
- On Aesthetics, (1963)
- Essays on Thomas Mann, (1964)
- Goethe and His Age, (1968)

- Political Writings, (1972)
- Studies in Europian Realism, (1972)
- The Young Hegel, (1975)
- The Ontology of Social Being, (1978)
- The Present and Future of Democratization, (1988)

Lundberg, George A.

गोर्ग (जार्ज) ए.लुण्डबर्ग

(1895-1966)

सामाजिक व्यवहार के अध्ययन में **नव-प्रत्यक्षवादी उपागम के प्रयोग के घोर समर्थक** तथा अत्यधिक प्रभावशाली अमरीकी समाजशास्त्री **गोर्ग ए. लुण्डबर्ग** ने बीसवीं शताब्दी के प्रारंभ में ही समाजशास्त्र की प्रकृति के बारे में एक अत्यंत महत्वपूर्ण प्रश्न उठाया था कि यदि समाजशास्त्र को विज्ञान बनाया जाना है तो इसके सिद्धान्तों और पद्धतियों की रचना प्राकृतिक विज्ञानों की भांति करनी होगी, उन्हीं के अनुसार उन्हें आकार-प्रकार देना होगा। अतः **लुण्डबर्ग के विचारों और अध्ययनों को 'व्यवहारवाद' की श्रेणी में रखा जाता है।** उन्होंने परिमाणीकरण पर जोर दिया है, वे आत्मनिरीक्षण पद्धति के विरुद्ध थे, फिर भी उन्होंने समाजशास्त्र के एक विषय के रूप में मूल्यों और आदर्शों के अध्ययन-विश्लेषण को स्वीकार किया है। उन्होंने कहा कि मूल्यों और आदर्शों को स्पष्ट और मात्रात्मक रूप में उनके प्रायोजक अर्थ में परिभाषित किया जा सकता है। **परम्परा और धार्मिक विश्वासों के स्थान पर विज्ञान को महत्ता देते हुए लुण्डबर्ग ने कहा कि विज्ञान में हमारे भविष्य की आशाएं निहित हैं, हमारा भविष्य सुरक्षित है।** अतः मानवता को अधिकाधिक विवेकसम्मत बनाना होगा अन्यथा बचाव मुश्किल है। इस सम्बन्ध में उनकी बहुचर्चित पुस्तक 'क्या विज्ञान हमें बचा सकता है?' (केन साइन्स सेव अज़?, (1947) विशेष उल्लेखनीय है। उन्होंने समाजशास्त्र के क्षेत्र, विषय-वस्तु और प्रकृति के स्पष्टीकरण को लेकर एक अन्य पुस्तक 'समाजशास्त्र के आधार' (फाउन्डेशन्सन ऑफ सोसिआलॉजी, 1939) भी लिखी है। समाजशास्त्र में परिमाणन के प्रयोग को लेकर वे काफी उत्साहित थे। उन्होंने इसके लिये 'मनोवृति पैमाने' की रचना भी की है।

प्रमुख कृतियाँः

- Foundations of Sociology, (1939)
- Can Science Save us, (1947)

Luxemberg, Rosa

रोज़ा लक्ज़ेमबर्ग

(1871-1919)

पोलैण्ड में पैदा हुई **रोज़ा लक्ज़ेमबर्ग** विशेषतः जर्मन कामगार आंदोलन से सम्बन्धित एक अग्रणी **मार्क्सवादी सिद्धान्तकार** और राजनीतिक नेत्री के रूप में जानी जाती हैं। वे बीसवीं

शताब्दी के आरंभ काल की **एक पॉलिश समाजवादी क्रांतिकारी महिला थीं जिन्हें क्रांतिकारी मार्क्सवाद का मूल प्रवर्तक माना जाता है।** सामाजिक प्रजातंत्र की उनकी उग्रवादी धारणा बोल्शेविक सत्तावाद और प्राविधिक सुधारवाद से पूर्णतः विपरीत थी। उन्होंने जर्मन सामाजिक लोकतांत्रिक दल की सुधारवादी धारा का कड़ा विरोध किया। यही नहीं, उनके द्वारा प्रथम विश्व युद्ध का विरोध किये जाने के कारण उन्हें जेल भी जाना पड़ा। विश्व युद्ध के बाद उन्होंने रूसी क्रांति का समर्थन किया। **वे हर प्रकार के राष्ट्रवाद की घोर विरोधी थीं।** रोज़ा लक्जेमबर्ग के अनुसार, राष्ट्रवाद न केवल कामगारों को एक दूसरे से बाँट कर पूंजीवाद को बनाये रखता है तथा युद्धों को न्यायोचित ठहराता है जिसमें सर्वहारा का नुकसान होता है, अपितु वैश्विक पूंजीवादी काल में यह पूर्वजानुरूपी होता है।?

लक्ज़ेमबर्ग ने अपनी सर्वाधिक लोकप्रिय कृति 'पूंजी का संचय' (एक्यूमुलेशन ऑव कैपिटल, 1983) में पूंजीवाद की घोर आलोचना करते हुए इसके पतन की भविष्यवाणी की है। इस पुस्तक में उन्होंने पूंजीवाद, राष्ट्रवाद, सैन्यवाद और साम्राज्यवाद के आतंरिक सम्बन्धों की भी सूक्ष्म पड़ताल की है। उन्होंने कहा कि शुद्ध पूंजीवाद अपने विकास के लिये आवश्यक शर्तें पूरी नहीं कर सकता है। पूंजीवाद को बनाये रखने के लिये लाभ का अर्जन और इसका पुनः विनियोजन आवश्यक है, किन्तु इस व्यवस्था में पूर्ति की अपेक्षा मांग अधिक हो जाने के कारण पूंजीपतियों के सामने विनियोजन की इच्छा खत्म हो जाती है। पूंजीवादी देशों में जिस गति से मांग बढ़ती है, पूंजी का संचय उससे अधिक तेजी से बढ़ता जाता है। इस बढ़ी हुई पूंजी का बिना विनियोजन किये व्यवस्था समाप्त हो जाती है। इस अतिरिक्त पूंजी को खपाने के लिये पूंजीवाद अल्प विकसित और गैर-पूंजीवादी उत्पादन के क्षेत्रों को हड़पने लगता है जिससे पूंजीवादी साम्राज्यवाद के युग का समारंभ होता है। साम्राज्यवाद का विस्तार और इसे बनाये रखने के लिये हिंसा और सैन्यवाद का सहारा लिया जाता है। किन्तु पूंजीवाद की समस्या का यह कोई स्थाई समाधान नहीं है। पूंजीवादी विस्तार की वैश्विक जीत अन्ततः इसे ही छिन्न-भिन्न कर देती है।

अपनी दूसरी कृति 'सामाजिक सुधार या क्रांति' ? (सोशल रिफार्म ऑर रिवोल्यूशन ? 1899) में लक्ज़ेमबर्ग ने इस दृष्टिकोण का खंडन किया है कि पूंजीवाद के भीतर सामाजिक सुधारों की एक लंबी श्रृंखला द्वारा धीरे-धीरे समाजवाद को स्थापित किया जा सकता है। उन्होंने लिखा है कि बिना राजनीतिक क्रांति के एक परिस्थिति में किये गये सामाजिक सुधार दूसरी परिस्थिति में समाप्त किये जा सकते हैं।

रोज़ा लक्ज़ेमबर्ग को लोकतंत्र और स्वतंत्रता दोनों के सिद्धान्तों में घनी आस्था थी। उसने सैद्धान्तिक मार्क्सवाद के साथ 'जन-इच्छा के सम्मान' को जोड़ने का प्रयत्न किया। इसीलिये उन्होंने रूस में लेनिन की अधिनायकवादी और निरंकुश प्रवृतियों की कड़ी आलोचना की। वास्तव में, रोज़ा लक्ज़ेमबर्ग रूस की क्रांति को अंतर्राष्ट्रीय दृष्टिकोण से विश्लेषण करने वालों में से प्रथम महिला थीं जिन्होंने सामाजिक प्रजातंत्र के अपूर्ण राजनीतिक दायित्वों पर बल दिया है।

लक्ज़ेमबर्ग जीवन पर्यन्त कामगारों के अन्तर्राष्ट्रीय संगठन से सम्बद्ध रहीं और सन् 1913 तक विश्व समाजवादी आंदोलन की एक महत्वपूर्ण व्यक्ति बन गई। उन्होंने जर्मनी के

क्रांतिकारी उतार-चढ़ाव में सक्रिय एवं अग्रणी भूमिका अदा की है जिसके बाद युद्ध की समाप्ति हुई। बर्लिन में वे सेना अधिकारियों द्वारा बंदी बना ली गई और जेल में ले जाते समय रास्ते में सैनिकों द्वारा बड़ी नृशंसता से उनकी हत्या कर दी गई।

प्रमुख कृतियाँ :

- Social Reform or Revolution, (1899)
- The Mass Strike, The Political Party and The Trade Unions, (1906)
- The Accumulation of Capital, (1913)

Lynd, Helen Merrell

एलेन मेरिल लिंड (1896-1982)

एलेन मेरिल लिंड मुख्य रूप से अमेरिका के सामुदायिक जीवन से सम्बन्धित अपने गौरवशाली अध्ययनों के लिये जानी जाती हैं जो उन्होंने अपने पति **रॉबर्ट एस. लिंड** के साथ मिल कर सम्पादित किये हैं। इस सम्बन्ध में 'मिडिलटाऊन के अध्ययन' काफी प्रख्यात हैं जिन्होंने सामुदायिक शोध के कुछ मानक निश्चित किये हैं। यद्यपि ये अध्ययन लगभग सत्तर वर्ष पुराने हो गये, किन्तु इस क्षेत्र में शोध करने वाले आधुनिक शोधकर्त्ताओं को आज भी उनके अध्ययन बहुमूल्य सामग्री के साथ-साथ सामुदायिक अध्ययन के शोध की एक विशिष्ट दृष्टि प्रदान करते हैं। **लिंड की प्रमुख रुचि सामाजिक विषमता और मानवीय जीवन का अर्थ प्रदान करने में समुदायों की भूमिका जानने में थी।** प्रजातंत्र और सामाजिक जीवन में जन सहभागिता द्वारा निर्मित होने वाली सामाजिक पहचान सम्बन्धी उनके बाद के अध्ययनों में भी उनकी सामुदायिक अध्ययनों वाली रुचि कायम रही। लिंड ने समाजशास्त्र के अतिरिक्त दर्शनशास्त्र, इतिहास और सामाजिक मनोविज्ञान में भी प्रशिक्षण लिया था।

प्रमुख कृतियाँ :

- Middletown, with S. Lynd, (1929)
- Middletown in Transition, with S. Lynd, (1935)
- England in the Eighteen Eighties, (1944)
- Fieldwork in College Education, (1945)
- On Shame and the Search for Social Identity, (1958)
- Towards Discovery, (1965)
- Possibilities, (1983)

Lyotard, Jean-Francois

जाँ फ्रेंकोज़ ल्योटार्ड (ज्यां फ्रांक्वा ल्योतार) (1926-1998)

पश्चिमी जीवन में आधुनिकता के बाद आये तीव्रगामी (अप्रत्याशित) परिवर्तनों का

प्रतिनिधित्व करने और सैद्धान्तिक विवेचना करने वाले पिछली शताब्दी में जिस एक नवीन दार्शनिक दृष्टिकोण और सामाजिक विचारणा का उदय हुआ है उसे "उत्तर-आधुनिकता" (पोस्ट मॉडर्न) के नाम से जाना जाता है। यह विचारणा "आधुनिक युग" या "आधुनिकता" के अन्त की घोषणा करती है। इसे कुछेक ने "आधुनिकतावाद का शिशु" कहा है, तो दूसरे व्यक्तियों ने इसे "आधुनिकता की भस्म" से उत्पन्न एक धारणा माना है। इसमें संदेह नहीं है कि यह विचारणा आजकल समाजशास्त्र सहित ज्ञान-विज्ञान के सभी क्षेत्रों में छाई हुई है और बौद्धिक मीमांसा का विषय बनी हुई है। इस नवागत विचारणा के समर्थक विद्वानों की एक लम्बी जमात है (जैसे बाड्रिलार्ड, फूको, दरिदा, लेकन, जेमसन, डैलियूज आदि)। इस जमात के एक अग्रणी फ्रांसीसी दार्शनिक **ज्यां फ्रेंकोज़ ल्योतार (ल्योटार्ड)** भी हैं। ल्योतार ने यथार्थवादी सिद्धान्त और ऐसे आधुनिक (वैज्ञानिक) ज्ञान पर गहरे प्रहार किये हैं जिनकी पहचान अनन्य महत् संश्लेषण, महत् वृतान्तों (मेटा नैरटिव्ज़) या महा आख्यानों, महा विमर्श (मेटा डिस्कॉःस) के रूप में की गई है। आधुनिक ज्ञान-विज्ञान के रूपों में (महावृतान्तों में) ल्योतार ने 'आत्मा के द्वन्द्व' (डाइलेक्टिक ऑफ स्प्रिट), 'भाष्यविज्ञान' (हॅःमिन्यूटिक्स), 'कामगार की मुक्ति' और 'सम्पदा के सृजन' आदि को सम्मिलित किया है। इस दृष्टि से ल्योतार ने **हीगल, मार्क्स और पार्सन्स** जैसे सभी दिग्गज सिद्धान्तकारों को नकारा है जिनके लेखन महावृतान्तों की श्रेणी में आते हैं। यहीं नहीं, उत्तर-आधुनिकता "रामायण" और "महाभारत" को भी महावृतान्त के ही रूप मानकर इन्हें भी नकारती है। इन्हें केवल वृतान्त मात्र मानती है।

ल्योतार ने महावृतान्तों और महाआख्यानों दोनों की सैद्धान्तिकता को खारिज कर दिया है। इसी आधार पर उत्तर-आधुनिकता को परिभाषित करते हुए ल्योतार कहते हैं कि **"मैं उत्तर-आधुनिक की परिभाषा महावृतान्तों के प्रति अविश्वसनीयता के रूप में करता हूँ।"** दूसरे शब्दों में, "महावृतान्तों के प्रति अविश्वास ही उत्तर-आधुनिकता है।" ल्योतार की चिन्तन प्रणाली में "महावृतान्त" इतिहास का ही दूसरा नाम है। उनकी नज़र में आधुनिकता सत्य की अपेक्षा अधिकाधिक भव्य वृतान्त मात्र है। जब यह बात लोगों को मालुम पड़ जाती है तब आधुनिकता अपनी शक्ति खो देती है। **महावृतान्तों से बुनियादी सत्य का पता लगाना असंभव हैं। ये सत्य की खोज करने के स्थान पर इस पर परदा डालते हैं। महावृतान्त मात्र मिथक या किस्से कहानी हैं। इनकी प्रामाणिकता को सिद्ध करना कठिन है। इनके आधार पर सार्वभौमिक सत्य की खोज असंभव है।** महावृतान्त औद्योगिक और सामाजिक विकास के माध्यम से धन के उपार्जन, श्रमिकों के शोषण, मनोवृतियों में द्वन्द्व को जन्म देते हैं और उन्हें प्रोत्साहित करते हैं।

पेरिस विश्वविद्यालय में दर्शनशास्त्र के आचार्य रहे वामपंथी फ्रेंच विचारक **ज्यां-फ्रेंकोज़ ल्योतार** का जन्म वर्सलीज में हुआ था। उनकी प्रारंभिक शिक्षा पेरिस के प्रतिष्ठित संस्थान 'लायसी लुई ल ग्रेंड' में और उच्च शिक्षा पेरिस विश्वविद्यालय में हुई। शिक्षा समाप्ति के बाद ल्योतार ने दस वर्षों तक (सन् 1959 तक) माध्यमिक विद्यालयों में दर्शनशास्त्र का अध्यापन किया। इसके बाद उन्होंने नानत्रे (1966) और विन्सेनीज (1970-72) कालेजों में और बाद में पेरिस विश्वविद्यालय में अपनी सेवानिवृति (1969) तक प्रोफेसर रहे। मृत्यु के समय वे अटलांटा के एमोरी विश्वविद्यालय में कार्यरत थे। ल्योतार ने 'फ्रेंच नेशनल सेन्टर' में भी एक

शोधार्थी के रूप में कार्य किया है। यह संस्थान अमेरिका के 'नेशनल साइन्स फाउन्डेशन' के समकक्ष माना जाता है जो दार्शनिकों और वैज्ञानिकों को बहुधा शोध कार्य के लिये अनुदान देता है। सन् 1955 से 1966 तक वे एक समाजवादी जर्नल और समाजवादी अखबार की सम्पादन समिति के सदस्य भी रहे हैं। अल्जीरिया में युद्ध के मामले में उन्होंने फ्रांसीसी सरकार का कड़ा विरोध किया। यही नहीं, उन्होंने मई 1968 की घटनाओं में भी खुलकर भाग लिया था।

मार्क्सवादी विचारधारा के सन् 1950 और 1960 के बीच एक सक्रिय राजनीतिक कार्यकर्त्ता रहे ल्योतार सन् 1980 के दशक में उत्तर-आधुनिकता के एक गैर-मार्क्सवादी दार्शनिक बन गये। इस प्रकार, उत्तर-आधुनिकता का मार्क्सवादी प्रकार की सभी सर्वसत्तावादी विचारधाराओं से नाता टूट गया। दर्शनशास्त्र की उनकी सर्वाधिक महत्वपूर्ण पुस्तक 'द डिफ़रेन्ड': फ़्रेज़ज़ इन डिस्प्यूट' (1983) के पूर्व ल्योतार ने अपने पी.एचड़ी. के शोध-पत्र 'डिस्कोर्स, फिगर' (1971) और 'लिबिडनल इकॉनमी' (1993) दोनों में अपनी दार्शनिक विचारधारा में परिवर्तन का संकेत दे दिया था। अपनी इस दूसरी पुस्तक में ल्योतार ने फ्रायड की कामवृतिपरक ऊर्जा और प्राथमिक प्रक्रिया की धारणा के माध्यम से मार्क्सवाद के प्रति उपेक्षा प्रदर्शित करते हुए उसकी सैद्धान्तिक 'ढंडेपन' (निरूत्साह) की भावना से पिंड छुड़ाने का यत्न किया है। आजकल, कामवृतिपरक अर्थव्यवस्था राजनीतिक अर्थव्यवस्था के स्थान पर राजनीतिक व्यवस्था का आधार बन गई है। 'लिबिडनल इकॉनमी' पुस्तक में मार्क्सवाद से ल्योतार का हुआ मोहभंग बाद में उनके उत्तर-आधुनिकता के दर्शन में अधिक मुखर होकर उभरा है। इस दर्शन की एक सशक्त झलक हमें उनकी सर्वाधिक प्रसिद्ध पुस्तक 'द पोस्ट मॉडर्न कन्डिशन' (1979) में देखने को मिलती है। यह पुस्तक यद्यपि काफी छोटी सी है और इसके कुछ हिस्से दार्शनिक चर्चाओं से भरे पड़े हैं, तथापि इस पुस्तक ने वैचारिक जगत् में एक सनसनी, एक उत्तेजना पैदा कर एक गरमागरम बहस को जन्म दिया है। इस पुस्तक ने उत्तर-आधुनिकतावाद के इतिहास की उसी प्रकार दुंदभी बजाई है जिस प्रकार सन् 1966 में फ्रांस के एक अन्य अग्रणी चिन्तक **दरिदा** की एक व्याख्या द्वारा उत्तर-संरचनावाद का जन्म हुआ था। **समाजशास्त्रियों के लिये ल्योतार के अनेक लेखनों की अपेक्षा इस पुस्तक की सामग्री ही अधिक बहस का मुद्दा बनी हुई है।**

पिछले कुछ वर्षों में ल्योतार ने ढेर सारा लिखा है। यह लेखन अधिकांशतः सौन्दर्यबोध के क्षेत्र से संबंधित है, किन्तु जिस वास्तविक नवाचारी (अथवा प्रयोगात्मक) चिन्तन ने ल्योतार को विश्व के वैचारिक जगत् में प्रतिष्ठित किया, वे उनकी पूर्व उल्लेखित दो प्रमुख पुस्तकों यथा 'द पोस्ट मॉडर्न कडिंशन' और 'द डिफ़्रेंड' में ही उभर कर आया है। इन दो पुस्तकों ने, विशेषतः उनकी उत्तर-आधुनिक स्थिति पर लिखी पुस्तक ने उन्हें **उत्तर-आधुनिकता का एक शीर्ष नायक** बना दिया है।

ल्योतार "पोस्ट-मॉडर्न" शब्द के न तो रचनाकार हैं और न ही कहीं इसकी उन्होंने विस्तृत व्याख्या की है। फिर भी, यह माना जाता है कि ल्योतार ने ही सर्वप्रथम उत्तर-आधुनिकता की उद्घोषणा करते हुए अपनी पुस्तक "द पोस्ट मॉडर्न कन्डिशन" (1979) में कहा है कि 'उन्नत पूंजीवादी समाजों के निवासी सन् 1960 के प्रारंभ से एक नये विश्व में रह रहे हैं जिसे "उत्तर-आधुनिक" कहा जा सकता है।' ल्योतार की इस उद्घोषणा ने

सामाजिक विज्ञानों, विशेषकर समाजशास्त्र में एक हलचल मचा दी और इसे (उत्तर-आधुनिकता) समाजशास्त्रीय अध्ययनों का एक प्रमुख विषय बना दिया। उल्लेखनीय है कि समाजशास्त्र में उत्तर-आधुनिकता की विचारणा का संचार जिन विद्वानों (ल्योतार सहित दरिदा, जेमसन आदि) द्वारा हुआ है, वे सभी गैर-समाजशास्त्री हैं। ल्योतर की यह पुस्तक, वास्तव में, क्यूबेक सरकार के अनुरोध पर लिखी ज्ञान-विज्ञान की तत्कालीन स्थिति पर एक रिपोर्ट है। इसमें विकसित पूंजीवादी समाजों में उच्च शिक्षा, अनुसंधान और प्रौद्योगिकी के विकास के साथ-साथ विशेष रूप में संचार व्यवस्था की पड़ताल कर नीति-निर्माण संबंधी सुझाव दिये गये हैं।

पुस्तक की शुरुआत आधुनिकता के इतिहास के विश्लेषण से कर आधुनिक वैज्ञानिक ज्ञान और प्रौद्योगिकी की कटु आलोचना की गई है। इस संदर्भ में, ल्योतार ने वस्तुनिष्ट और तटस्थ वैज्ञानिक ज्ञान की कमियों को भी उजागर किया है। उन्होंने प्रबोधकालीन लेखक-विचारक पार्सन्स, मर्टन जैसे संरचनात्मक-प्रकार्यवादियों और हेबरमाँ जैसे आधुनिकतावादियों पर जम कर प्रहार किये हैं। यही नहीं, इस संबंध में दर्शनशास्त्रियों की बखिया उकेरने में भी ल्योतार ने कोई कोर-कसर नहीं छोड़ी है। अपनी पुस्तक "उत्तर-आधुनिक स्थितिः ज्ञान का एक दस्तावेज" (1979) में ल्योतार ने मोटे रूप में वर्तमान सामाजिक-सांस्कृतिक जीवन और व्यवहार के विरोधाभासों, बहुलता, निरर्थकता, सतहीपन, विखंडन, टूटन और बिखरन की बढ़ती हुई प्रवृति का तथ्यों सहित सारगर्भित विवेचन किया है। ल्योतार लिखते हैं कि "हम एक ऐसे विश्व में रह रहे हैं जिसमें ज्ञान को हासिल करने, उसे विज्ञापित करने और "सत्य" को प्राप्त करने के तरीकों और स्वरूपों में काफी विविधता, बहुतायतता ही नहीं है, अपितु वे अति मात्रा में उपलब्ध हैं।" उन्होंने अपना विश्लेषण विज्ञान से शुरू किया है। उसके बाद उन्होंने धर्म, उपभोक्तावाद, आधुनिक लोकप्रिय संस्कृति तथा बहुसंस्कृतिवाद जैसे विषयों पर बेरहमी से नस्तर चला कर उनमें छुपे किटाणुओं को उजागर किया है। ये सभी विषय अपने आप में काफी महत्वपूर्ण हैं, इनके अपने दावे हैं और अपने मूल्य हैं। किन्तु, हमारे लिये यह एक दुविधात्मक प्रश्न है कि इनका मूल्यांकन कैसे करें कि इनमें से कौन सा श्रेष्ठ है और क्यों? ल्योतार ने इस संबंध में कई प्रश्न उठाये हैं, जैसे क्या कोई ईश्वर है? क्या कोई वैज्ञानिक निश्चितता है? क्या कोई कलात्मक उत्कर्ष है या कौन सी कलात्मक कृति को उत्कृष्ठ या अत्युत्तम कहें? क्या शक्ति के असमान संबंधों से उन्मुक्ति संभव है? क्या उपनिवेशवाद का अन्त संभव है? एक ऐसे विश्व में जहां अनेकों दावों और सूचनाओं की प्रचुरता हो, वहां इन प्रश्नों का एक मात्र एक उत्तर कैसे हो सकता है। ल्योतार कहते हैं कि वास्तव में, अब हमारा विश्वास एकल उत्तर की प्रवृति से उठ गया है। ज्ञान के इन प्रश्नों के उत्तरों को उनकी श्रेष्ठता के आधार पर किसी पद क्रम में जमाना अत्यंत कठिन है। ज्ञान का प्रत्येक रूप निर्धारणवाद (निश्चयवाद) के एक द्वीप को प्रकट करता है। इन्हें व्यवस्थित (या अव्यवस्थित) करने का अपना एक तरीका है। ज्ञान के उत्पाद का अपना एक नाम, एक ब्रान्ड है। हम इनके बीच या तो एक दर्शक हैं या एक दूकानदार या फिर एक उपभोक्ता हैं। हम ज्ञान के विभिन्न प्रकारों का प्रयोग टुकड़ों-टुकड़ों और समान्तर ढंग से करते हैं, विभिन्न स्थितियों के अनुसार उसमें जोड़ते-घटाते रहते हैं; किन्हीं, विशिष्टि उद्देश्यों की दृष्टि से उनकी उपयोगिताओं को महत्व देते हैं, किन्तु हम इनमें से किन्हीं से किसी एक ही उद्देश्य

तक अपने आपको सीमित नहीं रख पाते हैं और न ही हम इसकी वैधता में विश्वास करते हैं। यह स्थिति हमारे जीवन को एक प्रकार का खंडित चरित्र प्रदान करती है। घटनाओं के बारे में जानने के हमारे भिन्न तरीके होते हैं, किन्तु ये तरीके, ये विधियां स्थाई नहीं होतीं। यही नहीं, विशिष्ट वस्तुओं को विशिष्ट तरीकों से जानने हेतु विभिन्न घटनाओं के बीच कोई आवश्यक क्रम नहीं होता और न ही इनके कोई वास्तविक परिणाम होते हैं।

ल्योतार ने बीसवीं शताब्दी की हमारी एक सर्वाधिक मुख्य समस्या यह बताई है कि हमारे जीवन को निर्देशित करने वाला कोई एक उद्देश्य नहीं है और न ही ज्ञान, पहचान और हमारी आकांक्षा का कोई एक महत् या महावृतान्त ही है। एक उत्तर-आधुनिक के रूप में हम मात्र हमारी इन्द्रियों पर निर्भर हैं, किन्तु इसके बारे में और अंतिम निष्कर्ष तक पहुँचने का हम कभी प्रयास नहीं करते हैं। उत्तर-आधुनिकता का मूलदर्शन या केन्द्रीय शब्द "विभिन्न दर्शन ग्रहणशीलवाद" (एक्लेक्टिसिज़्म) है। ल्योतार इस शब्द की व्याख्या करते हुए कहते हैं कि 'विभिन्न दर्शन ग्रहणशीलवाद' आधुनिक सामान्य संस्कृति की शून्य डिग्री की अवस्था का परिचायक एक शब्द है; जो यह प्रदर्शित करता है कि व्यक्ति विभिन्न रागों को सुनता है, पश्चिम की ओर देख कर उससे प्रेरणा लेता है, दोपहर का भोजन (लंच) मैक्डोनल्ड में और सांयकाल का भोजन (डिनर) घर पर करता है, टोक्यो में रहते हुए पेरिस के इत्र का प्रयोग करता है, हॉगकांग में कपड़े धुलवाता और बदलता है और टी.वी. गेम्स उसके ज्ञान का एक हिस्सा हैं।

आधुनिकता बनाम उत्तर-आधुनिकता की बहस में ल्योतार ने उत्तर-आधुनिकता का समर्थन करते हुए इस तत्थ को रेखांकित किया है कि **आज के समाज को आधुनिक कहना सरासर एक भूल है। आज के समाज में नाटकीय ढंग से परिवर्तन हो चुका है और अब हम एक उत्तर-आधुनिक समाज में रह रहे हैं जिसकी जीवन-शैली, रहन-सहन के तौर-तरीके, मूल्य और आदर्श सब कुछ आधुनिक समाज से भिन्न हैं।** इस नये समाज के बारे में नये और अलग ढंग से सोच-विचार किये जाने की आवश्यकता है। ल्योतार ने युगों पुराने ईसा के इस अनुत्तरित प्रश्न का हवाला देते हुए इस संदर्भ में कहा है कि 'हे मेरे प्रभू तूने मेरा क्यों परित्याग कर दिया।' इस प्रश्न का केवल एक ही उत्तर है और वह उत्तर है, "कौन सा रास्ता"। यह उत्तर एक असीम और पश्चगमन यात्रा का संकेत देता है। इस यात्रा का रास्ता अनन्त चक्रों से निर्मित है जिसमें जहां से शुरुआत होती है, वहीं पुनः लौटने पर मुक्ति संभव है। यह शुरुआत "मैं" शब्द से हुई है जो बाद में "हम", "तुम" और "वे" शब्दों में बदल जाती है। अतः ल्योतार कहते हैं कि मुक्ति के लिये पुनः "मैं" को जानने (अर्थात् मैं कौन हूँ ?) की विधा पर लौटना आवश्यक है। उत्तर-आधुनिकता के विचार को इतनी सशक्त भाषा और स्पष्ट ढंग से ल्योतार के अतिरिक्त किसी अन्य विचारक ने प्रस्तुत नहीं किया है। ल्योतार लिखते हैं कि **आधुनिकता ने ही उत्तर-आधुनिकता को जन्म दिया है** और इस स्थिति तक पहुँचाने में आधुनिक विज्ञान और तकनीकी प्रगति की महती भूमिका है। जिसे हम प्रगति (आधुनिक विज्ञान) कह रहे हैं, यह अपनी ही दुर्गति के पूर्वानुमान पर आधारित है। धनोपार्जन को ही मानव की मुक्ति, प्रसन्नता और सभ्यता की उन्नति या विकास का मापदण्ड मानना हमारी निरी भूल को इंगित करता है। साध्यों पर (अधिकाधिक धनोपार्जन) पर ज़ोर देना और साधनों की पवित्रता (गांधी की धारणा) की उपेक्षा और अवहेलना करना मानव को संकटों की

ओर धकेलना है। यह मानव मूल्यों के घोर ह्रास की स्थिति है। आधुनिक ज्ञान (विज्ञान और प्रौद्योगिकी) का प्रयोग मात्र भौतिक सुख-सुविधाओं में वृद्धि करने और धन-सम्पदा जोड़ने में किया जा रहा है। यह मानव के चरम अधोपतन का परिचायक है।

इसी पुस्तक में ल्योतार ने समाज के बारे में इस आधारभूत धारणा के प्रति भी अविश्वसनीयता प्रकट की है कि समाज एकजुटता (एकता) को प्रकट करता है या समाज में एकता पाई जाती है, (जैसा हम एक राष्ट्र के रूप में देखते हैं)। इस संबंध में ल्योतार ने **दुर्खाइम** की 'सावयविक एकजुटता' की अवधारणा, **पार्सन्स** की 'प्रकार्यात्मक एकता' की धारणा, और **मार्क्स** के दो विरोधी वर्गों के आधार पर विभाजित समाज के विचार को महावृतान्तों के विभिन्न रूप मान कर इनकी वैधता के बारे में कई प्रश्न खड़े किये हैं। ल्योतार ने महावृतांतों के ऐसे कई अन्य उदाहरण भी दिये हैं, जैसे 'प्रत्येक समाज का अस्तित्व अपने सदस्यों के भले के लिये होता है', या 'सम्पूर्णता हिस्सों को बांधे रखती है', या 'सकलता हिस्सों के जोड़ से बनती है', या 'हिस्सों के बीच संबंध चाहे वे औचित्यपूर्ण हों अथवा अनौचित्यपूर्ण, स्थिति की नाजुकता पर निर्भर करते हैं', आदि। इस प्रकार के महावृतान्तमक कथन सामाजिक बन्धनों तथा ज्ञान और विज्ञान के साथ संबंधों की भूमिका की वैधता के आधार प्रस्तुत करते हैं। इस प्रकार, एक महावृतांत क्रिया, विज्ञान अथवा सम्पूर्ण समाज को एक विश्वसनीय अर्थ प्रदान करता है। उच्च तकनीकी स्तर पर, उस विज्ञान को आधुनिक माना जाता है जो अपने नियमों को महावृतांतों के संदर्भ में वैध बताने की कोशिश करता है अर्थात् यह एक ऐसा वृतांत होता है जो स्वयं अपनी क्षमता पर टिका नहीं होता।

ल्योतार ने दो अत्यंत महत्वपूर्ण महावृतांतों का विश्लेषण किया है। प्रथम, 'ज्ञान के लिये ज्ञान का उत्पादन किया जाता है', (यह विचार जर्मन आदर्शवाद की एक विशिष्टता रहा है); द्वितीय, 'ज्ञान का उत्पादन जनता के उद्धार के उद्देश्य से किया जाता है।' ज्ञान के लक्ष्यों से संबंधित इन दोनों आदर्शों (महावृतांतों) को उत्तर-आधुनिकता ने चुनौती दी है। यही नहीं, इन लक्ष्यों से संबंधित विवादों का समाधान करने के लिये कोई अंतिम साक्ष्य उपलब्ध नहीं है। आज के कम्प्यूटर युग में, जिसमें जटिलताएं दिन-प्रतिदिन बढ़ती जा रही हैं, वहां ज्ञान अथवा विज्ञान की तर्कसम्मतता को सिद्ध करने के लिये कोई दो-एक साक्ष्यों के इक्ठा करने की संभावनाएं दूर-दूर तक नज़र आती दिखाई नहीं दे रही हैं। इसके पहले, किसी वृतांत (जैसे धार्मिक सिद्धान्त) में विश्वास इस प्रकार की संभावित कठिनाई को समाधान कर दिया करते थे। द्वितीय महायुद्ध के समय से तकनीकों और प्रौद्योगिकीयों के महत्व में परिवर्तन आ गया, जैसा वेबर ने अपने लेखनों में संभावना प्रकट की है। जहां प्रौद्योगिकीयों और तकनीकों की गणना किसी लक्ष्य के साधन के रूप में की जाती थी, वहां अब वे स्वयं लक्ष्य बन गई हैं। वृतान्त एकीकरण का रूप चाहे अनुमानात्मक प्रकार का हो या मुक्तिपरक, अब ज्ञान की वैधता के लिये किसी भी महत् वृतांत पर आश्रित नहीं रहा जा सकता। अब विज्ञान को **विटगेन्स्टीन** के 'भाषा के खेल' के सिद्धान्त के संदर्भ में अधिक ठीक ढंग से समझा जा सकता है।

भाषा के खेल का सिद्धान्त इस तथ्य को उजागर करता है कि कोई भी सिद्धान्त या अवधारणा भाषा को अपनी सफलता में पर्याप्त रूप में बांध नहीं सकती है। इसी प्रकार, महावृतांतों की भी अब कोई विश्वसनीयता नहीं रह गई है क्यों कि वे भी तो भाषा के खेल के हिस्से ही तो हैं और ये भाषा के खेल भी तो अनेक प्रकार के भाषा-खेल के हिस्से हैं।

अतः विज्ञान एक भाषा-खेल है। **ल्योतार का मत है कि अब विज्ञान का लक्ष्य शक्ति का संग्रह है और यह संग्रह व्यावहारिक प्रक्रियाओं की कुशलता पर आधारित है और इसको गति प्रदान कर रही है पूंजीवाद की अधुनातन स्थिति**। इस प्रकार, उत्तर-आधुनिकतावादी चिंतन की अधुनातन धारणाओं से कोई पारस्परिक संगति नहीं बैठती है। विज्ञान शक्ति संग्रह कैसे करता है, इसे स्पष्ट करते हुए ल्योतार ने समस्त वैज्ञानिक प्रक्रिया पर प्रकाश डाला है। वे लिखते हैं कि किसी अकेले वैज्ञानिक को अथवा वैज्ञानिक समूह को अपने शोध निष्कर्षों को अपने ही क्षेत्र के अन्य वैज्ञानिकों से पुष्टि करवाना या स्वीकार किया जाना आवश्यक होता है। जैसे-जैसे वैज्ञानिक कार्य जटिल होता जाता है, उसकी प्रामाणिकता के जांच करने की प्रक्रिया भी जटिल होती जाती है। साक्ष्यों को एकत्र करने और सिद्ध करने में जितनी अधिक जटिलता होगी, प्रामाणिकता की जाँच करने के लिये उतनी ही अधिक प्रौद्योगिकी की जरूरत होगी।

बीसवीं शताब्दी के अंतिम चतुर्थांश में समाज में वैज्ञानिक ज्ञान के स्वरूप के समझने हेतु जिस प्रौद्योगिकी का प्रयोग किया गया, वह 'इष्टतम सम्पादन के सिद्धान्त', अर्थात् अधिकतम उत्पादन के लिये न्यूनतम निवेश पर आधारित है। ल्योतार ने इसे 'निष्पादकता का सिद्धान्त' कहा है। आजकल वैज्ञानिक भाषा के खेल के क्षेत्र में इसी का वर्चस्व है क्योंकि एक वैज्ञानिक खोज के लिये प्रमाणों की आवश्यकता होती है जिसके लिये कीमत चुकाना होता है। इस प्रकार प्रौद्योगिकी वैज्ञानिक प्रमाण को प्राप्त करने का सर्वाधिक कुशल साधन बन जाती है और **"यह धन-दौलत, कुशलता और सत्य के बीच एक समीकरण को स्थापित करती है।"** (1979) यह सही है कि सत्य की खोज के लिये कम खर्चीली परिशुद्ध शोध की जा सकती है, किन्तु आजकल खर्चीली शोध ही समय का मानदंड बन गई है और इसके लिये धन की सहायता की जरूरत पड़ती है। धन की आवश्यकता के लिये निष्पादकता के भाषा के खेल को खेलना पड़ता है। एक बार निष्पादकता का वर्चस्व स्थापित हो जाता है, तब सत्य और न्याय की अधिकाधिक धन द्वारा पोषित शोध के परिणाम बनने की प्रवृति हो जाती है। निष्कर्षतः जिनके पास शोध हेतु उपलब्ध करवाने के लिये धन होता है, उनके पास शक्ति भी होती है ताकि वे मनचाहे शोध के निष्कर्षों को प्राप्त कर सकें। ल्योतार मानते हैं कि यह **उत्तर-आधुनिक युग ऐसा है जिसमें शक्ति और ज्ञान का एक दूसरे के साथ जैसा सम्मिलन हुआ है, वैसा पहले कभी नहीं हुआ**। इस समस्या के निदान के रूप में ल्योतार ने एक सुझाव दिया है कि वैज्ञानिक भाषा के खेल में निष्पादकता की महत्ता केवल तब बनी रह सकती है, जब निष्कर्षों की वैधता के मुद्दे को अनदेखा कर दिया जाये। एक बार निष्पादकता का मुद्दा महत्वपूर्ण बन जाता है, तब निष्पादक तार्किकता की सीमा उत्पन्न हो जाती है क्योंकि निष्पादकता बिना किसी महावृतांत के अपनी न्यायोचितता सिद्ध नहीं कर सकती है।

विज्ञान और विशेषतः न्याय के बारे में अपने विचारों के संबंध में राजनीति की गंध को भांपते हुए ल्योतार ने बाद में अपने विवाद (डिफ़रैन्ड) के दर्शन को प्रस्तुत किया जो उनकी समाजशास्त्रीय कृति 'द पोस्ट मॉडर्न कन्डिशन' का आधार बनी है। ल्योतार ने "डिफ़रैन्ड" शब्द का प्रयोग किसी भाषा के खेल में किसी खिलाड़ी को चुप करने (शान्त रहने) के लिये किया है। यह स्थिति तब उत्पन्न होती है जब किसी विद्यमान विमर्श में यह जानने का कोई तरीका नहीं होता कि विभिन्नता क्या है। यह कोई विचार हो सकता है, कोई सौन्दर्यात्मक अनुभूति हो सकती है या कोई व्यथा हो सकती है। ल्योतार ने अपने इस विचार

को एक उदाहरण द्वारा बड़े ही सजीव ढंग से प्रस्तुत करते हुए कहा कि नाज़ियों के गैस के कमरों के अस्तित्व के बारे में संशोधनवादी इतिहासकारों ने प्रश्न चिन्ह खड़े करते हुए जब यह कहा कि इन गैस के कमरों के अस्तित्व को तब तक स्वीकार करना मुश्किल है, जब तक उनके शिकार किसी व्यक्ति को साक्ष्य के रूप में प्रस्तुत नहीं किया जाता है। किसी व्यक्ति के इन कमरों का शिकार बन जाने का तात्पर्य ही उसकी मृत्यु हो जाना होता है, तब ऐसे व्यक्ति को कैसे प्रस्तुत किया जाये। कई इतिहासकारों ने इस प्रकार की विकृत दलील की कड़े शब्दों में भर्त्सना की है। इस संबंध में ल्योतार कहते हैं कि यह समस्या तब उत्पन्न होती है जब अनुभवपरक इतिहास लेखन पर जरूरत से ज्यादा ज़ोर दिया जाता है। किसी चिन्ह (अर्थात् गैस के कमरे) का मात्र अस्तित्व किसी संज्ञानात्मक वाक्य (अर्थात् गैस के कमरों का अस्तित्व था) की सत्यता को स्वीकार किये जाने के लिये पर्याप्त साक्ष्य है। इस प्रकार के साक्ष्य को सार्वभौमिक रूप में प्रामाणिक माना जाता है क्यों कि यथार्थ को एक समग्र रूप में देखा जाता है जिसे सांकेतिक रूप में प्रकट या अभिव्यक्त किया जा सकता है। ल्योतार के इस तर्क की शक्ति का आभास हमें इस बात से प्रकट होता है कि उन्होंने किसी विशिष्ठ वास्तविक घटना को एक सामान्य विचार के रूप में बदलने का प्रयास किया है।

सार-रूप में कहा जा सकता है कि ल्योतार का सारा चिन्तन ज्ञान-विज्ञान और शक्ति के चहुँ ओर घूमता है और ये विषय ही उनके अध्ययन-अनुसंधान के केन्द्रीय विषय रहे हैं। यह आज के युग में ज्ञान-विज्ञान के महत्व को रेखांकित करता है। इसमें महावृतान्तों या अधिआख्यानों को कोई स्थान नहीं है। वे इतिहास की वस्तु मात्र हैं। ज्ञान का उद्देश्य अब प्रगति करना, अधिकाधिक उत्पादन करना और नई तकनीकों की खोज करना है। इसका निर्माण, उपयोग, उपभोग, विनिमय और पुनरुत्पादन किया जाता है। **ज्ञान की भी एक पण्य वस्तु के रूप में अब खरीद-बेच होने लगी है। आधुनिक समस्त ज्ञान-विज्ञान का पण्यीकरण और व्यापारीकरण हो चुका है। आजकल ज्ञान शक्ति का द्योतक है। जिसके पास यह ज्ञान (आधुनिक विज्ञान की भाषा में सूचना-ज्ञान) है, उसके पास शक्ति है। वह उतना ही अधिक शक्तिशाली और धनी है**। ध्यान रहे, धनिकता/शक्तिशाली की परिभाषाएं बदल चुकी हैं। ज्ञान शक्ति का आधार है। आज के युग में अधिकाधिक सूचना-ज्ञान पर नियंत्रण, एक व्यक्ति की अधिकाधिक ताकत को प्रदर्शित करता है। यह उसके ताकत की निशानी है। आज के युद्धों में विजय सैनिकों की संख्या पर नहीं अपितु ज्ञान की शक्ति पर (अमेरिका-इराक युद्ध इसका एक अत्यंत ताजा उदाहरण है) निर्भर करती है। **इस आधुनिक ज्ञान को ल्योतार ने भाषा का खेल माना है।**

ज्ञान की प्रकृति का विश्लेषण करते हुए ल्योतार कहते हैं कि ज्ञान कभी अपनी सम्पूर्णता में नहीं होता। यह टुकड़ों में होता है। यह हमेशा प्रतियोगी होता है जिसके कारण दूसरे ज्ञान से निरंतर संघर्ष होता रहता है। इसका रूप विवरणात्मक अथवा वैज्ञानिक हो सकता है। वे कहते हैं कि विश्व समाज को अपनी सकलता में समझना अत्यंत कठिन है। इसे टुकड़ों में ही समझा जा सकता है। उन्होंने सकलता के स्थान पर विकेन्द्रण का समर्थन किया है।

वामपंथी विचारक होते हुए भी ल्योतार ने उत्तर-आधुनिकता की विचारधारा को अपनाते हुए मार्क्सवाद पर कड़े प्रहार किये हैं। वे मार्क्स के समतावादी समाज की स्थापना के विचार को कोरी कल्पना मानते हैं जिसे प्राप्त करना आसमान के सितारों को तोड़ने या

आकाश कुशुम को पाने जैसी असंभवता है। उन्होंने मार्क्स के लेखनों को भी महावृतान्तों की श्रेणी में रख कर उन्हें खारिज कर दिया है।

प्रमुख कृतियाँ:

- Discource, Figure, (1971)
- The Post Modern Condition : A Report on Knowledge, (1979)
- The Differend : Phrases in Dispute, (1988)
- Heidegger and the Jews, (1990)
- The Inhuman: Reflections on Time, (1991)
- Phenomenology, (1991)
- Libidinal Economy, (1993)
- Toward the Postmodern, (1993)

M

Machiavelli, Niccolo

निकोलो मेकियावेली (1469-1527)

इटली के प्रसिद्ध नगर फ्लोरेंस के निवासी प्रसिद्ध राजनीतिक विचारक और मानवतावादी **निकोलो मेकियावेली** अपनी ख्यातनाम दो पुस्तकों 'द प्रिंस' (1513) और 'डिस्कॉ:स' (1521) के लिये सुप्रसिद्ध हैं। इन पुस्तकों में उन्होंने देश की सुरक्षा, कानून और व्यवस्था की दृष्टि से राज्य के हितों को सर्वोपरि महत्व दिया और इसके लिये उन्होंने निरंकुश और स्वेच्छाचारी शासक को भी आवश्यकतावश स्वीकार किया है। सिद्धान्ततः मेकायावेली गणतंत्रीय शासन प्रणाली को सर्वोत्तम और वरेण्य मानते थे, किन्तु इसकी सफलता के लिये उन्होंने सदाचारी, ईमानदार और देशभक्त नागरिकों का होना आवश्यक बताया। किन्तु उन्होंने यह भी स्वीकार किया है कि मनुष्य मूलतः स्वार्थी, भ्रष्टाचारी और गुटबाज होता है। अतः ऐसी स्थिति में मेकियावेली ने पूर्णसत्तावादी राजतंत्र का समर्थन किया है। ऐसा कहा जाता है कि मेकियावेली ने राजनीति को नीतिशास्त्र से पृथक करके अपने विचारों को यथार्थ की आधारशिला पर खड़ा करने का प्रयास किया है। उन्होंने तत्वमीमांसा या ईश्वर मीमांसा के स्थान पर यथार्थ को महत्व दिया है।

मूलतः राजनीतिक विचारक होने के कारण उनके विचारों का सर्वाधिक प्रभाव राजनीतिक विज्ञान पर ही पड़ा, किन्तु कई समाजशास्त्रियों पर भी उनके शासन कला के सिद्धान्त के प्रभाव को देखा जा सकता है। इस सम्बन्ध में **स्टेनफोर्ड एम.लमैन और मारविन बी. स्कॉट** द्वारा लिखित पुस्तक 'ए सोसिऑलाजी ऑफ द एब्सर्ड' (1970) उल्लेखनीय है।

प्रमुख कृतियाँ :

- The Prince, (1513)
- Discourses of Levy, (1521)

MacIver, Robert M.

रॉर्बट एम. मेकाइवर (1882-1970)

रॉर्बट एम. मेकाइवर का नाम समाजशास्त्र की प्रथम पीढ़ी के विद्यार्थियों में उनके गौरव ग्रंथ 'सोसाइटी' के कारण सुपरिचित है। एक समय था जब यह पुस्तक समाजशास्त्र के विद्यार्थियों के लिये (विशेषतः भारत में) बाइबिल हुआ करती थी। किन्तु यह स्कॉटिश समाजशास्त्री जिसकी गणना समाजशास्त्र के अग्रणी व्यक्तियों में हुआ करती थी, जिसकी उपर्युक्त चर्चित पुस्तक समाजशास्त्र के पाठ्यक्रमों में निर्धारित की जाती थी, आज उसे तथा उसकी पुस्तक

'सोसाइटी' दोनों ही को लगभग भुला दिया गया है। यह पुस्तक सर्वप्रथम 1931 में प्रकाशित हुई, बाद में 1937 में इसका संशोधित संस्करण और 1949 में तृतीय संस्करण इसके सह लेखक **चार्ल्स पेज** के नाम के साथ प्रकाशित हुआ। मेकाइवर की यह पुस्तक समाजशास्त्र विषय को एक व्यवस्थित, सैद्धान्तिक, मानवतावादी, किन्तु उद्‌विकासीय समाजशास्त्र के रूप में विकसित करने का एक प्रयास था। नये चिन्तन और अनुसंधानों से प्राप्त तथ्यों के आधार पर इस पुस्तक में वर्णित कई अवधारणाओं की परिभाषाओं और विवेचन को अब पुराना और महत्वहीन करार कर दिया गया है। आजकल कई विश्वविद्यालयों (भारत के) के तो पाठ्‌यक्रमों से ही इस पुस्तक को हटा दिया गया है।

मेकाइवर कुछ समय तक एडिनबर्ग रहे। बाद में सन् 1929 में न्यूयार्क के कोलम्बिया विश्वविद्यालय में चले गये और सन् 1950 तक वहीं रहे। उनकी मूल रुचि राज्य और समुदाय की प्रकृति को जानने में थी और इस सम्बन्ध में उनकी दो अन्य पुस्तकें बहुचर्चित रही हैं, यथा 'सरकार का तानाबाना' (1947) और 'समुदाय' (1928)।

प्रमुख कृतियाँ :

- Community, (1928)
- Society, (1931)
- The Web of Government, (1947)

Maine, Sir Henry James Sumner

सर हेनरी जेम्स सम्‌नर मेन (1822-1888)

उद्‌विकासीय सिद्धान्त के सुप्रसिद्ध अनुसरणकर्त्ता विद्वान **सर हेनरी जेम्स सम्‌नर मेन** तुलनात्मक न्यायशास्त्र के प्रणेता रहे हैं। ल्यूईस हेनरी मॉर्गन की भांति वे भी इस विचार से सहमत थे कि **आदिम समाजों का कानूनी आधार रक्त और नातेदारी पर आधारित सम्बन्धों में गढ़ा हुआ है**। अपनी दो सर्वाधिक चर्चित पुस्तकों यथा 'प्राचीन कानून' (ऐंनशॅन्ट लॉ, 1861) और 'लोकप्रिय सरकार' (पॉप्युलर गॅवरमेन्ट, 1885) में उन्होंने **उद्‌विकासीय सिद्धान्त का समर्थन** करते हुए कहा कि माननीय समाजों का इतिहास उत्तरोत्तर प्रगति को प्रकट करता है, अर्थात नातेदारी के आधार पर गठित प्रदत्त स्थिति वाले समाज धीरे-धीरे कानून सम्मत अनुबंधों या समझौतों पर आधारित आधुनिक प्रकार के उन्नत समाजों में बदलते जाते हैं।

प्रगतिशील समाज सम्बन्धी मेन के ये निष्कर्ष मुख्यतः यूनान, रोम और कुछ सीमा तक भारत के प्राचीन इतिहास के आधार पर आदिम समाजों की जीवन-शैली के विषय में उनके द्वारा लगाये गये अनुमानों पर आधारित हैं। किन्तु, उन्नीसवीं और बीसवीं शताब्दी में मानवशास्त्रियों द्वारा आदिम जनजातियों में किये गये क्षेत्र-कार्य से मेन के निष्कर्षों की पुष्टि नहीं होती है। यही नहीं, प्राचीन समाजों की सभ्यताओं से संकलित तथ्य भी मेन के अनुमानों पर प्रश्न-चिन्ह लगाते हैं।

परिवार की उत्पत्ति संबंधी उनके विचार प्लेटो और अरस्तू के विचारों पर आधारित हैं

जो यह मानते थे कि परिवार का आदि रूप पितृसत्तात्मक था और मातृसत्तात्मक परिवारों का जन्म बाद में हुआ है।

प्रमुख कृतियाँ :
- Ancient Law, (1861)
- Popular Government, (1885)

Majumdar, Dhirendra Nath

धीरेन्द्रनाथ मजूमदार (डी.एन.मजूमदार) (1903-1960)

लखनऊ विश्वविद्यालय में एक स्वतंत्र विषय के रूप में मानवशास्त्र विभाग की स्थापना करने वाले जाने-माने विद्वान **धीरेन्द्रनाथ मजूमदार** भारत के अग्रणी समाजशास्त्रियों और मानवशास्त्रियों की प्रथम पंक्ति में रहे है। वे इसी विश्वविद्यालय में प्रख्यात समाज वैज्ञानिक **राधाकमल मुकर्जी** और **धूर्जटि प्रसाद मुकर्जी** (डी.पी. मुकर्जी) के समकालीन थे। मजूमदार उन कुछ शुरुआती चन्द लोगों में से थे जिन्होंने इस विषय का औपचारिक प्रशिक्षण प्राप्त किया। भारत के विश्वविद्यालयों और महाविद्यालय के विद्यार्थियों में उनका नाम अपनी कुछ पुस्तकों (रेशज़ एण्ड कल्चर्स ऑफ इन्डिया तथा एन इन्ट्रोडक्शन टू सोश्यल एन्थ्रापॉलाजी) के कारण सुपरिचित है। उनकी इन पुस्तकों की गणना भारत में मानक पाठ्य पुस्तकों की श्रेणी में की जाती है।

बिहार में जन्मे बंगाली माता-पिता की संतान मजूमदार की समस्त प्रारंभिक शिक्षा-दीक्षा बंगाल (कोलकाता) में हुई। उन्होंने सन् 1924 में कलकत्ता विश्वविद्यालय से मानवशास्त्र में एम.ए. किया। इसी वर्ष, वे छोटा नागपुर (बिहार) चले गये। वहां वे वरिष्ठ नृजातिशास्त्री **एस.सी.रॉय** के सम्पर्क में आये जिन्होंने मजूमदार में मानवशास्त्रीय क्षेत्र-कार्य के प्रति रुचि उत्पन्न कर दी। उन्हें अपने शोध-कार्य के लिये कलकत्ता विश्वविद्यालय से प्रेमचंद रायचंद छात्रवृति मिली जिसकी सहायता से उन्होंने बिहार की हो जनजाति पर शोध-कार्य को जारी रखा। तीन वर्ष के बाद सन् 1929 में कलकत्ता विश्वविद्यालय ने उन्हें 'माउत स्वर्ण पदक' से नवाजा।

सन् 1928 में मजूमदार की लखनऊ विश्वविद्यालय में अर्थशास्त्र और समाजशास्त्र में आदिम अर्थव्यवस्था के व्याख्याता के रूप में नियुक्ति हुई। लगभग पाँच वर्ष बाद सन् 1933 में वे इंग्लैण्ड चले गये। वहां उन्होंने केम्ब्रिज विश्वविद्यालय से **ए.सी. हेडुन** के निर्देशन में शोध-कार्य कर सन् 1935 में पी.एच.डी. की उपाधि प्राप्त की। उनके शोध का विषय "हो जनजाति में सांस्कृतिक परिवर्तन" था। इस अध्ययन के लिये, वास्तव में, उन्हें एस. सी. रॉय से ही प्रारंभिक प्रेरणा मिली थी। जब वे इंग्लैण्ड में थे, उसी समय वे विश्व के प्रख्यात् संस्थान "लंडन स्कूल ऑफ इक्नॉमिक्स" के प्रसिद्ध मानवशास्त्री **बी. मेलिनोस्की** के सम्पर्क में आये। उन्होंने मेलिनोस्की द्वारा आयोजित मानवशास्त्र की सेमिनारों में भाग लिया। वे उनके संस्कृति के प्रकार्यवादी सिद्धान्त से काफी प्रभावित हुए। इन सेमिनारों ने उन्हें एक ओर मेलिनोस्की के प्रकार्यवादी विचारों से, तो दूसरी ओर उनकी क्षेत्र-कार्य पद्धति की

सूक्ष्मताओं से परिचित होने और सीखने का अवसर प्रदान किया। मेलिनोस्की का यह प्रभाव मजूमदार पर आजन्म रहा जिसे उनकी कृतियों में स्पष्ट रूप में देखा जा सकता है। इसी बीच सन् 1936 में उन्हें ब्रिटेन के रॉयल एन्थ्रापॉलाजिकल इंस्टिट्यूट की शोधवृत्ति (फैलोशिप) मिल गई। जब वे इंग्लैण्ड में थे, तब उन्होंने भारतीय संस्कृति पर श्रंखला बद्ध कई व्याख्यान दिये। इसी प्रकार जब वे वियना गये, तब वहां उन्होंने भारत की जनजातीय संस्कृति पर कई व्याख्यान दिये। सन् 1938 में वे भारत लौट आये और लखनऊ विश्वविद्यालय में अपने पुराने पद पर कार्य करने लगे। सन् 1939 में लाहोर में आयोजित अखिल भारतीय विज्ञान कांग्रेस के 26वें अधिवेशन में उन्हें मानवशास्त्र और पुरातत्व के अनुभाग के अध्यक्ष बनने का सौभाग्य मिला। सन् 1941 में उनका "नेशनल इन्स्टिट्यूट ऑफ साइन्सेज़" (भारत) की शोधवृत्ति के लिये चयन हुआ। यही नहीं, उनका चयन 'भौतिक मानवशास्त्र की अमरीकी समिति' की शोधवृति के लिये भी हुआ।

सन् 1945 में मजूमदार ने लखनऊ में मानवशास्त्र की एक अग्रणी संस्था "ऍथनाग्राफिक एण्ड फोक कल्चर सोसाइटी" की स्थापना और सन् 1947 में "ईस्टर्न एन्थ्रापॉलजिस्ट" नामक मानवशास्त्र की पत्रिका की शुरुआत की। सन् 1950 में लखनऊ विश्वविद्यालय में वे मानवशास्त्र के प्रोफेसर और सन् 1951 में इसी विश्वविद्यालय में मानवशास्त्र के नवस्थापित पृथक विभाग के अध्यक्ष पद पर आसीन हुए। मजूमदार को देश और विदेश की अनेक प्रतिष्ठित संस्थाओं में अतिथि आचार्य के रूप में व्याख्यान देने, कई सम्मानीय पदों पर कार्य करने के अतिरिक्त अनेक प्रतिष्ठित पुरस्कार और पदक प्राप्त करने का गौरव मिला है।

मूलरूप में मानवशास्त्र में प्रशिक्षित मजूमदार ने शारीरिक एवं सांस्कृतिक मानवशास्त्र के अलावा ग्रामीण समाजशास्त्र और औद्योगिक समाजशास्त्र के क्षेत्र में भी अध्ययन किये हैं। इस दृष्टि से भारतीय मानवशास्त्र और समाजशास्त्र को उनका योगदान बहुविध है। उन्होंने जनजातियों, कृषक समाजों (ग्रामों) के साथ-साथ कानपुर जैसे औद्योगिक नगर का अध्ययन कर भारतीय नृविज्ञान की शोध सीमाओं को विस्तृत किया है। जनजातियों के सांस्कृतिक प्रतिमानों, सांस्कृतिक परिवर्तन, पर-संस्कृतिकरण के प्रभावों के अतिरिक्त संक्रमण के दौर से गुजरती हुई जनजातियों जैसे अनेक विषयों का अध्ययन कर उन्होंने शोध के कई नये मानदंड स्थापित किये हैं। सामाजिक-सांस्कृतिक मानवशास्त्र के क्षेत्र के अलावा उनका भौतिक मानवशास्त्र के क्षेत्र में पूरा-पूरा दखल था। इस क्षेत्र में उन्होंने जैवमितीय माप, सीरमी सर्वेक्षण और उत्खनन कार्य करके अपने आपको एक भौतिक मानवशास्त्री के रूप में भी प्रतिष्ठित किया है। यही नहीं, उन्होंने प्रजातिक रचना और सामाजिक संस्तरण के बीच सहसंबंध की संभावनाओं को भी टटोला है।

मजूमदार ने उत्तर प्रदेश के जाति-संस्तरण के अध्ययन के लिये जैवमितीय मापदंड का प्रयोग किया है। उन्होंने बताया कि ऐसी जातियाँ जो एक गुच्छे के रूप में आपस में गुंथी-बंधी होती हैं, वे पद सौपानिक संगठन में एक दूसरे से नज़दीक होती हैं। ऐसी जातियाँ जैवमितीय भिन्नता में भी एक दूसरे के निकट होती हैं। इस प्रकार, अविभाजित बंगाल और गुजरात की जातियों में भी मजूमदार ने सामाजिक क्रमविन्यास और प्रजातिक विशेषताओं के बीच एक प्रकार के सहसंबंध के दर्शन किये हैं। यह सही है कि उन्होंने अपने अन्वेषण के

आधार पर जाति-संरचना की रचना में प्रजातिक कारक को महत्वपूर्ण माना है। उन्होंने एक स्थान पर लिखा है कि "जाति की प्रस्थिति और पद इस बात पर निर्भर हैं कि उसमें किस परिमाण तक रक्त की शुद्धता रह पाई है।" जाति के उद्भव में प्रजातिक कारक को महत्वपूर्ण मानते हुए भी उन्होंने यह स्वीकार किया है कि जाति की व्याख्या किसी एक कारक के आधार पर करना निष्फल प्रयत्न है। उन्होंने इसी संदर्भ में "प्रजातिवाद" के प्रति भी अपना घोर विरोध प्रदर्शित किया है। मजूमदार ने मुख्य रूप में भारत की जनसंख्या में प्रजातिक तत्वों की खोज पर अपना ध्यान केन्द्रित किया है। इसके लिये उन्होंने जैवमितीय माप और रक्त-समूहों का परीक्षण किया है। मजूमदार ने अपने अध्ययनों के आधार पर **बी. एस. गुहा** के इस मत से अपनी असहमति प्रकट की है कि निग्रीटो भारत की सबसे पुरानी प्रजाति है। रक्त-समूहों के अपने परीक्षण के आधार पर उन्होंने बताया कि भारतीय जनसंख्या में निग्रीटो प्रजातीय तत्व की उपस्थिति प्रमाणित नहीं होती है। मजूमदार ने प्रोटो-ऑस्ट्रेलॉयड या इन्डो-ऑस्ट्रेलॉयड प्रजाति को भारत के सबसे आदिकालीन निवासी माना है। शारीरिक मानवशास्त्र के क्षेत्र में प्रजातिक तत्वों के वितरण के अतिरिक्त उन्होंने भारतीय बालकों के विकास (ऑन्टॉजिनेटिक) के अध्ययन में भी अपनी रुचि प्रदर्शित की है। इस संदर्भ में लखनऊ शहर के बालकों का उनका अध्ययन उल्लेखनीय है।

सांस्कृतिक मानवशास्त्र के क्षेत्र में उनके अध्ययन नृजातिकलेखन प्रकृति के रहे हैं। उन्होंने सर्वप्रथम बिहार के कोल्हन क्षेत्र की हो जनजाति का अध्ययन किया जिसके आधार पर उन्हें शोध-उपाधि प्राप्त हुई। बाद में उन्होंने उत्तर प्रदेश की कोरवा, थारू और खासा (जोनसर बावर क्षेत्र की), मध्यप्रदेश के बस्तर क्षेत्र की गोंड और गुजरात के भीलों के बारे में भी प्राथमिक तथ्य सामग्री एकत्रित की है। उल्लेखनीय है कि मजूमदार हो लोगों के बीच तीन वर्षों तक रहे और सन् 1937 में हो जनजाति पर "संक्रमण के दौर में एक जनजाति" नाम से एक पुस्तक लिखी। लगभग बारह वर्ष बाद (1947-49) उन्होंने पुनः इस जनजाति का अध्ययन किया और इस अवधि में इस जनजाति पर आसपास की खानों, कारखानों और युद्ध के पड़े प्रभावों का आकलन कर सन् 1950 में एक अन्य पुस्तक "एक जनजाति का जनजीवन" नाम से दूसरी पुस्तक लिखी। मजूमदार ने जनजातियों के सामाजिक जीवन के अध्ययन के अतिरिक्त उनके धर्म का भी गहन अध्ययन किया है और उन्होंने भारतीय जनजातियों में **मैरिट** के जीवसत्तावाद के लक्षणों को उपस्थित पाया। उन्होंने बताया कि मैलानेशिया के लोगों की भाँति ही भारतीय जनजातियाँ (विशेषतः हो और मुण्डा) भी "माना" जैसी एक अलौकिक, अदृश्य और अवैयक्तिक शक्ति में विश्वास प्रकट करती है, जिसे वे "बोंगा" कहते हैं। इसी आधार पर उन्होंने "बोंगावाद" के विचार को प्रणीत किया। मजूमदार ने भारतीय संस्कृति को समझने के लिये "मार्क" की अवधारणा प्रस्तुत की। अंग्रेजी के शब्द MARC से उनका अर्थ Man (मानव), Area (क्षेत्र), Resources (संसाधन) और Cooperation (सहयोग) से है। उनके अनुसार ये चार स्तंभ हैं जो भारत की संस्कृति का निर्माण करते हैं, अतः भारतीय संस्कृति की आत्मा को समझने के लिये इन चार तत्वों को समझना आवश्यक है।

मजूमदार ने अपनी बहुप्रसिद्ध पाठ्यपुस्तक (1957), (जो उन्होंने टी. एन. मदान के साथ लिखी है) में भारतीय जनजातियों की समस्याओं के गहन विवेचन के साथ-साथ उनका

एक वर्गीकरण भी प्रस्तुत किया है। उन्होंने सांस्कृतिक स्तर के आधार पर भारतीय जनजातियों को तीन वर्गों में बांटा हैं:

(1) वे जनजातियाँ जो ग्रामीण-नगरीय समुदायों से सांस्कृतिक मामलों से बहुत दूर हैं, अर्थात् जो उन्नत समुदायों के सम्पर्क से परे रही हैं,

(2) वे जनजातियाँ जिन पर ग्रामीण-नगरीय समुदायों की संस्कृति का प्रभाव पड़ा है और जिनके कारण उनके जीवन में अनेक समस्याएं उत्पन्न हो गई हैं,

(3) वे जनजातियाँ जो ग्रामीण-नगरीय समुदायों की संस्कृति के सम्पर्क में आने पर भी उनमें कोई हलचल पैदा नहीं हुई है।

इसी प्रकार, मजूमदार और मदान ने भारतीय जनजातियों की समस्त समस्याओं को दो वर्गों में विभाजि [illegible] है : (1) ऐसी समस्याएं जो जनजातियों और अन्य ग्रामीणजनों में समान हैं, (2) ऐ[illegible]मस्याएं जो जनजातीय समाज की ही अपनी विशेषताएं हैं और वे इन्हीं लोगों में पाई जाती हैं।

अग्रणी मानवशास्त्री **मेलिनोस्की** और **शरतचन्द्र रॉय** से गहरे रूप में प्रभावित मजूमदार एक परिश्रमी एवं धैर्यवान क्षेत्र कार्यकर्त्ता थे। वे सामाजिक-सांस्कृतिक मानवशास्त्र की क्षेत्र शोध-परम्परा के एक अनुभववादी (एम्पिरिशिष्ट) मानवशास्त्री थे। किसी जनजाति अथवा गांव के अध्ययन के लिये वे एक लम्बे समय तक उस क्षेत्र की अनेक यात्राएं कर और वहां रहकर प्राथमिक सामग्री जुटाते थे। जनजाति और लोक बोली के सीखने में उनकी गहरी रुचि थी और वे मानते थे कि एक मानवशास्त्री को अनजान क्षेत्र और बाहरी संस्कृति में कार्य करते समय सबसे पहले वहां की भाषा और बोली को सीखना चाहिये। उन्होंने जनजातियों की समस्याएं जानने की अपेक्षा उनकी संस्कृति के सभी पक्षों—आर्थिक, नातेदारी, धर्म आदि को जानना अधिक पसंद किया। मजूमदार ने अपने शोध-अध्ययनों में संरचनात्मक-प्रकार्यवादी परिप्रेक्ष्य को अपनाया और जनजातीय अध्ययनों के अतिरिक्त इसी उपागम का प्रयोग। उन्होंने मोहना नामक गांव के अपने अध्ययन (छोर का एक गांव) में भी किया है। अपने इस अध्ययन में मजूमदार ने **रेडफील्ड** की “लघु समुदाय” की विशेषताओं का परीक्षण कर निष्कर्ष तौर पर कहा कि रेडफील्ड द्वारा इंगित लघु समुदाय की सभी विशेषताओं को भारत के सभी गांवों में पाना मुश्किल है। भारतीय दशाओं में लघु समुदाय की अवधारणा की अपनी सीमाएं हैं। मजूमदार ने मानवीय व्यवहार के मनोवैज्ञानिक आयामों को भी जानने का प्रयास किया है।

प्रमुख कृतियाँ :

- A Tribe in Transition, (1937)
- The Fortunes of Primitive Tribes, (1944)
- Races and Cultures of India, (1944)
- The Matrix of Indian Culture, (1947)
- Affairs of a Tribe, (1950)
- Race Realities in Cultural Gujrat, (1950)
- An Intro. to Social Anthropology, with T. N. Madan, (1956)

- Caste and Communication in An Indian Village, (1958)
- Social Contours of An Industrial City, (1960)
- Race Elements in Bengal, with Rao, (1960)
- Racial Problems in Asia.
- Himalayan Polyandry, (1962)
- A Village on the Fringe.
- भारतीय संस्कृति के उपादान, (1958)
- छोर का एक गाँव
- प्रागैतिहास, (गोपाल सरण के साथ)

Malinowski, Branislaw Kaspar

ब्रॉनिस्लॉ केस्पर मेलिनोस्की (1884-1942)

मानवशास्त्र में प्रकार्यवादी सिद्धान्त के एक प्रमुख हस्ताक्षर पौलेण्ड निवासी **ब्रॉनिस्लॉ केस्पर मेलिनोस्की** मूलतः भौतिकशास्त्र और गणितशास्त्र में दीक्षित थे। यह एक संयोग ही है कि जब एक बार उन्होंने अचानक फ्रेजर की पुस्तक 'द गोल्डन बॉ' को पढ़ा तो वे मानवशास्त्र के क्षेत्र की ओर आकर्षित हुए और फिर वे मानवशास्त्र के ही होकर रह गये। उनकी गणना प्रारंभिक क्षेत्र मानव वैज्ञानिकों की प्रथम पंक्ति में की जाती है। **वे एक अन्य ख्यात नाम मानव वैज्ञानिक रेडक्लिफ ब्राउन के समकालीन थे**। इन दोनों ही सामाजिक मानव वैज्ञानिकों पर प्रसिद्ध समाजशास्त्री दुखाईम के प्रकार्यवादी विचारों का गहरा प्रभाव पड़ा है जिन्हें इनके लेखनों में स्पष्ट तौर पर देखा जा सकता है। सन् 1915 और 1918 के बीच मेलिनोस्की ने न्यूगिनी के उत्तर-पश्चिम में स्थित **ट्रोब्रिएंड द्वीप** के काली चमड़ी वाले **मातृवंशीय निवासियों** का लगभग दो वर्षों तक अध्ययन किया। इन मलेनेशियाई द्वीपवासियों के समाज में उत्तराधिकार और दायाधिकार स्त्रियों से स्त्रियों को होता है। इस शोधकार्य के दौरान उन्होंने जिस विधि का प्रयोग किया, वह आजकल **'सहभागिक अवलोकन विधि'** या क्षेत्र-कार्य पद्धति के नाम से जानी जाती है। शोध की इस विधि का प्रयोग करते हुए मेलिनोस्की ने जिन गाँवों का अध्ययन किया, वहाँ उन्होंने अपने तम्बू तानकर डेरा डाला और एक लम्बे अर्से तक उन गाँववासियों के साथ रहे, उनकी भाषा सीखी और गांव के निवासियों का जीवन जीया। इस विधि ने उन्हें ग्रामवासियों को नजदीकी से देखने, अनुभव करने तथा समझने का मौका दिया। अध्ययन की इस अनूठी विधि के बारे में मेलिनोस्की ने स्थानीय लोगों की भाषा सीखने और देशज़ (नैटिव) दृष्टिकोण अपनाने पर बल दिया है।

मेलिनोस्की का अधिकांश शैक्षणिक-व्यावसायिक जीवन विश्व के प्रतिष्ठित संस्थान 'लंडन स्कूल ऑफ इकनॉमिक्स' में बीता, जहाँ उनकी सन् 1924 में रीडर और 1927 में सामाजिक मानवशास्त्र की प्रथम पीठ (चेयर) पर प्रोफेसर के रूप में नियुक्ति हुई। इस संस्थान में आयोजित गोष्ठियों और उनके भाषण कार्यक्रमों ने इस विषय की ओर कई व्यक्तियों को आकर्षित किया जिनमें से कई व्यक्तियों ने उनके संरक्षण में सामाजिक मानवशास्त्र के विषयों का अध्ययन-अनुसंधान कर विश्व के प्रसिद्ध मानवशास्त्रियों में अपना

नाम भी दर्ज कराया है।

मेलिनोस्की प्रकार्यवादी सिद्धान्त के प्रणेताओं में से रहे हैं। उनके इस सिद्धान्त की अभिव्यक्ति स्पष्टतः हमें उनकी पुस्तक 'संस्कृति के एक वैज्ञानिक सिद्धान्त' (1944) में देखने को मिलती है। उनके अनुसार, **समस्त मानव संस्कृति का कार्य मूलतः मानव की मौलिक एवं आधारभूत आवश्यकताओं की पूर्ति करना है। सभी सांस्कृतिक तत्व किसी न किसी रूप में किसी समाज में व्यक्ति की आवश्यकताओं की पूर्ति करते हैं।** उन्होंने कहा कि कर्मकाण्डों, नातेदारी प्रतिमानों और आर्थिक विनिमय (प्रसिद्ध **'कूला प्रथा'** सहित) की व्याख्या उनकी उत्पत्ति के आधार पर किये जाने की अपेक्षा उनकी वर्तमान उपयोगिता (समाज के लिये उनके प्रकार्यों) के आधार पर की जानी चाहिये। सभी पुराने सिद्धान्त जो प्रथाओं, रीति-रिवाजों अथवा संस्कारों की व्याख्या 'ऐतिहासिक अवशेष' की धारणा के आधार पर करते थे, उन्होंने उन्हें अस्वीकार कर दिया। इसी परिप्रेक्ष्य पर बल देते हुए मेलिनोस्की ने संस्थाओं का भी प्रकार्यवादी विश्लेषण (वर्तमान में उनकी समाज के लिये क्या उपयोगिता है) किया और उनके ऐतिहासिक संदर्भ और महत्ता को जानने में कोई रुचि नहीं ली। उन्होंने किसी भी समाज के समरस संतुलन को एक आदर्श के रूप में स्वीकार किया है। उनके इस इतिहास विहीन दृष्टिकोण ने उनके द्वारा अध्ययन किये गये ट्रोब्रिएंड द्वीपवासियों के बारे में इस विचार को बल प्रदान किया कि ये द्वीपवासी अभी तक प्रस्तर युग में रह रहे हैं और इनमें किसी प्रकार का कोई संघर्ष या अन्तर्निहित द्वन्द्व नहीं है जो इनमें परिवर्तन उत्पन्न कर सके।

मेलिनोस्की ने ट्रोब्रिएंड द्वीपवासियों के विभिन्न पक्षों का अध्ययन कर कई शोध प्रबंध लिखे हैं। उन्होंने उनके यौन-व्यवहारों का अध्ययन कर 'असभ्य समाज में यौन-व्यवहार और दमन' (1927) पुस्तक लिखी। उनकी एक अन्य पुस्तक 'असभ्य समाज में अपराध और प्रथा' (1926) में उन्होंने आदिवासीय समाजों में अपराध का विश्लेषण किया है। उन्होंने जादू का भी एक अध्ययन किया और इस विषय पर 'कोरल उद्यान तथा उनके जादू' (1935) नामक पुस्तक लिखी है। मेलिनोस्की ने समाज के तानेबाने की व्याख्या करने में मिथकों का भी विश्लेषण किया है। मानवशास्त्र में इन सभी पुस्तकों की गौरव ग्रंथों (क्लासिक्स) के रूप में गणना की जाती है। मृत्यु उपरान्त सन् 1967 में छपी उनकी शोध-विषयक डायरी परदेशी संस्कृतियों के अध्ययन में आने वाली कठिनाइयों का एक अच्छा खासा लेखा-जोखा प्रस्तुत करती है। यह पुस्तक मानवशास्त्रियों के बीच एक पथ-प्रदर्शक के रूप में प्रतिष्ठित हुई है।

मेलिनोस्की के प्रकार्यवादी दृष्टिकोण और क्षेत्र-कार्य पद्धति दोनों की आलोचना हुई है। मेलिनोस्की का प्रकार्यवाद सांस्कृतिक भिन्नताओं को पूर्णतः स्पष्ट करने में अक्षम रहा है। जिन जरूरतों, जैसे भोजन की आवश्यकता आदि की जो बात मेलिनोस्की ने की है, वे न्यूनाधिक मात्रा में सार्वभौमिक है। सभी समाजों को जिन्दा रहने के लिये इन आवश्यकताओं की पूर्ति करनी पड़ती है। अतः उनका प्रकार्यवादी सिद्धान्त यह तो स्पष्ट करता है कि सभी समाजों को भोजन जुटाने का कार्य करना चाहिये, किन्तु यह सिद्धान्त यह नहीं बता पाता कि विभिन्न समाजों में भोजन जुटाने की भिन्न विधियां क्या हैं और इनमें भिन्नता क्यों है। इसके अलावा, मेलिनोस्की ने अपने अध्ययनों में उपनिवेशी प्रशासकों, ईसाई मिशनरियों और व्यापारियों आदि व्यक्तियों द्वारा उपलब्ध कराई गई द्वितीयक सामग्री और स्त्रोतों की सर्वथा

अनदेखी की है।

उनके प्रकार्यवादी सिद्धान्त की कमजोरियों के बावजूद मेलिनोस्की के प्रकार्यवादी दृष्टिकोण ने सामाजिक विज्ञानों, विशेषतः समाजशास्त्र और मानवशास्त्र पर गहरा प्रभाव अंकित किया है। उन्होंने मानवशास्त्रियों और समाजशास्त्रियों को समाज को उसकी समष्टि में देखने-समझने के लिये प्रेरित किया है। यही कारण है कि अब विश्वासों, रीति-रिवाजों, नातेदारी प्रतिमानों, राजनीतिक संगठन और आर्थिक कार्यकलापों आदि प्रत्येक विषय का अध्ययन अलग-अलग अध्ययन न किया जाकर उनके पारस्परिक सम्बन्धों और सम्पूर्ण समाज के संदर्भ में किया जाने लगा है।

प्रमुख कृतियाँ :

- The Family Among the Australiam Aborignies, (1913)
- Argonauts of the Western Pacific, (1922)
- Crime and Custom in Savage Society, (1926)
- Sex and Repression in Savage Society, (1927)
- The Sexual Life of Savages, (1929)
- Coral Gardens and Their Magic, (1935)
- Freedom and Civilization, (1944)
- The Dynamics of Cultural Change, (1945)
- A Diary in the Strict Sense of the Term, (1967)

Malthus, Thomas Robert

थॉमस रॉबर्ट माल्थस (1766-1834)

जनसंख्या के परिसीमन संबंधी अपने विचारों के लिये ख्यात रहे एक प्रारंभिक राजनीतिक अर्थशास्त्री और पादरी **थॉमस रॉबर्ट माल्थस** का जब सन् 1798 में "जनसंख्या के सिद्धान्त पर एक लेख" नामक एक परिपत्र प्रकाशित हुआ, जिसमें बाद में कई बार संशोधन किये गये, तब इस लेख ने जनसंख्या के सिद्धान्तों को गहरे रूप में प्रभावित कर एक खलबली मचा दी। इसी लेख ने **चार्ल्स डार्विन** और **अल्फ्रेड वालेस** जैसे उद्विकासवादी विचारकों को "प्राकृतिक प्रवरण" संबंधी अपने-अपने सिद्धान्तों की पृथक् खोजों के लिये प्रेरित किया। अपने लेख में माल्थस ने लिखा कि 'यदि जनसंख्या को भोज्य पदार्थों की आपूर्ति के अनुसार नियंत्रित नहीं रखा गया, तो प्रत्येक 25 वर्षों के बाद मानवीय जनसंख्या की मात्रा दुगनी हो जायेगी', अर्थात् जनसंख्या की मात्रा में घातांकी रूप में बढ़ोतरी होती है, जबकि भोज्य पदार्थों की आपूर्ति सापेक्षिक रूप में स्थिर रहती है। माल्थस ने अपने इन विचारों को मानव प्राणी की जनसंख्या तक सीमित रखा क्योंकि भोज्य पदार्थों की आपूर्ति में वृद्धि करने की मानव की क्षमता कृत्रिम रूप में जनसंख्या वृद्धि पर लगाये गये नियंत्रणों को कमजोर कर देती है।

माल्थस के पिता एक उदारवादी अंग्रेज जमींदार और प्रसिद्ध राजनीतिक विचारक रूसो के मित्र थे। उन्होंने अपने सुपुत्र को तब तक शिक्षा दिलवाई जब तक वे कैम्ब्रिज नहीं

चले गये। वहां माल्थस की सन् 1793 में फैलो के रूप में नियुक्ति हुई और सन् 1798 में उन्हें "पवित्र आदेश" मिले। सन् 1805 में वे हेल्सबरी में ईस्ट इन्डिया कम्पनी कालेज में इतिहास और राजनीतिक अर्थव्यवस्था के आचार्य बन गये।

जनसंख्या संबंधी अपने लेख में माल्थस ने मानव प्राणी के पूर्ण रूप से निपुण होने संबंधी तत्कालीन बहस में भाग लेते हुए **गौडविन** और **कॉन्डरेक्ट** जैसे लेखकों के विचारों को चुनौती दी। इन विद्वानों का मत था कि मानव जाति हमेशा अपने में अधिकाधिक सुधार लाने और सुख-समृद्धि प्राप्त करने में सक्षम एवं निपुण है। माल्थस ने अपने लेख में मानव की पूर्णत्व की इस धारणा को गलत बताते हुए मानव जाति के समक्ष उपस्थित चुनौतियों और विपत्तियों को उजागर किया। उन्होंने **डेविड ह्यूम** और **एडम स्मिथ** के विचारों का सहारा लेते हुए कहा कि जनसंख्या में संसाधनों से अधिक तीव्र गति से बढ़ने की एक नैसर्गिक प्रवृति होती है। प्रजनन की मानवीय क्षमता जीवन-निर्वाह के साधनों (भूमि से उत्पादन) में वृद्धि की दर से कहीं अधिक होती है। **जनसंख्या में वृद्धि गुणोत्तर रूप में (ज्यामितीय) होती है, किन्तु संसाधनों में वृद्धि अंकगणितीय रूप से अधिक नहीं होती है**। अतः, अनिवार्यतः वास्तविक जनसंख्या वृद्धि को संसाधनों की अपर्याप्तता द्वारा नियंत्रित किया जाता है। यह नियंत्रण दो रूप में कार्य करता है: (1) **सकारात्मक नियंत्रण**—इसमें बीमारी, भूख, बाढ़, अकाल, युद्ध आदि के कारण मृत्यु को सम्मिलित किया गया है; (2) **निरोधात्मक नियंत्रण** में विलम्ब विवाह, ब्रह्मचर्य, परिवार नियोजन आदि साधनों का प्रयोग किया जाता है।

माल्थस के उपरोक्त विचारों का व्यापक विरोध हुआ है और उन्हें कई आधार पर चुनौती दी गई। आलोचना के रूप में कहा गया कि माल्थस का जनसंख्या का सिद्धान्त गरीबी हटाने के प्रयासों में एक बाधा उत्पन्न करता है। गरीबी हटाने के लिये संसाधनों में वृद्धि के प्रयास तब असफल हो जाते हैं, जब जनसंख्या में वृद्धि और 'जीवन की आवश्यकताओं' पर और अधिक दबाव बढ़ता जाता है। **कार्ल-मार्क्स** ने भी माल्थस के सिद्धान्त को चुनौती देते हुए कहा है कि किसी भी जनसंख्या की अपने आपको खिलाने की क्षमता मुख्यतः आर्थिक और सामाजिक संगठन पर निर्भर करती है। **गरीबी का कारण जनसंख्या वृद्धि नहीं, अपितु पूंजीवादी व्यवस्था है**।

प्रमुख कृतियाँ :

- An Essay on the Principle of Population, (1798)

Mann, Michael

मिशाइल (माइकल) मन (1942-)

माइकेल मन एक ब्रिटिश समाजशास्त्री और इतिहासकार हैं जिन्होंने मुख्य रूप में स्तरीकरण (स्ट्रेटिफिकेशन) पर काम किया है। उनका यह कार्य प्रमुखतः इतिहास और सामाजिक जीवन में सत्ता की भूमिका से जुड़ा हुआ है। उन्होंने बताया है कि सत्ता के कई आधार हैं, जैसे आर्थिक, राजनीतिक, वैचारिक और सैनिक गतिविधियां। यही कारण है कि ऐतिहासिक काल में सामाजिक जीवन में सत्ता की प्रकृति बदलती रहती है।

प्रमुख कृतियाँ :
- Consciousness and Action in the Western Working Class, (1973)
- Class and the Sources of Social Power, (1986)

Mannheim, Karl

कार्ल मनहीम (मैनहाइम) (1893-1947)

'ज्ञान के समाजशास्त्र' के एक प्रमुख हस्ताक्षर आधुनिक समाज वैज्ञानिक **कार्ल मानहीम** का जन्म बुडापेस्ट (हंगरी) में हुआ था। सन् 1919 में वे हंगरी छोड़ कर जर्मनी चले आये और यहां विश्वविद्यालय में प्राध्यापक बन गये। किन्तु जर्मनी में हिटलर के सत्ता में आते ही नाज़ीवाद के उभार के बाद सन् 1933 में इन्हें जर्मनी छोड़ना पड़ा और वे इंग्लैण्ड आ गये जहां उन्होंने 'लंडन स्कूल ऑफ इकनॉमिक्स' में अपने शैक्षणिक-व्यावसायिक जीवन को जारी रखा। **ज्ञान के समाजशास्त्र को परिभाषित करते हुए मानहीम ने लिखा है कि यह विचारधाराओं का सामाजिक एवं अस्तित्वात्मक नियंत्रण का एक सिद्धान्त है**। उन्होंने माना है कि समस्त ज्ञान और विचारों का नियंत्रण सामाजिक संरचना और ऐतिहासिक प्रक्रिया के अन्तर्गत विशिष्ट दशाओं द्वारा होता है। अतः मानहीम के अनुसार, **विचारधारा अनिवार्यतः एक विशिष्ट परिप्रेक्ष्य को प्रतिबिम्बित करती है। यह स्थान विशेष के संदर्भ में सापेक्षिक होती है**। ज्ञान के समाजशास्त्र के बारे में उनका प्रमुख तर्क यह रहा है कि समाज में जो ज्ञान की रचना होती है, वह समाज के संगठन, अर्थात् उसकी संस्कृति और संरचना द्वारा निर्धारित होती है। दूसरे शब्दों में, व्यक्ति क्या जानते हैं, यह उनकी प्रस्थिति पर निर्भर करता है जो समाज की संरचना में उनकी होती है। साथ ही सामाजिक वर्ग जैसे कारक भी ज्ञान की रचना को प्रभावित करते हैं, किन्तु यह पूर्णतः वर्ग जैसे कारक से ही निर्धारित नहीं होती है।

मानहीम **वेबर और मार्क्स** दोनों से प्रभावित थे। उनके अधिकांश लेखन इस तथ्य की पुष्टि करते हैं कि उन्होंने ज्ञान की व्याख्या मार्क्स के 'वर्ग कारकों' और वेबर के 'प्रस्थिति समूहों' की भिन्न सामाजिक स्थितियों के संदर्भ में की है। उदाहरणार्थ, उन्होंने विपन्न व्यक्तियों की भविष्यगत आशाओं से उद्‌भूत कल्पनालोकीय विचारों की तुलना यथास्थिति से लाभार्जित व्यक्तियों द्वारा प्रतिपादित विचारों से की है। मानहीम ने विचारों के संदर्भ में पीढ़ीगत अन्तरों को भी विशेष महत्व दिया है। सामाजिक वर्ग की भांति व्यक्ति की पीढ़ी भी व्यक्ति को सामाजिक और ऐतिहासिक काल में एक विशिष्ट स्थान प्रदान करती है, फलस्वरूप व्यक्ति एक विशिष्ट प्रकार से सोचने-समझने का अभ्यस्त हो जाता है।

मानहीम ने कई भिन्न विषयों पर काफी लिखा है, किन्तु समाजशास्त्र की दृष्टि से ज्ञान के समाजशास्त्र के प्रति किया गया उनका योगदान प्रमुख है। उनके समस्त लेखनों को दो चरणों में विभाजित किया जा सकता है। प्रथम चरण में उन्होंने ज्ञान के समाजशास्त्र को विकसित करने में योगदान किया : (1) उन्होंने इस बात पर बल दिया कि ज्ञान के समाजशास्त्र का विकास संभव है, क्योंकि सामाजिक संरचना और ज्ञान के स्वरूपों में एक सहसम्बन्ध होता है, तथा कुछ विशिष्ट सामाजिक समूहों की सदस्यता व्यक्ति की आस्थाओं को प्रभावित करती

है। (2) मानहीम ने ज्ञान के समाजशास्त्र के सापेक्षिक प्रभावों को जानने का भी यत्न किया। उनका विचार था कि यदि सभी विश्वास या आस्थाएं समाज का प्रतिफल हैं, तब वास्तविक विश्वासों का कोई स्थान नहीं है और न ही सत्य का कोई स्वतंत्र मापदंड हो सकता है। उन्होंने इस समस्या के कई समाधानों के साथ प्रयोग किये। प्रारंभ में, उन्होंने सामाजिक रूप में स्वतंत्र प्रस्थापनाएं प्रस्तुत की और बाद में उन्होंने यह स्वीकार किया कि उनका यह प्रारंभिक विचार की 'वास्तविकता का निर्धारण सामाजिक मूल में होता है,' गलत है। (3) मानहीम ने ज्ञान और विचारणा की मार्क्सवादी व्याख्याओं को अस्वीकार कर दिया जिनके सम्बन्ध में उनका विचार था कि मार्क्सवादी व्याख्याएं समस्त ज्ञान को वर्ग की सदस्यता में रूपान्तरित कर देती हैं। मानहीम के दृष्टिकोण के अनुसार ज्ञान के स्वरूपों को कई सामाजिक समूहों और प्रक्रियाओं (जैसे पीढ़ी, पंथ, वर्ग और प्रतिस्पर्धा) के साथ जोड़ा जा सकता है।

मानहीम ने 'ज्ञान के समाजशास्त्र' की नींव अपनी सुप्रसिद्ध कृति "विचारधारा और कल्पनालोक" (आइडिआलॉजी एंड यूटोपिया, 1929) में रखी। इस पुस्तक से प्रकट होता है कि वे तत्कालीन नव-मार्क्सवादी विचारक **जार्ज लुकाक्स** से गहरे प्रभावित थे, किन्तु उन्होंने लुकाक्स की विचारणा को यथावत स्वीकार नहीं किया। उन्होंने लुकाक्स के मार्क्सवादी वैचारिक ढांचे को नया रंग दिया। मानहीम ने लुकाक्स के इस विचार को तो स्वीकार किया कि मनुष्यों का चिन्तन उनके सामाजिक अस्तित्व (जीवन) से निर्धारित होता है, किन्तु इसे वास्तविक ज्ञान नहीं कहा जा सकता। वास्तविक ज्ञान या चेतना प्राप्त करने की क्षमता सर्वहारा वर्ग में नहीं होती। मानहीम के अनुसार केवल बुद्धिजीवी या मनीषी ही यह स्पष्ट करने में समर्थ हैं कि मनुष्यों का चिन्तन उनकी सामाजिक संरचनाओं, प्रथाओं और आकांक्षाओं से किस प्रकार प्रभावित होता है। वे ही इस ज्ञान को अपने मस्तिष्क की छलनी में छानने में समर्थ हैं और इनके प्रभाव को अलग-अलग बता सकते हैं और इस प्रकार वे 'वास्तविक ज्ञान' को ज्ञात कर सकते हैं।

मानहीम के 'ज्ञान के समाजशास्त्र' के अनुसार, किसी जन समुदाय के सामाजिक जीवन की परिस्थितियों से निर्धारित होने वाला **'मिथ्या ज्ञान'** दो प्रकार का होता है: (1) **विचारधारा**—यह ऐसी मिथ्या चेतना है जो वर्तमान को उचित मान कर उसे बचाये रखने और संरक्षण के लिये प्रेरित करती है; (2) **कल्पना-लोक**—यह ऐसा मिथ्या ज्ञान है जो वर्तमान व्यवस्था को गलत मानता है और परिवर्तन के लिये प्रेरित करता है। यह ऐसे काल्पनिक सिद्धान्त प्रस्तुत करता है जिन्हें यथार्थ के धरातल पर साकार नहीं किया जा सकता। अपने इसी चिन्तन के आधार पर **मानहीम ने मार्क्स के 'वर्ग-विहीन समाज' के सिद्धान्त को 'कल्पना लोक' मानते हुए उसे 'मिथ्या ज्ञान' को श्रेणी में रखा है।**

मानहीम की इस धारणा की कटु आलोचना हुई है कि समस्त ज्ञान का आवश्यक रूप में एक वैचारिक चरित्र होता है। उन पर यह आरोप लगाया गया है कि वे पूर्णतः सापेक्षवाद के शिकार को गये हैं। इस आरोप का उन्होंने कई ढंग से खंडन भी किया है, किन्तु अपने इस प्रयास में वे असफल रहे हैं। उन्होंने ज्ञान के एक भाग के रूप में सापेक्षवाद का मुकाबिला भी किया। उन्होंने कहा कि जिसे सत्य समझा जाता है, उसका निर्धारण सामाजिक रूप में होता है। इसका तात्पर्य यह हुआ कि फिर सत्य का कोई वस्तुनिष्ठ आधार नहीं होता।

दूसरे चरण में मानहीम की वे कृतियाँ आती हैं जिन्हें बहुत अधिक सराहना प्राप्त नहीं हुई। इन कृतियों में 'पुनर्रचना युग में मानव और समाज' (1935) में सामाजिक पुनर्निर्माण का विश्लेषण किया गया है। मानहीम के अनुसार, आधुनिक समाज 'जन समाज' (मॉस सोसाइटीज़) बन गये हैं। ऐसे समाज अतिशय व्यक्तिवादिता के शिकार लोगों से निर्मित ऐसे अत्यंत विश्रृंखलित समूह हैं जिनमें आपस में कोई सामाजिक रिश्ते नहीं होते। इन समाजों में लगाव और जीवन के अर्थ का अभाव खटकता है और इसके लिये उन्होंने मुख्यतः पूंजीवाद की गत्यात्मकता को उत्तरदायी माना है। संस्कृति के लोकतंत्रीकरण के कारण व्यक्ति और समाज दोनों ही आकस्मिक एवं आमूल परिवर्तन के दौर से गुजर रहे हैं। ये समाज उदारवादी पूंजीवाद की देन हैं और इनकी मरम्मत और पुनर्निमाण के लिये 'सामाजिक नियोजन' की आवश्यकता है। मानहीम के अनुसार लोकतंत्र की भावना को बनाये रखने के लिये सामाजिक नियोजन और समाजशास्त्रीय दृष्टिकोण से अनुप्राणित शिक्षा की आवश्यकता है। यह शिक्षा वर्तमान में विद्यमान मतभेदों को मिटाने में सहायक होगी और समाज को सही शिक्षा दिशा प्रदान करेगी।

मानहीम ने अधिकांशतः जर्मन भाषा में लिखा है। उनकी प्रमुख कृतियों का संकलन और अंग्रेजी में प्रकाशन उनकी मृत्यु के बाद हुआ है।

प्रमुख कृतियाँ :

- Essays on the Sociology of Knowledge, (1928)
- Ideology and Utopia, (1929)
- Man and Society in an Age of Reconstruction, (1935)
- Diagnosis of Our Time, (1943)
- Freedom, Power and Democratic Planning, (1951)
- Essays on Sociology and Social Psychology, (1953)
- Essays on the Sociology of Culture, (1956)

Manu

मनु

एक पौराणिक चरित्र के रूप में, भारतीय वाङ्मय में **मनु** को सृष्टि के आदि पुरुष के रूप में परिकल्पित किया गया है। इन्हें 'स्वांयभुव मनु' और इनके द्वारा प्रतिपादित नियमों के अभिलेख को 'मनुस्मृति' (जो मानव धर्मशास्त्र, मनुसंहिता आदि के नामों से भी प्रसिद्ध है) कहा गया है। इस ग्रंथ को प्राचीनतम स्मृति एवं प्रमाणभूत शास्त्र के रूप में प्रतिष्ठा प्राप्त है। एक ऐतिहासिक चरित्र के रूप में, भारतीय परम्परानुसार 'मनु' को प्रथम समाज व्यवस्थापक माना जाता है और इनके द्वारा रचित 'मनुस्मृति' का रचना काल सामान्यतः ई.पू. चतुर्थ शताब्दी माना गया है। ऐसी संभावना व्यक्त की गई है कि इसकी रचना और अन्य स्मृतियों के लेखन के बाद ही वैदिक अनुष्ठान एवं संस्कारों का पुनः प्रचलन हुआ। मनु के जीवन के बारे में कोई प्रामाणिक जानकारी उपलब्ध नहीं है, अतः उनके जन्म और मृत्यु के तथ्य देना

कठिन है।

मनुस्मृति बारह अध्यायों में बंटी हुई है। इसका लेखन श्लोक के रूप में हुआ है तथा इसमें लगभग 2700 श्लोक हैं। अध्यायानुसार विषय इस प्रकार हैं; (1) जगत् की उत्पत्ति, (2) संस्कार विधि, (3) स्नान, श्राद्ध कल्प, (4) वृत्ति लक्षण, (5) शौच, अशुद्धि, स्त्री धर्म, (6) वानप्रस्थ, मोक्ष, सन्यास, (7) राज धर्म, (8) कार्य विनिर्णय, (9) स्त्री पुंस धर्म, (10) आपद् धर्म, (11) प्रायश्चित, (12) संसार गति, कर्म और कुल धर्म। अध्यायों के शीर्षकों से ही स्पष्ट है कि मनु ने हिन्दुओं के सामाजिक संगठन, संस्थाओं और संस्थापनाओं के अतिरिक्त राज धर्म जैसे जीवन के सभी पहलुओं पर लिखा है। इस ग्रंथ को जो आदर और सम्मान पौराणिक काल में प्राप्त था, वह आज नहीं है। इसमें वर्णित विचारों, संकल्पनाओं और भावों को आज 'मनुवाद' के रूप में चुनौती दी जा रही है। मनुस्मृति में वर्णित सामाजिक व्यवस्था के नियमाचार काल विशेष के लिये सार्थक रहे हो सकते हैं, किन्तु आधुनिक परिवर्तित स्थितियों में इन्हें न्यायोचित कठिनतः ही माना जा सकता है।

मनुस्मृति में हिन्दू जीवन के आधार कर्म और पुनर्जन्म के सिद्धान्त से लेकर पुरुषार्थ (धर्म, अर्थ, काम, और मोक्ष), संस्कार (मनु ने 13 संस्कार बताये हैं), वर्णाश्रम धर्म, विवाह, परिवार और स्त्रियों की प्रस्थिति, व्यक्तित्व के गुण आदि का विशद् वर्णन-विश्लेषण किया गया है। **मनु की समाज-व्यवस्था में व्यक्ति की अपेक्षा सम्पूर्ण समूह, समुदाय और समाज को महत्व दिया गया है।** इस दृष्टि से, हिन्दू सामाजिक व्यवस्था की इकाई व्यक्ति नहीं अपितु परिवार है। परिवार की रचना अन्न सम्बंध और यौन सम्बन्ध से मिलकर बने प्राण सम्बंधों (जैवकीय बंधन) से होती है। ऐन्द्रियक वासना को आध्यात्मिक भावनाओं और आत्म-नियंत्रण में उदात्तीकरण कर परिवर्तित कर दिया जाता है। मनु के मतानुसार, धर्म, अर्थ और काम के त्रिवर्ग के यथोचित समन्वय में ही मानवता का कल्याण निहित है।

प्रस्थिति और भूमिका का निर्धारण मनु की समाज व्यवस्था में वर्ण-व्यवस्था द्वारा होता है जो जन्म पर आधारित एक व्यवस्था है। (कुछ विचारक इसे कर्म आधारित व्यवस्था भी मानते हैं) व्यक्ति की प्रस्थिति का निर्धारण उसके वर्ण से, जिसमें उसका जन्म हुआ है, होता है। उसी के अनुरूप उसके कार्य एवं कर्त्तव्यों (भूमिकाओं) का निर्धारण होता है। वर्ण-भूमिकाएं निश्चित होते हुए भी अनम्य नहीं थी। वर्ण-भूमिकाएं सौपानिक रूप में क्रमबद्ध होती हैं, अर्थात् इस व्यवस्था में ब्राह्मण सबसे ऊपर और शूद्र सबसे नीचे। इन दोनों वर्णों के बीच क्रमशः क्षत्रिय और वैश्य वर्णों को रखा गया है। क्या इस वर्ण-प्रस्थिति एवं भूमिका में परिवर्तन (भूमिका गतिशीलता) संभव था, इस बारे में विचारकों में (मनुस्मृति के टीकाकारों में) मतभेद है। हिन्दू समाज के सम्पूर्ण व्यक्तियों से वर्ण-धर्म के अनुसार कार्य और व्यवहार करने की अपेक्षा की जाती थी ताकि सामाजिक व्यवस्था बनी रहे। विवाह के बारे में मनु ने एक विवाह की प्रथा को ही मान्यता प्रदान की है। उनके अनुसार, पति और पत्नी दोनों के बीच मृत्यु तक पारस्परिक निष्ठा बनी रहनी चाहिये। पति और पत्नी के सम्बंधों के लिये इसे उच्चतम विधान माना जाना चाहिये।

प्रमुख कृतियाँ :

— मनुस्मृति

Marcuse, Herbert

हर्बर्ट मार्कूज़

(1898-1979)

जर्मनी के नव मार्क्सवादी दार्शनिक **हर्बर्ट मार्कूज़** प्रख्यात फ्रैंकफर्ट सम्प्रदाय के आलोचनात्मक (क्रिटिकल) सिद्धान्त से सम्बद्ध रहे हैं। उनका शिक्षण-प्रशिक्षण बर्लिन और फ्रेबर्ग विश्वविद्यालयों में हुआ था। फ्रैंकफर्ट सम्प्रदाय के अन्य सदस्यों की भांति मार्कूज़ भी सन् 1934 में जर्मनी से निर्वासन के कारण अमेरिका चले गये और मृत्यु पर्यन्त उग्रवादी (रेडिकल) राजनीति से अपनी प्रतिबद्धता बनाये रखते हुए अमेरिका में ही रहे। उनके विचारों ने सन् साठ के दशक में अमेरिका और यूरोप दोनों स्थानों के उग्रवादियों, विशेषतः वामपंथी विद्यार्थी समूहों पर गहरा प्रभाव अंकित किया है। इसी काल में उन्होंने **'नव वामपंथ के पिता'** के रूप में कुख्याति अर्जित की। उन्हें अमेरिका और यूरोप दोनों ही स्थानों पर तथाकथित 'नव वामपंथ' को प्रभावित करने वाला तथा रक्षक दोनों रूप में देखा गया। मार्कूज़, विशेष रूप में, पूंजीवाद, मार्क्सवाद (विशेषतः अविभाजित पूर्व सोवियत संघ में प्रयोग किये गये मार्क्सवाद), क्रांति और मानवीय मुक्ति, प्रौद्योगिकी एवं सामाजिक परिवर्तन, आधुनिक समाज में कामात्मकता और व्यक्ति के भाग्य जैसे विषयों के गूढ़ विश्लेषण के लिये जाने जाते हैं। प्रघटनाक्रियावाद और विवेचनात्मक सिद्धान्त के माध्यम से मार्कूज़ का मार्क्सवाद की ओर रुझान पैदा हुआ। उनकी विचारणा का मुख्य केन्द्र औद्योगिक पूंजीवाद में मानव के अस्तित्व की दशाओं को खोज करना रहा है। उनके 'एक आयामी समाज' के सिद्धान्त ने समकालीन पूंजीवादी और राज्य शासित साम्यवादी समाजों के बारे में आलोचनात्मक परिप्रेक्ष्य प्रस्तुत किया है और उनकी 'महान् अस्वीकृति' की धारणा ने उन्हें क्रांतिकारी परिवर्तन और समृद्ध समाज में मुक्ति के एक चर्चित सिद्धान्तकार के रूप में विख्यात बना दिया।

मार्कूज़ **हस्सर्ल और हाइडेगर** के प्रघटनावाद से काफी प्रभावित थे। आलोचनात्मक सिद्धान्त की उनकी व्याख्या का विकास यूरोपीय दर्शन की मुख्यधारा, अर्थात् हीगल की कृतियों, प्रघटनाशास्त्र और अस्तित्वादी दर्शन के साथ-साथ मार्क्सवाद के कुछ पक्षों के समन्वय से हुआ है। **मार्कूज़ ने लिखा है कि अधिकांश मार्क्सवाद कठमुल्ला रूढ़िवाद के रूप में विकृत हो गया, अतः इसे यथार्थ प्रघटनाशास्त्रीय अनुभव के साथ घुलाने-मिलाने की आवश्यकता है ताकि मार्क्सवादी सिद्धान्त को पुनरुज्जीवित किया जा सके**। इसी के साथ उन्होंने यह लिखा कि मार्क्सवाद ने व्यक्ति की समस्या की उपेक्षा की है। मार्कूज़ आजीवन सामाजिक बदलाव और पूंजीवाद से समाजवाद की ओर संक्रमण की संभावना के साथ-साथ व्यक्तिगत स्वतंत्रता और खुशहाली की समस्या से जूझते रहे। अपने इन विचारों के प्रतिपादन हेतु वे जीवन भर **मैक्स हॉर्खाइमर, थियोडोर आडोर्नो** और फ्रैंकफर्ट संस्थान के अन्य अंतरंग सदस्यों के साथ जुड़े रहे।

मार्कूज़ के लेखनों में राजनीति और सौन्दर्यशास्त्र के साथ-साथ दार्शनिक और सांस्कृतिक आलोचना सम्मिलित हैं। उनके सभी लेखनों में आधुनिक समाजों की सर्वाधिकारवादी निरंकुश प्रवृत्तियों की गूंज स्पष्ट सूनी जा सकती है। उनकी दृष्टि में, पूंजीवाद आर्थिक दशाओं के परे चला गया है (जिसका विश्लेषण मार्क्स ने किया है) और कामगार-वर्ग एक क्रांतिकारी शक्ति के रूप में विकसित होने में असफल रहा है। उनकी

आशा थी कि ऐसे समूह (जैसे अश्वेत लोग और अपने जीवन की कुछ अवधि तक विद्यार्थी वर्ग) जिन्हें व्यवस्था से अलग कर दिया गया है, वे विरोधियों की भूमिका निभा सकते हैं।

उनकी सर्वाधिक महत्वपूर्ण पुस्तक 'तार्किकता और क्रांति : हीगल और सामाजिक सिद्धान्त का उदय' (1941) में हीगलवाद और मार्क्सवाद की आलोचनात्मक और नकारात्मक व्याख्या की गई है। इस पुस्तक में उन्होंने हीगल और मार्क्स के द्वन्द्वात्मक चिन्तन की समानता के कई पक्षों को उजागर किया है। साथ ही, इसमें मार्क्स के अलगाव के सिद्धान्त की विस्तृत समीक्षा भी की गई है। मार्कूज़ ने इसी में प्रत्यक्षवादी दर्शन की भी कटु आलोचना करते हुए इसके प्रति अपनी असहमति जताई है।

सन् 1955 में मार्कूज़ ने 'जीवनवृत्ति और सभ्यता' नामक एक पुस्तक लिखी जिसमें उन्होंने दुःसाहसकिता के साथ मार्क्स और फ्रायड के विचारों का समन्वय करने का यत्न किया। जहां मार्क्स ने अपने विश्लेषण में व्यक्ति को कोई स्थान नहीं दिया है, मार्कूज़ ने फ्रायड को अपना आधार बना कर व्यक्ति की कामात्मकता (सेक्शुऐलिटी) का सविस्तार विश्लेषण किया है। फ्रायड के तात्विक विचारों, विशेषतः उनकी जीवन एवं मृत्यु की मूलप्रवृत्तियों की व्याख्या कर उन्होंने लिखा है कि किस प्रकार आधुनिक संस्कृति व्यक्ति की इच्छाओं को परिवर्तित कर उसे पराया बना देती है। जहां फ्रायड ने अपनी पुस्तक 'सभ्यता तथा इसके असंतोष' में लिखा है कि सभ्यता अनिवार्यतः दमन, असंतोष और दुख पैदा करती है, वहां मार्कूज़ ने एक ऐसी दमनहीन सभ्यता का खाका खींचा है जिसमें मनःशक्तिक और अलगावहीन श्रम, मनोरंजन एवं मुक्त कामुकता की प्रचुरता होगी। **ऐरिक फ्रॉम** ने मार्कूज़ द्वारा फ्रायड के किये गये विश्लेषण को चुनौती देते हुए लिखा है कि फ्रायड एक क्रांतिकारी विचारक की अपेक्षा एक रूढ़िवादी विचारक थे।

मार्कूज़ की एक अत्यधिक प्रसिद्ध पुस्तक 'एक आयामी मानव' (वन डाइमेन्शनल मैन, 1964) काफी चर्चा का विषय रही है। मार्कूज़ ने इस पुस्तक में उन्नत औद्योगिक समाज पर आधारित पूंजीवादी व्यवस्था की कटु आलोचना करते हुए समाजवादी क्रांति के मार्क्सवादी सिद्धान्त का भी खण्डन किया है। इसमें उन्होंने पूंजीवाद के उन तरीकों को उजागर किया है जो विरोध की संभावनाओं को सीमित करते हैं। ऐसा कहा जाता है कि मार्कूज़ की यह पुस्तक माओ की 'लाल किताब' से भी अधिक बिकी है। उन्होंने इसमें उन कारकों का भी सूक्ष्म विश्लेषण किया है जिसके कारण मार्क्स का वर्ग-संघर्ष का सिद्धान्त लागू नहीं हो पा रहा है। इसमें मार्कूज़ ने आधुनिक प्रौद्योगिकी और विज्ञान पर आधारित समाज का दार्शनिक पक्ष भी प्रस्तुत किया है। यही नहीं, उन्होंने पूंजीवादी और मार्क्सवादी समाज दोनों के स्थान पर एक तीसरे रास्ते को प्रस्तावित किया है। मार्कूज़ लिखते हैं कि औद्योगिक समाज कृत्रिम आवश्यकताओं को जन्म देते हैं जो व्यक्तियों को उत्पादन और उपभोग की व्यवस्था में विलीन कर देते हैं। जनसंचार के साधन, संस्कृति, विज्ञापन, औद्योगिक प्रबंध और आधुनिक सोच-विचार का तरीका, ये सभी विद्यमान व्यवस्था को ही जीवित रखते हैं। यही नहीं, ये सभी नकारात्मकता, आलोचना और विरोध को समाप्त करते हैं। इसी के परिणामस्वरूप सोच-विचार और व्यवहार के 'एक आयामी' विश्व का जन्म होता है। इस एक आयामी विश्व में समालोचनात्मक चिन्तन और विरोधी व्यवहार की क्षमता और कौशल दोनों ही मुरझा जाते हैं। मार्कूज़ का इस बारे में प्रमुख तर्क है कि उन्नत औद्योगिक

समाज मानव-विकास और सृजनात्मक स्वतंत्रता का कोई ठोस आधार प्रस्तुत नहीं करता, बल्कि यही नहीं, वह मनुष्य के स्वतंत्र विकास की संभावनाओं को भी समाप्त कर देता है।

मार्कूज़ के अनुसार, **आधुनिक प्रौद्योगिकी समाज ने एक मिथ्या चेतना को बढ़ावा देकर मानव मात्र को अपने शिकंजे में कस दिया है।** यह मिथ्या चेतना भय और उपभोक्तावाद पर आधारित है। प्रौद्योगिक क्रांति ने जीवन की सुख-सुविधाओं में अप्रतिम विस्तार किया है। ऐसी स्थिति में कुछ महत्वपूर्ण स्तरों पर 'अलगाव' की भावना बहुत सीमा तक लुप्त हो चली है। मशीनीकरण ने कामगार के काम को हल्का कर दिया है, अब उसे घोर परिश्रम नहीं करना पड़ता, यही नहीं उसकी मजदूरी में भी वृद्धि हुई है। इसी स्थिति ने 'अलगाव' की भावना में परिवर्तन ला दिया है। 'सृजनशीलता' से प्राप्त सुख की कामना धीरे-धीरे समाप्त होती जा रही है। कामगार अब एक मिथ्या चेतना के अधीन श्रम करता है। यह मिथ्या चेतना धर्म की नहीं, किसी अतींद्रिय सुख की नहीं, अपितु वर्तमान भोगवादी सुख की मिथ्या चेतना है जो उसके 'अलगाव' पर पर्दा डालती है।

रूढ़िवादी मार्क्सवादियों तथा विभिन्न राजनीतिक एवं सैद्धान्तिक प्रतिबद्धता वाले व्यक्तियों ने इस पुस्तक की तीव्र आलोचना की है। इस पुस्तक में अभिव्यक्त निराशावाद के बावजूद, इसने कई नव वामपंथियों को काफी प्रभावित किया है, क्योंकि मार्कूज़ ने अपनी इस कृति के द्वारा पूंजीवादी और मार्क्सवादी दोनों प्रकार के समाजों के प्रति जो उनमें असंतोष का ज्वार उठ रहा था, उसे शाब्दिक अभिव्यक्ति प्रदान की है। मार्कूज़ ने क्रांतिकारी परिवर्तन के अभियान को गति प्रदान की और क्रांतिकारी विरोध की नवीन उभरती हुई शक्तियों को नेतृत्व प्रदान कर उन्हें संरक्षण प्रदान किया। परिणामतः उन्हें सत्ता-प्रतिष्ठान द्वारा घृणा मिली, किन्तु नव क्रांतिकारियों द्वारा सम्मान और सद्भाव प्राप्त हुआ।

प्रमुख कृतियाँ :

- Reason and Revolution, (1941)
- Eros and Civilization, (1955)
- Soviet Marxism, (1958)
- One Dimensional Man, (1964)
- A Critique of Pure Tolerance, (1965)
- An Essay on Liberation, (1969)
- Five Lectures, (1970)
- Studies in Critical Philosophy, (1972)
- Negations, (1989)

Marshall, Alfred

अलफ्रेड मार्शल

(1842-1924)

'अर्थशास्त्र के सिद्धान्त' (प्रिन्सीपल्स ऑफ इक्नामिक्स, 1890) नामक बहुप्रसिद्ध एवं प्रभावशाली पुस्तक के रचियता ब्रिटिश अर्थशास्त्री **अलफ्रेड मार्शल** ने अर्थ-व्यवहार सम्बन्धी

कई सिद्धान्तों का प्रणयन एवं विवेचन किया है। वे सन् 1870 की सीमान्तवादी क्रांति में भाग लेने के लिये भी जाने जाते हैं। इस क्रांति ने इस विचार को उजागर किया कि मूल्यों का निर्धारण सीमान्त उपयोगिता (उपभोक्ता की) और सीमान्त उत्पादन (उत्पादन के कारकों) द्वारा होता है। **समाजशास्त्रियों की मार्शल में रुचि उत्पन्न होने का कारण टालकट पार्सन्स की पुस्तक 'द स्ट्रक्चर ऑफ सोश्यल एक्शन' (1937) है जिसमें उन्होंने अन्य समाज विज्ञानिकों के साथ मार्शल के विचारों की भी समीक्षा की है।** पार्सन्स ने मूल्यों के सिद्धान्त में निहित मार्शल के सीमान्त उपयोगिता की धारणा को महत्वपूर्ण माना है। उन्होंने कहा कि चूंकि यह (मूल्य) एक अवशिष्ट श्रेणी है, अतः अर्थशास्त्र की विश्लेषणात्मक योजना में इसका कोई स्थान नहीं है। पार्सन्स ने इन्हें (मूल्यों को) अपने 'क्रिया की संदर्भ-परिधि' (एक्शन फ्रेम ऑफ रेफरेन्श) में सम्मिलित कर मूल्यों के अध्ययन को समाजशास्त्र के सामान्य सैद्धान्तिक ढाँचे के लिये आवश्यक बताया है।

प्रमुख कृतियाँ :

– Principles of Economics, (1890)

Marshall, Thomas H. (1873-1982)

सुप्रसिद्ध संस्थान 'लंदन स्कूल ऑफ इक्नामिक्स एंड पॉलिटिकल साइन्स' के ब्रिटिश इतिहासकार, अर्थशास्त्री और समाजशास्त्री **थॉमस एच. मार्शल** ने नागरिकता की समस्या और आर्थिक एवं राजनीतिक प्रजातंत्र के आपसी सम्बन्धों को अपने लेखन का विषय बनाया है। उन्होंने अपनी पुस्तक 'नागरिकता और वर्ग' (सिटजनशिप एंड क्लास, 1944) में कहा है कि नागरिकता का 18वीं शताब्दी के कानूनी अधिकारों, जैसे मताधिकार से विस्तार होकर 19वीं शताब्दी में राजनीतिक अधिकार और बीसवीं शताब्दी में कल्याण अधिकार (जैसे सामाजिक सुरक्षा सम्बन्धी भुगतान) के रूप में हुआ है। इन अधिकारों का कानूनी न्यायालयों, संसदों और कल्याण राज्य के रूप में संस्थानीकरण हुआ है। उन्होंने लिखा है कि नागरिक कल्याण, जैसे राजनीतिक अधिकारों और पूंजीवाद द्वारा उत्पन्न सामाजिक वर्ग असमानता के बीच एक मौलिक विरोधाभास है। किस प्रकार वर्ग-असमानता राजनीतिक प्रजातंत्र को प्रभावित करती है और किस प्रकार राजनीतिक प्रजातंत्र वर्ग असमानता के आधार को चुनौती देता है, जैसे विषय ही मार्शल की कृतियों के मुख्य केन्द्र बिन्दु रहे हैं। **समाजशास्त्रीय दृष्टि से एक सामाजिक प्रघटना के रूप में नागरिकता का अध्ययन अत्यंत महत्वपूर्ण है।**

अपनी एक अन्य पुस्तक 'कल्याण के अधिकार एवं अन्य लेख (द राइट टू वेलफेअर एंड अदर एसेज, 1981) में उन्होंने 'आधुनिक पूंजीवादी को 'योजक समाज' (हाइफ़नेटड सोसाइटी) कहा है क्योंकि ये कल्याण वर्ग और प्रजातंत्र के विरोधाभासी सिद्धान्तों पर आधारित है। मार्शल ने सामाजिक नीति का अध्ययन कर 'बीसवीं शताब्दी में सामाजिक नीति' (सोश्यल पॉलिसी इन द ट्वेनटिअथ सेन्चुरी, (1965) नामक अपनी पुस्तक में 1890 से 1945 के बीच कल्याण सम्बन्धी नीतियों के विकास का विश्लेषण किया है।

मार्शल की नागरिकता की अवधारणा आज भी महत्वपूर्ण है, यद्यपि इसकी काफी

आलोचना हुई है। यह कहा गया है कि नागरिक अधिकारों के विकास की अगली अवस्था के रूप में औद्योगिक प्रजातंत्र के विचार की मार्शल ने अनदेखी की है। **एम.मन्न** ने उनके विश्लेषण पर एंग्लो केन्द्रित और उद्‌विकासीय होने का आरोप लगाया है। इन आलोचनाओं के बावजूद मार्शल के विचारों ने मर्टन, लिपसेट, बैनडिक्स (ब्रिटेन) और डेहरनडार्फ, हाल्से और लॉकवुड जैसे अनेक लब्ध प्रतिष्ठित समाजशास्त्रियों के कार्यों को प्रभावित किया है। **मार्शल के समाजशास्त्र सम्बन्धी विचारों को जानने के लिये उनकी पुस्तक 'चौराहे पर समाजशास्त्र'** (सोसिऑलाजी एट द क्रास रोड्स, 1963) **विशेष उल्लेखनीय है।**

प्रमुख कृतियाँ :

- Citizenship and Social Class, (1949)
- Sociology at the Crossroads, (1963)
- Social Policy in the Twenieth Century, (1965)
- The Rights to Welfare and Other Essays, (1981)

Martin, David

डेविड मार्टिन (1929-)

डेविड मार्टिन धर्म के समाजशास्त्र के प्रति किये गये अपने योगदानों के लिये जाने जाते हैं। उन्होंने इस विचार की आलोचना की है कि लौकिकीकरण की प्रक्रिया औद्योगिक समाजों की एक प्रमुख विशेषता है। उन्होंने अपनी पुस्तक 'अंग्रेजी धर्म का एक समाजशास्त्र' (ए सोसिऑलाजी ऑफ इंग्लिश रिलिजन, 1967) में स्पष्ट रूप में इस बात को प्रदर्शित किया है कि धर्म में विश्वास और धर्म सम्बन्धी व्यवहार के साक्ष्य लौकिकीकरण की धारणा की पुष्टि नहीं करते। इसी प्रकार अपनी दूसरी पुस्तक 'धार्मिकता और लौकिकता' (द रिलिजिअस एंड द सेक्युलर, 1969) में लौकिकीकरण सम्बन्धी अपने सिद्धान्त में अन्तर्निहित ऐतिहासिक और समाजशास्त्रीय धारणाओं का उन्होंने पुरजोर खंडन किया है। अपनी तीसरी पुस्तक 'लौकिकीकरण का एक सामान्य सिद्धान्त' (ए जनरल थिअरी ऑफ सेक्यूलराइजेशन, 1978) में मार्टिन ने राज्य और चर्च (धर्म) संबंधों के विभिन्न प्रतिमानों को समझने के लिये राजनीतिक समाजशास्त्र और धर्म के समाजशास्त्र में समन्वय स्थापित करने की बात कही है। उन्होंने शांतिवाद (1965) का समाजशास्त्रीय विश्लेषण करने का भी प्रयास किया है। सन् 1980 में 'छवि भंजन' (द ब्रेकिंग ऑफ द इमेज, 1980) नामक पुस्तक लिख कर मार्टिन ने ईसाइयत द्वारा हिंसा का प्रतिकार करने के विचार का सूक्ष्म परीक्षण किया है।

मार्टिन ने धर्म के समाजशास्त्र से कुछ मिलते-जुलते विषयों पर भी प्रचुर मात्रा में लिखा है। अपनी पुस्तकों 'समकालीन धर्म के उभयसंकट' (द डाइलेमाज़ ऑफ कन्टम्परेरी रिलीजन, 1978), 'अराजकता और संस्कृति' (एनारकी एंड कल्चर, 1969) और 'समय के विरुद्ध क्षेत्र' (ट्रेक्ट्स अगेन्स्ट द टाइम्स, 1973) में आधुनिक संस्कृतियों में सत्ता और सातत्यता के क्षीण होने की समस्या पर मार्टिन ने काफी लिखा है। एक पारम्परिक पुस्तक 'बुक ऑफ कॉमन प्रेअर' की रक्षा करने में भी उन्होंने महती भूमिका अदा की है। आजकल

वे धर्म और राजनीति तथा धर्म और समाजशास्त्र के सम्बन्धों की खोज में व्यस्त हैं।

प्रमुख कृतियाँ :

- A Sociology of English Religion, (1967)
- The Religious and the Secular, (1969)
- Tracts Against the Times, (1973)
- A General Theory of Secularization, (1978)
- The Dilemmas of Contemporary Religion, (1978)
- The Braking of the Image, (1980)
- Anarchy and Culture, (1969)

Martineu, Harriet

हेरिएत मार्टेन्यू (1802-1876)

समाजशास्त्र के जनक अगस्त कोम्त की कृतियों को अंग्रेजी में अनुदित करने वाली एक अंग्रेज महिला समाजशास्त्री **हेरिएत मार्टेन्यू** स्वयं एक विदूषी समाजशास्त्री थीं। वे अपने समय की एक घनीभूत लिक्खाड़ महिला लेखिका रही हैं। ऐसा माना जाता है कि उनके लेखनों में भी वही गहराई और तीक्ष्णता थी जो हमें उनके समकालीन पुरुष समाजशास्त्रियों जैसे दुखाईम और मैक्स वेबर के लेखनों में देखने को मिलती है। यही कारण है कि मार्टेन्यू की गणना प्रथम महिला समाजशास्त्री के रूप में की जाती है। मार्टेन्यू ने एक दर्जन से अधिक पुस्तकें और कई सौ लेख व्यावसायिक स्वास्थ्य, राजनीतिक अर्थव्यवस्था, धर्म जैसे विषयों को लेकर सामाजिक वर्ग, आत्महत्या, गुलामी प्रथा और महिला अधिकारों जैसे अनेक समाजशास्त्रीय समस्याओं पर लिखे हैं। **वे प्रथम व्यक्ति थी जिन्होंने अगस्त कोम्त की फ्रेंच भाषा में लिखी बहु प्रसिद्ध कृति 'प्रत्यक्षात्मक दर्शन' (कॉउर्स द फिलॉसफी पॉज़िटिव) का अंग्रेजी में अनुवाद कर ब्रिटेन के अपने देशवासियों और अमेरिका के लोगों को इस पुस्तक से परिचित करवाया।** मार्टेन्यू ने पुरुष समाजशास्त्रियों के कई दशक पूर्व ही समाजशास्त्रीय शोध विधियों जैसे विषय पर सर्वप्रथम एक व्यवस्थित शोध प्रबंध लिखा है। उन्होंने अमेरिका की यात्रा कर अमरीकी जीवन का जो अति सजीव, सूक्ष्म और गहन चित्र खींचा है, वह अपने विस्तार एवं गहराई में प्रसिद्ध राजनीतिक चिन्तक एलेक्स डी टॉक्वील के लेखन से मिलता-जुलता है। अपनी पुस्तक 'अमेरिका में समाज' में मार्टेन्यू ने धर्म, राजनीति, बालकों के पालन-पोषण की विधियों के साथ-साथ ब्रिटेन (अपने देश) और अमेरिका की प्रथाओं और रीति-रिवाजों का बड़ा रोचक वर्णन-विश्लेषण किया है। अपनी इस पुस्तक में उन्होंने लिंग एवं प्रजाति के आधार पर प्रस्थिति भेद पर विशेष रूप में ध्यान आकर्षित किया है। **यह विडम्बना ही है कि अनेक प्रारंभिक महिला समाजशास्त्रियों की भांति मार्टेन्यू को भी समाजशास्त्र में भुला दिया गया और उनकी कृतियां पुरुष वर्चस्व वाले इस व्यवसाय में उपेक्षा की शिकार बन गई।**

प्रमुख कृतियाँ :

- Illustrations of Political Economy, 6 Vols; (1832-1834)
- Society in America, 3 vols; (1837)
- How to Observe Morals and Manners, (1838)
- Eastern Life, Present and Past, (1848)
- Household Education, (1849)
- England and Her Soldiers, (1859)
- Health, Husbandry and Handicraft, (1861)
- Harriet Martineu's Autobiography, (1877)

Marx, Karl

कार्ल मार्क्स (1818-1883)

उन्नीसवीं सदी के एक स्वतंत्र विचारक और राजनीतिक आंदोलनकारी **कार्ल मार्क्स** जर्मनी के एक मूर्धन्य सामाजिक सिद्धान्तकार थे। वे क्रांतिकारी साम्यवाद और समाजशास्त्र में विशेषत: "ऐतिहासिक भौतिकवाद" के अपने सिद्धान्त के लिये जाने जाते हैं। **दुखाईम एवं मैक्स वेबर** सहित मार्क्स की गणना समाजशास्त्रीय चिन्तन के विकास में एक अग्रणी चिन्ताक के रूप में की जाती है। **ऐसा कहा जाता है कि मार्क्स स्वयं समाजशास्त्री नहीं थे, किन्तु मार्क्स के विचारों में अवश्य समाजशास्त्र निहित है**। देखा जाय तो उनके विचार इतने व्यापक है कि उन्हें 'समाजशास्त्र' के घेरे में सीमित नहीं किया जा सकता। मार्क्स ने जर्मनी के हीगलवाद, फ्राँस के समाजवाद और ब्रिटेन की राजनीतिक व्यवस्था सम्बन्धी विचारों का समन्वय कर जिन अवधारणाओं और सिद्धान्तों को जन्म दिया, वे ही बाद में मार्क्सवाद के नाम से चर्चित एवं प्रसिद्ध हुईं। यहां एक बात विशेष उल्लेखनीय है कि अमेरिका में साठ के दशक तक मार्क्सवादी सिद्धान्त का कोई नामो-निशान नहीं था। साठ के दशक के वियतनाम युद्ध विरोधी आंदोलन, अश्वेत लोगों के नागरिक अधिकार संबंधी आंदोलन, महिलावादी आंदोलन के पुनः उभार और विश्वविद्यालय परिसरों में विद्यार्थी असंतोष जैसी घटनाओं ने अमेरिका में मार्क्सवादी चिन्तन के फलने-फूलने के लिये आवश्यक आधार भूमि को तैयार किया है।

मार्क्स धर्मनिरपेक्ष, मानवतावादी और नैतिक सिद्धान्तों में आस्था रखने वाले चिन्तक थे। उन्होंने धर्म को राजनीतिक धोखाधड़ी, जालसाजी और पूंजीपतियों द्वारा शोषण का हथियार माना है। **उन्होंने एक स्थान पर धर्म को अफीम तक कहा है** जिसे पूंजीपतियों द्वारा समय-समय पर गरीबों को नशे की हालत में रखने के लिये प्रयोग किया जाता है ताकि वे उनके खिलाफ आवाज न उठायें और बलवा न करें। **वे मानव स्वतंत्रता के पूरजोर समर्थक थे**। उनके सोच-समझ का समस्त आधार मानवीय विवेक और तर्कशीलता रही है।

कार्ल मार्क्स का जन्म जर्मनी में एक यहूदी परिवार में हुआ था। उनके वकील पिता और माँ दोनों की ही वंशावली में धर्म गुरुओं की एक लम्बी कतार रही है, किन्तु वे स्वयं

लौकिकवादी, नास्तिकवादी होते हुए भी नैतिकता में विश्वास करते थे। धार्मिक अंध श्रद्धा के स्थान पर वे तर्कों पर आधारित बुद्धिसम्मत विचारों के कठोर पोषक थे। उनकी शिक्षा-दीक्षा बॉन और बर्लिन विश्वविद्यालयों में हुई। पिता के वकालात के पैतृक व्यवसाय को अपनाने के उद्देश्य से उन्होंने कानून की शिक्षा के लिये बॉन विश्वविद्यालय में प्रवेश लिया, किन्तु कानून में रुचि न होने तथा धर्म विरोधी संगठन के परिवर्तनवादी कार्यकलापों में संलग्न हो जाने के कारण उन्होंने कानून का अधूरा अध्ययन छोड़ कर बर्लिन विश्वविद्यालय में दर्शनशास्त्र का अध्ययन किया। यहां वे रूढ़िभंजक और बोहिमियाई बुद्धिजनों के एक ऐसे समूह के सम्पर्क में आये जो 'यंग हीगलवादियों' के नाम से जाना जाता था। उन्होंने हीगल की कृतियों का अध्ययन किया। **उन पर हीगल की द्वन्द्वात्मक चिन्तन प्रणाली का गहरा प्रभाव पड़ा और उन्होंने इसे ग्रहण भी किया है।** किन्तु, बाद में इसी चिन्तन-प्रणाली पर आधारित हीगल के "द्वन्द्वात्मक आदर्शवाद" के स्थान पर उन्होंने अपने "द्वन्द्वात्मक भौतिकवाद" को प्रतिष्ठित किया। जहां हीगल ने समस्त विश्व को मनोजगत् (माइन्ड) की उपज माना है, इसे पलट कर मार्क्स ने इसे भौतिक यथार्थ (मैटर) की उपज माना है। मार्क्स के अनुसार, मनोजगत् की उत्पत्ति भी वस्तुगत यथार्थ (मैटर) से हुई है। अपने इन विचारों के आधार पर ही मार्क्स ने एक स्थान पर लिखा है कि '**हीगल सिर के बल खड़ा हुआ था, मैनें उसे पैरों के बल खड़ा कर दिया।**'

शिक्षा समाप्ति के बाद मार्क्स को कोई अच्छी नौकरी नहीं मिली। उन्होंने अपना व्यावसायिक जीवन एक मामूली शिक्षक के रूप में प्रारंभ किया। किन्तु उन्हें इस कार्य को भी छोड़ने के लिये बाध्य किया गया। इसके बाद उन्होंने लेखक बनने का मानस बनाया और वे पत्रिकारिता के क्षेत्र में आ गये। उन्होंने एक उग्रवादी बुर्जुआ अखबार 'राइनसेटुंग' का सम्पादन किया। इस अखबार में उन्होंने तत्कालीन अमानवीय सामाजिक दशाओं पर लेख लिखे। इन लेखों ने सरकारी क्षेत्रों में खलबली मचा दी क्योंकि उन्होंने सरकारी नीतियों का इन लेखों में खुल्मखुल्ला विरोध किया था। परिणामस्वरूप तत्कालीन प्रशिया सरकार के दबाव के कारण उन्हें न केवल इस अखबार को बन्द करना पड़ा, अपितु अपनी राजनीतिक सक्रियता के कारण उन्हें अपने देश जर्मनी को भी छोड़ने के लिये बाध्य होना पड़ा और वे सन् 1843 में पेरिस आ गये।

लगभग इसी अवधि में मार्क्स ने अपने बचपन की चहेती **जैनी वॉन वेस्टफालेन से विवाह** कर लिया। जैनी उनके पड़ौस में ही रहती थी, जिसके घर वे अक्सर आया-जाया करते थे। जैनी ने उन्हें आजन्म साथ दिया। वास्तव में, पुस्तकें और जैनी दोनों ही मृत्यु पर्यन्त तक उनके जीवन साथी बने रहे। जैनी की मृत्यु मार्क्स से दो वर्ष पूर्व सन् 1881 में हो गई। जैनी के बिछोह, पुत्री की 43 वर्ष की आयु में असामयिक मृत्यु (सन् 1882 में) और खुद की रुग्नावस्था ने उन्हें मानसिक और शारीरिक दोनों रूप में तोड़ दिया जिसके कारण वे जीवन के अपने अंतिम वर्षों में कुछ भी नहीं लिख पाये।

पेरिस में वे यूरोप के उग्रपंथी आंदोलन के कई बुद्धिजीवियों के सम्पर्क में आये जिसके कारण वे समाजवादी बन गये। इन लोगों में बाकुनिन, प्रौधों, लुई ब्लांक तथा हेनरिक हेनी जैसे कवि भी थे। **यहीं पर उनकी मुलाकात जर्मनी के एक व्यापारी एवं उद्योगपति के पुत्र फ्रैडरिक एंजिल्स से हुई।** यह मुलाकात शीघ्र ही एक आजीवन घनिष्ट मित्रता में परिणित

हो गई। एंजिल्स उस समय इंग्लैण्ड में मैनचेस्टर स्थित अपने पिता के कारखाने की देखरेख कर रहे थे। एंजिल्स ने मार्क्स के एक मानसिक सहयोगी के साथ-साथ एक ऐसे उदारमना एवं उपकारक साथी की भूमिका भी अदा की है जिसने मार्क्स के दुर्दिनों में उन्हें और उनके परिवार की काफी आर्थिक मदद की। एंजिल्स के इस अप्रतिम सहयोग के कारण ही मार्क्स ने अपने बाद के जीवन में अर्थशास्त्र की कुटिल चालों और उसके सामाजिक जीवन के साथ गत्यात्मक सम्बन्धों को समझने में अपने आप को पूर्णतः समर्पित कर शोध-कार्यों में जुट गये। पेरिस में भी वे अधिक समय तक नहीं रह पाये। उन्हें सन् 1845 में पेरिस से निष्कासित कर दिया गया। इस निष्कासन के बाद वे ब्रुसेल्स आ गये। यहां वे साम्यवादी लीग के सदस्य बन कर पुनः जर्मनी लौट आये, किन्तु आंदोलनकारी कार्यकलापों के कारण उन्हें पुनः देश निकाला दे दिया गया। वे तत्पश्चात् लंदन चले आये जहां वे जीवन के अन्त तक रहे।

मार्क्स का अधिकांश जीवन घोर गरीबी में बीता। इसी गरीबी में राजनीतिक आंदोलनों में भाग लेते हुए एंजिल्स के आर्थिक सहयोग से उन्होंने सारा लेखन कार्य किया। मार्क्स ने अपने जीवन काल में लगभग तीन हजार पृष्ठ लिखे हैं जिनमें अधिकांश में उन्होंने साम्राज्यवाद, उपनिवेशवाद, पूंजीवाद और उत्पादन विधि तथा उसकी निष्पत्तियों पर प्रकाश डाला है। **उनकी वैचारिक सोच का समस्त खाखा उत्पादन विधि, उत्पादन शक्तियां, उत्पादन सम्बन्ध, अधिसंरचना, अधोसंरचना, वर्ग और वर्ग-संघर्ष, अलगाव, वर्ग-चेतना और अतिरिक्त मूल्य जैसी अनेक अवधारणाओं के ताने-बाने से बुना हुआ है।** मार्क्स को समझने के लिये इन अवधारणाओं के उनके द्वारा लगाये गये अर्थ को समझना आवश्यक है।

मार्क्स और एंजिल्स के सभी विचारों का मुख्य **केन्द्र बिन्दु औद्योगिक व्यवस्था** से उत्पन्न निम्न कामगार वर्ग की अमानवीय दशाओं की पीड़ा के प्रति नैतिक अपमान का घोर-भाव रहा है। इन सामाजिक दशाओं में सुधार लाने के प्रति मार्क्स का यह निष्कर्ष था कि समाज की उद्‌विकासीय प्रक्रिया में राजनीतिक क्रांति अत्यावश्यक है क्योंकि यही एक ऐसा साधन है जिसके द्वारा निम्न तबके के लोगों में सुधार लाया जा सकता है। इसीलिये मार्क्स ने सामाजिक संघर्ष और विरोध को समाज का आधार और बदलाव का हथियार बताया। ये ही समाज के सभी प्रकार के सामाजिक परिवर्तन के प्रमुख स्रोत हैं। मार्क्स के विचारों का **दूसरा प्रमुख केन्द्र बिन्दु आर्थिक निर्धारणवाद** रहा है, अर्थात् सभी परिवर्तन, सामाजिक दशाएं और यहां तक की स्वयं समाज आर्थिक कारकों पर आधारित है। आर्थिक असमानता के कारण शासक और शासित, बुर्जुआ और सर्वहारा, मालिक और मजदूर के बीच वर्ग-संघर्ष उत्पन्न होता है। गरीब और अमीर या नियोजक (पूंजीपति) और नियोजित (कामगार) के बीच इस प्रकार के संघर्ष कामगारों में अलगाव, परायेपन का भाव उत्पन्न करते हैं। **कामगारों का यह मनोभाव कि वे सभी समान पीड़ा के शिकार हैं, वे एक सी पीड़ा भोग रहे हैं; उनमें वर्ग-चेतना उत्पन्न करती है और अन्ततः यही स्थिति वर्ग-संघर्ष और क्रांति को जन्म देती है।**

सन् 1844 तक मार्क्स ने तीन पुस्तकें लिखीं—(1) पवित्र परिवार, (2) दर्शनशास्त्र की दरिद्रता, और (3) आर्थिक और दार्शनिक पाण्डुलिपियाँ। इन तीनों में पहली दो पुस्तकें ऐतिहासिक दृष्टि से अधिक महत्वपूर्ण नहीं मानी जाती हैं, किन्तु तीसरी पुस्तक में उन्होंने जो

मौलिक विचार रखे, वे ही उनके आगामी बौद्धिक जीवन का आधार बने हैं। इसी पुस्तक में उन्होंने अपनी **अलगाव** (एलेअनेशन) की अवधारणा प्रस्तुत की। उन्होंने इस अवधारणा को 'अलगावयुक्त श्रम' के अर्थ में प्रयोग किया है। **अलगावयुक्त श्रम एक ऐसी स्थिति है जिसमें वेतन भोगी का अपनी उत्पादन की क्रिया और उत्पाद तथा उसके बेचान दोनों पर कोई नियंत्रण नहीं होता है**। अलगाव का यही विचार उनके बाद के सभी लेखनों में छाया रहा है।

अपने बाद के लेखनों में मार्क्स ने आर्थिक जीवन और अन्य सामाजिक संस्थाओं (धर्म, कानून, परिवार, राजनीति, कला आदि) के बीच सम्बन्धों के बारे में एक महत्वपूर्ण धारणा प्रस्तुत की जिसने सभी सामाजिक विज्ञानों को सर्वाधिक प्रभावित किया है। मार्क्स के अनुसार, **किसी भी समाज की प्रकृति उस समाज की अर्थव्यवस्था के रूपाकार (उत्पादन की प्रणाली) , संगठन और स्वामित्व की प्रकृति से निर्धारित होती है**। इस बारे में उन्होंने कहा कि चाहे सामंती व्यवस्था हो या औद्योगिक पूंजीवाद, अर्थव्यवस्था (आर्थिकी), परिवार से लेकर धर्म और लोकप्रिय संस्कृति तक सामाजिक जीवन के सभी पक्षों को निर्णायक रूप में प्रभावित करती है। इन्हीं विचारों के कारण उनके आलोचकों ने मार्क्स को निर्धारणवादी करार कर दिया और उनकी भारी आलोचना हुई है।

मार्क्स **ने सामाजिक वर्गों की रचना** के बारे में भी अपने कुछ मौलिक विचार रखे हैं जो सामाजिक विज्ञानों (विशेषतः समाजशास्त्र) को उनका महत्वपूर्ण योगदान माना जाता है। मार्क्स की वर्ग-रचना की समस्त धारणा उत्पादन की शक्तियों, श्रम-विभाजन और सम्पत्ति-स्वामित्व सम्बन्धी विचारधारा के संयोजन पर आधारित है जिसने व्यक्तियों को वर्गों में विभाजित किया है। उनके अनुसार, **सामाजिक वर्गों की रचना अर्थव्यवस्था में उत्पादन के सम्बन्धों के आधार पर होती है**। जिन व्यक्तियों का उत्पादन के साधनों पर स्वामित्व और नियंत्रण होता है और जो उत्पाद को खरीदने और बेचने की हैसियत रखते हैं, वे एक वर्ग का निर्माण करते हैं। इसके विपरीत, ऐसे व्यक्ति जो केवल अपने श्रम पर निर्भर करते हैं, वे दूसरे वर्ग का निर्माण करते हैं। इन्हीं **दो वर्गों** को उन्होंने क्रमशः **'बुर्जुआ' या पूंजीपती वर्ग और 'सर्वहारा' या कामगार श्रमिक वर्ग** का नाम दिया है। उत्पादन-सम्बन्धों का यह रूप एक समाज से दूसरे समाज (जैसे सामन्ती समाज और औद्योगिक पूंजीपति समाज) में भिन्न होता है जिसके कारण भिन्न प्रकार के वर्ग-सम्बन्धों का जन्म होता है। मार्क्स के अनुसार, इन समाजों की रचना का आधारभूत मॉडल दो-वर्ग संरचना का है। यह मॉडल कई हजार वर्षों से चला आ रहा है, किन्तु मार्क्स ने उन्नीसवीं सदी में तीव्र गति से बढ़ती हुई पूंजीवादी व्यवस्था के अध्ययन में ही विशेष रुचि प्रदर्शित की है।

वर्गों की रचना के संदर्भ में ही मार्क्स ने **वर्ग-संघर्ष** की बात कही है। मार्क्स के अनुसार, **उत्पादन के वर्ग आधारित सम्बन्ध आवश्यक रूप में वर्ग-संघर्ष को जन्म देते हैं**। इस संघर्ष का कारण उत्पादन के साधनों के मालिकों द्वारा श्रमिकों के श्रम से उत्पादित वस्तुओं का अपने हितों की पूर्ति के लिये मनचाहे रूप में खुर्दबुर्द (बेचान) कर उनका अधिकाधिक शोषण किया जाना है। मार्क्स कहते हैं कि यह **'वर्ग-संघर्ष ही इतिहास का चालक (मोटर) है।'** वर्ग-समाजों में निहित संघर्ष या विरोध स्वाभाविक रूप में सामाजिक परिवर्तन का मार्ग प्रशस्त करता है। उभरते हुए पूंजीपति वर्ग ने जिस प्रकार सामंती कुलीनतंत्र को उखाड़ फैंका,

उसी प्रकार एक दिन कामगार (श्रमिक) वर्ग इस पूंजीपति वर्ग का स्थान ले लेगा। इस पूंजीवादी समाज में, यदि अन्य सभी स्थितियां यथावत् बनी रहती हैं, तब श्रमिक वर्ग के अधिकाधिक गरीब हो जाने के कारण ध्रुवीकरण होता है और यह एक शक्तिशाली वर्ग का रूप धारण कर लेता है। मार्क्स मानते हैं कि आर्थिक संरचना मात्र में फेर-बदलाव से सामाजिक परिवर्तन स्वतः नहीं हो जाता, इसके लिये मानव प्राणियों के सक्रिय हस्तक्षेप (आन्दोलन) के रूप में वर्ग-संघर्ष आवश्यक है।

मार्क्स मुख्य रूप पूंजीवादी समाज के सिद्धान्तकार रहे हैं। उन्होंने अपने प्रख्यात ग्रंथ "पूंजी" (केपिटल) में पूंजीवादी समाज के आर्थिक परिचालन का सविस्तार वर्णन-विश्लेषण किया है। इसी आधार पर उन्होंने श्रम का मूल्य सिद्धान्त, पूंजी संग्रह का सिद्धान्त, पूंजीवाद के आन्तरिक द्वन्द्व और उसके ढह जाने संबंधी अपने सिद्धान्तों का प्रतिपादन किया है। इसी में उन्होंने "देवक पूजा" (फ़ेटिसिज़्म) तथा प्रकट और यथार्थ जैसे विषयों का विवेचन किया है। **एडम स्मिथ और रिकार्डो** जैसे राजनीतिक अर्थशास्त्रियों के इन विचारों का समर्थन करते हुए कि 'समस्त धन-सम्पदा का स्त्रोत श्रम होता है', मार्क्स ने **श्रम के मूल्य सिद्धान्त** (लेबर थिअॅरी ऑफ वैल्यू) का प्रतिपादन किया है। अपने इस सिद्धान्त का प्रतिपादन करते हुए उन्होंने कहा है कि पूंजीपतियों का लाभ श्रमिकों के अधिकाधिक शोषण पर निर्भर करता है। पूंजीपति बड़ी चालाकी से श्रमिकों को उनके श्रम के न्याय संगत भुगतान से कम करते हैं जिसके श्रमिक वास्तव में हकदार होते हैं। किसी वस्तु के उत्पादन की अवधि में किये गये श्रम के वास्तविक मूल्य से श्रमिक को कम देकर पूंजीपति बचाये हुए मूल्य को हड़प जाते हैं। यही बचाया हुआ धन **"अतिरिक्त मूल्य"** (सरप्लस वैल्यू) कहलाता है। पूंजीपति इस अतिरिक्त मूल्य को अपने पास बचा कर इसे पुनः निवेश कर देते हैं। यह प्रक्रिया ही पूंजीवादी व्यवस्था के परिचालन का मुख्य आधार है।

इसी पुस्तक में एक गतिशील व्यवस्था के रूप में पूंजीवाद का विश्लेषण करते हुए मार्क्स ने इतिहास के अपने सिद्धान्त **"द्वन्द्वात्मक भौतिकवाद"** का भी प्रतिपादन किया है। मार्क्स ने **हीगल से "द्वन्द्वात्मकता"** और **फॉरबॉक से "भौतिकवाद"** की धारणाएं लेकर हीगल के 'द्वन्द्वात्मक आदर्शवाद' के स्थान पर 'द्वन्द्वात्मक भौतिकवाद' के अपने सिद्धान्त को प्रस्तुत किया है। मार्क्स के अनुसार, प्रत्येक प्रणाली स्वयं अपने आतंरिक विरोधों को जन्म देती है जिसके परिणामस्वरूप स्वयं प्रणाली (सिस्टम) में तनाव और खिंचाव उत्पन्न हो जाता है जो अन्ततः परिवर्तन (सामाजिक परिवर्तन) द्वारा दूर हो जाता है। इन विरोधों द्वारा ही मुख्यतः वर्ग-संघर्ष का जन्म होता है। मार्क्स ने इस वर्ग-संघर्ष को ही सामाजिक परिवर्तन का प्रमुख एवं प्राथमिक चालक माना है। द्वन्द्वात्मक भौतिकवाद दुनियां को देखने-समझने का एक नया दृष्टिकोण, एक नया नज़रिया है। **एंजिल्स** ने इसे ही "साम्यवादी नज़रिया" कहा है। मार्क्स का यह नज़रिया विशुद्ध वैज्ञानिक दृष्टिकोण पर आधारित है। इसी के आधार पर मार्क्स ने प्रकृति और समाज दोनों का विश्लेषण किया है। वे कहते हैं कि प्रकृति में द्वन्द्व विद्यमान है जिसे मार्क्स "प्रकृति का द्वन्द्व" कहते हैं। प्रकृति के इस नियम के दर्शन उन्होंने मानव समाज में भी किये और कहा कि जिस प्रकार प्रकृति में **द्वन्द्वात्मकता का नियम** (वाद, प्रतिवाद और संवाद) कार्य करता है, ठीक उसी प्रकार इतिहास में या समाज में भी द्वन्द्वात्मकता का नियम विद्यमान है। अपनी द्वन्द्वात्मक भौतिकवाद की विचारधारा द्वारा मार्क्स ने एक ओर

द्वन्द्वात्मकता के आधार पर तत्वमामांसा को तो दूसरी ओर भौतिकवाद द्वारा पूंजीवाद की धारणाओं को नकारा है।

मार्क्स की वर्ग-रचना, वर्ग-संघर्ष, सामाजिक जीवन को निर्धारित करने में अर्थव्यवस्था की निर्णायक भूमिका, अधिसंरचना और अधोसंरचना, ऐतिहासिक भौतिकवाद, द्वन्द्वात्मक प्रणाली सम्बन्धी विचारों की **घोर आलोचना** हुई है। यही नहीं, इन अवधारणाओं सम्बन्धी मार्क्स के विचार तथाकथित मार्क्सवादियों में भी विवादास्पद रहे हैं। कुछेक ने इनमें संशोधन सुझाये हैं, तो कुछ अन्य व्यक्तियों ने बदले हुए संदर्भ में इनके पुनर्विवेचना, पुनर्व्याख्या और समीक्षा की मांग की है। मार्क्स के विचारों की पुनर्विवेचना और संशोधन की मांग करने वाले विद्वानों का समूह ही **'नव मार्क्सवादियों'** के नाम से जाना जाता है जिनमें **अल्थ्यूजर, हेबरमॉ, होरखीमर और लुकाक्स** के नाम उल्लेखनीय है।

मार्क्स की सर्वाधिक आलोचना सामाजिक जीवन और अर्थव्यवस्था के सम्बन्धों को लेकर हुई है। इसी आधार पर उन पर '**आर्थिक निर्धारणवादी**' होने का आरोप जड़ा गया है। **मार्क्स ने अर्थव्यवस्था को सामाजिक परिवर्तन का प्रमुख एकल चालक (प्रेरक तत्व) माना है**। अल्थ्यूजर ने सन् 1932 में मार्क्स की आर्थिक और दार्शनिक पांडुलिपि की खोज के बाद न केवल मार्क्स के आर्थिक निर्धारणवाद को अपितु उन सभी व्याख्याओं को चुनौती दी है जो सामाजिक दशाओं के बदलने में व्यक्ति की भूमिका को अस्वीकारती हैं। अल्थ्यूजर ने इस विचार का भी विरोध किया कि मार्क्सवाद मानवतावादी है। अपने इन विचारों के आधार पर ही सन् 1965 में उन्होंने प्रारंभिक मार्क्स को ज्ञानमीमांसीय आधार पर बाद के मार्क्स से अलग बताया है। मार्क्स का अर्थव्यवस्था वाला विचार उनके विश्व के भौतिकतावादी दृष्टिकोण पर आधारित है। सामाजिक जीवन के इस भौतिकतावादी दृष्टिकोण पर मार्क्स की अत्यधिक निर्भरता ही उनके वैचारिक दृष्टिकोण की सर्वाधिक बड़ी कमजोरी और आलोचना का केन्द्र रही है। यह सही है कि उन्होंने मानवीय श्रम को सामाजिक क्रियाकलापों का आधार माना है, किन्तु साथ ही उन्होंने दबे स्वरों में यह भी कहा है कि राज्य और परिवार जैसी सामाजिक संस्थाओं का विकास अर्थव्यवस्था से सापेक्षिक रूप में स्वतंत्र होता है। यही नहीं, ये संस्थाएं अर्थव्यवस्था के कार्य-संचालन को प्रभावित करती हैं। अतः उन्हें पूर्णतः आर्थिक निर्धारणवादी माने जाने पर कुछ लोगों ने आपत्ति प्रकट की है।

सामाजिक वर्गों की रचना (दो वर्गों में विभाजन) सम्बन्धी मार्क्स के विश्लेषण, विशेषतः आधुनिक पूंजीवादी समाजों के विश्लेषण ने उन्हें काफी आलोचना का शिकार बनाया है। उनकी द्वि वर्ग-संरचना में मध्यम वर्ग को कहाँ रखा जाये तथा ऐसे व्यक्तियों के वर्ग का जिनका उत्पादन के साधनों पर स्वामित्व एवं नियंत्रण तो होता है, किन्तु जिनके हाथ से धीरे-धीरे पूंजी का मालिकानापन अधिकाधिक रूप में पेन्शन फंड जैसी संस्थाओं में हस्तातंरित होता जा रहा है, जैसी दुविधाओं ने कई आलोचनाओं को आमंत्रण दिया है।

मार्क्स का वर्ग-संघर्ष और सामाजिक परिवर्तन सम्बन्धी विश्लेषण भी काफी विवादास्पद रहा है। इस बारे में यह कहा गया है कि वर्ग-संघर्ष का एक समाज का दूसरे समाज में परिवर्तन से कोई लेना-देना नहीं है। दोनों के सम्बन्धों में कोई तार्किक आधार नहीं है और यह बात विशेष रूप में पूंजीवादी समाजों के बारे में खरी उतरती है जिनमें विखंडन, ध्रुवीकरण तथा कामगार वर्ग के अधिकाधिक दीन-हीन और गरीब होने की बात के कोई स्पष्ट

चिन्ह दिखाई नहीं देते हैं। यही नहीं, पूंजीपतियों की मनोवृति और उनके कार्य करने के तौर-तरीकों में परिवर्तन आया है।

सोवियत संघ के पतन के बाद मार्क्सवाद के बारे में कई प्रकार की अटकलें लगाई जा रही हैं। उत्तर-मार्क्सवाद की क्या स्थिति है, इस संबंध में अनेक प्रकार के विचार सामने हैं। कुछ लोगों ने मार्क्सवाद की मृत्यु तक की घोषणा कर दी है। एक स्व-घोषित मार्क्सवादी **रोनाल्ड एरॉन्सन** ने अपनी पुस्तक "ऑफ्टर मार्क्सिज़्म" (1995) में इस बारे में बहुत कुछ लिखा है। उन्होंने इस धारणा को स्पष्ट किया है कि क्या मार्क्सवाद समाप्त हो चुका है और मार्क्सवादी विचारक अब सामाजिक जगत् और उसकी समस्याओं की व्याख्याएं अपने-अपने ढंग से कर रहे हैं। कुछेक विश्लेषकों ने सम्पूर्ण मार्क्सवाद के धराशाई होने की बात को स्वीकार नहीं किया है। ऐसे लोग रूढ़िवादी मार्क्सवाद के साथ चिपके रहते हुए इसमें आंशिक गड़बड़ी को अवश्य स्वीकारते हैं। मार्क्सवाद के पूर्ण रूप से धराशाई होने की बात करने वाले मानते हैं कि पूंजीवाद से समाजवाद में रूपान्तरण की मार्क्सवाद की प्रयोजना की मृत्यु हो चुकी हैं, क्यों कि यह प्रयोजना स्पष्ट तौर पर अपने उद्देश्यों को हासिल करने में असफल रही है। इन विचारकों ने अपने मत की पुष्टि में निम्नलिखित तर्क दिये हैं:

(1) कामगार वर्ग पहले से अधिक गरीब नहीं हुआ है,

(2) वर्ग-संरचना स्पष्ट तौर दो वर्गों (बुर्जुआ और सर्वहारा) में नहीं बंटी है,

(3) विनिर्माण की प्रक्रिया में बदलाव के कारण औद्योगिक मज़दूरों की संख्या घट गई है, या दिन प्रतिदिन घटती जा रही है। कामगार वर्ग में अधिक बिखराब आ गया है तथा अपनी पतनोन्मुख दशा के प्रति उनकी चेतना कमज़ोर पड़ गई है,

(4) कामगार (श्रमिक) वर्ग की कुल मिला कर संख्या में कमी होने के कारण उनकी शक्ति, वर्ग-चेतना और वर्ग-संघर्ष की क्षमता में घटोत्तरी हुई है,

(5) मज़दूर लोग अब अपने आपको मज़दूर कहलाना पसंद नहीं करते। अब उनकी पहचान के अनेक आधार बन गये हैं।

उपरोक्त कारणों के आधार पर एरॉन्सन रूढ़िवादी मार्क्सवाद को समाप्त हुआ मानते हुए कहते हैं कि हमें इसके अस्तित्व के बारे में दुखी नहीं होना चाहिये। फिर भी, मार्क्सवाद याद किया जायेगा क्यों कि "मार्क्सवाद ने एक आशा दी, इसने विश्व को एक अनुभूति दी; इसने अनेक और अगणित जीवन को दिशा और अर्थ प्रदान किया है। बीसवीं शताब्दी के भारी सशस्त्रीकरण ने करोड़ों लोगों को खड़े होने और लड़ाई करने के लिये प्रेरित किया, इसने लोगों में यह विश्वास पैदा किया कि एक दिन मानव अपनी जरूरतों को पूरा करने के लिये अपनी जिन्दगी और अपने जगत् की खुद रचना करेंगे।"

मार्क्सवाद न केवल यथार्थ संसार में असफल हुआ, अपितु सिद्धान्त के क्षेत्र में भी मार्क्सवाद को कई नये सिद्धान्तों से मार खानी पड़ी है। सर्वाधिक मार इस सिद्धान्त पर नये उभरते हुए महिलावादी सिद्धान्त की पड़ी। महिलावादी सिद्धान्त ने स्त्रियों के शोषण और उत्पीड़न को स्त्रियों के नज़रिये से देखने पर ज़ोर दिया। इसी प्रकार, समाज के अन्य उत्पीड़ित समूहों (अल्पसंख्यक समूह, वृद्धजन समूह) ने अपनी-अपनी आवाज़ उठा कर मार्क्सवादी कामगार एकता की धारणा को गहरी ठेस पहुँचा कर इसे नष्ट कर दिया। एरॉन्सन ने उत्तर-मार्क्सवादी सिद्धान्तों के चरित्र पर टिप्पणी करते हुए लिखा है कि ये '**मार्क्सवाद से रहित**

कई प्रकार के मार्क्सवाद हैं।'

मार्क्स के विचारों की भारी आलोचनाओं के उपरान्त भी यह एक तथ्य है कि उनके विचार आज भी निरंतर विचारकों को आकर्षित कर रहे हैं। यह इस बात की पुष्टि करते हैं कि आधुनिक औद्योगिक पूंजीवादी समाज और जीवन को समझने में उनमें चिर-स्थाई सार्थकता मौजूद है। यह सही है कि मार्क्स ने कभी भी अपने आपको समाजशास्त्री नहीं कहा, किन्तु उन्होंने समाजशास्त्र की विधा को कई रूप में प्रभावित किया है। **किस प्रकार सामाजिक व्यवस्थाएं सामूहिक निर्णयों के साथ-साथ व्यक्तिगत उद्देश्यों तथा व्यवहारों को आकार देती हैं, मार्क्स ने इस विषय पर केन्द्रित करते हुए एक विशिष्ट परिप्रेक्ष्य के रूप में समाजशास्त्र के विकास में महती भूमिका अदा की है।** मार्क्स की दृष्टि में, दुर्गुणी व्यक्तियों के कारण पूंजीवाद के दुर्गुण उत्पन्न नहीं होते, अपितु एक व्यवस्था जिसका संगठन इस प्रकार से हुआ है, वह इस प्रकार के अनिष्टकारी परिणामों को उत्पन्न करती है। आज मार्क्स के विचारों से लोग चाहे सहमत हों या न हो, किन्तु कुछ ही समाजशास्त्री ऐसे हैं जो मार्क्स द्वारा किये गये योगदान को पूर्णतः नज़रअंदाज करते हों। **मार्क्स के विचारों में कमियां या त्रुटियां हो सकती हैं, किन्तु इन्हें पूर्णतः नकारा नहीं जा सकता।** समाजशास्त्री आज भी आर्थिक निर्धारणवाद, सामाजिक संघर्ष, सामाजिक संरचना, सामाजिक वर्ग और सामाजिक परिवर्तन के समाज पर पड़ने वाले प्रभावों के अध्ययन में लगे हुए हैं। **आशावादी मार्क्सवादियों का मत है कि मार्क्सवाद मरा नहीं है, यह अभी अपनी मूर्छावस्था में है।** कहीं-कहीं इसमें चेतना का संचार हो रहा है, किन्तु इस चेतना में वह अपने कई पुराने लक्षणों को भूल चुका है और अब यह अपने नये रूप में खड़ा होने का प्रयास कर रहा है।

प्रमुख कृतियाँ :

- The German Ideology, with Engels (1845)
- The Poverty of Philosophy, (1847)
- Manifesto of Communist Party, with Engels (1848)
- The Class Struggle in France, (1850)
- The Eighteenth Brumaire of Louis Bonaparte, (1852)
- Capital: A Critique of Political Economy, Three vols. (1867, 85, 94)
- Economic and Philosophical Manuscripts of 1844, (1959)

Maslow, Abraham H.

अब्राहम एच. मैसलो (1908-1970)

अमेरिकी मनोवैज्ञानिक **अब्राहम एच. मैसलो** मनोविज्ञान के क्षेत्र में अपने 'आत्म साक्षात्कार के सिद्धान्त' के लिये विशेषतः जाने जाते हैं। इस सिद्धान्त को उन्होंने कुशल व्यक्तियों के अपने प्रेक्षण के आधार पर विकसित किया। मैसलो ने मनुष्य को सभी अन्य प्राणियों से भिन्न एक मानव के रूप में देखा और मनोविज्ञान के क्षेत्र में एक नये आन्दोलन की शुरुआत की। मनोविश्लेषणवाद (फ्रायड) और व्यवहारवाद को अस्वीकार कर मानवतावाद

और अस्तित्ववाद पर बल देते हुए इस 'तृतीय आंदोलन' के वे अगुवा बने। जिस व्यक्ति के विकास का अध्ययन किया, वह स्वस्थ मानव का व्यक्तित्व है। मैसलो ने अपने मानवतावादी मनोविज्ञान में उन्होंने प्रेम, सृजनशीलता, स्व-विकास, आत्म-साक्षात्कार, स्व-स्फूरणा, क्रीड़ा, ह्रास-परिहास, स्नेह, भावप्रवणता, स्वाभाविकता, साहस, तटस्थता, उत्तरदायित्व, न्याय, सौद्देश्यता और भवातीत अनुभव जैसे गुणों को सम्मिलित किया है।

मैसलो का मनुष्य न तो फ्रॉयड के मनुष्य की तरह अचेतन मस्तिष्क की ग्रंथियों से जकड़ा होने के कारण असहाय है और उसके व्यवहार की प्रमुख उत्प्रेरक शक्ति कामवृत्ति है और न ही उसका व्यवहार मात्र वातावरण से प्राप्त उत्तेजकों की प्रतिक्रिया है, जैसा की व्यवहारवादी मानते हैं। मैसलो के मनुष्य में वे अनूठी विशेषताएं, वे निराले गुण हैं जिनके कारण वह अपना व्यक्तित्व स्वतंत्र रूप से विकसित करता हुआ आत्मातिशयिता की स्थिति तक पहुँच सकता है।

मैसलो के मानवतावादी मनोविज्ञान की सबसे प्रमुख देन यह है कि उन्होंने मानव के श्रेष्ठ पक्ष को अपेक्षित महत्व दिया है। **उन्होंने मानव के सुन्दरतम् रूप के अध्ययन पर बल दिया है।** इस संदर्भ में उन्होंने विकलांग मनोविज्ञान से उदाहरण देने वालों पर प्रहार किया। और कहा कि बीमार का अध्ययन कर के स्वस्थ मानव के बारे में सामान्यीकरण करना अनुचित है। विचारशून्य व्यक्ति का अध्ययन कर के हम सृजनशीलता के बारे में निष्कर्ष नहीं निकाल सकते। मानसिक रूप से विकलांग पर शोध कर के मानव की सर्वोत्कृष्ट मानसिक क्षमताओं का पता नहीं लगाया जा सकता और अविकसित लोगों के अध्ययन से हम परिपक्वता के बारे में ज्ञान प्राप्त नहीं कर सकते।

प्रमुख कृतियाँ :

- Toward a Psychology of Living
- Motivation and Personality
- Toward a Psychology of Being

Mauss, Marcel

मार्सेल मॉस (मोस)

(1872-1950)

फ्रांसीसी विचारकों की लगभग दो पीढ़ियों—बैतेली, डुमज़िल, लेवी स्ट्रास, बोरडियू, बाड्रिलाई, दरिदा और फूको आदि को "गिफ्ट" (उपहार) और विनिमय की प्रकृति संबंधी अपने विचारों से प्रभावित करने वाले प्रसिद्ध समाजशास्त्री **दुर्खाइम के भतीजे मार्सेल मॉस** ने समाजशास्त्र और मानवशास्त्र में अपनी विशिष्ट छाप अंकित की है। लेवी स्ट्रास के संरचनावादी विचार और बोरडियू एवं फूको के देह की तकनीकों संबंधी धारणा प्रत्यक्ष-अप्रत्यक्ष तौर पर मॉस के विचारों से अनुप्राणित हैं। मॉस दुर्खाइम के भतीजे के साथ-साथ उनके शिष्य भी थे। उनका मूल रूप में प्रशिक्षण दर्शनशास्त्र में हुआ था। उनकी समस्त शिक्षा पेरिस और बोरडियुक्स विद्यालयों में हुई। दुर्भाग्यवश अपना समस्त जीवन एक शोधकर्त्ता के रूप में बिताने के उपरान्त भी वे शोध-उपाधि प्राप्त नहीं कर पाये। अपने

चाचा एमिल दुखाईम और अनेक प्रतिष्ठित सहयोगी समाजशास्त्रियों, मानवशास्त्रियों और इतिहासकारों के संसर्ग और सम्पर्क में रह कर उन्होंने प्रसिद्ध पत्रिका 'एन्ने सोसिऑलाजिक' (फ्रेंच भाषा में) की शुरुआत की। इस पत्रिका के माध्यम से उन्होंने सर्वप्रथम सामाजिक मानवशास्त्र से सम्बन्धित मूलभूत विचारों की खोजबीन की। मार्सेल मॉस की प्रमुख अभिरुचि पद्धतिशास्त्रीय विषयों में रही है। उन्होंने समाजशास्त्र के अन्तर्गत विशेष विभागों के संगठन और समाजशास्त्र का मनोविज्ञान से सम्बंध को स्पष्ट किया है। इन दोनों विज्ञानों के सम्बंध के बारे में मॉस ने एक स्थान पर लिखा है कि 'समाजशास्त्र का मनोविज्ञान से कोई नाता नहीं है; समाजशास्त्र जितना मनोविज्ञान से लेता है, उससे कहीं अधिक उसे देता है।' मॉस की प्रमुख देन जनजातीय गवेषणाओं और प्रजातिक विषयों में ही अधिक रही है जिनके द्वारा उन्होंने कई सामाजिक प्रक्रियाओं को स्पष्ट किया है। इसीलिए मॉस का सर्वाधिक प्रभाव समाजशास्त्र की अपेक्षा सामाजिक मानवशास्त्र पर पड़ा है। उन्होंने मुख्यतः एस्किमो लोगों के जन-जीवन का अध्ययन किया। इस अध्ययन के निष्कर्षों का प्रयोग दुर्खाइम ने अपने धर्म एवं मूल्य सम्बंधी विवेचन में किया है।

अपनी पुस्तक 'द गिफ्ट' में मॉस ने उपहार सम्बन्धों की प्रकृति का गूढ़ विश्लेषण किया है और इसके द्वारा उन्होंने पारस्परिकता के सम्बन्धों को उजागर किया जिन्हें प्रकार्यात्मक या संरचनात्मक मानवशास्त्र दोनों से कोई चुनौती नहीं मिली। मॉस ने कहा है कि उपहारों का लेना-देना व्यापक रूप में एक अनिवार्य और पारस्परिक क्रिया है। इसमें लेना, देना और लौटाने के तीन दायित्व सम्मिलित होते हैं। इसके उदाहरण मॉस ने मेलिनोस्की द्वारा अध्ययन किये गये ट्रोब्रिएंड द्वीपवासियों में प्रचलित '**कूला प्रथा**' और उत्तरी अमेरिका के उत्तरी-पश्चिमी तट पर निवास करने वाली क्वाकिटुल जनजाति की '**पोटलेच प्रथा**' और न्यूजीलैण्ड की "**हाऊ प्रथा**" से दिया है।

मॉस कहते हैं कि उपहार सामाजिक जीवन का मूलाधार है। व्यवहार के ये तरीके काफी परिष्कृत और भिन्न प्रकार के होते हैं। उपहार कभी भी वस्तुओं का विनिमय मात्र नहीं होता। इसमें सम्मान और समय के विशिष्ट प्रयोग का भाव निहित होता है। यह एक ऐसा तरीका है जो जीवन के सभी पक्षों को छूता है। यह व्यक्तियों (स्त्रियों) के परिसंचालन (विवाह के रूप में आने-जाने) के साथ-साथ वस्तुओं के परिभ्रमण को इंगित करने वाली एक प्रक्रिया है। इस प्रकार के विनिमय को विवाह, त्योहारों, सांस्कारिक कर्मकाण्डों, सैनिक सेवाओं, पर्वों, भोजों, मेलों और इसी प्रकार के अन्य अवसरों पर देखा जा सकता है। उपहार की वस्तु कोई निर्जीव या मृत वस्तु नहीं होती अपितु इसमें एक 'आत्मा', एक 'आध्यात्मिकता' भी होती है। उपहार की विनिमय व्यवस्था में केवल भौतिक वस्तुओं का विनिमय ही होता हो, यह बात सही नहीं है। मॉस ने इस संबंध में एक महत्वपूर्ण बात यह कही है कि सेवाओं, यौन संबंधों, त्योहारों, नृत्यों आदि के अलावा लगभग हर वस्तु का विनिमय होता देखा गया है। कोई भी व्यक्ति अथवा समूह जो उपहार-विनिमय के दायित्वों से आबद्ध होता है, उसे इन दायित्वों को पूरा करना आवश्यक होता है अन्यथा उसे युद्ध/संघर्ष के खतरे का सामना करना पड़ सकता है।

मात्र संग्रह करने के उद्देश्य से धन-सम्पदा का संग्रह करना यह पूंजीवादी समाजों का एक रिवाज़ या विशेषता है। किन्तु उपहार वाले समाजों (जनजातीय समाजों) की विशेषता

संचित धन को खर्च करने देने की और सम्मान प्राप्त करने की होती है। ऐसे समाजों में प्रतिष्ठा और सम्मान ऐसे व्यक्ति को मिलता है जो अधिकाधिक खर्च कर सकता है ताकि अपने बराबर के व्यक्ति को वह दायित्व के बोझ से इतना लाद दे कि वह भी उसके बराबर या उससे अधिक खर्च करके दिखाये। इस धारणा के दर्शन हमें **उत्तरी अमेरिका की पोटलेच प्रथा** में होते हैं जहां प्रदर्शनकारी व्यक्ति खर्च करने के अलावा अधिक प्रतिष्ठा अर्जित करने की चेष्ठा में कभी-कभी अपनी सम्पत्ति के कुछ भाग को नष्ट भी कर देता है। किन्तु, सामान्यतः उपहार के पीछे यह धारणा निहीत होती है कि उपहार का प्राप्त कर्त्ता व्यक्ति ब्याज सहित मूल को लौटाये ताकि वह अपने सम्मान में वृद्धि कर सके।

मॉस कहते हैं कि यह सही है कि पूंजीवादी समाज की संरचना उपहार से जुड़े सामान्य सामाजिक दायित्वों के रूप में नहीं होती। किन्तु, ऐतिहासिक साक्ष्य बताते हैं कि कानून और अर्थव्यवस्था की पश्चिमी आधुनिक व्यवस्थाओं का मूलतः विकास ऐसी संस्थाओं से ही हुआ है जो उपहार वाले समाजों से काफी मिलती-जुलती थीं। आधुनिक पूंजीवादी समाजों में सारा सोचने-समझने का दृष्टिकोण अवैयक्तिक और स्वार्थपरक हो गया है जहां उपहार में निहित सम्मान को प्राप्त करने की लड़ाई और नैतिक दायित्व का स्थान धनोपासना की धारणा ने ले लिया है। आधुनिक कानून और मुद्रा व्यवस्था ने जीवन के सभी क्षेत्रों पर प्रहार किया है जिसके कारण अब विनिमय की समस्त प्रकृति औपचारिक बन गई है। मॉस के अनुसार, **पश्चिमी स्वरूपात्मक आर्थिक विचारधारा द्वारा प्रणीत "तार्किक आर्थिक मानव" (रेशनल-ईकनॉमिक मैन) की अवधारणा के आधार पर उपहार-व्यवहारों की व्याख्या नहीं की जा सकती है।** जीवन के आर्थिक पक्ष को सामाजिक जीवन के अन्य पक्षों से अलग-थलग नहीं किया जा सकता है। प्रत्येक समाज में आर्थिक संबंध, मूल्यों और नैतिक बंधनों से अनुप्राणित होते हैं, अतः तार्किक और अतार्किक अथवा भावनात्मक और स्वहित को पृथक करना हमारी निरी भूल होगी। **अपने गुरु और चाचा दुखाईम के विचारों से सहमति जताते हुए मॉस निष्कर्षतः कहते है कि आर्थिक मूल्यों की जड़ें धर्म में गड़ी होती हैं। समाज में सामाजिक प्रस्थिति प्राप्त करने के लिये व्यक्ति वस्तुओं के उपयोगिता मूल्यों को त्याग देता है। अतः सांस्कारिक मूल्यों की महत्ता आर्थिक मूल्यों से कहीं अधिक होती है।**

मॉस ने अपने अध्ययन का समाहार कुछ मुख्य बिन्दुओं में किया है। सर्वप्रथम, उपहार व्यवहार अभी भी 'हमारे स्वयं' के समाजों में विद्यमान है, किन्तु इसकी मात्रा और स्वरूप दोनों में अन्तर आ गया है। कुछ विशिष्ट धार्मिक कर्मकाण्डों, विवाहों, जन्म दिवसों, गृह-प्रवेश जैसे अवसरों पर उपहार दिये-लिये जाते हैं और इसमें यह भाव छुपा होता है कि ऐसे ही अवसरों पर उपहार देने वाले व्यक्तियों को प्राप्त उपहारों से अधिक लौटाया जाये। क्या दान और समाज कल्याण को उपहार-व्यवहार के दायरे में लिया जा सकता हैं, इस बारे में सहमति नहीं है, किन्तु दान-दक्षिणा में जो उपयोगिता का उद्देश्य होता है, उसका उपहार-विनिमय में सर्वथा अभाव होता है। द्वितीय, वे समाज जिनकी सामाजिक संरचना, पूर्णतः उपहार-व्यवहार पर आधारित है, उनमें ऐसा कोई क्षेत्र नहीं होता जिसमें विनिमय नहीं होता हो। मानव प्राणी भी इस विनिमय व्यवस्था के हिस्से होते हैं। किन्तु यह विनिमय ऐसा होता है जिसमें उपयोगिता का उद्देश्य नहीं होता। आधुनिक वैभिन्न्यतायुक्त समाजो, जहां

सार्वजनिक और निजी जीवन में पृथकता होती है, को छोड़ कर अन्य समाजों में उपहार का अपने आप में मूल्य होता है। "देने का तात्पर्य ही अपनी उच्चता का प्रदर्शन है।" चूंकि उपहार-व्यवहार जीवन के हर क्षेत्र में व्याप्त है, अतः यह 'सर्वांगिक सामाजिक तथ्य' का एक अच्छा उदाहरण है। उपहार देने, लेने और बाद में लौटाने की क्रियाओं द्वारा निर्मित त्रिकोण स्पष्ट रूप में सम्पूर्ण सामाजिक तथ्य की धारणा का ही प्रदर्शन है। उपहार देने की किसी एक अकेली क्रिया के प्रभावों और महत्ता को समझने के लिये, अतः यह आवश्यक है कि सम्पूर्ण सामाजिक संरचना की प्रकृति को समझा जाये। जादू संबंधी अपने एक लेख में मॉस ने उपहार की प्रणाली में प्रतिष्ठा के साथ "माना" को भी जुड़ा हुआ माना है। मॉस के अनुसार, "माना" कोई एक शक्ति या एक प्राणी मात्र नहीं है, अपितु यह एक क्रिया, एक गुण और एक दशा है। "माना" और उपहार के संरचनात्मक विश्लेषण (लेवी स्ट्रास द्वारा) ने कई नये प्रश्नों को जन्म दिया है।

उपहार-विनिमय के अध्ययन के अतिरिक्त, मॉस ने "देह की तकनीक"के अपने महत्वपूर्ण अध्ययन में "हैबिटस" (वास-स्थान) की एक धारणा प्रस्तुत की है। इस धारणा के माध्यम से उन्होंने बताया है कि हमारी दैहिक क्रियाएं किसी संस्कृति और समाज विशेष के अनुरूप चालित होती हैं। मॉस मानते हैं कि दैहिक कौशल (तकनीक) सहज या नैसर्गिक नहीं है और न ही ये शारीरिक या क्रियात्मक मात्र होती हैं। कोई क्रिया कितनी नैसर्गिक या कौशल (तकनीक) का परिणाम होती है, इसे समझाने के लिये मॉस ने एक सुन्दर उदाहरण देते हुए बताया कि एक बच्चा जो सर्दी-जुकाम से ग्रसित होता है, उसे नाक सिनकने और कफ को थूंकने के लिये वास्तव में उसे सिखाना पड़ता है।

प्रत्येक देह तकनीक (कौशल) का अपना एक स्वरूप होता है। देह की तकनीकें उपकरण रहित प्रौद्योगिकी की भांति प्रभावी होती हैं। किसी एक तकनीक के ढाँचे के द्वारा उन अनेकानेक छोटी-मोटी क्रियाओं को स्पष्ट किया जा सकता है जो प्रत्येक व्यक्ति रोज़मर्रा के अपने जीवन में सम्पादित करता है। **मिशेल फूको** (फोकाल्ट) की "स्व की तकनीकें" संबंधी धारणा पर मॉस के 'देह की तकनीक' की धारणा की स्पष्ट प्रभाव देखा जा सकता हैं। मॉस ने देह की तकनीकों ('भौतिक-रासायनिक प्रकार की तथाकथित यंत्रवत क्रियाओं') और व्यवहार की विशिष्ट श्रेणियों में स्पष्ट भेद प्रदर्शित किया है। उनमें धर्म के क्षेत्र की पारम्परिक और प्रभावोत्पादक क्रियाओं, सांकेतिक क्रियाओं, न्यायिक क्रियाओं और सामुदायिक जीवन से संबंधित क्रियाओं को सम्मिलित किया जाता है। मॉस की दृष्टि में किसी भौतिक घटना मात्र को सामाजिक घटना नहीं कहा जा सकता। कुछ आधुनिक विचारकों, जैसे फूको, बोरडियू, अल्थ्यूज़र ने मॉस की आत्म-चेतनात्मक सांकेतिक क्रिया और भौतिक क्रिया के बीच किये गये भेद के प्रति शंका प्रकट की है। आस्था का निर्माण कैसे होता है, इस संबंध में **पास्कल** के ये विचार यहां उधृत किये जाने योग्य हैं कि "घुटने के बल झूको, प्रार्थना के लिये अपने होठों को चलाओ और इनके द्वारा तुममें विश्वास प्रकट होगा"। इन विचारों का अनुसरण करते हुए ही यह कहा गया है कि अधिकांश सांकेतिक क्रिया भी भौतिक (शारीरिक) तकनीक से इस सीमा तक जटिल रूप में गूंथी होती है कि शारीरिक तकनीक (क्रिया!) को सांकेतिक अर्थ का पूर्ववर्ती मान लिया जाता हैं। मॉस ने देह की तकनीकों के बारे में निष्कर्षतः लिखा है, "**मैं निश्चित तौर पर यह मानता हूँ कि हमारी सभी रहस्यमय दशाओं के तल में देह की**

तकनीकें होती हैं जिनका अध्ययन नहीं किया गया है, किन्तु जिनका अध्ययन काफी दक्ष रूप में चीन और भारत में बहुत पहले ही किया जा चुका है। - - - - - - मैं सोचता हूं कि ईश्वर के साथ सम्पर्क स्थापित करने के लिये अवश्य जैविकीय साधन हैं।" देह के बारे में मॉस के इन विचारों पर बहुत कम विचारकों का ध्यान गया है। उनके इन विचारों को लगभग भुला सा दिया गया है।

यहां यह कहना अनुपयुक्त न होगा कि विनिमय संबंधों और विश्वास व्यवस्थाओं पर मॉस के विचारों की अमिट छाप अंकित है। आधुनिक संरचनात्मक मानवशास्त्र के उद्भट विद्वान **लेवी स्ट्रास** के लेखनों पर मॉस के विचारों (उपहार-विनिमय) का गहरा प्रभाव पड़ा है। ऐसा माना जाता है कि मॉस के विचारों के अभाव में वे पारस्परिकता और वर्गीकरण संबंधी अपने विचारों को संभवतः मूर्त रूप नहीं दे पाते। मॉस के विचारों पर टिप्पणी करते हुए लेवी स्ट्रास ने कहा है कि अपने गुरु दुर्खाइम से भी अधिक मॉस ने यह माना है कि यद्यपि व्यक्तिगतता को सामाजिकता में नहीं बदला जा सकता, फिर भी इसमें हमेशा सामाजिक अभिव्यक्ति के अंश विद्यमान होते हैं, अतः समाज व्यक्तियों में उतना ही है, या इससे भी अधिक है, जितना कि समाज में व्यक्ति होता है। वास्तव में, इन विचारों के साथ ही मॉस ने इस अनन्त विवाद को विराम दे दिया कि व्यक्ति से पहले समाज है या समाज से पहले व्यक्ति।

लीक से हट कर नये विचारों को प्रणीत करने वाले मार्सेल मॉस का अधिकांश लेखन लेखों और समीक्षाओं के रूप में हुआ है और वह भी दूसरे लोगों के साथ मिल कर किया गया है। किन्तु यह दुर्भाग्य ही है कि समाजशास्त्रियों ने उनके लेखनों पर अपेक्षा से बहुत कम ही ध्यान दिया है।

प्रमुख कृतियाँ :

- The Gift, (1925)
- A General Theory of Magic, (1972)
- Techniques of the Body, (1973)
- Sacrifice: Its Nature and Function, (1981)

Mayo, Elton

एल्टन मेयो

(1880-1949)

औद्योगिक जगत् में अपने सुप्रसिद्ध **'हॉथ्रोन अध्ययन'** के फलस्वरूप **एल्टन मेयो** को आधुनिक औद्योगिक समाजशास्त्र का प्रवर्तक माना जाता है। इसी अध्ययन के आधार पर औद्योगिक व्यवहार और कार्मिक प्रबंध के बारे में एक नई सोच की शुरुआत हुई जिसे आजकल 'मानवीय सम्बन्ध आंदोलन' के नाम से जाना जाता है। मेयो को इस आंदोलन का जनक माना जाता है। मेयो ने इस अपरिष्कृत एवं तथाकथित अनाड़ी प्राक्कल्पना की आलोचना की है कि सामाजिक व्यवस्था के लिये संस्तरणात्मक नियंत्रण आवश्यक है। उन्होंने इस प्राक्कल्पना के स्थान पर **समाज के अस्तित्व के लिये सहयोग को एक अंतर्निहित**

और आवश्यक शर्त माना है। किन्तु, तकनीकी परिवर्तन के साथ धीमी गति से अनुकूलन के कारण इसमें रूकावट उत्पन्न हो जाती है। मेयो के अनुसार प्रबंधन इस समस्या का समाधान कर्मचारियों में उपयुक्त सामाजिक निपुणता, दक्षता और क्षमता पैदा करके कर सकता है।

प्रमुख कृतियाँ :

– Hawthorne Studies

McLennan, J. F.

जे. एफ. मैक्लेनन (1827-1881)

प्रसिद्ध समाज वैज्ञानिक **सर हेनरी मेन** के आदि परिवार सम्बंधी पितृसत्तात्मकता के विचारों से अपनी असहमति प्रकट करते हुए **जे. एफ. मैक्लेनन** ने कहा कि **स्त्रियों के माध्यम से ही परिवार और नातेदारी का विकास हुआ है**। मैक्लेनन उद्विकासीय सिद्धान्त के समर्थकों में से एक प्रमुख मानवशास्त्री थे। ल्यूइस मॉर्गन की भाँति मैक्लेनन ने भी विवाह और परिवार के उद्गम के चरणों की अपनी परिकल्पना प्रस्तुत की है। उन्होंने पितृसत्तात्मकता के विकास को बहुपतित्वता और मातृवंशीयता के अगले चरण के रूप में निरूपित किया है। समूह के भीतर और बाहर विवाह करने के लिये सामाजिक विज्ञानों में 'ऍक्सॉगमि' (समूह के बाहर विवाह) और 'एन्डॉगॅमि' (समूह के भीतर विवाह) शब्दों के गढ़ने का श्रेय मैक्लेनन को ही जाता है।

विवाह और परिवार की भाँति 'टोटमवाद' की उत्पत्ति के लिये भी मैक्लेनन ने उद्विकासीय सिद्धान्त का प्रयोग करते हुए इसे आत्मावाद का अवशेष माना है।

प्रमुख कृतियाँ :

– Studies in Ancient History

Mead, George Herbert

गोर्ग (जार्ज़) हर्बर्ट मीड (1863-1931)

अमेरिका के शिकागो वैचारिक परम्परा के एक अग्रणी दार्शनिक और अर्थक्रियावादी (प्रैगमॅटिस्ट) **गोर्ग (जार्ज़) हर्बर्ट मीड** को समाजशास्त्र के क्षेत्र में एक नवीन परम्परा की आधारशिला रखने का गौरव प्राप्त है। यह परम्परा (उपागम) उनकी मृत्यु के बाद "**सामाजिक अन्तर्क्रियावाद**" के नाम से जानी जाती है। मीड के विचारों को बहुधा "सामाजिक व्यवहारवाद" के वर्ग में रखा जाता है।

मीड की बहुप्रसिद्ध पुस्तक 'मस्तिष्क, स्व और समाज" (माइन्ड, सेल्फ एण्ड सोसाइटी) जो सन् 1934 में उनकी मृत्यु के बाद प्रकाशित हुई, में उन्होंने सामाजिक मनोविज्ञान की एक नवीन समाजशास्त्रीय ढंग से व्याख्या की। इस गौरव ग्रंथ में मीड ने पूर्णतः समाज पर

आधारित अनुभव, मानवीय समूह-जीवन में भाषा, प्रतीक और सम्प्रेषण का महत्व, भूमिका-धारण की प्रक्रिया के माध्यम से उन तरीकों का जिनसे हमारे शब्द और मुखाभाव दूसरों में प्रतिक्रियाएं उत्पन्न करती हैं, स्व की परावर्ती और प्रतिवर्ती प्रकृति तथा 'क्रिया' की मुख्यता जैसे विषयों का गूढ़ वर्णन-विश्लेषण किया है। मीड ने बेबर की क्रिया की धारणा तथा इसके समाज-वैज्ञानिक बोध (वर्स्टहेन) को समझाने के लिये आवेगों, स्थितियों की परिभाषाओं और निष्पादन के रूपों के आधार पर निर्मित विभिन्न प्रकार की क्रियाओं में अन्तर को भी स्पष्ट किया है।

समाजशास्त्र के क्षेत्र में उनके 'मैं' और 'मुझे' के सिद्धान्त ने बालक के समाजीकरण की प्रक्रिया की एक नये ढंग से व्याख्या की है। मीड एक दार्शनिक के साथ-साथ मनोवैज्ञानिक भी थे। एक दार्शनिक के रूप में वे 'स्व' के उद्भव को समझने और समझाने में रुचि रखते थे। इसके लिये उन्होंने **'स्व' की उत्पत्ति की सामाजिक अन्तर्क्रियावादी** व्याख्या प्रस्तुत की। एक मनोवैज्ञानिक के रूप में वे पशु और मानवीय व्यवहार की निरन्तरता और अनिरन्तरता में रुचि रखते थे और उन्होंने मानवीय व्यवहार की बेजौड़ता और अनूठेपन के लिये उसकी अन्तर्निहित सांकेतिक प्रवृत्ति को महत्वपूर्ण बताया। व्यक्ति के समाजीकरण में मीड ने समाज की महती भूमिका को इंगित करते हुए लिखा है कि **बालक को अपने बारे में सामाजिक अन्तर्क्रिया के द्वारा ही बोध होता है। इसी के द्वारा 'स्व' की उत्पत्ति होती है।** स्व का ज्ञान उसे 'दूसरे व्यक्तियों' की भूमिकाओं को ग्रहण करने से ही होता है। मीड ने इन दूसरे व्यक्तियों को **'सामान्यीकृत अन्य'** कहा है।

मीड के अनुसार, 'मैं' एक ऐसे असमाजीकृत शिशु को इंगित करता है जो नैसर्गिक जरूरतों और इच्छाओं का एक पुंज होता है। **'मैं' व्यक्ति के जैवकीय पक्ष को अभिव्यक्त करता है।** इसके विपरीत, **'मुझे' सामाजिक स्वचेतन व्यक्ति का प्रतिनिधित्व करता है** जिसकी उत्पत्ति दूसरों के द्वारा स्वयं को देखने की जानकारी से होती है, अर्थात् दूसरे व्यक्ति उसे किन निगाहों से देखते हैं; उसी रूप में वह स्वयं को देखने लगता है। मीड ने 'मुझे' की अवधारणा का प्रयोग 'सामाजिक स्व' के लिये किया है।

मीड के 'स्व' संबंधी विचार **सी. एच. कूले** से मिलते-जुलते हैं जो उनके एक सहकर्मी रहे हैं। कूले की भाँति मीड भी यह जानने के इच्छुक थे कि 'स्व' का निर्माण कैसे होता है, यह कैसे कार्य करता है तथा इसके निर्माण में दूसरे व्यक्तियों की क्या भूमिका है। जहां कूले ने इस प्रक्रिया को समझने के लिये 'स्व के आत्मदर्पण' की अवधारणा का प्रयोग किया है, वहां मीड ने इसके लिये 'मैं', 'मुझे' और 'मानस' की अवधारणाओं का प्रयोग किया है।

मीड ने ज्ञान-विज्ञान के क्षेत्र में जिस वैचारिक स्थिति का अनुसरण किया वह बहुधा 'वस्तुपरक सापेक्षवाद' के नाम से जानी जाती है। बहुधा उन्होंने अपने लेखनों और व्याख्यानों में 'वस्तुपरक यथार्थ परिप्रेक्ष्य' की बात कही है। यथार्थ की कई व्याख्याएं संभव है। यह सब कुछ इस बात पर निर्भर करता है कि व्यक्ति क्या दृष्टिकोण अपनाता है। उदाहरणार्थ, इतिहास हमेशा एक व्यक्ति के वर्तमान से भिन्न बीते हुए कल का एक लेखाजोखा होता है। वस्तुपरक सापेक्षवाद के अतिरिक्त, मीड की कृतियों का दूसरा प्रमुख पक्ष 'समय की सामाजिक रचना का सिद्धान्त' रहा है। मीड की अन्य दो पुस्तकें 'क्रिया का दर्शन'

(फिलॉसफी ऑफ द एक्ट, 1938) और 'वर्तमान का दर्शन' (फिलॉसफी ऑफ द प्रजेन्ट, 1959) उनके वैचारिक परिप्रेक्ष्य पर दार्शनिक ढंग से प्रकाश डालती हैं।

प्रमुख कृतियाँ :

– Mind, Self and Society, (1934)
– The Philosophy of the Act, (1938)
– The Philosophy of the Present, (1959)

Mead, Margaret

मारग्रेट मीड (1901-1978)

प्रख्यात मानवशास्त्री **रूथ बेनेडिक्ट की शिष्या** अमेरिकी सांस्कृतिक मानवशास्त्री **मारग्रेट मीड** का प्रमुख कार्य व्यक्तित्व-संरचना पर है। उन्होंने अपने अध्ययनों के आधार पर यह प्रतिपादित किया है कि **व्यक्तित्व प्रतिमानों का निर्धारण जैवकीय आधार की अपेक्षा सांस्कृतिक आधार पर होता है।** अपने इस विचार की पुष्टि उन्होंने अनेक आदिवासियों के अपने अध्ययनों द्वारा की है। मीड का प्रमुख योगदान प्रकृति बनाम पोषण विवाद, समाजीकरण और संस्कृति, किशोरावस्था, पीढ़ियों के बीच संबंध, लैंगिक संबंध जैसे विषयों के क्षेत्र में रहा है। मीड का प्रारंभिक शोध-कार्य प्रशान्त सागरीय क्षेत्र में शिशुओं के पालन-पोषण से सम्बन्धित था। उन्होंने बालक के पालन-पोषण में जीवशास्त्र और प्राकृतिक पर्यावरण की महत्ता को न केवल नकारा है, अपितु अपने अध्ययनों द्वारा यह प्रदर्शित करने का प्रयास भी किया है कि **मानव के व्यवहार, सोच और विश्वासों के निर्माण में संस्कृति की केन्द्रीय भूमिका होती है।** उनकी बहुप्रसिद्ध पुस्तक "सामोआ द्वीपवासियों में आयु का अवतरण" (कमिंग ऑफ एज इन सामाओ, 1928) में मीड ने किशोर लड़कियों का अध्ययन कर इस प्रश्न का उत्तर देने का यत्न किया है कि 'अमेरिकी लड़कियों में किशोरावस्था (विशेषतः मासिक धर्म की शुरुआती अवधि) को क्यों तनाव और असमंजस का काल माना जाता है जब कि तथाकथित प्रजातियों में लड़कियों को इस अवधि में कोई भी परेशानी या बहुत कम परेशानी अनुभव होती है।'

मीड ने अपने एक अन्य अध्ययन के लिये न्यूगिनी को अपना कार्यक्षेत्र चुना। अपने इस अध्ययन द्वारा मीड ने यह प्रदर्शित किया कि स्त्री-पुरुषों के बीच स्वभाव में अन्तर किस सीमा तक जन्मजात और कितनी मात्रा में सांस्कृतिक रूप में निर्धारित होता है। इस संबंध में उनकी दो पुस्तकें—'न्यूगिनी में पालन-पोषण' (ग्रोइंग अप इन न्यूगिनी, 1930) और 'तीन आदिवासी समाजों में कामवृति और स्वभाव' (सेक्स एण्ड टेम्परामेन्ट इन थ्री प्रीमिटिव सोसाइटिज़, 1935) प्रकाशित हुई हैं। **मीड ने अपने अध्ययनों के लिये सहभागिक अवलोकन विधि का प्रयोग किया है** और वे सामाओ द्वीपवासियों, न्यूगिनी के आदिवासियों—आरपेश, मुण्डु-गूमोर और टचम्बुली लोगों के बीच में एक लम्बे अर्से तक रहीं। उन्होंने अपनी आत्मकथा जो 'कृष्ण बदरी शीतकाल' (ब्लैकबेरी विन्टर, 1972) के नाम से प्रकाशित हुई, में बड़े ही रोचक ढंग से अपनी शोध-यात्राओं का वर्णन किया है। ये शोध-यात्राएं मीड ने

दक्षिण प्रशान्त महासागर के द्वीप समूहों बाली और न्यूगिनी में कई बार की हैं। मीड ने अमेरिका में सामाजिक मानवशास्त्र को खूब लोकप्रिय बनाया जहां शुरू से सांस्कृतिक मानवशास्त्र का दबदबा रहा है। यही नहीं, उन्होंने प्रजातिकेन्द्रिततावाद (ईथनोसेन्ट्रिज़्म) को भी चुनौती दी जो अमेरिका की एक शक्तिशाली विचारधारा रही है। किन्तु शैक्षणिक जगत् में पुरुष प्रभुत्व होने के कारण मीड को दुर्भावना का शिकार होना पड़ा और न्यूयार्क में प्राकृतिक इतिहास के अमेरिकी अज़याबघर के अध्यक्ष पद से ही संतोष करना पड़ा। उन्हें शैक्षणिक जगत् में वह पद-प्रतिष्ठा प्राप्त नहीं हो पायी जो उनके समकालीन पुरुष शोधार्थियों को सरलता से प्राप्त हो गई।

मीड के मानवशास्त्रीय विचारों ने आधुनिक महिलावादी आंदोलन को प्रोत्साहित करने में काफी मदद की है। उनकी एक पुस्तक 'पुरुष और स्त्री' (मेल एण्ड फीमेल, 1949) ने तो लैंगिक राजनीति को प्रज्वलित करने में आग में घी के समान काम किया है। उनके शोधकार्यों द्वारा यह उजागर किया गया कि किस प्रकार आदिवासी समाज पश्चिमी समाजों के ठीक विपरीत किशोरों के यौन व्यवहार के प्रति अपेक्षाकृत सहिष्णु होते हैं। उन्होंने अपने स्वयं के शोध कार्यों का जायजा लेते हुए अपनी पुस्तक 'संस्कृति और प्रतिबद्धता' (कल्चर एण्ड कमिंटमेंट, 1970) में पीढ़ियों के संघर्ष को अधिक सहानुभूति से समझने की बात कही है। मीड के मानवशास्त्रीय विचारों ने कई मामलों पर कई विवाद उत्पन्न किये, किन्तु वे अन्त तक आदिवासी समाजों के विकास के प्रति प्रतिबद्ध रहीं हैं। उनकी अन्य प्रमुख पुस्तकें 'पुरातन के लिये नवीन जीवन' (न्यू लाइव्ज फॉर ओल्ड, 1956), 'विज्ञान और प्रजाति की अवधारणा' (साइन्स एण्ड द कन्सेप्ट ऑफ रेस, 1970) और 'बीसवीं सदी की आस्था' (टवेन्टिअथ सेन्चुरी फेथ, 1972) हैं।

प्रमुख कृतियाँ :

- Coming of Age in Samoa, (1928)
- Growing up in New Guinea, (1930)
- Sex and Temperament in Three Primitive Societies, (1935)
- Cooperation and Competition Among the Primitive People, (1937)
- From South Sea, (1939)
- And Keep Your Powder Dry: An Anthropologist Looks at America, (1942)
- Male and Female: A Study of the Sexes in a Changing Society, (1949)
- Culture Pattern & Technological Change, (1955)
- New Lives for Old, (1956)
- Continuities in Cultural Evolution, (1964)
- Culture and Commitment, (1970)
- Science and the Concept of Race (ed), (1970)
- Twentieth Century Faith: Hope and Survival, (1972)

Merleau-Ponty, Maurice

मॉरिस मेर्लो पोंती (पॉन्टी) (1905-1961)

ज्यां-पाल सार्त्र के अंतरंग मित्र और सहयोगी रहे फ्रांसीसी प्रघटनावादी दार्शनिक **मॉरिस मेर्लो पोंती** का प्रमुख शोध कार्य-क्षेत्र भाषा रहा है। उन्होंने अपने भाषा के अध्ययन द्वारा प्रघटनाशास्त्र (फिनॉमिनोलॉजी) और संरचनावाद को जोड़ने का प्रयास किया है। पोंती का प्रघटनाशास्त्र हस्सर्ल के अनुभवातीत प्रघटनाशास्त्र से भिन्न किन्तु सार्त्र के अस्तित्वादी प्रघटनाशास्त्र से मिलता-जुलता है। पोंती के अनुसार, **प्रघटनाशास्त्र का प्रमुख उद्देश्य विश्व को समझना है ताकि उसके रहस्य का पता लगाया जा सके**। इस उद्देश्य की पूर्ति के लिये दार्शनिक पोंती ने शरीर, चेतना और बाहरी संसार के बीच सम्बन्धों को खोजने का यत्न किया। उनकी प्रमुख पुस्तक 'संज्ञान का प्रघटनाशास्त्र' (द फिनॉमिनोलॉजी ऑफ परसिप्शन, 1945) है। समाजशास्त्र में इनके विचारों का यदाकदा ही कहीं प्रयोग किया गया है। एंथोनी गिडिन्स ने अपनी पुस्तक 'द कॉनस्टिट्यूशन ऑफ सोसाइटी' (1984) में पोंती के विचारों का कहीं-कहीं उल्लेख किया है।

मेर्लो-पोंती, यद्यपि, 'चेतना के फ्रांसीसी दार्शनिक' थे, फिर भी वे ज्यां पॉल सार्त्र और संभवतः हस्सर्ल से धीरे-धीरे बाद में अलग हो गये। उनके भाषा संबंधी विचारों और अध्यापन पर बाद में **सासूर** के विचारों का प्रभाव पड़ा है।अपनी दार्शनिक यात्रा में, मेर्लो पोंती ने जीवंत अनुभव की महत्ता को यह कहते हुए स्वीकार किया है कि 'अवगम्य मस्तिष्क एक मूर्तिमान मस्तिष्क होता है।' उन्होंने आगे लिखा है कि अवबोधन शरीर पर बाह्य संसार के केवल प्रभाव का परिणाम नहीं होता, क्यों कि शरीर उस जगत् से यदि अलग भी है जिसमें उसका वास है, फिर भी वह उससे पृथक नहीं है। वास्तव में, अवबोधन जैसी कोई सामान्य घटना नहीं होती। अवबोधन केवल वह है जिसे जगत् में जीया जाता है। अवबोधन और शरीर की जीवंत प्रकृति ही मुख्यतः घटनाशास्त्रीय शोध को आवश्यक और संभव बनाती है। अवबोधन की मूर्तिमान प्रकृति के परिणामस्वरूप अवगम्य कर्त्ता में निरंतर परिवर्तन होता रहता है, वह निरंतर पुनर्जन्म की प्रक्रिया से गुजरता रहता है। चेतना का जगत् से उस प्रकार से संबंध नहीं होता, जैसा कि चिन्तक का कई वस्तुओं के साथ संबंध होता है, अपितु चेतना चिरस्थाई होती है। परिणामतः विचारों की निश्चितता अवबोधन की निश्चितता पर निर्भर करती है।

प्रमुख कृतियाँ :

- The Structure of Behaviour, (1942)
- Phenomenology of Perception, (1945)
- Humanism and Terror, (1947)
- Sense and Non-Sense, (1948)
- Consciousness and The Acquisition of Lauguage, (1949-50)
- In Praise of Philosophy, (1953)
- The Visible and the Invisible, (1964)

– The Primacy of Perception, (1964)

Merton, Robert, K.

रॉबर्ट के. मर्टन (1910-)

बीसवीं शताब्दी के अमेरिकी समाजशास्त्र में **रॉबर्ट के. मर्टन** की गणना अग्रणी समाजशास्त्रियों में की जाती है। वे जहां एक ओर अमेरिकी समाजशास्त्र के दिग्गज समाजविज्ञानी सोरोकिन और टालकट पार्सन्स के शिष्य रहे हैं, वहां दूसरी ओर सुप्रसिद्ध पद्धतिविज्ञानी पॉल लेजार्सफील्ड के साथी एवं सहयोगी भी हैं। अपने गुरुओं सोरोकिन, पार्सन्स, एल.ज़े. हैन्डरसन (मूल रूप में एक जैव रसायनशास्त्री), ई. एफ. गे (आर्थिक इतिहासकार) के प्रति भारी भरकम शब्दों में कृतज्ञता प्रकट करते हुए मर्टन ने लिखा है कि "यद्यपि वे अपने गुरुओं के पदचिन्हों पर तो यथावत नहीं चल पाये, किन्तु मैं उनके विचारों और सिद्धान्तों से कई रूप में लाभान्वित हुआ हूं।"

मर्टन ने सन् 1941 में कोलम्बिया विश्वविद्यालय से अपने अध्यापन व्यवसाय की शुरुआत की और बाद में वे हार्वर्ड विश्वविद्यालय से जुड़ गये जहां सोरोकिन और पार्सन्स जैसे समाजविज्ञानी कार्यरत थे। यहां वे अपनी सेवानिवृत्ति (1971) तक अध्यापन और शोध कार्य करते रहे। पार्सन्स की भांति, मर्टन भी उत्तर युद्धकालीन विश्व समाजशास्त्र को वैज्ञानिक आधार पर निर्मित करना चाहते थे। उनका विचार था कि समाजशास्त्र के क्षेत्र में ऐसे सार्थक सिद्धान्तों की रचना की जाये जिनका आनुभविक परीक्षण किया जा सके। इसके लिये उन्होंने महत् या बृहत् सिद्धान्त (ग्रैंड थीऑरिज) और अमूर्त अनुभववाद (ऐब्स्ट्रैक्ट इम्पिरिसिज़्म) के बीच का रास्ता अपनाया और 'मध्यवर्ती सिद्धान्त' (मिडिल रेंज़ थीऑरिज) के प्रयोग का सुझाव दिया। **मध्यवर्ती सिद्धान्त से मर्टन का तात्पर्य तार्किक रूप से अन्तर्सम्बन्धित ऐसी अवधारणाओं (कान्सेपट्स) से है जो व्यापक किन्तु महती सीमित क्षेत्र से सम्बंधित होती हैं।** ये सिद्धान्त छोटी-छोटी प्राक्कल्पनाओं और बृहत् अमूर्त सिद्धान्तों के बीच खाई को पाटने का कार्य करते हैं। अपने मध्यवर्ती सिद्धान्त की चर्चा के संदर्भ में मर्टन ने अपने गुरु पार्सन्स के 'ग्रैन्ड थीऑरिज' की कटु आलोचना की है। (**मिल्स** ने पार्सन्स के सिद्धान्तों को ग्रैंड थीऑरिज' का नाम देकर उनकी कटु आलोचना की है) मर्टन की सामान्य वैचारिक दृष्टि अपने गुरु पार्सन्स की अपेक्षा कम अमूर्त है और वे सामान्य सिद्धान्तों को आनुभविक परीक्षण की कसौटी पर कसने में विश्वास रखते हैं।

मर्टन ने समाजशास्त्र में कई भिन्न विषयों का आलोचनात्मक परीक्षण कर अपना योगदान किया है। इनमें से उनके कुछ प्रमुख विषय सामाजिक संरचना, प्रकार्यवादी परिप्रेक्ष्य, विचलन और एनॉमी, जनसंचार, भूमिका सिद्धान्त, कर्मचारीतंत्र (ब्यूरोक्रेसी), मध्यवर्ती सिद्धान्त, केन्द्रित साक्षात्कार और विज्ञान का समाजशास्त्र आदि रहे हैं, किन्तु इनके अतिरिक्त भी उन्होंने कई अलग-अलग विषयों पर पूर्ण निष्ठा और विशिष्ठता से खूब लिखा है। वे किसी एक विषय के बन कर नहीं रहे, फिर भी 'विज्ञान का समाजशास्त्र' उनके शोध-लेखन के प्रिय विषयों में से एक प्रमुख विषय रहा है। मर्टन की लेखन-यात्रा की शुरुआत ही "सत्रहवीं

शताब्दी के इंग्लैण्ड में विज्ञान और प्रौद्योगिकी का सामाजिक संदर्भ" विषय से हुई है। इसी विषय पर उन्हें शोध-उपाधि (पी.एच.डी) प्राप्त हुई। इस विषय ने समाजशास्त्र में विज्ञान के प्रति नई सोच उत्पन्न की जिसने बाद में कई नये समाजशास्त्रीय उपागमों की नींव रखी। इस अध्ययन से मर्टन ने विज्ञान के विकास और दिशा के विश्लेषण के साथ-साथ उद्देश्यपूर्ण सामाजिक क्रिया के अप्रत्याशित परिणामों के विचार के आधार पर 'लेटेन्ट फंक्शन' (अव्यक्त प्रकार्य) की अवधारणा को विकसित किया। इसके बाद सन् 1940 के दशक में उन्होंने असंगत और विपथगामी व्यवहार के सामाजिक स्रोत, नौकरशाही कार्य संचालन, जन विश्वास, आधुनिक जटिल समाज में संचार, नौकरशाही के अन्दर और बाहर बुद्धिजनों की भूमिका जैसे महत्त्वपूर्ण विषयों पर कार्य किया। एमिल दुखाईम द्वारा आत्महत्या के अध्ययन के संदर्भ में सर्वप्रथम प्रयोग की गई "एनॉमी" की अवधारणा को विस्तारित करते हुए मर्टन ने इसकी अलग ढंग से व्याख्या करके इसे एक नया अर्थ प्रदान किया। उन्होंने विचलन की सभी घटनाओं के विश्लेषण में "एनॉमी" की अवधारणा के प्रयोग का सुझाव भी दिया। **मर्टन ने एक ऐसी स्थिति को "एनॉमी" कहा है जब सांस्कृतिक मानदंडों और लक्ष्यों तथा इनके अनुरूप व्यवहार करने की समूह के सदस्यों की समाजोनुमोदित क्षमताओं के बीच भारी संबंध विच्छेद हो जाता है तथा दोनों के बीच बड़ी खाई उत्पन्न हो जाती है।** सन् 1950 के दशक में उन्होंने भूमिका पुंज, प्रस्थिति पुंज तथा भूमिका आदर्श की अवधारणाएं निर्मित कर सामाजिक संरचना के समाजशास्त्रीय सिद्धान्त में महत्वपूर्ण योगदान किया। भूमिका आदर्श (रोल मॉडल) की अवधारणा के आधार पर उन्होंने 'संदर्भ-समूह सिद्धान्त' (रेफॅरॅन्स ग्रूप थीऑरि) को विकसित किया। मर्टन ने दूसरे समाजशास्त्रियों के साथ मिलकर 'चिकित्सा-शिक्षा के समाजशास्त्र' के क्षेत्र में भी अन्वेषण कार्य किया। सन. 1960-70 के बीच मर्टन ने पुनः विज्ञान के विषय में प्रवेश कर विज्ञान की सामाजिक संरचना और इसका संज्ञानात्मक ढाँचे के साथ सम्बन्धों को खोजने का प्रयास किया। इन सभी अध्ययनों में मर्टन ने समाजशास्त्रीय सिद्धान्त, अन्वेषण की विधियां और मूर्त आनुभविक शोध के बीच सम्बन्धों को स्थापित करने का अद्भुत प्रयास किया है।

सामान्यतः टालकट पार्सन्स को संरचनात्मक-प्रकार्यात्मक सिद्धान्त का सर्वाधिक एक मुखर सिद्धान्तकार माना जाता है, किन्तु उनके शिष्य और बाद में सहकर्मी मर्टन ने तत्कालीन प्रचलित संरचनात्मक-प्रकार्यवाद में कई महत्वपूर्ण संशोधन एवं परिवर्धन किये है। उन्होंने सर्वप्रथम इस सिद्धान्त के अतिवादी एवं कमज़ोर पक्षों को उजागर किया और प्रकार्यात्मक विश्लेषण की तीन मूलभूत प्रस्थापनाओं यथा समाज की प्रकार्यात्मक एकता, सार्वभौमिक प्रकार्यवाद और प्रकार्यात्मक तत्वों की अपरिहार्यता की कटु आलोचना की। उन्होंने कहा कि ये प्रकार्यात्मक प्रस्थापनाएं अमूर्त और सैद्धान्तिक प्राक्कल्पनाओं पर आधारित होने के कारण अनुभवसिद्ध नहीं हैं। इन कमजोरियों के कारण बाद में मर्टन ने संरचनात्मक-प्रकार्यात्मक विश्लेषण का अपना एक 'पेराडाइम' (वैचारिक मानचित्र) प्रस्तुत किया जिसमें उन्होंने प्रमुख रूप में प्रकार्य और दुष्प्रकार्य, व्यक्त (प्रत्यक्ष) और अव्यक्त (अन्तर्निहित) प्रकार्य, बहु प्रकार्य, अकार्य, प्रकार्यात्मक विकल्प अथवा संरचनात्मक समानार्थी, अप्रत्याशित परिणाम आदि बातों को सम्मिलित किया। इस संदर्भ में, उन्होंने सर्वप्रथम 'प्रकार्य' शब्द की विशद् व्याख्या की

और इसके कई अर्थ-संदर्भ में प्रयोग के साथ समाजशास्त्र की दृष्टि से उपयुक्त अर्थ पर प्रकाश डाला। मर्टन के अनुसार, **"प्रकार्य (फंक्शन) वे वस्तुपरक परिणाम हैं जो समायोजन में वृद्धि करते हैं।"** इसके विपरीत, **"दुष्प्रकार्य (डिसफंक्शन) ऐसे वस्तुपरक परिणाम हैं जिनसे व्यवस्था के अनुकूलन और समायोजन में कमी आती है।"** मर्टन ने **"अकार्य"** (नॉन फंक्शन) का भी विचार रखा और **ऐसे परिणामों को उन्होंने अकार्य कहा है जो विचाराधीन व्यवस्था के लिये सर्वथा निरर्थक सिद्ध होते हैं।** इसी संदर्भ में उन्होंने "अप्रत्याशित परिणामों" की भी बात कही है और अप्रत्याशित परिणामों और अप्रकट प्रकार्य में अन्तर बताया है। अपने प्रकार्यात्मक विश्लेषण के पैराडाइम का प्रयोग मर्टन ने सर्वप्रथम नौकरशाही (ब्यूरोक्रेसी) के विश्लेषण में किया है।

आजकल मर्टन 'आत्मतुष्टिपरक भविष्यदर्शन' (सेल्फ फुलफिलिंग प्रॉफिसि) पर कार्य कर रहे हैं। सामाजिक जीवन के प्रति मर्टन का एक सामान्य दृष्टिकोण यह रहा है कि व्यक्तियों के रूप में मानव जो चुनाव करते हैं, उनका निर्धारण सामाजिक रूप में होता है। इसमें कुछ सीमा तक व्यक्ति की रचनात्मकता और आत्म-निर्णय काम करता है। सामाजिक अभिनेता के समक्ष हमेशा समाजशास्त्रीय द्वैध स्थिति, अस्पष्टता, परस्पर विरोधी अपेक्षाएं तथा चयन सम्बंधी असमंजस होते हैं और सभी समाज निश्चित रूप में पूर्ण एकात्मकता (एकजुटता) की स्थिति से बहुत दूर होते हैं। उनकी संरचनाओं में थोड़ी-बहुत विसंगतियां और असमंजस विद्यमान रहती है जो उन्हें पूर्णतः एकीकृत समाज मानने की संभावना से नकारता है। (मर्टन की अवधारणाओं के अर्थों को विस्तृत रूप में जानने के लिये लेखक की अन्य पुस्तक "समाजशास्त्र विश्वकोश" देखें)

प्रमुख कृतियाँ :

- Science, Technology and Society in 17th Century England, (1938)
- The Focussed Interview, (1956)
- Social Theory and Social Structure, (1957)
- Contemporary Social Problems (with Nisbet), (1961)
- On the Shoulders of Giants, (1965)
- The Sociology of Science, (1973)
- Sociological Ambivalance, (1976)

Michels, Robert

रॉबर्ट माइकल्स (मिशेल्स) (1876-1936)

एक जर्मन समाजशास्त्री तथा राजनीतिशास्त्री **रॉबर्ट माइकल्स** ने कई भिन्न विषयों पर अपनी लेखनी का उपयोग किया है। उनके प्रमुख विषय राष्ट्रवाद, समाजवाद, फासीवाद, धर्मनिरपेक्षतावाद, शक्ति, अभिजन, सामाजिक गतिशीलता और बुद्धिजनों की भूमिका आदि रहे हैं। वे अधिकांशतः अपनी बहुचर्चित पुस्तक 'राजनीतिक दल' (पोलिटिकल पार्टिज़,

1911) के लिये जाने जाते हैं जिसमें उन्होंने वामपंथी प्रजातंत्री दलों के नेतृत्व का अध्ययन किया है। इसी पुस्तक में उन्होंने प्रजातंत्रात्मक संगठनों में 'अल्पतंत्र के लौह नियम' के विचार को प्रणीत किया है।

माइकल्स ने आवश्यकताओं और आकांक्षाओं के निर्माण और दलीय पहल के लिये लोगों के समर्थन को प्राप्त करने में नेताओं की भूमिका का विस्तृत वर्णन-विश्लेषण किया है। उन्होंने बताया कि किस प्रकार संगठनात्मक आंतरिक गतिकी आमूल परिवर्तनवादी उद्देश्यों को प्राप्त करने में अवरोध उत्पन्न कर देती है। वे कहते है कि **'सभी प्रकार के संगठनों में, चाहे वे राज्य हों, राजनीतिक दल हों, मजदूर संघ हों या कोई अन्य संगठन, अल्पतंत्र अर्थात् किसी न किसी गुट विशेष का प्रभाव रहता है। यह गुट विशेष ही सम्पूर्ण संगठन की गतिविधियों को अपनी मर्जी अनुसार संचालित करता है।'** इसी आधार पर उन्होंने अपने 'अल्पतंत्र के लौह नियम' का प्रतिपादन किया। इस नियम के अनुसार, 'संगठन ही निर्वाचकों को निर्वाचितों पर, आज्ञापकों को आज्ञापालकों पर, प्रतिनिधियों को प्रत्यायोजकों पर प्रभुत्व की शक्ति को जन्म देता है।' कौन कहता है कि यह अल्पतंत्र है, इसके उत्तर के लिये उन्होंने संगठन को उत्तरदायी माना है। माइकल्स कहते हैं कि **जैसे-जैसे राजनीतिक दलों का विस्तार होता जाता है उनमें अधिकाधिक नौकरशाही तंत्र के तत्व आते जाते हैं। उन पर ऐसे अधिकारियों का शिकंजा कसता जाता है जो सामाजिक परिवर्तन की अपेक्षा संगठन के आन्तरिक उद्देश्यों के प्रति प्रतिबद्ध होते हैं।** यही नहीं, इन संगठनों पर ऐसे मध्यम वर्गीय बुद्धिजनों का प्रभुत्व बढ़ता जाता है जो अपने ऐसे व्यक्तिगत उद्देश्यों की प्राप्ति के प्रति सजग होते हैं जो पार्टी के जनसाधारण के उद्देश्यों से प्रायः मेल नहीं खाते हैं। माइकल्स ने दलों में बढ़ती हुई बुर्जुआईकरण की प्रकृति का उल्लेख करते हुए लिखा है कि जैसे-जैसे सामाजिक गतिशीलता के कारण श्रमिक वर्ग के नेता अधिकाधिक मध्यम वर्गीय बनते जाते हैं, वैसे ही उनकी अपने आमूल परिवर्तनवादी उद्देश्यों के प्रति निष्ठा कम होती जाती है। परिणामतः प्रजातंत्रात्मक आधार पर शासित संगठनों में शासक और शासित के बीच विच्छिन्कारी प्रवृत्ति विकसित होती जाती है। **संगठनात्मक तरीकों का प्रयोग बहुधा जनप्रिय मुद्दों को कुचलने के लिये किया जाता है।** सामान्यतः दल के नेतृत्व से यह आशा की जाती है कि वे दल द्वारा निर्धारित एवं अधिकृत उद्देश्यों के अनुसार बनाये गये कार्यक्रम को कार्यान्वित करेंगे, किन्तु होता ठीक इससे विपरीत है। स्वयं नेता इस दायित्व के प्रति उदासीन हो जाते हैं और मनमानी करने लगते हैं। अतः यह अल्पतंत्र (गुटतंत्र) एक अभेद्य दुर्ग में परिणित हो जाता है। अल्पतंत्र के इस दुर्गुण के होते हुए भी माइकल्स ने इसे सभी राजनीतिक दलों के लिये अनिवार्य भी बताया है। साथ ही उन्होंने यह भी स्वीकार किया है कि अल्पतंत्र की इस अनिवार्यता के कारण संपूर्ण राजनीतिक प्रणाली में प्रजातंत्र के सिद्धान्त को वास्तविक रूप में साकार करना असंभव है। इस संदर्भ में माइकल्स ने सिद्धान्तवादी और विरोचित (साहसी) प्रकार के नेतृत्व की प्रशंसा की है। ऐसा नेतृत्व अल्पतंत्र पर अंकुश लगा सकता है। माइकेल किसी भी प्रकार के राजनीतिक समझौते या सांठगांठ के कटु आलोचक थे।

'अल्पतंत्र के लौह नियम' को लेकर जो अनुभवमूलक शोध हुई हैं, उसकी कसौटी पर माइकल्स का सिद्धान्त अभी पूरा खरा नहीं उतरा है। कुछेक समाज वैज्ञानिकों का कहना है

कि माइकल्स का सिद्धान्त यूरोप के समाजवादी दलों के विकास के प्रारंभिक चरणों पर ही अधिक लागू होता है, आधुनिक राजनीतिक दलों में यह प्रवृत्ति देखने को नहीं मिलती। लोकतंत्र के बारे में भी माइकल्स का निराशावादी दृष्टिकोण युक्तिसंगत प्रतीत नहीं होता। इस सम्बन्ध में अन्य कई प्रश्न भी खड़े किये गये हैं। भारत के राजनीतिक दलों में भी आजकल अल्पतंत्र (मण्डली) गुटीय राजनीति के विषाणुओं के प्रभाव को देखा जा सकता है।

प्रमुख कृतियाँ :

– Political Parties, (1911)

Millar, John

जॉन मिलर (1735-1801)

अठारवीं शताब्दी के उत्तरार्द्ध के स्कॉटलैंड के प्रबोधकाल के एक अग्रणी विचारक **जॉन मिलर** को एक प्रारंभिक समाजशास्त्री के रूप में जाना जाता है। उनका एक लेख, 'श्रेणियों की भिन्नता का उद्‌भव' (द ऑरीजन ऑफ द डिस्टिंकशन ऑफ रैंक्स, 1771), जिसने मिलर को प्रसिद्ध कर दिया, समाजों के उद्‌भव के सिद्धान्त का प्रतिपादन करता है तथा समाज में प्रारंभिक श्रम-विभाजन का लेखा-जोखा प्रस्तुत करता है। इस लेख में मिलर ने सम्पत्ति-अधिकार के स्वरूपों को सत्ता और सरकार के साथ जोड़ने का प्रयास किया है।

प्रमुख कृतियाँ :

-- The Origin of the Distinction of Ranks, (1771)

Mills, Charles Wright

चार्ल्स राइट मिल्स (1916-1962)

चार्ल्स राइट मिल्स एक आधुनिक अमेरिकी उग्रवादी (रेडिकल) समाजशास्त्री हैं जिन्होंने राजनीति में उग्र वामपक्ष का समर्थन कर यथास्थितिवादी समाजशास्त्रियों, विशेषतः तत्कालीन समाजशास्त्र के दिग्गज कहे जाने वाले **संरचनात्मक-प्रकार्यवादी समाजशास्त्री टालकट पार्सन्स की खुल कर आलोचना** की है। मिल्स का जन्म वको (टेक्साज़) में हुआ। टेक्साज़ विश्वविद्यालय से दर्शनशास्त्र में एम. ए. कर विस्कोंसिन विश्वविद्यालय से समाजशास्त्र में शोध-उपाधि (पी.एच.डी) प्राप्त की। मिल्स असाधारण प्रतिभा सम्पन्न विद्यार्थी थे। टेक्साज़ में पढ़ते समय ही उनके दो लेख समाजशास्त्र की दो प्रमुख पत्रिकाओं में प्रकाशित हो चुके थे। उन्होंने हेंस गर्थ के साथ मिलकर सन् 1945 में ही 'मैक्स वेबरः समाजशास्त्र संबंधी लेख' नामक पुस्तक लिखी। मेरीलैण्ड विश्वविद्यालय से अध्यापन की शुरुआत कर सन् 1945 में मिल्स कोलम्बिया विश्वविद्यालय में 'व्यावहारिक सामाजिक शोध संस्थान' में चले आये। कोलम्बिया में पढ़ाते समय सन् 1950 तक उन्होंने एक सार्वजनिक प्रबुद्ध व्यक्ति के रूप में ख्याति अर्जित कर ली। इसी काल में उन्होंने 'शक्ति अभिजन' 'सुनो यंकीः क्यूबा में

आंदोलन', 'सफेद पोश' तथा 'तीन विश्वयुद्धों के कारण' नामक पुस्तकें लिखीं जिस कारण जन सामान्य में उन्हें काफी प्रसिद्धि मिली। इसके साथ-साथ न्यूयार्क के वामपंथी प्रबुद्ध अभिजनों में भी उनकी गणना की जाने लगी।

मिल्स एक जल्दबाजी वाले व्यक्ति थे। 45 वर्ष की छोटी सी उम्र में उनकी मृत्यु होने तक उन्हें चार हृदयघात हो चुके थे, उन्होंने इस छोटी सी उम्र में समाजशास्त्र के क्षेत्र में अनेक महत्वपूर्ण पुस्तकें लिखीं जो काफी चर्चित रहीं। उनका व्यक्तिगत जीवन काफी आवेशपूर्ण, उपद्रवी और उतार-चढ़ावों से भरा हुआ था। वे हर समय हर किसी से युद्ध करने या लड़ने के लिये तैयार रहते थे। वे हर परिचित व्यक्ति से किसी न किसी बात को लेकर लड़े भी हैं। यहां तक कि वे अपने सहलेखक हेंस से भी लड़ने से नहीं चूके।

वे अपने कई सहयोगियों एवं मित्रों द्वारा एक अक्खड़ और दंभी व्यक्ति माने जाते थे, किन्तु अपने पाठकों के बीच उनकी छवि एक नायक (हीरो) की थी। वे चमड़े की जाकेट पहन और मोटर साइकिल पर सवार होकर एक युवा उग्रवादी प्रबुद्ध व्यक्ति का स्वांग भरने के लिये भी प्रसिद्ध रहे हैं। उनका वैवाहिक जीवन भी काफी उलझन भरा था। उनके कई स्त्रियों के साथ सम्बन्ध थे। उन्होंने तीन विवाह किये और प्रत्येक पत्नी से उनकी एक सन्तान थी। उनके अक्खड़ स्वभाव के कारण कोलम्बिया विश्वविद्यालय में एक प्रोफेसर के रूप में उनसे उनके निकट सहयोगी तक दूर रहने का प्रयास करते थे।

मिल्स उन प्रारंभिक लेखकों में से हैं जिन्होंने समाजशास्त्रीय सिद्धान्त के क्षेत्र में अकेले मार्क्सवादी परम्परा को स्थापित कर उसे बनाये रखा। मिल्स मार्क्सवादी नहीं थे और न ही 1950 तक उन्होंने मार्क्स को पढ़ा था, किन्तु उनकी दो प्रमुख कृतियां 'सफेद पोश' (1951) और 'शक्ति अभिजन' (1956) मार्क्सवादी विचारों को प्रतिबम्बित करती हैं। मिल्स ने राजनीतिक शक्ति और सामाजिक विषमता के प्रति विद्यमान पूर्वाग्रहों को बनाये रखने में रूढ़िगत सामाजिक विज्ञानों की कड़ी भर्त्सना की है। उन्होंने जहां एक ओर मानवतावादी परिप्रेक्ष्य को अपना कर समाजशास्त्र को प्रभावित किया, वहां दूसरी ओर उन्होंने शक्ति के अपने गूढ़ विश्लेषण द्वारा राजनीति के अध्ययन को भी एक नवीन दिशा प्रदान की। एक व्यावहारिक समाजशास्त्री के रूप में मिल्स ने सामाजिक विषमता, अभिजनों की शक्ति, सिकुड़ता हुआ मध्यम वर्ग, व्यक्ति और समाज के बीच सम्बन्ध तथा समाजशास्त्रीय विचारणा में ऐतिहासिक परिप्रेक्ष्य की महत्ता जैसे विषयों को अपने लेखनों का प्रमुख केन्द्र बनाया है।

मिल्स के तीन प्रमुख ग्रन्थ हैं। सन् 1951 में उनकी 'सफेद पोश' (व्हाइट कॉलर) का प्रकाशन हुआ। इस पुस्तक में उन्होंने अमेरिकी मध्यम वर्ग की विशेषताओं का सजीव चित्र खींचा है। 'शक्ति-अभिजन' (द पॉवर इलीट, 1956) में मिल्स ने संयुक्त राज्य अमेरिका की शक्ति-संरचना को स्पष्ट करते हुए लिखा है कि अमेरिका का शासन अंतर्ग्रथित और स्वनिर्मित अभिजनों के समूहों द्वारा किया जाता है। मिल्स के अनुसार, शक्ति-अभिजन केवल इसलिये शक्तिशाली नहीं होते कि वे समय की मांगों को पूरी करते रहते हैं, अपितु वे स्वयं ऐसी मांगें पैदा करके जनसाधारण के दैनिक जीवन को बदलने की क्षमता भी रखते हैं। ऐसे अभिजन सामाजिक संरचना के महत्वपूर्ण पदों पर आसीन होकर अपनी एक ऐसी छवि प्रदर्शित करते हैं कि जनसाधारण की नजरों में वे न केवल धन-संपदा और पद-प्रतिष्ठा की दृष्टि से, अपितु चरित्र की दृष्टि से भी श्रेष्ठ सिद्ध होते हैं। किन्तु यह उनका मात्र आडम्बर

होता है। ऐसे अभिजनों की कोई विशिष्ट विचारधारा नहीं होती। इस वर्ग के सदस्य केवल जोड़-तोड़ में माहिर होते हैं; इन्हें उचित-अनुचित, नैतिक-अनैतिक जैसे प्रश्नों से कोई लेना-देना नहीं होता है।

मिल्स ने अपनी इस कृति में शक्ति को समाज की धुरी मानते हुए यह माना है कि **भिन्न-भिन्न समाजों और भिन्न-भिन्न युगों में शक्ति के स्वरूप में बदलाव आता जाता है, किन्तु शक्ति सदैव मानव के सामाजिक जीवन का केन्द्र-बिन्दु रहती है**। शक्ति के आधार पर वर्गों के रूपाकार में बदलाव अवश्य आता है, किन्तु समाज का कोई न कोई वर्ग शक्ति सम्पन्न और अन्य वर्ग शक्ति विहीन होते जाते हैं। मिल्स ने विवेक, तार्किकता और नैतिक प्रतिबद्धता की महत्ता को स्वीकार करते हुए बुद्धिजीवियों को राजनीतिक कार्यवाही के लिये आन्दोलित किया है। उनके इन विचारों से सन् 1960 के दशक के नव वामपंथियों को काफी प्रेरणा मिली।

मिल्स की एक अन्य बहु प्रसिद्ध पुस्तक 'समाजशास्त्रीय कल्पना' (सोसिऑलॉजिकल इमेजीनेशन, 1959) रही है। यह पुस्तक कई कारणों से बहुचर्चित रही है। इस पुस्तक में मिल्स का एक सामाजिक आलोचक का रूप निखर कर सामने आया है। जहां एक ओर इस पुस्तक ने शिक्षण की एक शाखा के रूप में समाजशास्त्र को मानवतावादी सरोकारों के लिये प्रेरणा प्रदान की, वहीं दूसरी ओर तत्कालीन समाजशास्त्र में प्रचलित महत् सिद्धान्त, अमूर्त अनुभववाद, प्रकार्यवाद, टालकट पार्सन्स के शब्दाडम्बरीय जाल आदि की धज्जियां बिखेरने में कोई कोर-कसर नहीं छोड़ी है।

समाजशास्त्रीय कल्पना एक समाजशास्त्रीय दृष्टि है, विश्व को देखने का एक नज़रिया है जिसके द्वारा व्यक्तिगत आभासी समस्याओं और महत्वपूर्ण सामाजिक मसलों के बीच संबंधों को देखा-परखा जा सकता है। मिल्स के अनुसार, एक मानवतावादी समाजशास्त्री हमारे जीवन के सामाजिक, व्यक्तिगत और ऐतिहासिक आयामों के बीच सम्बन्ध स्थापित करता है जो अमूर्त अनुभववाद और महत् सिद्धान्त दोनों का समान रूप में आलोचक होता है।

मिल्स ने इस पुस्तक में समाजशास्त्र में बहु प्रचलित उपागमों, यथा **महत् सिद्धान्त वाली परम्परा और शुद्ध अमूर्त अनुभववादी परम्परा दोनों की समान रूप से आलोचना की है**। महत् सिद्धान्तकार जहां व्यापक सामान्य नियमों की खोज में रत रहते हैं और अनुभवपरक प्रेक्षण को कोई महत्व नहीं देते, वहां दूसरी ओर अमूर्त अनुभववादी विद्वान समाज को एक शुद्ध वस्तुनिष्ठ घटना मानकर इसके उद्देश्यों से कोई सरोकार नहीं रखते। **अनुभवपरक समाजशास्त्रियों के लिये आंकड़े ही सब कुछ होते हैं और इन्हीं के आधार पर वे घटना को सही-गलत सिद्ध करना चाहते हैं**। मिल्स ने इन दोनों अतिवादी दृष्टिकोणों का खंडन करते हुए एक तीसरे विकल्प को प्रस्तुत किया है। यह तीसरा विकल्प समाज के सरोकारों को आधार मानते हुए समाजशास्त्र में एक ऐसे ज्ञान की खोज पर बल देता है जो सम्पूर्ण समाज के लिये तथा अलग-अलग स्त्री-पुरुषों के लिये विशिष्ट अर्थ रखता हो। इस अर्थ की ऐतिहासिक प्रवृत्तियों और भावी दिशाओं के लिये जो प्रासंगिकता हो सकती है, उसकी खोज समाजशास्त्र को करनी चाहिये। मिल्स ने इसी के साथ **आधुनिक विज्ञानवादी पद्धतियों को मात्र आडम्बर की संज्ञा देते हुए इनके स्थान पर सामाजिक दायित्व और वास्तविक**

मानवतावादी सरोकारों को प्रमुखता दी है।

सन् 1953 में प्रकाशित 'चरित्र और सामाजिक संरचना' में मिल्स ने चरित्र-निर्माण के फ्रायडवादी जैवकीय विश्लेषण के साथ-साथ ऐतिहासिक एवं समाजशास्त्रीय विश्लेषण प्रस्तुत किया है। यह पुस्तक मार्क्सवादी सिद्धान्त की अपेक्षा वेबर और फ्रायड के सिद्धान्तों के अधिक नज़दीक है।

मिल्स युवा उग्रवादियों और सामाजिक सिद्धान्तकारों के प्रेरणा स्रोत और एक चहेते समाजशास्त्री रहे हैं। आधुनिक कई उग्रवादी (रेडिकल) समाजशास्त्री अपने को मिल्स का ऋणी मानते हैं। उन्होंने वेबर को मार्क्स और व्यावहारिकतावादियों के संदर्भ में पढ़ा और उस पर चिन्तन-मनन किया। उन्होंने नव वामपंथ के दर्शन में यूरोपीय और अमेरिकी क्लासिकल सिद्धान्त के सर्वोत्तम तत्वों को जोड़ने का यत्न किया। किन्तु, अपने तीव्र उग्रवादी विचारों के कारण मिल्स अमेरिकी समाजशास्त्र में अलग-थलग पड़ गये। उनकी तीव्र आलोचना हुई; जिसकी प्रतिक्रिया स्वरूप उन्होंने समाजशास्त्र की कटु आलोचना की। इसी आलोचनात्मक दृष्टि के आधार पर उनकी पुस्तक 'समाजशास्त्रीय कल्पना' (1959) का जन्म हुआ जिसमें उन्होंने टालकट पार्सन्स के साथ-साथ पद्धतिशास्त्री लेजार्सफील्ड की भी कटु आलोचना की है। यह आश्चर्य ही है कि कई समाजशास्त्री पार्सन्स की कृतियों और विचारों की गहराई की अपेक्षा मिल्स की आलोचनाओं से अधिक परिचित हैं।

प्रमुख कृतियाँ :

- From Max Weber: Essays in Sociology (with H. Girth), (1946)
- White Collar, (1951)
- Character and Social Structure, (with Girth), (1953)
- Power Elite, (1956)
- The Sociological Imagination, (1959)
- Listen Yankee: The Revolution in Cuba, (1960)
- The Marxists, (1962)

Mill, John Stuart

जॉन स्टुअर्ट मिल

(1806-1873)

उदारतावाद और उपयोगितावाद के प्रणेता और संस्थापक, उन्नीसवीं शताब्दी के अंग्रेज दार्शनिक एवं सामाजिक सुधारक **जॉन स्टुअर्ट मिल** को व्यक्तिवाद और स्वतंत्रता का प्रमुख उद्घोषक माना जाता है। मिल ने अपनी पुस्तक 'तर्क, तर्कात्मकता और निगमनात्मकता की एक प्रणाली' (ए सिस्टम ऑफ लॉजिक, रैटिऑसिनॅटिव एण्ड डिडक्टिव, 1843) में 'समाज के व्यक्ति के एक सामान्य विज्ञान' की रचना करने का प्रयास किया है। मिल का समाजशास्त्र को प्रमुख योगदान मानवीय विज्ञानों में प्रयोग की जाने वाली विधियों का पाँच तर्कसंगत भागों में वर्गीकरण एवं विश्लेषण है ; (1) समानता की विधि, (2) अन्तर की विधि, (3) संयुक्त विधि, (4) शेषांश विधि और (5) सह विचरण विधि। मिल ने उन सभी प्रयोगात्मक विधियों

के संबंध में प्रश्न खड़े किये हैं और कहा है कि ये विधियां भौतिक विज्ञानों के लिये ठीक हैं, किन्तु समाज के अध्ययन में ये विधियां उपयुक्त नहीं हैं। इन विधियों की दो प्रमुख कठिनाइयां हैं, यथा (1) कारणों की बहुलता और (2) प्रभावों का सम्मिश्रण। मिल ने शुद्ध निगमनात्मक विधियों को भी अस्वीकार किया है और समाज के सामान्य विज्ञान के लिये उन्होंने 'प्रक्कल्पित-निगमनात्मक विधि' और 'विपरीत निगमनात्मक विधि' की दो विधियों के प्रयोग का सुझाव दिया है। प्रक्कल्पित-निगमनात्मक विधि में सर्वप्रथम एक प्राक्कल्पना (हाइपोथीसिस) निर्मित की जाती है, इस प्राक्कल्पना के आधार पर कुछ अनुमान निर्मित किये जाते हैं और बाद में अनुभवात्मक तथ्यों के संदर्भ में इन अनुमानों को कृत्रिम रूप में परिचालित कर भविष्य कथनों का परीक्षण किया जाता है। (जैसा की प्रयोगशालीय प्रयोगों में किया जाता है) किन्तु, बहुधा सामाजिक विज्ञान उलटे रूप में चलते हैं। सामाजिक विज्ञानों में शुरुआत आनुभविक सामान्यीकरण से की जाती है। इनके आधार पर एक शोधकर्ता को ऐसी प्राक्कल्पनाओं को निर्मित करने की कोशिश करनी पड़ती है जो घटित घटनाओं संबंधी सामान्यीकरणों को ठीक प्रकार से स्पष्ट कर सके और अन्ततः सामाजिक प्रक्रियाओं की कारणात्मक व्याख्या प्रस्तुत कर सके।

रोनाल्ड फ्लेचर ने अपनी पुस्तक 'द मेकिंग ऑफ सोसाइटी' (1971) में स्टुअर्ट मिल का समाजशास्त्र के प्रति योगदान का मूल्यांकन करते हुए लिखा है कि इनके योगदान के प्रति लोगों को बहुत कम जानकारी है। यही नहीं, मिल के योगदान को समाजशास्त्र में बहुत कम आंका गया है। वास्तव में, ये मिल ही थे जिन्होंने ब्रिटेन में समाजशास्त्र के पिता कहे जाने वाले अगस्त कोम्त की और अपने पिता जैम्स मिल की उपयोगितावादी कृतियों का प्रचार किया। यही नहीं, मिल ने ही अपने दैव तुल्य पिता जेरेमी बैन्थम के विचारों को फैलाया। इस प्रकार, मिल ही वे व्यक्ति थे जिन्होंने समाजशास्त्रीय विचारों के प्रत्येक सम्प्रदाय के लिये महत्वपूर्ण शुरुआती विचार बिन्दु प्रस्तुत किये जिनका विकास बाद में हुआ।

बहुत पहले महिलाओं की समस्याओं पर लिखी गई उनकी सारगर्भित पुस्तक 'महिलाओं की अधीनता' (1869) आजकल पुनः चर्चा का विषय बन गई है जिसमें उन्होंने लिंग असमानता और विभेद के प्रश्न को बड़े शक्तिशाली ढंग से उठाया है।

प्रमुख कृतियाँ :

– A System of Logic, Ratiocinative and Deductive, (1843)
– The Subjection of Women, (1869)

Montesquieu, Charles-Louis de Secondat

चार्ल्स लुई द् सेकोंडा मोंतेस्क्यू (मोंटेस्क्यू) (1689-1755)

अठाहरवीं शताब्दी के फ्रांसीसी अभिजात वर्ग के एक प्रमुख विचारक **चार्ल्स लुई द् सेकोंडा मोंतेस्क्यू** की गणना आधुनिक समाज विज्ञान (राजनीतिशास्त्र) के प्रस्थापकों में की जाती है। उन्होंने यूरोप के कई देशों में भ्रमण कर अपने समय की राजनीतिक व्यवस्थाओं का एक तुलनात्मक परिप्रेक्ष्य प्रस्तुत किया। राजनीतिक दर्शन से सम्बन्धित उनकी कृति स्पष्ट रूप में

सांस्कृतिक विभिन्नताओं को स्वीकार करती है और इसी आधार पर उन्होंने स्थानीय दशाओं, संस्थाओं और प्रथाओं को ध्यान में रखते हुए अलग-अलग प्रकार की सरकारों और कानूनों के प्रचलन की बात की है। उनके इन विचारों का स्कॉटलैंड के प्रबोधकाल के विचारकों प्रमुखतः **ह्यूम, फरगुसन और स्मिथ पर गहरा प्रभाव** देखा जा सकता है। मोंतेस्क्यू ने प्रारंभिक सुप्रसिद्ध समाजशास्त्री **दुखाईम को भी प्रभावित** किया है। भूगोलवादी भी मोंतेस्क्यू के गुण-गान गाते नहीं थकते, क्योंकि उन्होंने सरकार और कानून को प्रभावित करने वाली शक्तियों और दशाओं के अपने विश्लेषण में जलवायु और भूस्थल को भी प्रभावक कारकों की श्रेणी में सम्मिलित किया है। बाद के टिप्पणीकारों ने मोंतेस्क्यू के भौगोलिक दशाओं सम्बन्धी विचारों की कटु आलोचना की है। किन्तु इसे सुखद आश्चर्य ही कहा जायेगा कि पर्यावरणवादी आधुनिक विचारधारा के कारण पर्यावरण के मसलों पर बदलते हुए आधुनिक सोच ने मोंतेस्क्यू के विचारों पर पुनः नये ढंग से विश्लेषण करने के लिये आकर्षित किया है।

मोंतेस्क्यू के सामाजिक सिद्धान्त में राजनीतिक स्वेच्छाचारिता और निरंकुश प्रवृत्ति की समस्या की छाया के दर्शन किये जा सकते हैं। अन्तःपुर के अपने समाजशास्त्रीय विश्लेषण में मोंतेस्क्यू ने स्पष्ट किया है कि **कोई भी समाज जो पूर्णतः बाहुबल या निरंकुशता पर आधारित होता है, वह अधिक दिनों तक नहीं चल सकता।** मोंतेस्क्यू ने यूरोप के दो परशियन यात्रियों के बीच हुए काल्पनिक पत्र-व्यवहार के माध्यम से (परशियन लेटर्स, 1721) तत्कालीन फ्रांसीसी समाज का एक चित्र खींचा है। इसी बात को आगे बढ़ाते हुए उन्होंने एक पुस्तक 'रोमन लोगों की महानता के कारणों सम्बंधी विचार' (कन्सिड्रेशन्स ऑन द काज़ेज ऑफ रोमन ग्रेटनेश, 1734) के नाम से लिखी जिसमें साम्राज्यों के उत्थान और पतन के सामाजिक कारणों का एक सविस्तार तुलनात्मक विश्लेषण किया गया है। उनका सर्वाधिक महत्वपूर्ण योगदान उनकी पुस्तक 'कानूनों की मूल आत्मा' (द स्प्रिट ऑफ लॉज़, 1748) के प्रकाशन के रूप में सामने आया। इस पुस्तक में उन्होंने यह विचार व्यक्त किया कि **संसदीय सरकार के अंग्रेजों के अनुभवों का अनुसरण कर सरकार के कार्यकारी, विधायी और न्यायिक कार्यों को संस्थात्मक रूप में अलग-अलग करके निरंकुशता की प्रवृत्ति पर अंकुश लगाया जा सकता है।** इसके लिये स्पष्ट रूप में 'शक्तियों का पृथक्करण' करना होगा जो निरंकुशता की शक्ति पर अंकुश का कार्य करेगा। उन्होंने कहा कि जब विधायी शक्ति को कार्यकारी शक्ति से मिला दिया जाता है, या न्यायिक शक्ति को विधायी शक्ति से मिला दिया जाता है, तब स्वतंत्रता समाप्त हो जाती है। अतः मोंतेस्क्यू ने यह प्रस्थापित किया कि "एक शक्ति को (दूसरी) शक्ति द्वारा नियंत्रित किया जाना चाहिये।" **समाजशास्त्र के विद्यार्थियों के लिये मोंतेस्क्यू का अध्ययन इसलिये आवश्यक है कि उन्होंने संस्थाओं के तुलनात्मक समाजशास्त्रीय अध्ययन द्वारा धर्म, शिक्षा, सरकार और भूगोल के बीच अन्तर्सम्बन्धों को खोजने का प्रयास किया है।** समाजशास्त्र के क्षेत्र में जिस परम्परा की नींव मोंतेस्क्यू ने रखी, उस परम्परा को उन्नीसवीं शताब्दी में एन. फुस्टेल द कॉलेज़ेज, ए. दुखाईम और ए.डी. तोकवील ने आगे बढ़ाया।

प्रमुख कृतियाँ :

- Persion Letters, (1721)
- Consideration on the Causes of Roman Greatness, (1734)
- The Spirit of the Laws, (1748)

Moore, Barrington, Jr.

बैरिंगटन जूनिअर मूर (1913-)

सन् 1951 से हार्वर्ड विश्वविद्यालय स्थित 'रूसी शोध केन्द्र' में शोधकर्ता के रूप में कार्यरत **बैरिंगटन (कनिष्ट) मूर** ने तुलनात्मक और ऐतिहासिक समाजशास्त्र के क्षेत्र में प्रमुख योगदान किया है। उन्होंने राजनीतिक और आर्थिक समाजशास्त्र में विशिष्टता हासिल की है। इसके अलावा मूर ने मानवीय दशाओं, युद्ध और निजी जीवन के अध्ययन में भी अपनी रुचि प्रकट की है। उनकी सर्वाधिक महत्वपूर्ण कृति 'तानाशाही और प्रजातंत्र का सामाजिक उद्‌भव', (1967) में, मूर ने इंग्लैण्ड, फ्रांस, अमेरिका, जापान, भारत और राजशाही चीन के सामाजिक वर्गों (विशेषतः कृषक और जमींदार वर्ग) के बीच सम्बन्धों को टटोलने का प्रयास किया है और बताया कि किस प्रकार ऐतिहासिक वर्ग-संरचनाओं और औद्योगीकरण ने सामंतवाद, प्रजातंत्र और साम्यवाद जैसी राजनैतिक व्यवस्थाओं को प्रभावित किया है। अपने इस विश्लेषण के आधार पर उन्होंने कहा है कि इंग्लैण्ड और अमेरिका में बुर्जुआई प्रजातंत्र का, पूर्व युद्ध के जर्मनी और जापान में फासीवाद और चीन में साम्यवाद का विकास हुआ है। अपनी अन्य पुस्तकों यथा 'सोवियत रूसी राजनीति' (1950) और 'रूस में भय और प्रगति' (1954) में उन्होंने राजनीतिक समाजशास्त्र के क्षेत्र में प्रकार्यात्मक विधि द्वारा उत्तर क्रांतिकालीन रूस में सर्वाधिकारवादी राजनीति, औद्योगीकरण और विचारधारा के बीच विरोधाभासी सम्बंधों का विश्लेषण किया है। मूर ने अपनी पुस्तक 'राजनीतिक शक्ति और सामाजिक सिद्धान्त' (1958) में राजनीतिक और समाजशास्त्रीय सिद्धान्तों का विश्लेषण किया है। हर्बर्ट मारकूज के सम्मान में लिखे लेखों के एक संकलन (वूल्फ के साथ सम्पादित पुस्तक) में मूर ने स्वतंत्रता, सत्यता और सुख की सामाजिक गवेषणा कर इनके आपसी संबंधों पर प्रकाश डाला है। अपनी बाद की कृतियों में मूर ने कुछ प्रमुख नैतिक और सामाजिक सरोकार सम्बन्धी मसलों का विस्तृत विवचेन किया है। 'मानवीय पीड़ा के कारणों सम्बन्धी विमर्श' (1972) में मूर ने युद्ध, निर्दयता और सामाजिक-मानवीय अश्लीलता का जर्मनी के कामगार वर्ग के ऐतिहासिक गवेषण के द्वारा एक बड़ा सुन्दर चित्र प्रस्तुत किया है। 'अन्याय' नामक पुस्तक में उन्होंने राजनीतिक सत्ता, आज्ञाकारिता और विद्रोह का विश्लेषण किया है। मूर ने व्यक्तिगत जीवन का भी विश्लेषण किया है जो 'निजता' (1984) के नाम से प्रकाशित हुआ है।

प्रमुख कृतियाँ :

- Soviet Politics, (1950)

- Terror and Progress in USSR, (1954)
- Political Power and Social Theory, (1958)
- Social Origins of Dictatorship and Democracy, (1967)
- Reflections on the Causes of Human Misery, (1972)
- Injustice, (1978)
- Privacy: Studies in Social and Cultural History, (1984)

Morgan, Lewis Henry

लेविस हेनरी मॉर्गन (मोरगन) (1818-1881)

लेविस हेनरी मॉर्गन की गणना मानवशास्त्र में प्रारंभिक मानवशास्त्रियों में की जाती है जिन्होंने अमेरिका के मूल निवासियों के अपने अध्ययन के आधार पर नातेदारी व्यवस्था का सर्वप्रथम एक व्यवस्थित वर्गीकरण (सिस्टम्स ऑफ कन्सनगुइनिटी एण्ड एफीनिटी ऑफ द ह्यूमन फेमिली, 1871) प्रस्तुत किया जो नातेदारी व्यवस्था के अध्ययन में बाद में मील का एक पत्थर साबित हुआ। इसी के आधार पर परिवार के उद्‌भव के एक अनुमानात्मक इतिहास की रचना हुई जिसका वर्णन उनकी पुस्तक 'प्राचीन समाज' (1877) में देखने को मिलता है। यही पुस्तक मार्क्स के सहयोगी रहे एंजिल्स की परिवार और राज्य के उद्‌भव सम्बन्धी विचारों का आधार रही है।

मॉर्गन को अमेरिकी सांस्कृतिक मानवशास्त्र का पिता माना जाता है। उन्होंने अपने लेखनों में उद्‌विकासीय सिद्धान्त का अनुसरण किया है। विवाह, परिवार और नातेदारी संस्थाओं के वर्णन-विश्लेषण में उन्होंने इसी सिद्धान्त का प्रयोग करते हुए मानवीय समाज के उद्‌भव का पूर्णतः कामाचार अवस्था से लेकर कई अवस्थाओं से (लगभग 15 अवस्थाएँ से) गुजरते हुए आधुनिक एक विवाही परिवार के स्तर तक पहुँचने की बात कही है। मार्गन ने **परिवार की उत्पत्ति सम्बन्धी पाँच चरणों** का उल्लेख किया है, यथा समरक्त परिवार, समूह परिवार, सिण्डेश्मियन (युगल) परिवार, पितृसत्तात्मक परिवार और एक विवाही परिवार। परिवार के अतिरिक्त आधुनिक राज्य के उद्‌भव के बारे में भी मॉर्गन ने उद्‌विकासीय सिद्धान्त का प्रयोग किया है। उन्होंने राज्य के प्रारंभिक स्वरूप को नातेदारी पर आधारित माना है जिसमें बाह्य सत्ता (किसी दूसरे समूह) की कोई कल्पना नहीं थी। राज्य संबंधी सम्पत्ति और क्षेत्र के विचारों का जन्म बाद में हुआ। मॉर्गन के मतानुसार, **मानव इतिहास में राजनैतिक संबंधों का जन्म तब हुआ होगा जब व्यक्ति के सम्बन्ध किसी क्षेत्र अथवा प्रदेश से जुड़े होंगे।** विशिष्ठ प्रदेश के साथ लगाव की भावना ने राज्य की धारणा को जन्म दिया प्रतीत होता है। मॉर्गन ने लिखा है कि **'मानव जाति का इतिहास अपने उद्‌गम में एक है, अनुभव में एक है और प्रगति में भी एक है।'** वे मानव समाज और संस्कृति का उद्‌विकास एक सीधी रेखा में मानते हैं। इसी आधार पर उन्होंने **मानव संस्कृति के उद्‌विकास के तीन स्तरों** की कल्पना की है, यथा आरण्यक अवस्था, बर्बर अवस्था और सभ्यावस्था। मॉर्गन ने अपनी अंतिम पुस्तक "अमरीकी आदिवासियों के घर और घरेलू जीवन" (1881) में आदिवासियों के घर की बनावट को उनके घरेलू जीवन के साथ जोड़ते हुए कहा है कि घर

की बनावट पारिवारिक संगठन और सामाजिक जीवन को प्रभावित किये बिना नहीं रहती। मानवशास्त्रीय साहित्य में मॉर्गन की इस पुस्तक का जिक्र बहुत कम हुआ हैं।

अन्य उद्‌विकासवादियों की भांति मॉर्गन के विचारों की भी कई आधार पर कटु आलोचना हुई है। बाद में संकलित साक्ष्यों के आधार पर यह बताया गया है कि विवाह, परिवार, राज्य और संस्कृति का विकास हर स्थान पर एक ही रूप में समरेखिक आधार पर नहीं हुआ है। सभी स्थानों पर परिवार और विवाह का विकास क्रम मॉर्गन के अनुसार बताये गये निर्धारित चरणों में अनिवार्य रूप में हुआ प्रतीत नहीं होता।

यह सही है कि आजकल मॉर्गन के कल्पनात्मक उद्‌विकास को अधिक गंभीरता से नहीं लिया जाता, फिर भी बीसवीं शताब्दी में भी न केवल राजनीतिक विचारणा में, अपितु परिवार के प्रकार्यवादी सिद्धान्तों में भी परिवार और राज्य के बीच नैतिक कड़ी को स्वीकार किया गया है।

प्रमुख कृतियाँ :

- Systems of Consanguinity and Affinity of the Human Family, (1871)
- The Ancient Society, (1877)
- Houses and Houselife of the American Aborigines, (1881)

Mosca, Gaetano

गाएतानो मोस्का (मोज़ाका) (1858-1941)

अभिजन-प्रभुता (एलीट डोमिनेशन) सिद्धान्त के प्रमुख प्रतिपादक **गाएतानो मोस्का** (मोज़ाका) इटली के एक राजनीतिक विचारक थे। उन्होंने अपनी सर्वाधिक प्रसिद्ध पुस्तक 'शासक वर्ग' (द रूलींग क्लास, 1896) में स्पष्ट रूप में कहा है कि **सरकार चाहे कोई भी हो, शक्ति उन मुट्ठी भर लोगों के हाथ में होती है जो शासक-वर्ग होता है**। यह सही है कि इस वर्ग को हमेशा अपने शासन को ऐसे नैतिक और कानूनी सिद्धान्तों, जो शासित लोगों को स्वीकार होते हैं, के प्रति लोगों की भावनाओं को जाग्रत कर अपने शासन को न्योयोचित सिद्ध करना पड़ता है। मोस्का ने बताया कि हर **समाज में दो प्रकार के वर्ग** होते हैं; **एक शासक वर्ग** और **दूसरा शासित वर्ग**। पहला वर्ग अत्यंत छोटा, अत्यधिक स्थाई और सुविधा सम्पन्न होता है। इसके पास धन-सम्पदा, शक्ति और प्रतिष्ठा होती है। दूसरा वर्ग असंगठित और संख्या में बड़ा होता है जो सभी प्रकार की सुविधाओं से वंचित होता है। यह **पहला वर्ग ही 'अभिजन' (एलीट) कहलाता है**। मोस्का के अनुसार, **समाज के अन्य लोगों से उच्च स्तर के व्यक्ति अभिजन कहलाते हैं**।

मोस्का मानते हैं कि शासक वर्ग बढ़ती हुई सामाजिक गतिशीलता और **'अभिजन-परिभ्रमण की प्रक्रिया'** के परिणामस्वरूप चाहे कितना भी विषम रूपी हो जाये, फिर भी इसका स्वरूप अल्पतंत्री रहता है। साम्यवादी देशों में भी नेतृत्व की एक संगठनात्मक आवश्यकता के कारण वहां भी अभिजनों का प्रभुत्व रहता है। **रॉबर्ट माइकेल्स,** जो मोस्का के विचारों से काफी प्रभावित रहे हैं, ने भी मोस्का के इन विचारों का अनुमोदन किया है कि

उदारवादी प्रजातंत्र मात्र एक पाखंड है क्योंकि इसके आदर्शों को कभी भी प्राप्त नहीं किया जा सकता। यह शासक-वर्ग द्वारा प्रभुत्व की अनिवार्यता पर मात्र पर्दा डालता है। मोस्का ने राजनीतिक नेताओं की प्रतीकात्मक भूमिका की विशेषतः आलोचना की है; क्योंकि ये लोग, मोस्का के अनुसार, विभिन्न 'राजनीतिक नुस्खों' के द्वारा जनसाधारण को उल्लू बनाकर समर्थन हासिल करते रहते हैं। इस प्रकार के स्व-औचित्यीकरण के कारण अभिजनों का प्रभुत्व निरन्तर बना रहता है। मोस्का ने मार्क्सवादियों की इस बात को लेकर आलोचना की है कि वे प्रभु-सत्ता के बने रहने के कारणों को बताने में असमर्थ रहे हैं। उन्होंने उदारवादियों की भी आलोचना की है जो यह मानते हैं कि औद्योगिक समाज की ओर संक्रमण स्वतः ही जनसाधारण द्वारा ठुकराये हुए अभिजनों के शासन को समाप्त कर देता है।

आजकल मोस्का को शायद ही कोई समाजशास्त्री पढ़ता है। उनकी कृतियों को प्रबोधकाल और मार्क्सवाद के सदंर्भ में पूर्णतः नकार दिया गया है। वास्तव में, परेटो की भांति; मोस्का ने भी सामाजिक परिवर्तन के जिस 'अभिजन सिद्धान्त' की बात की है, वह पूर्णतः मार्क्सवादी परिप्रेक्ष्य से विपरीत है जिसका मार्क्सवाद के अवसान के पूर्व तक समाजशास्त्रीय सिद्धान्त में काफी बोलबाला था।

प्रमुख कृतियाँ :

– The Ruling Class, (1896)

Mukerji, Dhurjati Prasad

धूर्जटि प्रसाद मुकर्जी (1894-1962)

अपने शिष्यों, प्रशंसकों तथा बुद्धिजनों के बीच आमतौर पर **डी.पी. के नाम से जाने-पहचाने जाने वाले धूर्जटि प्रसाद मुकर्जी** एक अन्य मुकर्जी, राधाकमल मुकर्जी के समकालीन विद्वान थे। दोनों ही एक लम्बे समय तक लखनऊ विश्वविद्यालय में साथ-साथ रहे हैं। **डी.पी. मार्क्सवादी थे,** किन्तु वे स्वयं को मार्क्सवादी के स्थान पर "मार्क्सशास्त्री" (मार्क्सोलोजिस्ट) कहलाना अधिक पसंद करते थे। **उन्होंने भारतीय इतिहास का द्वन्द्वात्मक प्रक्रिया द्वारा विश्लेषण किया है।** उनके अनुसार, परम्परा तथा आधुनिकता, उपनिवेशवाद तथा राष्ट्रवाद, व्यक्तिवाद और समूहवाद में द्वन्द्वात्मक सम्बन्ध हैं। ये एक दूसरे को प्रभावित करते तथा होते हैं। मुकर्जी का द्वन्द्ववाद का आधार मानवतावाद रहा है जो संकुचित नृजातीय एवं राष्ट्रीय विचारों की सीमाओं से परे था। उन्होंने मार्क्स के सिद्धान्तों को भारतीय परम्परा के साथ जोड़ने का यत्न किया है। **मुकर्जी ने भारतीय समाज के अध्ययन के लिये परम्पराओं के अध्ययन को आवश्यक बताया है।** यही कारण है कि परम्परा का विवेचन मुकर्जी के अध्ययन का मुख्य केन्द्र बिन्दु रहा है। उन्होंने इसके प्रकार, स्तरों, इनमें आपसी द्वन्द्व एवं परिवर्तन का गूढ़ विवेचन किया है। यही नहीं, उन्होंने भारतीय परम्परा और आधुनिकता के मध्य संघर्ष की द्वन्द्वात्मक व्याख्या कर भारतीय समाजशास्त्र में अपना एक विशिष्ट स्थान बनाया है।

भारत में समाजशास्त्र के अन्य प्रारंभिक प्रवर्तकों की भांति डी. पी. ने भी **सामाजिक विज्ञानों में संकुचितीकरण और विभागीकरण की प्रवृत्ति को अस्वीकार किया है।** मुकर्जी के

मतानुसार, सामाजिक विज्ञानों के अध्ययन का दृष्टिकोण पृथकतावादी न होकर समष्टिवादी होना चाहिये। वे ज्ञान के विभाजन के विरुद्ध थे। उन्होंने कहा कि व्यक्ति के व्यक्तित्व के विभिन्न पक्षों का अध्ययन एक पूर्णता (समष्टि) में किया जाना चाहिये। मुकर्जी ने आधुनिक सामाजिक विज्ञानों में आनुभविकता के माध्यम से **प्रत्यक्षवाद के बढ़ते प्रभाव का भी विरोध** किया है क्योंकि उनकी दृष्टि में प्रत्यक्षवाद में व्यक्तियों को मात्र एक जैविक और मनोवैज्ञानिक इकाइयों के रूप में देखा जाता है। प्रत्यक्षवाद व्यष्टीयन या व्यक्तिकरण (इन्डिविडयुएशन) पर अधिक बल देता है जो परोक्ष रूप में मानवतावाद पर एक प्रहार है। मुकर्जी के विचारानुसार, स्वस्थ व्यक्तित्व के विकास के लिये व्यष्टीयन (व्यक्तिकरण) और समष्टियन (समष्टिकरण) के बीच संतुलन होना चाहिये। उन्होंने व्यक्तित्व के विकास के लिये पश्चिम के प्रत्यक्षवादी स्वरूप को न अपना कर समन्वित विकास के एक ऐसे प्रतिमान पर बल दिया है जिसमें प्रौद्योगिक विकास और मनुष्य की स्वतंत्रता दोनों में संतुलन बना रहे।

मुकर्जी को भारतीय समाजशास्त्र की मार्क्सवादी विचार परम्परा का अग्रज माना जाता है। उन्होंने भारतीय सामाजिक प्रक्रियाओं के विश्लेषण में हीगल (विचारों का द्वन्द्व) और मार्क्स (भौतिक पदार्थों का द्वन्द्व) दोनों के द्वन्द्ववादी धारणा से भिन्न द्वन्द्वात्मकता का प्रयोग **'परम्पराओं के द्वन्द्व'** के रूप में किया है। इसी के माध्यम से उन्होंने भारतीय समाज में होने वाले परिवर्तन की व्याख्या की है। इसके लिये उन्होंने (आन्तरिक एवं बाह्य) भारतीय परम्परा का इस्लामिक परम्परा से द्वन्द्व सहित भारतीय परम्परा में निहित उच्च परम्परा और स्थानीय परम्परा के द्वन्द्व की उदाहरण सहित विवेचना की है। **सामाजिक परिवर्तन के संदर्भ में उन्होंने अत्रेय ब्राह्मण ग्रंथ के 'चवैंती चवैंती' अर्थात् आगे बढ़ो, आगे बढ़ो की धारणा को स्वीकार किया है।**

मुकर्जी ने प्रगति के विकासवादी सिद्धान्त को अस्वीकार किया है और कहा है कि यह कोई प्राकृतिक घटना नहीं है, अपितु यह मानव के जीवन के उद्देश्यों पर आधारित एक विचार है। उन्होंने पश्चिम की प्रगति की विचारणा को वेदान्त की शान्तम् (पीस), शिवम् (वेलफ़ेअर) और अद्वैतम् (यूनिटि) (शांति, कल्याण और एकता) की अवधारणाओं के साथ समन्वय करने का यत्न किया है। अपने समन्वयवादी विचारों की पुष्टि के लिये डी. पी. ने कहा कि यह ऐतिहासिक प्रक्रिया (वाद, प्रतिवाद और संवाद) के तीसरे चरण में वाद और प्रतिवाद का समन्वय होना आवश्यक है। इस समन्वयवादी विचारणा के कारण ही **उन्होंने वेदान्त, पश्चिमी उदारवाद और मार्क्सवाद के समन्वय पर बल दिया है।**

डी. पी. ने आधुनिकता और परम्परा के अपने विश्लेषण में आधुनिकता के साथ तार्किकता/युक्तिमूलकता (रैश्‌नॉलिटी) के तत्व को नहीं जोड़ा है। अपने सभी लेखनों में, चाहे आर्थिक सिद्धान्त, नियोजन, भारतीय संस्कृति, समाज या व्यक्ति जैसे विषय रहे हों, उन्होंने स्पष्ट तौर पर कहा है कि आधुनिकता को देश की संस्कृति के दायरे में देखा-परखा जाना चाहिये। डी. पी. ने आधुनिकीकरण को एक ऐसी ऐतिहासिक प्रक्रिया माना है जो विस्तार, उन्नयन, गहनता और पुनर्जीवन का एक साथ प्रतिनिधित्व करती है। यह पारम्परिक मूल्यों और सांस्कृतिक मूल्यों से पूर्णतः मुख नहीं मोड़ती, अपितु यह उनका बेहतर तरीके से उपयोग करती है। इसकी उत्पत्ति पारम्परिक और आधुनिक दोनों की अन्तर्क्रिया का प्रतिफल है। इस दृष्टि से, आधुनिकीकरण में परम्परा बाधा नहीं है, अपितु यह तो उसकी एक स्थिति, एक दशा

है। यह विकल्पों में से एक अच्छे विकल्प के चयन करने की स्वतंत्रता देती है और ऐसे सांस्कृतिक प्रतिमानों को जन्म देने पर बल देती है जो नवीन और पुरातन के समन्वय को प्रस्तुत करते हों। आधुनिकीकरण नवीन मूल्यों और संस्थाओं के लिये एक ऐसी आधार भूमि तैयार करती है जिसमें वे अपनी जड़ें जमा सकें। अतः मुकर्जी के अनुसार, **परम्परा आधुनिकता को नकारती नहीं है, अपितु ये दोनों एक दूसरे के सहयोग से पल्लवित होती हैं।** संक्षेप में, डी.पी. ने मूल्यों के संतुलन की समस्या के साथ-साथ परम्परा और आधुनिकता के समन्वय पर जोर दिया है। उन्होंने इन दोनों को एक दूसरे को विरोधी न मान कर एक दूसरे का ऐसा पूरक माना है जो एक दूसरे को आगे बढ़ाने में सहयोग करते हैं।

डी.पी. मुकर्जी का जन्म बंगाल के एक मध्यमवर्गीय ब्राह्मण परिवार में हुआ था। उनकी शिक्षा-दीक्षा कलकत्ता में हुई, किन्तु अपने जीवन का अधिकांश समय लखनऊ में व्यतीत किया। उन्होंने प्रारंभ में इतिहास का अध्ययन किया, किन्तु बाद में स्नात्कोत्तर उपाधि अर्थशास्त्र विषय में प्राप्त की। डी.पी. ने लखनऊ विश्वविद्यालय में तीस वर्षों तक (1922-1952) अर्थशास्त्र और समाजशास्त्र का अध्यापन किया। सन् 1951 में वे यहीं आचार्य (प्रोफेसर) पद पर आसीन हुए। लखनऊ से सेवानिवृत्ति के एक वर्ष पूर्व सन् 1953 में वे अलीगढ़ विश्वविद्यालय के तत्कालीन उपकुलपति डा. जाकिर हुसैन के आमंत्रण पर वहां अर्थशास्त्र विभाग का अध्यक्ष पद ग्रहण किया। यहाँ वे पाँच वर्षों तक रहे। इसी काल में, वे हेग के 'अन्तर्राष्ट्रीय सामाजिक अध्ययन संस्थान' में समाजशास्त्र के अतिथि आचार्य (विज़िटिंग प्रोफेसर) के रूप में गये। इसी बीच उन्हें यूनेस्को द्वारा पेरिस में एक भाषण देने का आमंत्रण मिला। मुकर्जी 'भारतीय समाजशास्त्रीय परिषद्' के संस्थापक सदस्यों में से थे। उन्होंने 'अन्तर्राष्ट्रीय समाजशास्त्रीय परिषद्' में भारत की ओर से प्रतिनिधित्व किया और उसके उपाध्यक्ष भी रहे। सन् 1955 में उन्होंने 'भारतीय समाजशास्त्रीय परिषद्' के प्रथम अधिवेशन की अध्यक्षता की तथा एक अत्यंत विचारोत्तेजक तथा मार्ग-दर्शक भाषण दिया। अपने इस व्याख्यान में मुकर्जी ने समाज विज्ञानों में मूल्य-मुक्तता के मिथक को उजागर करते हुए भारतीय समाजशास्त्रियों को आह्वान किया कि उन्हें वर्णन और विश्लेषण के सामान्य दायरे से निकल कर निर्देशात्मक समाधान प्रस्तुत करने चाहिये। ये समाधान केवल गहन आस्थाओं और मूल्य-निर्णयों के आकांक्षित भविष्य के बारे में हमारी वैचारिक प्रतिबद्धता से ही उत्पन्न हो सकते हैं।

डी. पी. मुकर्जी बहुमुखी प्रतिभा सम्पन्न विद्वान थे। उन्होंने कई विभिन्न विषयों पर लिखा है। अधिकांशतः उनका लेखन पुस्तकों की अपेक्षा लेखों के रूप में हुआ है जिन्हें बाद में पुस्तकाकार रूप दिया गया। वे जीवन में किसी एक विषय के होकर नहीं रहे। उन्होंने कई विषयों का अध्ययन किया और अन्ततः वे उन्हीं विषयों में रम गये। वे एक समाज वैज्ञानिक, उपन्यासकार, कला मर्मज्ञ, साहित्य समीक्षक, संगीत पारखी और इन सबसे बढ़ कर एक मानवतावादी मनीषी थे। मुकर्जी ने लिखा कम है, किन्तु विभिन्न विषयों पर अनेक विद्वतापूर्ण भाषण दिये हैं। मुकर्जी ने कला के उद्भव और विकास की भी सूक्ष्म समीक्षा की है। उनकी दृष्टि में, भारतीय कला आध्यात्मिक मूल्यों पर आधृत है। भारतवासी इसी प्रकार की कला के अधिकांशतः आराधक एवं प्रशसंक रहे हैं।

मुकर्जी का मूल प्रशिक्षण अर्थशास्त्र में हुआ था। अर्थशास्त्र के प्रति उनका दृष्टिकोण अन्य अर्थशास्त्रियों से भिन्न था। उन्होंने भारत के विकास की व्याख्या ऐतिहासिक और सांस्कृतिक विशिष्टताओं, विशेषकर सामाजिक मूल्यों और सामाजिक संरचना (जाति समूह) के संदर्भ में की। उन्होंने बताया कि ब्रिटिश शासन के कारण भारतीय अर्थव्यवस्था में व्यापक परिवर्तन हुए। ब्रिटिश शासकों द्वारा शुरू की गई शहरी-औद्योगिक अर्थव्यवस्था ने न केवल पुरानी संस्थाओं के जाल को समाप्त कर दिया अपितु परम्परागत विशिष्ठ जातियों को भी उनके व्यावसायिक धंधों से अलग कर दिया।

डी. पी. मुकर्जी एक सामाजिक विश्लेषक, आलोचक के साथ-साथ एक उत्कृष्ठ एवं प्रेरणास्पद शिक्षक थे। उन्होंने अपने विचारों में ब्राह्मणवादी बुद्धिजीवी परम्परा, पश्चिम के उदारवादी मानवतावाद तथा वेदान्त और मार्क्स के द्वन्द्वात्मक भौतिकवाद को समन्वय करने का प्रयास किया है। उन्होंने मार्क्सवादी परिप्रेक्ष्य के भारतीयकरण और भारतीय सामाजिक यथार्थ बोध के देशीकरण पर बल दिया। **डी. पी. ने पश्चिमी अनुभववाद के विचार को अस्वीकार कर भारत के समाजशास्त्र के लिये व्याख्यात्मक पद्धति का समर्थन किया है।** समाजशास्त्र की पश्चिमी प्रकार की अनुभववादी परम्परा पर टिप्पणी करते हुए उन्होंने सन् 1955 में 'भारतीय समाजशास्त्रीय परिषद्' के अपने अध्यक्षीय भाषण में कहा था कि 'एक भारतीय के रूप में मुझे तथाकथित आनुभविक सामाजिक शोध अध्ययनों के जंगल में जीवन के अर्थ को जानना असंभव सा प्रतीत होता है।' डी.पी. मुकर्जी ने पश्चिमी समाजशास्त्रीय सैद्धान्तिक परम्परा, विशेषतः इसके पार्सन्सवादी रूप की भी कटु आलोचना की है क्योंकि मुकर्जी के अनुसार पार्सन्स का सिद्धान्त 'कर्त्ता-परिस्थिति' अर्थात् 'व्यक्ति' पर जरूरत से अधिक बल देता है जो उनके विचारानुसार ठीक नहीं है। उन्होंने इस संदर्भ में सांस्कृतिक परम्परा और उस परम्परा से जुड़ी जनचेतना के अध्ययन को भी रेखाकिंत किया है।

नैतिकता के पतन, सार्वजनिक जीवन में गुणात्मक ह्रास, साम्प्रदायिकता, जातिगत और प्रजातिगत पहिचान के संकुचित दायरों की खोज और बढ़ती हुई वैधकरण के संकट जैसे मुद्दों को लेकर कई वर्षों से भारतीय समाजशास्त्री अपना रोना-धोना करते आ रहे हैं। इस स्थिति ने साध्य और साधन के बारे में एक नवीन खाई उत्पन्न की है। ये आधुनिकता की देन है। ये आधुनिकता के ऐसे रोग और विकृतियाँ हैं जिनके बारे में डी. पी. ने आधी शताब्दी के पूर्व ही अनुमान कर लिया था और समाजशास्त्रियों को इन अत्यधिक पैचिदा और महत्वपूर्ण मुद्दों पर बड़ी सावधानीपूर्वक विचार करने का आग्रह किया था।

प्रमुख कृतियाँ :

- Personality and the Social Science, (1924)
- Basic Concepts in Sociology, (1932)
- Modern Indian Culture, (1942)
- Tagore – A Study, (1943)
- On Indian History, (1945)
- Introduction to Indian Music, (1945)
- Problems of Indian Youth, (1946)

- Views and Counterviews, (1946)
- Diversities, (1958)

Mukerjee, Radha Kamal

राधाकमल मुकर्जी (1889-1968)

राधाकमल मुकर्जी का जन्म पश्चिमी बंगाल के बरहामपुर जिले के एक छोटे से कस्बे में एक बड़े ब्राह्मण परिवार में हुआ था। उनके पिता एक वकील और विधि-समुदाय (बार) के अगुआ थे। उनका परिवार आर्थिक और बौद्धिक रूप में समृद्ध था। उनके घर में इतिहास, साहित्य, कानून और संस्कृति की ढेर सारी पुस्तकें थीं। उनके बड़े भाई पढ़ाकू प्रवृत्ति के थे जो, हर समय पुस्तकों के पढ़ने में व्यस्त रहते थे। मुकर्जी की प्रारंभिक शिक्षा बरहामपुर में और कालेज स्तर की शिक्षा कलकत्ता के प्रेसिडेन्सी कॉलेज में हुई। यहां से उन्होंने अंग्रेजी और इतिहास में ऑनर्स किया। यहीं उन्होंने कोम्त, हरबर्ट स्पेन्सर, लेस्टर वार्ड, हॉबहाउस और गिडिंग्स जैसे विद्वानों की पुस्तकों का अध्ययन एवं मनन किया। बाद में वे सामाजिक मानवशास्त्र के अध्ययन के लिये इंग्लैंड भी गये। मुकर्जी के जीवन पर तत्कालीन सामाजिक-सांस्कृतिक और बौद्धिक पुनर्जागरण का भी गहरा प्रभाव पड़ा। इस पुनर्जागरण ने बाद में धीरे-धीरे जन आंदोलन का रूप ले लिया। मुकर्जी ने प्रौढ़ शिक्षा के माध्यम से इस आंदोलन में भाग लिया। उन्होंने सन् 1906 में कलकत्ता के मेचू बाज़ार की गंदी बस्तियों में प्रौढ़ों के लिये एक सांध्य स्कूल खोल कर पुनर्जागरण आंदोलन को गति प्रदान की। उनका यह स्कूल एक सामुदायिक केन्द्र बन गया। उन्होंने प्रौढ़ शिक्षा के लिये सरल पाठ्य पुस्तकें भी लिखीं।

मुकर्जी की विशेष रुचि इतिहास के अध्ययन में थी, किन्तु प्रौढ़ शिक्षा के दौरान कलकत्ता की गंदी बस्तियों के सम्पर्क में आने और वहां के लोगों की दुर्दशा, गंदगी, अधःपतन और दुख-दरिद्रता को देख और अनुभव कर उनकी रुचि अर्थशास्त्र और समाजशास्त्र में जाग्रत हो गई और उन्होंने इन विषयों के साथ राजनीतिशास्त्र का भी अध्ययन कर एम.ए. की उपाधि सामाजिक विज्ञान में प्राप्त की।

सन् 1910 में मुकर्जी बरहामपुर में अपने पुराने कालेज में अर्थशास्त्र के प्राध्यापक बन गये। यहां वे पाँच वर्षों तक रहे। यह उनके जीवन का अत्यंत व्यस्त काल था। सन् 1915 में उन्होंने सहकारिता आंदोलन पर सर्वेक्षण शोध कार्य किया जिस पर उन्हें 'प्रेमचंद-रायचन्द्र' छात्रवृत्ति मिली। एक वर्ष बाद ही सन् 1916 में उनकी प्रथम पुस्तक 'द फाउंडेशन ऑफ इंडियन इकनॉमिक्स' प्रकाशित हुई। इसी अवधि में उनकी रुचि 'पारिस्थितिकी' (इकॉलाजी) में उत्पन्न हुई और उन्होंने इसका प्रयोग मानव समुदाय के अध्ययन में किया। इसी काल में वे बंगला की प्रसिद्ध मासिक पत्रिका 'उपासना' के संपादक बन गये। इसमें नियमित रूप से कई विषयों पर लेख लिखे। इसी के माध्यम से वे बंगला की साहित्यिक गतिविधियों के भी सम्पर्क में आये। सन् 1915 में जब ब्रिटिश सरकार का दमन-चक्र चला तो मुकर्जी को भी गिरफ्तार किया गया किन्तु वकील भाई की कोशिश से वे शीघ्र ही छूट गये। सन् 1916 में उन्हें लाहौर के एक कालेज से एक पद का प्रस्ताव मिला जिसे उन्होंने स्वीकार कर लाहौर

चले गये। सन् 1917 में पंजाब विश्वविद्यालय में 'भारतीय अर्थशास्त्र के सिद्धान्त' पर दस व्याख्यान दिये। इसी वर्ष कलकत्ता विश्वविद्यालय में जब 'कला और विज्ञान में स्नात्कोत्तर परिषद्' की स्थापना हुई तो वे यहां चले आये। वे यहां पाँच वर्ष (1917-1921) रहे और उन्होंने अर्थशास्त्र, समाजशास्त्र और राजनीतिक दर्शन का अध्यापन किया। इसी अवधि में उन्होंने सन् 1920 में 'भारतीय ग्रामीण समुदाय में सामाजिक-आर्थिक परिवर्तन' विषय पर पी.एच. डी. की उपाधि प्राप्त की।

सन् 1921 में जब लखनऊ विश्वविद्यालय की स्थापना हुई तो वे यहां अर्थशास्त्र और समाजशास्त्र विभाग के प्रोफेसर एवं अध्यक्ष बन गये। उन्होंने इस विश्वविद्यालय में अर्थशास्त्र, समाजशास्त्र और मानवशास्त्र में शोध-कार्यों की शुरुआत की। इन शोध-कार्यों में उन्होंने एकीकृत (समष्टिगत) दृष्टिकोण एवं पद्धति को अपनाया। सन् 1945-47 के बीच, एक लघु अवधि के लिये उन्होंने ग्वालियर राजघराने के आर्थिक सलाहकार के रूप में भी कार्य किया। सन् 1955 में वे लखनऊ विश्वविद्यालय में कुलपति बन गये और इस पद से 1958 में सेवामुक्त होकर इसी विश्वविद्यालय के नवनिर्मित 'मानव सम्बन्धों और समाजशास्त्र के जे.के. संस्थान' में निदेशक बन गये जहां वे मृत्यु पर्यन्त रहे। वे ही इस संस्थान के जन्मदाता थे।

मुकर्जी अपने बौद्धिक जीवन में तीन सामाजिक विचारकों, यथा **ब्रजेन्द्रनाथ सील, पैट्रिक गैड्स और नरेन्द्रनाथ सेन** से अत्याधिक प्रभावित हुए हैं। अमेरिका प्रवास के दौरान उन पर **वेबलन** के विचारों का प्रभाव पड़ा। उन्होंने सील की भारतीय परम्परा की विचारधारा को पश्चिमी चुनौती के समक्ष अपनाया तथा सामाजिक-सांस्कृतिक विज्ञानों में प्रो. सील की तुलनात्मक पद्धति के प्रयोग पर विशेष बल दिया। मुकर्जी गैड्स की विश्लेषण पद्धति से प्रभावित थे। सामाजिक पारिस्थितिकी, जनसंख्या तथा क्षेत्रीय अध्ययन सम्बन्धी मुकर्जी के विचारों पर पैट्रिक गैड्स का प्रभाव स्पष्ट रूप में देखा जा सकता है। नरेन्द्रनाथ सेन गुप्ता के विचार मुकर्जी की सामाजिक मनोविज्ञान में रुचि पैदा करने में सहायक सिद्ध हुए हैं। इन दोनों ने मिल कर 'इंट्रोडक्शन टू सोशल साइकोलॉजी : माइन्ड इन सोसाइटी' (1928) नामक पुस्तक भी लिखी है। इन भारतीय विचारकों के अतिरिक्त पश्चिम के भी कुछ विचारक थे जिनके साथ मुकर्जी ने काम किया और जिनसे वे प्रभावित हुए हैं। इनमें एडवर्ड एल्सवर्थ रॉस, रॉबर्ट एजरा पार्क, मैकेंजी और पी. सोरोकिन कुछ प्रमुख विद्वान हैं।

मुकर्जी ने कई विषयों पर विद्वतापूर्ण लेख और लगभग 53 पुस्तकें अनेकानेक विषयों पर लिखी हैं। उनकी कृतियों की मूल प्रकृति सामाजिक विज्ञानों में एकीकरण और अन्तर्विज्ञानीय शोध की रही है। सामाजिक संरचना के क्षेत्र में सामाजिक मूल्यों के अध्ययन की पहल करने वाले मुकर्जी पहले भारतीय विद्वान थे। भारत में व्यावसायिक रूप में समाजशास्त्र की शुरुआत करने वाले दिग्गजों में आर. के. मुकर्जी की गणना प्रथम पीढ़ी के विद्वान समाजशास्त्रियों में की जाती है। **मुकर्जी ने भारतीय सामाजिक यथार्थ को समझने के लिये पश्चिमी समाज विज्ञान मॉडल और मार्क्सवादी मॉडल दोनों को ही अनुपयुक्त और अपर्याप्त बताया है** और इनके स्थान पर एक ऐसे मानव सापेक्षिक सामान्य सिद्धान्त के प्रयोग का सुझाव दिया है जिसमें वैशिष्टयता के साथ-साथ सर्वजनीन (सार्वभौमिक) मापदंड सम्मिलित हों।

मूल रूप में अर्थशास्त्र में प्रशिक्षित मुकर्जी ने आर्थिक-समाजशास्त्र के क्षेत्र में सूक्ष्म स्तर पर समस्याओं के विश्लेषण से शुरुआत की। उन्होंने ग्रामीण अर्थव्यवस्था और भूमि की समस्याओं तथा कामगार वर्ग की समस्याओं को प्रारंभ में अपने अध्ययन- अनुसंधान का केन्द्र बनाया। उन्होंने कृषक वर्ग की दशाओं और कृषक संबंधों पर कई शोध-कार्य किये। **प्रो. मुकर्जी समाजशास्त्र के क्षेत्र में प्रमुख रूप में समाकलित अन्तर्अनुशासन पद्धति, सामाजिक मूल्य तथा सामाजिक पारिस्थितिकी (ईकालॉजी) सम्बन्धी अपने विशिष्ट विचारों के लिये जाने जाते हैं**। मुकर्जी ने अपने अध्यापन तथा शोध-कार्य दोनों में ही सामाजिक विज्ञानों के विभिन्न क्षेत्रों में परस्पर अन्तर्क्रिया की आवश्यकता पर बल दिया है। वे मानवीय समस्याओं के अध्ययन में समाकलित उपागम (इनटिग्रेटिड अप्रोच) के प्रयोग के समर्थक रहे हैं। अपने अर्थशास्त्र के 'संस्थागत सिद्धान्त' में मुकर्जी ने परम्परा और मूल्यों की भूमिका को न केवल स्वीकारा है, अपितु यह बताया है कि किस प्रकार आर्थिक सिद्धान्त भौतिक और मनोवैज्ञानिक सिद्धान्तों पर आधारित हैं। मुकर्जी पश्चिम की आनुभविक-प्रत्यक्षवादी पद्धति से सहमत नहीं थे। यही नहीं, वर्ग-संघर्ष और साम्यवाद की विचारधाराओं को भी उन्होंने अस्वीकार किया है और इनके स्थान पर समुदायवाद की वैकल्पिक धारणा प्रस्तुत की है।

राधाकमल मुकर्जी की रुचि मानव समाज पर नैतिक मूल्यों के प्रभाव के सम्बन्ध में एक लम्बे समय से रही है। उन्होंने मूल्यों का गहन अध्ययन किया है और दो पुस्तकें 'मूल्यों की सामाजिक संरचना' (द सोश्यल स्ट्रक्चर ऑफ वैल्यूज) तथा 'मूल्यों के आयाम' (द डाइमेन्सन्स ऑफ वैल्यूज, 1964) नाम से लिखी। मूल्य सम्बन्धी उनके विचार उनके अधिकांश लेखनों में प्रत्यक्ष-परोक्ष रूप में छाये हुए हैं। मुकर्जी ने मूल्यों की परिभाषा, उत्पत्ति, प्रकार, विशेषताओं और मानव जीवन में इनकी महत्ता का सविस्तार वर्णन-विश्लेषण किया है। मूल्यों के बारे में मुकर्जी ने विशेषतः दो मूलभूत मुद्दों पर ध्यान आकर्षित किया है। प्रथम, उन्होंने यह कहा है कि मूल्य धर्म और राजनीतिशास्त्र तक सीमित नहीं है, अपितु अलग-अलग क्षेत्र के अलग-अलग मूल्य भी हैं, जैसे, आर्थिक मूल्य, सामाजिक मूल्य, वैधानिक मूल्य, शैक्षिक मूल्य, नैतिक मूल्य, पारिस्थितिकी मूल्य, आदि। जीवन के विभिन्न पक्षों से जुड़े मूल्यों में आपस में एक प्रकार्यात्मक सम्बन्ध होता है, परिणामस्वरूप समाज में संतुलन और व्यवस्था बनी रहती है। द्वितीय, मूल्य आत्मनिष्ठ अथवा व्यक्तिपरक आकांक्षाओं का परिणाम नहीं होते अपितु ये मूल्य हमारी आकांक्षाओं और इच्छाओं में समाविष्ठ होते हैं। दूसरे शब्दों में, मूल्य सामान्य और वस्तुनिष्ठ दोनों होते हैं।

मूल्यों को परिभाषित करते हुए मुकर्जी ने लिखा है कि "**मूल्य समाज द्वारा स्वीकृत ऐसी इच्छाएं और लक्ष्य हैं जिनका आन्तरीकरण, अनुकूलन, सीखने या समाजीकरण की प्रक्रिया द्वारा होता है**। ये मूल्य व्यक्तिपरक वरीयताओं, मानकों और आकांक्षाओं का रूप धारण कर लेते हैं।" इन मूल्यों की उत्पत्ति एक समाज विशेष के सदस्यों की आवश्यकताओं की पूर्ति हेतु की जाने वाली रोज़मर्रा की अन्तःक्रिया के फलस्वरूप धीरे-धीरे होती है। समाज में व्यवस्था और शांति बनाये रखने के लिये समाज नियमाचारों, कानूनों, अपेक्षाओं के रूप में मानदंडों को जन्म देता है जो कालान्तर में समाज के सदस्यों के लक्ष्य और इच्छाएं बन जाते हैं। ये ही बाद में समाज के मूल्यों का रूप धारण कर लेते हैं। **मुकर्जी ने मूल्यों को दो वर्गों** में विभाजित किया है—**साध्य मूल्य** और **साधन मूल्य**। साध्य मूल्य मानव के आंतरिक

जीवन से सम्बन्धित ऐसे लक्ष्य एवं तृप्तियां हैं जिन्हें व्यक्ति और समाज दोनों ही जीवन और मस्तिष्क के विकास के लिये आवश्यक मानते हैं। ये मूल्य व्यक्ति के आचरण के अंग होते हैं। साधन मूल्य प्रथम प्रकार के मूल्यों, अर्थात् साध्य मूल्यों को प्राप्त करने, निर्वाह करने, विकसित करने में सहायता करते हैं। साधन मूल्य विशिष्ट और अस्तित्वात्मक होते हैं। मुकर्जी ने मूल्यों तथा अपमूल्यों (नकारात्मक मूल्य) में भी भेद किया है। समाज द्वारा स्वीकृत लक्ष्यों को प्राप्त करने के लिये स्वीकृत मानदंडों की उपेक्षा कर जब उनके विरुद्ध आचरण किया जाता है, तो इस स्थिति को सामाजिक मूल्यों का उल्लघंन अथवा अपमूल्य कहा जाता है।

मुकर्जी के मूल्यों के सिद्धान्त की तीन प्रमुख विशेषताएं हैं—प्रथम, मूल्य जनसमूह की आधारभूत अंतः प्रेरणाओं को व्यवस्थित रूप में संतुष्ट करते हैं; **द्वितीय,** मूल्यों का रूप सामान्य होता है। इनमें व्यक्तिगत और सामाजिक दोनों प्रकार के मनोभाव और प्रतिक्रियाएं सम्मिलित होती हैं; **तृतीय,** मानव समाज में विभिन्नताओं के बावजूद कुछ सार्वभौमिक मूल्य हैं। सभी धर्म इन सार्वभौमिक मूल्यों के भंडार हैं और इन पर बल देते हैं।

पिछले कुछ दशकों में मूल्य रहित या मूल्य-तटस्थ सामाजिक विज्ञान का विचार भारत सहित सभी पश्चिमी देशों में उभरा है। इस विषय पर काफी वाद-विवाद हुआ है और अभी भी जारी है। **मुकर्जी के विचार में तथ्य और मूल्य को अलग-अलग समझना सही नहीं है।** मानव अन्तःक्रियाओं में इन दोनों को एक दूसरे से अलग नहीं किया जा सकता। प्रत्येक समाज की अपनी संस्कृति होती है तथा इसके मूल्य और प्रतिमान लोगों के व्यवहार का निर्देशन करते हैं। इसलिये पश्चिम की प्रत्यक्षवादी विचारधारा जो तथ्यों और मूल्यों को अलग-अलग रूप में देखती है, भारतीय समाज के संदर्भ में मुकर्जी को रास नहीं आई।

मुकर्जी ने **सामाजिक पारिस्थितिकी** सम्बन्धी पुस्तकें एवं अनेक लेख लिख कर इस विषय में भी गहन रुचि प्रदर्शित की है। उनकी दृष्टि में सामाजिक पारिस्थितिकी एक मिश्रित विज्ञान है जिसमें कई सामाजिक विज्ञानों का परस्पर आदान-प्रदान होता है। इसमें मानव जीवन पर सामाजिक, आर्थिक और राजनीतिक कारकों सहित भूवैज्ञानिक, भौगोलिक एवं जैविक कारकों के सम्मिलित प्रभाव को आंका जाता है। इस संदर्भ में, मुकर्जी ने मानव समुदायों के अध्ययन में प्राकृतिक विज्ञानों, विशेषतः वानस्पतिक पारिस्थितिकी शब्दावली यथा संतुलन, संगठन, वितरण, अनुक्रमण, अनुकूलन, बेदखलन आदि का प्रयोग किया है। उन्होंने बताया है कि मानव पारिस्थितिकी और समाज के बीच गहरा सम्बन्ध है, अतः एक पारिस्थितिक क्षेत्र के विकास को एक गतिशील प्रक्रिया के रूप में देखा जाना चाहिये। मुकर्जी के अनुसार "मानव सम्बन्धों के अध्ययन में 'मानव-प्रदेश' ही एक उचित इकाई है क्योंकि एक प्रदेश विशेष में ही हम एक दूसरे के साथ अन्तर्क्रिया करने वाले, एक संस्कृति को मानने वाले मानव समूहों और पौधों, पशुओं एवं उनके निर्जीव पर्यावरण के बीच पाये जाने वाले जटिल अन्तर्सम्बन्धों को ठीक प्रकार से समझ सकते हैं।" सम्भवतः मानवीय सामाजिक व्यवहारों, सामाजिक संस्थाओं तथा अनुकूलन की मानवीय समस्याओं को प्रादेशिक संकुल से अलग करके पूर्ण रूप से समझना कठिन है।

मुकर्जी ने **सामाजिक पारिस्थितिकी के दो मोटे प्रकार** बताये हैं—व्यावहारिक पारिस्थितिकी और समुदाय पारिस्थितिकी। व्यावहारिक पारिस्थितिकी इस तथ्य पर बल देती

है कि मानव प्रकृति का दास नहीं है, अपितु वह उसका एक सहयोगी है। इसमें मानवीय जनसंख्या, प्राकृतिक साधन, वनस्पति और पशु जगत के बीच पारिस्थितिकीय संतुलन का अध्ययन किया जाता है। समुदाय पारिस्थितिकी में मानव भूगोल, मानव जीवशास्त्र, अर्थशास्त्र, समाज मनोविज्ञान और प्रौद्योगिकी के साथ पारिस्थितिकी सम्बन्धों और आपसी अन्तर्क्रियाओं का अध्ययन किया जाता है।

मुकर्जी के सामाजिक पारिस्थितिकी सम्बन्धी विचार यद्यपि पाश्चात्य समाज वैज्ञानिकों द्वारा प्रभावित हैं, तथापि उन्होंने कई स्थानों पर उनसे भिन्न मत भी प्रकट किये हैं। उन्होंने भारत के नव निर्माण के संदर्भ में मूल्यों के महत्व को रेखांकित कर यह कहा है कि भारत के नवनिर्माण की योजना बनाते समय मात्र तात्कालिक और प्रत्यक्ष समस्याओं को ही ध्यान में नहीं रखा जाना चाहिये, अपितु ये विकास योजनाएं मूल्यों पर आधारित होनी चाहिये।

मुकर्जी ने श्रमिक वर्ग का विश्लेषण भी किया है और बताया कि औद्योगीकरण के फलस्वरूप उत्पन्न गन्दी बस्तियाँ तथा इनकी समस्याओं—अवैध मद्यपान, नशीली दवाओं का सेवन, वेश्यावृति, जुआखोरी, सामाजिक अपराध तथा आवास के बदतर हालात आदि के प्रति सुधारात्मक कदम उठाये जाने चाहिये। इसके लिये उन्होंने श्रमिकों के जीवन में आमूल-चूल परिवर्तन किये जाने की आवश्यकता जताई है।

मुकर्जी ने भारतीय कला, वास्तुकला, इतिहास और संस्कृति के बारे में भी बहुत कुछ लिखा है। उन्होंने यह विश्वास व्यक्त किया है एशियाई कला का उद्देश्य समाज का सामूहिक विकास करना है। उनकी दृष्टि में, प्राच्य कला सामुदायिक भावना से ओतप्रोत है, अतः यह प्राच्य संस्कृति की ऐतिहासिक निरंतरता को बनाये हुए है। इसके विपरीत, पश्चिम में इस प्रकार के कलात्मक प्रयासों के पीछे या तो वैयक्तिक भावना प्रधान होती है, या फिर कला के लिये कला ही उसका उद्देश्य होता है। यह न तो सामाजिक एकात्मकता में और न ही आध्यात्मिक विकास में सहायक होती है।

भारतीय कला सामाजिक और नैतिक क्षेत्र में अन्तर्निहित है। भारतीय कला सदैव धर्म के साथ जुड़ी रही है। भारतीय कला और धर्म ने श्रीलंका, कंबोडिया, तिब्बत तथा कई अन्य देशों की संस्कृतियों को प्रभावित एवं समृद्ध किया है और इस प्रक्रिया में वहां एक नई संस्कृति का उदय हुआ। भारतीय धर्मों (हिन्दू, जैन, बौद्ध) की अनुपम विशेषताओं पर प्रकाश डालते हुए **मुकर्जी ने लिखा है कि इनमें किन्हीं विशिष्ट प्रकार के विश्वासों या संस्कारों का आग्रह नहीं है, बल्कि इन सभी धर्मों का लक्ष्य परम सत्य की खोज रहा है**। यदि इन धर्मों के धार्मिक विधि-विधानों की ठीक ढंग से व्याख्या की जाये तो स्पष्ट हो सकता है कि इनमें मूल्यों और प्रतिमानों का एक ऐसा ढाँचा अन्तर्निहित है जिसमें विभिन्न समूह एक साथ व्यवस्थित रूप से रह सकते हैं। इससे यह प्रकट होता है कि भारतीय कला और यहां के धर्म अत्यधिक सहिष्णु रहे हैं।

अन्त में, **मुकर्जी ने सार्वभौम सभ्यता (संस्कृति) की धारणा पर भी विचार किया है।** उन्होंने समाज के सामान्य सिद्धान्त द्वारा सार्वभौम सभ्यता के मूल्यों का विश्लेषण कर **मानव सभ्यता को तीन स्तरों** में विभाजित किया है। ये स्तर एक दूसरे से सम्बद्ध हैं। प्रथम स्तर पर जैविक विकास की चर्चा की है जिसने मानव सभ्यता के उदय और विकास में सहायता की है। द्वितीय स्तर पर उन्होंने सभ्यता की सामाजिक-मनोवैज्ञानिक आयाम की व्याख्या की।

सामान्यतः यह समझा जाता है कि मानव जाति स्वार्थ एवं अहंकार के शिकजें में फंसी है और उसकी मनोवृति संकुचित या नृजाति केन्द्रित है, किन्तु इसके विपरीत मानव जाति में इस बात की भी क्षमता है कि वह अपनी संकीर्ण भावनाओं को दबाकर या उन पर काबू पाकर सार्वभौमिकता को प्राप्त कर सकती है। तीसरे स्तर पर उन्होंने सभ्यता के आध्यात्मिक आयाम का विश्लेषण कर यह बताया कि मानव निरंतर जैविक और अस्तित्वपरक (भौतिक और सांसारिक) सीमाओं को लांघकर आध्यात्मिकता की सीढ़ियों पर निरंतर अग्रसर होता जा रहा है। इस प्रयास ने मानव को कला, मिथक और धर्म ने आध्यत्मिक क्षेत्र में बढ़ने की प्रेरणा दी है। सामाजिक विज्ञानों ने इन सांस्कृतिक तत्वों को नज़रअंदाज कर दिया था, किन्तु मुकर्जी ने अपने लेखनों में इनके अध्ययन पर जोर दिया है।

पश्चिम प्रकार की आधुनिकता के प्रति अपनी प्रतिक्रिया व्यक्त करते हुए मुकर्जी ने आधुनिकता की प्रबोधकालीन विचारण की न केवल आलोचना की है, अपितु उन्होंने इसे पूर्णतः नकार दिया है। प्रबोधकालीन विचारणा पश्चिमी सामाजिक विज्ञान के सैद्धान्तीकरण का आधार रही है। मुकर्जी ने इसके स्थान पर दृष्टिकोण को प्रस्तुत किया है कि समाज के किसी भी सामान्य सिद्धान्त की रचना तब तक नहीं की जा सकती, जब तक समाज को मनुष्य-ईश्वर-प्रकृति के त्रयी संरूपण में बांधा नहीं जाता है। मुकर्जी ने पिछली शताब्दी के साठ के दशक में ही पश्चिमी सामाजिक विज्ञान की प्रकृति के संकट तथा इससे जुड़ी हुई आधुनिकता, औद्योगीकरण और उपयोगितावादी योजनाओं के बारे में पूर्वानुमान कर समाज वैज्ञानिकों को इनके दुष्प्रभावों के बारे में आगाह किया है। पश्चिमी सभ्यता के सामने जो नैतिकता की चुनौतियां उपस्थित हुई हैं, उनके संबंध में मुकर्जी ने काफी लिखा है और भारतीय बुद्धिजीवियों को इसके अंधानुकरण से होने वाले नुकसानों के प्रति सशक्त शब्दों में सचेत किया है।

प्रमुख कृतियाँ :

- The Foundations of Indian Economics, (1916)
- The Rural Economy of India, (1926)
- The Land Problems of India, (1927)
- Introduction of Social Psychology: Mind in Society, (1928)
- Field and Farmers of Oudh, (1929)
- Regional Balance of Man, (1938)
- Man and His Habitation, (1940)
- Indian Working Class, (1945)
- The Social Structure of Values, (1949)
- The Dynamics of Morals, (1951)
- Inter-Caste Tensions (with others), (1951)
- Philosophy of Social Sciences, (1960)
- The Dimensions of Human Values, (1964)
- The Sickness of Civilization, (1964)

- A City in Transition: A Survey of Social Problems of Lucknow, (1952)
- Social Profiles of a Metropolis, (1963)
- A District Town in Transition: Social and Economic Survey of Gorakhpur (with B. Singh), (1964)
- The Oneness of Mankind, (1965)
- The Symbolic Life of Man

Myrdal, Alva

अल्वा मिर्डल (1902-1986)

स्वीडन में जन्मी समाजशास्त्री **अल्वा मिर्डल** को मुख्य रूप में **आणविक निःशस्त्रीकरण और विश्व शांति** सम्बन्धी उनके प्रयासों के लिये जाना जाता है। उनके लेखनों के प्रमुख विषय युद्ध और शांति, जनसंख्या नियोजन, परिवार और महिलाओं के अधिकार आदि रहे हैं। मिर्डल ने सामाजिक परिवर्तन का न केवल समाजशास्त्रीय विश्लेषण किया, अपितु कई वर्षों तक संयुक्त राष्ट्र संगठन को अपनी सेवाएं अर्पित कर कई जगहों पर वास्तविक सामाजिक परिवर्तन लाने के कार्यों का निरीक्षण करते हुए उनमें सहभागिक भी बनी रहीं हैं। अपने इन कार्यों के लिये मिर्डल को सन् 1982 के नोबल पुरस्कार सहित अनेक शांति पुरस्कारों से नवाज़ा गया।

प्रमुख कृतियाँ :

- Nation and Family, (1941)
- Women's Two Roles: Home and Work, (1956)
- How the United States and Russia Run The Arms Race, (1976)

N

Nadel, Siegfried Frederick

सीगफ्राइड फ्रैडरिक नेडल (1903-1954)

प्रसिद्ध मानवशास्त्री रेडक्लिफ ब्राउन के निकट सहयोगी रहे ब्रिटिश मानवशास्त्री **सीगफ्राइड फ्रैडरिक नेडल** (एस. एफ. नेडल) ने अपने विशिष्ट संरचनावादी सिद्धान्त से मानवशास्त्र और समाजशास्त्र दोनों को प्रभावित किया है। उनका संरचनावादी सिद्धान्त कहीं-कहीं ब्राउन से मिलता-जुलता तो कहीं कुछ मुद्दों के आधार पर उनसे भिन्न है। जहां रेडक्लिफ ब्राउन ने सामाजिक पदों की प्रणाली अथवा व्यक्तियों की व्यवस्था को सामाजिक संरचना कहा है, वहां नेडल ने किसी वस्तु या सत्ता (एन्टिटी) के भागों की व्यवस्था को सामाजिक संरचना माना है। उनके अनुसार, **'संरचना हिस्सों का एक स्वरूपात्मक संबंध है जो तथ्यों के समूह के रूप में संरचना को प्रदर्शित करता है। तथ्यों का यह समूह हिस्सों या भागों के रूप में एक ऐसी क्रमबद्ध व्यवस्था को प्रदर्शित करता है जिसे परिभाषित किया जाना या पहिचाना जा सकता है।'** ब्राउन और नेडल के संरचना संबंधी विचारों में विशेष अन्तर नहीं है। दोनों ही सामाजिक संरचना को एक यथार्थता मानते हैं, अर्थात् दोनों ही सामाजिक संरचना को संबंधों के एक तानेबाने या व्यक्तियों के संबंधों की एक व्यवस्था के रूप में देखते हैं। इन दोनों से भिन्न लेवी-स्ट्रास ने सामाजिक संरचना को एक यथार्थता के स्थान पर एक मानसिक संरचना माना है। लेवी स्ट्रास के अनुसार सामाजिक संरचना का आनुभविक वास्तविकता से कोई प्रत्यक्ष सरोकार नहीं है, अपितु यह तो एक प्रतिरूप (मॉडल) है जो मात्र अमूर्तता को प्रकट करता है।

नेडल का जन्म वियना में हुआ था, किन्तु उन्होंने अपना अधिकांश अकादमिक जीवन इंग्लैण्ड में व्यतीत किया। यहां उन्होंने मनोविज्ञान, दर्शनशास्त्र और संगीत की शिक्षा ली। बाद में "लंडन स्कूल ऑफ इक्नॉनिक्स" में **सैलिगमैन और मेलिनोस्की** के सानिध्य में मानवशास्त्र की शिक्षा लेकर सूडान की जनजातियों पर शोध-कार्य किया। उनका प्रमुख कार्य नाइजीरिया की नूप जनजाति पर है जिसके धर्म का अध्ययन कर "नूप धर्म" (1954) नामक पुस्तक लिखी है। इसके अतिरिक्त, नेडल ने सामाजिक मानवशास्त्र की प्रकृति, क्षेत्र और विषय-वस्तु को लेकर एक पुस्तक "सामाजिक मानवशास्त्र के आधार", (1942) लिखी है। इस विषय की प्रकृति के बारे में उन्होंने लिखा है कि **'यह एक प्राकृतिक विज्ञान है। मानव समाज का अध्ययन यह बहुधा प्राकृतिक विज्ञानों की विधियों के प्रयोग द्वारा करता है।'** मानवशास्त्र की व्यावहारिक उपयोगिता को रेखांकित करते हुए नेडल ने इसे 'सामाजिक इंजीनियरिंग' माना है और कहा है कि इसका व्यवहारिक उपयोग किया जा सकता है। इस

संदर्भ में उन्होंने "शुद्धतावादी" मानवशास्त्रियों, जो 'ज्ञान के लिये ज्ञान' मानते हैं, की कटु आलोचना की है। नेडल ने समाजशास्त्र, सामाजिक मानवशास्त्र और मनोविज्ञान जैसे तीनों विषयों को एक दूसरे के नज़दीक लाकर विश्लेषण के एक सामान्य ढांचे में गूंथने का प्रयास भी किया है। किन्तु, दुर्भाग्यवश आजकल नेडल के विचारों और सिद्धान्तों पर बहुत कम ध्यान दिया जाता है। उनके विचार इतिहास की वस्तु मात्र हो गये। उनकी पुस्तकें भी अब पुस्तकालय की सजावट की वस्तुएं बन गई हैं।

नेडल ने सामाजिक संरचना का विस्तृत विवेचन अपनी पुस्तक "सामाजिक संरचना का सिद्धान्त" (1957) में किया है। सामाजिक संरचना के बारे में विभ्रम की स्थिति बने रहने के कारण उन्होंने शुरुआत में ही यह लिखा है कि सामाजिक संरचना की अवधारणा अभी अपने परीक्षण के स्तर पर है। इसकी अनेकानेक परिभाषाओं और इसे कई अर्थों में प्रयोग किये जाने के कारण यह अपना विश्लेषणात्मक महत्व खो चुकी है।' वे यह भी कहते हैं कि एक निश्चित परिभाषा के अभाव के कारण हमें विश्लेषण की दृष्टि से एक विशिष्ट एवं सीमित अर्थों वाली एक छोटी परिभाषा गढ़ना चाहिये।

सामाजिक संरचना का विश्लेषण करते हुए नेडल ने इसकी व्याख्या तीन स्तर पर की है। पहले स्तर पर उन्होंने समाज की अवधारणा को स्पष्ट किया है। दूसरे स्तर पर संरचना की अवधारणा को और तीसरे स्तर पर सामाजिक संरचना का विश्लेषण किया है। समाज की व्याख्या करते हुए उन्होंने कहा है कि इसे दो दृष्टिकोणों से देखा जा सकता है: (1) क्रिया के रूप में जैसे नातेदारी और अर्थव्यवस्था, और (2) समूहन के रूप में जैसे परिवार या गोत्र। उन्होंने यह भी कहा है कि कुछ ऐसे सामाजिक एवं सांस्कृतिक तथ्य भी हैं जिन्हें सामाजिक और सांस्कृतिक योजनाओं में सम्मिलित नहीं किया जा सकता है। इन्हें स्वायत्त क्रिया या व्यवहार कह सकते हैं। नेडल के अनुसार, समाज की रचना तीन तत्वों से होती है; (1) व्यक्तियों का समूह, (2) संस्थागत नियम जिनके अनुसार समूह के सदस्य अन्तर्क्रिया करते हैं, और (3) इन अन्तर्क्रियाओं का एक प्रतिमान अथवा अभिव्यक्ति। नेडल ने इस प्रतिमान या अभिव्यक्ति को ही संरचना माना हैं। संस्थागत नियमों या प्रतिमानों में आसानी से बदलाव नहीं आता और ये ही समाज में व्यवस्था को बनाये रखते हैं। ये नियमाचार व्यक्तियों की प्रस्थिति और भूमिकाओं को निर्धारित करते हैं। इन नियमों और प्रस्थिति में भी एक प्रकार की व्यवस्था होती है जो मानव प्राणियों के व्यवस्थित क्रमविन्यास को प्रदर्शित करती है।

समाज की अवधारणा की व्याख्या के बाद नेडल ने 'संरचना' की अवधारणा को स्पष्ट किया है। नेडल के अनुसार, **किसी वस्तु या सत्ता के हिस्सों के औपचारिक संबंधों को संरचना कहते हैं।** संरचना की रचना आनुभविक तथ्यों, वस्तुओं, घटनाओं के प्रबन्धन से होती है जिसे देखा जा सकता है। ये तथ्य (हिस्से) संरचना को एक व्यवस्थित क्रम में प्रदर्शित करते हैं। अतः तथ्यों का समूह तब संरचना का रूप धारणा करता है जब वह हिस्सों के एक व्यवस्थित प्रबंधन को इस रूप में प्रदर्शित करे ताकि उसे परिभाषित किया जा सके। नेडल की इस व्याख्या के आधार पर **संरचना के तीन प्रमुख तत्व** बताये जा सकते हैं: (1) आनुभविक तथ्य, (2) तथ्यों के बीच औपचारिक संबंधों के आधार पर निर्मित भाग (हिस्से), और (3) इन हिस्सों के बीच व्यवस्थित क्रमविन्यास। संरचना की व्याख्या करते हुए नेडल ने

इसे प्रकार्य, प्रक्रिया और इसके गुणात्मक चरित्र से भिन्न प्रदर्शित किया है। ये तीनों ही संरचना के विभिन्न पक्ष हैं।

ब्रिटिश मानवशास्त्रीय परम्परा का अनुसरण करते हुए नेडल ने अपने संरचना सिद्धान्त में भूमिका, संबंधों के ताने बाने (नेटवर्क) और इनके रचना के आधारों को महत्वपूर्ण स्थान दिया है। उन्होंने एक अन्य स्थान पर संरचना को परिभाषित करते हुए लिखा है कि **संरचना वस्तुओं, घटनाओं एवं घटनाक्रमों के ऐसे अनुभवपरक तथ्यों को प्रकट करती है जिनका निरीक्षण एवं विश्लेषण किया जा सकता है।** संरचना की बाह्य आकृति क्रमबद्धता को प्रकट करती है जो उसके 'प्रकार्य' अथवा आन्तरिक विषय-वस्तु से भिन्न होती है। **संरचना किसी वस्तु के हिस्सों की नियमित व्यवस्था को इंगित करती है जो अपेक्षाकृत स्थिर होती है जब कि हिस्से (भाग) परिवर्तनशील होते हैं।** संरचना के हिस्सों में बदलाव आता रहता है, किन्तु संरचना में बदलाव या तो होता नहीं है और यदि होता है तब वह बड़ी मन्द गति से एक लम्बी अवधि में होता है। संक्षेप में, किसी सम्पूर्ण सत्ता या वस्तु के भागों की आपसी अन्तर्क्रिया के आधार पर निर्मित व्यवस्था को संरचना कहते हैं। जब इस परिभाषा को समाज की संरचना पर चरितार्थ करते हैं, तब यह सामाजिक संरचना का रूप धारण कर लेती है।

संरचना की लम्बी व्याख्या करने के बाद नेडल ने 'सामाजिक संरचना' की अपनी धारणा को स्पष्ट किया है। वे लिखते हैं कि "**हमें मूर्त जनसंख्या (जनसमुदाय) के व्यवहारों के अमूर्तीकरण द्वारा समाज की संरचना का आभास होता है। इस संरचना का निर्माण उन संबंधों के प्रतिमानों या ताने बाने (व्यवस्था) से होता है जो कर्त्तागण एक कर्त्ता की हैसियत से दूसरे कर्त्ताओं के साथ अपनी-अपनी भूमिकाओं के सम्पादन द्वारा करते हैं।**" (1957) अपने इस विचार को स्पष्ट करने के लिये नेडल ने मानव के सामाजिक व्यवहार का लम्बा विश्लेषण किया है। वे कहते हैं कि सामाजिक व्यवहार येनकेन प्रकारेण या बेतरतीब रूप में नहीं होता। इसमें एक व्यवस्था होती है। इसका एक संस्थागत चरित्र होता है। नेडल के अनुसार, 'क्रिया के ऐसे अपेक्षाकृत तथा रूढ़िबद्ध निर्धारित तरीकों को सामाजिक व्यवहार कहते हैं जो एक ही समूह के भीतर तथा समूह और समूह के बीच एक लम्बे समय तक होते रहते हैं।' इस प्रकार के संस्थागत व्यवहार संबंधों के सामन्जस्य को प्रकट करते हैं। परिस्थितियों और अवसरों के अनुसार इनके अंगों में परिवर्तन होता रहता है, किन्तु इनका सामान्य चरित्र यथावत बना रहता है, जैसे मित्रता, सम्मान-संबंध या परिहास संबंध आदि। विशिष्ट संस्कृतियों या उपसंस्कृतियों में माता-पिता या संतान संबंध या मामा-भानजा संबंध आदि समाज विशेष की जनरीतियों द्वारा निर्धारित होते हैं। इन सभी संबंधों में अमूर्तीकरण का एक तत्व विद्यमान होता है। ये सभी व्यवहार की कोटियां हैं जिन्हें हम अवलोकन की गई अनेक क्रियाओं के क्रमों के आधार पर निर्मित करते हैं। अतः हम संबंधों के स्वरूपात्मक पक्षों के लिये उनके गुणात्मक पक्ष, अर्थात् उनकी विषय-वस्तु की अवहेलना नहीं कर सकते। उदाहरणार्थ, मित्रता और स्नेह के संबंधों या सम्मान और ताबेदारी (दासता) के संबंधों में अन्तर इनमें विद्यमान भावनात्मकता के आधार पर ही किया जा सकता है।

नेडल के अनुसार, सामाजिक तानेबाने के एक हिस्से के रूप में व्यक्ति कैसे व्यवहार करते हैं, इसे जानना सरल नहीं है। इसे जानने के लिये विभिन्न स्थितियों और परिपाटियों से जुड़े नियमाचारों, विश्वासों और आकांक्षाओं को जानना आवश्यक है जिनके अनुसार

अधिकांश सामाजिक स्थितियों में कर्त्तागण चेतन या अचेतन रूप में व्यवहार करते हैं। समाजशास्त्रीय भाषा में इसे "भूमिका सम्पादन" कहा गया है। नेडल के अनुसार, **भूमिकाओं के सम्पादन के आधार पर निर्मित संबंधों के द्वारा ही समाज में व्यवस्था बनी रहती है। समाज इनके द्वारा क्रमबद्ध रहता है। अतः संबंधों की उपस्थिति तथा संकलन मात्र से सामाजिक संरचना का निर्माण नहीं होता, अपितु जिस क्रम-विन्यास में ये संबंध प्रकट होते हैं, या अभिव्यक्त होते हैं, उसे सामाजिक संरचना कहते हैं।** इस व्यवस्था के दो कारक होते हैं। (1) किसी विशिष्ट संबंध को स्थिरता और पहिचान देने वाले कारक, (2) अन्य सभी विभिन्न संबंधों को बनाये रखने वाले कारक।

सामाजिक संरचना का विश्लेषण करते हुए नेडल ने इस समस्या की ओर ध्यान आकर्षित किया है कि किसी समाज की सामाजिक संरचना के भिन्न खंडों या भागों अथवा किसी समाज की अनेक उप-संरचनाओं के बीच तालमेल बिठाना अत्यन्त कठिन होता है। इस समस्या के समाधान के लिये नेडल ने सामाजिक संरचना के विश्लेषण हेतु **तीन मानदंड** या तत्व इंगित किये हैं: (1) **सदस्यता** (रिक्रूटमॅन्ट), (2) **अन्तर्पारस्परिक नियन्त्रण,** और (3) **संसाधन लाभों पर सापेक्षिक नियंत्रण**। सदस्यता का तत्व संरचना के संगठनात्मक पक्ष पर बल देता है, अर्थात् किसी भी संरचना में जो पद और संबंध होते हैं, वे कैसे कार्य करते हैं। द्वितीय तत्व, अन्तर्पारस्परिक नियंत्रण सामाजिक संरचना के पारस्परिक मानदंड को रेखांकित करता है जिसे रेडक्लिफ ब्राउन सहित सभी मानवशास्त्रियों ने आवश्यक बताया है। यह सामाजिक संरचना के निर्माण में प्रत्यक्ष सामाजिक अन्तर्क्रिया के महत्व को उजागर करता है जिनके द्वारा संबंधों की रचना होती है। सामाजिक संरचना का तृतीय तत्व, अर्थात् संसाधन एवं लाभ पर सापेक्षिक नियंत्रण सामाजिक संरचना का बाहरी कारक है जो इसे अप्रत्यक्ष रूप से प्रभावित करता है। नियंत्रण के ये दोनों रूप प्रत्यक्ष और अप्रत्यक्ष तौर पर शक्ति और सत्ता के वितरण को प्रभावित करते हैं। सामाजिक संरचना के अपने विश्लेषण में नेडल ने यह भी स्पष्ट किया है कि सामाजिक संरचना, शक्ति संरचना और सत्ता संरचना में एक प्रकार की संगति होती है और ये संरचनाएं साथ-साथ चलती हैं। नेडल के सामाजिक संरचना के तत्वों—सदस्यता तथा दोनों प्रकार के नियंत्रण पर टिप्पणी करते हुए **राल्फ निकोलस** ने लिखा है कि नेडल का सामाजिक क्रिया का यह विश्लेषण सामाजिक संरचना को समझने में अपर्याप्त है। उनका यह विश्लेषण सामाजिक संरचना की अपेक्षा समाज के राजनीतिक पक्ष को अधिक महत्व देता है। अतः इसे सामाजिक संरचना के स्थान पर "राजनीतिक सामाजिक संरचना" कहना अधिक बेहतर होगा।

प्रमुख कृतियाँ :

– The Foundations of Social Anthropology, (1942)
– A Black Byzantium, (1942)
– Anthropology and Modern Life, (1953)
– Nupe Religion, (1954)
– Theory of Social Structure, (1957)

Niebuhr, Reinhold

राइनहोल्ड नीबुअर (1892-1971)

राइनहोल्ड नीबुअर सुधार परम्परा के एक युवा प्रोटेस्टेंट पुरोहित थे। उन्होंने डेट्रोइट के औद्योगिक क्षेत्र में एक पादरी के रूप में कार्य किया जहां सामाजिक न्याय के प्रति उनमें गहरा विश्वास पैदा हो गया। इस अनुभव ने एक लेखक और सामाजिक नैतिकता के अध्यापक के रूप में उनके लम्बे व्यावसायिक जीवन को गहरे रूप में प्रभावित किया। इसी कारण वे न्यूयार्क की प्रगतिशील राजनीति में एक शक्ति बन गये। वे 'अमरिकियों की लोकतांत्रिक क्रिया' नामक संस्था के सह संस्थापक थे। उनकी सर्वाधिक प्रसिद्ध पुस्तक 'नैतिक मानव और अनैतिक समाज', (1932) को सामाजिक सिद्धान्त के क्षेत्र में एक महत्वपूर्ण योगदान कहा जा सकता है। इस पुस्तक में उन्होंने नैतिकता सम्बन्धी इस विचार की स्तम्भित करने वाली समीक्षा करते हुए लिखा है कि **दूसरों के लिये प्रेम से भरे हुए अच्छे व्यक्ति विश्व को बदल सकते हैं**। उन्होंने कहा कि चूंकि राष्ट्रों का सरोकार शक्ति से होता है, अतः वे स्वार्थी हितों से चालित होते हैं। ऐसे व्यक्ति राजनीति में प्रेम के लिये नहीं, न्याय के लिये झूझते हैं। नीबुअर की विचारधारा 1932 की कीन्स की इस धारणा से मिलती-जुलती है कि प्रथम विश्व युद्ध के साथ और बाद में विकसित हुए अत्यधिक जटिल राजनीतिक और आर्थिक संकट के साथ ही स्वतंत्र व्यक्ति का काल समाप्त हो गया। नीबुअर के लेखनों ने **मार्टिन लूथर किंग** को उनके विद्यार्थी जीवन काल में गहरे रूप में प्रभावित किया है। मार्टिन लूथर के शक्तिशाली अहिंसात्मक आंदोलन पर एक ओर गांधी का तो दूसरी ओर नेबुअर का प्रभाव पड़ा है। किंग ने नीबुअर के इस विचार का समर्थन किया है कि **सामाजिक क्षेत्र में प्रेम यदि प्रेम को जन्म नहीं दे सकता, फिर भी प्रेम व्यक्ति को न्याय के लिये अवश्य प्रेरित कर सकता है।**

प्रमुख कृतियाँ :

– Moral Man and Immoral Society, (1932)

Nietzsche, Friedrich

फ्रैडरिक नीत्शे (1844-1900)

जर्मन दार्शनिक **फ्रैडरिक नीत्शे** को **नाज़ीवाद** और **उत्तर-आधुनिकतावाद** जैसी भिन्न घटनाओं का **अग्रदूत** माना जाता है। वे रूढ़िभंजक थे। उन्होंने पारम्परिक नैतिकता को चुनौती दी और नयी नैतिकता की नींव डाली। यह नयी नैतिकता शक्ति और प्रभुत्व पर आधारित थी। नीत्शे के अनुसार, आधुनिक विश्व एक घोर संकट से गुजर रहा है। यह संकट सुकरात के चिन्तन के साथ प्रारंभ हुआ और ईसाई धर्म ने इसे आगे बढ़ाने में मदद की। वर्तमान संकट के प्रमुख लक्षण के रूप में **उन्होंने कहा कि 'ईश्वर की मृत्यु हो चुकी है....इस स्थूल जगत् के आगे कोई जगत् नहीं हैं.... धार्मिक आस्था अपनी साख खो चुकी है।'** नीत्से की मृत्यु के बाद, प्रकाशित उनकी पुस्तक 'इच्छा-शक्ति' (1968) में उन्होंने लिखा कि दया, धर्म,

ईश्वर-विश्वास आदि ऐसे गुण हैं जो पशुओं के झुंड को शोभा देते हैं। इसी प्रकार अपनी एक अन्य कृति 'अच्छे-बुरे से परे' में उन्होंने लिखा कि इच्छा का सबसे बड़ा रोग 'नैतिकता' नहीं अपितु दया का मनोभाव है जो 'दास नैतिकता' की आधार शिला है। यह मानव को यह सिखाती है कि निर्बल का पक्ष लेकर सुख कैसे अनुभव किया जा सकता है।

नीत्से ने मानववाद और समतावाद पर टिप्पणी करते हुए इन्हें केवल परिष्कृत धर्म की अभिव्यक्ति माना है जो आधुनिक चेतना के भ्रष्ट होने की स्थिति को प्रकट करती है। यह चेतना विश्व बंधुत्व के कल्पना-लोक की रचना करती है जिसमें मानव शरणागत बन उपस्थित दायित्वों से पलायन करने का मार्ग ढूंढता है। ये सब 'दास नैतिकता' के लक्षण हैं। इसके स्थान पर नीत्शे ने 'स्वामी नैतिकता' की धारणा प्रस्तुत की। नीत्शे दार्शनिकों और वैज्ञानिकों में चिन्तनशीलता (रिफलेक्टिवटी) के अभाव की समस्या को लेकर काफी चिन्तित थे। उनका विचार था कि ये लोग अपने ही विचारों की सूक्ष्म जांच और कठोर प्रश्न-प्रतिप्रश्न करने में असफल रहे हैं जैसा कि ये लोग दूसरे के विचारों की बाल की खाल निकालने के लिये सामान्यतः करते हैं। उनकी इस प्रतिक्रिया ने उन्हें आधुनिक पश्चिमी समाजों के काल्पनिक तर्कवाद, विज्ञानवाद तथा मानववाद के विषयों का खंडन-मंडन के लिये प्रेरित किया। इन विचारणाओं के विपरीत, उन्होंने व्यक्तिवाद, आत्मावलम्बन, प्रतिस्पर्धा और सर्वोत्कृष्टता के आदर्शों को पोषित किया। उनके दर्शन की तीन प्रमुख अवधारणाओं 'शून्यवाद' (निहिलिज्म), 'शक्ति के प्रति इच्छा' और 'परम (सूक्ष्म) मानव' के प्रति कभी एकमत्यता नहीं हो पाई। **'शक्ति की इच्छा' को नीत्शे मानव के समस्त कार्यकलापों की प्रेरक-शक्ति मानते हैं।** अपने शुद्ध रूप में यह मानव को उसके कर्त्तव्य का बोध कराती है। मानव का एक ही कर्त्तव्य है कि वह अपने भीतर के 'परम मानव' का साक्षात्कार करे। **ऐसा कहा जाता है कि वेबर और माइकेल फूको (फोकाल्ट) पर नीत्शे की कृतियों का प्रभाव रहा है।**

प्रमुख कृतियाँ :

- The Gay Science, (1882)
- Thus Spoke Zarathustra, (1883-92)
- Beyond Good and Evil, (1886)
- On the Genealogy of Morals, (1887)
- Ecee Homo, (1908), The Will to Power, (1968)

Nisbet, Robert, A.

रॉबर्ट ए. निस्बेट (1913-)

रॉबर्ट ए. निस्बेट ने समाजशास्त्र की कई विधाओं पर लिखा है। उन्हें अपनी पुस्तक 'समाजशास्त्रीय परम्परा' (1967) से काफी ख्याति मिली और समाजशास्त्रीय चर्चाओं के केन्द्र में आ गये। मोटे रूप में, निस्बेट के लेखनों को दो प्रमुख क्षेत्र में बाँट सकते हैं, यथा सामाजिक विचारों के विकास की प्रक्रिया का अध्ययन और सामाजिक क्षेत्र में व्यवस्था और विघटन या समुदाय और संघर्ष। निस्बेट सामाजिक विचारों के इतिहास पर टिप्पणी करते हुए

लिखते हैं कि फ्रांसीसी और औद्योगिक क्रांति ने सामाजिक सिद्धान्त को काफी प्रभावित किया है। इन क्रांतियों के फलस्वरूप उत्पन्न हुई अव्यवस्थाओं की प्रतिक्रिया स्वरूप तीन वैचारिक धाराओं यथा उदारवाद, उग्रवाद और रूढ़िवाद का जन्म हुआ। निस्बेट के अनुसार, क्रांतिकारी सामाजिक परिवर्तन ने समुदाय और सामुदायिक भावना और मूल्यों का ह्रास किया है, परिणामस्वरूप सत्ता की सामाजिक नियंत्रण में जो भूमिका थी, वह अब ढीली पड़ गई है। निस्बेट ने सामाजिक विज्ञानों में संरचनात्मक-प्रकार्यवाद के प्रयोग के पक्ष में अपनी सहमति प्रकट करते हुए लिखा है कि 'निस्संदेह संरचनात्मक-प्रकार्यवाद वर्तमान शताब्दी में सामाजिक विज्ञानों में मात्र अकेला सर्वाधिक महत्वपूर्ण सिद्धान्त हैं।'

'रूढ़िवाद' नामक पुस्तक में निस्बेट ने राजनीतिक रूढ़िवादी चिन्तन के आधुनिक संकट जैसे विषयों की खोजबीन की है।

प्रमुख कृतियाँ :

- The Quest for Community, (1953)
- The Sociological Tradition, (1967)
- Tradition and Revolt, (1968)
- Social Change and History, (1969)
- The Social Bond, (1970)
- The Social Philosophers, (1974)
- History of the Idea of Progress, (1980)
- Prejudices, (1982)
- Conservatism, (1986)

कुछ सम्पादित पुस्तकें :

- Contemporary Social Problems (with Merton), 1961
- Emile Durkheim, (1965)
- A History of Sociological Analysis (with Bottomore), (1980)

O

Ogburn, William Fielding

विलियम फील्डिग ऑगबर्न (1886-1959)

'सामाजिक परिवर्तन ' (1922) नामक अपनी पुस्तक के लिये बहुचर्चित रहे **विलियम फील्डिग ऑगबर्न** शिकागो विश्वविद्यालय के प्रारंभिक समाजशास्त्रियों में से एक थे। वे सन् 1929 में 'अमरीकी समाजशास्त्रीय परिषद्' के अध्यक्ष भी रहे हैं। इस पुस्तक के प्रकाशन से ही सामाजिक उद्विकास, सामाजिक परिवर्तन और परिवर्तन में भौतिक और अभौतिक संस्कृति के महत्व को प्रकाश में लाया गया। इसके बाद ही ये शब्द समाजशास्त्रीय शब्दावली में प्रमुख अवधारणाओं के रूप में प्रयुक्त होने लगे। ऑगबर्न की प्रमुख रुचि सामाजिक परिवर्तन की प्रक्रियाओं को जानने में थी। इसी संदर्भ में उन्होंने **'सांस्कृतिक विलम्बन'** (कल्चरल लैग) **की अवधारणा** प्रस्तुत की। उन्होंने बताया कि संस्कृति के दो प्रमुख रूप (पक्ष) होते हैं जिन्हें उन्होंने 'भौतिक संस्कृति' और 'अभौतिक संस्कृति' का नाम दिया। भौतिक संस्कृति में उन्होंने तकनीकी, प्रविधि और अन्य भौतिक वस्तुओं को और अभौतिक संस्कृति में धर्म, कला, साहित्य, परम्परा आदि को सम्मिलित किया है। ऑगबर्न के अनुसार संस्कृति के इन दोनों पक्षों में समान गति से परिवर्तन नहीं होता है। संस्कृति के भौतिक पक्ष, अर्थात् भौतिक संस्कृति में परिवर्तन अभौतिक संस्कृति की अपेक्षा तीव्र गति से होता है। परिणामतः परिवर्तन की इस दौड़ में भौतिक पक्ष आगे निकल जाता है और अभौतिक पक्ष पिछड़ जाता है। **दोनों संस्कृतियों के बीच उत्पन्न इस पिछड़न की स्थिति को ही ऑगबर्न ने 'सांस्कृतिक विलम्बन' की संज्ञा दी है।** इसी पुस्तक में सामाजिक परिवर्तन के प्रौद्योगिकीय कारक पर प्रकाश डालते हुए उन्होंने अकेले एक रेडियो के आविष्कार के कारण हुए 150 परिवर्तनों की चर्चा की है। ऑगबर्न ने अपनी एक अन्य पुस्तक 'सांस्कृतिक एवं सामाजिक परिवर्तन पर' (1950) में परिवर्तन विषय की सविस्तार विवेचना की है।

प्रमुख कृतियाँ :

– Social Change, (1922)
– On Cultural and Social Change, (1950)

Ossowski, Stanislaw

स्टानिस्लॉ ओसोव्स्की (1897-1963)

पौलेंड के एक विख्यात समाजशास्त्री एवं **दार्शनिक स्टानिस्लॉ ओसोव्स्की** ने अपनी पत्नी मारिया ओसोव्स्की के साथ मिलकर दर्शन और विज्ञान का मनोविज्ञान विषय पर ढेर सारा

लिखा है। किन्तु सन् 1957 में प्रकाशित उनकी ख्यातनाम पुस्तक 'सामाजिक चेतना में वर्ग-संरचना' ने समाजशास्त्रीय जगत् में उन्हें सुप्रसिद्ध कर दिया। इस पुस्तक में वर्ग, सामाजिक संरचना और सामाजिक प्रक्रियाओं संबंधी विभिन्न दृष्टिकोणों तथा उनके बौद्धिक परिवेश, जिसमें इनका उद्भव हुआ है, का विश्लेषण किया गया है। ओसोव्स्का ने तत्कालीन अस्पष्ट द्विवर्ती मार्क्सवादी वर्ग विश्लेषण की कठोर आलोचना की। यही नहीं, **उन्होंने यहां तक कहा कि वर्ग-व्यवस्था के औपचारिक रूप में समाप्त हो जाने के बाद भी प्रस्थिति से जुड़े विशेषाधिकार और आर्थिक विषमताएं बनी रहती हैं**। इसीलिये उन्होंने विषमता और मनोवृतियों के व्यक्तिपरक बोध के अध्ययन की महत्ता को रेखांकित किया है। अपनी इस पुस्तक में ओसोव्स्की ने पूंजीवादी और समाजवादी समाजों की उन समस्याओं की ओर ध्यान आकर्षित किया जिनके आधार पर ये समाज अपने आपको वर्ग विहीन बताते हैं। मार्क्सवादी-लेनिनवादी समाज की स्थापना के लिये राष्ट्रीयकरण एक आवश्यक शर्त मानी जाती है; किन्तु ओसोव्स्की के अनुसार वास्तव में विषमता के कई पुराने रूपों ने नये चौलों में जन्म ले लिया है।

ओसोव्स्की ने अपनी उपरोक्त पुस्तक तब लिखी थी जब निरंकुश स्टालिनवादी शासन-काल समाप्त हुआ ही था और पौलेण्ड में पुनः विश्वविद्यालयों में समाजशास्त्र अपनी जड़ें जमाने लगा था। यह वह समय था जब समाजवादी व्यक्तियों के लिये प्रजातंत्र के संदर्भ में सामाजिक स्तरीकरण की बात करना भी खतरे से खाली नहीं था।

प्रमुख कृतियाँ :

– Class Structure in Social Consciousness, (1957)

P

Paine, Thomas

थॉमस पैने

(1737-1809)

अमेरिकी क्रांति का **उग्रवादी प्रजातंत्रवादी विचारक थॉमस पैने** का जन्म इंग्लैण्ड में हुआ था जो बाद में सन् 1744 में अमेरिका चले गये। पैने ने छोटी-छोटी पुस्तिकाएं (पैम्पलैट्स) लिख कर एक क्रांतिकारी के रूप में खूब नाम कमाया। उन्हें अपनी पुस्तक 'सहज बुद्धि' (कामनसेन्स, 1776) से काफी ख्याति मिली। यह पुस्तक अमेरिका के स्वतंत्रता संग्राम से सम्बन्धित है और उन्होंने इसमें स्वाधीनता का पुरज़ोर समर्थन किया है। सन् 1791-92 में पैने ने प्राकृतिक अधिकारों की रक्षा करते हुए और एडमंड बर्क के विरोध में 'मानव के अधिकार' (राइट्स ऑफ मैन) नामक एक पैम्फलेट लिखा। इसमें उन्होंने मानव के अधिकारों के रक्षार्थ क्रांति की आवश्यकता पर बल दिया। वे कुछ समय तक क्रांतिकारी आतंक काल में पेरिस में जेल में भी रहे, किन्तु बाद में सन् 1802 में पुनः अमेरिका आ गये।

प्रसिद्ध राजनीतिक विचारक **जॉन लॉक** की भांति पैने ने भी इस विचार को प्रस्थापित किया कि "**सरकार चाहे कितनी भी अच्छी हो, यह एक आवश्यक बुराई है और अपनी बुरी अवस्था में तो यह एक असह्य बुराई बन जाती है**।" लॉक के चिन्तन का अनुसरण करते हुए उन्होंने तर्क दिया कि किसी भी सरकार को मानव के प्राकृतिक अधिकारों का उल्लघंन करने का कोई अधिकार नहीं है, अपितु हमारे जीवन, स्वतंत्रता और धन-सम्पदा की रक्षा करना उसका कर्त्तव्य है। पैने ने सुप्रसिद्ध अर्थशास्त्री **एडम स्मिथ** के विचारों का भी अनुमोदन किया और कहा कि लोगों की व्यक्तिगत आवश्यकताएँ उनके बीच हितों के संघर्ष को पैदा नहीं करती, बल्कि उन्हें एक दूसरे के नज़दीक लाकर एक दूसरे पर आश्रित बना देती है। अपनी इन मान्यताओं के आधार पर पैने ने अठारहवीं शताब्दी के यूरोप के राजतंत्रीय और कुलीनतंत्रीय राज्य प्रणालियों पर तीव्र प्रहार किया और प्रजातंत्रीय शासन प्रणाली के गुणों की चर्चा की। पैने ने 'मानव के अधिकार' (1792) के दूसरे भाग में और 'कृषक न्याय' (1796) में कल्याणकारी राज्य की एक रूपरेखा भी प्रस्तुत की।

प्रमुख कृतियाँ :

- Common Sense, (1776)
- The Rights of Man, (1792), Farmer's Justice, (1796)

Pareto, Vilfredo

विलफ्रेदो पारेतो (परेटो)

(1848-1923)

इटली निवासी **विलफ्रेदो पारेतो** (परेटो) मूल रूप में एक इंजीनियर थे जो बाद में अर्थशास्त्री

और समाजशास्त्री बन गये। उन्होंने गणितीय अर्थशास्त्र और सामाजिक सिद्धान्त के क्षेत्र में महत्वपूर्ण योगदान किया है। प्रारंभ में, एक गणितीय अर्थशास्त्री के रूप में काफी ख्याति अर्जित की। अपने बाद के वर्षों में, पारेतो ने फ्रांसीसी भाषा में सन् 1916 में एक भारी भरकम पुस्तक लिख कर समाजशास्त्र के क्षेत्र में एक विशेष स्थान बना लिया। यह पुस्तक बाद में आँग्ल भाषा में 'द माइन्ड एण्ड सोसाइटी' (1935) के नाम से प्रकाशित हुई। इस पुस्तक ने उन्हें अपने जीवन-काल में ही चर्चा का विषय बना दिया था, यद्यपि आजकल इस पुस्तक पर उतना अधिक ध्यान नहीं दिया जाता है।

एक समाजशास्त्री के रूप में, पारेतो (परेटो) अधिकांशतः अभिजनों (ऍलिट) के विश्लेषण और "अभिजन-परिभ्रमण" (सरक्युलेशन ऑफ ऍलिट) की अपनी अवधारणा के लिये जाने जाते हैं। संभवतः पारेतो पहले व्यक्ति थे जिन्होंने "ऍलिट" शब्द का प्रयोग इस अर्थ में किया कि **एलिट समाज के ऐसे थोड़े से श्रेष्ठिजन होते हैं जो अधिसंख्य व्यक्तियों पर शासन करते हैं। ये ऍलिट (अभिजन) बदलते रहते हैं। यह वर्ग-स्थाई नहीं होता, इसमें ऊपर-नीचे आने-जाने का क्रम निरन्तर चलता रहता है। बदलाव की इस प्रक्रिया को ही पारेतो ने "अभिजन-परिभ्रमण"** कहा है। इस प्रक्रिया को स्पष्ट करते हुए उन्होंने लिखा है कि समाज के इस श्रेष्टि वर्ग में चक्रिय प्रक्रिया द्वारा परिवर्तन होता है, अर्थात् जो व्यक्ति आज अभिजन की श्रेणी में हैं, वे एक भी इस श्रेणी में हो, जरुरी नहीं है। एक लम्बे समय के बाद इन व्यक्तियों का स्थान वे लोग ले लेते हैं जो पहले अभिजनों की श्रेणी में नहीं थे और इस प्रकार इस बदलाव द्वारा समाज का सामान्य तबका अभिजन की श्रेणी में आ जाता है। बदलाव का यह क्रम निरंतर चलता रहता है।

पारेतो ने अभिजन और अ-अभिजन में भी भेद किया है और स्पष्ट किया कि अभिजन की श्रेणी में कुछ मुट्ठी भर व्यक्ति ही आते हैं बाकी के अधिकांश व्यक्ति तो शासित किये जाने वालों की श्रेणी में होते हैं। 'अभिजन-परिभ्रमण' क्यों होता है, इसे स्पष्ट करते हुए वे लिखते हैं कि कुछ व्यक्ति (शेर) स्थिर दशाओं में यथास्थिति बनाये रखने में अधिक योग्य होते हैं, जब कि दूसरे व्यक्ति (लोमड़ियां) परिवर्तन के अनुरूप अपने को ढालने, नवीन दृष्टि और साधनों को इज़ाद करने और सफलतापूर्वक सामंजस्य स्थापित करने में अधिक कुशल होते हैं। ये व्यक्ति परिवर्तन के समय स्वयं को नये ढांचे में ढाल सकते हैं। अभिजन और अ-अभिजन के भेद के अलावा उन्होंने अभिजन की कोटियों, अर्थात् प्रशासकीय तबके और शेष अन्य अभिजनों में भी अन्तर प्रदर्शित किया है।

उनकी प्रमुख समाजशास्त्रीय कृति 'मन और समाज', जिसका उल्लेख ऊपर किया जा चुका है, में पारेतो ने अभिजन-सिद्धान्त और समाजशास्त्र की सामान्य विश्लेषणात्मक योजना प्रस्तुत की है। इस पुस्तक में उन्होंने समाजशास्त्र और अर्थशास्त्र में अन्तर को स्पष्ट करते हुए लिखा है कि **अर्थशास्त्र मानव क्रिया (व्यवहार) के केवल एक पक्ष की चर्चा करता है, अर्थात्, अर्थशास्त्र में तार्किक क्रिया का ही विश्लेषण किया जाता है।** यह तार्किक क्रिया किसी भी इच्छित लक्ष्य के लिए सर्वाधिक उपयुक्त साधनों का बुद्धिसंगत चयन होती है। दूसरे शब्दों में, दुर्लभ संसाधनों को अर्जित और आवंटन कर इच्छित लक्ष्य की पूर्ति करना ही तार्किक क्रिया है। किन्तु, **समाजशास्त्र में अतार्किक क्रियाओं का भी विश्लेषण किया जाता**

है जिनके द्वारा सामाजिक जीवन का अधिकांश भाग निर्मित होता है। इन क्रियाओं को अतार्किक इसलिए कहा जाता है क्यों कि ये क्रियाएं व्यवस्थित योजना अथवा बुद्धिसंगत सोच-विचार का परिणाम नहीं होती हैं। यही नहीं, इन क्रियाओं का निर्धारण वैज्ञानिक विधि की अपेक्षा 'मनोभावनाओं' द्वारा होता है। पारेतो के अनुसार समाज पर इन अतार्किक क्रियाओं का प्रभाव अधिक होता है। अतः प्राकृतिक विज्ञानों के विपरीत सामाजिक घटनाओं की व्याख्या के लिए अतार्किक विश्वासों और क्रियाओं का विश्लेषण किया जाना अत्यावश्यक है।

पारेतो ने **अतार्किक क्रिया के दो** प्रकार बताये हैं, **अवशिष्ट चालक** (रेज़िड्यूज) तथा **भ्रांत तर्क** (डिरिवटिवज़)। **मानव के अतार्किक और बुद्धिहीन व्यवहारों को प्रेरित करने वाली भावनाओं व उद्वेगों को पारेतो ने अवशिष्ट चालक कहा है**। उन्होंने इसके छः प्रमुख रूप बताये हैं: (1) सम्मिलिन के चालक, (2) समूह-स्थाईत्व के चालक, (3) सामाजिकता के चालक, (4) कामवासना के चालक, (5) व्यक्तित्व निर्माण के चालक, (6) बाह्य क्रियाओं द्वारा भावनाओं की अभिव्यक्ति के चालक। पारेतो ने 'अभिजन-परिभ्रमण' सम्बन्धी अवधारणा में प्रथम और द्वितीय चालकों को महत्वपूर्ण माना है और कहा कि 'लोमड़ियां' सम्मिलन के चालक को और 'शेर' समूह-स्थाईत्व के चालक का प्रतिनिधित्व करते हैं। पारेतो के अनुसार, भ्रांत तर्क ऐसे बुद्धिहीन तर्क होते हैं जो अवशिष्ट चालकों के आधार पर निकाले गये निष्कर्षों को उचित बताते हैं। दूसरे शब्दों में, **भ्रांत तर्क क्रियाओं का एक ऐसा व्यापक समूह है जिसके द्वारा कर्त्ता अपने व्यवहार की तार्किकता और औचित्य को स्थापित करने का यत्न करता है**। इन तर्कों को भ्रांत इसलिए कहा जाता है क्योंकि ये सामान्य या साधारण मत के विपरीत अ-तर्कसगत और अ-प्रयोगसिद्ध आधारों पर आधारित होते हैं। प्रचार, विज्ञापन , फैशन आदि इसी प्रकार के भ्रान्त तर्कों पर आधारित व्यवहार हैं। पारेतो ने इन भ्रान्त-तर्कों के चार प्रमुख रूप बताये हैं: साधारण तथा पुनरावर्तक कथन या घोषणाएं, सत्ता के प्रति निवेदन, समाज के लोकप्रिय मूल्यों के प्रति नतमस्तक होना और विशुद्ध मौखिक हेराफेरी। पारेतो के अनुसार अवशिष्ट चालक सार्वभौमिक तत्व हैं जो आधारभूत मानवीय मनोभावनाओं को प्रतिबिम्बित करते हैं, जब कि भ्रान्त तर्क परिवर्तनीय तत्व हैं जिनमें बदलाव होता रहता है।

समाजशास्त्र के क्षेत्र में **मैक्स वेबर** से भी पहले सामाजिक क्रिया सिद्धान्त को प्रणीत एवं प्रभावित करने वाले प्रथम विचारक पारेतो ही थे, यद्यपि उनके क्रिया सिद्धान्त को वह महत्ता नहीं मिली, जो बाद में मैक्स वेबर के सिद्धान्त को प्राप्त हुई। टालकाट पार्सन्स ने इस विषय की अपनी बहुचर्चित पुस्तक 'द स्ट्रक्चर ऑफ सोश्यल एक्शन'(1937) में सामाजिक क्रिया के अन्य विचारकों में पारेतो को भी सम्मिलित कर उनके सिद्धान्त की महत्ता को रेखांकित किया है। समाजशास्त्र के बाद के विकास में पारेतो के प्रभाव की दो रूप में चर्चा की जा सकती है। मानवीय सम्बन्ध सम्प्रदाय ने पारेतो के अतार्किक सामाजिक क्रिया और तार्किक आर्थिक क्रिया में भेद करते हुए यह स्वीकार किया कि कामगार अतार्किक मनोभावनाओं द्वारा निर्देशित होते हैं जब कि प्रबंधकीय नीतियों का निर्माण तार्किक आर्थिक निर्णयों के आधार पर होता है। मानव समाज किस प्रकार कार्य करते हैं, इस संबंध में पारेतो के विचारों ने टालकट पार्सन्स तथा अन्य संरचना-प्रकार्यवादी विचारकों को प्रभावित किया

है। पारेतो के अनुसार समाजों का विश्लेषण स्व-संतुलनकारी तत्वों से युक्त व्यवस्थाओं के रूप में किया जा सकता है, उनके ये विचार प्राकृतिक विज्ञानों (भौतिकी) के सैद्धान्तिक यांत्रिकी पर आधारित हैं। इस दृष्टि से पारेतो ने सामाजिक व्यवस्था सिद्धान्त के विकास को बहुत पहले प्रभावित किया है।

पारेतो ने कल्याण-अर्थशास्त्र सम्बन्धी एक सिद्धान्त भी प्रस्तुत किया जिसे **'विलफ्रेड पारेतो सिद्धान्त'** के नाम से जाना जाता है। इस सिद्धान्त के अनुसार, वैध कल्याण सुधार से तात्पर्य ऐसे विशिष्ट परिवर्तन से है जिसके द्वारा बिना किसी दूसरे व्यक्ति की स्थिति को बिगाड़े कम से कम एक व्यक्ति की स्थिति में सुधार किया जाये। एक ऐसा बाजार-विनिमय जो किसी भी व्यक्ति को प्रतिकूल रूप में प्रभावित नहीं करता है, इसे 'पारेतो सुधार' माना जाता है क्यों कि इससे कम से कम एक या दो व्यक्तियों की स्थिति में सुधार होता है। ऐसा कहा जाता है कि **'परेटो इष्टतमता'** (ऑपटिमिलिटी) तब उत्पन्न होती है जब आर्थिक कल्याण के वितरण द्वारा दूसरे व्यक्ति में बिना कोई कमी लाये एक व्यक्ति में सुधार नहीं किया जा सकता हो। यह सिद्धान्त तीन अनुमानों पर आधारित है; (1) प्रत्येक व्यक्ति अपने स्वयं के कल्याण का सर्वाधिक अच्छा निर्णायक है, (2) सामाजिक कल्याण एकान्तिक रूप में व्यक्तिगत कल्याण का एक प्रकार्य है, (3) यदि व्यक्तिगत कल्याण में वृद्धि के फलस्वरूप किसी भी दूसरे व्यक्ति के कल्याण में कोई कमी नहीं आती है, तब इसे सामाजिक कल्याण कहा जा सकता है।

चूंकि पारेतो के ये अनुमान आनुभाविक आधार पर कई प्रश्न खड़े करते हैं तथा इनके साथ मूल्य-निर्णयों के जुड़े होने की संभावनाएं भी हैं, अतः ये अनुमान कुछेक रूप में विवादास्पद हैं। कुछ लोगों ने यह भी कहा है कि ये अनुमान कल्याण सम्बन्धी निर्णयों के कमजोर आधार हैं। अधिकांश समाजशास्त्रियों ने पारेतो के कल्याण अर्थशास्त्र के बारे में कई आपत्तियां प्रकट की हैं क्योंकि परेटो का सिद्धान्त संसाधनों के प्राथमिक वितरण के बारे में मूक बना हुआ है।

वास्तव में, पारेतो के अधिकांश विचार मार्क्स और प्रबोधकालीन दर्शन को अस्वीकारते हैं। उदाहरणार्थ, जहां प्रबोधकालीन दार्शनिकों ने तार्किकता और विवेक पर बल दिया है, वहां पारेतो ने मानवीय मूल प्रवृतियों जैसे अतार्किक कारकों की भूमिका को रेखांकित किया है। मूलप्रवृतियों की महत्ता पर पारेतो द्वारा बल दिया जाना अप्रत्यक्ष तौर पर मार्क्स के सिद्धान्त को अस्वीकार किया जाना ही है, क्योंकि मार्क्स के सिद्धान्त में मूलप्रवृतियों को कोई स्थान नहीं है। पारेतो का सामाजिक परिवर्तन का सिद्धान्त भी मार्क्स के सिद्धान्त से पूर्णतः विपरीत है। जहां मार्क्स ने सामाजिक परिवर्तन में जनसमुदाय की भूमिका को रेखांकित किया है, वहां पारेतो ने सामाजिक परिवर्तन के अपने 'अभिजन सिद्धान्त' का प्रतिपादन किया है। इस सिद्धान्त के अनुसार यह माना जाता है कि **समाज मुख्यतः एक छोटे से अभिजन समूह से संचालित होता है जो अपने सतर्क स्वार्थों के आधार पर काम करते हैं**। पारेतो के अनुसार सामान्य जन समुदाय में तर्क-वितर्क का अभाव होता है, अतः उनमें परिवर्तन लाने की क्रांतिकारी शक्ति नहीं होती। पारेतो के अनुसार सामाजिक परिवर्तन तब होता है जब वर्तमान अभिजन का पतन हो जाता है और उसका स्थान लेने के लिए अशासकीय अभिजनों या जन समुदाय के उच्च तबकों से नया अभिजन आता है। एक

बार जब नया अभिजन समूह सत्ता में आ जाता है, तब नये रंग-ढंग से कार्य-व्यापार शुरू होता है। अभिजनों में बदलाव आने की यह प्रक्रिया निरंतर चलती रहती है। इस प्रकार पारेतो ने कोम्त, मार्क्स, स्पेन्सर आदि के परिवर्तन के दिशागत (एकरैखिक) सिद्धान्तों के स्थान पर **'चक्रिक परिवर्तन' के सिद्धान्त का प्रतिपादन** किया है। पारेतो का परिवर्तन का सिद्धान्त जनता की पीड़ा की अवहेलना करता है। अभिजन आते और जाते रहते हैं, किन्तु जनता की दशा यथावत बनी रहती है। अतः परेतो के इस सिद्धान्त को समाजशास्त्र के प्रति किया गया उनका प्रमुख एवं स्थाई योगदान नहीं कहा जा सकता।

पारेतो ने सामाजिक विश्व और समाजशास्त्र के सम्बंध में वैज्ञानिक दृष्टिकोण प्रदर्शित करते हुए कहा है कि 'मेरी इच्छा समाजशास्त्र की प्रणाली को खगोलशास्त्र, भौतिकशास्त्र और रसायनशास्त्र के मॉडल पर ढालने की है।' संक्षेप में, पारेतो ने समाज की एक ऐसी संतुलनशील व्यवस्था के रूप में कल्पना की है जिसकी सम्पूर्णता परस्पर निर्भर भागों से बनी होती है। यदि किसी एक भाग में कोई परिवर्तन आता है तो वह सम्पूर्ण व्यवस्था के अन्य भागों को भी प्रभावित करता है।

प्रमुख कृतियाँ :

- The Mind and Society, 4 vols. (1935)
- Sociological Writings, (1966)
- The Other Pareto, (1980)

Park, Robert E.

रॉबर्ट ई. पार्क (1864-1944)

जार्ज सिमल के शिष्य और समाजशास्त्र के शिकागो सम्प्रदाय के अग्रणी समाजशास्त्री **रॉबर्ट ई. पार्क** का प्रारंभिक समयाकाल (लगभग 20 वर्ष) शिकागो विश्वविद्यालय में बीता। शिकागो विश्वविद्यालय के अकादमिक जीवन में प्रवेश के पूर्व वे एक पत्रकार और राजनीतिक कार्यकर्ता थे। पत्रकारिता के अनुभव ने पार्क को समाज को नजदीकी से देखने का अवसर प्रदान किया। पार्क के अध्ययन-अनुसंधान के प्रमुख विषय, नगरीय जीवन (नगरीकरण), सामुदायिक तथा प्रजातिक सम्बंध और सामाजिक परिवर्तन रहे हैं। पार्क मुख्यतः अनुभवपरक शोधशास्त्री थे। उन्होंने कई अनुभवपरक शोध किये तथा कई गवेषणाओं का निर्देशन किया। उन्होंने अपने शोध अध्ययनों में 'सहभागिक अवलोकन' विधि का प्रयोग किया तथा अपने शिष्यों को भी इसी विधि के प्रयोग के लिये प्रेरित किया। सन् 1921 में **बर्गेस, के साथ मिलकर** उन्होंने "समाज के विज्ञान की रूपरेखा" के नाम से एक पाठ्य पुस्तक लिखी। इस पुस्तक में सामाजिक प्रक्रियाओं के विभिन्न स्वरूपों—सहयोग, प्रतिस्पर्धा, समायोजन, सात्मीकरण आदि का विस्तृत वर्णन-विश्लेषण किया गया है। यह पुस्तक कई वर्षों तक विश्वविद्यालयों में एक महत्वपूर्ण पाठ्य पुस्तक बनी रही। इस पुस्तक में विशेषतः विज्ञान, शोध और सामाजिक अन्तर्क्रियाओं के अध्ययन के प्रति प्रतिबद्धता प्रकट की गई है। पार्क ने नगर में होने वाले परिवर्तनों को जानने के लिए भी इन प्रक्रियाओं का प्रयोग किया

है। इस विषय पर इस पुस्तक को आज भी एक प्रामाणिक ग्रंथ माना जाता है। उन्होंने इसी पुस्तक में **'मानवीय पारिस्थितिकी' (ह्यूमन इकॉलॉजी) की अवधारणा की रचना की** जिसके आधार पर शिकागो विश्वविद्यालय में कई अनुसंधान किये गये। पार्क ने कहा है कि सामाजिक सम्बन्धों में प्रतिस्पर्धा एक आधारभूत प्रक्रिया है, फिर भी श्रम-विभाजन के कारण प्रतिस्पर्धा में भी अप्रत्यक्ष सहयोग के तत्व देखने को मिलते हैं जिसे उन्होंने **'प्रतिस्पर्धात्मक सहयोग'** कहा है। इसी आधार पर व्यक्तियों के बीच स्थानिक और सांस्कृतिक स्तर पर 'सहजीवी सम्बंध' विकसित होते हैं। उन्होंने अपने ये विचार 'नगर' (1925) और 'मानव समुदाय' (1952) नामक दो पुस्तकों में अभिव्यक्त किये हैं। पार्क ने बहुत अधिक नहीं लिखा है। उनका अधिकांश लेखन लेखों के रूप में हुआ है जिनका सम्पादन ह्यूज़ेज, माशोका आदि ने किया। इनका प्रकाशन तीन खंड़ों में सन् 1950 और 1955 में हुआ। लेखन से अधिक, पार्क को अमेरिकी समाजशास्त्रियों की एक लम्बी कतार तैयार करने का श्रेय जाता है। पार्क ने कुछ समय तक हार्वर्ड के दर्शनशास्त्र विभाग में भी काम किया है। वे 'अमेरिकी समाजशास्त्रीय परिषद्' के अध्यक्ष भी रहे हैं।

पार्क का जन्म पैन्सिलेवेनिया में हुआ था। उनकी शिक्षा मिशीगन विश्वविद्यालय में हुई। स्नातक की डिग्री लेने के बाद उन्होंने एक पत्रकार के रूप में अपने व्यावसायिक जीवन की शुरुआत की। वे वास्तविक जीवन के सुख और दुख को देखना चाहते थे। वे मुख्यतः जुआ घरों, अफीम के अड्डों और संसार के कारनामों के बारे में जानना चाहते थे। पत्रिकारिता ने उनकी इस इच्छा को पूरा किया। उन्होंने नगर जीवन के बारे में ब्योरेवार लिखा। घटनाओं के बारे में लिखने का उनका तरीका 'वैज्ञानिक' था। वे घटना स्थल पर जाते, घटनाओं का सूक्ष्म निरीक्षण करते, उनका विश्लेषण करते और फिर बाद में ब्योरेवार सविस्तार लिखा करते थे। उनकी यह "वैज्ञानिक रिपोर्ताज की शैली" ही उन्हें शैक्षणिक क्षेत्र में खींच लाई। यद्यपि सामाजिक जीवन का यथा तथ्य और सटीक वर्णन करने का कार्य उनका एक दिली शौक था, किन्तु वह पत्रिकारिता और अखबारी कार्य से उन्हें यह संतोष प्राप्त नहीं हो पाया, जिसकी उन्हें अभिलाषा थी। यह कार्य उनके पारिवारिक दायित्वों और बौद्धिक जरुरतों को पूरा नहीं कर पाया। यही नहीं, पार्क का शुरू से सामाजिक सुधार की ओर झुकाव था, वे विश्व में कुछ सुधार करना चाहते थे, किन्तु उनका पत्रिकारिता का कार्य उनकी इस अदम्य इच्छा को पूरा करने में पूरी तरह से असफल रहा। सन् 1898 में, लगभग 34 वर्ष की आयु में, पार्क ने पत्रिकारिता का कार्य छोड़ दिया और हार्वर्ड विश्वविद्यालय में दर्शनशास्त्र विभाग में अपना नाम दर्ज करवा लिया। वे यहां एक वर्ष रहे और उसके बाद जर्मनी चले आये। जर्मनी उस समय विश्व के बौद्धिक जीवन का हृदय बना हुआ था। यहां पार्क की बर्लिन में **जार्ज सिमल** से मुलाकात हुई और वे उनके विचारों से काफी प्रभावित हुए। पार्क के समाजशास्त्र (क्रिया और अ़न्तर्क्रिया पर जोर) पर इसका प्रभाव स्पष्ट रूप में देखा जा सकता है। देखा जाये, तो सिमेल के व्याख्यान ही समाजशास्त्र में उनकी औपचारिक दीक्षा थी। (गौरतलब है कि पार्क ने किसी महाविद्यालय या विश्वविद्यालय से समाजशास्त्र की कोई औपचारिक शिक्षा या उपाधि प्राप्त नहीं की थी। स्वयं पार्क ने लिखा है कि "समाज और मानवीय प्रकृति के बारे में मैनें अधिकांश ज्ञान अपने स्वयं के प्रेक्षण-निरीक्षण से प्राप्त किया है।" सन् 1904 में उन्होंने हेडलबर्ग विश्वविद्यालय से पी. एच. डी. की उपाधि प्राप्त की। उन्हें शिकागो में

अध्यापन कार्य के लिये आमंत्रण मिला, किन्तु उन्होंने इसे ठुकरा दिया।

सामाजिक सुधार और पुनर्निर्माण की तीव्र इच्छा पार्क को 'कांगो सुधार संगठन' में खींच लाई। यहां वे **बूकर टी वाशिंगटन** के सम्पर्क में आये जो अश्वेत (काले) अमरीकियों के सुधार-कार्यों में जुटे हुए थे। वे वाशिंगटन के सचिव बन गये और 'टस्कजी संस्थान' के क्रियाकलापों में सक्रिय रूप से कार्य करने लगे। सन् 1912 में उनकी शिकागो विश्वविद्यालय के एक समाजशास्त्री **डब्ल्यू. आई. थॉमस** से मुलाकात हुई जो उस समय टस्कजी संस्थान में व्याख्यान देते थे। थॉमस ने पार्क को शिकागो विश्वविद्यालय आने और "अमेरिका में नीग्रो" विषय पर स्नातक कक्षाओं के विद्यार्थियों को व्याख्यान देने का आमंत्रण दिया। पार्क इन व्याख्यानों हेतु सन् 1914 में शिकागो विश्वविद्यालय आ गये। धीरे-धीरे वे यहीं के होकर रह गये। वे यहां बाद में पूर्णकालिक व्याख्याता बन गये। इसी अवधि में उन्होंने 'अमरीकी समाजशास्त्रीय समाज' की सदस्यता ग्रहण कर ली। दस वर्ष बाद, वे इस परिषद् के अध्यक्ष बन गये। दुर्भाग्यवश, पार्क शिकागो विश्वविद्यालय में 59 वर्ष की आयु तक (सन् 1923 तक) पूर्णकालिक प्रोफेसर नहीं बन पाये। वे शिकागो विश्वविद्यालय से लगभग दो दशकों तक जुड़े रहे और उन्होंने यहां के समाजशास्त्र विभाग में बौद्धिक वातावरण पैदा करने में मुख्य भूमिका अदा कर इस विभाग को विश्व पटल पर स्थापित कर दिया। सन् 1930 के दशक के प्रारंभिक वर्षों में यहां से सेवानिवृत होने के बाद भी वे बौद्धिक रूप से सक्रिय बने रहे। उन्होंने लगभग अस्सी वर्षों के हो जाने तक फिस्क विश्वविद्यालय में व्याख्यान दिये और शोध-कार्य किये। समाजशास्त्र में शिकागो सम्प्रदाय के रूप में जो एक नवीन विचारधारा का प्रणयन हुआ, उसमें रॉबर्ट पार्क की शीर्षस्थ भूमिका रही है। उन्होंने नगरीय अध्ययनों और प्रजाति संबंधों के अध्ययनों पर विशेष ज़ोर दिया है।

प्रमुख कृतियाँ :

– An Introduction to the Science of Society, (with E. Burgess), (1921)
– The City, (1925)
– Race and Culture, (1939)
– Human Communities, (1939)

Parsons, Talcott

टालकट पार्सन्स (1902-1979)

आधुनिक अमेरिकी अग्रणी समाजशास्त्रियों में टालकट पार्सन्स की गणना एक दिग्गज सिद्धान्तकार के रूप में की जाती है। उन्होंने सिद्धान्त-रचना की पार्सन्सवादी शैली का प्रणयन कर समाजशास्त्र को एक नई दिशा प्रदान की। पार्सन्स ने द्वितीय विश्व युद्ध के बाद अमेरिकी समाजशास्त्र पर गहरा प्रभाव अंकित किया और वे अपनी ढेर सारी समाजशास्त्रीय कृतियों के साथ विश्व के समाजशास्त्रीय पटल पर छा गये। उनकी कृतियों ने समाजशास्त्रीय सिद्धान्त के क्षेत्र में एक लम्बी बहस की शुरुआत की, बड़ी

आलोचना-प्रत्यालोचना की शिकार हुई, किन्तु यह भी उतना ही सही है कि पार्सन्स के सिद्धान्त और समाजशास्त्रीय अवधारणाएं सन् 1970 तक समाजशास्त्रीय जगत् में आकर्षण का केन्द्र बने रहे। पार्सन्स प्रमुख रूप में एक चिन्तक थे। उन्होंने न किसी अनुभवजन्य शोध परम्परा को प्रणीत किया और न ही उनका इस परम्परा से कोई प्रत्यक्ष सरोकार था। अमेरिका में आनुभविक शोध विधा का खासा वर्चस्व रहा है, किन्तु वे इस मुख्य धारा के विपरीत **एक अमूर्त सिद्धान्तकार** थे। उनका समाजशास्त्रीय सिद्धान्त, जिसे बहुधा **'संरचनात्मक प्रकार्यवाद'** या 'आदर्शवादी प्रकार्यवाद' (नॉर्मैटिव फ़ङ्क्शॅनलिज़्म) के नाम से जाना जाता है, को सामान्यतः आधुनिक समृद्ध अमेरिकी समाज की उपज माना जाता है जहां संरचनात्मक सामाजिक संघर्ष काफी मात्रा में समाप्त हो गये थे या जिनकी प्रकृति वहां अल्पकालिक थी। ऐसा अनुमान है कि अमेरिका में सामान्य रूप में सामाजिक सम्बद्धता, लगाव का भाव विद्यमान है और वहां के लोग प्रजातांत्रिक मूल्यों का काफी पालन और आदर करते हैं। किन्तु उनके इस सिद्धान्त की तब कटु आलोचना हुई जब विशेषतः विएतनाम युद्ध के प्रभाव के वशीभूत महायुद्ध के उपरान्त पैदा हुई मतैक्यता और एकजुटता के धीरे-धीरे धराशायी होने के चिन्ह वहां उभरने लगे।

टालकाट पार्सन्स का जन्म सन् 1902 में कॉलोरेडो (अमरीका) में एक यहूदी परिवार में हुआ था। उनका पारिवारिक परिवेश धार्मिक और बौद्धिक था। उनके पिता एक धर्म परिषद् के मंत्री और प्रोफेसर थे जो बाद में एक छोटे से कॉलेज के अध्यक्ष बन गये। पार्सन्स ने 1924 में एम्हर्स्ट कालेज से पूर्व स्नातक की उपाधि प्राप्त की। अपनी स्नातक उपाधि के लिये उन्होंने विश्व के सुप्रसिद्ध संस्थान 'लंदन स्कूल ऑफ ईकानॉमिक्स' में दाखिला लिया और इसके अगले वर्ष ही वे जर्मनी में हेडलबर्ग विश्वविद्यालय चले गये। यह वही विश्वविद्यालय है जहां प्रख्यात समाजशास्त्री **मैक्स वेबर** ने अपने जीवन का काफी समय बिताया था। पार्सन्स के इस संस्थान में आने के पाँच वर्ष पूर्व ही वेबर की मृत्यु हो चुकी थी। किन्तु वेबर का बौद्धिक प्रभाव वहां अभी भी शेष था। वेबर की विधवा पत्नी मरिने द्वारा घर में आयोजित संगोष्ठियों में पार्सन्स बिना नागा भाग लेते थे। **पार्सन्स वेबर की कृतियों से काफी प्रभावित थे**। इसी कारण उन्होंने वेबर के कुछ विचारों को लेकर हेडलबर्ग विश्वविद्यालय में ही शोध-कार्य कर पी.एच.डी. की उपाधि प्राप्त की।

सन् 1927 में पार्सन्स हार्वर्ड विश्वविद्यालय में एक प्रशिक्षक बन गये। उन्होंने इसी संस्थान में कई विभाग बदले, किन्तु सन् 1979 में अपनी मृत्यु तक इसी संस्थान में किसी न किसी पद पर कार्य करते हुए इससे जुड़े रहे। उनके प्रारंभिक शैक्षणिक जीवन में विशेष सामाजिक हलचल नहीं थी। सन् 1937 में उन्होंने सर्व प्रथम 'सामाजिक क्रिया की संरचना' (द स्ट्रक्चर ऑफ सोश्यल एक्शन) नामक पुस्तक लिखी। इस प्रथम पुस्तक ने ही बौद्धिक जगत् में उन्हें 'क्रियावादी सिद्धान्तकार' (एक्शन थीअॅरिष्ट) के रूप में प्रस्थापित कर प्रसिद्ध कर दिया।

इस पुस्तक द्वारा उन्होंने **दुर्खाइम, वेबर, परेटो** जैसे न केवल यूरोपीय विचारकों के विचारों से अमेरिकी समाजशास्त्रीय समुदाय को अवगत कराया, अपितु इसी पुस्तक में उन्होंने अपने बाद में विकसित सिद्धान्तों की मोटी-मोटी रूपरेखा प्रस्तुत की। इस पुस्तक के प्रकाशन ने तत्कालीन समाजशास्त्रीय जगत् में हलचल मचा दी और उनके शैक्षणिक जीवन में भी गति

उत्पन्न कर दी। फलस्वरूप, सन् 1944 में उन्हें हार्वर्ड के समाजशास्त्र विभाग का अध्यक्ष बना दिया गया और दो वर्ष बाद ही इसी संस्थान में उन्होंने एक नवीन 'सामाजिक सम्बंधों के विभाग' की स्थापना की। इस विभाग में न केवल समाजशास्त्री थे, अपितु कई अन्य समाज वैज्ञानिकों को भी इसमें सम्मिलित किया गया। सन् 1949 में उन्हें 'अमेरिकी समाजशास्त्रीय परिषद्' के अध्यक्ष बनने का गौरव प्राप्त हुआ। सन् 1950 और 1960 के दशकों में उनकी 'सामाजिक व्यवस्था' (द सोश्यल सिस्टम, 1951) जैसी अनेक पुस्तकों के प्रकाशन ने उन्हें अमेरिकी समाजशास्त्र का एक महत्त्वपूर्ण व्यक्ति बना दिया।

सन् 1960 के दशक के उत्तरार्द्ध में अमेरिकी समाजशास्त्र में नव विकसित उग्रवादी सम्प्रदाय ने पार्सन्स पर वैचारिक प्रहार करने शुरू कर दिये। इस सम्प्रदाय द्वारा पार्सन्स को एक राजनीतिक अनुदार माना गया और इनके विचारों और सिद्धान्तों को रूढ़िवादी करार कर दिया गया। यही नहीं, यह भी कहा गया कि उनके सिद्धान्त मात्र एक विस्तृत वर्गीकरण योजना से अधिक कुछ नहीं हैं, किन्तु 1980 के दशक में पार्सन्स के सिद्धान्तों में न केवल अमेरिका में अपितु सम्पूर्ण विश्व में, एक बार पुनः रुचि उत्पन्न हुई। **हॉल्ट एवं टर्नर** ने तो यहां तक कहा है कि "पार्सन्स की कृतियों ने मार्क्स, वेबर, दुर्खाइम और उनके किसी भी समकालीन अनुयायियों से भी अधिक समाजशास्त्रीय सिद्धान्त में महत्वपूर्ण योगदान किया है।" यही नहीं, पार्सन्स के विचारों ने न केवल रूढ़िवादी विचारकों को अपितु नव मार्क्सवादी सिद्धान्तकारों के साथ-साथ विशेष रूप में आधुनिक **युर्गेन हेबरमॉ** जैसे अग्रणी विचारकों को भी अपने प्रभाव से अछूता नहीं छोड़ा है।

प्रारम्भ से ही, पार्सन्स ने समाजशास्त्र में एक ऐसे समग्रात्मक, समाकलित (इन्टिग्रेटिड़) सिद्धान्त की रचना का प्रयास किया जिसमें उन्होंने समाजशास्त्र के प्रमुख जन्मदाताओं की भिन्न दृष्टियों का समन्वय कर उसे एक एकीकृत समष्टि का रूप दिया। इस सिद्धान्त में प्रमुख रूप में उन्होंने एक ओर वेबर के व्यक्तिवाद तो दूसरी ओर दुर्खाइम के समष्टिवाद को एक दूसरे के साथ जोड़ने का प्रयास किया। विचार, मूल्य और मानदण्ड पार्सन्स की वैचारिक प्रणाली के मुख्य केन्द्र बिन्दु रहे हैं। **मूल्य और मानदण्ड किस प्रकार व्यक्तिगत क्रिया को प्रभावित कर अन्ततः सामाजिक व्यवस्था की रचना करते हैं, यह विषय ही पार्सन्स के समाजशास्त्रीय सिद्धान्त का मुख्य आधार और विश्लेषण का केन्द्र-बिन्दु रहा है।**

पार्सन्स का प्रमुख उद्देश्य सम्पूर्ण समाजशास्त्र के लिये एक ऐसा वैचारिक ढांचा (कन्सेप्चुअल स्ट्रक्चर) तैयार करने का था जो सभी सामाजिक विज्ञानों को एक सूत्र में पिरो सके। इसके लिए उन्होंने व्यक्तिगत क्रिया और वृहत स्तरीय सामाजिक प्रणाली व्यवस्था के विश्लेषण द्वारा इनमें समन्वय स्थापित करने का प्रयास किया। उन्होंने इसके लिये 'सामाजिक क्रिया सिद्धान्त' से शुरुआत की। इस सिद्धान्त की मुख्य विशेषता यह है कि इसमें कर्त्ताओं और उनके सामाजिक तथा प्राकृतिक परिवेश, जिसमें सामाजिक क्रियाएं सम्पन्न की जाती हैं, के आपसी सम्बन्धों को खगोला जाता है। इस परिवेश के सर्वाधिक महत्वपूर्ण तत्व वे दूसरे व्यक्ति होते हैं जिनके साथ कर्त्ता अन्तर्क्रिया करता है। कर्त्ता को क्रिया करते समय इन दूसरे व्यक्तियों की क्रियाओं, अपेक्षाओं और उद्देश्यों को ध्यान में रखना पड़ता है। इन अन्तर्क्रियाओं में मानदंड (नार्म्स) और मूल्य महत्वपूर्ण भूमिका अदा करते हैं, क्योंकि ये ही अन्तर्क्रियाओं को नियंत्रित करते हैं तथा दूसरों के व्यवहार के बारे में पूर्वानुमान प्रकट करते

हैं। क्रिया और अन्तर्कियाओं के संदर्भ में ही पार्सन्स ने समाजीकरण की प्रक्रिया को स्पष्ट करते हुए मानदंडों और मूल्यों के आन्तरीकरण की बात कही है, अर्थात् कर्त्ता इन मूल्यों और मानदंडों को सीखता है जो धीरे-धीरे उसके व्यक्तित्व के अंग बन जाते हैं। पार्सन्स ने व्यक्तित्व और सामाजिक व्यवस्था को एक दूसरे का पूरक माना है, यद्यपि उन्होंने अपने विश्लेषण में व्यक्तित्व की रचना में सामाजिक व्यवस्था को एक महत्वपूर्ण निर्णायक कारक माना है।

पार्सन्स ने अपनी प्रथम पुस्तक 'सामाजिक क्रिया की संरचना' (1937) में बताया है कि किस प्रकार क्लासिकल सामाजिक विचारकों ने क्रिया के 'स्वैच्छिक सिद्धान्त' का प्रतिपादन किया है। इस सिद्धान्त के अनुसार यह माना जाता है कि मानव प्राणी को अनेक लक्ष्यों और साधनों में से अपने लक्ष्य और साधनों का चुनाव करना पड़ता है जो भौतिक और सामाजिक परिवेश द्वारा सीमित और प्रभावित होते हैं। इस सामाजिक परिवेश के मुख्य तत्व मूल्य और मानदंड़ होते हैं जिनके द्वारा हम चुनाव करते हैं। इस संदर्भ में, कर्त्तागण अधिकाधिक तुष्टि प्राप्त करने सम्बन्धी व्यवहार और सम्बन्ध, प्रस्थिति और भूमिका की एक प्रणाली के रूप में संस्थाबद्ध हो जाते हैं और इसी के द्वारा सामाजिक व्यवस्था (प्रणाली) का निर्माण होता है। पार्सन्स सामाजिक प्रणाली के साथ ही तीन अन्य प्रणालियों की उपस्थिति दर्ज करते हैं। ये प्रणालियां हैं, (1) **व्यक्तित्व प्रणाली** (स्वंय कर्त्ता), (2) **सांस्कृतिक प्रणाली** (प्रस्थिति और भूमिका से जुड़े मानदंड (नार्म्स) जो मूल्यों को सुसंगत बनाते हैं तथा, (3) **भौतिक पर्यावरण** जिसके साथ समाज को समायोजन करना होता है।

सामाजिक क्रिया को सामाजिक प्रणाली (व्यवस्था) तथा प्रणालियों से सम्बद्ध कर पार्सन्स ने प्रणालियों और उप प्रणालियों के वृहत प्रतिरूप (मॉडल) की रचना की है। उन्होंने बताया कि कोई भी प्रणाली तब तक जीवित रह सकती है, जब तक वह चार प्रकार्यात्मक आवश्यकताओं की पूर्ति करती रहती है। दूसरे शब्दों में, प्रत्येक प्रणाली (सिस्टम) के जीवित रहने के लिये **चार प्रकार्यात्मक आवश्यकताओं** की पूर्ति करना आवश्यक है। ये आवश्यकताएं हैं : (1) **अनुकूलन** (भौतिक पर्यावरण के साथ सामंजस्य), (2) **लक्ष्य उपलब्धि** (लक्ष्य निर्धारण) तथा तुष्टि प्राप्ति हेतु संसाधनों का चुनाव तथा उन्हें संगठित करना, (3) **एकीकरण** (आन्तरिक समन्वय स्थापित करना तथा भिन्नताओं में उचित तालमेल बिठाना), और (4) **प्रतिमान-अनुरक्षण** (सापेक्षिक स्थाईत्व प्राप्त करने के लिये तथा कार्यो के सम्पादन हेतु पर्याप्त प्रेरणा जाग्रत करना)। इन आवश्यकताओं को सामाजिक प्रणाली और इसके बाह्य परिवेश के मध्य सम्बंध और प्रणाली के आन्तरिक कार्य संचालन दोनों के कारणों हेतु पूरा करना पड़ता है। अतः इन आवश्यकताओं की पूर्ति की प्रक्रिया में प्रत्येक प्रणाली (व्यवस्था) चार प्रकार की विशिष्ट उपव्यवस्थाओं को विकसित करती है। पार्सन्स की सर्वाधिक प्रसिद्ध वर्गीकरणात्मक (टैक्सॉनामिक) योजनाओं में से यह **ए.जी.आई.एल. मॉडल** के नाम से जानी जाती है।

उपर्युक्त वर्णित तीन प्रणालियां (सांस्कृतिक, व्यक्तित्व और जैवकीय-भौतिक) एक विशिष्ट रूपाकार का निर्माण करती हैं जिसे पार्सन्स ने 'क्रिया की सामान्य प्रणाली' (जेनॅरल सिस्टम ऑफ एक्शन) कहा है। प्रत्येक प्रणाली प्रकार्यात्मक पूर्वावश्यकताओं के अनुरूप होती है। इसी प्रकार, अकेली सामाजिक प्रणाली की चार उप प्रणालियां होती हैं। ये उपप्रणालियां

सौपानिक (क्रमिक) रूप में होती हैं, जैसे सामाजिक प्रणाली की सर्वप्रथम उपप्रणाली समाजीकरण प्रणाली (प्रतिमान अनुरक्षण), द्वितीय स्तर पर सामाजिक नियंत्रण की संस्थाएं एवं समुदाय (एकीकरण), तृतीय स्तर पर राजनीतिक प्रणाली (लक्ष्य उपलब्धि) और अन्तिम चतुर्थ स्तर पर आर्थिक प्रणाली (अनुकूलन) होती है। इन उप प्रणालियों की प्रत्येक प्रणाली की पुनः इसी प्रकार की आवश्यकताएं होती हैं। परिणामतः प्रत्येक उप प्रणाली को पुनः चार उप-उप-प्रणालियों में विभाजित किया जा सकता है। वस्तुतः प्रणालियों के उपविभाजन करने की कोई सीमा नहीं है। पार्सन्स ने इसी सन्दर्भ में अर्थव्यवस्था की संरचना का तथा इसके और सामाजिक प्रणाली की अन्य उपप्रणालियों के बीच के सम्बन्धों की विस्तृत व्याख्या की है।

पार्सन्स ने इन प्रणालियों को संस्तरणात्मक व्यवस्था में दर्शाने के लिये इतिहास के **उद्विकासीय सिद्धान्त का प्रयोग** किया है। मानव समाजों का विकास अमीबा (एक कोशिकीय जीव) की भांति विखंडन और बाद में एकीकरण की प्रक्रियाओं द्वारा सरल से जटिल के रूप में हुआ है। प्रणालियाँ और उप प्रणलियाँ संत्रांत्रिक अधिक्रम (साइबरनेटक हाइअरॉर्कि) के रूप में संगठित होती हैं, अर्थात् सर्वप्रथम वे प्रणालियां आती हैं जिनका सूचनाओं का स्तर सर्वाधिक ऊँचा होता है, (उदाहरणार्थ, मानदंड और मूल्यों सहित सम्पूर्ण सांस्कृतिक प्रणाली) बाद में नियंत्रण प्रणालियों का क्रम आता है, (जैसे मानवीय जैवकीय प्रणाली) जिनका ऊर्जा स्तर थोड़ा कम ऊँचा होता है।

पार्सन्स ने कहा है कि सामाजिक क्रिया-अन्तर्क्रिया येन-केन प्रकारेण ढंग से नहीं होती, अपितु इनका एक व्यवस्थित (क्रमबद्ध) चरित्र ही एक स्वरूप को जन्म देता है, जिसे उन्होंने 'सामाजिक प्रणाली' (व्यवस्था) का नाम दिया है। सामाजिक क्रिया और सामाजिक प्रणाली की दोनों अवधारणाओं को पार्सन्स ने अपनी एक नई अवधारणा **'परिवर्ती प्रतिमान'** (पैटर्न वेरिएबल) के द्वारा सम्बद्ध किया है। 'परिवर्ती प्रतिमान' को उन्होंने कर्त्ताओं के मूलभूत उभयसंकटों/द्विधाओं(डिलेमॉ) के रूप में परिभाषित किया है। सामाजिक प्रणालियाँ इन उभयसंकटों के संसाधनों को जोड़ों के रूप में प्रस्तुत करती हैं। पार्सन्स ने इन उभयसंकटों के निम्न जोड़ों की चर्चा की है: (1) **सार्वलौकिक बनाम विशिष्टतावादी**—कर्त्ता को दूसरों के साथ व्यवहार करते समय यह फैसला करना होता है कि वह दूसरे व्यक्ति के साथ सामान्य मानदंडों(सार्वलौकिक) के आधार पर व्यवहार करे या व्यक्ति विशेष से जुड़े मानदंड (विशिष्टतावादी) के आधार व्यवहार करे, (2) **निष्पादन बनाम गुण-अभिमुखता**—कर्त्ता को यह निश्चय करना होता है कि व्यक्तियों के विषय में निर्णय वह उनके कार्यों के निष्पादन के आधार पर ले या उनकी व्यक्तिगत विशेषताओं (गुणों) के आधार पर करे, (3) **भावात्मक तटस्थता बनाम भावात्मकता**—कर्त्ता किन्हीं सम्बन्धों में पूर्णतः भावात्मक रूप में तटस्थ रह कर मात्र एक साधन के रूप में कार्य कर सकता है या फिर उस सम्बन्ध में उसका पूर्ण भावात्मक लगाव हो सकता है, (4) **निश्चितता बनाम विसरणता**—कर्त्ताओं को किन्हीं स्थितियों में दूसरों के साथ सम्बन्ध बनाये रखने हेतु यह चुनाव करना होता है कि क्या वे किन्हीं विशिष्ट उद्देश्य के पूरा होने तक ही दूसरों से जुड़े रहें या आगे भी उनके साथ जुड़े रहने के कुछ उद्देश्य हो सकते हैं। दूसरे शब्दों में, क्या उन्हें दूसरों से व्यवहार करते समय खुलापन बरतना चाहिये

या किन्ही विशिष्ट मुददों तक ही अपने आपको सीमित रखना चाहिये। विभिन्न स्थितियों में इन विरोधी प्रतिमानों का समूहीकरण अलग-अलग हो सकता है, जैसे परिवार में हमें विशिष्टता, भावात्मकता, गुण-अभिमुखता तथा विसरणता देखने को मिलती है, जबकि किसी कारखाने का संगठन सार्वलौकिकता, भावनात्मक तटस्थता, निष्पादन-अभिमुखता तथा विशिष्टता के आधार पर होता है।

पार्सन्स के मतानुसार सामाजिक क्रिया की व्यवस्थाओं में संतुलन बनाये रखने की एक प्रकार की प्रवृति विद्यमान रहती है, यद्यपि यह संतुलन कभी भी पूर्ण नहीं होता है। उनकी दृष्टि में, संतुलन की एक अवस्था से दूसरी अवस्था की ओर जाने का नाम ही सामाजिक परिवर्तन है। प्रणाली में यह परिवर्तन विभेदीकरण द्वारा ही होता है। अपनी बाद की कृतियों में पार्सन्स ने समाज में उत्तरोत्तर होने वाले परिवर्तनों के विश्लेषण के लिये इतिहास के उद्विकासीय सिद्धान्त का प्रयोग भी किया है।

पार्सन्स के उपरोक्त विचारों और अवधारणाओं (कर्त्ता, क्रिया, अन्तर्क्रिया, मानदंड, मूल्य, समाजीकरण, आन्तरीकरण, परिवर्ती प्रतिमान, सामाजिक व्यवस्था, प्रकार्यात्मक आवश्यकताएं, आदि) का विकास 40 वर्षों में हुआ है जिस दौरान उन्होंने ढेर सारी पुस्तकें 'सामाजिक क्रिया की संरचना' (1937), 'सामाजिक व्यवस्था' (1951), 'क्रिया के एक सामान्य सिद्धान्त की ओर', (शील्स के साथ 1951), 'समाज : उद्विकासीय एवं तुलनात्मक परिप्रेक्ष्य, (1966), तथा 'आधुनिक समाजों की व्यवस्था' (1971) आदि लिखी हैं। पार्सन्स को समाजशास्त्र में संरचनात्मक-प्रकार्यवादी सिद्धान्तकार के रूप में जाना जाता है। उनका संरचनात्मक-प्रकार्यवाद वृहत स्तरीय सामाजिक-सांस्कृतिक व्यवस्थाओं के अध्ययन पर जोर देता है। उन्होंने अपने इस सिद्धान्त द्वारा वृहत स्तरीय सामाजिक संरचनाओं और संस्थाओं के संबंधों को उजागर किया है। उन्होंने बताया है कि समाज की संरचनाओं में एक प्रकार का सहयोगात्मक संबंध होता है जो समाज में संतुलन बनाये रखता है। परिवर्तन इस व्यवस्थात्मक प्रक्रिया का एक हिस्सा होता है। पार्सन्स की कृतियों की जो भी आलोचनाएं हुई हैं, वे अधिकांशतः पार्सन्स के प्रकार्यवादी विश्लेषण को लेकर ही हुई हैं। इन आलोचनाकारों में प्रमुख नाम **सी. डब्ल्यू. मिल्स** का है जिन्होंने पार्सन्स के सिद्धान्तों पर 'महत् सिद्धान्त' (ग्रैन्ड थीऑरी)' का लेबल चिपका कर कटु **आलोचना** की है। उन्होंने तो पार्सन्स के सिद्धान्त को सिद्धान्त ही नहीं माना और उसे केवल एक शब्दाडम्बर बताया है। इसके अतिरिक्त भी पार्सन्स की आलोचना कई आधार पर की गई हैं: (1) पार्सन्स के सिद्धान्त अमूर्त हैं जिनका आनुभविक साक्ष्यों से कोई प्रत्यक्ष सरोकार नहीं है, (2) उन्होंने मानदण्डों और मूल्यों को जरूरत से अधिक महत्ता दी है और व्यक्तिगत क्रिया के सम्पादन में भौतिक हितों की उपेक्षा की है, (3) पार्सन्स के सिद्धान्तों में सामाजिक संघर्ष पर पर्याप्त ध्यान नहीं दिया गया है, (4) वे क्रिया सिद्धान्त और प्रणाली सिद्धान्त में तालमेल बिठाने में असफल रहे हैं। (5) वे व्यक्तिगत क्रिया को सामाजिक प्रणाली द्वारा निर्धारित बताकर अप्रत्यक्ष रूप में सामाजिक निर्धारणवाद के दुर्गुण से ग्रसित हो गये हैं, (6) उनके सिद्धान्तों को रूढ़िवादी और यथास्थितिवादी करार करके भी आलोचना की गई है, (7) आलोचनाकारों ने पार्सन्स के प्रकार्यवाद पर उद्देश्यपरकता (टेलिऑलाजि) का भी आरोप जड़ा है। (8) पार्सन्स ने मार्क्स और सिमल जैसे विचारकों की अपनी कृतियों में उपेक्षा की है। यही कारण है कि उनके

समयाकाल में समाजशास्त्र में संघर्ष और मार्क्सवादी सिद्धान्त को नगन्य स्थान मिला।

यह सही है कि आजकल समाजशास्त्रियों में टालकट पार्सन्स के बहुत कम अनुसरणकर्त्ता हैं, फिर भी बहुत से समाजशास्त्रियों द्वारा पार्सन्स को बीसवीं सदी का सर्वाधिक प्रभावशाली अमेरिकी समाजशास्त्री माना जाता है। निस्संदेह ये पार्सन्स ही थे जिन्होंने अमेरिकी पाठकों को दुर्खाइम और मैक्स वेबर जैसे दिग्गज समाजशास्त्रियों की कृतियों से परिचय करवाया। यही नहीं, ये पार्सन्स ही थे जिन्होंने आधुनिक प्रकार्यवादी परिप्रेक्ष्य की नींव रखी। **पार्सन्स ने मर्टन, के.डेविस, डब्ल्यू मूर जैसे अपने अनेक शिष्यों को प्रभावित किया है जो बाद में स्वयं जाने माने सिद्धान्तकार के रूप में प्रतिष्ठित हुए हैं।** इन शिष्यों ने भी सिद्धान्त-रचना की पार्सन्सवादी शैली को अपनाया तथा इसका प्रसार किया।

पार्सन्स की प्रमुख रुचि समाज में व्यवस्था बनाये रखने की समस्या को जानने और खोज़ने में थी, अर्थात् वे कौन से तत्व हैं जो सामाजिक प्रणाली (व्यवस्था) को बांधे रखते हैं। उन्होंने अपने ढेर सारे भारी भरकम लेखनों में सामाजिक जीवन के एक ऐसे व्यापक मॉडल बनाने की कोशिश की है जो सामाजिक प्रणालियों की प्रकृति के साथ-साथ पारस्परिक क्रियाओं-अन्तर्क्रियाओं के उन प्रतिमानों की व्याख्या करने में सक्षम हों जिनके माध्यम से व्यक्ति सहयोगी-सहभागी जीवन जीते हैं। दुर्खाइम की भांति पार्सन्स का नज़रिया भी यह था कि सामाजिक प्रणालियों (व्यवस्थाओं) का अपना ही एक चरित्र और एक अस्तित्व होता है, उनकी अपनी आवश्यकताएं होती हैं और इन आवश्यकताओं की पूर्ति किया जाना आवश्यक है, यदि इन प्रणालियों को जीवित रहना है।

अमेरिकी समाजशास्त्र में कभी उन्हें जो दर्जा हासिल था, उसके गिर जाने के बाद भी, पार्सन्स का सिद्धान्त निर्माण में और समाजशास्त्र तथा अन्य सामाजिक विज्ञानों को एक एकल मॉडल में ढालने के उनके प्रयास को उनका एक स्थाई योगदान कहना उचित होगा। सन् 1970 के दशक में कई नये प्रकारों के सिद्धान्तों के उद्भव के कारण पार्सन्स के सिद्धान्तों का धीरे-धीरे महत्व कम होता चला गया, किन्तु अभी पिछले कुछ वर्षों में पार्सन्स के सिद्धान्तों में पुनः रुचि उत्पन्न हुई है। (उदाहरणार्थ, जे. अलेग्ज़ेडर का लेख, जर्मन समाजशास्त्र में पार्सन्स का पुनरुत्थान (1984), **आर. मुंच** का लेख 'वर्तमान में पार्सन्स का सिद्धान्त : एक नवीन संश्लेषण की तलाश में')। सन् 1980 के दशक में **पार्सन्स के सिद्धान्तों का पुनर्मूल्यांकन कर उन्हें 'नव प्रकार्यवाद' का नाम दिया गया है** और कहा गया कि उपरोक्त सभी आलोचनाएं अप्रमाणिक हैं, फिर भी उनके सिद्धान्तों में उपरोक्त आलोचनाओं (सीमाओं) के संदर्भ में आवश्यक संशोधन किया जा सकता है।

प्रमुख कृतियाँ :

- The Structure of Social Action, (1937)
- The Social System, (1951)
- Towards a General Theory of Action, with E. Shils (1951)
- Family, Socialization and Interaction Process, with Bales (1953)
- Essays in Sociological Theory, (1964)
- Societies; Evolutionary and Comparative Perspectives, (1966)

– Politics and Social Structure, (1969)
– The System of Modern Societies, (1971)

Peirce, Charles Sanders

चार्ल्स सेंडर्स पर्श (1839-1914)

चार्ल्स सेंडर्स पर्श व्यावहारिकतावाद (प्रैग्मॅटिज़्म) और लक्षण-विज्ञान दोनों के जन्मदाताओं में से रहे हैं, किन्तु यह आश्चर्य ही है कि इन दोनों ही परम्पराओं में सामान्यतः उनकी उपेक्षा की गई है। पर्श की दृष्टि में व्यावहारिकतावाद सत्य का सिद्धान्त नहीं है, अपितु यह अर्थ का एक सिद्धान्त है। लक्षण-विज्ञान सम्बधी उनके लेखनों में 'अभिसूचक संकेतों' के विचार को प्रस्तुत किया गया है जिसका तात्पर्य यह है कि एक संकेत के भिन्न संदर्भ में भिन्न अर्थ हो सकते हैं। यह विचार नृजातिपद्धतिशास्त्र के सभी भाषाओं की अभिव्यक्ति की शक्ति के सिद्धान्त का आधार है। पर्श का एक प्रमुख विचार उसके इस मूलमंत्र में निहित है कि हमारी कल्पना की वस्तु के क्या व्यावहारिक प्रभाव पड़ने की संभावना है, उसके बारे में विचार किया जाना चाहिए। परिणामतः प्रभावों के बारे में हमारी जो कल्पनाएं होंगी, वे ही समस्त कल्पनाएं उस वस्तु के बारे में होंगी।

Piaget, Jean

ज्यां पियाजे (जीन पीगेट) (1896-1980)

ज्यां पियाजे एक स्विस मनोवैज्ञानिक थे जिन्होंने मानवीय बौद्धिक विकास के सिद्धान्तों के प्रति मौलिक एवं विशिष्ट योगदान किया है। उन्होंने कहा है कि **व्यक्ति विश्व से मात्र निर्देशित होने की अपेक्षा सक्रिय रूप में इसकी रचना भी करते हैं।** पियाजे ने बालकों पर कई परीक्षण किये जिसके आधार पर उन्होंने यह निष्कर्ष निकाला कि व्यक्ति संज्ञानात्मक विकास के कई क्रमिक स्तरों से गुजरते हैं। उन्होंने इसकी **चार अवस्थाएं** बताई हैं। प्रत्येक अवस्था का अपना एक विशिष्ट तर्क है, और प्रत्येक अवस्था विशिष्ट बौद्धिक निपुणता के विकास के साथ जुड़ी हुई है। प्रथम अवस्था जन्म से लेकर लगभग 18 महिनों तक चलती है, जिसे उन्होंने **'संवेदी चालक अवस्था'** (सेन्सॅरिमोटर स्टेज) कहा है। इस अवस्था में बालक यह नहीं जानता कि उसकी कोई पृथक सत्ता है, अतः वह स्वयं में तथा स्वयं की क्रियाओं में और उन बाह्य वस्तुओं जिनके साथ वह क्रिया करता (खेलता) है, अन्तर नहीं कर पाता। उसकी बौद्धिक क्षमता की अभिव्यक्ति पर्यावरण के साथ उसके संवेदात्मक और भौतिक सम्पर्क द्वारा होती है। **दूसरी अवस्था** 2 वर्ष से 7 वर्ष तक चलती है। यह **'पूर्व संचालनात्मक अवस्था'** कहलाती है। इस अवस्था में, बालक भाषा पर अधिकाधिक अधिकार जमाता है और उन मूर्त वस्तुओं के प्रति सोचने की क्षमता विकसित करता है जो वास्तव में उपस्थित नहीं होती हैं। विकास के इस चरण में बालक दूसरों की भूमिकाओं को अदा करने में अक्षम होते हैं। यही नहीं, इस अवस्था में उनमें कारणात्मकता, मात्रा और भार जैसी अमूर्त

अवधारणाओं के प्रति भी कम समझ होती है। **तृतीय अवस्था** 7 वर्ष से 11 या 12 वर्ष तक होती है। इसे **'मूर्त संचालनात्मक अवस्था'** कहते हैं। इस अवस्था में बालक वस्तुओं में भेद करना, उन्हें वर्गों में बाँटना शुरू करते हैं, दूसरों की भूमिका अदा करने लगते हैं, और कारण और परिणाम की प्रकृति को समझने लगते हैं, किन्तु वास्तविक घटनाओं या विशिष्ट आकृतियों, जिनसे वे परिचित होते हैं, के संदर्भ में अमूर्त अवधारणाओं को समझने में उन्हें खासी कठिनाई होती है। अन्त में, **चतुर्थ अवस्था** की शुरुआत 12 वर्ष से उसके आगे तक होती है। किशोर एवं युवा बालक इस अवस्था में स्वयं वर्गीकरण की प्रणालियां बनाने लगता है और अमूर्त एवं औपचारिक चिन्तन करने लगता है। अब वे विशिष्ट समस्याओं पर सामान्य नियमों का प्रयोग करने लगते हैं। विचारों को सिद्धान्तों और अवधारणाओं में बदलने का प्रयास करते हैं। किन्तु सभी वयस्कों में यह अन्तिम अवस्था की प्रगति बराबर रूप में नहीं होती, क्योंकि कई व्यक्तियों को अमूर्त अवधारणाओं को समझने में काफी कठिनाई आती है, अतः ऐसे व्यक्ति मूर्त संचालनात्मक अवस्था से आगे नहीं बढ़ पाते हैं। अमूर्त चिन्तन सामाजिक परिवेश पर निर्भर करता है जो उसे संज्ञानात्मक तार्किकता की ओर अग्रसर करता है। पियाजे ने कहा है कि संज्ञानात्मक विकास की विभिन्न अवस्थाएं विभिन्न संस्कृतियों में समान हैं। फिर भी चूंकि संस्कृतियों की विषय-वस्तु में भिन्नता पाई जाती है, अतः समय और स्थान के अनुसार विभिन्न अवस्थाओं में सीखने की प्रवृति में भिन्नता हो सकती है।

बौद्धिक विकास का पियाजे (पीगेट) के उपागम तथा विकासात्मक चरणों के विचारों का 'संज्ञानात्मक मनोविज्ञान' पर काफी प्रभाव पड़ा है। अन्य कई मनोवैज्ञानिकों से भिन्न जिनकी संज्ञान के व्यवहारात्मक पक्ष में रुचि थी, पियाजे ने ज्ञान की परिभाषा और वर्गीकरण से सम्बन्धित कई ज्ञानमीमांसात्मक प्रश्नों के उत्तर देने का भी प्रयास किया है। बालक के बौद्धिक विकास से सम्बंधित पियाजे के कई सिद्धान्तों को आजकल अध्यापकों और शिक्षाशास्त्रियों द्वारा बालकों के अध्यापन की विधियों में सम्मिलित कर लिया गया है। **समाजशास्त्र में पियाजे के विचार समाजीकरण की प्रक्रिया के अध्ययन के संदर्भ में ही महत्वपूर्ण हैं**। पियाजे ने सीखने की प्रक्रिया (समाजीकरण) को मनोवैज्ञानिक आधार पर प्रस्तुत किया है। इसके लिये उन्होंने बाल-मनोविज्ञान का गहराई से अध्ययन कर सीखने की उपर्युक्त अवस्थाएं निरूपित की हैं।

प्रमुख कृतियाँ :

– The Origin of Intelligence in a Child, (1953)

Plato

प्लेटो

(B.C. 428-B.C. 348)

प्रसिद्ध राजनीतिक दार्शनिक प्लेटो का जन्म एथेंस के एक कुलीन परिवार में हुआ था, अतः राजनीतिक महत्वाकांक्षाएं उन्हें उत्तराधिकार में मिलीं थी। प्लेटो एक अच्छे कद-काठी के

सुन्दर एवं हष्टपुष्ट युवक थे जिनकी खेलों में भारी रुचि थी। उन्होंने खेलों में कई बार इनाम जीते, किन्तु उन्हें ख्याति एक वीर सैनिक के रूप में ही मिली। प्लेटो में शारीरिक शक्ति के साथ-साथ अद्‌भुत तर्कशक्ति भी थी जिसने उन्हें **प्रसिद्ध दार्शनिक सुकरात** के तार्किक विचारों की ओर आकर्षित किया। सुकरात के तार्किक विचारों से प्रभावित हो वे स्वयं भी दार्शनिक बन गये। सुकरात की मृत्यु (प्राणदंड) तक प्लेटो उनके सानिध्य में रहे। तत्पश्चात् उन्होंने कई देशों यथा यूनान, मिश्र, इटली और फारस की यात्राएं की और वहां की राजनीतिक प्रणालियों का गहन अध्ययन किया। कुछेक विचारकों का मत है कि प्लेटो ने भारत की यात्रा भी की थी क्योंकि उनके विचारो में वेदांत का पुट मिलता है। न्याय सम्बंधी प्लेटो के विचारों में धर्म सम्बंधी प्राचीन भारतीय चिंतन के अंश देखने को मिलते हैं।

प्लेटो की प्रख्यात कृति 'द रिपब्लिक' यद्यपि 'न्याय-मीमांसा' का एक सर्वश्रेष्ठ ग्रन्थ है, किन्तु इस ग्रन्थ में वर्णित विचारों ने ज्ञान की अनेक शाखाओं यथा तत्वमीमांसा, नीतिशास्त्र, मनोविज्ञान, शिक्षाशास्त्र, राजनीतिशास्त्र, दर्शनशास्त्र के साथ-साथ समाजशास्त्र को भी प्रभावित किया है। वास्तव में, प्लेटो ने इन सभी विषयों को स्वतंत्र रूप में अलग-अलग नहीं माना है जैसा कि आजकल माना जाता है। प्लेटो के अनुसार, न्याय की स्थापना के लिये समाज के विभिन्न वर्गों की वास्तविक स्थितियों को समझना आवश्यक है, क्यों कि इन दोनों के बीच निकट का सम्बंध है, यह विषय अप्रत्यक्ष रूप में समाजशास्त्र से जुड़ा हुआ है।प्लेटो के विचारों को अग्रसर करने में उनके शिष्य अरस्तु का भारी योगदान है, किन्तु जहां प्लेटो ने 'मतैक्यता' पर बल दिया, वहां अरस्तु ने 'संघर्ष' की महत्ता को रेखांकित किया है।

प्लेटो ने समाज के अपने विश्लेषण में सावयविक उपमा का प्रयोग किया और जैविक शरीर की भांति समाज के शरीर की भी कल्पना की है। उन्होंने यह माना है कि शरीर के विभिन्न अंगों की भांति समाज के भी अंग होते हैं, वे एक-दूसरे से सम्बंधित होते हुए एक-दूसरे पर आधारित होते हैं। शरीर के अंगों की भांति ही समाज के अंगों के अलग-अलग कार्य (श्रम-विभाजन) होते हैं। इस प्रकार समाज का संगठन बना रहता है। प्लेटो ने लिंग के आधार पर असमानता के सिद्धान्त को तो स्वीकार किया है, किन्तु फिर भी उन्होंने स्त्री एवं पुरुष के गुण एवं क्षमता में विशेष अन्तर को स्वीकार नहीं किया है। यही नहीं, उन्होंने अपनी क्षमता के अनुसार स्त्रियों को घर के बाहर कार्य करने की बात भी कही है। घरेलू कार्य और बालकों के पालन-पोषण के अतिरिक्त स्त्रियां अन्य कार्य के लिये भी स्वतंत्र हैं।

प्लेटो ने ढेर सारा लेखन कार्य किया है। उनकी पुस्तकों की संख्या 36 से 38 के बीच में है, जो अलग-अलग विषयों पर लिखी गई हैं।

प्रमुख कृतियाँः

- Apology
- Crito
- Symposium
- Republic

– Statesman
– Laws

Pitt-Rivers, A. Lane-Fox

ए.लेन-फॉक्स पिट्-रीवर्स (1827-1900)

ए. लेन-फॉक्स पिट्-रीवर्स को वैज्ञानिक पुरातत्वशास्त्र का पिता कहा जाता है। उन्हें इंग्लैण्ड में चालीस से ऊपर पौराणिक स्थलों की खुदाई का श्रेय प्राप्त है। वे एक मानवशास्त्री भी थे और उन्होंने चार्ल्स डार्विन के क्रमिक उद्‌विकासीय सिद्धान्त का अपने अध्ययनों में समर्थन किया है। मूल रूप में, वे ब्रिटिश सेना में एक सेनापति, जमींदार, सरकारी आफिसर के साथ-साथ एक विवादास्पद और सनकी कुलीन खानदान के व्यक्ति थे।

Polanyi, Karl

कार्ल पोलानी (1886-1964)

आस्ट्रिया में जन्मे **कार्ल पोलानी** अन्तर्राष्ट्रीय ख्याति के एक प्रभावशाली **आर्थिक इतिहासकार थे।** उन्होंने यूरोप और अमेरिका में कई शिक्षण संस्थाओं में अध्यापन किया। अपने विचारों द्वारा उन्होंने समाजशास्त्र को भी गहरे रूप में काफी प्रभावित किया है।उनके आनुभविक अध्ययनों ने 'नव-शास्त्रीय आर्थिक सिद्धान्त' पर गहरी चोट की है जिसके कारण इस सिद्धान्त की कई नवीन प्राक्कल्पनाएं धुधंली पड़ गई। उनकी सर्वाधिक महत्वपूर्ण पुस्तक 'बृहत् रूपान्तरण, (1944) ने आर्थिक जगत् में हलचल मचा दी। इस पुस्तक का प्राक्कथन प्रसिद्ध समाजशास्त्री आर.एम. मेकाइवर ने लिखा है। इस पुस्तक में उन्होंने बीसवीं शताब्दी के "मुक्त बाज़ारवादी पूंजीवाद" की तथ्यात्मक कटु आलोचना के साथ-साथ दोनों विश्व युद्धों और सन् 1930 की कठोर आर्थिक मंदी के कारणों की व्याख्या करते हुए मध्य बीसवीं सदी की नवीन व्यवस्था के आधार का सारगर्भित विवेचन किया है। पोलानी ने अपने इस अध्ययन में 'विश्व बाज़ार' के उभरने के परिणामों तथा इनसे रक्षा करने के उपायों का भी सविस्तार वर्णन-विश्लेषण किया है। उन्होंने इस प्रकार की अर्थव्यवस्था के बारे में चेतावनी दी है जिसमें शक्ति को अधिकाधिक केन्द्रीकरण होने की संभावना रहती है। उन्होंने लिखा है कि **ऐसी (बाज़ारवादी) अर्थव्यवस्था में आर्थिक निर्णय करने की प्रक्रिया पर मानव का नियंत्रण समाप्त हो जाता है और मानव की अस्मिता और स्वतंत्रता ख़तरे में पड़ जाती है।** इस प्रकार का अर्थव्यवस्थावाद सामाजिक एकता को कमज़ोर कर अन्ततः समाज को ही नष्ट कर सकता है। अतः यह आवश्यक है कि अर्थव्यवस्था पर समुचित सामाजिक नियंत्रणों का शिकंजा हो जैसा कि हमें परम्परागत समाजों में देखने को मिलता है।

पोलानी ने अपनी अन्य दो प्रमुख कृतियों—'प्रारंभिक साम्राज्यों में व्यापार और बाज़ार' (1957) तथा मरणोपरान्त प्रकाशित 'मानव की आजीविका' (1977) में उदारवाद की आलोचना करते हुए इस विचार को चुनौती दी है कि स्वतंत्रता और न्याय का मुक्त बाज़ार

व्यवस्था के साथ गहरे सम्बंध है, वे एक दूसरे के साथ गूंथे हुए हैं। उन्होंने ऐसे विभिन्न तरीकों का भी उल्लेख किया है जिनके द्वारा किसी भी समाज में आर्थिक प्रक्रियाएं उसकी सांस्कृतिक, राजनीतिक और सामाजिक संस्थाओं द्वारा निर्धारित होती हैं। **पोलानी का साम्यवाद से मुक्त बाज़ार व्यवस्था की ओर संक्रमण की अपेक्षा किसी तीसरे रास्ते की संभावनाओं को ढूंढने का उनका विचार एक चर्चा का विषय बन गया है**। उन्होंने लिखा है कि उत्तर-साम्यवादी समाज जैसे ही संरक्षणात्मक राज्य व्यवस्था को छोड़ कर बाज़ार व्यवस्था की ओर कूंच करते हैं, तब उन्हें तीव्र गति से संक्रमण की अनिश्चितताओं को झेलना पड़ता है। ऐसी स्थिति में उन्हें 'अर्थव्यवस्था के सरोकारों' और 'समाज के सरोकारों' के बीच विरोध का बड़ी तीव्रता से अनुभव होने लगता है। अधिकांश पश्चिमी सलाहकारों द्वारा निर्यात की गई अप्रतिबंधित बाज़ार व्यवस्था को कुछ पूर्वी यूरोपीय समाज वैज्ञानिकों और नीति निर्माताओं द्वारा स्वचालित बाज़ार व्यवस्था से जुड़ी हुई समस्याओं के पैदा होने की संभावनाओं के रूप में देखा जा रहा है। इसके लिये पोलानी ने ढेर सारे ऐतिहासिक प्रमाण प्रस्तुत किये हैं।

प्रमुख कृतियाँ :

- The Great Transformation, (1944)
- Trade and Markets in the Early Empires, (1957)
- The Livelihood of Man, (1977)

Popper, Karl Raimund

कार्ल रायमुंड पॉपर

(1902-1994)

प्रसिद्ध दार्शनिक कार्ल रायमुंड पॉपर का जन्म वियना (आस्ट्रिया) में हुआ था, किन्तु बाद में वे ब्रिटेन में स्थाई रूप में बस गये। वे सन् 1945 में 'लंदन स्कूल ऑफ इक्नामिक्स' में आ गये। यहां वे 1969 में सेवानिवृति तक तर्कशास्त्र और वैज्ञानिक विधि के आचार्य रहे। पॉपर के अध्ययन-अनुसंधान के प्रमुख विषय सामाजिक दर्शनशास्त्र और विज्ञान के दर्शन रहे हैं। सत्य के उद्घाटन और प्रस्थापना के लिये विज्ञान का प्रयोग कैसे किया जाना चाहिए, विज्ञान के दर्शन से जुड़े इस विषय में उन्होंने अपनी प्रसिद्ध '**मिथ्याकरणवाद**' की अवधारणा प्रस्तुत की है। इस अवधारणा के अनुसार, **विज्ञान का प्रमुख लक्ष्य प्राक्कल्पनाओं की रक्षा करना नहीं अपितु उनका खंडन करना है**। विचारधारा (आइडिऑलॉजी) के विपरीत, विज्ञान की अन्तिम कसौटी 'मिथ्याकरण' है। उन्होंने अपने ये विचार 'वैज्ञानिक अन्वेषण के तर्क' (1934) नामक अपनी प्रसिद्ध कृति में व्यक्त किये और इनका विस्तृत विवेचन 'अनुमान और खंडन' (1963) नामक ग्रंथ में किया है। उन्होंने इन ग्रंथों में वैज्ञानिक ज्ञान के स्वरूप के बारे में तार्किक प्रत्यक्षवादियों के इस विचार का खंडन किया है कि समस्त ज्ञान तात्कालिक अनुभव पर आश्रित होता है तथा वैज्ञानिक ज्ञान की कसौटी उसके सत्यापन किये जाने की क्षमता है। यही कसौटी विज्ञान को तत्वमीमांसा या पराभौतिकी से अलग-थलग करती है। विज्ञान और वैज्ञानिक ज्ञान की इन मान्यताओं के विपरीत, पॉपर ने कहा कि '**वैज्ञानिक ज्ञान की कसौटी उसकी सत्यापनशीलता नहीं है, अपितु उसकी 'मिथ्यापनशीलता' है**। अतः

'पराभौतिकीय ज्ञान अर्थहीन नहीं होता, वह बहुधा विज्ञान का पूर्व संकेत देता है।' इसी प्रकार, पॉपर ने तार्किक प्रत्यक्षवादियों की 'आगमन पद्धति' अर्थात् 'विशिष्ट से सामान्य की ओर' से भी अपनी असहमति प्रकट करते हुए 'निगमन पद्धति' अर्थात् 'सामान्य से विशिष्ट की ओर' का समर्थन किया है। पॉपर का इस सम्बंध में तर्क है कि वैज्ञानिक अन्वेषण शुद्ध प्रेक्षण-अवलोकन से प्रारंभ नहीं किया जा सकता, बल्कि स्वयं प्रेक्षण-अवलोकन किन्हीं सैद्धान्तिक पूर्व-मान्यताओं से किसी न किसी रूप में निर्देशित होता है, अर्थात् हमारा प्रेक्षण चयनात्मक होता है। 'निगमन पद्धति' का समर्थन करते हुए पॉपर ने कहा कि यदि किसी विषय पर हमारे समक्ष दो प्राक्कल्पनाएं हों तो हमें उस प्राक्कल्पना को परीक्षण के लिये चुनना चाहिए जिसके 'मिथ्यापन' की संभावना अधिक हो ताकि उसका उत्तरोत्तर संशोधन करते हुए हम सत्य के निकट पहुँच सकें। पॉपर ने यथार्थवाद और 'पद्धतिवादी व्यक्तिवाद' का भी समर्थन किया है।

सामाजिक सिद्धान्त के क्षेत्र में पॉपर ने 'निर्धारणवाद' (डिटरमिनिज़्म) और 'ऐतिहासिकतावाद' (हिस्टॉरिसिज़्म) के साथ-साथ सत्तावादी राजनीति की कटु आलोचना की है। इन विषयों के बारे में उनके विचार उनके दो ग्रंथों में समाहित हैं। ये ग्रंथ हैं—'मुक्त समाज और उसके दुश्मन' (1945) और 'ऐतिहासिकतावाद की दरिद्रता', (1957)। उन्होंने ऐतिहासिकतावाद सम्बंधी **प्लेटो, हीगल और मार्क्स** के विचारों पर प्रबल प्रहार करते हुए लिखा है कि इनमें से प्रत्येक विचारक ने किसी न किसी रूप में सत्तावादी शासन प्रणाली का समर्थन किया है। **पॉपर ने कहा है कि विज्ञान और स्वतंत्रता दोनों का ऐसे समाज में विकास होता है जो मुक्त या खुला समाज हो और जिसमें नये विचारों को प्रश्रय दिया जाता हो।** पॉपर ने प्रामाणिक नियमों और ऐतिहासिक प्रवृतियों में अंतर बताते हुए कहा है कि ऐसा कोई नियम नहीं हो सकता जो सम्पूर्ण ऐतिहासिक प्रक्रिया की व्याख्या कर सकता हो क्योंकि प्रत्येक ऐतिहासिक परिवर्तन अपने आप में एक अनुपम एवं विशिष्ट घटना होती है। तथाकथित ऐतिहासिक नियम अधिकाधिक किसी ऐतिहासिक प्रवृति का संकेत मात्र देते हैं ; वे सही अर्थ में प्रामाणिक नियम नहीं होते।

पॉपर के अनुसार, समाजों का संगठन दार्शनिक तर्क-वितर्क की भांति होना चाहिये, उनके बारे में प्रश्न खड़े किये जाने और अनुमान लगाये जाने की गुंजाइश होनी चाहिये। सामाजिक सुधार और सामाजिक पुनर्निर्माण के बारे में पॉपर की यह मान्यता रही है कि **सामाजिक सुधार विशाल आधार पर नियोजित सामाजिक परिवर्तनों द्वारा नहीं किये जा सकते, अपितु सामाजिक सुधार टुकड़ों-टुकड़ों में छोटे आधार पर ही संभव है।** चूंकि मानवीय ज्ञान हमेशा अपूर्ण रहता है, अतः किसी भी मानवीय क्रिया के ऐसे दुष्परिणामों का खतरा बना रहता है जिसका हमें पहले से कोई अनुमान नहीं होता। सार रूप में, पॉपर ने सामाजिक परिवर्तन के क्षेत्र में क्रांति के स्थान पर क्रमिक सुधार को अधिक उपयुक्त माना है। वास्तव में, पॉपर का यह विचार अत्यन्त विवाद का विषय है। क्रांति के समर्थक यह मानते हैं कि क्रमिक सुधार के द्वारा सामाजिक विषमताओं में कोई यथार्थ अंतर नहीं आ पाता है। किन्तु क्रांति के विरोधी क्रांति से जुड़े हुए रक्तपात, हिंसा और उत्पीड़न का किसी मूल्य पर समर्थन नहीं करते।

पॉपर के विज्ञान सम्बन्धी विचारों को चुनौतियां देकर यह कहा गया है कि उनके विचार कृत्रिम और अस्वभाविक हैं, क्यों कि व्यावहारिक रूप में वैज्ञानिक अपने विचारों का बचाव परीक्षण (सत्यापन) की प्रक्रिया द्वारा करते हैं, न कि खण्डन-मण्डन की प्रक्रिया द्वारा। वे विद्यमान वैचारिक रूपांकन (पेराडाइम्स) का भंजन नहीं करते, अपितु उसे बनाये रखने का प्रयास करते हैं। नियोजित सामाजिक परिवर्तन की सीमाओं सम्बंधी उनके विचारों की भी यह कह कर आलोचना की गई है कि उनके विचार इस बारे में अत्यंत रूढ़िवादी हैं।

प्रमुख कृतियाँ :

- The Logic of Scientific Discovery, (1934)
- The Open Society and Its Enemies, (1945)
- The Poverty of Historicism, (1957)
- Conjuctures and Refutations : The Growth of Scientific Knowledge, (1963)
- Of Clouds and Clocks, (1966)
- Objective Knowldge, (1972)
- Unended Quest, (1974)
- The Open Universe, (1982)
- Quantum Theory and the Schism in Physics, (1982)
- Realism and the Aim of Science, (1983)

Poulantzas, Nicos

निकोस पुलोंज़ास (1936-1979)

तथाकथित संरचनात्मक मार्क्सवाद के एक अग्रणी हस्ताक्षर निकोस पुलोंज़ास का जन्म अथेन्स (ग्रीस) में हुआ था। किन्तु वे एक प्रबुद्ध फ्रांसीसी मार्क्सवादी के रूप में ही अधिक जाने जाते हैं। उन्हें उत्तर युद्ध काल के राज्य और राजनीति का अकेला सर्वाधिक और प्रभावशाली **मार्क्सवादी सिद्धान्तकार और चिन्तक** माना जाता है। उनके ज्यां पाल सार्त्र और **साइमन द बुआ** जैसे फ्रांसीसी जनों से निकट के संबंध थे। वे सन् 1970 के दशक में अपनी रचनाओं के कारण शैक्षणिक चर्चाओं के केन्द्र बने रहे। अपनी अत्यंत लघु शैक्षणिक अवधि में, पुलोंज़ास ने आधुनिक मार्क्सवाद के एक सर्वाधिक विवादास्पद सिद्धान्तकार के रूप में ख्याति अर्जित की है। वे **लुई अल्थ्यूज़र** के विचारों से प्रभावित थे। सन् 1960-70 के बीच उनकी कई पुस्तकें प्रकाशित हुई। अपने लघु जीवन काल (मात्र 43 वर्ष) के अन्तिम वर्षों में मार्क्सवादी बुद्धिजनों द्वारा उन्हें एक ऐसा राजनीतिक विचारक माना जाने लगा जो निरंकुश गतिहीन स्टालिनवादी शासन के विरूद्ध एक लोकतांत्रिक समाजवाद की कल्पना को एक नये ढंग से साकार करना चाहता था।

पुलोंज़ास की प्रथम कृति 'राजनीतिक शक्ति और सामाजिक वर्ग' जो कि फ्रांस में

अशांति के दौरान सन् 1968 में प्रकाशित हुई थी, ने उन्हें अपनी पीढ़ी के एक मौलिक शीर्षस्थ मार्क्सवादी राजनीतिक चिन्तक के रूप में स्थापित किया है। यह पुस्तक सर्वप्रथम फ्रेंच भाषा में प्रकाशित हुई, तब तक इस पर किसी का ध्यान नहीं गया। किन्तु जैसे ही सन् 1973 में इसका अंग्रेजी संस्करण प्रकाशित हुआ, यह पुस्तक एक बृहद् समुदाय के बीच चर्चा का विषय बन गई। इस पुस्तक में पुलोंज़ास ने **'पूंजीवादी राज्य की सापेक्षिक स्वायत्तता'** की अवधारणा को प्रस्तुत किया और राज्य के मार्क्सवादी सिद्धान्त को विकसित करने का प्रयास किया जिसने अनेक विवादों और बहस को जन्म दिया। उनका प्रमुख तर्क था कि पूंजीवादी राज्य के पूर्व मार्क्सवादी सिद्धान्त पूंजीवादी वर्ग के 'साधन' के रूप में होने के कारण अपूर्ण था क्यों कि वह पूंजीवादी समाजों के राजनीतिक और अन्य क्षेत्रों के जटिल सम्बंधों को ठीक प्रकार से पकड़ नहीं पाया। पुलोंज़ास के अनुसार, राज्य राजनीतिक क्षेत्र में वर्ग-संघर्ष की निष्पत्ति अवश्य है, किन्तु यह किसी भी विशिष्ट राजनीतिक खंड और सामान्यतः आर्थिक क्षेत्र से 'सापेक्षिक रूप में स्वशासी' भी होता है। इस पुस्तक में विकसित राज्य की 'सापेक्षिक स्वायत्तता' की उनकी अवधारणा पर न केवल बहसें हुईं, अपितु कई ऐतिहासिक और आनुभविक अध्ययन भी किये गये हैं।

पुलोंज़ास ने बाद की अपनी दो पुस्तकों यथा 'फासीवाद और तानाशाही' (1970) और 'तानाशाही का संकट' (1975) में फासीवाद का सूक्ष्म एवं गहन विश्लेषण किया है। इसके बाद के वर्षों में पुलोंज़ास ने शुद्ध रूप में सैद्धान्तीकरण का काम किया और 'समकालीन पूंजीवाद में वर्ग' के नाम से पुस्तक लिखी। इस पुस्तक में उन्होंने उन्नत पूंजीवादी समाजों में वर्ग-सम्बंध और राजनीतिक शक्ति के बदलते हुए रूपों पर प्रकाश डाला है। विशेष रूप में, इसमें पुलोंज़ास ने नवीन मध्यम वर्ग के बदलते हुए स्वरूप, राजनीतिक संघर्ष में वर्ग-गठबन्धनों की भूमिका और वर्ग-सम्बन्धों के अन्तर्राष्ट्रीयकरण को रेखांकित किया है। **समाजशास्त्रीय सिद्धान्त की दृष्टि से उनकी अंतिम कृति 'राज्य, शक्ति और समाजवाद' (1978) सर्वाधिक महत्वपूर्ण मानी जाती है जिसमें उन्होंने मिशेल फूको की पूंजीवादी समाजों सम्बंधी शक्ति की अवधारणा की जमकर आलोचना की है।**

पुलोंज़ास ने मार्क्सवाद की पुनर्रचना और मार्क्सवादी राजनीतिक समाजशास्त्र की स्थापना में महत्वपूर्ण योगदान दिया है। किन्तु, मार्क्सवादी राजनीतिक समाजशास्त्र के प्रति उनके योगदान को अभी पूर्णतः मान्यता नहीं मिली है। दुर्भाग्यवश, उनकी मृत्यु के बाद उनकी कृतियां अधिक नहीं पढ़ी जाती और अपेक्षाकृत उपेक्षित कर दी गई हैं।

प्रमुख कृतियाँ :

- Political Power and Social Classes, (1973)
- Fascism and Dictatorship, (1974)
- Classes in Contemporary Capitalism, (1975)
- The Crisis of the Dictatorships, (1975)
- State, Power and Socialism, (1978)

Prasad, Narmadeshwar

नर्मदेश्वर प्रसाद

(1922-1975)

क्रांतिकारी परिवार में जन्मे **नर्मदेश्वर प्रसाद** की प्रारंभिक शिक्षा गया (बिहार), स्नातक शिक्षा बनारस विश्वविद्यालय और एम.ए. (दर्शनशास्त्र) पटना विश्वविद्यालय में हुई। उन्होंने पी.एच.डी. कोलम्बिया विश्वविद्यालय (अमेरिका) और डी.लिट. की उपाधि) पटना विश्वविद्यालय से प्राप्त की। बिहार में समाजशास्त्र का जन्म और विकास प्रसाद के नेतृत्व में हुआ है। पटना विश्वविद्यालय के समाजशास्त्र विभाग की स्थापना उन्हीं की अध्यक्षता में सन् 1953 में हुई। प्रसाद अपने सौम्य, शालीन और भद्र व्यवहार तथा बहु आयामी व्यक्तित्व के लिये प्रसिद्ध रहे हैं। उनकी रुचि केवल समाजशास्त्र तक ही सीमित नहीं थी अपितु वे एक अच्छे साहित्यकार भी थे। इसके अतिरिक्त वे संगीत के पारखी थे तथा चित्रकारी के प्रति भी उनका रुझान रहा है। शैक्षणिक जगत् में रहते हुए उन्होंने खुले आम राजनीति में भी भाग लिया, किन्तु इसमें उन्हें कोई खास सफलता नहीं मिली। शैक्षणिक जगत् में वे अवश्य कई सीढ़ियां चढ़ते हुए विश्वविद्यालय के कुलपति बनने में सफल रहे।

प्रसाद के अध्ययन-अनुसंधान के प्रमुख क्षेत्र जाति-व्यवस्था, जनजातियां तथा सामाजिक परिवर्तन रहे हैं। उनकी पी.एच.डी. का विषय भी जाति-व्यवस्था ही रहा है। उन्होंने अपनी पुस्तक 'जाति व्यवस्था का मिथक' में जाति-व्यवस्था के सामाजिक इतिहास की अन्तर्धाराओं का समाजशास्त्रीय दृष्टि से विश्लेषण किया है।

प्रमुख कृतियाँ :

- The Myth of the Caste System
- Caste, Tribe and Other Essays
- The Strategy of Social Change
- Social Thought: The Beginnings
- Land and People in Tribal Bihar
- जाति व्यवस्था, (1965)
- मानव व्यवहार एवं सामाजिक व्यवस्था

Proudhon, Pierre-Joseph

पियरे-जोसेफ प्रौधों

(1809-1865)

पियरे-जोसेफ प्रौधों उन्नीसवीं शताब्दी के फ्रांसीसी आत्म उपदेशक, उग्र परिवर्तनवादी और ऐसे **प्रारम्भिक समाजवादी चिन्तक** थे जो इन उक्तियों में विश्वास करते थे कि "ईश्वर एक बुराई है" तथा "सम्पत्ति एक चोरी है।" प्रौधो ने सम्पत्ति के ऐसे सभी अधिकारों पर प्रहार किया जो उन्नीसवीं शताब्दी में फ्रांस में प्रचलित थे, किन्तु साथ ही उन्होंने **साम्यवाद की भी आलोचना की** और व्यक्ति के स्वाधीनता के अधिकार का समर्थन करते हुए सीमित मात्रा में निजी सम्पत्ति की वकालत की। **निश्चित मात्रा से अधिक सम्पत्ति रखने के कार्य को उन्होंने**

चोरी की तरह एक समाज-विरोधी कार्य और अपराध बताया।

प्रौधों को अधिकांशतः **राजनीतिक अराजकतावाद के जनक** के रूप में जाना जाता है, किन्तु उनके स्वयं के अनुसरणकर्ताओं ने उनके विचारों के लिये 'परस्परवाद' की संज्ञा का प्रयोग किया है। **परस्परवाद** से उनका तात्पर्य समाज में संघर्ष को समाप्त करने के साधन के रूप में न्याय का प्रयोग करना है और न्याय का सार-तत्व समानता का सिद्धान्त है। **सम्पत्ति की विषमता का निवारण न्याय की एक आवश्यक शर्त है।**

प्रौधों ने समाज के पुनर्गठन के लिये सहकारी समितियों और ब्याज मुक्त पारस्परिक बैंक व्यवस्था की आवश्यकता बताई है। उनका सिद्धान्त चरम व्यक्तिवादी अराजकतावाद और अराजकतावादी साम्यवाद के बीच की स्थिति का पोषण करता है। प्रौधों ने व्यक्तियों के हिंसात्मक आवेशों की बात कही है और उन्हें नियंत्रित करने के लिये उन्होंने परिवार की आवश्यकता पर बल दिया है। उनके आर्थिक विरोधों और 'दरिद्रता का दर्शन' ने कार्ल मार्क्स को 'दर्शन की दरिद्रता' नामक पुस्तक लिखने के उत्तेजित किया जिसमें उन्होंने प्रौधों पर यह आरोप लगाया कि वे अपने निम्न-मध्यवर्गीय दृष्टिकोण से ऊपर नहीं उठ पाये। मार्क्स ने कहा कि आर्थिक श्रेणियां, वास्तव में, उत्पादन के सामाजिक सम्बंधों का अमूर्त रूप होती हैं, किन्तु प्रौधों ने समस्त क्रम उलट कर यह सिद्ध करने की कोशिश की कि ये सम्बन्ध आर्थिक श्रेणियों का मूर्त रूप होते हैं।

प्रमुख कृतियाँ:

- What is Property ? (1840)
- The Philosophy of Poverty, (1846)
- The Principle of Federation, (1863)

Q

Quetelet, Lambert Adolphe Jacques

लम्बर्ट एडोल्फ ज़ाक् क्वेत्लत (क्वेटलेट) (1796-1874)

बेलजिआई **सांख्यिकीविद् लम्बर्ट एडोल्फ ज़ाक् क्वेत्लत** सामाजिक घटनाओं के अपने अध्ययन में 'सम्भावना-गणित' के प्रयोग के लिये विशेष रूप में जाने जाते है। उन्होंने अपने लेखनों में सामाजिक विज्ञानों में सांख्यिकी के प्रयोग की महत्ता को प्रदर्शित किया। क्वेटलेट ने कहा कि **सामान्यतः सामाजिक घटनाओं में वितरण सामान्य वक्र रेखा के अनुसार होता है।** उनका यह निष्कर्ष कई सामाजिक घटनाओं के अध्ययन के साथ-साथ विशेष रूप में सेना के सैनिकों की ऊँचाई के अध्ययन पर आधारित था। किन्तु, न जाने क्यों एक लम्बे समय तक उनके विचार समाज वैज्ञानिकों की उपेक्षा के शिकार बने रहे और बीसवीं शताब्दी की प्रारंभिक अवधि में ही उनकी कृतियों पर ध्यान दिया गया।

प्रमुख कृतियाँ :

– On Man and the Development of Human Facilities, (1835)

R

Radcliffe-Brown, Alfred Reginald

अल्फ्रेड रेजिनाल्ड रेडक्लिफ ब्राउन (1881-1955)

बी. मेलिनोस्की के समकालीन सुप्रसिद्ध ब्रिटिश मानवशास्त्री **अल्फ्रेड रेजिनाल्ड रेडक्लिफ ब्राउन** सामाजिक मानवशास्त्र के प्रमुख संस्थापकों में से रहे हैं। दोनों ही अपनी प्रकार्यवादी विचारधारा के लिये जाने जाते हैं। किन्तु मेलिनोस्की से भिन्न ब्राउन ने यह विचार प्रकट किये हैं कि सामाजिक व्यवहार के विभिन्न पक्षों का कार्य व्यक्तिगत आवश्यकताओं की पूर्ति करना नहीं है (जैसा कि मेलिनोस्की ने माना है), अपितु समाज की सामाजिक संरचना को बनाये रखना है। ब्राउन पहले व्यक्ति थे जिन्होंने स्नातक छात्र के रूप में केम्ब्रिज विश्वविद्यालय में मानवशास्त्र का प्रशिक्षण लिया। उन्होंने इंगलैण्ड, उत्तरी अमेरिका, दक्षिणी अफ्रीका और आस्ट्रेलिया में इस विषय का अध्यापन किया। वे पहले व्यक्ति थे जिन्होंने केपटाउन, सिडनी, ऑक्सफोर्ड और शिकागो में इस विषय की पीठ (चेयर) स्थापित की। ब्राउन अपने क्षेत्र कार्यों की अपेक्षा अध्यापन के लिये अधिक प्रसिद्ध रहे हैं।

रेडक्लिफ ब्राउन पर प्रसिद्ध समाजशास्त्री **एमाइल दुर्खाइम** के विचारों का प्रभाव पड़ा है। दुर्खाइम की भांति ब्राउन ने भी समाज की संरचना और विभिन्न संस्थाओं के प्रकार्यों की महत्ता पर बल दिया है। अध्ययन के लिये ब्राउन ने **तुलनात्मक परिप्रेक्ष्य** को अपनाया है। सामाजिक व्यवस्था में संस्थाओं की अत्यधिक पारस्परिक निर्भरता को रेखांकित करते हुए ब्राउन ने कहा कि समाज एक स्वचालित सावयव (ऑर्गनिज़्म) है जिसकी सामाजिक आवश्यकताओं की पूर्ति कुछ मूलभूत सामाजिक संस्थाओं जैसे परिवार, धर्म आदि द्वारा की जाती है। इस संबंध में उनकी बहुप्रसिद्ध पुस्तक 'आदिवासी समाज में संरचना और प्रकार्य' (1952) विशेष रूप में उल्लेखनीय है जो उनकी कृतियों में आज भी सर्वाधिक पढ़ी जाती है। इस पुस्तक में उन्होंने जो अवधारणाएं प्रस्तुत की हैं, वे सामाजिक मानवशास्त्र की अमूल्य धरोहर बन गई हैं।

ब्राऊन ने आस्ट्रेलिया और अंडमान द्वीपवासियों के आदिवासी समुदायों के परिवार और नातेदारी का अध्ययन किया है। उन्होंने अपने जीवन काल में बहुत अधिक तो नहीं लिखा, किन्तु फिर भी अपने प्रभावशाली और कुशल अध्यापन द्वारा विद्यार्थियों की एक लम्बी कतार को प्रभावित किया है जिन्होंने बाद में ब्राउन का नाम रोशन किया। ब्राउन के प्रकार्यात्मक सिद्धान्त की आलोचना भी हुई है। **जोनाथन टर्नर** ने ब्राउन की 'न्यूनतम एकजुटता' की अवधारणा के बारे में कुछ आपत्तियां उठाई हैं। (विस्तृत अध्ययन के लिये लेखक की पुस्तक 'मानवशास्त्रीय विचारक' पढ़े)

प्रमुख कृतियाँ :

- The Andaman Islanders, (1922)
- The Social Organisation of Australian Tribes, (1931)
- Taboo, (1936)
- Structure and Function in Primitive Society, (1952)
- A Natural Science of Socety, (1957)
- Method in Social Anthropology, (1958) (Coauthor)

Redfield, Robert

रॉबर्ट रेडफील्ड **(1897-1958)**

अमेरिकी मानवशास्त्री **रॉबर्ट रेडफील्ड** को मैक्सिको के टेपोजलॉन गाँव के अध्ययन के आधार पर **'लोक समाज'** (फोक सोसाइटी) और **'लोक-नगरीय (सततता) नैरन्तर्य'** (फोक-अरबन कॉन्टिन्यूम) और **'कृषक समाज'** तथा कई अन्य अवधारणाओं को विकसित करने का श्रेय जाता है। रेडफील्ड के अनुसार, "लोक समाज लघु, दूर- दूर छिटके हुए (पृथक्कृत), अनपढ़ तथा सामाजिक रूप से समरस समाज होते हैं। इन समाजों में घनिष्ठ सामाजिक एकत्व (लगाव) और नातेदारी की भावना होती है। इनकी साझा संस्कृति की जड़ें परम्परा और धर्म में गड़ी होती हैं। इन समाजों में अवैयक्तिक और कानून सम्मत व्यवहार की अपेक्षा वैयक्तिक और स्वतः स्फूर्त व्यवहार होता है। यही नहीं, इन समाजों में बौद्धिक जीवन (प्रयोग-परीक्षण और चिन्तन की प्रवृति) न के बराबर ही होता है। ऐसे समाज स्वतः विकसित होते हैं। इनकी प्रकृति मौलिक, प्रारंभिक एवं निश्चितता लिये होती है।"

लोक समाज के चरित्र चित्रण के साथ-साथ रेडफील्ड ने नगरीय समाजों की विशेषताओं और लोक समाजों का नगरीय समाजों में बदलने की प्रक्रिया का भी उल्लेख किया है। **नगरीय समाजों की विशेषताएं** बताते हुए उन्होंने लिखा है कि इन समाजों में लोक समाजों से ठीक विपरीत विशेषताएं पाई जाती हैं, जैसे **पृथक्करण का अभाव, विषमरूपता, सामाजिक विघटन, लौकिकीकरण और वैयक्तिकता, घनिष्ठता का अभाव, अनामपन आदि।** उन्होंने आगे बताया कि नगरीय आधारित संस्कृति और सभ्यता के फैलने से लोक समाजों में बदलाव आता है। यह बदलाव कितना आता है, यह उनकी सामाजिक, सांस्कृतिक विशेषताओं पर निर्भर करता है और इस प्रकार एकल (इन्डिविजुअल) आवासों को एक उद्विकासीय 'लोक-नगरीय नैरन्तर्य' की रेखा पर रखा जा सकता है।यह अवधारणा 'लोक' और 'नगर' को दो छोर के समाजों में नहीं देखती। इसके अनुसार दोनों समाजों में न्यूनाधिक मात्रा में एक दूसरे की विशेषताएं पाई जाती हैं।

रेडफील्ड के 'लोक समाज' और 'नगरीय समाज' के आदर्श प्ररूप (आइडिअल टाईप्स) इनके पूर्ववर्ती जर्मन समाजशास्त्री **टॉनिज़** और फ्रेंच समाजशास्त्री **दुर्खाइम** द्वारा पूर्व औद्योगिक समाज और औद्योगिक-नगरीय समाज के बीच प्रदर्शित अन्तर से मिलते-जुलते हैं। रेडफील्ड के अध्ययनों ने ग्रामीण समाजशास्त्र और सामुदायिक अध्ययनों को काफी

प्रभावित किया है।सन् 1951 में टेपोजलॉन गाँव का एक पुनः अध्ययन **ऑस्कर लेविस** द्वारा किया गया जिसमें गांव के उन पहलुओं जैसे अर्थव्यवस्था, जनांनकी (जनसंख्या) और राजनीति का अध्ययन किया गया जिन्हें रेडफील्ड ने छोड़ दिया था। ऑस्कर लेविस की जाँच पड़ताल ने लोक समाजों के रेडफील्ड के निष्कर्षों के सम्बन्ध में प्रश्न चिन्ह खड़े किये हैं। रेडफील्ड ने अपने अध्ययन में लोक समाजों में व्याप्त संघर्ष, तनाव, गरीबी, विघटन जैसे तत्वों को नज़रअंदाज कर दिया था और आदिम समाजों का एक खासा आदर्शात्मक चित्र ही प्रस्तुत किया है। लेविस ने रेडफील्ड के एकल आवासों के अति सरलीकृत और अ-ऐतिहासिक वर्गीकरण को भी नकार दिया है। नगरीय समुदायों पर बाद में किये गये अध्ययनों से पता चला है कि लोक समाज के आदर्श प्ररूप और लोक-नगरीय नैरन्तर्य (सततता) की अवधारणा दोनों की कई कमजोरियां एवं कमियां हैं।

प्रमुख कृतियाँ:

- Tepoztlan—Life in a Mexican Village, (1930)
- Chamkom, (1934)
- The Folk Culture of Yucatan, (1941)
- The Primitive World and Its Transformation, (1953)
- The Little Community, (1955)
- Peasant Society and Culture, (1956)
- Thinking About A Civilization: Introducing India, (1957)

Rex, John

जॉन रेक्स (1925-)

ब्रिटेन में जा बसे **जॉन रेक्स** मूल रूप में दक्षिणी अफ्रीका के निवासी रहे हैं। आजकल वे बरमिंघम के एस्टोन विश्वविद्यालय में कार्यरत हैं। वहां वे 'सामाजिक विज्ञान शोध परिषद्' की प्रजातिक सम्बन्धों की शोध इकाई के निदेशक के साथ-साथ प्रजातिक सम्बन्धों के आचार्य (प्रोफेसर) भी हैं। समाजशास्त्र में उनका योगदान प्रमुखतः दो प्रमुख क्षेत्रों में रहा है यथा समाजशास्त्रीय सिद्धान्त और प्रजातिक संबंध। समाजशास्त्रीय सिद्धान्त के क्षेत्र में उन्होंने शास्त्रीय (क्लासिकल) समाजशास्त्रीय परम्परा का समर्थन करते हुए आधुनिक समकालीन सिद्धान्तों का विश्लेषण करने वाली कुछ पुस्तकें लिखी हैं, जिनमें प्रमुख पुस्तकें इस प्रकार हैं: 'समाजशास्त्रीय सिद्धान्त की प्रमुख समस्याएं' (1973), 'समाजशास्त्र और आधुनिक विश्व का विमिथकीकरण' (1974), तथा 'सामाजिक संघर्ष' (1981)

समाजशास्त्रीय सिद्धान्त के अतिरिक्त रेक्स ने प्रजातिक सम्बंधों पर भी प्रचुर मात्रा में कार्य किया है। इस विषय पर लिखी गई उनकी प्रमुख पुस्तकें ये हैं: 'प्रजाति, समुदाय और संघर्ष' (1967), 'समाजशास्त्रीय सिद्धान्त में प्रजातिक सम्बंध' (1970), 'एक ब्रितानी नगर में उपनिवेशी आव्रजक' (1979), 'प्रजाति तथा नृजातीयता' (1986)।

प्रमुख कृतियाँ:

– Race, Community and Conflict, (1967)
– Race Relations in Sociological Theory, (1970)
– Race Colonialism and the City, (1973)
– Key Problems of Sociological Theory, (1973)
– Discovering Sociology, (1973)
– Sociology and the Demystification of the Modern World, (1974)
– Social Conflict, (1981)
– Race and Ethnicity, (1986)

Riesman, David

डेविड रीज़मैन (1909-)

अमेरिकी समाजशास्त्री **डेविड रीज़मैन** मुख्य रूप में सामाजिक व्यवस्थाओं और व्यक्तिगत चरित्र के बीच आपसी सम्बन्धों के अपने अध्ययनों के लिये जाने जाते हैं। इस सम्बंध में उनकी बहुचर्चित पुस्तक 'अकेली भीड़', (द लोनली क्राउड, 1950) में दो प्रकार के व्यक्तित्वों की चर्चा की गई है—स्वनिर्देशित और पर-निर्देशित। **स्व-निर्देशित व्यक्ति** में व्यक्तिगत पहचान और निष्ठा का स्थाई भाव होता है। ऐसे व्यक्ति समाजोनुमोदित जीवन जीने को अधिक महत्व देते हैं। **पर-निर्देशित व्यक्तियों** में दूसरे व्यक्तियों की आकांक्षाओं तथा अभिरुचियों के प्रति संवेदनशीलता होने की प्रवृति होती है। रीज़मैन ने लिखा है कि आधुनिक संघीय एवं अन्य परिवेशों में जैसे-जैसे दूसरे व्यक्तियों की स्वीकृति के खोने के भय और अनुरूपता पर अधिक बल दिया जाता है, वैसे-वैसे व्यक्ति अधिकाधिक जिज्ञासु और पर-निर्देशित होता जाता है।

पर-निर्देशित समाज अत्यंत गतिशील और अवैयक्तिकता लिये होते हैं। आधुनिक औद्योगिक, नगरीकृत, नौकरशाही और वृहत उपभोगतावादी समाज इस प्रकार के चरित्र को ही प्रतिबिम्बित करते हैं। ऐसे समाजों में व्यक्ति दूसरे व्यक्तियों से चालित होते हैं। वे अपने व्यवहार के लिये दूसरे व्यक्तियों की स्वीकृति और अनुमोदन की आशा करते हैं।

रीज़मैन ने प्रारंभ में हार्वर्ड कालेज से शिक्षा प्राप्त की और बाद में वे हार्वर्ड कानून संस्थान में पढ़े। इसके बाद में उन्होंने कुछ समय के लिये सर्वोच्च न्यायालय में वकालात की। सन् 1946 में वे शिकागो विश्वविद्यालय में सामाजिक विज्ञान पढ़ाने लगे। सन् 1957 में वे हार्वर्ड के 'सामाजिक सम्बंधों के विभाग' में आ गये। आजकल वे वहां सेवानिवृत आचार्य हैं। उन्होंने अधिकांशतः अमरीकी सामाजिक चरित्र पर लिखा है, किन्तु अमेरिका में उन्हें उच्च शिक्षा का एक अग्रणी विशेषज्ञ माना जाता हैं। जब से उनकी पुस्तक 'अकेली भीड़' (1950) छपी, तब से यह पुस्तक समाजशास्त्रीय अध्ययनों की एक सर्वाधिक बिकने वाली पुस्तक बन गई है। इसके कई संस्करण प्रकाशित हो चुके हैं। आज भी इस पुस्तक को युद्ध उपरान्त अमेरिकी सामाजिक जीवन के चरित्र चित्रण करने वाली सर्वाधिक प्रामाणिक पुस्तक माना जाता है।

प्रमुख कृतियाँ :

- The Lonely Crowd, (1950)
- Individualism Reconsidered, (1954)
- Abundance for What ?, (1964)
- On Higher Education, (1980)

Riley, Matilda White

मातिदा व्हाइट रिले (1911-)

अमेरिकी समाजशास्त्री **मातिदा व्हाइट रिले** ने समाजशास्त्रीय पद्धतिशास्त्र, व्यवसायों और संचार व्यवस्थाओं में कार्यरत महिलाओं के क्षेत्र में महत्वपूर्ण योगदान किया है। वे सर्वाधिक रूप में 'वृद्धावस्था के समाजशास्त्र' को परिभाषित और उसे विकसित किये जाने के लिये जानी जाती है। वृद्धावस्था के समाजशास्त्र को विकसित करने के लिये रिले ने समाजशास्त्र, मानवशास्त्र, अर्थशास्त्र, चिकित्साशास्त्र और वृद्धशास्त्र के क्षेत्रों की सामग्री का भरपूर प्रयोग कर इनमें समन्वय स्थापित करने का प्रयास किया है। उन्होंने वृद्धावस्था विषय पर काफी सैद्धान्तिक और आनुभाविक शोध कार्य कर इसके लिये आधार भूमि तैयार की है तथा दूसरों को इस क्षेत्र में कार्य करने के लिये प्रेरित कर उन्हें मदद की है।

प्रमुख कृतियाँ :

- Aging and Society Vol. 1 (With Foner & Others), (1968)
- Aging and Society, Vol. 2 (With R. Riley & Others), (1969)
- Aging and Society Vol. 3 (With Johnson & Others), (1972)
- Sociological Observations (With Nelson), (1974)
- Aging in Society : Selected Reviews, (With Hesh & Bond), (1983)
- Social Structures and Human Lives (With Huber & Hess), (1988)

Rose, Arnold M.

आर्नोल्ड एम रोज़ (1918-1968)

अमेरिकी समाजशास्त्री **आर्नोल्ड एम रोज़** की गणना कुछ भिन्न सांकेतिक अन्तर्क्रियावादियों में की जाती है। उन्होंने शिकागो सम्प्रदाय के मानवतावादी उपागम और मैनफोर्ड कुहन तथा ओवा विश्वविद्यालय के उसके अनुसरणकर्ताओं के अधिक प्रत्यक्षवादी रूप की मध्यवर्ती स्थिति को अपनाया है। रोज़ के अनुसार अन्तर्क्रियावादी परिप्रेक्ष्य सहभागिक अवलोकन और सामाजिक सर्वेक्षण सहित कई प्रकार की शोध तकनीकों से मिलता-जुलता है। इस पद्धतिशास्त्रीय एवं सैद्धान्तिक बहुलवाद का प्रतिपादन एवं समर्थन रोज़ द्वारा सम्पादित पुस्तक 'मानवीय व्यवहार और सामाजिक प्रक्रियाएं (1962) के लेखों में किया गया है। ये लेख

हॉवर्ड बेकर, राल्फ टर्नर, हरबर्ट ब्लूमर, रॉबर्ट डयूबिन, हरबर्ट गेन्स और मैनफोर्ड कुहन द्वारा लिखे गये हैं। इन सभी ने समाज के अध्ययन में अन्तर्क्रियावादी उपागम का समर्थन किया है।

प्रमुख कृतियाँ :

- Human Behaviour and Social Processes, (1962)

Ross, Aileen Dansken

एलीन दन्सकेन रॉस (1902-1996)

एलीन दन्सकेन रॉस मैक्गिल विश्वविद्यालय, कनाड़ा में सेवामुक्त प्रतिष्ठित आचार्य (प्रोफ़ेसर इमेरिटस) थीं। उनकी भारतीय समाज के अध्ययन में गहन रुचि थी। भारत के समाजशास्त्रियों के बीच वे अपनी बहुप्रसिद्ध शोध पुस्तक "नगरीय परिवेश में हिन्दू परिवार" के नाम से जानी जाती रही हैं। यह पुस्तक भारत में उनके द्वारा कई वर्षों तक किये गये समर्पित शोध का परिणाम है। रॉस ने इस पुस्तक में बंगलोर (भारत) के नगरीय क्षेत्र में निवास करने वाले मध्यवर्गीय हिन्दू परिवारों का अध्ययन कर **चार प्रकार के परिवार** बताये हैं, यथा **संयुक्त परिवार, लघु संयुक्त परिवार, नाभिक परिवार और आश्रितों युक्त नाभिक परिवार**। उन्होंने बताया कि आजकल प्रवृति नाभिक किस्म के पारिवारिक प्रतिमान की ओर है। भारत के नगरीय क्षेत्रों में मध्यम और उच्च वर्गों में लघु परिवार की अधिकता पाई गई है।

रॉस का जन्म एक मॉन्ट्रियल परिवार में ऐसे समय हुआ था जब महिलाओं की शिक्षा को सामान्यतः कोई महत्व नहीं दिया जाता था । सन् 1939 में लंदन स्कूल ऑफ इकॅनामिक्स से बी.एस.सी. की उपाधि प्राप्त कर वे शिकागो विश्वविद्यालय चली आईं और यहां से सन् 1941 में एम.ए. और सन् 1950 में पी.एच.डी. की उपाधियां अर्जित की। इसी बीच सन् 1946 में उन्होंने मैक्गिल विश्वविद्यालय के समाजशास्त्र विभाग में अपने व्यावसायिक जीवन की शुरुआत की। यहां उन्होंने लगभग बीस वर्षों तक अध्यापन कर प्रशंसा अर्जित की। रॉस ने न केवल 'नगरीय परिवेश में हिन्दू परिवार' नामक पुस्तक लिखी, अपितु वेश्यावृति और बिगड़ेल स्त्रियों के अध्ययन पर आधारित 'भटकाव तथा एकाकीपन', दहकते साठ के दशक के अशान्त शैक्षणिक विद्यार्थी विक्षोभ तथा भाषा के समाजशास्त्र के अध्ययन पर आधारित 'बहुभाषावाद के कतिपय सामाजिक निहितार्थ' नामक पुस्तकें भी लिखी हैं।

रॉस न केवल एक प्रतिभावान विदूषी थीं, अपितु वे सामाजिक समस्याओं के प्रति गहरी रुचि तथा उनके प्रति समर्पण के लिये भी जानी जाती हैं। उन्होंने गरीबी, महिलाओं की प्रस्थिति तथा युवा वर्ग सम्बंधी अनेक महत्वपूर्ण नीति विषयों पर चर्चाएं आयोजित की हैं। वे कनाडा के 'मानव अधिकार संगठन ' की संस्थापक सदस्य रही हैं और मानव अधिकार सम्बधी अन्तर्राष्ट्रीय नीतियों को प्रभावित करने में सक्रिय भूमिका अदा की है। यही नहीं, वे मुक्त हस्त तथा विशाल हृदय से दान करने वाली महिला भी थीं। उन्होंने अपनी सम्पत्ति का

एक बहुत बड़ा भाग गरीबी सम्बंधी शोध के लिये तथा कनाड़ा की सामाजिक विज्ञान और मानविकी शोध परिषद् को एक बड़ी धनराशि अनाम दान की है। उन्होंने 'भारतीय समाजशास्त्रीय परिषद्' को भी दस हजार डालर की एक बड़ी राशि वसीयत के रूप में अर्पित की है।

प्रमुख कृतियाँ :
-- Hindu Family in An Urban Setting, (1961)
-- The Lost and the Lonely
-- Student Unrest
-- Some Social Implications of Multilingualism

Rossi, Alice S.

एलिस एस. रॉज़ी (1922-)

एलिस एस. रॉज़ी प्रमुखतः 'महिलावादी समाजशास्त्र ' से सम्बन्धित विषयों को लेकर किये गये अपने शोध-अध्ययनों के लिये जानी जाती हैं। उन्होंने प्रारंभ में सोवियत रूस में समूह-सम्बंधों और व्यवसायों को लेकर भी अध्ययन किये हैं। रॉज़ी ने 'लिंगों की समानता' के आधार पर समाज में महिलाओं की प्रस्थिति को लेकर महिला और समाजशास्त्रियों के एक राष्ट्रीय संगठन की स्थापना भी की है। उन्होंने लिंगों के समाजशास्त्रीय विवेचन के लिये जैवकीय और मनोवैज्ञानिक कारकों का समन्वय करने का प्रयास किया है। इसी परिप्रक्ष्य के आधार पर रॉज़ी ने प्रौढ़ावस्था, वृद्धावस्था, महिलाओं के व्यवसाय, मातृत्व, परिवार और सम्पूर्ण रूप में महिलावादी सिद्धान्त के विकास में अपना योगदान किया है।

प्रमुख कृतियाँ:
– Equality Between the Sexes, (1964)
– The Feminst Papers: From Adams to de Beauvoir, (1973)
– Feminist in Politics, (1982)
– Seasons of a Woman's Life, (1983)
– Gender and the Life Course, (1985)

Rousseau, Jean-Jacque

ज्यां-ज़ाक् रूसो (1712-1778)

फ्रांसीसी प्रबोधकाल के विवादग्रस्त **राजनीतिक-सामाजिक दार्शनिक** और शिक्षाशास्त्री **ज्यां-जाक् रूसो** मुख्य रूप से अपने **सामाजिक अनुबंध (समझौता) सिद्धान्त** और **शासन के प्रजातंत्र के सिद्धान्त** के लिये जाने जाते हैं। उनके सामाजिक अनुबंध सिद्धान्त (समझौता सिद्धान्त) के अनुसार यह माना जाता है कि मानव की प्रकृति मूलतः मुक्त रहने की है जिस

पर बाद में बंदिशें लगाई गई हैं। यह सिद्धान्त रूसो के 'सामान्य इच्छा' के विचार पर आधारित है। रूसो के अनुसार, "मनुष्य जन्म से स्वतंत्र है, किन्तु वह सर्वत्र जंजीरों से बंधा हुआ है।" मनुष्य जब जन्म लेता है, उस समय उस पर कोई सामाजिक बंधन नहीं होता, वह पूर्णतः स्वतंत्र होता है, किन्तु जैसे जैसे वह बड़ा होता है, उस पर सामाजिक बंधनों के अंकुश लगते जाते हैं। इसी प्रकार, मानव का प्रारंभिक जीवन प्रकृति द्वारा अनुप्राणित होने के कारण पूर्णत स्वतंत्र था, किन्तु कालान्तर में सभ्यता के विकास ने उस की नैसर्गिक स्वतंत्रता का हनन कर दिया और अनेकानेक बंधनों में उसे जकड़ दिया। रूसो के अनुसार, यहीं से सामाजिक अनुबंध की शुरुआत होती है। रूसो के शब्दों में,"सामाजिक अनुबंध द्वारा मनुष्य अपनी प्राकृतिक स्वतंत्रता खो देता है और उन सभी वस्तुओं पर उसका वह असीमित अधिकार नहीं रह जाता है जो कभी उसे आकर्षित करती थीं और जिन्हें प्राप्त करना उसके वश में था।" यहीं से निजी सम्पत्ति के विचार का जन्म हुआ।

रूसो का लेखन अनेक विरोधाभासों से भरा पड़ा है। कई स्थान पर रूसो ने वैज्ञानिक शोध के बारे में नकारात्मक टिप्पणियां की हैं क्योंकि उनके अनुसार इस प्रकार की शोध सार्वजनिक नैतिकता को भ्रष्ट करती है, किन्तु स्वयं रूसो ने सामाजिक विषमता के व्यवस्थित अध्ययन किये हैं। इसी प्रकार एक ओर उन्होंने यह कहा है कि समाज और प्रकृति में असमाधेय विरोधाभास है, तो दूसरी ओर वे कहते हैं कि मानव में ऐसी क्षमताएं विद्यमान हैं कि वह अपने आपसी विवादों और हितों को सुलझा सकता है। रूसो द्वारा प्रतिपादित सामाजिक अनुबंध एक प्रतीकात्मक परिकल्पना है, न कि ऐतिहासिक तथ्य। सामाजिक अनुबंध के कारण उसकी स्वतंत्रता के हरण के परिणामस्वरूप रूसो ने प्रकृति की ओर लौटने का जो आह्वान किया, वह भी आज के युग में पूर्णतः अव्यवहारिक है।

समकालीन राजनीतिक चिंतन के अंतर्गत जर्मनी के फ्रैंकफर्ट सम्प्रदाय के कुछ विचारकों ने रूसो के विचारों की नये ढंग से व्याख्या कर इन्हें मार्क्सवाद के साथ जोड़ कर नव मार्क्सवाद के रूप में विकसित करने का प्रयास किया है। कुछेक लोगों ने रूसो के विचारों के बारे में यह निष्कर्ष प्रस्तुत किया है कि सर्वसत्ताधिकारवादी राज्य का जनक रूसो था किन्तु कुछेक का यह भी कहना है कि रूसो के मस्तिष्क में प्रजातंत्र का जो खाका था, हम अभी तक वहां नहीं पहुँच पाये हैं।

प्रमुख कृतियाँः

– The Social Contract, (1762)

Rowntree, Benjamin Seebohm

बैंजामिन सीबॉम राउन्ट्री (1871-1954)

बैंजामिन सीबॉम राउन्ट्री यार्क नगर के गरीबी के सम्बंध में उनके द्वारा किये गये सामाजिक सर्वेक्षण के लिये सुप्रसिद्ध हैं। मूलतः राउन्ट्री एक चाकलेट निर्माता कम्पनी के निदेशक और अध्यक्ष थे; किन्तु वे एक समाज सुधारक, परोपकारी और सामाजिक शोधकर्ता भी थे जिनकी औद्योगिक और श्रम प्रबंधन तथा गरीबी में गहरी रुचि थी। उनकी समाज सुधार प्रवृतियों

पर उनके पिता के विचारों का प्रभाव था। मात्र 18 वर्ष की उम्र में ही वे परिवार के व्यापार से जुड़ गये और कम्पनी के प्रथम श्रम निदेशक बन कर कई सुधार कार्यक्रमों को लागू किया। राउन्ट्री श्रमिकों की जरूरतों के प्रति काफी संवेदनशील थे। उनका विचार था कि श्रमिकों के कल्याण के लिये किये गये सुधार अन्ततः श्रमिकों की कार्यक्षमता में वृद्धि करते हैं। वैज्ञानिक प्रबंधन के इस दर्शन का उन्होंने अपनी पुस्तकों, जैसे 'श्रमिकों की मानवीय जरूरतें," (1918) में सविस्तार वर्णन किया है।

लंदन में व्याप्त गरीबी विषय को लेकर **चार्ल्स बूथ** द्वारा किये गये सर्वेक्षण-अध्ययनों से प्रेरित होकर राउन्ट्री ने **यार्क नगर में व्याप्त गरीबी** को आँकने का प्रयास किया। इसके लिये उन्होंने सर्वप्रथम सन् 1897-98 में 'गरीबी: कस्बाई जीवन का एक अध्ययन' नामक एक सर्वेक्षण किया जो सन् 1901 में प्रकाशित हुआ। राउन्ट्री ने गरीबी की एक जीवन निर्वाही परिभाषा को अपनाया और इसी के आधार पर शारीरिक क्षमता को बनाये रखने के लिये आवश्यक संसाधनों को मापने का प्रयास किया। उन्होंने प्राथमिक गरीबी (क्षमता को बनाये रखने के लिये अपर्याप्त संसाधन) और द्वितीयक गरीबी (पर्याप्त कमाई किन्तु अन्य चीजों पर खर्च) में अन्तर किया। उनके प्रथम अध्ययन के अनुसार 15 प्रतिशत प्रत्युत्तरदाता प्राथमिक गरीबी से ग्रस्त थे। उनके बाद के सन् 1936 और 1950 में किये गये अध्ययनों में परिष्कृत प्रभाप तकनीकों का प्रयोग भी किया गया है।

प्रमुख कृतियाँ :

- Poverty : A Study of Town Life, (1901)
- Human Needs of Labour, (1918)

Roy, Sarat Chandra

शरत् चन्द्र रॉय

(1871-1942)

भारत में मानवशास्त्रीय अध्ययनों के प्रणेता **शरतचन्द्र रॉय** मूल रूप में कानून में दीक्षित थे। उन्हें भारतीय नृजातिलेखन का विशेषज्ञ माना जाता है। उन्होंने बिहार और उड़ीसा की कई जनजातियों (ओराँव, बिरहोर, पहाड़ी भुइया, मुंडा, खरिया आदि) का अध्ययन कर उन पर कई पुस्तकें लिखीं। मानवशास्त्र की एक प्रमुख पत्रिका "मैन इन इन्डिया" (1921) के वे संस्थापक थे। यही नहीं, उन्हें कई सामाजिक एवं अकादमिक संस्थाओं की स्थापना का भी श्रेय जाता है। वे 'बिहार और उड़ीसा के शोध संस्थान' से इसकी शुरुआत से जुड़े रहे। अपने मानवशास्त्रीय अध्ययनों के आधार पर लन्दन की 'फोकलोर सोसाइटी' ने उन्हें मानद सदस्यता (1920) देकर गौरान्वित किया। वे पहले अकेले भारतीय थे जिन्हें यह सम्मान प्राप्त हुआ था। सन् 1932 में रॉय ने "भारतीय विज्ञान काँग्रेस" के नृविज्ञानके अनुभाग की अध्यक्षता के साथ-साथ सन् 1932 और 1933 दोनों वर्ष "भारतीय प्राच्य सम्मेलन" के मानवशास्त्र और लोकवार्ता अनुभाग की भी अध्यक्षता की। यही नहीं, विश्व स्तर पर भी उन्हें नृविज्ञान की अन्तर्राष्ट्रीय काँग्रेस की विद्वत परिषद के सदस्य निर्वाचित होने का गौरव प्राप्त था।

उपरोक्त अकादमिक सम्मानों के अतिरिक्त उन्हें अपनी साहित्यिक और जनसेवाओं के लिये भी तत्कालीन सरकार द्वारा सन् 1913 में "केशरे हिन्द" के चांदी के पदक से सम्मानित किया गया तथा सन् 1919 में 'राय बहादुर' की पदवी दी गई। वे साइमन कमीशन की प्रांतीय समिति तथा बिहार और उड़ीसा की विधान परिषद् के दो सत्रों के लिये सदस्य थे।

शरत् चन्द्र रॉय का व्यक्तित्व विश्वकोषीय प्रकृति लिये हुआ था। उन्होंने जनजातियों पर तब लिखना शुरू किया जब वे राँची में वकील थे। वहीं वे उनके सम्पर्क में आये और उनकी रुचि उनके अध्ययन में उत्पन्न हुई और सर्वप्रथम सन् 1912 में मुण्डा जनजाति पर "द मुण्डाज़ एण्ड देअर कन्ट्री" के नाम से पुस्तक लिखी। इसके बाद उन्होंने छोटा नागपुर की जनजातियों का अध्ययन किया और वे इस क्षेत्र के एक अधिकारिक विद्वान बन गये। जनजातियों पर पुस्तकें लिखने के अतिरिक्त, उन्होंने जाति, हिन्दू धार्मिक विचारधारा, भारत में विभिन्न प्रजाति समूहों और संस्कृतियों के प्रव्रजन आदि विषयों पर भी अनेक लेख लिखे हैं। उनके अध्ययन-अनुसंधान का उपागम प्रकार्यात्मक रहा है।

प्रमुख कृतियाँ :

- The Mundas and Their Country, (1912)
- The Oraons of Chotanagpur, (1915)
- The Birhors, (1925)
- Oraons : Religion and Customs, (1928)
- The Hill Bhuiyas of Orrissa, (1935)
- The Kharias, Two Vols., (with R. C. Roy), (1937)

S

Sahlins, Marshall D.

मार्शल डी. साहलिन्स (1930-)

सांस्कृतिक पारिस्थितिकी वैज्ञानिक लेज़ली व्हाइट के शिष्य मार्शल डी. साहलिन्स ने पोलिनेशिया में शोध-कार्य किया है। इनके प्रारंभिक अध्ययनों में उद्विकासवादी विचारधारा का और बाद के अध्ययनों पर मार्क्सवादी और संरचनात्मकतावादी विचारों का प्रभाव अंकित है। सन् 1958 में लिखी 'पोलिनेशिया में सामाजिक स्तरीकरण' और सन् 1962 में लिखी 'मोअला' में साहलिन्स ने पोलिनेशिया में राज्य की रचना और नातेदारी संगठन के बीच संबंधों का विश्लेषण किया है। अपने इस विश्लेषण के आधार पर उन्होंने बताया है कि विभिन्न स्तर पर किस प्रकार सामाजिक एकता और संघर्ष उत्पन्न होता है। इसी के द्वारा उन्होंने खंडात्मक वंश परम्परा के मॉडल को एक नवीन दिशा प्रदान की है।

साहलिन्स की बाद की कृतियों में सांस्कृतिक सापेक्षवाद की छाप देखी जा सकती है। अपनी पुस्तक 'प्रस्तर युग की अर्थव्यवस्था' (1972) में उन्होंने अर्थशास्त्र के व्यक्तिवादी और सार्वभौमिक परिप्रेक्ष्यों के साथ-साथ आर्थिक विज्ञानों में प्रचलित महत्वपूर्ण धाराओं पर कड़ा प्रहार किया है और बताया कि किस प्रकार **अर्थव्यवस्था का निर्धारण सर्वदा सांस्कृतिक व्यवस्थाओं द्वारा होता है**। 'संस्कृति और व्यावहारिक कारण' (1976) नामक पुस्तक में उन्होंने 'तार्किक कर्त्ता' की अवधारणा के विरोध में अपने विचार रखते हुए बताया कि कल्पित तार्किक बुर्जुआई समाजों सहित सभी मानवीय जीवन-जगत में सांकेतिक अर्थ के एक स्तर के अस्तित्व को स्वीकार किया जाता है। सन् 1985 में लिखी 'इतिहास के द्वीप' में साहलिन्स ने गैर नृजातीय केन्द्रित इतिहास लेखन के विचार को रखा है।

प्रमुख कृतियाँ :

- Social Stratificaton in Polynesia, (1958)
- Moala, (1962)
- Stone Age Economics, (1972)
- Culture and Practical Reason, (1976)
- Islands of History, (1985)

Saint-Simon, Claude H.

क्लॉड एच. सेन्ट-साइमॅन (1760-1825)

क्लॉड एच. सेन्ट-साइमॅन को फ्रांसीसी समाजवाद और समाजशास्त्र दोनों का एक साथ प्रणेता

माना जाता है। सेन्ट साइमॅन समाजशास्त्र के जनक कहे जाने वाले अगस्त कॉम्त (कोंत) से वरिष्ठ थे। अपने प्रारंभिक जीवन में कॉम्त ने सेंट साइमॅन के एक शिष्य और सेक्रेट्री के रूप में कार्य किया था। दोनों विचारकों के विचारों में काफी साम्य था किन्तु किसी मामले में दोनों के बीच कटु वादविवाद हो जाने से दोनों अलग हो गये। फ्रांसीसी कुलीन परिवार में जन्मे साइमॅन ने अपने प्रारंभिक जीवन में फ्रांसीसी सेना में नौकरी की। वे सेना में कैप्टन रहे, उन्हें कुछ समय के लिये जेल भी हुई। सेन्ट साइमॅन को कई शैक्षिक सिद्धान्तों का शिल्पकार माना जाता है। सन् 1806 के बाद उन्होंने एक अध्येता के रूप में घोर गरीबी में जीवन व्यतीत किया। इन परिस्थितियों में उन्होंने आत्महत्या की भी कोशिश की और अपने इस प्रयास में एक आँख गवां बैठे। वास्तव में, उनके सिद्धान्त उनके निजी जीवन के विलक्षण चरित्र को प्रतिबम्बित करते हैं।

सेन्ट-साइमॅन ने कई विचारकों को प्रभावित किया है। जहां एक ओर, उन्होंने **अगस्त कॉम्त और दुखाईम** को अपने विचारों से प्रभावित किया जिन्हें समाजशास्त्र को प्रणीत करने का श्रेय जाता है, वहां दूसरी ओर आधुनिक साम्यवाद के पिता कहे जाने वाले **कार्ल मार्क्स** के समाजवादी सिद्धान्तों को ढालने में भी सेन्ट-साइमॅन ने विशेष भूमिका अदा की है। समाज विज्ञान के क्षेत्र में साइमॅन पहले ऐसे विचारक थे जिन्होंने परम्परागत संस्थाओं और नैतिकता के संदर्भ में औद्योगीकरण के क्रांतिकारी प्रभावों को स्पष्ट अनुभव किया। वे ही प्रथम विचारक थे जिन्होंने समाज के अध्ययन के लिये एक ऐसे प्राकृतिक विज्ञान की आवश्यकता पर बल दिया जो सामाजिक पुनर्निर्माण के लिये तर्कसंगत मार्गदर्शन की भूमिका अदा कर सके।

बहु प्रतिभा सम्पन्न सेन्ट-साइमॅन ने सामाजिक जीवन के कई क्षेत्रों के सम्बन्ध में अपने विचार प्रकट किये हैं। किन्तु उनका **'सामाजिक प्रगति का विचार'** सामाजिक विज्ञानों को उनकी प्रमुख देन कहा जाता है। उनके अनुसार, **मानवीय समाज का इतिहास तीन विभिन्न अवस्थाओं से गुजरता है** जो विचारधारा के तीन विभिन्न रूपों से मेल खाते हैं। ये तीन अवस्थाएं इस प्रकार हैं : **बहुदेववाद और दासत्व प्रथा, एकदेववाद और सामंतवाद तथा प्रत्यक्षवाद और उद्योगवाद**। इस प्रकार उन्होंने ऐतिहासिक विकास की यात्रा को सर्वप्रथम सूत्रबद्ध करने का प्रयास किया जिसे परवर्ती विकासवादियों ने अपने-अपने ढंग से विकसित किया। सेंट-साइमॅन के अनुसार, प्रत्येक समाज किसी एक संगठन-प्रणाली के अन्तर्गत एकता के सूत्र में बंधा रहता है। यह प्रणाली बिना किसी टूटन के प्रगति के पथ पर अग्रसर होती रहती है। प्रत्येक समाज-व्यवस्था की रचना किसी विशेष विश्वास-प्रणाली की नींव पर होती है। जब ये विश्वास अपनी साख खो देते हैं, तब समाज-व्यवस्था के टूटने, छिन्न-भिन्न होने का खतरा उत्पन्न हो जाता है। इन परिस्थितियों में समाज-व्यवस्था को बनाये रखने के लिये किसी नवीन वैकल्पिक विश्वास-प्रणाली की जरूरत उत्पन्न हो जाती है। अपने इसी सिद्धान्त के आधार पर सेंट-साइमॅन ने पश्चिमी सभ्यता के इतिहास की विभिन्न अवस्थाओं को उजागर किया है। उन्होंने कहा कि **परिवर्तन अनिवार्य और अवश्यंभावी है,** हमारा उद्देश्य मात्र इस अनिवार्य परिवर्तन को अग्रसर करना और उसकी व्याख्या करना है।

अपने **प्रत्यक्षवादी दर्शन** के आधार पर सेंट-साइमॅन ने कहा कि वर्तमान प्राकृतिक विज्ञानों के अतिरिक्त एक नये सामाजिक विज्ञान की आवश्यकता है जिसे सेंट-साइमॅन ने

'सामाजिक जीवविज्ञान' का नाम दिया। यह नया सामाजिक विज्ञान भावी समाज के लिये नैतिक नियमों और नीतियों के निर्माण में पथ-प्रदर्शन का कार्य करेगा। सेंट-साइमॅन के इन्हीं विचारों के आधार पर इनके शिष्य और सहयोगी रहे ऑगस्त कोम्त ने 'समाजशास्त्र' की नींव रखी।

कुछेक समाज वैज्ञानिकों ने उनके सामाजिक प्रगति के विचार को **'उद्योगवाद की विशिष्ट विचारणा'** कहा है। यह विचारणा प्रत्येक व्यक्ति को काम करने तथा योग्यता को पुरस्कृत किये जाने पर बल देती है। सेन्ट-साइमॅन के अनुसार, समस्त प्रगति विज्ञान पर आधारित है और भविष्य का समाज शांतिमय, समृद्ध और पूर्णतः वैज्ञानिक सिद्धान्त पर आधारित होगा। विज्ञान के नियमों (प्रत्यक्षवाद) के प्रयोग द्वारा सामाजिक संगठन और परिवर्तन के नियमों को मालुम किया जा सकता है। आधुनिक समाज के संकटों और समस्याओं का निदान प्रत्यक्षवाद पर आधारित नये धर्म के विकास और इस धर्म के समाजशास्त्रियों नामक नये पुजारियों द्वारा किया जाना संभव होगा। साइमॅन ने कहा है कि आधुनिक समाज के संगठन और दिशा निर्धारण करने का दायित्व वैज्ञानिकों और उद्योगपतियों का होना चाहिये। इस सम्बन्ध में उन्होंने नौकरशाह, वकीलों, क्लर्कों की भूमिका की कटु आलोचना करते हुए उन्हें परजीवी कहा है।

प्रमुख कृतियाँ :

– Selected Writings, (1952)
– Social Organization, (1964)

Sartre, Jean Paul

(ज्यां) जां-पाल सात्रे (1905-1980)

आधुनिक फ्रांसीसी विचारक **(ज्यां) जां-पाल सात्रे** की ख्याति एक नाटककार, उपन्यास लेखक, सामाजिक आलोचक और सर्वाधिक एक **अस्तित्ववादी दार्शनिक** के रूप में रही है। वे मानव की स्वतंत्रता के घोर पक्षकार थे। उन्होंने कहा कि **व्यक्ति की स्वतंत्रता सर्वोपरि है। व्यक्ति जो कुछ करता है, उसका निर्णय वह स्वयं करता है, समाज का इसमें कोई लेना-देना नहीं है।** सात्रे के अस्तिवाद में इस तथ्य पर ज़ोर दिया गया है कि मानव स्वयं अपने भाग्य का निर्माता है, उसमें वर्तमान से भविष्य की ओर बढ़ने की पूरी क्षमता है। सात्रे के अस्तित्ववादी विचारों ने उत्तर-संरचनावादी विचारक पियरे बोरडियू को काफी सीमा तक प्रभावित किया है। मनुष्य की स्वतंत्रता को सार्थक करने के लिये सात्रे ने 'अलगाव के निराकरण' की बात कही है। इसका उद्देश्य 'चयन' के उन सामाजिक-आर्थिक आधारों और संरचनाओं को बदल देना है जो उत्पीड़ित वर्ग को केवल मृत्यु के आगे आत्म समर्पण के लिये विवश कर देते हैं। सात्रे के अनुसार, **प्रत्येक शोषणकारी व्यवस्था की तह में ऐसे मानवीय कार्यकलाप निहित होते हैं जो शोषण के उद्देश्य से प्रेरित होते हैं, अतः उनका नैतिक दायित्व निर्दिष्ट किया जा सकता है।** अपनी प्रसिद्ध कृति 'अस्तित्व और अनस्तित्व', (1935) में सात्रे ने आत्मपरक स्वतंत्रता का प्रखर और सारगर्भित विवरण प्रस्तुत किया है।

नैतिक मूल्यों के प्रबल समर्थक होने के कारण सार्त्र ने अपनी प्रसिद्ध कृति 'द्वन्द्वात्मक तर्कपद्धति की मीमांसा' (1960) में मार्क्सवाद के आधारभूत सिद्धान्त 'द्वन्द्वात्मक भौतिकवाद' की मानवीय आधार पर आलोचना की है, किन्तु साथ ही इसके लिये दार्शनिक आधार विकसित करने का भी प्रयास किया है।

सार्त्र की चिंतन और लेखन शैली बड़ी गूढ़ और जटिल है। उनके विचारों को समझना सरल नहीं है। **सारतः यह कहा जा सकता है कि सार्त्र विश्व को अमानवीयकरण से मुक्त कराना चाहते थे। उन्होंने व्यक्ति की स्वतंत्रता के साथ-साथ उसके दायित्वों की भावना पर भी बल दिया है।** मोटे रूप में, सार्त्र ने बुर्जुआ वर्ग की कपट वृति तथा शोषण एवं अन्याय की प्रवृति पर तीव्र प्रहार किया है। समाजशास्त्रियों की प्रमुख रुचि सार्त्र के उन प्रयासों में रही है जिनके द्वारा उन्होंने व्यक्तिगत स्वतंत्रता और समाजगत बाधाओं के बीच सम्बन्ध स्थापित करने का प्रयास किया। इस सम्बन्ध में उनकी पुस्तक़ 'पद्धति की समस्या' (1957) विशेष उल्लेखनीय है। सार्त्र के आलोचनाकारों ने उन पर आरोप लगाया है कि उन्होंने अपने अस्तित्ववादी सिद्धान्त में इतिहास को जरूरत से अधिक महत्व दिया है। इसके अनुसार, प्रत्येक क्रिया को ऐतिहासिक संदर्भ में देखा गया है।

प्रमुख कृतियाँ :

- Being and Nothingness, (1943)
- The Problem of Method, (1957)
- Critique of Dialectical Reason, (1960)

Saussure, Ferdinand de

फर्डिनेंड डी. सासुरे (फॅरदिनां द् सोस्युर) (1857-1913)

सन् 1960 के पहले अकादमिक जगत् और इसके बाहर कुछ व्यक्तियों ने ही प्रसिद्ध स्विस भाषाविद् **फर्डिनेंड डी सासुरे** का नाम सुना था। किन्तु सन् 1968 के बाद भाषाशास्त्र और संरचनावाद के क्षेत्र में इनका नाम न केवल चिर-परिचित सा हो गया, अपितु इन्हें इन दोनों विधाओं का पिता कहा जाने लगा। **सोसुरे (सोस्युर) को जिनेवा सम्प्रदाय के भाषाई संरचनावाद का जनक माना जाता है।** यही नहीं, इन्हें आधुनिक संरचनात्मक भाषाशास्त्र की स्थापना का श्रेय भी दिया जाता है। भाषाशास्त्र और संरचनावाद संबंधी उनके विचार उनकी सर्वाधिक ख्यात पुस्तक "सामान्य भाषाविज्ञान का पाठ्यक्रम" (कोर्स इन जनरल लिन्ग्विस्टिक्स) में समाहित हैं जिसका प्रकाशन उनके मरणोपरान्त उनके शिष्यों ने किया। यह पुस्तक जिनेवा विश्वविद्यालय में 1907 से 1911 तक दिये गये उनके भाषणों का संकलन है। यह आश्चर्य की ही बात है कि सासुरे को अपने जीवन काल में अपने विचारों के लिये वह आदर प्राप्त नहीं हुआ जिसके वे अधिकारी थे। अकाद्मिक जगत् में उनकी छवि एक भाषाशास्त्री की रही है, किन्तु बुद्धिजनों और व्यापक जनसमुदाय में उन्हें संस्कृत और इन्डो-यूरोपियाई भाषाओं का एक दुर्बोध विशेषज्ञ माना जाता है। वे इन भाषाओं के प्रकांड पंडित थे। भाषा की रचना संबंधी उनके विचारों ने सामाजिक विज्ञानों और मानविकी

के विषयों दोनों को गहरे रूप में प्रभावित किया है। ऐसा कहा जाता है कि बीसवीं शताब्दी के ऐतिहासिक काल में सासुरेवादी संरचनात्मक उपागम पर आधारित भाषा के नवीन प्रतिरूप (मॉडल) ने सामाजिक और सांस्कृतिक जीवन से संबंधित सैद्धान्तीकरण की दिशा ही बदल दी। संक्षेप में, सासुरेवादी विचारों ने सामाजिक जीवन की व्याख्या को एक नया आयाम, एक नया मॉडल प्रदान किया है।

सासुरे के भाषा के सिद्धान्त ने द्वितीय महायुद्ध के बाद दो दशकों तक प्रारंभिक संरचनावाद और उत्तर-संरचनावाद दोनों को गहरे रूप में प्रभावित किया है। उनके विचारों की छाप मानवशास्त्री **लेवी-स्ट्रास**, समाजशास्त्री **पियरे बोरडियू,** मनोविश्लेषक **ज़ाक लेकन** और साहित्यिक आलोचक और लक्षणशास्त्री **रोलेण्ड बार्थेस** आदि विद्वानों पर स्पष्ट रूप में देखी जा सकती हैं। उनका भाषाशास्त्र का सिद्धान्त अत्यंत जटिल, तकनीकी और कहीं-कहीं इतना गूढ़ हो गया है कि वह एक सामान्य व्यक्ति की समझ के परे है। उनके भाषाशास्त्र के सिद्धान्त ने वर्तमान समाजशास्त्रीय सिद्धान्त को घोर रूप में प्रभावित किया है। इस संबंध में उनके संकेतों का सिद्धान्त (संकेत्तर और संकेतित), भाषा के विभाजन का सिद्धान्त (लैन्ग्[्]यू और परोल), सामाजिक आधार पर भाषा की रचना का सिद्धान्त, तथा भाषाशास्त्र और सामाजिक मूल्य का सिद्धान्त विशेष उल्लेखनीय है।

सासुरे का जन्म जिनेवा शहर के एक बहु प्रसिद्ध परिवार में हुआ था। यह परिवार अपनी वैज्ञानिक उपलब्धियों के लिये ख्यात रहा है। **वे दुर्खाइम, वेबर और फ्रायड के समकालीन थे,** किन्तु ऐसा कोई साक्ष्य उपलब्ध नहीं है जिससे यह विदित होता हो कि वे इन तीनों विद्वानों में से किसी के भी सम्पर्क में आये हों। यद्यपि उनके लेखनों पर दुर्खाइम के साथ-साथ मार्क्स के विचारों का प्रभाव अवश्य देखा जा सकता है। सन् 1875 में जिनेवा विश्वविद्यालय में भौतिकशास्त्र और रसायनशास्त्र का अध्ययन करने के बाद भाषाओं के अध्ययन के लिये वे लिपज़िग विश्वविद्यालय चले गये। केवल 18 महिनों के संस्कृत भाषा के कठिन अध्ययन के बाद 21 वर्ष की आयु में ही उन्होंने अपना एक लेख 'इन्डो-यूरोपीय भाषाओं में स्वरों की आदिम प्रणाली पर शोध निबन्ध' लिखा जिसे आज भी भाषाशास्त्र में उच्च स्थान प्राप्त है। सासुरे की मृत्यु के पचास वर्षों के उपरान्त सासुरे की बरसी पर दिये गये अपने भाषण में प्रख्यात फ्रेंच भाषाविज्ञ **एमिल बेनवेन्सटी** ने इस लेख पर अपनी टिप्पणी करते हुए लिखा है कि इस शोध-निबन्ध में भाषा की प्रकृति संबंधी सासुरे द्वारा की गई भावी शोध की एक मोटी रूपरेखा प्रस्तुत की गई है जो संकेतों की स्वेच्छाचारी प्रकृति के सिद्धान्त से अनुप्राणित है। सन् 1880 में संस्कृत के संबंध में अपने मौलिक विचारों को प्रणीत करते हुए वे पेरिस चले गये और यहां वे 24 वर्ष की आयु में ईकोल प्रतीक संस्थान में गोथे और प्राचीन उच्च जर्मन भाषा के लेक्चरर बन गये। लगभग एक दशक तक पेरिस में पढ़ाने के बाद जिनेवा विश्वविद्यालय में उनकी संस्कृत और इंडो-यूरोपीय भाषा के आचार्य के रूप में नियुक्ति हो गई।

सासुरे ने अपनी उपर्युक्त उल्लिखित पुस्तक में भाषाशास्त्र के इतिहास की खोज करते हुए भाषा संबंधी दो तत्कालीन प्रभावी दृष्टिकोणों के प्रति अपनी असहमती प्रकट की है। प्रथम दृष्टिकोण के अनुसार, भाषा को सार्वभौमिक तर्क पर आधारित तथा विचारों के आइने

के रूप में देखा जाता है। दूसरे दृष्टिकोण के अनुसार, भाषा को मौलिक रूप में तार्किक माना जाता है। प्रथम दृष्टिकोण सन् 1600 के आसपास का और द्वितीय दृष्टिकोण उन्नीसवीं शताब्दी का है जिसमें भाषा के इतिहास को भाषा की वर्तमान स्थिति की व्याख्या के लिये प्रयोग किया जाता है। द्वितीय दृष्टिकोण के अनुसार, **संस्कृत, जिसे प्राचीन भारत की पवित्र भाषा माना गया है, को विश्व की भाषाओं की सबसे पुरानी भाषा के साथ-साथ एक ऐसी भाषा माना गया है जो सभी भाषाओं में सम्पर्क स्थापित करने वाली है**। भाषा का **ऐतिहासिक उपागम** और कुछ सीमा तक **तार्किक उपागम**, ये दोनों ही भाषा को मूलतः नाम रखने की एक प्रक्रिया, अर्थात् वस्तुओं के साथ शब्दों को जोड़ना मानते हैं। किसी विशिष्ट विचार या किसी विशिष्ट वस्तु के साथ क्यों कोई विशिष्ट नाम जोड़ा गया, दूसरे शब्दों में क्यों उस वस्तु या विचार को वही नाम दिया गया, इसकी व्याख्या ऐतिहासिक या प्रागैतिहासिक आधार पर करने की प्रवृति विद्यमान थी, जिसे सासुरे ने स्वीकार नहीं किया। सासुरे कहते हैं कि व्याख्या का यह ढंग यह मानता है कि भाषा मूलतः एक नामतंत्र है, अर्थात् यह वस्तुओं और विचारों के नामों का एक संकलन है। वास्तव में **भाषा नामतंत्र नहीं है, यानि कि यह वस्तुओं के नाम देने वाला तंत्र नहीं है, बल्कि यह विभेदों का तंत्र है जिसमें सकारात्मक तत्व सिरे से नहीं हैं**। तार्किक रूप से भाषा वस्तुओं से पहले है। इसका कार्य नामकरण के बजाय उनकी अवधारणाओं में विभेद के संबंधों के माध्यम से उनकी पहचान स्थापित करना है। इस प्रकार, सासुरे (सास्युअर) ने भाषा के ऐतिहासिक और तार्किक दोनों दृष्टिकोणों को अस्वीकारते हुए भाषा के इतिहास को जानने की अपेक्षा किसी विशिष्ट नैसर्गिक भाषा, जैसे आंग्ल (अंग्रेजी) या फ्रेंच भाषा के वर्तमान संरूपण और गठन को जानने पर बल दिया है।

सासुरे (सास्युअर) के अनुसार, संस्कृति की भांति भाषा का भी सामूहिक आधार पर निर्माण होता है। भाषा मूलरूप में, "अर्थ की एक प्रणाली" है। इसमें जो शब्द होते हैं, उनका अर्थ दूसरे शब्दों के आधार पर निर्मित होता है। **किसी भाषा के शब्द संकेत मात्र होते हैं, उनका अर्थ मनमाने रूप में लगाया जाता है**। हिन्दी भाषा में हम जिस जानवर को 'घोड़ा' कहते हैं, उसके लिये 'गधे' शब्द का प्रयोग भी किया जा सकता था। किन्तु, एक बार जब किसी वस्तु के लिये एक शब्द-संबोधन निश्चित हो गया, तब वही शब्द प्रचलन में आ जाता है। कई शब्दों के मेल से किसी एक वाक्य की रचना होती है जिसका एक अर्थ होता है। यह अर्थ ही भाषा की 'संरचना' को इंगित करता है। सासुरे इस अर्थ को जानने पर बल देते हैं।

भाषा संबंधी सासुरे के विचारों को स्पष्ट रूप में समझने के लिये उनके द्वारा एक सतत व्यवस्था के रूप में भाषा (लैन्ग्यू) और भाषाई व्यवहार या बोली (पारोल) के बीच किये गये अन्तर को समझना आवश्यक है। 'लैन्ग्यू' शब्द भाषा की रूपात्मक या व्याकरणात्मक प्रणाली को और 'पारोल' शब्द वास्तविक बोली, अर्थात् वह तरीका जिसके द्वारा वक्तागण भाषा का प्रयोग कर अपने आपको अभिव्यक्त करते हैं, को इंगित करता है। भाषा ध्वनि-तत्वों की एक प्रणाली है जिसके संबंध नियंत्रित होते हैं। यह प्रणाली यह बताती है कि भाषा कैसे बोली जाती है। इसके कुछ निर्धारित नियम हैं, जिनकी खोज किया जाना चाहिये। लैन्ग्यू की उपस्थिति पारोल को संभव बनाती है। संक्षेप में, **भाषा संकेतों की एक प्रणाली है।**

इसकी अपनी एक संरचना होती है। प्रत्येक संकेत का अर्थ प्रणाली के भीतर दूसरे संकेतों के साथ उसके संबंधों के आधार पर लगाया जाता है। संरचनावाद का संबंध केवल भाषा की संरचना और इसके इतिहास से है। भाषा का अर्थ पारम्परिक रूप से परिभाषित इकाइयों की संरचना द्वारा निर्धारित होता है जो स्व-संदर्भित और प्रथानुगत एक व्यवस्था होती है।

सासुरे के भाषा के इस सिद्धान्त कि "भाषा संकेतों की एक प्रणाली है", की विशिष्टता को समझने के लिये यह जानना आवश्यक है कि प्रत्येक संकेत के दो पक्ष या दो भाग होते हैं: (1) **संकेत्तर** या संकेतक (सिग्निफाऑर) और (2) **संकेतित** (सिग्निफाइड)। **संकेतर** से तात्पर्य किसी विभेदीकृत आलेखीय (शब्द) या ध्वनि बिम्ब (ध्वनि प्रतिमान) से है, जब कि **संकेतित** विचारों की किसी विभेदीकृत वस्तु या मानसिक प्रतिबिंब को प्रतिनिधित्व करने वाला शब्द है, जिसे हम अवधारणा कहते हैं। इन दोनों (संकेत्तर और संकेतित) से मिलकर किसी 'प्रतीक' या 'चिन्ह' की रचना होती है। सरल शब्दों में, संकेत्तर का अर्थ संकेत देने वाली किसी भौतिक वस्तु से है जो संकेत देकर हमारे व्यवहार को प्रभावित एवं परिचालित करती है, जैसे चौराहे पर लगी हरी-लाल बत्तियाँ। लाल बत्ती के जलने पर हम रूक जाते हैं और हरी बत्ती के जलने पर हम चलने लगते हैं या चलते रहते हैं। संकेतित से तात्पर्य उस अर्थ से है जो अर्थ संकेत्तर को समाज देता है। उपरोक्त उदाहरण में, लाल रंग को खतरे के अर्थ में परिभाषित किया गया है। यह अर्थ समाज द्वारा दिया गया है। समाज द्वारा अर्थ देने की यह व्यवस्था मनमानी होती है। भाषाई स्वरूपों और उनके प्रकल्पित अर्थों के बीच कोई आवश्यक नैसर्गिक या आंतरिक संबंध नहीं होता। अतः सासुरेवादी भाषाशास्त्र के अनुसार संकेत्तर और संकेतित के बीच मनमाना संबंध होता है। संक्षेप में, सासुरे (सास्युअर) का भाषा का सिद्धान्त इस विचार पर जोर देता है कि भाषाएं व्यक्तिगत आधार पर निर्मित या पुनर्निर्मित प्रतीकों का प्रतिनिधित्व नहीं करती, अपितु वे ऐसे प्रतीकों/संकेतों को प्रकट करती हैं जो अतिरिक्त संरचनाओं या विभिन्नताओं की व्यवस्थाओं (जैसे वर्णमाला, व्याकरण या शब्दकोश) की उत्पत्ति होती हैं। संरचनावादी इस क्रांति का जन्म ही तब हुआ जब भाषाशास्त्र (जिसे एक सामाजिक घटना माना जाता है) के केन्द्रीय स्थान से व्यक्ति को हटा दिया गया। भाषा में निरंतर बदलाव हो रहा है, किन्तु यह बदलाव किसी एक व्यक्ति या कुछ व्यक्तियों के इशारे पर या आदेशों पर नहीं होता। इसमें परिवर्तन एक लम्बे काल में वक्ता की इच्छाओं के बिना होता है। यह प्रक्रिया निरंतर चलती रहती है। सासुरे के दृष्टिकोण के अनुसार व्यक्तियों की रचना जितनी भाषा के द्वारा होती है, उतनी ही वे भाषा की रचना करते हैं। भाषा के प्रति सासुरे के इसी दृष्टिकोण ने सामाजिक विज्ञानों को प्रभावित कर संरचनावाद को जन्म दिया है।

सामाजिक विज्ञानों में सासुरेवादी उपरोक्त दृष्टिकोण के आगमन ने शोधकर्त्ताओं के नज़रिये को बदल दिया जो ऐतिहासिक घटनाओं के प्रलेखन करने अथवा मानवीय व्यवहार के बारे में तथ्यों को जुटाने में लगे हुए थे। अब उनका ध्यान इन तथ्यों के जुटाने से हट कर इस धारणा पर केन्द्रित हो गया कि **मानवीय व्यवहार अर्थ की एक व्यवस्था है, अतः इसे समझने का प्रयास किया जाना चाहिये।** व्यापक सामाजिक स्तर पर इस धारणा का काफ़ी प्रभाव पड़ा। जहां पहले आन्तरिक तथ्यों और उनके प्रभावों को जानने का प्रयास किया जाता

था, अब इतिहास के किसी समय पर सामाजिक-सांस्कृतिक व्यवस्था को अध्ययन का विषय बनाये जाने पर ज़ोर दिया जाता है। यह व्यवस्था ऐसी है जिसमें शोधकर्ता उसी प्रकार उसमें डूबा रहता है जिस प्रकार एक भाषाविज्ञ भाषा में निमग्न होता है। लेवी-स्ट्रास, पियरे बोरडियू, जाक् लेकन, रोलेन्ड बार्थेस आदि ने सासुरेवादी इस उपागम का प्रयोग बड़ी सफलता से मानवीय विज्ञानों में किया है। जिस प्रकार सासुरे ने इस बात को महत्ता दी है कि भाषागत क्रियाओं या भाषाई व्यवहार का अध्ययन उन परिपाटियों की व्यवस्था से पृथक करके नहीं किया जा सकता, जिनके कारण ऐसे व्यवहार चलन में आये हैं, उसी प्रकार यह अपर्याप्त है कि सामाजिक-सांस्कृतिक तथ्यों को उन सामाजिक और सांस्कृतिक व्यवस्थाओं से अलग करके नहीं देखा जा सकता जिनके आधार पर उनका चलन शुरू हुआ है। सार रूप में, यह कहा जा सकता है कि **सासुरेवादी संरचनावादी उपागम अकेले व्यक्ति की वर्तमान अथवा विगत में की गई मानवीय क्रियाओं के अध्ययन को महत्व नहीं देता, अपितु इसमें विकास के किसी स्तर पर समाज और संस्कृति के अध्ययन को सर्वोपरि माना जाता है।** जहां सासुरे से एक पीढ़ी के पहले के विद्वान (सार्त्र की पीढ़ी) मानवीय समाज के प्राकृतिक (आन्तरिक) आधार की खोज में जुटे हुए थे, जिस प्रकार उन्नीसवीं सदी के भाषाविद् भाषा के नैसर्गित तत्वों को उजागर करने में लगे थे, वहां **अब संरचनावादी पीढ़ी के लोगों का प्रयास यह जानने में रहता है कि किसी व्यवस्था में तत्वों के वैभिन्न्य संबंध किस प्रकार अर्थ या अर्थों को उत्पन्न करते हैं और इन अर्थों को "पढ़ा" जाना या इनका निर्वचन किया जाना चाहिये।** अतः ग्रंथों की श्रंखला, नातेदारी व्यवस्था अथवा फैशन फोटोग्राफ़ी के परिवेश आदि का अध्ययन करते समय इनके द्वारा उत्पन्न अर्थ को ढूंढा और समझा जाना चाहिये। भाषा का सासुरेवादी सिद्धान्त किसी व्यवस्था अथवा संदर्भ में, तत्वों के मात्र भौतिक अथवा नैसर्गिक अस्तित्व की अपेक्षा उसके 'मूल्य' को इंगित करता है। किसी सत्ता या तत्व का भौतिक अस्तित्व भाषाई और सांस्कृतिक परिवेश के प्रभावों में उलझा होता है। अतः संरचना इस बात पर बल देती है कि किसी भी सामाजिक या सांस्कृतिक तत्व का अस्तित्व एक सकारात्मक मूलभूत तत्व के रूप में संरचना के बाहर या संरचना के अन्य तत्वों से अलग नहीं रह सकता है।

सासुरे के भाषाई संरचनावादी सिद्धान्त को सामाजिक और सांस्कृतिक जीवन के अध्ययन में प्रयोग किये जाने के बारे में कुछ आपत्तियां उठाई गई हैं तथा यह संदेह भी प्रकट किया गया है कि क्या इस सिद्धान्त का प्रयोग सामाजिक जीवन के विश्लेषण में सफलतापूर्वक किया जा सकता है। इस संबंध में एक मुख्य आपत्ति यह उठाई गई है कि इस सिद्धान्त में आदतन व्यवहार (प्रैक्टिस) और व्यक्तिगत स्वायत्तता को पर्याप्त महत्व नहीं दिया गया है। कुछ व्यक्तियों की नज़रों में इस स्थिति की उत्पत्ति मानवीय स्वतंत्रता को सामाजिक जीवन के उद्भव अथवा कारण के रूप में देखे जाने की अपेक्षा इसे सामाजिक जीवन के एक उत्पाद के रूप में देखे जाने के कारण हुई है। अतः परिवर्तन की संभावना को नकारने संबंधी एक रूढ़िवादी अभिनति संरचना का ही एक परिणाम है।

प्रमुख कृतियाँ :

— Course in General Linguistics, (1974)

Scheler, Max

मैक्स (मक्स) शेलर

(1874-1928)

समाजशास्त्र के क्षेत्र में **प्रघटनाशास्त्र**, ज्ञान के समाजशास्त्र और संस्कृति के समाजशास्त्र को विकसित करने में **दार्शनिक मैक्स शेलर** ने महती भूमिका अदा की है। वे सन् 1919 से कॉलोन विश्वविद्यालय में दर्शनशास्त्र के आचार्य रहे हैं। **फ्रैडरिक नीत्से** और **एडमंड हसर्ल** के विचारों से प्रभावित होकर शेलर ने अपने दार्शनिक मानवशास्त्र में मानवीय प्रकृति के तात्विक दृष्टिकोण को अपना कर **ज्ञान के समाजशास्त्र के सापेक्षवाद का प्रतिकार** किया है। इन विचारों को ढालने में उनके रोमन कैथोलिक विश्वासों का भी हाथ रहा है। उन्होंने विश्वास व्यवस्थाओं की बहुलता और सापेक्षवाद को स्वीकार किया है, किन्तु साथ में यह भी कहा है कि मानवीय प्रकृति सार्वभौमिक है। मार्क्स की आधार और अधिसंरचना (बेस/सुपरस्ट्रक्चर) की द्विभाजनकारी धारणाओं के स्थान पर शेलर ने जीवन और आत्मा (लाइफ/स्प्रिट) की अवधारणाओं को प्रस्तुत किया है। **आधुनिक औद्योगिक समाज के प्रति उन्होंने अपनी गहरी निराशा प्रकट की है।** उनकी दृष्टि में यह समाज सच्चे मूल्यों को भ्रष्ट और विकृत बनाता है। उनका 'सहानुभूति' की प्रकृति' (1913) संबंधी अध्ययन समाजशास्त्रीय दृष्टिकोण से एक महत्वपूर्ण प्रघटनाशास्त्रीय अध्ययन है। यह आश्चर्य ही है कि ज्ञान के समाजशास्त्र के प्रति शेलर के योगदान की अकारण ही समाज वैज्ञानिकों द्वारा उपेक्षा की गई है।

प्रमुख कृतियाँ :

- Ressentiment, (1912)
- The Nature of Sympathy, (1913)
- Problems of a Sociology of Knowledge, (1926)
- Man's Place in Nature, (1928)

Schumpeter, Joseph

जोसेफ शुम्पीटर

(1883-1950)

जोसेफ शुम्पीटर एक मोरवियाई **ऐतिहासिक अर्थशास्त्री** थे जिनकी अन्तर्विषयी कृतियों ने कुछ विषयों के प्रति समाजशास्त्रियों की भी रुचि उत्पन्न की है। स्वयं **शुम्पीटर ने समाजशास्त्र और अर्थशास्त्र को एक दूसरे का पूरक विषय माना है** और बहुधा उन्होंने कुछ ऐसे विषयों पर भी लिखा है जो आजकल समाजशास्त्र के क्षेत्र में आते हैं, जैसे सामाजिक वर्ग और उपनिवेशवाद।

कार्ल मार्क्स और मैक्स वेबर की भांति, शुम्पीटर की भी पूंजीवादी व्यवस्था के उद्भव और विकास में रुचि थी। उन्होंने भी लाभ अर्जित करने वाले और ज़ोखिम उठाने वाले ऐसे उद्यमियों की महत्ता को स्वीकारा है जो नये उत्पाद और तकनीकों को इज़ाद करते रहते हैं। इसके साथ-साथ उनकी रुचि व्यापारिक चक्रिक सिद्धान्त और पूंजी-निर्माण के बीच

सम्बन्धों को जानने में भी रही है जो आस्ट्रिया के अर्थशास्त्र की एक विशेषता रही है। यही कारण है कि शुम्पीटर को आस्ट्रिया के इस सम्प्रदाय का प्रत्यक्ष वंशज माना जाता है। 'पूंजीवाद, समाजवाद और प्रजातंत्र' (1942) के नाम से लिखी अपनी पुस्तक में उन्होंने उद्यमियों के स्थान पर औद्योगिक प्रशासकों के अत्यधिक रूढ़िवादी वर्ग को बदलने की प्रवृति तथा समतावाद को प्रोत्साहित करने हेतु आर्थिक-नियोजन की आवश्यकता के लिये चेतावनी दी है। शुम्पीटर ने यह स्वीकार किया है कि **कालांतर में पूंजीवाद समाप्त हो जायेगा। किन्तु यह स्थिति पूंजीवाद की कमजोरियों का परिणाम नहीं होगी, अपितु यह उसकी सफलता और उपलब्धियों का परिणाम होंगी**। व्यावसायिक प्रतिष्ठानों के बढ़ते हुए आकार के कारण आने वाले समय में उद्यमियों की भूमिका गौण हो जायेगी। उनका कार्य वर्तमान संयंत्रों का संचालन एवं प्रशासन मात्र रह जायेगा। पूंजीवाद के स्थान पर जिस समाजवाद का उदय होगा, वह सोवियत संघ जैसी सर्वाधिकारवादी व्यवस्था नहीं होगी और न ही उसका रूप उदार कल्याणकारी राज्य का होगा। वह समाजवाद लोकतंत्रीय होगा, यद्यपि इसमें आर्थिक प्रक्रिया को नियंत्रित करने के लिये केन्द्रीकृत शासन प्रणाली होगी जो विशाल नौकरशाही व्यवस्था पर आधारित होगी और जो व्यक्ति की स्वतंत्रता पर प्रतिबंध लगा कर सामाजिक अनुशासन लागू कर सकती है।

प्रमुख कृतियाँ :

- Theory of Economic Development, (1912)
- Business Cycles, (1939)
- Capitalism, Socialism and Democracy, (1942)

Schutz, Alfred

अल्फ्रेड शूज़ (1899-1959)

आस्ट्रिया में जन्मे **दार्शनिक अल्फ्रेड शूज़** यूरोप में फासीवाद के फैलने के बाद सन् 1939 में अमेरिका चले आये। यहां उन्होंने कुछ समय के लिये अंशकालीक रूप में अध्यापन तथा लेखन कार्य किया और बाद में सन् 1952 में वे पूर्णकालिक रूप में अध्यापन कार्य में जुट गये। प्रसिद्ध प्रघटनाशास्त्री **हसर्ल के शिष्य** रहे शूज़ ने अस्तित्ववादी विचारकों और समाजशास्त्रियों के विश्व को देखने के नज़रिये के बीच के अन्तर को पाटने का काम किया। प्रघटनाशास्त्र जिसके प्रवर्तक हसर्ल माने जाते हैं, शूज ने हसर्ल के दार्शनिक विचारों को नया रूप देकर उनके 'प्रघटनाशास्त्र के दर्शन' को **'समाजशास्त्रीय प्रघटनाशास्त्र'** में बदल दिया। इस प्रकार, शूज़ का प्रघटनाशास्त्र हसर्ल के प्रघटनाशास्त्र से भिन्न है। हसर्ल का प्रघटनाशास्त्र पारलौकिक स्व को समझने पर ज़ोर देते हुए अन्दर से बाहर की अन्तर्विषयपरकता को जानने की बात करता है। जबकि शूज़ इस बात पर बल देते है कि लोग अपनी चेतना की धारा में रहते हुए भी दूसरों की चेतना को समझ सकते हैं। उन्होंने अन्तर्विषयपरकता का प्रयोग सामाजिक जगत् के व्यापक अर्थों में किया जाता है।

शूज़ ने समाजशास्त्रीय प्रघटनाशास्त्र की अपनी सुप्रसिद्ध कृति 'सामाजिक जगत् का

प्रघटनाशास्त्र' में इस विषय की विशद् व्याख्या की है तथा इसके मूलभूत सिद्धान्तों को प्रस्तुत किया है। यह पुस्तक मूल रूप में जर्मन भाषा में सन् 1932 में प्रकाशित हुई थी, और इसका ऑग्ल भाषा में अनुवाद सन् 1967 में हुआ, तभी इसने आंग्ल भाषा-भाषी लोगों, विशेषकर अमेरिकी समाजशास्त्रियों को प्रभावित किया। सामाजिक जगत् को समझने के लिये शूज़ ने रोज़मर्रा की दुनियां के आवश्यक आयामों के विश्लेषण करने तथा उन्हें उजागर करने पर बल दिया है। शूज़ ने इस सम्बन्ध में इस प्रक्रिया की विस्तृत विवेचना की है कि किस प्रकार अखंडित अनुभव की मूलभूत धारा के आधार पर हम उन वस्तुओं की मानसिक रचना करते हैं और उनके बारे में हमारे ज्ञान की रचना करते है जिन्हें हम अपने दिन-प्रतिदिन के जीवन में पहले से ही मान कर चलते हैं। इस प्रक्रिया के आधार पर ही शूज़ ने यह स्पष्ट करने का यत्न किया है कि हम किस प्रकार अपने दैनिक व्यवहार को संगठित करते हैं, हम किस प्रकार स्वयं को और दूसरों को एक सुसम्बद्ध समष्टि में बांधते हैं जिनके आधार पर प्रतिमानों की रचना होती है और इसी के द्वारा सामाजिक जीवन को पहचाना जाता है। वास्तव में, शूज़ के विश्लेषण का प्रमुख केन्द्र रोज़मर्रा का विश्व रहा है जिसे वे **'जीवन-जगत्' (लाइफ वर्ड)** कहते हैं। उनके अनुसार, यह एक ऐसा अन्तर्विषयक दुमुहा विश्व है जिसमें हम सामाजिक यथार्थ की रचना करने के साथ-साथ हम अपने पूर्वजों द्वारा निर्मित सामाजिक-सांस्कृतिक संरचनाओं से नियंत्रित भी होते हैं। शूज़ ने इस द्वन्द्वात्मक सम्बन्ध की खोज करने की दृष्टि से इस जीवन-जगत् को दो भागों में बांटा है : प्रथम, घनिष्ट आमने-सामने के सम्बन्धों (हम-सम्बन्ध) से निर्मित जगत, द्वितीय दूरस्थ और अव्यक्तिगत संबंधों (वे-सम्बन्ध) से निर्मित जगत्।

सामान्यतः प्रघटनाशास्त्रीय दार्शनिकों ने 'चेतना' को अपने अध्ययन-अनुसंधान का केन्द्र बनाया है, किन्तु **शूज़ ने चेतना से हट कर अन्तःविषयपरकता (इन्टरसॅब्जेक्टिविटि), जीवन-जगत् (लाइफ-वर्ड), और हम तथा वे के सम्बन्धों को अपने अध्ययन-विवेचन का केन्द्र बनाया है**। शूज़ का कहना है कि रोज़मर्रा के विश्व में, जब तक समस्त कार्य-व्यापार कुछ निश्चित तौर-तरीकों के अनुसार आसानी से चलता रहता है, तब तक अपेक्षाकृत चेतना का कोई महत्व नहीं होता और कर्त्तागण इस बात पर बहुत कम ध्यान देते हैं कि उनके मस्तिष्क में तथा दूसरों के मस्तिष्क में क्या हो रहा है। इस प्रकार, शूज़ के अनुसार, प्रघटनाशास्त्रीय समाजशास्त्र के विज्ञान में भी एक शोधार्थी व्यक्तिगत चेतना की अवहेलना कर सकता है। वास्तव में, शूज़ द्वारा चेतना की अवहेलना किया जाना प्रघटनाशास्त्रीय समाजशास्त्र के क्षेत्र में एक अत्यंत विरोधाभासी एवं विकट स्थिति को उत्पन्न करता है, क्योंकि प्रघटनाशास्त्र की शोध के एक अलग उपागम के रूप में पहचान ही चेतना के विषय का आधार पर बनी है। फिर भी, शूज़ ने प्रघटनाशास्त्र के अन्य स्तंभ, अर्थात् विषयपरकता को नहीं छोड़ा। निश्चय ही, उन्होंने व्यक्तिगत विषयपरकता के स्थान पर अन्तःविषयपरकता की बात कही है।

संक्षेप में, **शूज़ की रुचि प्रमुख रूप में तीन विषयों में रही है**: प्रथम, वे मैक्स वेबर के क्रिया सिद्धान्त की आलोचना के आधार पर एक अलग सामाजिक क्रिया और अन्तर्क्रिया के उपयुक्त सिद्धान्त की रचना करना चाहते हैं। द्वितीय, उन्होंने जीवन-जगत् की रचना करने में विशेष रुचि प्रदर्शित की। तृतीय, उनकी रुचि समाजशास्त्र को मानवीय क्रियाओं के

अध्ययन करने की दृष्टि से अधिकाधिक वैज्ञानिक बनाने में रही है।

पार्सन्स के साथ एक विवाद के बाद शूज़ ने क्रिया सिद्धान्त की समस्याओं और 'वर्स्टेहेन पद्धति' को स्पष्ट करने के साथ-साथ इसे आगे बढ़ाने हेतु काफी काम किया। उनकी मरणोपरांत कृतियों में जीवन-जगत् की संरचना की सार्थकता की भूमिका का विस्तृत विश्लेषण किया गया है।

प्रमुख कृतियाँ :

- The Phenomenology of The Social World, (1967)
- Reflections on the Problems of Relevance, (1970)
- Collected Papers, 3 vols, (1973-76)
- The Structure of the Life World, (with Luckmann), (1974)

Shaw, Clifford

क्लिफोर्ड शॉ (1896-1957)

शिकागो विश्वविद्यालय ने कई समाज वैज्ञानिक को तैयार किया है, उनमें से **क्लिफोर्ड शॉ** भी एक प्रमुख समाजशास्त्री हैं। शॉ का **प्रमुख शोध-क्षेत्र अपराधशास्त्र** से जुड़े विषय रहे हैं। उन्होंने मुख्यतः बाल-अपराधियों पर शोध की है। इस सम्बन्ध में उनकी पुस्तक 'द जैक-रोलरः ए डेलिन्क्वेंट बॉयज़ ओन स्टोरी' (1930) विशेष उल्लेखनीय है। इस पुस्तक में उन्होंने 'जूवॅनाइल रिसर्च इन्सटिट्यूट' के दौरान दौ सौ से भी अधिक बाल-अपराधियों के जीवन-इतिहास को संकलित किया। इसीलिये शॉ को **'जीवन-इतिहास' विधि का प्रणेता** कहा जाता है। शॉ तथा उनके सहयोगियों के अध्ययनों के आधार पर ही **'अपराध-क्षेत्र'** की अवधारणा का विकास हुआ। **ये क्षेत्र किसी नगर (सामान्यतः महानगर) के ऐसे भाग होते हैं जिनमें अपनी कुछ विशिष्ट भौतिक एवं सामाजिक विशेषताओं के कारण नगर के अन्य भागों की अपेक्षा अपराध/अपचारिता की अत्यधिक ऊँची दर होती है।** इन क्षेत्रों के सदस्य आर्थिक उपेक्षाओं से ग्रसित होते हैं। असामाजिकता या कुसमंजन इन क्षेत्रों की एक अनिवार्य विशेषता नहीं होती, अपितु इन क्षेत्रों का विद्यमान पारम्परिक अपराधिक वातावरण यहां के निवासियों, विशेषतः किशोर और युवाओं को अपराध की ओर धकेलता है।

प्रमुख कृतियाँ :

- The Jack-Roller: A Delinquent Boys Own Story, (1930)
- Juvenile Delinquency and Urban Areas (with McKay), (1942)

Simmel, Georg

गिऔर्ग ज़िम्मल (जार्ज सिमल) (1858-1918)

मैक्स वेबर के समकालीन जर्मन समाजशास्त्री और मूलतः दार्शनिक **गिऔर्ग ज़िम्मल** (सिमल)

की गणना समाजशास्त्र के दिग्गजों में की जाती है। उनकी लगभग पच्चीस पुस्तकें तथा तीन सौ से भी अधिक लेख उनके जीवन-काल में प्रकाशित हुए, फिर भी उन्हें अमेरिका और विशेष रूप में ब्रिटेन में वह सम्मान नहीं मिल पाया जिसके वे अधिकारी थे। पैदाइशी रूप में वे यहूदी थे, किन्तु बाद में उन्होंने ईसाई धर्म अंगीकार कर लिया। उनका अधिकांश जीवन बर्लिन में व्यतीत हुआ। मृत्यु के मात्र चार वर्षों के पूर्व वे स्ट्रासबर्ग में पूर्णकालिक आचार्य (प्रोफेसर) रहे। वे 'जर्मन समाजशास्त्रीय परिषद्' के सह-संस्थापक थे।

ज़िम्मल की वृहत कृतियों को व्यवस्थित करना या उन्हें संक्षिप्त रूप में प्रस्तुत करना लगभग असंभव है। उनके अध्ययन-लेखन के विषय अत्यंत भिन्न एवं विस्तृत थे। जहां एक ओर उन्होंने कला और संस्कृति के विषयों को लेकर प्रसिद्ध दार्शनिक **कांत और गोथे** पर लिखा है, वहां उन्होंने धर्म, मुद्रा, पूंजीवाद, लिंग-भेद, समूह, नगरवाद और नैतिकता पर भी लेखनी उठाई है! उन्होंने गरीबी, वेश्या, कंजूस, अपव्ययी और अजनबी जैसे विषयों पर छोटे-छोटे लेख भी लिखे हैं। उनके कई लेखन विषयों में से प्रेम भी एक विषय रहा है। संक्षेप में, उन्होंने सौन्दर्यशास्त्र, ज्ञानमीमांसा, इतिहास के दर्शन के साथ-साथ समाजशास्त्र के कई भिन्न विषयों पर खूब लिखा है।

जहां **मार्क्स और वेबर** ने समाज के तार्किकीकरण और पूंजीवादी अर्थव्यवस्था जैसे वृहत् स्तरीय मसलों को अपने अध्ययन-अनुसंधान का केन्द्र बनाया, वहां **ज़िम्मल ने प्रमुखतः व्यक्तिगत क्रिया और अन्तर्क्रिया जैसे लघु स्तरीय मुद्दों को ही समाजशास्त्र की प्रमुख अध्ययन विषय-वस्तु माना है।** किन्तु, सामाजिक जीवन की असंख्य अन्तर्क्रियाओं को बिना किसी सैद्धान्तिक ढाँचे के समझना कठिन होता है, अतः ज़िम्मल ने अन्तर्क्रियाओं के स्वरूपों और प्रकारों के अध्ययन पर बल दिया। ज़िम्मल के अन्तर्क्रिया सम्बंधी विचारों ने **बाद में 'सांकेतिक अन्तर्क्रियावाद'** के विकास को गहरे रूप में प्रभावित किया है। उन्होंने सामाजिक संरचनाओं के अध्ययन में भी अन्तर्क्रिया के अध्ययन को महत्वपूर्ण माना है। उनके अनुसार परिवार सहित सभी सामाजिक संरचनाओं का निर्माण अन्तर्क्रियाओं के आधार पर होता है, वे अन्ततः अन्तर्क्रियाओं का परिणाम होती हैं। अन्तर्क्रियाओं के अपने अध्ययन में ज़िम्मल ने उनके अन्तर्क्रिया में भाग लेने वालों की संख्या और संघर्ष की भूमिका को विशेष रूप में रेखांकित किया है। उन्होंने स्पष्ट किया कि जब कभी दो व्यक्तियों के बीच होने वाली अन्तर्क्रिया में तीसरा व्यक्ति भाग लेने लगता है, तब अन्तर्क्रिया के रूप-स्वरूप में परिवर्तन आ जाता है क्योंकि यह संभव है कि तीसरा व्यक्ति पहले दो व्यक्तियों में से किसी एक के साथ घनिष्ठ रूप में जुड़ जाये और तीसरे व्यक्ति के विरुद्ध हो जाये। यही नहीं, इस स्थिति में तीनों में से कोई भी अकेला सदस्य अन्तर्क्रिया के भावी स्वरूप को नियंत्रित करने में सक्षम नहीं होता है। संक्षेप में, **ज़िम्मल का सारा समाजशास्त्र अन्तर्क्रियाओं के अध्ययन के चारों ओर घूमता है।** उन्होंने समाज के संरचनात्मक दृष्टिकोण का विरोध करते हुए कहा कि "समाज व्यक्तियों का एक संकलन मात्र है जिसकी रचना आपसी अन्तर्क्रियाओं के आधार पर होती है।" अतः **अन्तर्क्रियाओं के स्वरूपों का अध्ययन समाजशास्त्र का प्रमुख उद्देश्य है।** स्वरूपों का निर्माण अन्तर्क्रियाओं के माध्यम से होता है। व्यक्ति अन्तर्क्रिया करते हैं और उनसे स्वरूपों (जैसे परिवार) का निर्माण होता है।

ज़िम्मल ने **तीन प्रकार के समाजशास्त्र** की चर्चा की है; (1) **सामान्य समाजशास्त्र**—इसमें सामाजिक आधार पर निर्मित सम्पूर्ण ऐतिहासिक जीवन का अध्ययन किया जाता है; (2) **दार्शनिक समाजशास्त्र**—इसे ज़िम्मल ने सामाजिक विज्ञानों का ज्ञानमीमांसा कहा है; और (3) **स्वरूपात्मक समाजशास्त्र**—इसमें सामाजिकता के आधार पर निर्मित साहचर्य के रूपों का अध्ययन किया जाता है। ज़िम्मल ने मानवीय अन्तर्क्रियाओं के विश्लेषण के लिये 'स्वरूपात्मक समाजशास्त्र', जिसके वे प्रणेता माने जाते हैं, को प्रस्तावित किया। ज़िम्मल समाजशास्त्र को एक विशेष विज्ञान बनाना चाहते थे। इसके लिये उन्होंने समाजशास्त्र को अपने आपको सामाजिक सम्बन्धों के स्वरूपों के अध्ययन तक ही सीमित रखने की सलाह दी। **ज़िम्मल पहले व्यक्ति थे जिन्होंने सामाजिक सम्बन्धों के स्वरूप और अन्तर्वस्तु** (फॉर्म एण्ड कन्टेंट) **के विवाद को छेड़ा**। उनके अनुसार, अन्तर्क्रिया के स्वरूप को उसकी अन्तर्वस्तु से अलग किया जा सकता है और यह प्रदर्शित किया जा सकता है कि भिन्न दिखने वाली अन्तर्क्रियाओं (भिन्न अन्तर्वस्तु सहित) के समान स्वरूप होते हैं। उदाहरणार्थ, अठारवीं शताब्दी के इंग्लैण्ड के एक लेखक और एक राज परिवार के सदस्य या किसी अभिजात व्यक्ति के बीच सम्बन्धों तथा बीसवीं शताब्दी के लेटिन अमेरिका के एक किसान और उसके जमींदार के बीच सम्बन्धों में स्पष्टतः भिन्न अन्तर्क्रिया होंगी। फिर भी, इन दोनों सम्बन्धों के स्वरूप समान होंगे, क्योंकि दोनों ही संरक्षणात्मक सम्बन्धों के उदाहरण है। इसी प्रकार, ज़िम्मल की रुचि अन्तर्क्रिया में भाग लेने वाले व्यक्तियों/समूहों की संख्याओं को जानने में भी भी। उदाहरणार्थ, उन्होंने कहा कि ऐसी स्थितियाँ जिनमें दो या तीन दल भाग लेते हैं, उनमें स्वरूपात्मक समानताएं होती हैं चाहे वे दल व्यक्ति हों अथवा राष्ट्र राज्य हों। इस प्रकार के स्वरूप की समानता से तात्पर्य यह है कि सम्बन्धों के कुछ गुण अत्यधिक भिन्न स्थितियों में भी विद्यमान रहते हैं। जिस प्रकार तीन राष्ट्रों के समक्ष जो विकल्प और उनके परिणाम स्वरूप व्यवहार खुले होते हैं, वही बात तीन व्यक्तियों पर भी यथावत लागू होती है। ज़िम्मल ने अपने स्वरूपात्मक समाजशास्त्र का प्रयोग सामाजिक प्ररूपों के विश्लेषण में भी किया। उन्होंने कहा कि कुछ सामाजिक प्ररूप, जैसे अज़नबी व्यक्ति, भिन्न समाजों में भिन्न समयों पर देखने को मिलते हैं, किन्तु इन अज़नबी व्यक्तियों का व्यवहार और इनके प्रति दूसरे व्यक्तियों का व्यवहार इन भिन्न सामाजिक स्थितियों में भी लगभग समान होता है।

ज़िम्मल ने न केवल अन्तर्क्रियाओं के अध्ययन पर जोर दिया है, अपितु **उन्होंने सामाजिक संघर्ष का अध्ययन कर उसके प्रकार्यों का भी उल्लेख किया है,** जिसका प्रभाव बाद के समाजशास्त्रियों पर स्पष्टतः देखा जा सकता है। इन विषयों के अतिरिक्त, सामाजिक विभिन्नता के कारण सामाजिक विकास और मुद्रा अर्थव्यवस्था के उद्भव जैसे विषयों को भी उन्होंने अपने लेखन का विषय बनाया है। उन्होंने 'मुद्रा का दर्शन' (द फिलॉसफी ऑफ मनी, 1900) नामक एक पुस्तक लिखी जिसमें उन्होंने मूल्य के मार्क्सवादी श्रम-सिद्धान्त का एक विकल्प प्रस्तुत किया है। वस्तु-विनिमय (अदला-बदली) व्यवस्था से कागज मुद्रा और साख व्यवस्था के रूप में उद्भव का लम्बा सफर हमारे दैनिक जीवन के तार्किकीकरण को प्रकट करता है। सामाजिक अन्तर्क्रिया का यह आर्थिक परिमाणीकरण सामाजिक जीवन की अन्तर्वस्तु का उसके स्वरूप से पृथक होने का एक अन्य उदाहरण है। ज़िम्मल के मुद्रा के

विश्लेषण ने मार्क्सवादी आर्थिक श्रेणियों के लिये प्रघटनाशास्त्रीय विकल्प प्रस्तुत कर मार्क्सवादियों को सोचने के लिए विवश किया है।

इस प्रकार हम देखते हैं कि गिऔर्ग ज़िम्मल एक बहु प्रतिभा सम्पन्न व्यक्ति थे। उनकी विपुल कृतियों ने अमेरिका के प्रारंभिक समाजशास्त्र के विकास में काफी योगदान किया है। **पॉल रॉक** ने अपनी पुस्तक 'द मेंकिंग ऑफ सिम्बोलिक इन्टरएक्शनिज़्म' (1979) में ज़िम्मल को 'प्रतीकात्मक अन्तर्क्रियावाद' के एक जनक के रूप में प्रतिष्ठित किया है। इसमें कोई संदेह नहीं है कि ज़िम्मल ने **रॉबर्ट पार्क** और शिकागो सम्प्रदाय के अन्य समाजशास्त्रियों को कई रूप में प्रभावित किया है। **रॉबर्ट मर्टन** के प्रकार्यवाद (विशेषतः उनके संदर्भ-समूह सिद्धान्त और भूमिका सिद्धान्त) तथा **कोज़र** के सामाजिक संघर्ष सिद्धान्त पर भी ज़िम्मल के विचारों की छाया देखी जा सकती है। **आजकल आधुनिकता और उत्तर-आधुनिकता की बहस में भी ज़िम्मल को एक मुख्य वरेण्य (क्लासिकल) समाजशास्त्री के रूप में घसीटा जा रहा है**। ज़िम्मल पर लिखे गये डेविड फ्रिसबाई के लगभग सभी ग्रंथों में ज़िम्मल की समाजशास्त्रीय महत्ता के साथ-साथ उनके प्रति समाजशास्त्रियों द्वारा प्रदर्शित उपेक्षा और उदासीनता को भी उजागर किया गया है।

आजकल मार्क्स, दुखाईम और वेबर के विचारों के अधिक प्रभाव के कारण ज़िम्मल का प्रभाव धुमिल अवश्य पड़ गया हो, किन्तु यह किसी से छुपा हुआ नहीं है कि बीसवीं शताब्दी के प्रारंभिक काल में ज़िम्मल ने सभी अमरीकी सिद्धान्तों (जैसे संघर्ष सिद्धान्त, सांकेतिक अन्तर्क्रियावाद, विनिमय-सिद्धान्त और जाल-तंत्र सिद्धान्त (नेटवर्क सिद्धान्त) को जितना प्रभावित किया है, उतना कोम्त और स्पेन्सर जैसे वरेण्य (क्लासिकल) विचारकों ने भी प्रभावित नहीं किया है।

प्रमुख कृतियाँ :

- The Problems of Philosophy of History, (1892)
- The Sociology of Georg Simmel, (1902)
- Conflict and the Web of Group Affiliation, (1908)
- The Philosophy of Money (ed.), (1907)

Sinha, Surajit

सुरजीत सिन्हा

(1926-)

रॉबर्ट रेडफील्ड के शिष्य **सुरजीत सिन्हा** भारत के अपेक्षाकृत कम जाने-पहचाने जाने वाले मानवशास्त्री रहे हैं जिन्होंने मुख्यतः बराभूम के भूमिज तथा बस्तर की जनजातियों के अतिरिक्त जाति-व्यवस्था पर भी कार्य किया है। उन्होंने भूमिज-हिन्दू अन्तर्क्रिया, जाति-जनजाति सततता, जनजाति-कृषक सततता, जनजातियों और जातियों में सामाजिक गतिशीलता और आंदोलन, जनजाति एकजुटता संबंधी आंदोलन, मसीही आंदोलन जैसे अनेक विषयों पर कई लेख लिखे हैं जो भारत की प्रतिष्ठित मानवशास्त्रीय पत्रिकाओं जैसे 'मैन इन इण्डिया', 'ईस्टर्न एन्थ्रोपोलॉजिस्ट' के अलावा 'जर्नल ऑफ एशियाटिक सोसाइटी' और 'जर्नल ऑफ अमेरिकन

फोकलोर' आदि में छपे हैं। सिन्हा के अध्ययनों का प्रमुख क्षेत्र परगना बराभूम और प्रायद्विपीय (मध्य) भारत रहा है।

सिन्हा का प्रमुख कार्य भूमिज-हिन्दू अन्तर्क्रिया (1957) पर रहा है जिसके आधार पर उन्होंने जनजाति-सततता, जनजाति-राजपूत (जाति) सततता, भूमिज-क्षत्रीय सततता जैसी कई अवधारणाओं को विकसित किया है। इन अवधारणाओं ने बाद में भारत में, विशेषतः मध्य भारत के जनजातीय क्षेत्र में हो रहे सामाजिक रूपान्तरण की प्रक्रियाओं की आधारशिला का कार्य किया जिस पर बाद में कई युवा मानवशास्त्रियों ने कार्य किया है। सिन्हा ने अपने अध्ययन में उद्विकासीय परिवर्तन के परिप्रेक्ष्य का प्रयोग कर इसके आधार पर आदिवासीय सांस्कृतिक स्तर से भारत में सभ्यता के नियत रेखीय विकास की बात की है। उन्होंने इस संदर्भ में रेडफील्ड के 'लोक-कृषक-नगरीय' सततता की धारणा को अपनाते हुए भारत में जनजातीय संस्कृतियों की कृषक संस्कृति की दिशा में हो रहे परिवर्तन के विचार की 'भूमिज-हिन्दू अन्तर्क्रिया' के अपने अध्ययन के आधार पर पुष्टि की है। सिन्हा का कहना है कि कुछ महत्वपूर्ण सांस्कृतिक भौतिक तथ्यों का जाति और जनजातियों में समान रूप से वितरण तथा उनकी जीवन-शैली में समानता, उनके बीच होने वाली अन्तर्क्रिया का परिणाम है।

जनजाति-जाति की सततता पर अपने विचार व्यक्त करते हुए सिन्हा ने लिखा है कि "भारत में अनेक निम्न जातियों में जनजातियों के कुछ लक्षण समान रूप से देखने में आये हैं। जैसे अपने ही जातीय वर्ग में सामाजिक व्यवहार में समानता पर बल, महिलाओं के लिये सांस्कृतिक सहभागिता (नृत्य, संगीत आदि) संबंधी यथेष्ठ स्वतंत्रता, तथा अति नैतिकता की भावना से अत्यधिक दबी उनकी मूल्य व्यवस्था आदि जाति और जनजाति में समान रूप में देखने को मिली हैं- - - - इन जातियों के अलौकिकवाद (दैवी शक्ति में विश्वास) संबंधी विशेषता के भी कई लक्षण जनजातियों में भी समान रूप से विद्यमान पाये गये हैं, जैसे इनके देवालयों में भी मुख्य रूप में स्थानीय देवी-देवताओं की प्रतिमाएं ही पाई गई हैं, जबकि जनजातियों के अलौकिकवाद में जातीय तत्व के अन्य लक्षण बहुत कम पाये गये हैं।"

सिन्हा ने कुछेक समाज वैज्ञानिकों के इस विचार से असहमति प्रकट की है कि भारत में जनजातियाँ धीरे-धीरे जाति-व्यवस्था में विलीन हो रही हैं। उन्होंने लिखा है कि "जनजातियाँ पारिस्थितिकी, जनांनकिकी, अर्थव्यवस्था, राजनीतिक और सामाजिक व्यवहार में नृजातिक समूहों से पृथक हैं। उनकी यह ऐतिहासिक छवि ही जनजातियों को हिन्दू जातियों से अलग करती है और उन्हें एक जनजातीय पहचान देती है।"

सिन्हा ने जनजाति-जाति या कृषक सांतत्यक (नैरन्तर्य) के संदर्भ में बिहार की एक जनजाति भूमिज के हिन्दूईकरण की प्रक्रिया के संदर्भ में अनेक लेख लिखे हैं। इन लेखों में, उन्होंने देशी राज्यों और सामाजिक गतिशीलता के दबावों तथा मध्यस्थ विशेषज्ञों (पुजारियों, तांत्रिकों आदि) तथा सांस्कृतिक क्रियाकलापों के सामाजिक ताने-बाने में प्रादेशिक सार्वभौमीकरण और संस्कृति के समन्वय की प्रक्रिया का विश्लेषण किया है।

'भारत के मानवशास्त्र सर्वेक्षण संस्थान' ने सन् 1967-70 के बीच हिन्दू धर्म के सामाजिक संगठन के अध्ययन हेतु अनेक गवेषणाओं को प्रवर्तित किया था जिसका मुख्य उद्देश्य भारतीय सभ्यता की बदलती हुई संरचना का अध्ययन करना रहा है। इन अध्ययन योजनाओं का प्रवर्तन और नेतृत्व सिन्हा ने किया है। इस योजना के अन्तर्गत बैद्यनाथ

सरस्वती और सिन्हा ने मिल कर काशी के साधुओं का अध्ययन कर "काशी के तापसी संगठन" नाम से एक प्रतिवेदन (अप्रकाशित) तैयार किया था। इस अध्ययन द्वारा उन्होंने तापसी संगठनों के साम्प्रदायिक आधार पर गठन, उनके दूर-दूर फैले संगठन एवं लौकिक छवि तथा जाति और भाषाई आधार पर रचना के साथ-साथ इन संगठनों में परिवर्तन की नई उभरती प्रवृतियों (रूढ़िवादी-साम्प्रदायिक ग्रामीण स्वरूप से नवीन सार्वभौमिक नगरीय केन्द्रित स्वरूप में परिवर्तन) पर प्रकाश डाला है।

आन्द्रे बेतई की पुस्तक "जातियाँ : पुरानी और नई" की समीक्षा करते हुए सिन्हा ने जातियां की बदली हुई भूमिका को रेखांकित किया है और कहा कि एक पारम्परिक व्यवस्था के रूप में जातियों की भूमिका अब सीमित हो गई है तथा संयुक्त निगम समूहों के रूप में जातियां आजकल नवीन राजनीतिक एवं आर्थिक भूमिकाएं अदा करने लगी है। 'मुक्त स्तरीकरण' के उभरते हुए प्रतिमान का अभी तक किसी ऐसे सचेतन मॉडल में विकास नहीं हो पाया है जिसकी जड़ें पर्याप्त रूप में सामाजिक भावनाओं में गड़ी हुई हों।

Small, Albion W.

एल्बिआँ डब्ल्यू. स्माल (1854-1926)

एल्बिआँ डब्ल्यू. स्माल एक अमेरिकी समाजशास्त्री हैं। वे समाजशास्त्र में अपने द्वारा किये गये योगदान के लिये कम, किन्तु समाजशास्त्र के क्षेत्र में उनके द्वारा की गई अन्य गतिविधियों के लिये अधिक जाने-पहचाने जाते हैं। वे शिकागो विश्वविद्यालय में समाजशास्त्र विभाग के संस्थापक रहे हैं। सन् 1892 में स्थापित इस विभाग को अमेरिकी समाजशास्त्र के प्रमुख केन्द्र और विशेषतः समाजशास्त्रीय सिद्धान्त की शुरुआत का श्रेय जाता है। इसी के साथ स्माल ने 'अमेरिकी समाजशास्त्रीय समाज (परिषद्)' की स्थापना में सहसंस्थापक की भूमिका अदा की है। यह संगठन आज भी अमेरिकी समाजशास्त्रियों का एक प्रमुख व्यावसायिक संघ है। सन् 1894 में प्रकाशित समाजशास्त्र की प्रथम पाठ्य पुस्तक के वे सह लेखक रहे हैं। सन् 1895 में उन्होंने 'अमेरिकन जर्नल ऑफ सोसिऑलाजी' की नींव डाली जो आज भी इस विषय की एक प्रमुख पत्रिका है। उन्होंने इस पत्रिका में प्रचुर मात्रा में लिखा है।

प्रमुख कृतियॉः

- General Sociology, (1907)
- Adam Smith and Modern Sociology, (1907)
- The Meaning of the Social Sciences, (1910)

Smith, Adam

एडम स्मिथ (1723-1790)

स्कॉटलैंड के सुप्रसिद्ध **दार्शनिक एवं सामाजिक विचारक एडम स्मिथ अधिकांशतः एक**

अर्थशास्त्री के रूप में ही जाने जाते हैं, किन्तु वे एक अर्थशास्त्री के साथ-साथ नैतिक दार्शनिक और राजनीतिक चिंतक एवं सिद्धान्तकार भी थे। उन्होंने अपनी प्रथम प्रस्तक 'नैतिक मनोभावों का सिद्धान्त' (1959) में इस बात को प्रस्थापित किया है कि भौतिक एवं सामाजिक पक्षों सहित विश्व की अपनी प्राकृतिक विद्या एवं व्यवस्था रही है जिसकी रचना ईश्वर ने इस ढंग से की है ताकि सभी प्राणियों में संतुलन बना रहे और सभी को लाभ प्राप्त हो सके। उन्होंने इस पुस्तक में जगह-जगह पर इस नैसर्गिक व्यवस्था के अच्छे गुणों का गुणगान करने के साथ-साथ मानवीय संस्थाओं की कमजोरियों पर प्रकाश डाला है जो इस नैसर्गिक व्यवस्था को परिवर्तन करने या बदलने का प्रयास करती है इसके बाद उन्होंने अपनी बहु प्रसिद्ध कृति 'राष्ट्रों की सम्पदा की प्रकृति और कारकों का अन्वेषण', (1976) लिखी। इसमें भी उन्होंने राजनीतिक अर्थव्यवस्थाओं की समस्याओं की खोज हेतु नैसर्गिकवाद के सिद्धान्तों का प्रयोग किया है। इस पुस्तक को सामान्यतः आर्थिक मसलों की संहिता मान लिया जाता है, किन्तु यह दृष्टिकोण संकुचित है।

इस पुस्तक में सामाजिक क्रिया की संकुचित आर्थिक परिप्रेक्ष्य की अपेक्षा समाज के सम्पूर्ण दर्शन के संदर्भ में व्याख्या की गई है जो इसके अनेक वाक्याशों और अवतरणों से प्रकट होता है; जैसे "वाणिज्य और निर्माताओं ने धीरे-धीरे व्यवस्था और अच्छी सरकार की शुरुआत की और इसी के साथ देश के निवासियों में व्यक्तियों की स्वतंत्रता और सुरक्षा का शुभारंभ हुआ जो पहले अपने पड़ोसियों के साथ निरंतर युद्धरत और अपने से ऊँचे लोगों पर दास की भांति आश्रित रहते थे।" इसी पुस्तक में उन्होंने "श्रम-विभाजन" की सारगर्भित व्याख्या की है जो संभवतः बाद में दुखाईम की इसी विषय पर लिखी गई पुस्तक का आधार बनी हो। इस पुस्तक के पहले तीन अध्यायों में **श्रम-विभाजन के उद्भव के कारणों** को ढूंढने का यत्न किया गया है। स्मिथ ने श्रम-विभाजन को अदला-बदली करना, फेरी लगाना और विनिमय करने की मानवीय प्रकृति की विशिष्ट प्रवृत्ति के रूप में देखा है। उनके अनुसार, **श्रम-विभाजन श्रमिक की क्षमता में वृद्धि द्वारा उत्पादन में वृद्धि करता है** क्योंकि श्रम-विभाजन के द्वारा श्रमिक कुछ प्रक्रियाओं पर ही अपने को केन्द्रित कर सकता है, श्रमिक के ध्यान को कुछ विशिष्ट क्रियाओं पर केन्द्रित कर तथा श्रम की बचत करने वाले तरीकों के आविष्कारों को प्रोत्साहित कर समय में बचत की जा सकती है।

यह कहना सर्वथा अनुचित होगा कि एडम स्मिथ श्रम-विभाजन के दुष्प्रभावों के प्रति अजान थे। उन्होंने कहा है जब कभी अकेले व्यक्तियों को उत्पादन/निर्माण की मात्र एक या दो प्रक्रियाओं तक सीमित रहना पड़ता है और उन्हें बार-बार दोहराना पड़ता है, तब संभव है कि यह स्थिति उन्हें जड़, मूर्ख और अज्ञानी बना दे, क्योंकि मानव चरित्र के लिये ऐसा होना संभव है। इसके उपाय के रूप में स्मिथ ने शिक्षा के विस्तार का सुझाव दिया ताकि सरकारें इसके द्वारा उन्नत प्रकार के श्रम-विभाजन में निहित स्वचालनीकरण और अलगाव पर अंकुश लगा सके। बाद के वरेण्य (क्लासिकल) अर्थशास्त्रियों से भिन्न स्मिथ ने न्याय, सुरक्षा और सार्वजनिक कार्यों के अतिरिक्त राज्य को सामाजिक मामलों में सक्रिय तथा विस्तृत क्षेत्रों में भाग लेने की सलाह दी है। यही कारण है कि उनके लेखनों में कहीं-कहीं बड़ा विरोधाभास दृष्टिगोचर होता है जिसे स्वतंत्र-बाजार के समर्थक अर्थशास्त्रियों में नज़रअंदाज करने की प्रवृत्ति देखी गई है।

एडम स्मिथ की उपरोक्त उल्लिखित पुस्तक 'राष्ट्रों की धन-सम्पदा' में पूंजीवाद का भी विश्लेषण किया गया है जिसने आधुनिक पूंजीवाद को काफी प्रभावित किया है। इस ग्रंथ में, पूंजीवाद को एक प्रणाली, एक व्यवस्था के रूप में प्रदर्शित किया गया है तथा एक सामाजिक संस्था के रूप में इसकी सफलता की दशाओं को रेखांकित करने के लिये स्मिथ ने ढेर सारे सामाजिक और आर्थिक तथ्यों को एकत्रित किया है। स्मिथ के अनुसार, **आदर्श आर्थिक व्यवस्था का निर्धारण पूर्णतः ऐसे व्यक्तिगत स्व-हितों से होता है जिसे सरकारी हस्तक्षेप और एकाधिकार की विनाशक शक्तियों तथा शोषणकारी आर्थिक नियंत्रण और जोड़-तोड़ के अन्य स्वरूपों से स्वतंत्र मुक्त प्रतिस्पर्धी बाजार-व्यवस्था में खुल कर काम करने का मौका मिलता है**। इस प्रकार की व्यवस्था के परिणामों के रूप में स्मिथ ने एक ऐसे समृद्ध समाज की कल्पना प्रस्तुत की है जिसमें व्यापारिक उद्यमों द्वारा सामान्य जनता के लाभ हेतु उन वस्तुओं का उत्पादन की व्यवस्था होती है जिन्हें व्यक्ति चाहते हैं और जिनकी कीमत अदा के लिये वे तैयार हैं।

प्रमुख कृतियाँ :

- The Theory of Moral Sentiments, (1759)
- The Wealth of Nations, (1776)

Smith, Dorothy E.

डोरोथी ई. स्मिथ (1926-)

ब्रिटेन में पैदा हुई समाजशास्त्री **डोरोथी ई. स्मिथ** बाद में कनाडा चली गईं। समाजशास्त्र में उन्हें एक अग्रणी महिलावादी सिद्धान्तकार के रूप में जाना जाता है। डोरोथी की प्रमुख रुचि ज्ञान के समाजशास्त्र और समाजशास्त्रीय विचारधारा तथा समाज के विश्लेषण में महिलावादी परिप्रेक्ष्य को सम्मिलित किये जाने में रही है। उनके अनुसार, अभी जिस रूप में समाजशास्त्र का अध्ययन-अध्यापन हो रहा है; अर्थात् **जिसे आजकल सामाजिक जीवन के "वस्तुपरक" ज्ञान की संज्ञा दी जाती है, वह पितृसत्तात्मक परिप्रेक्ष्य के पुरुष-प्रभुत्व के आधार पर प्राप्त ज्ञान है, यह पुरुष पहचान से ग्रसित ज्ञान है**। स्मिथ का अधिकांश लेखन समाजशास्त्रीय सिद्धान्त-रचना, अनुसंधान और समाजशास्त्र के व्यावहारिक ज्ञान से संबंधित ऐसे चुनौतीपूर्ण प्रश्नों से भरा पड़ा है जो एक ऐसे समाजशास्त्र की कल्पना करता है जिसमें सामाजिक जीवन को महिलाओं के अनुभव और उनके पदों पर आधारित परिप्रेक्ष्य द्वारा देखा जाता हो। डोरोथी स्मिथ ने मार्क्सवादी और महिलावादी सोच के आधार पर स्त्रियों और परिवार का पूंजीवाद के साथ संबंधों का भी विश्लेषण किया है।

डोरोथी स्मिथ का जन्म इंग्लैंड में हुआ था। सन् 1955 में उन्होंने लंदन विश्वविद्यालय से स्नातक परीक्षा पास की और सन् 1963 में बर्कले के केलिफोर्निया विश्वविद्यालय से समाजशास्त्र में पी.एच.डी. की उपाधि अर्जित की। इसी अवधि में उन्हें विवाह, कनाडा में आव्रजन जो विवाह के साथ ही हुआ, बच्चों की पैदाइश तथा एक सुबह पति के घर छोड़ जाने जैसी घटनाओं के साथ-साथ नई-नई नौकरियों का अनुभव हुआ। इन्हीं

अनुभवों ने स्मिथ को एक समाजशास्त्री और लेखक के रूप में बदल कर दिया। उन्होंने शोध-समाजशास्त्री, समाजशास्त्र के प्राध्यापक (बर्कले, एसेक्स) और बाद में ब्रिटिश कोलम्बिया विश्वविद्यालय में सहआचार्या और बाद में आचार्या के रूप में कार्य किया। सन् 1977 से वे टोरंटो (कनाडा) में शिक्षा के क्षेत्र में समाजशास्त्र की आचार्या हैं।

स्मिथ ने कई विभिन्न विषयों पर लिखा है, किन्तु सभी विषय प्रत्यक्ष-अप्रत्यक्ष तौर पर उनके 'द्विभाजन' (डिकॉटमि) सम्बन्धी मनोभावों से एक मुख्य विषय या फिर कभी-कभी एक रूपांकन के रूप में जुड़े हुए है। स्मिथ ने 'द्विभाजन' के मनोभाव को कई रूप में अनुभव किया है। उन्होंने सामाजिक-वैज्ञानिक विश्लेषण और व्यक्तियों के जीवंत अनुभव के बीच, स्त्रियों के जीवंत अनुभव और पितृसत्तामकता में रंगे अनुभवों के बीच, लघु-विश्व और विस्तृत-विश्व संरचनाओं (जो लघु अनुभवों को निर्देशित करती हैं) के बीच इस द्विभाजन प्रवृति को देखा है। अपने 'द्विभाजन' के भाव को उन्होंने परिवार, अध्यापन, लिंग, आत्महत्या और मानसिक रोग जैसे विषयों पर लिखे लेख और पुस्तकों में मुखरित किया है। इसी आधार पर उनके **'महिलावादी समाजशास्त्रीय सिद्धान्त'** का जन्म हुआ।

डोरोथी स्मिथ का समाजशास्त्रीय सिद्धान्त एक ऐसी महिला के रूप में उनके स्वयं के जीवन के अनुभवों पर आधारित है जो दो संसारों के बीच निरंतर भटकती रही है। उनका एक संसार पुरुष-प्रभुत्व वाला शैक्षणिक क्षेत्र था जहां वे नौकरी करती थीं और दूसरा संसार माँ के रूप में एक अकेली स्त्री-संरक्षक का था जो पूर्णतः स्त्री केन्द्रित था। उनके जीवन-अनुभव बताते हैं कि किस प्रकार उनका जीवन उतार-चढ़ाव, आकस्मिकताओं और दुर्घटनाओं से भरा हुआ था। इन व्यक्तिगत अनुभवों ने ही डोरोथी को भूमिका-संघर्षों से भरे स्वतंत्र कर्त्ता की छवि जैसे दकियानूसी समाजशास्त्र को चुनौती देने के लिये तैयार किया। स्मिथ ने महिलावादी समाजशास्त्रियों को एक नई राह दिखाई है, नये ढंग से सोचने-समझने के लिये प्रेरित किया है। इसके साथ ही समाजशास्त्रीय सिद्धान्त के क्षेत्र में उन्होंने सामाजिक यथार्थ को देखने और उसकी रचना करने के नये परिप्रेक्ष्य को जन्म दिया है।

प्रमुख कृतियाँ :

- A Sociology for Women, (1979)
- Everyday World as Problematic: A Feminist Sociology, (1987)
- The Conceptual Practices of Power: A Feminist Sociology of Knowledge, (1990)

Sorel, Georges

जार्ज़ेस सॉरेल (1847-1922)

मूल रूप में एक अभियन्ता रहे फ्रांसीसी विद्वान **जार्ज़ेस सॉरेल** ने इंजीनियर की नौकरी छोड़ कर अपनी मृत्यु के पैंतीस वर्षों पूर्व की कालावधि में सामाजिक सिद्धान्त, मार्क्सवाद और सामाजिक विज्ञानों के दर्शन पर ढेर सारा लेखन-कार्य किया है। उन्होंने फ्रांस में सैद्धान्तिक मार्क्सवाद की शुरुआत की और मार्क्सवाद संबंधी इस मिथ्या धारणा का खंडन किया कि

मार्क्सवाद एक वैज्ञानिक विचारधारा है। **समाजशास्त्र में सॉरेल मिथक और हिंसा संबंधी अपने लेखनों के लिये अधिक जाने जाते हैं।** समाज में मिथकों के प्रकार्य संबंधी उनके विचार **कार्ल मानहीम** के 'आदर्श समाज' संबंधी उनके विचारों से मिलते-जुलते हैं। उनके लेखनों में विचारधारा के सिद्धान्त के बीज छिपे हुए हैं। सॉरेल के अनुसार, मार्क्सवाद की कई धारणाएं अपने आप में मिथक ही हैं जिनका उद्देश्य पूंजीवाद के विरूद्ध कामगार वर्ग को भड़काना और आंदोलन करने के लिये प्रेरित करना है (जैसे सार्वजनिक हड़ताल का मिथक)। सॉरेल का इस संबंध में मत है कि हिंसात्मक विरोध में कोई बुराई नहीं है, यह एक अच्छा और सभ्य कार्य है। भविष्य को जानना कठिन है। यह कहना अत्यंत कठिन है कि सभ्य पुरुष और स्त्री कुछ कारणों के वशीभूत होकर कभी पूर्णतः हिंसा को छोड़ देगें। उन्होंने एडवर्डवादी इस विश्वास की भी हवा निकाल दी कि प्रगति अनिवार्यतः सभी झगड़ों के शांतिपूर्ण समाधान की ओर मानव को अग्रसर करती है।

सॉरेल प्रसिद्ध प्रारंभिक जर्मन समाजशास्त्री **सिमेल** के समकालीन थे, किन्तु वे फ्रांसीसी वामपंथ से सम्बद्ध थे। सिमेल की भांति सॉरेल का योगदान भी संघर्ष सिद्धान्त के क्षेत्र में है। उनका संघर्ष सिद्धान्त भी सिमेल की भांति इस तथ्य पर जोर देता है **कि संघर्ष समूह के भीतर एकता या एकजुटता उत्पन्न करता है।** सॉरेल ने कहा है कि हिंसात्मक संघर्ष और इससे जुड़े हुए विश्वासों का अस्तित्व मुख्यतः सामाजिक परिवर्तन के कारण नहीं होता जो कि वास्तव में उससे उत्पन्न होते हैं, अपितु इनका अस्तित्व तो संघर्षरत समूह के भीतर उत्पन्न हुई एकजुटता के कारण होता है। उन्होंने यह भी माना है कि एकजुटता में यह भावना निहित होती है कि वह समूह नैतिकता का बचाव करता है।

प्रमुख कृतियाँ :

- Reflections on Violence, (1908)
- The Illusions of Progress, (1908)

Sorokin, Pitirim Alexandrovich

पीत्रिम एलेग्जेड्रोविच सोरोकिन (1889-1968)

पीत्रिम एलेग्जेड्रोविच सोरोकिन मूलतः रूसवासी थे। उनका जन्म रूस के एक दूरस्थ गाँव में हुआ था। उनकी समस्त शिक्षा-दीक्षा रूस में ही हुई। उनका प्रारंभिक जीवन बड़े उतार-चढ़ाव और झंझावातों के बीच बीता जिसके कारण उन्हें पी.एच. डी की उपाधि भी 1922 तक नहीं मिल पाई। रूसी क्रांति के समय सोरोकिन को पहले जेल हुई, फिर मृत्यु-दंड की सजा सुनाई गई। किन्तु उनके विद्यार्थियों के बीच-बचाव के कारण उनकी मृत्यु-दंड की सजा को देश निकाले में बदल दिया गया। देश निकाले दिये जाने के बाद सन् 1923 में वे अमेरिका आ गये। वे अपने समय के समाजशास्त्र के सबसे प्रचुर मात्रा में लिखने वाले लेखकों में से गिने जाते हैं। उन्होंने अपने जीवन-काल में कई भिन्न विषयों पर तीस से भी अधिक पुस्तकें लिखी हैं। अपनी व्यापक ऐतिहासिक रुचि, तथ्यात्मक विवरण और सरल सैद्धान्तिक तर्क के कारण उन्हें बीसवीं शताब्दी के समाजशास्त्रियों में प्रतिष्ठित स्थान प्राप्त है।

सन् 1924 से 1930 तक वे मिनिसोटा विश्वविद्यालय में समाजशास्त्र के प्राध्यापक रहे। सन् 1930 के उत्तरार्द्ध में उन्हें हार्वर्ड विश्वविद्यालय में आचार्य (प्रोफेसर) पद के लिये आमंत्रित किया गया। उनके यहां आने के पूर्व तक हार्वर्ड विश्वविद्यालय में समाजशास्त्र का कोई पृथक विभाग नहीं था। वे इस विभाग के प्रथम अध्यक्ष नियुक्त किये गये। इस विभाग ने उनके नेतृत्व में अमेरिका में घनी ख्याति अर्जित की तथा यहां उनके सानिध्य में विद्यार्थियों की एक लम्बी कतार तैयार हुई जिनमें से कुछेक ने बाद में समाजशास्त्र के क्षेत्र में विशिष्ट नाम अर्जित किया। प्रख्यात समाजशास्त्री **टालकट पार्सन्स और आर.के. मर्टन भी सोरोकिन के शिष्य एवं साथी रहे हैं।**

सोरोकिन का प्रमुख योगदान सामाजिक परिवर्तन और सामाजिक गतिशीलता के क्षेत्र में रहा है। सामाजिक परिवर्तन के क्षेत्र में उन्होंने **'चक्रिक सिद्धान्त'** को प्रणीत किया जिसके अनुसार यह माना जाता है कि समाजों का विकास तीन प्रकार की मानसिकताओं (संस्कृतियों) के बीच होता है ; यथा प्रथम, **ऐन्द्रियक** (इसमें वास्तविकता को समझने के लिये इन्द्रियों की भूमिका को महत्वपूर्ण माना गया है); द्वितीय, **विचारणात्मक या भावनात्मक** (ईश्वरीय एवं आध्यात्मिक चिन्तन पर बल देना), तृतीय, **आदर्शात्मक** (यह उपरोक्त दोनों के बीच की संक्रमण अवस्था को प्रकट करती है)। सोरोकिन का सामाजिक परिवर्तन का सिद्धान्त संस्कृति केन्द्रित है। उनके अनुसार, **परिवर्तन सांस्कृतिक दशाओं के बीच उतार-चढ़ाव है।** उतार-चढ़ाव की यह प्रक्रिया विचारणात्मक और ऐन्द्रियक (इन्द्रियपरक) संस्कृतियों के बीच चलती रहती है। परिवर्तन के दोनों छोर (विचारणात्मक और ऐन्द्रियक) के बीच आदर्शात्मक संस्कृति है जो इन दोनों के समन्वित, अर्थात् भौतिक एवं आध्यात्मिक आदर्शों के मिश्रित रूप को प्रकट करती है। **घड़ी के पेण्डुलम की भांति परिवर्तन का पेन्डुलम विचारणात्मक और ऐन्द्रियक संस्कृतियों के बीच निरन्तर घूमता रहता है।** संस्कृति-केन्द्रित होने के कारण, मार्क्स के आर्थिक निर्धारणवादी होने की भांति सोरोकिन पर 'संस्कृति निर्धारणवादी' होने का आरोप जड़ा गया है।

सोरोकिन की प्रथम अंग्रेजी समाजशास्त्रीय रचना 'क्रांति का समाजशास्त्र' (1925) रही है, किन्तु इस पुस्तक की गणना उनकी प्रमुख कृतियों में नहीं की जाती है। इसमें उन्होंने 'सामाजिक संतुलन' जैसी कुछ सैद्धान्तिक अवधारणाएं प्रस्तुत की हैं, किन्तु इन्हीं अवधारणाओं को उन्होंने अपने बाद के लेखनों में त्याग दिया। वास्तव में, जैसा इस पुस्तक का नाम है, उसके अनुसार इसका क्रांतियों के सामाजिक स्तरों और सामाजिक कारणों की खोज से लेखक का कोई प्रत्यक्ष सरोकार नहीं है। इस पुस्तक में मानव व्यवहार की सामाजिक व्याधियों का ही अधिक चरित्र-चित्रण किया गया है। अंग्रेजी भाषा में समाजशास्त्र को सोरोकिन की सर्वाधिक प्रमुख देन उनकी पुस्तक 'सामाजिक गतिशीलता' (1927) रही है। इस पुस्तक में, सोरोकिन ने शीर्ष (वरटिकल) और क्षैतिज (हॉरिजॉन्टल) गतिशीलता की प्रकृति, कारणों और परिणामों का विस्तृत विश्लेषण किया है। ऐतिहासिक एवं परिमाणात्मक तथ्यों के आधार पर सामाजिक गतिशीलता के विश्लेषण के कारण यह पुस्तक सामाजिक स्तरीकरण के अध्ययन का द्वार भी खोलती है। समाजशास्त्रीय सिद्धान्त पर लिखी उनकी पुस्तक 'समकालीन समाजशास्त्र के सिद्धान्त, (1928) को बीसवीं शताब्दी के पूर्वार्द्ध में इस विषय की

एक श्रेष्ठ पुस्तक माना जाता था, किन्तु इस विषय पर आधुनिक दृष्टि से लिखे गये नवीन ग्रंथों के प्रकाशन के बाद इस पुस्तक की उपादेयता अब नगण्य ही रह गई है। स्वयं सोरोकिन ने इसी विषय पर सन् 1966 में 'आज के समाजशास्त्रीय सिद्धान्त' के नाम से एक अलग पुस्तक लिखी है। सोरोकिन ने ग्रामीण समाजशास्त्र पर भी पुस्तकें लिखी हैं जिनमें ज़िमरमैन के साथ लिखी उनकी पुस्तक 'ग्राम्य-नगरीय समाजशास्त्र के सिद्धान्त' (1929) को आज भी इस विषय की एक मार्गदर्शक एवं स्रोत ग्रंथ (सोर्स बुक) माना जाता है। इस पुस्तक में, लेखक द्वयों ने गांव एवं नगर की विशेषताओं के आधार पर एक सुस्पष्ट एवं तर्कसंगत द्विभाजन (डिकॉटमि) प्रस्तुत किया है। उनकी एक भारी भरकम पुस्तक 'सामाजिक एवं सांस्कृतिक गतिकी' (1937-41) सर्वाधिक चर्चा का विषय रही है। यह पुस्तक चार खंडों में प्रकाशित हुई है। इस पुस्तक में मोटे रूप में यूनान, रोम और यूरोप के इतिहासों का उद्धरण देते हुए क्रांतियों का वर्णन-विश्लेषण किया गया है। निष्कर्ष रूप में इन ग्रंथों में कहा गया है कि 'निरन्तर व्यवस्थित परिवर्तन की प्रक्रिया द्वारा सभ्यता सार्वभौमिक शांति की ओर अग्रसर हो रही है।'

सामान्यतः सोरोकिन के लेखनों को उत्तेजनात्मक माना जाता है, किन्तु कई दृष्टि से उनके विचारों ने पथ प्रदर्शक का भी कार्य किया है। फिर भी, समाजशास्त्र की आज की पीढ़ी सामाजिक गतिशीलता के विश्लेषण के विषय को छोड़ कर उनके अन्य विचारों एवं सिद्धान्तों से बहुत कम प्रभावित है। उनकी कृतियां भी आजकल शायद ही पढ़ी जाती हैं।

प्रमुख कृतियाँ :

- Crime and Punishment, (1914)
- System of Sociology, (1919)
- The Sociology of Revolution, (1925)
- Social Mobility, (1927)
- Contemporary Sociological Theories, (1928)
- Principles of Rural-Urban Sociology, with Zimmerman, (1929)
- Rural Sociology, (1930)
- Social and Cultural Dynamics, (4 vols.), (1937-41)
- Fads and Foibles in Modern Sociology, (1956)
- A Long Journey: The Autobiography of Pitrim Sorokin, (1963)
- Sociological Theories of To-day, (1966)

Spencer, Herbert

हरबर्ट स्पेन्सर

(1820-1903)

समाजशास्त्र के क्षेत्र में अगस्त कोंत (कोम्त) के कार्य को आगे बढ़ाने का श्रेय ब्रिटिश दार्शनिक एवं **सामाजिक विचारक हरबर्ट स्पेन्सर** को दिया जाता है। ऐसा कहा जाता है कि

कोम्त ने समाजशास्त्र के जिस नक्शे को बनाया, स्पेन्सर ने उसमें रंग भरे। पश्चिमी संस्कृति में उनके कई विचारों का प्रवेश रूढ़िवादी बुद्धि और रूढ़िवादी पूर्वाग्रहों के रूप में हुआ है, फिर भी आजकल उनकी पुस्तकों को बहुत कम पढ़ा जाता है। यही नहीं, आजकल बहुत कम व्यक्तियों को ही उनका नाम याद है। किन्तु अपने समय में स्पेन्सर ने काफी ख्याति अर्जित की है, विशेषतः अमेरिका में उनकी काफी प्रशंसा हुई है।

हरबर्ट स्पेन्सर एक अध्यापक के पुत्र थे। उनके माता-पिता नास्तिक थे। कोंत की भांति स्पेन्सर ने भी गणितशास्त्र और प्राकृतिक विज्ञानों का अध्ययन किया। इतिहास और अंग्रेजी का ज्ञान उनका बड़ा कमजोर था। विश्वविद्यालय में कोई नौकरी न मिलने के कारण वे रेल्वे में एक इंजीनियर बन गये। किन्तु इस पेशे में उनका मन नहीं रमा और वे पत्रकारिता के क्षेत्र में आ गये और ढेर सारा लेखन कार्य किया। कई भिन्न विषयों पर पुस्तकें लिखी। इनमें सामाजिक विज्ञान के विषयों पर लिखी गई पुस्तकों पर उन्हें काफी प्रसिद्धि मिली। अपनी पुस्तकों के आधार पर ही वे विक्टोरिया काल के समाजशास्त्र के मसीहा बन गये। मार्क्स से भिन्न, उन्होंने औद्योगिक क्रांति में प्रगति के दर्शन किये। **स्पेन्सर ने मानव समाज की एक ऐसे जीवित, निरंतर बढ़ते हुए सावयव (जीव) के रूप में व्याख्या की जो धीरे-धीरे सरल से एक जटिल व्यवस्था का रूप ले लेता है।** अपनी जटिल व्यवस्था को बनाये रखने के लिये इसमें संसाधनों के लिये अत्यधिक प्रतिस्पर्धा उत्पन्न हो जाती है जिसे स्पेन्सर ने **"योग्यतम की उत्तरजीविता"** (सरवाइवल ऑफ द फिटेस्ट) का नाम दिया। स्पेन्सर के इन विचारों का प्रयोग बाद में अमेरिका में **डब्ल्यू. जी. समनर** ने किया। उनके कई विचार आजकल पुनः प्रासंगिक हो गये हैं। उदारवाद और अहस्तक्षेवाद सम्बन्धी उनके उन्नीसवीं सदी के विचार आजकल सामाजिक और आर्थिक सिद्धान्तों के मूलाधार बने हुए हैं।

स्पेन्सर की प्रमुख रुचि सामाजिक परिवर्तन की विधा को समझने-जानने में थी। उनका विचार था कि मानवीय समाज भी **डार्विन के "प्राकृतिक प्रवरण"** (नैचरल सिलेक्शन) की प्रक्रिया के सिद्धान्त की भांति उद्विकासीय प्रक्रिया से गुज़रते हैं। स्पेन्सर के अनुसार **सामाजिक संरचना और सामाजिक संस्थाओं में भी परिवर्तन की उद्विकासीय प्रवृति होती है।** इस संदर्भ में ही उन्होंने "योग्यतम की उत्तरजीविता" के मुहावरे की रचना की। उन्होंने ही सर्वप्रथम यह प्रस्थापित किया कि मानवीय समाजों में भी प्राकृतिक नियमों के सिद्धान्तों के अनुसार उद्विकास होता है। जिस प्रकार प्राकृतिक प्रवरण के सिद्धान्त के अनुसार कुछ बलिष्ठ जीव बच जाते हैं, वे जीवित रहते हैं और उनकी वृद्धि होती है; उसी प्रकार वे समाज जो अपने परिवेश के अनुरूप अपने आपको ढाल कर तालमेल बिठाने में सफल रहते हैं, वे समाज जीवित रहते हैं और लम्बी अवधि तक ऐसे समाज चलते रहते हैं। इसके विपरीत, वे समाज जो अपने परिवेश के अनुरूप अनुकूलन करने या प्रतिस्पर्धा करने में असमर्थ रहते हैं, उनमें असंगतियां उत्पन्न हो जाती हैं। ऐसे समाज कठिनाइयों और समस्याओं से घिर जाते हैं और अन्ततः ये समाज नष्ट होकर लुप्त हो जाते हैं। स्पेन्सर की उद्विकासीय योजना डार्विन के जैवकीय उद्विकास के सिद्धान्त से अन्य कई अर्थों में भी मिलती-जुलती होने के कारण इसे **'सामाजिक डार्विनवाद'** के नाम से जाना जाता है। **इसी विचारधारा के आधार पर सामाजिक स्तरीकरण को मानवीय उद्विकासीय प्रगति का एक स्वाभाविक परिणाम माना**

जाता है। इस विचारधारा के मानने वाले, इसीलिये, वंचित एवं सुविधाहीन समूहों (दलित वर्ग) की सामाजिक दशाओं में सुधार लाने के किसी भी प्रकार के सरकारी और गैर सरकारी प्रयासों को हस्तक्षेप मानते हैं।

स्पेन्सर के समाजशास्त्र की मुख्य विशेषता यह है कि इसमें उपयोगितावादी व्यक्तिवाद और सामाजिक व्यवस्थाओं के उद्विकासीय जैवकीय मॉडल को समन्वय करने का प्रयास किया गया है। स्पेन्सर ने उद्विकास के दो पृथक स्वरूपों का प्रयोग किया है। प्रथम रूप के अनुसार, स्पेन्सर ने कहा कि जैवकीय व्यवस्थाओं की भांति सामाजिक व्यवस्थाएं भी आन्तरिक विभेदीकरण और एकीकरण की प्रक्रियाओं द्वारा अपने पर्यावरण के साथ अनुकूलन करती हैं। दूसरे स्वरूप के अनुसार, समाजों की उद्विकासीय प्रगति लड़ाकू समाजों की सरल समरूपता से औद्योगिक समाजों की जटिल विषमरूपता के रूप में होती है।

ध्यान रहे कि स्पेन्सर का समाजशास्त्र डार्विनवाद और 'योग्यतम की उत्तरजीविता' के सिद्धान्तों पर बल अवश्य देता है, किन्तु उन्होंने यह भी स्वीकार किया है कि प्रतिस्पर्धात्मक संघर्ष केवल प्रारंभिक लड़ाकू समाजों में ही विद्यमान था। उन्नत औद्योगिक समाजों में वे आक्रामक व्यवहार और संघर्ष के विपरीत सहयोग, समझौतावादी रूख तथा परार्थवादी भावना को ही आवश्यक मानते हैं। अतः अपने समाजशास्त्र के आधार पर स्पेन्सर ने जो राजनीतिक सिद्धान्त प्रतिपादित किया है उसका सार यही है कि वे औद्यागिक समाज में व्यक्तिगत स्वतंत्रता की गारंटी चाहते थे और इसके लिये वे सामाजिक उद्विकास और प्रगति की प्राकृतिक प्रक्रिया में सामाजिक नियोजन और सामाजिक कल्याण के लिये राज्य द्वारा हस्तक्षेप के पक्षधर थे। उनके ये विचार उनके पहले विचारों से विरोधाभास प्रकट करते हैं जिनमें अहस्तक्षेप की नीति की वकालत की गई है।

स्पेन्सर के उपर्युक्त विचारों की कई मामलों में आलोचना ही नहीं हुई है, अपितु जैवकीय उपमाओं का मानवीय समाजों के लिये प्रयोग किये जाने की स्पेन्सर की प्रवृति को समाजशास्त्र में आजकल कभी का त्याग दिया गया है। आज के समाजशास्त्र में उनके विचारों का नगन्य महत्व रह गया है क्योंकि मानवीय समाजों और जैवकीय सावयवों में अनेक अन्तर हैं। फिर भी सामाजिक व्यवस्था की महत्ता, उनके कार्य करने और बदलने के तरीकों पर स्पेन्सर द्वारा प्रारंभिक रूप में रेखांकित किया जाना, सामाजिक जीवन के बारे में सोचने के एक तरीके के रूप में समाजशास्त्र के विकास के प्रति उनका एक अमूल्य योगदान कहा जा सकता है। स्पेन्सर के समाजशास्त्र में कुछ लोगों ने प्रकार्यवाद के बीजों की भी खोज की है, किन्तु आधुनिक समाजशास्त्र में उनके इन विचारों पर बहुत कम ध्यान दिया गया है।

प्रमुख कृतियाँ :

- Social Statics, (1851)
- First Principles, (1862)
- The Study of Sociology, (1873)
- Descriptive Sociology, (1890)

Srinivas, Mysore Narsimhachar

मैसूर नरसिम्हाचार श्रीनिवास (1916-1999)

जी.एस.घुर्ये, आर. के. मुकर्जी, एन.के. बोस और डी.पी. मुकर्जी जैसे प्रथम पीढ़ी के पुरोधा समाजशास्त्रियों और मानवशास्त्रियों के बाद जिनकी देश और विदेश में सर्वाधिक चर्चा की जाती है, उनमें **मैसूर नरसिम्हाचार श्रीनिवास** (एम.एन.श्रीनिवास) का नाम शीर्षस्थ स्थान पर है। उनकी बहुचर्चित एवं बहुविज्ञापित "संस्कृतिकरण" की अवधारणा ने उन्हें विश्व के समाजशास्त्रीय रंगमंच पर एक नायक के रूप में स्थापित करने में महती भूमिका अदा की है। उनकी यह अवधारणा भारत में हो रहे सामाजिक परिवर्तन, विशेषतः सामाजिक गतिशीलता की प्रक्रिया पर प्रकाश डालती है। भारत के ही नहीं, अपितु विदेशी समाज वैज्ञानिकों ने भी भारतीय समाज के विश्लेषण (सामाजिक परिवर्तन) में इस अवधारणा का कहीं न कहीं अवश्य उल्लेख किया है। इस उवधारणा के अतिरिक्त श्रीनिवास ने **प्रभु जाति, पश्चिमीकरण, आधुनिकीकरण, लौकिकीकरण, फैलाव** (स्प्रैड) जैसी कई अवधारणाओं को विकसित कर उन पर अपने विचार प्रकट किये हैं। यही नहीं, वे भारतीय समाजशास्त्र और मानवशास्त्र में अपनी गहन क्षेत्र-कार्य परम्परा (सहभाविक अवलोकन पद्धति) के जनक के रूप में भी जाने जाते हैं।

श्रीनिवास ने एम. ए. बम्बई विश्वविद्यालय से जी. एस. घुर्ये के सानिध्य में किया। उनके एम. ए. के शोध प्रबंध का विषय "मैसूर में विवाह और परिवार" था। अपनी पी.एच.डी. की उपाधि के लिये उन्होंने दक्षिण भारत के कुर्ग लोगों का अध्ययन किया। इसी अध्ययन के आधार पर उनकी पुस्तक "दक्षिण भारत के कुर्ग लोगों में धर्म और समाज" (1952) नामक पुस्तक का प्रकाशन हुआ जिसके तत्काल बाद समाजशास्त्र और मानवशास्त्र के क्षेत्र में उनकी एक पहचान बन गई। इस पुस्तक में उन्होंने कुर्ग समाज के जाति-पदक्रम (संस्तरण), अन्तर्जातीय सम्बन्ध के साथ-साथ कुर्ग लोगों के धार्मिक संस्कारों और कर्मकाण्डों का विस्तृत वर्णन-विश्लेषण किया है। इस अध्ययन के आधार पर उन्हें ब्रिटिश अकादमी की फेलोशिप (अध्येतावृति) मिल गई और वे आगे के अध्ययन के लिए ब्रिटेन चले गये। यहां उन्हें रेडक्लिफ ब्राउन और ईवान्स प्रिचार्ड जैसे दिग्गज मानवशास्त्रियों के संसर्ग में सीखने का अवसर मिला। यही कारण है कि श्रीनिवास के शोध-कार्यों और लेखनों पर ब्राउन के विचारों और क्षेत्र-कार्य पद्धति का गहरा प्रभाव अंकित है।

ऑक्सफोर्ड में शिक्षा समाप्ति के बाद उन्होंने भारत में आकर बड़ौदा में एम. एस. विश्वविद्यालय में नये समाजशास्त्र विभाग की स्थापना की। यहां एक बात विशेष उल्लेखनीय है कि यद्यपि उन्हें ऑक्सफोर्ड में ही अध्ययन का कार्य मिल गया था, किन्तु राष्ट्रीय भावना से ओतप्रोत श्रीनिवास ने ऑक्सफोर्ड के प्रतिष्ठित एवं सम्मानित के साथ-साथ आर्थिक दृष्टि से प्रलोभनकारी प्रस्ताव को ठुकरा कर भारत में ही अध्यापन करने को अधिक प्राथमिकता दी। उन्होंने पहले बड़ौदा में और बाद में देहली में (देहली स्कूल ऑफ ईक्नॉमिक्स) समाजशास्त्र और सामाजिक मानवशास्त्र के विभागों को जमाने और सुदृढ़ करने का प्रयास किया। इन दोनों स्थानों पर उन्होंने अनेक प्रबुद्ध शोधार्थी तैयार किये हैं। कर्नाटक में अपने मूल निवास स्थान का लगाव और अपने शोध-गाँव (रामपुरा) का आकर्षण उन्हें

बंगलूर में नव स्थापित "सामाजिक-आर्थिक परिवर्तन संस्थान" में खींच लाया। प्रारंभ में उन्हें इस संस्थान में अधययन-शोध का वह परिवेश नहीं मिल पाया जिसकी आकांक्षा लेकर उन्होंने देहली छोड़ा था, किन्तु बाद में जब वे इस संस्थान के अध्यक्ष बन गये तब उन्होंने समाजशास्त्र, सामाजिक मानवशास्त्र और यहां तक कि अर्थशास्त्र के बीच जो अन्तर है, उसे पाटने का प्रयास किया।

श्रीनिवास की लेखन शैली अत्यंत सरल, सुबोध एवं रुचिकर रही है। उन्होंने सारगर्भित शोध निष्कर्षों को छोटे-छोटे लेखों में इस ढंग से प्रस्तुत किया है कि एक सामान्य व्यक्ति को भी उन्हें समझने में कोई कठिनाई न हो। इस दृष्टि से श्रीनिवास ने बौद्धिक अभिजन और सामान्य बुद्धिजनों के बीच कहीं दीवार खड़ी करने का प्रयास नहीं किया है। उन्होंने पहले कुर्ग लोगों को और बाद में दक्षिण भारत के मैसूर जिले के रामपुरा गाँव (वास्तविक नाम कोडघहल्ली) को अपने अध्ययन का क्षेत्र बनाया। अपने क्षेत्र-कार्य के दौरान वे इस गाँव में एक लम्बे समय तक रहे और बाद में भी समय-समय पर इस गाँव में जीवन पर्यन्त आते जाते रहे। इस गाँव के अध्ययन के आधार पर उन्होंने कई पुस्तकें लिखीं। श्रीनिवास ने अपने अध्ययनों द्वारा न केवल जाति और धर्म के संरचनात्मक-प्रकार्यात्मक पक्ष पर प्रकाश डाला, अपितु ग्रामीण परिवेश में जाति व्यवस्था में हो रहे परिवर्तन (जाति की गत्यात्मकता) को भी उजागर किया। उन्होंने अन्तर्जातीय सम्बन्धों की यथार्थताओं और उनकी गतिकी (डाइनैमिक्स) को समझने के लिये संस्कृतिकरण, प्रभुजाति, पश्चिमीकरण और लौकिकीकरण जैसी अवधारणाओं को विकसित कर उन्हें पद्धतिशास्त्रीय उपकरण के रूप में प्रयोग किया।

श्रीनिवास के भारत के समाजशास्त्र को कई **योगदान** हैं जिनमें से प्रमुख उनकी **'संस्कृतिकरण' और 'प्रभु जाति' (डॉमिनन्ट कास्ट)** और **फैलाव** की अवधारणाएं हैं। श्रीनिवास पहले व्यक्ति थे जिन्होंने इस तथ्य को उजागर कर उसे सैद्धान्तिक चौला (अवधारणीकरण) पहनाया कि किस प्रकार दमित निम्न जातियां अपनी प्रस्थिति को ऊँचा उठाने के लिये समाज की उच्च जातियों की अच्छी स्थिति प्राप्त करने और अधिक शक्ति सम्पन्न बनने के लिये उनका अनुकरण करती हैं। अनुकरण की इस प्रक्रिया के लिये ही श्रीनिवास ने 'संस्कृतिकरण' के संबोध का प्रयोग करते हुए कहा है कि **"संस्कृतिकरण एक ऐसी प्रक्रिया है जिसके द्वारा एक 'निम्न जाति' या 'जनजाति' या कोई अन्य समूह किसी उच्च जाति, विशेषतः द्विज जाति के रीति-रिवाजों, कर्मकाण्डों, विश्वासों और जीवनशैली को अपना लेता है।"** उन्होंने इसे अधिक स्पष्ट करते हुए आगे लिखा है कि "संस्कृतिकरण का तात्पर्य नवीन रीति-रिवाजों और आदतों को अपनाना मात्र नहीं है, अपितु उन नये-नये विचारों और मूल्यों को अनावृत करना भी है जिनकी धार्मिक और लौकिक दोनों प्रकार के संस्कृत साहित्य के विशाल भण्डार में अनेक स्थानों पर चर्चा हुई है। कर्म, धर्म, पाप, माया, संस्कार और मोक्ष जैसे सर्वाधिक सामान्य संस्कृत के धर्मशास्त्रीय विचार इसके कुछ प्रमुख उदाहरण हैं।" सामान्यतः संस्कृतिकरण उर्ध्व गतिशीलता को प्रेरित करती है। इसके साथ जुड़ी गतिशीलता के द्वारा व्यवस्था में केवल पदात्मक परिवर्तन ही होता है, इससे सम्पूर्ण व्यवस्था की संरचना में कोई परिवर्तन नहीं होता है।

वास्तव में, अनुकरण की यह प्रक्रिया (संस्कृतिकरण) सामाजिक प्रतिस्पर्धा, सामाजिक गतिशीलता और संदर्भ-समूह व्यवहार के सामान्य सिद्धान्तों का एक हिस्सा है। इस अवधारणा की कई आधारों पर आलोचना हुई है। आलोचनाओं के संदर्भ में श्रीनिवास ने अपनी प्रारंभिक अवधारणा में हेर-फेर और संशोधन-परिवर्द्धन भी किया है। अब यह अवधारणा ब्राह्मण केन्द्रित नहीं रह गई है। सन् 1996 में श्रीनिवास ने यह लिखा है **कि संस्कृतिकरण की शुरुआत एक समानुकरण की एक घटना के रूप में हुई किन्तु अब यह अवज्ञा और अनादर का एक मनोभाव बन गई है।**

संस्कृतिकरण के साथ ही श्रीनिवास ने 'प्रभु जाति' (डॉमिनेन्ट कास्ट) की एक अन्य अवधारणा प्रस्तुत की। यह अवधारणा, वास्तव में, संस्कृतिकरण के साथ जुड़ी हुई है। **श्रीनिवास ने उस जाति को प्रभु जाति कहा है जिसकी एक क्षेत्र विशेष में संख्या अन्य जातियों की अपेक्षा काफी अधिक होती है एवं पारंपरिक पदानुक्रम में जिसकी स्थिति काफी निची नहीं होती और जो आर्थिक रूप से भी समृद्ध होती है।** 'डॉमिनेन्ट' की अवधारणा अपने आप में एक विशिष्टता रखती है क्योंकि इसका आधार उच्चता या निम्नता नहीं है, अपितु आर्थिक एवं राजनीतिक सत्ता के साथ-साथ वह जाति क्षेत्र विशेष में संख्यात्मक दृष्टि से प्रमुखता रखती है। वास्तव में, इसमें शक्ति/सत्ता पर अधिक जोर दिया गया है। प्रभु जाति की अवधारणा के साथ श्रीनिवास ने इस तथ्य को भी उजागर किया कि जाति-पदक्रम (कास्ट रैंकिंग) अब केवल सांस्कारिक प्रस्थिति (रिचुअल स्टेट्स) पर ही निर्भर नहीं करता, अपितु सत्ता और सम्पदा भी इसके प्रमुख निर्धारक तत्व हैं।

श्रीनिवास के अनुसार, **प्रभु जाति के साथ चार कारक** जुड़े होते हैं: (1) संख्यात्मक शक्ति, (2) संसाधनों पर नियंत्रण, जैसे अधिकाधिक भूमि, (3) राजनीतिक शक्ति पर अधिकार, और (4) सामाजिक-राजनीतिक प्रस्थिति। नवीन परिवर्तनों के संदर्भ में श्रीनिवास ने अपने बाद के लेखनों में यह स्वीकार किया है कि प्रभुत्व के अब कई अन्य कारक हो गये हैं, जैसे पश्चिमी शिक्षा, आरक्षण की व्यवस्था, प्रशासन में निम्न जाति के लोगों की उच्च पदों पर नौकरियां, तथा आय के कई नगरीय स्त्रोत। इन सभी ने अब किसी गांव में विशिष्ठ जाति समूहों की प्रतिष्ठा और शक्ति में वृद्धि करने में महती भूमिका अदा की है जिसके कारण प्रभु जाति के प्रारंभिक आधार कारक अब लड़खड़ा गये हैं। स्वतंत्रता के बाद से वयस्क मताधिकार तथा पंचायती राज्य की शुरुआत ने निम्न जातियों, विशेषतः हरिजनों में आत्म-सम्मान और शक्ति की एक नवीन भावना का संचार किया है। इन जातियों को अब गांव से लेकर संसद तक की सभी निर्वाचित संस्थाओं में आरक्षित स्थान (सीट) का लाभ प्राप्त है। ग्रामीण भारत में प्रभुत्वता का मुद्दा केवल अब स्थानीय आधार पर तैय नहीं होता। इसका निर्धारण अब एक जाति की व्यापक क्षेत्र में प्रभुत्वता के आधार पर होता है, क्योंकि उसके संबंधों के तार क्षेत्र के दूसरे गांवों से भी जुड़े होते हैं। अतः प्रभुत्वता का निर्धारण अब गाँव के स्तर पर नहीं, वरन् क्षेत्रीय आधार पर होता है।

एस. सी. दूबे (1961), **बी. के. रॉय बर्मन** (1978) तथा कई अन्य सामाजिक वैज्ञानिकों ने श्रीनिवास के प्रभु जाति की धारणा से असहमति व्यक्त की है। दूबे का कहना है कि किसी जाति समूह का नहीं, समाज में व्यक्ति का प्रभुत्व होता है। वे मानते हैं कि समाज

में शक्ति किसी जाति विशेष में बिखरी होने की अपेक्षा कुछ लोगों के हाथों में केन्द्रित होती है। रॉय बर्मन ने श्रीनिवास की प्रभु जाति की अवधारणा के स्थान पर प्रभु समुदायों की अवधारणा के प्रयोग का सुझाव दिया है। उनके अनुसार, प्रभु समुदायों के कई आयाम होते हैं, जैसे संसाधनों पर नियंत्रण, सामाजिक प्रस्थिति, कानून को बनाये रखना आदि।

श्रीनिवास ने 'संस्कृतिकरण' की प्रक्रिया द्वारा जहां एक ओर जाति-गतिशीलता पर प्रकाश डाला है, वहां उन्होंने पश्चिमीकरण, आधुनिकीकरण और लौकिकीकरण की प्रक्रियाओं के माध्यम से भारत में हो रहे व्यापक सामाजिक परिवर्तन का विश्लेषण अपने कई लेखों में किया है। **पश्चिमीकरण से श्रीनिवास का तात्पर्य ऐसे परिवर्तनों से रहा है जिनका प्रभाव अंग्रेजों का भारत में आगमन के पश्चात् भारतीय समाज और संस्कृति के विभिन्न क्षेत्रों, यथा जीवन-शैली, धर्म, शिक्षा, आर्थिक संगठन, राजनीति आदि पर पड़ा है**। इन परिवर्तनकारी कारकों में यंत्रीकरण (प्रौद्योगिकी), औद्योगीकरण, नगरीकरण, यातायात एवं संचार-व्यवस्था, उदारवादी प्रजातंत्र, वैयक्तिक स्वतंत्रता, नवीन शिक्षा प्रणाली ने मुख्य भूमिका अदा की है। संस्कृतिकरण की भांति, पश्चिमीकरण भारतीय जनसंख्या के किसी एक विशिष्ट वर्ग तक सीमित नहीं है। यह भारतीय समाज के बड़े भाग को प्रभावित करता है और स्वतंत्र भारत में यह पहले से भी अधिक गति से हो रहा है। इसने भारत के जनजीवन में 'लौकिकीकरण' की भी शुरुआत की है। यह प्रवृति हमें संचार साधनों के विकास, नगरों और कस्बों में वृद्धि, स्थानिक गतिशीलता में आधिक्यता और शिक्षा के प्रसार के कारण अधिक मज़बूत हुई दिखाई देती है। यह विरोधाभास ही है कि एक ओर भारत में संस्कृतिकरण हो रहा है, तो दूसरी ओर लौकिकीकरण की प्रवृति भी अपनी जड़ें जमाती जा रही है। श्रीनिवास का कहना है कि पश्चिमीकरण ने हिन्दुओं के जीवन में संस्कृतिकरण को अधिक मात्रा में और तीव्र गति से अग्रसर करने में योगदान किया है। संस्कृतिकरण को श्रीनिवास ने स्पष्ट तौर पर एक सांस्कृतिक अवधारणा माना है, न कि संरचनात्मक। पश्चिमीकरण की भांति आधुनिकीकरण को उन्होंने नैतिक दृष्टि से एक तटस्थ अवधारणा नहीं स्वीकार किया है। वे आधुनिकता और आधुनिकीकरण में 'अच्छे-बुरे' के भाव को निहित मानते हैं।

"वर्ण" और "जाति" का विश्लेषण (कास्ट इन मॉडर्न इन्डिया, 1962) करते हुए श्रीनिवास ने समाजशास्त्रियों को आगाह किया है कि यदि वे जाति व्यवस्था को समझना चाहते हैं, तब उन्हें वर्ण के मॉडल को छोड़ देना चाहिये। वर्ण के मॉडल ने जाति की एक गलत और विकृत छवि प्रस्तुत की है। इसमें जातियों का मध्यभाग गायब हो गया है। श्रीनिवास ने जाति की कोई स्पष्ट परिभाषा कहीं नहीं दी है, किन्तु यह अवश्य कहा है कि जाति हिन्दू समाज का संरचनात्मक आधार है। जाति व्यवस्था में काफी विविधताओं को ताड़ते हुए श्रीनिवास ने भारतीय जाति व्यवस्था में उर्ध्व (वर्टिकल) और क्षैतिज (हॉरिज़ान्टल) एक जुटता की बात भी कही है। उनके अनुसार, किसी एक क्षेत्र की सभी जातियों (निम्न से लेकर उच्च जातियों तक) की स्थानीय संस्कृति में कुछ ऐसे साझा तत्व होते हैं जो सभी में लगभग पाये जाते हैं, जैसे समान भाषा, समान रीति-रिवाज, समान त्यौहार और समान देवी-देवता आदि। श्रीनिवास जातियों की इस एकता को 'शीर्ष (उर्ध्व) एकजुटता' कहते हैं। इसके विपरीत, क्षैतिज एकजुटता में एक ही जाति के सभी सदस्य समान परम्पराओं, त्यौहारों, रीति-रिवाजों और देवी-देवताओं को मानते हैं, चाहे उनमें भाषा अथवा क्षेत्रीय आधार पर

भिन्नता ही क्यों न हो। इस एकता को श्रीनिवास 'क्षैतिज एकजुटता' कहते हैं।

कुर्ग लोगों के धर्म का विश्लेषण करते हुए श्रीनिवास ने विभिन्न स्तरों (स्थानीय, प्रादेशिक, प्रायद्वीपीय और समस्त भारत पर व्याप्त हिन्दू धर्म के लिये "फैलाव" (स्प्रेड) की अवधारणा को प्रयोग किया है। यह अवधारणा इस तथ्य पर बल देती है कि हिन्दू धर्म चार स्तरों, अर्थात् अखिल भारतीय हिंदुत्व, प्रायद्वीपीय हिंदुत्व, क्षेत्रीय या प्रादेशिक हिंदुत्व और स्थानीय हिन्दुत्व के रूप में बंटा हुआ है। श्रीनिवास के अनुसार, अखिल भारतीय हिन्दुत्व सारे भारत में फैला हिंदुत्व है और इसकी प्रकृति विशुद्ध संस्कृतनिष्ठ है। उदाहरण के लिये इसकी अभिव्यक्ति हम राम और कृष्ण के जन्मोत्सव में देख सकते हैं जिन्हें लगभग समस्त भारत में मनाया जाता है और जो ग्रंथों द्वारा भी अनुमोदित है। प्रायद्वीपीय हिंदुत्व भारत के दक्षिण क्षेत्र (विन्ध्य प्रदेश के नीचे का भाग) में फैला हुआ है, जब कि क्षेत्रीय हिन्दुत्व का क्षेत्र कुछ प्रदेशों तक सीमित पाया गया है। इस संदर्भ में उन्होंने मालाबार, दक्षिण किनारा और कुर्ग को एक क्षेत्र मानकर इसे प्रादेशिक हिंदुत्व की संज्ञा से इंगित किया है। श्रीनिवास के अनुसार स्थानीय हिन्दुत्व केवल कुर्ग या इससे भी छोटे क्षेत्र में फैले हिंदुत्व तक सीमित है। "फैलाव" की अवधारणा के आधार पर सैद्धान्तिकरण करते हुए श्रीनिवास ने लिखा है कि 'मोटे रूप में यह तथ्य सही प्रतीत होता है कि जैसे-जैसे फैलाव का क्षेत्र घटता है, वैसे-वैसे आमजनों के बीच प्रचलित आनुष्ठानिक क्रियाओं और सांस्कृतिक स्वरूपों की संख्या में बढ़ोत्तरी होती जाती है और अन्ततः जैसे-जैसे क्षेत्र बढ़ता है, पूजा और अनुष्ठानों के सामान्य रूप घटते जाते हैं।'

श्रीनिवास ने फैलाव की अपनी इस अवधारणा के दो रूप बताये हैं, यथा क्षैतीज फैलाव (जातीय आधारित) और उर्ध्वगामी या लम्बवत् फैलाव (स्थानीय)। उन्होंने कहा है कि भारत के प्रत्येक स्थान पर ब्राह्मणों में उनकी भाषिक एवं भौगोलिक भिन्नता को छोड़ कर बहुत से संस्कृतनिष्ठ अनुष्ठान लगभग समान हैं। इस संस्कृतनिष्ठ समानता को उन्होंने क्षैतिज फैलाव कहा है। इसके विपरीत, एक भाषिक क्षेत्र सांस्कृतिक रूप से एक सजातीय क्षेत्र होता है तथा एक भाषिक क्षेत्र के ब्राह्मण कुछ सांस्कृतिक एवं आनुष्ठानिक रूपों को उस क्षेत्र की निची एवं अन्य जातियों के साथ मिलकर सम्पन्न करते हैं। एक क्षेत्र की सभी जातियों में इस प्रकार के समान फैलाव को श्रीनिवास ने उर्ध्वगामी फैलाव की संज्ञा दी है।

अपने आखरी लेखों में से एक लेख में पुरातन और नवीन प्रभु जातियों में जो संघर्ष उत्पन्न हो रहा है, उसे रेखांकित करते हुए उन्होंने कहा है कि भारतीय प्रजातंत्र के लिये, विशेषतः अत्यधिक पिछड़े इलाकों में प्रभु जाति के प्रभुत्व को निशेष (समाप्त) करना एक महत्ती कार्य है। श्रीनिवास की एक पुस्तक "यादगार गाँव" यहाँ विशेष उल्लेखनीय है। उनकी इस कृति में एक गौरव ग्रंथ (क्लासिक) होने के सभी गुण विद्यमान है। इसमें औपन्यासिक ढ़ंग से दक्षिण भारत के एक गाँव 'रामपुरा' के बदलते हुए प्रतिमानों का चित्रण बड़ी हुई कुशलता से अत्यंत रुचिकर शैली में किया गया है। यह गाँव उनके चिरकालिक शोध का क्षेत्र रहा है। कुछ वर्षों पूर्व "मॉस कम्यूनिकेशॅन" सम्बंधी एक अध्ययन की रिपोर्ट के प्राक्कथन में नवीन जन संचार क्रांति तथा समाज पर पड़ने वाले उसके दूरगामी प्रभावों को ताड़ते हुए उन्होंने समाजशास्त्रियों को आव्हान किया कि उन्हें अपनी शोध-योजनाओं में

सूचना प्रौद्योगिकी के प्रभावों के अध्ययन को प्राथमिकता देनी चाहिये।

पिछले कुछ वर्षों में निवास ने जाति आरक्षण जैसे ज्वलंत प्रश्न के साथ-साथ इस विषय पर भी अपने विचार बड़ी निर्भिकता और प्रभावशाली ढंग से रखे हैं कि क्या जाति को भारतीय जनसंख्या गणना की एक कोटि (कैटिगरी) बनाया जाना चाहिये अथवा नहीं। वे जाति आरक्षण के पक्ष में नहीं थे। उन्होंने इस संदर्भ में मंडल कमीशन की कटु आलोचना की है। परन्तु, यह भी नहीं कि श्रीनिवास ने जाति-व्यवस्था की भयावह असमानता पर कोई ध्यान नहीं दिया। श्रीनिवास इस सामान्य मत से सहमत नहीं थे कि चूंकि केवल कुछ निश्चित जातियाँ ब्राह्मण पदक्रम में निम्न मानी जाती है, अतः वे वंचित, अभावग्रस्त और कमजोर भी हैं। ऐसी जातियों को आरक्षण की श्रेणी में रखना इनकी स्थिति में सुधार लाने के मुख्य उद्देश्य से ही दूर भागना है। ये प्रयास भारत के आधुनिकीकरण के कार्यक्रम को दुर्बलतम बनायेंगे। इसके अतिरिक्त, श्रीनिवास ने भारतीय राष्ट्र-राज्य के लिये नीति सम्बन्धी निर्देश देने के साथ-साथ लोकतांत्रिक भारत किस दिशा में अग्रसर हो रहा है, के बारे में अपने मुक्त विचार व्यक्त किये हैं। ये विचार उनकी दो अधुनातम पुस्तकों यथा 'जाति : इसका बीसवीं सदी का अवतार' (सम्पादित) और 'भारतीय समाज : व्यक्तिगत लेखन के आधार पर' में समाहित हैं।

श्रीनिवास ने भारतीय समाजशास्त्र का चरित्र क्या हो, इस बहु चर्चित बहस में तो प्रत्यक्ष रूप में भाग नहीं लिया, किन्तु अपने बाद के कई लेखों में इस विषय पर भी अपने विचार अप्रत्यक्ष रूप में अवश्य व्यक्त किये हैं। उन्होंने इस बारे में दो अवधारणाएं भी विकसित की हैं। धर्म, वर्ण, जाति, परिवार, ग्राम और क्षेत्र-संरचना कुछ ऐसे प्रमुख तत्व हैं जिन्हें भारतीय समाज का मूलाधार माना जाता है। श्रीनिवास ने इन मूलाधारों की धर्मग्रन्थों या किताबी जानकारी को 'बुक व्यू' (किताबी दृष्टि) कहा है तथा भारत के विभिन्न प्रदेशों से क्षेत्र-शोध (फील्ड-वर्क) द्वारा प्राप्त जानकारी को उन्होंने 'फील्ड व्यू' (क्षेत्र-कार्य पर आधारित दृष्टि) का नाम दिया है। 'बुक व्यू' या जिसे अन्य समाजवैज्ञानिकों ने 'इन्डॉलॉजी' (भारत विद्या) कहा है, उसे अस्वीकारते हुए श्रीनिवास ने भारतीय समाज के अध्ययन के लिये फील्ड व्यू' या 'फील्ड वर्क' का समर्थन किया है। फलस्वरूप, उन्होंने भारतीय समाजशास्त्र को एक अनुमानात्मक (स्पेक्यूलेटिव) विषय के स्थान पर तथ्य प्रधान विषय में बदलने में अपनी महती भूमिका निभाई है। उनकी सबसे बड़ी खूबी यह थी कि उन्होंने भव्य सिद्धान्तों के निर्माण की अपेक्षा लघु क्षेत्रीय अध्ययन के मार्ग को चुना। भारतीय समाजशास्त्र की प्रकृति को अधिक स्पष्ट करते हुए उन्होंने यह माना है कि समाजशास्त्र किसी काल और स्थान के आग्रहों से और देश की माटी से कटा हुआ "यूनिवर्सल" (सर्वदेशीय) अनुशासन नहीं है। श्रीनिवास ने लिखा है कि 'समाजशास्त्र को मात्र पश्चिम की नकल न होकर यदि सर्जनात्मक (क्रिएटिव) बनना है तो उसे देशज बनना होगा" (1973)। उनका यह कथन भारतीय समाजशास्त्र को एक नई दिशा देता है। समाजशास्त्र को 'स्वदेशीकरण' (नेटिविटी) के रास्ते पर ले जाने में श्रीनिवास 'फील्ड वर्क' की सबसे अहम् भूमिका मानते हैं। स्वदेशीकरण की धारणा को लेकर कुछेक व्यक्तियों ने श्रीनिवास की तुलना गांधी जी से करते हुए कहा है कि जिस प्रकार गांधी जी 'अपने देश को जानने' या 'अपने देशवासियों को जानने' की बात कहा करते थे, उसी प्रकार

श्रीनिवास ने क्षेत्र-कार्य के माध्यम से ग्रामीण जीवन के अधिकाधिक अनुभव बटोरने का आग्रह किया है। इस संदर्भ में उन्होंने पश्चिमी पाठ्य पुस्तकों के साथ-साथ स्वदेशी धार्मिक ग्रंथों के अध्ययन के स्थान पर गाँवों के प्रत्यक्ष अवलोकन (सहभागिक) को रेखांकित किया है।

श्रीनिवास को अनेक सम्मान और पुरस्कार प्राप्त करने का गौरव प्राप्त है। उन्हें ब्रिटेन के 'रॉयल एन्थ्रोपॉलाजिकल इन्सटिट्यूट' से रीवर्स और हक्सले मेडल, ब्रिटिश अकादमी से फैलोशिप, कला और विज्ञान की अमरीकी अकादमी से विदेश शोधवृति, टाटा विज़िटिंग फैलोशिप के साथ-साथ भारत सरकार द्वारा "पद्मभूषण" से नवाज़ा गया है।

प्रमुख कृतियाँ :

- Marriage and Family in Mysore, (1942)
- Religion and Society Among The Coorgs of South India, (1952)
- India's Village (ed), (1955)
- Caste in Modern India and Other Essays, (1962)
- Social Change in Modern India, (1966)
- India : Social Structure, (1969)
- Itineries of an Indian Social Anthropologist (1973)
- The Rememberd Village, (1976)
- Nation Building in Independent India, (1976)
- Dimentions of Social Change in India (ed), (1977)
- My Baroda Days, (1981)
- The Dominant Caste and Other Essays, (1986)
- The Cohesive Role of Sanskritisation, (1989)
- On Living in a Revolution and other Essays, (1992)
- Sociology in Delhi, (1993)
- Village, Caste, Gender and Method, (1996)
- Caste : Its Twentieth Century Avatar
- Indian Society Through Personal Writings, (1996)

Stacey, Judith

जूडिथ स्टेसी (1943-)

जूडिथ स्टेसी ने ब्रेन्डिस विश्वविद्यालय से शिक्षा ग्रहण की, उसके बाद कई वर्षों तक उन्होंने डेविस में केलिफोर्निया विश्वविद्यालय में अध्यापन कार्य किया। अभी वे दक्षिण केलिफोर्निया विश्वविद्यालय में लैंगिक अध्ययनों की 'बरबा स्ट्रेसेंड पीठ' पर आसीन हैं। वे लॉस एंजिल्स और ओकलैंड दोनों स्थानों पर रहती हैं। यहां इन्हें कुछ परिवारों को नज़दीकी से देखने-समझने का मौका मिला जिसके आधार पर उन्होंने अपनी अत्यंत विवादास्पद किन्तु

बहुचर्चित पुस्तक 'साहसी नवोदित परिवार' (1990) लिखी। जूडिथ ने पितृसत्तात्मकता तथा समाजवादी आंदोलन पर भी कार्य किया है। इनके शोध-अध्ययन का प्रमुख विषय आधुनिक और उत्तर-आधुनिक परिवार रहा है। **उत्तर-आधुनिक परिवार** की अवधारणा को स्पष्ट करते हुए उन्होंने लिखा है कि **ये ऐसे परिवार हैं जो हमारे वर्तमान पारिवारिक संस्कृति की उभयवाही, प्रतिस्पर्धी और अनिश्चित प्रकृति को परिलक्षित करते हैं**.....उत्तर-आधुनिक संस्कृति की भांति, वर्तमान पश्चिमी पारिवारिक संगठन भी विविधतापूर्ण, अस्थिर और समस्याग्रस्त हैं। जूडिथ ने 'उत्तर-आधुनिक परिवार' नामक पुस्तक में पारिवारिक जीवन के उभरते हुए नए स्वरूपों में कामकाजी और मध्यम वर्ग की महिलाओं की समस्याओं को उजागर किया है।

प्रमुख कृतियाँ :

- Patriarchy and the Socialist Revolution, (1983)
- Brave New Families, (1990)
- In the Name of the Family: Rethinking Family Values in the Postmodern Age, (1996)

Stouffer, Samuel A.

सेम्युल ए. स्टाउफर (1900-1960)

सेम्युल ए. स्टाउफर एक अमेरिकी समाजशास्त्री हैं और वे अपनी परिमाणात्मक पद्धति, मुख्य रूप से द्वितीय युद्ध के समय अमेरिकी युद्ध विभाग द्वारा अमेरिकी सैनिकों के अपने शोध अध्ययनों के लिये जाने जाते हैं। इन शोध-अध्ययनों के आधार पर ही उनकी बहु प्रसिद्ध पुस्तक "अमेरिकी सैनिक" (1949) का प्रकाशन हुआ। इस पुस्तक ने सामाजिक मनोविज्ञान और सर्वेक्षण पद्धति में काफी योगदान किया है। तथ्यों के विश्लेषण का उनका तरीका विशिष्ट और अत्यंत प्रामाणिक रहा है। उनकी अनुसंधान पद्धतियों ने बाद में सर्वेक्षण प्रकल्प (डिज़ाइन) और विश्लेषण को काफी प्रभावित किया है।

प्रमुख कृतियाँ :

- The American Soldier, 2 vols, (1949)
- Measurement and Prediction (with others), (1950)
- Social Research to Test Ideas, (1962)
- Communism, Conformity and Civil Liberties, (1965)

Sumner, William Graham

विलियम ग्राहम समनर (1840-1910)

एक प्रारंभिक अमेरिकी समाजशास्त्री तथा अर्थशास्त्री **विलियम ग्राहम समनर** का नाम प्रमुख रूप से **जनरीतियों (फोकवेज़) के अध्ययन** के साथ जुड़ा हुआ है। येल विश्वविद्यालय

(अमेरिका) में समाजशास्त्र विभाग की स्थापना का श्रेय समनर को ही जाता है। ऐसा माना जाता है कि समनर ही प्रथम व्यक्ति थे जिन्होंने अमेरिका में समाजशास्त्र के अध्यापन की शुरुआत की। वे अपने जीवन के अंतिम दो वर्षों में 'अमेरिकी समाजशास्त्रीय परिषद्' के अध्यक्ष भी रहे। समनर ने 'फोकवेज़' के नाम से सन् 1906 में एक पुस्तक लिखी जिसमें उन्होंने विभिन्न देशों में प्रचलित जनरीतियों के गहन अध्ययन-विश्लेषण के आधार पर जनरीतियों को परिभाषित करते हुए इनके प्रकारों तथा इनके सामाजिक नियंत्रण की शक्ति का विशद् वर्णन किया है। **जनरीतियों का विश्लेषण** करते हुए उन्होंने नैतिक रूप से तटस्थ एक सापेक्षवादी स्थिति को अपनाया है और कहा कि **प्रत्येक मानवीय समूह की अपनी उपयुक्त जनरीतियां, रूढ़ियां और संस्थाएं (विभिन्न सामूहिक आदतें) होती हैं जो 'प्रयत्न और भूल' के आधार पर किसी विशिष्ट समय और परिस्थिति में सबसे उपयुक्त स्वीकार कर ली जाती है। समनर को ही 'इन ग्रूप' (अन्तःसमूह), 'आउट ग्रूप' (बाह्य समूह) और 'इथनोसेन्ट्रिज्म' (समूह केन्द्रितता) की अवधारणाएं गढ़ने का श्रेय प्राप्त है।**

समनर अमेरिका में अहस्तक्षेपात्मक सामाजिक डारविनवादी नीति के पोषक के रूप में भी जाने जाते हैं। हरबर्ट स्पेन्सर की कृतियों से प्रभावित समनर ने कहा कि सामाजिक जीवन प्राकृतिक नियमों (भौतिक विश्व को नियंत्रण करने की भांति) से नियंत्रित एवं निर्देशित होता है जिनमें से सर्वाधिक मूलभूत निश्चित नियम 'उद्विकासीय संघर्ष' तथा 'योग्यतम की उत्तरजीविता' के हैं। उन्होंने यह भी स्वीकार किया है कि समाजों में 'कमजोर के अतिजीवन' का नियम भी लागू हो सकता है (जैसे, युद्ध कौशल कार्यक्रमों के माध्यम से), किन्तु यह सामाजिक पतन को प्रेरित करता है। अतः समनर ने **मानवीय आक्रामकता और प्रतिस्पर्धात्मकता को मानवीय विकास और प्रगति की कुंजी माना है**। ऐसे व्यक्ति जो इसमें सफल होते हैं, वे इसके पात्र हैं और जो इसमें सफल नहीं होते, वे अपात्र होने के ही लायक हैं। समनर की यह सैद्धान्तिक सोच बहुत कुछ रूप में आधुनिक पूंजीवाद के विकास से मिलती-जुलती है, क्योंकि यह धारणा पूंजीवाद के कारण उत्पन्न धन-सम्पदा और शक्ति में भारी अन्तर के औचित्य को सैद्धान्तिक जामा पहनाती है। स्पेन्सर की भांति समनर ने भी इसीलिये सरकार द्वारा उन लोगों को (समाज का वंचित वर्ग) सहायता दिया जाना अस्वीकार किया है जो प्रतिस्पर्धा में पीछे रह जाते हैं और असफल हो जाते हैं।

समनर के उपरोक्त विचारों की भी मार्क्स के आर्थिक निर्धारणवाद की भांति काफी आलोचना हुई है। आजकल उनके विचारों का मात्र ऐतिहासिक महत्व रह गया है। अपने समय में सफल रहने के बावजूद उन्हें आजकल कुछ व्यक्ति ही याद करते हैं।

प्रमुख कृतियाँ :

- Folkways, (1906)
- Science of Society (with Keller),

Sutherland, Edwin H.

एडविन एच. सदरलैंड (1883-1950)

अमेरिकी समाजशास्त्री **एडविन एच. सदरलैंड** को अपराधशास्त्र के शोध-गवेषणा के विशिष्ट

क्षेत्र के रूप में प्रस्थापित करने के लिये श्रेय दिया जाता है। वे अपराधी व्यवहार के लिये समाजशास्त्रीय उपागम के प्रयोग किये जाने के लिये सर्वाधिक जाने जाते हैं। अपराध और अपराधी व्यवहार का उनका समाजशास्त्रीय सिद्धान्त व्यक्ति के व्यक्तित्व और व्यवहार को ढालने में संस्कृति और सामाजिक संस्थाओं के प्रभाव को रेखांकित करता है। **सदरलैंड के अनुसार अपराधी व्यवहार सीखा जाता है।** इस संबंध में उन्होंने **'वैभिन्न्य संगति के सिद्धान्त'** का प्रतिपादन करते हुए कहा कि अपराधी व्यवहार उन लोगों के सम्पर्क और संगति का परिणाम हैं जो अपराध कर्म में रत होते हैं। व्यक्ति को अपने जीवन-काल में अनेक कटु एवं विषम सामाजिक प्रभावों का सामना करना होता है। इस दौरान कुछ व्यक्ति अपराधी चरित्र वाले व्यक्तियों के सम्पर्क में आ जाते हैं और उनकी लम्बी संगति में वे अपराध करना सीख जाते हैं, फलतः वे अपराधी बन जाते हैं। सदरलैंड **सफेदपोश अपराध** और **व्यवसाय के रूप में अपराध** सम्बन्धी अपने अग्रगामी शोध-अध्ययनों के लिये भी प्रसिद्ध रहे हैं। सन् 1939 में इस सम्बंध में उन्होंने सर्वप्रथम **'श्वेतवसन अपराध'** (सफेदपोश अपराध) की अवधारणा प्रस्तुत की और कहा कि **श्वेतवसन अपराध ऐसे अपराध हैं जो उच्च सामाजिक-आर्थिक प्रस्थिति वाले व्यक्तियों द्वारा अपने पेशे-धन्धे की क्रियाकलापों के दौरान अपराधिक कानूनों के उल्लंघन करके किये जाते हैं।**

प्रमुख कृतियाँ :

- Principles of Criminology, (1924)
- The Professional Thief, (1937)
- White Collar Crime, (1949)
- The Sutherland's Papers (ed.), (1956)

Szaz, Thomas Stephen

थॉमस स्टिफेन ज़ाज **(1920-)**

थॉमस स्टिफेन ज़ाज एक अमेरिकी मनोविश्लेषक हैं जिन्होंने अपचार के **'लैबलिंग सिद्धान्त'** को प्रभावित कर समाजशास्त्र में अपना स्थान बनाया है। ज़ाज ने मानसिक रोगियों के अपने अध्ययन द्वारा यह प्रदर्शित किया कि कई मामलों में मानसिक रुग्नता नहीं होती, फिर भी सामाजिक नियंत्रण की दृष्टि से सामाजिक रूप में रचित मानसिक रोगियों की एक श्रेणी का प्रयोग किया जाता है। यह श्रेणी चिकित्सकों तथा अन्य व्यक्तियों को यह अधिकार देती है कि वे पहले व्यक्तियों को मानसिक रोगी करार करें ताकि बाद में वे उनको नियंत्रित करने के लिये चिकित्सा या मानसिक रोगियों के अस्पताल में रहने के लिये बाध्य कर सकें।

प्रमुख कृतियाँ :

- The Myth of Mental Illness, (1961)
- Insanity: The Idea and its Consequences, (1987)

T

Taft, Jessie

जैस्सी टैफ्ट

(1882-1961)

दर्शनशास्त्र में प्रशिक्षित तथा बाद में समाजशास्त्र की अन्तर्क्रियावादी परम्परा से प्रभावित **जैस्सी टैफ्ट** ने सन् 1913 में 'सामाजिक चेतना की दृष्टि से महिला आंदोलन' पर शोध-उपाधि प्राप्त की। विश्वविद्यालयों में अध्यापन-कार्य न मिल पाने के कारण जैस्सी टैफ्ट ने अपना अधिकांश जीवन महिलाओं के लिये सामाजिक कार्यों पर बिताया। समाज में महिलाओं की निम्न प्रस्थिति के कारण एक प्रतिभावान स्त्री होते हुए भी उन्हें वह सब कुछ नहीं मिल पाया जिसकी वे अधिकारिनी थीं। उन्होंने प्रमुख रूप में जार्ज हरबर्ट मीड के 'स्व' और समाज संबंधी सिद्धान्तों के विश्लेषण में स्त्रियों, विशेषतः युवा लड़कियों को सम्मिलित कर उन्हें आगे बढ़ाने का यत्न किया। एक समाजशास्त्री की अपेक्षा एक सामाजिक कार्यकत्री के रूप में अधिक जाने जानी वाली टैफ्ट ने समाजीकरण और 'नारी-स्व' के विकास में नारीवादी समझ के प्रति महत्वपूर्ण योगदान किया है।

प्रमुख कृतियाँ :

- The Dynamics of Therapy in a Controlled Relationship, (1933)
- Family Casework and Counselling, (1948)

Tarde, Gabriel

गबरेल टार्ड़े

(1843-1904)

एमील दुर्खाइम के समकालीन **फ्रांसीसी अपराधशास्त्री गबरेल टार्ड़े** को मोटे रूप में सामाजिक मनोविज्ञान के संस्थापकों में से माना जाता है। टार्डे ने समाजशास्त्र की प्रकृति के बारे में दुर्खाइम से भिन्न विचार रखे हैं। टार्डे ने अनुकरण, विरोध और अनुकूलन को आधारभूत सामाजिक प्रक्रियाएं माना है और समाजशास्त्र को इन प्रक्रियाओं को नियंत्रित करने वाले सामाजिक नियमों की खोज करने वाले विज्ञान के रूप में प्रदर्शित किया है। उन्होंने अपने विश्लेषण में अनुकरण को काफी महत्व दिया है और इसे सामाजिक उद्विकास के नियम की भांति एक प्रकार से सार्वभौमिक नियम माना है। टार्डे ने सांस्कृतिक प्रसार में समाज के उद्विकासीय नियम की अपेक्षा अनुकरण को अधिक महत्व दिया है।

दुर्खाइम से भिन्न टार्डे एक सामाजिक व्यक्तिनिष्ठवादी (नॉमिनलिस्ट) थे। उनके लिये व्यक्ति ही यथार्थ है। वे सभी सामाजिक घटनाओं के विश्लेषण में व्यक्तियों को महत्व देते हैं। उनके अनुसार, **सभी सामाजिक घटनाएं अन्ततः ऐसे दो व्यक्तियों के बीच उत्पन्न होती है**

जिनके विश्वास और इच्छाएं समान होती हैं और दोनों ही व्यक्ति अन्तर्क्रिया के द्वारा एक दूसरे का अनुकरण करते हैं। टार्डे के ये विचार दुर्खाइम से सर्वथा भिन्न हैं। दुर्खाइम ने व्यक्तियों की अपेक्षा व्यक्तियों से बनने वाले समूह अथवा समाज को अधिक महत्व दिया है। इस अर्थ में दुर्खाइम सामाजिक यथार्थवादी थे। दुर्खाइम के अनुसार, सामाजिक तथ्य व्यक्तियों के अस्तित्व से स्वतंत्र हैं। व्यक्ति रहें या न रहें, सामाजिक तथ्य विद्यमान रहते हैं। ये सामाजिक तथ्य व्यक्ति पर बाह्य रूप से सामाजिक अंकुश लगाते हैं जिसके कारण ही समाज में व्यवस्था बनी रहती है। टार्डे के विचार दुर्खाइम से पूर्णतः भिन्न हैं।

टार्डे की कृतियां आजकल मात्र ऐतिहासिक महत्व की रह गई हैं। फिर भी आजकल उनके प्रभाव को अन्तर्क्रियावादी समाजशास्त्र और सामूहिक व्यवहार के अध्ययनों में खोजने का प्रयास किया जा रहा है।

प्रमुख कृतियाँ :

- The Laws of Imitation, (1890)
- Social Laws: An Outline of Sociology, (1899)

Taeuber, Irene B.

आइरेन बी. टयूबर **(1906-1974)**

एक अमेरिकी जनसंख्याविद् और सांख्यिकीज्ञ **आइरेन बी. टयूबर** ने समाजशास्त्र के क्षेत्र में जनांकिकी को विकसित करने में महत्वपूर्ण भूमिका अदा की है। सन् 1937 से 1954 तक टयूबर ने 'जनसंख्या सूचकांक' (पॉप्युलेशन इन्डेक्स) नामक पत्रिका को सम्पादित करने में बड़ी मेहनत की है जो काफी वर्षो तक जनसंख्या सम्बंधी विषयों को प्रकाशित करने वाली एक मात्र पत्रिका थी। वे अमेरिका की जनसंख्या ब्यूरो की निदेशिका तथा अमेरिका की जनसंख्या परिषद् की अध्यक्षा भी रही हैं। उन्होंने जन्म, मृत्यु और प्रव्रजन की जनसंख्या प्रक्रियाओं के दृष्टिकोण को एक मूलभूत सामाजिक घटना के रूप में विकसित करने में काफी काम किया है ताकि इनकी समाजशास्त्रीय दृष्टिकोण से व्याख्या की जा सके। इन कार्यकलापों के अतिरिक्त, टयूबर ने पूर्वी और दक्षिणी-पूर्वी एशियाई समाजों की जनसंख्या का अध्ययन कर अमेरिकी जनांकिकी में एक भिन्न 'संस्कृति परिप्रेक्ष्य' की शुरुआत की। इसके पूर्व यह परिप्रेक्ष्य मुख्यतः अमेरिका पर केन्द्रित था।

प्रमुख कृतियाँ :

- General Census and Vital Statistics in The Americas, (1943)
- The Population of Tanganyika, (1949)
- The Changing Population of U.S.A., (1958)
- China's Populations – Some Approaches to Research, (1964)
- Population Trends in the United States, (1965)
- People of the United States in the Twentieth Century, (1971)
- Population Growth and Development in Southeast Asia, (1972)

Tawney, Richard H.

रिचर्ड एच. टॉनी (1880-1962)

एक अंग्रेज आर्थिक और सामाजिक इतिहासकार, समाज सुधारक तथा समतावादी **सामाजिक दर्शनशास्त्री रिचर्ड एच. टॉनी** एक प्रतिबद्ध ईसाई थे। इसी कारण उन्होंने पूंजीवाद के शोषणकारी तत्वों की तीव्र भर्त्सना की। उन्होंने कहा कि सामाजिक वर्ग और पुस्तैनी धन-सम्पदा से जुड़े अन्याय को समाप्त करने के लिये अवसर की समानता, समूहवाद, सहयोगी समाज और नागरिकता आवश्यक है। सामाजिक समानता यह मांग करती है कि स्वतंत्रता, समानता और भ्रातृत्वभाव के सिद्धान्त कारखानों के कार्यस्थल पर भी लागू हों। इस सम्बंध में उनके दो गौरव ग्रंथ 'समानता,' (1920) और 'अर्जनशील समाज' (1931) विशेष उल्लेखनीय हैं। पूंजीवाद द्वारा उत्पन्न अति व्यक्तिवाद और खुली बाज़ार व्यवस्था की बुराइयों (जैसे गरीबी में बढ़ोत्तरी) की टॉनी की आलोचना आज भी महत्वपूर्ण मानी जाती है।

टॉनी एक इतिहासकार और समाजवाद के समर्थक के रूप में भी जाने जाते हैं।इन दोनों ही भूमिकाओं में उन्होंने सन् 1945 की अवधि में प्रारंभिक ब्रिटिश समाजशास्त्र को काफी प्रभावित किया है। इस संबंध में उनके बहुप्रसिद्ध ऐतिहासिक ग्रंथ इस प्रकार हैं; 'धर्म और पूंजीवाद का उदय' (1926), 'भूमि और चीन में श्रम' (1932) तथा 'जेम्स प्रथम के काल में व्यापार और राजनीति, (1962)। उन्होंने कई लेख भी लिखे हैं, उदाहरणार्थ, 'द अमेरिकन लेबर मूवमेंट एंड अदर एसेज, (1979)। **टॉनी ने प्रोटेस्टेंटवाद और पूंजीवाद के मुद्दे को लेकर मैक्स वेबर की कड़ी आलोचना की है।** उन्होंने वेबर के इस मत को पलट दिया कि धर्म आर्थिक विचारों को प्रभावित करता है और कहा कि अर्थव्यवस्था के कारण विचार (धर्म) उत्पन्न होते हैं, न कि विचारों के कारण अर्थव्यवस्था (पूंजीवाद)।

प्रमुख कृतियाँ:

- Equality, (1920)
- Religion and the Rise of Capitalism, (1926)
- Acquisitive Society, (1931)

Taylor, Fredrick William

फ्रेडरिक विलियम टेलर (1856-1915)

"वैज्ञानिक प्रबंध सिद्धान्त" के जन्मदाता फ्रेडरिक टेलर ने उन्नीसवीं शताब्दी के अन्त में कारखाना संगठन और मालिक मजदूर सम्बंधों को व्यवस्थित करने के लिये जिन विचारों का प्रतिपादन किया, वही बाद में 'टेलरवाद' के नाम से प्रसिद्ध हुआ। टेलर ने कार्यस्थल के प्रशासन को बदलने का प्रयास किया ताकि मजदूरों की कार्यक्षमता में वृद्धि कर लाभ को बढ़ाया जा सके। इस संबंध में टेलर ने प्रशासन के पुनर्गठन हेतु तीन प्रमुख सिद्धान्तों का प्रतिपादन किया: (1) **अधिकाधिक श्रम-विभाजन,** अर्थात् उत्पादन प्रक्रिया का व्यस्थित ढंग से

विश्लेषण कर उसे विभागों और उपविभागों में बाँटा जाये ताकि प्रत्येक व्यक्ति का कार्य सरल हो जाये और जहाँ तक संभव हो उसका कार्य किसी एक प्रक्रिया तक सीमित हो जाये। इसके साथ-साथ प्रबंधकों के कार्यों में भी **अधिकाधिक विशेषीकरण** को प्रोत्साहित किया जाये, (2) प्रथम बार कार्यस्थल पर पूर्ण प्रबंधन नियंत्रण की शुरुआत की गई और प्रबंधकों को **उत्पादन-प्रक्रिया में समन्वय** स्थापित करने के लिये उत्तरदायी बनाया गया, (3) समय और गति के व्यवस्थित अध्ययनों के आधार पर **लागत-लेखा व्यवस्था** की शुरुआत की गई।

टेलर ने 'वैज्ञानिक प्रबंधन' के अपने नये विचारों के कारण खासी राष्ट्रीय ख्याति प्राप्त की, किन्तु श्रम संगठनों और प्रबंधकों दोनों के भारी विरोध ने राजनीतिज्ञों और उद्योगपतियों दोनों को उनका घोर विरोधी बना दिया।

प्रमुख कृतियाँ :

– Scientific Management, (1911)

Thomas, Dorothy Swaine

डोरोथी स्वाइन थॉमस (1899-1977)

जनसंख्या और जनांकिकी के समाजशास्त्र की अमेरिकी समाजशास्त्री **डोरोथी स्वाइन थॉमस** औद्योगीकरण और आर्थिक विकास के सम्बंधों और विशेषतः प्रव्रजन (माइग्रेशन) द्वारा जनसंख्या के इधर-उधर आने-जाने और वितरण के अपने अध्ययनों के लिये सुप्रसिद्ध हैं। थॉमस एक निष्ठावान शोधकत्री थीं जिन्होंने समाजशास्त्र में कठोर वैज्ञानिक विधियों के प्रयोग को प्रोत्सहित किया। उन्होंने नर्सरी स्कूल के बच्चों के अध्ययनों में अवलोकन विधियों के प्रयोग की शुरुआत की। उन्होंने द्वितीय विश्व युद्ध के दौरान जापानी-अमरीको लोगों के विस्थापन और पुनर्स्थापन का भी अध्ययन किया जो 'द साल्वेज' (1952) और 'द स्पोइलेज' (1969) नामक दो ग्रंथों में प्रकाशित हुआ है।

शोध और लेखन के अतिरिक्त, थॉमस अमरीका के 'जनसंख्या परिषद्' की अध्यक्षा भी रहीं हैं। सन् 1935 में उन्होंने ख़्यात समाजशास्त्री विलियम इज़ाक थोमस से विवाह किया। वे अपने पति डब्ल्यू.आई. थॉमस के साथ इस सामाजिक-मनोवैज्ञानिक कथन के लिये प्रसिद्ध हैं, **"यदि व्यक्ति स्थितियों की परिभाषा उन्हें वास्तविक मान कर करते हैं, तब वे स्थितियाँ परिणामों में भी वास्तविक होती हैं"**। डोरोथी थॉमस को 'अमरीकी समाजशास्त्रीय परिषद्' की सन् 1952 में प्रथम महिला अध्यक्षा बनने का श्रेय भी प्राप्त है।

प्रमुख कृतियाँ :

– Social Aspects of the Business Cycle, (1925)
– The Child in America, (1928)
– Population Redistribution and Economic Growth, United States, 1870-1950, (3 vol.) (1957, 1960, 1966)

Thomas, William Isaac

विलियम इज़ाक थॉमस (1863-1947)

समाजशास्त्र के शिकागो सम्प्रदाय के एक प्रमुख हस्ताक्षर **विलियम इज़ाक थॉमस** अपनी **"स्थिति की परिभाषा"** (डेफिनेशन ऑफ द सिचुएशॅन) की अवधारणा/सिद्धान्त के लिये विशेष रूप में जाने जाते हैं। उनके इस सिद्धान्त के अनुसार यह माना जाता है कि **'यदि व्यक्ति किन्ही स्थितियों को यथार्थ मानते हैं, तो वे अपने परिणामों में भी यथार्थ होती हैं।'** थॉमस के अनुसार, मानवीय व्यवहार को समझने के लिये उस सम्पूर्ण स्थिति को ध्यान में रखना आवश्यक है जिसमें व्यवहार घटता है। स्थिति के अन्तर्गत, व्यक्तिपरक और वस्तुपरक (नियम, मानदंड, आदि) दोनों तत्व सम्मलित होते हैं। व्यक्तिपरक तत्व के अन्तर्गत व्यक्ति द्वारा लगाई गई स्थिति की परिभाषा आती है, अर्थात् **व्यक्ति का स्थिति (घटना) के प्रति स्वयं का क्या दृष्टिकोण है।**

विलियम इज़ाक थॉमस शिकागो विश्वविद्यालय के समाजशास्त्र विभाग के प्रारंभिक सदस्यों में से रहे हैं। सन् 1895 में वे इस विभाग में एक शोधार्थी के रूप में आये थे जहां उन्होंने सन् 1896 में एक शोध-प्रबंध लिखा। किन्तु, उन्हें ख्याति उनके ग्रंथ,' यूरोप और अमेरिका के पौलेण्डवासी कृषक' से मिली जो उन्होंने **फ्लारियां ज़िनानियेकी** (नैनकी) के साथ सन् 1918 में लिखा। इस ग्रंथ को समाजशास्त्र में मील के पत्थर के स्वरूप माना जाता है क्योंकि इसके द्वारा समाजशास्त्र ने पहली बार पुस्तकालीय शोध और 'अमूर्त सिद्धान्त' के 'दायरे से बाहर निकल कर एक सैद्धान्तिक ढांचे का प्रयोग करते हुए आनुभविक विश्व में पदार्पण किया। यह पुस्तक यूरोप और अमेरिका में आठ वर्ष तक किये गये उनके क्षेत्र-कार्य का परिणाम है। इस पुस्तक में पौलेण्डवासी प्रवासियों के मुख्यतः सामाजिक विघटन का अध्ययन किया गया है। इस पुस्तक के आंकड़े या तथ्य इतने महत्वपूर्ण नहीं हैं जितनी की इस शोध में प्रयोग की गई पद्धतियां हैं। पद्धतिविज्ञान की दृष्टि से इस ग्रंथ ने आनुभविक शोध की एक नई विधा की आधार शिला रखी है। इस ग्रंथ में पहली बार **व्यक्तिगत दस्तावेज़ों और जीवन इतिहास का प्रयोग** कर इनके महत्व को रेखांकित किया गया है। व्यक्तिगत जीवन चरित्रों के माध्यम से थॉमस ने संस्कृति और व्यक्तित्व के बीच जटिल सम्बंधों की जांच-पड़ताल की है। थॉमस सन् 1927 में 'अमरीकी समाजशास्त्रीय परिषद्' के अध्यक्ष भी रहे हैं।

प्रमुख कृतियाँ :

- Sex and Society, (1907)
- Sourcebook for Social Origins, (1909)
- The Polish Peasant in Europe and America, 2 Vol. & (1918-1920)
- The Unadjusted Girl, (1923)
- The Child in America (With Dorothy), (1928)
- Primitive Behaviour, (1937)
- Social Behaviour and Personality, (1951)

Tilly, Charles
चार्ल्स टिल्ली

(1929-)

अमेरिकी समाजशास्त्री **चार्ल्स टिल्ली** की विशेष रुचि ऐतिहासिक अध्ययनों में रही है। टिल्ली ने वृहत सामाजिक परिवर्तन में सामाजिक आंदोलनों और सामूहिक व्यवहार की भूमिका से सम्बंधित प्राक्कल्पनाओं के परीक्षण में आनुभविक तथ्यों का प्रयोग कर समाजशास्त्र के क्षेत्र में महत्वपूर्ण योगदान किया है। अपने अध्ययनों के आधार पर टिल्ली ने बताया कि नगरीकरण, पूंजीवादी औद्योगीकरण तथा विस्तार और राज्य की बढ़ती हुए शक्ति जैसी वृहत प्रक्रियाओं के फलस्वरूप उत्पन्न परिवर्तन को लाने में सामूहिक क्रिया उद्देश्यपूर्ण और कौशल से परिपूर्ण होती हैं।

वे वर्तमान में कोलम्बिया विश्वविद्यालय में सामाजिक विज्ञान के आचार्य हैं। उन्होंने हार्वर्ड, टोरंटो, मिशिगन विश्वविद्यालयों के अतिरिक्त सामाजिक शोध के नवीन संस्थान में भी अध्यापन किया है। उन्होंने अपने शोध अध्ययनों द्वारा राजनीतिक और आर्थिक परिवर्तन के सामाजिक सिद्धान्तों को प्रभावित किया है।

प्रमुख कृतियाँ :

- The Vendee, (1964)
- Strikes in France, 1930-1968 (with Edward Shorter), (1974)
- From Mobilization to Revolution, (1978)
- The Rebellious Century, (with L. Tilly and R. Tilly), (1975)
- As Sociology Meets History, (1985)
- The Contentious French, (1986)
- Big Structures, Large Processes, Huge Comparisions, (1985)
- Road From the Past to Future, (1997)

Titmuss, Richard Morris
मौरिस रिचार्ड टाइटमस

(1907-1973)

मौरिस रिचार्ड टाइटमस का प्रमुख कार्य क्षेत्र सामाजिक कल्याण और सामाजिक नीति रहा है। युद्ध काल के बाद की अवधि में उन्होंने सामाजिक नीति और प्रशासन सम्बंधी अध्ययनों में मुख्य भूमिका अदा की है। ब्रिटिश अकादमिक समूह के एक सदस्य के रूप में (जिनके अन्य सदस्य ब्रायन एबल स्मिथ और पीटर टाउनसेंड थे) टाइटमस ने सामाजिक आवश्यकताओं और कल्याण की योजनाओं पर कई अध्ययन किये। यह सुखद आश्चर्य ही है कि टाइटमस ने इस क्षेत्र में कोई औपचारिक शिक्षा प्राप्त नहीं की थी, केवल उनकी रुचि उन्हें इस क्षेत्र में खींच लाई। सन् 1930 में जब वे एक बीमा कार्यालय में कार्यरत थे तब उनकी रुचि सामाजिक नीति के मामलों में विकसित हुई और उन्होंने 'गरीबी और जनसंख्या' (1938) और 'हमारी खाद्य समस्या', (1939) नामक पुस्तकें प्रकाशित की। इन पुस्तकों के कारण सन्

1942 में युद्ध कार्यालय में एक सरकारी इतिहासकार के रूप में उनकी नियुक्ति हुई। यहां रह कर उन्होंने 'सामाजिक नीति की समस्याएं' नामक ग्रंथ लिखा जो सन् 1950 में प्रकाशित हुआ। इसी वर्ष 'लंदन स्कूल ऑफ ईक्नॉमिक्स एंड पोलिटिकल साइन्स' में सामाजिक प्रशासन के आचार्य (प्रोफेसर) और विभागाध्यक्ष के रूप में उनकी नियुक्ति हुई। यहां उन्होंने एक निष्ठावान शोध दल को लेकर सुगठित शोध संगठन को विकसित किया। इस दल ने सामाजिक शोध के लिये सामाजिक नीति के प्रति सुधारवादी सामाजिक प्रशासन सम्बंधी दृष्टिकोण अपनाया।

सामाजिक नीति के अध्ययनों के प्रति समर्पित टाइटमस ने राजनीति और सामाजिक जीवन में भी सक्रिय रूप में भाग लिया। उन्होंने कई सरकारी समितियों में सहभागिता की। यही नहीं, वे ब्रिटिश श्रमिक दल के परामर्शदाता भी रहे हैं।

टाइटमस के अनुसार, "कल्याण योजनाएं किसी भी प्रकार सामाजिक असमानता की समस्याओं का समाधान नहीं कर सकती, किन्तु वे उनमें सुधार लाने में सहायता अवश्य कर सकती हैं।"

प्रमुख कृतियाँ :

- Poverty and Population, (1938)
- Our Food Problem, (1939)
- Essays on the Welfare State, (1958)
- Income Distribution and Social Change, (1962)
- The Gift Relationship, (1970)

Tocqueville, Alexis de

अलेक्सी द तोकेवील (1805-1859)

उन्नीसवीं शताब्दी के पूर्वार्ध के फ्रांसीसी अभिजात वर्गीय **अलेक्सी द तोकेवील** को तुलनात्मक एवं ऐतिहासिक समाजशास्त्र का मूल प्रवर्तक माना जाता है। उन्होंने कई देशों फ्रांस, इंग्लैण्ड, अमेरिका और अल्जीरिया आदि की राजनीतिक प्रणालियों का तुलनात्मक अध्ययन किया। इसके अतिरिक्त, उन्नीसवीं शताब्दी के उदीयमान लोकतंत्र की समस्याओं को भी उन्होंने उजागर किया। अतः समाजशास्त्र में उनके विचारों का अध्ययन राजनीतिक समाजशास्त्र की दृष्टि से महत्वपूर्ण है।

एक युवा के रूप में ही तोकेवील ने सन् 1830-32 के बीच अमेरिका के प्रजातंत्र की कार्यप्रणाली को देखने-समझने के लिये यात्रा की और अपने गौरव ग्रंथ 'अमेरिका में प्रजातंत्र', (1835) में अपने यात्रा अनुभवों के आधार पर अमेरिका के प्रजातंत्र की फ्रांस में उभरती हुई प्रजातंत्रात्मक व्यवस्था के साथ तुलना की। उनकी प्रमुख रुचि सामाजिक जीवन के विभिन्न पक्षों, जैसे अर्थव्यवस्था, धर्म और कला आदि पर प्रजातंत्र के सकारात्मक और नकारात्मक परिणामों को जानने में थी। उन्होंने लिखा है कि **प्रजातंत्रीय शासन व्यवस्था में समानता और स्वतंत्रता, जो प्रजातंत्र के दो आधारभूत सिद्धान्त हैं, में हर समय तनाव और विरोध होता है**

जिसे आसानी से दूर नहीं किया जा सकता। चूंकि प्रजातंत्र संस्तरण को कम महत्व देता है, यह समाज और व्यक्तियों में अन्तर्वर्ती समूहों के निर्माण को हतोत्साहित करता है और व्यक्तिवादी और केन्द्रीयता की प्रवृतियों को प्रोत्साहित करता है। अतः इन पर यदि समय पर अंकुश नहीं लगाया जाता है तो परिणामतः राज्य के सर्वसत्ताधिकारी (निरंकुश) बनने की संभावना प्रबल हो जाती है। ताकवील ने अपनी इस प्रस्थापना की पुष्टि फ्रांस और अमेरिका की शासन व्यवस्थाओं की व्यवस्थित तुलना द्वारा की। उन्होंने लिखा है कि अमेरिका में समानता और स्वतंत्रता के बीच सामंजस्य इसलिये बना हुआ है क्योंकि वहां सामाजिक जीवन में समानता की भावना के प्रादुर्भाव के पहले राजनीतिक जीवन में लोकतंत्र स्थापित हो चुका था और इस लोकतंत्र ने ही वहां समानता को सँवारने में मदद की। इसके विपरीत, फ्रांस में 1789 की क्रांति ने वहां के अभिजातीय समाज को विश्रंखलित कर दिया और अभिजाततंत्र के प्रति विद्रोह ने आमूल परिवर्तनवादी विचारों को प्रश्रय देकर क्रांति की प्रक्रिया को वैधता प्रदान की। अतः फ्रांस में लोकतंत्र की जड़ें मजबूत नहीं हो पाई। यहां लोकतंत्र का ढांचा राज्य के सहारे खड़ा किया गया था, वह समाज में अपनी जड़ें नहीं जमा पाया।

तोकेवील ने इन दोनों मामलों के बारे में चेतावनी दी है और कहा कि आधुनिक युग की सबसे बड़ी समस्या स्वतंत्रता और समानता में सामंजस्य स्थापित करने की है। लोकतंत्र का विस्तार समानता को जितना बढ़ावा देता है, स्वतंत्रता के लिये उतना ही बड़ा खतरा पैदा करता है। लोकतंत्र "बहुमत का शासन", स्थापित करता है जो बहुमत की तानाशाही का रूप धारण कर सकता है। ऐसी अवस्था में लोकतंत्र की भीड़ में व्यक्ति के अस्तित्व के लोप होने का डर बना रहता है। वास्तव में, तोकेवील ने प्रजातंत्र के बहाने आधुनिक जन समाज (मॉस सोसाइटी) में उत्पन्न होने वाली समस्याओं की ओर ध्यान आकर्षित किया है। यही बात, कुछ भिन्न ढंग से **डेविड रीज़मैन** ने अपनी पुस्तक 'द लोनली क्राउड़' में कही है। तोकेवील ने प्रजातन्त्रात्मक शासन व्यवस्थाओं के तुलनात्मक अध्ययन के अतिरिक्त क्रांति के विषय को लेकर फ्रांस और इंग्लैण्ड की तुलना यह मालूम करने के लिये भी की है कि फ्रांस में क्यों क्रांति हुई और इंग्लैण्ड में क्यों नहीं।

प्रमुख कृतियाँ :

- Democracy in America, 2 Vol., (1835, 1840)
- The Old Regime and the French Revolution, (1856)
- Recollections, (1893)

Tonnies, Ferdinand

फॅरदिनॉ टॉनीज़ (1855-1936)

जर्मन समाजशास्त्री **फॅरदिनॉ टॉनीज़** 'जर्मन समाजशास्त्रीय परिषद्' के संस्थापक पिता माने जाते हैं। वे मुख्यतः समुदाय (गैमिनशाफ्ट) और समाज (गैसेलशाफ्ट) के बीच में किये गये अन्तर तथा 'स्वरूपवादी समाजशास्त्र' संबंधी अपने विचारों के लिये जाने जाते हैं। उनका

समुदाय और समाज संबंधी भेद वास्तव में, विभिन्न प्रकार के सम्बंधों पर आधारित है जो लघु स्तरीय और वृहत स्तरीय समाजों की एक अनुमानित विशेषता है। उनके अनुसार, **ऐसे समाज जो साझा संस्कृति और जीवन शैली पर आधारित हैं तथा मुख्यतः पारम्परिक बंधनों द्वारा बंधे होते हैं, उन्हें समुदाय (गैमिनशाफ्ट) कहते हैं।** गैमिनशाफ्ट में, जनसंख्या में अधिकांशतः गतिहीनता के साथ-साथ प्रस्थिति जन्मजात होती है। ऐसे समाजों में आस्थाओं, भावनाओं और सहयोगी सम्बंधों के विकास में परिवार और धार्मिक समूहों (चर्च) की भूमिका अत्यंत महत्वपूर्ण होती है। ऐसे सम्बंधों के दर्शन गाँव और छोटे समुदायों में किये जा सकते हैं। किन्तु जैसे-जैसे इन समाजों में श्रम-विभाजन अधिकाधिक जटिल होता जाता है, ये सम्बंध अनुबंधात्मक और अवैयक्तिक सम्बंधों में बदलते जाते हैं और इन्हीं के आधार पर गैशलशाफ्ट सामाजिक सम्बंधों को प्रदर्शित करने वाले विशाल संगठनों (समितियों) और नगरों का विकास होता जाता है। **गैशलशाफ्ट (समाज) समितियों और संघों पर आधारित होते हैं जो भिन्नताओं के आधार पर बंधे होते हैं।** भिन्नताओं को जटिल श्रम विभाजन और अन्तर्पारस्परिकता द्वारा पाटा जाता है। टॉनीज़ ने आधुनिक नगरीय समाज जो गैशलशाफ्टीय सम्बंधों (अलगावपन और निर्वेयक्तिता) पर आधारित होते हैं, में बढ़ती हुई प्रतिस्पर्धा और व्यक्तिवादिता के प्रभुत्व और निरंतर किन्तु तीव्र गति से कमजोर होती हुई सामुदायिक भावना पर गहरे आंसू बहाये हैं। इसी कारण टॉनीज़ को उपयोगितावाद के कटु आलोचक के साथ-साथ निराशावादी और रूढ़िवादी विचारक माना जाता है। टॉनीज़ का गैमिनशाफ्ट और गैशेलशाफ्ट का भेद दुर्खाइम के यांत्रिक और सावयविक एकजुटता के भेद से मिलता-जुलता है। इसकी लगभग वे ही कमजोरियां हैं जो दुर्खाइम के द्विभाजन में देखने को मिलती हैं।

टॉनीज़ ने **समाजशास्त्र को तीन प्रमुख शाखाओं** में बाँटा है—**शुद्ध या सैद्धान्तिक, व्यावहारिक और अनुभवपरक**। समुदाय और समाज (गैमिनशाफ्ट और गैशेलशाफ्ट) का अन्तर सैद्धान्तिक समाजशास्त्र के अध्ययन का मुख्य विषय है। ये दोनों मूलभूत अवधारणाएं हैं जो समाज के सामुदायिक से साहचर्यात्मक चरित्र में परिवर्तन में, अनुभवपरक और व्यावहारिक समाजशास्त्र को दिशा निर्देश प्रदान करती हैं। मैक्स वेबर की शब्दावली में यद्यपि ये आदर्श प्ररूप (आइडिअल टाईप्स) हैं, टॉनीज़ ने इन दोनों अवधारणाओं के जोड़ों को जर्मनी के ग्रामीण से औद्योगिक समाज में ऐतिहासिक फेर बदलाव के लिये प्रयोग किया है।

टॉनीज़ दार्शनिक **ए. शोपेनहार** (1788-1860) **और एफ.नीत्से** (1844-1900) के दर्शन से काफी प्रभावित थे। इन्हीं से उन्होंने 'जीवन के प्रति इच्छा' की धारणा को ग्रहण किया और कहा कि सामाजिक सम्बंध मानवीय इच्छा का प्रतिफल (उत्पत्ति) हैं। टॉनीज़ ने **दो प्रकार की इच्छाएं** बताई हैं, प्राकृतिक इच्छा और तार्किक इच्छा। प्राकृतिक इच्छा सहजवृतिमूलक जरूरतों, आदतों, आस्थाओं और प्रवृति की अभिव्यक्ति हैं, तार्किक इच्छा लक्ष्यों हेतु साधनों के चुनाव में साधनात्मक तार्किकता को परिलक्षित करती हैं। जहां प्राकृतिक इच्छा वास्तविक और जैविक होती है, वहां तार्किक इच्छा संकल्पनात्मक और कृत्रिम। इच्छा के ये स्वरूप समुदाय और समिति के बीच अन्तर से मिलते-जुलते हैं क्योंकि सामुदायिक जीवन प्राकृतिक इच्छा की अभिव्यक्ति है और सहचारी जीवन तार्किक इच्छा का प्रतिफल होती है।

प्रमुख कृतियाँ :

- Community and Society, (1887)
- Custom : An Essay on Social Codes, (1909)

Touraine, Alain

अॅलेन तूरेन (टुअॅरेन) (1929 -)

राजनीतिक जीवन के समाजशास्त्र के विशेषज्ञ माने जाने वाले **अॅलेन तूरेन** ने मुख्यतः आन्दोलनों के समाजशास्त्र पर कार्य किया है। इस विषय पर कार्य करने की प्रेरणा उन्हें पेरिस की सन् 1968 की घटनाओं से मिली। जब वे नान्तरे विश्वविद्यालय में प्राध्यापक थे, तब उन्होंने वहां यह अनुभव किया कि सन् 1968 में हुए छात्र राजनीतिक आन्दोलन की प्रकृति प्रतिक्रियात्मक नहीं थी। यही नहीं, इसका रूप भी तत्कालीन राजनीतिक स्वरूपों और शक्ति संबंधों से भिन्न था। उन्होंने इस आंदोलन में रूपान्तरण (आमूलचूल परिवर्तन) की प्रवृति के दर्शन किये। ये आन्दोलन सामाजिक संरचना के मूलभूत पक्षों में परिवर्तन के लक्ष्य से प्रेरित थे। तूरेन ने पेरिस की घटनाओं से प्रभावित होकर श्रमिकों और छात्रों के आंदोलनों के साथ-साथ अमरीकी अकादमिक व्यवस्था पर काफी शोध कार्य किया है। यही नहीं, उन्होंने लैटिन अमेरिका पर भी काफी पुस्तकें और लेख लिखे हैं। तूरेन के अनुसार, सामाजिक आंदोलन का मुख्य तत्व क्रिया है और यह क्रिया सामाजिक प्रणाली के विरोध में की जाती है। अपने बाद के लेखनों में तूरेन ने यह स्पष्ट किया है कि यह आवश्यक नहीं है कि इस प्रकार कि क्रिया स्वेच्छावाद या व्यक्तिवाद को प्रोत्साहित ही करे। न तो स्वेच्छावाद और न ही व्यक्तिवाद क्रिया के विषय को अन्तर्दृष्टि प्रदान करते हैं। मोटे रूप में तूरेन का सामाजिक क्रिया का सिद्धान्त पार्सन्स के सामाजिक व्यवस्था के सिद्धान्त की एक समीक्षा है। तूरेन का मानना है कि सामाजिक आंदोलन की अवधारणा का अध्ययन समाजशास्त्र का एक केन्द्रीय विषय होना चाहिये। वे सामाजिक आंदोलनों को नागरिक क्रिया का एक सर्वाधिक मूलभूत स्वरूप मानते हैं। उन्होंने तो यहां तक कहा है कि समाजशास्त्रियों को सामाजिक आंदोलनों के अध्ययन के लिये इनमें भाग लेने के साथ-साथ इन्हें प्रोत्साहित करना चाहिये।

तूरेन का जन्म फ्रांस के एक चिकित्सक परिवार में हुआ था। उनके पिता ही नहीं, उनके परिवार की कई पीढ़ियों के सदस्य भी चिकित्सा व्यवसाय से जुड़े रहे हैं। ईकोल नार्मेल सुपिरिअॅर से स्नातक की शिक्षा प्राप्त करने के बाद पारिवारिक परम्परा को तोड़ते हुए युद्ध के बाद तूरेन ने फ्रांस के उत्तरी इलाके की कोयले की खानों में कार्य किया। कोयले की खदानों के अनुभव ने उनमें समाजशास्त्र के प्रति ललक पैदा की और सन् 1950 में समाजशास्त्री जार्ज़ेस फ्रीडमैन के सानिध्य में अध्ययन करने के लिये वे 'फ्रैंच नेशनल रिर्सच ऑरगेनाइज़ेशन' में आ गये। तूरेन ने सर्व प्रथम पेरिस के कार के एक कारखाने में कार्य की प्रकृति का अध्ययन किया। इस शोध कार्य का प्रकाशन सन् 1955 में हुआ। बाद में, करीब एक दशक बाद, उन्होंने 'आंदोलन के समाजशास्त्र' पर कार्य किया। सन् 1952 में, तूरेन ने फ्रांस को छोड़ कर अमेरिका आ गये और यहां **टालकट पार्सन्स** और **लेजार्सफेड** के साथ

कार्य किया। यहां उन्होंने अमेरिका के कई विश्वविद्यालयों में अध्यापन किया। अध्यापन के अनुभवों ने उन्हें अमरीकी समाजशास्त्र को निकट से देखने-समझने का मौका दिया। सन् 1960 के बाद से तूरेन फ्राँस के विज्ञानों के एक संस्थान में अध्यापन कर रहे हैं।

मई 1968 के पेरिस के अनुभव ने, तूरेन में यह दृढ़ विश्वास पैदा कर दिया कि समाज को एक सावयव और प्रकार्यात्मक समष्टि के रूप में देखने वाला सिद्धान्त पूर्णतः अपर्याप्त है, क्यों कि इस सिद्धान्त में परिवर्तन के विषय की कोई गुजांइश नहीं है। समाज किस प्रकार बदलते हैं, या समाजों में बदलाव कैसे होता है, यह सिद्धान्त इसकी व्याख्या नहीं कर पाता। यही नहीं, इस सिद्धान्त में सामाजिक क्रिया के विभिन्न रूपों को भी पर्याप्त महत्व नहीं दिया गया है। तूरेन ने अपने सिद्धान्त में सामाजिक क्रिया की महत्ता को रेखांकित किया है, किन्तु साथ ही उन्होंने कर्त्ता की क्रियाओं पर संरचना और ऐतिहासिकता के प्रभावों को भी नजरअंदाज नहीं किया है। वे मानते है कि **समाज अलग-अलग क्रियाओं अथवा घटनाओं का जमावड़ा मात्र नहीं है। कोई क्रिया सामाजिक संरचना के तत्वों को तब ही उत्पन्न कर पाती है, जब यह विद्यमान संस्थाओं तथा अपेक्षाकृत स्थाई सांस्कृतिक स्वरूपों के अनुरूप तथा विरोध में होती है।**

तूरेन के अनुसार, सामान्यतः एक सामाजिक आंदोलन सामूहिक व्यवहार से भिन्न, जो हमेशा प्रतिक्रियात्मक होता है, प्रतिक्रियात्मक शक्ति की अपेक्षा एक सक्रिय सकारात्मक शक्ति लिये होता है। सामाजिक आंदोलन सामान्य रूप में 'ऐतिहासिकता' पर नियंत्रण पाने के लिये किया जाता है। ऐतिहासिकता से तात्पर्य सामान्य सांस्कृतिक स्वरूपों और सामाजिक जीवन की संरचनाओं से है। यदि 'समाज' शब्द सामाजिक एकीकरण का संकेत देता है, तब 'सामाजिक आंदोलन' से तात्पर्य ऐसी संघर्षात्मक क्रिया से है जो सामाजिक एकीकरण के विद्यमान स्वरूप का विरोध विद्यमान सामाजिक एकीकरण को दी गई इस प्रकार की चुनौती को समाज के संकट और सामाजिक संगठन के टूटने के समान नहीं समझा जाना चाहिये। अतः सामाजिक क्रिया के द्वारा जो बदलाव लाया जाता है, उसे व्याधिकीय अथवा पार्सन्सवादी अर्थ में 'दुष्कार्यात्मक' नहीं समझा जाना चाहिये। सामाजिक आंदोलन का समाजशास्त्र समाज के इस प्रकार के अध्ययन से पूर्णतः भिन्न है जिसमें समाज को एक ऐसी सावयविक व्यवस्था माना जाता है जिसका एक अवस्था से दूसरी अवस्था में धीरे-धीरे विकास होता है, उदाहरणार्थ जिस प्रकार पश्चिमी पारम्परिक समाज का आधुनिक समाज में विकास हुआ है।

तूरेन ने सामाजिक आंदोलनों को सामाजिक संघर्ष के साथ जोड़ा है और इसे सामाजिक संघर्ष के निम्न तीन स्वरूपों में से एक माना है: (1) **रक्षात्मक सामूहिक व्यवहार**—इसमें किसी विशिष्ट सुधार की मांग की जाती है। जब किसी कारखाने में सामूहिक क्रिया द्वारा यह मांग की जाती है कि समान योग्यता रखने वाले व्यक्तियों के बीच वेतन के अन्तर को समाप्त किया जाना चाहिये, यह रक्षात्मक सामूहिक व्यवहार का एक उदाहरण है। यह किसी विशिष्ट सुधार के लिये होता है जो पहले से विद्यमान किसी संरचना से संबंधित होता है। (2) **सामाजिक संघर्ष (स्ट्रगल)** —इसका उद्देश्य किसी निर्णय या निर्णयों में फेर-बदलाव लाना होता है। जब कारखाने की निर्णय-प्रक्रिया में श्रमिकों को अधिक भूमिका दिये जाने के लिये मांग की जाती है, तब यह सामाजिक संघर्ष का एक उदाहरण है। (3)

सामाजिक आंदोलन—जब कारखाने में शक्ति के सामाजिक संबंधों में पूर्ण रद्दोबदल या रूपान्तरण की मांग की जाती है या समाज के शक्ति-संबंधों में पूर्ण बदलाव की मांग की जाती है, तब इस प्रकार की सामूहिक क्रिया का रूप सामाजिक आंदोलन का रूप धारण कर लेता है। तूरेन ने इसके एक उदाहरण के रूप में महिला आंदोलनों को बताया है। **महिला आंदोलन का उद्देश्य उदारवादी मूल्यों की स्थापना द्वारा विद्यमान असमानताओं को पाटना मात्र नहीं है, अपितु सांस्कृतिक और सामाजिक जीवन के मानदंडों और मूल्यों में बदलाव के लिये प्रयास करना है।** तूरेन का मानना है कि सामाजिक आंदोलन किसी एक राजनीतिक दल से सम्बद्ध नहीं होता। यह दल-राजनीति की सीमाओं को लांघ जाता है। तूरेन के अनुसार, सामाजिक आंदोलनों का उद्‌भव अत्यधिक स्तरीकृत और पदसौपानिक समाजों के समाप्त होने के साथ हुआ है। इसका तात्पर्य यह नहीं है कि सभी समाजों में पूर्ण समानता आ गई है। इसका तात्पर्य केवल यह है कि पश्चिमी औद्योगिकृत समाजों में मध्यम वर्ग में काफी वृद्धि हुई है और सामाजिक अवरोधों में निरन्तर कमी आई है। कठोर पदसौपानिक और वर्ग-आधारित समाजों की समाप्ति के साथ वस्तुपरक दशाओं में भी परिवर्तन आया है जो व्यवहार को प्रभावित करती हैं। मार्क्सवादी अर्थों में, यह परिवर्तन अधिसंरचना और अधोसंरचना के संबंधों को इंगित करता है। मार्क्स के सामाजिक वर्ग संबंधी विचारों के प्रति अपनी असहमति प्रकट करते हुए तूरेन ने लिखा है कि **अपने आप में कोई वर्ग नहीं होता क्योंकि बिना वर्ग चेतना के वर्ग हो ही नहीं सकता।** उनके अनुसार, 'सामाजिक वर्ग वह कोटि है जिसके नाम से आंदोलन किये जाते हैं।'

पिछले वर्षों (1992) में तूरेन ने आधुनिकता की धारणा पर भी पुनर्विचार किया है। फूको के संरचनावाद के हठधर्मी संस्करण का विरोध करते हुए भी तूरेन ने अपनी पुस्तक 'आधुनिकता की समीक्षा' (1992) में फूको के द्वारा बंदीगृह और कामात्मकता के इतिहास पर किये गये बाद के अध्ययनों के प्रति अपनी सहमति प्रकट की है। अपने इस अध्ययन में, तूरेन ने डेकार्ते और प्रबोधकाल से शुरू हुए प्रारंभिक आधुनिक युग को आधुनिकता की परिभाषा के लिये स्वीकार किया है। उन्होंने यह माना है कि मूलभूत रूप में आधुनिकता का रूप-स्वरूप और दृष्टि लौकिक (धर्मनिरपेक्ष) होती है और इसमें अन्तिमता का कोई स्थान नहीं होता। किन्तु, प्रगति के प्रति प्रतिबद्ध होते हुए भी, आधुनिकता इतिहास के संभावित अन्त को अस्वीकार नहीं करती, यधपि इस प्रकार की संभावना साधनात्मक तार्किकता (साधन-साध्य तार्किकता) के वर्चस्व के कारण समाप्त हो जाती है। साधक तार्किकता का तब वर्चस्व होता है जब ज्ञानोदय काल के मूल्य, जैसे तर्क, स्वतंत्रता, नियोजन, सार्वभौमिकतावाद तथा प्रगति को समाज में स्वीकार किया जाता है। फ्रैंकफर्ट सम्प्रदाय, विशेषतः फूको की प्रारंभिक कृतियों के प्रकाशन और अभी हाल के उनके 'उत्तर-आधुनिकतावादी' विचारों के कारण इन मूल्यों को चुनौती का सामना करना पड़ा है। **अब यह माना जाने लगा है कि आधुनिकता उसी प्रकार के उत्पीड़न को जन्म देती है जिसे यह मिटाने का दावा करती है। इसमें साधनात्मक तार्किकता (इन्स्ट्रुमेन्टल रैश्नॅलिटी) को जीवन के तुच्छीकरण (पतन) के रूप में, और व्यक्ति को विचारधारा के उत्पाद के रूप में देखा जाता है।**

तूरेन ने आधुनिकता के आलोचकों (फूको और उत्तर-आधुनिकतावादियों) को जवाब

देते हुए यह लिखा है कि आलोचक इस बात को भूल जाते हैं कि आधुनिकता अपने आप में बंटी हुई है। यह 'आत्म-निरीक्षक', 'आत्म-आलोचक' और 'आत्म-संहारक' है। **नीत्से** और **फ्रायड** के लेखन आधुनिकता की इस प्रवृति (आत्म-विभाजन) की पुष्टि करते है। आश्चर्य की बात है कि आधुनिकता के आलोचकों ने इन्हीं लेखनों का प्रयोग आधुनिकता की भर्त्सना में किया है। तूरैन फ्रैंकफर्ट सम्प्रदाय जिसे वे कठोर अभिजनवादी मानते हैं, पर कड़ा प्रहार करते हुए लिखते हैं कि कुछ सार्वभौमिक लक्ष्यों (उद्देश्य) के नाम पर तकनीकी (प्रौद्योगिकीय) तार्किकता की भर्त्सना करना अच्छा लग सकता है, किन्तु इस प्रकार के प्रयास में हर समय सर्वसत्तावादी या निरंकुश एकतंत्रवादी नतीजों की जोखिम झेलनी पड़ सकती है।

जैसा ऊपर लिखा गया है कि आधुनिकता संबंधी फूको के प्रारंभिक लेखनों और बाद के लेखनों (बन्दीगृह और कामात्मकता संबंधी लेखन) में अन्तर स्पष्ट झलकता है जिसे तूरेन ने अपने लेखनों में स्पष्ट किया है। तूरेन कहते हैं कि नवीन तितर-बितर अन्तर्दृष्टियों के आधार पर आधुनिकता के बारे में पुनर्खोज की आवश्यकता है। आवश्यकता इस बात की भी है कि सामाजिक एकीकरण के ऐसे नये सिद्धान्त की खोज की जाये जिसमें आधुनिकता के पुराने रूप के नकारात्मक तत्व शामिल न हो। इस "नई आधुनिकता" (न्यू मॉडर्निटी) में व्यक्ति और तर्क सामाजिक अस्तित्व के वृहद् पक्षों हेतु जुड़े होते हैं। ऐसी संभावना है कि तूरेन की यह 'नवीन आधुनिकता' की धारणा तथाकथित उत्तर-आधुनिक अनुभव से उपजे निराशावाद को शक्तिशाली ढंग से रोकने के लिये प्रतिविष का कार्य करेगी।

प्रमुख कृतियाँ :

- The Post-Industrial Society, (1971)
- The Self-Production of Society, (1977)
- The Voice and the Eye: An Analysis of Social Movements, (1983)
- Return of the Actor: Social Theory in Postindustrial Society, (1987)
- Critique de la modernite, (1992)

Troeltsch, Ernst

अर्नेस्ट ट्रोलच (1865-1923)

मैक्स वेबर के समकालीन तथा उनके निकट साथी, जर्मनी के दार्शनिक एवं धर्मशास्त्री **अर्नेस्ट ट्रोलच** ने धर्म के समाजशास्त्र पर प्रमुख कार्य किया है। ट्रोलच ने सामाजिक जीवन के भौतिक और आदर्शात्मक तत्वों के पारस्परिक सम्बंधों के अध्ययन में विशेष रुचि प्रदर्शित की है। इस मामले में उन्होंने वेबर को भी प्रभावित किया है। वेबर की भांति, ट्रोलच ने भी मार्क्स की आलोचना की है और कहा कि धार्मिक विश्वास और आस्थाएं भौतिक कारकों के विकास को प्रभावित करते हुए एक स्वतंत्र चर (वेरिएबल) के रूप में कार्य कर सकती हैं। ट्रोलच द्वारा प्रस्तावित 'चर्च पंथ रूपावली' ने बाद में धार्मिक आदोलनों के वर्गीकरण में एक महत्वपूर्ण भूमिका अदा की हैं।

प्रमुख कृतियाँ :

- The Social Teaching of Christian Churches, (1911)
- Protestanism and Progress, (1912)

Trotsky, Leon

लिऑ ट्रॉट्स्की (1879-1940)

लेनिन के बाद **लिऑ ट्रॉट्स्की** को साम्यवादी सिद्धान्तों का एक अग्रणी टीकाकार माना जाता है। वे सिद्धान्तकार के साथ-साथ साम्यवादी क्रांति के एक कर्मठ कार्यकर्त्ता भी थे। रूस की क्रांति में वे लेनिन के साथी रहे हैं। यद्यपि दोनों में कई मामलों में मतभेद भी थे। ट्रॉट्स्की अधिकांशतः अपनी 'स्थाई क्रांति' और 'एक भ्रष्ट कामगारों के राज्य के रूप में सोवियत संघ' जिसमें एक नये शासक वर्ग के रूप में नौकरशाही काम करती है, के विचारों के लिये अधिकांशतः जाने जाते हैं। वे सन् 1917 की क्रांति के बाद रूस के विदेश मंत्री और युद्ध की सेना के रसद अधिकारी रहे हैं, किन्तु बाद में रूस के तत्कालीन शासक स्टालिन से उनके गहरे मतभेद हो गये। परिणामस्वरूप, उन्हें सन् 1927 में स्टालिन द्वारा पदोच्युत कर दिया गया। यही नहीं, सन् 1929 में उन्हें निर्वासित और बाद में सन् 1940 में मैक्सिको में उनकी हत्या कर दी गई।

यद्यपि ट्रॉट्स्की ने साम्यवादी सिद्धान्तों की विद्वतापूर्वक व्याख्या की है, किन्तु विश्व के साम्यवादी उनके इस योगदान को स्वीकार नहीं करते। आज साम्यवादी मुहावरे में ट्रॉट्स्कीवाद का अर्थ मार्क्सवाद से विचलन, मार्क्सवादी सिद्धान्तों को नकारना या उनमें संशोधन करना माना जाता है।

प्रमुख कृतियाँ :

- Our Revolution, (1906)
- Terriorism and Communism, (1920)
- Towards Socialism or Capitalism, (1925)
- In Defense of Marxism, (1939-40)

Turner, Victor

विक्टर टर्नर (1920-1983)

विक्टर टर्नर एक ब्रिटिश सामाजिक मानवशास्त्री थे जिन्होंने विशेषतः अनुष्ठान (रिचुअल) और प्रतीकवाद पर काम किया है। उनका मुख्य अध्ययन का क्षेत्र अफ्रीका की नदेम्बू जनजाति रहा है। इस जनजाति में उन्होंने रंग-प्रतीकों, जीवन-पथ के संस्कार और रोग मुक्ति के अनुष्ठानों और कर्मकाण्डों का विस्तार से वर्णन-विश्लेषण किया है। इसके अतिरिक्त टर्नर ने गांव की राजनीति का लघु स्तरीय अध्ययन भी किया है। **आरनोल्ड वॉन गैनप** के 'सीमा'

या 'देहरी' के विचार को आगे बढ़ाते हुए टर्नर ने अपनी पुस्तक 'कर्मकाण्डीय प्रक्रिया' (1969) में तीर्थयात्रा और पश्चिमी समाज में सीमान्तता की अवधारणा के बारे में खोजबीन की है।

प्रमुख कृतियाँ :

- Schism and Continuity in an African Society, (1957)
- The Forest of Symbols, (1967)
- The Drums of Affliction, (1968)
- The Ritual Process, (1969)
- Dramas, Fields and Metaphors, (1974)
- Revelation and Divination in Ndembu Ritual, (1975)

Tylor, Sir Edward Burnett

सर एडवर्ड बरनेट्ट टायलर (1832-1917)

मानवशास्त्र के पिता के रूप में प्रतिष्ठित **सर एडवर्ड बरनेट्ट टायलर** (ई.बी.टायलर) मुख्य रूप से संस्कृति की अपनी इस परिभाषा के लिये जाते हैं कि **"संस्कृति वह जटिल सम्पूर्णता है जिसमें ज्ञान, विश्वास, कला, नैतिकता, कानून, प्रथा तथा अन्य सभी क्षमताएं और आदतें जो मानव के द्वारा समाज के एक सदस्य के रूप में अर्जित की जाती हैं, सम्मिलित की जाती हैं।"** यह परिभाषा अपनी कमियों के बावजूद समाजशास्त्र और मानवशास्त्र के संस्कृति सम्बन्धी विश्लेषणों में अधिकांशतः उघृत की जाती है। टायलर पहले अंग्रेज विक्टोरिआई मानवशास्त्री थे जिन्होंने सन् 1884 में ऑक्सफोर्ड विश्वविद्यालय में सामाजिक मानवशास्त्र के नाम से इस विषय का अध्यापन प्रारंभ किया।

टायलर उद्विकासीय सिद्धान्त के प्रणेताओं में से रहे हैं। उन्होंने इस सिद्धान्त का प्रयोग प्रमुख रूप से धर्म और संस्कृति के क्षेत्र में किया। धर्म के क्षेत्र में उन्होंने जीववाद के सिद्धान्त का प्रतिपादन किया जिसे उन्होंने आदिम धर्म के आद्य स्वरूप की संज्ञा दी। उद्विकासीय सिद्धान्त का अनुसरण करते हुए टायलर ने संस्कृति के कुछ पक्षों को पुरातन के प्रकार्य रहित अवशेष की संज्ञा दी है तो कुछ तत्वों को उन्होंने उत्तरजीविता कौशल कहा है। इस सम्बंध में उनका एक बहु प्रसिद्ध यह कथन उल्लेखनीय है कि 'समाजों के उद्विकास के इतिहास में कई व्यक्तियों के सामने चयन की समस्या यह रहती है कि विवाह किया जाये या मरा जाये।' इस प्रकार अन्तर्विवाह द्वारा बनाये गये गठबन्धनों (विवाह-सम्बंधों) द्वारा संभावित खतरनाक समूहों को भी सहयोगी बनाया जा सकता है। टायलर पहले व्यक्ति थे जिन्होंने समाजों के विश्लेषण में **सामाजिक गणित (सांख्यिकिकी) का प्रयोग** किया। इस विधि के प्रयोग द्वारा उन्होंने यह प्रदर्शित किया कि पुत्र या पुत्रियों का अपने सास-श्वसुर से परिहार, विवाह के समय किये गये निवास स्थान के चयन पर आधारित होता है। यदि पितृस्थानीय निवास के नियम का प्रयोग किया गया है तो लड़के से यह आशा की जाती है कि वह अपने सास-श्वसुर का परिहार करे, उनके साथ बातचीत न करे, आदि। किन्तु यदि

निवास के मातृस्थानीय नियम का प्रयोग किया गया है तो यही अपेक्षा लड़की से की जाती है कि वह अपने सास-श्वसुर का परिहार करे। इन साक्ष्यों के आधार पर टायलर ने नातेदारी प्रथाओं सहित दूसरी भी कई प्रथाओं की व्याख्या की। विश्लेषण की इस विधि ने जिसमें भिन्न सांस्कृतिक प्रथाएं आपस में गुंथी होती हैं, प्रकार्यवाद के उद्‌भव और विकास में योगदान किया है। यह विधि ही बाद में आधुनिक ब्रिटिश सामाजिक मानवशास्त्र के अध्ययन-अनुसंधान की प्रथम मुख्य 'पैराडाइम' बन गई।

मानवशास्त्र में **'अवशेष' (सरवाइबल) की अवधारणा** का सर्वप्रथम प्रयोग करने का श्रेय भी टायलर को ही जाता है, यद्यपि अवशेष सम्बन्धी विचार मॉर्गन और मैक्लेनन के सिद्धान्तों में पहले से निहित है। टायलर के अनुसार, अवशेष ऐसी प्रक्रियाएं, रीति-रिवाज और मत-मतांतर आदि होते हैं जिन्हें अपने मूल समाज जिसमें उनका जन्म हुआ होता है, से किसी भिन्न नये समाज में आदतों के दबाववश लाया गया होता है, अतः ये संस्कृति की पुरानी स्थिति के दृष्टांत और प्रमाण का कार्य करते हैं जिसमें से नई संस्कृति का उदय हुआ हैं।

प्रमुख कृतियाँ :

- Primitive Culture, (1871)
- Anthropology : Introduction to the Study of Man and Civilization, (1881)

V

Van Gennep, Arnold

अर्नोल्ड वॉ गैन्नप (1873-1957)

गणचिन्हवाद (टोट्मिज़्म), वर्जनाओं (टेबू), जीवन-पथ के संस्कार और धार्मिक अनुष्ठानों पर किये गये अपने शोध-कार्यों और इनसे सम्बन्धित भारी भरकम पुस्तकों के लिये जाने-पहचाने जाने वाले **अर्नोल्ड वॉ गैन्नप** का जन्म जर्मनी में और मृत्यु फ्रॉस में हुई थी। उनकी शिक्षा-दीक्षा पेरिस में हुई जहां उन्होंने आदिम धर्म, मिस्त्रशास्त्र, भाषाविज्ञान, अरबी और इस्लामी संस्कृति का साथ-साथ अध्ययन के आधार पर नृजातिशास्त्र और नृजातिलेखन पर अपना ध्यान केन्द्रित कर अन्तिम रूप में फ्रांसीसी लोकगाथा और लोकवार्ता पर अधिकांश कार्य किया। उन्हें फ्रॉस में आधुनिक लोकगाथा के प्रवर्तकों में से एक मुख्य प्रवर्तक माना जाता है।

गैन्नप ने अपने शोध-कार्यों की शुरुआत गणचिन्हवाद और वर्जनाओं (निषेध) जैसे विषयों संबंधी अपने लेखनों से की। ये विषय उस काल में महत्वपूर्ण विषय माने जाते थे। वॉ गैन्नप ने इस संबंध में **दुर्खाइम** के "टोट्मिज़्म" के सिद्धान्त की भारी अवहेलना की है। उन्होंने उन विद्वानों के इस मत को नकारा है जिन्होंने इन विषयों को धर्म और नातेदारी के उद्गम के साथ जोड़ा है। उन्होंने कहा कि गणचिन्हवाद और वर्जनाओं को वर्गीकरण के एक रूप में अधिक अच्छे ढंग से समझा जा सकता है। गैन्नप ने उद्‌विकासवाद की आलोचना भी की है और लिखा है कि सामाजिक उद्‌विकास के बड़े-बड़े प्रतिरूप (मॉडल्स) बहुधा ऐसे तथ्यों के आधार पर निर्मित किये गये हैं जिन्हें सन्देह की दृष्टि से देखा जाता है तथा जिनका गलत रूप में प्रयोग किया गया है।

वॉ गैन्नप ने मानवशास्त्र के विषयों के अलावा लोकवार्ता पर भी कई पुस्तकें लिखी हैं। गैन्नप का मानवशास्त्र के क्षेत्र में सर्वाधिक बहुचर्चित कार्य सामाजिक संस्कारों और कर्मकाण्डों पर रहा है जिस पर उन्होंने सन् 1908 में "जीवन-पथ के संस्कार" (राइट्स ऑफ पैसेज) नामक पुस्तक लिखी है। समाज वैज्ञानिकों के बीच वे अपनी इसी पुस्तक द्वारा अधिक जाने-पहचाने जाते हैं। उन्होंने इस पुस्तक में तुलनात्मक विधि का प्रयोग करते हुए विभिन्न संस्कृतियों में समान संरचनाओं को ढूँढने का प्रयास किया है। अपने इस उद्देश्य की पूर्ति हेतु वॉन गैन्नप ने संस्कारों के एक ऐसे सामान्य सांकेतिक ढाँचे का वर्णन-विश्लेषण किया है जो व्यापक रूप से सभी समाजों में पाये गये है और जिनके बीच से सभी व्यक्तियों को गुजरना पड़ता है। गर्भाधान, जन्म, वयस्कता, विवाह और मृत्यु ऐसे ही प्रमुख संस्कार हैं जो लगभग सभी समाजों में पाये गये हैं। इन संस्कारों के द्वारा उन्होंने शारीरिक प्रतिक्रियाओं पर प्रकाश नहीं डाला है, अपितु उन्होंने इस तथ्य को उजागर किया है कि ये संस्कार किस प्रकार व्यक्ति की सामाजिक प्रस्थिति को प्रभावित कर उसमें परिवर्तन लाते हैं। शारीरिक प्रक्रियाओं

और सामाजिक प्रस्थिति संबंधी परिवर्तन के बीच यद्यपि दोनों में संबंध है, तथापि सामाजिक वयस्कता और शारीरिक वयस्कता दोनों की शुरुआत एक साथ नहीं होती है, अर्थात् शारीरिक रूप से वयस्क होने के उपरान्त भी कई समाजों में व्यक्ति को सामाजिक रूप में वयस्क नहीं माना जाता है। इसी प्रकार, सामाजिक मृत्यु और शारीरिक मृत्यु एक साथ नहीं होती। उन्होंने बताया कि **टायलर और फ्रेज़र** जैसे कई लोग इन अवसरों पर किये जाने वाले कर्मकाण्डों के सही अर्थों को जानने में असमर्थ रहे हैं। गैन्नप के अनुसार जीवन-पथ के संस्कार आपस में जुड़ी हुई तीन अवस्थाओं को इंगित करते हैं, (1) पृथक्करण, (2) संक्रमण या अन्तराल और (3) सम्मिलन। व्यक्ति अथवा समूह को इन संस्कारों के माध्यम से पहले पूर्ववर्ती सामाजिक लगाव से विलग किया जाता है। बाद में उसे वियोजन या पार्थक्य की स्थिति से गुजरना पड़ता है और अन्ततः कर्मकाण्डों द्वारा पुनः उसे सामाजिक विश्व से जोड़ दिया जाता है; दूसरे शब्दों में वह पुराने सामाजिक विश्व के साथ नये ढंग से एकीकृत हो जाता है। उन्होंने अनेक अनुष्ठानों और धार्मिक विधि-विधानों का विश्लेषण कर यह सिद्ध करने का प्रयास किया कि सभी संस्कारों का मुख्य चरित्र इसी प्रतिमान, अर्थात् पृथक्करण, संक्रमण और सम्मिलन को प्रकट करता है। संस्कारों द्वारा जनित ये परिवर्तन व्यक्ति या समूह के जीवन में एक अव्यवस्था अवश्य उत्पन्न कर देते हैं, किन्तु संक्रमण के संस्कारों के द्वारा पुनः सामाजिक संतुलन पैदा करके इनके नुकसानदायक प्रभावों को दूर कर दिया जाता है।

संस्कारों के विश्लेषण के अलावा, गैन्नप ने इसी पुस्तक में धर्म का भी विश्लेषण किया और धर्म के सिद्धान्त के उन्होंने दो मोटे रूप बताये हैं : (1) अवैयक्तिक, गतिक और अद्वैतवादी धर्म, (2) वैयक्तिक, जीववादी और द्वैतवादी धर्म। बाद में, द्वैतवादी धर्मों के चार रूप बताये हैं : (1) टोटमवाद, (2) प्रेतात्मावाद, (3) बहुपिशाचवाद और (4) आस्तिकवाद। **गैन्नप** ने धर्म के व्यावहारिक पक्ष जादुई-धार्मिक तकनीकों को तीन रूपों में विभाजित किया है : (1) सहानुभूतिमूलक/ संक्रामक, (2) प्रत्यक्ष/ अप्रत्यक्ष, और (3) सकारात्मक/नकारात्मक। धर्म की इस प्रकार की प्रतीकात्मक व्याख्या करने के बाद गैन्नप ने यह भी कहा है कि धर्म के ये दोनों पक्ष, अर्थात् सैद्धान्तिक और व्यावहारिक (तकनीकी) अटूट हैं, इन्हें पृथक-पृथक नहीं किया जा सकता। उनके अनुसार, बिना व्यवहार (तकनीक) के सिद्धान्त सैद्धांतिकी मात्र बन जाते हैं, किन्तु विभिन्न सिद्धान्तों के आधार पर तकनीक विज्ञान का रूप धारण कर लेती है।

गैन्नप का एंग्लो-अमेरिकी मानवशास्त्र, विशेषतः 'प्रतीकवादी मानवशास्त्र' पर गहरा प्रभाव पड़ा है। कई वर्षों तक प्रशुप्त रहने के बाद उनकी मृत्यु के बाद जब सन् 1960 में उनकी पुस्तक "धार्मिक विधि-विधान" का अनुवाद छपा, तब गैन्नप पुनः चर्चा के विषय बन गये और उन्हें पुनः ख्याति प्राप्त हुई। **विक्टर टर्नर** और **मेरी डगलस** जैसे लेखक-विद्वानों ने अपनी पुस्तकों में गैन्नप की कृतियों पर नये सिरे से प्रकाश डालते हुए धार्मिक विधि-विधानों की शक्ति और खतरे की ओर ध्यान आकर्षित किया है।

यह दुर्भाग्य ही कहा जायेगा कि वॉ गैन्नप को शैक्षणिक जगत् में वह आशान्वित ख्याति नहीं मिल पाई, जिसके वे वास्तविक रूप में हकदार थे। मानवशास्त्र के पिता कहे जाने वाले **जेम्स फ्रेज़र** की प्रख्यात पुस्तक "गोल्डन बाउ" के प्रकाशन के समय ही गैन्नप की पुस्तक "द राइट्स ऑफ पैसेज" के प्रकाशन के कारण गैन्नप की इस कृति को लगभग

अनदेखा कर दिया गया। इस पुस्तक के बाद उन्होंने फ्रॉस के लोकवार्ता विषय पर कार्य कर, नौ खंडों के एक ग्रंथ की रचना की। इन नौ खंडों वाले ग्रंथ से वॉ गैन्नप को भारी प्रसिद्धि मिली।

प्रमुख कृतियाँ :

- Tabou et tote'misme a'Madagaskar, (1904)
- Mythes et legendes d' Australie, (1906)
- L'e'tat actel du proble'me tote'mique, (1920)
- Manuel de folklore francais Contemporain (9 Vols.), (1943-58)
- The Rites of Passage, (1960)

Veblen, Thorstein Bunde

थॉर्स्टाइन (थोर्स्टीन) बूंदे वेबलन (1857-1929)

थॉर्स्टाइन बूंदे वेबलन एक अमेरिकी समाजशास्त्री और अर्थशास्त्री थे जिन्होंने पूंजीवाद के आर्थिक समाजशास्त्र की आधारशिला रखी है। वे अमेरिकी उद्योगवाद के एक कटु सामाजिक आलोचक थे। उनके लेखनों ने तथाकथित संस्थात्मक अर्थशास्त्र को प्रेरित किया और जॉन केनेथ गालब्रेथ और सी. डब्ल्यू. मिल्स जैसे मूर्धन्य चिन्तकों को प्रभावित किया है। उनका जन्म नार्वे के एक आव्रजक किसान परिवार में हुआ था। उनकी शिक्षा-दीक्षा जॉन बेट्स क्लार्क, सी.एड. पीयर्स और रिचार्ड ऐले के सानिध्य में हुई थी जो नव क्लासिकल अर्थशास्त्र में निष्णात विद्वान थे। उन्होंने येल विश्वविद्यालय से दर्शनशास्त्र और अर्थशास्त्र में शोध-उपाधि (पी.एच.डी) प्राप्त की। यहीं वे प्रख्यात शिक्षाशास्त्री नार्थ पोर्टर और डब्ल्यू. जी. समनर के. सम्पर्क में आये। सन् 1890 में कार्नेल विश्वविद्यालय से उन्होंने पुनः पी.एच.डी की। शिक्षा समाप्ति के बाद वेबलन ने कई विश्वविद्यालयों में— शिकागो, स्टेन्फोर्ड, मिसौरी आदि में कई पदों पर रहते हुए अध्यापन-कार्य किया, किन्तु अपने सनकीपन, स्पष्टवादिता और स्वच्छंद रूढ़िमुक्त व्यवहार के कारण वे कहीं नहीं जम पाये। उनकी इस प्रकार की असामान्य प्रवृतियों ने उनके समस्त शैक्षणिक जीवन को बर्बाद कर दिया। अन्त में सेवानिवृत होकर वे स्थाई रूप में कैलीफोर्निया में जा बसे जहाँ अवसाद से ग्रस्त होने के कारण थोड़े ही दिनों में उनकी मृत्यु हो गई।

वेबलन ने कई विविध विषयों पर ढेर सारा लिखा है। जब वे शिकागो विश्वविद्यालय में थे, वहां उन्होंने 'जर्नल ऑफ पॉलिटिकल इकानॉमी' का सम्पादन किया और अर्थशास्त्र के विषयों पर लिखने लगे। वेबलन ने उन्नीसवीं शताब्दी के उत्तरार्ध वाले उद्यमशील पूंजीवाद की मुख्य विचारधाराओं जिसमें प्रमुख रूप में उद्‌विकासवाद और कीमत-सिद्धान्त को आधार बनाते हुए उन समाजों का विश्लेषण किया जिनमें इन सिद्धान्तों का विकास हुआ था। इसी समय सन् 1899 में अपनी प्रसिद्ध कृति **'विलासी वर्ग का सिद्धान्त'** की रचना की जिसके कारण उन्हें तत्कालीन अमेरिकी समाज के धनाड्य वर्ग का कोप भाजन बनना पड़ा। इस वर्ग द्वारा उनकी काफी निन्दा भी की गई। इस पुस्तक में उन्होंने सर्वप्रथम अमेरिकी समाज की

परिग्रहीवृति, विनाशक गलाकाट प्रतिस्पर्धा, शोषणकारी और लूटेरी प्रवृति तथा निगमों की असीमित शक्ति की कटु आलोचना करते हुए इस समाज के प्रभु सामाजिक वर्ग (डॉमिनेट सोश्यल क्लास) जिसे वेबलन ने "**विलासी वर्ग**" (लेज़र क्लास) का नाम दिया है, की कारगुज़ारियों को उजागर किया। उन्होंने कहा कि यही वह वर्ग है जो पूंजीवादी समाज के अधिकांश लाभ को हड़प जाता है। इसी संदर्भ में, वेबलन ने "**प्रदर्शनकारी उपभोग**" (कनस्पिक्युअस कन्सम्पशन) की अवधारणा को विकसित किया और बताया कि इस वर्ग की जीवन-शैली, तड़क-भड़क, आडम्बरपूर्ण फिजुलखर्ची, आलसीपन और ऐसे निर्लज्य उपभोग से भरी होती है जिसका न खुद के लिये और न दूसरों के लिये कोई उपयोगी महत्व होता है, बल्कि इस प्रकार का उपभोग समाज के निम्न तबकों पर विनाशकारी प्रभाव डालता है। अपनी इस अवधारणा की पुष्टि के लिये वेबलन ने आदिवासी समाजों के बर्बर लोगों के प्रदर्शनकारी अनुष्ठानों और कर्मकाण्डों (जैसे पोटलेच प्रथा) का भी उल्लेख किया है। इसी पुस्तक में उन्होंने महिलाओं की दयनीय प्रस्थिति और सभ्य समाजों में भी निरंतर पुरुषों द्वारा उनके शोषण की ओर ध्यान आकर्षित किया है।

अपनी द्वितीय पुस्तक 'व्यापारिक उद्यमशीलता का सिद्धान्त' (1904) और अपने अनेक लेखों में वेबलन ने नव-क्लासिकल कीमत सिद्धान्तों की समीक्षा करते हुए यह बताया कि किस बाजार का तंत्र वास्तव में उद्योग में बर्बादी, धोखाधड़ी और शोषण उत्पन्न करने के साथ-साथ मजदूरों की अविष्कारशीलता को नष्ट करता है। वेबलन ने मार्क्सवाद के स्वप्नलोकीय काल्पनिक चरित्र को तो अस्वीकार किया है, किन्तु दूसरी ओर उन्होंने 'तक्नीकीवाद' के एक विशिष्ट रूप पर अपनी राजनीतिक आशाओं को आधारित किया है। 'कारीगरी की मूल प्रवृति' (1914), 'आधुनिक सभ्यता में विज्ञान का स्थान' (1918), 'अभियंतागण और मूल्य-प्रणाली' (1921) नामक पुस्तकों में वेबलन ने अपने आशावाद को प्रकट करते हुए यह निष्कर्ष प्रस्तुत किया है कि अभियंतागण (इंजीनियर्स) जिनमें विज्ञान और प्रौद्योगिकी की भावना होती है, धीरे-धीरे परजीवी विलासी वर्ग का स्थान ले लेता है। अपनी एक पुस्तक 'अमेरिका में उच्च शिक्षा' (1918) में उन्होंने बताया कि विश्वविद्यालयों की शैक्षिक मूल्यों के प्रति कोई प्रतिबद्धता नहीं रह गई है। उनका मात्र उद्देश्य लाभार्जन, आर्थिक संरक्षण और स्व-हित है। उच्च शिक्षा का एकल लक्ष्य आजकल येन-केन-प्रकारेण आर्थिक सफलता का अर्जन करना मात्र हो गया है जिससे शिक्षा के मौलिक उद्देश्यों को गहरी चोट लगी है। अप्रत्यक्ष तौर पर इस उद्देश्य (आर्थिक सफलता) ने आधुनिक शिक्षा को भ्रष्ट कर दिया है।

'अनुपस्थित मालिकानापन और व्यापारिक उद्यम' (1923) में वेबलन ने अमेरिका के पूंजीवाद की विशिष्ट विशेषताओं, जैसे स्वामित्व और नियंत्रण, तथा विशाल निगमों में अल्पतंत्रीय शक्ति का विश्लेषण किया है। प्रथम महायुद्ध के समय उनकी पुस्तक 'साम्राज्यवादी जर्मनी और औद्योगिक क्रांति' (1915) का प्रकाशन हुआ। उन्होंने युद्ध को आर्थिक क्रियाकलापों के लिये एक खतरा माना है। इसी पुस्तक में जर्मनी की सत्तावादी राजनीति और ब्रिटिश प्रजातांत्रिक परम्परा में अन्तर बताते हुए उन्होंने लिखा है कि जर्मनी में औद्योगीकरण एक प्रगतिशील राजनीतिक संस्कृति उत्पन्न नहीं कर पाया है। अपनी एक अन्य पुस्तक 'शांति की प्रकृति सम्बन्धी एक अन्वेषण तथा इसे चिरस्थाई बनाने की शर्तें, (1917)

में विश्व के लिये किये गये प्रयासों, सफलता-असफलता के विश्लेषण के साथ उन कारकों का उल्लेख किया गया है जो शांति स्थापना के लिये आवश्यक हैं।

वेबलन को अनेक व्यक्तियों ने नैतिकता और सौन्दर्यपरक संदेशों का एक मसीहा माना है, जबकि दूसरे लोगों ने उन्हें अन्तर्दृष्टि सम्पन्न एक समाज वैज्ञानिक मात्र स्वीकार किया है। यद्यपि उनकी महत्ता काफी विवादास्पद रही है, किन्तु प्रदर्शनकारी उपभोग और स्पर्धा सम्बन्धी उनके विचारों ने न केवल शासक वर्ग के आधिपत्य को अपितु उपभोक्ता वर्ग के व्यवहार, निगमों के निर्लज्य कार्यकलापों, अन्तर्राष्ट्रीय राजनीति, सैन्यवाद, खेल और फैशन परिवर्तन की व्याख्या करने में महत्वपूर्ण भूमिका अदा की है। यही नहीं, उन्हें इस बात का भी श्रेय दिया जाता है कि उन्होंने आडम्बरपूर्ण चटकीले-भड़कीले प्रदर्शन और महिलाओं के उत्पीड़न के बीच भी सह सम्बन्ध स्थापित करने का प्रयत्न किया है। वेबलन ने समाजशास्त्र में अत्यंत लोकप्रिय 'व्यक्त और अव्यक्त प्रकार्य सिद्धान्त', ज्ञान के समाजशास्त्र और सामाजिक स्तरीकरण के क्षेत्रों में भी योगदान किया है। अपने अध्ययनों के आधार पर उन्होंने जो अवधारणाएं विकसित की हैं, उनमें कुछ **प्रमुख अवधारणाएं** ये हैं—'औद्योगीकरण में अगुआ बनने का दंड,' 'प्रशिक्षित अयोग्यता' (ट्रेंड इनकेपेसिटी), 'कुशलता का सोच-समझकर प्रयोग न करना', 'प्रदर्शनकारी उपभोग' और 'विलासी वर्ग' आदि।

वेबलन के विचारों का प्रचलन यद्यपि कम हो गया है, किन्तु फिर भी आज की बदली हुई परिस्थितियों में उनके विचार काफी समीचीन और उपयोगी प्रतीत होते हैं। इस बात की पुष्टि इस तथ्य से होती है कि सामाजिक विज्ञानों में आजकल उनके विचारों और अवधारणाओं का प्रचुर मात्रा में प्रयोग किया जा रहा है।

प्रमुख कृतियाँ :

- The Theory of the Leisure Class, (1899)
- The Theory of Business Enterprise, (1904)
- The Instinct of Workmanship, (1914)
- Imperial Germany and the Industrial Revolution, (1915)
- An Inquiry into the Nature of Peace and the Terms of its Perpetuation, (1917)
- The Higher Learning in America, (1918)
- The Place of Science in Modern Civilization, (1918)
- The Vested Interests and the Common Man, (1919)
- The Engineers and the Price System, (1921)
- Absentee Ownership and Business Enterprise, (1923)

W

Ward, Lester Frank

लेस्टर फ्रेंक वार्ड (1841-1913)

अमेरिकी समाजशास्त्री **लेस्टर फ्रेंक वार्ड** बाल्यकाल से स्व-शिक्षित थे। सन् 1863 में वार्ड ने अपना नाम संघीय सेना में दर्ज करवा दिया था। उन्होंने सांयकालीन कक्षाओं के द्वारा विश्वविद्यालय की उपाधि प्राप्त की थी। वे 65 वर्ष की आयु तक एक भूगर्भशास्त्री एवं जीवाश्म-वैज्ञानिक थे। इसी बीच उन्होंने कोम्त और स्पेन्सर की पुस्तकों को पढ़ा, परिणाम स्वरूप समाजशास्त्र में उनकी गहरी रुचि उत्पन्न हो गई। इसके बाद उन्होंने ब्राउन विश्वविद्यालय में समाजशास्त्र के आचार्य (प्रोफेसर) पद को ग्रहण किया और मृत्यु तक यहां पढ़ाते रहे। सन् 1906 में वे 'अमेरिकी समाजशास्त्रीय परिषद्' के प्रथम अध्यक्ष चुने गये। कोम्त और स्पेंसर से भारी प्रभावित, वार्ड ने अपने समाजशास्त्र का ताना-बाना उद्‌विकास के सिद्धान्त के आसपास बुना। उद्‌विकास की प्रक्रिया क्रमिक स्तरों में सरल से जटिल की ओर चलती है। वार्ड के अनुसार, ये स्तर प्रारंभ में उद्‌भव (जनिसिस), अर्थात् स्वतः उत्पन्न अज्ञात शक्तियों का परिणाम होते हैं, किन्तु बाद में ये प्रयोजनपरक (टेलिसिस) हो जाते हैं, अर्थात् ज्ञान एवं परिणामों के पूर्वाभास के आधार पर व्यक्तियों की उद्देश्यात्मक क्रियाएं होती हैं। वार्ड ने इसीलिये समाजशास्त्र को सामाजिक शक्तियों के एक व्यवस्थित अध्ययन के रूप में परिभाषित किया है। उनके अनुसार, इन शक्तियों की प्रकृति मानसिक होती है जो 'सामाजिक सहक्रिया' (सोश्यल सिनॅर्जी) की निरंतर प्रक्रिया का रूप धारण कर लेती है। इसी प्रक्रिया के द्वारा नवीन संरचनाओं का जन्म होता है। उनके विचारों को इसलिये महत्वपूर्ण माना गया है क्यों कि 'प्रयोजनपरकता' (टेलिसिस) का विचार इस बात पर बल देता है कि बीसवीं शताब्दी के समाजशास्त्र में संस्कृति अध्ययन का एक मुख्य विषय होगा।

वार्ड अमेरिकी समाजशास्त्र के प्रणेताओं में से रहे हैं। वे स्पेन्सर के उद्‌विकासवाद से प्रभावित अवश्य थे, किन्तु उनका उद्‌विकासवाद भिन्न था क्योंकि उन्होंने उद्‌विकास में मानव की मानसिकता की महत्वपूर्ण भूमिका मानी है। इसीलिये वार्ड को मनोवैज्ञानिक उद्‌विकासवाद का जन्मदाता कहा जाता है। वार्ड ने **दो प्रकार के समाजशास्त्र,** यथा 'शुद्ध समाजशास्त्र' और 'व्यावहारिक समाजशास्त्र' की रूपरेखा प्रस्तुत की है। उनके अनुसार, **शुद्ध समाजशास्त्र** (प्युअॅर सोसिऑलॉजी) का कार्य सामाजिक संरचना और सामाजिक परिवर्तन के मूलभूत नियमों की खोज करना है। **व्यावहारिक समाजशास्त्र** (एप्लाइड सोसिऑलॉजी) का कार्य सामाजिक सुधार करना है। वास्तव में, वे समाजशास्त्र को सामाजिक जीवन के मात्र अध्ययन तक ही सीमित नहीं रखना चाहते थे। इसीलिये उन्होंने इसके व्यावहारिक पक्ष का भारी समर्थन किया है। समाजशास्त्र के कलेवर को स्पष्ट करने के लिये उन्होंने निम्नलिखित पुस्तकें लिखी हैं:

प्रमुख कृतियाँ:

- Outline of Sociology, (1888)
- Dynamic Sociology, (1893)
- Pure Sociology, (1903)
- Applied Sociology, (1906)

Wallerstein, Immanuel

इम्मानुएल वॉर्लेस्टीन (1930-)

अमेरिकी समाजशास्त्री तथा इतिहासकार **इम्मानुएल वॉर्लेस्टीन 'विश्व व्यवस्था सिद्धान्त' के प्रतिपादन** करने वालों में से एक प्रमुख सिद्धान्तकार हैं। उनकी सन् 1974 में प्रकाशित 'आधुनिक विश्व-व्यवस्था' नामक पुस्तक ने उन्हें रातों-रात जो ख्याति अर्जित की है, वह अत्यंत प्रशंसनीय है। यह पुस्तक दस भाषाओं में अनुदित हो चुकी है। वॉर्लेस्टीन की समस्त शिक्षा कोलम्बिया विश्वविद्यालय में हुई और यहीं से उन्होंने सन् 1959 में पी.एच.डी. की शोध उपाधि अर्जित की। प्रारंभ में इसी विश्वविद्यालय में उन्हें नियुक्ति मिल गई। कई वर्षों के बाद, वे पाँच वर्षों के लिये मेक्गिल विश्वविद्यालय चले गये और सन् 1976 में विंघमटन स्थित न्यूयॉर्क राज्य विश्वविद्यालय में समाजशास्त्र के प्रतिष्ठित आचार्य पद पर आसीन हुए। उन्हें सन् 1975 में अपनी पुस्तक 'आधुनिक विश्व व्यवस्था' के प्रथम खंड के लिये प्रतिष्ठित सोरोकिन पुरस्कार से सम्मानित किया गया। तब से लेकर आज तक वे कई लेख तथा इसी पुस्तक के दो खंड और प्रकाशित कर चुके हैं जिसमें उन्होंने सन् 1840 तक के कालखंड तक की विश्व व्यवस्था का सविस्तार एवं सारगर्भित विश्लेषण किया है।

"विश्व व्यवस्था" की अवधारणा आजकल समाजशास्त्र में शोध और वैचारिक मंत्रणा का एक केन्द्रीय आकर्षण का विषय बन हुई है। कई शोधार्थी और विचारक जो इस विषय को लेकर शोध और सिद्धान्त निर्माण का कार्य कर रहे हैं, वे कई भिन्न कारणों से वार्लेस्टीन के आलोचक रहे हैं, किन्तु सभी इस एक बात पर सहमत हैं कि वार्लेस्टीन ने विश्व व्यवस्था सम्बंधी विचारों के उद्‌भव में महत्वपूर्ण भूमिका अदा की है। **"विश्व व्यवस्था" से उनका तात्पर्य एक ऐसी सम्पूर्ण सामाजिक व्यवस्था से है जिसकी अपनी कुछ सीमाएं हैं तथा साथ ही जिसकी एक निश्चित जीवनावधि होती है, अर्थात् जो अनन्त काल तक नहीं चलती।** वॉर्लेस्टीन ने इस व्यवस्था के संचालन के लिये मतैक्यता (कन्सेन्सस) के स्थान पर इसके आन्तरिक तनावों को महत्व दिया है जो व्यवस्था को बांधे रखते हैं। उन्होंने बताया कि मोटे रूप में **दो प्रकार की व्यवस्थाएं** होती हैं; प्रथम प्राचीन रोम की तरह की विश्व साम्राज्य व्यवस्था, और द्वितीय आधुनिक पूंजीवादी विश्व अर्थव्यवस्था। प्रथम प्रकार की विश्व साम्राज्य व्यवस्था का आधार राजनीतिक और सैनिक प्रभुत्व या सत्ता होता है, जब कि दूसरी प्रकार की पूंजीवादी विश्व व्यवस्था आर्थिक प्रभुत्व पर निर्भर करती है।

वॉर्लेस्टीन के अनुसार, विश्व साम्राज्य और विश्व-व्यवस्थाएं जैसी घटनाएं ऐतिहासिक व्यवस्थाओं का अंग रही हैं, किन्तु 'आधुनिक विश्व-व्यवस्था' का जन्म विश्व-अर्थव्यवस्थाओं के एकीकरण द्वारा हुआ है जिसका चरित्र पुरातन विश्व-व्यवस्था से भिन्न है। 'आधुनिक

विश्व-व्यवस्था' पूंजीवाद पर आधारित है जिसका उदय उन्नीसवीं शताब्दी में हुआ था। इस विश्व-व्यवस्था के तीन प्रमुख लक्षण है; प्रथम, पूंजीवाद का विकास एवं संगठन राष्ट्रीय स्तर की अपेक्षा वैश्विक स्तर पर होता है, द्वितीय, प्रमुख आंतरिक क्षेत्र उन्नत औद्योगिक व्यवस्थाओं को विकसित करते हैं और परिधि क्षेत्र के कच्चे माल का शोषण करते हैं; तृतीय, आधुनिक विश्व की जड़ें एक अन्तर्राष्ट्रीय अर्थव्यवस्था और भिन्न राजनीतिक व्यवस्थाओं में गड़ी होती हैं जब कि पूर्व-आधुनिक साम्राज्य इससे बिल्कुल विपरीत प्रतिमान को प्रदर्शित करने वाले थे।

वॉलेंस्टीन ने आधुनिक विश्व व्यवस्था के उद्भव में राजनीति की अपेक्षा अर्थव्यवस्था की महत्वपूर्ण भूमिका को रेखांकित किया है। उन्होंने कहा है कि राजनीतिक संरचनाएं काफी भारी भरकम होती हैं जब कि आर्थिक शोषण निम्न वर्गों से उच्च वर्गों की ओर, किनारे से केन्द्र की ओर, अधिशेष (सरप्लस) के प्रवाह को संभव बना देता है। आधुनिक काल में, पूंजीवाद ने विश्व-अर्थव्यवस्था के विकास और वृद्धि का एक आधार प्रस्तुत किया है और यह किसी भी संगठित राजनैतिक व्यवस्था की सहायता के बिना संभव हो सकता है। पूंजीवाद को राजनीतिक प्रभुत्व के एक आर्थिक विकल्प के रूप में देखा जा रहा है। सामंतवाद के 'ध्वंस' से उत्पन्न पूंजीवादी विश्व व्यवस्था के विकास के लिये वॉलेंस्टीन ने तीन बातें आवश्यक बताई हैं, यथा अन्वेषण और औपनिवेशीकरण (उपनिवेशन) द्वारा भौगोलिक विस्तार, विश्व अर्थव्यवस्था के क्षेत्रों के लिये श्रम-नियंत्रण की विभिन्न विधियों का विकास तथा ऐसे ताकतवर राज्यों का विकास जो उभरती हुई पूंजीवादी अर्थव्यवस्था के मुख्य राज्य बन सकें।

विश्व-व्यवस्था के अपने सिद्धान्त के संदर्भ में वॉलेंस्टीन ने सामाजिक विज्ञानों के विभागीकरण की प्रवृति की कटु आलोचना की है। वे कहते हैं कि तार्किक दृष्टि से अब इन अलग-अलग विषयों (समाजशास्त्र, अर्थशास्त्र, राजनीतिक विज्ञान, मानवशास्त्र आदि) का कोई औचित्य नहीं है। इस प्रकार का विभाजीकरण आधुनिक विश्व और आधुनिकता के सम्पूर्ण चित्र की ठीक प्रकार से व्याख्या करने में असमर्थ है। उन्होंने तो यहां तक कहा है कि सामाजिक विज्ञानों को अपने विश्लेषण से "समाज" शब्द को ही निकाल देना चाहिये क्योंकि यह शब्द (टर्म), वास्तव में, राष्ट्र-राज्य की धारणा को इंगित करता है और राष्ट्र-राज्यों को तो उनकी शुरुआत से ही वैश्विक व्यवस्थाओं का अंग मान लिया गया है। अतः सामाजिक विज्ञानों के विश्लेषण का केन्द्र अब "समाज" न होकर "विश्व व्यवस्थाएं" होना चाहिये। वैश्वीकरण और विश्व-व्यवस्थाओं के वर्तमान परिप्रेक्ष्य में राष्ट्र-राज्यों की सम्प्रभुता कमज़ोर पड़ती जा रही है।

मार्क्सवादियों ने इस विश्व-व्यवस्था के परिप्रेक्ष्य की कटु आलोचना की है। उन्होंने कहा कि यह परिप्रेक्ष्य सामाजिक वर्गों के बीच के सम्बन्धों पर पर्याप्त मात्रा में प्रकाश डालने में असफल रहा है। उनके अनुसार, वॉलेंस्टीन ने गलत मुद्दों को उछाला है। केन्द्र-परिधि वाला अन्तर्राष्ट्रीय श्रम विभाजन का विषय मुख्य मुद्दा नहीं है, अपितु मुख्य मुद्दा किसी भी समाज में वर्ग-सम्बन्धों का है। वास्तव में, वॉलेंस्टीन द्वारा विश्व व्यवस्था सम्बंधी प्राक्कल्पना और अवधारणाओं को विकसित करने के पीछे आधुनिकीकरण सिद्धान्त में निहित एक उत्तरोत्तर विकासशील विश्व व्यवस्था की वैचारिक सोच को उखाड़ फैंकना रहा है।

प्रमुख कृतियाँ :

- The Politics of Unity, (1967)
- The Modern World System, Vol. 1, (1974)
- The Capitalist World Economy, (1979)
- The Modern World System Vol. 2, (1980)
- The Politics of the World Economic System, (1984)
- Africa and the Modern World, (1986)
- The Modern World System, Vol. 3, (1989)

Wallis, Roy

रॉय वॉलिस (1945-1990)

रॉय वॉलिस धर्म के एक ब्रिटिश समाजशास्त्री थे। उन्होंने धर्म के समाजशास्त्र से जुड़े विषयों, जैसे पंथ और सम्प्रदाय का सूक्ष्म विश्लेषण किया है। इसके अतिरिक्त, उन्होंने कुछ सामान्य विषयों, जैसे सामाजिक आंदोलन मुख्यतः (नैतिक धर्मयुद्ध) तथा समाजशास्त्रीय विश्लेषण में कर्त्ता के प्रेरणात्मक कारणों की भूमिका के महत्व संबंधी विषय पर भी लिखा है। धार्मिक आंदोलन के चर्च सम्बंधी उनके एक प्रारंभिक अध्ययन ने वैचारिक समूहन के कुछ प्रकारों (पंथ और सम्प्रदाय) को जन्म दिया है। वॉलिस के अनुसार, पंथ और सम्प्रदाय दोनों ही धार्मिक दृष्टि से अपेक्षाकृत रूप में अपचारी होते हैं। किन्तु, सम्प्रदायों से भिन्न पंथ इस अर्थ में बहुलवादी रूप में वैध होते हैं कि इनमें सदस्यों को मुक्ति के कई संभावित रास्तों में से किसी एक को चुनने की सुविधा होती है। इसके विपरीत, सम्प्रदायों का उद्देश्य अनुसरणकर्ताओं के लिये ऐसे पुरस्कारों को प्राप्त करने के द्वार खोलना मात्र है। वॉलिस ने अपने एक अन्य अध्ययन में आधुनिक धर्म आंदोलनों के तीन प्रकार बताये हैं, यथा जगत् को स्वीकारने वाले लोग, जगत् को नकारने वाले लोग और जगत् के साथ अनुकूलन करने वाले लोग।

प्रमुख कृतियाँ :

- The Road to Total Freedom, (1976)
- The Elementary Forms of the New Religious Life, (1984)

Warner, William Lloyd

विलियम लॉयड वार्नर (1898-1970)

सन् 1930 और 1940 के बीच के एक अग्रणी समाजशास्त्री एवं सामाजिक मानवशास्त्री **विलियम लॉयड वार्नर** अपने 'यांकी नगर' अध्ययनों से सम्बन्धित पांच खंडों में प्रकाशित ग्रंथों के लिये सुप्रसिद्ध हैं। इन अध्ययनों में वार्नर ने सामाजिक वर्ग, समुदाय, कारखाने का जीवन, प्रजातिक समूहों, धर्म और प्रतीकवाद जैसे विषयों का वर्णन-विश्लेषण किया है। इन

अध्ययनों की कड़ी में पहले खंड 'एक आधुनिक समुदाय का सामाजिक जीवन ' में वार्नर ने अनऐतिहासिक प्रकार्यवाद का विस्तृत विवेचन किया है जो उनके समाजशास्त्र की परिकल्पना पर प्रकाश डालता है। **उन्होंने छोटे समुदायों के अध्ययन पर जोर दिया ताकि आधुनिक नगरीय जीवन की अनेक जटिलताओं को नज़दीकी से देखा-परखा और अध्ययन किया जा सके।**

वार्नर के अध्ययनों की भारी आलोचना हुई है। एक टिप्पणी में तो उनके अध्ययनों के लिए यहां तक कहा गया है कि हमें वार्नर की कृतियां का दाह-संस्कार कर देना चाहिए। इन आलोचनाओं के उपरान्त भी यह स्वीकार किया जाना चाहिये कि वार्नर ने अमेरिका में सामाजिक स्तरीकरण के बारे में बहस की शुरुआत की। वार्नर के अध्ययनों के पूर्व तक इसे एक अकादमिक विषय ही नहीं माना जाता था। सामाजिक स्तरीकरण से किसी समूह के सदस्य किस प्रकार से प्रभावित होते हैं ? वार्नर ने इस प्रश्न को खोजते हुए कहा है कि सामाजिक संस्थाएं शीर्ष संचरण का माध्यम होती हैं जिनके द्वारा व्यक्ति और परिवार, अपनी मूल सामाजिक प्रस्थिति पर बिना ध्यान दिये हुए भी सामाजिक सीढ़ी पर ऊपर या नीचे आ जा सकते हैं।

प्रमुख कृतियाँ:

– The Social Life of a Modern Community (With Lunt), (1941)

Webb, Beatrice and Webb, Sydney James

बैट्रिश वेब एवं सिडनी जेम्स वेब (1858-1943) and (1859-1947)

बैट्रिश वेब (पत्नी) और सिड़नी वैब (पति) दोनों ब्रिटेन के श्रमिक संगठनों के प्रामाणिक इतिहास लेखक के रूप में विख्यात हैं। उनकी पुस्तक 'ब्रिटिश श्रमिक संगठनों का इतिहास' इस विषय पर मील का एक पत्थर मानी जाती है। दोनों ही तथाकथित फैबिअन समाजवादी आंदोलन के अग्रणी विचारक और सक्रिय कार्यकर्ता रहे हैं। इस आंदोलन ने ब्रिटिश श्रमिक दल के एक विशिष्ट दृष्टिकोण और इसके विकास में महत्वपूर्ण योगदान किया है। वैब दम्पत्ति प्रजातांत्रिक समाजवादी संस्थाओं का निर्माण निरन्तर स्थाई वृद्धि द्वारा चाहते थे। अतः उनका समाजवाद अपनी अलग विशेषता रखता है। सन् 1945 के बाद के ब्रिटेन के राजनीतिक दलों का कल्याण कार्यो के प्रति झुकाव का आधार वैब दम्पत्ति के विचार रहे हैं। वैब दम्पत्ति का श्रमिक संगठनों का अध्ययन ब्रिटेन में कठोर कार्य कुशलता की परम्परा के प्रति लोगों की अरुचि को उजागर करता है और एक ऐसे समय की आशा करता है जब सामाजिक बीमा के साथ न्यूनतम मजदूरी पर राज्य का नियंत्रण श्रमिक संघों की उपादेयता पर प्रश्न चिन्ह खड़े कर देता है।

श्रीमती बैट्रिश वैब द्वारा कार्यशील गरीबों और उपभोक्ता सहकारी समितियों के अध्ययनों ने उन्हें एक सक्रिय जन कार्यकत्री बना दिया। इन्हीं अध्ययनों के आधार पर श्रीमती वैब की कई सरकारी कमीशनों में नियुक्ती हुई। ब्रिटिश सामाजिक कल्याण योजना की रचना करने में भी श्रीमती वैब की महत्ती भूमिका रही है। श्रीमती वैब पहली महिला हैं जिनका

ब्रिटिश अकादमी में चुनाव हुआ। विश्व प्रसिद्ध संस्था'लंदन स्कूल ऑफ ईक्नामिक्स' और 'द न्यू स्टेटस्मेन' की स्थापना का श्रेय भी वैब दम्पत्ति को जाता है।

प्रमुख कृतियाँ:

- The Comparative Movement in Great Britain, (1891)
- Industrial Democracy (With S. Webb), (1897)
- Problems of Modern Industry, (1898)
- English Poor Law Policy, (1910)
- The Wages of Men and Women, (1919)
- The Decay of Capitalism, (1923)
- Methods of Social Study, (1932)
- My Apprenticeship (Autobiography of Beatrice Webb)

Weber, Alfred

अल्फ्रेड वेबर (1868-1958)

प्रसिद्ध समाजशास्त्री **मैक्स वेबर के भाई और जर्मन के अर्थशास्त्री अल्फ्रेड वेबर** समाजशास्त्रियों के बीच अपने **सांस्कृतिक समाजशास्त्र** संबंधी विचारों के लिये जाने जाते हैं। उन्होंने ज्ञान के विकास (विशेष रूप में विज्ञान और प्रौद्योगिकी) और 'संस्कृति', अर्थात् आत्मा के बीच सम्बंधों का विश्लेषण किया है। एक अर्थशास्त्री के रूप में अल्फ्रेड वेबर ने औद्योगिक स्थान के प्रतिमानों सम्बंधी कुछ सिद्धान्त विकसित किये हैं। उनके अनुसार, ये प्रतिमान प्रतिस्पर्धा का परिणाम होते हैं क्योंकि ये सर्वाधिक लाभप्रद स्थितियां होती हैं। वेबर ने अपने इन विश्लेषणों के द्वारा भूगोल का एक सामाजिक विज्ञान के रूप में विकसित करने का भी यत्न किया है। उल्लेखनीय है कि जब अल्फ्रेड वेबर हीडलबर्ग में शिक्षक थे, तब उन्होंने कार्ल मानहीम जैसे प्रखर शिष्य को अपने विचारों से प्रभावित किया है।

Weber, Max

मैक्स (मक्स) वेबर (1864-1920)

एमिल दुर्खाइम सहित मैक्स वेबर को आधुनिक समाजशास्त्र को एक विशिष्ट सामाजिक विज्ञान के रूप में प्रतिष्ठित करने वाला प्रवर्तक समाजशास्त्री माना जाता है। इन दोनों में से वेबर की कृतियां अधिक दुर्बोध और विशद् होते हुए भी समाजशास्त्रियों के विवेचन और सर्वाधिक प्रेरणा का स्त्रोत रहीं हैं। उनके अधिकांश लेखन काफी लम्बे एवं विविधता पूर्ण हैं। अधिकांश का अनुवाद अब अंग्रेजी में उपलब्ध है। जहां दुर्खाइम ने समाजशास्त्र को तत्कालीन प्रत्यक्षात्मक विज्ञान के रूप में प्रस्थापित करने का प्रयास किया, वहां वेबर ने तत्कालीन जर्मनी के नवकान्तवादी सम्प्रदाय (विलहेम विडंलबैंड और हेनरिक रिकर्ट से सम्बंधित) में दीक्षित होने के कारण **समाजशास्त्र को एक व्याख्यात्मक (इन्ट्रंःप्रिटेटिव) और**

अन्तर्निरीक्षणात्मक (इनट्रोस्पेक्टिव) विज्ञान बनाने पर बल दिया। दुर्खाइम की भांति वेबर भी शिक्षक (प्रोफेसर) थे, किन्तु उनकी शिक्षा-दीक्षा एक ज्यूरिस्ट की (कानून) थी। उन्होंने दर्शनशास्त्र और अर्थशास्त्र का भी अध्ययन किया, किन्तु इन विषयों के अध्ययन की अपेक्षा उनकी रुचि व्यावहारिक राजनीति में अधिक थी। उनका रूझान राजनेता बनने की ओर था, जो वे कभी नहीं बन पाये। वेबर को बहुधा **कार्ल मार्क्स** के प्रतिद्वन्द्वी और विरोधी के रूप में चित्रित किया जाता है, किन्तु यह विचार तर्कसंगत नहीं है, क्यों कि इन दोनों के कार्य-क्षेत्र भिन्न रहे हैं।

मैक्स वेबर के लेखन की भांति उनका जीवन भी काफी रोचक घटनाओं और गुत्थियों से भरा रहा है। उनका जन्म जर्मनी के इरफुर्त नामक कस्बे में एक ऐसे व्यापारी धनिक परिवार में हुआ था जो उदारवादी राजनीति और प्रॉटिस्टैंट नैतिकता में विश्वास करता था। उनके पिता वकील थे। वे कठोर अनुशासनप्रिय और निरंकुश तानाशाह थे। इसके ठीक विपरीत उनकी माता एक धर्मपरायण और ईश्वरनिष्ट महिला थीं। वेबर के जीवन को ढालने में उनकी मां के अतिरिक्त उनकी मौसी- मौसा (इडा एवं बॉमगार्टन) ने भी मुख्य भूमिका अदा की है। हैडलबर्ग में उनका घर बौद्धिक क्रियाकलापों का प्रमुख केन्द्र था जहां नियमित रूप से बौद्धिक और राजनीतिक विषयों पर चर्चाएं होती रहती थीं। बालक वेबर के भावी जीवन की रचना करने में इन चर्चाओं का निर्णायक प्रभाव पड़ा है। उनकी प्रारंभिक शिक्षा बर्लिन में और बाद में उच्च शिक्षा उन्होंने हैडलबर्ग, गौटिन्जन और बर्लिन विश्वविद्यालयों से प्राप्त की। उन्होंने मध्यकाल के 'व्यापारिक संघों के इतिहास' पर शोध उपाधि (पी.एच.डी.) प्राप्त की और रोमन खेतीहर संगठन पर शोध कार्य किया। शिक्षा समाप्ति के बाद उन्होंने फ्रेबर्ग और हैडलबर्ग विश्वविद्यालयों में अध्यापन किया। पिता की निरंकुशतावादी प्रवृति के कारण वेबर की उनसे कभी नहीं बनी। दोनों के बीच अलगाववादी सम्बंधों के कारण वेबर का एक बार अपने पिता से जोरदार झगड़ा हुआ और वेबर ने अपने पिता को प्रताड़ित करते हुए घर से बाहर निकाल दिया। इस घटना के कुछ समय बाद ही वेबर के पिता की मृत्यु हो गई जिसका वेबर को गहरा आघात लगा। वे इस मृत्यु के लिये स्वयं को दोषी मानने लगे। अपराध बोध की इस भावना से ग्रसित हो वेबर पागलपन की हद तक मानसिक रूप से टूट गये और लगभग चार वर्षों तक मनोव्याधिकीय दशा में इधर-उधर घूमते रहे। इस अवधि में उन्होंने कोई बौद्धिक कार्य नहीं किया। इस सदमें से उबरने के बाद सन् 1903 में वे पुनः बौद्धिक कार्यों में जुट गये और प्रचुर मात्रा में लेखन कार्य किया। उनका अधिकांश लेखन कार्य लेख, शोध-पत्र, व्याख्यान और वार्ता के रूप में है। उनकी सर्वाधिक प्रमुख कृति 'रिटशेफ्ट और गैसलशेफ्ट' (1922) थी जिसका अनुवाद अंग्रेजी में 'इकॉनॉमी एण्ड सोसाइटी' के रूप में सन् 1968 में हुआ। वेबर के अध्ययन के प्रमुख विषय (1) सामाजिक विज्ञानों का दर्शन (1949,1975), (2) युक्तिकरण (रैशनॅलाइजेशॅन) (1922, 1930), (3) प्रॉटिस्टैंट नैतिकता की धारणा, (1930) (4) मार्क्स और मार्क्सवाद से सम्बन्ध, (1927), और (5) जर्मन समाज से सम्बंधित उनका सत्ता-राजनीति का विश्लेषण, (1946, 1978) आदि रहे हैं।

मैक्स वेबर की समाजशास्त्र की पद्धतिशास्त्रीय और दर्शनशास्त्रीय विचारणाओं को पारम्परिक रूप से नवकान्तवादी दर्शन का एक रूप माना जाता है। यह दर्शन प्रघटना

(फ़िनॉमिनॅन), अर्थात् दृश्य जगत् और बोधकारी चेतना(नॉमिनॅन) दोनों में अन्तर करता है। वेबर के समाजशास्त्र में हम यह अन्तर प्राकृतिक और सामाजिक विज्ञानों के बीच उनके द्वारा किये गये अन्तर में देखते हैं। सामाजिक विज्ञानों का सम्बन्ध स्वरूपों (फार्म्स) से है जिनके द्वारा हम विश्व को देखते हैं। इसीलिए प्राकृतिक विज्ञानों में जहां सार्वभौमिक नियमों की रचना की जाती है, वहां सामाजिक विज्ञानों में यह संभव नहीं है। इन विज्ञानों में सामाजिक क्रियाओं की कारणात्मक व्याख्या की जाती है तथा इन्हें ऐतिहासिक संदर्भ में समझने पर बल दिया जाता है। यही नहीं, यह माना जाता है कि मानवीय समाज एक संयोग मात्र नहीं है अपितु यह 'संभावनाओं की एक विधा' है। सामाजिक विज्ञानों के अस्तित्व का आधार ही यह है कि मानव प्राणी की अधिकांश क्रियाएं तर्कसम्मत होती हैं। वेबर ने निरे (पशु) व्यवहार और ऐसी मानवीय क्रियाओं में अन्तर बताया है जो विवेक सम्मत (तार्किक) होती हैं। मानवीय विवेकसम्मतता की कई विशेषताएं हैं जिनमें प्रमुख हैं—चेतना, चिंतन, अभिप्राय (इरादा), प्रयोजन और अर्थ। ये विशेषताएं पशु व्यवहार में नहीं होती हैं। इसी आधार पर उन्होंने कहा है कि समाजशास्त्र को मानवीय क्रिया के अर्थ और उनके पीछे छुपे विकल्पों की व्याख्यात्मक अध्ययन करना चाहिये। **जी. एच. मीड** ने भी वेबर के इस मत की पुष्टि की है।

वेबर के अनुसार, **समाजशास्त्र के अध्ययन का उपयुक्त एवं प्रमुख उद्देश्य सामाजिक क्रिया का अध्ययन करना है**। सामाजिक क्रिया से उनका तात्पर्य '**ऐसी क्रिया से है जो दूसरे व्यक्तियों के प्रति की जाती है और जिनके साथ हम व्यक्तिपरक अर्थ जोड़ते हैं।**' समाजशास्त्र 'आदर्श प्ररूप' (आइडियल टाइप) की पद्धति के द्वारा ऐसी क्रियाओं की निर्वचनात्मक व्याख्या करता है। इस संदर्भ में, वेबर ने **सामाजिक क्रिया के चार रूप बताये हैं—पारम्परिक, भावात्मक, मूल्यांकनात्मक और तार्किक क्रिया**। पारम्परिक क्रिया इसलिये की जाती है क्यों कि ऐसा हर समय किया जाता रहा है। भावात्मक क्रियाएं उद्वेगों पर आधारित या उनके द्वारा चालित होती हैं, मूल्यांकनात्मक क्रियाएं हमारे परम मूल्यों द्वारा निर्देशित होती हैं, और तार्किक क्रियाएं या साधक क्रियाएं लक्ष्य प्राप्ति के उद्देश्यों से की जाती हैं। इनमें से अंतिम दोनों प्रकार की क्रियाएं ही बुद्धिसंगत या तर्कसम्मत (रैशॅनल) होती हैं। यद्यपि वेबर ने इस बात पर बल दिया है कि लक्ष्यों और परम मूल्यों दोनों में से किसी का तार्किक आधार पर चयन करना संभव नहीं है; फिर भी, जब इन क्रियाओं का एक बार चयन कर लिया जाता है, तब इन्हें न्यूनाधिक मात्रा में तार्किक साधनों द्वारा प्राप्त करने का प्रयास किया जाता है। संक्षेप में, मानव की क्रियाएं तर्क, मूल्य, भावना और परम्परा अथवा इन चारों में से किन्हीं के मिश्रण से प्रेरित हो सकती हैं।

वेबर ने अपने क्रिया सिद्धान्त में विषय-वस्तु को अध्ययन की पद्धति के साथ मिला कर सामाजिक व्यवस्थाओं के साथ व्यक्तियों को जोड़ने का एक ढांचा प्रस्तुत किया है। **वेबर की दृष्टि में क्रिया और अन्तर्क्रिया के आधार पर निर्मित प्रतिमान ही व्यवस्था या प्रणाली (सिस्टम) की व्याख्या है**। इन व्यवस्थाओं को अध्ययन करने और समझने का एक ही तरीका है और वह तरीका यह है कि कर्त्तागण जो कुछ करते हैं, उनको वे क्या अर्थ प्रदान करते हैं, इसे कर्त्ता के दृष्टिकोण से ठीक प्रकार से समझने का यत्न किया जाना चाहिए। इस दृष्टि से पूर्णतः शुद्ध वस्तुपरक सामाजिक विज्ञान असंभव के साथ-साथ अवांछित भी है, क्योंकि सामाजिक जीवन की प्रकृति ही कुछ ऐसी है जिसमें समानुभूति (ऍमपॅथि) का प्रयोग

आवश्यक हो जाता है ताकि व्यक्तिपरक समझ और अर्थ का प्रयोग किया जा सके।

दार्शनिक स्तर पर **वेबर का प्रमुख योगदान उनका 'मूल्य स्वतंत्रता' का सिद्धान्त है।** वास्तव में, यह उनका अत्यंत जटिल सिद्धान्त है जिसे बहुधा भूल से 'वस्तुपरकता' (ऑबजेक्टिविटी) के रूप में समझ लिया जाता है। वेबर के अनुसार, विज्ञान या समाजशास्त्र का चयन एक मूल्य-निर्णय है जिसे साधक तार्किकता (इन्सट्रुमेनट्ल रैशन्लिटि) की दृष्टि से उचित नहीं ठहराया जा सकता और यही बात अध्ययन के किसी विशिष्ट उद्देश्य के चयन के बारे में कही जा सकती है। किन्तु, जब एक बार इस प्रकार का चयन कर लिया जाता है, तब एक समाजशास्त्रीय अध्ययन को इस अर्थ में मूल्य-स्वतंत्र कहा जा सकता है कि इसकी तार्किक संगति की वैज्ञानिक समुदाय द्वारा समीक्षा की जा सकती है। वास्तव में, तार्किक (रैशनल) किसे कहा जाये, यह बहुत कुछ रूप में ऐतिहासिक परिवर्तन पर निर्भर करता है। इस अर्थ में सभी सामाजिक वैज्ञानिक शोध कार्य मूल्यों द्वारा प्रभावित होते हैं। ये मूल्य न केवल किसी व्यक्तिगत समाजशास्त्री, अपितु सामाजिक वैज्ञानिकों के समुदाय और संपूर्ण रूप में तत्कालीन संस्कृति के भी होते हैं।

वेबर के समाजशास्त्र का एक मुख्य तत्व तार्किकता या तार्किकीकरण रहा है। वेबर ने तार्किकता (रेशनलिटी) का प्रयोग कई विभिन्न ढंग से किया है। किन्तु समाजशास्त्रियों की रुचि विशेष रूप में उनकी औपचारिक तार्किकता की धारणा में रही है जिसका प्रयोग वेबर ने प्रशासनतंत्र या नौकरशाही (ब्यूरॉक्रसी) के प्रसिद्ध विश्लेषण में किया है। इसके अतिरिक्त, वेबर ने तार्किकीकरण का प्रयोग राजनीतिक संस्था के विवेचन में भी किया है और इस संदर्भ में उन्होंने **तीन प्रकार की सत्ता** व्यवस्थाओं का उल्लेख किया है—पारम्परिक सत्ता, करिश्माई सत्ता और तार्किक-वैधानिक सत्ता। **पारम्परिक सत्ता** का आधार चिरकालिक विश्वास व्यवस्थाएं होती हैं। राजा का लड़का राजा होगा, इसका एक अच्छा उदाहरण है। **करिश्माई सत्ता** का आधार व्यक्ति की विलक्षण प्रतिभा या विशेषताएं होती हैं जिन्हें कभी-कभी ईश्वरीय देन मानकर स्वीकार किया जाता है। बुद्ध, महावीर, गाँधी, ईसा मसीह करिश्माई सत्ता के उदाहरण हैं। आधुनिक समाजों में इन दोनों सत्ताओं का मात्र ऐतिहासिक महत्व रह गया है। आधुनिक समाजों में तीसरे प्रकार की सत्ता जिसे बेबर ने **तार्किक-वैधानिक** सत्ता का नाम दिया है, हावी होती जा रही है। इस सत्ता का आधार वैधानिक और तार्किकता के आधार पर बने नियम होते हैं। वेबर ने तार्किकीकरण की प्रक्रिया का प्रयोग धर्म, कानून, नगर और यहां तक की संगीत की व्याख्या में भी किया है।

समाजशास्त्र में विकासवादी नियमों (सिद्धान्त) के प्रयोग की संभावना के प्रति अपनी असहमति प्रकट करते हुए, वेबर ने 'तार्किकीकरण/युक्तिकरण' को पूंजीवादी समाज की एक प्रमुख प्रवृति के रूप में प्रस्तुत किया है। **युक्तिकरण (रैशन्लाइजेशन) एक ऐसी प्रक्रिया है जिसके द्वारा मानवीय सम्बंधों के प्रत्येक क्षेत्र में परिकलन, गणना और नियोजन का प्रयोग किया जाता है।** जहां मार्क्सवादियों ने युक्तिकरण को मुख्य रूप में कारखानों के क्षेत्र में श्रम प्रक्रिया में प्रयोग किया है, वहां वेबर ने सभी सामाजिक क्षेत्रों अर्थात् राजनीति, धर्म, आर्थिक संगठन, विश्वविद्यालय प्रशासन, प्रयोगशाला और यहां तक की संगीत के संकेतों में इसकी उपस्थिति को स्वीकार किया है। समग्र रूप में, यह कहा गया है कि वेबर का समाजशास्त्र **'तात्विक पीड़ा'** (मेटाफिज़िकल पेथॉज़) से ग्रस्त है जिसमें युक्तिकरण की प्रक्रिया द्वारा

पूंजीवादी समाज अन्ततः एक अर्थहीन **'लोह पिंजरे'** के रूप में बदल जाता है।

पश्चिमी समाजों में तार्किकीकरण का एक प्रमुख स्रोत प्रॉटिस्टैंट नैतिकता द्वारा उत्पन्न सांस्कृतिक परिवर्तन रहे हैं। वास्तव में, प्रॉटिस्टैंटवाद को पूंजीवाद का प्रत्यक्ष कारण नहीं माना जा सकता, अपितु इसने एक विशिष्ट प्रकार की संस्कृति (नैतिकता) को जन्म दिया जो व्यक्तिवादिता, कठोर श्रम, तर्कसम्मत व्यवहार और आत्म-निर्भरता पर बल देती है। इस नैतिकता का प्रारंभिक पूंजीवाद से प्रत्यक्ष सम्बंध था, किन्तु वैबर ने यह भी कहा है कि विकसित पूंजीवादी समाजों को अब किसी भी प्रकार की धार्मिक वैधता की जरूरत नहीं होगी।

वेबर ने सामाजिक विज्ञानों में शोध-विधियों के साथ-साथ वस्तुपरकता और मूल्य-तटस्थता जैसे मुद्दों को लेकर सर्वप्रथम एक लम्बी बहस की शुरुआत की। उन्होंने अपने प्रारंभिक लेखनों में समाजशास्त्र के लिये **एक उपयुक्त पद्धतिशास्त्र की रूपरेखा प्रस्तुत** की है। इस सम्बंध में उन्होंने लिखा है कि (1) समाजशास्त्र में मानवीय व्यवहार के सम्बंध में प्राकृतिक विज्ञानों से मिलते-जुलते सार्वभौमिक नियम खोजे जा सकते हैं, (2) समाजशास्त्र विद्यमान और भविष्यगत दशाओं के बारे में कोई भी मूल्यांकन करने अथवा नैतिक औचित्य को सिद्ध करने में अक्षम है, (3) समाजशास्त्र किसी भी प्रकार की सामूहिक अवधारणाएं (जैसे राज्य और परिवार) तब तक ठीक प्रकार से विकसित नहीं कर सकता, जब तक कि उनकी व्यक्तिगत क्रिया के रूप में व्याख्या नहीं की जाती है। समाजशास्त्र का लक्ष्य क्रियाओं के अर्थ को समझना ताकि समाजशास्त्र उसके आधार पर औपचारिक प्रतिरूपों (मॉडल्स) या तुलनात्मक आधार पर क्रिया के आदर्श प्ररूपों (आईडिअल टाईप्स) की रचना कर सके। इसके बाद ही "प्रशासनतंत्र" (ब्युरॉक्रसी) जैसी समाजशास्त्र की अवधारणाओं की भी वहीं विश्लेषणात्मक स्थिति हो सकती है जैसी की हम अर्थशास्त्र में "पूर्ण प्रतिस्पर्धा" की अवधारणा को देखते हैं। वेबर के अनुसार, **समाजशास्त्र क्रिया की व्यक्तिपरक व्याख्या मात्र नहीं है, अपितु एक समाजशास्त्री को "मूल्य तटस्थता" जैसे कुछ मानदंडों को भी मानना पड़ता है ताकि उसके शोध निष्कर्षो की शैक्षणिक आधार पर परीक्षा और समीक्षा दोनों की जा सकती है।** वेबर ने इस सम्बंध में समाजशास्त्रीय शोध के सहायक के रूप में सांख्यिकी और सामाजिक सर्वेक्षणों दोनों के प्रयोग को आवश्यक बताया, किन्तु उन्होंने यह भी कहा कि फिर भी सांख्यिकी तथ्यों की व्याख्या और मूल्यांकन तो करना ही होगा। (4) वेबर ने मानवीय समाजों में उद्‌विकासीय प्रगति को अस्वीकार किया है। (5) वेबर ने विज्ञानवाद और मार्क्सवाद के अतिशयपूर्ण दावों को भी स्वीकार नहीं किया है, फिर भी उनके समाज सम्बंधी वास्तविक अध्ययनों से यह स्पष्ट नहीं हो पाया कि क्या वेबर ने अपने द्वारा बनाये गये पद्धतिशास्त्रीय नियमों का स्वयं ने अक्षरशः पालन किया है।

सामाजिक यथार्थ अनन्त और काफी विविधतापूर्ण होता है। इसके अध्ययन में व्यक्तिपरकता और अभिनति का आना संभव है। वास्तविकता बहुत वृहत् एवं विशाल ही है। ऐसे यथार्थ का अमूर्तीकरण भी संभव नहीं है। उसे यथातथ्य के रूप में समझना असंभव नहीं भी हो, तब भी यह कठिन अवश्य होता है। इस कठिनाई को ताड़ते हुए ही वेबर ने यथार्थ को वस्तुपरक रूप में समझने हेतु **'आदर्श प्ररूप'** की विधि को प्रस्तुत किया है। भौतिक विज्ञानों की भांति सामाजिक विज्ञानों में प्रायोगिक विधि का प्रयोग नहीं किया जा

सकता। अतः घटनाओं को समझने के लिये एक दूसरे तरीके, अर्थात् तुलनात्मक विधि का प्रयोग किया जाता है। इस तुलनात्मक विधि को सटीक और वस्तुपरक बनाने के लिये ही वेबर ने 'आदर्श प्ररूप' की विधि के प्रयोग का सुझाव दिया है। इस विधि के द्वारा कार्य-कारण संबंधों को भी ठीक प्रकार से समझा जा सकता है।

ध्यान रहे, यहां 'आदर्श' शब्द का प्रयोग समाज के मूल्यों अथवा नैतिकता के अनुकरण के अर्थ-संदर्भ में नहीं किया गया है। वेबर के अर्थ में जब किसी घटना जैसे "पूंजीवाद" या "नौकरशाही" या "प्रोटेस्टेन्टवाद" का आदर्श प्ररूप तैयार किया जाता है, वह नैतिक दृष्टि से भी आदर्श ही हो, यह जरूरी नहीं है। **आदर्श प्ररूप से तात्पर्य घटना के उन सामान्य लक्षणों से है जो उक्त घटना के अधिकांश दृष्टातों में विद्यमान होते हैं।** वेबर ने इस विधि का प्रयोग नौकरशाही और विश्व के पाँच धर्मों के अपने अध्ययन में किया है। प्रत्येक धर्म के कुछ सामान्य बहुप्रचलित लक्षणों की खोज कर उन्होंने उक्त धर्म के आदर्श प्ररूप को तैयार किया ताकि उक्त धर्म की तुलना दूसरे धर्म के साथ की जा सके। आदर्श प्ररूप के आधार पर जिन सामान्य लक्षणों को निरूपित किया जाता है, वे लक्षण उक्त घटना की सभी वास्तविक इकाइयों में मौजूद हों, यह आवश्यक नही है। प्रजातंत्र के आदर्श प्ररूप के कुछ लक्षण अमेरिका के प्रजातंत्र में मौजूद हो सकते हैं, जब कि वे लक्षण भारत के प्रजातंत्र में न हो, ऐसा संभव है। अतः यथार्थ और आदर्श प्ररूप में भिन्नता हो सकती है। यथार्थ परिवर्तनशील है, अतः किसी घटना का जो यथार्थ आज है, संभव है वह उसके आदर्श प्ररूप से मेल न खाये। यथार्थ में होने वाले परिवर्तनों का आदर्श प्ररूप पर कोई असर नहीं होता।

बहुधा वेबर की मार्क्स के साथ तुलना की जाती है और उन्हें एक अत्यधिक वैज्ञानिक और अत्यधिक बुर्जुआई वैकल्पिक समाजशास्त्र के प्रवर्तनकर्ता के रूप में प्रस्तुत किया जाता है। वास्तव में, वेबर पर अनेक भिन्न बुद्धिजनों का प्रभाव पड़ा है। उदाहरणार्थ, उनके प्रॉटिस्टैंट नैतिकता सम्बंधी विचारों (जिन्हें बहुधा पूंजीवाद के विकास के मार्क्सवादी विश्लेषण का एक विकल्प माना जाता है) पर **वारनर सोमबार्ट** और **जार्ज सिमेल** (ज़िम्मल) के पूंजीवाद और मुद्रा सम्बंधी पूर्ववर्ती सिद्धान्तों का प्रभाव पड़ा है। वेबर ने अवश्यमेव, वर्ग और राजनीति सम्बंधी मार्क्सवादी धारणाओं के विकल्प प्रस्तुत किये हैं। वेबर के अनुसार उत्पादन के साधनों के साथ व्यक्तियों के सम्बन्धों के आधार पर वर्ग को परिभाषित नहीं किया जा सकता जैसा कि मार्क्स ने किया है। मार्क्स ने उत्पादन के आधार पर बुर्जुआ (पूंजीवादी) और सर्वहारा (कामगार) वर्गों का निर्धारण किया है। वेबर ने इसके विपरीत, वर्गों के निर्धारण में बाज़ार में साझा पद-प्रस्थिति को महत्व दिया है। यह पद-प्रस्थिति ही साझा जीवन-अवसरों को निर्धारित करती है। इसी आधार पर समाजशास्त्रियों ने आवासीय वर्ग (हाउसिंग क्लास) की बात कही है और मालिक-निवासी और निजी किरायेदारों के रूप में व्यक्तियों को दो वर्गों में विभाजित किया है। यही नहीं, वेबर ने निपुणताओं एवं कुशलताओं तथा अन्य बेचान योग्य परिसम्पत्तियों के स्वामित्व के आधार पर भी वर्गों का विभाजन किया है।

वेबर ने इसके अतिरिक्त, सामाजिक स्तरीकरण के एक महत्वपूर्ण तत्व के रूप में "प्रस्थिति समूह" (स्टेटस ग्रूप) की अवधारणा का भी प्रयोग किया है। **प्रस्थिति समूह से वेबर का तात्पर्य ऐसे समूहों से है जिनमें सकारात्मक और नकारात्मक सम्मानसूचक मानदंडों और**

समान जीवन शैली के आधार पर विभेद किया जाता है जैसा कि हमें प्रजातीय और जातीय समूहों में देखने को मिलता है। भारत की जातियां मैक्स वेबर की दृष्टि में प्रस्थिति समूह ही हैं।

सामान्यतः आलोचना के रूप में यह चित्रित किया जाता रहा है कि वेबर ने संघर्ष पर कुछ नहीं लिखा है, उनकी संघर्ष के अध्ययन के प्रति अरुचि रही है और इसकी उन्होंने अवहेलना की है। किन्तु यह बात पूर्णतः सही नहीं कही जा सकती। संघर्ष के बारे में अपने विचार व्यक्त करते हुए वेबर ने स्पष्ट कहा है कि शक्ति (पाउअॅर) से सम्बंधित संगठित संघर्ष सामाजिक जीवन का एक महत्वपूर्ण पक्ष है, किन्तु इसका वर्ग-संघर्ष से जुड़ा होना आवश्यक नहीं है। यही नहीं, यदि उनके प्रशासनतंत्र/नौकरशाही (ब्युरॉक्रसी) सम्बंधी विचारों का सूक्ष्म विश्लेषण किया जाये तो यह स्पष्ट होगा कि वेबर संघर्ष परिप्रेक्ष्य के प्रारंभिक प्रयोग कर्त्ता रहे हैं। प्रशासनतंत्र (ब्युरॉक्रसी) सामाजिक संगठन का एक व्यापक रूप है। वेबर ने कहा है कि औद्योगिक पूंजीवाद में जैसे-जैसे लागत, लाभ, कुशलता की सामाजिक महत्ता में बढ़ोत्तरी होती है, तार्किकीकरण एक शक्तिशाली सिद्धान्त के रूप में विकसित होता जाता है और इसका परिणाम होता है, एक ऐसे 'लोह पिंजरे' का निर्माण जो व्यक्तियों के जीवन को शिकंजे में कसता जाता है और जिससे निकलने की दूर तक कोई आशा की किरण दिखाई नहीं देती। दूसरे शब्दों में, मानवीय आत्मा पर इसके दमघोटू प्रभाव से बचना अत्यंत कठिन होता है। प्रशासनतंत्र संबंधी उनके ये विचार अप्रत्यक्ष तौर पर सामाजिक जीवन में संघर्ष की उपस्थिति को स्वीकार करते हैं।

वेबर के राजनीतिक विचारों (राजनीतिक समाजशास्त्र) के बारे में भारी मतभेद हैं। वे उनके कई अन्य समाजशास्त्री लेखनों की भांति विरोधाभासी विचारों और दुर्बोधताओं से भरे पड़े हैं। क्या वे फासीवाद के अग्रदूत थे, जैसा कि कुछ लोगों ने (मार्क्सवादियों) उन पर यह आरोप लगाया है, अथवा क्या (उदारवादियों के अनुसार) वेबर के समाजशास्त्र की प्रमुख चिन्ता यह है कि युक्तिकरण व्यक्तिगत स्वतंत्रता और रचनात्मकता दोनों को नष्ट कर देती है। इन दोनों ही विचारों के पक्ष/विपक्ष के बारे में साक्ष्य प्रस्तुत किये गये हैं। वास्तव में, वेबर की अधिकांश कृतियों और राजनीतिक लेखनों को सीधी-साधी कोटियों में विभाजित करना कठिन है जैसा कि कुछ सामाजिक शोधकर्त्ताओं ने उन्हें कुछ विशिष्ट कोटियों में वर्गीकृत करने का प्रयास किया है।

सामान्यतः वेबर को मार्क्स विरोधी बताया जाता है, किन्तु कुछ लोगों ने उन्हें पूर्ण विरोधी ठहराने के स्थान पर इस बारे में एक दूसरा मत प्रस्तुत किया है। इन व्यक्तियों के मतानुसार, (1) वेबर ने नीत्से के साथ-साथ मार्क्स को भी उन्नीसवीं शताब्दी का सर्वाधिक महत्वपूर्ण विचारक माना है, (2) वेबर मार्क्स के विरोधी नहीं थे, अपितु उन्होंने संस्थागत मार्क्सवाद (जैसे जर्मन लोकतांत्रिक दल) की आलोचना की है, (3) वेबर की प्रॉटिस्टेंट नैतिकता वाली धारणा का मन्तव्य मार्क्स का विरोध करना नहीं कहा जा सकता, (4) वेबर के लेखन में भी 'निर्धारणवादी' तत्व देखे जा सकते हैं, (5) वेबर का पूंजीवाद का 'लोह पिंजरे' के रूप में किया गया विश्लेषण बहुत कुछ रूप में मार्क्स के विश्लेषण से मिलता-जुलता है, विशेष रूप में 'अलगाव' और 'युक्तिकरण' संबंधी धारणाओं में दोनों के विचारों में काफी

साम्यता है, (6) वेबर ने पूंजीवादी समाज के बारे में एक तर्क देते हुए कहा है कि यह समाज सामाजिक कर्त्ताओं के व्यक्तिपरक मनोभावों से स्वतंत्र रूप में परिचालित होता है।

मार्क्सवाद के प्रति वेबर के विचारों (समाजशास्त्र) और उसके मनोभावों का मूल्यांकन 1870 और 1918 के बीच के जर्मनी के समाज की दशाओं के संदर्भ में किया जाना चाहिये। वेबर के अनुसार, जर्मनी में उस समय स्वतंत्र और राजनीतिक चेतनायुक्त शिक्षित मध्यम वर्ग नहीं था और कामगार वर्ग की संख्या भी कम थी क्योंकि जर्मनी में औद्योगीकरण का विकास देर से हुआ। एक शक्तिशाली राष्ट्र के रूप में जर्मनी का राजनीतिक और आर्थिक विकास बिस्मार्क के द्वारा किया गया और राजनीतिक सत्ता सामन्तशाही भूस्वामियों के जुंकर वर्ग के हाथों में थी। बिस्मार्क की मृत्यु के बाद जर्मनी के प्रशासनतंत्र (ब्यूरॉक्रेसी) और राज्य के पास नेतृत्व का अकाल पड़ गया। यह नेतृत्व न मध्यम वर्ग और न ही कामगार वर्ग दे सका। राजनीतिक शून्य की यह स्थिति शक्ति और सत्ता संघर्ष की वेबर द्वारा अपने लेखनों में सत्ता और करिश्मा के महत्व की आंशिक व्याख्या करती है।

उपरोक्त विश्लेषण से स्पष्ट है कि मैक्स (मक्स) वेबर ने **समाजशास्त्र के कई भिन्न विषयों में योगदान** किया है। जहां उन्होंने एक ओर सामाजिक विज्ञानों को एक दार्शनिक आधार (पद्धतिशास्त्र) दिया है, वहां दूसरी ओर, समाजशास्त्र को सामाजिक क्रिया सिद्धान्त के रूप में एक सामान्य सैद्धान्तिक ढांचा (समाजशास्त्र की विषय-वस्तु) प्रदान किया है। उन्होंने विश्व के छः प्रमुख धर्म (तुलनात्मक धर्म), नगरीय समाजशास्त्र, प्राचीन समाज और आधुनिक औद्योगिक पूंजीवादी सभ्यता, कानून का समाजशास्त्र, संगीत का समाजशास्त्र, आर्थिक इतिहास, जैसे अनेक विषयों पर लिखा है। वेबर की कृतियों का अभी हाल के मूल्यांकन से एक तथ्य यह और उभर कर आया है कि वेबर ने 'सांस्कृतिक समाजशास्त्र' के क्षेत्र में भी योगदान किया है और पूंजीवादी आधुनिकीकरण के प्रति उनका आलोचनात्मक दृष्टिकोण रहा है।

मैक्स वेबर के जीवन और कृतित्व पर बहुत कुछ लिखा गया है, किन्तु उनकी पत्नी **मरीने वेबर** द्वारा लिखित 'मैक्स वेबर—एक जीवन चरित्र', (1955) समाजशास्त्र का एक गौरवग्रंथ है जो काफी लघु होते हुए भी वेबर के निजी और सार्वजनिक जीवन का एक खुला और स्पष्ट दस्तावेज है। इसी प्रकार, **फ्रैंक पार्किन्सन** द्वारा लिखित 'मैक्स वेबर' (1982) नामक पुस्तक उनकी समाजशास्त्रीय कृतियों की मूल बातों का एक सुन्दर प्राक्कथन है। इस पुस्तक में वेबर के विचारों के विश्लेषण के साथ-साथ कटु समीक्षा भी की गई है। उल्लेखनीय है कि वेबर की मृत्यु के अस्सी से भी अधिक वर्षों के बाद कठिनतः ही कोई ऐसा साल गुज़रता हो जब उनके कार्यों पर कोई टीका अथवा समीक्षात्मक पुस्तक न छपती हो। आजकल **कान्त और गोथे** जैसे साहित्यिक एवं दार्शनिक दिग्गजों की भांति उनकी कृतियों को भी जर्मनी में पांडित्यपूर्ण संस्करण के रूप में प्रकाशित कर वेबर को नये ढंग से सम्मानित किया जा रहा है।

प्रमुख कृतियाँ :

- The Protestant Ethic and the Spirit of Capitalism, (1905)
- The Religion of China, (1916)

- The Religion of India, (1916-17)
- Anciant Judaism, (1917-19)
- Economy and Society, (1921)
- Sociology of Religion, (1922)
- The City, (1922)
- General Economic History, (1923)
- The Theory of Social & Economic Organisation, (1925)
- The Methodology of Social Sciences, (1949)
- The Rational Foundations of Music, (1958)

सम्पादित पुस्तकें:

- Max Weber on Law in Economy and Society ed. M. Rheinstein
- From Max Weber : Essays in Sociology eds. Gerth and Mills

Westermarck, Edward Alexander

एडवर्ड एलेक्ज़ेन्डर वेस्टरमार्क (1862-1939)

एडवर्ड एलेक्ज़ेन्डर वेस्टरमार्क एक फिनिश समाजशास्त्री, मानवशास्त्री और दार्शनिक थे। जब वे 'लंदन स्कूल ऑफ ईकॉनामिक्स' के प्रोफेसर थे, तब वे ब्रिटेन में समाजशास्त्र के नींव लगाने वालों में से एक प्रमुख व्यक्ति थे। वेस्टरमार्क अपनी सुप्रसिद्ध पुस्तक 'मानवीय विवाह का इतिहास', (1891) के लिये विशेष रूप में जाने जाते हैं। इस ग्रंथ की गणना प्रारंभिक तुलनात्मक मानवशास्त्रीय अध्ययनों के गौरव ग्रंथों में की जाती है। इस पुस्तक में **उन्होंने इस विचार का खंडन किया है कि हमारे आद्य मानवीय पूर्वज पूर्णतः लैंगिक रूप में कामाचारी थे** जैसा कि उद्विकासवादियों (मॉर्गन आदि) ने माना है। उन्होंने यौण-सम्बंधों की स्वतंत्रता, बहुपति विवाह या बहुपत्नी विवाह के छुटपुट उदाहरणों को सामाजिक नियमों का अस्थाई उल्लंघन बताया और कहा कि स्थाई रूप तो मानव एक विवाही ही रहा है। इस सम्बंध में उनकी यह बहुप्रसिद्ध उक्ति उल्लेखनीय है, **"एक विवाह ही विवाह का एक मात्र सच्चा रूप है, रहा है और रहेगा।"** वेस्टरमार्क ने फ्रेंज बोॲस के साथ कई जगहों विशेषतः मोरक्को में क्षेत्र कार्य किया। उन्होंने सहभागिक अध्ययन विधि को अपनाते हुए अध्ययन किये जाने वाले समुदाय के व्यक्तियों के साथ सीधा सम्पर्क स्थापित किया, उनकी भाषा सीखी और उनसे प्रत्यक्ष बातचीत की। कही-कहीं **अर्द्ध सहभागिक की भूमिका ग्रहण** कर समुदाय की कुछ क्रियाओं में भाग न लेते हुए उन्हें एक तटस्थ अवलोकनकर्ता के रूप में देखा-परखा। वेस्टरमार्क ने तुलनात्मक विधि का प्रयोग संदर्भ से काट कर किया, अर्थात् अनेक समाजों की संस्थाओं के सहसम्बंधों की तुलना वेस्टरमार्क ने सामाजिक व्यवस्थाओं के संदर्भ में नहीं की जिनसे वे जुड़ी हुई थीं, अपितु उन व्यवस्थाओं से उन्हें पृथक रख कर तुलना की। इस कारण इस विधि की बाद में कटु आलोचना हुई। इस विधि का स्थान बाद में सन् 1920-1930 के बीच प्रकार्यवादी उपागम द्वारा ले लिया गया जिसके आधार पर

स्थानिक समुदायों का अध्ययन एक कार्यशील सम्पूर्णता के रूप में किया जाता है। आजकल वेस्टरमार्क की धारणाएं मात्र एक ऐतिहासिक रुचि का विषय मात्र रह गई हैं।

प्रमुख कृतियाँ :

- The History of Human Marriage, (1891)
- Origin and Development of Moral Ideas, (1912)
- Marriage Ceremonies in Morocco, (1914)
- The Future of Marriage in Western Civilization, (1936)

Wiese, Leopold Von

लिओपॉल्ड वॉन वीज़

जर्मन समाजशास्त्री लिओपॉल्ड वॉन वीज़ की गणना स्वरूपवादी समाजशास्त्रियों में की जाती है। उन्होंने पहले जर्मनी में कॉलोन विश्वविद्यालय में और बाद में अमेरिका में हार्वर्ड विश्वविद्यालय में अध्यापन किया। वे प्रसिद्ध समाजशास्त्री सोरोकिन के समकालीन थे। वॉन वीज़ जार्ज सिमल (ज़िम्मल) की विचारधारा के समर्थक थे, किन्तु उन्होंने सिमल के दर्शन को यथावत स्वीकार नहीं किया। उन्होंने सिमल के स्वरूप और अन्तर्वस्तु के भेद से अपनी असहमति प्रकट की। वॉन वीज ने अपने सम्बन्धों के सिद्धान्त के लिये आकर्षण-विकर्षण या मित्रता (साहचर्य) और शत्रुता जैसे ध्रुवीय अन्तरों को अपने अध्ययन का आधार बनाया है। इन अन्तरों के आधार पर उन्होंने सामाजिक सम्बंधों के अनेक प्रकारों और उप प्रकारों की रचना की है। सम्पर्क, स्वीकृति, सहयोग, संघ जैसे सम्बंधों के प्रकार व्यक्तियों को एक दूसरे के नजदीक लाते हैं। इसके विपरीत, प्रतिस्पर्धा, विरोध एवं संघर्ष और इन्हीं के कुछ अन्य मिश्रित स्वरूप व्यक्तियों को एक दूसरे से जुदा (पृथक) करते हैं। इसी प्रकार उन्होंने समूहों के बीच **चार प्रमुख प्रक्रियाओं** का उल्लेख किया है, (1) **विभेदीकरण** प्रक्रियाएं जैसे पदोन्नति और स्तरीकरण, (2) **संगठनकारी** प्रक्रियाएं जैसे सादृश्यता एवं स्थाईतत्व की प्रवृतियां (3) **विनाशात्मक** प्रक्रियाएं जैसे शोषण, भ्रष्टाचार, व्यापारीकरण, (4) **संशोधन-रचनात्मक** प्रक्रियाएं जैसे संस्थानीकरण, व्यवसायीकरण आदि।

वॉन वीज़ ने सामाजिक प्रक्रियाओं को समाजशास्त्र का मुख्य अध्ययन क्षेत्र बताया है। **सामाजिक प्रक्रियाओं से वॉन वीज़ का तात्पर्य ऐसे मूर्त प्रतिमानों से है जो सामाजिक सम्बंधों के अनुक्रमों और पुनरावृतियों से मिलकर व्यवस्थित और क्रमबद्ध रूप में प्रकट होती हैं।** इन्हें ही, वॉन वीज़ ने 'सहचारिता की लय' का नाम दिया है और इन्हें ही समाजशास्त्र की मुख्य विषयवस्तु माना है। **सहचारिता की इन प्रक्रियाओं** के वॉन वीज़ ने **तीन रूप** बताये हैं: सम्मिलन की प्रक्रियाएं, पृथक्करण की प्रक्रियाएं और मिश्रित प्रक्रियाएं। आजकल वॉन वीज़ की कृतियां पुस्तकालयों की मान शोभा की वस्तु बन गई हैं।

प्रमुख कृतियाँ:

- Systematic Sociology, (1932)

Willmott, Peter

पीटर विलमोट (1923-)

पीटर विलमोट एक ब्रिटिश समाजशास्त्रीय शोधकर्त्ता हैं जो वर्तमान में 'पॉलिसी स्टडीज़ इन्सटिट्यूट' में एक वरिष्ठ शोधार्थी हैं। परिवार, समुदाय और युवाओं का अध्ययन विलमोट के प्रमुख शोध विषय रहे हैं। उन्होंने कुछ अध्ययन माइकल यंग के साथ किये हैं। परिवार सम्बंधी अध्ययनों में एक ओर तो परिवार के वृहत समुदाय के साथ सम्बंधों को टटोला गया है तो दूसरी ओर आज के आधुनिक नगरीय जीवन में विस्तारित परिवारों की सार्थकता का संकलित तथ्यों के आधार पर विवेचन किया गया है। उन्होंने परिवार के बदलते हुए रूप पर प्रकाश डालते हुए "सिमेट्रिकल फैमली" (प्रतिसम परिवार) के एक नये रूप की संकल्पना प्रस्तुत की है। यह एक ऐसा परिवार होता है जिसमें पति-पत्नी दोनों की वैवाहिक भूमिका असमान होते हुए भी धीरे-धीरे अधिकाधिक समान बनती जाती है।

प्रमुख कृतियाँ :

- Family and Kinship in East London, with Young, (1957)
- Family and Class in a London Suburb, with Young (1960)
- The Evolution of a Community, (1963)
- Adolescent Boys of East London, (1966)
- The Symmetrical Family, (1973)

Wilson, Bryan R.

ब्रायन आर. विलसन (1926-)

ब्रायन आर. विलसन एक ब्रिटिश समाजशास्त्री हैं। उन्होंने धर्म के समकालीन समाजशास्त्रीय अध्ययन और विशेष रूप में पंथ/सम्प्रदाय के अध्ययन में विशेष योगदान किया है। विलसन **लौकिकीकरण सिद्धान्त के प्रमुख प्रतिपादक रहे हैं।** इस सिद्धान्त के अनुसार यह माना जाता है कि औद्योगीकरण, नगरीकरण और पूंजीवाद के प्रसार जैसी प्रमुख सामाजिक परिवर्तन की प्रक्रियाओं ने, विशेष रूप में सार्वजनिक जीवन में धर्म के प्रभाव को कम कर दिया है। यही नहीं, इस प्रभाव के कारण धार्मिक संस्थाएं अपना महत्व खो चुकी हैं। इस सम्बंध में उनके दो अध्ययन विशेष उल्लेखनीय हैं, 'लौकिक समाज में धर्म', (1966) 'समाजशास्त्रीय परिप्रेक्ष्य में धर्म', (1982)। पंथ/सम्प्रदाय के अध्ययन सम्बंधी अपनी दो पुस्तकों 'पंथवाद के प्रतिमान', (1967) और 'धार्मिक पंथ', (1970) में उन्होंने पंथिक समूहों का एक आदर्श प्ररूप (आइडियल टाइप) 'पालने से कब्र तक सेवा' तैयार किया जिसका ब्रिटिश समाजशास्त्रीय अध्ययनों (धर्म सम्बंधी) पर काफी प्रभाव पड़ा। विलसन ने सम्प्रदायों और लौकिकीकरण का विश्लेषण विश्व स्तर पर किया है जो 'जादू और सहस्त्राब्दि' (1973) और 'धर्म का समकालीन रूपान्तरण', (1976) के नाम से प्रकाशित हुआ है।

धर्म के अतिरिक्त विलसन ने आधुनिक युवाओं का भी अध्ययन किया है। अपनी पुस्तक 'युवा संस्कृति और विश्वविद्यालय', (1970) में उन्होंने समकालीन शैक्षिक मसलों,

युवा संस्कृति और आधुनिक मूल्य जैसे विषयों पर अनेक प्रश्न खड़े किये हैं। विलसन के धर्म के समाजशास्त्र को सार रूप में इस प्रकार प्रस्तुत किया जा सकता है कि "आदिवासीय ईसाइयत और प्रॉटिस्टेन्टवाद के जो शक्तिशाली और रूपान्तरकारी मूल्य थे, उनका प्रभाव अब कम हो गया है; परिणामस्वरूप आधुनिक विश्व ऐसी सामाजिक प्रक्रियाओं के चंगुल में फंस गया है जिन्होंने समकालीन संस्कृति और बौद्धिक कार्यकलापों को नगण्य बना दिया है।"

प्रमुख कृतियाँ:

- Religion in a Secular Society, (1966)
- Patterns of Sectarianism, (1967)
- Religious Sects, (1970)
- Youth, Culture and The Universities, (1970)
- Rationality (ed), (1970)
- Magic and the Millennium, (1973)
- Contemporary Transformations of Religion, (1976)
- Religion in Sociological Perspective, (1982)

Wilson, William Julius

विलियम जुलियस विलसन (1935-)

विलियम जुलियस विलसन एक अमेरिकी समाजशास्त्री हैं जिन्होंने नगरीय गरीबी में प्रजाति और वर्ग की भूमिका की गहरी खोजबीन की है। विलसन अपनी '**अधोवर्ग**' (अंडरक्लास) की अवधारणा के लिये विशेष रूप में जाने जाते हैं जो उन्होंने प्रजातिवाद और असमानता के संदर्भ में प्रयोग की है। वे सन् 1996 में शिकागो विश्वविद्यालय में सामाजिक नीति के मेल्कॉम वीनर आचार्य बन गये। अपने शोध कार्यों के लिये उन्हें 'अमरीकी समाजशास्त्रीय परिषद्' के अध्यक्ष, राष्ट्रीय विज्ञान अकादमी के सदस्य और मेक्आर्थर फाउन्डेशन की फेलोशिप जैसे कई सम्मानों से नवाज़ा गया है।

प्रमुख कृतियाँ :

- The Declining Significance of Race, (1980)
- The Truly Disadvantaged, (1987)
- The Ghetto Underclass, (1989)
- When Work Disappears : The World of the Urban Poor, (1996)

Windelband, Wilheim

विल्हैम विंडलबैंड (1848-1915)

जर्मन के **नवकांतवादी** आंदोलन के प्रमुख विद्वान **विल्हैम विंडलबैंड** मुख्यतः अपनी चिरस्थाई

कृति 'दर्शन का इतिहास' (1893) के लिये याद किये जाते हैं। इस पुस्तक में उन्होंने विज्ञान के सामान्यांशक और भावमूलक उपागमों के शास्त्रीय अन्तर पर प्रकाश डाला है।

प्रमुख कृतिः

– A History of Philosophy, (1893)

Winnicott, Donald Woods

डोनाल्ड वुड्ज़ विन्नीकॉट

(1896-1971)

डोनाल्ड वुड्ज़ विन्नीकॉट मूलतः एक ब्रिटिश शिशु रोग विशेषज्ञ और मनोविश्लेषक थे। उन्होंने मां और शिशु के सम्बंधों को लेकर कुछ अध्ययन किये। इन अध्ययनों ने बालक के परिवेश और 'स्वस्थ मातृत्व' की ओर लोगों का ध्यान आकर्षित किया है। आधुनिक महिलावादी लेखकों ने शिशु के पालन-पोषण को लेकर विन्नीकॉट द्वारा किये गये अध्ययनों, विशेषतः 'बालक, परिवार और बाह्य संसार' को काफी महत्व दिया है।

प्रमुख कृतियाँ :

– The Child, The Family and Outside World, (1964)

Wirth, Louis

लुई विर्थ

(1897-1952)

जर्मनी में पैदा हुए **लुई विर्थ** की शिक्षा-दीक्षा अमेरिका में हुई और बाद में वहीं समाजशास्त्र के शिकागो सम्प्रदाय के सन् 1930 में एक अग्रणी सदस्य बन गये। लुई विर्थ मुख्य रूप से अपने एक महत्वपूर्ण लेख 'एक जीवन शैली के रूप में नगरवाद' (1938) के लिये बहु चर्चित रहे हैं। यह लेख कालजयी बन गया क्यों कि विर्थ पहले व्यक्ति थे जिन्होंने यह कहा है कि '**नगर घनी आबादी वाले पारिस्थितिकीय क्षेत्र मात्र नहीं हैं, अपितु ये एक अनूठी प्रकार की जीवन-शैली को जन्म देने वाले स्थान भी हैं**।' उन्होंने अल्पसंख्यक सामूहिक व्यवहार (प्रजाति संबंध), नगरीय जीवन और पारिस्थितिकी, जन संचार, समाजशास्त्रीय सिद्धान्त तथा सामाजिक जीवन में ज्ञान और विचारधारा कई विषयों पर अध्ययन किये हैं। वे 'अमेरिकी प्रजातिक संबंधों की परिषद्' के संस्थापक थे। जन नीति तथा उसके क्रियान्वयन से सम्बंधित समाजशास्त्रीय सिद्धान्त और शोध में समन्वय स्थापित करने के कार्य में वे सरकार के परामर्शदाता भी रहे हैं।

प्रमुख कृतियाँः

– The Ghetto, (1925)
– Urbanism as a Way of Life, (1938)
– Louis Wirth on Cities and Social Life, (1964)

Wittgenstein, Ludwig J.J.

लुडविग जे.जे. विटगेन्स्टाइन (1889-1951)

वियना में जन्मे और सन् 1912 तक आस्ट्रिया के निवासी **लुडविग जे.जे. विटगेन्स्टाइन** को बीसवीं शताब्दी का सर्वाधिक प्रभावशाली अंग्रेजी भाषी **दार्शनिक** माना जाता है। इनकी एक विलक्षण उपलब्धि यह रही है कि उन्होंने अपने अपेक्षाकृत बहुत छोटे अकादमिक जीवन में दो अत्यंत दुर्बोध एवं महत्वपूर्ण किन्तु आपस में असंगत दार्शनिक सिद्धान्तों को जन्म दिया। **विटगेन्स्टाइन ने मुख्य रूप में भाषा, सामाजिक संदर्भ और सामाजिक जीवन की स्वरूप रचना पर लिखा है, अर्थात् किस प्रकार यथार्थ की व्यक्तिगत व्याख्या सामाजिक जीवन के रूपों की रचना करती है।** यह विषय समाजशास्त्रीय दृष्टि से महत्वपूर्ण तथा समाजशास्त्र की नृजातिपद्धति (ऍथनॉमेथडोलाजी) और प्रघटनावादी (फिनामिनॉलाजी) परिप्रेक्ष्यों से निकटता से जुड़ा हुआ है। सामाजिक संबंधों की स्थापना के संदर्भ में उन्होंने "**भाषा के खेल**" की एक अवधारणा का प्रयोग करते हुए कहा है कि **सामाजिक संबंधों का आधार ही भाषा है।** दूसरे शब्दों में, समाज की उत्पत्ति 'भाषा का खेल' ही तो है। समाज को एक सूत्र में बांधने का काम भाषा के खेल ही तो करते हैं। भाषा के बिना कोई संबंध स्थापित नहीं किये जा सकते। व्यक्तियों के बीच सामाजिक संबंधों की स्थापना में भाषा की आवश्यकता पड़ती है।

विटगेन्स्टाइन के प्रारंभिक दार्शनिक विचारों पर बर्टेंड रसैल के 'गणित के सिद्धान्त' नामक ग्रंथ का प्रभाव पड़ा है। उनके विचारों की सर्वाधिक स्पष्ट अभिव्यक्ति हमें उनकी पुस्तक 'ट्रेक्टस लॉजिको-फिलॉसाफिक्स' में देखने को मिलती है। यह पुस्तक सर्वप्रथम सन् 1921 में जर्मन भाषा में और बाद में सन् 1922 में अंग्रेजी में प्रकाशित हुई। इस कृति का मुख्य सार भाषा और अर्थ के प्रति प्रदर्शित दृष्टिकोण में निहित है जिसके अनुसार प्रत्येक वाक्य संभवतः किसी कार्यकलाप के चित्र को प्रस्तुत करता है। वाक्य, शब्दों के सम्मिश्रण हैं जो अन्ततः अस्पष्ट रूप में साधारण वस्तुओं का संकेत देते हैं। यथार्थ, भाषा और विचार के बीच के इस संबंध को चित्रित किये जाने को संभव बनाने के लिये, उन्हें एक साझा तार्किक स्वरूप में सहभागी बनाना पड़ता है। किन्तु इस प्रकार का तार्किक स्वरूप वास्तविक विश्व में होता नहीं है, अतः इसे भाषा के रूप में चित्रित नहीं किया जा सकता। इसी प्रकार, नैतिक मूल्य और स्व का जगत् के साथ संबंध भी कोई कार्यकलाप नहीं है जिन्हें भाषा के रूप में चित्रित किया जा सके। ये तत्वमीमांसीय विषय हैं जिनके सम्बंध में कुछ भी अर्थपूर्ण नहीं कहा जा सकता और जिनके विषय में व्यक्ति को चुप्पी साधना ही सार्थक होता है।

विटगेन्स्टाइन का बाद का दर्शन टुकड़ों-टुकड़ों और नोटबुकों के रूप में पाया गया जो उन्होंने सन् 1930 और 1940 के बीच केम्ब्रिज विश्वविद्यालय में दिये गये व्याख्यानों के दौरान लिखा। इसमें उन्होंने भाषा और अर्थ के प्रति जो दृष्टिकोण अपनाया है, वह पहले वाले दृष्टिकोण से सर्वथा भिन्न है। उनका यह दृष्टिकोण उनकी पुस्तक 'दार्शनिक खोज' (1953) में दिया गया है। यह पुस्तक उनकी मृत्यु के बाद प्रकाशित हुई है। विटगेन्स्टाईन के बाद के दर्शन का मानविकी और सामाजिक विज्ञानों के सम्पूर्ण ताने-बाने पर काफी प्रभाव पड़ा है। नियम-निर्देशित सामाजिक प्रथा के संदर्भ में अर्थ के विवेचन ने दर्शनशास्त्र और

सामाजिक विज्ञानों के बीच पुनः आपसी संवाद शुरू किया है। यही नहीं, इसने सामाजिक विज्ञानों की प्रत्यक्षवादी (वैज्ञानिक) पद्धति के समक्ष एक कड़ी चुनौती उत्पन्न की है।

प्रमुख कृतियाँ:
- Tractatus Logico-Philosophicus, (1921)
- Philosophical Investigations, (1953)

Woodward, Joan

जॉन वुडवार्ड

(1916-1971)

औद्योगिक समाजशास्त्र की ब्रिटिश आचार्या (प्रोफेसर) **जॉन वुडवार्ड** ने औद्योगिक समाजशास्त्र से सम्बंधित कई विषयों पर अध्ययन किये हैं। उन्होंने सन् 1950 में दक्षिणी पश्चिमी एसैक्स में विनिर्माण में लगी औद्योगिक इकाइयों का सर्वेक्षण किया। अपने अध्ययनों के आधार पर निष्कर्षतः उन्होंने कहा कि कार्य के संगठन और कार्य से सम्बंधित व्यवहार के बीच अंतर (प्रबंधन के स्तरों की संख्या, निरीक्षकों के दायित्वों का क्षेत्र, विशेषज्ञों के बीच कार्यों का विभाजन, भूमिका और दायित्वों को स्पष्ट रूप में परिभाषित किया जाना, लिखित संदेशों की मात्रा, आदि) को सामान्यतः तात्कालिक कार्य की स्थिति के आधार पर ही परखा जाना चाहिए। विशेष रूप में, उन्होंने एसैक्स के सर्वेक्षण में यह पाया कि संगठनात्मक संरचना में बहुत से अन्तरों का कारण प्रौद्योगिकी में भिन्नता होती है। वुडवार्ड ने उत्पादन व्यवस्थाओं के बहुचर्चित प्रकारों को बताया और उनकी तकनीकी जटिलता की मात्रा के आधार पर उनमें अन्तर भी प्रदर्शित किया।

वुडवर्ड पर बहुधा प्रौद्योगिक निर्धारणवाद का आरोप लगाया जाता है जो कि वास्तव में सही नहीं है। यथार्थतः, वुडवार्ड के अध्ययनों ने संगठन के समाजशास्त्र में आनुभविक शोध के नये मानदंड स्थापित किये हैं और पृथक् एकल (वैयक्तिक) अध्ययनों के विपरीत व्यवस्थित तुलना की संभावनाओं के द्वार खोले हैं।

प्रमुख कृतियाँ :
- The Dock Worker, (1955)
- The Saleswoman, (1960)
- Industrial Organisation : Theory and Practice, (1965)

Wootton, Barbara

बरबरा वूटोन

(1897-1988)

मूलरूप से अर्थशास्त्र में प्रशिक्षित **बरबरा वूटोन** लंदन के बेडफोर्ड कालेज में सामाजिक अध्ययनों की प्रोफेसर रहीं हैं। उनका प्रमुख योगदान सामाजिक नीति के क्षेत्र में रहा है। वे रॉयल कमीशन सहित कई लोक समितियों की सदस्या रही हैं। उन्होंने योजना, असामनता,

आय नीति, सामाजिक कार्य और अपचार जैसे अनेक विषयों पर काफी लिखा है। सन् 1955 में प्रकाशित उनकी पुस्तक 'वेतन नीति के सामाजिक आधार' में उन्होंने मुद्रा प्रसार की एक तरफा आर्थिक व्याख्याओं की समाजशास्त्रीय आलोचनाओं की ओर ध्यान आकर्षित किया है। अपनी सर्वश्रेष्ठ कृति सामाजिक विज्ञान और सामाजिक व्याधिशास्त्र (1959) में वूटोन ने, अंग्रेज नैतिक समाजवादी परम्परा के अनुसार, समाज के उत्थान के लिये उपयोगितावादी दर्शन और आनुभविक समाजशास्त्र का प्रयोग किया है।

प्रमुख कृतियाँ :

- The Social Foundations of Wage Policy, (1955)
- Social Science and Social Pathology, (1959)

Wrong, Dennis, Hume

डेनिस ह्यूम राँग (1923-)

अमेरिकी समाजशास्त्री **डेनिस ह्यूम राँग** का प्रारंभिक शोध-क्षेत्र जनानंकिकी (1966) रहा है, किन्तु वे प्रकार्यवाद, समाजीकरण के सिद्धान्तों और सामाजिक स्तरीकरण के प्रकार्यवादी सिद्धान्तों की अपनी आलोचनाओं के लिये सर्वाधिक जाने जाते हैं। राँग ने अपनी आलोचनाओं में सांस्कृतिक एकीकरण में संघर्ष, विरोध और प्रतिरोध की चिरकालिक महत्ता को रेखांकित कर पार्सन्स के समाजशास्त्र को नकारा है। समाजीकरण के सिद्धान्तों का मूल्यांकन करते हुए सिग्मंड फ्रायड के सिद्धान्त का समर्थन किया है और फ्रायडवादी परम्परा के अनुसार कामवृति की आवश्यकताओं और सामाजिक व्यवस्था के बीच संघर्ष को पुनः स्थापित किया है। इस सम्बंध में उनके कई लेखों का पुनः मुद्रण 'संशयवादी समाजशास्त्र' (1977) नामक ग्रंथ में हुआ है। आजकल वे शक्ति के कालजयी विषय की शोध पर जुटे हुए हैं। उन्होंने शक्ति के कई रूप बताये हैं, जैसे बल, जोड़-तोड़, अनुनय-निवेदन, सत्ता आदि। उन्होंने शक्ति के आधारों की भी भिन्न व्यक्तियों और सामूहिक साधनों में खोजबीन की है। जहां एक ओर राँग ने आधुनिक समाजशास्त्रीय सिद्धान्तों के क्षेत्र में महत्वपूर्ण योगदान किया है, वहां उनका योगदान औपचारिक शैक्षिक जगत् के बाहर भी काफी है। राँग ने 'सोश्यल रिसर्च' (1962-64) और 'कन्टम्परेरी सोसिऑलॉजी' (1972-74) नामक पत्रिकाओं का सम्पादन भी किया है।

प्रमुख कृतियाँ :

- Population and Society, (1966)
- Sceptical Sociology, (1977)
- Power : Its Forms, Bases and Uses, (1979)

Z

Znaniecki, Florian

फ्लोरियां ज़िनानियेकी (नैनकी) (1882-1958)

दर्शनशास्त्री से समाजशास्त्री बने **फ्लोरियां ज़िनानियेकी** (नैनकी) मूल रूप में पौलेण्ड के रहने वाले थे जो बाद में अमेरिका में बस गये। उनका जन्म पौलेण्ड के एक कुलीन घराने में हुआ था। उनकी शिक्षा वार्शा, जिनेवा और पेरिस विश्वविद्यालयों में हुई। उन्होंने सन् 1909 में क्राको विश्वविद्यालय से दर्शनशास्त्र में पी.एच.डी. की। ज़िनानियेकी का **विलियम आई. थॉमस** से सर्वप्रथम मिलन सन् 1913 में पौलेण्ड में हुआ जिनके साथ मिल कर उन्होंने 'यूरोप और अमेरिका के पौलेण्डवासी कृषक' नामक एक कालजयी कृति की रचना की। अमेरिकी समाजशास्त्र में आज भी इसे एक गौरव ग्रंथ (क्लासिक) माना जाता है। यह पुस्तक आनुभविक समाजशास्त्रीय सिद्धान्त का एक सर्वोत्कृठ उदाहरण है। विश्व युद्ध के दौरान जब थॉमस यूरोप होते हुए शिकागो प्रस्थान कर गये, तब यहां उनकी पुनः मुलाकात ज़िनानियेकी से हुई। पौलेण्ड के लोक जीवन के बारे में ज़िनानियेकी के गहन ज्ञान ने उन्हें थोमस के साथ मिलकर पौलेण्डवासी कृषकों के अध्ययन की योजना के लिये प्रेरित किया। द्वितीय विश्व युद्ध के बाद ज़िनानियेकी पुनः पौलेण्ड लौट आये और विश्वविद्यालय में कुछ समय तक अध्यापन किया। सन् 1930 में वे कोलम्बिया विश्वविद्यालय, अमेरिका में आ गये और अंत में स्थाई रूप में अमेरिका में ही बस गये। यहां वे बाद में इलिनॉज विश्वविद्यालय में काम करने लगे। ज़िनानियेकी की गणना शिकागो सम्प्रदाय के प्रमुख व्यक्तियों में की जाती है। उन्हें सन् 1953 में 'अमेरिकी समाजशास्त्रीय परिषद्' का अध्यक्ष बनने का भी गौरव प्राप्त हुआ है।

ज़िनानियेकी को समाजशास्त्रीय जगत् में पहचान थोमस के साथ लिखी उपरोक्त वर्णित पुस्तक द्वारा मिली। इस पुस्तक ने कई क्षेत्रों में नये प्रतिमान स्थापित किये हैं। पद्धतिशास्त्रीय दृष्टि से इस पुस्तक में पहली बार डायरियों, जीवन इतिहास, पत्रों आदि का शोध सामग्री के स्त्रोतों के रूप में प्रयोग हुआ है। इसमें मानवतावादी 'साहचर्य कारणात्मक विधि' का प्रयोग किया गया है जिसमें सामाजिक कार्यकलापों में भाग लेने वाले व्यक्तियों के अर्थों पर ध्यान दिया जाता है, उन्हें गहराई से समझने का प्रयत्न किया जाता है। सार रूप में, ज़िनानियेकी ने सामाजिक क्रिया के निर्धारण में कर्त्ता के व्यक्तिनिष्ट अर्थ (सब्जेक्टिव मीनिंङ्ग) की महती भूमिका को रेखांकित करते हुए मानव कर्त्ताओ के मूल्यों के अध्ययन पर भी जोर दिया है। ज़िनानियेकी ने इसे 'मानवपरक गुणांक' (सहकारी कारक) (ह्यूमनस्टिक कोइफिशन्ट) कहा है। उन्होंने लिखा है कि यदि 'मानवपरक गुणांक' को छोड़ दिया जाता है और यदि एक वैज्ञानिक सामाजिक प्रणाली का अध्ययन पूर्णतः तटस्थ रह कर प्राकृतिक प्रणाली की भांति करता है, तब प्रणाली के विलोपन, अर्थात अर्थ के अनर्थ का खतरा उत्पन्न

हो जाता है और इसके स्थान पर वह प्राकृतिक तत्वों और प्रक्रियाओं का एक ऐसा बिखरा हुआ ढेर मात्र देखेगा जिसमें उस वास्तविकता से कोई संगति नहीं होगी जिससे उसने शुरुआत की थी।

ज़िनानियेकी मूलतः दार्शनिक थे। अतः उनकी प्रारंभिक दार्शनिक पुस्तक 'दर्शनशास्त्र में मूल्यों की समस्या' (1910) पर लिखी गई है। यद्यपि वे बाद में थोमस के संसर्ग और सम्पर्क के कारण दर्शनशास्त्रीय क्षेत्र को छोड़ कर समाजशास्त्रीय अन्वेषण के क्षेत्र में आ गये, फिर भी उन्होंने मानवीय व्यवहार के अध्ययन में मूल्यों की महत्ता को प्रत्यक्ष अथवा परोक्ष रूप में स्वीकार किया है। उनकी दूसरी पुस्तक 'सांस्कृतिक यथार्थ' (1919) में भी दार्शनिक विश्लेषण को प्रमुखता दी गई है। सन् 1925 में लिखी गई 'सामाजिक विज्ञान के नियम' नामक उनकी पुस्तक नगण्य महत्व की है। इसके बाद सन् 1939 में उन्होंने 'समाजशास्त्र की पद्धतियां' नामक पुस्तक लिखी। यह पुस्तक समाजशास्त्र का एक महत्वपूर्ण दस्तावेज़ है। इसमें उन्होंने प्राकृतिक और सामाजिक विज्ञानों के अन्तर को स्पष्ट करते हुए प्राकृतिक प्रणालियों से भिन्न सांस्कृतिक व्यवस्थाओं के अध्ययन के लिये एक उपयुक्त पद्धतिशास्त्र की रूपरेखा प्रस्तुत की है। इसी सम्बंध में **उन्होंने समाजशास्त्र के एक मूल्य-स्वतंत्र विज्ञान का पूर्ण समर्थन करते हुए क्या होना चाहिये के स्थान पर क्या है, के अध्ययन पर जोर दिया** है। उनकी बाद की दो पुस्तकें, 'सांस्कृतिक विज्ञान' (1952) तथा 'आधुनिक राष्ट्रीयताएं' (1952) यद्यपि अत्यंत पांडित्यपूर्ण और अंतर्दृष्टि वाली हैं, किन्तु समाजशास्त्रीय दृष्टि से उनका विशेष महत्व नहीं है। मरणोपरांत प्रकाशित 'सामाजिक सम्बंध और सामाजिक भूमिकाएं' (1965) नामक उनकी पुस्तक में भूमिका सिद्धान्त का विवेचन किया गया है।

ज़िनानियेकी ने समाजशास्त्र और अन्य विषयों के बीच आपसी सम्बंधों की भी खोजबीन की है। उन्होंने कहा कि अच्छे समाजशास्त्रीय अध्ययनों में वैज्ञानिक सिद्धान्तों और विधियों का प्रयोग किया जाता है, किन्तु प्राकृतिक घटनाओं की अपेक्षा सामाजिक घटनाओं की जटिल प्रकृति के कारण यह विषय (समाजशास्त्र) अपने आप में विलक्षणता प्रस्तुत करता है। इसके अतिरिक्त, ज़िनानियेकी ने यह जानने की भी कोशिश की है कि सामाजिक अन्तर्क्रियाओं द्वारा किस प्रकार सामाजिक व्यवस्थाओं/प्रणालियों की रचना होती है।

प्रमुख कृतियाँ :

- The Polish Peasant in Europe and America, with Thomas, (1918)
- Culture Reality, (1919)
- The Laws of Social Psychology, (1925)
- The Methods of Sociology, (1939)
- Social Action, (1936)
- The Social Role of the Man of Knowledge, (1940)
- Culture Sciences, (1952)
- Modern Nationalities, (1952)
- Social Relations and Social Roles, (1965)